中国语言资源保护工程

中国语言资源集·北京 编委会

主　任
杨志强

主　编
张世方

委　员
（音序）

高晓虹　黄晓东　贾　坤　刘晓海　石绍浪　王莉宁　周晨萌

教育部语言文字信息管理司
北京市教育委员会　指导

中国语言资源保护研究中心　统筹

中国语言资源集 北京

张世方 主编

中国社会科学出版社

审图号：京S（2022）025号

图书在版编目（CIP）数据

中国语言资源集．北京/张世方主编．—北京：中国社会科学出版社，2022.11
ISBN 978-7-5227-0563-7

Ⅰ.①中… Ⅱ.①张… Ⅲ.①北京话—方言研究 Ⅳ.①H17

中国版本图书馆CIP数据核字（2022）第132861号

出 版 人	赵剑英
责任编辑	张　林
特约编辑	张　虎
责任校对	周晓东
责任印制	戴　宽

出　　版	中国社会科学出版社
社　　址	北京鼓楼西大街甲158号
邮　　编	100720
网　　址	http://www.csspw.cn
发 行 部	010-84083685
门 市 部	010-84029450
经　　销	新华书店及其他书店

印刷装订	北京君升印刷有限公司
版　　次	2022年11月第1版
印　　次	2022年11月第1次印刷

开　　本	787×1092　1/16
印　　张	39
字　　数	749千字
定　　价	318.00元

凡购买中国社会科学出版社图书，如有质量问题请与本社营销中心联系调换
电话：010-84083683
版权所有　侵权必究

北京方言调查点分布图

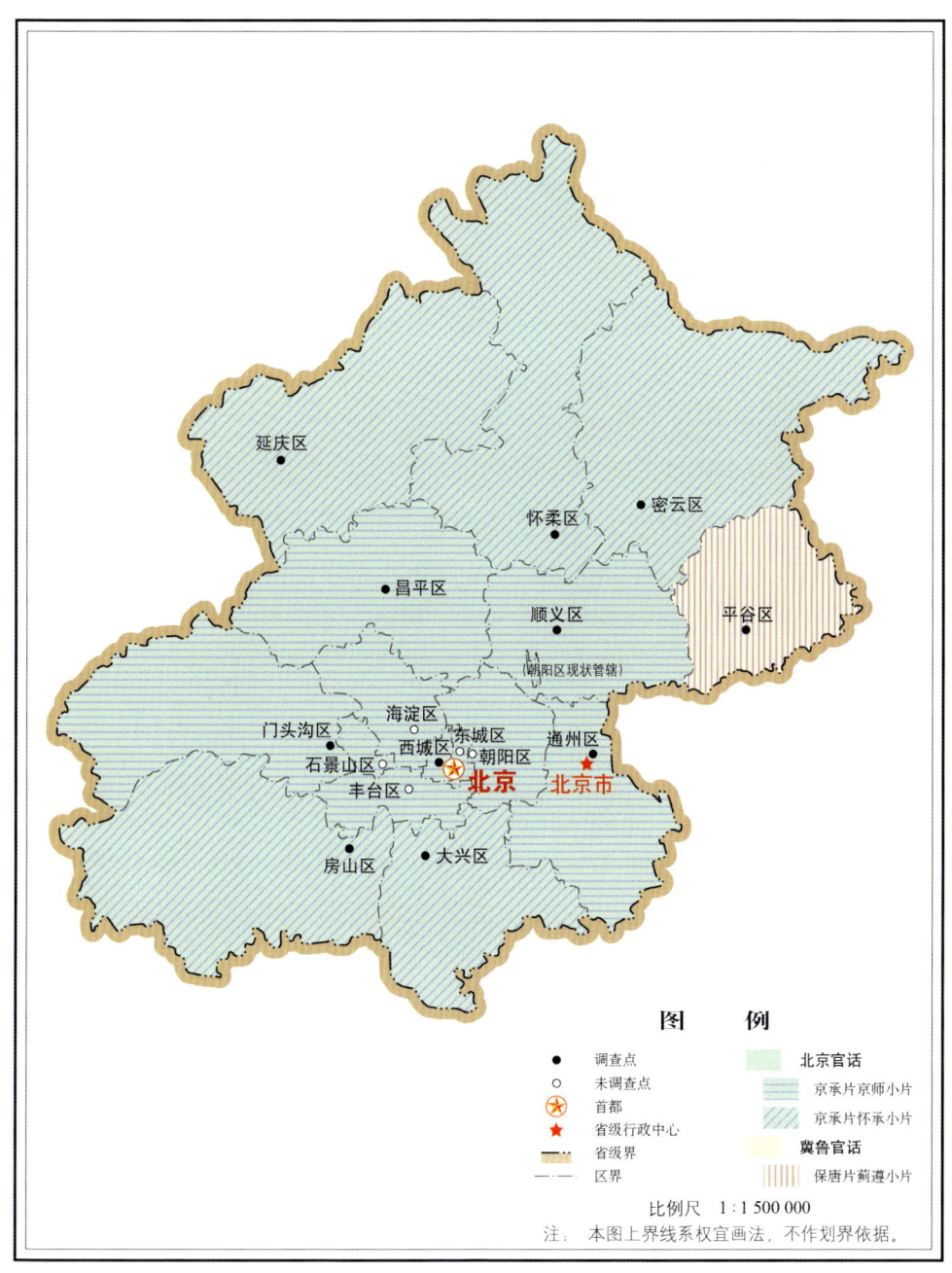

总　序

　　教育部、国家语言文字工作委员会于 2015 年 5 月发布《教育部 国家语委关于启动中国语言资源保护工程的通知》（教语信司〔2015〕2 号），启动中国语言资源保护工程（以下简称"语保工程"），在全国范围开展以语言资源调查、保存、展示和开发利用等为核心的各项工作。

　　在教育部、国家语委统一领导下，经各地行政主管部门、专业机构、专家学者和社会各界人士共同努力，至 2019 年底，语保工程超额完成总体规划的调查任务。调查范围涵盖包括港澳台在内的全国所有省份、123 个语种及其主要方言。汇聚语言和方言原始语料文件数据 1000 多万条，其中音视频数据各 500 多万条，总物理容量达 100TB，建成世界上最大规模的语言资源库和展示平台。

　　语保工程所获得的第一手原始语料具有原创性、抢救性、可比性和唯一性，是无价之宝，亟待开展科学系统的整理加工和开发应用，使之发挥应有的重要作用。编写《中国语言资源集（分省）》（以下简称"资源集"）是其中的一项重要工作。

　　早在 2016 年，教育部语言文字信息管理司（以下简称"语信司"）就委托中国语言资源保护研究中心（以下简称"语保中心"）编写了《中国语言资源集（分省）编写出版规范（试行）》。2017 年 1 月，语信司印发《关于推进中国语言资源集编写的通知》（教语信司函〔2017〕6 号），要求"各地按照工程总体要求和本地区进展情况，在资金筹措、成果设计等方面早设计、早谋划、早实施，积极推进分省资源集编写出版工作"，"努力在第一个'百年'到来之际，打造标志性的精品成果"。2018 年 5 月，又印发了《关于启动中国语言资源集（分省）编写出版试点工作的通知》（教语信司函〔2018〕27 号），部署在北京、上海、山西等地率先开展资源集编写出版试点工作，并明确"中国语言资源集（分省）编写出版工作将于 2019 年在全国范围内全面铺开"。2019 年 3 月，教育部办公厅印发《关于部署中国语言资源保护工程 2019 年度汉语方言调查及中国语言资源集编制工作的通知》（教语信厅函〔2019〕2 号），要求"在试点基础上，在全国范围内开展资源集编制工作"。

为科学有效开展资源集编写工作，语信司和语保中心通过试点、工作会、研讨会等形式，广泛收集意见建议，不断完善工作方案和编写规范。语信司于2019年7月印发了修订后的《中国语言资源集（分省）实施方案》和《中国语言资源集（分省）编写出版规范》（教语信司函〔2019〕30号）。按规定，资源集收入本地区所有调查点的全部字词句语料，并列表对照排列。该方案和规范既对全国作出统一要求，保证了一致性和可比性，也兼顾各地具体情况，保持了一定的灵活性。

各省（区、市）语言文字管理部门高度重视本地区资源集的编写出版工作，在组织领导、管理监督和经费保障等方面做了大量工作，给予大力支持。各位主编认真负责，严格要求，专家团队团结合作，协同作战，保证了资源集的高水准和高质量。我们有信心期待《中国语言资源集》将成为继《中国语言文化典藏》《中国濒危语言志》之后语保工程的又一重大标志性成果。

语保工程最重要的成果就是语言资源数据。各省（区、市）的语言资源按照国家统一规划规范汇集出版，这在我国历史上尚属首次。而资源集所收调查点数之多，材料之全面丰富，编排之统一规范，在全世界范围内亦未见出其右者。从历史的眼光来看，本系列资源集的出版无疑具有重大意义和宝贵价值。我本人作为语保工程首席专家，在此谨向多年来奋战在语保工作战线上的各位领导和专家学者致以崇高的敬意！

曹志耘

2020年10月5日

序

　　语言是文化产生和发展的关键，是一个国家重要的文化资源。中国幅员辽阔，民族众多，语种多元，是世界上语言资源最为丰富的国家之一，但随着全球经济一体化的深入发展与城市化进程的加速，汉语方言及少数民族语言遭受到冲击，语言使用环境逐渐收缩，使用群体日趋减少，正在面临着濒危的困境。面对语言文化资源快速流失这一严峻形势，为更好地掌握语言国情，保护国家语言资源，中国语言资源保护工程应运而生，教育部、国家语委集中人力、物力在全国范围内开展对语言资源的调查、保存、展示和开发利用，北京语言资源集的编写是语保工程的重要成果体现，是保护语言多样性的关键措施之一。北京语言资源集编写历时两年，对中国语言资源保护工程等大型语言文化项目采集的北京各区县方言文化资料进行整理归纳，全面、系统地展示了首都语言文化的基本面貌。这套语言资源集意义深远，责任重大，功在当代，利在千秋。

　　语言资源集的编写有助于保护文化多元性，是弘扬传承中国优秀传统文化的客观需求。方言的多样性反映了文化的丰富性，保护好方言就是涵养好地方文化根源。以北京话为例，北京作为首都，是全国政治与文化中心，有着悠久的建城史和建都史，具有丰富的地域语言文化资源。北京话作为普通话标准音和北京的基础方言，承载着北京的地域文化特色与民俗特色，是北京地区文化多样性的一个具体表现，有其特殊性与重要性。但在当下，北京话也正面临着生存危机。《北京市语言生活状况报告》显示，北京市中学生对北京话认知程度日渐式微，而能说自己的方言，能体会方言背后所蕴含的文化意义，正是传承弘扬中华优秀传统文化的一个重要举措。在这样的形势下，北京资源集的编写是对北京话的抢救性保护，有助于保存方言的活力，唤醒社会群体对方言及相关文化的重视和认同，推动促进对语言文化多样性和语言类非物质文化遗产的保护，为弘扬中华民族优秀传统文化，建设"各美其美，美人之美，美美与共，天下大同"的精神家园奠定坚实基础。

　　语言资源集的编写是加强民族团结，维护国家安全稳定的题中之义。中国自古有文化寻根的传统，古人说少小离家老大回，乡音无改鬓毛衰。乡音指的就是方言，它是地域群体的身份标记，是唤起人们归属感和认同感的情感纽带。每个地域的方言都具备独有的社会价值，就北京地域而言，北京话在承载着北京丰富多彩的民俗文化价值之时，同样承载着身份认同的政治价值。中华民族的民族认同感正是在这种多元化的地域文化风貌中融合而成。通过挖掘和保存北京语言资源，语言的凝聚价值得以体现，有助于加强地域与民族间的交流、沟通与理解，是对我国各民族平等团结，共同繁荣基本原则的贯彻落实，有助于促进民族情感的汇集与民族整体认同感的形成。挖掘和保存北京语言资源，能提升民族文化自信，对维护国家安全和边疆稳定，促进世界华人社区的语言沟通，增强中华民族凝聚力等方面有着重要意义。在营造和谐的社会语言文字环境的同时，能够在国际交流、社会进步、民族团结、国家统一等方面发挥重要作用，在国家发展战略中具有不可替代的重要价值。

语言资源集还为社会文化建设和文化教育提供了丰富的资源，为科研工作和语言爱好者搭建了研究与学习平台，能够更好服务国家发展战略需求。语言资源集编写时，编写团队利用现代化技术手段，收集、记录北京各区县方言和口头文化的实态语料，进行科学整理和加工，建成了大规模、可持续增长的多媒体语言资源库，为后续语言文化产业开发多样化的语言产品，如方言词典、语言文化博物馆、语言文化纪录片等打下了根基，为北京语言产业及语言服务业的繁荣发展提供着持续助力，服务国家语言的发展战略，提高了文化软实力。同时，方言的形成受古汉语的影响，承载着民俗文化，具有较高的学术价值。通过编写语言资源集，对零散佚失的语言资源进行了一次全面的科学梳理，总结了经验做法，锻炼造就了一支优秀的北京语言保护人才队伍，推动了相关学科的发展，促进全社会语言能力提升，也为教育教学、科学研究、媒体课程开发、艺术文化生产等领域的语言文化建设提供了坚实的语料支撑。

北京话是北京文化的重要组成部分，北京语言资源集是北京语言文化传承与开发建设的关键内容。在北京话日渐式微之时，利用现代化技术手段，对北京话语料进行整理、加工、保存和开发利用，对传承地域文化，弘扬优秀传统文化意义重大。经过两年的不懈努力，这本书终于得以问世。在此，感谢教育部、国家语委的领导与支持；感谢调查团队和编写团队专家学者的呕心沥血与辛勤付出，这本资源集凝聚了北京语言大学语言资源研究所、对外经济贸易大学中文学院的科研骨干及博士、硕士研究生的共同心血。他们兢兢业业地展开田野调查，严谨求实地对语料资源进行整理校对，最终呈现为丰硕的研究成果。同时，还要感谢北京语言资源方言发音人和语料提供者的积极参与配合，感谢社会各界的共同关注与宣传。

  语言资源保护工作任重道远，需要我们持之以恒，共同推进，落实好总体规划，打造出语言资源精品成果，做好语言资源的保存、保护和传承，为建设社会主义文化强国而不懈奋斗。

北京市语言文字工作委员会

2020 年 8 月 10 日

目 录

语 音 卷

概述 …………………………………………………………………… (3)
第一章　各地音系 …………………………………………………… (7)
　第一节　西城方音 ………………………………………………… (7)
　　　壹　概况 ……………………………………………………… (7)
　　　贰　声韵调 …………………………………………………… (8)
　　　叁　连读变调 ………………………………………………… (10)
　　　肆　异读 ……………………………………………………… (11)
　　　伍　儿化 ……………………………………………………… (13)
　　　陆　其他主要音变 …………………………………………… (16)
　第二节　通州方音 ………………………………………………… (18)
　　　壹　概况 ……………………………………………………… (18)
　　　贰　声韵调 …………………………………………………… (19)
　　　叁　连读变调 ………………………………………………… (21)
　　　肆　异读 ……………………………………………………… (22)
　　　伍　儿化 ……………………………………………………… (25)
　第三节　大兴方音 ………………………………………………… (28)
　　　壹　概况 ……………………………………………………… (28)
　　　贰　声韵调 …………………………………………………… (28)
　　　叁　连读变调 ………………………………………………… (31)
　　　肆　异读 ……………………………………………………… (32)
　　　伍　儿化 ……………………………………………………… (34)
　第四节　房山方音 ………………………………………………… (38)

　　　　壹　概况 …………………………………………………… (38)

　　　　贰　声韵调 ………………………………………………… (39)

　　　　叁　连读变调 ……………………………………………… (40)

　　　　肆　异读 …………………………………………………… (42)

　　　　伍　儿化 …………………………………………………… (44)

第五节　门头沟方音 …………………………………………………… (47)

　　　　壹　概况 …………………………………………………… (47)

　　　　贰　声韵调 ………………………………………………… (47)

　　　　叁　连读变调 ……………………………………………… (49)

　　　　肆　异读 …………………………………………………… (50)

　　　　伍　儿化 …………………………………………………… (52)

第六节　昌平方音 ……………………………………………………… (56)

　　　　壹　概况 …………………………………………………… (56)

　　　　贰　声韵调 ………………………………………………… (56)

　　　　叁　连读变调 ……………………………………………… (58)

　　　　肆　异读 …………………………………………………… (60)

　　　　伍　儿化 …………………………………………………… (61)

第七节　怀柔方音 ……………………………………………………… (65)

　　　　壹　概况 …………………………………………………… (65)

　　　　贰　声韵调 ………………………………………………… (65)

　　　　叁　连读变调 ……………………………………………… (67)

　　　　肆　异读 …………………………………………………… (69)

　　　　伍　儿化 …………………………………………………… (71)

　　　　陆　其他主要音变 ………………………………………… (74)

第八节　密云方音 ……………………………………………………… (75)

　　　　壹　概况 …………………………………………………… (75)

　　　　贰　声韵调 ………………………………………………… (75)

　　　　叁　连读变调 ……………………………………………… (77)

　　　　肆　异读 …………………………………………………… (78)

　　　　伍　儿化 …………………………………………………… (80)

　　　　陆　其他主要音变 ………………………………………… (83)

第九节　顺义方音 ……………………………………………………… (84)

　　　　壹　概况 …………………………………………………… (84)

　　　　贰　声韵调 …………………………………………………… (84)

　　　　叁　连读变调 ………………………………………………… (86)

　　　　肆　异读 ……………………………………………………… (88)

　　　　伍　儿化 ……………………………………………………… (89)

　第十节　延庆方音 …………………………………………………… (93)

　　　　壹　概况 ……………………………………………………… (93)

　　　　贰　声韵调 …………………………………………………… (93)

　　　　叁　连读变调 ………………………………………………… (96)

　　　　肆　异读 ……………………………………………………… (97)

　　　　伍　儿化 ……………………………………………………… (99)

　第十一节　平谷方音 ………………………………………………… (103)

　　　　壹　概况 ……………………………………………………… (103)

　　　　贰　声韵调 …………………………………………………… (103)

　　　　叁　连读变调 ………………………………………………… (106)

　　　　肆　异读 ……………………………………………………… (107)

　　　　伍　儿化 ……………………………………………………… (109)

　　　　陆　其他主要音变 …………………………………………… (112)

第二章　字音对照 ……………………………………………………… (113)

词汇卷

概述 ……………………………………………………………………… (193)

词汇对照 ………………………………………………………………… (195)

语法卷

概述 ……………………………………………………………………… (415)

语法例句对照 …………………………………………………………… (416)

口头文化卷

概述 ……………………………………………………………………… (469)

西城 ……………………………………………………………………… (471)

一　歌谣 …………………………………………………………………… (471)
　　二　规定故事 ………………………………………………………………… (473)
　　三　其他故事 ………………………………………………………………… (477)
　　四　自选条目 ………………………………………………………………… (482)
通州 ……………………………………………………………………………… (484)
　　一　歌谣 …………………………………………………………………… (484)
　　二　规定故事 ………………………………………………………………… (485)
　　三　其他故事 ………………………………………………………………… (489)
大兴 ……………………………………………………………………………… (494)
　　一　歌谣 …………………………………………………………………… (494)
　　二　规定故事 ………………………………………………………………… (495)
　　三　其他故事 ………………………………………………………………… (500)
　　四　自选条目 ………………………………………………………………… (501)
房山 ……………………………………………………………………………… (503)
　　一　歌谣 …………………………………………………………………… (503)
　　二　规定故事 ………………………………………………………………… (503)
　　三　其他故事 ………………………………………………………………… (506)
　　四　自选条目 ………………………………………………………………… (509)
门头沟 …………………………………………………………………………… (510)
　　一　歌谣 …………………………………………………………………… (510)
　　二　规定故事 ………………………………………………………………… (511)
　　三　其他故事 ………………………………………………………………… (514)
　　四　自选条目 ………………………………………………………………… (516)
昌平 ……………………………………………………………………………… (518)
　　一　歌谣 …………………………………………………………………… (518)
　　二　规定故事 ………………………………………………………………… (518)
　　三　其他故事 ………………………………………………………………… (522)
　　四　自选条目 ………………………………………………………………… (524)
怀柔 ……………………………………………………………………………… (526)
　　一　歌谣 …………………………………………………………………… (526)
　　二　规定故事 ………………………………………………………………… (527)
　　三　其他故事 ………………………………………………………………… (529)

四　自选条目 …………………………………………………………（531）
密云 ……………………………………………………………………（533）
　　一　歌谣 ……………………………………………………………（533）
　　二　规定故事 ………………………………………………………（534）
　　三　其他故事 ………………………………………………………（543）
　　四　自选条目 ………………………………………………………（546）
顺义 ……………………………………………………………………（548）
　　一　歌谣 ……………………………………………………………（548）
　　二　规定故事 ………………………………………………………（549）
　　三　其他故事 ………………………………………………………（553）
延庆 ……………………………………………………………………（557）
　　一　歌谣 ……………………………………………………………（557）
　　二　规定故事 ………………………………………………………（558）
　　三　其他故事 ………………………………………………………（560）
　　四　自选条目 ………………………………………………………（563）
平谷 ……………………………………………………………………（565）
　　一　歌谣 ……………………………………………………………（565）
　　二　规定故事 ………………………………………………………（566）
　　三　其他故事 ………………………………………………………（570）
　　四　自选条目 ………………………………………………………（572）

参考文献 ………………………………………………………………（573）

附录 ……………………………………………………………………（575）
　　附录一　单字音序索引 ……………………………………………（575）
　　附录二　词汇音序索引 ……………………………………………（587）
　　附录三　发音人信息表 ……………………………………………（602）
　　附录四　调查情况表 ………………………………………………（607）

后记 ……………………………………………………………………（608）

语音卷

概　　述

一　北京概况

北京，中华人民共和国的首都，是我国的政治中心、文化中心、国际交往中心、科技创新中心。北京地处华北平原北部，东与天津相邻，其余均与河北毗连，位于东经115.7°~117.4°，北纬39.4°~41.6°，中心位于东经116°25′29″，北纬39°54′20″，总面积16410.54平方千米。

北京地势西北高、东南低。西部、北部和东北部三面环山，东南部是缓缓向渤海倾斜的平原。境内流经的主要河流有永定河、潮白河、拒马河等，多由西北部山地发源，穿过崇山峻岭，向东南蜿蜒流经平原地区，最后分别汇入渤海。北京的气候为暖温带半湿润半干旱季风气候，夏季高温多雨，冬季寒冷干燥，春、秋短促。

北京是一座有着三千多年历史的古都，在西周、春秋、战国时期地名蓟，曾做过燕国的都城，自秦汉至隋唐，一直是河北北部的政治中心，为广阳、燕、涿、范阳等郡国和幽州的治所，从金朝开始历经元、明、清、民国皆建都于此。北京历史上曾被称为燕京、大都、北平等。

截至2020年，全市下辖16个区，分别是东城区、西城区、朝阳区、丰台区、石景山区、海淀区、顺义区、通州区、大兴区、房山区、门头沟区、昌平区、平谷区、密云区、怀柔区、延庆区。北京市人民政府驻通州区运河东大街57号。根据第七次人口普查数据，截至2020年11月1日零时，北京市常住人口为21893095人。

北京城区（东城、西城、朝阳、丰台、石景山、海淀）、顺义、通州、大兴、房山、门头沟、昌平、怀柔、密云、延庆各区方言属北京官话，平谷区方言属冀鲁官话。

北京流行的主要曲艺形式有京剧、北京琴书、单弦、京东大鼓、梅花大鼓、相声等。

二 本卷内容

本卷主要包括西城、通州、大兴、房山、门头沟、昌平、怀柔、密云、顺义、延庆、平谷等11个调查点的概况、音系（包括声韵调、连读变调、异读、儿化、其他主要音变）及字音对照。11个调查点均设在区政府所在地。

（一）概况

首先介绍调查点的地理、历史、行政区划、人口、民族、方言种类、地方曲艺等情况；再介绍老年男性发音人（以下称"老男"）和青年男性发音人（以下称"青男"）的基本情况。

上述情况主要来自"中国语言资源有声数据库·北京库""中国语言资源保护工程·北京汉语方言调查（增补）"及国家科技支撑计划"三方工程中国语言资源有声数据库技术规范与平台研发"采集的材料。以下两点需要说明：

（1）根据各地政府官网等近年来公布的数据，更新了各区地理、人口等信息。

（2）发音人信息做了简化处理。①由于语音、词汇、语法部分主要涉及老男和青男的相关语料，所以只介绍老男和青男的情况，其他发音人的信息参见"附录三 发音人信息表"。②老男和青男都是严格按照"中国语言资源有声数据库""中国语言资源保护工程"规范标准遴选出来的，个人经历、方言背景均符合相关要求，因此本卷只介绍姓名、出生年月、出生地、文化程度、职业等主要信息。

（二）音系及音变

各地音系、音变主要包括"声韵调""连读变调""异读""儿化""其他主要音变"（即各地方音"贰"至"陆"）等内容，分别描写方言音系概况、语流音变、内部差异（新老异读、文白异读）等。

（三）字音对照

列表展示11个调查点的1000个单字音。

三 编排方式

（一）章节安排

遵照《中国语言资源集（分省）编写出版规范（2021年修订）》的规定安排章节，详见"目录"。

（二）调查点排列顺序

以西城区为中心，从东部的北京市城市副中心通州区开始，在地理上按照顺时针的方向依次排列大兴、房山、门头沟、昌平、怀柔、密云、顺义各区。

延庆和平谷比较特殊，从距离西城区的远近来看，平谷应该排在延庆前面，但由于延庆跟其他各区同属北京官话区，而平谷大部分地区属于冀鲁官话区，所以延庆在前，平谷放在最后。

（三）音系、音变的处理

声韵调。用无线表列出方言老男的声母、韵母和声调，关于声韵调音值和音位归纳情况的说明分别放在相应的无线表下面；声韵调例字根据各地情况进行增删，每个声母、韵母后列4个例字，声调调类、调值后列出《中国语言资源调查手册·汉语方言》（以下称"《调查手册》"）"语音"部分声调调查表中的所有例字。

连读变调。用表格列出包括轻声在内的各调类组合的变调形式，在表下总结变调规律并分别举例（例词全部选自"词汇"部分）；对"一不七八"等特殊变调现象举例描写。

异读。分"新老异读""文白异读""其他异读"三部分从声母、韵母、声调等角度描写单字的异读情况。

儿化。以儿化韵为纲，列举本韵和儿化韵的对应关系并举例（例词全部选自"词汇"部分）；表下对一些特殊的儿化音变进行说明。

其他主要音变。主要对词语和句子中的轻声导致的韵母变化描写并举例。

（四）字音对照的排列

详见"第二章字音对照"下"本章说明"。

四 凡例

本卷使用比较普遍的一些符号说明如下：

^{h} 送气符号。例如：p^h t^h ts^h 等。

｜ 分隔不同例字、例词。例如：择 tṣai^{35} ｜ 侧 tṣai^{55} ~歪 ｜ 色 ṣai^{214}。

‖ 分隔不同类别的例字、例词。例如：瓦 ua^{214}－va^{214} ｜ 外 uai^{51}－vai^{51} ‖ 五 u^{214}－u^{214} ｜ 握 uo^{51}－uo^{51}。"‖"前为"－"前后读音有差别的例字，"‖"后为读音无差别的例字。

／ 分隔一个字的不同读音。例如：暖 nan^{214}/nuan^{214} ｜ 弄 nəŋ^{51}/nou^{51}/nuŋ^{51}。

＝（上标） 表示前面的字是同音替代而不是本字。例如：檐$^=$面虎儿 ian^{35}

mian⁰xur²¹⁴ 蝙蝠｜刷⁼儿样儿 ʂuɐr⁵³iɑ̃r⁰ 怎样。

为行文简洁，国际音标一般不加"［　］"。

另有一些符号只在个别地方使用，采取随文加注的方式说明。

第一章 各地音系

第一节 西城方音

壹 概况

一 西城区概况

西城区位于北京中心城区西部，东与东城区相连，北与海淀区、朝阳区毗邻，西与海淀区、丰台区接壤，南与丰台区相连。西城区是首都功能核心区，是北京乃至全国政治中心、文化中心的核心承载区，是历史文化名城保护的重点地区。

西城区地理坐标为东经116.35°，北纬39.88°，区境东西宽7.1千米，南北长11.2千米，面积50.70平方千米，处于北京缓倾斜冲积平原区内，地貌单元由古永定河、清水河、温榆河联合冲积而成，全区处于该地貌单元的中部。

1958年4月西单、西四二区合并为西城区；2010年6月，撤销西城区和宣武区，设立新的西城区，以原西城区、宣武区的行政区域为新西城区的行政区域，区政府驻金融街街道二龙路27号。

截至2018年，西城区下辖15个街道，261个社区，户籍人口146.1万人，常住人口117.9万人，其中常住外来人口22.3万人；共有约50个少数民族居民，人口近10万。

西城区方言属北京官话京承片京师小片，常住居民主要使用北京话、普通话交流。

当地流行的主要曲艺形式有京剧、相声、北京琴书、京韵大鼓、单弦等。

二 发音人概况

高国森，男，1948年2月出生于西城区椿树街道（今名），大专文化，北京福田公司退休干部。

张弛，男，1976年10月出生于西城区椿树街道（今名），中专文化，西城区青年湖小学教师。

贰　声韵调

一　声母（22个）

p 八兵病别　　pʰ 派片爬扑　　m 马门明麦　　f 飞风饭副
t 多端东毒　　tʰ 讨天甜突　　n 脑南年泥　　　　　　　l 老蓝连路
ts 资早坐贼　　tsʰ 刺草寸祠　　　　　　　　s 丝三随俗
tʂ 张装纸柱　　tʂʰ 茶抽春城　　　　　　　　ʂ 山手双十　　ʐ 软荣热日
tɕ 酒九绝菊　　tɕʰ 清全轻权　　　　　　　　ɕ 想谢响县
k 哥高共谷　　kʰ 开口葵阔　　　　　　　　　x 好很灰活
ø 熬问云药

说明：
（1）ts组声母发音部位偏前，发音时舌尖抵上下齿闭合处，听感上近tθ组辅音。
（2）声母ʐ的摩擦色彩不强烈，实际音值为ɻ。
（3）零声母开口呼音节以纯元音起头，但齐齿呼、合口呼、撮口呼音节的开头带有轻微的同部位摩擦。

二　韵母（40个）

ɿ 资次丝　　　　i 弟米戏一　　　　u 苦五猪出　　　　y 雨橘绿局
ʅ 知吃师十
ɚ 儿耳二
a 大马茶八　　　ia 家俩牙鸭　　　ua 刷花瓦刮
　　　　　　　　ie 写鞋接贴　　　　　　　　　　　　ye 靴月雪掘
ɤ 歌车盒热
o 脖破磨拨　　　　　　　　　　　uo 坐过活国
ai 开排埋白　　　　　　　　　　　uai 摔快坏外
ei 赔飞贼北　　　　　　　　　　　uei 对水鬼胃

au 宝饱烧勺　　　　iau 表桥笑药

ou 豆走口肉　　　　iou 牛九油六

an 南站山半　　　　ian 减盐片年　　　uan 短官关穿　　　yan 权院元悬

ən 森深根身　　　　in 心今新斤　　　uən 寸滚春顺　　　yn 均群熏云

aŋ 糖唱方绑　　　　iaŋ 响样讲腔　　　uaŋ 床光王双

əŋ 灯升争蒙　　　　　　　　　　　　　uəŋ 翁瓮

　　　　　　　　　　iŋ 冰病星硬　　　uŋ 东红农共

　　　　　　　　　　iuŋ 兄永熊用

m□ ~ 们：我们

n 嗯

说明：

（1）韵母 i、u、y 舌位偏高。

（2）韵母 ɚ 发音时舌尖由前向后逐渐加深卷舌，实际音值为 ˄ɚ。ɚ 在去声音节中的实际音值为 ɐr。

（3）韵母 a 的实际音值为 A。

（4）韵母 ie、ye 主要元音的实际音值为 ɛ。

（5）韵母 o（只出现于唇音声母后）舌位偏低，唇形略展，前有过渡音 u。

（6）韵母 ai、uai、ei、uei 的韵尾实际音值为 ɪ。

（7）韵母 au、iau 中主要元音 a 舌位靠后，韵尾 u 舌位偏低，实际音值近 ʊ。

（8）韵母 ian、yan 的主要元音 a 实际音值为 ɛ。韵母 aŋ、iaŋ、uaŋ 的主要元音 a 舌位靠后。

（9）韵母 uei、uən 在去声音节中主要元音弱化乃至消失，实际音值分别为 ui、un。

（10）韵母 yn、iŋ 元音和韵尾之间有过渡音 ə，实际音值分别为 yᵊn、iᵊŋ。

（11）韵母 uŋ、iuŋ 中的 u 舌位偏低，实际音值近 ʊ。

三　声调（4个）

阴平 55　　东该灯风通开天春　　搭哭拍切

阳平 35　　门龙牛油铜皮糖红　　节急　毒白盒罚

上声 214　　懂古鬼九统苦讨草　　买老五有　谷百塔

去声 51　　冻怪半四痛快寸去　　卖路硬乱洞地饭树　动罪近后　六麦叶月

说明：

上声调值不稳定，同一个发音人会出现 212、213、214、2114、224 等变体形式，此处记为 214。

叁　连读变调

一　两字组连读变调

表 1　　　　　　　西城方言两字组连读变调表①

前字＼后字	阴平 55	阳平 35	上声 214	去声 51	轻声
阴平 55	55 + 55	55 + 35	55 + 214	55 + 51	55 + 0
阳平 35	35 + 55	35 + 35	35 + 214	35 + 51	35 + 0
上声 214	**21 + 55**	**21 + 35**	**35 + 214**	**21 + 51**	**21 + 0** **35 + 0**
去声 51	51 + 55	51 + 35	51 + 214	**53 + 51**	51 + 0

西城方言两字组连读变调具有以下特点：

（1）两字组中存在变调现象的只有前字，后字没有变调的情况（轻声除外）。

（2）前字为阴平、阳平，后字无论调类为何，前字都不变调。

（3）上声的变调形式比较丰富：

①前字为上声，后字为非上声（轻声除外），前字调值由 214 变为 21。例如：

上声 + 阴平：母鸡 mu²¹tɕi⁵⁵ ｜ 每天 mei²¹tʰian⁵⁵ ｜ 老叔 lau²¹ʂu⁵⁵ ｜ 打针 ta²¹tʂən⁵⁵。

上声 + 阳平：女儿 ny²¹ɚ³⁵ ｜ 暖壶 nuan²¹xu³⁵ ｜ 本钱 pən²¹tɕʰian³⁵ ｜ 赶集 kan²¹tɕi³⁵。

上声 + 去声：柳树 liou²¹ʂu⁵¹ ｜ 小麦 ɕiau²¹mai⁵¹ ｜ 以后 i²¹xou⁵¹ ｜ 扫地 sau²¹ti⁵¹。

②前后字皆为上声，则前字调值由 214 变为 35。例如：

雨伞 y³⁵san²¹⁴ ｜ 母狗 mu³⁵kou²¹⁴ ｜ 蚂蚁 ma³⁵i²¹⁴ ｜ 洗澡 ɕi³⁵tsau²¹⁴。

③前字为上声，后字为轻声，前字调值由 214 变为 21 和 35 的都有。例如：

---

① 表中直接记录连读调，有变调的用粗体字显示。实验研究证明，北京话轻声词中轻声音节的调值大致是阴平后为 41，阳平后为 51，上声后一部分为 42 或 32，一部分为 44 或 33，去声后为 21，我们统一处理为 0。下同。

上声+轻声（本调为非上声）：老鸹 lau²¹kuə⁰｜尾巴 i²¹pɐ⁰｜斧头 fu²¹tʰo⁰｜暖和 nuan²¹xuə⁰｜小气 ɕiau²¹tɕʰi⁰｜脑袋 nau²¹tɛ⁰。

上声+轻声（本调为上声），又分两种情况：
a. 前字变为35：哪里 na³⁵li⁰｜晌午 ʂaŋ³⁵u⁰｜老虎 lau³⁵xu⁰｜想想 ɕiaŋ³⁵ɕiaŋ⁰。
b. 前字变为21：嗓子 saŋ²¹tsɿ⁰｜耳朵 ɚ²¹to⁰｜姐姐 tɕie²¹tɕiə⁰。

（4）前字为去声，后字为阴平、阳平、上声和轻声，前字不变调；后字为去声，前字由51变为53。例如：木炭 mu⁵³tʰan⁵¹｜旱地 xan⁵³ti⁵¹｜害臊 xai⁵³sau⁵¹｜做梦 tsuo⁵³məŋ⁵¹｜号脉 xau⁵³mai⁵¹。

二 "一、七、八、不"的变调

西城"一、七、八"单念阴平55，"不"单念去声51，作前字时存在变调现象。

（1）后字为去声，"一、七、八、不"调值变为35，读同阳平。例如：一个 i³⁵kɤ⁵¹｜一辈子 i³⁵pei⁵¹tsɿ⁰‖不是 pu³⁵ʂɿ⁵¹｜不去 pu³⁵tɕʰy⁵¹‖七个 tɕʰi³⁵kɤ⁵¹｜七万 tɕʰi³⁵uan⁵¹‖八个 pa³⁵kɤ⁵¹｜八月 pa³⁵ye⁵¹。

（2）"一"在阴平、阳平、上声字前调值变为51。例如：一千 i⁵¹tɕʰian⁵⁵｜一张 i⁵¹tʂaŋ⁵⁵｜一年 i⁵¹nian³⁵｜一连 i⁵¹lian³⁵｜一百 i⁵¹pai²¹⁴｜一起 i⁵¹tɕʰi²¹⁴。

（3）"七、八、不"在阴平、阳平、上声字前不变调。例如：七千 tɕʰi⁵⁵tɕʰian⁵⁵｜八张 pa⁵⁵tʂaŋ⁵⁵｜不吃 pu⁵¹tʂʰɿ⁵⁵‖七年 tɕʰi⁵⁵nian³⁵｜八环 pa⁵⁵xuan³⁵｜不来 pu⁵¹lai³⁵‖七百 tɕʰi⁵⁵pai²¹⁴｜八两 pa⁵⁵liaŋ²¹⁴｜不想 pu⁵¹ɕiaŋ²¹⁴。

肆 异读

一 新老异读

（一）声母

除 u、uo 韵外，老男零声母合口呼字，青男读为 v 声母开口呼。例如：瓦 ua²¹⁴－va²¹⁴｜外 uai⁵¹－vai⁵¹｜尾 uei²¹⁴－vei²¹⁴｜晚 uan²¹⁴－van²¹⁴｜问 uən⁵¹－vən⁵¹｜王 uaŋ³⁵－vaŋ³⁵｜翁 uəŋ⁵⁵－vəŋ⁵⁵‖五 u²¹⁴－u²¹⁴｜握 uo⁵¹－uo⁵¹。①

老男读零声母的通合三钟韵影喻母字，青男读为 ʐ 声母。例如：拥 iuŋ⁵⁵－ʐuŋ⁵⁵｜用 iuŋ⁵¹－ʐuŋ⁵¹。

（二）韵母

与老男相比，青男韵母系统中少了一个 uəŋ 韵母，老男读 uəŋ 韵母的"翁

---

① "－"前为老男读音，后为青男读音。"/""｜""‖"功能同概述"凡例"。下同。

瓮"等字，青男读 v 声母 əŋ 韵。

个别泥来母字，老男有合口呼和开口呼异读，青男只有合口呼一读。例如：暖 nan²¹⁴/nuan²¹⁴ - nuan²¹⁴｜乱 lan⁵¹/luan⁵¹ - luan⁵¹｜弄 nəŋ⁵¹/nou⁵¹/nuŋ⁵¹ - nuŋ⁵¹｜脓 nəŋ³⁵/nuŋ³⁵ - nuŋ³⁵。

"嫩"老男有 nuən⁵¹/nən⁵¹ 两读，青男只有开口呼 nən⁵¹ 一读。

（三）文白

老男和青男在文白异读方面存在一些差别，年轻人多用文读音形式，白读的说法越来越少。主要体现在两方面：

第一，青男有文白异读的字较老男大大减少。1000 个单字中，青男只有"血薄雀削塞色择客熟"等少数字存在文白异读现象。

第二，青男有文白异读的一些字，与老男相比，异读形式也有所减少。例如："血"老男有 ɕie²¹⁴ 多/ɕye²¹⁴ 流~/ɕye⁵¹ 鲜~三种读音，青男只有 ɕie²¹⁴/ɕye²¹⁴ 两种读音；"隔"老男有 tɕie⁵¹ ~壁儿/tɕie⁵⁵ ~夜茶/kɤ³⁵ 间~三种读音，青男只有 kɤ³⁵ 一种读音。

二　文白异读

（一）声母

梗开二知组、曾开三庄组入声部分字声母白读 tʂ 组，文读 ts 组。例如：择 tʂai³⁵ ~菜/tsɤ³⁵ 选~｜侧 tʂai⁵⁵ ~歪/tsʰɤ⁵¹ ~面｜色 ʂai²¹⁴ 红~儿/sɤ⁵¹ ~鬼。

宕江摄和梗开二见系入声部分字声母白读 tɕ 组，文读 k 组。例如：壳 tɕʰiau⁵¹ 米~：罂粟壳/kʰɤ³⁵ 蛋~儿｜隔 tɕie⁵¹ ~壁儿/tɕie⁵⁵ ~夜茶/kɤ³⁵ 间~｜客 tɕʰie²¹⁴ 来~了/kʰɤ⁵¹ ~人。

另有部分舒声字的声母存在文白异读。例如：耕 tɕiŋ⁵⁵ ~地/kəŋ⁵⁵ 春~｜虹 tɕiaŋ⁵¹/kaŋ⁵¹｜俊 tsuən⁵¹/tɕyn⁵¹。

（二）韵母

韵母的文白异读主要体现在宕江曾梗通五摄入声字。

宕江摄入声字韵母白读 au、iau 韵，文读 o、ɤ、uo、ye 韵。例如：薄 pau³⁵ ~片儿/po³⁵ ~弱｜剥 pau⁵⁵ ~皮儿/po⁵⁵ ~削｜落 lau⁵¹ ~下来/la⁵¹ ~在家里/luo⁵¹ ~后｜弱 ʐau⁵¹ 身子~/ʐuo⁵¹ ~薄~｜壳 tɕʰiau⁵¹ 米~：罂粟壳/kʰɤ³⁵ 蛋~儿｜鹤 xau³⁵ ~年堂：药店名/xɤ⁵¹ 仙~｜雀 tɕʰiau²¹⁴ 家~儿/tɕʰye⁵¹ 孔~｜角 tɕiau²¹⁴ 牛~/tɕye³⁵ 名~儿｜学 ɕiau³⁵ 上~/ɕye³⁵ ~习｜削 ɕiau⁵⁵ ~皮儿/ɕye⁵⁵ 剥~｜约 iau⁵⁵ ~重/ye⁵⁵ ~会。其中"落"还有 a 韵的白读形式。

曾开一入声字韵母白读 ei 韵，文读 ɤ 韵或 ai 韵。例如：得 tei²¹⁴ ~劲儿/tɤ³⁵ ~到｜黑 xei⁵⁵ ~色/xei²¹⁴ ~豆/xɤ⁵¹ 读书音｜塞 sei⁵⁵ ~住/sai⁵⁵ 瓶~儿；~住。

梗开二知组、曾开三庄组入声字韵母白读 ai 韵，文读 ɤ 韵。例如：侧 tʂai⁵⁵ ~歪/tsʰɤ⁵¹ ~面儿｜择 tʂai³⁵ ~菜/tsɤ³⁵ 选~｜色 ʂai²¹⁴ 红~儿/sɤ⁵¹ ~鬼。

梗开二见系入声字韵母白读 ie 韵，文读 ɤ 韵。例如：客 tɕʰie²¹⁴ 来~了/kʰɤ⁵¹ ~人｜隔 tɕie⁵¹ ~壁儿/tɕie⁵⁵ ~夜茶/kɤ³⁵ 间~。

通合三入声字韵母白读 ou 韵，文读 u 韵。例如：熟 ʂou³⁵ 饭~了/ʂu³⁵ 成~。

其他韵摄的个别入声字韵母也存在文白异读，如山合三四，白读 ie 韵，文读 ye 韵：越 ie⁵¹ ~来~好/ye⁵¹ ~南｜血 ɕie²¹⁴ 流~/ɕye⁵¹ 鲜~。

除入声字韵母外，有一些舒声字的韵母也存在文白异读的情况。例如：尾 i²¹⁴ ~巴/uei²¹⁴ ~随。

（三）声调

声调异读也主要出现在入声字。

有的是没有条件的异读。例如：割 kɤ³⁵/kɤ⁵⁵。

有的异读具有一定的词汇条件。例如：劈 pʰi⁵⁵ 动词/pʰi²¹⁴ ~柴（名词）｜法 fa²¹⁴ 方~/fa⁵¹ ~国｜作 tsuo⁵¹ 工~/tsuo⁵⁵ ~坊｜结 tɕie³⁵ 打~/tɕie⁵⁵ ~婚｜刷 ʂua⁵⁵ ~牙/ʂua⁵¹ ~下来｜曲 tɕʰy⁵⁵ ~折/tɕʰy²¹⁴ 歌~。

以上所列文白异读有些不限于声母、韵母或声调的单一异读，而是存在声韵调两两结合或三者结合的异读情况：

声母和韵母异读：择 tʂai³⁵/tsɤ³⁵｜俊 tsuən⁵¹/tɕyn⁵¹｜耕 tɕiŋ⁵⁵/kəŋ⁵⁵。

韵母和声调异读：血 ɕie²¹⁴/ɕye²¹⁴/ɕye⁵¹｜雀 tɕʰiau²¹⁴/tɕʰye⁵¹｜鹤 xau³⁵/xɤ⁵¹｜角 tɕiau²¹⁴/tɕye³⁵｜得 tei²¹⁴/tɤ³⁵。

声韵调异读：壳 tɕʰiau⁵¹/kʰɤ³⁵｜客 tɕʰie²¹⁴/kʰɤ⁵¹｜隔 tɕie⁵¹/tɕie⁵⁵/kɤ³⁵｜侧 tʂai⁵⁵/tsʰɤ⁵¹｜色 ʂai²¹⁴/sɤ⁵¹。

三 其他异读

西城老男还有一些异读，既不属于新老异读，也不好归入文白异读。

声母异读：撞 tʂʰuaŋ⁵¹/tʂuaŋ⁵¹。

韵母异读：淋 luən³⁵/lin³⁵。

声调异读：连 lian⁵⁵ ~起来/lian³⁵ ~长。

声母声调异读：浸 tɕʰin²¹⁴ ~湿/tɕin⁵¹ ~泡。

伍 儿化

西城方言的儿化韵以主要元音卷舌为显著特征，有些儿化韵还伴随主要元音的央化；儿化还是西城方言表小称的重要手段。

西城方言 40 个韵母，除 ɚ 和 m、n 外，其他 37 个韵母都有对应的儿化韵，其中一些韵母的儿化韵有合并现象，因此 37 个韵母共对应 26 个儿化韵。

表2　　　　　　　　　　西城方言儿化韵表

儿化韵	本韵	例词
ər	ɿ	刺儿 tsʰər⁵¹ ｜ 鸡子儿 tɕi⁵⁵tsər²¹⁴ ｜ 小小子儿 ɕiau³⁵ɕiau²¹tsər⁰
	ʅ	侄儿 tʂər³⁵ ｜ 事儿 ʂər⁵¹
	ei	背儿头儿 pər⁵⁵tʰour³⁵ ｜ 擦黑儿 tsʰa⁵⁵xər⁵⁵
	ən	亏本儿 kʰuei⁵⁵pər²¹⁴ ｜ 洗脸盆儿 ɕi³⁵lian²¹pʰər³⁵ ｜ 串门儿 tʂʰuan⁵¹mər³⁵ ｜ 一阵儿 i³⁵tʂər⁵¹ ｜ 汗衬儿 xan⁵¹tʂʰər⁵¹ ｜ 婶儿 ʂər²¹⁴
iər	i	隔儿壁儿 tɕiɛr⁵¹piər²¹⁴ ｜ 猪蹄儿 tʂu⁵⁵tʰiər³⁵ ｜ 咽气儿 ian⁵³tɕʰiər⁵¹
	in	今儿 tɕiər⁵⁵ ｜ 背心儿 pei⁵¹ɕiər⁵⁵ ｜ 胡琴儿 xu³⁵tɕʰiər⁰
uər	uei	一堆儿 i⁵¹tuər⁵⁵ ｜ 裤腿儿 kʰu⁵¹tʰuər²¹⁴ ｜ 亲嘴儿 tɕʰin⁵⁵tsuər²¹⁴
	uən	打盹儿 ta³⁵tuər²¹⁴ ｜ 村儿 tsʰuər⁵⁵ ｜ 嘴唇儿 tsuei²¹tʂʰuər³⁵ ｜ 冰棍儿 piŋ⁵⁵kuər⁵¹ ｜ 光棍儿 kuaŋ⁵⁵kuər⁵¹
yər	y	毛驴儿 mau³⁵lyər³⁵ ｜ 小鱼儿 ɕiau²¹yər³⁵
	yn	花裙儿 xua⁵⁵tɕʰyər³⁵
ɐr	a	把儿 pɐr⁵¹ ｜ 变戏法儿 pian⁵³ɕi⁵¹fɐr²¹⁴ ｜ 咂儿 tsɐr⁵⁵ ｜ 裤衩儿 kʰu⁵¹tʂʰɐr²¹⁴
	ai	猪崽儿 tʂu⁵⁵tsɐr²¹⁴ ｜ 指甲盖儿 tʂʅ⁵⁵tɕia⁰kɐr⁵¹ ｜ 小孩儿 ɕiau²¹xɐr³⁵
	an	床单儿 tʂʰuaŋ³⁵tɐr⁵⁵ ｜ 屁股蛋儿 pʰi⁵¹ku⁰tɐr⁵¹ ｜ 猪肝儿 tʂu⁵⁵kɐr⁵⁵ ｜ 门槛儿 mən³⁵kʰɐr²¹⁴
iɐr	ia	一下儿 i³⁵ɕiɐr⁵¹ ｜ 豆芽儿 tou⁵¹iɐr³⁵
	ian	旁边儿 pʰaŋ³⁵piɐr⁵⁵ ｜ 辫儿 piɐr⁵¹ ｜ 面儿 miɐr⁵¹ ｜ 天儿 tʰiɐr⁵⁵ ｜ 纸钱儿 tʂʅ²¹tɕʰiɐr³⁵ ｜ 馅儿 ɕiɐr⁵¹ ｜ 肚脐眼儿 tu⁵¹tɕʰi³⁵iɐr²¹⁴ ｜ 河沿儿 xɤ³⁵iɐr⁵¹

续表

儿化韵	本韵	例词
uɐr	ua	脑袋瓜儿 nau²¹tɛ⁰kuɐr⁵⁵ ｜ 花儿 xuɐr⁵⁵
	uai	一块儿 i³⁵kʰuɐr⁵¹
	uan	新郎官儿 ɕin⁵⁵laŋ³⁵kuɐr⁵⁵ ｜ 饭馆儿 fan⁵¹kuɐr²¹⁴ ｜ 玩儿 uɐr³⁵
yɐr	yan	手绢儿 ʂou²¹tɕyɐr⁵¹ ｜ 烟卷儿 ian⁵⁵tɕyɐr²¹⁴ ｜ 旋儿 ɕyɐr³⁵
ur	u	轱辘儿 ku³⁵lur⁰ ｜ 眼珠儿 ian²¹tʂur⁵⁵ ｜ 叔儿 ʂur⁵⁵ ｜ 燕么虎儿 ian⁵¹mə⁰xur²¹⁴ ｜ 里屋儿 li²¹ur⁵⁵
ɤr	ɤ	甘蔗儿 kan⁵⁵tʂɤr⁰ ｜ 下巴壳儿 ɕia⁵¹pɐ⁰kʰɤr⁵⁵ ｜ 唱歌儿 tʂʰaŋ⁵¹kɤr⁵⁵ ｜ 自个儿 tsɿ⁵¹kɤr²¹⁴
or	o	围脖儿 uei³⁵por³⁵
uor	uo	昨儿 tsuor³⁵ ｜ 对过儿 tuei⁵³kuor⁵¹ ｜ 水果儿 ʂuei³⁵kuor²¹⁴ ｜ 油炸馃儿 iou³⁵tʂa³⁵kuor⁰ ｜ 罗锅儿 luo³⁵kuor⁵⁵ ｜ 干活儿 kan⁵¹xuor³⁵
iɛr	ie	叶儿 iɛr⁵¹ ｜ 烟叶儿 ian⁵⁵iɛr⁵¹ ｜ 隔儿壁儿 tɕiɛr⁵¹piɚ²¹⁴
yɛr	ye	口诀儿 kʰou²¹tɕyɛr³⁵
ɑor	au	道儿 tɑor⁵¹ ｜ 桃儿 tʰɑor³⁵ ｜ 枣儿 tsɑor²¹⁴
iɑor	iau	面条儿 mian⁵¹tʰiɑor³⁵ ｜ 口条儿 kʰou²¹tʰiɑor⁰ ｜ 鸟儿 niɑor²¹⁴ ｜ 角儿 tɕiɑor²¹⁴ ｜ 家雀儿 tɕia⁵⁵tɕʰiɑor²¹⁴
our	ou	土豆儿 tʰu²¹tour⁵¹ ｜ 兜儿 tour⁵⁵ ｜ 坟头儿 fən³⁵tʰour³⁵ ｜ 水沟儿 ʂuei²¹kour⁵⁵ ｜ 扣儿 kʰour⁵¹ ｜ 背后儿 pei⁵³xour⁵¹ ｜ 猴儿 xour³⁵
iour	iou	小牛儿 ɕiau²¹niour³⁵ ｜ 一流儿 i⁵⁵liour³⁵
ãr	aŋ	翅膀儿 tʂʰɿ⁵¹pãr²¹⁴ ｜ 电棒儿 tian⁵³pãr⁵¹ ｜ 双傍儿 ʂuaŋ⁵⁵pãr⁵¹ ｜ 地方儿 ti⁵¹fãr⁰ ｜ 前半晌儿 tɕʰian³⁵pan⁵¹ʂãr²¹⁴
iãr	iaŋ	小姑娘儿 ɕiau²¹ku⁵⁵niãr⁰ ｜ 长相儿 tʂaŋ²¹ɕiãr⁰ ｜ 老阳儿 lau²¹iãr³⁵ ｜ 这样儿 tʂɤ⁵¹iãr⁰
uãr	uaŋ	李各庄儿 li²¹kə⁰tʂuãr⁵⁵ ｜ 鸡蛋黄儿 tɕi⁵⁵tan⁰xuãr³⁵
ə̃r	əŋ	钢镚儿 kaŋ⁵⁵pə̃r⁵¹ ｜ 缝儿 fə̃r⁵¹ ｜ 蜜蜂儿 mi⁵¹fə̃r⁵⁵ ｜ 起灯儿 tɕʰi²¹tə̃r⁵⁵ ｜ 年成儿 nian³⁵tʂʰə̃r⁰ ｜ 绳儿 ʂə̃r³⁵ ｜ 水坑儿 ʂuei²¹kʰə̃r⁵⁵
iə̃r	iŋ	明儿 miə̃r³⁵ ｜ 名儿 miə̃r³⁵ ｜ 打鸣儿 ta²¹miə̃r³⁵ ｜ 杏儿 ɕiə̃r⁵¹

续表

儿化韵	本韵	例词
uə̃r	uəŋ	小瓮儿 ɕiau²¹ uə̃r⁵¹
iũr	iuŋ	小熊儿 ɕiau²¹ ɕiũr³⁵ ｜ 蚕蛹儿 tsʰan³⁵ iũr²¹⁴
ũr	uŋ	胡同儿 xu³⁵ tũr⁵¹

个别词语中儿化韵不符合规律，例如：

(1) 蝴蝶儿 xu⁵¹ tʰiɐr²¹⁴：蝶，ie 韵，按规律儿化韵应为 iɛr。

(2) 媳妇儿 ɕi³⁵ fər⁰：妇，u 韵，按规律儿化韵应为 ur。娶媳妇儿 tɕʰy²¹ ɕi³⁵ fər⁰、新媳妇儿 ɕin⁵⁵ ɕi³⁵ fər⁰、兄弟媳妇儿 ɕiuŋ⁵⁵ ti⁵¹ ɕi³⁵ fər⁰、儿媳妇儿 ɚ³⁵ ɕi³⁵ fər⁰ 都是如此。

陆　其他主要音变

西城方言轻声现象丰富。轻声的主要特点是音节时长缩短，调域、调型和音强都受音长的影响，居于次要地位。轻声导致变韵，也就是轻声音节的韵母会发生一些规律性的变化。主要有以下几种情形：

一　主要元音央化

(1) 唇音声母后的单韵母 a 变为 ɐ：尾巴 i²¹ pɐ⁰ ｜ 嘴巴 tsuei²¹ pɐ⁰ ｜ 王八 uaŋ³⁵ pɐ⁰ ｜ 蛤蟆 xa³⁵ mɐ⁰ ｜ 芝麻 tʂʅ⁵⁵ mɐ⁰ ｜ 头发 tʰou³⁵ fɐ⁰；

其他声母后的单韵母 a 变为 ə：疙瘩 kɤ⁵⁵ tə⁰ ｜ 滴答 ti⁵⁵ tə⁰ ｜ 疤瘌 pa⁵⁵ lə⁰ ｜ 菩萨 pʰu³⁵ sə⁰。

(2) 韵母 ia、ua 变为 iə、uə：人家 zən³⁵ tɕiə⁰ ｜ 陪嫁 pʰei³⁵ tɕiə⁰ ｜ 乡下 ɕiaŋ⁵⁵ ɕiə⁰ ｜ 黑下 xei⁵⁵ ɕiə⁰ ｜ 老鸹 lau²¹ kuə⁰ ｜ 黄瓜 xuaŋ³⁵ kuə⁰ ｜ 棉花 mian³⁵ xuə⁰。

(3) 韵母 ɤ 变为 ə：这个 tsei⁵¹ kə⁰ ｜ 哥哥 kɤ⁵⁵ kə⁰。

(4) 韵母 ie、ye 变为 iə、yə：姐姐 tɕie²¹ tɕiə⁰ ｜ 螃蟹 pʰaŋ³⁵ ɕiə⁰ ｜ 爷爷 ie³⁵ iə⁰ ｜ 喜鹊 ɕi²¹ tɕʰyə⁰ ｜ 腊月 la⁵¹ yə⁰。

⑤韵母 o、uo 变为 ə、uə：婆婆 pʰo³⁵ pʰə⁰ ｜ 胳膊 kɤ⁵⁵ pə⁰ ｜ 暖和 nuan²¹ xuə⁰ ｜ 苹果 pʰiŋ³⁵ kuə⁰ ｜ 柴火 tʂʰai³⁵ xuə⁰。

二　复元音韵母单元音化

(1) 韵母 uo 个别变为 ɔ：拾掇 ʂʅ³⁵ tɔ⁰ ｜ 耳朵 ɚ²¹ tɔ⁰。

（2）韵母 ai、uai 变为 ɛ、uɛ：脑袋 nau²¹ tɛ⁰｜口袋 kʰou²¹ tɛ⁰｜砚台 ian⁵¹ tʰɛ⁰｜奶奶 nai²¹ nɛ⁰｜下来 ɕia⁵¹ lɛ⁰｜菠菜 po⁵⁵ tsʰɛ⁰｜云彩 yn³⁵ tsʰɛ⁰｜腻歪 ni⁵¹ uɛ⁰。

（3）韵母 ei、uei 变为 e、ue：妹妹 mei⁵¹ me⁰｜露水 lu⁵¹ ʂue⁰｜下水 ɕia⁵¹ ʂue⁰｜牌位 pʰai³⁵ ue⁰。

（4）韵母 au、iau 变为 ɔ、iɔ：眉毛 mei³⁵ mɔ⁰｜知道 tʂʅ⁵⁵ tɔ⁰｜味道 uei⁵¹ tɔ⁰｜热闹 ʐə⁵¹ nɔ⁰｜姥姥 lau²¹ lɔ⁰｜宽绰 kʰuan⁵⁵ tʂʰɔ⁰｜多少 tuo⁵⁵ ʂɔ⁰｜山药 ʂan⁵⁵ iɔ⁰。

（5）韵母 ou 变为 o：枕头 tʂən²¹ tʰo⁰｜日头 ʐʅ⁵¹ tʰo⁰｜石头 ʂʅ³⁵ tʰo⁰｜石榴 ʂʅ³⁵ lio⁰｜咳嗽 kʰɤ³⁵ so⁰｜发愁 fa⁵⁵ tʂʰo⁰｜折扣 tʂɤ³⁵ kʰo⁰｜保佑 pau²¹ io⁰｜朋友 pʰəŋ³⁵ io⁰。

三　单元音韵母 u 消失或半元音化

（1）m 声母后消失：丈母娘 tʂaŋ⁵¹ m⁰ niaŋ³⁵｜大拇指 ta⁵¹ m⁰ tʂʅ²¹⁴｜小拇指 ɕiau²¹ m⁰ tʂʅ²¹⁴。

（2）f 声母后消失：豆腐 tou⁵¹ f⁰｜师傅 ʂʅ⁵⁵ f⁰｜姑父 ku⁵⁵ f⁰｜姐夫 tɕie²¹ f⁰｜欺负 tɕʰi⁵⁵ f⁰。有时 f 声母后 u 并不消失，而是弱化为半元音 ʋ，但强度、长短因人因语境等而有不同。

另外，除了词语中一些音节读轻声外，还有不少语法成分必须读轻声，例如：后缀"子、儿、头"等；语气词"吧、啊、吗、呢"等；助词"的、地、得、着、了、过"等；重叠动词的第二个音节；趋向补语"来、去、起来、出去"等。这些语法成分在语流中也会发生变韵现象，规律大致与词语的轻声变韵相同。

第二节 通州方音

壹 概况

一 通州区概况

通州区位于北京市东南部,京杭大运河北端,西临朝阳区、大兴区,北与顺义区接壤,东隔潮白河与河北省三河市、大厂回族自治县、香河县相连,南和天津市武清区、河北省廊坊市交界。地理坐标为北纬39°36′~40°02′,东经116°32′~116°56′,东西宽36.5千米,南北长48千米,区域面积906平方千米。通州区地处永定河、潮白河冲积洪积平原,地势平坦,自西北向东南倾斜。

1958年3月通县、通州市从河北省划归北京市,合并后改称通州区,1960年2月改名通县,1997年4月撤销通县设立通州区,区政府驻北苑街道新华北街161号;2015年7月通州正式成为北京市行政副中心,2019年1月11日,经国务院批准,北京市人民政府机关由东城区正义路2号搬迁至通州区运河东大街57号。

截至2018年末,通州区辖6个街道、10个镇、1个乡,户籍人口78.7万人,常住人口157.8万人;共有30多个少数民族居民,人口约为4.8万人,以满族、回族、蒙古族等为多。

通州区方言属北京官话京承片京师小片,内部差别不大,地理上大致以运河为界,河东河西略有差别;城乡小有差别,主要体现在词汇上。

当地流行的曲艺形式主要有单琴大鼓、京东大鼓、京剧、评戏、河北梆子、蹦蹦戏、号子等。

二 发音人概况

郑建山,男,1953年2月出生,通州区潞城镇人,大学文化,通州区文化馆退休干部。

边博,男,1985年4月出生,通州区中仓街道人,大专文化,通州区中仓街道办事处干部。

贰　声韵调

一　声母（22 个）

p 八兵病别　　pʰ 派片爬扑　　m 马门明麦　　f 飞风饭副
t 多端东毒　　tʰ 讨天甜突　　n 脑南年泥　　　　　　　　l 老蓝连路
ts 资早坐贼　　tsʰ 刺草寸祠　　　　　　　　s 丝三随俗
tʂ 张装纸柱　　tʂʰ 茶抽春城　　　　　　　　ʂ 山手双十　　ʐ 软荣热日
tɕ 酒九绝菊　　tɕʰ 清全轻权　　　　　　　　ɕ 想谢响县
k 哥高共谷　　kʰ 开口葵阔　　　　　　　　　x 好很灰活
ø 熬问云药

说明：

（1）ts 组声母发音部位偏前，发音时舌尖抵上下齿闭合处，听感上近 tθ 组辅音。

（2）声母 ʐ 的摩擦色彩不强烈，实际音值为 ɻ。

二　韵母（38 个）

ɿ 资次丝　　　　i 弟米戏一　　　u 苦五猪出　　　y 雨橘绿局
ʅ 知吃师十
ɚ 儿耳二
a 大马茶八　　　ia 家俩牙鸭　　 ua 刷花瓦刮
　　　　　　　　ie 写鞋接贴　　　　　　　　　　ye 靴月雪掘
ɤ 歌车盒热
o 脖破磨拨　　　　　　　　　　　uo 坐过活国
ai 开排埋白　　　　　　　　　　uai 摔快坏外
ei 赔飞贼北　　　　　　　　　　uei 对水鬼胃
au 宝饱烧勺　　 iau 表桥笑药
ou 豆走口肉　　 iou 牛九油六
an 南站山半　　 ian 减盐片年　　uan 短官关穿　　yan 权院元悬

ən 森深根身　　　in 心今新斤　　　uən 寸滚春顺　　　yn 均群熏云
aŋ 糖唱方绑　　　iaŋ 响样讲腔　　　uaŋ 床光王双
əŋ 灯升争蒙　　　　　　　　　　　uəŋ 翁瓮
　　　　　　　　　iŋ 冰病星硬　　　uŋ 东红农共　　　yŋ 兄永熊用

说明：

（1）韵母 ie、ye 主要元音 e 舌位略低，实际音值近 ɛ。

（2）韵母 o、uo 中的 o 唇形不太圆；韵母 o 前有过渡音 u。

（3）韵母 ai、uai 韵尾的实际音值为 ɪ。

（4）韵母 au、iau 中主要元音 a 舌位靠后，韵尾 u 舌位偏低，实际音值近 ʊ。韵母 ian、yan 中主要元音 a 实际音值为 ɛ，有鼻化色彩。韵母 aŋ、iaŋ、uaŋ 的主要元音舌位偏后。

（5）韵母 yn、iŋ 元音和韵尾之间有过渡音 ə，实际音值分别为 yᵊn、iᵊŋ。

（6）韵母 uŋ 中的 u 舌位偏低，实际音值近 ʊ。

三　声调（4 个）

阴平 55　　东该灯风通开天春　　搭哭拍切
阳平 35　　门龙牛油铜皮糖红　　节急　毒白盒罚
上声 214　　懂古鬼九统苦讨草　　买老五有　谷百塔
去声 51　　冻怪半四痛快寸去　　卖路硬乱洞地饭树　动罪近后　六麦叶月

说明：

（1）上声调值不稳定，同一个发音人会出现 212、213、214、224 等变体，此处记为 214。

（2）去声 51 有时最低点不到 1。

叁　连读变调

一　两字组连读变调

表3　　　　　　　　通州方言两字组连读变调表

前字＼后字	阴平 55	阳平 35	上声 214	去声 51	轻声
阴平 55	55＋55	55＋35	55＋214	55＋51	55＋0
阳平 35	35＋55	35＋35	35＋214	35＋51	35＋0
上声 214	**21＋55**	**21＋35**	**35＋214**	**21＋51**	**21＋0** **35＋0**
去声 51	51＋55	51＋35	51＋214	**53＋51**	51＋0

通州两字组连读变调具有以下特点：

（1）前字为阴平、阳平，后字无论调类为何，前字都不变调。

（2）上声作前字和后字都有变调现象。

①前字为上声，后字为非上声（轻声除外），前字调值由 214 变为 21。例如：

上声＋阴平：每天 mei^{21} tʰian^{55} ｜ 母猫 mu^{21} mau^{55} ｜ 老师 lau^{21} ʂʅ^{55} ｜ 养猪 iaŋ^{21} tʂu^{55}。

上声＋阳平：土房 tʰu^{21} faŋ^{35} ｜ 老人 lau^{21} ʐən^{35} ｜ 母牛 mu^{21} niou^{35} ｜ 赶集 kan^{21} tɕi^{35}。

上声＋去声：柳树 liou^{21} ʂu^{51} ｜ 小麦 ɕiau^{21} mai^{51} ｜ 把脉 pa^{21} mai^{51} ｜ 扫地 sau^{21} ti^{51}。

②前后字皆为上声，则前字调值由 214 变为 35。例如：雨伞 y^{35} san^{214} ｜ 母狗 mu^{35} kou^{214} ｜ 蚂蚁 ma^{35} i^{214} ｜ 洗澡 ɕi^{35} tsau^{214}。

③前字为上声，后字为轻声，前字调值由 214 变为 21 和 35 的都有。例如：

上声＋轻声（本调为非上声）：手巾 ʂou^{21} tɕin^{0} ｜ 暖和 nuan^{21} xuo^{0} ｜ 喜鹊 ɕi^{21} tɕʰiou^{0} ｜ 尾巴 i^{21} pa^{0} ｜ 小气 ɕiau^{21} tɕʰi^{0} ｜ 脑袋 nau^{21} tai^{0}。

上声＋轻声（本调为上声），又分两种情况：

　　a. 前字变为 35：哪里 na^{35} li^{0} ｜ 晌午 ʂaŋ^{35} u^{0} ｜ 老虎 lau^{35} xu^{0} ｜ 想想 ɕiaŋ^{35} ɕiaŋ^{0}。

　　b. 前字变为 21：嗓子 saŋ^{21} tsʅ^{0} ｜ 椅子 i^{21} tsʅ^{0} ｜ 耳朵 ɚ^{21} tuo^{0} ｜ 姐姐 tɕie^{21} tɕie^{0}。

奶奶 nai²¹nai⁰。

④上声作后字（非轻声），有 21、211、214 等几个变体，但比较随意，统一记作 214。

（3）前字为去声，后字为阴平、阳平、上声和轻声，前字不变调；后字为去声，前字由 51 变为 53。例如：大麦 ta⁵³mai⁵¹｜客店 kʰɤ⁵³tian⁵¹｜庙会 miau⁵³xuei⁵¹｜做梦 tsuo⁵³məŋ⁵¹｜号脉 xau⁵³mai⁵¹｜种菜 tʂuŋ⁵³tsʰai⁵¹。

（4）个别词语不符合上述变调规律。例如：

①两字组重叠式中，阴平前字变 35：公公 kuŋ³⁵kuŋ⁰｜叔叔 ʂou³⁵ʂou⁰。

②阳平 + 轻声（本调为阳平），前字变 55：扛活 kʰaŋ⁵⁵xuo³⁵｜盘缠 pʰan⁵⁵tʂʰan⁰。

③前字为上声，个别变为 53，如：吵架 tʂʰau⁵³tɕia⁵¹；个别变为 55，如：吵嘴 tʂʰau⁵⁵tsuei²¹⁴。

二 "一、不" 的变调

通州 "一" 单念阴平 55，"不" 单念去声 51，它们作前字存在变调现象。

①当后字为去声字时，"一、不" 调值变为 35，读同阳平。例如：一块儿 i³⁵kʰuɐr⁵¹｜一辈子 i³⁵pei⁵¹tsʅ⁰‖不是 pu³⁵ʂʅ⁵¹｜不会 pu³⁵xuei⁵¹。

②当后字为阴平、阳平、上声字时，"一" 调值变为 51，"不" 不变调。例如：一千 i⁵¹tɕʰian⁵⁵｜一边儿 i⁵¹piɐr⁵⁵｜一瓶儿 i⁵¹pʰiə̃r³⁵｜一百 i⁵¹pai²¹⁴‖不吃 pu⁵¹tʂʰʅ⁵⁵｜不能 pu⁵¹nəŋ³⁵｜不成 pu⁵¹tʂʰəŋ³⁵｜不懂 pu⁵¹tuŋ²¹⁴。语流中 "一" 有例外，如：一张 i⁵⁵tʂaŋ⁵⁵。

肆　异读

一　新老异读

通州方言新老差异不大，只存在一些零散的差别。

（一）声母

古泥母字，老男不论今韵母洪细，都读为 n 声母，青男则是洪音读 n 声母，细音读 ȵ 声母。例如：泥 ni³⁵ – ȵi³⁵｜年 nian³⁵ – ȵian³⁵‖南 nan³⁵ – nan³⁵｜脑 nau²¹⁴ – nau²¹⁴。

（二）韵母

部分端泥组字，老男有合口呼和开口呼异读，青男只有合口呼一读。例如：端 tan⁵⁵/tuan⁵⁵ – tuan⁵⁵｜暖 nan²¹⁴/nuan²¹⁴ – nuan²¹⁴。

"嫩"老男有 nuən⁵¹/nən⁵¹ 两读，青男只有开口呼 nən⁵¹ 一读。

（三）文白

文白异读方面存在一些新老差别，主要体现在年轻人多用文读音形式，白读的说法越来越少。1000 个单字中，青男有"法血薄落作雀削约剥角壳得塞侧色择隔客劈福熟"等字存在文白异读现象，而老男异读的字要更多。

二 文白异读

（一）声母

梗开二知组、曾开三庄组入声部分字声母白读 tʂ 组，文读 ts 组。例如：择 tʂai³⁵ ~菜/tsɤ³⁵ 选 ｜ 侧 tʂai⁵⁵ ~歪/tsʰɤ⁵¹ ~面 ｜ 色 ʂai²¹⁴ ~儿/sɤ⁵¹ ~差。

宕江摄和梗开二入声个别字声母白读 tɕ 组，文读 k 组。例如：隔 tɕie⁵¹ ~壁儿/tɕie³⁵ ~夜茶/ tɕie⁵⁵ ~条路/kɤ³⁵ 间~ ｜ 客 tɕʰie²¹⁴/kʰɤ⁵¹。

另有部分舒声字存在声母的文白异读。例如：耕 tɕiŋ⁵⁵ ~地/kəŋ⁵⁵ 春~ ｜ 虹 tɕiaŋ⁵¹/kaŋ⁵¹ ｜ 俊 tsuən⁵¹/tɕyn⁵¹。

（二）韵母

韵母的文白异读主要体现在宕江曾梗通五摄入声字。

宕江摄入声字韵母白读 au、iau 韵，文读 o、ɤ、uo、ye 韵。例如：薄 pau³⁵ ~片儿/po³⁵ ~弱 ｜ 剥 pau⁵⁵ ~皮儿/po⁵⁵ ~削 ｜ 落 lau⁵¹ ~埋怨/la⁵¹ ~在家里/luo⁵¹ ~后 ｜ 壳 tɕʰiau⁵¹ 地~/kʰɤ³⁵ 鸡蛋~儿 ｜ 雀 tɕʰiau²¹⁴ 家~儿/tɕʰye⁵¹ 孔~ ｜ 角 tɕiau²¹⁴ 牛~/tɕye³⁵ 名~儿 ｜ 学 ɕiau³⁵ 上~/ɕye³⁵ ~习 ｜ 削 ɕiau⁵⁵ ~皮儿/ɕye⁵⁵ 剥~ ｜ 约 iau⁵⁵ ~重/ye⁵⁵ ~会。其中"壳"的情况比较特殊，读 iau 韵的白读形式沉淀在现在比较文的词语"地壳"中，而读 ɤ 韵的文读形式则用于日常生活的"鸡蛋壳儿""贝壳儿"等词语中。北京其他区也有类似的情况。

曾开一入声字韵母白读 ei 韵，文读 ɤ 韵或 ai 韵。例如：得 tei²¹⁴ ~劲儿/tɤ³⁵ ~到 ｜ 黑 xei⁵⁵ ~色/xai²¹⁴ ~豆 ｜ 塞 sei⁵⁵ ~住/ sai⁵⁵ 瓶~儿；~住。

梗开二知组、曾开三庄组入声字韵母白读 ai 韵，文读 ɤ 韵。例如：择 tʂai³⁵ ~菜/tsɤ³⁵ 选~ ｜ 侧 tʂai⁵⁵ ~歪/tsʰɤ⁵¹ ~面 ｜ 色 ʂai²¹⁴ ~儿/sɤ⁵¹ ~差。

梗开二见系入声字韵母白读 ie 韵，文读 ɤ 韵。例如：客 tɕʰie²¹⁴ 来~了/kʰɤ⁵¹ ~人 ｜ 隔 tɕie⁵¹ ~壁儿/tɕie³⁵ ~夜茶/ tɕie⁵⁵ ~条路/kɤ³⁵ 间~。

通合三入声字韵母白读 ou、iou 韵，文读 u、y 韵。例如：叔 ʂou³⁵/ʂu⁵⁵ ｜ 熟 ʂou³⁵ 面~/ʂu³⁵ ~成~ ｜ 菊 tɕiou²¹⁴/tɕy³⁵。

其他韵摄的个别入声字韵母也存在文白异读，如山开三白读 uo 韵，文读 ɤ 韵：热 zuo⁵¹/zɤ⁵¹；山合三四白读 ie 韵，文读 ye 韵：越 ie⁵¹ ~来~好/ye⁵¹ ~南 ｜ 血

ɕie²¹⁴流~/ɕye⁵¹鲜~。

除入声字外，有一些舒声字的韵母也存在文白异读的情况。例如：耕 tɕiŋ⁵⁵~地/kəŋ⁵⁵春~｜俊 tsuən⁵¹/tɕyn⁵¹｜寻 ɕin³⁵~思/ɕyn³⁵~找｜尾 i²¹⁴~巴/uei²¹⁴~随。

（三）声调

声调的文白异读也主要出现于入声字。

有的是没有条件的异读。例如：福 fu²¹⁴/fu³⁵｜霍 xuo²¹⁴/xuo³⁵。

有的异读具有一定的词汇条件。例如：劈 pʰi²¹⁴~柴（名词）/pʰi⁵⁵动词｜作 tsuo⁵⁵~坊/tsuo⁵¹工~｜刷 ʂua⁵⁵~牙/ʂua⁵¹~下来｜曲 tɕʰy²¹⁴歌~/tɕʰy⁵⁵~折。

以上所列文白异读有些不限于声母、韵母或声调的单一异读，而是存在声韵调两两结合或三者结合的异读情况：

声母和韵母异读：择 tʂai³⁵/tsɤ³⁵｜俊 tsuən⁵¹/tɕyn⁵¹｜耕 tɕiŋ⁵⁵/kəŋ⁵⁵。

韵母和声调异读：血 ɕie²¹⁴/ɕye⁵¹｜雀 tɕʰiau²¹⁴/tɕʰye⁵¹｜角 tɕiau²¹⁴/tɕye³⁵｜得 tei²¹⁴/tɤ³⁵｜黑 xei⁵⁵/xai²¹⁴。

声韵调异读：壳 tɕʰiau⁵¹/kʰɤ³⁵｜客 tɕʰie²¹⁴/kʰɤ⁵¹｜隔 tɕie⁵¹/tɕie³⁵/tɕie⁵⁵/kɤ³⁵｜侧 tʂai⁵⁵/tsʰɤ⁵¹｜色 ʂai²¹⁴/sɤ⁵¹。

三 其他异读

通州老男还有一些异读，既不属于新老异读，也不好归入文白异读。

声母异读：撞 tʂʰuaŋ⁵¹/tʂuaŋ⁵¹。

韵母异读：淋 luən³⁵/lin³⁵｜弄 nou⁵¹/nuŋ⁵¹｜脓 nəŋ³⁵/nuŋ³⁵｜粽 tsəŋ⁵¹/tsuŋ⁵¹。

声调异读：连 lian⁵⁵~起来/lian³⁵~长｜厅 tʰiŋ³⁵/tʰiŋ⁵⁵｜防 faŋ³⁵~备/faŋ²¹⁴国~。

声母声调异读：浸 tɕʰin²¹⁴~湿/tɕin⁵¹~泡。

伍　儿化

通州方言 38 个韵母，除 ɚ 外，其他 37 个韵母都有对应的儿化韵，其中一些韵母的儿化韵有合并现象，因此 37 个韵母共对应 26 个儿化韵。

表 4　　　　　　　　　　通州方言儿化韵表

儿化韵	本韵	例词
ər	ɿ	刺儿 tsʰər⁵¹｜鸡子儿 tɕi⁵⁵ tsər²¹⁴
	ʅ	侄儿 tʂər³⁵｜事儿 ʂər⁵¹
	ei	擦黑儿 tsʰa⁵⁵ xər⁵⁵
	ən	亏本儿 kʰuei⁵⁵ pər²¹⁴｜脸盆儿 lian²¹ pʰər³⁵｜串门儿 tʂʰuan⁵¹ mər³⁵｜大门儿 ta⁵¹ mər³⁵｜婶儿 ʂər²¹⁴｜年根儿 nian³⁵ kər⁵⁵
iər	i	笛儿 tiər³⁵｜猪蹄儿 tʂu⁵⁵ tʰiər³⁵｜肚脐儿 tu⁵¹ tɕʰiər³⁵
	ie	叶儿 iər⁵¹｜窑姐儿 iau³⁵ tɕiər²¹⁴
	in	今儿 tɕiər⁵⁵｜背心儿 pei⁵¹ ɕiər⁵⁵
uər	uei	裤腿儿 kʰu⁵¹ tʰuər²¹⁴｜亲嘴儿 tɕʰin⁵⁵ tsuər²¹⁴｜灰儿 xuər⁵⁵｜牌位儿 pʰai³⁵ uər⁰｜味儿 uər⁵¹
	uən	打盹儿 ta³⁵ tuər²¹⁴｜村儿 tsʰuər⁵⁵｜没准儿 mei³⁵ tʂuər²¹⁴｜嘴唇儿 tsuei²¹ tʂʰuər³⁵｜冰棍儿 piŋ⁵⁵ kuər⁵¹｜光棍儿 kuaŋ⁵⁵ kuər⁵¹
yər	y	小鱼儿 ɕiau²¹ yər³⁵
	ye	正月儿 tʂəŋ⁵⁵ yər⁵¹｜腊月儿 la⁵¹ yər⁰
	yn	花裙儿 xua⁵⁵ tɕʰyər³⁵
ɐr	ai	指甲盖儿 tʂʅ⁵⁵ tɕia⁰ kɐr⁵¹｜小孩儿 ɕiau²¹ xɐr³⁵
	an	床单儿 tʂʰuaŋ³⁵ tɐr⁵⁵｜猪肝儿 tʂu⁵⁵ kɐr⁵⁵｜门槛儿 mən³⁵ kʰɐr²¹⁴
iɐr	ian	旁边儿 pʰaŋ³⁵ piɐr⁵⁵｜面儿 miɐr⁵¹｜天儿 tʰiɐr⁵⁵｜纸钱儿 tʂʅ²¹ tɕʰiɐr³⁵｜馅儿 ɕiɐr⁵¹｜肚脐眼儿 tu⁵¹ tɕʰi³⁵ iɐr²¹⁴｜河沿儿 xɤ³⁵ iɐr⁵¹

续表

儿化韵	本韵	例词
uɐr	uai	一块儿 i³⁵ kʰuɐr⁵¹
	uan	新郎官儿 ɕin⁵⁵ laŋ³⁵ kuɐr⁵⁵ ｜ 饭馆儿 fan⁵¹ kuɐr²¹⁴ ｜ 玩儿 uɐr³⁵
yɐr	yan	手绢儿 ʂou²¹ tɕyɐr⁵¹ ｜ 烟卷儿 ian⁵⁵ tɕyɐr²¹⁴ ｜ 旋儿 ɕyɐr³⁵
ar	a	把儿 par⁵¹ ｜ 变戏法儿 pian⁵³ ɕi⁵¹ far²¹⁴ ｜ 咂儿 tsar⁵⁵ ｜ 裤衩儿 kʰu⁵¹ tʂʰar²¹⁴
iar	ia	公母俩儿 kuŋ⁵⁵ muº liar²¹⁴ ｜ 一下儿 i³⁵ ɕiar⁵¹ ｜ 豆芽儿 tou⁵¹ iar³⁵
uar	ua	鲫瓜儿 tɕy⁵⁵ kuar⁵⁵ ｜ 花儿 xuar⁵⁵
ur	u	浮土儿 fu³⁵ tʰur²¹⁴ ｜ 小猪儿 ɕiau²¹ tʂur⁵⁵ ｜ 姑儿 kur⁵⁵ ｜ 里屋儿 li²¹ ur⁵⁵
ɣr	ɣ	唱歌儿 tʂʰaŋ⁵¹ kɣr⁵⁵ ｜ 大拇哥儿 ta⁵¹ muº kɣr⁵⁵ ｜ 月窠儿 ye⁵¹ kʰɣr⁵⁵
	o	围脖儿 uei³⁵ pɣr³⁵
uor	uo	昨儿 tsuor³⁵ ｜ 对过儿 tuei⁵³ kuor⁵¹ ｜ 水果儿 ʂuei³⁵ kuor²¹⁴ ｜ 罗锅儿 luo³⁵ kuor⁵⁵ ｜ 大伙儿 ta⁵¹ xuor²¹⁴ ｜ 干活儿 kan⁵¹ xuor³⁵
ɑor	au	藏猫儿 tsʰaŋ³⁵ mɑor⁵⁵ ｜ 小道儿 ɕiau²¹ tɑor⁵¹ ｜ 桃儿 tʰɑor³⁵ ｜ 清早儿 tɕʰiŋ⁵⁵ tsɑor²¹⁴ ｜ 枣儿 tsɑor²¹⁴ ｜ 外号儿 uai⁵³ xɑor⁵¹
iɑor	iau	面条儿 mian⁵¹ tʰiɑor³⁵ ｜ 檩条儿 lin²¹ tʰiɑorº ｜ 末了儿 mo⁵¹ liɑor²¹⁴ ｜ 鸟儿 niɑor²¹⁴ ｜ 角儿 tɕiɑor²¹⁴ ｜ 家雀儿 tɕia⁵⁵ tɕʰiɑor²¹⁴
our	ou	土豆儿 tʰu²¹ tour⁵¹ ｜ 兜儿 tour⁵⁵ ｜ 坟头儿 fən³⁵ tʰour³⁵ ｜ 水沟儿 ʂuei²¹ kour⁵⁵ ｜ 扣儿 kʰour⁵¹ ｜ 背后儿 pei⁵³ xour⁵¹ ｜ 猴儿 xour³⁵
iour	iou	小牛儿 ɕiau²¹ niour³⁵ ｜ 一流儿 i⁵⁵ liour³⁵
ãr	aŋ	翅膀儿 tʂʰɿ⁵¹ pãr²¹⁴ ｜ 电棒儿 tian⁵³ pãr⁵¹ ｜ 双傍儿 ʂuaŋ⁵⁵ pãr⁵¹ ｜ 前半晌儿 tɕʰian³⁵ pan⁵¹ ʂãr²¹⁴
iãr	iaŋ	这样儿 tʂei⁵¹ iãrº ｜ 那样儿 na⁵¹ iãrº ｜ 怎样儿 tsən²¹ iãrº
uãr	uaŋ	李各庄儿 li²¹ kəº tʂuãr⁵⁵ ｜ 鸡蛋黄儿 tɕi⁵⁵ tanº xuãr³⁵
ə̃r	əŋ	钢镚儿 kaŋ⁵⁵ pə̃r⁵¹ ｜ 缝儿 fə̃r⁵¹ ｜ 蜜蜂儿 mi⁵¹ fə̃r⁵⁵ ｜ 起灯儿 tɕʰi²¹ tə̃r⁵⁵ ｜ 灯儿节 tə̃r⁵⁵ tɕie³⁵ ｜ 跳绳儿 tʰiau⁵¹ ʂə̃r³⁵ ｜ 埂儿 kə̃r²¹⁴ ｜ 水坑儿 ʂuei²¹ kʰə̃r⁵⁵
iə̃r	iŋ	瓶儿 pʰiə̃r³⁵ ｜ 明儿 miə̃r³⁵ ｜ 名儿 miə̃r³⁵ ｜ 打鸣儿 ta²¹ miə̃r³⁵ ｜ 杏儿 ɕiə̃r⁵¹
uə̃r	uəŋ	小瓮儿 ɕiau²¹ uə̃r⁵¹
ũr	uŋ	胡同儿 xu³⁵ tʰũr⁵¹
ỹr	yŋ	小熊儿 ɕiau²¹ ɕỹr³⁵ ｜ 蚕蛹儿 tsʰan³⁵ ỹr²¹⁴

个别词语中儿化韵不符合规律。例如：

（1）蝴蝶儿 fu⁵¹tʰiɐr²¹⁴：蝶，ie 韵，按规律儿化韵应为 iɛr。

（2）媳妇儿 ɕi³⁵fər⁰：妇，u 韵，按规律儿化韵应为 ur。娶媳妇儿 tɕʰy²¹ɕi³⁵fər⁰、新媳妇儿 ɕin⁵⁵ɕi³⁵fər⁰、兄弟媳妇儿 ɕyŋ⁵⁵ti⁵¹ɕi³⁵fər⁰、儿媳妇儿 ɚ³⁵ɕi³⁵fər⁰ 都是如此。

（3）自个儿 tsʅ⁵¹kər²¹⁴：个，ɣ 韵，按规律儿化韵应为 ɣr。自己个儿 tsʅ⁵¹tɕi⁰kər²¹⁴ 同此。

（4）驴儿 luər³⁵：驴，y 韵，按规律儿化韵应为 yər。儿化韵可能来自旧读 luei³⁵。

（5）隔壁儿 tɕie⁵¹piə̃r²¹⁴：壁，i 韵，按规律儿化韵应为 iər。

第三节 大兴方音

壹 概况

一 大兴区概况

大兴区位于北京市南部，北与丰台、朝阳二区相连，西隔永定河与房山区相望，东与通州区毗邻，南、西南与河北省廊坊市、涿州市接壤。地理坐标为东经116°13′~116°43′，北纬39°26′~39°50′，辖区东西宽、南北长均约44千米，总面积1030.57平方千米。大兴区地处华北平原东北部，属永定河洪积—冲积平原的一部分，总体特征是地势平坦，呈西北高东南低的微倾状。

1958年3月，大兴县从河北省划归北京市，2001年3月撤县设区，区政府驻兴政街道。截至2018年，大兴区辖8个街道、5个地区、9个镇，另辖3个乡级单位；常住人口162.9万人，户籍人口69.9万人；回满蒙朝等少数民族共约5万人。

大兴区方言属北京官话京承片怀承小片，大致上可以分为三片：原固安辖区，庞各庄以南或大礼路以南为一片，清云店东为一片（历史上主要是山西移民），清云店以西与城区相近（山东移民较多），1958年以前三片差异明显，后来互相接近，目前内部差别不大。

当地流行的曲艺形式主要有诗赋弦、河北梆子、评戏、京剧等。

二 发音人概况

孙英才，男，1954年5月出生，大兴区庞各庄镇人，中专文化，大兴区林校路街道办事处退休干部。

黄璐，男，1982年3月出生，大兴区兴丰街道人，大学文化，大兴区教委干部。

贰 声韵调

一 声母（24个）

p 八兵病别　　p^h 派片爬扑　　m 马门明麦　　f 飞风饭副

t 多端东毒　　t^h 讨天甜突　　n 脑南怒挪　　　　　　　　　　l 老蓝连路

ts 资早坐贼	tsʰ 刺草寸祠	s 丝三随俗	
tʂ 张装纸柱	tʂʰ 茶抽春城	ʂ 山手双十	ʐ 软荣热日
tɕ 酒九绝菊	tɕʰ 清全轻权	ȵ 年泥牛女	ɕ 想谢响县
k 哥高共谷	kʰ 开口葵阔	ŋ 鹅饿恶	x 好很灰活
ø 熬问云药			

说明：

（1）ts 组声母发音部位偏前，发音时舌尖抵上下齿闭合处，听感上近 tθ 组辅音。

（2）声母 ʐ 的摩擦色彩不强烈，实际音值为 ɻ。

（3）零声母齐齿呼、合口呼、撮口呼音节的开头带有轻微的同部位摩擦。

二　韵母（38个）

ɿ 资次丝	i 弟米戏一	u 苦五猪出	y 雨橘绿局
ʅ 知吃师十			
ɚ 儿耳二			
a 大马茶八	ia 家俩牙鸭	ua 刷花瓦刮	
	ie 写鞋接贴		ye 靴月雪掘
ɤ 歌车盒热			
o 脖破磨拨		uo 坐过活国	
ai 开排埋白		uai 摔快坏外	
ei 赔飞贼北		uei 对水鬼胃	
au 宝饱烧勺	iau 表桥笑药		
ou 豆走口肉	iou 牛九油六		
an 南站山半	ian 减盐片年	uan 短官关穿	yan 权院元悬
ən 森深根身	in 心今新斤	uən 寸滚春顺	yn 均群熏云
aŋ 糖唱方绑	iaŋ 响样讲腔	uaŋ 床光王双	
əŋ 灯升争蒙		uəŋ 翁瓮	
	iŋ 冰病星硬	uŋ 东红农共	
	iuŋ 兄永熊用		

说明：

（1）韵母 ie、ye 的主要元音 e 舌位略低，实际音值近 ɛ。

（2）韵母 ei、uei 的主要元音 e 有时开口度略大，尤其在上声音节中。

（3）韵母 o、uo 中的 o 唇形不太圆；韵母 o 前有过渡音 u。

（4）韵母 ai、uai、ei、uei 的韵尾实际音值为 ɪ。

（5）韵母 au、iau 中主要元音 a 舌位靠后，韵尾 u 舌位偏低，实际音值近 ʊ。韵母 ian、yan 中主要元音 a 实际音值为 ɛ。韵母 aŋ、iaŋ、uaŋ 的主要元音舌位偏后。

（6）韵母 uei、uən 在去声音节中主要元音弱化乃至消失，实际音值分别为 ui、un。

（7）韵母 yn、iŋ 元音和韵尾之间有过渡音 ə，实际音值分别为 yᵊn、iᵊŋ。

（8）韵母 uŋ 中的 u 舌位偏低，实际音值近 ʊ。

三 声调（4个）

阴平 55　东该灯风通开天春　搭哭拍切
阳平 35　门龙牛油铜皮糖红　节急　毒白盒罚
上声 214　懂古鬼九统苦讨草　买老五有　谷百塔
去声 51　冻怪半四痛快寸去　卖路硬乱洞地饭树　动罪近后　六麦叶月

说明：

（1）阳平调值不稳定，有 24、23、34、35 等变体，很多音节中上升不明显，近似 34，但有时候收尾音高突然上升，所以仍处理为 35。

（2）上声调值不稳定，有 212、213、214、224 等变体形式，此处记为 214。

叁　连读变调

一　两字组连读变调

表5　　　　　　　　　　大兴方言两字组连读变调表

前字＼后字	阴平 55	阳平 35	上声 214	去声 51	轻声
阴平 55	55＋55	55＋35	55＋214	55＋51	55＋0
阳平 35	35＋55	35＋35	35＋214	35＋51	35＋0
上声 214	**21＋55**	**21＋35**	**35＋214**	**21＋51**	**21＋0** **35＋0**
去声 51	51＋55	51＋35	51＋214	**53＋51**	51＋0

大兴两字组连读变调具有以下特点：

（1）两字组中存在变调现象的只有前字，后字没有变调的情况（轻声除外）。

（2）前字为阴平、阳平，后字无论调类为何，前字都不变调。

（3）上声作前字有变调现象。

①前字为上声，后字为非上声（轻声除外），前字调值由 214 变为 21。例如：

上声＋阴平：草鸡 tsʰau²¹ tɕi⁵⁵｜每天 mei²¹ tʰian⁵⁵｜女猫 ȵy²¹ mau⁵⁵｜宰猪 tsai²¹ tʂu⁵⁵。

上声＋阳平：暖壶 nuan²¹ xu³⁵｜草房 tsʰau²¹ faŋ³⁵｜打牌 ta²¹ pʰai³⁵｜赶集 kan²¹ tɕi³⁵。

上声＋去声：柏树 pai²¹ ʂu⁵¹｜小麦 ɕiau²¹ mai⁵¹｜考试 kʰau²¹ ʂʅ⁵¹｜扫地 sau²¹ ti⁵¹。

②前后字皆为上声，则前字调值由 214 变为 35。例如：雨伞 y³⁵ san²¹⁴｜母狗 mu³⁵ kou²¹⁴｜蚂蚁 ma³⁵ i²¹⁴｜洗澡 ɕi³⁵ tsau²¹⁴。

③前字为上声，后字为轻声，前字调值由 214 变为 21 和 35 的都有。例如：

上声＋轻声（本调为非上声）：手巾 ʂou²¹ tɕin⁰｜暖和 nuan²¹ xɤ⁰｜老鸹 lau²¹ kua⁰｜喜鹊 ɕi²¹ tɕʰiau⁰｜尾巴 i²¹ pa⁰｜脑袋 nau²¹ tai⁰。

上声＋轻声（本调为上声），又分两种情况：

a. 前字变为 35：老虎 lau³⁵xu⁰ ｜ 洗洗 ɕi³⁵ɕi⁰ ｜ 想想 ɕiaŋ³⁵ɕiaŋ⁰。

b. 前字变为 21：晌午 ʂaŋ²¹xuo⁰ ｜ 嗓子 saŋ²¹tsɿ⁰ ｜ 椅子 i²¹tsɿ⁰ ｜ 斧子 fu²¹tsɿ⁰ ｜ 耳朵 ɚ²¹tuo⁰ ｜ 姐姐 tɕie²¹tɕie⁰ ｜ 奶奶 nai²¹nai⁰。

（4）前字为去声，后字为阴平、阳平、上声和轻声，前字不变调；后字为去声，前字由 51 变为 53。例如：旱地 xan⁵³ti⁵¹ ｜ 大麦 ta⁵³mai⁵¹ ｜ 店铺 tian⁵³pʰu⁵¹ ｜ 庙会 miau⁵³xuei⁵¹ ｜ 做梦 tsuo⁵³məŋ⁵¹ ｜ 号脉 xau⁵³mai⁵¹ ｜ 种菜 tʂuŋ⁵³tsʰai⁵¹。

二 "一、不"的变调

大兴"一"单念阴平 55，"不"单念去声 51，它们作前字存在变调现象。

①当后字为去声字时，"一、不"调值变为 35，读同阳平。例如：一块儿 i³⁵kʰuɐr⁵¹ ｜ 一辈子 i³⁵pei⁵¹tsɿ⁰ ‖ 不是 pu³⁵ʂɿ⁵¹ ｜ 不会 pu³⁵xuei⁵¹。

②当后字为阴平、阳平、上声字时，"一"调值变为 51，"不"不变调。例如：一千 i⁵¹tɕʰian⁵⁵ ｜ 一边儿 i⁵¹piɐr⁵⁵ ｜ 一瓶儿 i⁵¹pʰiə̃r³⁵ ｜ 一百 i⁵¹pai²¹⁴ ‖ 不吃 pu⁵¹tʂʰɿ⁵⁵ ｜ 不能 pu⁵¹nəŋ³⁵ ｜ 不成 pu⁵¹tʂʰəŋ³⁵ ｜ 不懂 pu⁵¹tuŋ²¹⁴。

以上两种情况是就词汇层面来说的，在句子中"一"有时会出现读同单字调 55 的情况。例如：一本儿 i⁵⁵pər²¹⁴ ｜ 一边儿 i⁵⁵piɐr⁵⁵ ｜ 一地图 i⁵⁵ti⁵¹tʰu³⁵。

肆 异读

一 新老异读

从系统上来看，大兴方言新老差异不大，只存在一些零散的差别。

（一）声母

古影疑母开口一二等字今读 ɤ 韵母的，老男读 ŋ 声母，读其他韵母的，老男读零声母；青男则都读零声母。例如：鹅 ŋɤ³⁵ - ɤ³⁵ ｜ 饿 ŋɤ⁵¹ - ɤ⁵¹ ｜ 恶 ŋɤ⁵¹ - ɤ⁵¹ ‖ 爱 ai⁵¹ - ai⁵¹ ｜ 袄 au²¹⁴ - au²¹⁴ ｜ 藕 ou²¹⁴ - ou²¹⁴ ｜ 安 an⁵⁵ - an⁵⁵ ｜ 昂 aŋ³⁵ - 昂 aŋ³⁵。

（二）文白

文白异读方面存在一些新老差别，主要表现为年轻人多用文读音形式，白读的说法越来越少。1000 个单字中，青男有"法结血骨薄落作雀削约剥角壳学得塞侧色择客劈福熟"等入声字存在文白异读现象，而老男异读的字要更多一些。

二 文白异读

（一）声母

梗开二知组、曾开三庄组入声部分字声母白读 tʂ 组，文读 ts 组。例如：择

tʂai³⁵~菜/tsɤ³⁵选~｜侧 tʂai⁵⁵~歪/tsʰɤ⁵¹~身｜色 ʂai²¹⁴~儿/sɤ⁵¹~鬼。

宕江摄和梗开二入声部分字声母白读 tɕ 组，文读 k 组。例如：壳 tɕʰiau⁵¹ 米~：罂粟壳/kʰɤ³⁵鸡蛋~儿｜隔 tɕie⁵⁵~宿儿茶/kɤ³⁵间~｜客 tɕʰie²¹⁴来~了/kʰɤ⁵¹~人。

另有部分舒声字存在声母的文白异读。例如：耕 tɕiŋ⁵⁵~地/kəŋ⁵⁵春~｜俊 tsuən⁵¹长得~/tɕyn⁵¹英~。

（二）韵母

韵母的文白异读主要体现在宕江曾梗通五摄入声字。

宕江摄入声字韵母白读 au、iau 韵，文读 o、ɤ、uo、ye 韵。例如：薄 pau³⁵~片儿/po³⁵弱｜剥 pau⁵⁵~皮儿/po⁵⁵削｜落 lau⁵¹~埋怨/la⁵¹~在家里/luo⁵¹~后｜弱 ʐau⁵¹身子~/ʐuo⁵¹强~｜壳 tɕʰiau⁵¹米~：罂粟壳/kʰɤ³⁵鸡蛋~儿｜雀 tɕʰiau²¹⁴家~儿/tɕʰye⁵¹孔~｜角 tɕiau²¹⁴牛~/tɕye³⁵名~儿｜学 ɕiau³⁵上~/ɕye³⁵~问｜削 ɕiau⁵⁵~皮儿/ɕye⁵⁵剥~｜约 iau⁵⁵~重/ye⁵⁵~会。其中"落"有 a 韵的白读形式。

曾开一入声字韵母白读 ei 韵，文读 ɤ 韵或 ai 韵。例如：得 tei²¹⁴~劲儿/tɤ³⁵~到｜塞 sai⁵⁵瓶~儿；~住/sɤ⁵¹堵~。

梗开二知组、曾开三庄组入声字韵母白读 ai 韵，文读 ɤ 韵。例如：侧 tʂai⁵⁵~歪/tsʰɤ⁵¹~身｜择 tʂai³⁵~菜/tsɤ³⁵选~｜色 ʂai²¹⁴~儿/sɤ⁵¹~鬼。

梗开二见系入声字韵母白读 ie 韵，文读 ɤ 韵。例如：客 tɕʰie²¹⁴来~了/kʰɤ⁵¹~人｜隔 tɕie⁵⁵~宿儿茶/kɤ³⁵间~。

通合三入声字韵母白读 ou、iou 韵，文读 u、y 韵。例如：熟 ʂou³⁵~人/ʂu³⁵成~。

其他韵摄的个别入声字韵母也存在文白异读，如山合四白读 ie 韵，文读 ye 韵：血 ɕie²¹⁴流~/ɕye⁵¹鲜~。

除入声字韵母外，有一些舒声字的韵母也存在文白异读的情况。例如：耕 tɕiŋ⁵⁵~地/kəŋ⁵⁵春~｜俊 tsuən⁵¹长得~/tɕyn⁵¹英~｜尾 i²¹⁴~巴/uei²¹⁴~随。

（三）声调

声调的文白异读也主要出现于入声字。

有的是没有条件的异读。例如：国 kuo²¹⁴/kuo³⁵｜福 fu²¹⁴/fu³⁵。

有的异读具有一定的词汇条件。例如：劈 pʰi²¹⁴~柴（名词）/pʰi⁵⁵动词｜作 tsuo⁵⁵~坊/tsuo⁵¹工~｜结 tɕie³⁵打~/tɕie⁵⁵~婚｜黑 xei²¹⁴~豆/xei⁵⁵~色。

以上所列文白异读有些不限于声母、韵母或声调的单一异读，而是存在声韵调两两结合或三者结合的异读情况：

声母和韵母异读：择 tʂai³⁵/tsɤ³⁵｜俊 tsuən⁵¹/tɕyn⁵¹｜耕 tɕiŋ⁵⁵/kəŋ⁵⁵。

韵母和声调异读：血 ɕie²¹⁴/ɕye⁵¹｜雀 tɕʰiau²¹⁴/tɕʰye⁵¹｜角 tɕiau²¹⁴/tɕye³⁵｜得 tei²¹⁴/tɤ³⁵｜黑 xei²¹⁴/xei⁵⁵。

声韵调异读：壳 tɕʰiau⁵¹/kʰɤ³⁵｜客 tɕʰie²¹⁴/kʰɤ⁵¹｜隔 tɕie⁵⁵/kɤ³⁵｜侧 tʂai⁵⁵/tsʰɤ⁵¹｜色 ʂai²¹⁴/sɤ⁵¹。

三　其他异读

大兴还有一些异读，既不属于新老异读，也不好归入文白异读。

声母异读：撞 tʂʰuaŋ⁵¹/tʂuaŋ⁵¹。

韵母异读：弄 nəŋ⁵¹/nuŋ⁵¹｜脓 nəŋ³⁵/nuŋ³⁵。

伍　儿化

大兴方言 38 个韵母，除 ɚ 外，其他 37 个韵母都有对应的儿化韵，其中一些韵母的儿化韵有合并现象，因此 37 个韵母共对应 24 个儿化韵。

表6　　　　　　　　　　大兴方言儿化韵表

儿化韵	本韵	例词
ɚ	ɿ	刺儿 tsʰɚ⁵¹｜小小子儿 ɕiau³⁵ɕiau²¹tsɚ⁰
	ʅ	侄儿 tʂɚ³⁵｜羹匙儿 kəŋ⁵⁵tʂʰɚ³⁵｜事儿 ʂɚ⁵¹｜年三十儿 ȵian³⁵san⁵⁵ʂɚ³⁵
	ei	擦黑儿 tsʰa⁵⁵xɚ⁵⁵
	ən	赔本儿 pʰei³⁵pɚ²¹⁴｜脸盆儿 lian²¹pʰɚ³⁵｜脑门儿 nau²¹mɚ³⁵｜老爷们儿 lau²¹ie³⁵mɚ⁰｜串门儿 tʂʰuan⁵¹mɚ³⁵｜婶儿 ʂɚ²¹⁴
iɚ	i	地儿 tiɚ⁰｜表兄弟儿 piau²¹ɕyŋ⁵⁵tiɚ⁰｜猪蹄儿 tʂu⁵⁵tʰiɚ³⁵｜肚脐儿 tu⁵¹tɕʰiɚ³⁵
	in	今儿 tɕiɚ⁵⁵｜背心儿 pei⁵¹ɕiɚ⁵⁵
uɚ	uei	裤腿儿 kʰu⁵¹tʰuɚ²¹⁴｜亲嘴儿 tɕʰin⁵⁵tsuɚ²¹⁴｜一会儿 i³⁵xuɚ⁵¹｜末尾儿 mo⁵¹uɚ²¹⁴｜牌位儿 pʰai³⁵uɚ⁰
	uən	打盹儿 ta³⁵tuɚ²¹⁴｜没准儿 mei³⁵tʂuɚ²¹⁴｜村儿 tsʰuɚ⁵⁵｜嘴唇儿 tsuei²¹tʂuɚ³⁵｜冰棍儿 piŋ⁵⁵kuɚ⁵¹｜光棍儿 kuaŋ⁵⁵kuɚ⁵¹

第一章　各地音系

续表

儿化韵	本韵	例词
yər	y	毛驴儿 mau³⁵lyər³⁵ ｜ 小鱼儿 ɕiau²¹yər³⁵
	yn	花裙儿 xua⁵⁵tɕʰyər³⁵
ɐr	a	把儿 pɐr⁵¹ ｜ 变戏法儿 pian⁵³ɕi⁵¹fɐr²¹⁴ ｜ 疙瘩儿 ka⁵⁵tɐr⁰ ｜ 呷儿 tsɐr⁵⁵ ｜ 裤衩儿 kʰu⁵¹tʂʰɐr²¹⁴
	ɤ（部分）	这儿 tʂɐr⁵¹ ｜ 自行车儿 tsʅ⁵¹ɕiŋ³⁵tʂʰɐr⁵⁵ ｜ 唱歌儿 tʂʰaŋ⁵¹kɐr⁵⁵ ｜ 自个儿 tɕi⁵¹kɐr²¹⁴
	ai	猪崽儿 tʂu⁵⁵tsɐr²¹⁴ ｜ 膝盖儿 tɕʰi⁵⁵kɐr⁵¹ ｜ 指甲盖儿 tʂʅ⁵⁵tɕiɑ⁰kɐr⁵¹ ｜ 小孩儿 ɕiau²¹xɐr³⁵
	an	褥单儿 ʐu⁵¹tɐr⁵⁵ ｜ 汗衫儿 xan⁵³ʂɐr⁵⁵ ｜ 猪肝儿 tʂu⁵⁵kɐr⁵⁵ ｜ 门槛儿 mən³⁵kʰɐr²¹⁴
iɐr	ia	一下儿 i³⁵ɕiɐr⁵¹ ｜ 豆芽儿 tou⁵¹iɐr³⁵
	ian	旁边儿 pʰaŋ³⁵piɐr⁵⁵ ｜ 辫儿 piɐr⁵¹ ｜ 面儿 miɐr⁵¹ ｜ 天儿 tʰiɐr⁵⁵ ｜ 毽儿 tɕiɐr⁵¹ ｜ 纸钱儿 tʂʅ²¹tɕʰiɐr³⁵ ｜ 馅儿 ɕiɐr⁵¹ ｜ 聊天儿 liau³⁵tʰiɐr⁵⁵ ｜ 河沿儿 xɤ³⁵iɐr⁵¹
uɐr	ua	花儿 xuɐr⁵⁵ ｜ 梅花儿 mei³⁵xuɐr⁵⁵
	uo	一朵儿 i⁵¹tuɐr²¹⁴ ｜ 昨儿 tsuɐr³⁵ ｜ 对过儿 tuei⁵³kuɐr⁵¹ ｜ 水果儿 ʂuei³⁵kuɐr²¹⁴ ｜ 白果儿 pai³⁵kuɐr²¹⁴ ｜ 干活儿 kan⁵¹xuɐr³⁵ ｜ 大伙儿 ta⁵¹xuɐr²¹⁴ ｜ 洋火儿 iaŋ³⁵xuɐr²¹⁴
	uai	一块儿 i³⁵kʰuɐr⁵¹
	uan	新郎官儿 ɕin⁵⁵laŋ³⁵kuɐr⁵⁵ ｜ 饭馆儿 fan⁵¹kuɐr²¹⁴ ｜ 玩儿 uɐr³⁵
yɐr	yan	手绢儿 ʂou²¹tɕyɐr⁵¹ ｜ 烟卷儿 ian⁵⁵tɕyɐr²¹⁴
ur	u	轱辘儿 ku⁵⁵lur⁰ ｜ 眼珠儿 ian²¹tʂur⁵⁵ ｜ 老叔儿 lau²¹ʂur⁵⁵ ｜ 燕面虎儿 ian⁵¹mian⁰xur²¹⁴ ｜ 里屋儿 li²¹ur⁵⁵
ɤr	ɤ（部分）	小拇哥儿 ɕiau³⁵mu²¹kɤr⁵⁵
	o	围脖儿 uei³⁵pɤr³⁵

续表

儿化韵	本韵	例词
iɛr	ie	窑姐儿 iau³⁵ tɕiɛr²¹⁴ ｜ 叶儿 iɛr⁵¹
yɛr	ye	口诀儿 kou²¹ tɕyɛr³⁵ ｜ 主角儿 tʂu²¹ tɕyɛr³⁵
ɑor	au	道儿 tɑor⁵¹ ｜ 桃儿 tʰɑor³⁵ ｜ 枣儿 tsɑor²¹⁴ ｜ 外号儿 uai⁵³ xɑor⁵¹
iɑor	iau	面条儿 mian⁵¹ tʰiɑor³⁵ ｜ 口条儿 kʰou²¹ tʰiɑor⁰ ｜ 鸟儿 niɑor²¹⁴ ｜ 角儿 tɕiɑor²¹⁴ ｜ 家雀儿 tɕia⁵⁵ tɕʰiɑor²¹⁴
our	ou	土豆儿 tʰu²¹ tour⁵¹ ｜ 兜儿 tour⁵⁵ ｜ 坟头儿 fən³⁵ tʰour³⁵ ｜ 小偷儿 ɕiau²¹ tʰour⁵⁵ ｜ 山沟儿 ʂan⁵⁵ kour⁵⁵ ｜ 扣儿 kʰour⁵¹ ｜ 时候儿 ʂʅ³⁵ xour⁰ ｜ 猴儿 xour³⁵
iour	iou	小牛儿 ɕiau²¹ ȵiour³⁵ ｜ 一流儿 i⁵⁵ liour³⁵
ãr	aŋ	翅膀儿 tʂʰʅ⁵¹ pãr²¹⁴ ｜ 电棒儿 tian⁵³ pãr⁵¹ ｜ 一行儿 i⁵¹ xãr³⁵
iãr	iaŋ	长相儿 tʂaŋ²¹ ɕiãr⁰ ｜ 老阳儿 lau²¹ iãr³⁵ ｜ 这样儿 tʂei⁵¹ iãr⁰ ｜ 那样儿 nei⁵¹ iãr⁰
uãr	uaŋ	李各庄儿 li²¹ kə⁰ tʂuãr⁵⁵ ｜ 鸡蛋黄儿 tɕi⁵⁵ tan⁰ xuãr³⁵
ə̃r	əŋ	钢镚儿 kaŋ⁵⁵ pə̃r⁵¹ ｜ 缝儿 fə̃r⁵¹ ｜ 蜜蜂儿 mi⁵¹ fə̃r⁵⁵ ｜ 取灯儿 tɕʰy²¹ tə̃r⁵⁵ ｜ 收成儿 ʂou⁵⁵ tʂʰə̃r⁰ ｜ 双生儿 ʂuaŋ⁵¹ ʂə̃r⁰ ｜ 绳儿 ʂə̃r³⁵ ｜ 水坑儿 ʂuei²¹ kʰə̃r⁵⁵
iə̃r	iŋ	明儿 miə̃r³⁵ ｜ 名儿 miə̃r³⁵ ｜ 命儿 miə̃r⁵¹ ｜ 打鸣儿 ta²¹ miə̃r³⁵ ｜ 杏儿 ɕiə̃r⁵¹
uə̃r	uəŋ	小瓮儿 ɕiau²¹ uə̃r⁵¹
ũr	uŋ	胡同儿 xu³⁵ tʰũr⁵¹
ỹr	yŋ	小熊儿 ɕiau²¹ ɕỹr³⁵ ｜ 蚕蛹儿 tsʰan³⁵ ỹr²¹⁴

儿化韵的特殊情况如下：

（1）ɤ（部分）、uo 韵的儿化韵分别为 ɐr、uɐr，与 a、ai、an、ua、uai、uan 的儿化韵合并。

（2）个别词语中儿化韵不符合规律。例如：

蝴蝶儿 xu⁵¹ tʰiɛr²¹⁴：蝶，ie 韵，按规律儿化韵应为 iɛr。

媳妇儿 ɕi³⁵ fər⁰：妇，u 韵，按规律儿化韵应为 ur。娶媳妇儿 tɕʰy²¹ ɕi³⁵ fər⁰、新媳妇儿 ɕin⁵⁵ ɕi³⁵ fər⁰、兄弟媳妇儿 ɕiuŋ⁵⁵ ti⁵¹ ɕi³⁵ fər⁰、儿媳妇儿 ɚ³⁵ ɕi³⁵ fər⁰ 都是如此。

第四节　房山方音

壹　概况

一　房山区概况

房山区位于北京市西南部，北邻门头沟区，东北与丰台区毗连，东隔永定河与大兴区相望，南部和西部分别与河北省涿州市、涞水县接壤，距北京市（六里桥）25千米。地理坐标为东经115°25′~116°15′，北纬39°30′~39°55′，辖区总面积2019平方千米。地处华北平原与太行山交界地带，平原、丘陵、山区各占三分之一，地势西北高，东南低。

1960年房山县从河北省划归北京市，1980年房山县城关、周口店部分地区约36平方千米划出成立燕山区，1987年2月撤销房山县和燕山区，设立房山区，区政府驻房山，1997年11月房山区政府驻地迁至良乡镇拱辰街道政通路1号。

截至2018年，房山区辖8个街道，14个镇，6个乡；户籍人口83万人，常住人口118.8万，其中常住外来人口30.6万人；有回族、满族、蒙古族、苗族、白族、朝鲜族等20余个少数民族。

房山区方言属北京官话京承片怀承小片，内部差别主要体现在平原和山区之间，西部山区方言与北京城区方言有着比较大的差异。据《房山区志》，房山方言大致可分为平原区、大安山—史家营区、长操—南北窖区、张坊—南尚乐区、十渡—蒲洼区等几个小片。

当地流行的曲艺形式主要有京剧、河北梆子等。

二　发音人概况

李玉林，男，1946年12月出生，房山城关街道人，初中文化，房山区政协退休干部。

赵海河，男，1978年8月出生，房山城关街道人，本科，房山区长育中心校干部。

贰　声韵调

一　声母（23 个）

p 八兵病别　　pʰ 派片爬扑　　m 马门明麦　　f 飞风饭副

t 多端东毒　　tʰ 讨天甜突　　n 脑南年泥　　　　　　　　l 老蓝连路

ts 资早坐贼　　tsʰ 刺草寸祠　　　　　　　s 丝三随俗

tʂ 张装纸柱　　tʂʰ 茶抽春城　　　　　　　ʂ 山手双十　　ʐ 软荣热日

tɕ 酒九绝菊　　tɕʰ 清全轻权　　　　　　　ɕ 想谢响县

k 哥高共谷　　kʰ 开口葵阔　　ŋ 熬安鹅藕　　x 好很灰活

ø 味问云药

说明：

n 的实际音值有时近于 ȵ。

二　韵母（38 个）

ɿ 资次丝　　　　i 弟米戏一　　　　u 苦五猪出　　　　y 雨橘绿局

ʅ 知吃师十

ɚ 儿耳二

a 大马茶八　　　ia 家俩牙鸭　　　ua 刷花瓦刮

　　　　　　　　ie 写鞋接贴　　　　　　　　　　　ye 靴月雪掘

ɤ 歌车盒热

o 脖破磨拨　　　　　　　　　　　uo 坐过活国

ai 开排埋白　　　　　　　　　　　uai 摔快坏外

ei 赔飞贼北　　　　　　　　　　　uei 对水鬼胃

au 宝饱烧勺　　　iau 表桥笑药

ou 豆走口肉　　　iou 牛九油六

an 南站山半　　　ian 减盐片年　　uan 短官关穿　　yan 权院元悬

ən 森深根身　　　in 心今新斤　　　uən 寸滚春顺　　yn 均群熏云

aŋ 糖唱方绑　　　iaŋ 响样讲腔　　　uaŋ 床光王双

əŋ 灯升争蒙　　　　　　　　　　　uəŋ 翁瓮

　　　　　　　　　iŋ 冰病星硬　　　uŋ 东红农共　　　yŋ 兄永熊用

说明：

（1）韵母 ɚ 拼去声 51 时实际音值为 ɐr。

（2）韵母 ie、ye 的主要元音 e 舌位略低，实际音值近 ɛ。

（3）韵母 o 前有过渡音 u。

（4）韵母 a、ia、ua 的主要元音 a 实际音值为 A；韵母 ian、yan 中主要元音 a 实际音值为 ɛ。韵母 au、iau、aŋ、iaŋ、uaŋ 的主要元音 a 舌位偏后，实际音值为 ɑ。

（5）韵母 iŋ 元音和韵尾之间有时有过渡音 ə，实际音值分别为 iᵊŋ。

（6）韵母 uŋ 的实际音值有时近于 oŋ。

三　声调（4 个）

阴平 55　东该灯风通开天春　　搭哭拍切
阳平 35　门龙牛油铜皮糖红　　节急　毒白盒罚
上声 214　懂古鬼九统苦讨草　　买老五有　谷百塔
去声 51　冻怪半四痛快寸去　　卖路硬乱洞地饭树　动罪近后　六麦叶月

叁　连读变调

一　两字组连读变调

表 7　　　　　　　　房山方言两字组连读变调表

前字＼后字	阴平 55	阳平 35	上声 214	去声 51	轻声
阴平 55	55 + 55	55 + 35	55 + 214	55 + 51	55 + 0
阳平 35	35 + 55	35 + 35	35 + 214	35 + 51	35 + 0
上声 214	**21 + 55**	**21 + 35**	**35 + 214**	**21 + 51**	**21 + 0** **35 + 0**
去声 51	51 + 55	51 + 35	51 + 214	**53 + 51**	51 + 0

房山两字组连读变调具有以下特点：

（1）两字组中存在变调现象的只有前字，后字没有变调的情况（轻声除外）。

（2）前字为阴平、阳平，后字无论调类为何，前字都不变调。

（3）上声作前字有变调现象。

①前字为上声，后字为非上声（轻声除外），前字调值由 214 变为 21。例如：

上声 + 阴平：母鸡 mu²¹ tɕi⁵⁵｜改锥 kai²¹ tʂuei⁵⁵｜打针 ta²¹ tʂən⁵⁵｜宰猪 tsai²¹ tʂu⁵⁵。

上声 + 阳平：暖壶 nuan²¹ xu³⁵｜以前 i²¹ tɕʰian³⁵｜嘴唇 tsuei²¹ tʂʰuən³⁵｜赶集 kan²¹ tɕi³⁵。

上声 + 去声：以后 i²¹ xou⁵¹｜米饭 mi²¹ fan⁵¹｜理发 li²¹ fa⁵¹｜炒菜 tʂʰau²¹ tsʰai⁵¹。

②前后字皆为上声，则前字调值由 214 变为 35。例如：可以 kʰɤ³⁵ i²¹⁴｜母狗 mu³⁵ kou²¹⁴｜米酒 mi³⁵ tɕiou²¹⁴｜洗澡 ɕi³⁵ tsau²¹⁴。

③前字为上声，后字为轻声，前字调值由 214 变为 21 和 35 的都有。例如：

上声 + 轻声（本调为非上声）：枕头 tʂən²¹ tʰou⁰｜手巾 ʂou²¹ tɕin⁰｜点心 tian²¹ ɕin⁰｜暖和 nuan²¹ xuo⁰｜老鸹 lau²¹ kua⁰｜喜鹊 ɕi²¹ tɕʰye⁰｜尾巴 i²¹ pa⁰｜脑袋 nau²¹ tai⁰。

上声 + 轻声（本调为上声），又分两种情况：

a. 前字变为 35：老虎 lau³⁵ xu⁰｜蚂蚁 ma³⁵ i⁰｜洗洗 ɕi³⁵ ɕi⁰｜想想 ɕiaŋ³⁵ ɕiaŋ⁰。

b. 前字变为 21：李子 li²¹ tsɿ⁰｜椅子 i²¹ tsɿ⁰｜斧子 fu²¹ tsɿ⁰｜耳朵 ɚ²¹ tuo⁰｜姐姐 tɕie²¹ tɕie⁰｜奶奶 nai²¹ nai⁰。

（4）前字为去声，后字为阴平、阳平、上声和轻声，前字不变调；后字为去声，前字由 51 变为 53。例如：庙会 miau⁵³ xuei⁵¹｜饭店 fan⁵³ tian⁵¹｜笨蛋 pən⁵³ tan⁵¹｜孕妇 yn⁵³ fu⁵¹｜做饭 tsuo⁵³ fan⁵¹｜做寿 tsuo⁵³ ʂou⁵¹｜种菜 tʂuŋ⁵³ tsʰai⁵¹｜放屁 faŋ⁵³ pʰi⁵¹｜咽气 ian⁵³ tɕʰi⁵¹｜算卦 suan⁵³ kua⁵¹。

（5）个别词语的连读调不符合以上变调规律。例如：

生气 ʂəŋ³⁵ tɕʰi⁰：生，阴平，按规律应该读本调 55。

公公 kuŋ³⁵ kuŋ⁰：公，阴平，按规律应该读本调 55。

害臊 xai³⁵ sau⁵¹：害，去声，按规律在去声前应该读 53。

妹夫儿 mei⁵³ fur⁵¹：夫，阴平，周边方言一般读为轻声。

二 "一、不"的变调

房山"一"单念阴平 55，"不"单念去声 51，它们作前字存在变调现象。

①当后字为去声字时，"一、不"调值变为35，读同阳平。例如：一个 i³⁵ kɤ⁵¹｜一共 i³⁵ kuŋ⁵¹｜一块儿 i³⁵ kʰuɐr⁵¹｜一辈子 i³⁵ pei⁵¹ tsʅ⁰ ‖ 不在 pu³⁵ tsai⁵¹｜不是 pu³⁵ ʂʅ⁵¹｜不会 pu³⁵ xuei⁵¹。

②当后字为阴平、阳平、上声字时，"一"调值变为51，"不"不变调。例如：一千 i⁵¹ tɕʰian⁵⁵｜一边儿 i⁵¹ piɐr⁵⁵｜一瓶儿 i⁵¹ pʰiə̃r³⁵｜一百 i⁵¹ pai²¹⁴ ‖ 不吃 pu⁵¹ tʂʰʅ⁵⁵｜不能 pu⁵¹ nəŋ³⁵｜不管 pu⁵¹ kuan²¹⁴｜不懂 pu⁵¹ tuŋ²¹⁴。

肆　异读

一　新老异读

房山方言新老差异不大，声母存在差别，韵母和声调基本没有差别。

（一）声母

古影疑母开口一二等字，老男全部读 ŋ 声母，青男只有"鹅饿熬藕恶"读 ŋ 声母，其他读零声母。例如：鹅 ŋɤ³⁵－ŋɤ³⁵｜饿 ŋɤ⁵¹－ŋɤ⁵¹｜恶 ŋɤ⁵¹/ŋɤ²¹⁴－ŋɤ⁵¹/ŋɤ²¹⁴｜熬 ŋau³⁵－ŋau³⁵｜藕 ŋou²¹⁴－ŋou²¹⁴ ‖ 爱 ŋai⁵¹－ai⁵¹｜暗 ŋan⁵¹－an⁵¹｜安 ŋan⁵⁵－an⁵⁵｜恩 ŋən⁵⁵－ən⁵⁵。

另外，房山老男和青男"嫩"都读 ŋən⁵¹，这在北京方言中是比较独特的。

（二）文白

文白异读方面存在一些新老差别，表现在年轻人多用文读，而老年人则多用白读形式。1000 个单字中，青男"踏结落恶弱约学得塞侧色劈福熟曲"等入声字存在文白异读现象，而其中的"落弱学塞侧熟"老男则只有白读一种形式。

二　文白异读

（一）声母

梗开二知组、曾开三庄组入声部分字声母白读 tʂ 组，文读 ts 组。例如：择 tʂai³⁵ ~菜/tsɤ³⁵ 选~｜侧 tʂai⁵⁵ ~歪/tsʰɤ⁵¹ ~身｜色 ʂai²¹⁴ ~儿/sɤ⁵¹ ~弱。

梗开二入声个别字声母白读 tɕ 组，文读 k 组。例如：隔 tɕie⁵¹ ~壁儿/kɤ³⁵ ~开。

另有个别舒声字存在声母的文白异读。例如：耕 tɕiŋ⁵⁵ ~地/kəŋ⁵⁵ 春~。

（二）韵母

韵母的文白异读主要体现在宕江曾梗摄入声字。

宕江摄入声字韵母白读 au、iau 韵，文读 o、ɤ、uo、ye 韵。例如：剥 pau⁵⁵ ~皮儿/po⁵⁵ ~削｜雀 tɕʰiau²¹⁴ ~家~儿/tɕʰye⁵¹ 孔~｜约 iau⁵⁵ ~重/ye⁵⁵ ~会。

曾开一入声字韵母白读 ei 韵，文读 ɤ 韵。例如：得 tei²¹⁴ ~劲儿/tɤ³⁵ ~到。

梗开二知组、曾开三庄组入声字韵母白读 ai 韵，文读 ɤ 韵。例如：择 tʂai³⁵ ~菜/tsɤ³⁵选~｜侧 tʂai⁵⁵ ~歪/tsʰɤ⁵¹ ~身｜色 ʂai²¹⁴ ~儿/sɤ⁵¹ ~弱。

梗开二见系入声字韵母白读 ie 韵，文读 ɤ 韵。例如：隔 tɕie⁵¹ ~壁儿/kɤ³⁵ ~开。

除入声字韵母外，有一些舒声字的韵母也存在文白异读的情况。例如：耕 tɕiŋ⁵⁵ ~地/kəŋ⁵⁵春~｜寻 ɕin³⁵ ~思/ɕyn³⁵ ~找。

（三）声调

声调异读也主要出现于入声字。

有的是没有条件的异读。例如：踏 tʰa⁵⁵/tʰa⁵¹｜恶 ŋɤ⁵¹/ŋɤ²¹⁴｜福 fu²¹⁴/fu³⁵。

有的异读具有一定的词汇条件。例如：劈 pʰi²¹⁴ ~柴（名词）/pʰi⁵⁵动词｜结 tɕie³⁵打~/tɕie⁵⁵ ~婚。

以上所列文白异读有些不限于声母、韵母或声调的单一异读，而是存在声韵调两两结合或三者结合的异读情况：

声母和韵母异读：择 tʂai³⁵/tsɤ³⁵｜耕 tɕiŋ⁵⁵/kəŋ⁵⁵。

韵母和声调异读：雀 tɕʰiau²¹⁴/tɕʰye⁵¹｜得 tei²¹⁴/tɤ³⁵。

声韵调异读：隔 tɕie⁵¹/kɤ³⁵｜侧 tʂai⁵⁵/tsʰɤ⁵¹｜色 ʂai²¹⁴/sɤ⁵¹。

三　其他异读

房山老男还有一些异读，既不属于新老异读，也不好归入文白异读。

声母异读：撞 tʂʰuaŋ⁵¹/tʂuaŋ⁵¹。

伍　儿化

房山方言 38 个韵母，除 ɚ 外，其他 37 个韵母都有对应的儿化韵，其中一些韵母的儿化韵有合并现象，因此 37 个韵母共对应 26 个儿化韵。

表 8　　　　　　　　　房山方言儿化韵表

儿化韵	本韵	例词
ər	ɿ	刺儿 tsʰər⁵¹ ｜ 肉丝儿 zou⁵¹sər⁵⁵
	ʅ	侄儿 tʂər³⁵ ｜ 戒指儿 tɕie⁵¹tʂər⁰ ｜ 三十儿 san⁵⁵ʂər³⁵
	ei	傍黑儿 paŋ⁵⁵xər⁵⁵
	ən	亏本儿 kʰuei⁵⁵pər²¹⁴ ｜ 爷们儿 ie³⁵mər⁰ ｜ 串门儿 tʂʰuan⁵¹mər³⁵ ｜ 一阵儿 i³⁵tʂər⁵¹ ｜ 婶儿 ʂər²¹⁴
iər	i	隔壁儿 tɕie⁵¹piər²¹⁴ ｜ 梨儿 liər³⁵ ｜ 家里儿 tɕia⁵⁵liər²¹⁴ ｜ 猪蹄儿 tʂu⁵⁵tʰiər³⁵ ｜ 特意儿 tʰɤ²¹iər⁵¹
	in	背心儿 pei⁵¹ɕiər⁵⁵
uər	uei	裤腿儿 kʰu⁵¹tʰuər²¹⁴ ｜ 亲嘴儿 tɕʰin⁵⁵tsuər²¹⁴ ｜ 一会儿 i³⁵xuər⁵¹ ｜ 味儿 uər⁵¹
	uən	村儿 tsʰuər⁵⁵ ｜ 冰棍儿 piŋ⁵⁵kuər⁵¹ ｜ 光棍儿 kuaŋ⁵⁵kuər⁵¹
yər	y	毛驴儿 mau³⁵lyər³⁵ ｜ 小鱼儿 ɕiau²¹yər³⁵
	yn	花裙儿 xua⁵⁵tɕʰyər³⁵
ɐr	a	把儿 pɐr⁵¹ ｜ 变戏法儿 pian⁵³ɕi⁵¹fɐr²¹⁴ ｜ 那儿 nɐr⁵¹ ｜ 吃啥儿 tʂʰʅ⁵⁵tsɐr⁵⁵ ｜ 裤衩儿 kʰu⁵¹tʂʰɐr²¹⁴
	ai	猪崽儿 tʂu⁵⁵tsɐr²¹⁴ ｜ 盖儿 kɐr⁵¹ ｜ 小孩儿 ɕiau²¹xɐr³⁵
	an	床单儿 tʂʰuaŋ³⁵tɐr⁵⁵ ｜ 猪肝儿 tʂu⁵⁵kɐr⁵⁵ ｜ 麦秸秆儿 mai⁵¹tɕie⁰kɐr²¹⁴ ｜ 门槛儿 mən³⁵kʰɐr²¹⁴
iɐr	ia	一下儿 i³⁵ɕiɐr⁵¹ ｜ 豆芽儿 tou⁵¹iɐr³⁵
	ian	河边儿 xɤ³⁵piɐr⁵⁵ ｜ 随便儿 suei³⁵piɐr⁵¹ ｜ 对面儿 tuei⁵³miɐr⁵¹ ｜ 差点儿 tʂʰa⁵¹tiɐr²¹⁴ ｜ 整天儿 tʂəŋ²¹tʰiɐr⁵⁵ ｜ 过年儿 kuo⁵¹niɐr³⁵ ｜ 馅儿 ɕiɐr⁵¹ ｜ 聊天儿 liau³⁵tʰiɐr⁵⁵

续表

儿化韵	本韵	例词
uɐr	ua	花儿 xuɐr⁵⁵ ｜ 梅花儿 mei³⁵xuɐr⁵⁵ ｜ 荷花儿 xɤ³⁵xuɐr⁵⁵
	uai	一块儿 i³⁵kʰuɐr⁵¹
	uan	新郎官儿 ɕin⁵⁵laŋ³⁵kuɐr⁵⁵ ｜ 玩儿 uɐr³⁵ ｜ 蔓儿 uɐr⁵¹
yɐr	yan	手绢儿 ʂou²¹tɕyɐr⁵¹ ｜ 烟卷儿 ian⁵⁵tɕyɐr²¹⁴
ur	u	妹夫儿 mei⁵³fur⁵¹ ｜ 眼珠儿 ian²¹tʂur⁵⁵ ｜ 老叔儿 lau²¹ʂur⁵⁵ ｜ 拢梳儿 luŋ²¹ʂur⁵⁵ ｜ 姑儿 kur³⁵ ｜ 二胡儿 ɚ⁵¹xur³⁵
ɤr	ɤ	这儿 tʂɤr⁵¹ ｜ 唱歌儿 tʂʰaŋ⁵¹kɤr⁵⁵ ｜ 自个儿 tsɿ⁵¹kɤr²¹⁴
uɤr	uo	昨儿个 tsuɤr³⁵kə⁰ ｜ 水果儿 ʂuei³⁵kuɤr²¹⁴ ｜ 罗锅儿 luo³⁵kuɤr⁵⁵ ｜ 干活儿 kan⁵¹xuɤr³⁵ ｜ 大伙儿 ta⁵¹xuɤr²¹⁴
ʌr	o	围脖儿 uei³⁵pʌr³⁵
iɛr	ie	蝴蝶儿 xu³⁵tʰiɛr²¹⁴ ｜ 窑姐儿 iau³⁵tɕiɛr²¹⁴ ｜ 老爷儿 lau²¹iɛr³⁵
yɛr	ye	口诀儿 kou²¹tɕyɛr³⁵ ｜ 主角儿 tʂu²¹tɕyɛr³⁵
aur	au	道儿 taur⁵¹ ｜ 桃儿 tʰaur³⁵ ｜ 豆腐脑儿 tou⁵¹fu⁰naur²¹⁴ ｜ 枣儿 tsaur²¹⁴ ｜ 勺儿 ʂaur³⁵ ｜ 外号儿 uai⁵³xaur⁵¹
iaur	iau	面条儿 mian⁵¹tʰiaur³⁵ ｜ 口条儿 kʰou²¹tʰiaur⁰ ｜ 鸟儿 niaur²¹⁴ ｜ 末了儿 mo⁵¹liaur²¹⁴ ｜ 角儿 tɕiaur²¹⁴ ｜ 家雀儿 tɕia⁵⁵tɕʰiaur²¹⁴
our	ou	土豆儿 tʰu²¹tour⁵¹ ｜ 兜儿 tour⁵⁵ ｜ 坟头儿 fən³⁵tʰour³⁵ ｜ 小偷儿 ɕiau²¹tʰour⁵⁵ ｜ 水沟儿 ʂuei²¹kour⁵⁵ ｜ 扣儿 kʰour⁵¹ ｜ 时候儿 ʂɿ³⁵xour⁰ ｜ 猴儿 xour³⁵
iour	iou	小牛儿 ɕiau²¹niour³⁵ ｜ 一流儿 i⁵⁵liour³⁵
ãr	aŋ	肩膀儿 tɕian⁵⁵pãr²¹⁴ ｜ 电棒儿 tian⁵³pãr⁵¹ ｜ 地方儿 ti⁵¹fãr⁰
iãr	iaŋ	长相儿 tʂaŋ²¹ɕiãr⁰ ｜ 什么样儿 ʂən³⁵mə⁰iãr⁰
uãr	uaŋ	李各庄儿 li²¹kə⁰tʂuãr⁵⁵ ｜ 鸡蛋黄儿 tɕi⁵⁵tan⁰xuãr⁵⁵
ə̃r	əŋ	钢镚儿 kaŋ⁵⁵pə̃r⁵¹ ｜ 缝儿 fə̃r⁵¹ ｜ 蜜蜂儿 mi⁵¹fə̃r⁵⁵ ｜ 绳儿 ʂə̃r³⁵ ｜ 水坑儿 ʂuei²¹kʰə̃r⁵⁵ ｜ 獐儿 tsə̃r⁵¹
iə̃r	iŋ	明儿 miə̃r³⁵ ｜ 名儿 miə̃r³⁵ ｜ 早清儿 tsau²¹tɕʰiə̃r⁵⁵ ｜ 杏儿 ɕiə̃r⁵¹

续表

儿化韵	本韵	例词
uə̃r	uəŋ	小瓮儿 ɕiau²¹ uə̃r⁵¹
ũr	uŋ	胡同儿 xu³⁵ tʰũr⁵¹
ỹr	yŋ	小熊儿 ɕiau²¹ ɕỹr³⁵ ｜ 蚕蛹儿 tsʰan³⁵⁻ỹr²¹⁴

个别词语中儿化韵不符合规律。例如：

（1）媳妇儿 ɕi³⁵ fər⁰：妇，u 韵，按规律儿化韵应为 ur。娶媳妇儿 tɕʰy²¹ ɕi³⁵ fər⁰、新媳妇儿 ɕin⁵⁵ ɕi³⁵ fər⁰、兄弟媳妇儿 ɕiuŋ⁵⁵ ti⁵¹ ɕi³⁵ fər⁰、儿媳妇儿 ɚ³⁵ ɕi³⁵ fər⁰ 都是如此。

（2）小河儿 ɕiau²¹ xər³⁵：河，ɣ 韵，按规律儿化韵应为 ɣr。

（3）另外，语流中有一些词语中的儿化韵与上表不一致，如：板儿 pər 石 ｜ 煤场儿 tʂʰɐr ｜ 一帮儿 pər。

第五节　门头沟方音

壹　概况

一　门头沟区概况

门头沟区位于北京城区正西偏南，东部与海淀区、石景山区为邻，南部与房山区、丰台区相连，西部与河北省涿鹿县、涞水县交界，北部与昌平区、河北省怀来县接壤。地理坐标为东经115°25′~116°10′，北纬39°48′~40°10′，东西长约62千米，南北宽约34千米，总面积1455平方千米，其中山地面积占98.5%，是北京市唯一的纯山区，地处华北平原向蒙古高原过渡地带，地势西北高，东南低。

1952年9月河北省宛平县、北京市第16区并入京西矿区，今门头沟区全境属京西矿区辖界，1958年5月京西矿区调整区划后改称门头沟区，现在政府驻地在门头沟区新桥大街36号。截至2018年，门头沟区辖9个乡镇、4个街道办事处，户籍人口25.1万人，常住人口33.1万人；满、回等少数民族约0.5万人。

门头沟区方言属北京官话京承片京师小片。当地流行的主要曲艺形式有秧歌戏、山梆子、蹦蹦戏等。

二　发音人概况

谭忠义，男，1948年2月出生，门头沟区大峪街道人，中学文化，农民。
王立明，男，1973年9月出生，门头沟区大峪街道人，中学文化，农民。

贰　声韵调

一　声母（23个）

p 八兵病别	pʰ 派片爬扑	m 马门明麦	f 飞凤饭副
t 多端东毒	tʰ 讨天甜突	n 脑南年泥	l 老蓝连路
ts 资早坐贼	tsʰ 刺草寸祠		s 丝三随俗
tʂ 张装纸柱	tʂʰ 茶抽春城	ʂ 山手双十	ʐ 软荣热日
tɕ 酒九绝菊	tɕʰ 清全轻权	ɕ 想谢响县	

k 哥高共谷　kʰ 开口葵阔　ŋ 鹅饿爱暗　x 好很灰活
∅ 安问药云

二　韵母（38 个）

ɿ 资次丝	i 弟米戏一	u 苦五猪出	y 雨橘绿局
ʅ 知吃师十			
ɚ 儿耳二			
a 大马茶八	ia 家俩牙鸭	ua 刷花瓦刮	
	ie 写鞋接贴		ye 靴月雪掘
ɤ 歌车盒热			
o 脖破磨拨		uo 坐过活国	
ai 开排埋白		uai 摔快坏外	
ei 赔飞贼北		uei 对水鬼胃	
au 宝饱烧勺	iau 表桥笑药		
ou 豆走口肉	iou 牛九油六		
an 南站山半	ian 减盐片年	uan 短官关穿	yan 权院元悬
ən 森深根身	in 心今新斤	uən 寸滚春顺	yn 均群熏云
aŋ 糖唱方绑	iaŋ 响样讲腔	uaŋ 床光王双	
əŋ 灯升争蒙		uəŋ 翁瓮	
	iŋ 冰病星硬	uŋ 东红农共	
	iuŋ 兄永熊用		

说明：

（1）韵母 ie、ye 的主要元音 e 舌位略低，实际音值为 ɛ。

（2）韵母 uei 在阴平调中的实际音值近乎 ui，统一记为 uei。

（3）韵母 a、ia、ua 的主要元音 a 实际音值为 A；韵母 ian、yan 中主要元音 a 实际音值为 ɛ；韵母 au、iau、aŋ、iaŋ、uaŋ 的主要元音 a 舌位偏后，实际音值为 ɑ。

三 声调（4个）

阴平 55　东该灯风通开天春　搭哭拍切
阳平 35　门龙牛油铜皮糖红　节急　毒白盒罚
上声 214　懂古鬼九统苦讨草　买老五有　谷百塔
去声 51　冻怪半四痛快寸去　卖路硬乱洞地饭树　动罪近后　六麦叶月

说明：

上声 214 少数情况下会读成 224。

叁　连读变调

一　两字组连读变

表9　　　　门头沟方言两字组连读变调表

后字 前字	阴平 55	阳平 35	上声 214	去声 51	轻声
阴平 55	55 + 55	55 + 35	55 + 214	55 + 51	55 + 0
阳平 35	35 + 55	35 + 35	35 + 214	35 + 51	35 + 0
上声 214	**21 + 55**	**21 + 35**	**35 + 214**	**21 + 51**	**21 + 0** **35 + 0**
去声 51	51 + 55	51 + 35	51 + 214	**53 + 51**	51 + 0

门头沟两字组连读变调具有以下特点：

（1）两字组中存在变调现象的只有前字，后字没有变调的情况（轻声除外）。

（2）前字为阴平、阳平，后字无论调类为何，前字都不变调。

（3）上声作前字有变调现象。

①前字为上声，后字为非上声（轻声除外），前字调值由 214 变为 21。例如：

上声 + 阴平：草鸡 tsʰau²¹ tɕi⁵⁵ ｜ 改锥 kai²¹ tʂuei⁵⁵ ｜ 打针 ta²¹ tʂən⁵⁵ ｜ 宰猪 tsai²¹ tʂu⁵⁵。

上声 + 阳平：暖壶 nuan²¹ xu³⁵ ｜ 以前 i²¹ tɕʰian³⁵ ｜ 口条 kʰou²¹ tʰiau³⁵ ｜ 赶集 kan²¹ tɕi³⁵。

上声 + 去声：以后 i²¹ xou⁵¹ ｜ 米饭 mi²¹ fan⁵¹ ｜ 满月 man²¹ ye⁵¹ ｜ 炒

菜 tʂʰau²¹tsʰai⁵¹。

②前后字皆为上声，则前字调值由 214 变为 35。例如：可以 kʰɤ³⁵i²¹⁴ ｜ 母狗 mu³⁵kou²¹⁴ ｜ 老虎 lau³⁵xu²¹⁴ ｜ 蚂蚁 ma³⁵i²¹⁴ ｜ 左手 tsuo³⁵ʂou²¹⁴ ｜ 洗澡 ɕi³⁵tsau²¹⁴。

③前字为上声，后字为轻声，前字调值由 214 变为 21 和 35 的都有。例如：

上声＋轻声（本调为非上声）：枕头 tʂən²¹tʰou⁰ ｜ 手巾 ʂou²¹tɕin⁰ ｜ 点心 tian²¹ɕin⁰ ｜ 喜鹊 ɕi²¹tɕʰiau⁰ ｜ 尾巴 i²¹pa⁰。

上声＋轻声（本调为上声），又分两种情况：

a. 前字变为 35：洗洗 ɕi³⁵ɕi⁰ ｜ 想想 ɕiaŋ³⁵ɕiaŋ⁰。

b. 前字变为 21：李子 li²¹tsɿ⁰ ｜ 椅子 i²¹tsɿ⁰ ｜ 斧子 fu²¹tsɿ⁰ ｜ 耳朵 ɚ²¹tuo⁰ ｜ 姐姐 tɕie²¹tɕie⁰ ｜ 奶奶 nai²¹nai⁰。

（4）前字为去声，后字为阴平、阳平、上声和轻声，前字不变调；后字为去声，前字由 51 变为 53。例如：庙会 miau⁵³xuei⁵¹ ｜ 笨蛋 pən⁵³tan⁵¹ ｜ 孕妇 yn⁵³fu⁵¹ ｜ 做饭 tsuo⁵³fan⁵¹ ｜ 做寿 tsuo⁵³ʂou⁵¹ ｜ 种菜 tʂuŋ⁵³tsʰai⁵¹ ｜ 放屁 faŋ⁵³pʰi⁵¹ ｜ 咽气 ian⁵³tɕʰi⁵¹ ｜ 害臊 xai⁵³sau⁵¹。

（5）个别词语的连读调不符合以上变调规律。例如：

蛛蛛 tʂu³⁵tʂu⁰，蛛，阴平，按规律应该读本调 55。

调皮 tʰiau²¹pʰi³⁵，调，阳平，按规律应该读本调 35。

妹夫儿 mei⁵³fur⁵¹，夫，阴平，周边方言一般读为轻声。

二 "一、不"的变调

门头沟"一"单念阴平 55，"不"单念去声 51，它们作前字存在变调现象。

（1）当后字为去声字时，"一"调值变为 35，读同阳平。例如：一共 i³⁵kuŋ⁵¹ ｜ 一万 i³⁵uan⁵¹ ｜ 一块儿 i³⁵kʰuɐr⁵¹ ｜ 一辈子 i³⁵pei⁵¹tsɿ⁰。

（2）当后字为去声字时，"不"调值多变为 55，部分变为 35。例如：不在 pu⁵⁵tsai⁵¹ ｜ 不会 pu⁵⁵xuei⁵¹ ｜ 不认识 pu⁵⁵ʐən⁵¹ʂɿ⁰ ｜ 不是 pu³⁵ʂɿ⁵¹。

（3）当后字为阴平、阳平、上声字时，"一"调值变为 51，"不"不变调。例如：一千 i⁵¹tɕʰian⁵⁵ ｜ 一边儿 i⁵¹piɐr⁵⁵ ｜ 一瓶儿 i⁵¹pʰiɚ³⁵ ｜ 一百 i⁵¹pai²¹⁴ ‖ 不吃 pu⁵¹tʂʰɿ⁵⁵ ｜ 不能 pu⁵¹nəŋ³⁵ ｜ 不成 pu⁵¹tʂʰəŋ³⁵ ｜ 不懂 pu⁵¹tuŋ²¹⁴。"不"有时变为 55，例如：不知道 pu⁵⁵tʂɿ⁵⁵tau⁰。

肆　异读

一　新老异读

门头沟方言新老差异不大，声母、韵母存在一些差别，声调基本没有差别。

(一) 声母

老男零声母合口呼字（u、uo 韵除外），青男读为 v 声母开口呼。例如：瓦 ua²¹⁴ – va²¹⁴｜外 uai⁵¹ – vai⁵¹｜尾 uei²¹⁴ – vei²¹⁴｜晚 uan²¹⁴ – van²¹⁴｜问 uən⁵¹ – vən⁵¹｜王 uaŋ³⁵ – vaŋ³⁵｜翁 uəŋ⁵⁵ – vəŋ⁵⁵ ‖ 五 u²¹⁴ – u²¹⁴｜握 uo⁵¹ – uo⁵¹。

古影疑母开口一二等字，老男部分读零声母，部分读 ŋ 声母，青男只有"矮"读 ŋ 声母，其他全部读零声母。例如：矮 ŋai²¹⁴ – ŋai²¹⁴ ‖ 鹅 ŋɤ³⁵ – ɤ³⁵｜饿 ŋɤ⁵¹ – ɤ⁵¹｜恶 ŋɤ⁵¹ – ɤ⁵¹｜爱 ŋai⁵¹ – ai⁵¹｜暗 ŋan⁵¹ – an⁵¹ ‖ 熬 au³⁵ – au³⁵｜藕 ou²¹⁴ – ou²¹⁴｜岸 an⁵¹ – an⁵¹｜安 an⁵⁵ – an⁵⁵｜恩 ən⁵⁵ – ən⁵⁵｜额 ɤ³⁵ – ɤ³⁵。

(二) 韵母

与老男相比，青男韵母系统中少了一个 uəŋ 韵母，老男读 uəŋ 韵母的"翁瓮"等字，青男读 v 声母 əŋ 韵。

(三) 文白

文白异读方面存在一些新老差别，主要体现在青男有文白异读的字较老男大大减少。1000 个单字中，青男有"血薄落削剥塞择劈"等少数字存在文白异读，而老男异读的字要多出不少。老男有异读的一些字，青男则多用文读形式。

二 文白异读

(一) 声母

梗开二知组、曾开三庄组入声部分字声母白读 tʂ 组，文读 ts 组。例如：择 tʂai³⁵ ~菜/tsɤ³⁵ 选~｜侧 tʂai⁵⁵ ~歪/tsʰɤ⁵¹ ~面｜色 ʂai²¹⁴ 红~/sɤ⁵¹ ~弱。

另有部分舒声字存在声母的文白异读。例如：耕 tɕiŋ⁵⁵ ~地/kəŋ⁵⁵ 春~｜更 tɕiŋ⁵⁵ 三~半夜/kəŋ⁵⁵ ~改｜俊 tɕyn⁵¹/tsuən⁵¹。

(二) 韵母

韵母的文白异读主要体现在宕江曾梗通五摄入声字。

宕江摄入声字韵母白读 au、iau 韵，文读 o、ɤ、uo、ye 韵。例如：薄 pau³⁵ ~片儿/po³⁵ ~弱｜剥 pau⁵⁵ ~皮儿/po⁵⁵ ~削｜落 lau⁵¹ ~下来/luo⁵¹ ~后｜弱 ʐau⁵¹ 身子~/ʐuo⁵¹ 薄~｜壳 tɕʰiau⁵¹ 地~/kʰɤ⁵¹ 鸡蛋~儿｜鹤 xau³⁵ 仙~/xɤ⁵¹ 仙~｜角 tɕiau²¹⁴ 牛~/tɕye³⁵ 名~儿｜雀 tɕʰiau²¹⁴ 家~儿/tɕʰye⁵¹ 孔~｜削 ɕiau⁵⁵ ~皮儿/ɕye⁵⁵ 剥~｜学 ɕiau³⁵ ~上/ɕye³⁵ ~习｜约 iau⁵⁵ ~重/ye⁵⁵ ~会。

曾开一入声字韵母白读 ei 韵，文读 ɤ 韵或 ai 韵。例如：得 tei²¹⁴ ~劲儿/tɤ³⁵ ~到｜塞 sei⁵⁵ ~住/sai⁵⁵ ~子。

梗开二知组、曾开三庄组入声字韵母白读 ai 韵，文读 ɤ 韵。例如：侧 tʂai⁵⁵ ~歪/tsʰɤ⁵¹ ~面儿｜择 tʂai³⁵ ~菜/tsɤ³⁵ 选~｜色 ʂai²¹⁴ 红~儿/sɤ⁵¹ ~弱。

通合三入声字韵母白读 ou 韵，文读 u 韵。例如：熟 ʂou³⁵ 饭~了/ʂu³⁵ 成~。

其他韵摄的个别入声字韵母也存在文白异读，如山合四白读 ie 韵，文读 ye 韵：血 ɕie²¹⁴ 出~/ɕye²¹⁴ ~豆腐/ɕye⁵¹ 鲜~。

除入声字韵母外，有一些舒声字的韵母也存在文白异读的情况。例如：耕 tɕiŋ⁵⁵ ~地/kəŋ⁵⁵ 春~｜更 tɕiŋ⁵⁵ 三~半夜/kəŋ⁵⁵ ~换｜俊 tɕyn⁵¹/tsuən⁵¹｜尾 i²¹⁴ ~巴/uei²¹⁴ ~随。

（三）声调

声调异读也主要出现于入声字。

有的是没有条件的异读。例如：霍 xuo²¹⁴/xuo⁵¹｜失 ʂʅ³⁵/ʂʅ⁵⁵。

有的异读具有一定的词汇条件。例如：劈 pʰi⁵⁵ 动词/pʰi²¹⁴ ~柴（名词）｜作 tsuo⁵⁵ ~死/tsuo⁵¹ 工~｜黑 xei⁵⁵ ~色/xei²¹⁴ ~豆。

以上所列文白异读有些不限于声母、韵母或声调的单一异读，而是存在声韵调两两结合或三者结合的异读情况：

声母和韵母异读：择 tʂai³⁵/tsɤ³⁵｜俊 tɕyn³⁵/tsuən⁵¹｜耕 tɕiŋ⁵⁵/kəŋ⁵⁵｜更 tɕiŋ⁵⁵/kəŋ⁵⁵。

韵母和声调异读：雀 tɕʰiau²¹⁴/tɕʰye⁵¹｜得 tei²¹⁴/tɤ³⁵｜血 ɕie²¹⁴/ɕye²¹⁴/ɕye⁵¹。

声韵调异读：壳 tɕʰiau⁵¹/kʰɤ³⁵｜侧 tʂai⁵⁵/tsʰɤ⁵¹｜色 ʂai²¹⁴/sɤ⁵¹。

三 其他异读

门头沟老男还有一些异读，既不属于新老异读，也不好归入文白异读。

声母异读：撞 tʂʰuaŋ⁵¹/tʂuan⁵¹｜厌 yan⁵¹/ian⁵¹。

韵母异读：吞 tʰən⁵⁵/tʰuən⁵⁵。

伍 儿化

门头沟方言 38 个韵母，除 ɚ 外，其他 37 个韵母都有对应的儿化韵，其中一些韵母的儿化韵有合并现象，因此 37 个韵母共对应 26 个儿化韵。

表 10   门头沟方言儿化韵表

儿化韵	本韵	例词
ər	ɿ	刺儿 tsʰər⁵¹｜鸡子儿 tɕi⁵⁵ tsər²¹⁴
	ʅ	侄儿 tʂər³⁵｜三十儿 san⁵⁵ ʂər³⁵｜事儿 ʂər⁵¹
	ei	擦黑儿 tsʰa⁵⁵ xər⁵⁵
	ən	洗脸盆儿 ɕi³⁵ lian²¹ pʰər³⁵｜亏本儿 kʰuei⁵⁵ pər²¹⁴｜老爷们儿 lau²¹ ie³⁵ mər⁰｜串门儿 tʂʰuan⁵¹ mər³⁵｜一阵儿 i³⁵ tʂər⁵¹｜买卖人儿 mai²¹ mai⁰ ʐər³⁵｜年根儿 nian³⁵ kər⁵⁵｜婶儿 ʂər²¹⁴
iər	i	一粒儿 i³⁵ liər⁵¹｜猪蹄儿 tʂu⁵⁵ tʰiər³⁵｜有底儿 iou³⁵ tiər²¹⁴｜水地儿 ʂuei²¹ tiər⁵¹｜抽屉儿 tʂʰou⁵⁵ tʰiər⁰
	in	今儿 tɕiər⁵⁵｜胡琴儿 xu³⁵ tɕʰiər⁰｜背心儿 pei⁵¹ ɕiər⁵⁵
uər	uei	裤腿儿 kʰu⁵¹ tʰuər²¹⁴｜亲嘴儿 tɕʰin⁵⁵ tsuər²¹⁴｜一会儿 i³⁵ xuər⁵¹｜味儿 uər⁵¹
	uən	村儿 tsʰuər⁵⁵｜没准儿 mei³⁵ tʂuər²¹⁴｜嘴唇儿 tsuei²¹ tʂʰuər³⁵｜冰棍儿 piŋ⁵⁵ kuər⁵¹｜光棍儿 kuaŋ⁵⁵ kuər⁵¹
yər	y	蛐蛐儿 tɕʰy²¹ tɕʰyər⁰｜毛驴儿 mau³⁵ lyər³⁵｜小鱼儿 ɕiau²¹ yər³⁵
	yn	花裙儿 xua⁵⁵ tɕʰyər³⁵
ɐr	a	把儿锅 pɐr⁵¹ kuo⁵⁵｜变戏法儿 pian⁵³ ɕi⁵¹ fɐr²¹⁴｜汗褟儿 xan⁵¹ tʰɐr⁵⁵｜那儿 nɐr⁵¹｜吃呀儿 tʂʰɿ⁵⁵ tsɐr⁵⁵｜裤衩儿 kʰu⁵¹ tʂʰɐr⁵¹
	ai	盖儿 kɐr⁵¹｜小孩儿 ɕiau²¹ xɐr³⁵
	an	床单儿 tʂʰuaŋ³⁵ tɐr⁵⁵｜肝儿 kɐr⁵⁵｜老白干儿 lau²¹ pai³⁵ kɐr⁵⁵｜门槛儿 mən³⁵ kʰɐr²¹⁴
iɐr	ia	老家儿 lau²¹ tɕiɐr⁵⁵｜一下儿 i³⁵ ɕiɐr⁵¹
	ian	一边儿 i⁵¹ piɐr⁵⁵｜对面儿 tuei⁵³ miɐr⁵¹｜白面儿 pai³⁵ miɐr⁵¹｜趟儿 tiɐr⁵⁵｜家伙点儿 tɕia⁵⁵ xu⁰ tiɐr²¹⁴｜差点儿 tʂʰa⁵¹ tiɐr²¹⁴｜整天儿 tʂəŋ²¹ tʰiɐr⁵⁵｜聊天儿 liau³⁵ tʰiɐr⁵⁵｜馅儿 ɕiɐr⁵¹｜嗓子眼儿 saŋ²¹ tsɿ⁰ iɐr²¹⁴｜肚脐眼儿 tu⁵¹ tɕʰi³⁵ iɐr²¹⁴

续表

儿化韵	本韵	例词
uɐr	ua	花儿 xuɐr⁵⁵ ｜ 梅花儿 mei³⁵ xuɐr⁵⁵ ｜ 荷花儿 xɤ³⁵ xuɐr⁵⁵
	uai	一块儿 i³⁵ kʰuɐr⁵¹
	uan	玩儿 uɐr³⁵ ｜ 闹着玩儿 nau⁵¹ tʂə⁰ uɐr⁵¹
yɐr	yan	手绢儿 ʂou²¹ tɕyɐr⁵¹ ｜ 烟卷儿 ian⁵⁵ tɕyɐr²¹⁴ ｜ 圈儿 tɕʰyɐr⁵⁵
ur	u	小铺儿 ɕiau²¹ pʰur⁵¹ ｜ 饭铺儿 fan⁵³ pʰur⁵¹ ｜ 妹夫儿 mei⁵³ fur⁰ ｜ 露珠儿 lu⁵¹ tʂur⁵⁵ ｜ 小猪儿 ɕiau²¹ tʂur⁵⁵ ｜ 叔儿 ʂur⁵⁵ ｜ 姑儿 kur⁵⁵ ｜ 一股儿 i⁵¹ kur²¹⁴ ｜ 糨糊儿 tɕiaŋ⁵¹ xur⁰
ɤr	ɤ	这儿 tʂɤr⁵¹ ｜ 甘蔗儿 kan⁵⁵ tʂɤr⁰ ｜ 自行车儿 tsʅ⁵¹ ɕiŋ³⁵ tʂʰɤr⁵⁵ ｜ 手推车儿 ʂou²¹ tʰuei⁵⁵ tʂʰɤr⁵⁵ ｜ 唱歌儿 tʂʰaŋ⁵¹ kɤr⁵⁵ ｜ 自个儿 tsʅ⁵¹ kɤr²¹⁴ ｜ 月窠儿 ye⁵¹ kʰɤr⁵⁵
or	o	围脖儿 uei³⁵ por³⁵
uor	uo	昨儿 tsuor³⁵ ｜ 水果儿 ʂuei³⁵ kuor²¹⁴ ｜ 干活儿 kan⁵¹ xuor³⁵ ｜ 大伙儿 ta⁵¹ xuor²¹⁴ ｜ 暖和儿 nuan²¹ xuor⁰ ｜ 窝儿 uor⁵⁵
iɛr	ie	蝴蝶儿 xu³⁵ tʰiɛr²¹⁴ ｜ 窑姐儿 iau³⁵ tɕiɛr²¹⁴ ｜ 老爷儿 lau²¹ iɛr³⁵ ｜ 叶儿 iɛr⁵¹
yɛr	ye	口诀儿 kou²¹ tɕyɛr³⁵ ｜ 主角儿 tʂu²¹ tɕyɛr³⁵ ｜ 小月儿 ɕiau²¹ yɛr⁵¹
ɑur	au	男猫儿 nan³⁵ mɑur⁵⁵ ｜ 道儿 tɑur⁵¹ ｜ 桃儿 tʰɑur³⁵ ｜ 豆腐脑儿 tou⁵¹ fu⁰ nɑur²¹⁴ ｜ 枣儿 tsɑur²¹⁴ ｜ 草儿 tsʰɑur²¹⁴ ｜ 勺儿 ʂɑur³⁵ ｜ 外号儿 uai⁵³ xɑur⁵¹
iɑur	iau	水瓢儿 ʂuei²¹ pʰiɑur³⁵ ｜ 洋钱票儿 iaŋ³⁵ tɕʰian³⁵ pʰiɑur⁵¹ ｜ 檩条儿 lin²¹ tʰiɑur³⁵ ｜ 鸟儿 niɑur²¹⁴ ｜ 末了儿 mo⁵¹ liɑur²¹⁴ ｜ 角儿 tɕiɑur²¹⁴
our	ou	土豆儿 tʰu²¹ tour⁵¹ ｜ 兜儿 tour⁵⁵ ｜ 坟头儿 fən³⁵ tʰour³⁵ ｜ 老头儿 lau²¹ tʰour³⁵ ｜ 水沟儿 ʂuei²¹ kour⁵⁵ ｜ 时候儿 ʂʅ³⁵ xour⁰ ｜ 猴儿 xour³⁵ ｜ 鼩儿咸 xour⁵⁵ ɕian³⁵
iour	iou	稀溜儿稀疏 ɕi⁵⁵ liour⁰ ｜ 小牛儿 ɕiau²¹ niour³⁵
ãr	aŋ	翅膀儿 tʂʰʅ⁵¹ pãr²¹⁴ ｜ 双傍儿 ʂuaŋ⁵⁵ pãr⁵¹ ｜ 电棒儿 tian⁵³ pãr⁵¹ ｜ 地方儿 ti⁵¹ fãr⁰ ｜ 茅草房儿 mau³⁵ tsʰau²¹ fãr³⁵ ｜ 前半晌儿 tɕʰian³⁵ pan⁵¹ ʂãr²¹⁴ ｜ 后半晌儿 xou⁵³ pan⁵¹ ʂãr²¹⁴ ｜ 起炕儿 tɕʰi²¹ kʰãr⁵¹

续表

儿化韵	本韵	例词
iãr	iaŋ	念想儿 nian⁵¹ ɕiãr⁰ ｜ 长相儿 tʂaŋ²¹ ɕiãr⁵¹
uãr	uaŋ	李各庄儿 li²¹ kə⁰ tʂuãr⁵⁵ ｜ 鸡蛋黄儿 tɕi⁵⁵ tan⁰ xuãr³⁵
ə̃r	əŋ	钢镚儿 kaŋ⁵⁵ pə̃r⁵¹ ｜ 缝儿 fə̃r⁵¹ ｜ 蜜蜂儿 mi⁵¹ fə̃r⁵⁵ ｜ 起灯儿 tɕʰi²¹ tə̃r⁵⁵ ｜ 风筝儿 fəŋ⁵⁵ tʂə̃r⁰ ｜ 绳儿 ʂə̃r³⁵ ｜ 田埂儿 tʰian³⁵ kə̃r²¹⁴ ｜ 小水坑儿 ɕiau³⁵ ʂuei²¹ kʰə̃r⁵⁵
iə̃r	iŋ	明儿 miə̃r³⁵ ｜ 名儿 miə̃r³⁵ ｜ 打鸣儿 ta²¹ miə̃r³⁵ ｜ 下小定儿 ɕia⁵¹ ɕiau²¹ tiə̃r⁵¹ ｜ 杏儿 ɕiə̃r⁵¹
uə̃r	uəŋ	小瓮儿 ɕiau²¹ uə̃r⁵¹
ũr	uŋ	胡同儿 xu³⁵ tʰũr⁵¹
iũr	iuŋ	小熊儿 ɕiau²¹ ɕỹr³⁵ ｜ 蚕蛹儿 tsʰan³⁵ ỹr²¹⁴

个别词语中儿化韵不符合规律，例如：

娶媳妇儿 tɕʰy²¹ ɕi³⁵ fər⁰、新媳妇儿 ɕin⁵⁵ ɕi³⁵ fər⁰：妇，u 韵，按规律儿化韵应为 ur。

第六节　昌平方音

壹　概况

一　昌平区概况

昌平区位于北京西北部，北与延庆区、怀柔区相连，东邻顺义区，南与朝阳区、海淀区毗邻，西与门头沟区和河北省怀来县接壤。地理坐标为东经115°50′~116°29′，北纬40°2′~40°23′，总面积1352平方千米。昌平区地势西北高、东南低，面积60%为山区，40%为平原，山地海拔800~1000米，平原海拔30~100米。

1956年1月昌平县由河北省划归北京市并撤县设区，1960年1月撤区复设昌平县；1999年9月撤县设区，区政府驻城北街道政府街19号。截至2018年，昌平区下辖8个街道、4个地区、10个镇，户籍人口63.5万人，常住人口210.8万人，其中常住外来人口106.7万人。共有满回蒙朝等少数民族近20个，人口6万多人。

昌平区方言属北京官话京承片京师小片，内部大致有以下几种口音：昌平口音，与北京城区口音较为接近，分布最广；黑山寨镇口音，与昌平口音略有不同；老峪沟镇口音，接近河北怀来，与昌平方言差别最大，当地人称"山里话"。当地流行的主要曲艺形式有昌平评剧、京剧等。

二　发音人概况

田新民，男，1949年2月出生，昌平区南邵镇人，初中文化，农民。
丁建东，男，1979年7月出生，昌平区南邵镇人，大学文化，村干部。

贰　声韵调

一　声母（22个）

p 八兵病别　　pʰ 派片爬扑　　m 马门明麦　　f 飞风饭副
t 多端东毒　　tʰ 讨天甜突　　n 脑南年泥　　　　　　　　l 老蓝连路
ts 资早坐贼　　tsʰ 刺草寸祠　　　　　　　　　s 丝三随俗
tʂ 张装纸柱　　tʂʰ 茶抽春城　　　　　　　　　ʂ 山手双十　ʐ 软荣热日

tɕ 酒九绝菊　　tɕʰ 清全轻权　　　　ɕ 想谢响县

k 哥高共谷　　　kʰ 开口葵阔　　　　x 好很灰活

ø 安药问云

说明：

（1）ʐ 声母摩擦较轻，实际音值为 ɻ。

（2）零声母齐齿呼、合口呼、撮口呼音节的开头带有同部位的轻微摩擦。

二　韵母（38 个）

ɿ 资次丝　　　　　i 弟米戏一　　　　u 苦五猪出　　　　y 雨橘绿局

ʅ 知吃师十

ɚ 儿耳二

a 大马茶八　　　　ia 家俩牙鸭　　　　ua 刷花瓦刮

　　　　　　　　　ie 写鞋接贴　　　　　　　　　　　　ye 靴月雪掘

ɣ 歌车盒热

o 脖破磨拨　　　　　　　　　　　　uo 坐过活国

ai 开排埋白　　　　　　　　　　　　uai 摔快坏外

ei 赔飞贼北　　　　　　　　　　　　uei 对水鬼胃

au 宝饱烧勺　　　　iau 表桥笑药

ou 豆走口肉　　　　iou 牛九油六

an 南站山半　　　　ian 减盐片年　　　uan 短官关穿　　　yan 权院元悬

ən 森深根身　　　　in 心今新斤　　　uən 寸滚春顺　　　yn 均群熏云

aŋ 糖唱方绑　　　　iaŋ 响样讲腔　　　uaŋ 床光王双

əŋ 灯升争蒙　　　　　　　　　　　　uəŋ 翁瓮

　　　　　　　　　　iŋ 冰病星硬　　　uŋ 东红农共　　　yŋ 兄永熊用

说明：

（1）韵母 ian、yan 中主要元音 a 实际音值分别为 ɛ 和 æ。韵母 au、iau、aŋ、iaŋ、uaŋ 的主要元音 a 舌位偏后，实际音值为 ɑ。

（2）韵母 ie、ye 的主要元音 e 舌位略低，实际音值为 ɛ。

（3）韵母 uai 逢阴平 55 时，主要元音 a 舌位较高，韵尾 i 的舌位较低，从韵腹到韵尾的动程较小，实际音值为 uɛe，但与 uei 韵母不混。

（4）韵母 uei 逢上声 214 与去声 51 时，主要元音 e 和韵尾 i 的舌位较低，从韵腹到韵尾的动程较小，实际音值为 uɛI。

（5）韵母 au、iau 的韵尾较松，实际音值接近 ʊ。

（6）韵母 iou 逢上声 214 与去声 51 时，主要元音 o 和韵尾 u 的舌位较低，实际音值为 iɔʊ。

（7）韵母 iŋ 主要元音 i 和韵尾 ŋ 之间有较为明显的过渡音 ə，实际音值为 iᵊŋ，逢上声 214 时最为明显。

（8）韵母 yŋ 的动程较长，主要元音 y 和韵尾 ŋ 之间有过渡音 u，实际音值为 yᵘŋ。

三 声调（4个）

阴平 55　东该灯风通开天春　搭哭拍谷~子：植物"谷子"带壳的籽实
阳平 35　门龙牛油铜皮糖红　节急　毒白盒罚
上声 214　懂古鬼九统苦讨草　买老五有　百塔谷~子："谷子"这种植物
去声 51　冻怪半四痛快寸去　卖路硬乱洞地饭树　动罪近后　六麦叶月

说明：
上声 214 升幅较为明显，有时像平升调 224。

叁　连读变调

一　两字组连读变调

表 11　　　　　　　　昌平方言两字组连读变调表

前字＼后字	阴平 55	阳平 35	上声 214	去声 51	轻声
阴平 55	55＋55	55＋35	55＋214	55＋51	55＋0
阳平 35	35＋55	35＋35	35＋214	35＋51	35＋0
上声 214	**21＋55**	**21＋35**	**35＋214**	**21＋51**	**21＋0** **35＋0**
去声 51	**53＋55**	**53＋35**	**53＋214**	**53＋51**	**53＋0**

昌平两字组连读变调具有以下特点：

（1）两字组中存在变调现象的只有前字，后字没有变调的情况（轻声除外）。

（2）前字为阴平、阳平，后字无论调类为何，前字都不变调。

（3）上声作前字有变调现象。

①前字为上声，后字为非上声（轻声除外），前字调值由 214 变为 21。例如：

上声 + 阴平：母鸡 mu²¹ tɕi⁵⁵｜手巾 ʂou²¹ tɕin⁵⁵｜养猪 iaŋ²¹ tʂu⁵⁵｜打针 ta²¹ tʂən⁵⁵。

上声 + 阳平：母牛 mu²¹ niou³⁵｜鲤鱼 li²¹ y³⁵｜暖壶 nuan²¹ xu³⁵｜赶集 kan²¹ tɕi³⁵。

上声 + 去声：韭菜 tɕiou²¹ tsʰai⁵¹｜米饭 mi²¹ fan⁵¹｜满月 man²¹ ye⁵¹｜演戏 ian²¹ ɕi⁵¹。

②前后字皆为上声，则前字调值由 214 变为 35。例如：可以 kʰɤ³⁵ i²¹⁴｜母狗 mu³⁵ kou²¹⁴｜蚂蚁 ma³⁵ i²¹⁴｜左手 tsuo³⁵ ʂou²¹⁴｜洗澡 ɕi³⁵ tsau²¹⁴。

③前字为上声，后字为轻声，前字调值由 214 变为 21 和 35 的都有。例如：

上声 + 轻声（本调为非上声）：枕头 tʂən²¹ tʰou⁰｜点心 tian²¹ ɕin⁰｜眼睛 ian²¹ tɕiŋ⁰｜尾巴 y²¹ pə⁰。

上声 + 轻声（本调为上声），又分两种情况：

a. 前字变为 35：洗洗 ɕi³⁵ ɕi⁰｜想想 ɕiaŋ³⁵ ɕiaŋ⁰。

b. 前字变为 21：李子 li²¹ tsʅ⁰｜椅子 i²¹ tsʅ⁰｜斧子 fu²¹ tsʅ⁰｜耳朵 ɚ²¹ tuo⁰｜姐姐 tɕie²¹ tɕie⁰｜奶奶 nai²¹ nai⁰。

（4）前字为去声，后字为阴平、阳平、上声、去声或轻声时，前字由 51 变为 53。

去声 + 阴平：麦秸 mai⁵³ tɕie⁵⁵｜蜜蜂 mi⁵³ fəŋ⁵⁵｜饭锅 fan⁵³ kuo⁵⁵｜尿尿 niau⁵³ suei⁵⁵。

去声 + 阳平：后年 xou⁵³ nian³⁵｜鲫鱼 tɕi⁵³ y³⁵｜放牛 faŋ⁵³ niou³⁵｜下棋 ɕia⁵³ tɕʰi³⁵。

去声 + 上声：大水 ta⁵³ ʂuei²¹⁴｜木耳 mu⁵³ ɚ²¹⁴｜稻谷 tau⁵³ ku²¹⁴｜后悔 xou⁵³ xuei²¹⁴。

去声 + 去声：庙会 miau⁵³ xuei⁵¹｜笨蛋 pən⁵³ tan⁵¹｜做饭 tsuo⁵³ fan⁵¹｜种菜 tʂuŋ⁵³ tsʰai⁵¹。

去声 + 轻声：芋头 y⁵³ tʰou⁰｜痛快 tʰuŋ⁵³ kʰuai⁰｜舅舅 tɕiou⁵³ tɕiou⁰｜记着 tɕi⁵³ tʂə⁰。

（5）个别词语的连读调不符合以上变调规律。例如：

蛛蛛 tʂu³⁵tʂu⁰，蛛，阴平，按规律应该读本调55。
调皮 tʰiau²¹pʰi³⁵，调，阳平，按规律应该读本调35。
二胡儿 ɚ⁵³xur⁵⁵，胡，阳平，按规律应该读本调35。

二 "一、不"的变调

昌平"一"单念阴平55，"不"单念去声51，它们作前字存在变调现象。

①当后字为去声字时，"一、不"调值变为35，读同阳平。例如：一共 i³⁵kuŋ⁵¹｜一万 i³⁵uan⁵¹｜一块儿 i³⁵kʰuɐr⁵¹｜一辈子 i³⁵pei⁵¹tsʅ⁰‖不会 pu³⁵xuei⁵¹｜不认识 pu³⁵ʐən⁵¹ʂʅ⁰｜不是 pu³⁵ʂʅ⁵¹。

②当后字为阴平、阳平、上声字时，"一、不"调值变为53。例如：一千 i⁵³tɕʰian⁵⁵｜一边儿 i⁵³piɐr⁵⁵｜一瓶儿 i⁵³pʰiə̃r³⁵｜一百 i⁵³pai²¹⁴‖不吃 pu⁵³tʂʰʅ⁵⁵｜不能 pu⁵³nəŋ³⁵｜不成 pu⁵³tʂʰəŋ³⁵｜不懂 pu⁵³tuŋ²¹⁴。

肆　异读

一　新老异读

从系统上来看，昌平方言新老差异不大，声韵调不存在差别。文白异读方面存在一些新老差别，主要体现在青男有文白异读的字较老男大大减少。1000个单字中，青男有"血匹薄摸落作雀削约剥角壳塞侧色择谷"等少数字存在文白异读现象，而老男异读的字要多出不少。老男有异读的一些字，青男多用文读形式。

二　文白异读

（一）声母

梗开二知组、曾开三庄组入声部分字声母白读 tʂ 组，文读 ts 组。例如：择 tʂai³⁵~菜/tsɤ³⁵选~｜侧 tʂai⁵⁵~歪/tsʰɤ⁵¹~面｜色 ʂai²¹⁴红~儿/sɤ⁵¹~弱。

宕江摄和梗开二入声部分字声母白读 tɕ 组，文读 k 组。例如：壳 tɕʰiau⁵¹硬~/kʰɤ³⁵鸡蛋~儿｜客 tɕʰie²¹⁴来~了/kʰɤ⁵¹~人。

另有部分舒声字存在声母的文白异读。例如：耕 tɕiŋ⁵⁵~地/kəŋ⁵⁵春~｜更 tɕiŋ⁵⁵三~半夜/kəŋ⁵⁵~改。

（二）韵母

韵母的文白异读主要体现在宕江曾梗通五摄入声字。

宕江摄入声字韵母白读 au、iau 韵，文读 o、ɤ、uo、ye 韵。例如：薄 pau³⁵~

片儿/po³⁵~弱｜摸 mau⁵⁵/mo⁵⁵｜剥 pau⁵⁵~皮儿/po⁵⁵~削｜落 lau⁵¹~下来/la⁵¹~家里了/luo⁵¹~后｜壳 tɕʰiau⁵¹硬~/kʰɤ³⁵鸡蛋~儿｜雀 tɕʰiau²¹⁴家~儿/tɕʰye⁵¹孔~｜削 ɕiau⁵⁵~皮儿/ɕye⁵⁵剥~｜角 tɕiau²¹⁴牛~/tɕye³⁵名~儿｜学 ɕiau³⁵上~/ɕye³⁵~习｜削 ɕiau⁵⁵~皮儿/ɕye⁵⁵剥~｜约 iau⁵⁵~重/ye⁵⁵~会。其中"落"有 a 韵的白读形式。

梗开二知组、曾开三庄组入声字韵母白读 ai 韵，文读 ɤ 韵。例如：侧 tʂai⁵⁵~歪/tsʰɤ⁵¹~面儿｜择 tʂai³⁵~菜/tsɤ³⁵选~｜色 ʂai²¹⁴红~/sɤ⁵¹~弱。

梗开二见系入声字韵母白读 ie 韵，文读 ɤ 韵。例如：客 tɕʰie²¹⁴来~了/kʰɤ⁵¹~人。

通合三入声字韵母白读 ou 韵，文读 u 韵。例如：熟 ʂou³⁵饭~了/ʂu³⁵成~。

其他韵摄的个别入声字韵母也存在文白异读，如山合四白读 ie 韵，文读 ye 韵：血 ɕie²¹⁴出~/ɕye²¹⁴~豆腐/ɕye⁵¹~浆。

除入声字韵母外，有一些舒声字的韵母也存在文白异读的情况。例如：耕 tɕiŋ⁵⁵~地/kəŋ⁵⁵春~｜更 tɕiŋ⁵⁵三~半夜/kəŋ⁵⁵~换｜尾 i²¹⁴~巴/uei²¹⁴~随。

（三）声调

入声字的声调异读具有一定的词汇条件。例如：跌 tie⁵⁵~倒/tie³⁵~打丸｜匹 pʰi⁵⁵一~马/pʰi²¹⁴~配｜谷 ku⁵⁵~子：带壳的籽实/ku²¹⁴~子：统称。

以上所列文白异读有些不限于声母、韵母或声调的单一异读，而是存在声韵调两两结合或三者结合的异读情况：

声母和韵母异读：择 tʂai³⁵/tsɤ³⁵｜耕 tɕiŋ⁵⁵/kəŋ⁵⁵｜更 tɕiŋ⁵⁵/kəŋ⁵⁵。

韵母和声调异读：雀 tɕʰiau²¹⁴/tɕʰye⁵¹｜血 ɕie²¹⁴/ɕye²¹⁴/ɕye⁵¹。

声韵调异读：壳 tɕʰiau⁵¹/kʰɤ³⁵｜侧 tʂai⁵⁵/tsʰɤ⁵¹｜色 ʂai²¹⁴/sɤ⁵¹。

三　其他异读

昌平老男还有一些异读，既不属于新老异读，也不好归入文白异读。

声母异读：撞 tʂʰuaŋ⁵¹/tʂuaŋ⁵¹｜比 pʰi²¹⁴/pi²¹⁴。

韵母异读：端 tan⁵⁵五月~午/tuan⁵⁵~茶。

声调异读：浮 fu³⁵飘~/fu²¹⁴白~村。

声母声调异读：糙 tsʰau⁵⁵~米/tsau⁵¹粗~。

伍　儿化

昌平方言38个韵母，除 ɚ 外其他37个韵母都有对应的儿化韵，其中一些韵母的儿化韵有合并现象，37个韵母共对应28个儿化韵。

表 12　　　　　　　　　昌平方言儿化韵表

儿化韵	本韵	例词
ər	ɿ	刺儿 tsʰər⁵¹ ｜ 小小子儿 ɕiau³⁵ɕiau²¹tsər⁰
	ʅ	侄儿 tʂər³⁵ ｜ 三十儿 san⁵⁵ʂər³⁵ ｜ 喜事儿 ɕi²¹ʂər⁵¹
	ei	摸黑儿 mo⁵⁵xər⁵⁵
	ən	脸盆儿 lian²¹pʰər³⁵ ｜ 老爷们儿 lau²¹ie³⁵mər⁰ ｜ 正门儿 tʂəŋ⁵³mər³ ｜ 脑门儿 nau²¹mər³⁵ ｜ 一阵儿 i³⁵tʂər⁵¹ ｜ 小人儿书 ɕiau²¹ʐər³⁵ʂu⁵⁵ ｜ 婶儿 ʂər²¹⁴
iər	i	横笛儿 xəŋ³⁵tiər⁵¹ ｜ 猪蹄儿 tʂu⁵⁵tʰiər³⁵ ｜ 抽屉儿 tʂʰou⁵⁵tʰiər⁰ ｜ 肚脐儿 tu⁵³tɕʰiər³⁵ ｜ 断气儿 tuan⁵³tɕʰiər⁵¹ ｜ 凉席儿 liaŋ³⁵ɕiər³⁵
	in	今儿个 tɕiər⁵⁵kə⁰ ｜ 连襟儿 lian³⁵tɕiər⁰ ｜ 背心儿 pei⁵³ɕiər⁵⁵
uər	uei	裤腿儿 kʰu⁵³tʰuər²¹⁴ ｜ 亲嘴儿 tɕʰin⁵⁵tsuər²¹⁴ ｜ 一会儿 i³⁵xuər⁵¹ ｜ 味儿 uər⁵¹
	uən	村儿 tsʰuər⁵⁵ ｜ 开春儿 kʰai⁵⁵tsʰuər⁵⁵ ｜ 没准儿 mei³⁵tʂuər²¹⁴ ｜ 光棍儿 kuaŋ⁵⁵kuər⁵¹
yər	y	蛐蛐儿 tɕʰy²¹tɕʰyər⁰ ｜ 毛驴儿 mau³⁵lyər³⁵ ｜ 小鱼儿 ɕiau²¹yər³⁵
	yn	花裙儿 xua⁵⁵tɕʰyər³⁵
ɐr	ai	灵牌儿 liŋ³⁵pʰɐr³⁵ ｜ 盖儿 kɐr⁵¹ ｜ 小孩儿 ɕiau²¹xɐr³⁵
	an	猪肝儿 tʂu⁵⁵kɐr⁵⁵ ｜ 麦杆儿 mai⁵³kɐr²¹⁴ ｜ 杆儿秤 kɐr²¹tʂʰəŋ⁵¹ ｜ 门槛儿 mən³⁵kʰɐr²¹⁴
iɐr	ian	随便儿 suei³⁵piɐr⁵¹ ｜ 一边儿 i⁵¹piɐr⁵⁵ ｜ 迎面儿 iŋ³⁵miɐr⁵¹ ｜ 掉点儿 tiau⁵³tiɐr²¹⁴ ｜ 差点儿 tʂʰa⁵¹tiɐr²¹⁴ ｜ 聊天儿 liau³⁵tʰiɐr⁵⁵ ｜ 头年儿 tʰou³⁵niɐr³⁵ ｜ 中间儿 tʂuŋ⁵⁵tɕiɐr⁵¹ ｜ 馅儿 ɕiɐr⁵¹ ｜ 眼儿热 iɐr²¹ʐɤ⁵¹
uɐr	uai	一块儿 i³⁵kʰuɐr⁵¹
	uan	打短儿 ta³⁵tuɐr²¹⁴ ｜ 寻短儿 ɕyn³⁵tuɐr²¹⁴ ｜ 新郎官儿 ɕin⁵⁵laŋ³⁵kuɐr⁵⁵ ｜ 玩儿 uɐr³⁵
yɐr	yan	手绢儿 ʂou²¹tɕyɐr⁵¹ ｜ 烟卷儿 ian⁵⁵tɕyɐr²¹⁴ ｜ 旋儿 ɕyɐr³⁵

续表

儿化韵	本韵	例词
ar	a	把儿 par⁵¹ | 变戏法儿 pian⁵³ ɕi⁵¹ far²¹⁴ | 哪儿 nar²¹⁴ | 吃哑儿 tʂʰɿ⁵⁵ tsar⁵⁵ | 裤衩儿 kʰu⁵¹ tʂʰar²¹⁴
iar	ia	一下儿 i³⁵ ɕiar⁵¹
uar	ua	花儿 xuar⁵⁵ | 梅花儿 mei³⁵ xuar⁵⁵ | 莲花儿 lian³⁵ xuar⁵⁵
ur	u	小铺儿 ɕiau²¹ pʰur⁵¹ | 饭铺儿 fan⁵³ pʰur⁵¹ | 眼珠儿 ian²¹⁴ tʂur⁵⁵ | 姑儿 kur⁵⁵ | 一股儿 i⁵³ kur²¹⁴ | 二胡儿 ɚ⁵³ xur⁵⁵
ɣr	ɣ	这儿 tʂɣr⁵¹ | 哥儿俩 kɣr⁵⁵ lia²¹⁴ | 唱歌儿 tʂʰaŋ⁵³ kɣr⁵⁵
or	o	媒婆儿 mei³⁵ pʰor³⁵
uor	uo	昨儿个 tsuor³⁵ kə⁰ | 条桌儿 tʰiau³⁵ tʂuor⁵⁵ | 水果儿 ʂuei³⁵ kuor²¹⁴ | 对过儿 tuei⁵³ kuor⁵¹ | 干活儿 kan⁵³ xuor³⁵ | 大伙儿 ta⁵³ xuor²¹⁴ | 窝儿 uor⁵⁵
iɛr	ie	蝴蝶儿 xu³⁵ tʰiɛr²¹⁴ | 姐儿俩 tɕiɛr³⁵ lia²¹⁴ | 老爷儿 lau²¹ iɛr³⁵ | 叶儿 iɛr⁵¹
yɛr	ye	口诀儿 kou²¹ tɕyɛr³⁵ | 主角儿 tʂu²¹ tɕyɛr³⁵
ɑor	au	花苞儿 xua⁵⁵ pɑor⁵⁵ | 道儿 tɑor⁵¹ | 桃儿 tʰɑor³⁵ | 枣儿 tsɑor²¹⁴ | 勺儿 ʂɑor³⁵ | 外号儿 uai⁵³ xɑor⁵¹
iɑor	iau	面条儿 mian⁵³ tʰiɑor³⁵ | 鸟儿 niɑor²¹⁴ | 犄角儿 tɕi⁵⁵ tɕiɑor²¹⁴ | 家雀儿 tɕia⁵⁵ tɕʰiɑor²¹⁴
our	ou	兜儿 tour⁵⁵ | 坟头儿 fən³⁵ tʰour³⁵ | 小丫头儿 ɕiau²¹ ia⁵⁵ tʰour³⁵ | 小偷儿 ɕiau²¹ tʰour³⁵ | 水沟儿 ʂuei²¹ kour⁵⁵ | 猴儿 xour³⁵ | 后儿个 xour⁵³ kə⁰
iour	iou	一流儿 i⁵¹ liour⁵⁵
ãr	aŋ	翅膀儿 tʂʰɿ⁵³ pãr²¹⁴ | 肩膀儿 tɕian⁵⁵ pãr²¹⁴ | 电棒儿 tian⁵³ pãr⁵¹ | 蚊帐儿 uən³⁵ tʂãr⁵¹ | 后半晌儿 xou⁵³ pan⁵³ ʂãr²¹⁴
iãr	iaŋ	照相儿 tʂau⁵³ ɕiãr⁵¹
uãr	uaŋ	李各庄儿 li²¹ kə⁰ tʂuãr⁵⁵ | 鸡蛋黄儿 tɕi⁵⁵ tan⁰ xuãr³⁵

续表

儿化韵	本韵	例词
ə̃r	əŋ	缝儿 fə̃r⁵¹｜起灯儿 tɕʰi²¹tə̃r⁵⁵｜板凳儿 pan²¹tə̃r⁵¹｜绳儿 ʂə̃r³⁵｜埂儿 kə̃r²¹⁴｜水坑儿 ʂuei²¹kʰə̃r⁵⁵
iə̃r	iŋ	明儿个 miə̃r³⁵kə⁰｜名儿 miə̃r³⁵｜打鸣儿 ta²¹miə̃r³⁵｜下小定儿 ɕia⁵³ɕiau²¹tiə̃r⁵¹｜星星儿 ɕiŋ⁵⁵ɕiə̃r⁵¹｜后影儿 xou⁵³iə̃r²¹⁴
uə̃r	uəŋ	小瓮儿 ɕiau²¹uə̃r⁵¹
	uŋ	胡同儿 xu³⁵tʰuə̃r⁵¹
yə̃r	yŋ	小熊儿 ɕiau²¹ɕyə̃r³⁵｜蚕蛹儿 tsʰan³⁵yə̃r²¹⁴

个别词语中儿化韵不符合规律，例如：

（1）媳妇儿 ɕi³⁵fər⁰：妇，u 韵，按规律儿化韵应为 ur。词汇中有娶媳妇儿 tɕʰy²¹ɕi³⁵fər⁰、新媳妇儿 ɕin⁵⁵ɕi³⁵fər⁰、儿媳妇儿 ɚ³⁵ɕi³⁵fər⁰、小子媳妇儿 ɕiau²¹tsʅ⁰ɕi³⁵fər⁰ 等。

（2）亲朋好友儿 tɕʰin⁵⁵pʰəŋ³⁵xau³⁵iər²¹⁴：友，iou 韵，按规律儿化韵应为 iour。

第七节　怀柔方音

壹　概况

一　怀柔区概况

怀柔区位于北京市东北部，城区距北京东直门 50 千米，东临密云区，南与顺义区、昌平区相连，西与延庆区搭界，北与河北省赤城县、丰宁县、滦平县接壤。地理坐标为东经 116°17′~116°63′，北纬 40°41′~41°4′，总面积 2122.8 平方千米。怀柔区地处燕山南麓，境内山区面积占总面积的 89%，境内河流分别属于潮白河、北运河两个水系。

近代以来，怀柔一直隶属北京行政单位管辖，2002 年 2 月撤县设区，区政府驻怀柔镇府前街。截至 2018 年，下辖 12 个镇，2 个乡，2 个街道办事处；户籍人口 28.5 万人，常住人口 41.4 万人；有满回壮等 24 个少数民族，人口约 3 万人。

怀柔区方言属北京官话京承片怀承小片。怀柔方言分布在怀柔区各乡镇，为本地通用的方言，北部山区与城区周围的方言有一些区别。怀柔方言近年来与北京城区话的差别越来越小。

当地流行的主要曲艺形式有京剧、评剧等。

二　发音人概况

于学满，男，1952 年 12 月出生，怀柔区怀柔镇人，初中文化，农民。

苏杨，男，1978 年 11 月出生，怀柔区怀柔镇人，大专文化，自由职业者。

贰　声韵调

一　声母（22 个）

p 八兵病别　　pʰ 派片爬扑　　m 马门明麦　　f 飞风饭副

t 多端东毒　　tʰ 讨天甜突　　n 南年熬又安又　　　　　　l 老蓝连路

ts 资早坐贼　　tsʰ 刺草寸祠　　　　　　　　　s 丝三随俗

tʂ 张装纸柱　　tʂʰ 茶抽春城　　　　　　　　　ʂ 山手双十　ʐ 软荣热日

tɕ 酒九绝菊　　tɕʰ 清全轻权　　　　　　　　　ɕ 想谢响县

k 哥高共谷　　kʰ 开口葵阔　　　　　　x 好很灰活

∅ 问药熬ᵘ 安ᵘ

说明：

声母 ʐ 的摩擦色彩不强烈，实际音值为 ɻ。

二　韵母（38 个）

ɿ 资次丝	i 弟米戏一	u 苦五猪出	y 雨橘绿局
ʅ 知吃师十			
ɚ 儿耳二			
a 大马茶八	ia 家俩牙鸭	ua 刷花瓦刮	
	ie 写鞋接贴		ye 靴月雪掘
ə 歌车盒热			
o 脖破磨拨		uo 坐过活国	
ai 开排埋白		uai 摔快坏外	
ei 赔飞贼北		uei 对水鬼胃	
au 宝饱烧勺	iau 表桥笑药		
ou 豆走口肉	iou 牛九油六		
an 南站山半	ian 减盐片年	uan 短官关穿	yan 权院元悬
ən 森深根身	in 心今新斤	uən 寸滚春顺	yn 均群熏云
aŋ 糖唱方绑	iaŋ 响样讲腔	uaŋ 床光王双	
əŋ 灯升争蒙		uəŋ 翁瓮	
	iŋ 冰病星硬	uŋ 东红农共	yŋ 兄永熊用

说明：

(1) 韵母 a 的实际音值近于 ɐ。

(2) 韵母 ie、ye 主要元音开口度略大，近于 ɛ。

(3) 韵母 ə 实际舌位略高，但开口度比 ɤ 大，尤其在上声、去声和零声母时。

(4) ai 韵母动程较小，a 开口度略小，韵尾不到 i。

(5) ei、uei 韵母主要元音有时开口度略大，近于 ɛ。

（6）韵母 ian、yan 的主要元音 a 实际音值为 ɛ；韵母 aŋ、iaŋ、uaŋ 的主要元音 a 实际音值为 ɑ，并有明显鼻化。

（7）韵母 in、yn、iŋ、yŋ 主要元音和韵尾之间有时有过渡音 ə，实际音值分别为 iᵊn、yᵊn、iᵊŋ、yᵊŋ。

（8）韵母 uŋ 中 u 舌位偏低，实际音值近 ʊ。

三　声调（4 个）

阴平 55　　东该灯风通开天春　　搭哭拍切
阳平 35　　门龙牛油铜皮糖红　　节急　毒白盒罚
上声 214　懂古鬼九统苦讨草　　买老五有　谷百塔
去声 51　　冻怪半四痛快寸去　　卖路硬乱洞地饭树　动罪近后　六麦叶月

说明：

（1）阳平 35 起点有时比 3 低。

（2）上声 214 很多时候为平升调 224，为降升调时，最低点一般比 1 略高，最高点有时比 4 略低。

（3）去声 51 有时降不到 1。

叁　连读变调

一　两字组连读变调

表 13　　　　　　　怀柔方言两字组连读变调表

前字＼后字	阴平 55	阳平 35	上声 214	去声 51	轻声
阴平 55	55＋55	55＋35	55＋214	55＋51	55＋0
阳平 35	35＋55	35＋35	35＋214	35＋51	35＋0
上声 214	**21＋55**	**21＋35**	**35＋214**	**21＋51**	**21＋0** **35＋0**
去声 51	51＋55	51＋35	51＋214	51＋51	51＋0

怀柔两字组连读变调具有以下特点：

（1）两字组中存在变调现象的只有前字，后字没有变调的情况（轻声除外）。

(2) 前字为阴平、阳平，后字无论调类为何，前字都不变调。

(3) 上声的变调形式比较丰富：

①前字为上声，后字为非上声（轻声除外），前字调值由 214 变为 21。例如：

上声 + 阴平：母鸡 mu²¹ tɕi⁵⁵ ｜ 点心 tian²¹ ɕin⁵⁵ ｜ 瓦工 ua²¹ kuŋ⁵⁵ ｜ 养猪 iaŋ²¹ tʂu⁵⁵。

上声 + 阳平：女儿 ny²¹ ɚ³⁵ ｜ 暖壶 nuan²¹ xu³⁵ ｜ 以前 i²¹ tɕʰian³⁵ ｜ 赶集 kan²¹ tɕi³⁵。

上声 + 去声：柳树 liou²¹ ʂu⁵¹ ｜ 以后 i²¹ xou⁵¹ ｜ 保佑 pau²¹ iou⁵¹ ｜ 扫地 sau²¹ ti⁵¹。

②前后字皆为上声，则前字调值由 214 变为 35。例如：雨伞 y³⁵ san²¹⁴ ｜ 草狗 tsʰau³⁵ kou²¹⁴ ｜ 晌午 ʂaŋ³⁵ u²¹⁴ ｜ 蚂蚁 ma³⁵ i²¹⁴ ｜ 洗澡 ɕi³⁵ tsau²¹⁴。

③前字为上声，后字为轻声，前字调值由 214 变为 21 和 35 的都有。例如：

上声 + 轻声（本调为非上声）：老鸹 lau²¹ kuɐ⁰ ｜ 尾巴 i²¹ pɐ⁰ ｜ 斧头 fu²¹ tʰɔ⁰ ｜ 暖和 naŋ²¹ xuo⁰ ｜ 小气 ɕiau²¹ tɕʰi⁰ ｜ 眼睛 ian²¹ tɕiŋ⁰。

上声 + 轻声（本调为上声），又分两种情况：

a. 前字变为 35：老虎 lau³⁵ xu⁰ ｜ 想想 ɕiaŋ³⁵ ɕiaŋ⁰。

b. 前字变为 21：嗓子 saŋ²¹ tsɿ⁰ ｜ 果木 kuo²¹ mu⁰ ｜ 哑巴 ia²¹ pɐ⁰ ｜ 姐姐 tɕie²¹ tɕiə⁰。

(4) 去声在阴平、阳平、上声、去声、轻声前有时降幅略小，近于 53，有时仍为 51，统一处理为不变。

(5) 个别词语的连读调不符合以上变调规律。例如：

蛛蛛 tʂu³⁵ tʂu⁰，蛛，阴平，按规律应该读本调 55。

妹夫儿 mei⁵¹ fur⁵¹，夫，阴平，按规律应该读本调 55 或轻声。

二 "一、不"的变调

怀柔"一、不"单念阴平 55，它们作前字存在变调现象。

①当后字为去声字时，"一、不"调值变为 35，读同阳平。例如：一个 i³⁵ kə⁵¹ ｜ 一辈子 i³⁵ pei⁵¹ tsɿ⁰ ‖ 不是 pu³⁵ ʂɿ⁵¹ ｜ 不去 pu³⁵ tɕʰy⁵¹ ｜ 不会 pu³⁵ xuei⁵¹。

②"一、不"在阴平、阳平、上声字前调值变为 51。例如：一张 i⁵¹ tʂaŋ⁵⁵ ｜ 一年 i⁵¹ nian³⁵ ｜ 一百 i⁵¹ pai²¹⁴ ｜ 一起 i⁵¹ tɕʰi²¹⁴ ‖ 不知道 pu⁵¹ tʂɿ⁵⁵ tau⁰ ｜ 不来 pu⁵¹ lai³⁵ ｜ 不管 pu⁵¹ kuan²¹⁴ ｜ 不想 pu⁵¹ ɕiaŋ²¹⁴。

③"一、不"的变调规律有时候会出现例外。例如：一千 i⁵⁵ tɕʰian⁵⁵；否定性应答语"不行""不成"中读 55：不成 pu⁵⁵ tʂʰəŋ³⁵ ｜ 不行 pu⁵⁵ ɕiŋ³⁵。其中"不

行"表质量等不好时读 $pu^{51}\varepsilon i\eta^{35}$，变调规律同②。

肆　异读

一　新老异读

（一）声母

古影疑母开口一二等字，老男所有字都是零声母和 n 声母异读，青男大部分只有零声母的读法，个别字（如"熬恶"）有 n 声母的异读。例如：鹅 $n\varepsilon^{35}/\varepsilon^{35}-\varepsilon^{35}$｜饿 $n\varepsilon^{51}/\varepsilon^{51}-\varepsilon^{51}$｜矮 $nai^{214}/ai^{214}-ai^{214}$｜爱 $nai^{51}/ai^{51}-ai^{51}$｜暗 $nan^{51}/an^{51}-an^{51}$｜藕 $nou^{214}/ou^{214}-ou^{214}$｜岸 $nan^{51}/an^{51}-an^{51}$｜安 $nan^{55}/an^{55}-an^{55}$｜恩 $n\varepsilon n^{55}/\varepsilon n^{55}-\varepsilon n^{55}$｜额 $n\varepsilon^{35}/\varepsilon^{35}-\varepsilon^{35}$‖熬 $nau^{35}/au^{35}-nau^{35}/au^{35}$｜恶 $n\varepsilon^{51}/\varepsilon^{51}-n\varepsilon^{55}/\varepsilon^{51}$。

（二）韵母

个别泥来母字，老男和青男都有开口呼和合口呼的异读情况，如：暖 $nan^{214}/na\eta^{214}/nuan^{214}$｜弄 $n\varepsilon\eta^{51}/nu\eta^{51}$，个别字老男两读，青男只有合口呼一读：脓 $n\varepsilon\eta^{35}/nu\eta^{35}-nu\eta^{35}$。

"女吕"老男合口呼和撮口呼两读，青男只读撮口呼：女 $nuei^{214}/ny^{214}-ny^{214}$｜吕 $luei^{214}/ly^{214}-ly^{214}$。

（三）文白

老男和青男在文白异读方面存在一些差别，年轻人多用文读音形式，白读的说法越来越少。主要体现在三个方面：

第一，青男有文白异读的字较老男有所减少。1000 个单字中，青男只有"血薄落作约霍剥学得塞黑侧色择福客叔熟"等字存在文白异读现象。

第二，与老男相比，青男有文白异读的一些字异读形式的数量也有所下降。例如：择，老男有 $t\mathrm{s}ai^{35}/t\mathrm{ş}\varepsilon^{35}/ts\varepsilon^{35}$ 三种读音，青男只有 $t\mathrm{ş}ai^{35}/ts\varepsilon^{35}$ 两种读音。

第三，在日常使用中，年轻人使用白读音的越来越少，除了一些比较土俗的词语，其他情况下文读音使用得更多一些。

二　文白异读

（一）声母

梗开二知组、曾开三庄组入声部分字声母白读 tṣ 组，文读 ts 组。例如：择 $t\mathrm{ş}ai^{35}$ ~菜/$t\mathrm{ş}\varepsilon^{35}$ 选~/$ts\varepsilon^{35}$ 选~｜侧 $t\mathrm{ş}ai^{55}$ ~歪/$ts^{h}\varepsilon^{51}$ ~面｜策 $t\mathrm{ş}^{h}\varepsilon^{51}/ts^{h}\varepsilon^{51}$｜色 $\mathrm{ş}ai^{214}$ 红~儿/$s\varepsilon^{51}$ ~弱。

梗开二入声部分字声母白读 tɕ 组，文读 k 组。例如：客 $t\varepsilon^{h}ie^{214}$ 来~了/$k^{h}\varepsilon^{51}$

~人。

另有部分舒声字存在声母的文白异读。例如：耕 tɕiŋ⁵⁵ ~地/kəŋ⁵⁵ 春~｜更 tɕiŋ⁵⁵ 三~半夜/kəŋ⁵⁵ ~改｜俊 tsuən⁵¹/tɕyn⁵¹。

（二）韵母

韵母的文白异读主要体现在宕江曾梗通五摄入声字。

宕江摄入声字韵母白读 au、iau 韵，文读 o、ə、uo、ye 韵。例如：剥 pau⁵⁵ ~皮儿/po⁵⁵ ~削｜落 lau⁵¹ ~下来/luo⁵¹ ~后｜弱 ʐau⁵¹ 身子~/ʐuo⁵¹ 强~｜雀 tɕʰiau²¹⁴ 家~儿/tɕʰye⁵¹ 孔~｜学 ɕiau³⁵ 上~/ɕye³⁵ ~习｜约 iau⁵⁵ ~重/ye⁵⁵ ~会。

曾开一入声字韵母白读 ei 韵，文读 ə 韵或 ai 韵。例如：得 tei²¹⁴ ~劲儿/tə³⁵ ~到｜塞 sei⁵⁵ ~住/sai⁵⁵ 加~儿。

梗开二知组、曾开三庄组入声字韵母白读 ai 韵，文读 ə 韵。例如：侧 tʂai⁵⁵ ~歪/tʂʰə⁵¹ ~面｜择 tʂai³⁵ ~菜/tʂə³⁵ 选~/tsə³⁵ 选~｜策 tʂʰə⁵¹/tsʰə⁵¹｜色 ʂai²¹⁴ 红~儿/sə⁵¹ ~弱。

梗开二见系入声字韵母白读 ie 韵，文读 ə 韵。例如：客 tɕʰie²¹⁴ 来~了/kʰə⁵¹ ~人。

通合三入声字韵母白读 ou 韵，文读 u 韵。例如：叔 ʂou⁵⁵/ʂu⁵⁵｜熟 ʂou³⁵ 饭~了/ʂu³⁵ 成~。

其他韵摄的个别入声字韵母也存在文白异读，如山合四白读 ie 韵，文读 ye 韵：血 ɕie²¹⁴ 流~/ɕye⁵¹ 鲜~。

除入声字韵母外，有一些舒声字的韵母也存在文白异读的情况。例如：耕 tɕiŋ⁵⁵ ~地/kəŋ⁵⁵ 春~｜更 tɕiŋ⁵⁵ 三~半夜/kəŋ⁵⁵ ~换｜俊 tsuən⁵¹/tɕyn⁵¹｜寻 ɕin³⁵ ~思/ɕyn³⁵ ~找｜尾 i²¹⁴ ~巴/uei²¹⁴ ~随。

（三）声调

无条件的异读，例如：福 fu²¹⁴/fu³⁵｜谷 ku⁵⁵/ku²¹⁴。

有条件的异读，例如：作 tsuo⁵¹ 工~/tsuo⁵⁵ ~败｜黑 xei⁵⁵ ~色/xei²¹⁴ ~豆。

以上所列文白异读有些不限于声母、韵母或声调的单一异读，而是存在声韵调两两结合或三者结合的异读情况：

声母和韵母异读：择 tʂai³⁵/tʂə³⁵/tsə³⁵｜色 ʂai²¹⁴/sə⁵¹｜更 tɕiŋ⁵⁵/kəŋ⁵⁵｜耕 tɕiŋ⁵⁵/kəŋ⁵⁵｜俊 tsuən⁵¹/tɕyn⁵¹。

韵母和声调异读：血 ɕie²¹⁴/ɕye⁵¹｜雀 tɕʰiau²¹⁴/tɕʰye⁵¹｜得 tei²¹⁴/tə³⁵。

声韵调异读：侧 tʂai⁵⁵/tsʰə⁵¹｜色 ʂai²¹⁴/sə⁵¹｜客 tɕʰie²¹⁴/kʰə⁵¹。

三 其他异读

怀柔老男还有一些异读，既不属于新老异读，也不好归入文白异读。

声母异读：撞 tʂʰuaŋ⁵¹/tʂuaŋ⁵¹ ｜ 跪 kʰuei⁵¹/kuei⁵¹ ｜ 僧 tsəŋ⁵⁵/səŋ⁵⁵ ｜ 容 yŋ³⁵/ʐuŋ³⁵。

韵母异读：端 tan⁵⁵/tuan⁵⁵ ｜ 暖 naŋ²¹⁴/nan²¹⁴/nuan²¹⁴ ｜ 弄 nəŋ⁵¹/nuŋ⁵¹ ｜ 脓 nəŋ³⁵/nuŋ³⁵ ｜ 淋 luən³⁵/lin³⁵ ｜ 粽 tsəŋ⁵¹/tsuŋ⁵¹。

伍　儿化

怀柔方言 38 个韵母，除 ɚ 外，其他 37 个韵母都有对应的儿化韵，其中一些韵母的儿化韵有合并现象，37 个韵母共对应 22 个儿化韵。

表 14　　　　　　　　　怀柔儿化韵表

儿化韵	本韵	例词
ər	ɿ	刺儿 tsʰər⁵¹ ｜ 鸡子儿 tɕi⁵⁵tsər²¹⁴
	ʅ	大年三十儿 ta⁵¹nian³⁵san⁵⁵ʂər³⁵ ｜ 事儿 ʂər⁵¹ ｜ 白日儿 pai³⁵ʐər⁰
	ei	擦黑儿 tsʰa⁵⁵xər⁵⁵
	ən	亏本儿 kʰuei⁵⁵pər²¹⁴ ｜ 脸盆儿 lian²¹pʰər³⁵ ｜ 一阵儿 i³⁵tʂər⁵¹ ｜ 扎针儿 tʂa⁵⁵tʂər⁵⁵ ｜ 婶儿 ʂər²¹⁴ ｜ 年根儿 nian³⁵kər⁵⁵
iər	i	笛儿 tiər³⁵ ｜ 猪蹄儿 tʂu⁵⁵tʰiər³⁵ ｜ 泥儿 niər³⁵ ｜ 梨儿 liər³⁵ ｜ 肚脐儿 tu⁵¹tɕʰiər³⁵
	in	今儿 tɕiər⁵⁵ ｜ 卷心儿菜 tɕyan²¹ɕiər⁵⁵tsʰai⁵¹ ｜ 连襟儿 lian³⁵tɕiər⁵⁵ ｜ 打劲儿发抖 ta²¹tɕiər⁵¹
uər	uei	裤腿儿 kʰu⁵¹tʰuər²¹⁴ ｜ 要嘴儿 iau⁵¹tsuər²¹⁴ ｜ 歇会儿 ɕie⁵⁵xuər²¹⁴ ｜ 变味儿 pian⁵¹uər⁵¹
	uən	打盹儿 ta³⁵tuər²¹⁴ ｜ 豚儿 tʰuər³⁵ ｜ 村儿 tsʰuər⁵⁵ ｜ 没准儿 mei³⁵tʂuər²¹⁴ ｜ 冰棍儿 piŋ⁵⁵kuər⁵¹ ｜ 光棍儿 kuaŋ⁵⁵kuər⁵¹
yər	y	毛驴儿 mau³⁵lyər³⁵ ｜ 小鱼儿 ɕiau²¹yər³⁵
	yn	花裙儿 xua⁵⁵tɕʰyər³⁵

续表

儿化韵	本韵	例词
ɐr	a	把儿 pɐr⁵¹｜变戏法儿 pian⁵¹ ɕi⁵¹ fɐr²¹⁴｜吃啊儿 tʂʰʅ⁵⁵ tsɐr⁵⁵｜裤衩儿 kʰu⁵¹ tʂʰɐr²¹⁴
	ai	月令牌儿 ye⁵¹ liŋ⁰ pʰɐr³⁵｜口袋儿 kʰou²¹ tɐr⁰｜盖儿 kɐr⁵¹｜小孩儿 ɕiau²¹ xɐr³⁵
	an	纽襻儿 niou²¹ pʰɐr⁵¹｜床单儿 tʂʰuaŋ³⁵ tɐr⁵⁵｜猪肝儿 tʂu⁵⁵ kɐr⁵⁵｜菜干儿 tsʰai⁵¹ kɐr⁵⁵｜门槛儿 mən³⁵ kʰɐr²¹⁴
iɐr	ia	一下儿 i³⁵ ɕiɐr⁵¹｜老家儿 lau²¹ tɕiɐr⁵⁵｜豆芽儿 tou⁵¹ iɐr³⁵
	ian	旁边儿 pʰaŋ³⁵ piɐr⁵⁵｜随便儿 suei³⁵ piɐr⁵¹｜对面儿 tuei⁵¹ miɐr⁵¹｜成天儿 tʂʰəŋ³⁵ tʰiɐr⁵⁵｜纸钱儿 tʂʅ²¹ tɕʰiɐr³⁵｜馅儿 ɕiɐr⁵¹｜肚脐眼儿 tu⁵¹ tɕʰi˙³⁵ iɐr²¹⁴｜河沿儿 xə³⁵ iɐr⁵¹
uɐr	ua	花儿 xuɐr⁵⁵｜梅花儿 mei³⁵ xuɐr⁵⁵｜荷花儿 xə³⁵ xuɐr⁵⁵｜连环画儿 lian³⁵ xuan⁵⁵ xuɐr⁵¹｜讲笑话儿 tɕiaŋ²¹ ɕiau⁵¹ xuɐr⁰
	uai	一块儿 i³⁵ kʰuɐr⁵¹
	uan	打短儿 ta³⁵ tuɐr²¹⁴｜新郎官儿 ɕin⁵⁵ laŋ³⁵ kuɐr⁵⁵｜饭馆儿 fan⁵¹ kuɐr²¹⁴｜玩儿 uɐr³⁵
yɐr	yan	手绢儿 ʂou²¹ tɕyɐr⁵¹｜烟卷儿 ian⁵⁵ tɕyɐr²¹⁴
ur	u	小铺儿 ɕiau²¹ pʰur⁵¹｜儿媳妇儿 ɚ³⁵ ɕi³⁵ fur⁰｜妹夫儿 mei⁵¹ fur⁵¹｜尼姑儿 ni³⁵ kur⁵⁵｜二胡儿 ɚ⁵¹ xur³⁵｜端午儿 tan⁵⁵ ur²¹⁴
ɤr	ə	唱歌儿 tʂʰaŋ⁵¹ kɤr⁵⁵｜稻壳儿 tau⁵¹ kʰɤr⁵⁵｜自个儿 tsʅ⁵¹ kɤr²¹⁴｜小河儿 ɕiau²¹ xɤr³⁵
or	o	围脖儿 uei³⁵ por³⁵｜媒婆儿 mei³⁵ pʰor³⁵
uor	uo	昨儿 tsuor³⁵｜水果儿 ʂuei³⁵ kuor²¹⁴｜罗锅儿 luo³⁵ kuor⁵⁵｜干活儿 kan⁵¹ xuor³⁵｜大伙儿 ta⁵¹ xuor²¹⁴
iɛr	ie	蝴蝶儿 xu³⁵ tʰiɛr²¹⁴｜窑姐儿 iau³⁵ tɕiɛr²¹⁴｜甜节儿 tʰian³⁵ tɕiɛr²¹⁴｜麦秸儿 mai⁵¹ tɕiɛr⁵⁵｜大叶儿烟 ta⁵¹ iɛr⁵¹ ian⁵⁵｜老爷爷儿 lau²¹ ie³⁵ iɛr⁰
yɛr	ye	口诀儿 kou²¹ tɕyɛr³⁵｜主角儿 tʂu⁵¹ tɕyɛr³⁵

续表

儿化韵	本韵	例词
aur	au	女猫儿 ny²¹ maur⁵⁵ | 镰刀儿 lian³⁵ taur⁵⁵ | 道儿 taur⁵¹ | 毛桃儿 mau³⁵ tʰaur³⁵ | 被套儿 pei⁵¹ tʰaur⁵¹ | 豆腐脑儿 tou⁵¹ fu⁰ naur²¹⁴ | 枣儿 tsaur²¹⁴ | 外号儿 uai⁵¹ xaur⁵¹
iaur	iau	面条儿 mian⁵¹ tʰiaur³⁵ | 檩条儿 lin²¹ tʰiaur³⁵ | 口条儿 kʰou²¹ tʰiaur⁰ | 裤角儿 kʰu⁵¹ tɕiaur²¹⁴ | 雀儿 tɕʰiaur²¹⁴
our	ou	兜儿 tour⁵⁵ | 小偷儿 ɕiau²¹ tʰour³⁵ | 水沟儿 ʂuei²¹ kour⁵⁵ | 下头儿 ɕia⁵¹ tʰour⁵¹ | 后儿个 xour⁵¹ kə⁰ | 时候儿 ʂʅ³⁵ xour⁰
iour	iou	吹牛儿 tʂʰuei⁵⁵ niour³⁵ | 石榴儿 ʂʅ³⁵ liour⁰
ãr	aŋ	翅膀儿 tʂʰʅ⁵¹ pãr²¹⁴ | 肩膀儿 tɕian⁵⁵ pãr²¹⁴ | 手棒儿 ʂou²¹ pãr⁵¹ | 双傍儿 ʂuaŋ⁵⁵ pãr⁵¹ | 蚊帐儿 uən³⁵ tʂãr⁵¹ | 前半晌儿 tɕʰian³⁵ pan⁵¹ ʂãr²¹⁴
ãr	əŋ	篸儿 tsãr⁵¹ | 钢镚儿 kaŋ⁵⁵ pãr⁵¹ | 缝儿 fãr⁵¹ | 板凳儿 pan²¹ tãr⁵¹ | 起灯儿 tɕʰi²¹ tãr⁵⁵ | 绳儿 ʂãr³⁵ | 畦埂儿 tɕʰi³⁵ kãr²¹⁴ | 水坑儿 ʂuei²¹ kʰãr⁵⁵
iãr	iaŋ	这样儿 tʂə⁵¹ iãr⁰ | 那样儿 nei⁵¹ iãr⁰
iãr	iŋ	瓶儿 pʰiãr³⁵ | 打鸣儿 ta²¹ miãr³⁵ | 洋钉儿 iaŋ³⁵ tiãr⁵⁵ | 杏儿 ɕiãr⁵¹ | 银杏儿 in³⁵ ɕiãr⁵¹
uãr	uaŋ	庄儿 tʂuãr⁵⁵ | 鸡蛋黄儿 tɕi⁵⁵ tan⁰ xuãr³⁵
uãr	uəŋ	小瓮儿 ɕiau²¹ uãr⁵¹
uãr	uŋ	胡同儿 xu³⁵ tʰuãr⁵¹
yãr	yŋ	小熊儿 ɕiau²¹ ɕyãr³⁵ | 蚕蛹儿 tsʰan³⁵ yãr²¹⁴

个别词语中儿化韵不符合规律，例如：

明儿 miər³⁵，明，iŋ 韵，按规律儿化韵应为 iãr³⁵。明儿见 miər³⁵ tɕian⁵¹ 同。

陆　其他主要音变

怀柔方言中有大量轻声词。由于轻声音节的时长较非轻声音节要短，一般会影响到该音节韵母主要元音的音质发生弱化。与西城区方言相比，怀柔方言中轻声对韵母的影响比较小，变化的趋势虽有一致之处，但具体的词语却不尽一致。西城方言中是轻声词的，在怀柔方言并不一定是轻声词，如"黄瓜、棉花、乡下、陪嫁、保佑"等怀柔方言后字都不读轻声。总体来看，怀柔方言中轻声对韵母的影响主要表现在使有些元音央化、有些复元音单元音化。

一　元音央化

（1）韵母 a 变为 ɐ：尾巴 i²¹pɐ⁰｜王八 uaŋ³⁵pɐ⁰｜芝麻 tʂʅ⁵⁵mɐ⁰｜头发 tʰou³⁵fɐ⁰｜痒痒疙瘩 iaŋ⁰iaŋ⁰kə⁵⁵tɐ⁰｜菩萨 pʰu³⁵sɐ⁰｜老鸹 lau²¹kuɐ⁰。

（2）韵母 ie、ye 变为 iə、yə：姐姐 tɕie²¹tɕiə⁰｜螃蟹 pʰaŋ³⁵ɕiə⁰｜爷爷 ie³⁵iə⁰｜腊月 la⁵¹yə⁰。

二　复元音单元音化

（1）韵母 ai、uai 变为 ɛ、uɛ：脑袋 nau²¹tɛ⁰｜砚台 ian⁵¹tʰɛ⁰｜奶奶 nai²¹nɛ⁰｜下来 ɕia⁵¹lɛ⁰｜菠菜 po⁵⁵tsʰɛ⁰。

（2）韵母 ei、uei 变为 e、ue：妹妹 mei⁵¹me⁰｜露水 lu⁵¹ʂue⁰｜下水 ɕia⁵¹ʂue⁰。

（3）韵母 au、iau 变为 ɔ、iɔ：眉毛 mei³⁵mɔ⁰｜知道 tʂʅ⁵⁵tɔ⁰｜热闹 zɤ⁵¹nɔ⁰｜姥姥 lau²¹lɔ⁰｜宽绰 kʰuan⁵⁵tʂʰɔ⁰｜多少 tuo⁵⁵ʂɔ⁰。

（4）韵母 ou、uo 少数变为 ɔ：石头 ʂʅ³⁵tʰɔ⁰｜咳嗽 kʰə³⁵sɔ⁰｜拾掇 ʂʅ³⁵tɔ⁰。

还有一些语法成分怀柔方言也读轻声。例如：后缀"子、头"等；语气词"吧、啊、吗、呢"等；助词"的、地、得、着、了、过"等；重叠动词的第二个音节；趋向补语"来、去、起来、出去"等。这些语法成分语音变化同上。

第八节 密云方音

壹 概况

一 密云区概况

密云区位于北京市东北部，东南至西北依次与平谷区、顺义区、怀柔区接壤，北部和东部分别与河北省的滦平县、承德县、兴隆县毗邻。地理坐标为东经116°39′~117°30′，北纬40°13′~40°47′，幅员面积2229.45平方千米，是北京市面积最大的区。密云位于燕山山地与华北平原的交接地带，东、北、西三面群山环绕，中部是密云水库，西南是平原，整体上是三面环山，中部低缓，西南开口的簸箕形。

1958年10月，密云县从河北省划归北京市管辖，2015年11月撤县设区，区政府驻地为密云区鼓楼街道鼓楼西大街3号。截至2018年，下辖17个镇、1个乡和2个街道办事处；户籍人口43.8万人，常住人口49.5万人，其中常住外来人口7.9万人；共有满回蒙等38个少数民族，人口近4万人。

密云区方言属北京官话京承片怀承小片。密云方言分布在密云各乡镇，为本地普遍通用的方言，近年来变化较快，正在向普通话靠拢。

当地流行的主要曲艺形式有河北梆子、京剧、五音大鼓等。

二 发音人概况

綫增宝，男，1946年11月出生，密云区鼓楼街道人，中专文化，密云粮食局佳乐食品厂退休职员。

项晓强，男，1980年8月出生，密云区密云镇人，大专文化，公务员。

贰 声韵调

一 声母（22个）

p 八兵病别　　pʰ 派片爬扑　　m 马门明麦　　f 飞风饭副

t 多端东毒　　tʰ 讨天甜突　　n 脑南熬安　　　　　　　　　　l 老蓝连路

ts 资早坐贼　　tsʰ 刺草寸祠　　　　　　　　　s 丝三随俗

tʂ 张装纸柱　　tʂʰ 茶抽春城　　　　　　　　　ʂ 山手双十　　ʐ 软荣热日

tɕ 酒九绝菊　　tɕʰ 清全轻权　　ȵ 泥牛年捏　　ɕ 想谢响县

k 哥高共谷　　kʰ 开口葵阔　　　　　　　　x 好很灰活

ø 王问云药

说明：

零声母逢 ɣ 韵母时，音节开头实际伴有舌根部位的摩擦。

二　韵母（38 个）

ɿ 资次丝　　　　　i 弟米戏一　　　u 苦五猪出　　　y 雨橘绿局

ʅ 知吃师十

ɚ 儿耳二

a 大马茶八　　　　ia 家俩牙鸭　　　ua 刷花瓦刮

　　　　　　　　　ie 写鞋接贴　　　　　　　　　　ye 靴月雪掘

ɣ 歌车盒热

o 脖破磨拨　　　　　　　　　　　　uo 坐过活国

ai 开排埋白　　　　　　　　　　　　uai 摔快坏外

ei 赔飞贼北　　　　　　　　　　　　uei 对水鬼胃

au 宝饱烧勺　　　　iau 表桥笑药

ou 豆走口肉　　　　iou 牛九油六

an 南站山半　　　　ian 减盐片年　　uan 短官关穿　　yan 权院元悬

ən 森深根身　　　　in 心今新斤　　un 寸滚春顺　　yn 均群熏云

aŋ 糖唱方绑　　　　iaŋ 响样讲腔　　uaŋ 床光王双

əŋ 灯升争蒙　　　　　　　　　　　　uəŋ 翁瓮

　　　　　　　　　　iŋ 冰病星硬　　uŋ 东红农共

　　　　　　　　　　iuŋ 兄永熊用

说明：

（1）韵母 i 与 p、pʰ 相拼时，音节尾舌位降低，音值近 ie。

（2）u 单独作韵母时，实际音值为 ʊ。

（3）韵母 ie、ye 的 e 开口度略大，近 ɛ。

（4）韵母 ɣ 拼 ts、tʂ、t 三组声母时，音值近 ə。

（5）韵母 ai 动程较小，a 开口度略小，韵尾不到 i。

（6）韵母 uei 与 l 相拼时，有时变为 uɸ。

（7）an 组韵母的 a 实际音值为 ɛ，并有明显鼻化色彩。

三 声调（4个）

阴平 55　东该灯风通开天春　搭哭拍切

阳平 35　门龙牛油铜皮糖红　节急　毒白盒罚

上声 213　懂古鬼九统苦讨草　买老五有　谷百塔

去声 51　冻怪半四痛快寸去　卖路硬乱洞地饭树　动罪近后　六麦叶月

说明：

（1）阴平起点不到 5，后段略有升幅。

（2）上声为 213，最低点一般比 1 略高，近似于 223。

（3）去声没有降到 1，实际音值是 52。

叁　连读变调

一　两字组连读变调

表 15　　　　　　　密云方言两字组连读变调表

前字＼后字	阴平 55	阳平 35	上声 213	去声 51	轻声
阴平 55	55＋55	55＋35	55＋213	55＋51	55＋0
阳平 35	35＋55	35＋35	35＋213	35＋51	35＋0
上声 213	**21＋55**	**21＋35**	**35＋213**	**21＋51**	**213＋0** **35＋0**
去声 51	51＋55	51＋35	51＋213	**53＋51**	51＋0

密云两字组连读变调具有以下特点：

（1）两字组中存在变调现象的只有前字，后字没有变调的情况（轻声除外）。

（2）前字为阴平、阳平，后字无论调类为何，前字都不变调。

（3）上声的变调形式比较丰富：

①前字为上声，后字为非上声（轻声除外），前字调值由 213 变为 21。

例如：

上声+阴平：母鸡 mu²¹ tɕi⁵⁵｜点心 tian²¹ ɕin⁵⁵｜小叔 ɕiau²¹ ʂou⁵⁵｜养猪 iaŋ²¹ tʂu⁵⁵。

上声+阳平：暖壶 nuan²¹ xu³⁵｜老坟 lau²¹ fən³⁵｜以前 i²¹ tɕʰian³⁵｜赶集 kan²¹ tɕi³⁵。

上声+去声：柳树 liou²¹ʂu⁵¹｜以后 i²¹xou⁵¹｜演戏 ian²¹ɕi⁵¹｜扫地 sau²¹ti⁵¹。

②前后字皆为上声，则前字调值由213变为35。例如：左手 tsuo³⁵ ʂou²¹³｜母狗 mu³⁵ kou²¹³｜洗澡 ɕi³⁵ tsau²¹³。

③前字为上声，后字为轻声，前字调值由213变为35和不变调的都有。例如：

上声+轻声（本调为非上声）：老鸹 lau²¹³ kua⁰｜尾巴 i²¹³ pa⁰｜暖和 naŋ²¹³ xuo⁰｜眼睛 ian²¹³ tɕiŋ⁰。

上声+轻声（本调为上声），又分两种情况：

a. 前字变为35：老虎 lau³⁵ xu⁰｜蚂蚁 ma³⁵ i⁰｜想想 ɕiaŋ³⁵ ɕiaŋ⁰。

b. 前字不变：晌午 ʂaŋ²¹³ u⁰｜斧子 fu²¹³ tsɿ⁰｜哑巴 ia²¹³ pa⁰｜姐姐 tɕie²¹³ tɕie⁰。

（4）去声在阴平、阳平、上声、轻声前不变调，在去声前变为53。例如：饭铺 fan⁵³ pʰu⁵¹｜旱地 xan⁵³ ti⁵¹｜半夜 pan⁵³ ie⁵¹｜种菜 tʂuŋ⁵³ tsʰai⁵¹｜做饭 tsuo⁵³ fan⁵¹。

二 "一、不"的变调

密云"一、不"单念阴平55，它们作前字存在变调现象。

①当后字为去声字时，"一、不"调值变为35，读同阳平。例如：一个 i³⁵ kɤ⁵¹｜一辈子 i³⁵ pei⁵¹ tsɿ⁰｜一万 i³⁵ uan⁵¹ ‖ 不是 pu³⁵ ʂɿ⁵¹｜不去 pu³⁵ tɕʰy⁵¹｜不会 pu³⁵ xuei⁵¹。

②"一、不"在阴平、阳平、上声字前调值变为51。例如：一张 i⁵¹ tʂaŋ⁵⁵｜一千 i⁵¹ tɕʰian⁵⁵｜一年 i⁵¹ ȵian³⁵｜一百 i⁵¹ pai²¹³｜一起 i⁵¹ tɕʰi²¹³ ‖ 不知道 pu⁵¹ tʂɿ⁵⁵ tau⁰｜不来 pu⁵¹ lai³⁵｜不行 pu⁵¹ ɕiŋ³⁵｜不管 pu⁵¹ kuan²¹³｜不想 pu⁵¹ ɕiaŋ²¹³。

③"一"的变调规律有时候会出现例外。例如：一担儿挑 i⁵⁵ tɚ⁵¹ tʰiau⁵⁵。

肆 异读

一 新老异读

（一）声母

古影疑母开口一二等字，老男部分字读 n 声母，部分字读零声母，青男大部分只有零声母的读法，个别字（如"恶"）有 n 声母的异读。老男和青男都读零声母的如：鹅饿矮爱岸额；老男读 n 声母，青男读零声母的如：安 nan⁵⁵－an⁵⁵｜暗 nan⁵¹－an⁵¹｜藕 nou²¹³－ou²¹³｜恩 nən⁵⁵－ən⁵⁵｜熬 nau³⁵－au³⁵；老男和青男都存在 n 声母和零声母异读的如：恶 nɤ⁵⁵/ɤ⁵¹。

（二）韵母

通摄个别字的韵母老男和青男读音有差异：（1）都有开口呼和合口呼两读：弄 nou⁵¹/nuŋ⁵¹｜脓 nəŋ³⁵/nuŋ³⁵；（2）老男两读，青男只有合口呼一读：浓 nəŋ³⁵/nuŋ³⁵－nuŋ³⁵；（3）青男两读，老男只有开口呼一读：粽 tsəŋ⁵¹－tsəŋ⁵¹/tsuŋ⁵¹。

嫩，老男开口呼和合口呼两读，青男只读开口呼：嫩 nun⁵¹/nən⁵¹－nən⁵¹。

吕，老男读合口呼，青男读撮口呼：吕 luei²¹³－ly²¹³。

（三）文白

老男和青男在文白异读方面存在一些差别，年轻人多用文读音形式，白读的说法越来越少。主要体现在两个方面：

第一，青男有文白异读的字较老男大大减少。1000 个单字中，青男只有"血落恶雀弱约剥学塞色择客叔熟"等字存在文白异读现象。

第二，在日常生活中，年轻人使用白读音的越来越少，除了一些比较土俗的词语，其他情况下文读音使用得更多一些。

二 文白异读

（一）声母

梗开二知组、曾开三庄组入声部分字声母白读 tʂ 组，文读 ts 组。例如：择 tʂai³⁵~菜/tsɤ³⁵选｜侧 tʂai⁵⁵~歪/tsʰɤ⁵¹~面｜色 ʂai²¹³红~儿/sɤ⁵¹~弱。

宕江摄和梗开二入声部分字声母白读 tɕ 组，文读 k 组。例如：壳 tɕʰiau⁵¹地~/kʰɤ³⁵鸡蛋~儿｜客 tɕʰie²¹³来~了/kʰɤ⁵¹~人。

另有部分舒声字存在声母的文白异读。例如：耕 tɕiŋ⁵⁵~地/kəŋ⁵⁵春~｜更 tɕiŋ⁵⁵三~半夜/kəŋ⁵⁵~改。

（二）韵母

韵母的文白异读主要体现在宕江曾梗通五摄入声字。

宕江摄入声字韵母白读 au、iau 韵，文读 o、ɤ、uo、ye 韵。例如：剥 pau⁵⁵~皮儿/po⁵⁵~削｜落 lau⁵¹~埋怨/la⁵¹~家了/lɤ⁵¹~后｜弱 ʐau⁵¹身子~/ʐuo⁵¹强~｜角 tɕiau²¹³牛~/tɕye³⁵主~儿｜雀 tɕʰiau²¹³家~儿/tɕʰye⁵¹孔~｜壳 tɕʰiau⁵¹地~/kʰɤ³⁵鸡蛋~儿｜学 ɕiau³⁵上~/ɕɤ³⁵~习｜约 iau⁵⁵~重/ye⁵⁵~会。

曾开一入声字韵母白读 ei 韵，文读 ai。例如：塞 sei⁵⁵~住/sai⁵⁵瓶~儿。

梗开二知组、曾开三庄组入声字韵母白读 ai 韵，文读 ɤ 韵。例如：侧 tsai⁵⁵ ~歪/tsʰɤ⁵¹ ~面｜择 tsai³⁵ ~菜／tsɤ³⁵ 选~｜色 ʂai²¹³ 红~儿／sɤ⁵¹ ~差。

梗开二见系入声字韵母白读 ie 韵，文读 ɤ 韵。例如：客 tɕʰie²¹³ 来~了/kʰɤ⁵¹ ~人｜隔 tɕie⁵¹ ~壁儿/kɤ³⁵ ~间。

通合三入声字韵母白读 ou 韵，文读 u 韵。例如：叔 ʂou⁵⁵／ʂu⁵⁵｜熟 ʂou³⁵ 饭~了／ʂu³⁵ 成~。

其他韵摄的个别入声字韵母也存在文白异读，如山合四白读 ie 韵，文读 ye 韵：血 ɕie²¹³ 流~／ɕye⁵¹ 鲜~。

除入声字韵母外，有一些舒声字的韵母也存在文白异读的情况。例如：耕 tɕiŋ⁵⁵ ~地/kəŋ⁵⁵ 春~｜更 tɕiŋ⁵⁵ 三~半夜/kəŋ⁵⁵ ~换｜尾 i²¹³ ~巴/uei²¹³ ~部。

（三）声调

有的是没有条件的异读。例如：刮 kua⁵⁵/kua²¹³。

有的异读具有一定的词汇条件。例如：黑 xei⁵⁵ ~色/xei²¹³ ~豆。

以上所列文白异读有些不限于声母、韵母或声调的单一异读，而是存在声韵调两两结合或三者结合的异读情况：

声母和韵母异读：择 tsai³⁵/tsɤ³⁵｜更 tɕiŋ⁵⁵/kəŋ⁵⁵｜耕 tɕiŋ⁵⁵/kəŋ⁵⁵。

韵母和声调异读：血 ɕie²¹³/ɕye⁵¹｜雀 tɕʰiau²¹³/tɕʰye⁵¹。

声韵调异读：侧 tsai⁵⁵/tsʰɤ⁵¹｜色 ʂai²¹³/sɤ⁵¹｜客 tɕʰie²¹³/kʰɤ⁵¹。

三 其他异读

密云老男还有一些异读，既不属于新老异读，也不好归入文白异读。

声母异读：撞 tʂʰuaŋ⁵¹/tʂuaŋ⁵¹。

韵母异读：防 faŋ²¹³/faŋ³⁵｜弄 nou⁵¹/nuŋ⁵¹｜脓 nəŋ³⁵/nuŋ³⁵｜浓 nəŋ³⁵/nuŋ³⁵｜淋 lun³⁵/lin³⁵。

伍 儿化

密云方言38个韵母，除 ɚ 外，其他37个韵母都有对应的儿化韵，其中一些韵母的儿化韵有合并现象，因此37个韵母共对应26个儿化韵。

表 16 密云方言儿化韵表

儿化韵	本韵	例词
ər	ɿ	刺儿 tsʰər⁵¹ ｜ 鸡子儿 tɕi⁵⁵ tsər²¹³
	ʅ	三十儿 san⁵⁵ ʂər³⁵ ｜ 侄儿子 tʂər³⁵ tsʅ⁰ ｜ 事儿 ʂər⁵¹
	ei	擦黑儿 tsʰa⁵⁵ xər⁵⁵
	ən	大门儿 ta⁵¹ mər³⁵ ｜ 爷们儿 ie³⁵ mər⁰ ｜ 猜闷儿 tsʰai⁵⁵ mər⁵¹ ｜ 亏本儿 kʰuei⁵⁵ pər²¹³ ｜ 脸盆儿 lian²¹ pʰər³⁵ ｜ 一阵儿 i³⁵ tʂər⁵¹ ｜ 根儿 kər⁵⁵
iər	i	啥地儿 ʂa³⁵ tiər⁵¹ ｜ 抽屉儿 tʂʰou⁵⁵ tʰiər⁰ ｜ 笛儿 tiər³⁵ ｜ 猪蹄儿 tʂu⁵⁵ tʰiər³⁵ ｜ 梨儿 liər³⁵
	in	炭鏨儿 tʰan⁵¹ tɕiər⁵⁵ ｜ 今儿 tɕiər⁵⁵ ｜ 胡琴儿 xu³⁵ tɕʰiər⁰
uər	uei	裤腿儿 kʰu⁵¹ tʰuər²¹³ ｜ 驴儿 luər³⁵ ｜ 洗脸水儿 ɕi³⁵ lian³⁵ ʂuər²¹³ ｜ 亲嘴儿 tɕʰin⁵⁵ tsuər²¹³ ｜ 灰儿 xuər⁵⁵ ｜ 味儿 uər⁵¹
	un	打盹儿 ta³⁵ tuər²¹³ ｜ 村儿 tsʰuər⁵⁵ ｜ 嘴唇儿 tsuei²¹ tʂʰuər³⁵ ｜ 冰棍儿 piŋ⁵⁵ kuər⁵¹ ｜ 光棍儿 kuaŋ⁵⁵ kuər⁵¹
yər	y	小鱼儿 ɕiau²¹ yər³⁵
	yn	花裙儿 xua⁵⁵ tɕʰyər³⁵
ɐr	a	把儿 pɐr⁵¹ ｜ 搓麻儿 tsuo⁵⁵ mɐr³⁵ ｜ 变戏法儿 pian⁵¹ ɕi⁵¹ fɐr²¹³ ｜ 裤衩儿 kʰu⁵¹ tʂʰɐr²¹³
	ai	猪崽儿 tʂu⁵⁵ tsɐr²¹³ ｜ 盖儿 kɐr⁵¹ ｜ 小孩儿 ɕiau²¹ xɐr³⁵
	an	床单儿 tʂʰuaŋ³⁵ tɐr⁵⁵ ｜ 汗衫儿 xan⁵¹ ʂɐr⁵⁵ ｜ 猪肝儿 tʂu⁵⁵ kɐr⁵⁵ ｜ 门槛儿 mən³⁵ kʰɐr²¹³
iɐr	ia	一下儿 i³⁵ ɕiɐr⁵¹ ｜ 豆芽儿 tou⁵¹ iɐr³⁵
	ian	河边儿 xɤ³⁵ piɐr⁵⁵ ｜ 随便儿 suei³⁵ piɐr⁵¹ ｜ 天儿 tʰiɐr⁵⁵ ｜ 前年儿 tɕian³⁵ ɲiɐr⁰ ｜ 馅儿 ɕiɐr⁵¹ ｜ 肚脐眼儿 tu⁵¹ tɕʰi³⁵ iɐr²¹³
uɐr	ua	花儿 xuɐr⁵⁵ ｜ 梅花儿 mei³⁵ xuɐr⁵⁵ ｜ 荷花儿 xɤ³⁵ xuɐr⁵⁵ ｜ 连环画儿 lian³⁵ xuan⁵⁵ xuɐr⁵¹
	uai	一块儿 i³⁵ kʰuɐr⁵¹
	uan	玩儿 uɐr³⁵ ｜ 碗儿 uɐr²¹³

续表

儿化韵	本韵	例词
yɐr	yan	手绢儿 ʂou²¹ tɕyɐr⁵¹
ur	u	娶媳妇儿 tɕʰy²¹ ɕi³⁵ fur⁰ ｜ 媳妇儿 ɕi³⁵ fur⁰
ɣr	ɣ	打折儿 ta²¹ tʂɣr³⁵ ｜ 这儿 tʂɣr⁵¹ ｜ 唱歌儿 tʂʰaŋ⁵¹ kɣr⁵⁵ ｜ 个儿 kɣr⁵¹
or	o	围脖儿 uei³⁵ por³⁵ ｜ 媒婆儿 mei³⁵ pʰor³⁵
uor	uo	昨儿 tsuor³⁵ ｜ 水果儿 ʂuei³⁵ kuor²¹³ ｜ 罗锅儿 luo³⁵ kuor⁵⁵ ｜ 干活儿 kan⁵¹ xuor³⁵ ｜ 大伙儿 ta⁵¹ xuor²¹³ ｜ 烟火儿 ian⁵⁵ xuor²¹³ ｜ 窝儿 uor⁵⁵
iɛr	ie	蝴蝶儿 xu⁵¹ tʰiɛr²¹³ ｜ 窑姐儿 iau³⁵ tɕiɛr²¹³ ｜ 叶儿 iɛr⁵¹ ｜ 老爷儿 lau²¹ iɛr³⁵ ｜ 老天爷儿 lau²¹ tʰian⁵⁵ iɛr³⁵
yɛr	ye	口诀儿 kou²¹ tɕyɛr³⁵ ｜ 角儿 tɕyɛr³⁵
aor	au	藏猫儿 tsʰaŋ³⁵ maor⁵⁵ ｜ 道儿 taor⁵¹ ｜ 桃儿 tʰaor³⁵ ｜ 豆腐脑儿 tou⁵¹ fu⁰ naor²¹³ ｜ 枣儿 tsaor²¹³ ｜ 草儿 tsʰaor²¹³ ｜ 早儿上 tsaor²¹³ ʂaŋ⁰ ｜ 勺儿 ʂaor²¹³ ｜ 外号儿 uai⁵¹ xaor⁵¹
iaor	iau	面条儿 mian⁵¹ tʰiaor³⁵ ｜ 调儿皮 tʰiaor³⁵ pʰi³⁵ ｜ 鸟儿 ȵiaor²¹³ ｜ 角儿 tɕiaor²¹³ ｜ 家雀儿 tɕia⁵⁵ tɕʰiaor²¹³
our	ou	土豆儿 tʰu²¹ tour⁵¹ ｜ 小河沟儿 ɕiau²¹ xɣ³⁵ kour⁵⁵ ｜ 扣儿 kʰour⁵¹ ｜ 猴儿子 xour³⁵ tsɿ⁰ ｜ 后儿年 xour⁵¹ ȵian³⁵
iour	iou	石榴儿 ʂɿ³⁵ liour⁰
ãr	aŋ	翅膀儿 tʂʰɿ⁵³ pãr²¹³ ｜ 双傍儿 ʂuaŋ⁵³ pãr⁵¹ ｜ 蚊帐儿 un³⁵ tʂãr⁵¹
iãr	iaŋ	长相儿 tʂaŋ²¹³ ɕiãr⁰
uãr	uaŋ	庄儿 tʂuãr⁵⁵ ｜ 鸡蛋黄儿 tɕi⁵⁵ tan⁰ xuãr³⁵
ə̃r	əŋ	钢镚儿 kaŋ⁵⁵ pə̃r⁵¹ ｜ 缝儿 fə̃r⁵¹ ｜ 蜜蜂儿 mi⁵¹ fə̃r⁵¹ ｜ 取灯儿 tɕʰy²¹ tə̃r⁵⁵ ｜ 跳绳儿 tʰiau⁵¹ ʂə̃r³⁵ ｜ 田埂儿 tʰian³⁵ kə̃r²¹³ ｜ 水坑儿 ʂuei²¹ kʰə̃r⁵⁵
iə̃r	iŋ	明儿个 miə̃r³⁵ kɣ⁰ ｜ 打鸣儿 ta²¹ miə̃r³⁵ ｜ 杏儿 ɕiə̃r⁵¹
uə̃r	uəŋ	小瓮儿 ɕiau²¹ uə̃r⁵¹
ũr	uŋ	胡同儿 xu³⁵ tʰũr⁵¹
ỹr	yŋ	小熊儿 ɕiau²¹ ɕỹr³⁵ ｜ 蚕蛹儿 tsʰan³⁵ ỹr²¹³

陆　其他主要音变

在密云方言中，轻声对音节中的元音音质有较大影响，主要表现在以下几个方面：部分元音向央元音靠拢，复元音有变成单元音的倾向，m、f 声母后的单元音韵母 u 消失。

一　元音央化

（1）韵母 ɿ、ʅ 变为 ə，如：山沟子 ʂan⁵⁵kou⁵⁵tsə⁰｜钥匙 iau⁵¹ʂə⁰。

（2）唇音声母后的单韵母 a 变为 ɐ，如：尾巴 i²¹pɐ⁰｜头发 tʰou³⁵fɐ⁰；其他声母后的单韵母 a 变为 ə，如：疙瘩 kɤ⁵⁵tə⁰｜菩萨 pʰu³⁵sə⁰。

（3）韵母 ia、ua 变为 iə、uə，如：人家 ʐən³⁵tɕiə⁰｜棉花 mian³⁵xuə⁰。

（4）韵母 ɤ 变为 ə，如：这个 tʂei⁵¹kə⁰｜哥哥 kɤ⁵⁵kə⁰。

（5）韵母 ie、ye 变为 iə、yə，如：姐姐 tɕie²¹tɕiə⁰｜喜鹊 ɕi²¹tɕʰyə⁰。

（6）韵母 o、uo 变为 ə、uə，如：婆婆 pʰo³⁵pʰə⁰｜柴火 tʂʰai³⁵xuə⁰。

二　复元音变成单元音

（1）韵母 uo 少数变为 ɔ，如：拾掇 ʂʅ³⁵tɔ⁰｜耳朵 ɚ²¹tɔ⁰。

（2）韵母 ai、uai 变为 ɛ、uɛ，如：脑袋 nau²¹tɛ⁰｜腻歪 ȵi⁵¹uɛ⁰。

（3）韵母 ei、uei 变为 e、ue，如：妹妹 mei⁵¹me⁰｜露水 lu⁵¹ʂue⁰。

（4）韵母 au、iau 变为 ɔ、iɔ，如：眉毛 mei³⁵mɔ⁰｜山药 ʂan⁵⁵iɔ⁰。

（5）韵母 ou 变为 o，如：枕头 tʂən²¹tʰo⁰｜咳嗽 kʰɤ³⁵so⁰。

三　声母为 m、f 时，单元音韵母 u 消失

（1）拼 m 声母的单元音韵母 u 消失，如：丈母娘 tʂaŋ⁵¹m⁰ȵiaŋ³⁵｜大拇指 ta⁵¹m⁰tʂʅ²¹³。

（2）拼 f 声母的单元音韵母 u 消失：豆腐 tou⁵¹f⁰｜姑父 ku⁵⁵f⁰。

第九节　顺义方音

壹　概况

一　顺义区概况

顺义区位于北京市东北，距市区 30 千米，北邻怀柔区、密云区，东界平谷区，南与通州区、河北省三河市接壤，西南、西与昌平区、朝阳区隔温榆河为界。地理坐标为东经 116°28′~116°58′，北纬 40°00′~40°18′，境域东西长 45 千米，南北宽 30 千米，总面积 1021 平方千米，其中平原面积占 95.7%。

1958 年 4 月顺义县从河北划归北京市，设为顺义区；1960 年 1 月改设为顺义县，1998 年 12 月撤县设区，区政府驻地为胜利街道府前中街 5 号，2019 年 3 月迁至双丰街道复兴东街 1 号。2018 年，顺义区下辖 6 个街道、7 个地区、12 个镇；户籍人口 64.5 万人，常住人口 116.9 万人，其中常住外来人口 46.7 万人；有满回蒙等 45 个少数民族，总人口 3.2 万人。

顺义区方言属北京官话京承片京师小片。域内方言以潮白河为界，潮白河以西接近北京口音，以县城为代表；潮白河以东，越往东越接近平谷口音，以张镇为代表；潮白河两岸没有明显差别。

当地流行的主要曲艺形式有评剧、京剧等。

二　发音人概况

周长亮，男，1943 年 5 月出生，顺义区石园街道人，大学文化，中学退休教师。

李涛，男，1976 年 7 月出生，顺义区胜利街道人，大专文化，建筑技师。

贰　声韵调

一　声母（22 个）

p 八兵病别　　p^h 派片爬扑　　m 马门明麦　　f 飞风饭副

t 多端东毒　　t^h 讨天甜突　　n 脑南年泥　　　　　　　l 老蓝连路

ts 资早坐贼　　ts^h 刺草寸祠　　　　　　　　　　s 丝三随俗

tʂ 张装纸柱　　tʂ^h 茶抽春城　　　　　　　　　ʂ 山手双十　　ʐ 软荣热日

tɕ 酒九绝菊　tɕʰ 清全轻权　　　　　ɕ 想谢响县

k 哥高共谷　kʰ 开口葵阔　　　　　x 好很灰活

ø 熬问云药

说明：

声母 ʐ 的摩擦色彩不强烈，实际音值为 ɻ。

二　韵母（38 个）

ɿ 资次丝　　　　　i 弟米戏一　　　　u 苦五猪出　　　　y 雨橘绿局

ʅ 知吃师十

ɚ 儿耳二

a 大马茶八　　　　ia 家俩牙鸭　　　　ua 刷花瓦刮

　　　　　　　　　ie 写鞋接贴　　　　　　　　　　　　ye 靴月雪掘

ɤ 歌车盒热

o 脖破磨拨　　　　　　　　　　　　uo 坐过活国

ai 开排埋白　　　　　　　　　　　　uai 摔快坏外

ei 赔飞贼北　　　　　　　　　　　　uei 对水鬼胃

au 宝饱烧勺　　　　iau 表桥笑药

ou 豆走口肉　　　　iou 牛九油六

an 南站山半　　　　ian 减盐片年　　　uan 短官关穿　　　yan 权院元悬

ən 森深根身　　　　in 心今新斤　　　 uən 寸滚春顺　　　yn 均群熏云

aŋ 糖唱方绑　　　　iaŋ 响样讲腔　　　uaŋ 床光王双

əŋ 灯升争蒙　　　　　　　　　　　　 uəŋ 翁瓮

　　　　　　　　　　iŋ 冰病星硬　　　 uŋ 东红农共　　　yŋ 兄永熊用

说明：

（1）韵母 ɚ 发音时舌尖由前向后逐渐加深卷舌，实际音值为 ˆɜr。

（2）韵母 a 的实际音值为 ᴀ。韵母 au、iau、aŋ、iaŋ、uaŋ 主要元音 a 舌位靠后。韵母 ian、yan 中主要元音 a 实际音值为 ɛ。

（3）韵母 ie、ye 主要元音的实际音值为 ᴇ。

（4）韵母 o（只出现于唇音声母后）舌位偏低，唇形略展，有时前有轻微的过渡音 u。

（5）韵母 ai、uai、ei、uei 的韵尾实际音值接近 ɪ，ai、uai 的韵尾有时甚至低于 ɪ。

（6）韵母 au、iau 韵尾 u 舌位偏低，实际音值近 ʊ。

（7）韵母 in、yn、iŋ 元音和韵尾之间有时有过渡音 ə，实际音值分别为 iᵊn、yᵊn、iᵊŋ，零声母音节中比较明显。

（8）韵母 uŋ、iuŋ 中的 u 舌位偏低，实际音值近 ʊ。

三　声调（4 个）

阴平 55　　东该灯风通开天春　搭哭拍切
阳平 35　　门龙牛油铜皮糖红　节急　毒白盒罚
上声 214　 懂古鬼九统苦讨草　买老五有　谷百塔
去声 51　　冻怪半四痛快寸去　卖路硬乱洞地饭树　动罪近后　六麦叶月

说明：

上声调值不稳定，同一个发音人会出现 213、214、224 等变体形式，此处记为 214。

叁　连读变调

一　两字组连读变调

表 17　　　　　　　顺义方言两字组连读变调表

前字＼后字	阴平 55	阳平 35	上声 214	去声 51	轻声
阴平 55	55＋55	55＋35	55＋214	55＋51	55＋0
阳平 35	35＋55	35＋35	35＋214	35＋51	35＋0
上声 214	**21＋55**	**21＋35**	35＋214	**21＋51**	**21＋0** **35＋0**
去声 51	51＋55	51＋35	51＋214	**53＋51**	51＋0

顺义两字组连读变调具有以下特点：

（1）两字组中存在变调现象的只有前字，后字基本没有变调的情况（轻声除外）。

（2）前字为阴平、阳平，后字无论调类为何，前字都不变调。

（3）上声的变调形式比较丰富：

①前字为上声，后字为非上声（轻声除外），前字调值由 214 变为 21。例如：

上声 + 阴平：母鸡 mu²¹ tɕi⁵⁵｜每天 mei²¹ tʰian⁵⁵｜老叔 lau²¹ ʂu⁵⁵｜打针 ta²¹ tʂən⁵⁵。

上声 + 阳平：以前 i²¹ tɕʰian³⁵｜暖壶 nuan²¹ xu³⁵｜往年 uaŋ²¹ nian³⁵｜赶集 kan²¹ tɕi³⁵。

上声 + 去声：柳树 liou²¹ ʂu⁵¹｜小麦 ɕiau²¹ mai⁵¹｜演戏 ian²¹ ɕi⁵¹｜扫地 sau²¹ ti⁵¹。

②前后字皆为上声，则前字调值由 214 变为 35。例如：雨伞 y³⁵ san²¹⁴｜母狗 mu³⁵ kou²¹⁴｜蚂蚁 ma³⁵ i⁻²¹⁴｜洗澡 ɕi³⁵ tsau²¹⁴。

③前字为上声，后字为轻声，前字调值由 214 变为 21 和 35 的都有。例如：

上声 + 轻声（本调为非上声）：老鸹 lau²¹ kua⁰｜尾巴 i²¹ pa⁰｜斧头 fu²¹ tʰou⁰｜暖和 naŋ²¹ xuo⁰｜小气 ɕiau²¹ tɕʰi⁰｜脑袋 nau²¹ tai⁰。

上声 + 轻声（本调为上声），又分两种情况：

a. 前字变为 35：晌午 ʂaŋ³⁵ u⁰｜老虎 lau³⁵ xu⁰｜想想 ɕiaŋ³⁵ ɕiaŋ⁰。

b. 前字变为 21：嗓子 saŋ²¹ tsɿ⁰｜爪子 tʂua²¹ tsɿ⁰｜耳朵 ɚ²¹ tuo⁰｜姐姐 tɕie²¹ tɕie⁰。

④上声作后字，个别情况下变为 211。例如：凉水 liaŋ³⁵ ʂuei²¹¹｜热水 zɤ⁵¹ ʂuei²¹¹｜开水 kʰai⁵⁵ ʂuei²¹¹。

（4）前字为去声，后字为阴平、阳平、上声和轻声不变调；后字为去声，前字由 51 变为 53。例如：大麦 ta⁵³ mai⁵¹｜旱地 xan⁵³ ti⁵¹｜害臊 xai⁵³ sau⁵¹｜做梦 tsuo⁵³ məŋ⁵¹｜愿意 yan⁵³ i⁻⁵¹。

二 "一、不"的变调

顺义"一"单念阴平 55，"不"单念去声 51，它们作前字存在变调现象。

①当后字为去声字时，"一、不"调值变为 35，读同阳平。例如：一个 i³⁵ kɤ⁵¹｜一辈子 i³⁵ pei⁵¹ tsɿ⁰ ‖ 不是 pu³⁵ ʂɿ⁵¹｜不去 pu³⁵ tɕʰy⁵¹。

②"一"在阴平、阳平、上声字前调值变为 51。例如：一千 i⁵¹ tɕʰian⁵⁵｜一张 i⁵¹ tʂaŋ⁵⁵｜一年 i⁵¹ nian³⁵｜一连 i⁵¹ lian³⁵｜一百 i⁵¹ pai²¹⁴｜一起 i⁵¹ tɕʰi²¹⁴。

③"不"在阴平、阳平、上声字前不变调。例如：不来 pu⁵¹ lai³⁵｜不想

pu⁵¹ɕiaŋ²¹⁴。

肆 异读

一 新老异读

顺义老男与青男声母和声调方面没有差别,韵母和文白异读方面有一些差别。

(一) 韵母

泥来母个别字,老男有合口呼和开口呼异读,青男只有合口呼一读。例如:乱 lan⁵¹/luan⁵¹ – luan⁵¹ | 脓 nəŋ³⁵/nuŋ³⁵ – nuŋ³⁵。

"嫩"老男有 nuən⁵¹/nən⁵¹ 两读,青男只读开口呼 nən⁵¹ 一读。

(二) 文白

青男口中入声字的白读形式也比较丰富,跟老男差别不大,但在日常使用中年轻人多用文读形式,白读的说法越来越少。

二 文白异读

(一) 声母

梗开二知组、曾开三庄组入声部分字声母白读 tʂ 组,文读 ts 组。例如:择 tʂai³⁵ ~菜/tsɤ³⁵ 选~ | 侧 tʂai⁵⁵ ~歪/tsʰɤ⁵¹ ~身 | 色 ʂai²¹⁴ 红~儿/sɤ⁵¹ ~差。

宕江摄和梗开二入声部分字声母白读 tɕ 组,文读 k 组。例如:隔 tɕie⁵¹ ~壁儿/kɤ³⁵ 间~ | 客 tɕʰie²¹⁴ 来~了/kʰɤ⁵¹ ~人。

另有部分舒声字存在声母的文白异读。例如:耕 tɕiŋ⁵⁵ ~地/kəŋ⁵⁵ 春~ | 更 tɕiŋ⁵⁵ 三~半夜/kəŋ⁵⁵ ~换 | 俊 tsuən⁵¹/tɕyn⁵¹。

(二) 韵母

韵母的文白异读主要体现在宕江曾梗通五摄入声字。

宕江摄入声字韵母白读 au、iau 韵,文读 o、ɤ、uo、ye 韵。例如:薄 pau³⁵ ~片儿/po³⁵ ~弱 | 剥 pau⁵⁵ ~皮儿/po⁵⁵ ~削 | 落 lau⁵¹ ~埋怨/lɤ⁵¹ ~叶/luo⁵¹ ~后 | 壳 tɕʰiau⁵¹ 地~/kʰɤ³⁵ 鸡蛋~儿 | 鹤 xau³⁵ 仙~/xɤ⁵¹ 仙~ | 雀 tɕʰiau²¹⁴ 家~儿/tɕʰye⁵¹ 孔~ | 角 tɕiau²¹⁴ 牛~/tɕye³⁵ 主~儿 | 学 ɕiau³⁵ 上~/ɕye³⁵ ~习 | 削 ɕiau⁵⁵ ~皮儿/ɕye⁵⁵ 剥~ | 约 iau⁵⁵ ~重/ye⁵⁵ ~会。

曾开一入声字韵母白读 ei 韵,文读 ɤ 韵或 ai。例如:得 tei²¹⁴ ~劲儿/tɤ³⁵ ~到 | 塞 sei⁵⁵ ~住/sai⁵⁵ 瓶~儿/sɤ⁵¹ 闭~。

梗开二知组、曾开三庄组入声字韵母白读 ai 韵,文读 ɤ 韵。例如:侧 tʂai⁵⁵

~歪/tsʰɤ⁵¹~身｜择 tʂai³⁵~菜/tsɤ³⁵选~｜色 ʂai²¹⁴红~儿/sɤ⁵¹~差。

梗开二见系入声字韵母白读 ie 韵，文读 ɤ 韵。例如：客 tɕʰie²¹⁴来~了/kʰɤ⁵¹~人｜隔 tɕie⁵¹~壁儿/kɤ³⁵间~。

通合三入声字韵母白读 ou 韵，文读 u 韵。例如：叔 ʂou³⁵/ʂu⁵⁵｜熟 ʂou³⁵~人/ʂu³⁵成~。

其他韵摄的个别入声字韵母也存在文白异读。例如山开三白读 uo 韵，文读 ɤ 韵：热 ʐuo⁵¹/ʐɤ⁵¹；山合四白读 ie 韵，文读 ye 韵：血 ɕie²¹⁴流~/ɕye⁵¹鲜~。

除入声字韵母外，有一些舒声字的韵母也存在文白异读的情况。例如：耕 tɕiŋ⁵⁵~地/kəŋ⁵⁵春~｜更 tɕiŋ⁵⁵三~半夜/kəŋ⁵⁵~换｜俊 tsuən⁵¹/tɕyn⁵¹｜尾 i²¹³~巴/uei²¹³~部。

（三）声调

无条件的异读，例如：霍 xuo²¹⁴/xuo⁵¹｜谷 ku²¹⁴/ku⁵⁵。

有条件的异读，例如：劈 pʰi⁵⁵动词/pʰi²¹⁴~柴（名词）｜法 fa²¹⁴方~/fa⁵¹~国｜作 tsuo⁵¹工~/tsuo⁵⁵~坊｜结 tɕie³⁵打~/tɕie⁵⁵~婚｜黑 xei⁵⁵~色/xei²¹⁴~豆｜曲 tɕy⁵⁵~折/tɕʰy²¹⁴歌~。

以上所列文白异读有些不限于声母、韵母或声调的单一异读，而是存在声韵调两两结合或三者结合的异读情况：

声母和韵母异读：择 tʂai³⁵/tsɤ³⁵｜耕 tɕiŋ⁵⁵/kəŋ⁵⁵｜更 tɕiŋ⁵⁵/kəŋ⁵⁵｜俊 tsuən⁵¹/tɕyn⁵¹。

韵母和声调异读：血 ɕie²¹⁴/ɕye⁵¹｜雀 tɕʰiau²¹⁴/tɕʰye⁵¹｜鹤 xau³⁵/xɤ⁵¹｜角 tɕiau²¹⁴/tɕye³⁵｜得 tei²¹⁴/tɤ³⁵。

声韵调异读：壳 tɕʰiau⁵¹/kʰɤ³⁵｜客 tɕʰie²¹⁴/kʰɤ⁵¹｜隔 tɕie⁵¹/kɤ³⁵｜侧 tʂai⁵⁵/tsʰɤ⁵¹｜色 ʂai²¹⁴/sɤ⁵¹。

三　其他异读

顺义老男还有一些异读，既不属于新老异读，也不好归入文白异读。

声母异读：撞 tʂʰuaŋ⁵¹/tsuaŋ⁵¹。

韵母异读：淋 luən³⁵/lin³⁵。

声调异读：连 lian⁵⁵~起来/lian³⁵~长。

伍　儿化

顺义方言 38 个韵母，除 ɚ 外，其他 37 个韵母都有对应的儿化韵，其中一些韵母的儿化韵有合并现象，因此 37 个韵母共对应 25 个儿化韵。

表 18　　　　　　　　顺义方言儿化韵表

儿化韵	本韵	例词
ər	ɿ	刺儿 tsʰər⁵¹ ｜ 鸡子儿 tɕi⁵⁵tsər²¹⁴ ｜ 小小子儿 ɕiau³⁵ɕiau²¹tsər⁰
	ʅ	侄儿 tʂər³⁵ ｜ 事儿 ʂər⁵¹
	ei	擦黑儿 tsʰa⁵⁵xər⁵⁵
	ən	亏本儿 kʰuei⁵⁵pər²¹⁴ ｜ 脸盆儿 lian²¹pʰər³⁵ ｜ 脑门儿 nau²¹mər³⁵ ｜ 串门儿 tʂʰuan⁵¹mər³⁵ ｜ 丢份儿 tiou⁵⁵fər⁵¹ ｜ 一阵儿 i³⁵tsər⁵¹ ｜ 婶儿 ʂər²¹⁴
iər	i	笛儿 tiər³⁵ ｜ 猪蹄儿 tʂu⁵⁵tʰiər³⁵ ｜ 肚脐儿 tu⁵¹tɕʰiər³⁵ ｜ 来气儿 lai³⁵tɕʰiər⁵¹ ｜ 末尾儿 mo⁵¹iər²¹⁴ ｜ 姨儿 iər³⁵
	in	今儿 tɕiər⁵⁵ ｜ 背心儿 pei⁵¹ɕiər⁵⁵
uər	uei	一块堆儿 i³⁵kʰuai⁵¹tuər⁵⁵ ｜ 裤腿儿 kʰu⁵¹tʰuər²¹⁴ ｜ 要嘴儿 iau⁵¹tsuər²¹⁴ ｜ 那会儿 nei⁵¹xuər²¹⁴ ｜ 灰儿 xuər⁵⁵ ｜ 味儿 uər⁵¹
	uən	打盹儿 ta³⁵tuər²¹⁴ ｜ 村儿 tsʰuər⁵⁵ ｜ 保准儿 pau³⁵tʂuər²¹⁴ ｜ 嘴唇儿 tsuei²¹tʂʰuər³⁵ ｜ 冰棍儿 piŋ⁵⁵kuər⁵¹ ｜ 光棍儿 kuaŋ⁵⁵kuər⁵¹
yər	y	小鱼儿 ɕiau²¹yər³⁵
	yn	花裙儿 xua⁵⁵tɕʰyər³⁵
ɐr	ai	口袋儿 kʰou²¹tɐr⁰ ｜ 猪崽儿 tʂu⁵⁵tsɐr²¹⁴ ｜ 盖儿 kɐr⁵¹ ｜ 小孩儿 ɕiau²¹xɐr³⁵
	an	床单儿 tʂʰuaŋ³⁵tɐr⁵⁵ ｜ 猪肝儿 tʂu⁵⁵kɐr⁵⁵ ｜ 汗衫儿 xan⁵¹ʂɐr⁵⁵ ｜ 门槛儿 mən³⁵kʰɐr²¹⁴
iɐr	ian	辫儿 piɐr⁵¹ ｜ 上边儿 ʂaŋ⁵¹piɐr⁵⁵ ｜ 面儿 miɐr⁵¹ ｜ 差点儿 tʂʰa⁵¹tiɐr²¹⁴ ｜ 聊天儿 liau³⁵tʰiɐr⁵⁵ ｜ 中间儿 tʂuŋ⁵⁵tɕiɐr⁵¹ ｜ 前儿个 tɕʰiɐr³⁵kə⁰ ｜ 馅儿 ɕiɐr⁵¹ ｜ 河沿儿 xɤ³⁵iɐr⁵¹
uɐr	uai	一块儿 i³⁵kʰuɐr⁵¹
	uan	新郎官儿 ɕin⁵⁵laŋ³⁵kuɐr⁵⁵ ｜ 玩儿 uɐr³⁵

第一章　各地音系

续表

儿化韵	本韵	例词
yɐr	yan	手绢儿 ʂou²¹tɕyɐr⁵¹ ｜ 烟卷儿 ian⁵⁵tɕyɐr²¹⁴ ｜ 旋儿 ɕyɐr³⁵
ar	a	把儿 par⁵¹ ｜ 变戏法儿 pian⁵³ɕi⁵¹far²¹⁴ ｜ 哪儿 nar²¹⁴ ｜ 吃哑儿 tʂʰʅ⁵⁵tsar⁵⁵ ｜ 裤衩儿 kʰu⁵¹tʂʰar²¹⁴
iar	ia	一下儿 i³⁵ɕiar⁵¹ ｜ 豆芽儿 tou⁵¹iɐr³⁵
uar	ua	花儿 xuar⁵⁵ ｜ 梅花儿 mei³⁵xuar⁵⁵ ｜ 连环画儿 lian³⁵xuan³⁵xuar⁵¹
ur	u	饭铺儿 fan⁵³pʰur⁵¹ ｜ 浮土儿 fu³⁵tʰur²¹⁴ ｜ 轱辘儿 ku³⁵lur⁰ ｜ 眼珠儿 ian²¹tʂur⁵⁵ ｜ 小叔儿 ɕiau²¹ʂur⁵⁵ ｜ 稻谷儿 tau⁵¹kur²¹⁴ ｜ 檐⁼面虎儿 ian³⁵mian⁰xur²¹⁴ ｜ 里屋儿 li²¹ur⁵⁵
ɤr	ɤ	自行车儿 tsʅ⁵¹ɕiŋ³⁵tʂʰɤr⁵⁵ ｜ 唱歌儿 tʂʰaŋ⁵¹kɤr⁵⁵ ｜ 自个儿 tsʅ⁵¹kɤr²¹⁴ ｜ 小河儿 ɕiau²¹xɤr³⁵
uɤr	uo	昨儿 tsuɤr³⁵ ｜ 多儿少 tuɤr⁵⁵a⁰ ｜ 对过儿 tuei⁵³kuɤr⁵¹ ｜ 水果儿 ʂuei³⁵kuɤr²¹⁴ ｜ 干活儿 kan⁵¹xuɤr³⁵ ｜ 大伙儿 ta⁵¹xuɤr²¹⁴
or	o	围脖儿 uei³⁵por³⁵
iɛr	ie	蝴蝶儿 xu⁵¹tiɛr²¹⁴ ｜ 窑姐儿 iau³⁵tɕiɛr²¹⁴ ｜ 麦秸儿 mai⁵¹tɕiɛr⁵⁵ ｜ 老爷儿 lau²¹iɛr³⁵ ｜ 叶儿 iɛr⁵¹
yɛr	ye	口诀儿 kou²¹tɕyɛr³⁵
aur	au	女猫儿 ny²¹maur⁵⁵ ｜ 道儿 taur⁵¹ ｜ 桃儿 tʰaur³⁵ ｜ 枣儿 tsaur²¹⁴ ｜ 外号儿 uai⁵³xaur⁵¹
iaur	iau	面条儿 mian⁵¹tʰiaur³⁵ ｜ 口条儿 kʰou²¹tʰiaur⁰ ｜ 檩条儿 lin²¹tʰiaur³⁵ ｜ 鸟儿 niaur²¹⁴ ｜ 朋交儿 pʰəŋ³⁵tɕiaur⁵⁵ ｜ 角儿 tɕiaur²¹⁴ ｜ 雀儿 tɕʰiaur²¹⁴
our	ou	土豆儿 tʰu²¹tour⁵¹ ｜ 兜儿 tour⁵⁵ ｜ 坟头儿 fən³⁵tʰour³⁵ ｜ 小偷儿 ɕiau²¹tʰour⁵⁵ ｜ 山沟儿 ʂan⁵⁵kour⁵⁵ ｜ 扣儿 kʰour⁵¹ ｜ 后儿个 xour⁵¹kə⁰ ｜ 猴儿 xour³⁵
iour	iou	小牛儿 ɕiau²¹niour³⁵ ｜ 一流儿 i⁵⁵liour³⁵

续表

儿化韵	本韵	例词
ãr	aŋ	翅膀儿 tṣʰʅ⁵¹ pãr²¹⁴｜电棒儿 tian⁵³ pãr⁵¹｜双傍儿 ʂuaŋ⁵⁵ pãr⁵¹｜蚊帐儿 uən³⁵ tʂãr⁵¹｜前半晌儿 tɕʰian³⁵ pan⁵¹ ʂãr²¹⁴
	əŋ	钢镚儿 kaŋ⁵⁵ pãr⁵¹｜缝儿 fãr⁵¹｜起灯儿 tɕʰi²¹ tãr⁵⁵｜绳儿 ʂãr³⁵｜田埂儿 tʰian³⁵ kãr²¹⁴｜水坑儿 ʂuei²¹ kʰãr⁵⁵
iãr	iaŋ	姑娘儿 ku⁵⁵ niãr⁰｜长相儿 tʂaŋ²¹ ɕiãr⁰｜这样儿 tʂei⁵¹ iãr⁰
	iŋ	明儿 miãr³⁵｜名儿 miãr³⁵｜打鸣儿 ta²¹ miãr³⁵｜打吊瓶儿 ta²¹ tiau⁵¹ pʰiãr³⁵｜早清儿 tsau²¹ tɕʰiãr⁵⁵｜星星儿 ɕiŋ⁵⁵ ɕiãr⁰｜杏儿 ɕiãr⁵¹
uãr	uaŋ	李各庄儿 li²¹ kə⁰ tʂuãr⁵⁵｜鸡蛋黄儿 tɕi⁵⁵ tan⁰ xuãr³⁵
	uəŋ	小瓮儿 ɕiau²¹ uãr⁵¹
	uŋ	胡同儿 xu³⁵ tʰuãr⁵¹
yãr	yŋ	小熊儿 ɕiau²¹ ɕyãr³⁵｜蚕蛹儿 tsʰan³⁵ yãr²¹⁴

个别词语中儿化韵不符合规律。例如：

媳妇儿 ɕi³⁵ fər⁰：妇，u 韵，按规律儿化韵应为 ur。娶媳妇儿 tɕʰy²¹ ɕi³⁵ fər⁰、新媳妇儿 ɕin⁵⁵ ɕi³⁵ fər⁰、兄弟媳妇儿 ɕiuŋ⁵⁵ ti⁵¹ ɕi³⁵ fər⁰、儿媳妇儿 ɚ³⁵ ɕi³⁵ fər⁰ 都是如此。

第十节 延庆方音

壹 概况

一 延庆区概况

延庆区地处北京市西北部，东邻怀柔区，南接昌平区，西与河北省怀来县接壤，北与河北省赤城县相邻，城区距北京德胜门74千米。地理坐标为东经115°44′~116°34′，北纬40°16′~40°47′，幅员面积1993.75平方千米，其中山区面积占72.8%，平原面积占26.2%，水域面积占1%。地处永定河、潮白河水系上游，北东南三面环山，西临延怀盆地，全境平均海拔500米左右。

1958年10月延庆县从河北省划归北京市，2015年11月撤县设区，区政府驻延庆区儒林街道湖北西路1号。截至2018年，延庆区下辖3个街道、10个镇、4个乡，户籍人口28.7万人，常住人口34.8万人，其中常住外来人口4.8万人；共有36个民族，人口约1.1万人，排名前四位的依次是满族、蒙古族、回族和朝鲜族。

延庆方言主要可分六片：县城及永宁镇一带为延庆方言的代表，属北京官话京承片怀承小片，使用人口最多；张山营一带近怀来口音；大庄科乡一带近昌平口音；东部山区四海、珍珠泉、小川一带为怀柔口音；千家店、花盆、沙梁子一带，比其他各片近普通话；康庄、八达岭一带，由于京张铁路通车及众多大工厂的建成，外来人口较多，口音相对复杂。

本地较为流行的曲艺形式为河北梆子。

二 发音人概况

刘恩之，男，1942年6月出生，延庆旧县镇人，初中文化，1981年前为中小学教师，1981年调至县教委工作至退休。

秦勇，男，1972年3月出生，延庆城关人，中专文化，2003年前为小学教师，2003年调至延庆教委工作。

贰 声韵调

一 声母（25个）

p 八兵病别　p^h 派片爬扑　m 马门明麦　f 飞风饭副　v 味问王挖

t 多端东毒　　tʰ 讨天甜突　　n 脑南能拿　　　　　　　　　l 老蓝连路
ts 资早坐贼　　tsʰ 刺草寸祠　　　　　　　　s 丝三随俗
tʂ 张装纸柱　　tʂʰ 茶抽春城　　　　　　　　ʂ 山手双十　　ʐ 软荣热日
tɕ 酒九绝菊　　tɕʰ 清全轻权　　ȵ 泥牛年捏　　ɕ 想谢响县
k 哥高共谷　　kʰ 开口葵阔　　ŋ 鹅爱安额　　x 好很灰活
ø 月云用药

说明：

（1）v 声母实际音值为 ʋ。

（2）tʂ 组声母发音时舌头基本在口腔下方，舌尖抵下齿背。

（3）ŋ 声母发音较弱。

二　韵母（37 个）

ɿ 资次丝　　　　　i 弟米戏一　　　　u 苦五猪出　　　　y 雨橘绿局
ʅ 知吃师十
ɚ 儿耳二
a 大马茶八　　　　ia 家俩牙鸭　　　　ua 刷花瓦刮
　　　　　　　　　ie 写鞋接贴　　　　　　　　　　　　ye 靴月雪掘
ɤ 歌车盒热　　　　　　　　　　　　　uo 破磨坐活
ai 开排埋白　　　　iai 解~开戒　　　　uai 摔快坏外
ei 赔飞贼北　　　　　　　　　　　　　uei 对水鬼胃
ao 宝饱烧勺　　　　iao 表桥笑药
ou 豆走口肉　　　　iou 牛九油六
an 南站山半　　　　ian 减盐片年　　　uan 短官关穿　　　yan 权院元悬
ən 森深根身　　　　in 心今新斤　　　uən 寸滚春顺　　　yən 均群熏云
aŋ 糖唱方绑　　　　iaŋ 响样讲腔　　　uaŋ 床光王双
əŋ 灯升争翁　　　　iŋ 冰病星硬　　　uŋ 东红农共
　　　　　　　　　　iuŋ 兄永熊用

说明：

（1）韵母 a、ia、ua 中 a 较后，实际音值为 ᴀ；ai、iai、uai 韵中 a 舌位较高，

为 æ 或 ɛ；ao、iao 韵中 a 舌位较后，实际音值为 ɑ；ian、yan 韵中 a 实际音值为 ɛ；aŋ、iaŋ、uaŋ 韵中 a 实际音值为 ɑ。

（2）韵母 ie、ye 中 e 舌位较低，实际音值为 ɛ。

（3）韵母 ɤ 与 p 组声母相拼时，略带圆唇色彩。

（4）韵母 uo 中 o 舌位较低，唇形较展。

（5）韵母 ai、iai、uai 中 i 舌位较低，为 ɪ 或 e，有时甚至低至 ɛ 的位置。

（6）韵母 ei、uei 中 i 舌位较低，实际音值为 ɪ。

（7）韵母 ao、iao 中 o 舌位较低，唇形较展。

（8）韵母 ou、iou 中 u 舌位较低，实际音值为 ʊ。

（9）韵母 an、ian、uan、yan 中韵尾 n 不明显。

（10）韵母 uŋ 中 u 舌位较低，实际音值为 o。

（11）存在调值分韵的现象：①同一韵母去声字比其他调字开口度更大，尤其是 ai、uai、ɑo、ou、ɚ 等韵；②去声字鼻音韵尾 n、ŋ 不明显，但 uŋ、iuŋ 二韵受调值的影响不太明显；③上声也会对韵母音值产生一定的影响，如 ən、in、uən、yən 四韵逢上声韵尾 n 比阴平、阳平略后。

三 声调（4个）

阴平 42　东该灯风通开天春　　谷搭哭拍切

阳平 55　门龙牛油铜皮糖红　　节急　毒白盒罚

上声 214　懂古鬼九统苦讨草　　买老五有　塔百

去声 53　冻怪半四痛快寸去　　卖路硬乱洞地饭树　动罪近后　六麦叶月

说明：

（1）阴平 42 有时读为 31。

（2）阳平 55 以平为主，前头略升，近 45，较短促。

（3）上声 214 以升为主，下降幅度不到一度。

（4）去声 53 起点比阴平高，较短促。

叁　连读变调

一　两字组连读变调

表 19　　　　　　　延庆方言两字组连读变调表

后字　前字	阴平 42	阳平 55	上声 214	去声 53	轻声
阴平 42	44 + 42	44 + 55	44 + 214	44 + 53	42 + 0
阳平 55	55 + 42	55 + 55	55 + 214	55 + 53	55 + 0
上声 214	24 + 42	24 + 55	55 + 214	24 + 53	24 + 0
去声 53	21 + 42	21 + 55	21 + 214	24 + 53	53 + 0

延庆两字组连读变调具有以下特点：

（1）两字组中存在变调现象的只有前字，后字没有变调的情况（轻声除外）。

（2）前字为阳平，所有情况下均不变调。

（3）前字为阴平，在所有声调（轻声除外）前均变读为 44。例如：

阴平 + 阴平：香菇 εiaŋ^{44}ku^{42}｜花生 xua^{44}ʂən^{42}｜公猪 kuŋ^{44}tʂu^{42}｜应该 iŋ^{44}kai^{42}。

阴平 + 阳平：葱头 tsʰuŋ^{44}tʰou^{55}｜犍牛 tɕian^{44}ȵiou^{55}｜三十 san^{44}ʂɿ^{55}｜刷牙 ʂua^{44}ia^{55}。

阴平 + 上声：开水 kʰai^{44}ʂuei^{214}｜莴笋 uo^{44}suən^{214}｜不管 pu^{44}kuan^{214}｜丢丑 tiou^{44}tʂʰou^{214}。

阴平 + 去声：天亮 tʰian^{44}liaŋ^{53}｜鞭炮 pian^{44}pʰao^{53}｜生气 ʂəŋ^{44}tɕʰi^{53}｜摸脉 mao^{44}mai^{53}。

（4）前字为上声，在所有声调前都有变调。

①在阴平、阳平、去声、轻声前均变读为 24。例如：

上声 + 阴平：母鸡 mu^{24}tɕi^{42}｜宰猪 tsai^{24}tʂu^{42}｜养猪 iaŋ^{24}tʂu^{42}｜打针 ta^{24}tʂən^{42}。

上声 + 阳平：暖壶 nan^{24}xu^{55}｜口条 kʰou^{24}tʰiao^{55}｜眼红 ian^{24}xuŋ^{55}｜赶集 kan^{24}tɕi^{55}。

上声 + 去声：闪电 ʂan^{24}tian^{53}｜柏树 pai^{24}ʂu^{53}｜炒菜 tʂʰao^{24}tsʰai^{53}｜扫地 sao^{24}ti^{53}。

上声 + 轻声：手巾 ʂou^{24}tɕin^{0}｜枕头 tʂən^{24}tʰou^{0}｜满月 man^{24}ye^{0}｜冷子

lən²⁴tsə⁰。

②在上声前变读为 55。例如：

上声 + 上声：左手 tsuo⁵⁵ʂou²¹⁴｜老虎 lao⁵⁵xu²¹⁴｜小产 ɕiao⁵⁵tʂʰan²¹⁴｜有喜 iou⁵⁵ɕi²¹⁴。

（5）前字为去声，在所有声调（轻声除外）前都有变调。

①在阴平、阳平和上声前均变读为 21。例如：

去声 + 阴平：豆浆 tou²¹tɕiaŋ⁴²｜尿尿 ȵiao²¹suei⁴²｜订婚 tiŋ²¹xuən⁴²｜自杀 tsɿ²¹ʂa⁴²。

去声 + 阳平：酱油 tɕiaŋ²¹iou⁵⁵｜放牛 faŋ²¹ȵiou⁵⁵｜拜堂 pai²¹tʰaŋ⁵⁵｜化脓 xua²¹nəŋ⁵⁵。

去声 + 上声：大水 ta²¹ʂuei²¹⁴｜右手 iou²¹ʂou²¹⁴｜中暑 tʂuŋ²¹ʂu²¹⁴｜下雨 ɕia²¹y²¹⁴。

②在去声前变读为 24。例如：

去声 + 去声：旱地 xan²⁴ti⁵³｜笨货 pən²⁴xuo⁵³｜做饭 tsou²⁴fan⁵³｜号脉 xao²⁴mai⁵³。

（6）有些词语的变调不符合上述规律。例如：

①阴平 + 轻声，前字一般不变调，个别变读为 44：沙子 ʂa⁴⁴tsə⁰｜知道 tʂɿ⁴⁴tao⁰｜结实 tɕie⁴⁴ʂɿ⁰。

②上声 + 轻声，前字一般变读为 24，个别变读为 55：晌午 ʂaŋ⁵⁵xu⁰｜可以 kʰɤ⁵⁵i⁰。

③去声 + 轻声，前字一般不变调，个别变读为 24：卧室 uo²⁴ʂɿ⁰。

二　"一、不"的变调

延庆"一"单念阴平 42，"不"很少单用，它们作前字时一律变读为 44。例如：一千 i⁴⁴tɕʰian⁴²｜一百 i⁴⁴pai²¹⁴｜一百零五 i⁴⁴pai⁰liŋ⁵⁵u²¹⁴｜一百五 i⁴⁴pai⁰u²¹⁴｜一万 i⁴⁴uan⁵³｜一块儿 i⁴⁴kʰuɐr⁵³｜一辈子 i⁴⁴pei⁵¹tsɿ⁰‖不成 pu⁴⁴tʂʰəŋ⁵⁵｜不熟 pu⁴⁴ʂou⁵⁵｜不懂 pu⁴⁴tuŋ²¹⁴｜不管 pu⁴⁴kuan²¹⁴｜不是 pu⁴⁴ʂɿ⁵³｜不行 pu⁴⁴ɕiŋ⁵⁵｜不会 pu⁴⁴xuei⁵³｜不知道 pu⁴⁴tʂɿ⁴⁴tao⁰｜不认得 pu⁴⁴ʐən⁵³ti⁰。

肆　异读

一　新老异读

延庆方言老男和青男在声母、声调方面基本没有差别。韵母方面，老男比青男多出一个 iai 韵母，老男读 iai 韵母的字，青男读作 ie 韵母，如：解~开 tçiai－tçie｜戒 tçiai－tçie。

文白异读方面，青男口中入声字的白读形式也比较丰富，跟老男差别不大，但在日常使用中年轻人多用文读形式，白读的说法越来越少。

二 文白异读

（一）声母

梗开二知组、曾开三庄组入声部分字声母白读 tʂ 组，文读 ts 组。例如：择 tʂai⁵⁵ ~菜/tsɤ⁵⁵ 选~｜侧 tʂɤ⁴² ~歪/tsʰɤ⁵³ ~面｜色 ʂai²¹⁴ 红~儿/sɤ⁵³ ~差。

宕江摄和梗开二入声部分字声母白读 tç 组，文读 k 组。例如：壳 tçʰiao⁵³ 地~/kʰɤ⁵⁵ 贝~儿｜隔 tçie⁴² ~几天/tçie⁵³ ~壁儿/kɤ⁵⁵ ~壁。

另有部分舒声字存在声母的文白异读。例如：深 tʂʰən⁴² 水~/ʂən⁴² ~入｜俊 tsuən⁵³/tçyən⁵³｜耕 tçiŋ⁴² ~地/kəŋ⁴² 春~。

（二）韵母

韵母的文白异读主要体现在宕江曾梗通五摄入声字。

宕江摄入声字韵母白读 ao、iao 韵，文读 ɤ、uo、ye 韵。例如：摸 mao⁴² ~一下/mɤ⁴² 抚~｜落 lao⁵³ 太阳~山/la⁵³ ~下/luo⁵³ 降~｜弱 ʐao⁴² 身子~/ʐuo⁴² 强~｜壳 tçʰiao⁵³ 地~/kʰɤ⁵⁵ 贝~儿｜雀 tçʰiao²¹⁴ 家~儿/tçʰiao⁴² ~斑/tçʰye⁵³ 孔~｜角 tçiao²¹⁴ 牛~/tçye⁵⁵ 主~儿｜学 çiao⁵⁵ 上~/çye⁵⁵ ~习｜削 çiao⁴² ~皮儿/çye⁴² 剥~｜约 iao⁴² ~重/ye⁴² ~会｜药 iao⁵³ 农~/ye⁵³ 吃~。其中"落"有 a 韵的白读形式。

曾开一入声字韵母白读 ei 韵，文读 ɤ 韵或 ai。例如：得 tei²¹⁴ ~走了/tɤ⁵⁵ ~到｜塞 sei⁴² ~住/sai⁴² 加~儿。

梗开二知组、曾开三庄组入声字韵母白读 ai 韵，文读 ɤ 韵。例如：择 tʂai⁵⁵ ~菜/tsɤ⁵⁵ 选~｜色 ʂai²¹⁴ 红~儿/sɤ⁵³ ~差。

曾开三个别入声字白读 ei 韵，文读 i 韵，例如：笔 pei⁴² 毛~/pi²¹⁴ ~墨。

梗开二见系入声字韵母白读 ie 韵，文读 ɤ 韵。例如：隔 tçie⁴² ~几天/tçie⁵³ ~壁儿/kɤ⁵⁵ ~壁。

通合三入声字韵母白读 ou 韵，文读 u 韵。例如：熟 ʂou⁵⁵ ~人/ʂu⁵⁵ 成~。

其他韵摄个别入声字的韵母也存在文白异读，如山合四白读 ie 韵，文读 ye 韵：血 çie⁴² 流~/çye²¹⁴ 鲜~。

有一些舒声字的韵母也存在文白异读的情况。例如：解 tçiai²¹⁴ ~开/tçie²¹⁴ ~放｜耕 tçiŋ⁴² ~地/kəŋ⁴² 春~｜俊 tsuən⁵³/tçyən⁵³｜尾 i²¹⁴ ~巴/vei²¹⁴ ~部｜做 tsou⁵³ ~饭/tsuo⁵³ ~作业。

（三）声调

声调异读主要出现于入声字，一般情况下异读具有一定的词汇条件。例如：
劈 p^hi^{42} 动词/p^hi^{214} ~柴（名词）｜匹 p^hi^{42} 一~马/p^hi^{55} ~夫｜法 fa^{214} 方~/fa^{55} 没~儿｜踏 t^ha^{42} ~实/t^ha^{214} ~板/t^ha^{53} ~步｜作 $tsuo^{42}$ ~坊/$tsuo^{53}$ 工~｜索 suo^{214} 绳~/suo^{55} ~性｜摘 $tʂai^{42}$ ~花/$tʂai^{55}$ ~要｜结 $tɕie^{42}$ ~婚/$tɕie^{55}$ ~束｜刻 $k^hɤ^{42}$ ~字/$k^hɤ^{53}$ 一~钟｜恶 $ŋɤ^{214}$ ~心/$ŋɤ^{42}$ 善~｜黑 xei^{42} ~色/xei^{214} ~豆｜霍 xuo^{214} 姓~/xuo^{53} 挥~｜颜 ian^{53} 姓~/ian^{55} ~色。

个别声调异读没有词汇条件：雪 $ɕye^{42}$/$ɕye^{214}$｜郭 kuo^{214} ~/kuo^{42}。

以上所列文白异读有些不限于声母、韵母或声调的单一异读，而是存在声韵调两两结合或三者结合的异读情况：

声母和韵母异读：择 $tʂai^{55}$/$tsɤ^{55}$｜耕 $tɕiŋ^{42}$/$kəŋ^{42}$。

声母和声调异读：侧 $tʂɤ^{42}$/$ts^hɤ^{53}$。

韵母和声调异读：雀 $tɕ^hiao^{214}$/$tɕ^hiao^{42}$/$tɕ^hye^{53}$｜角 $tɕiao^{214}$/$tɕye^{55}$｜血 $ɕie^{42}$/$ɕye^{214}$｜得 tei^{214}/$tɤ^{55}$。

声韵调异读：壳 $tɕ^hiao^{53}$/$k^hɤ^{55}$｜隔 $tɕie^{42}$/$tɕie^{53}$/$kɤ^{55}$｜色 $ʂai^{214}$/$sɤ^{53}$。

三　其他异读

延庆老男还有一些异读，既不属于新老异读，也不好归入文白异读。

韵母异读：暖 $naŋ^{214}$ ~和/nan^{214} ~气｜弄 nou^{53}/$nuŋ^{53}$｜乱 lan^{53}/$luan^{53}$｜唇 $tʂ^hən^{55}$/$tʂ^huən^{55}$｜。

声调异读：防 $faŋ^{55}$ ~备/$faŋ^{214}$ 消~｜瓦 va^{214} 砖~/va^{53} ~匠｜泥 $ȵi^{55}$ ~土/$ȵi^{53}$ ~匠。

伍　儿化

延庆方言37个韵母，除 ɚ 外，其他36个韵母都有对应的儿化韵，其中一些韵母的儿化韵有合并现象，36个韵母共对应25个儿化韵。

表 20　　　　　　　　　　　延庆方言儿化韵表

儿化韵	本韵	例词
ər	ɿ	刺儿 tsʰər⁵³
	ʅ	侄儿 tʂər⁵⁵ ｜ 事儿 ʂər⁵³
	ei	擦黑儿 tsʰa⁴⁴xər⁴²
	ən	本儿 pər²¹⁴ ｜ 大门儿 ta²¹mər⁵⁵ ｜ 抠门儿 kʰou⁴⁴mər⁵⁵ ｜ 老爷们儿 lao²⁴ie⁵⁵mər⁰ ｜ 丢份儿 tiou⁴⁴fər⁵³ ｜ 扎针儿 tʂa⁴⁴tʂər⁴² ｜ 一阵儿 i⁴⁴tʂər⁵³ ｜ 婶儿 ʂər²¹⁴
iər	i	笛儿 tiər⁵⁵ ｜ 抽屉儿 tʂʰou⁴⁴tʰiər⁰ ｜ 猪蹄儿 tʂu⁴⁴tʰiər⁵⁵ ｜ 后尾儿 xou²¹iər²¹⁴
	in	今儿 tɕiər⁴² ｜ 不得劲儿 pu⁴⁴tɤ⁵⁵tɕiər⁵³
uər	uei	裤腿儿 kʰu²¹tʰuər²¹⁴ ｜ 亲嘴儿 tɕʰin⁴⁴tsuər²¹⁴ ｜ 哪会儿 nai²⁴xuər⁰ ｜ 牌位儿 pʰai⁵⁵vər⁰ ｜ 味儿 vər⁵³
	uən	□盹儿 ʐou⁴⁴tuər²¹⁴ ｜ 村儿 tsʰuər⁴² ｜ 没准儿 mei⁵⁵tʂuər²¹⁴ ｜ 冰棍儿 piŋ⁴⁴kuər⁵³ ｜ 光棍儿 kuaŋ⁴⁴kuər⁵³
yər	y	蛐蛐儿 tɕʰy⁴⁴tɕʰyər⁰
	yən	围裙儿 vei⁵⁵tɕʰyər⁰
ɐr	a	把儿 pɐr⁵³ ｜ 耍戏法儿 ʂua²⁴ɕi²¹fɐr²¹⁴ ｜ 哪儿 nɐr²¹⁴ ｜ 裤衩儿 kʰu²¹tʂʰɐr²¹⁴
	ai	口袋儿 kʰou²⁴tɐr⁰ ｜ 盖儿 kɐr⁵³ ｜ 小孩儿 ɕiao²⁴xɐr⁵⁵
	an	床单儿 tʂʰuaŋ⁵⁵tɐr⁴² ｜ 猪肝儿 tʂu⁴⁴kɐr⁴² ｜ 菜干儿 tsʰai²¹kɐr⁴²
iɐr	ia	一下儿 i⁴⁴ɕiɐr⁵³ ｜ 豆芽儿 tou²¹iɐr⁵⁵
	ian	上边儿 ʂaŋ⁵³piɐr⁰ ｜ 上面儿 ʂaŋ⁵³miɐr⁰ ｜ 差点儿 tʂʰa²¹tiɐr²¹⁴ ｜ 天儿 tʰiɐr⁴² ｜ 中间儿 tʂuŋ⁴⁴tɕiɐr⁰ ｜ 前儿个 tɕʰiɐr⁵⁵kə⁰ ｜ 门槛儿 mən⁵⁵tɕʰiɐr⁵³ ｜ 馅儿 ɕiɐr⁵³ ｜ 河沿儿 xɤ⁵⁵iɐr⁵³
uɐr	ua	花儿 xuɐr⁴² ｜ 梅花儿 mei⁵⁵xuɐr⁴² ｜ 连环画儿 lian⁵⁵xuan⁵⁵xuɐr⁵³ ｜ 猜笑话儿 tsʰai²⁴ɕiao⁵³xuɐr⁰
	uai	一块儿 i⁴⁴kʰuɐr⁵³
	uan	打短儿 ta⁵⁵tuɐr²¹⁴ ｜ 玩儿 vɐr⁵⁵

续表

儿化韵	本韵	例词
yɐr	yan	手绢儿 ʂou²⁴tɕyɐr⁵³ ｜ 洋烟卷儿 iaŋ⁵⁵ian⁴⁴tɕyɐr²¹⁴ ｜ 牛旋儿 ȵiou⁵⁵ɕyɐr⁵⁵
ur	u	小猪儿 ɕiao²⁴tʂur⁴² ｜ 姑儿 kur⁴² ｜ 二胡儿 ɚ²¹xur⁵⁵ ｜ 屋儿 ur⁴²
ɤr	ɤ	围脖儿 vei⁵⁵pɤr⁵⁵ ｜ 唱歌儿 tʂʰaŋ²¹kɤr⁴² ｜ 自个儿 tsɿ²¹kɤr²¹⁴ ｜ 墨盒儿 mɤ²¹xɤr⁵⁵
uor	uo	对过儿 tuei²⁴kuor⁵³ ｜ 罗锅儿 luo⁵⁵kuor⁴² ｜ 水果儿 ʂuei⁵⁵kuor²¹⁴ ｜ 做活儿 tsou²¹xuor⁵⁵ ｜ 大伙儿 ta²¹xuor²¹⁴ ｜ 窝儿 uor⁴²
iɛr	ie	蝴蝶儿 xu⁵⁵tʰiɛr²¹⁴ ｜ 窑姐儿 iao⁵⁵tɕiɛr²¹⁴ ｜ 老爷儿 lao²⁴iɛr⁵⁵ ｜ 叶儿 iɛr⁵³
yɛr	ye	口诀儿 kou²⁴tɕyɛr⁵⁵
ɑor	ao	藏猫儿 tsʰaŋ⁵⁵mɑor⁴² ｜ 道儿 tɑor⁵³ ｜ 桃儿 tʰɑor⁵⁵ ｜ 枣儿 tsɑor²¹⁴ ｜ 一遭儿 i⁴⁴tsɑor⁴² ｜ 庄户佬儿 tʂuaŋ⁴⁴xu⁰lɑor²¹⁴ ｜ 外号儿 vai²⁴xɑor⁵³ ｜ 衬袄儿 tʂʰən²¹ŋɑor²¹⁴
iɑor	iao	末了儿 mɤ²¹liɑor²¹⁴ ｜ 辣椒儿 la²¹tɕiɑor⁴² ｜ 角儿 tɕiɑor²¹⁴ ｜ 雀儿 tɕʰiɑor²¹⁴ ｜ 小小儿 ɕiao⁵⁵ɕiɑor²¹⁴
our	ou	土豆儿 tʰu²⁴tour⁵³ ｜ 书兜儿 ʂu⁴⁴tour⁴² ｜ 坟头儿 fən⁵⁵tʰour⁵⁵ ｜ 山沟儿 ʂan⁴⁴kour⁴² ｜ 时候儿 ʂɿ⁵⁵xour⁰ ｜ 后儿个 xour⁵³kə⁰ ｜ 猴儿 xour⁵⁵
iour	iou	石榴儿 ʂɿ⁵⁵liour⁰ ｜ 一溜儿 i⁴⁴liour⁴²
ãr	aŋ	翅膀儿 tʂʰɿ²¹pãr²¹⁴ ｜ 电棒儿 tian²⁴pãr⁵³ ｜ 双傍儿 ʂuaŋ²⁴pãr⁵³
iãr	iaŋ	刷⁼儿样儿怎样 ʂuɐr⁵³iãr⁰
uãr	uaŋ	李各庄儿 li²⁴kə⁰tʂuãr⁴²
ə̃r	əŋ	缝儿 fə̃r⁵³ ｜ 蜜蜂儿 mi⁵³fə̃r⁰ ｜ 起灯儿 tɕʰi²⁴tə̃r⁴² ｜ 跳绳儿 tʰiao²¹ʂə̃r⁵⁵ ｜ 调羹儿 tʰiao⁵⁵kə̃r⁴² ｜ 水坑儿 ʂuei²⁴kʰə̃r⁴²
iə̃r	iŋ	瓶儿 pʰiə̃r⁵⁵ ｜ 水虹虹儿 ʂuei²⁴tiŋ⁴⁴tiə̃r⁰ ｜ 明儿 miə̃r⁵⁵ ｜ 名儿 miə̃r⁵⁵ ｜ 打鸣儿 ta²⁴miə̃r⁵⁵ ｜ 杏儿 ɕiə̃r⁵³ ｜ 星星儿 ɕiŋ⁴²ɕiə̃r⁰

续表

儿化韵	本韵	例词
uə̃r	uəŋ	小瓮儿 ɕiao²⁴ və̃r⁵³
iũr	iuŋ	小熊儿 ɕiao²⁴ ɕiũr⁵⁵
ũr	uŋ	胡同儿 xu⁵⁵ tʰũr²¹⁴ ｜ 虫儿 tʂʰũr⁵⁵

个别词语中儿化韵不符合规律。例如：

媳妇儿 ɕi⁵⁵ fər⁰：妇，u 韵，按规律儿化韵应为 ur。相媳妇儿 ɕiaŋ⁴⁴ ɕi⁵⁵ fər⁰、娶媳妇儿 tɕʰy²⁴ ɕi⁵⁵ fər⁰、新媳妇儿 ɕin⁴⁴ ɕi⁵⁵ fər⁰、兄弟媳妇儿 ɕiuŋ⁴² ti⁰ ɕi⁵⁵ fər⁰、儿媳妇儿 ɚ⁵⁵ ɕi⁵⁵ fər⁰ 都是如此。

第十一节　平谷方音

壹　概况

一　平谷区概况

平谷区位于北京市的东北部，西距北京市区 70 千米，东距天津市区 90 千米，南与河北省三河市为邻，北与密云区接壤，西与顺义区接界，东南与天津市蓟州区、东北与河北省兴隆县毗连。地理坐标为东经 116°55′~117°24′，北纬 40°1′~40°22′，幅员面积 948.24 平方千米，山区半山区约占总面积的三分之二。平谷区属海河流域北三河水系，地势东北高，西南低，东南北三面环山，山前呈环带状浅山丘陵，中部、南部为平原。

1958 年 10 月平谷县从河北省划归北京市，2002 年 4 月撤县建区，区政府驻平谷镇府前街 7 号。截至 2018 年，平谷区下辖 2 个街道、2 个乡、14 个镇；户籍人口 40.6 万人，常住人口 45.6 万人，其中常住外来人口 5.1 万人；有满壮蒙回等少数民族，人口约为 0.43 万人。

平谷区方言主要可以分为平谷话和马坊话两种。平谷话是主要通行方言，属冀鲁官话保唐片蓟遵小片；西北部大华山、镇罗营一带，东部与蓟县相邻的韩庄一带，口音与城关等地略有不同。马坊镇一带的马坊话属北京官话，口音更接近北京话。

本地较为流行的曲艺形式主要为评剧，还有京东大鼓和京剧、梆子等。山东庄镇独有"棒棒儿戏"，整体上跟评剧比较接近。

二　发音人概况

郭春旺，男，1948 年 11 月出生，平谷区王辛庄镇人，初中文化，平谷建筑工程公司退休职工。

张铁全，男，1973 年 2 月出生，平谷区平谷镇人，初中文化，电工，出租车司机。

贰　声韵调

一　声母（22 个）

p 八兵病别　pʰ 派片爬扑　m 马门明麦　f 飞风饭副

t 多端东毒	tʰ 讨天甜突	n 南年熬安	l 老蓝连路
ts 资早坐贼	tsʰ 刺草寸祠	s 丝三随俗	
tʂ 张装纸柱	tʂʰ 茶抽春城	ʂ 山手双十	ʐ 软荣热日
tɕ 酒九绝菊	tɕʰ 清全轻权	ɕ 想谢响县	
k 哥高共谷	kʰ 开口葵阔	x 好很灰活	
∅ 王问云药			

说明：

(1) n 声母拼细音有时读为 ɲ。

(2) ts 组声母有齿间音色彩。

(3) 零声母今开口呼字有时读为 ʔ 声母，今合口呼字介音 u 有时近 ʋ。

二 韵母 (37 个)

ɿ 资次丝	i 弟米戏一	u 苦五猪出	y 雨橘绿局
ʅ 知吃师十			
ɚ 儿耳二			
a 大马茶八	ia 家俩牙鸭	ua 刷花瓦刮	
	ie 写鞋接贴		ye 靴月雪掘
ɤ 歌车盒热		uo 破磨坐活	
ai 开排埋白		uai 摔快坏外	
ei 赔飞贼北		uei 对水鬼胃	
au 宝饱烧勺	iau 表桥笑药		
ou 豆走口肉	iou 牛九油六		
an 南站山半	ian 减盐片年	uan 短官关穿	yan 权院元悬
ən 森深根身	in 心今新斤	uən 寸滚春顺	yn 均群熏云
aŋ 糖唱方绑	iaŋ 响样讲腔	uaŋ 床光王双	
əŋ 灯升争蒙		uəŋ 翁瓮	
	iŋ 冰病星硬	uŋ 东红农共	yŋ 兄永熊用

说明：

(1) u、y 作韵腹或介音时，舌位略低。

（2）韵母 a、ia、ua 三韵中 a 较后，近 ɑ。

（3）韵母 ie、ye 中 e 舌位较低，实际音值为 ɛ。

（4）韵母 uo 中 o 唇形较展。

（5）韵母 ai、uai 中 a 舌位较高，实际为 æ；i 舌位较低，为 ɪ 或 e。

（6）韵母 ei、uei 中 i 舌位较低，实际音值为 ɪ。

（7）韵母 au、iau 中 a 舌位较后，实际音值为 ɑ；u 舌位很低，唇形较展。

（8）韵母 ou、iou 中 u 舌位较低，实际音值为 ʊ。

（9）韵母 an、ian、uan、yan 韵尾 n 不明显；ian yan 韵 a 实际音值为 ɛ。

（10）韵母 aŋ、iaŋ、uaŋ 中 a 实际音值为 ɑ。

（11）m、n 声母后的主要元音带鼻化色彩。

（12）韵母存在一定的调值分韵现象：逢去声元音开口度增大、韵尾弱化。

三　声调（4 个）

阴平 35　东该灯风通开天春　搭哭拍切

阳平 55　门龙牛油铜皮糖红　急　毒白盒罚

上声 213　懂古鬼九统苦讨草　买老五有　塔节百

去声 51　冻怪半四痛快寸去　卖路硬乱洞地饭树　动罪近后　六麦叶月

说明：

（1）阴平 35 有时升得不明显，为 45。

（2）阳平 55 有时为 445。

（3）上声 213 有时降得不到一度，近 113；有时末尾升得较高，为 214。

（4）去声 51 实际为 52。

（5）受普通话影响，部分阴平字和阳平字有串调的现象，不一一记出。

叁 连读变调

一 两字组连读变调

表 21　　　　　　　　平谷方言两字组连读变调表

前字＼后字	阴平 35	阳平 55	上声 213	去声 51	轻声
阴平 35	35 + 35	35 + 55	35 + 213	35 + 51	35 + 0
阳平 55	55 + 35	55 + 55	55 + 213	55 + 51	55 + 0
上声 213	**21 + 35**	**21 + 55**	**35 + 213**	**21 + 51**	**21 + 0**
去声 51	51 + 35	51 + 55	51 + 213	51 + 51	51 + 0

平谷两字组连读变调具有以下特点：

（1）两字组中存在变调现象的只有前字，后字没有变调的情况（轻声除外）。

（2）前字为阴平、阳平、去声，后字无论调类为何，前字都不变调。

（3）上声的变调形式比较丰富：

①前字为上声，后字为非上声，前字调值由 213 变为 21。例如：

上声 + 阴平：草鸡 tsʰau²¹ tɕi³⁵｜水坑 ʂuei²¹ kʰəŋ³⁵｜养猪 iaŋ²¹ tʂu³⁵｜打针 ta²¹ tʂən³⁵。

上声 + 阳平：火柴 xuo²¹ tʂʰai⁵⁵｜往年 uaŋ²¹ nian⁵⁵｜以前 i²¹ tɕʰian⁵⁵｜赶集 kan²¹ tɕi⁵⁵。

上声 + 去声：米饭 mi²¹ fan⁵¹｜以后 i²¹ xou⁵¹｜炒菜 tʂʰau²¹ tsʰai⁵¹｜扫地 sau²¹ ti⁵¹。

②前后字皆为上声，则前字调值由 213 变为 35。例如：左手 tsuo³⁵ ʂou²¹³｜老虎 lau³⁵ xu²¹³｜蚂蚁 ma³⁵ i²¹³｜可以 kʰɤ³⁵ i²¹³｜洗澡 ɕi³⁵ tsau²¹³。

③前字为上声，后字为轻声，前字调值由 213 变为 21。例如：

上声 + 轻声（本调为非上声）：点心 tian²¹ ɕin⁰｜眼睛 ian²¹ tɕiŋ⁰｜尾巴 i²¹ pa⁰｜暖和 nan²¹ xuo⁰｜斧头 fu²¹ tʰou⁰｜枕头 tʂən²¹ tʰou⁰｜脑袋 nau²¹ tai⁰。

上声 + 轻声（本调为上声）：馃子 kuo²¹ tsɿ⁰｜椅子 i²¹ tsɿ⁰｜嫂子 sau²¹ tsɿ⁰｜哑巴 ia²¹ pa⁰。

（4）有些词语的变调不符合上述规律。例如：

①阴平 + 轻声，前字一般不变调，个别亲属称谓变为 55 + 0：兄弟 ɕyŋ⁵⁵ ti⁰｜

姑姑 ku^{55}ku^{0}。

②阳平+去声，前字一般不变调，个别词语变为 35+51：难受 nan^{35}ʂou^{51} | 难过 nan^{35}kuo^{51}。

③上声+轻声，前字一般不变调，个别亲属称谓变为 55+0：姐姐 tɕie^{55}tɕie^{0}。

二 "一、不"的变调

平谷"一、不"单念阴平 35，它们作前字时大部分不变调，个别出现变调。

①非上声前不变调：一千 i^{35}tɕʰian^{35} | 一万 i^{35}uan^{51} | 一共 i^{35}kuŋ^{51} | 一边儿 i^{35}piɐr^{35} | 一块儿 i^{35}kʰuɐr^{51} | 一辈子 i^{35}pei^{51}tsʅ^{0} ‖ 不成 pu^{35}tʂʰəŋ^{55} | 不熟 pu^{35}ʂu^{55} | 不是 pu^{35}ʂʅ^{51} | 不行 pu^{35}ɕiŋ^{55} | 不会 pu^{35}xuei^{51} | 不知道 pu^{35}tʂʅ^{55}tau^{0} | 不认得 pu^{35}ʐən^{51}tɤ^{0} | 不记得 pu^{35}tɕi^{51}tɤ^{0}。

②上声前变 51 调：一百 i^{51}pai^{213} | 一百零五 i^{51}pai^{21}liŋ^{55}u^{213} | 一百五 i^{51}pai^{35}u^{213} ‖ 不懂 pu^{51}tuŋ^{213} | 不管 pu^{51}kuan^{213}。

肆 异读

一 新老异读

(一) 声母

老男零声母合口呼字（u、uo 韵除外）青男读为 v 声母开口呼。例如：瓦 ua^{213} - va^{213} | 外 uai^{51} - vai^{51} | 尾 uei^{213} - vei^{213} | 晚 uan^{213} - van^{213} | 问 uən^{51} - vən^{51} | 王 uaŋ^{55} - vaŋ^{55} | 翁 uəŋ^{35} - vəŋ^{35} ‖ 五 u^{213} - u^{213} | 握 uo^{51} - uo^{51}。

古泥母字，老男不论今韵母洪细都读为 n 声母，青男则是洪音读 n 声母，细音读 ȵ 声母。例如：泥 ni^{55} - ȵi^{55} | 年 nian^{55} - ȵian^{55} ‖ 南 nan^{55} - nan^{55} | 脑 nau^{213} - nau^{213}。

(二) 韵母

与老男相比，青男韵母系统中少了一个 uəŋ 韵母，老男读 uəŋ 韵母的"翁瓮"等字，青男读 v 声母 əŋ 韵。

个别泥来母字的韵母老男和青男读音有差异：（1）都有开口呼和合口呼两读：暖 naŋ^{213}/nuan^{213} | 乱 lan^{51}/luan^{51}；（2）老男两读，青男只有合口呼一读：弄 nəŋ^{51}/nuŋ^{51} - nuŋ^{51}；（3）老男读合口呼，青男读开口呼：嫩 nuən^{51} - nən^{51}。

(三) 文白

青男口中入声字的白读形式也比较丰富，跟老男差别不大，但在日常使用中年轻人多用文读形式，白读的说法越来越少。

二 文白异读

（一）声母

梗开二知组、曾开三庄组入声部分字声母白读 tʂ 组，文读 ts 组。例如：择 tʂai⁵⁵ ~菜/tsɤ⁵⁵ 选~｜侧 tʂai³⁵ ~歪/tsʰɤ⁵¹ ~面｜色 ʂai²¹³ 红~儿/sɤ⁵¹ ~弱。

宕江摄和梗开二入声部分字声母白读 tɕ 组，文读 k 组。例如：壳 tɕʰiau⁵¹ 地~儿/kʰɤ³⁵ 贝~儿｜隔 tɕie⁵¹ ~壁儿/tɕie⁵⁵ ~条河/kɤ⁵⁵ ~离。

另有个别舒声字存在声母的文白异读。例如：耕 tɕiŋ³⁵ ~地/kəŋ³⁵ 春~。

（二）韵母

韵母的文白异读主要体现在宕江曾梗通五摄入声字。

宕江摄入声字韵母白读 au、iau 韵，文读 ɤ、uo、ye 韵。例如：薄 pau⁵⁵ ~片儿/puo⁵⁵ ~弱｜剥 pau³⁵ ~皮儿/puo³⁵ ~削｜落 lau⁵¹ 日头~下去/la⁵¹ ~下/lɤ⁵¹ 树叶~了｜恶 nau²¹³ ~心想吐/nɤ³⁵ ~心：脏/nɤ⁵¹ 善~｜弱 ʐau⁵¹ 身子~/ʐuo⁵¹ 强~｜壳 tɕʰiau⁵¹ 地~儿/kʰɤ³⁵ 贝~儿｜雀 tɕʰiau²¹³ 家~儿/tɕʰiau³⁵ ~斑/tɕʰye⁵¹ 孔~｜角 tɕiau²¹³ 牛~/tɕye⁵⁵ 主~儿｜学 ɕiau⁵⁵ 上~/ɕye⁵⁵ ~习｜削 ɕiau³⁵ ~皮儿/ɕye³⁵ 剥~｜约 iau³⁵ ~重/ye³⁵ ~会。其中"落"有 a 韵的白读形式。

曾开一入声字韵母白读 ei 韵，文读 ɤ 韵或 ai，例如：得 tei²¹³ ~走了/tɤ⁵⁵ ~到｜塞 sei³⁵ ~住/sai³⁵ 瓶~儿；~住｜刻 kʰei²¹³ 午时三~/kʰɤ⁵¹ ~字；个别白读 i 韵，文读 uo 韵，例如：墨 mi⁵¹/muo⁵¹。

梗开二知组、曾开三庄组入声字韵母白读 ai 韵，文读 ɤ 韵。例如：择 tʂai⁵⁵ ~菜/tsɤ⁵⁵ 选~｜侧 tʂai³⁵ ~歪/tsʰɤ⁵¹ ~面｜色 ʂai²¹³ 红~儿/sɤ⁵¹ ~弱。

梗开二见系入声字韵母白读 ie 韵，文读 ɤ 韵。例如：隔 tɕie⁵¹ ~壁儿/tɕie⁵⁵ ~条河/kɤ⁵⁵ ~离。

其他韵摄个别入声字的韵母也存在文白异读，如山合四白读 ie 韵，文读 ye 韵：血 ɕie²¹³ 流~/ɕye²¹³ ~压。

除入声字韵母外，有一些舒声字的韵母也存在文白异读的情况。例如：耕 tɕiŋ³⁵ ~地/kəŋ³⁵ 春~｜尾 i²¹³ ~巴/uei²¹³ ~随。

（三）声调

声调异读主要出现于入声字，一般情况下异读具有一定的词汇条件。例如：笔 pi²¹³ 铅~/pi⁵¹ ~直｜拨 puo³⁵ ~拉/puo⁵⁵ ~款｜劈 pʰi⁵⁵ 动词/pʰi²¹³ ~柴（名词）｜法 fa²¹³ 方~/fa⁵⁵ 没~儿｜踏 tʰa³⁵ ~实/tʰa⁵¹ ~步｜作 tsuo³⁵ ~死/tsuo⁵⁵ ~坊/tsuo⁵¹ 工~｜缩 suo³⁵ 伸~/suo⁵¹ ~水｜扎 tʂa³⁵ ~针/tʂa⁵⁵ 驻~｜摘 tʂai³⁵ ~花/tʂai⁵⁵ ~要｜插 tʂʰa³⁵ ~进去/tʂʰa²¹³ ~

空儿｜结 tɕie⁵⁵ 打~/tɕie³⁵ ~婚｜刷 ʂua³⁵ ~牙/ʂua⁵¹ ~白｜刮 kua³⁵ ~脸/kua²¹³ ~风｜谷 ku³⁵ ~子/ku²¹³ 稻~｜黑 xei³⁵ ~色/xei²¹³ ~豆。

以上所列文白异读有些不限于声母、韵母或声调的单一异读，而是存在声韵调两两结合或三者结合的异读情况：

声母和韵母异读：择 tʂai⁵⁵/tsɤ⁵⁵｜耕 tɕiŋ³⁵/kəŋ³⁵。

韵母和声调异读：雀 tɕʰiau²¹³/tɕʰiau³⁵/tɕʰye⁵¹｜角 tɕiau²¹³/tɕye⁵⁵｜得 tei²¹³/tɤ⁵⁵。

声韵调异读：壳 tɕʰiau⁵¹/kʰɤ⁵⁵｜隔 tɕie⁵¹/tɕie⁵⁵/kɤ⁵⁵｜侧 tʂai³⁵/tsʰɤ⁵¹｜色 ʂai²¹³/sɤ⁵¹。

三 其他异读

平谷老男还有一些异读，既不属于新老异读，也不好归入文白异读。

声母异读：撞 tʂʰuaŋ⁵¹/tʂuaŋ⁵¹。

韵母异读：淋 luən⁵⁵/lin⁵⁵｜暖 naŋ²¹³/nuan²¹³｜弄 nəŋ⁵¹/nuŋ⁵¹。

声调异读：防 faŋ⁵⁵ ~备/faŋ²¹³ 消~｜沉 tʂʰən⁵⁵ ~重/tʂʰən⁵¹ ~底。

伍 儿化

平谷方言 37 个韵母，除 ɚ 无儿化韵，uəŋ 在词汇中没有出现儿化韵，其他 35 个韵母都有对应的儿化韵，其中一些韵母的儿化韵有合并现象，35 个韵母共对应 20 个儿化韵。

表 22　　　　　　　　平谷方言儿化韵表

儿化韵	本韵	例词
ər	ɿ	刺儿 tsʰər⁵¹｜鸡子儿 tɕi³⁵tsər²¹³
	ʅ	三十儿 san³⁵ʂər⁵⁵｜侄儿 tʂər⁵⁵｜事儿 ʂər⁵¹
	ei	擦黑儿 tsʰa³⁵xər³⁵
	ən	底本儿 ti³⁵pər²¹³｜囟门儿 ɕiŋ⁵¹mər⁵⁵｜妯娌姐妹儿 tʂou⁵⁵li⁰tɕie²¹mər⁰｜串门儿 tʂuan⁵¹mər⁵⁵｜老爷们儿 lau²¹ie⁵⁵mər⁰｜洗脸盆儿 ɕi³⁵lian²¹pʰər⁵⁵｜一阵儿 i³⁵tsər⁵¹｜婶儿 ʂər²¹³｜相人儿 ɕiaŋ³⁵ʐər⁵⁵｜根儿 kər³⁵

续表

儿化韵	本韵	例词
iər	i	啥地儿 ʂa⁵⁵tiər⁵¹｜猪蹄儿 tʂu³⁵tʰiər⁵⁵｜肚脐儿 tu⁵¹tɕʰiər⁵⁵｜凉席儿 liaŋ⁵⁵ɕiər⁵⁵｜后尾儿 xou⁵¹iər²¹³
	in	今儿 tɕiər³⁵｜背心儿 pei⁵¹ɕiər³⁵
	iŋ	害喜病儿 xai⁵¹ɕi²¹piər⁵¹｜瓶儿 pʰiər⁵⁵｜明儿 miər⁵⁵｜打鸣儿 ta²¹miər⁵⁵｜杏儿 ɕiər⁵¹｜银杏儿 in⁵⁵ɕiər⁵¹
uər	uei	裤腿儿 kʰu⁵¹tʰuər²¹³｜亲嘴儿 tɕʰin³⁵tsuər²¹³｜味儿 uər⁵¹
	uən	农村儿 nəŋ⁵⁵tsʰuər³⁵｜冰棍儿 piŋ³⁵kuər⁵¹｜光棍儿 kuaŋ³⁵kuər⁵¹
yər	y	闺女儿 kuei³⁵nyər⁰
	yn	花裙儿 xua³⁵tɕʰyər⁵⁵
	yŋ	小熊儿 ɕiau²¹ɕyər⁵⁵｜蚕蛹儿 tsʰan⁵⁵yər²¹⁴
ɐr	ai	口袋儿 kʰou²¹tɐr⁵¹｜盖儿 kɐr⁵¹｜小孩儿 ɕiau²¹xɐr⁵⁵
	an	床单儿 tʂʰuaŋ⁵⁵tɐr³⁵｜猪肝儿 tʂu³⁵kɐr³⁵｜菜干儿 tsʰai⁵¹kɐr³⁵｜门槛儿 mən⁵⁵kʰɐr²¹³
iɐr	ian	左边儿 tsuo²¹piɐr³⁵｜随便儿 suei⁵⁵piɐr⁵¹｜差点儿 tʂʰa⁵¹tiɐr²¹³｜天儿 tʰiɐr³⁵｜聊天儿 liau⁵⁵tʰiɐr³⁵｜尖儿椒 tɕiɐr³⁵tɕiau³⁵｜跟前儿 kən³⁵tɕʰiɐr²¹³｜馅儿 ɕiɐr⁵¹｜眼儿 iɐr⁵¹｜河沿儿 xɤ⁵⁵iɐr⁵¹
uɐr	uai	一块儿 i³⁵kʰuɐr⁵¹
	uan	新郎官儿 ɕin³⁵laŋ⁵⁵kuɐr³⁵｜饭馆儿 fan⁵¹kuɐr²¹³｜玩儿 uɐr⁵⁵
yɐr	yan	烟卷儿 ian³⁵tɕyɐr²¹³
ɑr	a	把儿 pɑr⁵¹｜手帕儿 ʂou²¹pʰɑr⁵¹｜变戏法儿 pian⁵¹ɕi⁵¹fɑr²¹³｜那儿 nɑr⁵¹｜裤衩儿 kʰu⁵¹tʂʰɑr²¹³
	aŋ	电棒儿 tian⁵¹pɑr⁵¹｜肩膀儿 tɕian³⁵pɑr²¹³
iɑr	ia	买卖家儿 mai²¹mai⁰tɕiɑr³⁵｜一下儿 i³⁵ɕiɑr⁵¹
	iaŋ	老娘们儿 lau²¹niɑr⁵⁵mər⁰｜着凉儿 tʂau⁵⁵liɑr⁵⁵｜长相儿 tʂaŋ²¹ɕiɑr⁵¹｜啥样儿 ʂa⁵⁵iɑr⁵¹

续表

儿化韵	本韵	例词
uɑr	ua	花儿 xuɑr³⁵｜梅花儿 mei⁵⁵xuɑr³⁵｜连环画儿 lian⁵⁵xuan⁵⁵xuɑr⁵¹｜猪爪儿 tʂu³⁵tʂuɑr²¹³
	uaŋ	庄儿 tʂuar³⁵
ur	u	买卖铺儿 mai²¹mai⁰pʰur⁵¹｜妹夫儿 mei⁵¹fur⁰｜眼珠儿 ian²¹tʂur³⁵｜小猪儿 ɕiau²¹tʂur³⁵｜拢梳儿 luŋ²¹ʂur³⁵｜二胡儿 ɚ⁵¹xur⁵⁵｜端午儿 tan³⁵ur²¹³｜屋 ur³⁵
ɤr	ɤ	折儿 tʂɤr⁵⁵｜小推车儿 ɕiau²¹tʰuei³⁵tʂʰɤr³⁵｜唱歌儿 tʂʰaŋ⁵¹kɤr³⁵｜一个儿 i⁵⁵kɤr⁵¹｜老骡儿 lau²¹kʰɤr³⁵
	əŋ	起灯儿 tɕʰi²¹tɤr³⁵｜绳儿 ʂɤr⁵⁵｜田埂儿 tʰian⁵⁵kɤr²¹³｜水坑儿 ʂuei²¹kʰɤr³⁵
uor	uo	围脖儿 uei⁵⁵puor⁵⁵｜这坨儿 tʂei⁵¹tʰuor⁵⁵｜水果儿 ʂuei³⁵kuor²¹³｜罗锅儿 luo⁵⁵kuor³⁵｜做活儿 tsou⁵¹xuor⁵⁵｜大伙儿 ta⁵¹xuor²¹³
	uŋ	小虫儿 ɕiau²¹tʂʰuor⁵⁵
iɛr	ie	蝴蝶儿 xu⁵⁵tʰiɛr²¹³｜窑姐儿 iau⁵⁵tɕiɛr²¹³｜街儿 tɕiɛr³⁵｜这歇儿 tʂɤ⁵¹ɕiɛr⁰｜叶儿 iɛr⁵¹｜老爷儿 lau²¹iɛr⁵⁵
yɛr	ye	正月儿 tʂəŋ³⁵yɛr⁵¹｜腊月儿 la⁵¹yɛr⁰｜满月儿 man²¹yɛr⁵¹
aur	au	藏猫儿 tsʰaŋ⁵⁵maur³⁵｜道儿 taur⁵¹｜过道儿 kuo⁵¹taur⁵⁵｜桃儿 tʰaur⁵⁵｜后老儿 xou⁵¹laur²¹³｜枣儿 tsaur²¹³｜勺儿 ʂaur⁵⁵｜外号儿 uai⁵¹xaur⁵¹
iaur	iau	担儿挑儿 tɛr⁵¹tʰiaur³⁵｜面条儿 mian⁵¹tʰiaur⁵⁵｜鸟儿 niaur²¹³｜末了儿 muo⁵¹liaur²¹³｜角儿 tɕiaur²¹³｜家雀儿 tɕia³⁵tɕʰiaur²¹³
our	ou	土豆儿 tʰu²¹tour⁵¹｜年头儿 nian⁵⁵tʰour⁵⁵｜小偷儿 ɕiau²¹tʰour³⁵｜茅楼儿 mau⁵⁵lour⁵⁵｜小河沟儿 ɕiau²¹xɤ⁵⁵kour³⁵｜时候儿 ʂʅ⁵⁵xour⁰｜猴儿 xour⁵⁵｜后儿 xour⁵¹
iour	iou	石榴儿 ʂʅ⁵⁵liour⁰

平谷儿化韵有以下情况需要说明：

（1） ɑr、iɑr、uɑr 三韵中 ɑr 实际音值为 ʌr。

（2） 个别词语中儿化韵不符合规律。例如：

媳妇儿 ɕi²¹ fər⁰：妇，u 韵，按规律儿化韵应为 ur。娶媳妇儿 tɕʰy³⁵ ɕi²¹ fər⁰、新媳妇儿 ɕin³⁵ ɕi²¹ fər⁰、兄弟媳妇儿 ɕyŋ⁵⁵ ti⁰ ɕi²¹ fər⁰、儿媳妇儿 ɚ⁵⁵ ɕi²¹ fər⁰ 都是如此。

双傍儿 ʂuaŋ⁵¹ pər⁰：傍，aŋ 韵，按规律儿化韵应为 ɑr。

毽儿 tɕʰyɐr⁵¹：毽，ian 韵，按规律儿化韵应为 iɐr。

当间儿 taŋ³⁵ tɕiɑr⁵¹：间，ian 韵，按规律儿化韵应为 iɐr。

对过儿 tuei⁵¹ kɤr⁵¹：过，uo 韵，按规律儿化韵应为 uor。

缝儿 fuor⁵¹：缝，əŋ 韵，按规律儿化韵应为 ɤr。

陆　其他主要音变

平谷方言存在不成系统的轻声变韵现象。

（1） 韵母央化。例如：半前~晌，后~晌 mən⁰ | 瘩疙~ tə⁰。

（2） 单韵母化。例如：嗽咳~ su⁰。

（3） a、ua 韵变为 uo 韵。例如：蟆蛤~ muo⁰ | 鸹老~：乌鸦 kuo⁰。

（4） ia 韵变为 iou 韵。例如：甲指~ tɕiou⁰。

（5） uo 韵变为 ou 韵。例如：朵花儿骨~儿 tour⁰。

还存在个别由轻声引起的声母变化。例如：半前~晌，后~晌 mən⁰。

第二章　字音对照

本章说明：

（1）列表展示 11 个调查点的 1000 个单字音。

（2）每表横排字目，竖排调查点。

（3）字目以《中国语言资源调查手册·汉语方言》"二 单字（方言老男）"为序。字目列出中古音，如"多"字下列"果开一平歌端"（"果开一"和"平歌端"分行）。

（4）调查点的排列与"第一章 各地音系"的先后顺序一致，具体说明参见本卷概述"三 编排方式"。

（5）释例比较简单的，直接以小字列在表中音标之后；释例比较复杂的，以附注的形式列在本章所有表格的最后。

	0001 多	0002 拖	0003 大~小	0004 锣	0005 左	0006 歌	0007 个	0008 可
	果开一平歌端	果开一平歌透	果开一去箇定	果开一平歌来	果开一上哿精	果开一平歌见	果开一去箇见	果开一上哿溪
西城	tuo⁵⁵	tʰuo⁵⁵	ta⁵¹	luo³⁵	tsuo²¹⁴	kɤ⁵⁵	kɤ⁵¹	kʰɤ²¹⁴
通州	tuo⁵⁵	tʰuo⁵⁵	ta⁵¹	luo³⁵	tsuo²¹⁴	kɤ⁵⁵	kɤ⁵¹	kʰɤ²¹⁴
大兴	tuo⁵⁵	tʰuo⁵⁵	ta⁵¹	luo³⁵	tsuo²¹⁴	kɤ⁵⁵	kɤ⁵¹	kʰɤ²¹⁴
房山	tuo⁵⁵	tʰuo⁵⁵	ta⁵¹	luo³⁵	tsuo²¹⁴	kɤ⁵⁵	kɤ⁵¹	kʰɤ²¹⁴
门头沟	tuo⁵⁵	tʰuo⁵⁵	ta⁵¹	luo³⁵	tsuo²¹⁴	kɤ⁵⁵	kɤ⁵¹	kʰɤ²¹⁴
昌平	tuo⁵⁵	tʰuo⁵⁵	ta⁵¹	luo³⁵	tsuo²¹⁴	kɤ⁵⁵	kɤ⁵¹	kʰɤ²¹⁴
怀柔	tuo⁵⁵	tʰuo⁵⁵	ta⁵¹	luo³⁵	tsuo²¹⁴	kə⁵⁵	kə⁵¹	kʰə²¹⁴
密云	tuo⁵⁵	tʰuo⁵⁵	ta⁵¹	luo³⁵	tsuo²¹³	kɤ⁵⁵	kɤ⁵¹	kʰɤ²¹³
顺义	tuo⁵⁵	tʰuo⁵⁵	ta⁵¹	luo³⁵	tsuo²¹⁴	kɤ⁵⁵	kɤ⁵¹	kʰɤ²¹⁴
延庆	tuo⁴²	tʰuo⁴²	ta⁵³	luo⁵⁵	tsuo²¹⁴	kɤ⁴²	kɤ⁵³	kʰɤ²¹⁴
平谷	tuo³⁵	tʰuo³⁵	ta⁵¹	luo⁵⁵	tsuo²¹³	kɤ³⁵	kɤ⁵¹	kʰɤ²¹³

	0009 鹅	0010 饿	0011 河	0012 茄	0013 破	0014 婆	0015 磨动	0016 磨名
	果开一平歌疑	果开一去箇疑	果开一平歌匣	果开三平戈群	果合一去过滂	果合一平戈並	果合一平戈明	果合一去过明
西城	ɣ³⁵	ɣ⁵¹	xɣ³⁵	tɕʰie³⁵	pʰo⁵¹	pʰo³⁵	mo³⁵	mo⁵¹
通州	ɣ³⁵	ɣ⁵¹	xɣ³⁵	tɕʰie³⁵	pʰo⁵¹	pʰo³⁵	mo³⁵	mo⁵¹
大兴	ŋɣ³⁵	ŋɣ⁵¹	xɣ³⁵	tɕʰie³⁵	pʰo⁵¹	pʰo³⁵	mo³⁵	mo⁵¹
房山	ŋɣ³⁵	ŋɣ⁵¹	xɣ³⁵	tɕʰie³⁵	pʰo⁵¹	pʰo³⁵	mo³⁵ ~刀 mo⁵¹ ~面	mo⁵¹
门头沟	ŋɣ³⁵	ŋɣ⁵¹	xɣ³⁵	tɕʰie³⁵	pʰo⁵¹	pʰo³⁵	mo³⁵	mo⁵¹
昌平	ɣ³⁵	ɣ⁵¹	xɣ³⁵	tɕʰie³⁵	pʰo⁵¹	pʰo³⁵	mo³⁵	mo⁵¹
怀柔	nə³⁵ 老 ə³⁵ 新	ə⁵¹	xə³⁵	tɕʰie³⁵	pʰo⁵¹	pʰo³⁵	mo³⁵	mo⁵¹
密云	ɣ³⁵	ɣ⁵¹	xɣ³⁵	tɕʰie³⁵	pʰo⁵¹	pʰo³⁵	mo³⁵	mo⁵¹
顺义	ɣ³⁵	ɣ⁵¹	xɣ³⁵	tɕʰie³⁵	pʰo⁵¹	pʰo³⁵	mo³⁵	mo⁵¹
延庆	ŋɣ⁵⁵	ŋɣ⁵³	xɣ⁵⁵	tɕʰie⁵⁵	pʰɣ⁵³	pʰɣ⁵⁵	mɣ⁵⁵	mɣ⁵³
平谷	nɣ⁵⁵	nɣ⁵¹ 老 ɣ⁵¹ 新	xɣ⁵⁵	tɕʰie⁵⁵	pʰuo⁵¹	pʰuo⁵⁵	muo⁵⁵	muo⁵¹

	0017 躲	0018 螺	0019 坐	0020 锁	0021 果	0022 过~来	0023 课	0024 火
	果合一上果端	果合一平戈来	果合一上果从	果合一上果心	果合一上果见	果合一去过见	果合一去过溪	果合一上果晓
西城	tuo²¹⁴	luo³⁵	tsuo⁵¹	suo²¹⁴	kuo²¹⁴	kuo⁵¹	kʰɣ⁵¹	xuo²¹⁴
通州	tuo²¹⁴	luo³⁵	tsuo⁵¹	suo²¹⁴	kuo²¹⁴	kuo⁵¹	kʰɣ⁵¹	xuo²¹⁴
大兴	tuo²¹⁴	luo³⁵	tsuo⁵¹	suo²¹⁴	kuo²¹⁴	kuo⁵¹	kʰɣ⁵¹	xuo²¹⁴
房山	tuo²¹⁴	luo³⁵	tsuo⁵¹	suo²¹⁴	kuo²¹⁴	kuo⁵¹	kʰɣ⁵¹	xuo²¹⁴
门头沟	tuo²¹⁴	luo³⁵	tsuo⁵¹	suo²¹⁴	kuo²¹⁴	kuo⁵¹	kʰɣ⁵¹	xuo²¹⁴
昌平	tuo²¹⁴	luo³⁵	tsuo⁵¹	suo²¹⁴	kuo²¹⁴	kuo⁵¹	kʰɣ⁵¹	xuo²¹⁴
怀柔	tuo²¹⁴	luo³⁵	tsuo⁵¹	suo²¹⁴	kuo²¹⁴	kuo⁵¹	kʰə⁵¹	xuo²¹⁴
密云	tuo²¹³	luo³⁵	tsuo⁵¹	suo²¹³	kuo²¹³	kuo⁵¹	kʰɣ⁵¹	xuo²¹³
顺义	tuo²¹⁴	luo³⁵	tsuo⁵¹	suo²¹⁴	kuo²¹⁴	kuo⁵¹	kʰɣ⁵¹	xuo²¹⁴
延庆	tuo²¹⁴	luo⁵⁵	tsuo⁵³	suo²¹⁴	kuo²¹⁴	kuo⁵³	kʰɣ⁵³	xuo²¹⁴
平谷	tuo²¹³	luo⁵⁵	tsuo⁵¹	suo²¹³	kuo²¹³	kuo⁵¹	kʰɣ⁵¹	xuo²¹³

	0025 货	0026 祸	0027 靴	0028 把量	0029 爬	0030 马	0031 骂	0032 茶
	果合一 去过晓	果合一 上果匣	果合三 平戈晓	假开二 上麻帮	假开二 平麻並	假开二 上马明	假开二 去祃明	假开二 平麻澄
西城	xuo⁵¹	xuo⁵¹	ɕye⁵⁵	pa²¹⁴	pʰa³⁵	ma²¹⁴	ma⁵¹	tʂʰa³⁵
通州	xuo⁵¹	xuo⁵¹	ɕye⁵⁵	pa²¹⁴	pʰa³⁵	ma²¹⁴	ma⁵¹	tʂʰa³⁵
大兴	xuo⁵¹	xuo⁵¹	ɕye⁵⁵	pa²¹⁴	pʰa³⁵	ma²¹⁴	ma⁵¹	tʂʰa³⁵
房山	xuo⁵¹	xuo⁵¹	ɕye⁵⁵	pa²¹⁴	pʰa³⁵	ma²¹⁴	ma⁵¹	tʂʰa³⁵
门头沟	xuo⁵¹	xuo⁵¹	ɕye⁵⁵	pa²¹⁴	pʰa³⁵	ma²¹⁴	ma⁵¹	tʂʰa³⁵
昌平	xuo⁵¹	xuo⁵¹	ɕye⁵⁵	pa²¹⁴	pʰa³⁵	ma²¹⁴	ma⁵¹	tʂʰa³⁵
怀柔	xuo⁵¹	xuo⁵¹	ɕye⁵⁵	pa²¹⁴	pʰa³⁵	ma²¹⁴	ma⁵¹	tʂʰa³⁵
密云	xuo⁵¹	xuo⁵¹	ɕye⁵⁵	pa²¹³	pʰa³⁵	ma²¹³	ma⁵¹	tʂʰa³⁵
顺义	xuo⁵¹	xuo⁵¹	ɕye⁵⁵	pa²¹⁴	pʰa³⁵	ma²¹⁴	ma⁵¹	tʂʰa³⁵
延庆	xuo⁵³	xuo⁵³	ɕye⁴²	pa²¹⁴	pʰa⁵⁵	ma²¹⁴	ma⁵³	tʂʰa⁵⁵
平谷	xuo⁵¹	xuo⁵¹	ɕye³⁵	pa²¹³	pʰa⁵⁵	ma²¹³	ma⁵¹	tʂʰa⁵⁵

	0033 沙	0034 假真~	0035 嫁	0036 牙	0037 虾	0038 下方位	0039 夏春~	0040 哑
	假开二 平麻生	假开二 上马见	假开二 去祃见	假开二 平麻疑	假开二 平麻晓	假开二 上马匣	假开二 去祃匣	假开二 上马影
西城	ʂa⁵⁵	tɕia²¹⁴	tɕia⁵¹	ia³⁵	ɕia⁵⁵	ɕia⁵¹	ɕia⁵¹	ia²¹⁴
通州	ʂa⁵⁵	tɕia²¹⁴	tɕia⁵¹	ia³⁵	ɕia⁵⁵	ɕia⁵¹	ɕia⁵¹	ia²¹⁴
大兴	ʂa⁵⁵	tɕia²¹⁴	tɕia⁵¹	ia³⁵	ɕia⁵⁵	ɕia⁵¹	ɕia⁵¹	ia²¹⁴
房山	ʂa⁵⁵	tɕia²¹⁴	tɕia⁵¹	ia³⁵	ɕia⁵⁵	ɕia⁵¹	ɕia⁵¹	ia²¹⁴
门头沟	ʂa⁵⁵	tɕia²¹⁴	tɕia⁵¹	ia³⁵	ɕia⁵⁵	ɕia⁵¹	ɕia⁵¹	ia²¹⁴
昌平	ʂa⁵⁵	tɕia²¹⁴	tɕia⁵¹	ia³⁵	ɕia⁵⁵	ɕia⁵¹	ɕia⁵¹	ia²¹⁴
怀柔	ʂa⁵⁵	tɕia²¹⁴	tɕia⁵¹	ia³⁵	ɕia⁵⁵	ɕia⁵¹	ɕia⁵¹	ia²¹⁴
密云	ʂa⁵⁵	tɕia²¹³	tɕia⁵¹	ia³⁵	ɕia⁵⁵	ɕia⁵¹	ɕia⁵¹	ia²¹³
顺义	ʂa⁵⁵	tɕia²¹⁴	tɕia⁵¹	ia³⁵	ɕia⁵⁵	ɕia⁵¹	ɕia⁵¹	ia²¹⁴
延庆	ʂa⁴²	tɕia²¹⁴	tɕia⁵³	ia⁵⁵	ɕia⁴²	ɕia⁵³	ɕia⁵³	ia²¹⁴
平谷	ʂa³⁵	tɕia²¹³	tɕia⁵¹	ia⁵⁵	ɕia³⁵	ɕia⁵¹	ɕia⁵¹	ia²¹³

	0041 姐	0042 借	0043 写	0044 斜	0045 谢	0046 车~辆	0047 蛇	0048 射
	假开三上马精	假开三去祃精	假开三上马心	假开三平麻邪	假开三去祃邪	假开三平麻昌	假开三平麻船	假开三去祃船
西城	tɕie²¹⁴	tɕie⁵¹	ɕie²¹⁴	ɕie³⁵	ɕie⁵¹	tʂʰɤ⁵⁵	ʂɤ³⁵	ʂɤ⁵¹
通州	tɕie²¹⁴	tɕie⁵¹	ɕie²¹⁴	ɕie³⁵	ɕie⁵¹	tʂʰɤ⁵⁵	ʂɤ³⁵	ʂɤ⁵¹
大兴	tɕie²¹⁴	tɕie⁵¹	ɕie²¹⁴	ɕie³⁵	ɕie⁵¹	tʂʰɤ⁵⁵	ʂɤ³⁵	ʂɤ⁵¹
房山	tɕie²¹⁴	tɕie⁵¹	ɕie²¹⁴	ɕie³⁵	ɕie⁵¹	tʂʰɤ⁵⁵	ʂɤ³⁵	ʂɤ⁵¹
门头沟	tɕie²¹⁴	tɕie⁵¹	ɕie²¹⁴	ɕie³⁵	ɕie⁵¹	tʂʰɤ⁵⁵	ʂɤ³⁵	ʂɤ⁵¹
昌平	tɕie²¹⁴	tɕie⁵¹	ɕie²¹⁴	ɕie³⁵	ɕie⁵¹	tʂʰɤ⁵⁵	ʂɤ³⁵	ʂɤ⁵¹
怀柔	tɕie²¹⁴	tɕie⁵¹	ɕie²¹⁴	ɕie³⁵	ɕie⁵¹	tʂʰə⁵⁵	ʂə³⁵	ʂə⁵¹
密云	tɕie²¹³	tɕie⁵¹	ɕie²¹³	ɕie³⁵	ɕie⁵¹	tʂʰɤ⁵⁵	ʂɤ³⁵	ʂɤ⁵¹
顺义	tɕie²¹⁴	tɕie⁵¹	ɕie²¹⁴	ɕie³⁵	ɕie⁵¹	tʂʰɤ⁵⁵	ʂɤ³⁵	ʂɤ⁵¹
延庆	tɕie²¹⁴	tɕie⁵³	ɕie²¹⁴	ɕie⁵⁵	ɕie⁵³	tʂʰɤ⁴²	ʂɤ⁵⁵	ʂɤ⁵³
平谷	tɕie²¹³	tɕie⁵¹	ɕie²¹³	ɕie⁵⁵	ɕie⁵¹	tʂʰɤ³⁵	ʂɤ⁵⁵	ʂɤ⁵¹

	0049 爷	0050 野	0051 夜	0052 瓜	0053 瓦名	0054 花	0055 化	0056 华中~
	假开三平麻以	假开三上马以	假开三去祃以	假合二平麻见	假合二上马疑	假合二平麻晓	假合二去祃晓	假合二平麻匣
西城	ie³⁵	ie²¹⁴	ie⁵¹	kua⁵⁵	ua²¹⁴	xua⁵⁵	xua⁵¹	xua³⁵
通州	ie³⁵	ie²¹⁴	ie⁵¹	kua⁵⁵	ua²¹⁴	xua⁵⁵	xua⁵¹	xua³⁵
大兴	ie³⁵	ie²¹⁴	ie⁵¹	kua⁵⁵	ua²¹⁴	xua⁵⁵	xua⁵¹	xua³⁵
房山	ie³⁵	ie²¹⁴	ie⁵¹	kua⁵⁵	ua²¹⁴	xua⁵⁵	xua⁵¹	xua³⁵
门头沟	ie³⁵	ie²¹⁴	ie⁵¹	kua⁵⁵	ua²¹⁴	xua⁵⁵	xua⁵¹	xua³⁵
昌平	ie³⁵	ie²¹⁴	ie⁵¹	kua⁵⁵	ua²¹⁴	xua⁵⁵	xua⁵¹	xua³⁵
怀柔	ie³⁵	ie²¹⁴	ie⁵¹	kua⁵⁵	ua²¹⁴	xua⁵⁵	xua⁵¹	xua³⁵
密云	ie³⁵	ie²¹³	ie⁵¹	kua⁵⁵	ua²¹³	xua⁵⁵	xua⁵¹	xua³⁵
顺义	ie³⁵	ie²¹⁴	ie⁵¹	kua⁵⁵	ua²¹⁴	xua⁵⁵	xua⁵¹	xua³⁵
延庆	ie⁵⁵	ie²¹⁴	ie⁵³	kua⁴²	va²¹⁴	xua⁴²	xua⁵³	xua⁵⁵
平谷	ie⁵⁵	ie²¹³	ie⁵¹	kua³⁵	ua²¹³	xua³⁵	xua⁵¹	xua⁵⁵

第二章　字音对照

	0057 谱家~	0058 布	0059 铺动	0060 簿	0061 步	0062 赌	0063 土	0064 图
	遇合一上姥帮	遇合一去暮帮	遇合一平模滂	遇合一上姥並	遇合一去暮並	遇合一上姥端	遇合一上姥透	遇合一平模定
西城	p^hu^{214}	pu^{51}	p^hu^{55}	pu^{51}	pu^{51}	tu^{214}	t^hu^{214}	t^hu^{35}
通州	p^hu^{214}	pu^{51}	p^hu^{55}	pu^{51}	pu^{51}	tu^{214}	t^hu^{214}	t^hu^{35}
大兴	p^hu^{214}	pu^{51}	p^hu^{55}	pu^{51}	pu^{51}	tu^{214}	t^hu^{214}	t^hu^{35}
房山	p^hu^{214}	pu^{51}	p^hu^{55}	（无）	pu^{51}	tu^{214}	t^hu^{214}	t^hu^{35}
门头沟	p^hu^{214}	pu^{51}	p^hu^{55}	pu^{51}	pu^{51}	tu^{214}	t^hu^{214}	t^hu^{35}
昌平	p^hu^{214}	pu^{51}	p^hu^{55}	pu^{51}	pu^{51}	tu^{214}	t^hu^{214}	t^hu^{35}
怀柔	p^hu^{214}	pu^{51}	p^hu^{55}	pu^{51}	pu^{51}	tu^{214}	t^hu^{214}	t^hu^{35}
密云	p^hu^{213}	pu^{51}	p^hu^{55}	（无）	pu^{51}	tu^{213}	t^hu^{213}	t^hu^{35}
顺义	p^hu^{214}	pu^{51}	p^hu^{55}	pu^{51}	pu^{51}	tu^{214}	t^hu^{214}	t^hu^{35}
延庆	p^hu^{214}	pu^{53}	p^hu^{42}	pu^{53}	pu^{53}	tu^{214}	t^hu^{214}	t^hu^{55}
平谷	p^hu^{213}	pu^{51}	p^hu^{35}	pu^{51}	pu^{51}	tu^{213}	t^hu^{213}	t^hu^{55}

	0065 杜	0066 奴	0067 路	0068 租	0069 做	0070 错对~	0071 箍~桶	0072 古
	遇合一上姥定	遇合一平模泥	遇合一去暮来	遇合一平模精	遇合一去暮精	遇合一去暮清	遇合一平模见	遇合一上姥见
西城	tu^{51}	nu^{35}	lu^{51}	tsu^{55}	$tsuo^{51}$	ts^huo^{51}	ku^{55}	ku^{214}
通州	tu^{51}	nu^{35}	lu^{51}	tsu^{55}	$tsuo^{51}$	ts^huo^{51}	ku^{55}	ku^{214}
大兴	tu^{51}	nu^{35}	lu^{51}	tsu^{55}	$tsuo^{51}$	ts^huo^{51}	ku^{55}	ku^{214}
房山	tu^{51}	nu^{35}	lu^{51}	tsu^{55}	$tsuo^{51}$	ts^huo^{51}	ku^{55}	ku^{214}
门头沟	tu^{51}	nu^{35}	lu^{51}	tsu^{55}	$tsuo^{51}$	ts^huo^{51}	ku^{55}	ku^{214}
昌平	tu^{51}	nu^{35}	lu^{51}	tsu^{55}	$tsuo^{51}$	ts^huo^{51}	ku^{55}	ku^{214}
怀柔	tu^{51}	nu^{35}	lu^{51}	tsu^{55}	$tsuo^{51}$	ts^huo^{51}	ku^{55}	ku^{214}
密云	tu^{51}	nu^{35}	lu^{51}	tsu^{55}	$tsuo^{51}$	ts^huo^{51}	ku^{55}	ku^{213}
顺义	tu^{51}	nu^{35}	lu^{51}	tsu^{55}	$tsuo^{51}$	ts^huo^{51}	ku^{55}	ku^{214}
延庆	tu^{53}	nu^{55}	lu^{53}	tsu^{42}	$tsou^{53}$白 $tsuo^{53}$文	ts^huo^{53}	ku^{42}	ku^{214}
平谷	tu^{51}	nu^{55}	lu^{51}	tsu^{35}	$tsou^{51}$白 $tsuo^{51}$文	ts^huo^{51}	ku^{35}	ku^{213}

	0073 苦	0074 裤	0075 吴	0076 五	0077 虎	0078 壶	0079 户	0080 乌
	遇合一上姥溪	遇合一去暮溪	遇合一平模疑	遇合一上姥疑	遇合一上姥晓	遇合一平模匣	遇合一上姥匣	遇合一平模影
西城	kʰu²¹⁴	kʰu⁵¹	u³⁵	u²¹⁴	xu²¹⁴	xu³⁵	xu⁵¹	u⁵⁵
通州	kʰu²¹⁴	kʰu⁵¹	u³⁵	u²¹⁴	xu²¹⁴	xu³⁵	xu⁵¹	u⁵⁵
大兴	kʰu²¹⁴	kʰu⁵¹	u³⁵	u²¹⁴	xu²¹⁴	xu³⁵	xu⁵¹	u⁵⁵
房山	kʰu²¹⁴	kʰu⁵¹	u³⁵	u²¹⁴	xu²¹⁴	xu³⁵	xu⁵¹	u⁵⁵
门头沟	kʰu²¹⁴	kʰu⁵¹	u³⁵	u²¹⁴	xu²¹⁴	xu³⁵	xu⁵¹	u⁵⁵
昌平	kʰu²¹⁴	kʰu⁵¹	u³⁵	u²¹⁴	xu²¹⁴	xu³⁵	xu⁵¹	u⁵⁵
怀柔	kʰu²¹⁴	kʰu⁵¹	u³⁵	u²¹⁴	xu²¹⁴	xu³⁵	xu⁵¹	u⁵⁵
密云	kʰu²¹³	kʰu⁵¹	u³⁵	u²¹³	xu²¹³	xu³⁵	xu⁵¹	u⁵⁵
顺义	kʰu²¹⁴	kʰu⁵¹	u³⁵	u²¹⁴	xu²¹⁴	xu³⁵	xu⁵¹	u⁵⁵
延庆	kʰu²¹⁴	kʰu⁵³	u⁵⁵	u²¹⁴	xu²¹⁴	xu⁵⁵	xu⁵³	u⁴²
平谷	kʰu²¹³	kʰu⁵¹	u⁵⁵	u²¹³	xu²¹³	xu⁵⁵	xu⁵¹	u³⁵

	0081 女	0082 吕	0083 徐	0084 猪	0085 除	0086 初	0087 锄	0088 所
	遇合三上语泥	遇合三上语来	遇合三平鱼邪	遇合三平鱼知	遇合三平鱼澄	遇合三平鱼初	遇合三平鱼崇	遇合三上语生
西城	ny²¹⁴	ly²¹⁴	ɕy³⁵	tʂu⁵⁵	tʂʰu³⁵	tʂʰu⁵⁵	tʂʰu³⁵	suo²¹⁴
通州	ny²¹⁴	ly²¹⁴	ɕy³⁵	tʂu⁵⁵	tʂʰu³⁵	tʂʰu⁵⁵	tʂʰu³⁵	suo²¹⁴
大兴	ȵy²¹⁴	ly²¹⁴	ɕy³⁵	tʂu⁵⁵	tʂʰu³⁵	tʂʰu⁵⁵	tʂʰu³⁵	suo²¹⁴
房山	ny²¹⁴	ly²¹⁴	ɕy³⁵	tʂu⁵⁵	tʂʰu³⁵	tʂʰu⁵⁵	tʂʰu³⁵	suo²¹⁴
门头沟	ny²¹⁴	ly²¹⁴	ɕy³⁵	tʂu⁵⁵	tʂʰu³⁵	tʂʰu⁵⁵	tʂʰu³⁵	suo²¹⁴
昌平	ny²¹⁴	ly²¹⁴	ɕy³⁵	tʂu⁵⁵	tʂʰu³⁵	tʂʰu⁵⁵	tʂʰu³⁵	suo²¹⁴
怀柔	nuei²¹⁴老 / ny²¹⁴新	luei²¹⁴	ɕy³⁵	tʂu⁵⁵	tʂʰu³⁵	tʂʰu⁵⁵	tʂʰu³⁵	suo²¹⁴
密云	ȵy²¹³	luei²¹³	ɕy³⁵	tʂu⁵⁵	tʂʰu³⁵	tʂʰu⁵⁵	tʂʰu³⁵	suo²¹³
顺义	ny²¹⁴	ly²¹⁴	ɕy³⁵	tʂu⁵⁵	tʂʰu³⁵	tʂʰu⁵⁵	tʂʰu³⁵	suo²¹⁴
延庆	ȵy²¹⁴	ly²¹⁴	ɕy⁵⁵	tʂu⁴²	tʂʰu⁵⁵	tʂʰu⁴²	tʂʰu⁵⁵	suo²¹⁴
平谷	ny²¹³	luei²¹³	ɕy⁵⁵	tʂu³⁵	tʂʰu⁵⁵	tʂʰu³⁵	tʂʰu⁵⁵	suo²¹³

第二章 字音对照

	0089 书	0090 鼠	0091 如	0092 举	0093 锯名	0094 去	0095 渠~道	0096 鱼
	遇合三平鱼书	遇合三上语书	遇合三平鱼日	遇合三上语见	遇合三去御见	遇合三去御溪	遇合三平鱼群	遇合三平鱼疑
西城	ʂu⁵⁵	ʂu²¹⁴	ʐu³⁵	tɕy²¹⁴	tɕy⁵¹	tɕʰy⁵¹	tɕʰy³⁵	y³⁵
通州	ʂu⁵⁵	ʂu²¹⁴	ʐu³⁵	tɕy²¹⁴	tɕy⁵¹	tɕʰy⁵¹	tɕʰy³⁵	y³⁵
大兴	ʂu⁵⁵	ʂu²¹⁴	ʐu³⁵	tɕy²¹⁴	tɕy⁵¹	tɕʰy⁵¹	tɕʰy³⁵	y³⁵
房山	ʂu⁵⁵	ʂu²¹⁴	ʐu³⁵	tɕy²¹⁴	tɕy⁵¹	tɕʰy⁵¹	tɕʰy³⁵	y³⁵
门头沟	ʂu⁵⁵	ʂu²¹⁴	ʐu³⁵	tɕy²¹⁴	tɕy⁵¹	tɕʰy⁵¹	tɕʰy³⁵	y³⁵
昌平	ʂu⁵⁵	ʂu²¹⁴	ʐu³⁵	tɕy²¹⁴	tɕy⁵¹	tɕʰy⁵¹	tɕʰy³⁵	y³⁵
怀柔	ʂu⁵⁵	ʂu²¹⁴	ʐu³⁵	tɕy²¹⁴	tɕy⁵¹	tɕʰy⁵¹	tɕʰy³⁵	y³⁵
密云	ʂu⁵⁵	ʂu²¹³	ʐu³⁵	tɕy²¹³	tɕy⁵¹	tɕʰy⁵¹	tɕʰy³⁵	y³⁵
顺义	ʂu⁵⁵	ʂu²¹⁴	ʐu³⁵	tɕy²¹⁴	tɕy⁵¹	tɕʰy⁵¹	tɕʰy³⁵	y³⁵
延庆	ʂu⁴²	ʂu²¹⁴	ʐu⁵⁵	tɕy²¹⁴	tɕy⁵³	tɕʰy⁵³	tɕʰy⁵⁵	y⁵⁵
平谷	ʂu³⁵	ʂu²¹³	ʐu⁵⁵	tɕy²¹³	tɕy⁵¹	tɕʰy⁵¹	tɕʰy⁵⁵	y⁵⁵

	0097 许	0098 余 剩~,多~	0099 府	0100 付	0101 父	0102 武	0103 雾	0104 取
	遇合三上语晓	遇合三平鱼以	遇合三上麌非	遇合三去遇非	遇合三上麌奉	遇合三上麌微	遇合三去遇微	遇合三上麌清
西城	ɕy²¹⁴	y³⁵	fu²¹⁴	fu⁵¹	fu⁵¹	u²¹⁴	u⁵¹	tɕʰy²¹⁴
通州	ɕy²¹⁴	y³⁵	fu²¹⁴	fu⁵¹	fu⁵¹	u²¹⁴	u⁵¹	tɕʰy²¹⁴
大兴	ɕy²¹⁴	y³⁵	fu²¹⁴	fu⁵¹	fu⁵¹	u²¹⁴	u⁵¹	tɕʰy²¹⁴
房山	ɕy²¹⁴	y³⁵	fu²¹⁴	fu⁵¹	fu⁵¹	u²¹⁴	u⁵¹	tɕʰy²¹⁴
门头沟	ɕy²¹⁴	y³⁵	fu²¹⁴	fu⁵¹	fu⁵¹	u²¹⁴	u⁵¹	tɕʰy²¹⁴
昌平	ɕy²¹⁴	y³⁵	fu²¹⁴	fu⁵¹	fu⁵¹	u²¹⁴	u⁵¹	tɕʰy²¹⁴
怀柔	ɕy²¹⁴	y³⁵	fu²¹⁴	fu⁵¹	fu⁵¹	u²¹⁴	u⁵¹	tɕʰy²¹⁴
密云	ɕy²¹³	y³⁵	fu²¹³	fu⁵¹	fu⁵¹	u²¹³	u⁵¹	tɕʰy²¹³
顺义	ɕy²¹⁴	y³⁵	fu²¹⁴	fu⁵¹	fu⁵¹	u²¹⁴	u⁵¹	tɕʰy²¹⁴
延庆	ɕy²¹⁴	y⁵⁵	fu²¹⁴	fu⁵³	fu⁵³	u²¹⁴	u⁵³	tɕʰy²¹⁴
平谷	ɕy²¹³	y⁵⁵	fu²¹³	fu⁵¹	fu⁵¹	u²¹³	u⁵¹	tɕʰy²¹³

	0105 柱	0106 住	0107 数_动	0108 数_名	0109 主	0110 输	0111 竖	0112 树
	遇合三上虞澄	遇合三去遇澄	遇合三上虞生	遇合三去遇生	遇合三上虞章	遇合三平虞书	遇合三上虞禅	遇合三去遇禅
西城	tʂu⁵¹	tʂu⁵¹	ʂu²¹⁴	ʂu⁵¹	tʂu²¹⁴	ʂu⁵⁵	ʂu⁵¹	ʂu⁵¹
通州	tʂu⁵¹	tʂu⁵¹	ʂu²¹⁴	ʂu⁵¹	tʂu²¹⁴	ʂu⁵⁵	ʂu⁵¹	ʂu⁵¹
大兴	tʂu⁵¹	tʂu⁵¹	ʂu²¹⁴	ʂu⁵¹	tʂu²¹⁴	ʂu⁵⁵	ʂu⁵¹	ʂu⁵¹
房山	tʂu⁵¹	tʂu⁵¹	ʂu²¹⁴	ʂu⁵¹	tʂu²¹⁴	ʂu⁵⁵	ʂu⁵¹	ʂu⁵¹
门头沟	tʂu⁵¹	tʂu⁵¹	ʂu²¹⁴	ʂu⁵¹	tʂu²¹⁴	ʂu⁵⁵	ʂu⁵¹	ʂu⁵¹
昌平	tʂu⁵¹	tʂu⁵¹	ʂu²¹⁴	ʂu⁵¹	tʂu²¹⁴	ʂu⁵⁵	ʂu⁵¹	ʂu⁵¹
怀柔	tʂu⁵¹	tʂu⁵¹	ʂu²¹⁴	ʂu⁵¹	tʂu²¹⁴	ʂu⁵⁵	ʂu⁵¹	ʂu⁵¹
密云	tʂu⁵¹	tʂu⁵¹	ʂu²¹³	ʂu⁵¹	tʂu²¹³	ʂu⁵⁵	ʂu⁵¹	ʂu⁵¹
顺义	tʂu⁵¹	tʂu⁵¹	ʂu²¹⁴	ʂu⁵¹	tʂu²¹⁴	ʂu⁵⁵	ʂu⁵¹	ʂu⁵¹
延庆	tʂu⁵³	tʂu⁵³	ʂu²¹⁴	ʂu⁵³	tʂu²¹⁴	ʂu⁴²	ʂu⁵³	ʂu⁵³
平谷	tʂu⁵¹	tʂu⁵¹	ʂu²¹³	ʂu⁵¹	tʂu²¹³	ʂu³⁵	ʂu⁵¹	ʂu⁵¹

	0113 句	0114 区_地	0115 遇	0116 雨	0117 芋	0118 裕	0119 胎	0120 台_戏~
	遇合三去遇见	遇合三平虞溪	遇合三去遇疑	遇合三上虞云	遇合三去遇云	遇合三去遇以	蟹开一平咍透	蟹开一平咍定
西城	tɕy⁵¹	tɕʰy⁵⁵	y⁵¹	y²¹⁴	y⁵¹	y⁵¹	tʰai⁵⁵	tʰai³⁵
通州	tɕy⁵¹	tɕʰy⁵⁵	y⁵¹	y²¹⁴	y⁵¹	y⁵¹	tʰai⁵⁵	tʰai³⁵
大兴	tɕy⁵¹	tɕʰy⁵⁵	y⁵¹	y²¹⁴	y³⁵	y⁵¹	tʰai⁵⁵	tʰai³⁵
房山	tɕy⁵¹	tɕʰy⁵⁵	y⁵¹	y²¹⁴	y⁵¹	y⁵¹	tʰai⁵⁵	tʰai³⁵
门头沟	tɕy⁵¹	tɕʰy⁵⁵	y⁵¹	y²¹⁴	y⁵¹	y⁵¹	tʰai⁵⁵	tʰai³⁵
昌平	tɕy⁵¹	tɕʰy⁵⁵	y⁵¹	y²¹⁴	y⁵¹	y⁵¹	tʰai⁵⁵	tʰai³⁵
怀柔	tɕy⁵¹	tɕʰy⁵⁵	y⁵¹	y²¹⁴	y⁵¹	y⁵¹	tʰai⁵⁵	tʰai³⁵
密云	tɕy⁵¹	tɕʰy⁵⁵	y⁵¹	y²¹³	y⁵¹	y⁵¹	tʰai⁵⁵	tʰai³⁵
顺义	tɕy⁵¹	tɕʰy⁵⁵	y⁵¹	y²¹⁴	y⁵¹	y⁵¹	tʰai⁵⁵	tʰai³⁵
延庆	tɕy⁵³	tɕʰy⁴²	y⁵³	y²¹⁴	y⁵³	y⁵³	tʰai⁴²	tʰai⁵⁵
平谷	tɕy⁵¹	tɕʰy³⁵	y⁵¹	y²¹³	y⁵⁵	y⁵¹	tʰai³⁵	tʰai⁵⁵

	0121 袋	0122 来	0123 菜	0124 财	0125 该	0126 改	0127 开	0128 海
	蟹开一去代定	蟹开一平咍来	蟹开一去代清	蟹开一平咍从	蟹开一平咍见	蟹开一上海见	蟹开一平咍溪	蟹开一上海晓
西城	tai⁵¹	lai³⁵	tsʰai⁵¹	tsʰai³⁵	kai⁵⁵	kai²¹⁴	kʰai⁵⁵	xai²¹⁴
通州	tai⁵¹	lai³⁵	tsʰai⁵¹	tsʰai³⁵	kai⁵⁵	kai²¹⁴	kʰai⁵⁵	xai²¹⁴
大兴	tai⁵¹	lai³⁵	tsʰai⁵¹	tsʰai³⁵	kai⁵⁵	kai²¹⁴	kʰai⁵⁵	xai²¹⁴
房山	tai⁵¹	lai³⁵	tsʰai⁵¹	tsʰai³⁵	kai⁵⁵	kai²¹⁴	kʰai⁵⁵	xai²¹⁴
门头沟	tai⁵¹	lai³⁵	tsʰai⁵¹	tsʰai³⁵	kai⁵⁵	kai²¹⁴	kʰai⁵⁵	xai²¹⁴
昌平	tai⁵¹	lai³⁵	tsʰai⁵¹	tsʰai³⁵	kai⁵⁵	kai²¹⁴	kʰai⁵⁵	xai²¹⁴
怀柔	tai⁵¹	lai³⁵	tsʰai⁵¹	tsʰai³⁵	kai⁵⁵	kai²¹⁴	kʰai⁵⁵	xai²¹⁴
密云	tai⁵¹	lai³⁵	tsʰai⁵¹	tsʰai³⁵	kai⁵⁵	kai²¹³	kʰai⁵⁵	xai²¹³
顺义	tai⁵¹	lai³⁵	tsʰai⁵¹	tsʰai³⁵	kai⁵⁵	kai²¹⁴	kʰai⁵⁵	xai²¹⁴
延庆	tai⁵³	lai⁵⁵	tsʰai⁵³	tsʰai⁵⁵	kai⁴²	kai²¹⁴	kʰai⁴²	xai²¹⁴
平谷	tai⁵¹	lai⁵⁵	tsʰai⁵¹	tsʰai⁵⁵	kai³⁵	kai²¹³	kʰai³⁵	xai²¹³

	0129 爱	0130 贝	0131 带动	0132 盖动	0133 害	0134 拜	0135 排	0136 埋
	蟹开一去代影	蟹开一去代帮	蟹开一去泰端	蟹开一去泰见	蟹开一去泰匣	蟹开二去怪帮	蟹开二平皆并	蟹开二平皆明
西城	ai⁵¹	pei⁵¹	tai⁵¹	kai⁵¹	xai⁵¹	pai⁵¹	pʰai³⁵	mai³⁵
通州	ai⁵¹	pei⁵¹	tai⁵¹	kai⁵¹	xai⁵¹	pai⁵¹	pʰai³⁵	mai³⁵
大兴	ai⁵¹	pei⁵¹	tai⁵¹	kai⁵¹	xai⁵¹	pai⁵¹	pʰai³⁵	mai³⁵
房山	ŋai⁵¹	pei⁵¹	tai⁵¹	kai⁵¹	xai⁵¹	pai⁵¹	pʰai³⁵	mai³⁵
门头沟	ŋai⁵¹	pei⁵¹	tai⁵¹	kai⁵¹	xai⁵¹	pai⁵¹	pʰai³⁵	mai³⁵
昌平	ai⁵¹	pei⁵¹	tai⁵¹	kai⁵¹	xai⁵¹	pai⁵¹	pʰai³⁵	mai³⁵
怀柔	nai⁵¹老 ai⁵¹新	pei⁵¹	tai⁵¹	kai⁵¹	xai⁵¹	pai⁵¹	pʰai³⁵	mai³⁵
密云	ai⁵¹	pei⁵¹	tai⁵¹	kai⁵¹	xai⁵¹	pai⁵¹	pʰai³⁵	mai³⁵
顺义	ai⁵¹	pei⁵¹	tai⁵¹	kai⁵¹	xai⁵¹	pai⁵¹	pʰai³⁵	mai³⁵
延庆	ŋai⁵³	pei⁵³	tai⁵³	kai⁵³	xai⁵³	pai⁵³	pʰai⁵⁵	mai⁵⁵
平谷	nai⁵¹老 ai⁵¹新	pei⁵¹	tai⁵¹	kai⁵¹	xai⁵¹	pai⁵¹	pʰai⁵⁵	mai⁵⁵

	0137 戒	0138 摆	0139 派	0140 牌	0141 买	0142 卖	0143 柴	0144 晒
	蟹开二去怪见	蟹开二上蟹帮	蟹开二去卦滂	蟹开二平佳並	蟹开二上蟹明	蟹开二去卦明	蟹开二平佳崇	蟹开二去卦生
西城	tɕie⁵¹	pai²¹⁴	pʰai⁵¹	pʰai³⁵	mai²¹⁴	mai⁵¹	tʂʰai³⁵	ʂai⁵¹
通州	tɕie⁵¹	pai²¹⁴	pʰai⁵¹	pʰai³⁵	mai²¹⁴	mai⁵¹	tʂʰai³⁵	ʂai⁵¹
大兴	tɕie⁵¹	pai²¹⁴	pʰai⁵¹	pʰai³⁵	mai²¹⁴	mai⁵¹	tʂʰai³⁵	ʂai⁵¹
房山	tɕie⁵¹	pai²¹⁴	pʰai⁵¹	pʰai³⁵	mai²¹⁴	mai⁵¹	tʂʰai³⁵	ʂai⁵¹
门头沟	tɕie⁵¹	pai²¹⁴	pʰai⁵¹	pʰai³⁵	mai²¹⁴	mai⁵¹	tʂʰai³⁵	ʂai⁵¹
昌平	tɕie⁵¹	pai²¹⁴	pʰai⁵¹	pʰai³⁵	mai²¹⁴	mai⁵¹	tʂʰai³⁵	ʂai⁵¹
怀柔	tɕie⁵¹	pai²¹⁴	pʰai⁵¹	pʰai³⁵	mai²¹⁴	mai⁵¹	tʂʰai³⁵	ʂai⁵¹
密云	tɕie⁵¹	pai²¹³	pʰai⁵¹	pʰai³⁵	mai²¹³	mai⁵¹	tʂʰai³⁵	ʂai⁵¹
顺义	tɕie⁵¹	pai²¹⁴	pʰai⁵¹	pʰai³⁵	mai²¹⁴	mai⁵¹	tʂʰai³⁵	ʂai⁵¹
延庆	tɕiai⁵³	pai²¹⁴	pʰai⁵³	pʰai⁵⁵	mai²¹⁴	mai⁵³	tʂʰai⁵⁵	ʂai⁵³
平谷	tɕie⁵¹	pai²¹³	pʰai⁵¹	pʰai⁵⁵	mai²¹³	mai⁵¹	tʂʰai⁵⁵	ʂai⁵¹

	0145 街	0146 解~开	0147 鞋	0148 蟹	0149 矮	0150 败	0151 币	0152 制~造
	蟹开二平佳见	蟹开二上蟹见	蟹开二平佳匣	蟹开二上蟹匣	蟹开二上蟹影	蟹开二去夬並	蟹开三去祭並	蟹开三去祭章
西城	tɕie⁵⁵	tɕie²¹⁴	ɕie³⁵	ɕie⁵¹	ai²¹⁴	pai⁵¹	pi⁵¹	tʂʅ⁵¹
通州	tɕie⁵⁵	tɕie²¹⁴	ɕie³⁵	ɕie⁵¹	ai²¹⁴	pai⁵¹	pi⁵¹	tʂʅ⁵¹
大兴	tɕie⁵⁵	tɕie²¹⁴	ɕie³⁵	ɕie⁵¹	ai²¹⁴	pai⁵¹	pi⁵¹	tʂʅ⁵¹
房山	tɕie⁵⁵	tɕie²¹⁴	ɕie³⁵	ɕie⁵¹	ai²¹⁴	pai⁵¹	pi⁵¹	tʂʅ⁵¹
门头沟	tɕie⁵⁵	tɕie²¹⁴	ɕie³⁵	ɕie⁵¹	ŋai²¹⁴	pai⁵¹	pi⁵¹	tʂʅ⁵¹
昌平	tɕie⁵⁵	tɕie²¹⁴	ɕie³⁵	ɕie⁵¹	ai²¹⁴	pai⁵¹	pi⁵¹	tʂʅ⁵¹
怀柔	tɕie⁵⁵	tɕie²¹⁴	ɕie³⁵	ɕie⁵¹	nai²¹⁴老 / ai²¹⁴新	pai⁵¹	pi⁵¹	tʂʅ⁵¹
密云	tɕie⁵⁵	tɕie²¹³	ɕie³⁵	ɕie⁵¹	ai²¹³	pai⁵¹	pi⁵¹	tʂʅ⁵¹
顺义	tɕie⁵⁵	tɕie²¹⁴	ɕie³⁵	ɕie⁵¹	ai²¹⁴	pai⁵¹	pi⁵¹	tʂʅ⁵¹
延庆	tɕie⁴²	tɕiai²¹⁴老 / tɕie²¹⁴新	ɕie⁵⁵	ɕie⁵³	ŋai²¹⁴	pai⁵³	pi⁵³	tʂʅ⁵³
平谷	tɕie³⁵	tɕie²¹³	ɕie⁵⁵	ɕie⁵¹	ai²¹³	pai⁵¹	pi⁵¹	tʂʅ⁵¹

	0153 世	0154 艺	0155 米	0156 低	0157 梯	0158 剃	0159 弟	0160 递
	蟹开三去祭书	蟹开三去祭疑	蟹开四上荠明	蟹开四平齐端	蟹开四平齐透	蟹开四去霁透	蟹开四上荠定	蟹开四去霁定
西城	ʂɿ⁵¹	i⁵¹	mi²¹⁴	ti⁵⁵	tʰi⁵⁵	tʰi⁵¹	ti⁵¹	ti⁵¹
通州	ʂɿ⁵¹	i⁵¹	mi²¹⁴	ti⁵⁵	tʰi⁵⁵	tʰi⁵¹	ti⁵¹	ti⁵¹
大兴	ʂɿ⁵¹	i⁵¹	mi²¹⁴	ti⁵⁵	tʰi⁵⁵	tʰi⁵¹	ti⁵¹	ti⁵¹
房山	ʂɿ⁵¹	i⁵¹	mi²¹⁴	ti⁵⁵	tʰi⁵⁵	tʰi⁵¹	ti⁵¹	ti⁵¹
门头沟	ʂɿ⁵¹	i⁵¹	mi²¹⁴	ti⁵⁵	tʰi⁵⁵	tʰi⁵¹	ti⁵¹	ti⁵¹
昌平	ʂɿ⁵¹	i⁵¹	mi²¹⁴	ti⁵⁵	tʰi⁵⁵	tʰi⁵¹	ti⁵¹	ti⁵¹
怀柔	ʂɿ⁵¹	i⁵¹	mi²¹⁴	ti⁵⁵	tʰi⁵⁵	tʰi⁵¹	ti⁵¹	ti⁵¹
密云	ʂɿ⁵¹	i⁵¹	mi²¹³	ti⁵⁵	tʰi⁵⁵	tʰi⁵¹	ti⁵¹	ti⁵¹
顺义	ʂɿ⁵¹	i⁵¹	mi²¹⁴	ti⁵⁵	tʰi⁵⁵	tʰi⁵¹	ti⁵¹	ti⁵¹
延庆	ʂɿ⁵³	i⁵³	mi²¹⁴	ti⁴²	tʰi⁴²	tʰi⁵³	ti⁵³	ti⁵³
平谷	ʂɿ⁵¹	i⁵¹	mi²¹³	ti³⁵	tʰi³⁵	tʰi⁵¹	ti⁵¹	ti⁵¹

	0161 泥	0162 犁	0163 西	0164 洗	0165 鸡	0166 溪	0167 契	0168 系联~
	蟹开四平齐泥	蟹开四平齐来	蟹开四平齐心	蟹开四上齐心	蟹开四平齐见	蟹开四平齐溪	蟹开四去霁溪	蟹开四去霁匣
西城	ni³⁵	li³⁵	ɕi⁵⁵	ɕi²¹⁴	tɕi⁵⁵	ɕi⁵⁵	tɕʰi⁵¹	ɕi⁵¹
通州	ni³⁵	li³⁵	ɕi⁵⁵	ɕi²¹⁴	tɕi⁵⁵	ɕi⁵⁵	tɕʰi⁵¹	ɕi⁵¹
大兴	ɲi³⁵	li³⁵	ɕi⁵⁵	ɕi²¹⁴	tɕi⁵⁵	ɕi⁵⁵	tɕʰi⁵¹	ɕi⁵¹
房山	ni³⁵	li³⁵	ɕi⁵⁵	ɕi²¹⁴	tɕi⁵⁵	ɕi⁵⁵	tɕʰi⁵¹	ɕi⁵¹
门头沟	ni³⁵	li³⁵	ɕi⁵⁵	ɕi²¹⁴	tɕi⁵⁵	ɕi⁵⁵	tɕʰi⁵¹	ɕi⁵¹
昌平	ni³⁵	li³⁵	ɕi⁵⁵	ɕi²¹⁴	tɕi⁵⁵	ɕi⁵⁵	tɕʰi⁵¹	ɕi⁵¹
怀柔	ni³⁵	li³⁵	ɕi⁵⁵	ɕi²¹⁴	tɕi⁵⁵	ɕi⁵⁵	tɕʰi⁵¹	ɕi⁵¹
密云	ɲi³⁵	li³⁵	ɕi⁵⁵	ɕi²¹³	tɕi⁵⁵	ɕi⁵⁵	tɕʰi⁵¹	ɕi⁵¹
顺义	ni³⁵	li³⁵	ɕi⁵⁵	ɕi²¹⁴	tɕi⁵⁵	ɕi⁵⁵	tɕʰi⁵¹	ɕi⁵¹
延庆	ɲi⁵⁵~巴 ɲi⁵³~匠	li⁵⁵	ɕi⁴²	ɕi²¹⁴	tɕi⁴²	ɕi⁴²	tɕʰi⁵³	ɕi⁵³
平谷	ni⁵⁵	li⁵⁵	ɕi³⁵	ɕi²¹³	tɕi³⁵	ɕi³⁵	tɕʰi⁵¹	ɕi⁵¹

	0169 杯	0170 配	0171 赔	0172 背~诵	0173 煤	0174 妹	0175 对	0176 雷
	蟹合一平灰帮	蟹合一去队滂	蟹合一平灰並	蟹合一去队並	蟹合一平灰明	蟹合一去队明	蟹合一去队端	蟹合一平灰来
西城	pei⁵⁵	pʰei⁵¹	pʰei³⁵	pei⁵¹	mei³⁵	mei⁵¹	tuei⁵¹	lei³⁵
通州	pei⁵⁵	pʰei⁵¹	pʰei³⁵	pei⁵¹	mei³⁵	mei⁵¹	tuei⁵¹	lei³⁵
大兴	pei⁵⁵	pʰei⁵¹	pʰei³⁵	pei⁵¹	mei³⁵	mei⁵¹	tuei⁵¹	lei³⁵
房山	pei⁵⁵	pʰei⁵¹	pʰei³⁵	pei⁵¹	mei³⁵	mei⁵¹	tuei⁵¹	lei³⁵
门头沟	pei⁵⁵	pʰei⁵¹	pʰei³⁵	pei⁵¹	mei³⁵	mei⁵¹	tuei⁵¹	lei³⁵
昌平	pei⁵⁵	pʰei⁵¹	pʰei³⁵	pei⁵¹	mei³⁵	mei⁵¹	tuei⁵¹	lei³⁵
怀柔	pei⁵⁵	pʰei⁵¹	pʰei³⁵	pei⁵¹	mei³⁵	mei⁵¹	tuei⁵¹	lei³⁵
密云	pei⁵⁵	pʰei⁵¹	pʰei³⁵	pei⁵¹	mei³⁵	mei⁵¹	tuei⁵¹	lei³⁵
顺义	pei⁵⁵	pʰei⁵¹	pʰei³⁵	pei⁵¹	mei³⁵	mei⁵¹	tuei⁵¹	lei³⁵
延庆	pei⁴²	pʰei⁵³	pʰei⁵⁵	pei⁵³	mei⁵⁵	mei⁵³	tuei⁵³	lei⁵⁵
平谷	pei³⁵	pʰei⁵¹	pʰei⁵⁵	pei⁵¹	mei⁵⁵	mei⁵¹	tuei⁵¹	lei⁵⁵

	0177 罪	0178 碎	0179 灰	0180 回	0181 外	0182 会开~	0183 怪	0184 块
	蟹合一上贿从	蟹合一去队心	蟹合一平灰晓	蟹合一平灰匣	蟹合一去泰疑	蟹合一去泰匣	蟹合二去怪见	蟹合一去怪溪
西城	tsuei⁵¹	suei⁵¹	xuei⁵⁵	xuei³⁵	uai⁵¹	xuei⁵¹	kuai⁵¹	kʰuai⁵¹
通州	tsuei⁵¹	suei⁵¹	xuei⁵⁵	xuei³⁵	uai⁵¹	xuei⁵¹	kuai⁵¹	kʰuai⁵¹
大兴	tsuei⁵¹	suei⁵¹	xuei⁵⁵	xuei³⁵	uai⁵¹	xuei⁵¹	kuai⁵¹	kʰuai⁵¹
房山	tsuei⁵¹	suei⁵¹	xuei⁵⁵	xuei³⁵	uai⁵¹	xuei⁵¹	kuai⁵¹	kʰuai⁵¹
门头沟	tsuei⁵¹	suei⁵¹	xuei⁵⁵	xuei³⁵	uai⁵¹	xuei⁵¹	kuai⁵¹	kʰuai⁵¹
昌平	tsuei⁵¹	suei⁵¹	xuei⁵⁵	xuei³⁵	uai⁵¹	xuei⁵¹	kuai⁵¹	kʰuai⁵¹
怀柔	tsuei⁵¹	suei⁵¹	xuei⁵⁵	xuei³⁵	uai⁵¹	xuei⁵¹	kuai⁵¹	kʰuai⁵¹
密云	tsuei⁵¹	suei⁵¹	xuei⁵⁵	xuei³⁵	uai⁵¹	xuei⁵¹	kuai⁵¹	kʰuai⁵¹
顺义	tsuei⁵¹	suei⁵¹	xuei⁵⁵	xuei³⁵	uai⁵¹	xuei⁵¹	kuai⁵¹	kʰuai⁵¹
延庆	tsuei⁵³	suei⁵³	xuei⁴²	xuei⁵⁵	vai⁵³	xuei⁵³	kuai⁵³	kʰuai⁵³
平谷	tsuei⁵¹	suei⁵¹	xuei³⁵	xuei⁵⁵	uai⁵¹	xuei⁵¹	kuai⁵¹	kʰuai⁵¹

第二章　字音对照

	0185 怀	0186 坏	0187 拐	0188 挂	0189 歪	0190 画	0191 快	0192 话
	蟹合二平皆匣	蟹合二去怪匣	蟹合二上蟹见	蟹合二去卦见	蟹合二平佳晓	蟹合二去卦匣	蟹合二去夬溪	蟹合二去夬匣
西城	xuai³⁵	xuai⁵¹	kuai²¹⁴	kua⁵¹	uai⁵⁵	xua⁵¹	kʰuai⁵¹	xua⁵¹
通州	xuai³⁵	xuai⁵¹	kuai²¹⁴	kua⁵¹	uai⁵⁵	xua⁵¹	kʰuai⁵¹	xua⁵¹
大兴	xuai³⁵	xuai⁵¹	kuai²¹⁴	kua⁵¹	uai⁵⁵	xua⁵¹	kʰuai⁵¹	xua⁵¹
房山	xuai³⁵	xuai⁵¹	kuai²¹⁴	kua⁵¹	uai⁵⁵	xua⁵¹	kʰuai⁵¹	xua⁵¹
门头沟	xuai³⁵	xuai⁵¹	kuai²¹⁴	kua⁵¹	uai⁵⁵	xua⁵¹	kʰuai⁵¹	xua⁵¹
昌平	xuai³⁵	xuai⁵¹	kuai²¹⁴	kua⁵¹	uai⁵⁵	xua⁵¹	kʰuai⁵¹	xua⁵¹
怀柔	xuai³⁵	xuai⁵¹	kuai²¹⁴	kua⁵¹	uai⁵⁵	xua⁵¹	kʰuai⁵¹	xua⁵¹
密云	xuai³⁵	xuai⁵¹	kuai²¹³	kua⁵¹	uai⁵⁵	xua⁵¹	kʰuai⁵¹	xua⁵¹
顺义	xuai³⁵	xuai⁵¹	kuai²¹⁴	kua⁵¹	uai⁵⁵	xua⁵¹	kʰuai⁵¹	xua⁵¹
延庆	xuai⁵⁵	xuai⁵³	kuai²¹⁴	kua⁵³	vai⁴²	xua⁵³	kʰuai⁵³	xua⁵³
平谷	xuai⁵⁵	xuai⁵¹	kuai²¹³	kua⁵¹	uai³⁵	xua⁵¹	kʰuai⁵¹	xua⁵¹

	0193 岁	0194 卫	0195 肺	0196 桂	0197 碑	0198 皮	0199 被~子	0200 紫
	蟹合三去祭心	蟹合三去祭云	蟹合三去废敷	蟹合四去霁见	止开三平支帮	止开三平支並	止开三上纸並	止开三上纸精
西城	suei⁵¹	uei⁵¹	fei⁵¹	kuei⁵¹	pei⁵⁵	pʰi³⁵	pei⁵¹	tsɿ²¹⁴
通州	suei⁵¹	uei⁵¹	fei⁵¹	kuei⁵¹	pei⁵⁵	pʰi³⁵	pei⁵¹	tsɿ²¹⁴
大兴	suei⁵¹	uei⁵¹	fei⁵¹	kuei⁵¹	pei⁵⁵	pʰi³⁵	pei⁵¹	tsɿ²¹⁴
房山	suei⁵¹	uei⁵¹	fei⁵¹	kuei⁵¹	pei⁵⁵	pʰi³⁵	pei⁵¹	tsɿ²¹⁴
门头沟	suei⁵¹	uei⁵¹	fei⁵¹	kuei⁵¹	pei⁵⁵	pʰi³⁵	pei⁵¹	tsɿ²¹⁴
昌平	suei⁵¹	uei⁵¹	fei⁵¹	kuei⁵¹	pei⁵⁵	pʰi³⁵	pei⁵¹	tsɿ²¹⁴
怀柔	suei⁵¹	uei⁵¹	fei⁵¹	kuei⁵¹	pei⁵⁵	pʰi³⁵	pei⁵¹	tsɿ²¹⁴
密云	suei⁵¹	uei⁵¹	fei⁵¹	kuei⁵¹	pei⁵⁵	pʰi³⁵	pei⁵¹	tsɿ²¹³
顺义	suei⁵¹	uei⁵¹	fei⁵¹	kuei⁵¹	pei⁵⁵	pʰi³⁵	pei⁵¹	tsɿ²¹⁴
延庆	suei⁵³	vei⁵³	fei⁵³	kuei⁵³	pei⁴²	pʰi⁵⁵	pei⁵³	tsɿ²¹⁴
平谷	suei⁵¹	uei⁵¹	fei⁵¹	kuei⁵¹	pei³⁵	pʰi⁵⁵	pei⁵¹	tsɿ²¹³

	0201 刺	0202 知	0203 池	0204 纸	0205 儿	0206 寄	0207 骑	0208 蚁
	止开三去寘清	止开三平支知	止开三平支澄	止开三上纸章	止开三平支日	止开三去寘见	止开三平支群	止开三上纸疑
西城	tsʰɿ⁵¹	tʂʅ⁵⁵	tʂʰʅ³⁵	tʂʅ²¹⁴	ɚ³⁵	tɕi⁵¹	tɕʰi³⁵	i²¹⁴
通州	tsʰɿ⁵¹	tʂʅ⁵⁵	tʂʰʅ³⁵	tʂʅ²¹⁴	ɚ³⁵	tɕi⁵¹	tɕʰi³⁵	i²¹⁴
大兴	tsʰɿ⁵¹	tʂʅ⁵⁵	tʂʰʅ³⁵	tʂʅ²¹⁴	ɚ³⁵	tɕi⁵¹	tɕʰi³⁵	i²¹⁴
房山	tsʰɿ⁵¹	tʂʅ⁵⁵	tʂʰʅ³⁵	tʂʅ²¹⁴	ɚ³⁵	tɕi⁵¹	tɕʰi³⁵	i²¹⁴
门头沟	tsʰɿ⁵¹	tʂʅ⁵⁵	tʂʰʅ³⁵	tʂʅ²¹⁴	ɚ³⁵	tɕi⁵¹	tɕʰi³⁵	i²¹⁴
昌平	tsʰɿ⁵¹	tʂʅ⁵⁵	tʂʰʅ³⁵	tʂʅ²¹⁴	ɚ³⁵	tɕi⁵¹	tɕʰi³⁵	i²¹⁴
怀柔	tsʰɿ⁵¹	tʂʅ⁵⁵	tʂʰʅ³⁵	tʂʅ²¹⁴	ɚ³⁵	tɕi⁵¹	tɕʰi³⁵	i²¹⁴
密云	tsʰɿ⁵¹	tʂʅ⁵⁵	tʂʰʅ³⁵	tʂʅ²¹³	ɚ³⁵	tɕi⁵¹	tɕʰy³⁵ 又 tɕʰi³⁵ 又	i²¹³
顺义	tsʰɿ⁵¹	tʂʅ⁵⁵	tʂʰʅ³⁵	tʂʅ²¹⁴	ɚ³⁵	tɕi⁵¹	tɕʰi³⁵	i²¹⁴
延庆	tsʰɿ⁵³	tʂʅ⁴²	tʂʰʅ⁵⁵	tʂʅ²¹⁴	ɚ⁵⁵	tɕi⁵³	tɕʰi⁵⁵	i²¹⁴
平谷	tsʰɿ⁵¹	tʂʅ³⁵	tʂʰʅ⁵⁵	tʂʅ²¹³	ɚ⁵⁵	tɕi⁵¹	tɕʰi⁵⁵	i²¹³

	0209 义	0210 戏	0211 移	0212 比	0213 屁	0214 鼻	0215 眉	0216 地
	止开三去寘疑	止开三去寘晓	止开三平支以	止开三上旨帮	止开三去至滂	止开三去至並	止开三平脂明	止开三去至定
西城	i⁵¹	ɕi⁵¹	i³⁵	pi²¹⁴	pʰi⁵¹	pi³⁵	mei³⁵	ti⁵¹
通州	i⁵¹	ɕi⁵¹	i³⁵	pi²¹⁴	pʰi⁵¹	pi³⁵	mei³⁵	ti⁵¹
大兴	i⁵¹	ɕi⁵¹	i³⁵	pi²¹⁴	pʰi⁵¹	pi³⁵	mei³⁵	ti⁵¹
房山	i⁵¹	ɕi⁵¹	i³⁵	pi²¹⁴	pʰi⁵¹	pi³⁵	mei³⁵	ti⁵¹
门头沟	i⁵¹	ɕi⁵¹	i³⁵	pi²¹⁴	pʰi⁵¹	pi³⁵	mei³⁵	ti⁵¹
昌平	i⁵¹	ɕi⁵¹	i³⁵	pʰi²¹⁴ 又 pi²¹⁴ 又	pʰi⁵¹	pi³⁵	mei³⁵	ti⁵¹
怀柔	i⁵¹	ɕi⁵¹	i³⁵	pi²¹⁴	pʰi⁵¹	pi³⁵	mei³⁵	ti⁵¹
密云	i⁵¹	ɕi⁵¹	i³⁵	pi²¹³	pʰi⁵¹	pi³⁵	mei³⁵	ti⁵¹
顺义	i⁵¹	ɕi⁵¹	i³⁵	pi²¹⁴	pʰi⁵¹	pi³⁵	mei³⁵	ti⁵¹
延庆	i⁵³	ɕi⁵³	i⁵⁵	pi²¹⁴	pʰi⁵³	pi⁵⁵	mei⁵⁵	ti⁵³
平谷	i⁵¹	ɕi⁵¹	i⁵⁵	pi²¹³	pʰi⁵¹	pi⁵⁵	mei⁵⁵	ti⁵¹

	0217 梨	0218 资	0219 死	0220 四	0221 迟	0222 师	0223 指	0224 二
	止开三 平脂来	止开三 平脂精	止开三 上旨心	止开三 去至心	止开三 平脂澄	止开三 平脂生	止开三 上旨章	止开三 去至日
西城	li³⁵	tsɿ⁵⁵	sɿ²¹⁴	sɿ⁵¹	tʂʰʅ³⁵	ʂʅ⁵⁵	tʂʅ²¹⁴	ɚ⁵¹
通州	li³⁵	tsɿ⁵⁵	sɿ²¹⁴	sɿ⁵¹	tʂʰʅ³⁵	ʂʅ⁵⁵	tʂʅ²¹⁴	ɚ⁵¹
大兴	li³⁵	tsɿ⁵⁵	sɿ²¹⁴	sɿ⁵¹	tʂʰʅ³⁵	ʂʅ⁵⁵	tʂʅ²¹⁴	ɚ⁵¹
房山	li³⁵	tsɿ⁵⁵	sɿ²¹⁴	sɿ⁵¹	tʂʰʅ³⁵	ʂʅ⁵⁵	tʂʅ²¹⁴	ɚ⁵¹
门头沟	li³⁵	tsɿ⁵⁵	sɿ²¹⁴	sɿ⁵¹	tʂʰʅ³⁵	ʂʅ⁵⁵	tʂʅ²¹⁴	ɚ⁵¹
昌平	li³⁵	tsɿ⁵⁵	sɿ²¹⁴	sɿ⁵¹	tʂʰʅ³⁵	ʂʅ⁵⁵	tʂʅ²¹⁴	ɚ⁵¹
怀柔	li³⁵	tsɿ⁵⁵	sɿ²¹⁴	sɿ⁵¹	tʂʰʅ³⁵	ʂʅ⁵⁵	tʂʅ²¹⁴	ɚ⁵¹
密云	li³⁵	tsi⁵⁵	sɿ²¹³	sɿ⁵¹	tʂʰʅ³⁵	ʂʅ⁵⁵	tʂʅ²¹³	ɚ⁵¹
顺义	li³⁵	tsɿ⁵⁵	sɿ²¹⁴	sɿ⁵¹	tʂʰʅ³⁵	ʂʅ⁵⁵	tʂʅ²¹⁴	ɚ⁵¹
延庆	li⁵⁵	tsɿ⁴²	sɿ²¹⁴	sɿ⁵³	tʂʰʅ⁵⁵	ʂʅ⁴²	tʂʅ²¹⁴	ɚ⁵³
平谷	li⁵⁵	tsɿ³⁵	sɿ²¹³	sɿ⁵¹	tʂʰʅ⁵⁵	ʂʅ³⁵	tʂʅ²¹³	ɚ⁵¹

	0225 饥~饿	0226 器	0227 姨	0228 李	0229 子	0230 字	0231 丝	0232 祠
	止开三 平脂见	止开三 去至溪	止开三 平脂以	止开三 上止来	止开三 上止精	止开三 去志从	止开三 平之心	止开三 平之邪
西城	tɕi⁵⁵	tɕʰi⁵¹	i³⁵	li²¹⁴	tsɿ²¹⁴	tsɿ⁵¹	sɿ⁵⁵	tsʰɿ³⁵
通州	tɕi⁵⁵	tɕʰi⁵¹	i³⁵	li²¹⁴	tsɿ²¹⁴	tsɿ⁵¹	sɿ⁵⁵	tsʰɿ³⁵
大兴	tɕi⁵⁵	tɕʰi⁵¹	i³⁵	li²¹⁴	tsɿ²¹⁴	tsɿ⁵¹	sɿ⁵⁵	tsʰɿ³⁵
房山	tɕi⁵⁵	tɕʰi⁵¹	i³⁵	li²¹⁴	tsɿ²¹⁴	tsɿ⁵¹	sɿ⁵⁵	tsʰɿ³⁵
门头沟	tɕi⁵⁵	tɕʰi⁵¹	i³⁵	li²¹⁴	tsɿ²¹⁴	tsɿ⁵¹	sɿ⁵⁵	tsʰɿ³⁵
昌平	tɕi⁵⁵	tɕʰi⁵¹	i³⁵	li²¹⁴	tsɿ²¹⁴	tsɿ⁵¹	sɿ⁵⁵	tsʰɿ³⁵
怀柔	tɕi⁵⁵	tɕʰi⁵¹	i³⁵	li²¹⁴	tsɿ²¹⁴	tsɿ⁵¹	sɿ⁵⁵	tsʰɿ³⁵
密云	tɕi⁵⁵	tɕʰi⁵¹	i³⁵	li²¹³	tsɿ²¹³	tsɿ⁵¹	sɿ⁵⁵	tsʰɿ³⁵
顺义	tɕi⁵⁵	tɕʰi⁵¹	i³⁵	li²¹⁴	tsɿ²¹⁴	tsɿ⁵¹	sɿ⁵⁵	tsʰɿ³⁵
延庆	tɕi⁴²	tɕʰi⁵³	i⁵⁵	li²¹⁴	tsɿ²¹⁴	tsɿ⁵³	sɿ⁴²	tsʰɿ⁵⁵
平谷	tɕi³⁵	tɕʰi⁵¹	i⁵⁵	li²¹³	tsɿ²¹³	tsɿ⁵¹	sɿ³⁵	tsʰɿ⁵⁵

	0233 寺	0234 治	0235 柿	0236 事	0237 使	0238 试	0239 时	0240 市
	止开三 去志邪	止开三 去志澄	止开三 上止崇	止开三 去志崇	止开三 上止生	止开三 去志书	止开三 平之禅	止开三 上止禅
西城	sɿ⁵¹	tʂʅ⁵¹	ʂʅ⁵¹	ʂʅ⁵¹	ʂʅ²¹⁴	ʂʅ⁵¹	ʂʅ³⁵	ʂʅ⁵¹
通州	sɿ⁵¹	tʂʅ⁵¹	ʂʅ⁵¹	ʂʅ⁵¹	ʂʅ²¹⁴	ʂʅ⁵¹	ʂʅ³⁵	ʂʅ⁵¹
大兴	sɿ⁵¹	tʂʅ⁵¹	ʂʅ⁵¹	ʂʅ⁵¹	ʂʅ²¹⁴	ʂʅ⁵¹	ʂʅ³⁵	ʂʅ⁵¹
房山	sɿ⁵¹	tʂʅ⁵¹	ʂʅ⁵¹	ʂʅ⁵¹	ʂʅ²¹⁴	ʂʅ⁵¹	ʂʅ³⁵	ʂʅ⁵¹
门头沟	sɿ⁵¹	tʂʅ⁵¹	ʂʅ⁵¹	ʂʅ⁵¹	ʂʅ²¹⁴	ʂʅ⁵¹	ʂʅ³⁵	ʂʅ⁵¹
昌平	sɿ⁵¹	tʂʅ⁵¹	ʂʅ⁵¹	ʂʅ⁵¹	ʂʅ²¹⁴	ʂʅ⁵¹	ʂʅ³⁵	ʂʅ⁵¹
怀柔	sɿ⁵¹	tʂʅ⁵¹	ʂʅ⁵¹	ʂʅ⁵¹	ʂʅ²¹⁴	ʂʅ⁵¹	ʂʅ³⁵	ʂʅ⁵¹
密云	sɿ⁵¹	tʂʅ⁵¹	ʂʅ⁵¹	ʂʅ⁵¹	ʂʅ²¹³	ʂʅ⁵¹	ʂʅ³⁵	ʂʅ⁵¹
顺义	sɿ⁵¹	tʂʅ⁵¹	ʂʅ⁵¹	ʂʅ⁵¹	ʂʅ²¹⁴	ʂʅ⁵¹	ʂʅ³⁵	ʂʅ⁵¹
延庆	sɿ⁵³	tʂʅ⁵³	ʂʅ⁵³	ʂʅ⁵³	ʂʅ²¹⁴	ʂʅ⁵³	ʂʅ⁵⁵	ʂʅ⁵³
平谷	sɿ⁵¹	tʂʅ⁵¹	ʂʅ⁵¹	ʂʅ⁵¹	ʂʅ²¹³	ʂʅ⁵¹	ʂʅ⁵⁵	ʂʅ⁵¹

	0241 耳	0242 记	0243 棋	0244 喜	0245 意	0246 几~个	0247 气	0248 希
	止开三 上止日	止开三 去志见	止开三 平之群	止开三 上止晓	止开三 去志影	止开三 上尾见	止开三 去未溪	止开三 平微晓
西城	ɚ²¹⁴	tɕi⁵¹	tɕʰi³⁵	ɕi²¹⁴	i⁵¹	tɕi²¹⁴	tɕʰi⁵¹	ɕi⁵⁵
通州	ɚ²¹⁴	tɕi⁵¹	tɕʰi³⁵	ɕi²¹⁴	i⁵¹	tɕi²¹⁴	tɕʰi⁵¹	ɕi⁵⁵
大兴	ɚ²¹⁴	tɕi⁵¹	tɕʰi³⁵	ɕi²¹⁴	i⁵¹	tɕi²¹⁴	tɕʰi⁵¹	ɕi⁵⁵
房山	ɚ²¹⁴	tɕi⁵¹	tɕʰi³⁵	ɕi²¹⁴	i⁵¹	tɕi²¹⁴	tɕʰi⁵¹	ɕi⁵⁵
门头沟	ɚ²¹⁴	tɕi⁵¹	tɕʰi³⁵	ɕi²¹⁴	i⁵¹	tɕi²¹⁴	tɕʰi⁵¹	ɕi⁵⁵
昌平	ɚ²¹⁴	tɕi⁵¹	tɕʰi³⁵	ɕi²¹⁴	i⁵¹	tɕi²¹⁴	tɕʰi⁵¹	ɕi⁵⁵
怀柔	ɚ²¹⁴	tɕi⁵¹	tɕʰi³⁵	ɕi²¹⁴	i⁵¹	tɕi²¹⁴	tɕʰi⁵¹	ɕi⁵⁵
密云	ɚ²¹³	tɕi⁵¹	tɕʰi³⁵	ɕi²¹³	i⁵¹	tɕi²¹³	tɕʰi⁵¹	ɕi⁵⁵
顺义	ɚ²¹⁴	tɕi⁵¹	tɕʰi³⁵	ɕi²¹⁴	i⁵¹	tɕi²¹⁴	tɕʰi⁵¹	ɕi⁵⁵
延庆	ɚ²¹⁴	tɕi⁵³	tɕʰi⁵⁵	ɕi²¹⁴	i⁵³	tɕi²¹⁴	tɕʰi⁵³	ɕi⁴²
平谷	ɚ²¹³	tɕi⁵¹	tɕʰi⁵⁵	ɕi²¹³	i⁵¹	tɕi²¹³	tɕʰi⁵¹	ɕi³⁵

	0249 衣	0250 嘴	0251 随	0252 吹	0253 垂	0254 规	0255 亏	0256 跪
	止开三平微影	止合三上支精	止合三平纸邪	止合三平支昌	止合三平支禅	止合三平支见	止合三平支溪	止合三上纸群
西城	i⁵⁵	tsuei²¹⁴	suei³⁵	tʂʰuei⁵⁵	tʂʰuei³⁵	kuei⁵⁵	kʰuei⁵⁵	kuei⁵¹
通州	i⁵⁵	tsuei²¹⁴	suei³⁵	tʂʰuei⁵⁵	tʂʰuei³⁵	kuei⁵⁵	kʰuei⁵⁵	kuei⁵¹
大兴	i⁵⁵	tsuei²¹⁴	suei³⁵	tʂʰuei⁵⁵	tʂʰuei³⁵	kuei⁵⁵	kʰuei⁵⁵	kuei⁵¹
房山	i⁵⁵	tsuei²¹⁴	suei³⁵	tʂʰuei⁵⁵	tʂʰuei³⁵	kuei⁵⁵	kʰuei⁵⁵	kuei⁵¹
门头沟	i⁵⁵	tsuei²¹⁴	suei³⁵	tʂʰuei⁵⁵	tʂʰuei³⁵	kuei⁵⁵	kʰuei⁵⁵	kuei⁵¹
昌平	i⁵⁵	tsuei²¹⁴	suei³⁵	tʂʰuei⁵⁵	tʂʰuei³⁵	kuei⁵⁵	kʰuei⁵⁵	kuei⁵¹
怀柔	i⁵⁵	tsuei²¹⁴	suei³⁵	tʂʰuei⁵⁵	tʂʰuei³⁵	kuei⁵⁵	kʰuei⁵⁵	kʰuei⁵¹老 kuei⁵¹新
密云	i⁵⁵	tsuei²¹³	suei³⁵	tʂʰuei⁵⁵	tʂʰuei³⁵	kuei⁵⁵	kʰuei⁵⁵	kuei⁵¹
顺义	i⁵⁵	tsuei²¹⁴	suei³⁵	tʂʰuei⁵⁵	tʂʰuei³⁵	kuei⁵⁵	kʰuei⁵⁵	kuei⁵¹
延庆	i⁴²	tsuei²¹⁴	suei⁵⁵	tʂʰuei⁴²	tʂʰuei⁵⁵	kuei⁴²	kʰuei⁴²	kʰuei⁵³
平谷	i³⁵	tsuei²¹³	suei⁵⁵	tʂʰuei³⁵	tʂʰuei⁵⁵	kuei³⁵	kʰuei³⁵	kuei⁵¹

	0257 危	0258 类	0259 醉	0260 追	0261 锤	0262 水	0263 龟	0264 季
	止合三平支疑	止合三去至来	止合三去至精	止合三平脂知	止合三平脂澄	止合三上旨书	止合三平脂见	止合三去至见
西城	uei⁵⁵	lei⁵¹	tsuei⁵¹	tʂuei⁵⁵	tʂʰuei³⁵	ʂuei²¹⁴	kuei⁵⁵	tɕi⁵¹
通州	uei⁵⁵	lei⁵¹	tsuei⁵¹	tʂuei⁵⁵	tʂʰuei³⁵	ʂuei²¹⁴	kuei⁵⁵	tɕi⁵¹
大兴	uei⁵⁵	lei⁵¹	tsuei⁵¹	tʂuei⁵⁵	tʂʰuei³⁵	ʂuei²¹⁴	kuei⁵⁵	tɕi⁵¹
房山	uei⁵⁵	lei⁵¹	tsuei⁵¹	tʂuei⁵⁵	tʂʰuei³⁵	ʂuei²¹⁴	kuei⁵⁵	tɕi⁵¹
门头沟	uei⁵⁵	lei⁵¹	tsuei⁵¹	tʂuei⁵⁵	tʂʰuei³⁵	ʂuei²¹⁴	kuei⁵⁵	tɕi⁵¹
昌平	uei⁵⁵	lei⁵¹	tsuei⁵¹	tʂuei⁵⁵	tʂʰuei³⁵	ʂuei²¹⁴	kuei⁵⁵	tɕi⁵¹
怀柔	uei⁵⁵	lei⁵¹	tsuei⁵¹	tʂuei⁵⁵	tʂʰuei³⁵	ʂuei²¹⁴	kuei⁵⁵	tɕi⁵¹
密云	uei⁵⁵	lei⁵¹	tsuei⁵¹	tʂuei⁵⁵	tʂʰuei³⁵	ʂuei²¹³	kuei⁵⁵	tɕi⁵¹
顺义	uei⁵⁵	lei⁵¹	tsuei⁵¹	tʂuei⁵⁵	tʂʰuei³⁵	ʂuei²¹⁴	kuei⁵⁵	tɕi⁵¹
延庆	vei⁴²	lei⁵³	tsuei⁵³	tʂuei⁴²	tʂʰuei⁵⁵	ʂuei²¹⁴	kuei⁴²	tɕi⁵³
平谷	uei³⁵	lei⁵¹	tsuei⁵¹	tʂuei³⁵	tʂʰuei⁵⁵	ʂuei²¹³	kuei³⁵	tɕi⁵¹

	0265 柜	0266 位	0267 飞	0268 费	0269 肥	0270 尾	0271 味	0272 鬼
	止合三 去至群	止合三 去至云	止合三 平微非	止合三 去微敷	止合三 平微奉	止合三 上尾微	止合三 去未微	止合三 上尾见
西城	kuei⁵¹	uei⁵¹	fei⁵⁵	fei⁵¹	fei³⁵	i²¹⁴ 白 uei²¹⁴ 文	uei⁵¹	kuei²¹⁴
通州	kuei⁵¹	uei⁵¹	fei⁵⁵	fei⁵¹	fei³⁵	i²¹⁴ 白 uei²¹⁴ 文	uei⁵¹	kuei²¹⁴
大兴	kuei⁵¹	uei⁵¹	fei⁵⁵	fei⁵¹	fei³⁵	i²¹⁴ 白 uei²¹⁴ 文	uei⁵¹	kuei²¹⁴
房山	kuei⁵¹	uei⁵¹	fei⁵⁵	fei⁵¹	fei³⁵	i²¹⁴	uei⁵¹	kuei²¹⁴
门头沟	kuei⁵¹	uei⁵¹	fei⁵⁵	fei⁵¹	fei³⁵	i²¹⁴ 白 uei²¹⁴ 文	uei⁵¹	kuei²¹⁴
昌平	kuei⁵¹	uei⁵¹	fei⁵⁵	fei⁵¹	fei³⁵	y²¹⁴ 白 uei²¹⁴ 文	uei⁵¹	kuei²¹⁴
怀柔	kuei⁵¹	uei⁵¹	fei⁵⁵	fei⁵¹	fei³⁵	i²¹⁴ 白 uei²¹⁴ 文	uei⁵¹	kuei²¹⁴
密云	kuei⁵¹	uei⁵¹	fei⁵⁵	fei⁵¹	fei³⁵	i²¹³ 白 uei²¹³ 文	uei⁵¹	kuei²¹³
顺义	kuei⁵¹	uei⁵¹	fei⁵⁵	fei⁵¹	fei³⁵	i²¹⁴ 白 uei²¹⁴ 文	uei⁵¹	kuei²¹⁴
延庆	kuei⁵³	vei⁵³	fei⁴²	fei⁵³	fei⁵⁵	i²¹⁴ 白 vei²¹⁴ 文	vei⁵³	kuei²¹⁴
平谷	kuei⁵¹	uei⁵¹	fei³⁵	fei⁵¹	fei⁵⁵	i²¹³ 白 uei²¹³ 文	uei⁵¹	kuei²¹³

	0273 贵	0274 围	0275 胃	0276 宝	0277 抱	0278 毛	0279 帽	0280 刀
	止合三去未见	止合三平微云	止合三去未云	效开一上晧帮	效开一上晧並	效开一平豪明	效开一去号明	效开一平豪端
西城	kuei⁵¹	uei³⁵	uei⁵¹	pau²¹⁴	pau⁵¹	mau³⁵	mau⁵¹	tau⁵⁵
通州	kuei⁵¹	uei³⁵	uei⁵¹	pau²¹⁴	pau⁵¹	mau³⁵	mau⁵¹	tau⁵⁵
大兴	kuei⁵¹	uei³⁵	uei⁵¹	pau²¹⁴	pau⁵¹	mau³⁵	mau⁵¹	tau⁵⁵
房山	kuei⁵¹	uei³⁵	uei⁵¹	pau²¹⁴	pau⁵¹	mau³⁵	mau⁵¹	tau⁵⁵
门头沟	kuei⁵¹	uei³⁵	uei⁵¹	pau²¹⁴	pau⁵¹	mau³⁵	mau⁵¹	tau⁵⁵
昌平	kuei⁵¹	uei³⁵	uei⁵¹	pau²¹⁴	pau⁵¹	mau³⁵	mau⁵¹	tau⁵⁵
怀柔	kuei⁵¹	uei³⁵	uei⁵¹	pau²¹⁴	pau⁵¹	mau³⁵	mau⁵¹	tau⁵⁵
密云	kuei⁵¹	uei³⁵	uei⁵¹	pau²¹³	pau⁵¹	mau³⁵	mau⁵¹	tau⁵⁵
顺义	kuei⁵¹	uei³⁵	uei⁵¹	pau²¹⁴	pau⁵¹	mau³⁵	mau⁵¹	tau⁵⁵
延庆	kuei⁵³	vei⁵⁵	vei⁵³	pao²¹⁴	pao⁵³	mao⁵⁵	mao⁵³	tao⁴²
平谷	kuei⁵¹	uei⁵⁵	uei⁵¹	pau²¹³	pau⁵¹	mau⁵⁵	mau⁵¹	tau³⁵

	0281 讨	0282 桃	0283 道	0284 脑	0285 老	0286 早	0287 灶	0288 草
	效开一上晧透	效开一平豪定	效开一上晧定	效开一上晧泥	效开一上晧来	效开一上晧精	效开一去号精	效开一上晧清
西城	tʰau²¹⁴	tʰau³⁵	tau⁵¹	nau²¹⁴	lau²¹⁴	tsau²¹⁴	tsau⁵¹	tsʰau²¹⁴
通州	tʰau²¹⁴	tʰau³⁵	tau⁵¹	nau²¹⁴	lau²¹⁴	tsau²¹⁴	tsau⁵¹	tsʰau²¹⁴
大兴	tʰau²¹⁴	tʰau³⁵	tau⁵¹	nau²¹⁴	lau²¹⁴	tsau²¹⁴	tsau⁵¹	tsʰau²¹⁴
房山	tʰau²¹⁴	tʰau³⁵	tau⁵¹	nau²¹⁴	lau²¹⁴	tsau²¹⁴	tsau⁵¹	tsʰau²¹⁴
门头沟	tʰau²¹⁴	tʰau³⁵	tau⁵¹	nau²¹⁴	lau²¹⁴	tsau²¹⁴	tsau⁵¹	tsʰau²¹⁴
昌平	tʰau²¹⁴	tʰau³⁵	tau⁵¹	nau²¹⁴	lau²¹⁴	tsau²¹⁴	tsau⁵¹	tsʰau²¹⁴
怀柔	tʰau²¹⁴	tʰau³⁵	tau⁵¹	nau²¹⁴	lau²¹⁴	tsau²¹⁴	tsau⁵¹	tsʰau²¹⁴
密云	tʰau²¹³	tʰau³⁵	tau⁵¹	nau²¹³	lau²¹³	tsau²¹³	tsau⁵¹	tsʰau²¹³
顺义	tʰau²¹⁴	tʰau³⁵	tau⁵¹	nau²¹⁴	lau²¹⁴	tsau²¹⁴	tsau⁵¹	tsʰau²¹⁴
延庆	tʰao²¹⁴	tʰao⁵⁵	tao⁵³	nao²¹⁴	lao²¹⁴	tsao²¹⁴	tsao⁵³	tsʰao²¹⁴
平谷	tʰau²¹³	tʰau⁵⁵	tau⁵¹	nau²¹³	lau²¹³	tsau²¹³	tsau⁵¹	tsʰau²¹³

	0289 糙	0290 造	0291 嫂	0292 高	0293 靠	0294 熬	0295 好~坏	0296 号名
	效开一去号清	效开一上皓从	效开一上皓心	效开一平豪见	效开一去号溪	效开一平豪疑	效开一上皓晓	效开一去号匣
西城	tsʰau⁵⁵	tsau⁵¹	sau²¹⁴	kau⁵⁵	kʰau⁵¹	au³⁵	xau²¹⁴	xau⁵¹
通州	tsʰau⁵⁵	tsau⁵¹	sau²¹⁴	kau⁵⁵	kʰau⁵¹	au³⁵	xau²¹⁴	xau⁵¹
大兴	tsʰau⁵⁵	tsau⁵¹	sau²¹⁴	kau⁵⁵	kʰau⁵¹	au³⁵	xau²¹⁴	xau⁵¹
房山	tsʰau⁵⁵	tsau⁵¹	sau²¹⁴	kau⁵⁵	kʰau⁵¹	ŋau³⁵	xau²¹⁴	xau⁵¹
门头沟	tsʰau⁵⁵	tsau⁵¹	sau²¹⁴	kau⁵⁵	kʰau⁵¹	au³⁵	xau²¹⁴	xau⁵¹
昌平	tsʰau⁵⁵ ~米 tsau⁵¹ 粗~	tsau⁵¹	sau²¹⁴	kau⁵⁵	kʰau⁵¹	au³⁵	xau²¹⁴	xau⁵¹
怀柔	tsʰau⁵⁵	tsau⁵¹	sau²¹⁴	kau⁵⁵	kʰau⁵¹	nau³⁵ 老 au³⁵ 新	xau²¹⁴	xau⁵¹
密云	tsʰau⁵⁵	tsau⁵¹	sau²¹³	kau⁵⁵	kʰau⁵¹	nau³⁵	xau²¹³	xau⁵¹
顺义	tsʰau⁵⁵	tsau⁵¹	sau²¹⁴	kau⁵⁵	kʰau⁵¹	au³⁵	xau²¹⁴	xau⁵¹
延庆	tsʰao⁴²	tsao⁵³	sao²¹⁴	kao⁴²	kʰao⁵³	ŋao⁵⁵	xao²¹⁴	xao⁵³
平谷	tsʰau³⁵	tsau⁵¹	sau²¹³	kau³⁵	kʰau⁵¹	nau⁵⁵	xau²¹³	xau⁵¹

	0297 包	0298 饱	0299 炮	0300 猫	0301 闹	0302 罩	0303 抓 用手~牌	0304 找 ~零钱
	效开二平肴帮	效开二上巧帮	效开二去效滂	效开二平肴明	效开二去效泥	效开二去效知	效开二平肴庄	效开二上巧庄
西城	pau⁵⁵	pau²¹⁴	pʰau⁵¹	mau⁵⁵	nau⁵¹	tʂau⁵¹	tʂua⁵⁵	tʂau²¹⁴
通州	pau⁵⁵	pau²¹⁴	pʰau⁵¹	mau⁵⁵	nau⁵¹	tʂau⁵¹	tʂua⁵⁵	tʂau²¹⁴
大兴	pau⁵⁵	pau²¹⁴	pʰau⁵¹	mau⁵⁵	nau⁵¹	tʂau⁵¹	tʂua⁵⁵	tʂau²¹⁴
房山	pau⁵⁵	pau²¹⁴	pʰau⁵¹	mau⁵⁵	nau⁵¹	tʂau⁵¹	tʂua⁵⁵	tʂau²¹⁴
门头沟	pau⁵⁵	pau²¹⁴	pʰau⁵¹	mau⁵⁵	nau⁵¹	tʂau⁵¹	tʂua⁵⁵	tʂau²¹⁴
昌平	pau⁵⁵	pau²¹⁴	pʰau⁵¹	mau⁵⁵	nau⁵¹	tʂau⁵¹	tʂua⁵⁵	tʂau²¹⁴
怀柔	pau⁵⁵	pau²¹⁴	pʰau⁵¹	mau⁵⁵	nau⁵¹	tʂau⁵¹	tʂua⁵⁵	tʂau²¹⁴
密云	pau⁵⁵	pau²¹³	pʰau⁵¹	mau⁵⁵	nau⁵¹	tʂau⁵¹	tʂua⁵⁵	tʂau²¹³
顺义	pau⁵⁵	pau²¹⁴	pʰau⁵¹	mau⁵⁵	nau⁵¹	tʂau⁵¹	tʂua⁵⁵	tʂau²¹⁴
延庆	pao⁴²	pao²¹⁴	pʰao⁵³	mao⁵⁵	nao⁵³	tʂao⁵³	tʂua⁴²	tʂao²¹⁴
平谷	pau³⁵	pau²¹³	pʰau⁵¹	mau⁵⁵ 女~ mau³⁵ ~腰	nau⁵¹	tʂau⁵¹	tʂua³⁵	tʂau²¹³

第二章 字音对照

	0305 抄	0306 交	0307 敲	0308 孝	0309 校学~	0310 表手~	0311 票	0312 庙
	效开二平肴初	效开二平肴见	效开二平肴溪	效开二去效晓	效开二去效匣	效开三上小帮	效开三去笑滂	效开三去笑明
西城	tʂʰau⁵⁵	tɕiau⁵⁵	tɕʰiau⁵⁵	ɕiau⁵¹	ɕiau⁵¹	piau²¹⁴	pʰiau⁵¹	miau⁵¹
通州	tʂʰau⁵⁵	tɕiau⁵⁵	tɕʰiau⁵⁵	ɕiau⁵¹	ɕiau⁵¹	piau²¹⁴	pʰiau⁵¹	miau⁵¹
大兴	tʂʰau⁵⁵	tɕiau⁵⁵	tɕʰiau⁵⁵	ɕiau⁵¹	ɕiau⁵¹	piau²¹⁴	pʰiau⁵¹	miau⁵¹
房山	tʂʰau⁵⁵	tɕiau⁵⁵	tɕʰiau⁵⁵	ɕiau⁵¹	ɕiau⁵¹	piau²¹⁴	pʰiau⁵¹	miau⁵¹
门头沟	tʂʰau⁵⁵	tɕiau⁵⁵	tɕʰiau⁵⁵	ɕiau⁵¹	ɕiau⁵¹	piau²¹⁴	pʰiau⁵¹	miau⁵¹
昌平	tʂʰau⁵⁵	tɕiau⁵⁵	tɕʰiau⁵⁵	ɕiau⁵¹	ɕiau⁵¹	piau²¹⁴	pʰiau⁵¹	miau⁵¹
怀柔	tʂʰau⁵⁵	tɕiau⁵⁵	tɕʰiau⁵⁵	ɕiau⁵¹	ɕiau⁵¹	piau²¹⁴	pʰiau⁵¹	miau⁵¹
密云	tʂʰau⁵⁵	tɕiau⁵⁵	tɕʰiau⁵⁵	ɕiau⁵¹	ɕiau⁵¹	piau²¹³	pʰiau⁵¹	miau⁵¹
顺义	tʂʰau⁵⁵	tɕiau⁵⁵	tɕʰiau⁵⁵	ɕiau⁵¹	ɕiau⁵¹	piau²¹⁴	pʰiau⁵¹	miau⁵¹
延庆	tʂʰao⁴²	tɕiao⁴²	tɕʰiao⁴²	ɕiao⁵³	ɕiao⁵³	piao²¹⁴	pʰiao⁵³	miao⁵³
平谷	tʂʰau³⁵	tɕiau³⁵	tɕʰiau³⁵	ɕiau⁵¹	ɕiau⁵¹	piau²¹³	pʰiau⁵¹	miau⁵¹

	0313 焦	0314 小	0315 笑	0316 朝~代	0317 照	0318 烧	0319 绕~线	0320 桥
	效开三平宵精	效开三上小心	效开三去笑心	效开三平宵澄	效开三去笑章	效开三平宵书	效开三去笑日	效开三平宵群
西城	tɕiau⁵⁵	ɕiau²¹⁴	ɕiau⁵¹	tʂʰau³⁵	tʂau⁵¹	ʂau⁵⁵	ʐau⁵¹	tɕʰiau³⁵
通州	tɕiau⁵⁵	ɕiau²¹⁴	ɕiau⁵¹	tʂʰau³⁵	tʂau⁵¹	ʂau⁵⁵	ʐau⁵¹	tɕʰiau³⁵
大兴	tɕiau⁵⁵	ɕiau²¹⁴	ɕiau⁵¹	tʂʰau³⁵	tʂau⁵¹	ʂau⁵⁵	ʐau⁵¹	tɕʰiau³⁵
房山	tɕiau⁵⁵	ɕiau²¹⁴	ɕiau⁵¹	tʂʰau³⁵	tʂau⁵¹	ʂau⁵⁵	ʐau⁵¹	tɕʰiau³⁵
门头沟	tɕiau⁵⁵	ɕiau²¹⁴	ɕiau⁵¹	tʂʰau³⁵	tʂau⁵¹	ʂau⁵⁵	ʐau⁵¹	tɕʰiau³⁵
昌平	tɕiau⁵⁵	ɕiau²¹⁴	ɕiau⁵¹	tʂʰau³⁵	tʂau⁵¹	ʂau⁵⁵	ʐau⁵¹	tɕʰiau³⁵
怀柔	tɕiau⁵⁵	ɕiau²¹⁴	ɕiau⁵¹	tʂʰau³⁵	tʂau⁵¹	ʂau⁵⁵	ʐau⁵¹	tɕʰiau³⁵
密云	tɕiau⁵⁵	ɕiau²¹³	ɕiau⁵¹	tʂʰau³⁵	tʂau⁵¹	ʂau⁵⁵	ʐau⁵¹	tɕʰiau³⁵
顺义	tɕiau⁵⁵	ɕiau²¹⁴	ɕiau⁵¹	tʂʰau³⁵	tʂau⁵¹	ʂau⁵⁵	ʐau⁵¹	tɕʰiau³⁵
延庆	tɕiao⁴²	ɕiao²¹⁴	ɕiao⁵³	tʂʰao⁵⁵	tʂao⁵³	ʂao⁴²	ʐao⁵³	tɕʰiao⁴²
平谷	tɕiau³⁵	ɕiau²¹³	ɕiau⁵¹	tʂʰau⁵⁵	tʂau⁵¹	ʂau³⁵	ʐau⁵¹	tɕʰiau⁵⁵

	0321 轿	0322 腰	0323 要重~	0324 摇	0325 鸟	0326 钓	0327 条	0328 料
	效开三去笑群	效开三平宵影	效开三去笑影	效开三平宵以	效开四上篠端	效开四去啸端	效开四平萧定	效开四去啸来
西城	tɕiau⁵¹	iau⁵⁵	iau⁵¹	iau³⁵	niau²¹⁴	tiau⁵¹	tʰiau³⁵	liau⁵¹
通州	tɕiau⁵¹	iau⁵⁵	iau⁵¹	iau³⁵	niau²¹⁴	tiau⁵¹	tʰiau³⁵	liau⁵¹
大兴	tɕiau⁵¹	iau⁵⁵	iau⁵¹	iau³⁵	ɲiau²¹⁴	tiau⁵¹	tʰiau³⁵	liau⁵¹
房山	tɕiau⁵¹	iau⁵⁵	iau⁵¹	iau³⁵	niau²¹⁴	tiau⁵¹	tʰiau³⁵	liau⁵¹
门头沟	tɕiau⁵¹	iau⁵⁵	iau⁵¹	iau³⁵	niau²¹⁴	tiau⁵¹	tʰiau³⁵	liau⁵¹
昌平	tɕiau⁵¹	iau⁵⁵	iau⁵¹	iau³⁵	niau²¹⁴	tiau⁵¹	tʰiau³⁵	liau⁵¹
怀柔	tɕiau⁵¹	iau⁵⁵	iau⁵¹	iau³⁵	niaur²¹⁴	tiau⁵¹	tʰiau³⁵	liau⁵¹
密云	tɕiau⁵¹	iau⁵⁵	iau⁵¹	iau³⁵	ɲiau²¹³	tiau⁵¹	tʰiau³⁵	liau⁵¹
顺义	tɕiau⁵¹	iau⁵⁵	iau⁵¹	iau³⁵	niau²¹⁴	tiau⁵¹	tʰiau³⁵	liau⁵¹
延庆	tɕiao⁵³	iao⁴²	iao⁵³	iao⁵⁵	ɲiao²¹⁴	tiao⁵³	tʰiao⁵⁵	liao⁵³
平谷	tɕiau⁵¹	iau³⁵	iau⁵¹	iau⁵⁵	niau²¹³	tiau⁵¹	tʰiau⁵⁵	liau⁵¹

	0329 箫	0330 叫	0331 母丈~，舅~	0332 抖	0333 偷	0334 头	0335 豆	0336 楼
	效开四平萧心	效开四去啸见	流开一上厚明	流开一上厚端	流开一平侯透	流开一平侯定	流开一去候定	流开一平侯来
西城	ɕiau⁵⁵	tɕiau⁵¹	mu²¹⁴	tou²¹⁴	tʰou⁵⁵	tʰou³⁵	tou⁵¹	lou³⁵
通州	ɕiau⁵⁵	tɕiau⁵¹	mu²¹⁴	tou²¹⁴	tʰou⁵⁵	tʰou³⁵	tou⁵¹	lou³⁵
大兴	ɕiau⁵⁵	tɕiau⁵¹	mu²¹⁴	tou²¹⁴	tʰou⁵⁵	tʰou³⁵	tou⁵¹	lou³⁵
房山	ɕiau⁵⁵	tɕiau⁵¹	mu²¹⁴	tou²¹⁴	tʰou⁵⁵	tʰou³⁵	tou⁵¹	lou³⁵
门头沟	ɕiau⁵⁵	tɕiau⁵¹	mu²¹⁴	tou²¹⁴	tʰou⁵⁵	tʰou³⁵	tou⁵¹	lou³⁵
昌平	ɕiau⁵⁵	tɕiau⁵¹	mu²¹⁴	tou²¹⁴	tʰou⁵⁵	tʰou³⁵	tou⁵¹	lou³⁵
怀柔	ɕiau⁵⁵	tɕiau⁵¹	mu²¹⁴	tou²¹⁴	tʰou⁵⁵	tʰou³⁵	tou⁵¹	lou³⁵
密云	ɕiau⁵⁵	tɕiau⁵¹	mu²¹³	tou²¹³	tʰou⁵⁵	tʰou³⁵	tou⁵¹	lou³⁵
顺义	ɕiau⁵⁵	tɕiau⁵¹	mu²¹⁴	tou²¹⁴	tʰou⁵⁵	tʰou³⁵	tou⁵¹	lou³⁵
延庆	ɕiao⁴²	tɕiao⁵³	mu²¹⁴	tou²¹⁴	tʰou⁴²	tʰou⁵⁵	tou⁵³	lou⁵⁵
平谷	ɕiau³⁵	tɕiau⁵¹	mu²¹³	tou²¹³	tʰou³⁵	tʰou⁵⁵	tou⁵¹	lou⁵⁵

第二章　字音对照

	0337 走	0338 凑	0339 钩	0340 狗	0341 够	0342 口	0343 藕	0344 后前-
	流开一上厚精	流开一去候清	流开一平侯见	流开一上厚见	流开一去候见	流开一上厚溪	流开一上厚疑	流开一上厚匣
西城	tsou²¹⁴	tsʰou⁵¹	kou⁵⁵	kou²¹⁴	kou⁵¹	kʰou²¹⁴	ou²¹⁴	xou⁵¹
通州	tsou²¹⁴	tsʰou⁵¹	kou⁵⁵	kou²¹⁴	kou⁵¹	kʰou²¹⁴	ou²¹⁴	xou⁵¹
大兴	tsou²¹⁴	tsʰou⁵¹	kou⁵⁵	kou²¹⁴	kou⁵¹	kʰou²¹⁴	ou²¹⁴	xou⁵¹
房山	tsou²¹⁴	tsʰou⁵¹	kou⁵⁵	kou²¹⁴	kou⁵¹	kʰou²¹⁴	ŋou²¹⁴	xou⁵¹
门头沟	tsou²¹⁴	tsʰou⁵¹	kou⁵⁵	kou²¹⁴	kou⁵¹	kʰou²¹⁴	ou²¹⁴	xou⁵¹
昌平	tsou²¹⁴	tsʰou⁵¹	kou⁵⁵	kou²¹⁴	kou⁵¹	kʰou²¹⁴	ou²¹⁴	xou⁵¹
怀柔	tsou²¹⁴	tsʰou⁵¹	kou⁵⁵	kou²¹⁴	kou⁵¹	kʰou²¹⁴	nou²¹⁴老 ou²¹⁴新	xou⁵¹
密云	tsou²¹³	tsʰou⁵¹	kou⁵⁵	kou²¹³	kou⁵¹	kʰou²¹³	nou²¹³	xou⁵¹
顺义	tsou²¹⁴	tsʰou⁵¹	kou⁵⁵	kou²¹⁴	kou⁵¹	kʰou²¹⁴	ou²¹⁴	xou⁵¹
延庆	tsou²¹⁴	tsʰou⁵³	kou⁴²	kou²¹⁴	kou⁵³	kʰou²¹⁴	ŋou²¹⁴	xou⁵³
平谷	tsou²¹³	tsʰou⁵¹	kou³⁵	kou²¹³	kou⁵¹	kʰou²¹³	nou²¹³	xou⁵¹

	0345 厚	0346 富	0347 副	0348 浮	0349 妇	0350 流	0351 酒	0352 修
	流开一上厚匣	流开三去宥非	流开三去宥敷	流开三平尤奉	流开三上有奉	流开三平尤来	流开三上有精	流开三平尤心
西城	xou⁵¹	fu⁵¹	fu⁵¹	fu³⁵	fu⁵¹	liou³⁵	tɕiou²¹⁴	ɕiou⁵⁵
通州	xou⁵¹	fu⁵¹	fu⁵¹	fu³⁵	fu⁵¹	liou³⁵	tɕiou²¹⁴	ɕiou⁵⁵
大兴	xou⁵¹	fu⁵¹	fu⁵¹	fu³⁵	fu⁵¹	liou³⁵	tɕiou²¹⁴	ɕiou⁵⁵
房山	xou⁵¹	fu⁵¹	fu⁵¹	fu³⁵	fu⁵¹	liou³⁵	tɕiou²¹⁴	ɕiou⁵⁵
门头沟	xou⁵¹	fu⁵¹	fu⁵¹	fu³⁵	fu⁵¹	liou³⁵	tɕiou²¹⁴	ɕiou⁵⁵
昌平	xou⁵¹	fu⁵¹	fu⁵¹	fu³⁵	fu⁵¹	liou³⁵	tɕiou²¹⁴	ɕiou⁵⁵
怀柔	xou⁵¹	fu⁵¹	fu⁵¹	fu³⁵	fu⁵¹	liou³⁵	tɕiou²¹⁴	ɕiou⁵⁵
密云	xou⁵¹	fu⁵¹	fu⁵¹	fu³⁵	fu⁵¹	liou³⁵	tɕiou²¹³	ɕiou⁵⁵
顺义	xou⁵¹	fu⁵¹	fu⁵¹	fu³⁵	fu⁵¹	liou³⁵	tɕiou²¹⁴	ɕiou⁵⁵
延庆	xou⁵³	fu⁵³	fu⁵³	fu³⁵	fu⁵³	liou³⁵	tɕiou²¹⁴	ɕiou⁴²
平谷	xou⁵¹	fu⁵¹	fu⁵¹	fu⁵⁵	fu⁵¹	liou⁵⁵	tɕiou²¹³	ɕiou³⁵

	0353 袖	0354 抽	0355 绸	0356 愁	0357 瘦	0358 州	0359 臭香~	0360 手
	流开三去宥邪	流开三平尤彻	流开三平尤澄	流开三平尤崇	流开三去宥生	流开三平尤章	流开三去宥昌	流开三上有书
西城	ɕiou⁵¹	tʂʰou⁵⁵	tʂʰou³⁵	tʂʰou³⁵	ʂou⁵¹	tʂou⁵⁵	tʂʰou⁵¹	ʂou²¹⁴
通州	ɕiou⁵¹	tʂʰou⁵⁵	tʂʰou³⁵	tʂʰou³⁵	ʂou⁵¹	tʂou⁵⁵	tʂʰou⁵¹	ʂou²¹⁴
大兴	ɕiou⁵¹	tʂʰou⁵⁵	tʂʰou³⁵	tʂʰou³⁵	ʂou⁵¹	tʂou⁵⁵	tʂʰou⁵¹	ʂou²¹⁴
房山	ɕiou⁵¹	tʂʰou⁵⁵	tʂʰou³⁵	tʂʰou³⁵	ʂou⁵¹	tʂou⁵⁵	tʂʰou⁵¹	ʂou²¹⁴
门头沟	ɕiou⁵¹	tʂʰou⁵⁵	tʂʰou³⁵	tʂʰou³⁵	ʂou⁵¹	tʂou⁵⁵	tʂʰou⁵¹	ʂou²¹⁴
昌平	ɕiou⁵¹	tʂʰou⁵⁵	tʂʰou³⁵	tʂʰou³⁵	ʂou⁵¹	tʂou⁵⁵	tʂʰou⁵¹	ʂou²¹⁴
怀柔	ɕiou⁵¹	tʂʰou⁵⁵	tʂʰou³⁵	tʂʰou³⁵	ʂou⁵¹	tʂou⁵⁵	tʂʰou⁵¹	ʂou²¹⁴
密云	ɕiou⁵¹	tʂʰou⁵⁵	tʂʰou³⁵	tʂʰou³⁵	ʂou⁵¹	tʂou⁵⁵	tʂʰou⁵¹	ʂou²¹³
顺义	ɕiou⁵¹	tʂʰou⁵⁵	tʂʰou³⁵	tʂʰou³⁵	ʂou⁵¹	tʂou⁵⁵	tʂʰou⁵¹	ʂou²¹⁴
延庆	ɕiou⁵³	tʂʰou⁴²	tʂʰou⁵⁵	tʂʰou⁵⁵	ʂou⁵³	tʂou⁴²	tʂʰou⁵³	ʂou²¹⁴
平谷	ɕiou⁵¹	tʂʰou³⁵	tʂʰou⁵⁵	tʂʰou⁵⁵	ʂou⁵¹	tʂou³⁵	tʂʰou⁵¹	ʂou²¹³

	0361 寿	0362 九	0363 球	0364 舅	0365 旧	0366 牛	0367 休	0368 优
	流开三去宥禅	流开三上有见	流开三平尤群	流开三上有群	流开三去宥群	流开三平尤疑	流开三平尤晓	流开三平尤影
西城	ʂou⁵¹	tɕiou²¹⁴	tɕʰiou³⁵	tɕiou⁵¹	tɕiou⁵¹	niou³⁵	ɕiou⁵⁵	iou⁵⁵
通州	ʂou⁵¹	tɕiou²¹⁴	tɕʰiou³⁵	tɕiou⁵¹	tɕiou⁵¹	niou³⁵	ɕiou⁵⁵	iou⁵⁵
大兴	ʂou⁵¹	tɕiou²¹⁴	tɕʰiou³⁵	tɕiou⁵¹	tɕiou⁵¹	ȵiou³⁵	ɕiou⁵⁵	iou⁵⁵
房山	ʂou⁵¹	tɕiou²¹⁴	tɕʰiou³⁵	tɕiou⁵¹	tɕiou⁵¹	niou³⁵	ɕiou⁵⁵	iou⁵⁵
门头沟	ʂou⁵¹	tɕiou²¹⁴	tɕʰiou³⁵	tɕiou⁵¹	tɕiou⁵¹	niou³⁵	ɕiou⁵⁵	iou⁵⁵
昌平	ʂou⁵¹	tɕiou²¹⁴	tɕʰiou³⁵	tɕiou⁵¹	tɕiou⁵¹	niou³⁵	ɕiou⁵⁵	iou⁵⁵
怀柔	ʂou⁵¹	tɕiou²¹⁴	tɕʰiou³⁵	tɕiou⁵¹	tɕiou⁵¹	niou³⁵	ɕiou⁵⁵	iou⁵⁵
密云	ʂou⁵¹	tɕiou²¹³	tɕʰiou³⁵	tɕiou⁵¹	tɕiou⁵¹	ȵiou³⁵	ɕiou⁵⁵	iou⁵⁵
顺义	ʂou⁵¹	tɕiou²¹⁴	tɕʰiou³⁵	tɕiou⁵¹	tɕiou⁵¹	niou³⁵	ɕiou⁵⁵	iou⁵⁵
延庆	ʂou⁵³	tɕiou²¹⁴	tɕʰiou⁵⁵	tɕiou⁵³	tɕiou⁵³	ȵiou⁵⁵	ɕiou⁴²	iou⁴²
平谷	ʂou⁵¹	tɕiou²¹³	tɕʰiou⁵⁵	tɕiou⁵¹	tɕiou⁵¹	niou⁵⁵	ɕiou³⁵	iou³⁵

第二章　字音对照

	0369 有 流开三 上有云	0370 右 流开三 去宥云	0371 油 流开三 平尤以	0372 丢 流开三 平幽端	0373 幼 流开三 去幼影	0374 贪 咸开一 平覃透	0375 潭 咸开一 平覃定	0376 南 咸开一 平覃泥
西城	iou^{214}	iou^{51}	iou^{35}	tiou^{55}	iou^{51}	t^{h}an^{55}	t^{h}an^{35}	nan^{35}
通州	iou^{214}	iou^{51}	iou^{35}	tiou^{55}	iou^{51}	t^{h}an^{55}	t^{h}an^{35}	nan^{35}
大兴	iou^{214}	iou^{51}	iou^{35}	tiou^{55}	iou^{51}	t^{h}an^{55}	t^{h}an^{35}	nan^{35}
房山	iou^{214}	iou^{51}	iou^{35}	tiou^{55}	iou^{51}	t^{h}an^{55}	t^{h}an^{35}	nan^{35}
门头沟	iou^{214}	iou^{51}	iou^{35}	tiou^{55}	iou^{51}	t^{h}an^{55}	t^{h}an^{35}	nan^{35}
昌平	iou^{214}	iou^{51}	iou^{35}	tiou^{55}	iou^{51}	t^{h}an^{55}	t^{h}an^{35}	nan^{35}
怀柔	iou^{214}	iou^{51}	iou^{35}	tiou^{55}	iou^{51}	t^{h}an^{55}	t^{h}an^{35}	nan^{35}
密云	iou^{213}	iou^{51}	iou^{35}	tiou^{55}	iou^{51}	t^{h}an^{55}	t^{h}an^{35}	nan^{35}
顺义	iou^{214}	iou^{51}	iou^{35}	tiou^{55}	iou^{51}	t^{h}an^{55}	t^{h}an^{35}	nan^{35}
延庆	iou^{214}	iou^{53}	iou^{55}	tiou^{42}	iou^{53}	t^{h}an^{42}	t^{h}an^{55}	nan^{55}
平谷	iou^{213}	iou^{51}	iou^{55}	tiou^{35}	iou^{51}	t^{h}an^{35}	t^{h}an^{35}	nan^{55}

	0377 蚕 咸开一 平覃从	0378 感 咸开一 上感见	0379 含 ~一口水 咸开一 平覃匣	0380 暗 咸开一 去勘影	0381 搭 咸开一 入合端	0382 踏 咸开一 入合透	0383 拉 咸开一 入合来	0384 杂 咸开一 入合从
西城	ts^{h}an^{35}	kan^{214}	xan^{35}	an^{51}	ta^{55}	t^{h}a^{51}	la^{55}	tsa^{35}
通州	ts^{h}an^{35}	kan^{214}	xan^{35}	an^{51}	ta^{55}	t^{h}a^{51}	la^{55}	tsa^{35}
大兴	ts^{h}an^{35}	kan^{214}	xan^{35}	an^{51}	ta^{55}	t^{h}a^{51}	la^{55}	tsa^{35}
房山	ts^{h}an^{35}	kan^{214}	xan^{35}	ŋan^{51}	ta^{55}	t^{h}a^{51} 又 t^{h}a^{55} 又	la^{55}	tsa^{35}
门头沟	ts^{h}an^{35}	kan^{214}	xan^{35}	ŋan^{51}	ta^{55}	t^{h}a^{35}	la^{55}	tsa^{35}
昌平	ts^{h}an^{35}	kan^{214}	xan^{35}	an^{51}	ta^{55}	t^{h}a^{51}	la^{55}	tsa^{35}
怀柔	ts^{h}an^{35}	kan^{214}	xan^{35}	nan^{51} 老 an^{51} 新	ta^{55}	t^{h}a^{51}	la^{55}	tsa^{35}
密云	ts^{h}an^{35}	kan^{213}	xan^{35}	nan^{51}	ta^{55}	t^{h}a^{51}	la^{55}	tsa^{35}
顺义	ts^{h}an^{35}	kan^{214}	xan^{35}	an^{51}	ta^{55}	t^{h}a^{51}	la^{55}	tsa^{35}
延庆	ts^{h}an^{55}	kan^{214}	xan^{55}	ŋan^{53}	ta^{42}	t^{h}a^{42} ~实 t^{h}a^{214} ~板 t^{h}a^{53} ~板	la^{42} ~车 la^{55} ~口子	tsa^{55}
平谷	ts^{h}an^{55}	kan^{213}	xan^{55}	nan^{51}	ta^{35}	t^{h}a^{35} ~实 t^{h}a^{51} ~步	la^{35} ~车 la^{213} 半~儿	tsa^{55}

	0385 鸽 咸开一入合见	0386 盒 咸开一入合匣	0387 胆 咸开一上敢端	0388 毯 咸开一上敢透	0389 淡 咸开一上敢定	0390 蓝 咸开一平谈来	0391 三 咸开一平谈心	0392 甘 咸开一平谈见
西城	kɤ⁵⁵	xɤ³⁵	tan²¹⁴	tʰan²¹⁴	tan⁵¹	lan³⁵	san⁵⁵	kan⁵⁵
通州	kɤ⁵⁵	xɤ³⁵	tan²¹⁴	tʰan²¹⁴	tan⁵¹	lan³⁵	san⁵⁵	kan⁵⁵
大兴	kɤ⁵⁵	xɤ³⁵	tan²¹⁴	tʰan²¹⁴	tan⁵¹	lan³⁵	san⁵⁵	kan⁵⁵
房山	kɤ⁵⁵	xɤ³⁵	tan²¹⁴	tʰan²¹⁴	tan⁵¹	lan³⁵	san⁵⁵	kan⁵⁵
门头沟	kɤ⁵⁵	xɤ³⁵	tan²¹⁴	tʰan²¹⁴	tan⁵¹	lan³⁵	san⁵⁵	kan⁵⁵
昌平	kɤ⁵⁵	xɤ³⁵	tan²¹⁴	tʰan²¹⁴	tan⁵¹	lan³⁵	san⁵⁵	kan⁵⁵
怀柔	kə⁵⁵	xə³⁵	tan²¹⁴	tʰan²¹⁴	tan⁵¹	lan³⁵	san⁵⁵	kan⁵⁵
密云	kɤ⁵⁵	xɤ³⁵	tan²¹³	tʰan²¹³	tan⁵¹	lan³⁵	san⁵⁵	kan⁵⁵
顺义	kɤ⁵⁵	xɤ³⁵	tan²¹⁴	tʰan²¹⁴	tan⁵¹	lan³⁵	san⁵⁵	kan⁵⁵
延庆	kɤ⁴²	xɤ⁵⁵	tan²¹⁴	tʰan²¹⁴	tan⁵³	lan⁵⁵	san⁴²	kan⁴²
平谷	kɤ³⁵	xɤ⁵⁵	tan²¹³	tʰan²¹³	tan⁵¹	lan⁵⁵	san³⁵	kan³⁵

	0393 敢 咸开一上敢见	0394 喊 咸开一上敢晓	0395 塔 咸开一入盍透	0396 蜡 咸开一入盍来	0397 赚 咸开二去陷澄	0398 杉~木 咸开二平咸生	0399 减 咸开二上赚见	0400 咸~淡 咸开二平咸匣
西城	kan²¹⁴	xan²¹⁴	tʰa²¹⁴	la⁵¹	tṣuan⁵¹	ṣan⁵⁵	tɕian²¹⁴	ɕian³⁵
通州	kan²¹⁴	xan²¹⁴	tʰa²¹⁴	la⁵¹	tṣuan⁵¹	ṣan⁵⁵	tɕian²¹⁴	ɕian³⁵
大兴	kan²¹⁴	xan²¹⁴	tʰa²¹⁴	la⁵¹	tṣuan⁵¹	ṣan⁵⁵	tɕian²¹⁴	ɕian³⁵
房山	kan²¹⁴	xan²¹⁴	tʰa²¹⁴	la⁵¹	tṣuan⁵¹	ṣan⁵⁵	tɕian²¹⁴	ɕian³⁵
门头沟	kan²¹⁴	xan²¹⁴	tʰa²¹⁴	la⁵¹	tṣuan⁵¹	ṣan⁵⁵	tɕian²¹⁴	ɕian³⁵
昌平	kan²¹⁴	xan²¹⁴	tʰa²¹⁴	la⁵¹	tṣuan⁵¹	ṣa⁵⁵	tɕian²¹⁴	ɕian³⁵
怀柔	kan²¹⁴	xan²¹⁴	tʰa²¹⁴	la⁵¹	tṣuan⁵¹	ṣa⁵⁵	tɕian²¹⁴	ɕian³⁵
密云	kan²¹³	xan²¹³	tʰa²¹³	la⁵¹	tṣuan⁵¹	ṣan⁵⁵	tɕian²¹³	ɕian³⁵
顺义	kan²¹⁴	xan²¹⁴	tʰa²¹⁴	la⁵¹	tṣuan⁵¹	ṣan⁵⁵	tɕian²¹⁴	ɕian³⁵
延庆	kan²¹⁴	xan²¹⁴	tʰa²¹⁴	la⁵³	tṣuan⁵³	（无）	tɕian²¹⁴	ɕian⁵⁵
平谷	kan²¹³	xan²¹³	tʰa²¹³	la⁵¹	tṣuan⁵¹	ṣa³⁵老 ṣan³⁵新	tɕian²¹³	ɕian⁵⁵

第二章　字音对照

	0401 插	0402 闸	0403 夹~子	0404 衫	0405 监	0406 岩	0407 甲	0408 鸭
	咸开二入洽初	咸开二入洽崇	咸开二入洽见	咸开二平衔生	咸开二平衔见	咸开二平衔疑	咸开二入狎见	咸开二入狎影
西城	tʂʰa⁵⁵	tʂa³⁵	tɕia⁵⁵	ʂan⁵⁵	tɕian⁵⁵	ian³⁵	tɕia²¹⁴	ia⁵⁵
通州	tʂʰa⁵⁵	tʂa³⁵	tɕia⁵⁵	ʂan⁵⁵	tɕian⁵⁵	ian³⁵	tɕia²¹⁴	ia⁵⁵
大兴	tʂʰa⁵⁵	tʂa³⁵	tɕia⁵⁵	ʂan⁵⁵	tɕian⁵⁵	ian³⁵	tɕia²¹⁴	ia⁵⁵
房山	tʂʰa⁵⁵	tʂa³⁵	tɕia⁵⁵	ʂan⁵⁵	tɕian⁵⁵	ian³⁵	tɕia²¹⁴	ia⁵⁵
门头沟	tʂʰa⁵⁵	tʂa³⁵	tɕia⁵⁵	ʂan⁵⁵	tɕian⁵⁵	ian³⁵	tɕia²¹⁴	ia⁵⁵
昌平	tʂʰa⁵⁵	tʂa³⁵	tɕia⁵⁵	ʂan⁵⁵	tɕian⁵⁵	ian³⁵	tɕia²¹⁴	ia⁵⁵
怀柔	tʂʰa⁵⁵	tʂa³⁵	tɕia⁵⁵	ʂan⁵⁵	tɕian⁵⁵	ian³⁵	tɕia²¹⁴	ia⁵⁵
密云	tʂʰa⁵⁵	tʂa³⁵	tɕia⁵⁵	ʂan⁵⁵	tɕian⁵⁵	ian³⁵	tɕia²¹³	ia⁵⁵
顺义	tʂʰa⁵⁵	tʂa³⁵	tɕia⁵⁵	ʂan⁵⁵	tɕian⁵⁵	ian³⁵	tɕia²¹⁴	ia⁵⁵
延庆	tʂʰa⁴²	tʂa⁵⁵	tɕia⁴²	ʂan⁴²	tɕian⁴²	ian⁵⁵	tɕia²¹⁴	ia⁴²
平谷	tʂʰa³⁵ ~人 tʂʰa²¹³ ~空儿	tʂa⁵⁵	tɕia³⁵	ʂan³⁵	tɕian³⁵	ian⁵⁵	tɕia²¹³	ia³⁵

	0409 黏~液	0410 尖	0411 签~名	0412 占~领	0413 染	0414 钳	0415 验	0416 险
	咸开三平盐泥	咸开三平盐精	咸开三平盐清	咸开三去艳章	咸开三上琰日	咸开三平盐群	咸开三去艳疑	咸开三上琰晓
西城	nian³⁵	tɕian⁵⁵	tɕʰian⁵⁵	tʂan⁵¹	ʐan²¹⁴	tɕʰian³⁵	ian⁵¹	ɕian²¹⁴
通州	nian³⁵	tɕian⁵⁵	tɕʰian⁵⁵	tʂan⁵¹	ʐan²¹⁴	tɕʰian³⁵	ian⁵¹	ɕian²¹⁴
大兴	ȵian³⁵	tɕian⁵⁵	tɕʰian⁵⁵	tʂan⁵¹	ʐan²¹⁴	tɕʰian³⁵	ian⁵¹	ɕian²¹⁴
房山	nian³⁵	tɕian⁵⁵	tɕʰian⁵⁵	tʂan⁵¹	ʐan²¹⁴	tɕʰian³⁵	ian⁵¹	ɕian²¹⁴
门头沟	nian³⁵	tɕian⁵⁵	tɕʰian⁵⁵	tʂan⁵¹	ʐan²¹⁴	tɕʰian³⁵	ian⁵¹	ɕian²¹⁴
昌平	nian³⁵	tɕian⁵⁵	tɕʰian⁵⁵	tʂan⁵¹	ʐan²¹⁴	tɕʰian³⁵	ian⁵¹	ɕian²¹⁴
怀柔	nian³⁵	tɕian⁵⁵	tɕʰian⁵⁵	tʂan⁵¹	ʐan²¹⁴	tɕʰian³⁵	ian⁵¹	ɕian²¹⁴
密云	ȵian³⁵	tɕian⁵⁵	tɕʰian⁵⁵	tʂan⁵¹	ʐan²¹³	tɕʰian³⁵	ian⁵¹	ɕian²¹³
顺义	nian³⁵	tɕian⁵⁵	tɕʰian⁵⁵	tʂan⁵¹	ʐan²¹⁴	tɕʰian³⁵	ian⁵¹	ɕian²¹⁴
延庆	ȵian⁵⁵	tɕian⁴²	tɕʰian⁴²	tʂan⁵³	ʐan²¹⁴	tɕʰian⁵⁵	ian⁵³	ɕian²¹⁴
平谷	nian⁵⁵	tɕian³⁵	tɕʰian⁵¹	tʂan⁵¹	ʐan²¹³	tɕʰian⁵⁵	ian⁵¹	ɕian²¹³

	0417 厌	0418 炎	0419 盐	0420 接	0421 折~叠	0422 叶树~	0423 剑	0424 欠
	咸开三去艳影	咸开三平盐云	咸开三平盐以	咸开三入叶精	山开三入薛章	咸开三入叶以	咸开三去酽见	咸开三去酽溪
西城	ian⁵¹	ian³⁵	ian³⁵	tɕie⁵⁵	tʂɤ³⁵	ie⁵¹	tɕian⁵¹	tɕʰian⁵¹
通州	ian⁵¹	ian³⁵	ian³⁵	tɕie⁵⁵	tʂɤ³⁵	ie⁵¹	tɕian⁵¹	tɕʰian⁵¹
大兴	ian⁵¹	ian³⁵	ian³⁵	tɕie⁵⁵	tʂɤ³⁵	ie⁵¹	tɕian⁵¹	tɕʰian⁵¹
房山	ian⁵¹	ian³⁵	ian³⁵	tɕie⁵⁵	tʂɤ³⁵	ie⁵¹	tɕian⁵¹	tɕʰian⁵¹
门头沟	ian⁵¹ 讨~ yan⁵¹ ~恶	ian³⁵	ian³⁵	tɕie⁵⁵	tʂɤ³⁵	ie⁵¹	tɕian⁵¹	tɕʰian⁵¹
昌平	ian⁵¹	ian³⁵	ian³⁵	tɕie⁵⁵	tʂɤ³⁵	ie⁵¹	tɕian⁵¹	tɕʰian⁵¹
怀柔	ian⁵¹	ian³⁵	ian³⁵	tɕie⁵⁵	tʂə³⁵	ie⁵¹	tɕian⁵¹	tɕʰian⁵¹
密云	ian⁵¹	ian³⁵	ian³⁵	tɕie⁵⁵	tʂɤ³⁵	ie⁵¹	tɕian⁵¹	tɕʰian⁵¹
顺义	ian⁵¹	ian³⁵	ian³⁵	tɕie⁵⁵	tʂɤ³⁵	ie⁵¹	tɕian⁵¹	tɕʰian⁵¹
延庆	ian⁵³	ian⁵⁵	ian⁵⁵	tɕie⁴²	tʂɤ⁵⁵	ie⁵³	tɕian⁵³	tɕʰian⁵³
平谷	ian⁵¹	ian³⁵	ian⁵⁵	tɕie³⁵	tʂɤ⁵⁵	ie⁵¹	tɕian⁵¹	tɕʰian⁵¹

	0425 严	0426 业	0427 点	0428 店	0429 添	0430 甜	0431 念	0432 嫌
	咸开三平严疑	咸开三入业疑	咸开四上忝端	咸开四去椓端	咸开四平添透	咸开四平添定	咸开四去椓泥	咸开四平添匣
西城	ian³⁵	ie⁵¹	tian²¹⁴	tian⁵¹	tʰian⁵⁵	tʰian³⁵	nian⁵¹	ɕian³⁵
通州	ian³⁵	ie⁵¹	tian²¹⁴	tian⁵¹	tʰian⁵⁵	tʰian³⁵	nian⁵¹	ɕian³⁵
大兴	ian³⁵	ie⁵¹	tian²¹⁴	tian⁵¹	tʰian⁵⁵	tʰian³⁵	ɲian⁵¹	ɕian³⁵
房山	ian³⁵	ie⁵¹	tian²¹⁴	tian⁵¹	tʰian⁵⁵	tʰian³⁵	nian⁵¹	ɕian³⁵
门头沟	ian³⁵	ie⁵¹	tian²¹⁴	tian⁵¹	tʰian⁵⁵	tʰian³⁵	nian⁵¹	ɕian³⁵
昌平	ian³⁵	ie⁵¹	tian²¹⁴	tian⁵¹	tʰian⁵⁵	tʰian³⁵	nian⁵¹	ɕian³⁵
怀柔	ian³⁵	ie⁵¹	tian²¹⁴	tian⁵¹	tʰian⁵⁵	tʰian³⁵	nian⁵¹	ɕian³⁵
密云	ian³⁵	ie⁵¹	tian²¹³	tian⁵¹	tʰian⁵⁵	tʰian³⁵	ɲian⁵¹	ɕian³⁵
顺义	ian³⁵	ie⁵¹	tian²¹⁴	tian⁵¹	tʰian⁵⁵	tʰian³⁵	nian⁵¹	ɕian³⁵
延庆	ian⁵⁵	ie⁵³	tian²¹⁴	tian⁵³	tʰian⁴²	tʰian⁵⁵	ɲian⁵³	ɕian⁵⁵
平谷	ian⁵⁵	ie⁵¹	tian²¹³	tian⁵¹	tʰian³⁵	tʰian⁵⁵	nian⁵¹	ɕian⁵⁵

	0433 跌	0434 贴	0435 碟	0436 协	0437 犯	0438 法	0439 品	0440 林
	咸开四入帖端	咸开四入帖透	咸开四入帖定	咸开四入帖匣	咸合三上范奉	咸合三入乏非	深开三上寝滂	深开三平侵来
西城	tie^{55}	t^{h}ie^{55}	tie^{35}	çie^{35}	fan^{51}	fa^{214} 办~ / fa^{51} ~国	p^{h}in^{214}	lin^{35}
通州	tie^{55}	t^{h}ie^{55}	tie^{35}	çie^{35}	fan^{51}	fa^{214} 办~ / fa^{35} 没~子	p^{h}in^{214}	lin^{35}
大兴	tie^{55}	t^{h}ie^{55}	tie^{35}	çie^{35}	fan^{51}	fa^{214}	p^{h}in^{214}	lin^{35}
房山	tie^{35}	t^{h}ie^{55}	tie^{35}	çie^{35}	fan^{51}	fa^{214}	p^{h}in^{214}	lin^{35}
门头沟	tie^{35}	t^{h}ie^{55}	tie^{35}	çie^{35}	fan^{51}	fa^{214}	p^{h}in^{214}	lin^{35}
昌平	tie^{55} ~倒 / tie^{35} ~打丸	t^{h}ie^{55}	tie^{35}	çie^{35}	fan^{51}	fa^{214}	p^{h}in^{214}	lin^{35}
怀柔	tie^{55}	t^{h}ie^{55}	tie^{35}	çie^{35}	fan^{51}	fa^{214}	p^{h}in^{214}	lin^{35}
密云	tie^{35}	t^{h}ie^{55}	tie^{35}	çie^{35}	fan^{51}	fa^{213}	p^{h}in^{213}	lin^{35}
顺义	tie^{55}	t^{h}ie^{55}	tie^{35}	çie^{35}	fan^{51}	fa^{214} 方~ / fa^{51} ~国	p^{h}in^{214}	lin^{35}
延庆	tie^{55}	t^{h}ie^{42}	tie^{55}	çie^{55}	fan^{53}	fa^{214} 方~ / fa^{55} 没~儿	p^{h}in^{214}	lin^{55}
平谷	tie^{35}	t^{h}ie^{35}	tie^{55}	çie^{55}	fan^{51}	fa^{213} 方~ / fa^{55} 没~儿	p^{h}in^{213}	lin^{55}

	0441 浸 深开三去沁精	0442 心 深开三平侵心	0443 寻 深开三平侵邪	0444 沉 深开三平侵澄	0445 参人~ 深开三平侵生	0446 针 深开三平侵章	0447 深 深开三平侵书	0448 任责~ 深开三去沁日
西城	tɕʰin²¹⁴ ~湿 tɕin⁵¹ ~泡	ɕin⁵⁵	ɕyn³⁵	tʂʰən³⁵	ʂən⁵⁵	tʂən⁵⁵	ʂən⁵⁵	ʐən⁵¹
通州	tɕʰin⁵¹ 又 tɕin⁵¹ 又	ɕin⁵⁵	ɕyn³⁵	tʂʰən³⁵	ʂən⁵⁵	tʂən⁵⁵	ʂən⁵⁵	ʐən⁵¹
大兴	tɕin⁵¹	ɕin⁵⁵	ɕyn³⁵	tʂʰən³⁵	ʂən⁵⁵	tʂən⁵⁵	ʂən⁵⁵	ʐən⁵¹
房山	tɕʰin²¹⁴	ɕin⁵⁵	ɕin³⁵ 老 ɕyn³⁵ 新	tʂʰən³⁵	ʂən⁵⁵	tʂən⁵⁵	ʂən⁵⁵	ʐən⁵¹
门头沟	tɕʰin²¹⁴	ɕin⁵⁵	ɕyn³⁵	tʂʰən³⁵	ʂən⁵⁵	tʂən⁵⁵	ʂən⁵⁵	ʐən⁵¹
昌平	tɕin⁵¹	ɕin⁵⁵	ɕyn³⁵	tʂʰən³⁵	ʂən⁵⁵	tʂən⁵⁵	ʂən⁵⁵	ʐən⁵¹
怀柔	tɕin⁵¹	ɕin⁵⁵	ɕin³⁵ 老 ɕyn³⁵ 新	tʂʰən³⁵	ʂən⁵⁵	tʂən⁵⁵	ʂən⁵⁵	ʐən⁵¹
密云	tɕin⁵¹	ɕin⁵⁵	ɕyn³⁵	tʂʰən³⁵	ʂən⁵⁵	tʂən⁵⁵	ʂən⁵⁵	ʐən⁵¹
顺义	tɕin⁵¹	ɕin⁵⁵	ɕyn³⁵ ~找 ɕin³⁵ ~思	tʂʰən³⁵	ʂən⁵⁵	tʂən⁵⁵	ʂən⁵⁵	ʐən⁵¹
延庆	tɕin²¹⁴	ɕin⁴²	ɕyən⁵⁵	tʂʰən⁵⁵	ʂən⁴²	tʂən⁴²	tʂʰən⁴² 白 ʂən⁴² 文	ʐən⁵³
平谷	tɕin⁵¹	ɕin³⁵	ɕyn⁵⁵	tʂʰən⁵⁵ ~太 tʂʰən⁵¹ ~底儿	ʂən³⁵	tʂən³⁵	ʂən³⁵	ʐən⁵¹

	0449 金	0450 琴	0451 音	0452 立	0453 集	0454 习	0455 汁	0456 十
	深开三平侵见	深开三平侵群	深开三平侵影	深开三入缉来	深开三入缉从	深开三入缉邪	深开三入缉章	深开三入缉禅
西城	tɕin⁵⁵	tɕʰin³⁵	in⁵⁵	li⁵¹	tɕi³⁵	ɕi³⁵	tʂʅ⁵⁵	ʂʅ³⁵
通州	tɕin⁵⁵	tɕʰin³⁵	in⁵⁵	li⁵¹	tɕi³⁵	ɕi³⁵	tʂʅ⁵⁵	ʂʅ³⁵
大兴	tɕin⁵⁵	tɕʰin³⁵	in⁵⁵	li⁵¹	tɕi³⁵	ɕi³⁵	tʂʅ⁵⁵	ʂʅ³⁵
房山	tɕin⁵⁵	tɕʰin³⁵	in⁵⁵	li⁵¹	tɕi³⁵	ɕi³⁵	tʂʅ⁵⁵	ʂʅ³⁵
门头沟	tɕin⁵⁵	tɕʰin³⁵	in⁵⁵	li⁵¹	tɕi³⁵	ɕi³⁵	tʂʅ⁵⁵	ʂʅ³⁵
昌平	tɕin⁵⁵	tɕʰin³⁵	in⁵⁵	li⁵¹	tɕi³⁵	ɕi³⁵	tʂʅ⁵⁵	ʂʅ³⁵
怀柔	tɕin⁵⁵	tɕʰin³⁵	in⁵⁵	li⁵¹	tɕi³⁵	ɕi³⁵	tʂʅ⁵⁵	ʂʅ³⁵
密云	tɕin⁵⁵	tɕʰin³⁵	in⁵⁵	li⁵¹	tɕi³⁵	ɕi³⁵	tʂʅ⁵⁵	ʂʅ³⁵
顺义	tɕin⁵⁵	tɕʰin³⁵	in⁵⁵	li⁵¹	tɕi³⁵	ɕi³⁵	tʂʅ⁵⁵	ʂʅ³⁵
延庆	tɕin⁴²	tɕʰin⁵⁵	in⁴²	li⁵³	tɕi⁵⁵	ɕi⁵⁵	tʂʅ⁴²	ʂʅ⁵⁵
平谷	tɕin³⁵	tɕʰin⁵⁵	in³⁵	li⁵¹	tɕi⁵⁵	ɕi⁵⁵	tʂʅ³⁵	ʂʅ⁵⁵

	0457 入	0458 急	0459 及	0460 吸	0461 单 ~简~	0462 炭	0463 弹 ~琴	0464 难 ~易
	深开三入缉日	深开三入缉见	深开三入缉群	深开三入缉晓	山开一平寒端	山开一去翰透	山开一平寒定	山开一平寒泥
西城	ʐu⁵¹	tɕi³⁵	tɕi³⁵	ɕi⁵⁵	tan⁵⁵	tʰan⁵¹	tʰan³⁵	nan³⁵
通州	ʐu⁵¹	tɕi³⁵	tɕi³⁵	ɕi⁵⁵	tan⁵⁵	tʰan⁵¹	tʰan³⁵	nan³⁵
大兴	ʐu⁵¹	tɕi³⁵	tɕi³⁵	ɕi⁵⁵	tan⁵⁵	tʰan⁵¹	tʰan³⁵	nan³⁵
房山	ʐu⁵¹	tɕi³⁵	tɕi³⁵	ɕi⁵⁵	tan⁵⁵	tʰan⁵¹	tʰan³⁵	nan³⁵
门头沟	ʐu⁵¹	tɕi³⁵	tɕi³⁵	ɕi⁵⁵	tan⁵⁵	tʰan⁵¹	tʰan³⁵	nan³⁵
昌平	ʐu⁵¹	tɕi³⁵	tɕi³⁵	ɕi⁵⁵	tan⁵⁵	tʰan⁵¹	tʰan³⁵	nan³⁵
怀柔	ʐu⁵¹	tɕi³⁵	tɕi³⁵	ɕi⁵⁵	tan⁵⁵	tʰan⁵¹	tʰan³⁵	nan³⁵
密云	ʐu⁵¹	tɕi³⁵	tɕi³⁵	ɕi⁵⁵	tan⁵⁵	tʰan⁵¹	tʰan³⁵	nan³⁵
顺义	ʐu⁵¹	tɕi³⁵	tɕi³⁵	ɕi⁵⁵	tan⁵⁵	tʰan⁵¹	tʰan³⁵	nan³⁵
延庆	ʐu⁵³	tɕi⁵⁵	tɕi⁴²	ɕi⁴²	tan⁴²	tʰan⁵³	tʰan⁵⁵	nan⁵⁵
平谷	ʐu⁵¹	tɕi⁵⁵	tɕi⁵⁵	ɕi³⁵	tan³⁵	tʰan⁵¹	tʰan⁵⁵	nan⁵⁵

	0465 兰	0466 懒	0467 烂	0468 伞	0469 肝	0470 看~见	0471 岸	0472 汉
	山开一平寒来	山开一上旱来	山开一去翰来	山开一上旱心	山开一平寒见	山开一去翰溪	山开一去翰疑	山开一去翰晓
西城	lan³⁵	lan²¹⁴	lan⁵¹	san²¹⁴	kan⁵⁵	kʰan⁵¹	an⁵¹	xan⁵¹
通州	lan³⁵	lan²¹⁴	lan⁵¹	san²¹⁴	kan⁵⁵	kʰan⁵¹	an⁵¹	xan⁵¹
大兴	lan³⁵	lan²¹⁴	lan⁵¹	san²¹⁴	kan⁵⁵	kʰan⁵¹	an⁵¹	xan⁵¹
房山	lan³⁵	lan²¹⁴	lan⁵¹	san²¹⁴	kan⁵⁵	kʰan⁵¹	ŋan⁵¹	xan⁵¹
门头沟	lan³⁵	lan²¹⁴	lan⁵¹	san²¹⁴	kan⁵⁵	kʰan⁵¹	an⁵¹	xan⁵¹
昌平	lan³⁵	lan²¹⁴	lan⁵¹	san²¹⁴	kan⁵⁵	kʰan⁵¹	an⁵¹	xan⁵¹
怀柔	lan³⁵	lan²¹⁴	lan⁵¹	san²¹⁴	kan⁵⁵	kʰan⁵¹	nan⁵¹老 an⁵¹新	xan⁵¹
密云	lan³⁵	lan²¹³	lan⁵¹	san²¹³	kan⁵⁵	kʰan⁵¹	an⁵¹	xan⁵¹
顺义	lan³⁵	lan²¹⁴	lan⁵¹	san²¹⁴	kan⁵⁵	kʰan⁵¹	an⁵¹	xan⁵¹
延庆	lan⁵⁵	lan²¹⁴	lan⁵³	san²¹⁴	kan⁴²	kʰan⁵³	ŋan⁵³	xan⁵³
平谷	lan⁵⁵	lan²¹³	lan⁵¹	san²¹³	kan³⁵	kʰan⁵¹	an⁵¹	xan⁵¹

	0473 汗	0474 安	0475 达	0476 辣	0477 擦	0478 割	0479 渴	0480 扮
	山开一去翰匣	山开一平寒影	山开一入曷定	山开一入曷来	山开一入曷清	山开一入曷见	山开一入曷溪	山开二去裥帮
西城	xan⁵¹	an⁵⁵	ta³⁵	la⁵¹	tsʰa⁵⁵	kɤ³⁵又 kɤ⁵⁵又	kʰɤ²¹⁴	pan⁵¹
通州	xan⁵¹	an⁵⁵	ta³⁵	la⁵¹	tsʰa⁵⁵	kɤ⁵⁵	kʰɤ²¹⁴	pan⁵¹
大兴	xan⁵¹	an⁵⁵	ta³⁵	la⁵¹	tsʰa⁵⁵	kɤ⁵⁵	kʰɤ²¹⁴	pan⁵¹
房山	xan⁵¹	ŋan⁵⁵	ta³⁵	la⁵¹	tsʰa⁵⁵	kɤ⁵⁵	kʰɤ²¹⁴	pan⁵¹
门头沟	xan⁵¹	an⁵⁵	ta³⁵	la⁵¹	tsʰa⁵⁵	kɤ³⁵	kʰɤ²¹⁴	pan⁵¹
昌平	xan⁵¹	an⁵⁵	ta³⁵	la⁵¹	tsʰa⁵⁵	kɤ⁵⁵	kʰɤ²¹⁴	pan⁵¹
怀柔	xan⁵¹	nan⁵⁵老 an⁵⁵新	ta³⁵	la⁵¹	tsʰa⁵⁵	kə⁵⁵	kʰə²¹⁴	pan⁵¹
密云	xan⁵¹	nan⁵⁵	ta³⁵	la⁵¹	tsʰa⁵⁵	kɤ⁵⁵	kʰɤ²¹³	pan⁵¹
顺义	xan⁵¹	an⁵⁵	ta³⁵	la⁵¹	tsʰa⁵⁵	kɤ⁵⁵	kʰɤ²¹⁴	pan⁵¹
延庆	xan⁵³	ŋan⁴²	ta⁵⁵	la⁵³	tsʰa⁴²	kɤ⁴²	kʰɤ⁴²	pan⁵³
平谷	xan⁵¹	nan³⁵	ta⁵⁵	la⁵¹	tsʰa³⁵	kɤ³⁵	kʰɤ²¹³	pan⁵¹

第二章　字音对照

	0481 办	0482 铲	0483 山	0484 产 ~妇	0485 间 房~，一~房	0486 眼	0487 限	0488 八
	山开二去裥並	山开二上产初	山开二平山生	山开二上产生	山开二平山见	山开二上产疑	山开二上产匣	山开二入黠帮
西城	pan^{51}	tṣʰan^{214}	ṣan^{55}	tṣʰan^{214}	tɕian^{55}	ian^{214}	ɕian^{51}	pa^{55}
通州	pan^{51}	tṣʰan^{214}	ṣan^{55}	tṣʰan^{214}	tɕian^{55}	ian^{214}	ɕian^{51}	pa^{55}
大兴	pan^{51}	tṣʰan^{214}	ṣan^{55}	tṣʰan^{214}	tɕian^{55}	ian^{214}	ɕian^{51}	pa^{55}
房山	pan^{51}	tṣʰan^{214}	ṣan^{55}	tṣʰan^{214}	tɕian^{55}	ian^{214}	ɕian^{51}	pa^{55}
门头沟	pan^{51}	tṣʰan^{214}	ṣan^{55}	tṣʰan^{214}	tɕian^{55}	ian^{214}	ɕian^{51}	pa^{55}
昌平	pan^{51}	tṣʰan^{214}	ṣan^{55}	tṣʰan^{214}	tɕian^{55}	ian^{214}	ɕian^{51}	pa^{55}
怀柔	pan^{51}	tṣʰan^{214}	ṣan^{55}	tṣʰan^{214}	tɕian^{55}	ian^{214}	ɕian^{51}	pa^{55}
密云	pan^{51}	tṣʰan^{213}	ṣan^{55}	tṣʰan^{213}	tɕian^{55}	ian^{213}	ɕian^{51}	pa^{55}
顺义	pan^{51}	tṣʰan^{214}	ṣan^{55}	tṣʰan^{214}	tɕian^{55}	ian^{214}	ɕian^{51}	pa^{55}
延庆	pan^{53}	tṣʰan^{214}	ṣan^{42}	tṣʰan^{214}	tɕian^{42}	ian^{214}	ɕian^{53}	pa^{42}
平谷	pan^{51}	tṣʰan^{213}	ṣan^{35}	tṣʰan^{213}	tɕian^{35}	ian^{213}	ɕian^{51}	pa^{35}

	0489 扎	0490 杀	0491 班	0492 板	0493 慢	0494 奸	0495 颜	0496 瞎
	山开二入黠庄	山开二入黠生	山开二平删帮	山开二上潸帮	山开二去谏明	山开二平删见	山开二平删疑	山开二入鎋晓
西城	tṣa^{55}	ṣa^{55}	pan^{55}	pan^{214}	man^{51}	tɕian^{55}	ian^{35}	ɕia^{55}
通州	tṣa^{55}	ṣa^{55}	pan^{55}	pan^{214}	man^{51}	tɕian^{55}	ian^{35}	ɕia^{55}
大兴	tṣa^{55}	ṣa^{55}	pan^{55}	pan^{214}	man^{51}	tɕian^{55}	ian^{35}	ɕia^{55}
房山	tṣa^{55}	ṣa^{55}	pan^{55}	pan^{214}	man^{51}	tɕian^{55}	ian^{35}	ɕia^{55}
门头沟	tṣa^{55}	ṣa^{55}	pan^{55}	pan^{214}	man^{51}	tɕian^{55}	ian^{35}	ɕia^{55}
昌平	tṣa^{55}	ṣa^{55}	pan^{55}	pan^{214}	man^{51}	tɕian^{55}	ian^{35}	ɕia^{55}
怀柔	tṣa^{55}	ṣa^{55}	pan^{55}	pan^{214}	man^{51}	tɕian^{55}	ian^{35}	ɕia^{55}
密云	tṣa^{55}	ṣa^{55}	pan^{55}	pan^{213}	man^{51}	tɕian^{55}	ian^{35}	ɕia^{55}
顺义	tṣa^{55}	ṣa^{55}	pan^{55}	pan^{214}	man^{51}	tɕian^{55}	ian^{35}	ɕia^{55}
延庆	tṣa^{42} ~针 tsa^{42} ~紧	ṣa^{42}	pan^{42}	pan^{214}	man^{53}	tɕian^{42}	ian^{53} 姓 ian^{55} ~色儿	ɕia^{42}
平谷	tṣa^{35} ~针 tṣa^{55} 驻~	ṣa^{35}	pan^{35}	pan^{213}	man^{51}	tɕian^{35}	ian^{55}	ɕia^{35}

	0497 变	0498 骗欺~	0499 便方~	0500 棉①	0501 面~孔	0502 连	0503 剪	0504 浅
	山开三去线帮	山开三去线滂	山开三去线並	山开三平仙明	山开三去线明	山开三平仙来	山开三上狝精	山开三上狝清
西城	pian⁵¹	pʰian⁵¹	pian⁵¹	mian³⁵	mian⁵¹	lian³⁵ ~长 lian⁵⁵ ~起来	tɕian²¹⁴	tɕʰian²¹⁴
通州	pian⁵¹	pʰian⁵¹	pian⁵¹	mian³⁵	mian⁵¹	lian³⁵ ~长 lian⁵⁵ ~起来	tɕian²¹⁴	tɕʰian²¹⁴
大兴	pian⁵¹	pʰian⁵¹	pian⁵¹	mian³⁵	mian⁵¹	lian³⁵	tɕian²¹⁴	tɕʰian²¹⁴
房山	pian⁵¹	pʰian⁵¹	pian⁵¹	mian³⁵	mian⁵¹	lian³⁵	tɕian²¹⁴	tɕʰian²¹⁴
门头沟	pian⁵¹	pʰian⁵¹	pian⁵¹	mian³⁵	mian⁵¹	lian³⁵	tɕian²¹⁴	tɕʰian²¹⁴
昌平	pian⁵¹	pʰian⁵¹	pian⁵¹	mian³⁵	mian⁵¹	lian³⁵	tɕian²¹⁴	tɕʰian²¹⁴
怀柔	pian⁵¹	pʰian⁵¹	pian⁵¹	mian³⁵	mian⁵¹	lian³⁵	tɕian²¹⁴	tɕʰian²¹⁴
密云	pian⁵¹	pʰian⁵¹	pian⁵¹	mian³⁵	mian⁵¹	lian³⁵	tɕian²¹³	tɕʰian²¹³
顺义	pian⁵¹	pʰian⁵¹	pian⁵¹	mian³⁵	mian⁵¹	lian³⁵ lian⁵⁵	tɕian²¹⁴	tɕʰian²¹⁴
延庆	pian⁵³	pʰian⁵³	pian⁵³	mian⁵⁵	mian⁵³	lian⁵⁵	tɕian²¹⁴	tɕʰian²¹⁴
平谷	pian⁵¹	pʰian⁵¹	pian⁵¹	mian⁵⁵	mian⁵¹	lian⁵⁵	tɕian²¹³	tɕʰian²¹³

	0505 钱	0506 鲜	0507 线	0508 缠	0509 战	0510 扇名	0511 善	0512 件
	山开三平仙从	山开三平仙心	山开三去线心	山开三平仙澄	山开三去线章	山开三去线书	山开三上狝禅	山开三上狝群
西城	tɕʰian³⁵	ɕian⁵⁵	ɕian⁵¹	tʂʰan³⁵	tʂan⁵¹	ʂan⁵¹	ʂan⁵¹	tɕian⁵¹
通州	tɕʰian³⁵	ɕian⁵⁵	ɕian⁵¹	tʂʰan³⁵	tʂan⁵¹	ʂan⁵¹	ʂan⁵¹	tɕian⁵¹
大兴	tɕʰian³⁵	ɕian⁵⁵	ɕian⁵¹	tʂʰan³⁵	tʂan⁵¹	ʂan⁵¹	ʂan⁵¹	tɕian⁵¹
房山	tɕʰian³⁵	ɕian⁵⁵	ɕian⁵¹	tʂʰan³⁵	tʂan⁵¹	ʂan⁵¹	ʂan⁵¹	tɕian⁵¹
门头沟	tɕʰian³⁵	ɕian⁵⁵	ɕian⁵¹	tʂʰan³⁵	tʂan⁵¹	ʂan⁵¹	ʂan⁵¹	tɕian⁵¹
昌平	tɕʰian³⁵	ɕian⁵⁵	ɕian⁵¹	tʂʰan³⁵	tʂan⁵¹	ʂan⁵¹	ʂan⁵¹	tɕian⁵¹
怀柔	tɕʰian³⁵	ɕian⁵⁵	ɕian⁵¹	tʂʰan³⁵	tʂan⁵¹	ʂan⁵¹	ʂan⁵¹	tɕian⁵¹
密云	tɕʰian³⁵	ɕian⁵⁵	ɕian⁵¹	tʂʰan³⁵	tʂan⁵¹	ʂan⁵¹	ʂan⁵¹	tɕian⁵¹
顺义	tɕʰian³⁵	ɕian⁵⁵	ɕian⁵¹	tʂʰan³⁵	tʂan⁵¹	ʂan⁵¹	ʂan⁵¹	tɕian⁵¹
延庆	tɕʰian⁵⁵	ɕian⁴²	ɕian⁵³	tʂʰan⁵⁵	tʂan⁵³	ʂan⁵³	ʂan⁵³	tɕian⁵³
平谷	tɕʰian⁵⁵	ɕian³⁵	ɕian⁵¹	tʂʰan⁵⁵	tʂan⁵¹	ʂan⁵¹	ʂan⁵¹	tɕian⁵¹

第二章　字音对照

	0513 延	0514 别~人	0515 灭	0516 列	0517 撤	0518 舌	0519 设	0520 热
	山开三 平仙以	山开三 入薛帮	山开三 入薛明	山开三 入薛来	山开三 入薛彻	山开三 入薛船	山开三 入薛书	山开三 入薛日
西城	ian^{35}	pie^{35}	mie^{51}	lie^{51}	tʂʰɤ^{51}	ʂɤ^{35}	ʂɤ^{51}	ʐɤ^{51}
通州	ian^{35}	pie^{35}	mie^{51}	lie^{51}	tʂʰɤ^{51}	ʂɤ^{35}	ʂɤ^{51}	ʐuo^{51}白 ʐɤ^{51}文
大兴	ian^{35}	pie^{35}	mie^{51}	lie^{51}	tʂʰɤ^{51}	ʂɤ^{35}	ʂɤ^{51}	ʐɤ^{51}
房山	ian^{35}	pie^{35}	mie^{51}	lie^{51}	tʂʰɤ^{51}	ʂɤ^{35}	ʂɤ^{51}	ʐɤ^{51}
门头沟	ian^{35}	pie^{35}	mie^{51}	lie^{51}	tʂʰɤ^{51}	ʂɤ^{35}	ʂɤ^{51}	ʐɤ^{51}
昌平	ian^{35}	pie^{35}	mie^{51}	lie^{51}	tʂʰɤ^{51}	ʂɤ^{35}	ʂɤ^{51}	ʐɤ^{51}
怀柔	ian^{35}	pie^{35}	mie^{51}	lie^{51}	tʂʰə^{51}	ʂə^{35}	ʂə^{51}	ʐuo^{51}白 ʐə^{51}文
密云	ian^{35}	pie^{35}	mie^{51}	lie^{51}	tʂʰɤ^{51}	ʂɤ^{35}	ʂɤ^{51}	ʐuo^{51}
顺义	ian^{35}	pie^{35}	mie^{51}	lie^{51}	tʂʰɤ^{51}	ʂɤ^{35}	ʂɤ^{51}	ʐuo^{51}白 ʐɤ^{51}文
延庆	ian^{55}	pie^{55}	mie^{53}	lie^{53}	tʂʰɤ^{53}	ʂɤ^{55}	ʂɤ^{53}	ʐɤ^{53}
平谷	ian^{55}	pie^{55}	mie^{51}	lie^{51}	tʂʰɤ^{51}	ʂɤ^{55}	ʂɤ^{51}	ʐuo^{51}

	0521 杰	0522 孽	0523 建	0524 健	0525 言	0526 歇	0527 扁	0528 片
	山开三 入薛群	山开三 入薛疑	山开三 去愿见	山开三 去愿群	山开三 平元疑	山开三 入月晓	山开四 上铣帮	山开四 去霰滂
西城	tɕie^{35}	nie^{51}	tɕian^{51}	tɕian^{51}	ian^{35}	ɕie^{55}	pian^{214}	pʰian^{51}
通州	tɕie^{35}	nie^{51}	tɕian^{51}	tɕian^{51}	ian^{35}	ɕie^{55}	pian^{214}	pʰian^{51}
大兴	tɕie^{35}	ɲie^{51}	tɕian^{51}	tɕian^{51}	ian^{35}	ɕie^{55}	pian^{214}	pʰian^{51}
房山	tɕie^{35}	nie^{51}	tɕian^{51}	tɕian^{51}	ian^{35}	ɕie^{55}	pian^{214}	pʰian^{51}
门头沟	tɕie^{35}	nie^{51}	tɕian^{51}	tɕian^{51}	ian^{35}	ɕie^{55}	pian^{214}	pʰian^{51}
昌平	tɕie^{35}	nie^{51}	tɕian^{51}	tɕian^{51}	ian^{35}	ɕie^{55}	pian^{214}	pʰian^{51}
怀柔	tɕie^{35}	nie^{51}	tɕian^{51}	tɕian^{51}	ian^{35}	ɕie^{55}	pian^{214}	pʰian^{51}
密云	tɕie^{35}	ɲie^{51}	tɕian^{51}	tɕian^{51}	ian^{35}	ɕie^{55}	pian^{213}	pʰian^{51}
顺义	tɕie^{35}	nie^{51}	tɕian^{51}	tɕian^{51}	ian^{35}	ɕie^{55}	pian^{214}	pʰian^{51}
延庆	tɕie^{55}	ɲie^{53}	tɕian^{53}	tɕian^{53}	ian^{55}	ɕie^{42}	pian^{214}	pʰian^{53}
平谷	tɕie^{55}	nie^{51}	tɕian^{51}	tɕian^{51}	ian^{55}	ɕie^{35}	pian^{213}	pʰian^{51}

	0529 面~条 山开四 去霰明	0530 典 山开四 上铣端	0531 天 山开四 平先透	0532 田 山开四 平先定	0533 垫 山开四 去霰定	0534 年 山开四 平先泥	0535 莲 山开四 平先来	0536 前 山开四 平先从
西城	mian^{51}	tian^{214}	tʰian^{55}	tʰian^{35}	tian^{51}	nian^{35}	lian^{35}	tɕʰian^{35}
通州	mian^{51}	tian^{214}	tʰian^{55}	tʰian^{35}	tian^{51}	nian^{35}	lian^{35}	tɕʰian^{35}
大兴	mian^{51}	tian^{214}	tʰian^{55}	tʰian^{35}	tian^{51}	ȵian^{35}	lian^{35}	tɕʰian^{35}
房山	mian^{51}	tian^{214}	tʰian^{55}	tʰian^{35}	tian^{51}	nian^{35}	lian^{35}	tɕʰian^{35}
门头沟	mian^{51}	tian^{214}	tʰian^{55}	tʰian^{35}	tian^{51}	nian^{35}	lian^{35}	tɕʰian^{35}
昌平	mian^{51}	tian^{214}	tʰian^{55}	tʰian^{35}	tian^{51}	nian^{35}	lian^{35}	tɕʰian^{35}
怀柔	mian^{51}	tian^{214}	tʰian^{55}	tʰian^{35}	tian^{51}	nian^{35}	lian^{35}	tɕʰian^{35}
密云	mian^{51}	tian^{213}	tʰian^{55}	tʰian^{35}	tian^{51}	ȵian^{35}	lian^{35}	tɕʰian^{35}
顺义	mian^{51}	tian^{214}	tʰian^{55}	tʰian^{35}	tian^{51}	nian^{35}	lian^{35}	tɕʰian^{35}
延庆	mian^{53}	tian^{214}	tʰian^{42}	tʰian^{55}	tian^{53}	ȵian^{55}	lian^{55}	tɕʰian^{55}
平谷	mian^{51}	tian^{213}	tʰian^{35}	tʰian^{55}	tian^{51}	nian^{55}	lian^{55}	tɕʰian^{55}

	0537 先 山开四 平先心	0538 肩 山开四 平先见	0539 见 山开四 去霰见	0540 牵 山开四 平先溪	0541 显 山开四 上铣晓	0542 现 山开四 去霰匣	0543 烟 山开四 平先影	0544 噎 山开四 入屑影
西城	ɕian^{55}	tɕian^{55}	tɕian^{51}	tɕʰian^{55}	ɕian^{214}	ɕian^{51}	ian^{55}	pie^{55}
通州	ɕian^{55}	tɕian^{55}	tɕian^{51}	tɕʰian^{55}	ɕian^{214}	ɕian^{51}	ian^{55}	pie^{55}
大兴	ɕian^{55}	tɕian^{55}	tɕian^{51}	tɕʰian^{55}	ɕian^{214}	ɕian^{51}	ian^{55}	pie^{55}
房山	ɕian^{55}	tɕian^{55}	tɕian^{51}	tɕʰian^{55}	ɕian^{214}	ɕian^{51}	ian^{55}	pie^{55}
门头沟	ɕian^{55}	tɕian^{55}	tɕian^{51}	tɕʰian^{55}	ɕian^{214}	ɕian^{51}	ian^{55}	pie^{55}
昌平	ɕian^{55}	tɕian^{55}	tɕian^{51}	tɕʰian^{55}	ɕian^{214}	ɕian^{51}	ian^{55}	pie^{55}
怀柔	ɕian^{55}	tɕian^{55}	tɕian^{55}	tɕʰian^{55}	ɕian^{214}	ɕian^{51}	ian^{55}	pie^{55}
密云	ɕian^{55}	tɕian^{55}	tɕian^{51}	tɕʰian^{55}	ɕian^{213}	ɕian^{51}	ian^{55}	pie^{55}
顺义	ɕian^{55}	tɕian^{55}	tɕian^{51}	tɕʰian^{55}	ɕian^{214}	ɕian^{51}	ian^{55}	pie^{55}
延庆	ɕian^{42}	tɕian^{42}	tɕian^{53}	tɕʰian^{42}	ɕian^{214}	ɕian^{53}	ian^{42}	pie^{42}
平谷	ɕian^{35}	tɕian^{35}	tɕian^{51}	tɕʰian^{35}	ɕian^{213}	ɕian^{51}	ian^{35}	pie^{35}

第二章　字音对照

	0545 篾 山开四入屑明	0546 铁 山开四入屑透	0547 捏 山开四入屑泥	0548 节 山开四入屑精	0549 切动 山开四入屑清	0550 截 山开四入屑从	0551 结 山开四入屑见	0552 搬 山合一平桓帮
西城	mie⁵¹	tʰie²¹⁴	nie⁵⁵	tɕie³⁵	tɕʰie⁵⁵	tɕie³⁵	tɕie³⁵ 打~ tɕie⁵⁵ ~婚	pan⁵⁵
通州	mie⁵¹	tʰie²¹⁴	nie⁵⁵	tɕie³⁵	tɕʰie⁵⁵	tɕie³⁵	tɕie³⁵	pan⁵⁵
大兴	mie⁵¹	tʰie²¹⁴	ȵie⁵⁵	tɕie³⁵	tɕʰie⁵⁵	tɕie³⁵	tɕie³⁵ 打~ tɕie⁵⁵ ~婚	pan⁵⁵
房山	（无）	tʰie²¹⁴	nie⁵⁵	tɕie³⁵	tɕʰie⁵⁵	tɕie³⁵	tɕie³⁵ 又 tɕie⁵⁵ 又	pan⁵⁵
门头沟	（无）	tʰie²¹⁴	nie⁵⁵	tɕie³⁵	tɕʰie⁵⁵	tɕie³⁵	tɕie⁵⁵	pan⁵⁵
昌平	（无）	tʰie²¹⁴	nie⁵⁵	tɕie³⁵	tɕʰie⁵⁵	tɕie³⁵	tɕie³⁵	pan⁵⁵
怀柔	mie⁵¹	tʰie²¹⁴	nie⁵⁵	tɕie³⁵	tɕʰie⁵⁵	tɕie³⁵	tɕie³⁵	pan⁵⁵
密云	mie⁵¹	tʰie²¹³	ȵie⁵⁵	tɕie³⁵	tɕʰie⁵⁵	tɕie³⁵	tɕie³⁵	pan⁵⁵
顺义	mie⁵¹	tʰie²¹⁴	nie⁵⁵	tɕie³⁵	tɕʰie⁵⁵	tɕie³⁵	tɕie³⁵ 打~ tɕie⁵⁵ ~婚	pan⁵⁵
延庆	mie⁵³	tʰie⁴²	ȵie⁴²	tɕie⁵⁵	tɕʰie⁴²	tɕie⁵⁵	tɕie⁴² ~婚 tɕie⁵⁵ 了~	pan⁴²
平谷	mie⁵¹	tʰie²¹³	nie³⁵	tɕie²¹³	tɕʰie³⁵	tɕie⁵⁵	tɕie³⁵ ~婚 tɕie⁵⁵ 了~	pan³⁵

	0553 半	0554 判	0555 盘	0556 满	0557 端~午	0558 短	0559 断 绳~了	0560 暖②
	山合一 去换帮	山合一 去换滂	山合一 平桓並	山合一 上缓明	山合一 平桓端	山合一 上缓端	山合一 上缓定	山合一 上缓泥
西城	pan⁵¹	pʰan⁵¹	pʰan³⁵	man²¹⁴	tuan⁵⁵	tuan²¹⁴	tuan⁵¹	nan²¹⁴ ~和 nuan²¹⁴ 温~
通州	pan⁵¹	pʰan⁵¹	pʰan³⁵	man²¹⁴	tan⁵¹	tuan²¹⁴	tuan⁵¹	nan²¹⁴ ~和 nuan²¹⁴ 温~
大兴	pan⁵¹	pʰan⁵¹	pʰan³⁵	man²¹⁴	tan⁵⁵	tuan²¹⁴	tuan⁵¹	nuan²¹⁴
房山	pan⁵¹	pʰan⁵¹	pʰan³⁵	man²¹⁴	tan⁵⁵	tuan²¹⁴	tuan⁵¹	nuan²¹⁴
门头沟	pan⁵¹	pʰan⁵¹	pʰan³⁵	man²¹⁴	tuan⁵⁵	tuan²¹⁴	tuan⁵¹	nuan²¹⁴
昌平	pan⁵¹	pʰan⁵¹	pʰan³⁵	man²¹⁴	tan⁵⁵	tuan²¹⁴	tuan⁵¹	nuan²¹⁴
怀柔	pan⁵¹	pʰan⁵¹	pʰan³⁵	man²¹⁴	tan⁵⁵	tuan²¹⁴	tuan⁵¹	nan²¹⁴ ~壶 nuan²¹⁴ 温~
密云	pan⁵¹	pʰan⁵¹	pʰan³⁵	man²¹³	tuan⁵⁵	tuan²¹³	tuan⁵¹	nuan²¹³
顺义	pan⁵¹	pʰan⁵¹	pʰan³⁵	man²¹⁴	tan⁵⁵	tuan²¹⁴	tuan⁵¹	nan²¹⁴ ~壶 nuan²¹⁴ 温~
延庆	pan⁵³	pʰan⁵³	pʰan⁵⁵	man²¹⁴	taŋ⁴²	tuan²¹⁴	tuan⁵³	nan²¹⁴
平谷	pan⁵¹	pʰan⁵¹	pʰan⁵⁵	man²¹³	tan³⁵	tuan²¹³	tuan⁵¹	nan²¹³

	0561 乱	0562 酸	0563 算	0564 官	0565 宽	0566 欢	0567 完	0568 换
	山合一 去换来	山合一 平桓心	山合一 去换心	山合一 平桓见	山合一 平桓溪	山合一 平桓晓	山合一 平桓匣	山合一 去换匣
西城	lan^{51}老 luan^{51}新	suan^{55}	suan^{51}	kuan^{55}	k^{h}uan^{55}	xuan^{55}	uan^{35}	xuan^{51}
通州	lan^{51}老 luan^{51}新	suan^{55}	suan^{51}	kuan^{55}	k^{h}uan^{55}	xuan^{55}	uan^{35}	xuan^{51}
大兴	luan^{51}	suan^{55}	suan^{51}	kuan^{55}	k^{h}uan^{55}	xuan^{55}	uan^{35}	xuan^{51}
房山	luan^{51}	suan^{55}	suan^{51}	kuan^{55}	k^{h}uan^{55}	xuan^{55}	uan^{35}	xuan^{51}
门头沟	luan^{51}	suan^{55}	suan^{51}	kuan^{55}	k^{h}uan^{55}	xuan^{55}	uan^{35}	xuan^{51}
昌平	luan^{51}	suan^{55}	suan^{51}	kuan^{55}	k^{h}uan^{55}	xuan^{55}	uan^{35}	xuan^{51}
怀柔	luan^{51}	suan^{55}	suan^{51}	kuan^{55}	k^{h}uan^{55}	xuan^{55}	uan^{35}	xuan^{51}
密云	luan^{51}	suan^{55}	suan^{51}	kuan^{55}	k^{h}uan^{55}	xuan^{55}	uan^{35}	xuan^{51}
顺义	lan^{51}老 luan^{51}新	suan^{55}	suan^{51}	kuan^{55}	k^{h}uan^{55}	xuan^{55}	uan^{35}	xuan^{51}
延庆	lan^{53}老 luan^{53}新	suan^{42}	suan^{53}	kuan^{42}	k^{h}uan^{42}	xuan^{42}	van^{55}	xuan^{53}
平谷	luan^{51}	suan^{35}	suan^{51}	kuan^{35}	k^{h}uan^{35}	xuan^{35}	uan^{55}	xuan^{51}

	0569 碗	0570 拨	0571 泼	0572 末	0573 脱	0574 夺	0575 阔	0576 活
	山合一 上缓影	山合一 入末帮	山合一 入末滂	山合一 入末明	山合一 入末透	山合一 入末定	山合一 入末溪	山合一 入末匣
西城	uan^{214}	po^{55}	p^{h}o^{55}	mo^{51}	t^{h}uo^{55}	tuo^{35}	k^{h}uo^{51}	xuo^{35}
通州	uan^{214}	po^{55}	p^{h}o^{55}	mo^{51}	t^{h}uo^{55}	tuo^{35}	k^{h}uo^{51}	xuo^{35}
大兴	uan^{214}	po^{55}	p^{h}o^{55}	mo^{51}	t^{h}uo^{55}	tuo^{35}	k^{h}uo^{51}	xuo^{35}
房山	uan^{214}	po^{55}	p^{h}o^{55}	mo^{51}	t^{h}uo^{55}	tuo^{35}	k^{h}uo^{51}	xuo^{35}
门头沟	uan^{214}	po^{55}	p^{h}o^{55}	mo^{51}	t^{h}uo^{55}	tuo^{35}	k^{h}uo^{51}	xuo^{35}
昌平	uan^{214}	po^{55}	p^{h}o^{55}	mo^{51}	t^{h}uo^{55}	tuo^{35}	k^{h}uo^{51}	xuo^{35}
怀柔	uan^{214}	po^{55}	p^{h}o^{55}	mo^{51}	t^{h}uo^{55}	tuo^{35}	k^{h}uo^{51}	xuo^{35}
密云	uan^{213}	po^{55}	p^{h}o^{55}	mo^{51}	t^{h}uo^{55}	tuo^{35}	k^{h}uo^{51}	xuo^{35}
顺义	uan^{214}	po^{55}	p^{h}o^{55}	mo^{51}	t^{h}uo^{55}	tuo^{35}	k^{h}uo^{51}	xuo^{35}
延庆	van^{214}	pu^{55}~拉 pɤ^{55}~款	p^{h}ɤ^{42}	mɤ^{53}	t^{h}uo^{42}	tuo^{55}	k^{h}uo^{53}	xuo^{55}
平谷	uan^{213}	puo^{35}~拉 puo^{55}~款	p^{h}uo^{35}	muo^{51}	t^{h}uo^{35}	tuo^{55}	k^{h}uo^{51}	xuo^{55}

	0577 顽 ~皮，~固	0578 滑	0579 挖	0580 刉	0581 关 ~门	0582 惯	0583 还动	0584 还副
	山合二平山疑	山合二入黠匣	山合二入黠影	山合二平删生	山合二平删见	山合二去谏见	山合二平删匣	山合二平删匣
西城	uan35	xua35	ua55	ʂuan55	kuan55	kuan51	xuan35	xai35
通州	uan35	xua35	ua55	（无）	kuan55	kuan51	xuan35	xai35
大兴	uan35	xua35	ua55	ʂuan55	kuan55	kuan51	xuan35	xai35
房山	uan35	xua35	ua55	ʂuan55	kuan55	kuan51	xuan35	xai35
门头沟	uan35	xua35	ua55	（无）	kuan55	kuan51	xuan35	xai35
昌平	uan35	xua35	ua55	ʂuan55	kuan55	kuan51	xuan35	xai35
怀柔	uan35	xua35	ua55	ʂuan55	kuan55	kuan51	xuan35	xai35
密云	uan35	xua35	ua55	ʂuan55	kuan55	kuan51	xuan35	xai35
顺义	uan35	xua35	ua55	ʂuan55	kuan55	kuan51	xuan35	xai35
延庆	van55	xua55	va42	ʂuan42	kuan42	kuan53	xuan55	xai55
平谷	uan55	xua55	ua55	ʂuan35	kuan35	kuan51	xuan55	xai55

	0585 弯	0586 刷	0587 刮	0588 全	0589 选	0590 转 ~眼，~送	0591 传 ~下来	0592 传 ~记
	山合二平删影	山合二入鎋生	山合二入鎋见	山合三平仙从	山合三上狝心	山合三上狝知	山合三平仙澄	山合三去线澄
西城	uan55	ʂua55 ~牙 ʂua51 ~下来	kua55	tɕhyan35	ɕyan214	tʂuan214	tʂhuan35	tʂuan51
通州	uan55	ʂua55 ~牙 ʂua51 ~白	kua55	tɕhyan35	ɕyan214	tʂuan214	tʂhuan35	tʂuan51
大兴	uan55	ʂua55	kua55	tɕhyan35	ɕyan214	tʂuan214	tʂhuan35	tʂuan51
房山	uan55	ʂua55	kua55	tɕhyan35	ɕyan214	tʂuan214	tʂhuan35	tʂuan51
门头沟	uan55	ʂua55	kua55	tɕhyan35	ɕyan214	tʂuan214	tʂhuan35	tʂuan51
昌平	uan55	ʂua55	kua55	tɕhyan35	ɕyan214	tʂuan214	tʂhuan35	tʂuan51
怀柔	uan55	ʂua55	kua55	tɕhyan35	ɕyan214	tʂuan214	tʂhuan35	tʂuan51
密云	uan55	ʂua55	kua55	tɕhyan35	ɕyan213	tʂuan213	tʂhuan35	tʂuan51
顺义	uan55	ʂua55	kua55	tɕhyan35	ɕyan214	tʂuan214	tʂhuan35	tʂuan51
延庆	van42	ʂua42	kua42	tɕhyan55	ɕyan214	tʂuan214	tʂhuan55	tʂuan53
平谷	uan35	ʂua35 ~牙 ʂua51 ~白	kua35 ~脸 kua213 ~风	tɕhyan55	ɕyan213	tʂuan213	tʂhuan55	tʂuan51

	0593 砖	0594 船	0595 软	0596 卷~起	0597 圈圆~	0598 权	0599 圆	0600 院
	山合三平仙章	山合三平仙船	山合三上狝日	山合三上狝见	山合三平仙溪	山合三平仙群	山合三平仙云	山合三去线云
西城	tʂuan⁵⁵	tʂʰuan³⁵	ʐuan²¹⁴	tɕyan²¹⁴	tɕʰyan⁵⁵	tɕʰyan³⁵	yan³⁵	yan⁵¹
通州	tʂuan⁵⁵	tʂʰuan³⁵	ʐuan²¹⁴	tɕyan²¹⁴	tɕʰyan⁵⁵	tɕʰyan³⁵	yan³⁵	yan⁵¹
大兴	tʂuan⁵⁵	tʂʰuan³⁵	ʐuan²¹⁴	tɕyan²¹⁴	tɕʰyan⁵⁵	tɕʰyan³⁵	yan³⁵	yan⁵¹
房山	tʂuan⁵⁵	tʂʰuan³⁵	ʐuan²¹⁴	tɕyan²¹⁴	tɕʰyan⁵⁵	tɕʰyan³⁵	yan³⁵	yan⁵¹
门头沟	tʂuan⁵⁵	tʂʰuan³⁵	ʐuan²¹⁴	tɕyan²¹⁴	tɕʰyan⁵⁵	tɕʰyan³⁵	yan³⁵	yan⁵¹
昌平	tʂuan⁵⁵	tʂʰuan³⁵	ʐuan²¹⁴	tɕyan²¹⁴	tɕʰyan⁵⁵	tɕʰyan³⁵	yan³⁵	yan⁵¹
怀柔	tʂuan⁵⁵	tʂʰuan³⁵	ʐuan²¹⁴	tɕyan²¹⁴	tɕʰyan⁵⁵	tɕʰyan³⁵	yan³⁵	yan⁵¹
密云	tʂuan⁵⁵	tʂʰuan³⁵	ʐuan²¹³	tɕyan²¹³	tɕʰyan⁵⁵	tɕʰyan³⁵	yan³⁵	yan⁵¹
顺义	tʂuan⁵⁵	tʂʰuan³⁵	ʐuan²¹⁴	tɕyan²¹⁴	tɕʰyan⁵⁵	tɕʰyan³⁵	yan³⁵	yan⁵¹
延庆	tʂuan⁴²	tʂʰuan⁵⁵	ʐuan²¹⁴	tɕyan²¹⁴	tɕʰyan⁴²	tɕʰyan⁵⁵	yan⁵⁵	yan⁵³
平谷	tʂuan³⁵	tʂʰuan⁵⁵	ʐuan²¹³	tɕyan²¹³	tɕʰyan³⁵	tɕʰyan⁵⁵	yan⁵⁵	yan⁵¹

	0601 铅~笔	0602 绝	0603 雪	0604 反	0605 翻	0606 饭	0607 晚	0608 万 麻将牌
	山合三平仙以	山合三入薛从	山合三入薛心	山合三上阮非	山合三平元敷	山合三去愿奉	山合三上阮微	山合三去愿微
西城	tɕʰian⁵⁵	tɕye³⁵	ɕye²¹⁴	fan²¹⁴	fan⁵⁵	fan⁵¹	uan²¹⁴	uan⁵¹
通州	tɕʰian⁵⁵	tɕye³⁵	ɕye²¹⁴	fan²¹⁴	fan⁵⁵	fan⁵¹	uan²¹⁴	uan⁵¹
大兴	tɕʰian⁵⁵	tɕye³⁵	ɕye²¹⁴	fan²¹⁴	fan⁵⁵	fan⁵¹	uan²¹⁴	uan⁵¹
房山	tɕʰian⁵⁵	tɕye³⁵	ɕye²¹⁴	fan²¹⁴	fan⁵⁵	fan⁵¹	uan²¹⁴	uan⁵¹
门头沟	tɕʰian⁵⁵	tɕye³⁵	ɕye²¹⁴	fan²¹⁴	fan⁵⁵	fan⁵¹	uan²¹⁴	uan⁵¹
昌平	tɕʰian⁵⁵	tɕye³⁵	ɕye²¹⁴	fan²¹⁴	fan⁵⁵	fan⁵¹	uan²¹⁴	uan⁵¹
怀柔	tɕʰian⁵⁵	tɕye³⁵	ɕye²¹⁴	fan²¹⁴	fan⁵⁵	fan⁵¹	uan²¹⁴	uan⁵¹
密云	tɕʰian⁵⁵	tɕye³⁵	ɕye²¹³	fan²¹³	fan⁵⁵	fan⁵¹	uan²¹³	uan⁵¹
顺义	tɕʰian⁵⁵	tɕye³⁵	ɕye²¹⁴	fan²¹⁴	fan⁵⁵	fan⁵¹	uan²¹⁴	uan⁵¹
延庆	tɕʰian⁴²	tɕye⁵⁵	ɕye⁴² 白 / ɕye²¹⁴ 文	fan²¹⁴	fan⁴²	fan⁵³	van²¹⁴	van⁵³
平谷	tɕʰian³⁵	tɕye⁵⁵	ɕye²¹³ 下~ / ɕye⁵⁵ ~里蕻	fan²¹³	fan³⁵	fan⁵¹	uan²¹³	uan⁵¹

	0609 劝	0610 原	0611 冤	0612 园	0613 远	0614 发头~	0615 罚	0616 袜
	山合三去愿溪	山合三平元疑	山合三平元影	山合三平元云	山合三上阮云	山合三入月非	山合三入月奉	山合三入月微
西城	tɕʰyan⁵¹	yan³⁵	yan⁵⁵	yan³⁵	yan²¹⁴	fa⁵¹	fa³⁵	ua⁵¹
通州	tɕʰyan⁵¹	yan³⁵	yan⁵⁵	yan³⁵	yan²¹⁴	fa⁵¹	fa³⁵	ua⁵¹
大兴	tɕʰyan⁵¹	yan³⁵	yan⁵⁵	yan³⁵	yan²¹⁴	fa⁵¹	fa³⁵	ua⁵¹
房山	tɕʰyan⁵¹	yan³⁵	yan⁵⁵	yan³⁵	yan²¹⁴	fa⁵¹	fa³⁵	ua⁵¹
门头沟	tɕʰyan⁵¹	yan³⁵	yan⁵⁵	yan³⁵	yan²¹⁴	fa⁵¹	fa³⁵	ua⁵¹
昌平	tɕʰyan⁵¹	yan³⁵	yan⁵⁵	yan³⁵	yan²¹⁴	fa⁵¹	fa³⁵	ua⁵¹
怀柔	tɕʰyan⁵¹	yan³⁵	yan⁵⁵	yan³⁵	yan²¹⁴	fa⁵¹	fa³⁵	ua⁵¹
密云	tɕʰyan⁵¹	yan³⁵	yan⁵⁵	yan³⁵	yan²¹³	fa⁵¹	fa³⁵	ua⁵¹
顺义	tɕʰyan⁵¹	yan³⁵	yan⁵⁵	yan³⁵	yan²¹⁴	fa⁵¹	fa³⁵	ua⁵¹
延庆	tɕʰyan⁵³	yan⁵⁵	yan⁴²	yan⁵⁵	yan²¹⁴	fa²¹⁴	fa⁵⁵	va⁵³
平谷	tɕʰyan⁵¹	yan⁵⁵	yan³⁵	yan⁵⁵	yan²¹³	fa²¹³	fa⁵⁵	ua⁵¹

第二章 字音对照

	0617 月 山合三入月疑	0618 越 山合三入月云	0619 县 山合四去霰匣	0620 决 山合四入屑见	0621 缺 山合四入屑溪	0622 血 山合四入屑晓	0623 吞 臻开一平痕透	0624 根 臻开一平痕见
西城	ye^{51}	ye^{51}	ɕian^{51}	tɕye^{35}	tɕʰye^{55}	ɕie^{214}白 ɕye^{214}文 ɕye^{51}文	tʰuən^{55}	kən^{55}
通州	ye^{51}	ie^{51}~来~ ye^{51}~南	ɕian^{51}	tɕye^{35}	tɕʰye^{55}	ɕie^{214}白 ɕye^{51}文	tʰuən^{55}	kən^{55}
大兴	ye^{51}	ye^{51}	ɕian^{51}	tɕye^{35}	tɕʰye^{55}	ɕie^{214}白 ɕye^{51}文	tʰuən^{55}	kən^{55}
房山	ye^{51}	ye^{51}	ɕian^{51}	tɕye^{35}	tɕʰye^{55}	ɕie^{214}	tʰuən^{55}	kən^{55}
门头沟	ye^{51}	ye^{51}	ɕian^{51}	tɕye^{35}	tɕʰye^{55}	ɕie^{214}白 ɕye^{214}文	tʰən^{55}老 tʰuən^{55}新	kən^{55}
昌平	ye^{51}	ye^{51}	ɕian^{51}	tɕye^{35}	tɕʰye^{55}	ɕie^{214}白 ɕye^{214}文 ɕye^{51}文	tʰuən^{55}	kən^{55}
怀柔	ye^{51}	ye^{51}	ɕian^{51}	tɕye^{35}	tɕʰye^{55}	ɕie^{214}白 ɕye^{214}文	tʰuən^{55}	kən^{55}
密云	ye^{51}	ye^{51}	ɕian^{51}	tɕye^{35}	tɕʰye^{55}	ɕie^{214}白 ɕye^{214}文	tʰun^{55}	kən^{55}
顺义	ye^{51}	ye^{51}	ɕian^{51}	tɕye^{35}	tɕʰye^{55}	ɕie^{214}白 ɕye^{51}文	tʰuən^{55}	kən^{55}
延庆	ye^{53}	ye^{53}	ɕian^{53}	tɕye^{55}	tɕʰye^{42}	ɕie^{42}白 ɕye^{214}文	tʰən^{42}	kən^{42}
平谷	ye^{51}	ye^{51}	ɕian^{51}	tɕye^{55}	tɕʰye^{35}	ɕie^{213}白 ɕye^{213}文	tʰuən^{35}	kən^{35}

	0625 恨	0626 恩	0627 贫	0628 民	0629 邻	0630 进	0631 亲~人	0632 新
	臻开一去恨匣	臻开一平痕影	臻开三平真並	臻开三平真明	臻开三平真来	臻开三去震精	臻开三平真清	臻开三平真心
西城	xən⁵¹	ən⁵⁵	pʰin³⁵	min³⁵	lin³⁵	tɕin⁵¹	tɕʰin⁵⁵	ɕin⁵⁵
通州	xən⁵¹	ən⁵⁵	pʰin³⁵	min³⁵	lin³⁵	tɕin⁵¹	tɕʰin⁵⁵	ɕin⁵⁵
大兴	xən⁵¹	ən⁵⁵	pʰin³⁵	min³⁵	lin³⁵	tɕin⁵¹	tɕʰin⁵⁵	ɕin⁵⁵
房山	xən⁵¹	ŋən⁵⁵	pʰin³⁵	min³⁵	lin³⁵	tɕin⁵¹	tɕʰin⁵⁵	ɕin⁵⁵
门头沟	xən⁵¹	ən⁵⁵	pʰin³⁵	min³⁵	lin³⁵	tɕin⁵¹	tɕʰin⁵⁵	ɕin⁵⁵
昌平	xən⁵¹	ən⁵⁵	pʰin³⁵	min³⁵	lin³⁵	tɕin⁵¹	tɕʰin⁵⁵	ɕin⁵⁵
怀柔	xən⁵¹	nən⁵⁵老 ən⁵⁵新	pʰin³⁵	min³⁵	lin³⁵	tɕin⁵¹	tɕʰin⁵⁵	ɕin⁵⁵
密云	xən⁵¹	nən⁵⁵	pʰin³⁵	min³⁵	lin³⁵	tɕin⁵¹	tɕʰin⁵⁵	ɕin⁵⁵
顺义	xən⁵¹	ən⁵⁵	pʰin³⁵	min³⁵	lin³⁵	tɕin⁵¹	tɕʰin⁵⁵	ɕin⁵⁵
延庆	xən⁵³	ŋən⁴²	pʰin⁵⁵	min⁵⁵	lin⁵⁵	tɕin⁵³	tɕʰin⁴²	ɕin⁴²
平谷	xən⁵¹	ən³⁵	pʰin⁵⁵	min⁵⁵	lin⁵⁵	tɕin⁵¹	tɕʰin³⁵	ɕin³⁵

	0633 镇	0634 陈	0635 震	0636 神	0637 身	0638 辰	0639 人	0640 认
	臻开三去震知	臻开三平真澄	臻开三去震章	臻开三平真船	臻开三平真书	臻开三平真禅	臻开三平真日	臻开三去震日
西城	tʂən⁵¹	tʂʰən³⁵	tʂən⁵¹	ʂən³⁵	ʂən⁵⁵	tʂʰən³⁵	ʐən³⁵	ʐən⁵¹
通州	tʂən⁵¹	tʂʰən³⁵	tʂən⁵¹	ʂən³⁵	ʂən⁵⁵	tʂʰən³⁵	ʐən³⁵	ʐən⁵¹
大兴	tʂən⁵¹	tʂʰən³⁵	tʂən⁵¹	ʂən³⁵	ʂən⁵⁵	tʂʰən³⁵	ʐən³⁵	ʐən⁵¹
房山	tʂən⁵¹	tʂʰən³⁵	tʂən⁵¹	ʂən³⁵	ʂən⁵⁵	tʂʰən³⁵	ʐən³⁵	ʐən⁵¹
门头沟	tʂən⁵¹	tʂʰən³⁵	tʂən⁵¹	ʂən³⁵	ʂən⁵⁵	tʂʰən³⁵	ʐən³⁵	ʐən⁵¹
昌平	tʂən⁵¹	tʂʰən³⁵	tʂən⁵¹	ʂən³⁵	ʂən⁵⁵	tʂʰən³⁵	ʐən³⁵	ʐən⁵¹
怀柔	tʂən⁵¹	tʂʰən³⁵	tʂən⁵¹	ʂən³⁵	ʂən⁵⁵	tʂʰən³⁵	ʐən³⁵	ʐən⁵¹
密云	tʂən⁵¹	tʂʰən³⁵	tʂən⁵¹	ʂən³⁵	ʂən⁵⁵	tʂʰən³⁵	ʐən³⁵	ʐən⁵¹
顺义	tʂən⁵¹	tʂʰən³⁵	tʂən⁵¹	ʂən³⁵	ʂən⁵⁵	tʂʰən³⁵	ʐən³⁵	ʐən⁵¹
延庆	tʂən⁵³	tʂʰən⁵⁵	tʂən⁵³	ʂən⁵⁵	ʂən⁴²	tʂʰən⁵⁵	ʐən⁵⁵	ʐən⁵³
平谷	tʂən⁵¹	tʂʰən⁵⁵	tʂən⁵¹	ʂən⁵⁵	ʂən³⁵	tʂʰən⁵⁵	ʐən⁵⁵	ʐən⁵¹

第二章　字音对照

	0641 紧	0642 银	0643 印	0644 引	0645 笔	0646 匹	0647 密	0648 栗
	臻开三上轸见	臻开三平真疑	臻开三去震影	臻开三上轸以	臻开三入质帮	臻开三入质滂	臻开三入质明	臻开三入质来
西城	tɕin²¹⁴	in³⁵	in⁵¹	in²¹⁴	pi⁻²¹⁴	pʰi⁻²¹⁴	mi⁻⁵¹	li⁻⁵¹
通州	tɕin²¹⁴	in³⁵	in⁵¹	in²¹⁴	pi⁻²¹⁴	pʰi⁻²¹⁴	mi⁻⁵¹	li⁻⁵¹
大兴	tɕin²¹⁴	in³⁵	in⁵¹	in²¹⁴	pi⁻²¹⁴	pʰi⁻²¹⁴	mi⁻⁵¹	li⁻⁵¹
房山	tɕin²¹⁴	in³⁵	in⁵¹	in²¹⁴	pi⁻²¹⁴	pʰi⁻²¹⁴	mei⁻⁵¹ 老 / mi⁻⁵¹ 新	li⁻⁵¹
门头沟	tɕin²¹⁴	in³⁵	in⁵¹	in²¹⁴	pi⁻²¹⁴	pʰi⁻²¹⁴	mi⁻⁵¹	li⁻⁵¹
昌平	tɕin²¹⁴	in³⁵	in⁵¹	in²¹⁴	pi⁻²¹⁴	pʰi⁻²¹⁴ ~配 / pʰi⁻⁵⁵ ~马	mi⁻⁵¹	li⁻⁵¹
怀柔	tɕin²¹⁴	in³⁵	in⁵¹	in²¹⁴	pi⁻²¹⁴	pʰi⁻²¹⁴	mi⁻⁵¹	li⁻⁵¹
密云	tɕin²¹³	in³⁵	in⁵¹	in²¹³	pi⁻²¹³	pʰi⁻²¹³	mi⁻⁵¹	li⁻⁵¹
顺义	tɕin²¹⁴	in³⁵	in⁵¹	in²¹⁴	pi⁻²¹⁴	pʰi⁻²¹⁴	mi⁻⁵¹	li⁻⁵¹
延庆	tɕin²¹⁴	in⁵⁵	in⁵³	in²¹⁴	pei⁻⁴² 老 / pi⁻²¹⁴ 新	pʰi⁻⁴² ~马 / pʰi⁻⁵⁵ ~夫	mi⁻⁵³	li⁻⁵³
平谷	tɕin²¹³	in⁵⁵	in⁵¹	in²¹³	pi⁻²¹³ 铅~ / pi⁻⁵¹ ~直	pʰi⁻²¹³	mi⁻⁵¹	li⁻⁵¹

	0649 七	0650 侄	0651 虱	0652 实	0653 失	0654 日	0655 吉	0656 一
	臻开三入质清	臻开三入质澄	臻开三入质生	臻开三入质船	臻开三入质书	臻开三入质日	臻开三入质见	臻开三入质影
西城	tɕʰi⁻⁵⁵	tʂʅ³⁵	ʂʅ⁵⁵	ʂʅ³⁵	ʂʅ⁵⁵	ʐʅ⁵¹	tɕi⁻³⁵	i⁻⁵⁵
通州	tɕʰi⁻⁵⁵	tʂʅ³⁵	ʂʅ⁵⁵	ʂʅ³⁵	ʂʅ⁵⁵	ʐʅ⁵¹	tɕi⁻³⁵	i⁻⁵⁵
大兴	tɕʰi⁻⁵⁵	tʂʅ³⁵	ʂʅ⁵⁵	ʂʅ³⁵	ʂʅ⁵⁵	ʐʅ⁵¹	tɕi⁻³⁵	i⁻⁵⁵
房山	tɕʰi⁻⁵⁵	tʂʅ³⁵	ʂʅ⁵⁵	ʂʅ³⁵	ʂʅ⁵⁵	ʐʅ⁵¹	tɕi⁻³⁵	i⁻⁵⁵
门头沟	tɕʰi⁻⁵⁵	tʂʅ³⁵	ʂʅ⁵⁵	ʂʅ³⁵	ʂʅ⁵⁵ 又 / ʂʅ³⁵ 又	ʐʅ⁵¹	tɕi⁻³⁵	i⁻⁵⁵
昌平	tɕʰi⁻⁵⁵	tʂʅ³⁵	ʂʅ⁵⁵	ʂʅ³⁵	ʂʅ⁵⁵	ʐʅ⁵¹	tɕi⁻³⁵	i⁻⁵⁵
怀柔	tɕʰi⁻⁵⁵	tʂʅ³⁵	ʂʅ⁵⁵	ʂʅ³⁵	ʂʅ⁵⁵	ʐʅ⁵¹	tɕi⁻³⁵	i⁻⁵⁵
密云	tɕʰi⁻⁵⁵	tʂʅ³⁵	ʂʅ⁵⁵	ʂʅ³⁵	ʂʅ⁵⁵	ʐʅ⁵¹	tɕi⁻³⁵	i⁻⁵⁵
顺义	tɕʰi⁻⁵⁵	tʂʅ³⁵	ʂʅ⁵⁵	ʂʅ³⁵	ʂʅ⁵⁵	ʐʅ⁵¹	tɕi⁻³⁵	i⁻⁵⁵
延庆	tɕʰi⁻⁴²	tʂʅ⁵⁵	ʂʅ⁴²	ʂʅ⁵⁵	ʂʅ⁴²	ʐʅ⁵³	tɕi⁻⁵⁵	i⁻⁴²
平谷	tɕʰi⁻³⁵	tʂʅ⁵⁵	ʂʅ³⁵	ʂʅ⁵⁵	ʂʅ³⁵	ʐʅ⁵¹	tɕi⁻⁵⁵	i⁻³⁵

	0657 筋	0658 劲有~	0659 勤	0660 近	0661 隐	0662 本	0663 盆	0664 门
	臻开三平殷见	臻开三去焮见	臻开三平殷群	臻开三上隐群	臻开三上隐影	臻合一上混帮	臻合一平魂並	臻合一平魂明
西城	tɕin⁵⁵	tɕin⁵¹	tɕʰin³⁵	tɕin⁵¹	in²¹⁴	pən²¹⁴	pʰən³⁵	mən³⁵
通州	tɕin⁵⁵	tɕin⁵¹	tɕʰin³⁵	tɕin⁵¹	in²¹⁴	pən²¹⁴	pʰən³⁵	mən³⁵
大兴	tɕin⁵⁵	tɕin⁵¹	tɕʰin³⁵	tɕin⁵¹	in²¹⁴	pən²¹⁴	pʰən³⁵	mən³⁵
房山	tɕin⁵⁵	tɕin⁵¹	tɕʰin³⁵	tɕin⁵¹	in²¹⁴	pən²¹⁴	pʰən³⁵	mən³⁵
门头沟	tɕin⁵⁵	tɕin⁵¹	tɕʰin³⁵	tɕin⁵¹	in²¹⁴	pən²¹⁴	pʰən³⁵	mən³⁵
昌平	tɕin⁵⁵	tɕin⁵¹	tɕʰin³⁵	tɕin⁵¹	in²¹⁴	pən²¹⁴	pʰən³⁵	mən³⁵
怀柔	tɕin⁵⁵	tɕin⁵¹	tɕʰin³⁵	tɕin⁵¹	in²¹⁴	pən²¹⁴	pʰən³⁵	mən³⁵
密云	tɕin⁵⁵	tɕin⁵¹	tɕʰin³⁵	tɕin⁵¹	in²¹³	pən²¹³	pʰən³⁵	mən³⁵
顺义	tɕin⁵⁵	tɕin⁵¹	tɕʰin³⁵	tɕin⁵¹	in²¹⁴	pən²¹⁴	pʰən³⁵	mən³⁵
延庆	tɕin⁴²	tɕin⁵³	tɕʰin⁵⁵	tɕin⁵³	in²¹⁴	pən²¹⁴	pʰən⁵⁵	mən⁵⁵
平谷	tɕin³⁵	tɕin⁵¹	tɕʰin⁵⁵	tɕin⁵¹	in²¹³	pən²¹³	pʰən⁵⁵	mən⁵⁵

	0665 墩	0666 嫩	0667 村	0668 寸	0669 蹲	0670 孙~子	0671 滚	0672 困
	臻合一平魂端	臻合一去恩泥	臻合一平魂清	臻合一去恩清	臻合一平魂从	臻合一平魂心	臻合一上混见	臻合一去恩溪
西城	tuən⁵⁵	nuən⁵¹老 nən⁵¹新	tsʰuən⁵⁵	tsʰuən⁵¹	tuən⁵⁵	suən⁵⁵	kuən²¹⁴	kʰuən⁵¹
通州	tuən⁵⁵	nuən⁵¹老 nən⁵¹新	tsʰuən⁵⁵	tsʰuən⁵¹	tuən⁵⁵	suən⁵⁵	kuən²¹⁴	kʰuən⁵¹
大兴	tuən⁵⁵	nuən⁵¹老 nən⁵¹新	tsʰuən⁵⁵	tsʰuən⁵¹	tuən⁵⁵	suən⁵⁵	kuən²¹⁴	kʰuən⁵¹
房山	tuən⁵⁵	ŋən⁵¹	tsʰuən⁵⁵	tsʰuən⁵¹	tuən⁵⁵	suən⁵⁵	kuən²¹⁴	kʰuən⁵¹
门头沟	tuən⁵⁵	nən⁵¹	tsʰuən⁵⁵	tsʰuən⁵¹	tuən⁵⁵	suən⁵⁵	kuən²¹⁴	kʰuən⁵¹
昌平	tuən⁵⁵	nən⁵¹	tsʰuən⁵⁵	tsʰuən⁵¹	tuən⁵⁵	suən⁵⁵	kuən²¹⁴	kʰuən⁵¹
怀柔	tuən⁵⁵	nən⁵¹	tsʰuən⁵⁵	tsʰuən⁵¹	tuən⁵⁵	suən⁵⁵	kuən²¹⁴	kʰuən⁵¹
密云	tun⁵⁵	nun⁵¹老 nən⁵¹新	tsʰun⁵⁵	tsʰun⁵¹	tun⁵⁵	sun⁵⁵	kun²¹³	kʰun⁵¹
顺义	tuən⁵⁵	nuən⁵¹老 nən⁵¹新	tsʰuən⁵⁵	tsʰuən⁵¹	tuən⁵⁵	suən⁵⁵	kuən²¹⁴	kʰuən⁵¹
延庆	tuən⁴²	nən⁵³	tsʰuən⁴²	tsʰuən⁵³	tuən⁴²	suən⁴²	kuən²¹⁴	kʰuən⁵³
平谷	tuən³⁵	nuən⁵¹	tsʰuən³⁵	tsʰuən⁵¹	tuən³⁵	suən³⁵	kuən²¹³	kʰuən⁵¹

	0673 婚	0674 魂	0675 温	0676 卒棋子	0677 骨③	0678 轮	0679 俊	0680 笋
	臻合一 平魂晓	臻合一 平魂匣	臻合一 平魂影	臻合一 入没精	臻合一 入没见	臻合三 平谆来	臻合三 去稕精	臻合三 上準心
西城	xuən^{55}	xuən^{35}	uən^{55}	tsu^{35}	ku^{214}	luən^{35}	tsuən^{51}白 tɕyn^{51}文	suən^{214}
通州	xuən^{55}	xuən^{35}	uən^{55}	tsu^{35}	ku^{214}	luən^{35}	tsuən^{51}白 tɕyn^{51}文	suən^{214}
大兴	xuən^{55}	xuən^{35}	uən^{55}	tsu^{35}	ku^{214}	luən^{35}	tsuən^{51}白 tɕyn^{51}文	suən^{214}
房山	xuən^{55}	xuən^{35}	uən^{55}	tsu^{35}	ku^{214}	luən^{35}	tsuən^{51}	suən^{214}
门头沟	xuən^{55}	xuən^{35}	uən^{55}	tsu^{35}	ku^{214}	luən^{35}	tsuən^{51}白 tɕyn^{51}文	suən^{214}
昌平	xuən^{55}	xuən^{35}	uən^{55}	tsu^{35}	ku^{214}	luən^{35}	tsuən^{51}	suən^{214}
怀柔	xuən^{55}	xuən^{35}	uən^{55}	tsu^{35}	ku^{214}	luən^{35}	tsuən^{51}白 tɕyn^{51}文	suən^{214}
密云	xun^{55}	xun^{35}	un^{55}	tsu^{35}	ku^{213}	lun^{35}	tsun^{51}	sun^{213}
顺义	xuən^{55}	xuən^{35}	uən^{55}	tsu^{35}	ku^{214}	luən^{35}	tsuən^{51}白 tɕyn^{51}文	suən^{214}
延庆	xuən^{42}	xuən^{55}	vən^{42}	tsu^{55}	ku^{42}	luən^{55}	tsuən^{53}白 tɕyən^{53}文	suən^{214}
平谷	xuən^{35}	xuən^{55}	uən^{35}	tsu^{55}	ku^{213}	luən^{55}	tsuən^{51}	suən^{213}

	0681 准	0682 春	0683 唇	0684 顺	0685 纯	0686 闰	0687 均	0688 匀
	臻合三上準章	臻合三平谆昌	臻合三平谆船	臻合三去稕船	臻合三平谆禅	臻合三去稕日	臻合三平谆见	臻合三平谆以
西城	tʂuən²¹⁴	tʂʰuən⁵⁵	tʂʰuən³⁵	ʂuən⁵¹	tʂʰuən³⁵	ʐuən⁵¹	tɕyn⁵⁵	yn³⁵
通州	tʂuən²¹⁴	tʂʰuən⁵⁵	tʂʰuən³⁵	ʂuən⁵¹	tʂʰuən³⁵	ʐuən⁵¹	tɕyn⁵⁵	yn³⁵
大兴	tʂuən²¹⁴	tʂʰuən⁵⁵	tʂʰuən³⁵	ʂuən⁵¹	tʂʰuən³⁵	ʐuən⁵¹	tɕyn⁵⁵	yn³⁵
房山	tʂuən²¹⁴	tʂʰuən⁵⁵	tʂʰuən³⁵	ʂuən⁵¹	tʂʰuən³⁵	luən⁵¹	tɕyn⁵⁵	yn³⁵
门头沟	tʂuən²¹⁴	tʂʰuən⁵⁵	tʂʰuən³⁵	ʂuən⁵¹	tʂʰuən³⁵	ʐuən⁵¹	tɕyn⁵⁵	yn³⁵
昌平	tʂuən²¹⁴	tʂʰuən⁵⁵	tʂʰuən³⁵	ʂuən⁵¹	tʂʰuən³⁵	ʐuən⁵¹	tɕyn⁵⁵	yn³⁵
怀柔	tʂuən²¹⁴	tʂʰuən⁵⁵	tʂʰuən³⁵	ʂuən⁵¹	tʂʰuən³⁵	ʐuən⁵¹	tɕyn⁵⁵	yn³⁵
密云	tʂun²¹³	tʂʰun⁵⁵	tʂʰun³⁵	ʂun⁵¹	tʂʰun³⁵	ʐun⁵¹	tɕyn⁵⁵	yn³⁵
顺义	tʂuən²¹⁴	tʂʰuən⁵⁵	tʂʰuən³⁵	ʂuən⁵¹	tʂʰuən³⁵	ʐuən⁵¹	tɕyn⁵⁵	yn³⁵
延庆	tʂuən²¹⁴	tʂʰuən⁴²	tʂʰən⁵⁵老 tʂʰuən⁵⁵新	ʂuən⁵³	tʂʰuən⁵⁵	ʐuən⁵³	tɕyən⁴²	yən⁵⁵
平谷	tʂuən²¹³	tʂʰuən³⁵	tʂʰuən⁵⁵	ʂuən⁵¹	tʂʰuən⁵⁵	ʐuən⁵¹	tɕyn³⁵	yn⁵⁵

	0689 律	0690 出	0691 橘	0692 分动	0693 粉	0694 粪	0695 坟	0696 蚊
	臻合三入术来	臻合三入术昌	臻合三入术见	臻合三平文非	臻合三上吻非	臻合三去问非	臻合三平文奉	臻合三平文微
西城	ly⁵¹	tʂʰu⁵⁵	tɕy³⁵	fən⁵⁵	fən²¹⁴	fən⁵¹	fən³⁵	uən³⁵
通州	ly⁵¹	tʂʰu⁵⁵	tɕy³⁵	fən⁵⁵	fən²¹⁴	fən⁵¹	fən³⁵	uən³⁵
大兴	ly⁵¹	tʂʰu⁵⁵	tɕy³⁵	fən⁵⁵	fən²¹⁴	fən⁵¹	fən³⁵	uən³⁵
房山	ly⁵¹	tʂʰu⁵⁵	tɕy³⁵	fən⁵⁵	fən²¹⁴	fən⁵¹	fən³⁵	uən³⁵
门头沟	ly⁵¹	tʂʰu⁵⁵	tɕy³⁵	fən⁵⁵	fən²¹⁴	fən⁵¹	fən³⁵	uən³⁵
昌平	ly⁵¹	tʂʰu⁵⁵	tɕy³⁵	fən⁵⁵	fən²¹⁴	fən⁵¹	fən³⁵	uən³⁵
怀柔	ly⁵¹	tʂʰu⁵⁵	tɕy³⁵	fən⁵⁵	fən²¹⁴	fən⁵¹	fən³⁵	uən³⁵
密云	luei⁵¹	tʂʰu⁵⁵	tɕy³⁵	fən⁵⁵	fən²¹³	fən⁵¹	fən³⁵	un³⁵
顺义	ly⁵¹	tʂʰu⁵⁵	tɕy³⁵	fən⁵⁵	fən²¹⁴	fən⁵¹	fən³⁵	uən³⁵
延庆	ly⁵³	tʂʰu⁴²	tɕy⁵⁵	fən⁴²	fən²¹⁴	fən⁵³	fən⁵⁵	vən⁵⁵
平谷	luei⁵¹	tʂʰu³⁵	tɕy⁵⁵	fən³⁵	fən²¹³	fən⁵¹	fən⁵⁵	uən⁵⁵

	0697 问	0698 军	0699 裙	0700 熏	0701 云~彩	0702 运	0703 佛~像	0704 物
	臻合三去问微	臻合三平文见	臻合三平文群	臻合三平文晓	臻合三平文云	臻合三去问云	臻合三入物奉	臻合三入物微
西城	uən⁵¹	tɕyn⁵⁵	tɕʰyn³⁵	ɕyn⁵⁵	yn³⁵	yn⁵¹	fo³⁵	u⁵¹
通州	uən⁵¹	tɕyn⁵⁵	tɕʰyn³⁵	ɕyn⁵⁵	yn³⁵	yn⁵¹	fo³⁵	u⁵¹
大兴	uən⁵¹	tɕyn⁵⁵	tɕʰyn³⁵	ɕyn⁵⁵	yn³⁵	yn⁵¹	fo³⁵	u⁵¹
房山	uən⁵¹	tɕyn⁵⁵	tɕʰyn³⁵	ɕyn⁵⁵	yn³⁵	yn⁵¹	fo³⁵	u⁵¹
门头沟	uən⁵¹	tɕyn⁵⁵	tɕʰyn³⁵	ɕyn⁵⁵	yn³⁵	yn⁵¹	fo³⁵	u⁵¹
昌平	uən⁵¹	tɕyn⁵⁵	tɕʰyn³⁵	ɕyn⁵⁵	yn³⁵	yn⁵¹	fo³⁵	u⁵¹
怀柔	uən⁵¹	tɕyn⁵⁵	tɕʰyn³⁵	ɕyn⁵⁵	yn³⁵	yn⁵¹	fo³⁵	u⁵¹
密云	un⁵¹	tɕyn⁵⁵	tɕʰyn³⁵	ɕyn⁵⁵	yn³⁵	yn⁵¹	fo³⁵	u⁵¹
顺义	uən⁵¹	tɕyn⁵⁵	tɕʰyn³⁵	ɕyn⁵⁵	yn³⁵	yn⁵¹	fo³⁵	u⁵¹
延庆	vən⁵³	tɕyən⁴²	tɕʰyən⁵⁵	ɕyən⁴²	yən⁵⁵	yən⁵³	fɤ⁵⁵	u⁵³
平谷	uən⁵¹	tɕyn³⁵	tɕʰyn⁵⁵	ɕyn³⁵	yn⁵⁵	yn⁵¹	fuo⁵⁵	u⁵¹

	0705 帮	0706 忙	0707 党	0708 汤	0709 糖	0710 浪	0711 仓	0712 钢 名
	宕开一平唐帮	宕开一平唐明	宕开一上荡端	宕开一平唐透	宕开一平唐定	宕开一去宕来	宕开一平唐清	宕开一平唐见
西城	paŋ⁵⁵	maŋ³⁵	taŋ²¹⁴	tʰaŋ⁵⁵	tʰaŋ³⁵	laŋ⁵¹	tsʰaŋ⁵⁵	kaŋ⁵⁵
通州	paŋ⁵⁵	maŋ³⁵	taŋ²¹⁴	tʰaŋ⁵⁵	tʰaŋ³⁵	laŋ⁵¹	tsʰaŋ⁵⁵	kaŋ⁵⁵
大兴	paŋ⁵⁵	maŋ³⁵	taŋ²¹⁴	tʰaŋ⁵⁵	tʰaŋ³⁵	laŋ⁵¹	tsʰaŋ⁵⁵	kaŋ⁵⁵
房山	paŋ⁵⁵	maŋ³⁵	taŋ²¹⁴	tʰaŋ⁵⁵	tʰaŋ³⁵	laŋ⁵¹	tsʰaŋ⁵⁵	kaŋ⁵⁵
门头沟	paŋ⁵⁵	maŋ³⁵	taŋ²¹⁴	tʰaŋ⁵⁵	tʰaŋ³⁵	laŋ⁵¹	tsʰaŋ⁵⁵	kaŋ⁵⁵
昌平	paŋ⁵⁵	maŋ³⁵	taŋ²¹⁴	tʰaŋ⁵⁵	tʰaŋ³⁵	laŋ⁵¹	tsʰaŋ⁵⁵	kaŋ⁵⁵
怀柔	paŋ⁵⁵	maŋ³⁵	taŋ²¹⁴	tʰaŋ⁵⁵	tʰaŋ³⁵	laŋ⁵¹	tsʰaŋ⁵⁵	kaŋ⁵⁵
密云	paŋ⁵⁵	maŋ³⁵	taŋ²¹³	tʰaŋ⁵⁵	tʰaŋ³⁵	laŋ⁵¹	tsʰaŋ⁵⁵	kaŋ⁵⁵
顺义	paŋ⁵⁵	maŋ³⁵	taŋ²¹⁴	tʰaŋ⁵⁵	tʰaŋ³⁵	laŋ⁵¹	tsʰaŋ⁵⁵	kaŋ⁵⁵
延庆	paŋ⁴²	maŋ⁵⁵	taŋ²¹⁴	tʰaŋ⁴²	tʰaŋ⁵⁵	laŋ⁵³	tsʰaŋ⁴²	kaŋ⁴²
平谷	paŋ³⁵	maŋ⁵⁵	taŋ²¹³	tʰaŋ³⁵	tʰaŋ⁵⁵	laŋ⁵¹	tsʰaŋ³⁵	kaŋ³⁵

	0713 糠	0714 薄形	0715 摸	0716 托	0717 落④	0718 作	0719 索	0720 各
	宕开一平唐溪	宕开一入铎并	宕开一入铎明	宕开一入铎透	宕开一入铎来	宕开一入铎精	宕开一入铎心	宕开一入铎见
西城	k^haŋ^{55}	pau^{35}白 po^{35}文	mo^{55}	t^huo^{55}	lau^{51}白 la^{51}白 luo^{51}文	tsuo^{55}~坊 tsuo^{51}工~	suo^{214}	kɤ^{51}
通州	k^haŋ^{55}	pau^{35}白 po^{35}文	mo^{55}	t^huo^{55}	lau^{51}白 la^{51}白 lɤ^{51}文	tsuo^{55}~坊 tsuo^{51}工~	suo^{214}	kɤ^{51}
大兴	k^haŋ^{55}	pau^{35}白 po^{35}文	mo^{55}	t^huo^{55}	lau^{51}白 luo^{51}文	tsuo^{55}~坊 tsuo^{51}工~	suo^{214}	kɤ^{51}
房山	k^haŋ^{55}	pau^{35}	mau^{55}	t^huo^{55}	lau^{51}	tsuo^{51}	suo^{214}	kɤ^{51}
门头沟	k^haŋ^{55}	pau^{35}白 po^{35}文	mo^{55}	t^huo^{55}	lau^{51}白 luo^{51}文	tsuo^{55}~坊 tsuo^{51}工~	suo^{214}	kɤ^{51}
昌平	k^haŋ^{55}	pau^{35}白 po^{35}文	mau^{55}白 mo^{55}文	t^huo^{55}	lau^{51}白 la^{51}白 luo^{51}文	tsuo^{55}~死 tsuo^{51}工~	suo^{214}	kɤ^{51}
怀柔	k^haŋ^{55}	pau^{35}	mo^{55}	t^huo^{55}	lau^{51}白 luo^{51}文	tsuo^{55}~拜 tsuo^{51}工~	suo^{214}	kə^{51}
密云	k^haŋ^{55}	pau^{35}	mo^{55}	t^huo^{55}	lau^{51}白 la^{51}白 lɤ^{51}文	tsuo^{51}	suo^{213}	kɤ^{51}
顺义	k^haŋ^{55}	pau^{35}白 po^{35}文	mo^{55}	t^huo^{55}	lau^{51}白 lɤ^{51}文 luo^{51}文	tsuo^{55}~坊 tsuo^{51}工~	suo^{214}	kɤ^{51}
延庆	k^haŋ^{42}	pao^{55}	mao^{42}白 mɤ^{42}文	t^huo^{42}	lao^{53}白 la^{53}白 luo^{53}文	tsuo^{42}~死 tsuo^{53}工~	suo^{55}~性 suo^{214}~取	kɤ^{53}
平谷	k^haŋ^{35}	pau^{55}白 puo^{55}文	muo^{35}	t^huo^{35}	lau^{51}白 la^{51}白 lɤ^{51}文	tsuo^{35}~死 tsuo^{55}~坊 tsuo^{51}工~	suo^{213}	kɤ^{51}

	0721 鹤⑤	0722 恶⑥ 形，入声	0723 娘	0724 两斤~	0725 亮	0726 浆	0727 抢	0728 匠
	宕开一入铎匣	宕开一入铎影	宕开三平阳泥	宕开三上养来	宕开三去漾来	宕开三平阳精	宕开三上养清	宕开三去漾从
西城	xau³⁵ 白 xɤ⁵¹ 文	ɤ⁵¹	niaŋ³⁵	liaŋ²¹⁴	liaŋ⁵¹	tɕiaŋ⁵⁵	tɕʰiaŋ²¹⁴	tɕiaŋ⁵¹
通州	xɤ⁵¹	ɤ⁵¹	niaŋ³⁵	liaŋ²¹⁴	liaŋ⁵¹	tɕiaŋ⁵⁵	tɕʰiaŋ²¹⁴	tɕiaŋ⁵¹
大兴	xɤ⁵¹	ŋɤ⁵¹	ȵiaŋ³⁵	liaŋ²¹⁴	liaŋ⁵¹	tɕiaŋ⁵⁵	tɕʰiaŋ²¹⁴	tɕiaŋ⁵¹
房山	xɤ⁵¹	ŋɤ⁵¹ 凶~ ŋɤ²¹⁴ ~心	niaŋ³⁵	liaŋ²¹⁴	liaŋ⁵¹	tɕiaŋ⁵⁵	tɕʰiaŋ²¹⁴	tɕiaŋ⁵¹
门头沟	xau³⁵ 白 xɤ⁵¹ 文	ŋɤ⁵¹	niaŋ³⁵	liaŋ²¹⁴	liaŋ⁵¹	tɕiaŋ⁵⁵	tɕʰiaŋ²¹⁴	tɕiaŋ⁵¹
昌平	xɤ⁵¹	ɤ⁵¹	niaŋ³⁵	liaŋ²¹⁴	liaŋ⁵¹	tɕiaŋ⁵⁵	tɕʰiaŋ²¹⁴	tɕiaŋ⁵¹
怀柔	xə⁵¹	nə⁵¹ 老 ə⁵¹ 新	niaŋ³⁵	liaŋ²¹⁴	liaŋ⁵¹	tɕiaŋ⁵⁵	tɕʰiaŋ²¹⁴	tɕiaŋ⁵¹
密云	xɤ⁵¹	nɤ⁵⁵ 老 ɤ⁵¹ 新	ȵiaŋ³⁵	liaŋ²¹³	liaŋ⁵¹	tɕiaŋ⁵⁵	tɕʰiaŋ²¹³	tɕiaŋ⁵¹
顺义	xau³⁵ 白 xɤ⁵¹ 文	ɤ⁵¹	niaŋ³⁵	liaŋ²¹⁴	liaŋ⁵¹	tɕiaŋ⁵⁵	tɕʰiaŋ²¹⁴	tɕiaŋ⁵¹
延庆	xɤ⁵³	ŋɤ⁴² 善~ ŋɤ²¹⁴ ~心	ȵiaŋ⁵⁵	liaŋ²¹⁴	liaŋ⁵³	tɕiaŋ⁴²	tɕʰiaŋ²¹⁴	tɕiaŋ⁵³
平谷	xɤ⁵¹	nau²¹³ ~心 nɤ³⁵ ~心 nɤ⁵¹ 善~	niaŋ⁵⁵	liaŋ²¹³	liaŋ⁵¹	tɕiaŋ³⁵	tɕʰiaŋ²¹³	tɕiaŋ⁵¹

	0729 想	0730 像	0731 张量	0732 长~短	0733 装	0734 壮	0735 疮	0736 床
	宕开三上养心	宕开三上养邪	宕开三平阳知	宕开三平阳澄	宕开三平阳庄	宕开三去漾庄	宕开三平阳初	宕开三平阳崇
西城	ɕiaŋ²¹⁴	ɕiaŋ⁵¹	tʂaŋ⁵⁵	tʂʰaŋ³⁵	tʂuaŋ⁵⁵	tʂuaŋ⁵¹	tʂʰuaŋ⁵⁵	tʂʰuaŋ³⁵
通州	ɕiaŋ²¹⁴	ɕiaŋ⁵¹	tʂaŋ⁵⁵	tʂʰaŋ³⁵	tʂuaŋ⁵⁵	tʂuaŋ⁵¹	tʂʰuaŋ⁵⁵	tʂʰuaŋ³⁵
大兴	ɕiaŋ²¹⁴	ɕiaŋ⁵¹	tʂaŋ⁵⁵	tʂʰaŋ³⁵	tʂuaŋ⁵⁵	tʂuaŋ⁵¹	tʂʰuaŋ⁵⁵	tʂʰuaŋ³⁵
房山	ɕiaŋ²¹⁴	ɕiaŋ⁵¹	tʂaŋ⁵⁵	tʂʰaŋ³⁵	tʂuaŋ⁵⁵	tʂuaŋ⁵¹	tʂʰuaŋ⁵⁵	tʂʰuaŋ³⁵
门头沟	ɕiaŋ²¹⁴	ɕiaŋ⁵¹	tʂaŋ⁵⁵	tʂʰaŋ³⁵	tʂuaŋ⁵⁵	tʂuaŋ⁵¹	tʂʰuaŋ⁵⁵	tʂʰuaŋ³⁵
昌平	ɕiaŋ²¹⁴	ɕiaŋ⁵¹	tʂaŋ⁵⁵	tʂʰaŋ³⁵	tʂuaŋ⁵⁵	tʂuaŋ⁵¹	tʂʰuaŋ⁵⁵	tʂʰuaŋ³⁵
怀柔	ɕiaŋ²¹⁴	ɕiaŋ⁵¹	tʂaŋ⁵⁵	tʂʰaŋ³⁵	tʂuaŋ⁵⁵	tʂuaŋ⁵¹	tʂʰuaŋ⁵⁵	tʂʰuaŋ³⁵
密云	ɕiaŋ²¹³	ɕiaŋ⁵¹	tʂaŋ⁵⁵	tʂʰaŋ³⁵	tʂuaŋ⁵⁵	tʂuaŋ⁵¹	tʂʰuaŋ⁵⁵	tʂʰuaŋ³⁵
顺义	ɕiaŋ²¹⁴	ɕiaŋ⁵¹	tʂaŋ⁵⁵	tʂʰaŋ³⁵	tʂuaŋ⁵⁵	tʂuaŋ⁵¹	tʂʰuaŋ⁵⁵	tʂʰuaŋ³⁵
延庆	ɕiaŋ²¹⁴	ɕiaŋ⁵³	tʂaŋ⁴²	tʂʰaŋ⁵⁵	tʂuaŋ⁴²	tʂuaŋ⁵³	tʂʰuaŋ⁴²	tʂʰuaŋ⁵⁵
平谷	ɕiaŋ²¹³	ɕiaŋ⁵¹	tʂaŋ³⁵	tʂʰaŋ⁵⁵	tʂuaŋ³⁵	tʂuaŋ⁵¹	tʂʰuaŋ³⁵	tʂʰuaŋ⁵⁵

	0737 霜	0738 章	0739 厂	0740 唱	0741 伤	0742 尝	0743 上~去	0744 让
	宕开三平阳生	宕开三平阳章	宕开三上养昌	宕开三去漾昌	宕开三平阳书	宕开三平阳禅	宕开三上养禅	宕开三去漾日
西城	ʂuaŋ⁵⁵	tʂaŋ⁵⁵	tʂʰaŋ²¹⁴	tʂʰaŋ⁵¹	ʂaŋ⁵⁵	tʂʰaŋ³⁵	ʂaŋ⁵¹	ʐaŋ⁵¹
通州	ʂuaŋ⁵⁵	tʂaŋ⁵⁵	tʂʰaŋ²¹⁴	tʂʰaŋ⁵¹	ʂaŋ⁵⁵	tʂʰaŋ³⁵	ʂaŋ⁵¹	ʐaŋ⁵¹
大兴	ʂuaŋ⁵⁵	tʂaŋ⁵⁵	tʂʰaŋ²¹⁴	tʂʰaŋ⁵¹	ʂaŋ⁵⁵	tʂʰaŋ³⁵	ʂaŋ⁵¹	ʐaŋ⁵¹
房山	ʂuaŋ⁵⁵	tʂaŋ⁵⁵	tʂʰaŋ²¹⁴	tʂʰaŋ⁵¹	ʂaŋ⁵⁵	tʂʰaŋ³⁵	ʂaŋ⁵¹	ʐaŋ⁵¹
门头沟	ʂuaŋ⁵⁵	tʂaŋ⁵⁵	tʂʰaŋ²¹⁴	tʂʰaŋ⁵¹	ʂaŋ⁵⁵	tʂʰaŋ³⁵	ʂaŋ⁵¹	ʐaŋ⁵¹
昌平	ʂuaŋ⁵⁵	tʂaŋ⁵⁵	tʂʰaŋ²¹⁴	tʂʰaŋ⁵¹	ʂaŋ⁵⁵	tʂʰaŋ³⁵	ʂaŋ⁵¹	ʐaŋ⁵¹
怀柔	ʂuaŋ⁵⁵	tʂaŋ⁵⁵	tʂʰaŋ²¹⁴	tʂʰaŋ⁵¹	ʂaŋ⁵⁵	tʂʰaŋ³⁵	ʂaŋ⁵¹	ʐaŋ⁵¹
密云	ʂuaŋ⁵⁵	tʂaŋ⁵⁵	tʂʰaŋ²¹³	tʂʰaŋ⁵¹	ʂaŋ⁵⁵	tʂʰaŋ³⁵	ʂaŋ⁵¹	ʐaŋ⁵¹
顺义	ʂuaŋ⁵⁵	tʂaŋ⁵⁵	tʂʰaŋ²¹⁴	tʂʰaŋ⁵¹	ʂaŋ⁵⁵	tʂʰaŋ³⁵	ʂaŋ⁵¹	ʐaŋ⁵¹
延庆	ʂuaŋ⁴²	tʂaŋ⁴²	tʂʰaŋ²¹⁴	tʂʰaŋ⁵³	ʂaŋ⁴²	tʂʰaŋ⁵⁵	ʂaŋ⁵³	ʐaŋ⁵³
平谷	ʂuaŋ³⁵	tʂaŋ³⁵	tʂʰaŋ²¹³	tʂʰaŋ⁵¹	ʂaŋ³⁵	tʂʰaŋ⁵⁵	ʂaŋ⁵¹	ʐaŋ⁵¹

	0745 姜生~	0746 响	0747 向	0748 秧	0749 痒	0750 样	0751 雀⑦	0752 削
	宕开三平阳见	宕开三上阳晓	宕开三去漾晓	宕开三平阳影	宕开三上养以	宕开三去漾以	宕开三入药精	宕开三入药心
西城	tɕiaŋ⁵⁵	ɕiaŋ²¹⁴	ɕiaŋ⁵¹	iaŋ⁵⁵	iaŋ²¹⁴	iaŋ⁵¹	tɕʰiau²¹⁴ 白 tɕʰye⁵¹ 文	ɕiau⁵⁵ 白 ɕye⁵⁵ 文
通州	tɕiaŋ⁵⁵	ɕiaŋ²¹⁴	ɕiaŋ⁵¹	iaŋ⁵⁵	iaŋ²¹⁴	iaŋ⁵¹	tɕʰiau²¹⁴ 白 tɕʰye⁵¹ 文	ɕiau⁵⁵ 白 ɕye⁵⁵ 文
大兴	tɕiaŋ⁵⁵	ɕiaŋ²¹⁴	ɕiaŋ⁵¹	iaŋ⁵⁵	iaŋ²¹⁴	iaŋ⁵¹	tɕʰiau²¹⁴ 白 tɕʰye⁵¹ 文	ɕiau⁵⁵ 白 ɕye⁵⁵ 文
房山	tɕiaŋ⁵⁵	ɕiaŋ²¹⁴	ɕiaŋ⁵¹	iaŋ⁵⁵	iaŋ²¹⁴	iaŋ⁵¹	tɕʰiau²¹⁴ 白 tɕʰye⁵¹ 文	ɕiau⁵⁵
门头沟	tɕiaŋ⁵⁵	ɕiaŋ²¹⁴	ɕiaŋ⁵¹	iaŋ⁵⁵	iaŋ²¹⁴	iaŋ⁵¹	tɕʰiau²¹⁴ 白 tɕʰye⁵¹ 文	ɕiau⁵⁵ 白 ɕye⁵⁵ 文
昌平	tɕiaŋ⁵⁵	ɕiaŋ²¹⁴	ɕiaŋ⁵¹	iaŋ⁵⁵	iaŋ²¹⁴	iaŋ⁵¹	tɕʰiau²¹⁴ tɕʰye⁵¹	ɕiau⁵⁵ 白 ɕye⁵⁵ 文
怀柔	tɕiaŋ⁵⁵	ɕiaŋ²¹⁴	ɕiaŋ⁵¹	iaŋ⁵⁵	iaŋ²¹⁴	iaŋ⁵¹	tɕʰiau²¹⁴ tɕʰye⁵¹	ɕiau⁵⁵
密云	tɕiaŋ⁵⁵	ɕiaŋ²¹³	ɕiaŋ⁵¹	iaŋ⁵⁵	iaŋ²¹³	iaŋ⁵¹	tɕʰiau²¹³ tɕʰye⁵¹	ɕiau⁵⁵
顺义	tɕiaŋ⁵⁵	ɕiaŋ²¹⁴	ɕiaŋ⁵¹	iaŋ⁵⁵	iaŋ²¹⁴	iaŋ⁵¹	tɕʰiau²¹⁴ 白 tɕʰye⁵¹ 文	ɕiau⁵⁵ 白 ɕye⁵⁵ 文
延庆	tɕiaŋ⁴²	ɕiaŋ²¹⁴	ɕiaŋ⁵³	iaŋ⁴²	iaŋ²¹⁴	iaŋ⁵³	tɕʰiao²¹⁴ 白 tɕʰiao⁴² 白 tɕʰye⁵³ 文	ɕiao⁴² 白 ɕye⁴² 文
平谷	tɕiaŋ³⁵	ɕiaŋ²¹³	ɕiaŋ⁵¹	iaŋ³⁵	iaŋ²¹³	iaŋ⁵¹	tɕʰiau²¹³ 白 tɕʰiau³⁵ 白 tɕʰye⁵¹ 文	ɕiau³⁵ 白 ɕye³⁵ 文

	0753 着 火~了	0754 勺	0755 弱	0756 脚	0757 约[8]	0758 药	0759 光~线	0760 慌
	宕开三入药知	宕开三入药禅	宕开三入药日	宕开三入药见	宕开三入药影	宕开三入药以	宕合一平唐见	宕合一平唐晓
西城	tʂau³⁵	ʂau³⁵	ʐau⁵¹白 ʐuo⁵¹文	tɕiau²¹⁴	iau⁵⁵白 ye⁵⁵文	iau⁵¹	kuaŋ⁵⁵	xuaŋ⁵⁵
通州	tʂau³⁵	ʂau³⁵	ʐau⁵¹白 ʐuo⁵¹文	tɕiau²¹⁴	iau⁵⁵白 ye⁵⁵文	iau⁵¹	kuaŋ⁵⁵	xuaŋ⁵⁵
大兴	tʂau³⁵	ʂau³⁵	ʐau⁵¹白 ʐuo⁵¹文	tɕiau²¹⁴	iau⁵⁵白 ye⁵⁵文	iau⁵¹	kuaŋ⁵⁵	xuaŋ⁵⁵
房山	tʂau³⁵	ʂau³⁵	ʐau⁵¹	tɕiau²¹⁴	iau⁵⁵白 ye⁵⁵文	iau⁵¹	kuaŋ⁵⁵	xuaŋ⁵⁵
门头沟	tʂau³⁵	ʂau³⁵	ʐau⁵¹白 ʐuo⁵¹文	tɕiau²¹⁴	iau⁵⁵白 ye⁵⁵文	iau⁵¹	kuaŋ⁵⁵	xuaŋ⁵⁵
昌平	tʂau³⁵	ʂau³⁵	ʐuo⁵¹	tɕiau²¹⁴	iau⁵⁵白 ye⁵⁵文	iau⁵¹	kuaŋ⁵⁵	xuaŋ⁵⁵
怀柔	tʂau³⁵	ʂaur³⁵	ʐau⁵¹白 ʐuo⁵¹文	tɕiau²¹⁴	iau⁵⁵白 ye⁵⁵文	iau⁵¹	kuaŋ⁵⁵	xuaŋ⁵⁵
密云	tʂau³⁵	ʂau³⁵	ʐau⁵¹白 ʐuo⁵¹文	tɕiau²¹³	iau⁵⁵白 ye⁵⁵文	iau⁵¹	kuaŋ⁵⁵	xuaŋ⁵⁵
顺义	tʂau³⁵	ʂau³⁵	ʐuo⁵¹	tɕiau²¹⁴	iau⁵⁵白 ye⁵⁵文	iau⁵¹	kuaŋ⁵⁵	xuaŋ⁵⁵
延庆	tʂao⁵⁵	ʂao⁵⁵	ʐao⁵³白 ʐuo⁵³文	tɕiao²¹⁴	iao⁴²白 ye⁴²文	iao⁵³~店 ye⁵³吃~	kuaŋ⁴²	xuaŋ⁴²
平谷	tʂao⁵⁵	ʂau⁵⁵	ʐau⁵¹白 ʐuo⁵¹文	tɕiau²¹³	iau³⁵白 ye³⁵文	iau⁵¹	kuaŋ³⁵	xuaŋ³⁵

第二章　字音对照

	0761 黄	0762 郭	0763 霍	0764 方	0765 放	0766 纺	0767 房	0768 防
	宕合一平唐匣	宕合一入铎见	宕合一入铎晓	宕合三平阳非	宕合三去漾非	宕合三上养敷	宕合三平阳奉	宕合三平阳奉
西城	xuaŋ^{35}	kuo^{55}	xuo^{214}	faŋ^{55}	faŋ^{51}	faŋ^{214}	faŋ^{35}	faŋ^{35}
通州	xuaŋ^{35}	kuo^{55}	xuo^{214} 又 xuo^{51} 又	faŋ^{55}	faŋ^{51}	faŋ^{214}	faŋ^{35}	faŋ^{35} ~备 faŋ^{214} 国~
大兴	xuaŋ^{35}	kuo^{55}	xuo^{214}	faŋ^{55}	faŋ^{51}	faŋ^{214}	faŋ^{35}	faŋ^{35}
房山	xuaŋ^{35}	kuo^{55}	xuo^{214}	faŋ^{55}	faŋ^{51}	faŋ^{214}	faŋ^{35}	faŋ^{35}
门头沟	xuaŋ^{35}	kuo^{55}	xuo^{214} 又 xuo^{51} 又	faŋ^{55}	faŋ^{51}	faŋ^{214}	faŋ^{35}	faŋ^{35}
昌平	xuaŋ^{35}	kuo^{55}	xuo^{51}	faŋ^{55}	faŋ^{51}	faŋ^{214}	faŋ^{35}	faŋ^{35}
怀柔	xuaŋ^{35}	kuo^{55}	xuo^{214}	faŋ^{55}	faŋ^{51}	faŋ^{214}	faŋ^{35}	faŋ^{35}
密云	xuaŋ^{35}	kuo^{55}	xuo^{51}	faŋ^{55}	faŋ^{51}	faŋ^{213}	faŋ^{35}	faŋ^{35}
顺义	xuaŋ^{35}	kuo^{55}	xuo^{214} 又 xuo^{51} 又	faŋ^{55}	faŋ^{51}	faŋ^{214}	faŋ^{35}	faŋ^{35}
延庆	xuaŋ^{55}	kuo^{214} 白 kuo^{42} 文	xuo^{214} 姓 xuo^{53} ~乱	faŋ^{42}	faŋ^{53}	faŋ^{214}	faŋ^{55}	faŋ^{55} ~着 faŋ^{214} 消~
平谷	xuaŋ^{55}	kuo^{35}	xuo^{51}	faŋ^{35}	faŋ^{51}	faŋ^{213}	faŋ^{55}	faŋ^{55} ~备 faŋ^{213} 消~

	0769 网	0770 筐	0771 狂	0772 王	0773 旺	0774 缚	0775 绑	0776 胖
	宕合三上养微	宕合三平阳溪	宕合三平阳群	宕合三平阳云	宕合三去漾云	宕合三入药奉	江开二上讲帮	江开二去绛滂
西城	uaŋ²¹⁴	kʰuaŋ⁵⁵	kʰuaŋ³⁵	uaŋ³⁵	uaŋ⁵¹	fu⁵¹	paŋ²¹⁴	pʰaŋ⁵¹
通州	uaŋ²¹⁴	kʰuaŋ⁵⁵	kʰuaŋ³⁵	uaŋ³⁵	uaŋ⁵¹	fu⁵¹	paŋ²¹⁴	pʰaŋ⁵¹
大兴	uaŋ²¹⁴	kʰuaŋ⁵⁵	kʰuaŋ³⁵	uaŋ³⁵	uaŋ⁵¹	fu⁵¹	paŋ²¹⁴	pʰaŋ⁵¹
房山	uaŋ²¹⁴	kʰuaŋ⁵⁵	kʰuaŋ³⁵	uaŋ³⁵	uaŋ⁵¹	fu⁵¹	paŋ²¹⁴	pʰaŋ⁵¹
门头沟	uaŋ²¹⁴	kʰuaŋ⁵⁵	kʰuaŋ³⁵	uaŋ³⁵	uaŋ⁵¹	fu⁵¹	paŋ²¹⁴	pʰaŋ⁵¹
昌平	uaŋ²¹⁴	kʰuaŋ⁵⁵	kʰuaŋ³⁵	uaŋ³⁵	uaŋ⁵¹	fu⁵¹	paŋ²¹⁴	pʰaŋ⁵¹
怀柔	uaŋ²¹⁴	kʰuaŋ⁵⁵	kʰuaŋ³⁵	uaŋ³⁵	uaŋ⁵¹	（无）	paŋ²¹⁴	pʰaŋ⁵¹
密云	uaŋ²¹³	kʰuaŋ⁵⁵	kʰuaŋ³⁵	uaŋ³⁵	uaŋ⁵¹	fu⁵¹	paŋ²¹³	pʰaŋ⁵¹
顺义	uaŋ²¹⁴	kʰuaŋ⁵⁵	kʰuaŋ³⁵	uaŋ³⁵	uaŋ⁵¹	fu⁵¹	paŋ²¹⁴	pʰaŋ⁵¹
延庆	vaŋ²¹⁴	kʰuaŋ⁴²	kʰuaŋ⁵⁵	vaŋ⁵⁵	vaŋ⁵³	fu⁵³	paŋ²¹⁴	pʰaŋ⁵³
平谷	uaŋ²¹³	kʰuaŋ³⁵	kʰuaŋ⁵⁵	uaŋ⁵⁵	uaŋ⁵¹	fu⁵¹	paŋ²¹³	pʰaŋ⁵¹

	0777 棒	0778 桩	0779 撞	0780 窗	0781 双	0782 江	0783 讲	0784 降投~
	江开二上讲并	江开二平江知	江开二去绛澄	江开二平江初	江开二平江生	江开二平江见	江开二上讲见	江开二平江匣
西城	paŋ⁵¹	tʂuaŋ⁵⁵	tʂʰuaŋ⁵¹ 又 tʂuaŋ⁵¹ 又	tʂʰuaŋ⁵⁵	ʂuaŋ⁵⁵	tɕiaŋ⁵⁵	tɕiaŋ²¹⁴	ɕiaŋ³⁵
通州	paŋ⁵¹	tʂuaŋ⁵⁵	tʂʰuaŋ⁵¹ 又 tʂuaŋ⁵¹ 又	tʂʰuaŋ⁵⁵	ʂuaŋ⁵⁵	tɕiaŋ⁵⁵	tɕiaŋ²¹⁴	ɕiaŋ³⁵
大兴	paŋ⁵¹	tʂuaŋ⁵⁵	tʂʰuaŋ⁵¹ 又 tʂuaŋ⁵¹ 又	tʂʰuaŋ⁵⁵	ʂuaŋ⁵⁵	tɕiaŋ⁵⁵	tɕiaŋ²¹⁴	ɕiaŋ³⁵
房山	paŋ⁵¹	tʂuaŋ⁵⁵	tʂʰuaŋ⁵¹ 又 tʂuaŋ⁵¹ 又	tʂʰuaŋ⁵⁵	ʂuaŋ⁵⁵	tɕiaŋ⁵⁵	tɕiaŋ²¹⁴	ɕiaŋ³⁵
门头沟	paŋ⁵¹	tʂuaŋ⁵⁵	tʂʰuaŋ⁵¹ 又 tʂuaŋ⁵¹ 又	tʂʰuaŋ⁵⁵	ʂuaŋ⁵⁵	tɕiaŋ⁵⁵	tɕiaŋ²¹⁴	ɕiaŋ³⁵
昌平	paŋ⁵¹	tʂuaŋ⁵⁵	tʂʰuaŋ⁵¹ 又 tʂuaŋ⁵¹ 又	tʂʰuaŋ⁵⁵	ʂuaŋ⁵⁵	tɕiaŋ⁵⁵	tɕiaŋ²¹⁴	ɕiaŋ³⁵
怀柔	paŋ⁵¹	tʂuaŋ⁵⁵	tʂʰuaŋ⁵¹ 又 tʂuaŋ⁵¹ 又	tʂʰuaŋ⁵⁵	ʂuaŋ⁵⁵	tɕiaŋ⁵⁵	tɕiaŋ²¹⁴	ɕiaŋ³⁵
密云	paŋ⁵¹	tʂuaŋ⁵⁵	tʂʰuaŋ⁵¹ 又 tʂuaŋ⁵¹ 又	tʂʰuaŋ⁵⁵	ʂuaŋ⁵⁵	tɕiaŋ⁵⁵	tɕiaŋ²¹³	ɕiaŋ³⁵
顺义	paŋ⁵¹	tʂuaŋ⁵⁵	tʂʰuaŋ⁵¹ 又 tʂuaŋ⁵¹ 又	tʂʰuaŋ⁵⁵	ʂuaŋ⁵⁵	tɕiaŋ⁵⁵	tɕiaŋ²¹⁴	ɕiaŋ³⁵
延庆	paŋ⁵³	tʂuaŋ⁴²	tʂʰuaŋ⁵³	tʂʰuaŋ⁴²	ʂuaŋ⁴²	tɕiaŋ⁴²	tɕiaŋ²¹⁴	ɕiaŋ⁵⁵
平谷	paŋ⁵¹	tʂuaŋ³⁵	tʂʰuaŋ⁵¹ 又 tʂuaŋ⁵¹ 又	tʂʰuaŋ³⁵	ʂuaŋ³⁵	tɕiaŋ³⁵	tɕiaŋ²¹³	ɕiaŋ⁵⁵

	0785 项	0786 剥	0787 桌	0788 镯	0789 角[9]	0790 壳[10]	0791 学	0792 握
	江开二上讲匣	江开二入觉帮	江开二入觉知	江开二入觉崇	江开二入觉见	江开二入觉溪	江开二入觉匣	江开二入觉影
西城	ɕiaŋ⁵¹	pau⁵⁵白 po⁵⁵文	tʂuo⁵⁵	tʂuo³⁵	tɕiau²¹⁴白 tɕye³⁵文	tɕʰiau⁵¹白 kʰɤ³⁵文	ɕiau³⁵白 ɕye³⁵文	uo⁵¹
通州	ɕiaŋ⁵¹	pau⁵⁵白 po⁵⁵文	tʂuo⁵⁵	tʂuo³⁵	tɕiau²¹⁴白 tɕye³⁵文	tɕʰiau⁵¹白 kʰɤ³⁵文	ɕiau³⁵白 ɕye³⁵文	uo⁵¹
大兴	ɕiaŋ⁵¹	pau⁵⁵白 po⁵⁵文	tʂuo⁵⁵	tʂuo³⁵	tɕiau²¹⁴白 tɕye³⁵文	tɕʰiau⁵¹白 kʰɤ³⁵文	ɕiau³⁵白 ɕye³⁵文	uo⁵¹
房山	ɕiaŋ⁵¹	pau⁵⁵白 po⁵⁵文	tʂuo⁵⁵	tʂuo³⁵	tɕiau²¹⁴	kʰɤ³⁵	ɕiau³⁵	uo⁵¹
门头沟	ɕiaŋ⁵¹	pau⁵⁵白 po⁵⁵文	tʂuo⁵⁵	tʂuo³⁵	tɕiau²¹⁴白 tɕye³⁵文	tɕʰiau⁵¹白 kʰɤ³⁵文	ɕiau³⁵白 ɕye³⁵文	uo⁵¹
昌平	ɕiaŋ⁵¹	pau⁵⁵白 po⁵⁵文	tʂuo⁵⁵	tʂuo³⁵	tɕiau²¹⁴白 tɕye³⁵文	tɕʰiau⁵¹白 kʰɤ³⁵文	ɕiau³⁵白 ɕye³⁵文	uo⁵¹
怀柔	ɕiaŋ⁵¹	pau⁵⁵白 po⁵⁵文	tʂuo⁵⁵	tʂuo³⁵	tɕiau²¹⁴	kʰə³⁵	ɕiau³⁵白 ɕye³⁵文	uo⁵¹
密云	ɕiaŋ⁵¹	pau⁵⁵	tʂuo⁵⁵	tʂuo³⁵	tɕiau²¹³白 tɕye³⁵文	tɕʰiau⁵¹白 kʰɤ³⁵文	ɕiau³⁵白 ɕye³⁵文	uo⁵¹
顺义	ɕiaŋ⁵¹	pau⁵⁵白 po⁵⁵文	tʂuo⁵⁵	tʂuo³⁵	tɕiau²¹⁴白 tɕye³⁵文	tɕʰiau⁵¹白 kʰɤ³⁵文	ɕiau³⁵白 ɕye³⁵文	uo⁵¹
延庆	ɕiaŋ⁵³	pɤ⁴²	tʂuo⁴²	tʂuo⁵⁵	tɕiau²¹⁴白 tɕye⁵⁵文	tɕʰiao⁵³白 kʰɤ⁵⁵文	ɕiao⁵⁵白 ɕye⁵⁵文	uo⁵³
平谷	ɕiaŋ⁵¹	pau³⁵白 puo³⁵文	tʂuo³⁵	tʂuo⁵⁵	tɕiau²¹³白 tɕye⁵⁵文	tɕʰiau⁵¹白 kʰɤ⁵⁵文	ɕiau⁵⁵白 ɕye⁵⁵文	uo⁵¹

	0793 朋	0794 灯	0795 等	0796 凳	0797 藤	0798 能	0799 层	0800 僧
	曾开一平登並	曾开一平登端	曾开一上等端	曾开一去嶝端	曾开一平登定	曾开一平登泥	曾开一平登从	曾开一平登心
西城	pʰəŋ³⁵	təŋ⁵⁵	təŋ²¹⁴	təŋ⁵¹	tʰəŋ³⁵	nəŋ³⁵	tsʰəŋ³⁵	tsəŋ⁵⁵
通州	pʰəŋ³⁵	təŋ⁵⁵	təŋ²¹⁴	təŋ⁵¹	tʰəŋ³⁵	nəŋ³⁵	tsʰəŋ³⁵	tsəŋ⁵⁵
大兴	pʰəŋ³⁵	təŋ⁵⁵	təŋ²¹⁴	təŋ⁵¹	tʰəŋ³⁵	nəŋ³⁵	tsʰəŋ³⁵	tsəŋ⁵⁵
房山	pʰəŋ³⁵	təŋ⁵⁵	təŋ²¹⁴	təŋ⁵¹	tʰəŋ³⁵	nəŋ³⁵	tsʰəŋ³⁵	səŋ⁵⁵
门头沟	pʰəŋ³⁵	təŋ⁵⁵	təŋ²¹⁴	təŋ⁵¹	tʰəŋ³⁵	nəŋ³⁵	tsʰəŋ³⁵	tsəŋ⁵⁵
昌平	pʰəŋ³⁵	təŋ⁵⁵	təŋ²¹⁴	təŋ⁵¹	tʰəŋ³⁵	nəŋ³⁵	tsʰəŋ³⁵	tsəŋ⁵⁵
怀柔	pʰəŋ³⁵	təŋ⁵⁵	təŋ²¹⁴	təŋ⁵¹	tʰəŋ³⁵	nəŋ³⁵	tsʰəŋ³⁵	tsəŋ⁵⁵老 səŋ⁵⁵新
密云	pʰəŋ³⁵	təŋ⁵⁵	təŋ²¹³	təŋ⁵¹	tʰəŋ³⁵	nəŋ³⁵	tsʰəŋ³⁵	tsəŋ⁵⁵
顺义	pʰəŋ³⁵	təŋ⁵⁵	təŋ²¹⁴	təŋ⁵¹	tʰəŋ³⁵	nəŋ³⁵	tsʰəŋ³⁵	səŋ⁵⁵
延庆	pʰəŋ⁵⁵	təŋ⁴²	təŋ²¹⁴	təŋ⁵³	tʰəŋ⁵⁵	nəŋ⁵⁵	tsʰəŋ⁵⁵	səŋ⁴²
平谷	pʰəŋ⁵⁵	təŋ³⁵	təŋ²¹³	təŋ⁵¹	tʰəŋ⁵⁵	nəŋ⁵⁵	tsʰəŋ⁵⁵	tsəŋ³⁵

第二章　字音对照

	0801 肯	0802 北	0803 墨⑪	0804 得⑫	0805 特	0806 贼	0807 塞⑬	0808 刻⑭
	曾开一上等溪	曾开一入德帮	曾开一入德明	曾开一入德端	曾开一入德定	曾开一入德从	曾开一入德心	曾开一入德溪
西城	kʰən²¹⁴	pei²¹⁴	mo⁵¹	tei²¹⁴ 白 tɤ³⁵ 文	tʰɤ⁵¹	tsei³⁵	sei⁵⁵ 白 sai⁵⁵ 文	kʰɤ⁵¹
通州	kʰən²¹⁴	pei²¹⁴	mo⁵¹	tei²¹⁴ 白 tɤ³⁵ 文	tʰɤ⁵¹	tsei³⁵	sei⁵⁵ 白 sai⁵⁵ 文	kʰɤ⁵¹
大兴	kʰən²¹⁴	pei²¹⁴	mo⁵¹	tei²¹⁴ 白 tɤ³⁵ 文	tʰɤ⁵¹	tsei³⁵	sai⁵⁵ 白 sɤ⁵¹ 文	kʰɤ⁵¹
房山	kʰən²¹⁴	pei²¹⁴	mo⁵¹	tei²¹⁴ 白 tɤ³⁵ 文	tʰɤ⁵¹	tsei³⁵	sai⁵⁵	kʰɤ⁵¹
门头沟	kʰən²¹⁴	pei²¹⁴	mo⁵¹	tei²¹⁴ 白 tɤ³⁵ 文	tʰɤ⁵¹	tsei³⁵	sei⁵⁵ 白 sai⁵⁵ 文	kʰɤ⁵¹
昌平	kʰən²¹⁴	pei²¹⁴	mo⁵¹	tɤ³⁵	tʰɤ⁵¹	tsei³⁵	sai⁵⁵	kʰɤ⁵¹
怀柔	kʰən²¹⁴	pei²¹⁴	mo⁵¹	tei²¹⁴ 白 tə³⁵ 文	tʰə⁵¹	tsei³⁵	sei⁵⁵ 白 sai⁵⁵ 文	kʰə⁵¹
密云	kʰən²¹³	pei²¹³	mo⁵¹	tɤ³⁵	tʰɤ⁵¹	tsei³⁵	sei⁵⁵ 白 sai⁵⁵ 文	kʰɤ⁵¹
顺义	kʰən²¹⁴	pei²¹⁴	mo⁵¹	tei²¹⁴ 白 tɤ³⁵ 文	tʰɤ⁵¹	tsei³⁵	sei⁵⁵ 白 sai⁵⁵ 文 sɤ⁵¹ 文	kʰɤ⁵¹
延庆	kʰən²¹⁴	pei²¹⁴	mɤ⁵³	tei²¹⁴ 白 tɤ⁵⁵ 文	tʰɤ⁵³	tsei⁵⁵	sei⁴² 白 sai⁴² 文 sɤ⁵³ 文	kʰɤ⁴² 又 kʰɤ⁵³ 又
平谷	kʰən²¹³	pei²¹³	mi⁵¹ 又 muo⁵¹ 又	tei²¹³ 白 tɤ⁵⁵ 文	tʰɤ⁵¹	tsei⁵⁵	sei³⁵ 白 sai³⁵ 文	kʰei²¹³ 白 kʰɤ⁵¹ 文

	0809 黑 曾开一入德晓	0810 冰 曾开三平蒸帮	0811 证 曾开三去证章	0812 秤 曾开三去证昌	0813 绳 曾开三平蒸船	0814 剩 曾开三去证船	0815 升 曾开三平蒸书	0816 兴高~ 曾开三去证晓
西城	xei⁵⁵~色 xei²¹⁴~豆	piŋ⁵⁵	tʂəŋ⁵¹	tʂʰəŋ⁵¹	ʂəŋ³⁵	ʂəŋ⁵¹	ʂəŋ⁵⁵	ɕiŋ⁵¹
通州	xei⁵⁵~色 xai²¹⁴~豆	piŋ⁵⁵	tʂəŋ⁵¹	tʂʰəŋ⁵¹	ʂəŋ³⁵	ʂəŋ⁵¹	ʂəŋ⁵⁵	ɕiŋ⁵¹
大兴	xei⁵⁵~色 xai²¹⁴~豆	piŋ⁵⁵	tʂəŋ⁵¹	tʂʰəŋ⁵¹	ʂəŋ³⁵	ʂəŋ⁵¹	ʂəŋ⁵⁵	ɕiŋ⁵¹
房山	xei⁵⁵	piŋ⁵⁵	tʂəŋ⁵¹	tʂʰəŋ⁵¹	ʂəŋ³⁵	ʂəŋ⁵¹	ʂəŋ⁵⁵	ɕiŋ⁵¹
门头沟	xei⁵⁵~色 xei²¹⁴~豆	piŋ⁵⁵	tʂəŋ⁵¹	tʂʰəŋ⁵¹	ʂəŋ³⁵	ʂəŋ⁵¹	ʂəŋ⁵⁵	ɕiŋ⁵¹
昌平	xei⁵⁵	piŋ⁵⁵	tʂəŋ⁵¹	tʂʰəŋ⁵¹	ʂəŋ³⁵	ʂəŋ⁵¹	ʂəŋ⁵⁵	ɕiŋ⁵¹
怀柔	xei⁵⁵~色 xei²¹⁴~豆	piŋ⁵⁵	tʂəŋ⁵¹	tʂʰəŋ⁵¹	ʂəŋ³⁵	ʂəŋ⁵¹	ʂəŋ⁵⁵	ɕiŋ⁵¹
密云	xei⁵⁵~色 xei²¹³~豆	piŋ⁵⁵	tʂəŋ⁵¹	tʂʰəŋ⁵¹	ʂəŋ³⁵	ʂəŋ⁵¹	ʂəŋ⁵⁵	ɕiŋ⁵¹
顺义	xei⁵⁵~色 xei²¹⁴~豆	piŋ⁵⁵	tʂəŋ⁵¹	tʂʰəŋ⁵¹	ʂəŋ³⁵	ʂəŋ⁵¹	ʂəŋ⁵⁵	ɕiŋ⁵¹
延庆	xei⁴²~白 xei²¹⁴~豆	piŋ⁴²	tʂəŋ⁵³	tʂʰəŋ⁵³	ʂəŋ⁵⁵	ʂəŋ⁵³	ʂəŋ⁴²	ɕiŋ⁵³
平谷	xei³⁵~白 xei²¹³~豆	piŋ³⁵	tʂəŋ⁵¹	tʂʰəŋ⁵¹	ʂəŋ⁵⁵	ʂəŋ⁵¹	ʂəŋ³⁵	ɕiŋ⁵¹

第二章 字音对照

	0817 蝇	0818 逼	0819 力	0820 息	0821 直	0822 侧⑮	0823 测	0824 色
	曾开三平蒸以	曾开三入职帮	曾开三入职来	曾开三入职心	曾开三入职澄	曾开三入职庄	曾开三入职初	曾开三入职生
西城	iŋ³⁵	pi⁵⁵	li⁵¹	ɕi⁵⁵	tʂʅ³⁵	tʂai⁵⁵白 tsʰɤ⁵¹文	tsʰɤ⁵¹	ʂai²¹⁴白 sɤ⁵¹文
通州	iŋ³⁵	pi⁵⁵	li⁵¹	ɕi⁵⁵	tʂʅ³⁵	tʂai⁵⁵白 tsʰɤ⁵¹文	tsʰɤ⁵¹	ʂai²¹⁴白 sɤ⁵¹文
大兴	iŋ³⁵	pi⁵⁵	li⁵¹	ɕi⁵⁵	tʂʅ³⁵	tʂai⁵⁵白 tsʰɤ⁵¹文	tsʰɤ⁵¹	ʂai²¹⁴白 sɤ⁵¹文
房山	iŋ³⁵	pi⁵⁵	li⁵¹	ɕi⁵¹	tʂʅ³⁵	tʂai⁵⁵白 tsʰɤ⁵¹文	tsʰɤ⁵¹	ʂai²¹⁴白 sɤ⁵¹文
门头沟	iŋ³⁵	pi⁵⁵	li⁵¹	ɕi⁵⁵	tʂʅ³⁵	tʂai⁵⁵白 tsʰɤ⁵¹文	tsʰɤ⁵¹	ʂai²¹⁴白 sɤ⁵¹文
昌平	iŋ³⁵	pi⁵⁵	li⁵¹	ɕi⁵⁵	tʂi³⁵	tʂai⁵⁵白 tsʰɤ⁵¹文	tsʰɤ⁵¹	ʂai²¹⁴
怀柔	iŋ³⁵	pi⁵⁵	li⁵¹	ɕi⁵⁵	tʂʅ³⁵	tʂai⁵⁵白 tsʰə⁵¹文	tsʰə⁵¹白 tsʰə⁵¹文	ʂai²¹⁴白 sə⁵¹文
密云	iŋ³⁵	pi⁵⁵	li⁵¹	ɕi⁵⁵	tʂʅ³⁵	tʂai⁵⁵白 tsʰɤ⁵¹文	tsʰɤ⁵¹	ʂai²¹³白 sɤ⁵¹文
顺义	iŋ³⁵	pi⁵⁵	li⁵¹	ɕi⁵⁵	tʂʅ³⁵	tʂai⁵⁵白 tsʰɤ⁵¹文	tsʰɤ⁵¹	ʂai²¹⁴白 sɤ⁵¹文
延庆	iŋ⁵⁵	pi⁴²	li⁵³	ɕi⁴²	tʂʅ⁵⁵	tʂɤ⁴²白 tsʰɤ⁵³文	tsʰɤ⁵³	ʂai²¹⁴白 sɤ⁵³文
平谷	iŋ⁵⁵	pi³⁵	li⁵¹	ɕi⁵¹	tʂʅ⁵⁵	tʂai³⁵白 tsʰɤ⁵¹文	tsʰɤ⁵¹	ʂai²¹³白 sɤ⁵¹文

	0825 织	0826 食	0827 式	0828 极	0829 国	0830 或	0831 猛	0832 打
	曾开三入职章	曾开三入职船	曾开三入职书	曾开三入职群	曾合一入德见	曾合一入德匣	梗开二上梗明	梗开二上梗端
西城	tʂʅ⁵⁵	ʂʅ³⁵	ʂʅ⁵¹	tɕi˖³⁵	kuo³⁵	xuo⁵¹	məŋ²¹⁴	ta²¹⁴
通州	tʂʅ⁵⁵	ʂʅ³⁵	ʂʅ⁵¹	tɕi˖³⁵	kuo³⁵	xuo⁵¹	məŋ²¹⁴	ta²¹⁴
大兴	tʂʅ⁵⁵	ʂʅ³⁵	ʂʅ⁵¹	tɕi˖³⁵	kuo²¹⁴ 老 kuo³⁵ 新	xuo⁵¹	məŋ²¹⁴	ta²¹⁴
房山	tʂʅ⁵⁵	ʂʅ³⁵	ʂʅ⁵¹	tɕi³⁵	kuo³⁵	xuo⁵¹	məŋ²¹⁴	ta²¹⁴
门头沟	tʂʅ⁵⁵	ʂʅ³⁵	ʂʅ⁵¹	tɕi³⁵	kuo³⁵	xuo⁵¹	məŋ²¹⁴	ta²¹⁴
昌平	tʂʅ⁵⁵	ʂʅ³⁵	ʂʅ⁵¹	tɕi³⁵	kuo³⁵	xuo⁵¹	məŋ²¹⁴	ta²¹⁴
怀柔	tʂʅ⁵⁵	ʂʅ³⁵	ʂʅ⁵¹	tɕi³⁵	kuo³⁵	xuo⁵¹	məŋ²¹⁴	ta²¹⁴
密云	tʂʅ⁵⁵	ʂʅ³⁵	ʂʅ⁵¹	tɕi³⁵	kuo³⁵	xuo⁵¹	məŋ²¹³	ta²¹³
顺义	tʂʅ⁵⁵	ʂʅ³⁵	ʂʅ⁵¹	tɕi³⁵	kuo³⁵	xuo⁵¹	məŋ²¹⁴	ta²¹⁴
延庆	tʂʅ⁴²	ʂʅ⁵⁵	ʂʅ⁵³	tɕi˖⁵⁵	kuo⁴²	xuo⁵³	məŋ²¹⁴	ta²¹⁴
平谷	tʂʅ³⁵	ʂʅ⁵⁵	ʂʅ⁵¹	tɕi˖⁵⁵	kuo²¹³	xuo⁵¹	məŋ²¹³	ta²¹³

	0833 冷	0834 生	0835 省 ~长	0836 更 三~,打~	0837 梗	0838 坑	0839 硬	0840 行 ~为,~走
	梗开二上梗来	梗开二平庚生	梗开二上梗生	梗开二平庚见	梗开二上梗见	梗开二平庚溪	梗开二去映疑	梗开二平庚匣
西城	ləŋ²¹⁴	ʂəŋ⁵⁵	ʂəŋ²¹⁴	tɕiŋ⁵⁵	kəŋ²¹⁴	kʰəŋ⁵⁵	iŋ⁵¹	ɕiŋ³⁵
通州	ləŋ²¹⁴	ʂəŋ⁵⁵	ʂəŋ²¹⁴	tɕiŋ⁵⁵	kəŋ²¹⁴	kʰəŋ⁵⁵	iŋ⁵¹	ɕiŋ³⁵
大兴	ləŋ²¹⁴	ʂəŋ⁵⁵	ʂəŋ²¹⁴	tɕiŋ⁵⁵	kəŋ²¹⁴	kʰəŋ⁵⁵	iŋ⁵¹	ɕiŋ³⁵
房山	ləŋ²¹⁴	ʂəŋ⁵⁵	ʂəŋ²¹⁴	tɕiŋ⁵⁵	kəŋ²¹⁴	kʰəŋ⁵⁵	iŋ⁵¹	ɕiŋ³⁵
门头沟	ləŋ²¹⁴	ʂəŋ⁵⁵	ʂəŋ²¹⁴	tɕiŋ⁵⁵ 白 kəŋ⁵⁵ 文	kəŋ²¹⁴	kʰəŋ⁵⁵	iŋ⁵¹	ɕiŋ³⁵
昌平	ləŋ²¹⁴	ʂəŋ⁵⁵	ʂəŋ²¹⁴	tɕiŋ⁵⁵ 白 kəŋ⁵⁵ 文	kəŋ²¹⁴	kʰəŋ⁵⁵	iŋ⁵¹	ɕiŋ³⁵
怀柔	ləŋ²¹⁴	ʂəŋ⁵⁵	ʂəŋ²¹⁴	tɕiŋ⁵⁵ 白 kəŋ⁵⁵ 文	kəŋ²¹⁴	kʰəŋ⁵⁵	iŋ⁵¹	ɕiŋ³⁵
密云	ləŋ²¹³	ʂəŋ⁵⁵	ʂəŋ²¹³	tɕiŋ⁵⁵	kəŋ²¹³	kʰəŋ⁵⁵	iŋ⁵¹	ɕiŋ³⁵
顺义	ləŋ²¹⁴	ʂəŋ⁵⁵	ʂəŋ²¹⁴	tɕiŋ⁵⁵ 白 kəŋ⁵⁵ 文	kəŋ²¹⁴	kʰəŋ⁵⁵	iŋ⁵¹	ɕiŋ³⁵
延庆	ləŋ²¹⁴	ʂəŋ⁴²	ʂəŋ²¹⁴	tɕiŋ⁴²	kəŋ²¹⁴	kʰəŋ⁴²	iŋ⁵³	ɕiŋ⁵⁵
平谷	ləŋ²¹³	ʂəŋ³⁵	ʂəŋ²¹³	tɕiŋ³⁵	kəŋ²¹³	kʰəŋ³⁵	iŋ⁵¹	ɕiŋ⁵⁵

第二章　字音对照

	0841 百 梗开二入陌帮	0842 拍 梗开二入陌滂	0843 白 梗开二入陌并	0844 拆 梗开二入陌彻	0845 择 梗开二入陌澄	0846 窄 梗开二入陌庄	0847 格 梗开二入陌见	0848 客 梗开二入陌溪
西城	pai²¹⁴	pʰai⁵⁵	pai³⁵	tʂʰai⁵⁵	tʂai³⁵白 tsɤ³⁵文	tʂai²¹⁴	kɤ³⁵	tɕʰie²¹⁴白 kʰɤ⁵¹文
通州	pai²¹⁴	pʰai⁵⁵	pai³⁵	tʂʰai⁵⁵	tʂai³⁵白 tsɤ³⁵文	tʂai²¹⁴	kɤ³⁵	tɕʰie²¹⁴白 kʰɤ⁵¹文
大兴	pai²¹⁴	pʰai⁵⁵	pai³⁵	tʂʰai⁵⁵	tʂai³⁵白 tsɤ³⁵文	tʂai²¹⁴	kɤ³⁵	tɕʰie²¹⁴白 kʰɤ⁵¹文
房山	pai²¹⁴	pʰai⁵⁵	pai³⁵	tʂʰai⁵⁵	tʂai³⁵	tʂai²¹⁴	kɤ³⁵	kʰɤ⁵¹
门头沟	pai²¹⁴	pʰai⁵⁵	pai³⁵	tʂʰai⁵⁵	tʂai³⁵白	tʂai²¹⁴	kɤ³⁵	kʰɤ⁵¹
昌平	pai²¹⁴	pʰai⁵⁵	pai³⁵	tʂʰai⁵⁵	tʂai³⁵白 tsɤ³⁵文	tʂai²¹⁴	kɤ³⁵	tɕʰie²¹⁴白 kʰɤ⁵¹
怀柔	pai²¹⁴	pʰai⁵⁵	pai³⁵	tʂʰai⁵⁵	tʂai³⁵白 tʂə³⁵白 tsə³⁵文	tʂai²¹⁴	kə³⁵	tɕʰie²¹⁴白 kʰɤ⁵¹文
密云	pai²¹³	pʰai⁵⁵	pai³⁵	tʂʰai⁵⁵	tʂai³⁵白 tsɤ³⁵文	tʂai²¹³	kɤ³⁵	tɕʰie²¹³白 kʰɤ⁵¹文
顺义	pai²¹⁴	pʰai⁵⁵	pai³⁵	tʂʰai⁵⁵	tʂai³⁵白 tsɤ³⁵文	tʂai²¹⁴	kɤ³⁵	tɕʰie²¹⁴白 kʰɤ⁵¹文
延庆	pai²¹⁴	pʰai⁴²	pai⁵⁵	tʂʰai⁴²	tʂai⁵⁵白 tsɤ⁵⁵文	tʂai²¹⁴	kɤ⁵⁵	kʰɤ⁵³
平谷	pai²¹³	pʰai³⁵	pai⁵⁵	tʂʰai³⁵	tʂai⁵⁵白 tsɤ⁵⁵文	tʂai²¹³	kɤ⁵⁵	kʰɤ⁵¹

	0849 额	0850 棚	0851 争	0852 耕	0853 麦	0854 摘	0855 策	0856 隔⑯
	梗开二入陌疑	梗开二平耕并	梗开二平耕庄	梗开二平耕见	梗开二入麦明	梗开二入麦知	梗开二入麦初	梗开二入麦见
西城	ɤ³⁵	pʰəŋ³⁵	tʂəŋ⁵⁵	tɕiŋ⁵⁵白 kəŋ⁵⁵文	mai⁵¹	tʂai⁵⁵	tsʰɤ⁵¹	tɕie⁵⁵白 tɕie⁵¹白 kɤ³⁵文
通州	ɤ³⁵	pʰəŋ³⁵	tʂəŋ⁵⁵	tɕiŋ⁵⁵白 kəŋ⁵⁵文	mai⁵¹	tʂai⁵⁵	tsʰɤ⁵¹	tɕie⁵⁵白 tɕie³⁵白 tɕie⁵¹白 kɤ³⁵文
大兴	ɤ³⁵	pʰəŋ³⁵	tʂəŋ⁵⁵	tɕiŋ⁵⁵白 kəŋ⁵⁵文	mai⁵¹	tʂai⁵⁵	tsʰɤ⁵¹	tɕie⁵⁵白 kɤ³⁵文
房山	ŋɤ³⁵	pʰəŋ³⁵	tʂəŋ⁵⁵	tɕiŋ⁵⁵白 kəŋ⁵⁵文	mai⁵¹	tʂai⁵⁵	tsʰɤ⁵¹	tɕie⁵¹白 kɤ³⁵文
门头沟	ɤ³⁵	pʰəŋ³⁵	tʂəŋ⁵⁵	tɕiŋ⁵⁵白 kəŋ⁵⁵文	mai⁵¹	tʂai⁵⁵	tsʰɤ⁵¹	kɤ³⁵
昌平	ɤ³⁵	pʰəŋ³⁵	tʂəŋ⁵⁵	tɕiŋ⁵⁵白 kəŋ⁵⁵文	mai⁵¹	tʂai⁵⁵	tsʰɤ⁵¹	kɤ³⁵
怀柔	nə³⁵老 ə³⁵新	pʰəŋ³⁵	tʂəŋ⁵⁵	tɕiŋ⁵⁵白 kəŋ⁵⁵文	mai⁵¹	tʂai⁵⁵	tʂʰə⁵¹白 tsʰə⁵¹文	kə³⁵
密云	ɤ³⁵	pʰəŋ³⁵	tʂəŋ⁵⁵	tɕiŋ⁵⁵白 kəŋ⁵⁵文	mai⁵¹	tʂai⁵⁵	tsʰɤ⁵¹	tɕie⁵¹白 kɤ³⁵文
顺义	ɤ³⁵	pʰəŋ³⁵	tʂəŋ⁵⁵	tɕiŋ⁵⁵白 kəŋ⁵⁵文	mai⁵¹	tʂai⁵⁵	tsʰɤ⁵¹	tɕie⁵¹白 kɤ³⁵文
延庆	ŋɤ⁵⁵	pʰəŋ⁵⁵	tʂəŋ⁴²	tɕiŋ⁴²白 kəŋ⁴²文	mai⁵³	tʂai⁴²~花儿 tʂai⁵⁵~要	tsʰɤ⁵³	tɕie⁴²白 tɕie⁵³白 kɤ⁵⁵文
平谷	ɤ⁵⁵	pʰəŋ⁵⁵	tʂəŋ³⁵	tɕiŋ³⁵白 kəŋ³⁵文	mai⁵¹	tʂai³⁵~花儿 tʂai⁵⁵~要	tsʰɤ⁵¹	tɕie⁵⁵白 tɕie⁵¹白 kɤ⁵⁵文

	0857 兵	0858 柄	0859 平	0860 病	0861 明	0862 命	0863 镜	0864 庆
	梗开三 平庚帮	梗开三 去映帮	梗开三 平庚並	梗开三 去映並	梗开三 平庚明	梗开三 去映明	梗开三 去映见	梗开三 去映溪
西城	piŋ⁵⁵	piŋ²¹⁴	pʰiŋ³⁵	piŋ⁵¹	miŋ³⁵	miŋ⁵¹	tɕiŋ⁵¹	tɕʰiŋ⁵¹
通州	piŋ⁵⁵	piŋ²¹⁴	pʰiŋ³⁵	piŋ⁵¹	miŋ³⁵	miŋ⁵¹	tɕiŋ⁵¹	tɕʰiŋ⁵¹
大兴	piŋ⁵⁵	piŋ²¹⁴	pʰiŋ³⁵	piŋ⁵¹	miŋ³⁵	miŋ⁵¹	tɕiŋ⁵¹	tɕʰiŋ⁵¹
房山	piŋ⁵⁵	piŋ²¹⁴	pʰiŋ³⁵	piŋ⁵¹	miŋ³⁵	miŋ⁵¹	tɕiŋ⁵¹	tɕʰiŋ⁵¹
门头沟	piŋ⁵⁵	piŋ²¹⁴	pʰiŋ³⁵	piŋ⁵¹	miŋ³⁵	miŋ⁵¹	tɕiŋ⁵¹	tɕʰiŋ⁵¹
昌平	piŋ⁵⁵	piŋ²¹⁴	pʰiŋ³⁵	piŋ⁵¹	miŋ³⁵	miŋ⁵¹	tɕiŋ⁵¹	tɕʰiŋ⁵¹
怀柔	piŋ⁵⁵	piŋ²¹⁴	pʰiŋ³⁵	piŋ⁵¹	miŋ³⁵	miŋ⁵¹	tɕiŋ⁵¹	tɕʰiŋ⁵¹
密云	piŋ⁵⁵	piŋ²¹³	pʰiŋ³⁵	piŋ⁵¹	miŋ³⁵	miŋ⁵¹	tɕiŋ⁵¹	tɕʰiŋ⁵¹
顺义	piŋ⁵⁵	piŋ²¹⁴	pʰiŋ³⁵	piŋ⁵¹	miŋ³⁵	miŋ⁵¹	tɕiŋ⁵¹	tɕʰiŋ⁵¹
延庆	piŋ⁴²	piŋ²¹⁴	pʰiŋ⁵⁵	piŋ⁵³	miŋ⁵⁵	miŋ⁵³	tɕiŋ⁵³	tɕʰiŋ⁵³
平谷	piŋ³⁵	piŋ²¹³	pʰiŋ⁵⁵	piŋ⁵¹	miŋ⁵⁵	miŋ⁵¹	tɕiŋ⁵¹	tɕʰiŋ⁵¹

	0865 迎	0866 影	0867 剧戏~	0868 饼	0869 名	0870 领	0871 井	0872 清
	梗开三 平庚疑	梗开三 上梗影	梗开三 入陌群	梗开三 上静帮	梗开三 平清明	梗开三 上静来	梗开三 上静精	梗开三 平清清
西城	iŋ³⁵	iŋ²¹⁴	tɕy⁵¹	piŋ²¹⁴	miŋ³⁵	liŋ²¹⁴	tɕiŋ²¹⁴	tɕʰiŋ⁵⁵
通州	iŋ³⁵	iŋ²¹⁴	tɕy⁵¹	piŋ²¹⁴	miŋ³⁵	liŋ²¹⁴	tɕiŋ²¹⁴	tɕʰiŋ⁵⁵
大兴	iŋ³⁵	iŋ²¹⁴	tɕy⁵¹	piŋ²¹⁴	miŋ³⁵	liŋ²¹⁴	tɕiŋ²¹⁴	tɕʰiŋ⁵⁵
房山	iŋ³⁵	iŋ²¹⁴	tɕy⁵¹	piŋ²¹⁴	miŋ³⁵	liŋ²¹⁴	tɕiŋ²¹⁴	tɕʰiŋ⁵⁵
门头沟	iŋ³⁵	iŋ²¹⁴	tɕy⁵¹	piŋ²¹⁴	miŋ³⁵	liŋ²¹⁴	tɕiŋ²¹⁴	tɕʰiŋ⁵⁵
昌平	iŋ³⁵	iŋ²¹⁴	tɕy⁵¹	piŋ²¹⁴	miŋ³⁵	liŋ²¹⁴	tɕiŋ²¹⁴	tɕʰiŋ⁵⁵
怀柔	iŋ³⁵	iŋ²¹⁴	tɕy⁵¹	piŋ²¹⁴	miŋ³⁵	liŋ²¹⁴	tɕiŋ²¹⁴	tɕʰiŋ⁵⁵
密云	iŋ³⁵	iŋ²¹³	tɕy⁵¹	piŋ²¹³	miŋ³⁵	liŋ²¹³	tɕiŋ²¹³	tɕʰiŋ⁵⁵
顺义	iŋ³⁵	iŋ²¹⁴	tɕy⁵¹	piŋ²¹⁴	miŋ³⁵	liŋ²¹⁴	tɕiŋ²¹⁴	tɕʰiŋ⁵⁵
延庆	iŋ⁵⁵	iŋ²¹⁴	tɕy⁵³	piŋ²¹⁴	miŋ⁵⁵	liŋ²¹⁴	tɕiŋ²¹⁴	tɕʰiŋ⁴²
平谷	iŋ⁵⁵	iŋ²¹³	tɕy⁵¹	piŋ²¹³	miŋ⁵⁵	liŋ²¹³	tɕiŋ²¹³	tɕʰiŋ³⁵

	0873 静	0874 姓	0875 贞	0876 程	0877 整	0878 正~反	0879 声	0880 城
	梗开三上静从	梗开三去劲心	梗开三平清知	梗开三平清澄	梗开三上静章	梗开三去劲章	梗开三平清书	梗开三平清禅
西城	tɕiŋ⁵¹	ɕiŋ⁵¹	tʂən⁵⁵	tʂʰəŋ³⁵	tʂəŋ²¹⁴	tʂəŋ⁵¹	ʂəŋ⁵⁵	tʂʰəŋ³⁵
通州	tɕiŋ⁵¹	ɕiŋ⁵¹	tʂən⁵⁵	tʂʰəŋ³⁵	tʂəŋ²¹⁴	tʂəŋ⁵¹	ʂəŋ⁵⁵	tʂʰəŋ³⁵
大兴	tɕiŋ⁵¹	ɕiŋ⁵¹	tʂən⁵⁵	tʂʰəŋ³⁵	tʂəŋ²¹⁴	tʂəŋ⁵¹	ʂəŋ⁵⁵	tʂʰəŋ³⁵
房山	tɕiŋ⁵¹	ɕiŋ⁵¹	tʂən⁵⁵	tʂʰəŋ³⁵	tʂəŋ²¹⁴	tʂəŋ⁵¹	ʂəŋ⁵⁵	tʂʰəŋ³⁵
门头沟	tɕiŋ⁵¹	ɕiŋ⁵¹	tʂən⁵⁵	tʂʰəŋ³⁵	tʂəŋ²¹⁴	tʂəŋ⁵¹	ʂəŋ⁵⁵	tʂʰəŋ³⁵
昌平	tɕiŋ⁵¹	ɕiŋ⁵¹	tʂən⁵⁵	tʂʰəŋ³⁵	tʂəŋ²¹⁴	tʂəŋ⁵¹	ʂəŋ⁵⁵	tʂʰəŋ³⁵
怀柔	tɕiŋ⁵¹	ɕiŋ⁵¹	tʂən⁵⁵	tʂʰəŋ³⁵	tʂəŋ²¹⁴	tʂəŋ⁵¹	ʂəŋ⁵⁵	tʂʰəŋ³⁵
密云	tɕiŋ⁵¹	ɕiŋ⁵¹	tʂən⁵⁵	tʂʰəŋ³⁵	tʂəŋ²¹³	tʂəŋ⁵¹	ʂəŋ⁵⁵	tʂʰəŋ³⁵
顺义	tɕiŋ⁵¹	ɕiŋ⁵¹	tʂən⁵⁵	tʂʰəŋ³⁵	tʂəŋ²¹⁴	tʂəŋ⁵¹	ʂəŋ⁵⁵	tʂʰəŋ³⁵
延庆	tɕiŋ⁵³	ɕiŋ⁵³	tʂən⁴²	tʂʰəŋ⁵⁵	tʂəŋ²¹⁴	tʂəŋ⁵³	ʂəŋ⁴²	tʂʰəŋ⁵⁵
平谷	tɕiŋ⁵¹	ɕiŋ⁵¹	tʂən³⁵	tʂʰəŋ⁵⁵	tʂəŋ²¹³	tʂəŋ⁵¹	ʂəŋ³⁵	tʂʰəŋ⁵⁵

	0881 轻	0882 赢	0883 积	0884 惜	0885 席	0886 尺	0887 石	0888 益
	梗开三平清溪	梗开三平清以	梗开三入昔精	梗开三入昔心	梗开三入昔邪	梗开三入昔昌	梗开三入昔禅	梗开三入昔影
西城	tɕʰiŋ⁵⁵	iŋ³⁵	tɕi⁵⁵	ɕi⁵⁵	ɕi³⁵	tʂʰʅ²¹⁴	ʂʅ³⁵	i⁵¹
通州	tɕʰiŋ⁵⁵	iŋ³⁵	tɕi⁵⁵	ɕi⁵⁵	ɕi³⁵	tʂʰʅ²¹⁴	ʂʅ³⁵	i⁵¹
大兴	tɕʰiŋ⁵⁵	iŋ³⁵	tɕi⁵⁵	ɕi⁵⁵	ɕi³⁵	tʂʰʅ²¹⁴	ʂʅ³⁵	i⁵¹
房山	tɕʰiŋ⁵⁵	iŋ³⁵	tɕi³⁵	ɕi⁵¹	ɕi³⁵	tʂʰʅ²¹⁴	ʂʅ³⁵	i⁵¹
门头沟	tɕʰiŋ⁵⁵	iŋ³⁵	tɕi³⁵	ɕi⁵⁵	ɕi³⁵	tʂʰʅ²¹⁴	ʂʅ³⁵	i⁵¹
昌平	tɕʰiŋ⁵⁵	iŋ³⁵	tɕi⁵⁵	ɕi⁵⁵	ɕi³⁵	tʂʰʅ²¹⁴	ʂʅ³⁵	i⁵¹
怀柔	tɕʰiŋ⁵⁵	iŋ³⁵	tɕi⁵⁵	ɕi⁵⁵	ɕi³⁵	tʂʰʅ²¹⁴	ʂʅ³⁵	i⁵¹
密云	tɕʰiŋ⁵⁵	iŋ³⁵	tɕi⁵⁵	ɕi⁵⁵	ɕi³⁵	tʂʰʅ²¹³	ʂʅ³⁵	i⁵¹
顺义	tɕʰiŋ⁵⁵	iŋ³⁵	tɕi⁵⁵	ɕi⁵⁵	ɕi³⁵	tʂʰʅ²¹⁴	ʂʅ³⁵	i⁵¹
延庆	tɕʰiŋ⁴²	iŋ⁵⁵	tɕi⁴²	ɕi⁴²	ɕi⁵⁵	tʂʰʅ²¹⁴	ʂʅ⁵⁵	i⁵³
平谷	tɕʰiŋ³⁵	iŋ⁵⁵	tɕi³⁵	ɕi⁵¹	ɕi⁵⁵	tʂʰʅ²¹³	ʂʅ⁵⁵	i⁵¹

第二章　字音对照

	0889 瓶	0890 钉名	0891 顶	0892 厅	0893 听~见	0894 停	0895 挺	0896 定
	梗开四平青並	梗开四平青端	梗开四上迥端	梗开四平青透	梗开四平青透	梗开四平青定	梗开四上迥定	梗开四去径定
西城	$p^h iŋ^{35}$	$tiŋ^{55}$	$tiŋ^{214}$	$t^h iŋ^{55}$	$t^h iŋ^{55}$	$t^h iŋ^{35}$	$t^h iŋ^{214}$	$tiŋ^{51}$
通州	$p^h iŋ^{35}$	$tiŋ^{55}$	$tiŋ^{214}$	$t^h iŋ^{35}$又 $t^h iŋ^{55}$又	$t^h iŋ^{55}$	$t^h iŋ^{35}$	$t^h iŋ^{214}$	$tiŋ^{51}$
大兴	$p^h iŋ^{35}$	$tiŋ^{55}$	$tiŋ^{214}$	$t^h iŋ^{55}$	$t^h iŋ^{55}$	$t^h iŋ^{35}$	$t^h iŋ^{214}$	$tiŋ^{51}$
房山	$p^h iŋ^{35}$	$tiŋ^{55}$	$tiŋ^{214}$	$t^h iŋ^{55}$	$t^h iŋ^{55}$	$t^h iŋ^{35}$	$t^h iŋ^{214}$	$tiŋ^{51}$
门头沟	$p^h iŋ^{35}$	$tiŋ^{55}$	$tiŋ^{214}$	$t^h iŋ^{55}$	$t^h iŋ^{55}$	$t^h iŋ^{35}$	$t^h iŋ^{214}$	$tiŋ^{51}$
昌平	$p^h iŋ^{35}$	$tiŋ^{55}$	$tiŋ^{214}$	$t^h iŋ^{55}$	$t^h iŋ^{55}$	$t^h iŋ^{35}$	$t^h iŋ^{214}$	$tiŋ^{51}$
怀柔	$p^h iŋ^{35}$	$tiŋ^{55}$	$tiŋ^{214}$	$t^h iŋ^{55}$	$t^h iŋ^{55}$	$t^h iŋ^{35}$	$t^h iŋ^{214}$	$tiŋ^{51}$
密云	$p^h iŋ^{35}$	$tiŋ^{55}$	$tiŋ^{213}$	$t^h iŋ^{55}$	$t^h iŋ^{55}$	$t^h iŋ^{35}$	$t^h iŋ^{213}$	$tiŋ^{51}$
顺义	$p^h iŋ^{35}$	$tiŋ^{55}$	$tiŋ^{214}$	$t^h iŋ^{55}$	$t^h iŋ^{55}$	$t^h iŋ^{35}$	$t^h iŋ^{214}$	$tiŋ^{51}$
延庆	$p^h iŋ^{55}$	$tiŋ^{42}$	$tiŋ^{214}$	$t^h iŋ^{42}$	$t^h iŋ^{42}$	$t^h iŋ^{55}$	$t^h iŋ^{214}$	$tiŋ^{53}$
平谷	$p^h iŋ^{55}$	$tiŋ^{35}$	$tiŋ^{213}$	$t^h iŋ^{35}$	$t^h iŋ^{35}$	$t^h iŋ^{55}$	$t^h iŋ^{213}$	$tiŋ^{51}$

	0897 零	0898 青	0899 星	0900 经	0901 形	0902 壁	0903 劈⑰	0904 踢
	梗开四平青来	梗开四平青清	梗开四平青心	梗开四平青见	梗开四平青匣	梗开四入锡帮	梗开四入锡滂	梗开四入锡透
西城	$liŋ^{35}$	$tɕ^h iŋ^{55}$	$ɕiŋ^{55}$	$tɕiŋ^{55}$	$ɕiŋ^{35}$	pi^{51}	$p^h i·^{55}$ $p^h i·^{214}$又	$t^h i·^{55}$
通州	$liŋ^{35}$	$tɕ^h iŋ^{55}$	$ɕiŋ^{55}$	$tɕiŋ^{55}$	$ɕiŋ^{35}$	pi^{51}	$p^h i·^{55}$ $p^h i·^{214}$又	$t^h i·^{55}$
大兴	$liŋ^{35}$	$tɕ^h iŋ^{55}$	$ɕiŋ^{55}$	$tɕiŋ^{55}$	$ɕiŋ^{35}$	pi^{51}	$p^h i·^{55}$ $p^h i·^{214}$又	$t^h i·^{55}$
房山	$liŋ^{35}$	$tɕ^h iŋ^{55}$	$ɕiŋ^{55}$	$tɕiŋ^{55}$	$ɕiŋ^{35}$	pi^{51}	$p^h i·^{55}$ $p^h i·^{214}$又	$t^h i·^{55}$
门头沟	$liŋ^{35}$	$tɕ^h iŋ^{55}$	$ɕiŋ^{55}$	$tɕiŋ^{55}$	$ɕiŋ^{35}$	pi^{51}	$p^h i·^{55}$ $p^h i·^{214}$又	$t^h i·^{55}$
昌平	$liŋ^{35}$	$tɕ^h iŋ^{55}$	$ɕiŋ^{55}$	$tɕiŋ^{55}$	$ɕiŋ^{35}$	pi^{51}	$p^h i·^{55}$	$t^h i·^{55}$
怀柔	$liŋ^{35}$	$tɕ^h iŋ^{55}$	$ɕiŋ^{55}$	$tɕiŋ^{55}$	$ɕiŋ^{35}$	pi^{51}	$p^h i·^{55}$	$t^h i·^{55}$
密云	$liŋ^{35}$	$tɕ^h iŋ^{55}$	$ɕiŋ^{55}$	$tɕiŋ^{55}$	$ɕiŋ^{35}$	pi^{51}	$p^h i·^{55}$	$t^h i·^{55}$
顺义	$liŋ^{35}$	$tɕ^h iŋ^{55}$	$ɕiŋ^{55}$	$tɕiŋ^{55}$	$ɕiŋ^{35}$	pi^{51}	$p^h i·^{55}$ $p^h i·^{214}$又	$t^h i·^{55}$
延庆	$liŋ^{55}$	$tɕ^h iŋ^{42}$	$ɕiŋ^{42}$	$tɕiŋ^{42}$	$ɕiŋ^{55}$	pi^{53}	$p^h i·^{42}$又 $p^h i·^{214}$	$t^h i·^{42}$
平谷	$liŋ^{55}$	$tɕ^h iŋ^{35}$	$ɕiŋ^{35}$	$tɕiŋ^{35}$	$ɕiŋ^{55}$	pi^{51}	$p^h i·^{35}$ $p^h i·^{213}$又	$t^h i·^{35}$

	0905 笛	0906 历农~	0907 锡	0908 击	0909 吃	0910 横~竖	0911 划计~	0912 兄
	梗开四入锡定	梗开四入锡来	梗开四入锡心	梗开四入锡见	梗开四入锡溪	梗合二平庚匣	梗合二入麦匣	梗合三平庚晓
西城	ti³⁵	li⁵¹	ɕi⁵⁵	tɕi⁵⁵	tʂʰʅ⁵⁵	xəŋ³⁵	xua⁵¹	ɕiuŋ⁵⁵
通州	ti³⁵	li⁵¹	ɕi⁵⁵	tɕi⁵⁵	tʂʰʅ⁵⁵	xəŋ³⁵	xua⁵¹	ɕyŋ⁵⁵
大兴	ti³⁵	li⁵¹	ɕi⁵⁵	tɕi⁵⁵	tʂʰʅ⁵⁵	xəŋ³⁵	xua⁵¹	ɕyŋ⁵⁵
房山	ti³⁵	li⁵¹	ɕi⁵⁵	tɕi⁵⁵	tʂʰʅ⁵⁵	xəŋ³⁵	xua⁵¹	ɕyŋ⁵⁵
门头沟	ti³⁵	li⁵¹	ɕi⁵⁵	tɕi⁵⁵	tʂʰʅ⁵⁵	xəŋ³⁵	xua⁵¹	ɕiuŋ⁵⁵
昌平	ti³⁵	li⁵¹	ɕi⁵⁵	tɕi⁵⁵	tʂʰʅ⁵⁵	xəŋ³⁵	xua⁵¹	ɕyŋ⁵⁵
怀柔	ti³⁵	li⁵¹	ɕi⁵⁵	tɕi⁵⁵	tʂʰʅ⁵⁵	xəŋ³⁵	xua⁵¹	ɕyŋ⁵⁵
密云	ti³⁵	li⁵¹	ɕi⁵⁵	tɕi⁵⁵	tʂʰʅ⁵⁵	xəŋ³⁵	xua⁵¹	ɕiuŋ⁵⁵
顺义	ti³⁵	li⁵¹	ɕi⁵⁵	tɕi⁵⁵	tʂʰʅ⁵⁵	xəŋ³⁵	xua⁵¹	ɕyŋ⁵⁵
延庆	ti⁵⁵	li⁵³	ɕi⁴²	tɕi⁴²	tʂʰʅ⁴²	xəŋ⁵⁵	xua⁵³	ɕiuŋ⁴²
平谷	ti⁵⁵	li⁵¹	ɕi³⁵	tɕi³⁵	tʂʰʅ³⁵	xəŋ⁵⁵	xua⁵¹	ɕyŋ³⁵

	0913 荣	0914 永	0915 营	0916 蓬~松	0917 东	0918 懂	0919 冻	0920 通
	梗合三平庚云	梗合三上梗云	梗合三平清以	通合一平东並	通合一平东端	通合一上董端	通合一去送端	通合一平东透
西城	ʐuŋ³⁵	iuŋ²¹⁴	iŋ³⁵	pʰəŋ³⁵	tuŋ⁵⁵	tuŋ²¹⁴	tuŋ⁵¹	tʰuŋ⁵⁵
通州	ʐuŋ³⁵	yŋ²¹⁴	iŋ³⁵	pʰəŋ³⁵	tuŋ⁵⁵	tuŋ²¹⁴	tuŋ⁵¹	tʰuŋ⁵⁵
大兴	ʐuŋ³⁵	yŋ²¹⁴	iŋ³⁵	pʰəŋ³⁵	tuŋ⁵⁵	tuŋ²¹⁴	tuŋ⁵¹	tʰuŋ⁵⁵
房山	ʐuŋ³⁵	yŋ²¹⁴	iŋ³⁵	pʰəŋ³⁵	tuŋ⁵⁵	tuŋ²¹⁴	tuŋ⁵¹	tʰuŋ⁵⁵
门头沟	ʐuŋ³⁵	iuŋ²¹⁴	iŋ³⁵	pʰəŋ³⁵	tuŋ⁵⁵	tuŋ²¹⁴	tuŋ⁵¹	tʰuŋ⁵⁵
昌平	ʐuŋ³⁵	yŋ²¹⁴	iŋ³⁵	pʰəŋ³⁵	tuŋ⁵⁵	tuŋ²¹⁴	tuŋ⁵¹	tʰuŋ⁵⁵
怀柔	ʐuŋ³⁵	yŋ²¹⁴	iŋ³⁵	pʰəŋ³⁵	tuŋ⁵⁵	tuŋ²¹⁴	tuŋ⁵¹	tʰuŋ⁵⁵
密云	ʐuŋ³⁵	iuŋ²¹³	iŋ³⁵	pʰəŋ³⁵	tuŋ⁵⁵	tuŋ²¹³	tuŋ⁵¹	tʰuŋ⁵⁵
顺义	ʐuŋ³⁵	yŋ²¹⁴	iŋ³⁵	pʰəŋ³⁵	tuŋ⁵⁵	tuŋ²¹⁴	tuŋ⁵¹	tʰuŋ⁵⁵
延庆	ʐuŋ⁵⁵	iuŋ²¹⁴	iŋ⁵⁵	pʰəŋ⁵⁵	tuŋ⁴²	tuŋ²¹⁴	tuŋ⁵³	tʰuŋ⁴²
平谷	ʐuŋ⁵⁵	yŋ²¹³	iŋ⁵⁵	pʰəŋ⁵⁵	tuŋ³⁵	tuŋ²¹³	tuŋ⁵¹	tʰuŋ³⁵

第二章　字音对照

	0921 桶 通合一 上董透	0922 痛 通合一 去送透	0923 铜 通合一 平东定	0924 动 通合一 上董定	0925 洞 通合一 去送定	0926 聋 通合一 平东来	0927 弄 通合一 去送来	0928 粽 通合一 去送精
西城	tʰuŋ²¹⁴	tʰuŋ⁵¹	tʰuŋ³⁵	tuŋ⁵¹	tuŋ⁵¹	luŋ³⁵	nəŋ⁵¹ 又 nou⁵¹ 又 nuŋ⁵¹ 又	tsuŋ⁵¹
通州	tʰuŋ²¹⁴	tʰuŋ⁵¹	tʰuŋ³⁵	tuŋ⁵¹	tuŋ⁵¹	luŋ³⁵	nou⁵¹ 又 nuŋ⁵¹ 又	tsəŋ⁵¹ 又 tsuŋ⁵¹ 又
大兴	tʰuŋ²¹⁴	tʰuŋ⁵¹	tʰuŋ³⁵	tuŋ⁵¹	tuŋ⁵¹	luŋ³⁵	nəŋ⁵¹ 又 nuŋ⁵¹ 又	tsuŋ⁵¹
房山	tʰuŋ²¹⁴	tʰuŋ⁵¹	tʰuŋ³⁵	tuŋ⁵¹	tuŋ⁵¹	luŋ³⁵	nəŋ⁵¹	tsuŋ⁵¹
门头沟	tʰuŋ²¹⁴	tʰuŋ⁵¹	tʰuŋ³⁵	tuŋ⁵¹	tuŋ⁵¹	luŋ³⁵	nəŋ⁵¹	tsuŋ⁵¹
昌平	tʰuŋ²¹⁴	tʰuŋ⁵¹	tʰuŋ³⁵	tuŋ⁵¹	tuŋ⁵¹	luŋ³⁵	nəŋ⁵¹	tsuŋ⁵¹
怀柔	tʰuŋ²¹⁴	tʰuŋ⁵¹	tʰuŋ³⁵	tuŋ⁵¹	tuŋ⁵¹	luŋ³⁵	nəŋ⁵¹ 又 nuŋ⁵¹ 又	tsəŋ⁵¹ 又 tsuŋ⁵¹ 又
密云	tʰuŋ²¹³	tʰuŋ⁵¹	tʰuŋ³⁵	tuŋ⁵¹	tuŋ⁵¹	luŋ³⁵	nou⁵¹ 又 nuŋ⁵¹ 又	tsəŋ⁵¹
顺义	tʰuŋ²¹⁴	tʰuŋ⁵¹	tʰuŋ³⁵	tuŋ⁵¹	tuŋ⁵¹	luŋ³⁵	nəŋ⁵¹ 又 nou⁵¹ 又 nuŋ⁵¹ 又	tsəŋ⁵¹ 又 tsuŋ⁵¹ 又
延庆	tʰuŋ²¹⁴	tʰuŋ⁵³	tʰuŋ⁵⁵	tuŋ⁵³	tuŋ⁵³	luŋ⁵⁵	nou⁵³ 又 nuŋ⁵³ 又	tsəŋ⁵³
平谷	tʰuŋ²¹³	tʰuŋ⁵¹	tʰuŋ⁵⁵	tuŋ⁵¹	tuŋ⁵¹	luŋ⁵⁵	nəŋ⁵¹ 又 nuŋ⁵¹ 又	tsəŋ⁵¹

	0929 葱	0930 送	0931 公	0932 孔	0933 烘~干	0934 红	0935 翁	0936 木
	通合一平东清	通合一去送心	通合一平东见	通合一上董溪	通合一平东晓	通合一平东匣	通合一平东影	通合一入屋明
西城	tsʰuŋ⁵⁵	suŋ⁵¹	kuŋ⁵⁵	kʰuŋ²¹⁴	xuŋ⁵⁵	xuŋ³⁵	uəŋ⁵⁵	mu⁵¹
通州	tsʰuŋ⁵⁵	suŋ⁵¹	kuŋ⁵⁵	kʰuŋ²¹⁴	xuŋ⁵⁵	xuŋ³⁵	uəŋ⁵⁵	mu⁵¹
大兴	tsʰuŋ⁵⁵	suŋ⁵¹	kuŋ⁵⁵	kʰuŋ²¹⁴	xuŋ⁵⁵	xuŋ³⁵	uəŋ⁵⁵	mu⁵¹
房山	tsʰuŋ⁵⁵	suŋ⁵¹	kuŋ⁵⁵	kʰuŋ²¹⁴	xuŋ⁵⁵	xuŋ³⁵	uəŋ⁵⁵	mu⁵¹
门头沟	tsʰuŋ⁵⁵	suŋ⁵¹	kuŋ⁵⁵	kʰuŋ²¹⁴	xuŋ⁵⁵	xuŋ³⁵	uəŋ⁵⁵	mu⁵¹
昌平	tsʰuŋ⁵⁵	suŋ⁵¹	kuŋ⁵⁵	kʰuŋ²¹⁴	xuŋ⁵⁵	xuŋ³⁵	uəŋ⁵⁵	mu⁵¹
怀柔	tsʰuŋ⁵⁵	suŋ⁵¹	kuŋ⁵⁵	kʰuŋ²¹⁴	xuŋ⁵⁵	xuŋ³⁵	uəŋ⁵⁵	mu⁵¹
密云	tsʰuŋ⁵⁵	suŋ⁵¹	kuŋ⁵⁵	kʰuŋ²¹³	xuŋ⁵⁵	xuŋ³⁵	uəŋ⁵⁵	mu⁵¹
顺义	tsʰuŋ⁵⁵	suŋ⁵¹	kuŋ⁵⁵	kʰuŋ²¹⁴	xuŋ⁵⁵	xuŋ³⁵	uəŋ⁵⁵	mu⁵¹
延庆	tsʰuŋ⁴²	suŋ⁵³	kuŋ⁴²	kʰuŋ²¹⁴	xuŋ⁴²	xuŋ⁵⁵	vəŋ⁴²	mu⁵³
平谷	tsʰuŋ³⁵	suŋ⁵¹	kuŋ³⁵	kʰuŋ²¹³	xuŋ³⁵	xuŋ⁵⁵	uəŋ³⁵	mu⁵¹

	0937 读	0938 鹿	0939 族	0940 谷稻~	0941 哭	0942 屋	0943 冬~至	0944 统
	通合一入屋定	通合一入屋来	通合一入屋从	通合一入屋见	通合一入屋溪	通合一入屋影	通合一平冬端	通合一去宋透
西城	tu³⁵	lu⁵¹	tsu³⁵	ku²¹⁴	kʰu⁵⁵	u⁵⁵	tuŋ⁵⁵	tʰuŋ²¹⁴
通州	tu³⁵	lu⁵¹	tsu³⁵	ku²¹⁴	kʰu⁵⁵	u⁵⁵	tuŋ⁵⁵	tʰuŋ²¹⁴
大兴	tu³⁵	lu⁵¹	tsu³⁵	ku²¹⁴	kʰu⁵⁵	u⁵⁵	tuŋ⁵⁵	tʰuŋ²¹⁴
房山	tu³⁵	lu⁵¹	tsu³⁵	ku²¹⁴	kʰu⁵⁵	u⁵⁵	tuŋ⁵⁵	tʰuŋ²¹⁴
门头沟	tu³⁵	lu⁵¹	tsu³⁵	ku²¹⁴	kʰu⁵⁵	u⁵⁵	tuŋ⁵⁵	tʰuŋ²¹⁴
昌平	tu³⁵	lu⁵¹	tsu³⁵	ku⁵⁵ ~子 / ku²¹⁴ ~物	kʰu⁵⁵	u⁵⁵	tuŋ⁵⁵	tʰuŋ²¹⁴
怀柔	tu³⁵	lu⁵¹	tsu³⁵	ku⁵⁵ 又 / ku²¹⁴ 又	kʰu⁵⁵	u⁵⁵	tuŋ⁵⁵	tʰuŋ²¹⁴
密云	tu³⁵	lu⁵¹	tsu³⁵	ku²¹³	kʰu⁵⁵	u⁵⁵	tuŋ⁵⁵	tʰuŋ²¹³
顺义	tu³⁵	lu⁵¹	tsu³⁵	ku⁵⁵ 又 / ku²¹⁴ 又	kʰu⁵⁵	u⁵⁵	tuŋ⁵⁵	tʰuŋ²¹⁴
延庆	tu⁵⁵	lu⁵³	tsu⁵⁵	ku⁴²	kʰu⁴²	u⁴²	tuŋ⁴²	tʰuŋ²¹⁴
平谷	tu⁵⁵	lu⁵¹	tsu⁵⁵	ku³⁵ ~子 / ku²¹³ 稻~	kʰu³⁵	u³⁵	tuŋ³⁵	tʰuŋ²¹³

第二章　字音对照

	0945 脓	0946 松~紧	0947 宋	0948 毒	0949 风	0950 丰	0951 凤	0952 梦
	通合一 平冬泥	通合一 平冬心	通合一 去宋心	通合一 入沃定	通合三 平东非	通合三 平东敷	通合三 去宋奉	通合三 去宋明
西城	nəŋ³⁵又 nuŋ³⁵又	suŋ⁵⁵	suŋ⁵¹	tu³⁵	fəŋ⁵⁵	fəŋ⁵⁵	fəŋ⁵¹	məŋ⁵¹
通州	nəŋ³⁵又 nuŋ³⁵又	suŋ⁵⁵	suŋ⁵¹	tu³⁵	fəŋ⁵⁵	fəŋ⁵⁵	fəŋ⁵¹	məŋ⁵¹
大兴	nəŋ³⁵又 nuŋ³⁵又	suŋ⁵⁵	suŋ⁵¹	tu³⁵	fəŋ⁵⁵	fəŋ⁵⁵	fəŋ⁵¹	məŋ⁵¹
房山	nəŋ³⁵	suŋ⁵⁵	suŋ⁵¹	tu³⁵	fəŋ⁵⁵	fəŋ⁵⁵	fəŋ⁵¹	məŋ⁵¹
门头沟	nəŋ³⁵	suŋ⁵⁵	suŋ⁵¹	tu³⁵	fəŋ⁵⁵	fəŋ⁵⁵	fəŋ⁵¹	məŋ⁵¹
昌平	nəŋ³⁵	suŋ⁵⁵	suŋ⁵¹	tu³⁵	fəŋ⁵⁵	fəŋ⁵⁵	fəŋ⁵¹	məŋ⁵¹
怀柔	nəŋ³⁵又 nuŋ³⁵又	suŋ⁵⁵	suŋ⁵¹	tu³⁵	fəŋ⁵⁵	fəŋ⁵⁵	fəŋ⁵¹	məŋ⁵¹
密云	nəŋ³⁵又 nuŋ³⁵又	suŋ⁵⁵	suŋ⁵¹	tu³⁵	fəŋ⁵⁵	fəŋ⁵⁵	fəŋ⁵¹	məŋ⁵¹
顺义	nəŋ³⁵又 nuŋ³⁵又	suŋ⁵⁵	suŋ⁵¹	tu³⁵	fəŋ⁵⁵	fəŋ⁵⁵	fəŋ⁵¹	məŋ⁵¹
延庆	nəŋ⁵⁵	suŋ⁴²	suŋ⁵³	tu⁵⁵	fəŋ⁴²	fəŋ⁴²	fəŋ⁵³	məŋ⁵³
平谷	nəŋ⁵⁵	suŋ³⁵	suŋ⁵¹	tu⁵⁵	fəŋ³⁵	fəŋ³⁵	fəŋ⁵¹	məŋ⁵¹

	0953 中当~	0954 虫	0955 终	0956 充	0957 宫	0958 穷	0959 熊	0960 雄
	通合三 平东知	通合三 平东澄	通合三 平东章	通合三 平东昌	通合三 平东见	通合三 平东群	通合三 平东云	通合三 平东云
西城	tʂuŋ⁵⁵	tʂʰuŋ³⁵	tʂuŋ⁵⁵	tʂʰuŋ⁵⁵	kuŋ⁵⁵	tɕʰiuŋ³⁵	ɕiuŋ³⁵	ɕiuŋ³⁵
通州	tʂuŋ⁵⁵	tʂʰuŋ³⁵	tʂuŋ⁵⁵	tʂʰuŋ⁵⁵	kuŋ⁵⁵	tɕʰyŋ³⁵	ɕyŋ³⁵	ɕyŋ³⁵
大兴	tʂuŋ⁵⁵	tʂʰuŋ³⁵	tʂuŋ⁵⁵	tʂʰuŋ⁵⁵	kuŋ⁵⁵	tɕʰyŋ³⁵	ɕyŋ³⁵	ɕyŋ³⁵
房山	tʂuŋ⁵⁵	tʂʰuŋ³⁵	tʂuŋ⁵⁵	tʂʰuŋ⁵⁵	kuŋ⁵⁵	tɕʰyŋ³⁵	ɕyŋ³⁵	ɕyŋ³⁵
门头沟	tʂuŋ⁵⁵	tʂʰuŋ³⁵	tʂuŋ⁵⁵	tʂʰuŋ⁵⁵	kuŋ⁵⁵	tɕʰiuŋ³⁵	ɕiuŋ³⁵	ɕiuŋ³⁵
昌平	tʂuŋ⁵⁵	tʂʰuŋ³⁵	tʂuŋ⁵⁵	tʂʰuŋ⁵⁵	kuŋ⁵⁵	tɕʰyŋ³⁵	ɕyŋ³⁵	ɕyŋ³⁵
怀柔	tʂuŋ⁵⁵	tʂʰuŋ³⁵	tʂuŋ⁵⁵	tʂʰuŋ⁵⁵	kuŋ⁵⁵	tɕʰyŋ³⁵	ɕyŋ³⁵	ɕyŋ³⁵
密云	tʂuŋ⁵⁵	tʂʰuŋ³⁵	tʂuŋ⁵⁵	tʂʰuŋ⁵⁵	kuŋ⁵⁵	tɕʰiuŋ³⁵	ɕiuŋ³⁵	ɕiuŋ³⁵
顺义	tʂuŋ⁵⁵	tʂʰuŋ³⁵	tʂuŋ⁵⁵	tʂʰuŋ⁵⁵	kuŋ⁵⁵	tɕʰyŋ³⁵	ɕyŋ³⁵	ɕyŋ³⁵
延庆	tʂuŋ⁴²	tʂʰuŋ⁵⁵	tʂuŋ⁴²	tʂʰuŋ⁴²	kuŋ⁴²	tɕʰiuŋ⁵⁵	ɕiuŋ⁵⁵	ɕiuŋ⁵⁵
平谷	tʂuŋ³⁵	tʂʰuŋ⁵⁵	tʂuŋ³⁵	tʂʰuŋ³⁵	kuŋ³⁵	tɕʰyŋ⁵⁵	ɕyŋ⁵⁵	ɕyŋ⁵⁵

	0961 福	0962 服	0963 目	0964 六	0965 宿 住~，~舍	0966 竹	0967 畜 ~生	0968 缩
	通合三入屋非	通合三入屋奉	通合三入屋明	通合三入屋来	通合三入屋心	通合三入屋知	通合三入屋彻	通合三入屋生
西城	fu³⁵	fu³⁵	mu⁵¹	liou⁵¹	su⁵¹	tʂu³⁵	tʂʰu⁵¹	suo⁵⁵
通州	fu²¹⁴ 白 fu³⁵ 文	fu³⁵	mu⁵¹	liou⁵¹	su⁵¹	tʂu³⁵	tʂʰu⁵¹	suo⁵⁵
大兴	fu²¹⁴ 白 fu³⁵ 文	fu³⁵	mu⁵¹	liou⁵¹	su⁵¹	tʂu³⁵	tʂʰu⁵¹	suo⁵⁵
房山	fu²¹⁴ 白 fu³⁵ 文	fu³⁵	mu⁵¹	liou⁵¹	su⁵¹	tʂu³⁵	tʂʰu⁵¹	suo⁵⁵
门头沟	fu³⁵	fu³⁵	mu⁵¹	liou⁵¹	su⁵¹	tʂu³⁵	tʂʰu⁵¹	suo⁵⁵
昌平	fu³⁵	fu³⁵	mu⁵¹	liou⁵¹	su⁵¹	tʂu³⁵	tʂʰu⁵¹	suo⁵⁵
怀柔	fu²¹⁴ 白 fu³⁵ 文	fu³⁵	mu⁵¹	liou⁵¹	su⁵¹	tʂu³⁵	tʂʰu⁵¹	suo⁵⁵
密云	fu²¹³	fu³⁵	mu⁵¹	liou⁵¹	su⁵¹	tʂu³⁵	tʂʰu⁵¹	suo⁵⁵
顺义	fu³⁵	fu³⁵	mu⁵¹	liou⁵¹	su⁵¹	tʂu³⁵	tʂʰu⁵¹	suo⁵⁵
延庆	fu⁴²	fu⁵⁵	mu⁵³	liou⁵³	su⁵³	tʂu⁴²	tʂʰu⁵³	suo⁴²
平谷	fu²¹³	fu⁵⁵	mu⁵¹	liou⁵¹	su⁵¹	tʂu³⁵	tʂʰu⁵¹	suo³⁵ ~回 suo⁵¹ ~水

	0969 粥	0970 叔	0971 熟	0972 肉	0973 菊	0974 育	0975 封	0976 蜂
	通合三入屋章	通合三入屋书	通合三入屋禅	通合三入屋日	通合三入屋见	通合三入屋以	通合三平钟非	通合三平钟敷
西城	tʂou⁵⁵	ʂu⁵⁵	ʂou³⁵ 白 ʂu³⁵ 文	ʐou⁵¹	tɕy³⁵	y⁵¹	fəŋ⁵⁵	fəŋ⁵⁵
通州	tʂou⁵⁵	ʂou³⁵ 白 ʂu⁵⁵ 文	ʂou³⁵ 白 ʂu³⁵ 文	ʐou⁵¹	tɕiou²¹⁴ 白 tɕy³⁵ 文	y⁵¹	fəŋ⁵⁵	fəŋ⁵⁵
大兴	tʂou⁵⁵	ʂu⁵⁵	ʂou³⁵ 白 ʂu³⁵ 文	ʐou⁵¹	tɕy³⁵	y⁵¹	fəŋ⁵⁵	fəŋ⁵⁵
房山	tʂou⁵⁵	ʂu⁵⁵	ʂou³⁵	ʐou⁵¹	tɕy³⁵	y⁵¹	fəŋ⁵⁵	fəŋ⁵⁵
门头沟	tʂou⁵⁵	ʂu⁵⁵	ʂou³⁵ 白 ʂu³⁵ 文	ʐou⁵¹	tɕy³⁵	y⁵¹	fəŋ⁵⁵	fəŋ⁵⁵
昌平	tʂou⁵⁵	ʂu⁵⁵	ʂou³⁵ 白 ʂu³⁵ 文	ʐou⁵¹	tɕy³⁵	y⁵¹	fəŋ⁵⁵	fəŋ⁵⁵
怀柔	tʂou⁵⁵	ʂou⁵⁵ 白 ʂu⁵⁵ 文	ʂou³⁵ 白 ʂu³⁵ 文	ʐou⁵¹	tɕy³⁵	y⁵¹	fəŋ⁵⁵	fəŋ⁵⁵
密云	tʂou⁵⁵	ʂou⁵⁵ 白 ʂu⁵⁵ 文	ʂou³⁵ 白 ʂu³⁵ 文	ʐou⁵¹	tɕy³⁵	y⁵¹	fəŋ⁵⁵	fəŋ⁵⁵
顺义	tʂou⁵⁵	ʂou³⁵ 白 ʂu⁵⁵ 文	ʂou³⁵ 白 ʂu³⁵ 文	ʐou⁵¹	tɕy³⁵	y⁵¹	fəŋ⁵⁵	fəŋ⁵⁵
延庆	tʂou⁴²	ʂu⁴²	ʂou⁵⁵ 白 ʂu⁵⁵ 文	ʐou⁵³	tɕy⁴²	y⁵³	fəŋ⁴²	fəŋ⁴²
平谷	tʂou³⁵	ʂou³⁵	ʂou⁵⁵	ʐou⁵¹	tɕy⁵⁵	y⁵¹	fəŋ³⁵	fəŋ³⁵

	0977 缝 一条~	0978 浓	0979 龙	0980 松 ~树	0981 重 轻~	0982 肿	0983 种 ~树	0984 冲
	通合三 去用奉	通合三 平钟泥	通合三 平钟来	通合三 平钟邪	通合三 上肿澄	通合三 上肿章	通合三 去用章	通合三 平钟昌
西城	fəŋ⁵¹	nuŋ³⁵	luŋ³⁵	suŋ⁵⁵	tʂuŋ⁵¹	tʂuŋ²¹⁴	tʂuŋ⁵¹	tʂʰuŋ⁵⁵
通州	fəŋ⁵¹	nuŋ³⁵	luŋ³⁵	suŋ⁵⁵	tʂuŋ⁵¹	tʂuŋ²¹⁴	tʂuŋ⁵¹	tʂʰuŋ⁵⁵
大兴	fəŋ⁵¹	nuŋ³⁵	luŋ³⁵	suŋ⁵⁵	tʂuŋ⁵¹	tʂuŋ²¹⁴	tʂuŋ⁵¹	tʂʰuŋ⁵⁵
房山	fəŋ⁵¹	nuŋ³⁵	luŋ³⁵	suŋ⁵⁵	tʂuŋ⁵¹	tʂuŋ²¹⁴	tʂuŋ⁵¹	tʂʰuŋ⁵⁵
门头沟	fəŋ⁵¹	nuŋ³⁵	luŋ³⁵	suŋ⁵⁵	tʂuŋ⁵¹	tʂuŋ²¹⁴	tʂuŋ⁵¹	tʂʰuŋ⁵⁵
昌平	fəŋ⁵¹	nuŋ³⁵	luŋ³⁵	suŋ⁵⁵	tʂuŋ⁵¹	tʂuŋ²¹⁴	tʂuŋ⁵¹	tʂʰuŋ⁵⁵
怀柔	fəŋ⁵¹	nuŋ³⁵	luŋ³⁵	suŋ⁵⁵	tʂuŋ⁵¹	tʂuŋ²¹⁴	tʂuŋ⁵¹	tʂʰuŋ⁵⁵
密云	fəŋ⁵¹	nəŋ³⁵ 又 nuŋ³⁵ 又	luŋ³⁵	suŋ⁵⁵	tʂuŋ⁵¹	tʂuŋ²¹³	tʂuŋ⁵¹	tʂʰuŋ⁵⁵
顺义	fəŋ⁵¹	nuŋ³⁵	luŋ³⁵	suŋ⁵⁵	tʂuŋ⁵¹	tʂuŋ²¹⁴	tʂuŋ⁵¹	tʂʰuŋ⁵⁵
延庆	fəŋ⁵³	nəŋ⁵⁵	luŋ⁵⁵	suŋ⁴²	tʂuŋ⁵³	tʂuŋ²¹⁴	tʂuŋ⁵³	tʂʰuŋ⁴²
平谷	fəŋ⁵¹	nuŋ⁵⁵	luŋ⁵⁵	suŋ³⁵	tʂuŋ⁵¹	tʂuŋ²¹³	tʂuŋ⁵¹	tʂʰuŋ³⁵

	0985 恭	0986 共	0987 凶 吉~	0988 拥	0989 容	0990 用	0991 绿	0992 足
	通合三 平钟见	通合三 去用群	通合三 平钟晓	通合三 上肿影	通合三 平钟以	通合三 去用以	通合三 入烛来	通合三 入烛精
西城	kuŋ⁵⁵	kuŋ⁵¹	ɕiuŋ⁵⁵	iuŋ⁵⁵	ʐ̩uŋ³⁵	iuŋ⁵¹	ly⁵¹	tsu³⁵
通州	kuŋ⁵⁵	kuŋ⁵¹	ɕyŋ⁵⁵	yŋ⁵⁵	ʐ̩uŋ³⁵	yŋ⁵¹	ly⁵¹	tsu³⁵
大兴	kuŋ⁵⁵	kuŋ⁵¹	ɕyŋ⁵⁵	yŋ⁵⁵	ʐ̩uŋ³⁵	yŋ⁵¹	ly⁵¹	tsu³⁵
房山	kuŋ⁵⁵	kuŋ⁵¹	ɕyŋ⁵⁵	yŋ⁵⁵	ʐ̩uŋ³⁵	yŋ⁵¹	ly⁵¹	tsu³⁵
门头沟	kuŋ⁵⁵	kuŋ⁵¹	ɕiuŋ⁵⁵	iuŋ⁵⁵	ʐ̩uŋ³⁵	iuŋ⁵¹	ly⁵¹	tsu³⁵

第二章 字音对照

	0985 恭	0986 共	0987 凶 吉~	0988 拥	0989 容	0990 用	0991 绿	0992 足
	通合三平钟见	通合三去用群	通合三平钟晓	通合三上肿影	通合三平钟以	通合三去用以	通合三入烛来	通合三入烛精
昌平	kuŋ⁵⁵	kuŋ⁵¹	ɕyŋ⁵⁵	yŋ⁵⁵	ʐuŋ³⁵	yŋ⁵¹	ly⁵¹	tsu³⁵
怀柔	kuŋ⁵⁵	kuŋ⁵¹	ɕyŋ⁵⁵	yŋ⁵⁵	yŋ³⁵老 ʐuŋ³⁵新	yŋ⁵¹	luei⁵¹老 ly⁵¹新	tsu³⁵
密云	kuŋ⁵⁵	kuŋ⁵¹	ɕiuŋ⁵⁵	iuŋ⁵⁵	ʐuŋ³⁵	iuŋ⁵¹	luei⁵¹	tsu³⁵
顺义	kuŋ⁵⁵	kuŋ⁵¹	ɕyŋ⁵⁵	yŋ⁵⁵	ʐuŋ³⁵	yŋ⁵¹	ly⁵¹	tsu³⁵
延庆	kuŋ⁴²	kuŋ⁵³	ɕiuŋ⁴²	iuŋ⁴²	ʐuŋ⁵⁵	iuŋ⁵³	ly⁵³	tsu⁵⁵
平谷	kuŋ³⁵	kuŋ⁵¹	ɕyŋ³⁵	yŋ³⁵	ʐuŋ⁵⁵	yŋ⁵¹	luei⁵¹	tsu⁵⁵

	0993 烛	0994 赎	0995 属	0996 褥	0997 曲 ~折, 歌~	0998 局	0999 玉	1000 浴
	通合三入烛章	通合三入烛船	通合三入烛禅	通合三入烛日	通合三入烛溪	通合三入烛群	通合三入烛疑	通合三入烛以
西城	tʂu³⁵	ʂu³⁵	ʂu²¹⁴	ʐu⁵¹	tɕʰy⁵⁵ ~折 tɕʰy²¹⁴ 歌~	tɕy³⁵	y⁵¹	y⁵¹
通州	tʂu³⁵	ʂu³⁵	ʂu²¹⁴	ʐu⁵¹	tɕʰy⁵⁵ ~折 tɕʰy²¹⁴ 歌~	tɕy³⁵	y⁵¹	y⁵¹
大兴	tʂu³⁵	ʂu³⁵	ʂu²¹⁴	ʐu⁵¹	tɕʰy²¹⁴	tɕy³⁵	y⁵¹	y⁵¹
房山	tʂu³⁵	ʂu³⁵	ʂu²¹⁴	ʐu⁵¹	tɕʰy²¹⁴	tɕy³⁵	y⁵¹	y⁵¹
门头沟	tʂu³⁵	ʂu³⁵	ʂu²¹⁴	ʐu⁵¹	tɕʰy²¹⁴	tɕy³⁵	y⁵¹	y⁵¹
昌平	tʂu³⁵	ʂu³⁵	ʂu²¹⁴	ʐu⁵¹	tɕʰy²¹⁴	tɕy³⁵	y⁵¹	y⁵¹
怀柔	tʂu³⁵	ʂu³⁵	ʂu²¹⁴	ʐu⁵¹	tɕʰy²¹⁴	tɕy³⁵	y⁵¹	y⁵¹
密云	tʂu³⁵	ʂu³⁵	ʂu²¹³	ʐu⁵¹	tɕʰy²¹³	tɕy³⁵	y⁵¹	y⁵¹

	0993 烛	0994 赎	0995 属	0996 褥	0997 曲 ~折, 歌~	0998 局	0999 玉	1000 浴
	通合三入烛章	通合三入烛船	通合三入烛禅	通合三入烛日	通合三入烛溪	通合三入烛群	通合三入烛疑	通合三入烛以
顺义	tʂu³⁵	ʂu³⁵	ʂu²¹⁴	ʐu⁵¹	tɕʰy⁵⁵ ~折 tɕʰy²¹⁴ 歌	tɕy³⁵	y⁵¹	y⁵¹
延庆	tʂu⁵⁵	ʂu⁵⁵	ʂu²¹⁴	ʐu⁵³	tɕʰy²¹⁴	tɕy⁵⁵	y⁵³	y⁵³
平谷	tʂu⁵⁵	ʂu⁵⁵	ʂu²¹³	ʐu⁵¹	tɕʰy²¹³	tɕy⁵⁵	y⁵¹	y⁵¹

① 0500 棉，平谷"棉"有异读"miau⁵⁵~花"，处理为连读音变。

② 0560 暖，怀柔记有"naŋ²¹⁴~和"，延庆记有"ŋaŋ²¹⁴~和"，平谷记有"naŋ²¹³~和"，处理为语流音变。

③ 西城、通州、大兴、怀柔、顺义分别记有"ku³⁵~头"，符合上声在轻声前的变调，未录。

④ 落，各点基本都有文白异读，lau（树叶儿~了）、la（书~家了）为白读音，luo（~后）、lɤ（~后）为文读音。

⑤ 0721 鹤，西城、门头沟、顺义有文白异读，白读音 xau³⁵ 一般只用在"仙~"一词中，西城区还用于老字号"~年堂"。

⑥ 0722 恶，平谷两读 nau²¹³ 和 nɤ³⁵ 都可用于"~心"，"nau²¹³ 心"指想吐的感觉，"nɤ³⁵ 心"是肮脏的意思。

⑦ 0751 雀，各点都有文白异读，tɕʰiau/tɕʰiao 为白读音，一般用于"家~儿麻雀"，延庆、平谷还用于表"~斑"义的词中，但声调为阴平，不同于"家~儿"的上声；tɕʰye⁵¹ 为文读音，一般用于"麻~""孔~"中。

⑧ 0757 约，各点白读音 iau/iao 用来表称重义，如"~一~多重"，文读音 ye 用于"~会""~定"等。

⑨ 0789 角，各点白读音 tɕiau/tɕiao 用于"牛~""~落"等，文读音 tɕye 用于"~儿角色""~色"等。

⑩ 0790 壳，各点白读音 tɕʰiau/tɕʰiao 用于"地~儿""硬~"等，西城、大兴还有"米~罂粟壳"的说法；文读音 kʰɤ/kʰə 用于"鸡蛋~儿""贝~儿"等。由于"地壳"是一个术语，所以让人感觉 tɕʰiau/tɕʰiao 像是一个文读音，但从文

白系统及西城、大兴"米壳"的说法来看，实际上属于白读层。

⑪ 0803 墨，平谷两读，mi^{51} 用于"一块儿~"，muo^{51} 用于"~汁"。

⑫ 0804 得，白读音 tei 一般用于"~劲儿""~走了"等，文读音 tɤ 一般用于"~到"等。

⑬ 0807 塞，白读音 sei 一般用于"~住""~进"等，文读音 sai 用于"瓶~儿""加~儿"等，顺义还可用于"~住"，与 sei 混同，文读音 sɤ 一般用于"堵~""闭~"等词语。

⑭ 0808 刻，延庆、平谷有异读。延庆 k^{h}ɤ^{42} 用于"~字"，k^{h}ɤ^{53} 用于"一~钟"；平谷白读 k^{h}ei^{213} 用于"午时三~"，文读 k^{h}ɤ^{51} 用于"~字"等。

⑮ 0822 侧，各点白读音 tʂai（阴平）用于"~歪"一词。延庆白读 tʂɤ^{42} 用于"~身"。

⑯ 0856 隔，各点白读音 tɕie（阴平或阳平）一般用于表分隔时间、空间，如"~几天、~条河、~条路""~夜茶"（西城）"~宿儿茶"（通州、大兴），其中通州阴平、阳平分别用于"~条路"和"~宿儿茶"；白读音 tɕie（去声）用于"~壁（儿）隔壁邻居"；文读音 kɤ（阳平）一般用于"间~""分~""~开"等。

⑰ 0903 劈，各点 p^{h}i（阴平）为动词，用于"~开""~断"等，p^{h}i（上声）可作为动词用于"~叉儿"等，也可作为语素用于名词"~柴"。

词汇卷

概　　述

一　本卷内容

本卷主要是词汇对照，列表展示北京市 11 个调查点方言老男的 1200 条词语。1200 条词语均为《中国语言资源调查手册·汉语方言》"叁　词汇"所列内容。

二　编排方式

每页横排词目，竖排调查点。词目以《中国语言资源调查手册·汉语方言》"叁　词汇"为序。

调查点排列方式同语音卷，以西城区为中心，从东部的北京市城市副中心通州区开始，在地理上按照顺时针的方向依次排列大兴、房山、门头沟、昌平、怀柔、密云、顺义、延庆、平谷各区。

需要注释的词语，如果释例比较简单，就直接以小字列在音标之后；如果说法较多或释例较复杂时，则以附注的形式集中列在所有词汇对照表格的下面。

一词多说的，大致按照常用程度分行排列，常用的在前。

三　凡例

用字：尽量使用本字。本字不明的，写同音字；有明确的本字但各点音变差别较大的，为了凸显音变，仍写当地方言的同音字并加注说明。

音变：连读调、儿化韵、轻声音变等音变现象只记录实际读音，与本音的对应关系请参考语音卷相关章节。

本卷使用较多的一些符号说明如下：

／　某些词条的用字有异读情况，处理为同一种说法，不同读音之间用"／"分隔。例如：淋 luən³⁵/lin³⁵ ｜ 虹 tɕiaŋ⁵¹/kaŋ⁵¹ ｜ 热水 ʐə⁵¹ ʂuei²¹⁴/ʐuo⁵¹ ʂuei²¹⁴ ｜ 老叔 lau²¹ ʂu⁵⁵/lau²¹ ʂou³⁵ ｜ 下儿 xɐr⁵³/ɕiɐr⁵³ ｜ 俊 tsuən⁵¹/tɕyn⁵¹。

＝（上标）　表示前面的字是同音替代字而不是本字。例如：天的 ⁼tʰian⁵⁵

tə⁰ 天气｜闲⁼赁⁼ ɕian³⁵lin⁰ 顽皮｜收棵⁼儿 ʂou⁵⁵kʰər⁵⁵ 末尾｜苍⁼狗 tsʰaŋ⁴⁴kou²¹⁴ 母狗｜挠⁼ nao⁵⁵ 逃。

［汉字］ 表示合音，后跟国际音标。例如：［我们］uan²¹⁴｜［这么］tʂəŋ⁵³｜［那么］nəŋ⁵³。

其他偶有使用的符号随文加注说明。

词汇对照

	0001 太阳~下山了①	0002 月亮~出来了	0003 星星
西城	老阳儿 lau²¹iãr³⁵ 日头 zʅ⁵¹tʰo⁰ 太阳 tʰai⁵¹iaŋ⁰	月亮 ye⁵¹liaŋ⁰	星星 ɕiŋ⁵⁵ɕiŋ⁰
通州	老炎⁼儿 lau²¹iɐr³⁵ 太炎⁼儿 tʰai²¹iɐr³⁵	月亮 ye⁵¹liaŋ⁰	星星 ɕiŋ⁵⁵ɕiŋ⁰
大兴	老阳儿 lau²¹iãr³⁵ 太阳 tʰai⁵¹iaŋ⁰	月亮 ye⁵¹liaŋ⁰	星星 ɕiŋ⁵⁵ɕiŋ⁰
房山	老爷儿 lau²¹iɛr³⁵	月亮 ye⁵¹liaŋ⁰	星星 ɕiŋ⁵⁵ɕiŋ⁰
门头沟	老爷儿 lau²¹iɛr³⁵ 太阳 tʰai⁵¹iaŋ⁰	月亮 ye⁵¹liaŋ⁰	星星 ɕiŋ⁵⁵ɕiŋ⁰
昌平	老爷儿 lau²¹iɛr³⁵	月亮 ye⁵³liaŋ⁰	星星儿 ɕiŋ⁵⁵ɕiər⁰
怀柔	老爷爷儿 lau²¹ie³⁵iɛr⁰	月亮 ye⁵¹liaŋ⁰	星星 ɕiŋ⁵⁵ɕiŋ⁰
密云	老爷儿 lau²¹iɛr³⁵ 太阳 tʰai⁵¹iaŋ⁰	月亮 ye⁵¹liaŋ⁰	星星 ɕiŋ⁵⁵ɕiŋ⁰
顺义	老爷儿 lau²¹iɛr³⁵	月亮 ye⁵¹liaŋ⁰	星星儿 ɕiŋ⁵⁵ɕiãr⁰
延庆	老爷儿 lao²⁴iɛr⁵⁵ 前头爷 tɕʰian⁵⁵tʰou⁰ie⁵⁵	后头爷 xou²¹tʰou⁰ie⁵⁵	星星儿 ɕiŋ⁴²ɕiãr⁰
平谷	日头 zʅ⁵¹tʰou⁰ 老爷儿 lau²¹iɛr⁵⁵	月亮 ye⁵¹liaŋ⁰	星星 ɕiŋ³⁵ɕiŋ⁰

	0004 云	0005 风	0006 台风
西城	云彩 yn³⁵tsʰɛ⁰	风 fəŋ⁵⁵	台风 tʰai³⁵fəŋ⁵⁵
通州	云彩 yn³⁵tsʰai⁰	风 fəŋ⁵⁵	台风 tʰai³⁵fəŋ⁵⁵
大兴	云彩 yn³⁵tsʰɛ⁰	风 fəŋ⁵⁵	台风 tʰai³⁵fəŋ⁵⁵
房山	云彩 yn³⁵tsʰai⁰	风 fəŋ⁵⁵	台风 tʰai³⁵fəŋ⁵⁵
门头沟	云彩 yn³⁵tsʰɛ⁰	风 fəŋ⁵⁵	台风 tʰai³⁵fəŋ⁵⁵
昌平	云彩 yn³⁵tsʰɛ⁰	风 fəŋ⁵⁵	台风 tʰai³⁵fəŋ⁵⁵
怀柔	云彩 yn³⁵tsʰai⁰	风 fəŋ⁵⁵	台风 tʰai³⁵fəŋ⁵⁵
密云	云彩 yn³⁵tsʰai⁰	风 fəŋ⁵⁵	台风 tʰai³⁵fəŋ⁵⁵
顺义	云彩 yn³⁵tsʰai⁰	风 fəŋ⁵⁵	台风 tʰai³⁵fəŋ⁵⁵
延庆	云彩 yən⁵⁵tsʰai⁰	风 fəŋ⁴²	台风 tʰai⁵⁵fəŋ⁴²
平谷	云彩 yn⁵⁵tsʰai⁰	风 fəŋ³⁵	台风 tʰai⁵⁵fəŋ³⁵

	0007 闪电 名词	0008 雷	0009 雨
西城	闪 ʂan²¹⁴	霹雷 pʰi⁵⁵lei³⁵ 雷 lei³⁵	雨 y²¹⁴
通州	闪 ʂan²¹⁴	雷 lei³⁵	雨 y²¹⁴
大兴	闪 ʂan²¹⁴	雷 lei³⁵	雨 y²¹⁴
房山	闪 ʂan²¹⁴	雷 lei³⁵	雨 y²¹⁴
门头沟	闪 ʂan²¹⁴	霹雷 pʰi⁵⁵lei³⁵	雨 y²¹⁴
昌平	闪 ʂan²¹⁴	雷 lei³⁵	雨 y²¹⁴
怀柔	闪 ʂan²¹⁴	雷 lei³⁵	雨 y²¹⁴
密云	闪 ʂan²¹³	雷 lei³⁵	雨 y²¹³
顺义	闪 san²¹⁴	雷 lei³⁵ 霹雷 pʰi⁵⁵lei³⁵	雨 y²¹⁴
延庆	闪电 ʂan²⁴tian⁵³	雷 lei⁵⁵	雨 y²¹⁴
平谷	闪 ʂan²¹³	雷 lei⁵⁵	雨 y²¹³

词汇对照

	0010 下雨	0011 淋衣服被雨~湿了	0012 晒~粮食
西城	下雨 ɕia⁵¹y²¹⁴	淋 luən³⁵/lin³⁵	晾 liaŋ⁵¹
通州	下雨 ɕia⁵¹y²¹⁴	淋 luən³⁵	晒 ʂai⁵¹
大兴	下雨 ɕia⁵¹y²¹⁴	淋 lin³⁵	晾 liaŋ⁵¹
房山	下雨 ɕia⁵¹y²¹⁴	淀 tʂuo³⁵	晒 ʂai⁵¹
门头沟	下雨 ɕia⁵¹y²¹⁴	淋 lin³⁵	晾 liaŋ⁵¹
昌平	下雨 ɕia⁵¹y²¹⁴	淀 tʂuo³⁵ 淋 luən³⁵	晾 liaŋ⁵¹
怀柔	下雨 ɕia⁵¹y²¹⁴	淋 luən³⁵/lin³⁵	晒 ʂai⁵¹ 晾 liaŋ⁵¹
密云	下雨 ɕia⁵¹y²¹³	淋 lun³⁵	晒 ʂai⁵¹
顺义	下雨 ɕia⁵¹y²¹⁴	淋 luən³⁵/lin³⁵	晾 liaŋ⁵¹
延庆	下雨 ɕia²¹y²¹⁴	淋 lin⁵⁵	晒 ʂai⁵³
平谷	下雨 ɕia⁵¹y²¹³	淋 luən⁵⁵	晒 ʂai⁵¹

	0013 雪	0014 冰	0015 冰雹
西城	雪 ɕye²¹⁴	冰 piŋ⁵⁵	雹子 pau³⁵tsɿ⁰
通州	雪 ɕye²¹⁴	冰 piŋ⁵⁵	雹子 pau³⁵tsɿ⁰ 统称 冷子 ləŋ²¹tsɿ⁰ 小的
大兴	雪 ɕye²¹⁴	冰 piŋ⁵⁵	雹子 pau³⁵tsɿ⁰
房山	雪 ɕye²¹⁴	冰 piŋ⁵⁵	雹子 pau³⁵tsɿ⁰
门头沟	雪 ɕye²¹⁴	冰 piŋ⁵⁵	雹子 pau³⁵tsɿ⁰
昌平	雪 ɕye²¹⁴	冰 piŋ⁵⁵	雹子 pau³⁵tsɿ⁰
怀柔	雪 ɕye²¹⁴	冰 piŋ⁵⁵	雹子 pau³⁵tsɿ⁰
密云	雪 ɕye²¹³	冰 piŋ⁵⁵	雹子 pau³⁵tsɿ⁰
顺义	雪 ɕye²¹⁴	冰 piŋ⁵⁵	雹子 pau³⁵tsɿ⁰
延庆	雪 ɕye⁴²	冰 piŋ⁴²	冷子 ləŋ²⁴tsə⁰
平谷	雪 ɕye²¹³	冰 piŋ³⁵	雹子 pau⁵⁵tsɿ⁰

	0016 霜	0017 雾	0018 露
西城	霜 ʂuaŋ⁵⁵	雾 u⁵¹	露水 lu⁵¹ʂue⁰
通州	霜 ʂuaŋ⁵⁵	雾 u⁵¹	露水 lu⁵¹ʂuei⁰
大兴	霜 ʂuaŋ⁵⁵	雾 u⁵¹	露水 lu⁵¹ʂuei⁰
房山	霜 ʂuaŋ⁵⁵	雾 u⁵¹	露水 lu⁵¹ʂuei⁰
门头沟	霜 ʂuaŋ⁵⁵	雾 u⁵¹	露水 lu⁵¹ʂuei⁰
昌平	霜 ʂuaŋ⁵⁵	雾 u⁵¹	露水 lu⁵³ʂuei⁰
怀柔	霜 ʂuaŋ⁵⁵	雾 u⁵¹	露水 lu⁵¹ʂue⁰
密云	霜 ʂuaŋ⁵⁵	雾 u⁵¹	露水 lu⁵¹ʂuei⁰
顺义	霜 ʂuaŋ⁵⁵	雾 u⁵¹	露水 lu⁵¹ʂuei⁰
延庆	霜 ʂuaŋ⁴²	雾 u⁵³	露水 lu⁵³ʂuei⁰
平谷	霜 ʂuaŋ³⁵	雾 u⁵¹	露水 lu⁵¹ʂuei⁰

	0019 虹统称	0020 日食	0021 月食
西城	虹 tɕiaŋ⁵¹/kaŋ⁵¹	天狗吃太阳 tʰian⁵⁵kou²¹tʂʰʅ⁵⁵tʰai⁵¹iaŋ⁰	天狗吃月亮 tʰian⁵⁵kou²¹tʂʰʅ⁵⁵ye⁵¹liaŋ⁰
通州	虹 tɕiaŋ⁵¹	（无）	天狗吃月亮 tʰian⁵⁵kou²¹tʂʰʅ⁵⁵ye⁵¹liaŋ⁰
大兴	虹 tɕiaŋ⁵¹	日食 zʅ⁵¹ʂʅ³⁵	天狗吃月亮 tʰian⁵⁵kou²¹tʂʰʅ⁵⁵ye⁵¹liaŋ⁰
房山	虹 tɕiaŋ⁵¹	日食 zʅ⁵¹ʂʅ³⁵	天狗吃月亮 tʰian⁵⁵kou²¹⁴tʂʰʅ⁵⁵ye⁵¹liaŋ⁰
门头沟	虹 tɕiaŋ⁵¹	日食 zʅ⁵¹ʂʅ³⁵	天狗吃月亮 tʰian⁵⁵kou²¹tʂʰʅ⁵⁵ye⁵¹liaŋ⁰
昌平	虹 tɕiaŋ⁵¹	天狗吃日 tʰian⁵⁵kou²¹⁴tʂʰʅ⁵⁵zʅ⁵¹	天狗吃月 tʰian⁵⁵kou²¹⁴tʂʰʅ⁵⁵ye⁵¹
怀柔	虹 tɕiaŋ⁵¹	日食 zʅ⁵¹ʂʅ³⁵	天狗吃月亮 tʰian⁵⁵kou²¹⁴tʂʰʅ⁵⁵ye⁵¹liaŋ⁰
密云	虹 tɕiaŋ⁵¹	日食 zʅ⁵¹ʂʅ³⁵	天狗吃月亮 tʰian⁵⁵kou²¹tʂʰʅ⁵⁵ye⁵¹liaŋ⁰
顺义	虹 tɕiaŋ⁵¹	天狗吃老爷儿 tʰian⁵⁵kou²¹tʂʰʅ⁵⁵lau²¹iɛr³⁵	天狗吃月亮 tʰian⁵⁵kou²¹tʂʰʅ⁵⁵ye⁵¹liaŋ⁰
延庆	虹 tɕiaŋ⁵³	天狗吃老爷儿 tʰian⁴⁴kou²¹⁴tʂʰʅ⁴⁴lao²⁴iɛr⁵⁵	（无）
平谷	虹 tɕiaŋ⁵¹	日食 zʅ⁵¹ʂʅ⁵⁵	月食 ye⁵¹ʂʅ⁵⁵

词汇对照

	0022 天气	0023 晴天~	0024 阴天~
西城	天儿 tʰiɐr⁵⁵	晴 tɕʰiŋ³⁵	阴 in⁵⁵
通州	天儿 tʰiɐr⁵⁵ 天头 tʰiã⁵⁵tʰou⁰	晴 tɕʰiŋ³⁵	阴 in⁵⁵
大兴	天儿 tʰiɐr⁵⁵	晴 tɕʰiŋ³⁵	阴 in⁵⁵
房山	天儿 tʰiɐr⁵⁵	晴 tɕʰiŋ³⁵	阴 in⁵⁵
门头沟	天儿 tʰiɐr⁵⁵	晴 tɕʰiŋ³⁵	阴 in⁵⁵
昌平	天儿 tʰiɐr⁵⁵	晴 tɕʰiŋ³⁵	阴 in⁵⁵
怀柔	天儿 tʰiɐr⁵⁵ 天头 tʰian⁵⁵tʰo⁰	晴 tɕʰiŋ³⁵	阴 in⁵⁵
密云	天气 tʰian⁵⁵tɕʰi⁰	晴 tɕʰiŋ³⁵	阴 in⁵⁵
顺义	天的 ⁼tʰian⁵⁵tə⁰	晴 tɕʰiŋ³⁵	阴 in⁵⁵
延庆	天儿 tʰiɐr⁴²	晴 tɕʰiŋ⁵⁵	阴 in⁴²
平谷	天儿 tʰiɐr³⁵	晴 tɕʰiŋ⁵⁵	阴 in³⁵

	0025 旱天~	0026 涝天~	0027 天亮
西城	旱 xan⁵¹	涝 lau⁵¹	天亮 tʰian⁵⁵liaŋ⁵¹
通州	旱 xan⁵¹	涝 lau⁵¹	天儿亮 tʰiɐr⁵⁵liaŋ⁵¹
大兴	旱 xan⁵¹	涝 lau⁵¹	天儿亮 tʰiɐr⁵⁵liaŋ⁵¹
房山	旱 xan⁵¹	涝 lau⁵¹	天儿亮 tʰiɐr⁵⁵liaŋ⁵¹
门头沟	旱 xan⁵¹	涝 lau⁵¹	天亮 tʰian⁵⁵liaŋ⁵¹
昌平	旱 xan⁵¹ 旱火 ⁼xan⁵³xuo²¹⁴	涝 lau⁵¹	天儿亮 tʰiɐr⁵⁵liaŋ⁵¹
怀柔	旱 xan⁵¹	涝 lau⁵¹	天亮 tʰian⁵⁵liaŋ⁵¹ 天明 tʰian⁵⁵miŋ³⁵
密云	旱 xan⁵¹	涝 lau⁵¹	天亮 tʰian⁵⁵liaŋ⁵¹
顺义	旱 xan⁵¹	涝 lau⁵¹	天儿亮 tʰiɐr⁵⁵liaŋ⁵¹
延庆	旱 xan⁵³	涝 lao⁵³	天亮 tʰian⁴⁴liaŋ⁵³
平谷	旱 xan⁵¹	涝 lau⁵¹	天亮 tʰian³⁵liaŋ⁵¹

	0028 水田	0029 旱地_{浇不上水的耕地}	0030 田埂
西城	水田 ṣuei²¹tʰian³⁵	旱地 xan⁵³ti⁵¹	田埂 tʰian³⁵kəŋ²¹⁴
通州	稻田 tau⁵¹tʰian³⁵	地 ti⁵¹	埂儿 kə̃r²¹⁴
大兴	水地 ṣuei²¹ti⁵¹	旱地 xan⁵¹ti⁵¹	田埂儿 tʰian³⁵kə̃r²¹⁴
房山	水田 ṣuei²¹tʰian³⁵	旱地 xan⁵¹ti⁵¹	地隔子 ti⁵¹tɕie⁵⁵tsʅ⁰
门头沟	水地儿 ṣuei²¹tiər⁵¹	旱地 xan⁵³ti⁵¹	田埂儿 tʰian³⁵kə̃r²¹⁴
昌平	水浇地 ṣuei²¹tɕiau⁵⁵ti⁵¹	旱地 xan⁵³ti⁵¹	埂儿 kə̃r²¹⁴
怀柔	水田 ṣuei²¹tʰian³⁵	旱地 xan⁵¹ti⁵¹	田埂儿 tʰian³⁵kãr²¹⁴ 畦埂儿 tɕʰi³⁵kãr²¹⁴
密云	水洼地 ṣuei²¹ua⁵⁵ti⁵¹ 水稻地 ṣuei²¹tau⁵³ti⁵¹	旱地 xan⁵³ti⁵¹	田埂儿 tʰian³⁵kãr²¹³ 田埂子 tʰian³⁵kəŋ²¹³tsʅ⁰
顺义	水地 ṣuei²¹ti⁵¹	旱地 xan⁵³ti⁵¹	田埂儿 tʰian³⁵kãr⁵¹
延庆	稻地 tao²⁴ti⁵³	旱地 xan²⁴ti⁵³	隔檩⁼ kɤ⁴⁴lin²¹⁴
平谷	稻田 tau⁵¹tʰian⁵⁵	旱地 xan⁵¹ti⁵¹	田埂儿 tʰian⁵⁵kɤr²¹³

	0031 路_{野外的}	0032 山	0033 山谷
西城	道儿 tɑor⁵¹	山 ṣan⁵⁵	山谷 ṣan⁵⁵ku²¹⁴
通州	小道儿 ɕiau²¹tɑor⁵¹	山 ṣan⁵⁵	山沟儿 ṣan⁵⁵kour⁵⁵
大兴	道儿 tɑor⁵¹	山 ṣan⁵⁵	山沟儿 ṣan⁵⁵kour²¹⁴
房山	道儿 tɑur⁵¹	山 ṣan⁵⁵	山沟 ṣan⁵⁵kou⁵⁵
门头沟	道儿 tɑur⁵¹	山 ṣan⁵⁵	山沟儿 ṣan⁵⁵kour⁵⁵
昌平	道儿 tɑor⁵¹	山 ṣan⁵⁵	山沟儿 ṣan⁵⁵kour⁵⁵
怀柔	道儿 tɑur⁵¹	山 ṣan⁵⁵	山沟儿 ṣan⁵⁵kour⁵⁵
密云	道儿 tɑor⁵¹	山 ṣan⁵⁵	山沟子 ṣan⁵⁵kou⁵⁵tsʅ⁰
顺义	道儿 tɑur⁵¹	山 ṣan⁵⁵	山沟儿 ṣan⁵⁵kour⁵⁵
延庆	道儿 tɑor⁵³ 路 lu⁵³	山 ṣan⁴²	山沟儿 ṣan⁴⁴kour⁴²
平谷	道儿 tɑur⁵¹	山 ṣan³⁵	山沟儿 ṣan³⁵kour³⁵

词汇对照

	0034 江 大的河	0035 溪 小的河	0036 水沟儿 较小的水道
西城	江 tɕiaŋ⁵⁵	小河沟儿 ɕiau²¹xɤ³⁵kour⁵⁵	水沟儿 ʂuei²¹kour⁵⁵
通州	大河 ta⁵¹xɤ³⁵	小河沟儿 ɕiau²¹xɤ³⁵kour⁵⁵	水沟儿 ʂuei²¹kour⁵⁵
大兴	江 tɕiaŋ⁵⁵	小河沟儿 ɕiau²¹xɤ³⁵kour⁵⁵	水沟儿 ʂuei²¹kour⁵⁵
房山	江 tɕiaŋ⁵⁵	小河儿 ɕiau²¹xər³⁵	水沟儿 ʂuei²¹kour⁵⁵
门头沟	大河 ta⁵¹xɤ³⁵	小河沟儿 ɕiau²¹xɤ³⁵kour⁵⁵	水沟儿 ʂuei²¹kour⁵⁵
昌平	河 xɤ³⁵	河沟子 xɤ³⁵kou⁵⁵tsɻ⁰	水沟儿 ʂuei²¹kour⁵⁵
怀柔	河 xə³⁵ 江 tɕiaŋ⁵⁵	小河儿 ɕiau²¹xɤr³⁵	水沟儿 ʂuei²¹kour⁵⁵
密云	江 tɕiaŋ⁵⁵	小河勒⁼沟儿 ɕiau²¹xɤ³⁵lə⁰kour⁵⁵	小河沟儿 ɕiau²¹xɤ³⁵kour⁵⁵
顺义	江 tɕiaŋ⁵⁵	小河儿 ɕiau²¹xɤr³⁵	水沟儿 ʂuei²¹kour⁵⁵
延庆	河 xɤ⁵⁵	河沟儿 xɤ⁵⁵kour⁴²	水沟儿 ʂuei²⁴kour⁴²
平谷	河 xɤ⁵⁵	小河沟儿 ɕiau²¹xɤ⁵⁵kour³⁵	水沟儿 ʂuei²¹kour³⁵

	0037 湖	0038 池塘	0039 水坑儿 地面上有积水的小洼儿
西城	海子 xai²¹tsɻ⁰ 湖 xu³⁵	池塘 tʂʰɻ³⁵tʰaŋ³⁵	水坑儿 ʂuei²¹kʰə̃r⁵⁵
通州	海子 xai²¹tsɻ⁰	大坑 ta⁵¹kʰəŋ⁵⁵	水坑儿 ʂuei²¹kʰə̃r⁵⁵
大兴	湖 xu³⁵	池塘 tʂʰɻ³⁵tʰaŋ³⁵	水坑儿 ʂuei²¹kʰə̃r⁵⁵
房山	湖 xu³⁵	水塘 ʂuei²¹tʰaŋ³⁵	水坑儿 ʂuei²¹kʰə̃r⁵⁵
门头沟	湖 xu³⁵	大水坑 ta⁵¹ʂuei²¹kʰəŋ⁵⁵	小水坑儿 ɕiau³⁵ʂuei²¹kʰə̃r⁵⁵
昌平	湖 xu³⁵	池子 tʂʰɻ³⁵tsɻ⁰	水坑儿 ʂuei²¹kʰə̃r⁵⁵
怀柔	湖 xu³⁵	水塘 ʂuei²¹tʰaŋ³⁵	小水坑儿 ɕiau³⁵ʂuei²¹kʰãr⁵⁵
密云	湖 xu³⁵	池塘 tʂʰɻ³⁵tʰaŋ³⁵	水坑儿 ʂuei²¹kʰə̃r⁵¹
顺义	湖 xu³⁵	池塘 tʂʰɻ³⁵tʰaŋ³⁵	水坑儿 ʂuei²¹kʰãr⁵⁵
延庆	湖 xu⁵⁵	水坑儿 ʂuei²⁴kʰə̃r⁴²	水坑儿 ʂuei²⁴kʰə̃r⁴²
平谷	湖 xu⁵⁵	水坑 ʂuei²¹kʰəŋ³⁵	水坑儿 ʂuei²¹kʰɤr³⁵

	0040 洪水	0041 淹被水~了	0042 河岸
西城	大水 ta⁵¹ṣuei²¹⁴	淹 ian⁵⁵	河沿儿 xɤ³⁵iɐr⁵¹
通州	大水 ta⁵¹ṣuei²¹⁴	淹 ian⁵⁵	河沿儿 xɤ³⁵iɐr⁵¹
大兴	洪水 xuŋ³⁵ṣuei²¹⁴	淹 ian⁵⁵	河沿儿 xɤ³⁵iɐr⁵¹
房山	大水 ta⁵¹ṣuei²¹⁴	淹 ian⁵⁵	河边儿 xɤ³⁵piɐr⁵⁵
门头沟	大水 ta⁵¹ṣuei²¹⁴	淹 ian⁵⁵	河边儿 xɤ³⁵piɐr⁵⁵
昌平	大水 ta⁵³ṣuei²¹⁴	淹 ian⁵⁵	河边儿 xɤ³⁵piɐr⁵⁵
怀柔	大水 ta⁵¹ṣuei²¹⁴	淹 ian⁵⁵	河沿儿 xə³⁵iɐr⁵¹ 河岸 xə³⁵an⁵¹ / xə³⁵nan⁵¹
密云	洪水 xuŋ³⁵ṣuei²¹³	淹 ian⁵⁵	河边儿 xɤ³⁵piɐr⁵⁵
顺义	大水 ta⁵¹ṣuei²¹⁴	淹 ian⁵⁵	河沿儿 xɤ³⁵iɐr⁵¹
延庆	大水 ta²¹ṣuei²¹⁴	淹 ian⁴²	河沿儿 xɤ⁵⁵iɐr⁵³
平谷	大水 ta⁵¹ṣuei²¹³	淹 ian³⁵	河沿儿 xɤ⁵⁵iɐr⁵¹

	0043 坝拦河修筑拦水的	0044 地震	0045 窟窿小的
西城	堤 ti⁵⁵	地震 ti⁵¹tʂən⁵¹	窟窿 kʰu⁵⁵luŋ⁰
通州	堤 ti⁵⁵	地震 ti⁵¹tʂən⁵¹	窟窿眼儿 kʰu⁵⁵luŋ⁰iɐr²¹⁴
大兴	坝 pa⁵¹	地震 ti⁵¹tʂən⁵¹	窟窿 kʰu⁵⁵luŋ⁰
房山	坝 pa⁵¹	地震 ti⁵¹tʂən⁵¹	窟窿 kʰu⁵⁵luŋ⁰
门头沟	水坝 ṣuei²¹pa⁵¹	地动山摇 ti⁵³tuŋ⁵¹ʂan⁵⁵iau³⁵	窟窿 kʰu⁵⁵luŋ⁰
昌平	坝 pa⁵¹	地动 ti⁵³tuŋ⁵¹	窟窿 kʰu⁵⁵luŋ⁰
怀柔	大坝 ta⁵¹pa⁵¹ 水坝 ṣuei²¹pa⁵¹	地动山摇 ti⁵¹tuŋ⁵¹ʂan⁵⁵iau³⁵	窟窿 kʰu⁵⁵luŋ⁰
密云	坝 pa⁵¹	地震 ti⁵³tʂən⁵¹	窟窿 kʰu⁵⁵luŋ⁰
顺义	堤 ti⁵⁵	地动 ti⁵³tuŋ⁵¹	窟窿眼儿 kʰu⁵⁵lou⁰iɐr²¹⁴
延庆	坝 pa⁵³	地动 ti²⁴tuŋ⁵³	窟窿 kʰuŋ⁴²luŋ⁰
平谷	坝 pa⁵¹	地震 ti⁵¹tʂən⁵¹	窟窿 kʰu³⁵luŋ⁰

	0046 缝儿统称	0047 石头统称	0048 土统称
西城	缝儿 fɤ̃r⁵¹	石头 ʂɻ³⁵tʰo⁰	土 tʰu²¹⁴
通州	缝儿 fɤ̃r⁵¹	石头 ʂɻ³⁵tʰou⁰	土 tʰu²¹⁴
大兴	缝儿 fɤ̃r⁵¹	石头 ʂɻ³⁵tʰou⁰	土 tʰu²¹⁴
房山	缝儿 fɤ̃r⁵¹	石头 ʂɻ³⁵tʰou⁰	土 tʰu²¹⁴
门头沟	缝儿 fɤ̃r⁵¹	石头 ʂɻ³⁵tʰou⁰	土 tʰu²¹⁴
昌平	缝儿 fɤ̃r⁵¹	石头 ʂɻ³⁵tʰou⁰	土 tʰu²¹⁴
怀柔	缝儿 fɤ̃r⁵¹	石头 ʂɻ³⁵tʰɔ⁰	土 tʰu²¹⁴
密云	缝儿 fɤ̃r⁵¹	石头 ʂɻ³⁵tʰou⁰	土 tʰu²¹³
顺义	缝儿 fɤ̃r⁵¹	石头 ʂɻ³⁵tʰou⁰	土 tʰu²¹⁴
延庆	缝儿 fɤ̃r⁵³	石头 ʂɻ⁵⁵tʰou⁰	土 tʰu²¹⁴
平谷	缝儿 fuor⁵¹	石头 ʂɻ⁵⁵tʰou⁰	土 tʰu²¹³

	0049 泥湿的	0050 水泥旧称	0051 沙子
西城	泥 ni³⁵	洋灰 iaŋ³⁵xuei⁵⁵	沙子 ʂa⁵⁵tsɻ⁰
通州	泥 ni³⁵	洋灰 iaŋ³⁵xuei⁵⁵	沙子 ʂa⁵⁵tsɻ⁰
大兴	泥 ȵi³⁵	洋灰 iaŋ³⁵xuei⁵⁵	沙子 ʂa⁵⁵tsɻ⁰
房山	泥 ni³⁵	洋灰 iaŋ³⁵xuei⁵⁵	沙子 ʂa⁵⁵tsɻ⁰
门头沟	泥 ni³⁵	洋灰 iaŋ³⁵xuei⁵⁵	沙子 ʂa⁵⁵tsɻ⁰
昌平	泥 ni³⁵	洋灰 iaŋ³⁵xuei⁵⁵	沙子 ʂa⁵⁵tsɻ⁰
怀柔	泥儿 niər³⁵	洋灰 iaŋ³⁵xuei⁵⁵	沙子 ʂa⁵⁵tsɻ⁰
密云	泥 ȵi³⁵	洋灰 iaŋ³⁵xuei⁵⁵	沙子 ʂa⁵⁵tsɻ⁰
顺义	泥 ni³⁵	洋灰 iaŋ³⁵xuei⁵⁵	沙子 ʂa⁵⁵tsɻ⁰
延庆	泥 ȵi⁵⁵	洋灰 iaŋ⁵⁵xuei⁴²	沙子 ʂa⁴⁴tsə⁰
平谷	泥 ni⁵⁵	洋灰 iaŋ⁵⁵xuei³⁵	沙子 ʂa³⁵tsɻ⁰

	0052 砖_{整块的}	0053 瓦_{整块的}	0054 煤
西城	砖 tṣuan^{55}	瓦 ua^{214}	煤 mei^{35}
通州	砖 tṣuan^{55}	瓦 ua^{214}	煤 mei^{35}
大兴	砖 tṣuan^{55}	瓦 ua^{214}	煤 mei^{35}
房山	砖 tṣuan^{55}	瓦 ua^{214}	煤 mei^{35}
门头沟	砖 tṣuan^{55}	瓦 ua^{214}	煤 mei^{35}
昌平	砖 tṣuan^{55}	瓦 ua^{214}	煤 mei^{35}
怀柔	砖 tṣuan^{55}	瓦 ua^{214}	煤 mei^{35}
密云	砖 tṣuan^{55}	瓦 ua^{213}	煤 mei^{35}
顺义	砖 tṣuan^{55}	瓦 ua^{214}	煤 mei^{35}
延庆	砖 tṣuan^{42}	瓦 va^{214}	煤 mei^{55}
平谷	砖 tṣuan^{35}	瓦 ua^{213}	煤 mei^{55}

	0055 煤油	0056 炭_{木~}	0057 灰_{烧成的}
西城	煤油 mei^{35} iou^{35}	木炭 mu^{53} tʰan^{51} 炭 tʰan^{51}	灰 xuei^{55}
通州	煤油 mei^{35} iou^{35}	炭 tʰan^{51}	灰儿 xuər^{55}
大兴	煤油 mei^{35} iou^{35}	炭 tʰan^{51}	灰 xuei^{55}
房山	煤油 mei^{35} iou^{35}	炭 tʰan^{51}	灰 xuei^{55}
门头沟	煤油 mei^{35} iou^{35}	炭 tʰan^{51}	灰 xuei^{55}
昌平	煤油 mei^{35} iou^{35}	炭 tʰan^{51}	灰 xuei^{55}
怀柔	煤油 mei^{35} iou^{35}	木炭 mu^{51} tʰan^{51}	灰 xuei^{55}
密云	煤油 mei^{35} iou^{35}	炭墼儿 tʰan^{51} tɕiər^{55}	灰儿 xuər^{55}
顺义	煤油 mei^{35} iou^{35}	炭 tʰan^{51}	灰儿 xuər^{55}
延庆	洋油 iaŋ^{55} iou^{55} 煤油 mei^{55} iou^{55}	炭 tʰan^{53}	灰 xuei^{42}
平谷	煤油 mei^{55} iou^{55}	木炭 mu^{51} tʰan^{51}	灰 xuei^{35}

词汇对照

	0058 灰尘桌面上的	0059 火	0060 烟烧火形成的
西城	灰 xuei⁵⁵	火 xuo²¹⁴	烟儿 iɐr⁵⁵
通州	浮土儿 fu³⁵tʰur²¹⁴	火 xuo²¹⁴	烟儿 iɐr⁵⁵
大兴	浮土 fu³⁵tʰu²¹⁴	火 xuo²¹⁴	烟儿 iɐr⁵⁵
房山	尘土 tʂʰən³⁵tʰu²¹⁴	火 xuo²¹⁴	烟儿 iɐr⁵⁵
门头沟	堂⁼土 tʰaŋ³⁵tʰu²¹⁴	火 xuo²¹⁴	烟儿 iɐr⁵⁵
昌平	尘土 tʂʰən³⁵tʰu²¹⁴	火 xuo²¹⁴	烟 ian⁵⁵
怀柔	浮土儿 fu³⁵tur²¹⁴	火 xuo²¹⁴	烟儿 iɐr⁵⁵
密云	灰儿 xuər⁵⁵	火 xuo²¹³	烟儿 iɐr⁵⁵
顺义	浮土儿 fu³⁵tur²¹⁴	火 xuo²¹⁴	烟儿 iɐr⁵⁵
延庆	灰 xuei⁴²	火 xuo²¹⁴	烟 ian⁴²
平谷	灰 xuei³⁵	火 xuo²¹³	烟 ian³⁵

	0061 失火	0062 水	0063 凉水
西城	着火 tʂau³⁵xuo²¹⁴	水 ʂuei²¹⁴	凉水 liaŋ³⁵ʂuei²¹⁴
通州	着火 tʂau³⁵xuo²¹⁴	水 ʂuei²¹⁴	凉水 liaŋ³⁵ʂuei²¹⁴
大兴	着火 tʂau³⁵xuo²¹⁴	水 ʂuei²¹⁴	凉水 liaŋ³⁵ʂuei²¹⁴
房山	着火 tʂau³⁵xuo²¹⁴	水 ʂuei²¹⁴	凉水 liaŋ³⁵ʂuei²¹⁴
门头沟	着火 tʂau³⁵xuo²¹⁴	水 ʂuei²¹⁴	凉水 liaŋ³⁵ʂuei²¹⁴
昌平	着火 tʂau³⁵xuo²¹⁴	水 ʂuei²¹⁴	凉水 liaŋ³⁵ʂuei²¹⁴
怀柔	失火 ʂʅ⁵⁵xuo²¹⁴ 着火 tʂau³⁵xuo²¹⁴	水 ʂuei²¹⁴	凉水 liaŋ³⁵ʂuei²¹⁴
密云	着火 tʂau³⁵xuo²¹³	水 ʂuei²¹³	凉水 liaŋ³⁵ʂuei²¹³
顺义	着火 tʂau³⁵xuo²¹⁴	水 ʂuei²¹⁴	凉水 liaŋ³⁵ʂuei²¹⁴
延庆	着火 tʂao⁵⁵xuo²¹⁴	水 ʂuei²¹⁴	凉水 liaŋ⁵⁵ʂuei²¹⁴
平谷	着火 tʂau⁵⁵xuo²¹³	水 ʂuei²¹³	凉水 liaŋ⁵⁵ʂuei²¹³

	0064 热水 _{如洗脸的热水，不是指喝的开水}	0065 开水_{喝的}	0066 磁铁
西城	热水 zʐ⁵¹ʂuei²¹⁴	开水 kʰai⁵⁵ʂuei²¹⁴	吸铁石 ɕi⁵⁵tʰie²¹ʂʅ³⁵
通州	热水 zʐ⁵¹ʂuei²¹⁴	开水 kʰai⁵⁵ʂuei²¹⁴	吸铁石 ɕi⁵⁵tʰie²¹ʂʅ³⁵
大兴	热水 zʐ⁵¹ʂuei²¹⁴	开水 kʰai⁵⁵ʂuei²¹⁴	吸铁石 ɕi⁵⁵tʰie²¹ʂʅ³⁵
房山	热水 zʐ⁵¹ʂuei²¹⁴	开水 kʰai⁵⁵ʂuei²¹⁴	吸铁石 ɕi⁵⁵tʰie²¹ʂʅ³⁵
门头沟	温乎水 u⁵⁵xu⁰ʂuei²¹⁴	开水 kʰai⁵⁵ʂuei²¹⁴	吸铁石 ɕi⁵⁵tʰie²¹ʂʅ³⁵
昌平	热水 zʐ⁵³ʂuei²¹⁴	开水 kʰai⁵⁵ʂuei²¹⁴	吸铁石 ɕi⁵⁵tʰie²¹ʂʅ³⁵
怀柔	热水 zə⁵¹ʂuei²¹⁴/zuo⁵¹ʂuei²¹⁴	开水 kʰai⁵⁵ʂuei²¹⁴	吸铁石 ɕi⁵⁵tʰie²¹ʂʅ³⁵
密云	热水 zuo⁵¹ʂuei²¹³	开水 kʰai⁵⁵ʂuei²¹³	吸铁石 ɕi⁵⁵tʰie²¹ʂʅ³⁵
顺义	热水 zʐ⁵¹ʂuei²¹⁴	开水 kʰai⁵⁵ʂuei²¹⁴	吸铁石 ɕi⁵⁵tʰie²¹ʂʅ³⁵
延庆	热水 zʐ²¹ʂuei²¹⁴	开水 kʰai⁴⁴ʂuei²¹⁴	吸铁石 ɕi⁴⁴tʰie⁴⁴ʂʅ⁵⁵
平谷	热水 zuo⁵¹ʂuei²¹³	开水 kʰai³⁵ʂuei²¹³	吸铁石 ɕi³⁵tʰie²¹ʂʅ⁵⁵

	0067 时候_{吃饭的~}	0068 什么时候	0069 现在
西城	前⁼儿 tɕʰiɐr³⁵ 时候儿 ʂʅ³⁵xour⁰	什么时候 ʂən³⁵mə⁰ʂʅ³⁵xo⁰	眼下 ian²¹ɕia⁵¹ 现在 ɕian⁵³tsai⁵¹
通州	那会儿 na⁵¹xuər²¹⁴	啥时 ʂa³⁵ʂʅ³⁵	眼么前儿 ian²¹mə⁰tɕʰiɐr³⁵
大兴	时候儿 ʂʅ³⁵xour⁰	什么时候 ʂən²¹mə⁰ʂʅ³⁵xou⁰	这会儿 tʂɤ⁵¹xuər²¹⁴
房山	时候儿 ʂʅ³⁵xour⁰	什么时候儿 ʂən³⁵mə⁰ʂʅ³⁵xour⁰	现在 ɕian⁵³tsai⁵¹
门头沟	时候儿 ʂʅ³⁵xour⁰	什么时候儿 ʂən³⁵mə⁰ʂʅ³⁵xour⁰	现在 ɕian⁵³tsai⁵¹
昌平	时候 ʂʅ³⁵xou⁰	什么时候 ʂən³⁵mə⁰ʂʅ³⁵xou⁰	现在 ɕian⁵³tsai⁵¹
怀柔	时候儿 ʂʅ³⁵xour⁰ 前⁼儿 tɕʰiɐr³⁵	啥时候儿 ʂa³⁵ʂʅ³⁵xour⁰ 啥前⁼儿 ʂa³⁵tɕʰiɐr³⁵	现在 ɕian⁵¹tsai⁵¹ 今儿 tɕiər⁵⁵
密云	[那一]起⁼儿 nei⁵¹tɕiər²¹³	啥时候 ʂa³⁵ʂʅ³⁵xou⁰	现在 ɕian⁵³tsai⁵¹
顺义	[那一]前⁼儿 nei⁵¹tɕʰiɐr²¹⁴ [那一]会儿 nei⁵¹xuər²¹⁴	啥前⁼儿 ʂa³⁵tɕʰiɐr³⁵	马⁼时 ma²¹ʂʅ³⁵
延庆	时候儿 ʂʅ⁵⁵xour⁰	[哪一]会儿 nai²⁴xuər⁰	[这一]会儿 tʂei⁵³xuər⁰
平谷	时候儿 ʂʅ⁵⁵xour⁰	啥时候儿 ʂa⁵⁵ʂʅ⁵⁵xour⁰	这歇⁼儿 tʂɤ⁵¹ɕiɛr⁰

词汇对照

	0070 以前十年~	0071 以后十年~	0072 一辈子
西城	以前 i²¹tɕʰian³⁵	以后 i²¹xou⁵¹	一辈子 i³⁵pei⁵¹tsʅ⁰
通州	以前 i²¹tɕʰian³⁵	以后 i²¹xou⁵¹	一辈子 i³⁵pei⁵¹tsʅ⁰
大兴	以前 i²¹tɕʰian³⁵	以后 i²¹xou⁵¹	一辈子 i³⁵pei⁵¹tsʅ⁰
房山	以前 i²¹tɕʰian³⁵	以后 i²¹xou⁵¹	一辈子 i³⁵pei⁵¹tsʅ⁰
门头沟	以前 i²¹tɕʰian³⁵	以后 i²¹xou⁵¹	一辈子 i³⁵pei⁵¹tsʅ⁰
昌平	以前 i²¹tɕʰian³⁵	以后 i²¹xou⁵¹	一辈子 i³⁵pei⁵³tsʅ⁰
怀柔	以前 i²¹tɕʰian³⁵	以后 i²¹xou⁵¹	一辈子 i³⁵pei⁵¹tsʅ⁰
密云	以前 i²¹tɕʰian³⁵	以后 i²¹xou⁵¹	一辈子 i³⁵pei⁵¹tsʅ⁰
顺义	以前 i²¹tɕʰian³⁵	往后 uaŋ²¹xou⁵¹	一辈子 i³⁵pei⁵¹tsʅ⁰
延庆	以前 i²⁴tɕʰian⁵⁵	以后 i²⁴xou⁵³	一辈子 i⁴⁴pei⁵³tsə⁰
平谷	以前 i²¹tɕʰian⁵⁵	以后 i²¹xou⁵¹	一辈子 i³⁵pei⁵¹tsʅ⁰

	0073 今年	0074 明年	0075 后年
西城	今年 tɕin⁵⁵nian³⁵	明年 miŋ³⁵nian³⁵ 下年 ɕia⁵¹nian³⁵	后年 xou⁵¹nian³⁵
通州	今年儿 tɕin⁵⁵niɐr³⁵	明年 miŋ³⁵nian³⁵	后年 xou⁵¹nian³⁵
大兴	今年 tɕin⁵⁵ȵian³⁵	明年 miŋ³⁵ȵian³⁵	后年 xou⁵¹ȵian³⁵
房山	今年 tɕin⁵⁵nian³⁵	过年 kuo⁵¹nian³⁵	后年 xou⁵¹nian³⁵
门头沟	今年 tɕin⁵⁵nian³⁵	明年 miŋ³⁵nian³⁵	后年 xou⁵¹nian³⁵
昌平	今年 tɕin⁵⁵nian³⁵	过了年儿 kuo⁵³lə⁰niɐr³⁵ 明年 miŋ³⁵nian³⁵	后年 xou⁵³nian³⁵
怀柔	今年 tɕin⁵⁵nian³⁵	明年 miŋ³⁵nian³⁵ 过年个 kuo⁵¹nian³⁵kə⁰	后年 xou⁵¹nian³⁵
密云	今儿年 tɕiɚ⁵⁵ȵian³⁵	明年 miŋ³⁵ȵian³⁵	后儿年 xour⁵¹ȵian³⁵
顺义	今年 tɕin⁵⁵nian³⁵	明年 miŋ³⁵nian³⁵	后年 xou⁵¹nian³⁵
延庆	今年 tɕin⁴²ȵian⁰	过年 kuo⁵³ȵian⁰	后年 xou⁵³ȵian⁰
平谷	今年 tɕin³⁵nian⁵⁵	过年 kuo⁵¹nian⁵⁵	后年 xou⁵¹nian⁵⁵

	0076 去年	0077 前年	0078 往年 过去的年份
西城	去年 tɕʰy⁵¹ nian³⁵	前年 tɕʰian³⁵ nian³⁵	往年 uaŋ²¹ nian³⁵
通州	头年儿 tʰou³⁵ niɐr³⁵	前年儿 tɕʰian³⁵ niɐr³⁵	往年儿 uaŋ²¹ niɐr³⁵
大兴	去年 tɕʰy⁵¹ ȵian³⁵	前年 tɕʰian³⁵ ȵian³⁵	往年 uaŋ²¹ ȵian³⁵
房山	头年 tʰou³⁵ nian³⁵	前年 tɕʰian³⁵ nian³⁵	往年 uaŋ²¹ nian³⁵
门头沟	去年 tɕʰy⁵¹ nian³⁵	前年 tɕʰian³⁵ nian³⁵	前些年儿 tɕʰian³⁵ ɕie⁰ niɐr³⁵
昌平	头年 tʰou³⁵ nian³⁵ 去年 tɕʰy⁵³ nian³⁵	前年 tɕʰian³⁵ nian³⁵	往年 uaŋ²¹ nian³⁵
怀柔	去年 tɕʰy⁵¹ nian³⁵ 头年个 tʰou³⁵ nian³⁵ kə⁰	前年 tɕʰian³⁵ nian³⁵	往年 uaŋ²¹ nian³⁵
密云	去年 tɕy⁵¹ ȵian³⁵	前年儿 tɕian³⁵ ȵiɐr⁰	往年 uaŋ²¹ ȵian³⁵
顺义	去年 tɕʰy⁵¹ nian³⁵	前年 tɕʰian³⁵ nian³⁵	往年 uaŋ²¹ nian³⁵
延庆	年时个 ȵian⁵⁵ ʂʅ⁰ kə⁰	前年 tɕʰian⁵⁵ ȵian⁰	往年 vaŋ²⁴ ȵian⁵⁵
平谷	头年 tʰou⁵⁵ nian⁵⁵	前年 tɕʰian⁵⁵ nian⁵⁵	往年 uaŋ²¹ nian⁵⁵

词汇对照

	0079 年初	0080 年底	0081 今天
西城	年初 nian³⁵tʂʰu⁵⁵	年根儿了 nian³⁵kər⁵⁵lə⁰ 年底 nian³⁵ti²¹⁴	今儿 tɕiər⁵⁵ 今儿个 tɕiər⁵⁵kə⁰
通州	年儿初 niɐr³⁵tʂʰu⁵⁵ 过个年儿 kuo⁵¹kə⁰niɐr³⁵	年根儿 nian³⁵kər⁵⁵ 年根儿底 nian³⁵kər⁵⁵ti²¹⁴	今儿 tɕiər⁵⁵ 今儿个 tɕiər⁵⁵kə⁰
大兴	年初 ȵian³⁵tʂʰu⁵⁵	年底 ȵian³⁵ti²¹⁴	今儿 tɕiər⁵⁵ 今儿个 tɕiər⁵⁵kə⁰
房山	年初 nian³⁵tʂʰu⁵⁵	年底 nian³⁵ti²¹⁴	真⁼儿个 tʂər⁵⁵kə⁰
门头沟	年初 nian³⁵tʂʰu⁵⁵	年根儿 nian³⁵kər⁵⁵ 年底 nian³⁵ti²¹⁴	今儿 tɕiər⁵⁵
昌平	开春儿 kʰai⁵⁵tʂʰuər⁵⁵ 年初 nian³⁵tʂʰu⁵⁵	年跟前儿 nian³⁵kən⁵⁵tɕʰiɐr²¹⁴ 头年儿 tʰou³⁵niɐr³⁵	今儿个 tɕiər⁵⁵kə⁰
怀柔	年初 nian³⁵tʂʰu⁵⁵	年底 nian³⁵ti²¹⁴ 年根儿 nian³⁵kər⁵⁵	今儿 tɕiər⁵⁵ 今儿个 tɕiər⁵⁵kə⁰ 真⁼儿个 tʂər⁵⁵kə⁰
密云	年初 ȵian³⁵tʂʰu⁵⁵	年底 ȵian³⁵ti²¹³	今儿 tɕiər⁵⁵ 今儿个 tɕiər⁵⁵kɤ⁰
顺义	年初 kuo⁵¹lə⁰niɐr³⁵	年底 nian³⁵ti²¹³	今儿 tɕiər⁵⁵ 今儿个 tɕiər⁵⁵kə⁰
延庆	年初 ȵian⁵⁵tʂʰu⁴²	年底 ȵian⁵⁵ti²¹⁴	今儿 tɕiər⁴² 今儿个 tɕiər⁴²kə⁰ 真⁼儿 tʂər⁴²
平谷	年初 nian⁵⁵tʂʰu³⁵	年底 nian⁵⁵ti²¹³	今儿 tɕiər³⁵ 今儿个 tɕiər³⁵kɤ⁰

	0082 明天	0083 后天	0084 大后天
西城	明儿 miə̃r^{35} 明儿个 miə̃r^{35}kə^0	后儿 xour^{51} 后儿个 xour^{51}kə^0	大后儿个 ta^{53}xour^{51}kə^0
通州	明儿 miə̃r^{35} 明儿个 miə̃r^{35}kə^0	后儿 xour^{51} 后儿个 xour^{51}kə^0	大后儿个 ta^{51}xour^{51}kə^0
大兴	明儿 miə̃r^{35} 明儿个 miə̃r^{35}kə^0	后儿 xour^{51} 后儿个 xour^{51}kə^0	大后儿个 ta^{53}xour^{51}kə^0
房山	明儿 miə̃r^{35}	后儿 xour^{51}	大后儿 ta^{51}xour^{51}
门头沟	明儿 miə̃r^{35}	后儿 xour^{51}	大后儿 ta^{53}xour^{51}
昌平	明儿个 miə̃r^{35}kə^0	后儿个 xour^{53}kə^0	大后儿个 ta^{53}xour^{53}kə^0
怀柔	明儿 miə̃r^{35} 明儿个 miə̃r^{35}kə^0	后儿 xour^{51} 后儿个 xour^{51}kə^0	大后儿 ta^{51}xour^{51} 大后儿个 ta^{51}xour^{51}kə^0
密云	明儿 miə̃r^{35} 明儿个 miə̃r^{35}kɤ^0	后儿 xour^{51} 后儿个 xour^{51}kɤ^0	大后儿个 ta^{53}xour^{51}kɤ^0
顺义	明儿 miãr^{35} 明儿个 miãr^{35}kə^0	后儿 xour^{51} 后儿个 xour^{51}kə^0	大后儿个 ta^{53}xour^{51}kə^0
延庆	明儿 miə̃r^{55} 明儿个 miə̃r^{55}kə^0	后儿 xour^{53} 后儿个 xour^{53}kə^0	大后儿 ta^{24}xour^{53} 大后儿个 ta^{24}xour^{53}kə^0
平谷	明儿 miə̃r^{55} 明儿个 miə̃r^{55}kɤ^0	后儿 xour^{51} 后儿个 xour^{51}kɤ^0	大后儿 ta^{51}xour^{51} 大后儿个 ta^{51}xour^{51}kɤ^0

	0085 昨天	0086 前天	0087 大前天
西城	昨儿 tsuor^{35} 昨儿个 tsuor^{35}kə^0	前儿 tɕʰiɐr^{35} 前儿个 tɕʰiɐr^{35}kə^0	大前儿个 ta^{51}tɕʰiɐr^{35}kə^0
通州	昨儿 tsuor^{35} 昨儿个 tsuor^{35}kə^0	前儿 tɕʰiɐr^{35} 前儿个 tɕʰiɐr^{35}kə^0	大前儿个 ta^{51}tɕʰiɐr^{35}kə^0
大兴	昨儿 tsuɐr^{35} 昨儿个 tsuɐr^{35}kə^0	前儿 tɕʰiɐr^{35} 前儿个 tɕʰiɐr^{35}kə^0	大前儿个 ta^{51}tɕʰiɐr^{35}kə^0
房山	昨儿个 tsuɣr^{35}kə^0	前儿个 tɕʰiɐr^{35}kə^0	大前儿个 ta^{51}tɕʰiɐr^{35}kə^0
门头沟	昨儿 tsuor^{35}	前天 tɕʰian^{35}tʰian^{55}	大前天 ta^{51}tɕʰian^{35}tʰian^{55}
昌平	昨儿个 tsuor^{35}kə^0	前儿个 tɕʰiɐr^{35}kə^0	大前儿个 ta^{53}tɕʰiɐr^{35}kə^0
怀柔	昨儿 tsuor^{35} 昨儿个 tsuor^{35}kə^0	前儿 tɕʰiɐr^{35} 前儿个 tɕʰiɐr^{35}kə^0	大前儿 ta^{51}tɕʰiɐr^{35} 大前儿个 ta^{51}tɕʰiɐr^{35}kə^0
密云	昨儿 tsuor^{35} 昨儿个 tsuor^{35}kɣ^0	前儿 tɕiɐr^{35} 前儿个 tɕiɐr^{35}kɣ^0	大前儿 ta^{51}tɕʰiɐr^{35} 大前儿个 ta^{51}tɕʰiɐr^{35}kɣ^0
顺义	昨儿 tsuɣr^{35} 昨儿个 tsuɣr^{35}kə^0	前儿 tɕʰiɐr^{35} 前儿个 tɕʰiɐr^{35}kə^0	大前儿个 ta^{51}tɕʰiɐr^{35}kə^0
延庆	夜个 ie^{53}kə^0	前儿 tɕʰiɐr^{55} 前儿个 tɕʰiɐr^{55}kə^0	大前儿 ta^{21}tɕʰiɐr^{55} 大前儿个 ta^{21}tɕʰiɐr^{55}kə^0
平谷	列˵个 lie^{51}kɣ^0	前儿个 tɕʰiɐr^{55}kɣ^0	大前儿个 ta^{51}tɕʰiɐr^{55}kɣ^0

	0088 整天	0089 每天	0090 早晨②
西城	整天价 tʂəŋ²¹tʰian⁵⁵tɕiə⁰	每天 mei²¹tʰian⁵⁵	清早 tɕʰiŋ⁵⁵tsau²¹⁴ 大清早儿 ta⁵¹tɕʰiŋ⁵⁵tsɑur²¹⁴
通州	整天价 tʂəŋ²¹tʰian⁵⁵tɕiə⁰	每天 mei²¹tʰian⁵⁵	清早儿 tɕʰiŋ⁵⁵tsɑur²¹⁴ 大清早 ta⁵¹tɕʰiŋ⁵⁵tsau²¹⁴
大兴	整天价 tʂəŋ²¹tʰian⁵⁵tɕiə⁰	每天 mei²¹tʰian⁵⁵	早起来 tsau³⁵tɕʰi²¹lai⁰
房山	整天儿 tʂəŋ²¹tʰiɐr⁵⁵	天天儿 tʰian⁵⁵tʰiɐr⁵⁵	早清儿 tsau²¹tɕʰiãr⁵⁵
门头沟	整天儿 tʂəŋ²¹tʰiɐr⁵⁵	每天 mei²¹tʰian⁵⁵	大清早儿 ta⁵¹tɕʰiŋ⁵⁵tsɑur²¹⁴
昌平	一整天 i⁵³tʂəŋ²¹tʰian⁵⁵	天天 tʰian⁵⁵tʰian⁵⁵	早先⁼ tsau²¹ɕian⁰ 大清早儿 ta⁵³tɕʰiŋ⁵⁵tsɑur²¹⁴ 早晨 tsau²¹tʂʰən⁰
怀柔	整天 tʂəŋ²¹tʰian⁵⁵	天天儿 tʰian⁵⁵tʰiɐr⁵⁵ 成天儿 tʂʰəŋ³⁵tʰiɐr⁵⁵	早晨 tsau²¹tʂʰən⁰ 早新⁼ tsau²¹ɕin⁰
密云	整天 tʂəŋ²¹tʰian⁵⁵	每天 mei²¹tʰian⁵⁵	早儿上 tsɑur²¹³ʂaŋ⁰
顺义	整天价 tʂəŋ²¹tʰian⁵⁵tɕiə⁰	每天 mei²¹tʰian⁵⁵	早清儿 tsau²¹tɕʰiãr⁵⁵
延庆	整天 tʂəŋ²⁴tʰian⁴²	每天 mei²⁴tʰian⁴²	早起 tsao⁵⁵tɕʰi²¹⁴ 早起来 tsao⁵⁵tɕʰi²⁴lai⁰
平谷	整天 tʂəŋ²¹tʰian³⁵	每天 mei²¹tʰian³⁵	早些⁼ tsau⁵⁵ɕie⁰

词汇对照   213

	0091 上午	0092 中午③	0093 下午
西城	前半晌儿 tɕʰian³⁵pan⁵¹ʂãr²¹⁴ 上午 ʂaŋ⁵¹u²¹⁴	晌午 ʂaŋ³⁵u⁰	后半晌儿 xou⁵³pan⁵¹ʂãr²¹⁴ 下午 ɕia⁵¹u⁰
通州	前半晌儿 tɕʰian³⁵pan⁵¹ʂãr²¹⁴ 上午 ʂaŋ⁵¹u²¹⁴	晌午 ʂaŋ³⁵u⁰	后半晌儿 xou⁵³pan⁵¹ʂãr²¹⁴ 下午 ɕia⁵¹u²¹⁴
大兴	前半天儿 tɕʰian³⁵pan⁵¹tʰiɐr²¹⁴	晌火 ⁼ʂaŋ²¹xuo⁰	后半天儿 xou⁵³panºtʰiɐr²¹⁴
房山	前半天儿 tɕʰian³⁵pan⁵¹tʰiɐr⁵⁵	晌火 ⁼ʂaŋ²¹xuo⁰	后半天儿 xou⁵¹pan⁵¹tʰiɐr⁵⁵
门头沟	前半晌儿 tɕʰian³⁵pan⁵¹ʂãr²¹⁴	晌午 ʂaŋ²¹u⁰	后半晌儿 xou⁵³pan⁵¹ʂãr²¹⁴
昌平	前半天儿 tɕʰian³⁵pan⁵³tʰiɐr⁵⁵	晌火 ⁼ʂaŋ²¹xuo⁰	后半晌儿 xou⁵³pan⁵³ʂãr²¹⁴ 下半天儿 ɕia⁵³pan⁵³tʰiɐr⁵⁵
怀柔	前半天儿 tɕʰian³⁵pan⁵¹tʰiɐr⁵⁵ 前晌 tɕʰian³⁵ʂaŋ²¹⁴ 前半晌儿 tɕʰian³⁵pan⁵¹ʂãr²¹⁴	晌火 ⁼ʂaŋ²¹xuo⁰	后半天 xou⁵¹pan⁵¹tʰiɐr⁵⁵ 后么天儿 xou⁵¹məºtʰiɐr⁵⁵ 晌午歪 ʂaŋ³⁵u²¹uai⁵⁵
密云	上午 ʂaŋ⁵¹u²¹³	晌火 ⁼ʂaŋ²¹³xuo⁰	下午 ɕia⁵¹u²¹³
顺义	前半晌儿 tɕʰian³⁵pan⁵¹ʂãr²¹⁴ 前晌儿 tɕʰian³⁵ʂãr²¹⁴	晌午 ʂaŋ³⁵u⁰	后半晌儿 xou⁵³pan⁵¹ʂãr²¹⁴ 后晌儿 xou⁵³ʂãr²¹⁴
延庆	前晌 tɕʰian⁵⁵ʂaŋ⁰	晌乎 ⁼ʂaŋ⁵⁵xu⁰	后晌 xou⁵³ʂaŋ⁰
平谷	前半晌 tɕʰian⁵⁵mənºʂaŋ²¹³	晌乎 ⁼ʂaŋ²¹xu⁰	后半晌 xou⁵¹mənºʂaŋ²¹³

	0094 傍晚	0095 白天	0096 夜晚 与白天相对，统称
西城	擦黑儿 tsʰa⁵⁵xər⁵⁵	白天 pai³⁵tʰian⁰	黑下 xei⁵⁵ɕiə⁰
通州	擦黑儿 tsʰa⁵⁵xər⁵⁵	白天 pai³⁵tʰian⁰	黑介⁼ xei⁵⁵tɕie⁰
大兴	擦黑儿 tsʰa⁵⁵xər⁵⁵	白天 pai³⁵tʰian⁰	黑介⁼ xei⁵⁵tɕiə⁰
房山	傍黑儿 paŋ⁵⁵xər⁵⁵	白天 pai³⁵tʰian⁵⁵	黑介⁼ xei⁵⁵tɕie⁰
门头沟	擦黑儿 tsʰa⁵⁵xər⁵⁵	白天 pai³⁵tʰian⁵⁵	黑天 xei⁵⁵tʰian⁵⁵
昌平	头老爷儿 tʰou³⁵lau²¹iɛr³⁵	白天 pai³⁵tʰian⁵⁵	黑介⁼ xei⁵⁵tɕie⁰
怀柔	爷儿落了 iər³⁵luo⁵¹lə⁰ 擦黑儿 tsʰa⁵⁵xər⁵⁵	白日儿 pai³⁵ʐər⁰ 白天 pai³⁵tʰian⁰	黑介⁼ xei⁵⁵tɕie⁰
密云	傍晚上 paŋ⁵⁵uan²¹³ʂaŋ⁰	白天 pai³⁵tʰian⁰	黑介⁼ xei⁵⁵tɕie⁰
顺义	擦黑儿 tsʰa⁵⁵xər⁵⁵	白天 pai³⁵tʰian⁵⁵	黑介⁼ xei⁵⁵tɕiə⁰
延庆	擦黑儿 tsʰa⁴⁴xər⁴²	白天 pai⁵⁵tʰian⁰	黑介⁼ xei⁴²tɕiə⁰
平谷	刚黑天 kaŋ³⁵xei³⁵tʰian³⁵ 擦黑儿 tsʰa³⁵xər³⁵	白天 pai⁵⁵tʰian³⁵	黑介⁼ xei³⁵tɕie⁰

	0097 半夜	0098 正月 农历	0099 大年初一 农历
西城	黑更半夜 xei⁵⁵tɕiŋ⁵⁵pan⁵¹ie⁵¹	正月 tʂəŋ⁵⁵ye⁵¹	大年初一 ta⁵¹nian³⁵tʂʰu⁵⁵i⁵⁵
通州	黑更半夜 xei⁵⁵tɕiŋ⁵⁵pan³⁵·ie⁵¹	正月 tʂəŋ⁵⁵yər⁵¹	大年初一 ta⁵¹nian³⁵tʂʰu⁵⁵i⁵⁵
大兴	半夜 pan⁵¹ie⁵¹	正月 tʂəŋ⁵⁵ye⁰	大年初一 ta⁵¹ȵian³⁵tʂʰu⁵⁵i⁵⁵
房山	半夜 pan⁵¹ie⁵¹	正月 tʂəŋ⁵⁵ye⁵¹	正月初一 tʂəŋ⁵⁵ye⁵¹tʂʰu⁵⁵i⁵⁵
门头沟	半夜三更 pan⁵³·ie⁵¹san⁵⁵kəŋ⁵⁵	正月 tʂəŋ⁵⁵ye⁵¹	正月初一 tʂəŋ⁵⁵ye⁵¹tʂʰu⁵⁵i⁵⁵
昌平	夜喽 ie⁵³lou⁰	正月 tʂəŋ⁵⁵ye⁵¹	正月初一 tʂəŋ⁵⁵ye⁵³tʂʰu⁵⁵i⁵⁵
怀柔	半夜 pan⁵¹ie⁵¹ 黑更半夜 xei⁵⁵tɕin⁰pan⁵¹ie⁵¹	正月 tʂəŋ⁵⁵ye⁰	大年初一儿 ta⁵¹nian³⁵tʂʰu⁵⁵iər⁵⁵
密云	半夜 pan⁵³ie⁵¹	正月 tʂəŋ⁵⁵ye⁵¹	大年初一 ta⁵¹ȵian³⁵tʂʰu⁵⁵i⁵⁵
顺义	半夜 pan⁵¹ie⁵¹	正月 tʂəŋ⁵⁵ye⁵¹	大年初一 ta⁵¹nian³⁵tʂʰu⁵⁵i⁵⁵
延庆	半夜 pan²⁴ie⁵³	正月 tʂəŋ⁴²ye⁰	大年初一 ta²¹ȵian⁵⁵tʂʰu⁴²i⁰
平谷	半夜 pan⁵¹ie⁵¹	正月儿 tʂəŋ³⁵yɛr⁵¹	大初一 ta⁵¹tʂʰu³⁵i³⁵

	0100 元宵节	0101 清明	0102 端午
西城	元宵节 yan³⁵ɕiau⁵⁵tɕie³⁵ 灯儿节 tãr⁵⁵tɕie³⁵	清明 tɕʰiŋ⁵⁵miŋ⁰	五月节 u²¹ye⁵¹tɕie³⁵ 粽子节 tsuŋ⁵¹tsʅ⁰tɕie³⁵
通州	元宵节 yan³⁵ɕiau⁵⁵tɕie³⁵ 灯儿节 tãr⁵⁵tɕie³⁵	清明 tɕʰiŋ⁵⁵miŋ⁰	五端午 u²¹tan⁵¹u²¹⁴
大兴	元宵节 yan³⁵ɕiau⁵⁵tɕie³⁵	清明 tɕʰiŋ⁵⁵miŋ⁰	五端午儿 u²¹tan⁵⁵ur²¹⁴
房山	正月十五 tʂəŋ⁵⁵ye⁵¹ʂʅ³⁵u²¹⁴	清明 tɕʰiŋ⁵⁵miŋ³⁵	五月端午儿 u²¹ye⁵¹tan⁵⁵ur²¹⁴
门头沟	正月十五 tʂəŋ⁵⁵ye⁵¹ʂʅ³⁵u²¹⁴	清明 tɕʰiŋ⁵⁵miŋ³⁵	五端午儿 u²¹tuan⁵⁵ur²¹⁴
昌平	正月十五 tʂəŋ⁵⁵ye⁵³ʂʅ³⁵u²¹⁴	清明节 tɕʰiŋ⁵⁵m⁰tɕie³⁵	五月端午 u²¹ye⁵³tan⁵⁵u²¹⁴
怀柔	正月十五 tʂəŋ⁵⁵ye⁵¹ʂʅ³⁵u²¹⁴	清明 tɕʰiŋ⁵⁵miŋ⁰	端午儿 tan⁵⁵ur²¹⁴/tuan⁵⁵ur²¹⁴
密云	正月十五 tʂəŋ⁵⁵ye⁵¹ʂʅ³⁵u²¹³	清明 tɕʰiŋ⁵⁵miŋ⁰	五月端午 u²¹ye⁵¹tuan⁵⁵u²¹³
顺义	元宵节 yan³⁵ɕiau⁵⁵tɕie³⁵	清明 tɕʰiŋ⁵⁵miŋ⁰	五月端五 u²¹ye⁵¹tan⁵⁵u²¹⁴
延庆	正月十五 tʂəŋ⁴⁴ye⁰ʂʅ⁵⁵u⁰	清明 tɕʰiŋ⁴²miŋ⁰	端午 taŋ⁴²u⁰
平谷	正月儿十五 tʂəŋ³⁵yɛr⁵¹ʂʅ⁵⁵u²¹³ 元宵节 yan⁵⁵ɕiau³⁵tɕie²¹³	清明 tɕʰiŋ³⁵miŋ⁵⁵	端午儿 tan³⁵ur²¹³

词汇对照

	0103 七月十五_{农历，节日名}	0104 中秋	0105 冬至
西城	鬼节 kuei²¹tɕie³⁵	八月节 pa⁵⁵ye⁵¹tɕie³⁵ 中秋节 tʂuŋ⁵⁵tɕʰiou⁵⁵tɕie³⁵	冬至 tuŋ⁵⁵tʂʅ⁵¹
通州	鬼节 kuei²¹tɕie³⁵	八节 pa⁵⁵tɕie³⁵ 中秋节 tʂuŋ⁵⁵tɕʰiou⁵⁵tɕie³⁵	冬至 tuŋ⁵⁵tʂʅ⁵¹
大兴	鬼节 kuei²¹tɕie³⁵	八月节 pa⁵⁵ye⁰tɕie³⁵	冬至 tuŋ⁵⁵tʂʅ⁵¹
房山	七月十五 tɕʰi⁵⁵ye⁵¹ʂʅ³⁵u²¹⁴	八月十五 pa⁵⁵ye⁵¹ʂʅ³⁵u²¹⁴	冬至 tuŋ⁵⁵tʂʅ⁵¹
门头沟	七月十五 tɕʰi⁵⁵ye⁵¹ʂʅ³⁵u²¹⁴	八月十五 pa⁵⁵ye⁵¹ʂʅ³⁵u²¹⁴	冬至 tuŋ⁵⁵tʂʅ⁵¹
昌平	鬼节 kuei²¹tɕie³⁵	八月十五 pa³⁵ye⁵³ʂʅ³⁵u²¹⁴	冬至 tuŋ⁵⁵tʂʅ⁵¹
怀柔	七月十五 tɕʰi⁵⁵ye⁵¹ʂʅ³⁵u²¹⁴ 鬼节 kuei²¹tɕie³⁵	中秋 tʂuŋ⁵⁵tɕʰiou⁵⁵ 八月十五 pa⁵⁵ye⁵¹ʂʅ³⁵u²¹⁴	冬至 tuŋ⁵⁵tʂʅ⁵¹
密云	鬼节 kuei²¹tɕie³⁵	八月十五 pa⁵⁵ye⁵¹ʂʅ³⁵u²¹³	冬至 tuŋ⁵⁵tʂʅ⁵¹
顺义	鬼节 kuei²¹tɕie³⁵	八月节 pa⁵⁵ye⁵¹tɕie³⁵ 中秋节 tʂuŋ⁵⁵tɕʰiou⁵⁵tɕie³⁵	冬至 tuŋ⁵⁵tʂʅ⁵¹
延庆	七月十五 tɕʰi⁴⁴ye⁰ʂʅ⁵⁵u⁰	八月十五 pa⁴⁴ye⁰ʂʅ⁵⁵u⁰	冬至 tuŋ⁴⁴tʂʅ⁵³
平谷	七月儿十五 tɕʰi³⁵yɛr⁵¹ʂʅ⁵⁵u²¹³	八月儿十五 pa³⁵yɛr⁵¹ʂʅ⁵⁵u²¹³	冬至 tuŋ³⁵tʂʅ⁵¹

	0106 腊月农历十二月	0107 除夕农历	0108 历书
西城	腊月 la⁵¹yə⁰	除夕 tʂʰu³⁵ɕi⁵⁵	黄历 xuaŋ³⁵li⁰
通州	腊月儿 la⁵¹yər⁰	除夕 tʂʰu³⁵ɕi⁵⁵	黄历 xuaŋ³⁵li⁰
大兴	腊月 la⁵¹yə⁰	年三十儿 ȵian³⁵san⁵⁵ʂər³⁵	黄历 xuaŋ³⁵li⁰
房山	腊月 la⁵¹ye⁵¹	三十儿 san⁵⁵ʂər³⁵	黄历 xuaŋ³⁵li⁵¹
门头沟	腊月 la⁵³ye⁵¹	大年三十儿 ta⁵¹nian³⁵san⁵⁵ʂər³⁵	黄历 xuaŋ³⁵li⁵¹
昌平	腊月 la⁵³ye⁵¹	大年三十儿 ta⁵³nian³⁵san⁵⁵ʂər³⁵	黄历 xuaŋ³⁵li⁵¹
怀柔	腊月 la⁵¹yə⁰	大年三十儿 ta⁵¹nian³⁵san⁵⁵ʂər³⁵	历书 li⁵¹ʂu⁵⁵ 月令牌儿 ye⁵¹liŋ⁰pʰɐr³⁵
密云	腊月 la⁵¹ye⁰	三十儿 san⁵⁵ʂər³⁵ 大年三十 ta⁵¹ȵian³⁵san⁵⁵ʂʅ³⁵	黄历 xuaŋ³⁵li⁰
顺义	腊月 la⁵¹yə⁰	年夕 nian³⁵ɕi⁰	黄历 xuaŋ³⁵li⁰
延庆	腊月 la⁵³ye⁰	年三十 ȵian⁵⁵san⁴⁴ʂʅ⁵⁵	黄历 xuaŋ⁵⁵li⁰
平谷	腊月儿 la⁵¹yɛr⁰	三十儿晚上 san³⁵ʂər⁵⁵uan²¹ʂaŋ⁰	黄历 xuaŋ⁵⁵li⁵¹

词汇对照

	0109 阴历	0110 阳历	0111 星期天
西城	阴历 in⁵⁵li⁰	阳历 iaŋ³⁵li⁰	礼拜天 li²¹pai⁵¹tʰian⁵⁵
通州	阴历 in⁵⁵li⁰	阳历 iaŋ³⁵li⁰	礼拜天 li²¹pai⁵¹tʰian⁵⁵
大兴	阴历 in⁵⁵li⁰	阳历 iaŋ³⁵li⁰	礼拜天 li²¹pai⁵¹tʰian⁵⁵
房山	阴历 in⁵⁵li⁵¹	阳历 iaŋ³⁵li⁵¹	礼拜天儿 li²¹pai⁵¹tʰiɐr⁵⁵
门头沟	阴历 in⁵⁵li⁵¹	阳历 iaŋ³⁵li⁵¹	礼拜天儿 li²¹pai⁵¹tʰiɐr⁵⁵
昌平	农历 nuŋ³⁵li⁵¹ 阴历 in⁵⁵li⁵¹	阳历 iaŋ³⁵li⁵¹	礼拜天儿 li²¹pai⁵³tʰiɐr⁵⁵
怀柔	阴历 in⁵⁵li⁵¹	阳历 iaŋ³⁵li⁵¹	礼拜天 li²¹pai⁵¹tʰian⁵⁵
密云	阴历 in⁵⁵li⁵¹ 农历 nəŋ³⁵li⁵¹	阳历 iaŋ³⁵li⁵¹	礼拜天儿 li²¹pai⁵¹tʰiɐr⁵⁵
顺义	阴历 in⁵⁵li⁰	阳历 iaŋ³⁵li⁰	礼拜日 li²¹pai⁵³zʅ⁵¹ 礼拜天儿 li²¹pai⁵¹tʰiɐr⁵⁵
延庆	农历 nəŋ⁵⁵li⁰ 阴历 in⁴²li⁰	阳历 iaŋ⁵⁵li⁰	星期天 ɕiŋ⁴⁴tɕi⁵⁵tʰian⁴² 礼拜天 li²⁴pai²¹tʰian⁴²
平谷	农历 nəŋ⁵⁵li⁵¹	阳历 iaŋ⁵⁵li⁵¹	礼拜天 li²¹pai⁵¹tʰian³⁵

	0112 地方	0113 什么地方	0114 家里
西城	地方儿 ti⁵¹fãr⁰ 地儿 tiər⁵¹	什么地方儿 ʂən³⁵mə⁰ti⁵¹fãr⁰ 什么地儿 ʂən³⁵mə⁰tiər⁵¹	家里 tɕia⁵⁵li⁰
通州	地儿 tiər⁵¹	什么地儿 ʂən³⁵mə⁰tiər⁵¹	家儿里 tɕiar⁵⁵li⁰
大兴	地儿 tiər⁵¹	什么地儿 ʂən³⁵mə⁰tiər⁵¹	家喽 tɕia⁵⁵lou⁰
房山	地方儿 ti⁵¹fãr⁰	什么地方儿 ʂən³⁵mə⁰ti⁵¹fãr⁰	家里儿 tɕia⁵⁵liər²¹⁴
门头沟	地方儿 ti⁵¹fãr⁰	什么地儿 ʂən³⁵mə⁰tiər⁵¹	家里 tɕia⁵⁵li⁰
昌平	地儿 tiər⁵¹	什么地儿 ʂən³⁵mə⁰tiər⁵¹	家喽 tɕia⁵⁵lou⁰
怀柔	地儿 tiər	啥地儿 ʂa³⁵tiər⁵¹ 哪儿 nɐr²¹⁴	家里 tɕia⁵⁵li⁰
密云	地儿 tiər⁵¹	啥地儿 ʂa³⁵tiər⁵¹	家里 tɕia⁵⁵li⁰
顺义	地儿 tiər⁵¹	什么地儿 ʂən³⁵mə⁰tiər⁵¹	家喽 tɕia⁵⁵lou⁰
延庆	地方 ti⁵³faŋ⁰	哪儿 nɐr²¹⁴	家里 tɕia⁴²li⁰
平谷	地方 ti⁵¹faŋ⁰	啥地儿 ʂa⁵⁵tiər⁵¹	家里 tɕia³⁵li²¹³

	0115 城里	0116 乡下	0117 上面 从~滚下来
西城	城里 tʂʰəŋ³⁵li⁰	乡下 ɕiaŋ⁵⁵ɕiə⁰	上头 ʂaŋ⁵¹tʰo⁰ 上边儿 ʂaŋ⁵¹pier⁵⁵
通州	城里头 tʂʰəŋ³⁵li²¹tʰou⁰	村儿里 tsʰuər⁵⁵li⁰	上头 ʂaŋ⁵¹tʰou⁰ 上边儿 ʂaŋ⁵¹pier⁵⁵
大兴	城里头 tʂʰəŋ³⁵li²¹tʰou⁰	村儿［里头］ tsʰuər⁵⁵lou⁰	上边儿 ʂaŋ⁵¹pier⁰
房山	城里儿 tʂʰəŋ³⁵liər²¹⁴	村儿里儿 tsʰuər⁵⁵liər²¹⁴	上边儿 ʂaŋ⁵¹pier⁵⁵
门头沟	城里 tʂʰəŋ³⁵li²¹⁴	村儿里 tsʰuər⁵⁵li⁰	上头 ʂaŋ⁵¹tʰou⁰
昌平	城［里头］tʂʰəŋ³⁵lou⁰	农村 nuŋ³⁵tsʰuən⁵⁵	上头 ʂaŋ⁵³tʰou⁰
怀柔	城里头 tʂʰəŋ³⁵li²¹tʰou⁰	乡下 ɕiaŋ⁵⁵ɕia⁵¹	上头 ʂaŋ⁵¹tʰou⁰ 上边儿 ʂaŋ⁵¹pier⁰ 上坎儿 ʂaŋ⁵¹kʰer²¹⁴
密云	城儿里 tʂʰə̃r³⁵li²¹³	乡下 ɕiaŋ⁵⁵ɕia⁰ 农村 nuŋ³⁵tsʰun⁵⁵	上边儿 ʂaŋ⁵¹pier⁵⁵ 上头 ʂaŋ⁵¹tʰou⁰
顺义	城里头 tʂʰəŋ³⁵li²¹tʰou⁰	村［里头］tsʰuər⁵⁵lou⁰	上边儿 ʂaŋ⁵¹pier⁵⁵ 上头 ʂaŋ⁵¹tʰou⁰
延庆	城里 tʂʰəŋ⁵⁵li⁰	乡下 ɕiaŋ⁴²ɕia⁰	上头 ʂaŋ⁵³tʰou⁰ 上边儿 ʂaŋ⁵³pier⁰
平谷	城里 tʂʰəŋ⁵⁵li²¹³	农村儿 nəŋ⁵⁵tsʰuər⁵⁵	上头 ʂaŋ⁵¹tʰou⁰

词汇对照

	0118 下面 从~爬上去	0119 左边	0120 右边
西城	下边儿 ɕia⁵¹ piɐr⁰ 下头 ɕia⁵¹ tʰo⁰	左边儿 tsuo²¹ piɐr⁵⁵	右边儿 iou⁵¹ piɐr⁵⁵
通州	下头 ɕia⁵¹ tʰou⁰ 下边儿 ɕia⁵¹ piɐr⁵⁵	左边儿 tsuo²¹ piɐr⁵⁵	右边儿 iou⁵¹ piɐr⁵⁵
大兴	下边儿 ɕia⁵¹ piɐr⁰	左边儿 tsuo²¹ piɐr⁵⁵	右边儿 iou⁵¹ piɐr⁰
房山	下边儿 ɕia⁵¹ piɐr⁵⁵	左边儿 tsuo²¹ piɐr⁵⁵	右边儿 iou⁵¹ piɐr⁵⁵
门头沟	下边儿 ɕia⁵¹ piɐr⁵⁵	左边儿 tsuo²¹ piɐr⁵⁵	右边儿 iou⁵¹ piɐr⁵⁵
昌平	下头 ɕia⁵³ tʰou⁰ 底下 ti²¹ ɕia⁰	左半拉 tsuo²¹ pa⁵³ la⁵⁵	右半拉 iou⁵³ pa⁵³ la⁵⁵
怀柔	下头 ɕia⁵¹ tʰou⁰ 下边儿 ɕia⁵¹ piɐr⁵⁵ 下坎儿 ɕia⁵¹ kʰɐr²¹⁴	左边儿 tsuo²¹ piɐr⁵⁵ 左半拉 tsuo²¹ pan⁵³ la⁰	右边儿 iou⁵¹ piɐr⁵⁵ 右半拉 iou⁵³ pan⁵³ la⁰
密云	下边儿 ɕia⁵¹ piɐr⁰ 下头 ɕia⁵¹ tʰou⁰	左边儿 tsuo²¹ piɐr⁵⁵	右边儿 iou⁵¹ piɐr⁵⁵
顺义	下边儿 ɕia⁵¹ piɐr⁰ 下头 ɕia⁵¹ tʰou⁰	左手 tsuo³⁵ ʂou²¹⁴ 左边儿 tsuo²¹ piɐr⁵⁵	右手 iou⁵¹ ʂou²¹⁴ 右边儿 iou⁵¹ piɐr⁵⁵
延庆	底下 ti²⁴ ɕia⁰ 下头 ɕia⁵³ tʰou⁰ 下边儿 ɕia⁵³ piɐr⁰	左边儿 tsuo²⁴ piɐr⁰	右边儿 iou⁵³ piɐr⁰
平谷	下头 ɕia⁵¹ tʰou⁰	左边儿 tsuo²¹ piɐr³⁵	右边儿 iou⁵¹ piɐr³⁵

	0121 中间 排队排在~	0122 前面 排队排在~	0123 后面 排队排在~
西城	当么间儿 taŋ⁵⁵mə⁰tɕiɐr⁵¹	前头 tɕʰian³⁵tʰo⁰ 前边儿 tɕʰian³⁵piɐr⁰	后头 xou⁵¹tʰo⁰ 后边儿 xou⁵¹piɐr⁰
通州	当间儿 taŋ⁵⁵tɕiɐr⁵¹	前头 tɕʰian³⁵tʰou⁰ 前边儿 tɕʰian³⁵piɐr⁵⁵	后头 xou⁵¹tʰou⁰ 后边儿 xou⁵¹piɐr⁵⁵
大兴	中间儿 tsuŋ⁵⁵tɕiɐr⁵⁵	前边儿 tɕʰian³⁵piɐr⁰	后边儿 xou⁵¹piɐr⁰
房山	当门⁼间儿 taŋ³⁵mən⁰tɕiɐr⁵¹	前边儿 tɕʰian³⁵piɐr⁵⁵	后边儿 xou⁵¹piɐr⁵⁵
门头沟	当间儿 taŋ⁵⁵tɕiɐr⁵¹	前头 tɕʰian³⁵tʰou⁰	后头 xou⁵¹tʰou⁰
昌平	当窗⁼儿 taŋ⁵⁵tʂʰuãr⁵⁵ 中间儿 tʂuŋ⁵⁵tɕiɐr⁵¹	前半拉 tɕʰian³⁵pan⁵³la⁵⁵ 头喽 tʰou³⁵lou⁰	后半拉 xou⁵³pan⁵³la⁵⁵
怀柔	中间儿 tʂuŋ⁵⁵tɕiɐr⁵⁵ 当中间儿 taŋ⁵⁵tʂuŋ⁵⁵tɕiɐr⁵¹	头落⁼ tʰou³⁵lau⁰	后头 xou⁵¹tʰou⁰
密云	中间儿 tʂuŋ⁵⁵tɕiɐr⁵¹	前边儿 tɕʰian³⁵piɐr⁵⁵ 前头 tɕʰian³⁵tʰou⁰	后边儿 xou⁵¹piɐr⁵⁵ 后头 xou⁵¹tʰou⁰
顺义	中间儿 tʂuŋ⁵⁵tɕiɐr⁵¹	前边儿 tɕʰian³⁵piɐr⁰ 前头 tɕʰian³⁵tʰou⁰	后边儿 xou⁵¹piɐr⁰ 后头 xou⁵¹tʰou⁰
延庆	当头间儿 taŋ⁴⁴tʰou⁵⁵tɕiɐr⁴² 中间儿 tʂuŋ⁴⁴tɕiɐr⁴²	前头 tɕʰian⁵⁵tʰou⁰	后头 xou⁵³tʰou⁰
平谷	当间儿 taŋ³⁵tɕiar⁵¹	前头 tɕʰian⁵⁵tʰou⁰	后头 xou⁵¹tʰou⁰

词汇对照

	0124 末尾 排队排在~	0125 对面	0126 面前
西城	末了儿 mo⁵¹liɑor²¹⁴	对过儿 tuei⁵³kuor⁵¹	眼么前儿 ian²¹mə⁰tɕʰiɐr³⁵
通州	末了儿 mo⁵¹liɑor²¹⁴	对过儿 tuei⁵³kuor⁵¹	眼么前儿 ian²¹mə⁰tɕʰiɐr³⁵
大兴	末尾儿 mo⁵¹uər²¹⁴	对过儿 tuei⁵³kuor⁵¹	眼跟前儿 ian²¹mə⁰tɕʰiɐr²¹⁴
房山	末溜⁼儿 mo⁵¹liour²¹⁴	对面儿 tuei⁵³miɐr⁵¹	眼前 ian²¹tɕʰian³⁵
门头沟	末了儿 mo⁵¹liɑur²¹⁴	对面儿 tuei⁵³miɐr⁵¹	前面儿 tɕʰian³⁵miɐr⁵¹
昌平	末溜⁼儿 mo⁵³liour⁵⁵	对过儿 tuei⁵³kuor⁵¹	眼头喽 ian²¹tʰou³⁵lou⁰ 眼前 ian²¹tɕʰian³⁵
怀柔	末儿 mor⁵⁵ 后尾儿 xou⁵¹iər²¹⁴	对面儿 tuei⁵¹miɐr⁵¹	面前 mian⁵¹tɕʰian³⁵ 眼前 ian²¹tɕʰian³⁵
密云	末尾 mo⁵¹uei²¹³	对面儿 tuei⁵³miɐr⁵¹	眼前 ian²¹tɕʰian³⁵
顺义	末尾儿 mo⁵¹iər²¹⁴	对过儿 tuei⁵³kuɤr⁵¹	眼前儿 ian²¹tɕʰiɐr³⁵
延庆	末了儿 mɤ⁵³liɑor²¹⁴ 后尾儿 xou⁵³iər²¹⁴	对面儿 tuei²⁴miɐr⁵³ 对过儿 tuei²⁴kuor⁵³	前头 tɕʰian⁵⁵tʰou⁰
平谷	后尾儿 xou⁵¹iər²¹³ 末了儿 muo⁵¹liɑur²¹³	对过儿 tuei⁵¹kɤr⁵¹	跟前儿 kən³⁵tɕʰiɐr²¹³

	0127 背后	0128 里面躲在~	0129 外面衣服晒在~
西城	背后儿 pei⁵³xour⁵¹	里头 li²¹tʰo⁰ 里边儿 li²¹pier⁰	外头 uai⁵¹tʰo⁰ 外边儿 uai⁵¹pier⁰
通州	背后儿 pei⁵³xour⁵¹	里头 li²¹tʰou⁰ 里边儿 li²¹pier⁵⁵	外头 uai⁵¹tʰou⁰ 外边儿 uai⁵¹pier⁵⁵
大兴	背后儿 pei⁵³xour⁵¹	里头 li²¹tʰou⁰	外头 uai⁵¹tʰou⁰
房山	背后 pei⁵¹xou⁵¹	里边儿 li²¹pier⁵⁵	外边儿 uai⁵¹pier⁵⁵
门头沟	后面儿 xou⁵³mier⁵¹ 后边儿 xou⁵³pier⁵⁵	里头 li²¹tʰou⁰	外头 uai⁵¹tʰou⁰
昌平	后影儿 xou⁵³iə̃r²¹⁴	里头 li²¹tʰou⁰	外头 uai⁵³tʰou⁰
怀柔	背后 pei⁵¹xou⁵¹	里头 li²¹tʰou⁰ 里边儿 li²¹pier⁰	外头 uai⁵¹tʰou⁰ 外边儿 uai⁵¹pier⁰
密云	背后儿 pei⁵³xour⁵¹	里边儿 li²¹pier⁵⁵ 里头 li²¹³tʰou⁰	外边儿 uai⁵¹pier⁵⁵ 外头 uai⁵¹tʰou⁰
顺义	背后儿 pei⁵³xour⁵¹	里头 li²¹tʰou⁰	外头 uai⁵¹tʰou⁰
延庆	后头 xou⁵³tʰou⁰	里头 li²⁴tʰou⁰ 里边儿 li²⁴pier⁰	外头 vai⁵³tʰou⁰ 外边儿 vai⁵³pier⁰
平谷	后头 xou⁵¹tʰou⁰	里头 li²¹tʰou⁰	外头 uai⁵¹tʰou⁰

词汇对照

	0130 旁边	0131 上 碗在桌子~	0132 下 凳子在桌子~
西城	旁边儿 pʰaŋ³⁵ pieɐ⁵⁵	上 ʂaŋ⁵¹	下边儿 ɕia⁵¹ pieɐ⁰
通州	旁边儿 pʰaŋ³⁵ pieɐ⁵⁵	上边儿 ʂaŋ⁵¹ pieɐ⁰	下边儿 ɕia⁵¹ pieɐ⁰
大兴	旁边儿 pʰaŋ³⁵ pieɐ⁵⁵	上 ʂaŋ⁵¹	底下 ti²¹ ɕia⁵¹
房山	旁边儿 pʰaŋ³⁵ pieɐ⁵⁵	上 ʂaŋ⁵¹	下边儿 ɕia⁵¹ pieɐ⁵⁵
门头沟	边儿上 pieɐ⁵⁵ ʂaŋ⁰	上边儿 ʂaŋ⁵¹ pieɐ⁵⁵	下边儿 ɕia⁵¹ pieɐ⁵⁵
昌平	边儿上 pieɐ⁵⁵ ʂaŋ⁰	上 ʂaŋ⁵¹ 上面 ʂaŋ⁵³ mian⁰	下头 ɕia⁵³ tʰou⁰ 下面 ɕia⁵³ mian⁰
怀柔	旁边儿 pʰaŋ³⁵ pieɐ⁵⁵	上 ʂaŋ⁰	下边儿 ɕia⁵¹ pieɐ⁰ 下头儿 ɕia⁵¹ tʰouɐ⁰ 底下 ti²¹ ɕia⁰
密云	旁边儿 paŋ³⁵ pieɐ⁵⁵	上头 ʂaŋ⁵¹ tʰou⁰	下头 ɕia⁵¹ tʰou⁰ 底下 ti²¹³ ɕia⁰ 下边儿 ɕia⁵¹ pieɐ⁵⁵
顺义	旁边儿 pʰaŋ³⁵ pieɐ⁵⁵	上 ʂaŋ⁵¹	底下 ti²¹ ɕia⁰
延庆	边儿上 pieɐ⁴² ʂaŋ⁰	上头 ʂaŋ⁵³ tʰou⁰	底下 ti²⁴ ɕia⁰
平谷	旁边儿 pʰaŋ⁵⁵ pieɐ³⁵	上 ʂaŋ⁰	下头 ɕia⁵¹ tʰou⁰ 底下 ti²¹ ɕia⁰

	0133 边儿 桌子的~	0134 角儿 桌子的~	0135 上去 他~了
西城	边儿 piɐr⁵⁵	角儿 tɕiaor²¹⁴	上去 ʂaŋ⁵¹tɕʰy⁰
通州	边儿 piɐr⁵⁵	角儿 tɕiaor²¹⁴	上去 ʂaŋ⁵¹tɕʰy⁰
大兴	边儿 piɐr⁵⁵	角儿 tɕiaor²¹⁴	上去 ʂaŋ⁵¹tɕʰy⁰
房山	边儿 piɐr⁵⁵	角儿 tɕiaur²¹⁴	上去 ʂaŋ⁵¹tɕʰy⁰
门头沟	沿儿 iɐr³⁵	角儿 tɕiaur²¹⁴ 犄角 tɕi⁵⁵tɕiau⁰	上去 ʂaŋ⁵¹tɕʰy⁰
昌平	边儿 piɐr⁵⁵ 沿儿 iɐr³⁵	角儿 tɕiaor²¹⁴ 犄角儿 tɕi⁵⁵tɕiaor²¹⁴	上去 ʂaŋ⁵³tɕʰy⁰
怀柔	边儿 piɐr⁵⁵	角儿 tɕiaur²¹⁴	上去 ʂaŋ⁵¹tɕʰy⁰
密云	边儿 piɐr⁵⁵	角儿 tɕiaor²¹³	上去 ʂaŋ⁵¹tɕʰy⁰
顺义	边儿 piɐr⁵⁵	角儿 tɕiaur²¹⁴	上去 ʂaŋ⁵¹tɕʰy⁰
延庆	边儿 piɐr⁴²	角儿 tɕiaor²¹⁴	上去 ʂaŋ⁵³tɕʰy⁰
平谷	边儿 piɐr³⁵	角儿 tɕiaur²¹³	上去 ʂaŋ⁵¹tɕʰy⁰

	0136 下来 他~了	0137 进去 他~了	0138 出来 他~了
西城	下来 ɕia⁵¹lɛ⁰	进去 tɕin⁵¹tɕʰy⁰	出来 tʂʰu⁵⁵lɛ⁰
通州	下来 ɕia⁵¹lai⁰	进去 tɕin⁵¹tɕʰy⁰	出来 tʂʰu⁵⁵lai⁰
大兴	下来 ɕia⁵¹lɛ⁰	进去 tɕin⁵¹tɕʰy⁰	出来 tʂʰu⁵⁵lɛ⁰
房山	下来 ɕia⁵¹lai⁰	进去 tɕin⁵¹tɕʰy⁰	出来 tʂʰu⁵⁵lai⁰
门头沟	下来 ɕia⁵¹lɛ⁰	进去 tɕin⁵¹tɕʰy⁰	出来 tʂʰu⁵⁵lɛ⁰
昌平	下来 ɕia⁵³lɛ⁰	进去 tɕin⁵³tɕʰy⁰	出来 tʂʰu⁵⁵lɛ⁰
怀柔	下来 ɕia⁵¹lɛ⁰	进去 tɕin⁵¹tɕʰy⁰	出来 tʂʰu⁵⁵lai⁰
密云	下来 ɕia⁵¹lai⁰	进去 tɕin⁵¹tɕʰy⁰	出来 tʂʰu⁵⁵lai⁰
顺义	下来 ɕia⁵¹lai⁰	进去 tɕin⁵¹tɕʰy⁰	出来 tʂʰu⁵⁵lai⁰
延庆	下来 ɕia⁵³lai⁰	进去 tɕin⁵³tɕʰy⁰	出来 tʂʰu⁴²lai⁰
平谷	下来 ɕia⁵¹lai⁰	进去 tɕin⁵¹tɕʰy⁰	出来 tʂʰu⁵⁵lai⁰

词汇对照

	0139 出去他~了	0140 回来他~了	0141 起来天冷~了
西城	出去 tʂʰu⁵⁵tɕy⁰	回来 xuei³⁵lɛ⁰	起来 tɕʰi²¹lɛ⁰
通州	出去 tʂʰu⁵⁵tɕy⁰	回来 xuei³⁵lai⁰	起来 tɕʰi²¹lai⁰
大兴	出去 tʂʰu⁵⁵tɕy⁰	回来 xuei³⁵lɛ⁰	起来 tɕʰi²¹lɛ⁰
房山	出去 tʂʰu⁵⁵tɕʰie⁰	回来 xuei³⁵lai⁰	起来 tɕʰi²¹lai⁰
门头沟	出去 tʂʰu⁵⁵tɕʰy⁰	回来 xuei³⁵lɛ⁰	（无）
昌平	出去 tʂʰu⁵⁵tɕʰy⁰	回来 xuei³⁵lɛ⁰	起来 tɕʰi²¹lɛ⁰
怀柔	出去 tʂʰu⁵⁵tɕʰy⁰	回来 xuei³⁵lai⁰	起来 tɕʰi²¹lai⁰
密云	出去 tʂʰu⁵⁵tɕʰy⁰	回来 xuei³⁵lai⁰	起来 tɕʰi²¹lai⁵⁵
顺义	出去 tʂʰu⁵⁵tɕy⁰	回来 xuei³⁵lai⁰	起来 tɕʰi²¹lai⁰
延庆	出去 tʂʰu⁴²tɕʰy⁰	回来 xuei⁵⁵lai⁰	（无）
平谷	出去 tʂʰu⁵⁵tɕʰy⁰	回来 xuei⁵⁵lai⁰	起来 tɕʰi⁰lai⁰

	0142 树	0143 木头	0144 松树统称
西城	树 ʂu⁵¹	木头 mu⁵¹tʰo⁰	松树 suŋ⁵⁵ʂu⁵¹
通州	树 ʂu⁵¹	木头 mu⁵¹tʰou⁰	松树 suŋ⁵⁵ʂu⁵¹
大兴	树 ʂu⁵¹	木头 mu⁵¹tʰou⁰	松树 suŋ⁵⁵ʂu⁵¹
房山	树 ʂu⁵¹	木头 mu⁵¹tʰou⁰	松树 suŋ⁵⁵ʂu⁵¹
门头沟	树 ʂu⁵¹	木头 mu⁵¹tʰou⁰	松树 suŋ⁵⁵ʂu⁵¹
昌平	树 ʂu⁵¹	木头 mu⁵³tʰou⁰	松树 suŋ⁵⁵ʂu⁵¹
怀柔	树 ʂu⁵¹	木头 mu⁵¹tʰou⁰	松树 suŋ⁵⁵su⁰
密云	树 ʂu⁵¹	木头 mu⁵¹tʰou⁰	松树 suŋ⁵⁵ʂu⁵¹
顺义	树 ʂu⁵¹	木头 mu⁵¹tʰou⁰	松树 suŋ⁵⁵ʂu⁵¹
延庆	树 ʂu⁵³	木头 mu⁵³tʰou⁰	松树 suŋ⁴²su⁰
平谷	树 ʂu⁵¹	木头 mu⁵¹tʰou⁰	松树 suŋ³⁵ʂu⁵¹

	0145 柏树 统称	0146 杉树	0147 柳树
西城	柏树 pai²¹ʂu⁵¹	杉树 ʂan⁵⁵ʂu⁵¹	柳树 liou²¹ʂu⁵¹
通州	柏树 pai²¹ʂu⁵¹	杉树 ʂan⁵⁵ʂu⁵¹	柳树 liou²¹ʂu⁵¹
大兴	柏树 pai²¹ʂu⁵¹	杉树 ʂan⁵⁵ʂu⁵¹	柳树 liou²¹ʂu⁵¹
房山	柏树 pai²¹ʂu⁵¹	杉树 ʂan⁵⁵ʂu⁵¹	柳树 liou²¹ʂu⁵¹
门头沟	柏树 pai²¹ʂu⁵¹	（无）	柳树 liou²¹ʂu⁵¹
昌平	柏树 pai²¹ʂu⁵¹	（无）	柳树 liou²¹ʂu⁵¹
怀柔	柏树 pai²¹ʂu⁵¹	（无）	柳树 liou²¹ʂu⁵¹
密云	柏树 pai²¹ʂu⁵¹	杉树 ʂan⁵⁵ʂu⁵¹	柳树 liou²¹ʂu⁵¹
顺义	柏树 pai²¹ʂu⁵¹	杉树 ʂan⁵⁵ʂu⁵¹	柳树 liou²¹ʂu⁵¹
延庆	柏树 pai²⁴ʂu⁵³	（无）	柳树 liou²⁴ʂu⁵³
平谷	柏树 pai²¹ʂu⁵¹	（无）	柳树 liou²¹ʂu⁵¹

	0148 竹子 统称	0149 笋	0150 叶子
西城	竹子 tʂu³⁵tsɿ⁰	笋 suan²¹⁴	叶儿 iɛr⁵¹ 叶子 ie⁵¹tsɿ⁰
通州	竹子 tʂu³⁵tsɿ⁰	笋 suən²¹⁴	叶儿 iər⁵¹ 叶子 ie⁵¹tsɿ⁰
大兴	竹子 tʂu³⁵tsɿ⁰	笋 suən²¹⁴	叶儿 iər⁵¹ 叶子 ie⁵¹tsɿ⁰
房山	竹子 tʂu³⁵tsɿ⁰	笋 suən²¹⁴	叶子 ie⁵¹tsɿ⁰
门头沟	竹子 tʂu³⁵tsɿ⁰	笋 suən²¹⁴	叶儿 iɛr⁵¹
昌平	竹子 tʂu³⁵tsɿ⁰	竹笋 tʂu³⁵suən²¹⁴	叶儿 iɛr⁵¹
怀柔	竹子 tʂu³⁵tsɿ⁰	笋 suən²¹⁴	叶子 iə⁵¹tsɿ⁰
密云	竹子 tʂu³⁵tsɿ⁰	竹笋 tʂu³⁵sun²¹³	叶儿 iɛr⁵¹
顺义	竹子 tʂu³⁵tsɿ⁰	笋 suən²¹⁴	叶儿 iɛr⁵¹ 叶子 ie⁵¹tsɿ⁰
延庆	竹子 tʂu⁴²tsə⁰	笋 suən²¹⁴	叶儿 iɛr⁵³
平谷	竹子 tʂu³⁵tsɿ⁰	笋 suən²¹³	叶子 ie⁵¹tsɿ⁰ 叶儿 iɛr⁵¹

词汇对照

	0151 花	0152 花蕾 花骨朵	0153 梅花
西城	花儿 xuɐr⁵⁵	花骨朵儿 xua⁵⁵ku⁵⁵tur⁰	梅花儿 mei³⁵xuɐr⁵⁵
通州	花儿 xuar⁵⁵	花骨朵儿 xua⁵⁵ku⁵⁵tour⁰	梅花儿 mei³⁵xuar⁵⁵
大兴	花儿 xuɐr⁵⁵	花骨朵儿 xua⁵⁵ku⁵⁵tuɐr⁰	梅花儿 mei³⁵xuɐr⁵⁵
房山	花儿 xuɐr⁵⁵	花骨朵儿 xua⁵⁵ku⁵⁵tər⁰	梅花儿 mei³⁵xuɐr⁵⁵
门头沟	花儿 xuɐr⁵⁵	花骨朵儿 xua⁵⁵ku⁵⁵tuor⁰	梅花儿 mei³⁵xuɐr⁵⁵
昌平	花儿 xuar⁵⁵	花苞儿 xua⁵⁵pɑor⁵⁵	梅花儿 mei³⁵xuar⁵⁵
怀柔	花儿 xuɐr⁵⁵	花苞儿 xua⁵⁵paur⁵⁵	梅花儿 mei³⁵xuɐr⁵⁵
密云	花儿 xuɐr⁵⁵	花骨朵儿 xua⁵⁵ku⁵⁵tuor⁰	梅花儿 mei³⁵xuɐr⁵⁵
顺义	花儿 xuar⁵⁵	花骨朵儿 xua⁵⁵ku⁵⁵tuɣr⁰	梅花儿 mei³⁵xuar⁵⁵
延庆	花儿 xuɐr⁴²	花骨朵儿 xua⁴⁴ku⁴²tour⁰	梅花儿 mei⁵⁵xuɐr⁴²
平谷	花儿 xuɑr³⁵	花儿骨朵儿 xuɑr³⁵ku³⁵tour⁰	梅花儿 mei⁵⁵xuɑr³⁵

	0154 牡丹	0155 荷花	0156 草
西城	牡丹 mu²¹tan⁵⁵	荷花 xɤ³⁵xua⁵⁵	草 tsʰau²¹⁴
通州	牡丹 mu²¹tan⁵⁵	荷花儿 xɤ³⁵xuar⁵⁵	草 tsʰau²¹⁴
大兴	牡丹 mu²¹tan⁵⁵	荷花儿 xɤ³⁵xuɐr⁵⁵	草 tsʰau²¹⁴
房山	牡丹 mu²¹tan⁵⁵	荷花儿 xɤ³⁵xuɐr⁵⁵	草 tsʰau²¹⁴
门头沟	牡丹 mu²¹tan⁵⁵	荷花儿 xɤ³⁵xuɐr⁵⁵	草儿 tsʰɑur²¹⁴
昌平	牡丹 mu²¹tan⁵⁵	莲花儿 lian³⁵xuar⁵⁵	草 tsʰau²¹⁴
怀柔	牡丹 mu²¹tan⁵⁵	荷花儿 xə³⁵xuɐr⁵⁵	草 tsʰau²¹⁴
密云	牡丹 mu²¹³tan⁰	荷花儿 xɤ³⁵xuɐr⁵⁵	草儿 tsʰɑor²¹³
顺义	牡丹 mu²¹tan⁰	荷花 xɤ³⁵xua⁵⁵	草 tsʰau²¹⁴
延庆	牡丹 mu²⁴tan⁰	荷花儿 xɤ⁵⁵xuɐr⁰	草 tsʰao²¹⁴
平谷	牡丹 mu²¹tan³⁵	荷花 xɤ⁵⁵xua³⁵	草 tsʰau²¹³

	0157 藤	0158 刺 名词	0159 水果
西城	藤 tʰəŋ³⁵	刺儿 tsʰər⁵¹	水果儿 ʂuei³⁵kuor²¹⁴
通州	藤 tʰəŋ³⁵	刺儿 tsʰər⁵¹	水果儿 ʂuei³⁵kuor²¹⁴
大兴	蔓儿 uɐr⁵¹	刺儿 tsʰər⁵¹	水果儿 ʂuei³⁵kuɐr²¹⁴
房山	蔓儿 uɐr⁵¹	刺儿 tsʰər⁵¹	水果儿 ʂuei³⁵kuɤr²¹⁴ 鲜果儿 ɕian⁵⁵kuɤr²¹⁴
门头沟	藤子 tʰəŋ³⁵tsɿ⁰	刺儿 tsʰər⁵¹	水果儿 ʂuei³⁵kuor²¹⁴
昌平	秧子 iaŋ⁵⁵tsɿ⁰	刺儿 tsʰər⁵¹	水果儿 ʂuei³⁵kuor²¹⁴
怀柔	藤 tʰəŋ³⁵ 秧子 iaŋ⁵⁵tsɿ⁰	刺儿 tsʰər⁵¹	水果儿 ʂuei³⁵kuor²¹⁴ 果木 kuo²¹mu⁰
密云	藤子 tʰəŋ³⁵tsɿ⁰	刺儿 tsʰər⁵¹	水果儿 ʂuei³⁵kuor²¹³
顺义	藤 tʰəŋ³⁵	刺儿 tsʰər⁵¹	水果儿 ʂuei³⁵kuɤr²¹⁴
延庆	藤 tʰəŋ⁵⁵	刺儿 tsʰər⁵³	水果儿 ʂuei⁵⁵kuor²¹⁴
平谷	秧子 iaŋ³⁵tsɿ⁰ 葡萄~ 藤条 tʰəŋ⁵⁵tʰiau⁵⁵ 山里的	刺儿 tsʰər⁵¹	水果儿 ʂuei³⁵kuor²¹³

	0160 苹果	0161 桃子	0162 梨
西城	苹果 pʰiŋ³⁵kuə⁰	桃儿 tʰaor³⁵	梨 li³⁵
通州	苹果 pʰiŋ³⁵kuo²¹⁴	桃儿 tʰaor³⁵	梨 li³⁵
大兴	苹果 pʰiŋ³⁵kuə²¹⁴	桃儿 tʰaor³⁵	梨 li³⁵
房山	苹果 pʰiŋ³⁵kuo²¹⁴	桃儿 tʰɑur³⁵	梨儿 liər³⁵
门头沟	苹果 pʰiŋ³⁵kuo²¹⁴	桃儿 tʰɑur³⁵	梨 li³⁵
昌平	苹果 pʰiŋ³⁵kuo²¹⁴	桃儿 tʰaor³⁵ 桃子 tʰau³⁵tsɿ⁰	梨 li³⁵
怀柔	苹果 pʰiŋ³⁵kuo²¹⁴	桃儿 tʰɑur³⁵ 毛桃儿 mau³⁵tʰɑur³⁵	梨儿 liər³⁵ 梨 li³⁵
密云	苹果 pʰiŋ³⁵kuo²¹³	桃儿 tʰaor³⁵	梨儿 liər³⁵
顺义	苹果 pʰiŋ³⁵kuo²¹⁴	桃儿 tʰɑur³⁵	梨 li³⁵
延庆	苹果 pʰiŋ⁵⁵kuo²¹⁴	桃儿 tʰaor⁵⁵	梨 li⁵⁵
平谷	苹果 pʰiŋ⁵⁵kuo²¹³	桃儿 tʰɑur⁵⁵	梨 li⁵⁵

	0163 李子	0164 杏	0165 橘子
西城	李子 li²¹tsʅ⁰	杏儿 ɕiə̃r⁵¹	橘子 tɕy³⁵tsʅ⁰
通州	李子 li²¹tsʅ⁰	杏儿 ɕiə̃r⁵¹	橘子 tɕy³⁵tsʅ⁰
大兴	李子 li²¹tsʅ⁰	杏儿 ɕiə̃r⁵¹	橘子 tɕy³⁵tsʅ⁰
房山	李子 li²¹tsʅ⁰	杏儿 ɕiə̃r⁵¹	橘子 tɕy³⁵tsʅ⁰
门头沟	李子 li²¹tsʅ⁰	杏儿 ɕiə̃r⁵¹	橘子 tɕy³⁵tsʅ⁰
昌平	李子 li²¹tsʅ⁰	杏儿 ɕiə̃r⁵¹	橘子 tɕy³⁵tsʅ⁰
怀柔	李子 li²¹tsʅ⁰	杏儿 ɕiãr⁵¹	橘子 tɕy³⁵tsʅ⁰
密云	李子 li²¹³tsʅ⁰	杏儿 ɕiə̃r⁵¹	橘子 tɕy³⁵tsʅ⁰
顺义	李子 li²¹tsʅ⁰	杏儿 ɕiãr⁵¹	橘子 tɕy³⁵tsʅ⁰
延庆	李子 li²⁴tsə⁰	杏儿 ɕiə̃r⁵³	橘子 tɕy⁵⁵tsə⁰
平谷	李子 li²¹tsʅ⁰	杏儿 ɕiə̃r⁵¹	橘子 tɕy⁵⁵tsʅ⁰

	0166 柚子	0167 柿子	0168 石榴
西城	柚子 iou⁵¹tsʅ⁰	柿子 ʂʅ⁵¹tsʅ⁰	石榴 ʂʅ³⁵lio⁰
通州	柚子 iou⁵¹tsʅ⁰	柿子 ʂʅ⁵¹tsʅ⁰	石榴 ʂʅ³⁵liou⁰
大兴	柚子 iou⁵¹tsʅ⁰	柿子 ʂʅ⁵¹tsʅ⁰	石榴 ʂʅ³⁵liou⁰
房山	柚子 iou⁵¹tsʅ⁰	柿子 ʂʅ⁵¹tsʅ⁰	石榴 ʂʅ³⁵liou⁰
门头沟	柚子 iou⁵¹tsʅ⁰	柿子 ʂʅ⁵¹tsʅ⁰	石榴 ʂʅ³⁵liou⁰
昌平	柚子 iou⁵³tsʅ⁰	柿子 ʂʅ⁵³tsʅ⁰	石榴 ʂʅ³⁵liou⁰
怀柔	柚子 iou⁵¹tsʅ⁰	柿子 ʂʅ⁵¹tsʅ⁰	石榴儿 ʂʅ³⁵liour⁰
密云	柚子 iou⁵¹tsʅ⁰	柿子 ʂʅ⁵¹tsʅ⁰	石榴儿 ʂʅ³⁵liour⁰
顺义	柚子 iou⁵¹tsʅ⁰	柿子 ʂʅ⁵¹tsʅ⁰	石榴 ʂʅ³⁵liou⁰
延庆	柚子 iou⁵³tsə⁰	柿子 ʂʅ⁵³tsə⁰	石榴儿 ʂʅ⁵⁵liour⁰
平谷	柚子 iou⁵¹tsʅ⁰	柿子 ʂʅ⁵¹tsʅ⁰	石榴儿 ʂʅ⁵⁵liour⁰

	0169 枣	0170 栗子	0171 核桃
西城	枣儿 tsɑor²¹⁴	栗子 li⁵¹tsʅ⁰	核桃 xɤ³⁵tʰau⁰
通州	枣儿 tsɑor²¹⁴	栗子 li⁵¹tsʅ⁰	核桃 xɤ³⁵tʰau⁰
大兴	枣儿 tsɑor²¹⁴	栗子 li⁵¹tsʅ⁰	核桃 xɤ³⁵tʰau⁰
房山	枣儿 tsaur²¹⁴	栗子 li⁵¹tsʅ⁰	核桃 xɤ³⁵tʰau⁰
门头沟	枣儿 tsaur²¹⁴	栗子 li⁵¹tsʅ⁰	核桃 xɤ³⁵tʰau⁰
昌平	枣儿 tsɑor²¹⁴	栗子 li⁵³tsʅ⁰	核桃 xɤ³⁵tʰɔ⁰
怀柔	枣儿 tsaur²¹⁴	栗子 li⁵¹tsʅ⁰	核桃 xə³⁵tʰau⁰
密云	枣儿 tsɑor²¹³	栗子 li⁵¹tsʅ⁰	核桃 xɤ³⁵tʰau⁰
顺义	枣儿 tsaur²¹⁴	栗子 li⁵¹tsʅ⁰	核桃 xɤ³⁵tʰau⁰
延庆	枣儿 tsɑor²¹⁴	栗子 li⁵³tsə⁰	核桃 xɤ⁵⁵tʰou⁰
平谷	枣儿 tsaur²¹³	栗子 li⁵¹tsʅ⁰	核桃 xɤ⁵⁵tʰau⁰

	0172 银杏白果	0173 甘蔗	0174 木耳
西城	白果儿 pai³⁵kuor²¹⁴	甘蔗儿 kan⁵⁵tʂɤr⁰	木耳 mu⁵¹ɚ⁰
通州	银杏儿 in³⁵ɕiə̃r⁵¹	甘蔗 kan⁵⁵tʂə⁰ 甜棒儿 tʰian³⁵pãr⁵¹	木耳 mu⁵¹ɚ²¹⁴
大兴	白果儿 pai³⁵kuɐr²¹⁴ 银杏 in³⁵ɕiŋ⁵¹	甘蔗 kan⁵⁵tʂə⁰	木耳 mu⁵¹ɚ⁰
房山	银杏儿 in³⁵ɕiə̃r⁵¹	甘蔗 kan⁵⁵tʂə⁰	木耳 mu⁵¹ɚ²¹⁴
门头沟	白果儿 pai³⁵kuor²¹⁴	甘蔗儿 kan⁵⁵tʂɤr⁰	木耳 mu⁵¹ɚ²¹⁴
昌平	白果儿 pai³⁵kuor²¹⁴	甘蔗 kan⁵⁵tʂə⁰	木耳 mu⁵³ɚ²¹⁴
怀柔	银杏儿 in³⁵ɕiãr⁵¹ 白果 pai³⁵kuo²¹⁴	甘蔗 kan⁵⁵tʂə⁰	木耳 mu⁵¹ɚ²¹⁴
密云	银杏儿 in³⁵ɕiə̃r⁵¹	甘蔗 kan⁵⁵tʂɤ⁰	木耳 mu⁵¹ɚ²¹³
顺义	银杏儿 in³⁵ɕiãr⁵¹	甘蔗 kan⁵⁵tʂə⁰	木耳 mu⁵¹ɚ⁰
延庆	银杏儿 in⁵⁵ɕiə̃r⁵³	甘蔗 kan⁴²tʂɤ⁰	木耳 mu²¹ɚ²¹⁴
平谷	银杏儿 in⁵⁵ɕiər⁵¹	甘蔗 kan³⁵tʂɤ⁰	木耳 mu⁵¹ɚ²¹³

	0175 蘑菇野生的	0176 香菇	0177 稻子指植物
西城	蘑菇 mo³⁵ku⁰	香菇 ɕiaŋ⁵⁵ku⁵⁵	稻子 tau⁵¹tsʅ⁰
通州	蘑菇 mo³⁵ku⁰	香菇 ɕiaŋ⁵⁵ku⁵⁵	稻子 tau⁵¹tsʅ⁰
大兴	蘑菇 mo³⁵ku⁰	香菇 ɕiaŋ⁵⁵ku⁵⁵	稻子 tau⁵¹tsʅ⁰
房山	蘑菇 mo³⁵ku⁰	香菇 ɕiaŋ⁵⁵ku⁵⁵	稻子 tau⁵¹tsʅ⁰
门头沟	蘑菇 mo³⁵ku⁰	香菇 ɕiaŋ⁵⁵ku⁵⁵	稻子 tau⁵¹tsʅ⁰
昌平	蘑菇 mo³⁵ku⁰	香菇 ɕiaŋ⁵⁵ku⁵⁵	稻子 tau⁵³tsʅ⁰
怀柔	蘑菇 mo³⁵ku⁰	香菇 ɕiaŋ⁵⁵ku⁵⁵	稻子 tau⁵¹tsʅ⁰ 水稻 ʂuei²¹tau⁵¹
密云	蘑菇 mo³⁵ku⁰	香菇 ɕiaŋ⁵⁵ku⁵⁵	稻子 tau⁵¹tsʅ⁰
顺义	蘑菇 mo³⁵ku⁰	香菇 ɕiaŋ⁵⁵ku⁵⁵	稻子 tau⁵¹tsʅ⁰
延庆	蘑菇 mao⁵⁵kua⁰	香菇 ɕiaŋ⁴⁴ku⁴²	稻子 tao⁵³tsə⁰
平谷	蘑菇 muo⁵⁵ku⁰	香菇 ɕiaŋ³⁵ku³⁵	稻子 tau⁵¹tsʅ⁰

	0178 稻谷指子实（脱粒后是大米）	0179 稻草脱粒后的	0180 大麦指植物
西城	稻谷 tau⁵¹ku⁰	稻秸 tau⁵¹tɕie⁵⁵	大麦 ta⁵³mai⁵¹
通州	稻谷 tau⁵¹ku²¹⁴	稻草 tau⁵¹tsʰau²¹⁴	大麦 ta⁵³mai⁵¹
大兴	稻子 tau⁵¹tsʅ⁰	稻草 tau⁵¹tsʰau²¹⁴	大麦 ta⁵³mai⁵¹
房山	稻谷 tau⁵¹ku²¹⁴	稻草 tau⁵¹tsʰau²¹⁴	大麦 ta⁵³mai⁵¹
门头沟	稻子 tau⁵¹tsʅ⁰	稻草 tau⁵¹tsʰau²¹⁴	大麦 ta⁵³mai⁵¹
昌平	稻谷 tau⁵³ku²¹⁴	稻秸 tau⁵³tɕie⁵⁵ 稻杆儿 tau⁵³kɐr²¹⁴	大麦 ta⁵³mai⁵¹
怀柔	稻谷 tau⁵¹ku²¹⁴	稻草 tau⁵¹tsʰau²¹⁴ 稻秸儿 tau⁵¹tɕiɛr⁵⁵	大麦 ta⁵¹mai⁵¹
密云	稻谷 tau⁵¹ku⁵⁵	稻草 tau⁵¹tsʰau²¹³	大麦 ta⁵³mai⁵¹
顺义	稻谷儿 tau⁵¹kur²¹⁴	稻草 tau⁵¹tsau²¹⁴	大麦 ta⁵³mai⁵¹
延庆	稻子 tao⁵³tsə⁰	稻草 tao²¹tsʰao²¹⁴	大麦 ta²⁴mai⁵³
平谷	稻子 tau⁵¹tsʅ⁰	稻草 tau⁵¹tsʰau²¹³	大麦 ta⁵¹mai⁵¹

	0181 小麦_{指植物}	0182 麦秸_{脱粒后的}	0183 谷子_{指植物（子实脱粒后是小米）}
西城	小麦 ɕiau²¹ mai⁵¹	麦秸 mai⁵¹ tɕie⁵⁵	谷子 ku²¹ tsɿ⁰
通州	麦子 mai⁵¹ tsɿ⁰	麦秸 mai⁵¹ tɕie⁵⁵	谷子 ku²¹ tsɿ⁰
大兴	小麦 ɕiau²¹ mai⁵¹	麦秸子 mai⁵¹ tɕie⁵⁵ tsɿ⁰	谷 ku²¹⁴
房山	麦子 mai⁵¹ tsɿ⁰	麦秸秆儿 mai⁵¹ tɕie⁰ kɐr²¹⁴	谷子 ku²¹ tsɿ⁰
门头沟	麦子 mai⁵¹ tsɿ⁰	花秸 xua⁵⁵ tɕie⁵⁵	谷子 ku²¹ tsɿ⁰
昌平	小麦 ɕiau²¹ mai⁵¹	麦秸 mai⁵³ tɕie⁵⁵ 麦杆儿 mai⁵³ kɐr²¹⁴	谷 ku⁵⁵
怀柔	小麦 ɕiau²¹ mai⁵¹	麦秸儿 mai⁵¹ tɕiɛr⁵⁵ 花秸儿 xua⁵⁵ tɕiɛr⁵⁵	谷子 ku²¹ tsɿ⁰
密云	麦子 mai⁵¹ tsɿ⁰	麦秸子 mai⁵¹ tɕie⁵⁵ tsɿ⁰ 麦梗子 mai⁵¹ kəŋ²¹³ tsɿ⁰	谷子 ku⁵⁵ tsɿ⁰
顺义	小麦 ɕiau²¹ mai⁵¹	麦秸儿 mai⁵¹ tɕiɛr⁵⁵	谷 ku⁵⁵/ku²¹⁴
延庆	小麦 ɕiao²⁴ mai⁵³	麦乎⁼秸 mai²¹ xu⁰ tɕie⁴²	谷子 ku⁴² tsə⁰
平谷	小麦 ɕiau²¹ mai⁵¹	滑⁼秸 xua⁵⁵ tɕie⁵⁵	谷 ku³⁵

	0184 高粱_{指植物}	0185 玉米_{指成株的植物}	0186 棉花_{指植物}
西城	高粱 kau⁵⁵ liaŋ⁰	老棒子 lau²¹ paŋ⁵¹ tsɿ⁰	棉花 mian³⁵ xuə⁰
通州	高粱 kau⁵⁵ liaŋ⁰	棒子 paŋ⁵¹ tsɿ⁰	棉花 mian³⁵ xua⁰
大兴	高粱 kau⁵⁵ liaŋ⁰	棒子 paŋ⁵¹ tsɿ⁰	棉花 mian³⁵ xua⁰
房山	高粱 kau⁵⁵ liaŋ⁰	棒子 paŋ⁵¹ tsɿ⁰	棉花 mian³⁵ xua⁰
门头沟	高粱 kau⁵⁵ liaŋ⁰	老棒子 lau²¹ paŋ⁵¹ tsɿ⁰	棉花 mian³⁵ xua⁰
昌平	高粱 kau⁵⁵ liaŋ⁰	棒子 paŋ⁵³ tsɿ⁰	棉花 mian³⁵ xuə⁰
怀柔	高粱 kau⁵⁵ liaŋ⁰	棒子 paŋ⁵¹ tsɿ⁰	棉花 mian³⁵ xua⁵⁵
密云	高粱 kau⁵⁵ liaŋ⁰	棒子 paŋ⁵¹ tsɿ⁰	棉花 mian³⁵ xua⁰
顺义	高粱 kau⁵⁵ liaŋ⁰	棒子 paŋ⁵¹ tsɿ⁰	棉花 mian³⁵ xua⁰
延庆	高粱 kao⁴² liaŋ⁰	棒子 paŋ⁵³ tsə⁰	棉花 mian⁵⁵ xua⁰
平谷	高粱 kau³⁵ liaŋ⁰	棒子 paŋ⁵¹ tsɿ⁰	棉花 miau⁵⁵ xua⁰

词汇对照

	0187 油菜 油料作物，不是蔬菜	0188 芝麻	0189 向日葵 指植物
西城	油菜 iou³⁵tsʰai⁵¹	芝麻 tʂʅ⁵⁵mɐ⁰	转日莲 tʂuan⁵³ʐʅ⁵¹lian³⁵
通州	油菜 iou³⁵tsʰai⁵¹	芝麻 tʂʅ⁵⁵ma⁰	转日莲 tʂuan⁵¹ʐʅ⁰lian³⁵ 转莲 tʂuan⁵¹lian³⁵
大兴	油菜 iou³⁵tsʰai⁵¹	芝麻 tʂʅ⁵⁵ma⁰	转日莲 tʂuan⁵³ʐʅ⁵¹lian³⁵
房山	油菜 iou³⁵tsʰai⁵¹	芝麻 tʂʅ⁵⁵ma⁰	望日莲 uaŋ⁵³ʐʅ⁵¹lian³⁵
门头沟	油菜 iou³⁵tsʰai⁵¹	芝麻 tʂʅ⁵⁵ma⁰	转转儿莲 tʂuan⁵¹tʂuɐɻ⁰lian³⁵
昌平	油菜 iou³⁵tsʰai⁵¹	芝麻 tʂʅ⁵⁵mə⁰	转轴莲 tʂuan⁵³tʂou³⁵lian³⁵
怀柔	油菜 iou³⁵tsʰai⁵¹	芝麻 tʂʅ⁵⁵mɐ⁰	葵花 kʰuei³⁵xua⁰
密云	油菜 iou³⁵tsʰai⁵¹	芝麻 tʂʅ⁵⁵ma⁰	老爷儿转 lau²¹iɐɻ³⁵tʂuan⁵¹
顺义	油菜 iou³⁵tsʰai⁵¹	芝麻 tʂʅ⁵⁵ma⁰	老爷儿转 lau²¹iɐɻ³⁵tʂuan⁵¹
延庆	油菜 iou⁵⁵tsʰai⁵³	芝麻 tʂʅ⁴²ma⁰	葵花 kʰuei⁵⁵xua⁰
平谷	油菜 iou⁵⁵tsʰai⁵¹	芝麻 tʂʅ³⁵ma⁰	老爷儿转 lau²¹iɐɻ⁵⁵tʂuan⁵¹老 葵花 kʰuei⁵⁵xua³⁵新

	0190 蚕豆	0191 豌豆	0192 花生 指果实，注意婉称
西城	蚕豆 tsʰan³⁵tou⁵¹	豌豆 uan⁵⁵tou⁵¹	花生 xua⁵⁵ʂəŋ⁵⁵
通州	蚕豆 tsʰan³⁵tou⁵¹	豌豆 uan⁵⁵tou⁵¹	花生 xua⁵⁵ʂəŋ⁵⁵
大兴	蚕豆 tsʰan³⁵tou⁵¹	豌豆 uan⁵⁵tou⁵¹	花生 xua⁵⁵ʂəŋ⁵⁵
房山	蚕豆 tsʰan³⁵tou⁵¹	豌豆 uan⁵⁵tou⁵¹	花生 xua⁵⁵ʂəŋ⁵⁵
门头沟	蚕豆 tsʰan³⁵tou⁵¹	豌豆 uan⁵⁵tou⁵¹	花生 xua⁵⁵ʂəŋ⁵⁵
昌平	蚕豆 tsʰan³⁵tou⁵¹ 大豆 ta⁵³tou⁵¹	豌豆 uan⁵⁵tou⁵¹	落花生 lau⁵³xua⁵⁵ʂəŋ⁵⁵
怀柔	大豆 ta⁵¹tou⁵¹ 竖豆 ʂu⁵¹tou⁵¹	豌豆 uan⁵⁵tou⁵¹	花生 xua⁵⁵ʂəŋ⁵⁵
密云	蚕豆 tsʰan³⁵tou⁵¹	豌豆 uan⁵⁵tou⁵¹	花生 xua⁵⁵ʂəŋ⁵⁵
顺义	蚕豆 tsʰan³⁵tou⁵¹	豌豆 uan⁵⁵tou⁵¹	花生 xua⁵⁵ʂəŋ⁵⁵
延庆	大豆 ta²⁴tou⁵³	豌豆 van⁴²tou⁰	花生 xua⁴⁴ʂən⁴²
平谷	蚕豆 tsʰan⁵⁵tou⁵¹	豌豆 uan³⁵tou⁵¹	落生 lɤ⁵¹ʂən³⁵

	0193 黄豆	0194 绿豆	0195 豇豆 长条形的
西城	黄豆 xuaŋ³⁵ tou⁵¹	绿豆 ly⁵³ tou⁵¹	豇豆 tɕiaŋ⁵⁵ tou⁵¹
通州	黄豆 xuaŋ³⁵ tou⁵¹	绿豆 ly⁵³ tou⁵¹	豇豆 tɕiaŋ⁵⁵ tou⁵¹
大兴	黄豆 xuaŋ³⁵ tou⁵¹	绿豆 ly⁵³ tou⁵¹	豇豆 tɕiaŋ⁵⁵ tou⁵¹
房山	黄豆 xuaŋ³⁵ tou⁵¹	绿豆 ly⁵³ tou⁵¹	豇豆 tɕiaŋ⁵⁵ tou⁵¹
门头沟	黄豆 xuaŋ³⁵ tou⁵¹	绿豆 ly⁵³ tou⁵¹	豇豆 tɕiaŋ⁵⁵ tou⁵¹
昌平	黄豆 xuaŋ³⁵ tou⁵¹	绿豆 ly⁵³ tou⁵¹	豇豆 tɕiaŋ⁵⁵ tou⁵¹
怀柔	黄豆 xuaŋ³⁵ tou⁵¹	绿豆 y⁵¹ tou⁵¹ 绿小豆 ly⁵¹ ɕiau²¹ tou⁵¹	豇豆 tɕiaŋ⁵⁵ tou⁵¹
密云	黄豆 xuaŋ³⁵ tou⁵¹	绿豆 luei⁵³ tou⁵¹	豇豆 tɕiaŋ⁵⁵ tou⁵¹
顺义	黄豆 xuaŋ³⁵ tou⁵¹	绿豆 ly⁵³ tou⁵¹	豇豆 tɕiaŋ⁵⁵ tou⁵¹
延庆	黄豆 xuaŋ⁵⁵ tou⁰	绿豆 ly⁵³ tou⁰	豇豆 tɕiaŋ⁴² tou⁰
平谷	黄豆 xuaŋ⁵⁵ tou⁵¹	绿豆 luei⁵¹ tou⁵¹	豇豆 tɕiaŋ³⁵ tou⁵¹

	0196 大白菜 东北~	0197 包心菜 卷心菜，圆白菜，球形的	0198 菠菜
西城	大白菜 ta⁵¹ pai³⁵ tsʰai⁵¹	洋白菜 iaŋ³⁵ pai³⁵ tsʰai⁵¹	菠菜 po⁵⁵ tsʰɛ⁰
通州	大白菜 ta⁵¹ pai³⁵ tsʰai⁵¹	圆白菜 yan³⁵ pai³⁵ tsʰai⁵¹	菠菜 po³⁵ tsʰai⁰
大兴	大白菜 ta⁵¹ pai³⁵ tsʰai⁵¹	洋白菜 iaŋ³⁵ pai³⁵ tsʰai⁵¹	菠菜 po³⁵ tsʰai⁰
房山	白菜 pai³⁵ tsʰai⁵¹	洋白菜 iaŋ³⁵ pai³⁵ tsʰai⁰	菠菜 po³⁵ tsʰai⁵¹
门头沟	大白菜 ta⁵¹ pai³⁵ tsʰai⁵¹	洋白菜 iaŋ³⁵ pai³⁵ tsʰai⁵¹	菠菜 po⁵⁵ tsʰai⁵¹
昌平	白菜 pai³⁵ tsʰai⁵¹	圆白菜 yan³⁵ pai³⁵ tsʰai⁵¹	菠菜 po³⁵ tsʰai⁵¹
怀柔	白菜 pai³⁵ tsʰai⁵¹	菜头 tsʰai⁵¹ tʰou³⁵	菠菜 po⁵⁵ tsʰɛ⁰
密云	大白菜 ta⁵¹ pai³⁵ tsʰai⁵¹	圆白菜 yan³⁵ pai³⁵ tsʰai⁵¹ 疙瘩白 ka⁵⁵ tɤ⁰ pai³⁵	菠菜 po³⁵ tsʰai⁰
顺义	大白菜 ta⁵¹ pai³⁵ tsʰai⁵¹	圆白菜 yan³⁵ pai³⁵ tsʰai⁵¹	菠菜 po³⁵ tsʰai⁰ / po⁵⁵ tsʰai⁰
延庆	白菜 pai⁵⁵ tsʰai⁵³	圆白菜 yan⁵⁵ pai⁵⁵ tsʰai⁵³ 洋白菜 iaŋ⁵⁵ pai⁵⁵ tsʰai⁵³	菠菜 pɤ⁴² tsʰai⁰
平谷	大白菜 ta⁵¹ pai⁵⁵ tsʰai⁵¹	圆白菜 yan⁵⁵ pai⁵⁵ tsʰai⁵¹ 菜头 tsʰai⁵¹ tʰou⁵⁵	菠菜 puo³⁵ tsʰai⁵¹

词汇对照

	0199 芹菜	0200 莴笋	0201 韭菜
西城	芹菜 tɕʰin³⁵tsʰɛ⁰	莴笋 uo⁵⁵suən²¹⁴	韭菜 tɕiou²¹tsʰɛ⁰
通州	芹菜 tɕʰin³⁵tsʰai⁰	莴笋 uo⁵⁵suən²¹⁴	韭菜 tɕiou²¹tsʰai⁰
大兴	芹菜 tɕʰin³⁵tsʰai⁰	莴笋 uo⁵⁵suən²¹⁴	韭菜 tɕiou²¹tsʰai⁰
房山	芹菜 tɕʰin³⁵tsʰai⁵¹	莴笋 uo⁵⁵suən²¹⁴	韭菜 tɕiou²¹tsʰai⁰
门头沟	芹菜 tɕʰin³⁵tsʰai⁵¹	莴笋 uo⁵⁵suən²¹⁴	韭菜 tɕiou²¹tsʰai⁵¹
昌平	芹菜 tɕʰin³⁵tsʰai⁵¹	莴笋 uo⁵⁵suən²¹⁴	韭菜 tɕiou²¹tsʰai⁵¹
怀柔	芹菜 tɕʰin³⁵tsʰai⁵¹	莴笋 uo⁵⁵suən²¹⁴	韭菜 tɕiou²¹tsʰai⁵¹
密云	芹菜 tɕʰin³⁵tsʰai⁵¹	莴苣菜 uo⁵⁵tɕy⁰tsʰai⁵¹	韭菜 tɕiou²¹tsʰai⁵¹
顺义	芹菜 tɕʰin³⁵tsʰai⁰	莴笋 uo⁵⁵suən²¹⁴	韭菜 tɕiou²¹tsʰai⁰
延庆	芹菜 tɕʰin⁵⁵tsʰai⁵³	莴笋 uo⁴⁴suən²¹⁴	韭菜 tɕiou²⁴tsʰai⁵³
平谷	芹菜 tɕʰin⁵⁵tsʰai⁵¹	莴笋 uo³⁵suən²¹³	韭菜 tɕiou²¹tsʰai⁵¹

	0202 香菜 芫荽	0203 葱	0204 蒜
西城	香菜 ɕiaŋ⁵⁵tsʰai⁵¹	葱 tsʰuŋ⁵⁵	蒜 suan⁵¹
通州	香菜 ɕiaŋ⁵⁵tsʰai⁰	葱 tsʰuŋ⁵⁵	蒜 suan⁵¹
大兴	香菜 ɕiaŋ⁵⁵tsʰai⁵¹	葱 tsʰuŋ⁵⁵	蒜 suan⁵¹
房山	香菜 ɕiaŋ⁵⁵tsʰai⁵¹	葱 tsʰuŋ⁵⁵	蒜 suan⁵¹
门头沟	香菜 ɕiaŋ⁵⁵tsʰai⁵¹	葱 tsʰuŋ⁵⁵	蒜 suan⁵¹
昌平	香菜 ɕiaŋ⁵⁵tsʰai⁵¹	葱 tsʰuŋ⁵⁵	大蒜 ta⁵³suan⁵¹
怀柔	香菜 ɕiaŋ⁵⁵tsʰai⁵¹	葱 tsʰuŋ⁵⁵	蒜 suan⁵¹ 大蒜 ta⁵¹suan⁵¹
密云	香菜 ɕiaŋ⁵⁵tsʰai⁵¹	葱 tsʰuŋ⁵⁵	蒜 suan⁵¹
顺义	香菜 ɕiaŋ⁵⁵tsʰai⁵¹	葱 tsʰuŋ⁵⁵	蒜 suan⁵¹
延庆	芫荽 ian⁵⁵suei⁰ 香菜 ɕiaŋ⁴⁴tsʰai⁵³	葱 tsʰuŋ⁴²	蒜 suan⁵³
平谷	芫荽 ian⁵⁵suei⁰ 香菜 ɕiaŋ³⁵tsʰai⁵¹	葱 tsʰuŋ³⁵	蒜 suan⁵¹

	0205 姜	0206 洋葱	0207 辣椒 统称
西城	姜 tɕiaŋ⁵⁵	洋葱头 iaŋ³⁵tsʰuŋ⁵⁵tʰou³⁵	辣椒 la⁵¹tɕiau⁵⁵
通州	姜 tɕiaŋ⁵⁵	葱头 tsʰuŋ⁵⁵tʰou³⁵	辣子 la⁵¹tsʅ⁰ 辣椒 la⁵¹tɕiau⁵⁵
大兴	姜 tɕiaŋ⁵⁵	葱头 tsʰuŋ⁵⁵tʰou³⁵	辣椒 la⁵¹tɕiau⁵⁵
房山	姜 tɕiaŋ⁵⁵	葱头 tsʰuŋ⁵⁵tʰou³⁵	辣椒 la⁵¹tɕiau⁵⁵
门头沟	姜 tɕiaŋ⁵⁵	葱头 tsʰuŋ⁵⁵tʰou³⁵	青椒 tɕʰiŋ⁵⁵tɕiau⁵⁵
昌平	姜 tɕiaŋ⁵⁵	葱头 tsʰuŋ⁵⁵tʰou³⁵	辣椒 la⁵³tɕiau⁵⁵
怀柔	姜 tɕiaŋ⁵⁵	葱头 tsʰuŋ⁵⁵tʰou³⁵	辣椒 la⁵¹tɕiau⁵⁵
密云	姜 tɕiaŋ⁵⁵	葱头 tsʰuŋ⁵⁵tʰou³⁵	辣椒 la⁵¹tɕiau⁵⁵
顺义	姜 tɕiaŋ⁵⁵	葱头 tsʰuŋ⁵⁵tʰou³⁵	辣椒 la⁵¹tɕiau⁵⁵
延庆	姜 tɕiaŋ⁴²	葱头 tsʰuŋ⁴⁴tʰou⁵⁵	辣椒儿 la²¹tɕiɑor⁴²
平谷	姜 tɕiaŋ³⁵	葱头 tsʰuŋ³⁵tʰou⁵⁵	青椒 tɕʰiŋ³⁵tɕiau³⁵ 尖儿椒 tɕiɐr³⁵tɕiau³⁵ 辣椒 la⁵¹tɕiau³⁵ 新

	0208 茄子 统称	0209 西红柿	0210 萝卜 统称
西城	茄子 tɕʰie³⁵tsʅ⁰	西红柿 ɕi⁵⁵xuŋ³⁵ʂʅ⁵¹	萝卜 luo³⁵pə⁰
通州	茄子 tɕʰie³⁵tsʅ⁰	西红柿 ɕi⁵⁵xuŋ³⁵ʂʅ⁵¹	萝卜 luo³⁵pə⁰
大兴	茄子 tɕʰie³⁵tsʅ⁰	西红柿 ɕi⁵⁵xuŋ³⁵ʂʅ⁵¹	萝卜 luo³⁵pə⁰
房山	茄子 tɕʰie³⁵tsʅ⁰	西红柿 ɕi⁵⁵xuŋ³⁵ʂʅ⁵¹	萝卜 luo³⁵pei⁰
门头沟	茄子 tɕʰie³⁵tsʅ⁰	西红柿 ɕi⁵⁵xuŋ³⁵ʂʅ⁵¹	萝卜 luo³⁵po⁰
昌平	茄子 tɕʰie³⁵tsʅ⁰	西红柿 ɕi⁵⁵xuŋ³⁵ʂʅ⁵¹	萝卜 luo³⁵po⁰
怀柔	茄子 tɕʰie³⁵tsʅ⁰	西红柿 ɕi⁵⁵xuŋ³⁵ʂʅ⁵¹	萝卜 luo³⁵po⁰
密云	茄子 tɕʰie³⁵tsʅ⁰	西红柿 ɕi⁵⁵xuŋ³⁵ʂʅ⁵¹	萝卜 luo³⁵po⁰
顺义	茄子 tɕʰie³⁵tsʅ⁰	西红柿 ɕi⁵⁵xuŋ³⁵ʂʅ⁵¹	萝卜 luo³⁵po⁰
延庆	茄子 tɕʰie⁵⁵tsə⁰	西红柿 ɕi⁴⁴xuŋ⁵⁵ʂʅ⁵³ 洋柿子 iaŋ⁵⁵ʂʅ⁵³tsə⁰	萝卜 luo⁵⁵pei⁰
平谷	茄菜 tɕʰie⁵⁵tsʰai⁵¹	西红柿 ɕi³⁵xuŋ⁵⁵ʂʅ⁵¹	萝卜 luo⁵⁵pu⁰

词汇对照

	0211 胡萝卜	0212 黄瓜	0213 丝瓜无棱的
西城	胡萝卜 xu^{35}luo^{35}pə^0	黄瓜 xuaŋ^{35}kuə^0	丝瓜 sʅ^{55}kuə^0
通州	胡萝卜 xu^{35}luo^{35}pə^0	黄瓜 xuaŋ^{35}kua^0	丝瓜 sʅ^{55}kua^0
大兴	胡萝卜 xu^{35}luo^{35}pə^0	黄瓜 xuaŋ^{35}kua^{55}	丝瓜 sʅ^{55}kua^{55}
房山	胡萝卜 xu^{35}luo^{35}pei^0	黄瓜 xuaŋ^{35}kua^0	丝瓜 sʅ^{55}kua^0
门头沟	胡萝卜 xu^{35}luo^{35}po^0	黄瓜 xuaŋ^{35}kua^{55}	丝瓜 sʅ^{55}kuə^0
昌平	胡萝卜 xu^{35}luo^{35}po^0	黄瓜 xuaŋ^{35}kuə^0	丝瓜 sʅ^{55}kuə^0
怀柔	胡萝卜 xu^{35}luo^{35}po^0	黄瓜 xuaŋ^{35}kua^{55}	丝瓜 sʅ^{55}kua^{55}
密云	胡萝卜 xu^{35}luo^{35}po^0	黄瓜 xuaŋ^{35}kua^0	丝瓜 sʅ^{55}kua^0
顺义	胡萝卜 xu^{35}luo^{35}po^0	黄瓜 xuaŋ^{35}kua^0	丝瓜 sʅ^{55}kua^0
延庆	胡萝卜 xu^{55}lu^{55}pei^{53}	黄瓜 xuaŋ^{55}kua^{42}	丝瓜 sʅ^{42}kua^0
平谷	胡萝卜 xu^{55}luo^{55}pu^0	黄瓜 xuaŋ^{55}kua^0	丝瓜 sʅ^{55}kua^0

	0214 南瓜扁圆形或梨形,成熟时赤褐色	0215 荸荠	0216 红薯统称
西城	南瓜 nan^{35}kuə^0 倭瓜 uo^{55}kuə^0	荸荠 pi^{35}tɕʰi^0	白薯 pai^{35}ʂu^{214}
通州	倭瓜 uo^{55}kua^0	荸荠 pi^{35}tɕʰi^0	白薯 pai^{35}ʂu^{214} 红薯 xuŋ^{35}ʂu^{214}
大兴	倭瓜 uo^{55}kua^{55}	荸荠 pʰi$^{·35}$tɕʰi^0	白薯 pai^{35}ʂu^{214}
房山	倭瓜 uo^{55}kua^0	荸荠 pʰi$^{·35}$tɕʰi^0	白薯 pai^{35}ʂu^{214}
门头沟	倭瓜 uo^{35}kua^0	荸荠 pʰi$^{·35}$tɕʰi^0	白薯 pai^{35}ʂu^{214}
昌平	南瓜 nan^{35}kuə^0	荸涕= pi^{35}tʰi^0	白薯 pai^{35}ʂu^{214}
怀柔	倭瓜 uo^{55}kua^{55}	荸荠 pi^{35}tɕʰi^0	白薯 pai^{35}ʂu^{214}
密云	倭瓜 uo^{55}kua^0	荸曲= pi^{35}tɕʰy^0	白薯 pai^{35}ʂu^{213}
顺义	倭瓜 uo^{55}kua^0	荸荠 pi^{35}tɕʰi^0	白薯 pai^{35}ʂu^{214}
延庆	倭瓜 uo^{42}kua^0	(无)	白薯 pai^{55}ʂu^{214}
平谷	倭瓜 uo^{35}kua^0	荸须= pi^{55}ɕy^0	白薯 pai^{55}ʂu^{213}

	0217 马铃薯	0218 芋头	0219 山药圆柱形的
西城	土豆儿 tʰu²¹tour⁵¹	芋头 y⁵¹tʰo⁰	山药 ʂan⁵⁵iɔ⁰
通州	土豆儿 tʰu²¹tour⁵¹	芋头 y⁵¹tʰou⁰	山药 ʂan⁵⁵iau⁰
大兴	土豆儿 tʰu²¹tour⁵¹	芋头 y⁵¹tʰou⁰	山药 ʂan⁵⁵iau⁰
房山	土豆儿 tʰu²¹tour⁵¹	芋头 y⁵¹tʰou⁰	山药 ʂan⁵⁵iau⁰
门头沟	土豆儿 tʰu²¹tour⁵¹	芋头 y⁵¹tʰou⁰	山药 ʂan⁵⁵iau⁰
昌平	山药 ʂan⁵⁵iɔ⁰	芋头 y⁵³tʰou⁰	山药 ʂan⁵⁵iɔ⁰
怀柔	山药 ʂan⁵⁵iau⁵¹ 山药蛋 ʂan⁵⁵iau⁵¹tan⁵¹ 土豆儿 tʰu²¹tour⁵¹新	芋头 y⁵¹tʰou⁰	山药 ʂan⁵⁵iau⁵¹
密云	山药 ʂan⁵⁵iau⁰ 土豆儿 tʰu²¹tour⁵¹	芋头 y⁵¹tʰou⁰	山药 ʂan⁵⁵iau⁰
顺义	土豆儿 tʰu²¹tour⁵¹	芋头 y⁵¹tʰou⁰	山药 ʂan⁵⁵iau⁰
延庆	山药 ʂan⁴²iao⁰ 山药蛋 ʂan⁴⁴iao⁵³tan⁵³ 土豆儿 tʰu²⁴tour⁵³新	芋头 y⁵³tʰou⁰	山药 ʂan⁴²iao⁵³
平谷	山药 ʂan³⁵iau⁵¹ 山药蛋 ʂan³⁵iau⁵¹tan⁵¹ 土豆儿 tʰu²¹tour⁵¹新	芋头 y⁵⁵tʰou⁰	山药 ʂan³⁵iau⁰

	0220 藕	0221 老虎	0222 猴子
西城	藕 ou²¹⁴	老虎 lau³⁵xu⁰	猴儿 xour³⁵ 猴子 xou³⁵tsɿ⁰
通州	藕 ou²¹⁴	老虎 lau³⁵xu⁰	猴儿 xour³⁵ 猴子 xou³⁵tsɿ⁰
大兴	藕 ou²¹⁴	老虎 lau³⁵xu⁰	猴儿 xour³⁵
房山	藕 ŋou²¹⁴	老虎 lau³⁵xu⁰	猴儿 xour³⁵
门头沟	藕 ou²¹⁴	老虎 lau³⁵xu²¹⁴	猴儿 xour³⁵
昌平	藕 ou²¹⁴	老虎 lau³⁵xu²¹⁴	猴儿 xour³⁵
怀柔	藕 nou²¹⁴/ou²¹⁴	老虎 lau³⁵xu⁰	猴子 xou³⁵tsɿ⁰
密云	藕 nou²¹³	老虎 lau³⁵xu⁰	猴儿子 xour³⁵tsɿ⁰
顺义	藕 ou²¹⁴	老虎 lau³⁵xu⁰	猴儿 xour³⁵
延庆	藕 ŋou²¹⁴	老虎 lao⁵⁵xu²¹⁴	猴儿 xour⁵⁵
平谷	藕 nou²¹³	老虎 lau³⁵xu²¹³	猴儿 xour⁵⁵

词汇对照

	0223 蛇统称	0224 老鼠家里的	0225 蝙蝠④
西城	蛇 ʂɤ³⁵	耗子 xau⁵¹tsʅ⁰	燕么虎儿 ian⁵¹mə⁰xur²¹⁴
通州	长虫 tʂʰaŋ³⁵tʂʰuŋ⁰ 瘆⁼虫 ʂən⁵¹tʂʰuŋ⁰	耗子 xau⁵¹tsʅ⁰	圆⁼么⁼虎儿 yan³⁵mə⁰xur²¹⁴ 冤⁼屁⁼虎 yan⁵⁵pʰi⁵¹xu⁰
大兴	长虫 tʂʰaŋ⁵⁵tʂuŋ⁰	耗子 xau⁵¹tsʅ⁰	燕灭⁼虎儿 ian⁵¹miə⁰xur²¹⁴
房山	长虫 tʂʰaŋ³⁵tʂʰuŋ⁰	耗子 xau⁵¹tsʅ⁰	燕拨⁼虎儿 ian⁵¹po⁰xur²¹⁴
门头沟	长虫 tʂʰaŋ³⁵tʂʰuŋ⁰	老耗子 lau²¹xau⁵¹tsʅ⁰	夜么虎儿 ie⁵¹mə⁰xur²¹⁴
昌平	长虫 tʂʰaŋ³⁵tʂʰuŋ⁰	耗子 xau⁵³tsʅ⁰	燕巴虎 ian⁵³pa⁰xu²¹⁴
怀柔	长虫 tʂʰaŋ³⁵tʂʰuŋ⁰	耗子 xau⁵¹tsʅ⁰	圆⁼撇⁼虎儿 yan³⁵pʰie⁰xur²¹⁴
密云	长虫 tʂʰaŋ³⁵tʂʰuŋ⁰	耗子 xau⁵¹tsʅ⁰	仙壁虎儿 ɕian⁵⁵pie⁵⁵xur²¹³
顺义	长虫 tʂʰaŋ³⁵tʂuŋ⁰	耗子 xau⁵¹tsʅ⁰	檐面虎儿 ian³⁵mian⁰xur²¹⁴
延庆	长虫 tʂʰaŋ⁵⁵tʂʰuŋ⁰	耗子 xao⁵³tsə⁰	圆⁼不⁼虎 yan³⁵pə⁰xu²¹⁴
平谷	长虫 tʂʰaŋ⁵⁵tʂʰuŋ⁰	耗子 xau⁵¹tsʅ⁰	圆⁼票⁼火⁼ yan³⁵pʰiau⁵¹xuo⁰

	0226 鸟儿飞鸟,统称	0227 麻雀	0228 喜鹊⑤
西城	鸟儿 niaor²¹⁴	家雀儿 tɕia⁵⁵tɕʰiaor²¹⁴ 老家贼 lau²¹tɕia⁵⁵tsei³⁵	喜鹊 ɕi²¹tɕʰyə⁰
通州	雀儿 tɕʰiaor²¹⁴	家雀儿 tɕia⁵⁵tɕʰiaor²¹⁴ 家仓⁼ tɕia⁵⁵tsʰaŋ⁵⁵ 老家贼 lau²¹tɕia⁵⁵tsei³⁵	喜鹊 ɕi²¹tɕʰiou⁰
大兴	鸟儿 ȵiaor²¹⁴	家雀儿 tɕia⁵⁵tɕʰiaor²¹⁴	喜鹊 ɕi²¹tɕʰiau⁰
房山	鸟儿 niɑur²¹⁴	家雀儿 tɕia⁵⁵tɕʰiaor²¹⁴	喜鹊 ɕi²¹tɕʰye⁰
门头沟	鸟儿 niɑur²¹⁴	家劲⁼儿 tɕia⁵⁵tɕiər⁵¹	喜鹊 ɕi²¹tɕʰiau⁰
昌平	鸟儿 niaor²¹⁴	家仓⁼ tɕia⁵⁵tsʰaŋ⁵⁵ 家雀儿 tɕia⁵⁵tɕʰiaor²¹⁴	喜鹊 ɕi²¹tɕʰye⁵¹
怀柔	雀儿 tɕʰiaur²¹⁴	家雀儿 tɕia⁵⁵tɕʰiaur²¹⁴	喜鹊 ɕi²¹tɕʰye⁵¹/ɕi²¹tɕʰiou⁰
密云	鸟儿 niaor²¹³	家雀儿 tɕia⁵⁵tɕʰiaor²¹³ 家雀子 tɕia⁵⁵tɕʰiau²¹³tsʅ⁰	喜鹊 ɕi²¹tɕʰye⁵¹
顺义	鸟儿 niaur²¹⁴ 雀儿 tɕʰiaur²¹⁴	家雀儿 tɕia⁵⁵tɕʰiaor²¹⁴ 家贼 tɕia⁵⁵tsei³⁵ 家仓⁼ tɕia⁵⁵tsʰaŋ⁵⁵	老喜鹊 lau²¹tɕʰi³⁵tɕʰiou⁰
延庆	雀儿 tɕʰiaor²¹⁴	家雀儿 tɕia⁴⁴tɕʰiaor²¹⁴	喜鹊 ɕi²⁴tɕʰiou⁰
平谷	鸟儿 niɑur²¹³	家雀儿 tɕia³⁵tɕʰiɑur²¹³	山喜鹊 ʂan³⁵tɕʰi²¹tɕʰiau⁰

	0229 乌鸦	0230 鸽子	0231 翅膀 鸟的，统称
西城	老鸹 lau²¹kuə⁰	鸽子 kɤ⁵⁵tsʅ⁰	翅膀儿 tʂʰʅ⁵¹pãr²¹⁴
通州	老鸹 lau²¹kua⁰	鸽子 kɤ⁵⁵tsʅ⁰	翅膀儿 tʂʰʅ⁵¹pãr²¹⁴
大兴	老鸹 lau²¹kua⁰	鸽子 kɤ⁵⁵tsʅ⁰	翅膀儿 tʂʰʅ⁵¹pãr²¹⁴
房山	老鸹 lau²¹kua⁰	鸽子 kɤ⁵⁵tsʅ⁰	翅膀 tʂʰʅ⁵¹paŋ⁰
门头沟	黑老鸹 xei⁵⁵lau²¹kua⁵⁵	鸽子 kɤ⁵⁵tsʅ⁰	翅膀儿 tʂʰʅ⁵¹pãr²¹⁴
昌平	老鸹 lau²¹kua⁰	鸽子 kɤ⁵⁵tsʅ⁰	翅膀儿 tʂʰʅ⁵³pãr²¹⁴
怀柔	老鸹 lau²¹kuɐ⁰	鸽子 kə⁵⁵tsʅ⁰	翅膀儿 tʂʰʅ⁵¹pãr²¹⁴ 翅膀儿 sʅ⁵¹pãr²¹⁴
密云	老鸹 lau²¹³kua⁰	鸽子 kɤ⁵⁵tsʅ⁰	翅膀儿 tʂʰʅ⁵¹pãr²¹³
顺义	老鸹 lau²¹kua⁰	鸽子 kɤ⁵⁵tsʅ⁰	翅膀儿 tsʰʅ⁵¹pãr²¹⁴
延庆	老鸹 lao²⁴kua⁰	鸽子 kɤ⁴²tsə⁰	翅膀儿 tʂʰʅ²¹pãr²¹⁴
平谷	老鸹 lau²¹kuo⁰	鸽子 kɤ³⁵tsʅ⁰	翅膀 tʂʰʅ⁵¹paŋ²¹³

	0232 爪子 鸟的，统称	0233 尾巴	0234 窝 鸟的
西城	爪子 tʂua²¹tsʅ⁰	尾巴 i²¹pɐ⁰	窝 uo⁵⁵
通州	爪子 tʂua²¹tsʅ⁰	尾巴 i²¹pa⁰	窝 uo⁵⁵
大兴	爪子 tʂua²¹tsʅ⁰	尾巴 i²¹pa⁰	窝 uo⁵⁵
房山	爪子 tʂua²¹tsʅ⁰	尾巴 i²¹pa⁰	窝 uo⁵⁵
门头沟	爪子 tʂua²¹tsʅ⁰	尾巴 i²¹pa⁰/uei²¹pa⁰	窝儿 uor⁵⁵
昌平	爪子 tʂua²¹tsʅ⁰	尾巴 y²¹pə⁰	窝儿 uor⁵⁵
怀柔	爪子 tʂua²¹tsʅ⁰	尾巴 i²¹pɐ⁰/uei²¹pɐ⁰	窝 uo⁵⁵
密云	爪子 tʂua²¹³tsʅ⁰	尾巴 i²¹³pa⁰	窝儿 uor⁵⁵
顺义	爪子 tʂua²¹tsʅ⁰	尾巴 i²¹pa⁰	窝 uo⁵⁵
延庆	爪子 tʂua²⁴tsə⁰	尾巴 i²⁴pa⁰	窝儿 uor⁴²
平谷	爪子 tʂua²¹tsʅ⁰	尾巴 i²¹pa⁰	窝 uo³⁵

词汇对照 243

	0235 虫子统称	0236 蝴蝶统称⑥	0237 蜻蜓统称⑦
西城	虫子 tʂʰuŋ³⁵tsʅ⁰	蝴蝶儿 xu⁵¹tʰiɐr²¹⁴	蚂林= ma³⁵lin⁰ 老滋=儿 lau²¹tsər⁵⁵ 老琉=璃= lau²¹liou³⁵li⁰
通州	虫子 tʂʰuŋ³⁵tsʅ⁰	蝴蝶儿 fu⁵¹tʰiɐr²¹⁴	蚂楞 ma⁵⁵ləŋ⁰
大兴	虫子 tʂʰuŋ³⁵tsʅ⁰	蝴蝶儿 xu³⁵tʰiɐr²¹⁴	蚂螂 ma⁵⁵laŋ⁰
房山	虫子 tʂʰuŋ³⁵tsʅ⁰	蝴蝶儿 xu³⁵tʰiɐr²¹⁴	蚂螂 ma⁵⁵laŋ⁰
门头沟	虫子 tʂʰuŋ³⁵tsʅ⁰	蝴蝶儿 xu⁵¹tʰiɐr²¹⁴	蚂楞 ma⁵⁵ləŋ⁰
昌平	虫子 tʂʰuŋ³⁵tsʅ⁰	蝴蝶儿 xu³⁵tʰiɐr²¹⁴	蚂螂 ma⁵⁵laŋ⁰
怀柔	虫子 tʂʰuŋ³⁵tsʅ⁰	蝴蝶儿 xu³⁵tʰiɐr²¹⁴ 蝴蝶儿 xu³⁵tʰiɐr²¹⁴	蚂楞= ma⁵⁵ləŋ⁰
密云	虫子 tʂʰuŋ³⁵tsʅ⁰	蝴蝶儿 xu⁵¹tʰiɐr²¹³	蚂楞= ma⁵⁵ləŋ⁰ 蚂林= ma⁵⁵lin⁰
顺义	虫子 tʂʰuŋ³⁵tsʅ⁰	蝴蝶儿 xu⁵¹tʰiɐr²¹⁴	蚂林= ma⁵⁵lin⁰
延庆	虫儿 tʂʰũr⁵⁵	蝴蝶儿 xu⁵⁵tʰiɐr²¹⁴	水虰虰儿 ʂuei²⁴tiŋ⁴⁴tiə̃r⁰
平谷	虫子 tʂʰuŋ⁵⁵tsʅ⁰	蝴蝶儿 xu⁵⁵tʰiɐr²¹³	蚂林= ma²¹lin⁰

	0238 蜜蜂	0239 蜂蜜	0240 知了统称
西城	蜜蜂儿 mi⁵¹fə̃r⁵⁵	蜂蜜 fəŋ⁵⁵mi⁵¹	唧=鸟儿 tɕi⁵¹niɑor²¹⁴
通州	蜜蜂儿 mi⁵¹fə̃r⁵⁵	蜂蜜 fəŋ⁵⁵mi⁵¹	唧=了儿 tɕi⁵⁵liɑor⁰ 马=唧=了儿 ma²¹tɕi⁵⁵liɑor⁰
大兴	蜜蜂儿 mi⁵¹fə̃r⁵⁵	蜂蜜 fəŋ⁵⁵mi⁵¹	唧=了儿 tɕi⁵⁵liɑor²¹⁴
房山	蜜蜂儿 mi⁵¹fə̃r⁵⁵	蜜 mi⁵¹	居=了儿 tɕy⁵⁵lər⁰
门头沟	蜜蜂儿 mi⁵¹fə̃r⁵⁵	蜜 mi⁵¹	唧=了 tɕi⁵⁵liau⁵¹
昌平	蜜蜂 mi⁵³fəŋ⁵⁵	蜜 mi⁵¹	唧=溜=儿 tɕi⁵⁵liour⁵⁵ 唧=了儿 tɕi⁵⁵liɑor²¹⁴
怀柔	蜜蜂 mi⁵¹fəŋ⁵⁵	蜜 mi⁵¹ 蜂蜜 fəŋ⁵⁵mi⁵¹	唧=了 tɕi⁵⁵liau⁵¹
密云	蜜蜂儿 mi⁵¹fə̃r⁵⁵	蜂蜜 fəŋ⁵⁵mi⁵¹	唧=了子 tɕi⁵⁵liau⁵¹tsʅ⁰
顺义	蜜蜂 mi⁵¹fəŋ⁵⁵	蜂蜜 fəŋ⁵⁵mi⁵¹	唧=了儿 tɕi⁵¹liaur⁵¹
延庆	蜜蜂儿 mi⁵³fə̃r⁰	蜜 mi⁵³	呜呜哇= miŋ⁵⁵miŋ⁵⁵va⁴²
平谷	蜜蜂子 mi⁵¹fəŋ³⁵tsʅ⁰	蜂蜜 fəŋ³⁵mi⁵¹	知溜=儿 tʂʅ³⁵liour⁰

	0241 蚂蚁	0242 蚯蚓[8]	0243 蚕
西城	蚂蚁 ma³⁵ i²¹⁴	蛐蟮 tɕʰy²¹ ʂan⁵¹	蚕 tsʰan³⁵
通州	蚂蚁 ma³⁵ i²¹⁴	蛐䗐 tɕʰy²¹ tʂʰan⁵¹	蚕 tsʰan³⁵
大兴	蚂蚁 ma³⁵ i²¹⁴	蚯蚓 tɕʰiou⁵⁵ in²¹⁴	蚕 tsʰan³⁵
房山	蚂蚁 ma³⁵ i⁰	蛐车 tɕʰy²¹ tʂʰə⁰	蚕 tsʰan³⁵
门头沟	蚂蚁 ma³⁵ i²¹⁴	蛐蛐儿 tɕʰy²¹ tɕʰyər⁰	蚕 tsʰan³⁵
昌平	蚂蚁 ma³⁵ i²¹⁴	蛐蛐儿 tɕʰy⁵⁵ tɕʰyər⁰	蚕 tsʰan³⁵
怀柔	蚂蚁 ma³⁵ i²¹⁴	蛐车 tɕʰy²¹ tʂʰə⁰	蚕 tsʰan³⁵
密云	蚂蚁 ma³⁵ i⁰	蚯蚓 tɕʰiou⁵⁵ in²¹³ 穿地龙 tsʰuan⁵⁵ ti⁵¹ luŋ³⁵	蚕 tsʰan³⁵
顺义	蚂蚁 ma³⁵ i²¹⁴	蛐春 tɕʰy²¹ tʂʰuən⁰	蚕 tsʰan³⁵
延庆	蚂瞎子 ma⁵⁵ ɕia⁴² tsə⁰	蛐蛐儿 tɕʰy⁴² tɕʰyər⁰	蚕 tsʰan⁵⁵
平谷	蚂蚁 ma³⁵ i²¹³	蛐车 tɕʰy²¹ tʂʰɤ⁰	蚕 tsʰan⁵⁵

	0244 蜘蛛 会结网的	0245 蚊子 统称	0246 苍蝇 统称
西城	蜘蛛 tʂʅ⁵⁵ tʂu⁰	蚊子 uən³⁵ tsʅ⁰	苍蝇 tsʰaŋ⁵⁵ iŋ⁰
通州	蛛蛛 tʂu³⁵ tʂu⁰	蚊子 uən³⁵ tsʅ⁰	蝇子 iŋ³⁵ tsʅ⁰
大兴	蛛蛛 tʂu⁵⁵ tʂu⁰	蚊子 uən³⁵ tsʅ⁰	蝇子 iŋ³⁵ tsʅ⁰
房山	蛛蛛 tʂu³⁵ tʂu⁰	蚊子 uən³⁵ tsʅ⁰	蝇子 iŋ³⁵ tsʅ⁰
门头沟	蛛蛛 tʂu³⁵ tʂu⁰	蚊子 uən³⁵ tsʅ⁰	苍蝇 tsʰaŋ⁵⁵ iŋ⁰
昌平	蛛蛛 tʂu³⁵ tʂu⁰	蚊子 uən³⁵ tsʅ⁰	苍蝇 sʰaŋ⁵⁵ iŋ⁰
怀柔	蛛蛛 tʂu³⁵ tʂu⁰	蚊子 uən³⁵ tsʅ⁰	蝇子 iŋ³⁵ tsʅ⁰
密云	蜘蛛 tʂʅ⁵⁵ tʂu⁵⁵	蚊子 un³⁵ tsʅ⁰	蝇子 iŋ³⁵ tsʅ⁰
顺义	蛛蛛 tʂu³⁵ tʂu⁰	蚊子 uən³⁵ tsʅ⁰	蝇子 iŋ³⁵ tsʅ⁰
延庆	蛛蛛 tʂu⁴² tʂu⁰	蚊子 vən⁵⁵ tsə⁰	蝇子 iŋ⁵⁵ tsə⁰
平谷	蛛蛛 tʂu⁵⁵ tʂu⁰	蚊子 uən⁵⁵ tsʅ⁰	蝇子 iŋ⁵⁵ tsʅ⁰

词汇对照

	0247 跳蚤咬人的	0248 虱子	0249 鱼
西城	跳子 tʰiau⁵¹tsʅ⁰	虱子 ʂʅ⁵⁵tsʅ⁰	鱼 y³⁵
通州	虼子 kɤ⁵¹tsʅ⁰	虱子 ʂʅ⁵⁵tsʅ⁰	鱼 y³⁵
大兴	虼蚤 kɤ⁵¹sau⁰	虱子 ʂʅ⁵⁵tsʅ⁰	鱼 y³⁵
房山	虼桃⁼ kɤ⁵¹tʰau⁰ 跳子 tʰiau⁵¹tsʅ⁰	虱子 ʂʅ⁵⁵tsʅ⁰	鱼 y³⁵
门头沟	跳蚤 tʰiau⁵¹tsau⁰	虱子 ʂʅ⁵⁵tsʅ⁰	鱼 y³⁵
昌平	跳子 tʰiau⁵³tsʅ⁰	虱子 ʂʅ⁵⁵tsʅ⁰	鱼 y³⁵
怀柔	跳蚤 tʰiau⁵¹tsau⁰	虱子 ʂʅ⁵⁵tsʅ⁰	鱼 y³⁵
密云	跳蚤 tʰiau⁵¹tsau⁰	虱子 ʂʅ⁵⁵tsʅ⁰	鱼 y³⁵
顺义	跳子 tʰiau⁵¹tsʅ⁰	虱子 ʂʅ⁵⁵tsʅ⁰	鱼 y³⁵
延庆	跳子 tʰiao⁵³tsə⁰	虱子 ʂʅ⁴²tsə⁰	鱼 y⁵⁵
平谷	跳蚤 tʰiau⁵¹sau⁰ 狗子 kou²¹tsʅ⁰	虱子 ʂʅ³⁵tsʅ⁰	鱼 y⁵⁵

	0250 鲤鱼⑨	0251 鳙鱼胖头鱼	0252 鲫鱼
西城	鲤鱼 li²¹y³⁵	胖头 pʰaŋ⁵¹tʰou³⁵ 胖头鱼 pʰaŋ⁵¹tʰou³⁵y³⁵	鲫瓜子 tɕi⁵¹kua⁵⁵tsʅ⁰
通州	鲤鱼 ly²¹y³⁵	胖头 pʰaŋ⁵¹tʰou³⁵	鲫瓜子 tɕy⁵⁵kua⁵⁵tsʅ⁰ 鲫瓜儿 tɕy⁵⁵kuar⁵⁵
大兴	鲤鱼 li²¹y³⁵	大胖头 ta⁵³pʰaŋ⁵¹tʰou³⁵ 胖头鱼 pʰaŋ⁵¹tʰou³⁵y³⁵	鲫瓜子 tɕi⁵¹kua⁵⁵tsʅ⁰
房山	鲤鱼 li²¹y³⁵	大头鱼 ta⁵¹tʰou³⁵y³⁵	鲫鱼 tɕi²¹y³⁵
门头沟	领⁼鱼 liŋ²¹y³⁵	大胖头 ta⁵³pʰaŋ⁵¹tʰou³⁵	鲫瓜子 tɕi²¹kua⁵⁵tsʅ⁰
昌平	鲤鱼 li²¹y³⁵	大头鱼 ta⁵³tʰou³⁵y³⁵	鲫鱼 tɕi⁵³y³⁵
怀柔	鲤鱼 li²¹y³⁵	胖头 pʰaŋ⁵¹tʰou³⁵	鲫鱼 tɕi²¹y³⁵ 鲫瓜子 tɕi²¹kua⁵⁵tsʅ⁰
密云	鲤鱼 li²¹y³⁵	大头鱼 ta⁵¹tʰou³⁵y³⁵	鲫鱼 tɕi²¹y³⁵
顺义	鲤鱼 li²¹y³⁵	胖头鱼 pʰaŋ⁵¹tʰou³⁵y³⁵	鲫瓜子 tɕi²¹kua⁵⁵tsʅ⁰
延庆	檩⁼鱼 lin²⁴y⁵⁵	胖头鱼 pʰaŋ⁵⁵tʰou⁵⁵y⁵⁵ 大头鱼 ta²¹tʰou⁵⁵y⁵⁵	黄鲫瓜 xuaŋ⁵⁵tɕi²⁴kua⁰
平谷	鲤鱼 li²¹y⁵⁵	（无）	鲫瓜鱼 tɕi²¹kua³⁵y⁵⁵ 鲫瓜 tɕi²¹kua³⁵

	0253 甲鱼	0254 鳞鱼的	0255 虾统称
西城	王八 uaŋ³⁵pɐ⁰	鳞 lin³⁵	虾 ɕia⁵⁵
通州	王八 uaŋ³⁵pa⁰	鳞 lin³⁵	虾米 ɕia⁵⁵mi⁰
大兴	王八 uaŋ³⁵pa⁰	鳞 lin³⁵	虾米 ɕia⁵⁵mi²¹⁴
房山	王八 uaŋ³⁵pa⁰	鳞 lin³⁵	虾 ɕia⁵⁵
门头沟	王八 uaŋ³⁵pa⁰	鳞 lin³⁵	虾米 ɕia⁵⁵mi⁰
昌平	王八 uaŋ³⁵pə⁰	鳞 lin³⁵	虾 ɕia⁵⁵
怀柔	王八 uaŋ³⁵pɐ⁰	鳞 lin³⁵	虾 ɕia⁵⁵
密云	王八 uaŋ³⁵pa⁰	鳞 lin³⁵	虾 ɕia⁵⁵
顺义	王八 uaŋ³⁵pa⁰	鳞 lin³⁵	虾米 ɕia⁵⁵mi⁰
延庆	王八 vaŋ⁵⁵pa⁰	鳞 lin⁵⁵	虾米 ɕia⁴²mi⁰
平谷	王八 uaŋ⁵⁵pa⁰	鳞 lin⁵⁵	虾 ɕia³⁵

	0256 螃蟹统称	0257 青蛙统称	0258 癞蛤蟆表皮多疙瘩
西城	螃蟹 pʰaŋ³⁵ɕiə⁰	蛤蟆 xa³⁵mɐ⁰	癞蛤蟆 lai⁵¹xa³⁵mɐ⁰
通州	螃蟹 pʰaŋ³⁵ɕie⁰	蛤蟆 xɤ³⁵ma⁰	疥蛤子 tɕie⁵¹xa²¹tsɿ⁰ 疥肚⁼ tɕie⁵¹tu²¹⁴
大兴	螃蟹 pʰaŋ³⁵ɕiə⁰	蛤蟆 xa³⁵mɐ⁰	疥蛤子 tɕie⁵¹ka²¹tsɿ⁰
房山	螃蟹 pʰaŋ³⁵ɕie⁰	蛤蟆 xa³⁵ma⁰	癞蛤蟆 lai⁵¹xa³⁵ma⁰
门头沟	螃蟹 pʰaŋ³⁵ɕie⁰	田鸡 tʰian³⁵tɕi⁰	疥蛤子 tɕie⁵¹xa²¹tsɿ⁰
昌平	螃蟹 pʰaŋ³⁵ɕie⁰	蛤蟆 xa³⁵mə⁰	疥蛤子 ɕie⁵³xa²¹tsɿ⁰
怀柔	螃蟹 pʰaŋ³⁵ɕiə⁰	蛤蟆 xə³⁵mɐ⁰ 田蛤蟆 tʰian³⁵xə³⁵mɐ⁰	疥蛤子 tɕie⁵¹xa²¹tsɿ⁰
密云	螃蟹 pʰaŋ³⁵ɕie⁰	蛤蟆 xa³⁵mɤ⁰	疥蛤蟆 tɕie⁵¹xa³⁵mɤ⁰
顺义	螃蟹 pʰaŋ³⁵ɕiə⁰	蛤蟆 xa³⁵ma⁰	疥肚⁼子 tɕie⁵¹tu²¹tsɿ⁰
延庆	螃蟹 pʰaŋ⁵⁵ɕie⁰	蛤蟆 xɤ⁵⁵ma⁰	老疥肚⁼ lao²⁴tɕiai⁵³tu⁰
平谷	螃蟹 pʰaŋ⁵⁵ɕie⁵¹	蛤蟆 xɤ⁵⁵muo⁰	老疥 lau²¹tɕie⁵¹ 疥蛤蟆 tɕie⁵¹xɤ⁵⁵muo⁰

词汇对照

	0259 马	0260 驴	0261 骡
西城	马 ma²¹⁴	驴 ly³⁵	骡子 luo³⁵tsʅ⁰
通州	马 ma²¹⁴	驴儿 luər³⁵	骡子 luo³⁵tsʅ⁰
大兴	马 ma²¹⁴	驴 ly³⁵	骡子 luo³⁵tsʅ⁰
房山	马 ma²¹⁴	驴 ly³⁵	骡子 luo³⁵tsʅ⁰
门头沟	马 ma²¹⁴	毛驴 mau³⁵ly³⁵	骡子 luo³⁵tsʅ⁰
昌平	马 ma²¹⁴	驴 ly³⁵	骡子 luo³⁵tsʅ⁰
怀柔	马 ma²¹⁴	驴 ly³⁵	骡子 luo³⁵tsʅ⁰
密云	马 ma²¹³	驴 luei³⁵ 驴儿 luər³⁵	骡子 luo³⁵tsʅ⁰
顺义	马 ma²¹⁴	驴 ly³⁵	骡子 luo³⁵tsʅ⁰
延庆	马 ma²¹⁴	毛驴 mao⁵⁵ly⁵⁵	骡子 luo⁵⁵tsə⁰
平谷	马 ma²¹³	驴 luei⁵⁵	骡子 luo⁵⁵tsʅ⁰

	0262 牛	0263 公牛 统称⑩	0264 母牛 统称
西城	牛 niou³⁵	公牛 kuŋ⁵⁵niou³⁵	母牛 mu²¹niou³⁵
通州	牛 niou³⁵	牤牛 maŋ⁵⁵niou⁰	母牛 mu²¹niou³⁵
大兴	牛 ȵiou³⁵	牤牛 maŋ⁵⁵ȵiou³⁵	母牛 mu²¹ȵiou³⁵
房山	牛 niou³⁵	牤牛 maŋ⁵⁵niou³⁵	乳牛 ʐu²¹niou³⁵
门头沟	牛 niou³⁵	哞儿牛 mər⁵⁵niou³⁵	母牛 mu²¹niou³⁵
昌平	牛 niou³⁵	公牛 kuŋ⁵⁵niou³⁵	母牛 mu²¹niou³⁵
怀柔	牛 niou³⁵	莽⁼牛 maŋ²¹niou³⁵	乳牛 ʐu²¹niou³⁵
密云	牛 ȵiou³⁵	牤牛 maŋ⁵⁵ȵiou³⁵	乳牛 ʐu²¹ȵiou³⁵
顺义	牛 niou³⁵	哞儿牛 mər⁵⁵niou³⁵	母牛 mu²¹niou³⁵
延庆	牛 ȵiou⁵⁵	犍牛 tɕian⁴⁴ȵiou⁵⁵	乳牛 ʐu²⁴ȵiou⁵⁵
平谷	牛 niou⁵⁵	蒙⁼牛 məŋ³⁵niou⁵⁵	乳牛 ʐu²¹niou⁵⁵

	0265 放牛	0266 羊	0267 猪
西城	放牛 faŋ⁵¹niou³⁵	羊 iaŋ³⁵	猪 tʂu⁵⁵
通州	放牛 faŋ⁵¹niou³⁵	羊 iaŋ³⁵	猪 tʂu⁵⁵
大兴	放牛 faŋ⁵¹ɲiou³⁵	羊 iaŋ³⁵	猪 tʂu⁵⁵
房山	放牛 faŋ⁵¹niou³⁵	羊 iaŋ³⁵	猪 tʂu⁵⁵
门头沟	放牛 faŋ⁵¹niou³⁵	羊 iaŋ³⁵	猪 tʂu⁵⁵
昌平	放牛 faŋ⁵³niou³⁵	羊 iaŋ³⁵	猪 tʂu⁵⁵
怀柔	放牛 faŋ⁵¹niou³⁵	羊 iaŋ³⁵	猪 tʂu⁵⁵
密云	放牛 faŋ⁵¹ɲiou³⁵	羊 iaŋ³⁵	猪 tʂu⁵⁵
顺义	放牛 faŋ⁵¹niou³⁵	羊 iaŋ³⁵	猪 tʂu⁵⁵
延庆	放牛 faŋ²¹ɲiou⁵⁵	羊 iaŋ⁵⁵	猪 tʂu⁴²
平谷	放牛 faŋ⁵¹niou⁵⁵	羊 iaŋ⁵⁵	猪 tʂu³⁵

	0268 种猪 配种用的公猪	0269 公猪 成年的，已阉的	0270 母猪 成年的，未阉的
西城	种猪 tʂuŋ²¹tʂu⁵⁵	公猪 kuŋ⁵⁵tʂu⁵⁵	老母猪 lau³⁵mu²¹tʂu⁵⁵
通州	跑儿卵 pʰɑor²¹lan⁵¹ 跑猪 pʰau²¹tʂu⁵⁵	壳郎 kʰɤ⁵⁵laŋ⁰	骒猪 kʰɤ⁵⁵tʂu⁵⁵ 老母猪 lau³⁵mu²¹tʂu⁵⁵
大兴	跑猪 pʰau²¹tʂu⁵⁵	壳楞 ⁼ kʰɤ⁵⁵ləŋ⁰	母猪 mu²¹tʂu⁵⁵
房山	跑三儿 pʰau²¹sɐr⁵⁵	豩儿 tsə̃r⁵¹ 壳楞 kʰɤ⁵⁵ləŋ⁰	老母猪 lau³⁵mu²¹tʂu⁵⁵
门头沟	跑三儿 pʰau²¹sɐr⁵⁵	公猪 kuŋ⁵⁵tʂu⁵⁵	老母猪 lau³⁵mu²¹tʂu⁵⁵
昌平	跑步卵子 pʰau²¹pu⁰lan⁵⁵tsɿ⁰	壳了 ⁼ kʰɤ⁵⁵lə⁰	老母猪 lau²¹mu²¹tʂu⁵⁵
怀柔	牙猪 ia³⁵tʂu⁵⁵ 跑卵子 pʰau³⁵lan²¹tsɿ⁰	劁猪 tɕʰiau⁵⁵tʂu⁵⁵	老骒 lau²¹kʰə⁵⁵ 老海 ⁼ lau³⁵xai²¹⁴
密云	跑卵子猪 pau²¹lan³⁵tsɿ⁰tʂu⁵⁵ 痞子猪 pʰi²¹³tsɿ⁰tʂu⁵⁵	公猪 kuŋ⁵⁵tʂu⁵⁵	老母猪 lau³⁵mu²¹tʂu⁵⁵ 老骒楞 ⁼ 猪 lau²¹kʰɤ⁵⁵ləŋ⁰tʂu⁵⁵
顺义	蛋儿勒 ⁼ tɐr⁵¹lɤ⁵⁵	壳郎 kɤ⁵⁵laŋ⁰	母猪 mu²¹tʂu⁵⁵
延庆	跑呼 ⁼ 噜 ⁼ pʰao²⁴xu⁴²lou⁰	公猪 kuŋ⁴⁴tʂu⁴²	母猪 mu²⁴tʂu⁴²
平谷	跑卵子 pʰau²¹lan⁵⁵tsɿ⁰	壳郎 kʰɤ³⁵laŋ⁰	老骒儿 lau²¹kʰɤr³⁵

	0271 猪崽	0272 猪圈	0273 养猪
西城	猪崽儿 tʂu⁵⁵tsɐr²¹⁴	猪圈 tʂu⁵⁵tɕyan⁵¹	养猪 iaŋ²¹tʂu⁵⁵
通州	小猪儿 ɕiau²¹tʂur⁵⁵	猪圈 tʂu⁵⁵tɕyan⁵¹	养猪 iaŋ²¹tʂu⁵⁵
大兴	猪崽儿 tʂu⁵⁵tsɐr²¹⁴	猪圈 tʂu⁵⁵tɕyan⁵¹	养猪 iaŋ²¹tʂu⁵⁵
房山	猪崽儿 tʂu⁵⁵tsɐr²¹⁴	猪圈 tʂu⁵⁵tɕyan⁵¹	养猪 iaŋ²¹tʂu⁵⁵
门头沟	小猪儿 ɕiau²¹tʂur⁵⁵	猪圈 tʂu⁵⁵tɕyan⁵¹	养猪 iaŋ²¹tʂu⁵⁵
昌平	猪崽儿 tʂu⁵⁵tsɐr²¹⁴	猪圈 tʂu⁵⁵tɕyan⁵¹	养猪 iaŋ²¹tʂu⁵⁵
怀柔	豨儿 tsãr⁵¹ 豚儿 tʰuər³⁵ 猪崽子 tʂu⁵⁵tsai²¹tsɿ⁰	猪圈 tʂu⁵⁵tɕyan⁵¹	养猪 iaŋ²¹tʂu⁵⁵
密云	猪崽儿 tʂu⁵⁵tsɐr²¹³	猪圈 tʂu⁵⁵tɕyan⁵¹	养猪 iaŋ²¹tʂu⁵⁵
顺义	猪崽儿 tʂu⁵⁵tsɐr²¹⁴	猪圈 tʂu⁵⁵tɕyan⁵¹	养猪 iaŋ²¹tʂu⁵⁵
延庆	小猪儿 ɕiao²⁴tʂur⁴²	猪圈 tʂu⁴⁴tɕyan⁵³	养猪 iaŋ²⁴tʂu⁴²
平谷	小猪儿 ɕiau²¹tʂur³⁵	猪圈 tʂu³⁵tɕyan⁵¹	养猪 iaŋ²¹tʂu³⁵

	0274 猫	0275 公猫	0276 母猫
西城	猫 mau⁵⁵	公猫 kuŋ⁵⁵mau⁵⁵	女猫儿 ny²¹mɑor⁵⁵
通州	猫 mau⁵⁵	郎猫 laŋ³⁵mau⁵⁵	母猫 mu²¹mau⁵⁵
大兴	猫 mau⁵⁵	郎猫 laŋ⁵⁵mau⁵⁵	女猫 n̠y²¹mau⁵⁵
房山	猫 mau⁵⁵	郎猫子 laŋ³⁵mau⁵⁵tsɿ⁰	母猫儿 mu²¹mɑur⁵⁵
门头沟	猫 mau⁵⁵	男猫儿 nan³⁵mɑur⁵⁵	女猫儿 ny²¹mɑur⁵⁵
昌平	猫 mau⁵⁵	郎猫 laŋ⁵⁵mau⁵⁵	母猫 mu²¹mau⁵⁵
怀柔	猫 mau⁵⁵	郎猫 laŋ³⁵mau⁵⁵	女猫儿 ny²¹mɑur⁵⁵
密云	猫 mau⁵⁵	猫郎子 mau⁵⁵laŋ³⁵tsɿ⁰	母猫 mu²¹mau⁵⁵
顺义	猫 mau⁵⁵	郎猫 laŋ³⁵mau⁵⁵	女猫儿 ny²¹mɑur⁵⁵
延庆	猫 mao⁵⁵	郎猫 laŋ⁵⁵mao⁵⁵	米=猫 mi²⁴mao⁵⁵
平谷	猫 mau⁵⁵	公猫 koŋ³⁵mau⁵⁵	母猫 mu²¹mau⁵⁵

	0277 狗 统称	0278 公狗	0279 母狗
西城	狗 kou²¹⁴	公狗 kuŋ⁵⁵kou²¹⁴	母狗 mu³⁵kou²¹⁴
通州	狗 kou²¹⁴	公狗 kuŋ⁵⁵kou²¹⁴	母狗 mu³⁵kou²¹⁴
大兴	狗 kou²¹⁴	牙狗 ia³⁵kou²¹⁴	母狗 mu³⁵kou²¹⁴
房山	狗 kou²¹⁴	儿狗 ɚ³⁵kou²¹⁴	母狗 mu³⁵kou²¹⁴
门头沟	狗 kou²¹⁴	儿狗 ɚ³⁵kou²¹⁴	母狗 mu³⁵kou²¹⁴
昌平	狗 kou²¹⁴	郎狗 laŋ⁵⁵kou²¹⁴	母狗 mu³⁵kou²¹⁴
怀柔	狗 kou²¹⁴	牙狗 ia³⁵kou²¹⁴	草狗 tsʰau³⁵kou²¹⁴
密云	狗 kou²¹³	公狗 kuŋ⁵⁵kou²¹³	母狗 mu³⁵kou²¹³
顺义	狗 kou²¹⁴	儿狗 ɚ³⁵kou²¹⁴	母狗 mu³⁵kou²¹⁴
延庆	狗 kou²¹⁴	牙狗 ia⁵⁵kou²¹⁴	苍⁼狗 tsʰaŋ⁴⁴kou²¹⁴
平谷	狗 kou²¹³	牙狗 ia⁵⁵kou²¹³	草狗 tsʰau⁵⁵kou²¹³

	0280 叫 狗~	0281 兔子	0282 鸡
西城	叫 tɕiau⁵¹	兔子 tʰu⁵¹tsɿ⁰	鸡 tɕi⁵⁵
通州	叫 tɕiau⁵¹	兔子 tʰu⁵¹tsɿ⁰	鸡 tɕi⁵⁵
大兴	叫 tɕiau⁵¹	兔子 tʰu⁵¹tsɿ⁰	鸡 tɕi⁵⁵
房山	叫唤 tɕiau⁵¹xuan⁰	兔子 tʰu⁵¹tsɿ⁰	鸡 tɕi⁵⁵
门头沟	叫唤 tɕiau⁵¹xuan⁰	兔子 tʰu⁵¹tsɿ⁰	鸡 tɕi⁵⁵
昌平	叫 tɕiau⁵¹	兔子 tʰu⁵³tsɿ⁰	鸡 tɕi⁵⁵
怀柔	叫 tɕiau⁵¹	兔子 tʰu⁵¹tsɿ⁰	鸡 tɕi⁵⁵
密云	叫 tɕiau⁵¹	兔子 tʰu⁵¹tsɿ⁰	鸡 tɕi⁵⁵
顺义	叫 tɕiau⁵¹	兔子 tʰu⁵¹tsɿ⁰	鸡 tɕi⁵⁵
延庆	咬 iao²¹⁴	兔子 tʰu⁵³tsə⁰	鸡 tɕi⁴²
平谷	叫 tɕiau⁵¹	兔子 tʰu⁵¹tsɿ⁰	鸡 tɕi³⁵

词汇对照

	0283 公鸡成年的，未阉的	0284 母鸡已下过蛋的	0285 叫公鸡~（即打鸣儿）
西城	公鸡 kuŋ⁵⁵tɕi⁵⁵	母鸡 mu²¹tɕi⁵⁵	打鸣儿 ta²¹miə̃r³⁵
通州	公鸡 kuŋ⁵⁵tɕi⁵⁵	母鸡 mu²¹tɕi⁵⁵	打鸣儿 ta²¹miə̃r³⁵
大兴	公鸡 kuŋ⁵⁵tɕi⁵⁵	草鸡 tsʰau²¹tɕi⁵⁵	打鸣儿 ta²¹miə̃r³⁵
房山	公鸡 kuŋ⁵⁵tɕi⁵⁵	母鸡 mu²¹tɕi⁵⁵	打鸣儿 ta²¹miə̃r³⁵
门头沟	公鸡 kuŋ⁵⁵tɕi⁵⁵	草鸡 tsʰau²¹tɕi⁵⁵	打鸣儿 ta²¹miə̃r³⁵
昌平	公鸡 kuŋ⁵⁵tɕi⁵⁵	老母鸡 lau²¹mu²¹tɕi⁵⁵	打鸣儿 ta²¹miə̃r³⁵
怀柔	公鸡 kuŋ⁵⁵tɕi⁵⁵	母鸡 mu²¹tɕi⁵⁵ 草鸡 tsʰau²¹tɕi⁵⁵	打鸣儿 ta²¹miə̃r³⁵
密云	公鸡 kuŋ⁵⁵tɕi⁵⁵	母鸡 mu²¹tɕi⁵⁵	打鸣儿 ta²¹miə̃r³⁵
顺义	公鸡 kuŋ⁵⁵tɕi⁵⁵	母鸡 mu²¹tɕi⁵⁵	打鸣儿 ta²¹miə̃r³⁵
延庆	公鸡 kuŋ⁴⁴tɕi⁴²	母鸡 mu²⁴tɕi⁴²	打鸣儿 ta²⁴miə̃r⁵⁵
平谷	公鸡 kuŋ³⁵tɕi³⁵	草鸡 tsʰau²¹tɕi³⁵	打鸣儿 ta²¹miə̃r⁵⁵

	0286 下鸡~蛋	0287 孵~小鸡	0288 鸭
西城	下 ɕia⁵¹	孵 fu⁵⁵	鸭子 ia⁵⁵tsɿ⁰
通州	下 ɕia⁵¹	菢 pau⁵¹	鸭子 ia⁵⁵tsɿ⁰
大兴	下 ɕia⁵¹	孵 fu⁵⁵	鸭子 ia⁵⁵tsɿ⁰
房山	下 ɕia⁵¹	孵 fu⁵⁵	鸭子 ia⁵⁵tsɿ⁰
门头沟	下 ɕia⁵¹	孵 fu⁵⁵	鸭子 ia⁵⁵tsɿ⁰
昌平	下 ɕia⁵¹	孵 fu⁵⁵	鸭子 ia⁵⁵tsɿ⁰
怀柔	下 ɕia⁵¹	孵 fu⁵⁵ 菢 pau⁵¹	鸭子 ia⁵⁵tsɿ⁰
密云	下 ɕia⁵¹	孵 fu⁵⁵	鸭子 ia⁵⁵tsɿ⁰
顺义	下 ɕia⁵¹	孵 fu⁵⁵	鸭子 ia⁵⁵tsɿ⁰
延庆	下 ɕia⁵³	菢 pao⁵³	鸭子 ia⁴²tsə⁰
平谷	下 ɕia⁵¹	孵 fu³⁵	鸭子 ia³⁵tsɿ⁰

	0289 鹅	0290 阉~公的猪	0291 阉~母的猪
西城	鹅 ɤ³⁵	劁 tɕʰiau⁵⁵	劁 tɕʰiau⁵⁵
通州	鹅 ɤ³⁵	劁 tɕʰiau⁵⁵	劁 tɕʰiau⁵⁵
大兴	鹅 ŋɤ³⁵	劁 tɕʰiau⁵⁵	劁 tɕʰiau⁵⁵
房山	鹅 ŋɤ³⁵	劁 tɕʰiau⁵⁵	劁 tɕʰiau⁵⁵
门头沟	鹅 ɤ³⁵	劁 tɕʰiau⁵⁵	劁 tɕʰiau⁵⁵
昌平	鹅 ɤ³⁵	劁 tɕʰiau⁵⁵ 骟 ʂan⁵¹	劁 tɕʰiau⁵⁵ 骟 ʂan⁵¹
怀柔	鹅 nə³⁵/ə³⁵	劁 tɕʰiau⁵⁵	劁 tɕʰiau⁵⁵
密云	鹅 nɤ³⁵	劁 tɕʰiau⁵⁵	劁 tɕʰiau⁵⁵
顺义	鹅 ɤ³⁵	劁 tɕʰiau⁵⁵	劁 tɕʰiau⁵⁵
延庆	鹅 ŋɤ⁵⁵	劁 tɕʰiao⁴²	劁 tɕʰiao⁴²
平谷	鹅 nɤ⁵⁵	劁 tɕʰiau³⁵	劁 tɕʰiau³⁵

	0292 阉~鸡	0293 喂~猪	0294 杀猪统称，注意婉称
西城	（无）	喂 uei⁵¹	杀猪 ʂa⁵⁵tʂu⁵⁵
通州	（无）	喂 uei⁵¹	宰猪 tsai⁵⁵tʂu⁵⁵
大兴	（无）	喂 uei⁵¹	宰猪 tsai²¹tʂu⁵⁵
房山	（无）	喂 uei⁵¹	宰猪 tsai²¹tʂu⁵⁵
门头沟	（无）	喂 uei⁵¹	宰猪 tsai²¹tʂu⁵⁵
昌平	（无）	喂 uei⁵¹	宰猪 tsai²¹tʂu⁵⁵
怀柔	（无）	喂 uei⁵¹	宰猪 tsai²¹tʂu⁵⁵ 杀猪 ʂa⁵⁵tʂu⁵⁵
密云	（无）	喂 uei⁵¹	宰猪 tsai²¹tʂu⁵⁵
顺义	（无）	喂 uei⁵¹	宰猪 tsai²¹tʂu⁵⁵
延庆	（无）	喂 vei⁵³	宰猪 tsai²⁴tʂu⁴²
平谷	（无）	喂 uei⁵¹	宰猪 tsai²¹tʂu³⁵ 杀猪 ʂa³⁵tʂu³⁵

词汇对照

	0295 杀~鱼	0296 村庄一个~	0297 胡同统称；一条~
西城	杀 ʂa⁵⁵	村儿 tsʰuər⁵⁵	胡同儿 xu³⁵tũr⁵¹
通州	治 tsʰʅ³⁵	村儿 tsʰuər⁵⁵	胡同儿 xu³⁵tʰũr⁵¹
大兴	治 tsʰʅ³⁵	村儿 tsʰuər⁵⁵	胡同儿 xu³⁵tʰũr⁵¹
房山	杀 ʂa⁵⁵	村儿 tsʰuər⁵⁵	胡同儿 xu³⁵tʰũr⁵¹
门头沟	宰 tsai²¹⁴	村子 tsʰuən⁵⁵tsʅ⁰	胡同儿 xu³⁵tʰũr⁵¹
昌平	杀 ʂa⁵⁵	村儿 tsʰuər⁵⁵	胡同儿 xu³⁵tʰuə̃r⁰
怀柔	治 tsʰʅ³⁵	村儿 tsʰuər⁵⁵ 庄儿 tʂuãr⁵⁵	胡同儿 xu³⁵tʰuãr⁰
密云	治 tsʰʅ³⁵	村儿 tsʰuər⁵⁵ 庄儿 tʂuãr⁵⁵	胡同儿 xu³⁵tʰũr⁵¹
顺义	治 tsʰʅ³⁵	村儿 tsʰuər⁵⁵	胡同儿 xu³⁵tʰũr⁵¹
延庆	治 tsʰʅ⁵³	村子 tsʰuən⁴²tsə⁰ 村儿 tsʰuər⁴²	胡同儿 xu⁵⁵tʰũr²¹⁴
平谷	治 tsʰʅ⁵⁵	庄儿 tʂuɑr³⁵ 村儿 tsʰuər⁵⁵	过道儿 kuo⁵¹tɑur⁵⁵

	0298 街道	0299 盖房子	0300 房子整座的，不包括院子
西城	街道 tɕie⁵⁵tau⁵¹	盖房子 kai⁵¹faŋ³⁵tsʅ⁰	房子 faŋ³⁵tsʅ⁰
通州	街道 tɕie⁵⁵tau⁵¹	盖房子 kai⁵¹faŋ³⁵tsʅ⁰	房子 faŋ³⁵tsʅ⁰
大兴	街道 tɕie⁵⁵tau⁵¹	盖房子 kai⁵¹faŋ³⁵tsʅ⁰	房子 faŋ³⁵tsʅ⁰
房山	大街 ta⁵¹tɕie⁵⁵	盖房 kai⁵¹faŋ³⁵	房子 faŋ³⁵tsʅ⁰
门头沟	街 tɕie⁵⁵	盖房 kai⁵¹faŋ³⁵	房子 faŋ³⁵tsʅ⁰
昌平	街 tɕie⁵⁵	盖房 kai⁵³faŋ³⁵	房子 faŋ³⁵tsʅ⁰
怀柔	大街 ta⁵¹tɕie⁵⁵	盖房子 kai⁵¹faŋ³⁵tsʅ⁰ 建房子 tɕian⁵¹faŋ³⁵tsʅ⁰	房子 faŋ³⁵tsʅ⁰
密云	街道 tɕie⁵⁵tau⁵¹	盖房子 kai⁵¹faŋ³⁵tsʅ⁰	房 faŋ³⁵
顺义	街道 tɕie⁵⁵tau⁵¹	盖房子 kai⁵¹faŋ³⁵tsʅ⁰	房子 faŋ³⁵tsʅ⁰
延庆	街 tɕie⁴²	盖房子 kai²¹faŋ⁵⁵tsə⁰	房子 faŋ⁵⁵tsə⁰
平谷	街儿 tɕiɛr³⁵	盖房 kai⁵¹faŋ⁵⁵	房子 faŋ⁵⁵tsʅ⁰

	0301 屋子 房子里分隔而成的，统称	0302 卧室⑪	0303 茅屋 茅草等盖的
西城	屋子 u⁵⁵ tsʅ⁰	里屋儿 li²¹ ur⁵⁵	草房 tsʰau²¹ faŋ³⁵
通州	屋儿 ur⁵⁵	里屋儿 li²¹ ur⁵⁵	土房 tʰu²¹ faŋ³⁵
大兴	屋儿 ur⁵⁵ 屋子 u⁵⁵ tsʅ⁰	里屋儿 li²¹ ur⁵⁵	草房 tsʰau²¹ faŋ³⁵
房山	屋子 u⁵⁵ tsʅ⁰	卧室 uo⁵¹ ʂʅ²¹⁴	茅草屋 mau³⁵ tsʰau²¹ u⁵⁵
门头沟	屋 u⁵⁵	里头屋 li²¹ tʰou⁰ u⁵⁵	茅草房儿 mau³⁵ tsʰau²¹ fãr³⁵
昌平	屋 u⁵⁵	屋 u⁵⁵	（无）
怀柔	屋 u⁵⁵	卧室 uo⁵³ ʂʅ⁵¹	土房 tʰu²¹ faŋ³⁵
密云	屋 u⁵⁵	卧室 uo⁵¹ ʂʅ²¹³	草房 tsʰau²¹ faŋ³⁵
顺义	屋子 u⁵⁵ tsʅ⁰	里屋儿 li²¹ ur⁵⁵ 卧室 uo⁵¹ ʂʅ²¹⁴	草房 tsʰau²¹ faŋ³⁵
延庆	屋儿 ur⁴²	卧室 uo²⁴ ʂʅ⁰	茅屋儿 mao⁵⁵ ur⁴²
平谷	屋儿 ur³⁵	屋儿 ur³⁵	草房 tsʰau²¹ faŋ⁵⁵

	0304 厨房	0305 灶 统称	0306 锅 统称
西城	厨房 tʂʰu³⁵ faŋ³⁵	灶 tsau⁵¹	锅 kuo⁵⁵
通州	外屋儿 uai⁵¹ ur⁵⁵	灶火 tsau⁵¹ xuo⁰	锅 kuo⁵⁵
大兴	厨房 tʂʰu³⁵ faŋ³⁵	灶火 tsau⁵¹ xuo⁰	锅 kuo⁵⁵
房山	伙房 xuo²¹ faŋ³⁵ 厨房 tʂʰu³⁵ faŋ³⁵	锅台 kuo⁵⁵ tʰai³⁵	锅 kuo⁵⁵
门头沟	厨房 tʂʰu³⁵ faŋ³⁵	灶火 tsau⁵¹ xuo²¹⁴	锅 kuo⁵⁵
昌平	灶房 tsau⁵³ faŋ³⁵	锅台 kuo⁵⁵ tʰai³⁵	锅 kuo⁵⁵
怀柔	伙房 xuo²¹ faŋ³⁵ 厨房 tʂʰu³⁵ faŋ³⁵	锅台 kuo⁵⁵ tʰai³⁵	锅 kuo⁵⁵
密云	厨房 tʂʰu³⁵ faŋ³⁵	灶火 tsau⁵¹ xuo⁰	锅 kuo⁵⁵
顺义	厨房 tʂʰu³⁵ faŋ³⁵	灶火 tsau⁵¹ xuo⁰	锅 kuo⁵⁵
延庆	外地下 vai²⁴ ti⁵³ ɕia⁰ 厨房 tʂʰu⁵⁵ faŋ⁵⁵ 新	锅台 kuo⁴⁴ tʰai⁵⁵	锅 kuo⁴²
平谷	厨房 tʂʰu⁵⁵ faŋ⁵⁵ 新	锅台 kuo³⁵ tʰai⁵⁵	锅 kuo³⁵

词汇对照

	0307 饭锅 煮饭的	0308 菜锅 炒菜的	0309 厕所 旧式的，统称
西城	饭锅 fan⁵¹kuo⁵⁵	把儿锅 pɐr⁵¹kuo⁵⁵	茅房 mau³⁵faŋ³⁵
通州	锅 kuo⁵⁵	锅 kuo⁵⁵	茅房 mau³⁵faŋ³⁵
大兴	锅 kuo⁵⁵	锅 kuo⁵⁵	茅房 mau³⁵faŋ³⁵
房山	饭锅 fan⁵¹kuo⁵⁵	菜锅 tsʰai⁵¹kuo⁵⁵	茅厕 mau³⁵tsʰə⁰ 茅房 mau³⁵faŋ³⁵
门头沟	锅 kuo⁵⁵	把儿锅 pɐr⁵¹kuo⁵⁵	茅房 mau³⁵faŋ³⁵
昌平	饭锅 fan⁵³kuo⁵⁵	炒勺 tʂʰau²¹ʂau³⁵	茅坑儿 mau³⁵kʰə̃r⁵⁵ 茅房 mau³⁵faŋ³⁵
怀柔	饭锅 fan⁵¹kuo⁵⁵	把儿锅 pɐr⁵¹kuo⁵⁵ 把儿勺 pɐr⁵¹ʂau³⁵ 耳锅 ɚ²¹kuo⁵⁵	茅房 mau³⁵faŋ³⁵
密云	锅 kuo⁵⁵	锅 kuo⁵⁵	茅房 mau³⁵faŋ³⁵
顺义	锅 kuo⁵⁵	锅 kuo⁵⁵	茅房 mau³⁵faŋ³⁵
延庆	锅 kuo⁴²	锅 kuo⁴²	茅房 mao⁵⁵faŋ⁵⁵ 后头 xou⁵³tʰou⁰
平谷	锅 kuo³⁵	锅 kuo³⁵	茅房 mau⁵⁵faŋ⁵⁵ 茅楼儿 mau⁵⁵lour⁵⁵

	0310 檩 左右方向的	0311 柱子	0312 大门
西城	檩子 lin²¹tsɿ⁰	柱子 tʂu⁵¹tsɿ⁰	大门 ta⁵¹mən³⁵
通州	檩条儿 lin²¹tʰiɑor⁰	柱子 tʂu⁵¹tsɿ⁰	大门儿 ta⁵¹mər³⁵
大兴	檩条儿 lin²¹tʰiaur³⁵	柱臼= tʂu⁵¹tɕiou⁰	大门 ta⁵¹mən³⁵
房山	檩 lin²¹⁴	柱子 tʂu⁵¹tsɿ⁰	大门 ta⁵¹mən³⁵
门头沟	檩条儿 lin²¹tʰiaur³⁵	柱子 tʂu⁵¹tsɿ⁰	大门儿 ta⁵¹mər³⁵
昌平	檩条儿 lin²¹tʰiau³⁵	柱子 tʂu⁵³tsɿ⁰	正门儿 tʂəŋ⁵³mər³⁵
怀柔	檩 lin²¹⁴ 檩条儿 lin²¹tʰiaur³⁵	柱子 tʂu⁵¹tsɿ⁰	大门 ta⁵¹mən³⁵
密云	檩子 lin²¹³tsɿ⁰	柱子 tʂu⁵¹tsɿ⁰	大门儿 ta⁵¹mər³⁵
顺义	檩条儿 lin²¹tiaur³⁵	柱子 tʂu⁵¹tsɿ⁰	大门 ta⁵¹mən³⁵
延庆	檩 lin²¹⁴	柱子 tʂu⁵³tsə⁰	大门儿 ta²¹mər⁵⁵
平谷	檩 lin²¹³	柱子 tʂu⁵¹tsɿ⁰	大门 ta⁵¹mən⁵⁵

	0313 门槛儿	0314 窗 旧式的	0315 梯子 可移动的
西城	门槛儿 mən³⁵kʰɐr²¹⁴	窗户 tʂʰuaŋ⁵⁵xu⁰	梯子 tʰi⁵⁵tsɿ⁰
通州	门槛儿 mən³⁵kʰɐr²¹⁴	窗户 tʂʰuaŋ⁵⁵xu⁰	梯子 tʰi⁵⁵tsɿ⁰
大兴	门槛儿 mən³⁵kʰɐr²¹⁴	窗户 tʂʰuaŋ⁵⁵xu⁰	梯子 tʰi⁵⁵tsɿ⁰
房山	门槛儿 mən³⁵kʰɐr²¹⁴	窗户 tʂʰuaŋ⁵⁵xu⁰	梯子 tʰi⁵⁵tsɿ⁰
门头沟	门槛儿 mən³⁵kʰɐr²¹⁴	窗户 tʂʰuaŋ⁵⁵xu⁰	梯子 tʰi⁵⁵tsɿ⁰
昌平	门槛儿 mən³⁵kʰɐr²¹⁴	窗户 tʂʰuaŋ⁵⁵xu⁰	梯子 tʰi⁵⁵tsɿ⁰
怀柔	门槛儿 mən³⁵kʰɐr²¹⁴	窗户 tʂʰuaŋ⁵⁵xu⁰	梯子 tʰi⁵⁵tsɿ⁰
密云	门槛儿 mən³⁵kɐr²¹³	窗户 tʂʰuaŋ⁵⁵xu⁰	梯子 tʰi⁵⁵tsɿ⁰
顺义	门槛儿 mən³⁵kʰɐr²¹⁴	窗户 tʂʰuaŋ⁵⁵xu⁰	梯子 tʰi⁵⁵tsɿ⁰
延庆	门槛儿 mən⁵⁵tɕʰiɐr⁵³	窗户 tʂʰuaŋ⁴²xu⁰	梯子 tʰi⁴²tsə⁰
平谷	门槛儿 mən⁵⁵kʰɐr²¹³	窗户 tʂʰuaŋ³⁵xu⁰	梯子 tʰi³⁵tsɿ⁰

	0316 扫帚 统称⑫	0317 扫地	0318 垃圾
西城	笤荣⁼ tʰiau³⁵ʐuŋ⁰	扫地 sau²¹ti⁵¹	垃圾 la⁵⁵tɕi⁵⁵
通州	扫中⁼ sau⁵¹tʂuŋ⁰	扫地 sau²¹ti⁵¹	垃圾 la⁵⁵tɕi⁰
大兴	笤帚 tʰiau³⁵tʂou⁰ 小的 扫帚 sau⁵¹tʂou⁰ 大的	扫地 sau²¹ti⁵¹	垃圾 la⁵⁵tɕi⁵⁵
房山	扫粗⁼ sau⁵¹tsʰu⁰	扫地 sau²¹ti⁵¹	垃圾 la⁵⁵tɕi⁰
门头沟	笤槌⁼ tʰiau³⁵tʂʰuei⁰	扫地 sau²¹ti⁵¹	垃圾 la⁵⁵tɕi⁵⁵
昌平	笤帚 tʰiau³⁵ʂou⁰ 小的 扫帚 sau⁵³tʂou⁰ 大的	扫地 sau²¹ti⁵¹	地土 ti⁵³tʰu²¹⁴ 垃圾 la⁵⁵tɕi⁰
怀柔	扫帚 sau⁵¹tʂou⁰ 笤帚 tʰiau³⁵tʂou⁰	扫地 sau²¹ti⁵¹	垃圾 la⁵⁵tɕi⁵⁵
密云	扫帚 sau⁵¹tʂʰou⁰	扫地 sau²¹ti⁵¹	垃圾 la⁵⁵tɕi⁵⁵
顺义	扫帚 sau⁵¹tʂou⁰	扫地 sau²¹ti⁵¹	垃圾 la⁵⁵tɕi⁰
延庆	笤住⁼ tʰiao⁵⁵tʂu⁰ 小的 扫住⁼ sao⁵³tʂu⁰ 大的	掠地 lye⁴⁴ti⁵³ 扫地 sao²⁴ti⁵³	垃圾 la⁴⁴tɕi⁴²
平谷	扫出⁼ sau⁵¹tʂʰu⁰	扫地 sau²¹ti⁵¹	垃圾 la³⁵tɕi³⁵

词汇对照

	0319 家具 统称	0320 东西 我的~	0321 炕 土、砖砌的，睡觉用
西城	家具 tɕia⁵⁵tɕy⁰	东西 tuŋ⁵⁵ɕi⁰	炕 kʰaŋ⁵¹
通州	家具 tɕia⁵⁵tɕy⁵¹	东西 tuŋ⁵⁵ɕi⁰	炕 kʰaŋ⁵¹
大兴	家具 tɕia⁵⁵tɕy⁰	东西 tuŋ⁵⁵ɕi⁰	炕 kʰaŋ⁵¹
房山	家具 tɕia⁵⁵tɕy⁵¹	东西 tuŋ⁵⁵ɕi⁰	炕 kʰaŋ⁵¹
门头沟	家具 tɕia⁵⁵tɕy⁰	东西 tuŋ⁵⁵ɕi⁰	炕 kʰaŋ⁵¹
昌平	摆设 pai²¹ʂɤ⁵¹ 家具 tɕia⁵⁵tɕy⁰	东西 tuŋ⁵⁵ɕi⁰	炕 kʰaŋ⁵¹
怀柔	家具 tɕia⁵⁵tɕy⁵¹	东西 tuŋ⁵⁵ɕi⁰	炕 kʰaŋ⁵¹
密云	家具 tɕia⁵⁵tɕy⁰	东西 tuŋ⁵⁵ɕi⁰	炕 kʰaŋ⁵¹
顺义	家具 tɕia⁵⁵tɕy⁰	东西 tuŋ⁵⁵ɕi⁰	炕 kʰaŋ⁵¹
延庆	家具 tɕia⁴²tɕy⁰	东西 tuŋ⁴²ɕi⁰	炕 kʰaŋ⁵³
平谷	家具 tɕia³⁵tɕy⁵¹	东西 tuŋ⁵⁵ɕi⁰	炕 kʰaŋ⁵¹

	0322 床 木制的，睡觉用	0323 枕头	0324 被子
西城	床 tʂʰuaŋ³⁵	枕头 tʂən²¹tʰo⁰	被子 pei⁵¹tsʅ⁰
通州	床 tʂʰuaŋ³⁵	枕头 tʂən²¹tʰou⁰	被货 = pei⁵¹xuo⁰
大兴	床 tʂʰuaŋ³⁵	枕头 tʂən²¹tʰou⁰	被货 = pei⁵¹xuo⁰
房山	床 tʂʰuaŋ³⁵	枕头 tʂən²¹tʰou⁰	被货 = pei⁵¹xuo⁰
门头沟	床 tʂʰuaŋ³⁵	枕头 tʂən²¹tʰou⁰	被货 = pei⁵¹xuo⁰
昌平	床 tʂʰuaŋ³⁵	枕头 tʂən²¹tʰou⁰	被货 = pei⁵³xuə⁰
怀柔	床 tʂʰuaŋ³⁵	枕头 tʂən²¹tʰou⁰	被货 = pei⁵³xuə⁰
密云	床 tʂʰuaŋ³⁵	枕头 tʂən²¹³tʰou⁰	被货 = pei⁵¹xuo⁰
顺义	床 tʂʰuaŋ³⁵	枕头 tʂən²¹tʰou⁰	被货 = pei⁵¹xuo⁰
延庆	床 tʂʰuaŋ⁵⁵	枕头 tʂən²⁴tʰou⁰	被五 = pei⁵³u⁰
平谷	床 tʂʰuaŋ⁵⁵	枕头 tʂən²¹tʰou⁰	被货 = pei⁵¹xuo⁰

	0325 棉絮	0326 床单	0327 褥子
西城	棉絮 mian³⁵ɕy⁵¹	床单儿 tʂʰuaŋ³⁵tɐr⁵⁵	褥子 ʐu⁵¹tsɿ⁰
通州	棉花 mian³⁵xua⁰	床单儿 tʂʰuaŋ³⁵tɐr⁵⁵	褥子 ʐu⁵¹tsɿ⁰
大兴	棉花 mian³⁵xua⁰	褥单儿 ʐu⁵¹tɐr⁵⁵	褥子 ʐu⁵¹tsɿ⁰
房山	棉套 mian³⁵tʰau⁵¹	床单儿 tʂʰuaŋ³⁵tɐr⁵⁵	褥子 ʐu⁵¹tsɿ⁰
门头沟	棉花 mian³⁵xua⁰	床单儿 tʂʰuaŋ³⁵tɐr⁵⁵	褥子 ʐu⁵¹tsɿ⁰
昌平	棉花套 mian³⁵xua⁵⁵tʰau⁵¹	炕单子 kʰaŋ⁵³tan⁵⁵tsɿ⁰	褥子 ʐu⁵³tsɿ⁰
怀柔	被套儿 pei⁵¹tʰaur⁵¹	床单儿 tʂʰuaŋ³⁵tɐr⁵⁵	褥子 ʐu⁵¹tsɿ⁰
密云	棉花套子 mian³⁵xua⁰tʰau⁵¹tsɿ⁰	床单儿 tʂʰuaŋ³⁵tɐr⁵⁵	褥子 ʐu⁵¹tsɿ⁰
顺义	棉絮 mian³⁵ɕy⁵¹	床单儿 tʂʰuaŋ³⁵tɐr⁵⁵	褥子 ʐu⁵¹tsɿ⁰
延庆	被五⁼套 pei²¹u⁰tʰao⁵³	床单儿 tʂʰuaŋ⁵⁵tɐr⁴²	褥子 ʐu⁵³tsə⁰
平谷	棉花 miau⁵⁵xua⁰ 被套 pei⁵¹tʰau⁵¹	床单儿 tʂʰuaŋ⁵⁵tɐr³⁵	褥子 ʐu⁵¹tsɿ⁰

	0328 席子	0329 蚊帐	0330 桌子 统称
西城	凉席 liaŋ³⁵ɕi³⁵	蚊帐 uən³⁵tʂaŋ⁵¹	桌子 tʂuo⁵⁵tsɿ⁰
通州	席 ɕi³⁵	蚊帐儿 uən³⁵tʂãr⁰	桌子 tʂuo⁵⁵tsɿ⁰
大兴	席 ɕi³⁵	蚊帐 uən³⁵tʂaŋ⁵¹	桌子 tʂuo⁵⁵tsɿ⁰
房山	炕席 kʰaŋ⁵¹ɕi³⁵	蚊帐 uən³⁵tʂaŋ⁵¹	桌子 tʂuo⁵⁵tsɿ⁰
门头沟	炕席 kʰaŋ⁵¹ɕi³⁵	蚊帐 uən³⁵tʂaŋ⁵¹	桌子 tʂuo⁵⁵tsɿ⁰
昌平	凉席儿 liaŋ³⁵ɕiər³⁵	蚊帐儿 uən³⁵tʂãr⁵¹	桌子 tʂuo⁵⁵tsɿ⁰
怀柔	席子 ɕi³⁵tsɿ⁰ 炕席 kʰaŋ⁵¹ɕi³⁵	蚊帐儿 uən³⁵tʂãr⁵¹	桌子 tʂuo⁵⁵tsɿ⁰
密云	炕席 kʰaŋ⁵¹ɕi³⁵ 凉席 liaŋ³⁵ɕi³⁵	蚊帐儿 un³⁵tʂãr⁵¹	桌子 tʂuo⁵⁵tsɿ⁰
顺义	席子 ɕi³⁵tsɿ⁰	蚊帐儿 uən³⁵tʂãr⁵¹	桌子 tʂuo⁵⁵tsɿ⁰
延庆	席子 ɕi⁵⁵tsə⁰	蚊帐 vən⁵⁵tʂaŋ⁵³	桌子 tʂuo⁴²tsə⁰
平谷	炕席 kʰaŋ⁵¹ɕi⁵⁵ 凉席儿 liaŋ⁵⁵ɕiər⁵⁵	蚊帐子 uən⁵⁵tʂaŋ⁵¹tsɿ⁰	桌子 tʂuo³⁵tsɿ⁰

词汇对照

	0331 柜子统称	0332 抽屉桌子的	0333 案子长条形的
西城	柜子 kuei⁵¹tsʅ⁰	抽屉 tʂʰou⁵⁵tʰi⁰	条案 tʰiau³⁵an⁵¹
通州	柜子 kuei⁵¹tsʅ⁰	抽屉 tʂʰou⁵⁵tʰi⁰	案子 an⁵¹tsʅ⁰
大兴	柜子 kuei⁵¹tsʅ⁰	抽屉 tʂʰou⁵⁵tʰi⁰	条案 tʰiau³⁵an⁵¹ 架几案 tɕia⁵¹tɕi⁰an⁵¹
房山	柜子 kuei⁵¹tsʅ⁰	抽屉 tʂʰou⁵⁵tʰi·³⁵	案子 ŋan⁵¹tsʅ⁰
门头沟	柜子 kuei⁵¹tsʅ⁰	抽屉儿 tʂʰou⁵⁵tʰiər⁰	条案 tʰiau³⁵an⁵¹
昌平	柜 kuei⁵¹	抽屉儿 tʂʰou⁵⁵tʰiər⁰	条案 tʰiau³⁵an⁵¹ 条桌儿 tʰiau³⁵tʂuor⁵⁵
怀柔	柜子 kuei⁵¹tsʅ⁰	抽屉 tʂʰou⁵⁵tʰi⁰	案子 an⁵¹tsʅ⁰ 案子 nan⁵¹tsʅ⁰
密云	柜子 kuei⁵¹tsʅ⁰ 橱子 tʂʰu³⁵tsʅ⁰	抽屉儿 tʂʰou⁵⁵tʰiər⁰	案子 nan⁵¹tsʅ⁰
顺义	柜子 kuei⁵¹tsʅ⁰	抽屉 tʂʰou⁵⁵tʰi⁰	案子 an⁵¹tsʅ⁰
延庆	柜子 kuei⁵³tsə⁰	抽屉儿 tʂʰou⁴²tʰiər⁰	（无）
平谷	柜子 kuei⁵¹tsʅ⁰	抽屉 tʂʰou³⁵tʰi·⁵¹	条几 tʰiau⁵⁵tɕi³⁵ 条案 tʰiau⁵⁵nan⁵¹

	0334 椅子统称	0335 凳子统称	0336 马桶有盖的
西城	椅子 i²¹tsʅ⁰	凳子 təŋ⁵¹tsʅ⁰	马桶 ma³⁵tʰuŋ²¹⁴
通州	椅子 i²¹tsʅ⁰	凳子 təŋ⁵¹tsʅ⁰	马子 ma²¹tsʅ⁰ 陪嫁物品
大兴	椅子 i²¹tsʅ⁰	凳子 təŋ⁵¹tsʅ⁰	（无）
房山	椅子 i²¹tsʅ⁰	凳子 təŋ⁵¹tsʅ⁰	（无）
门头沟	椅子 i²¹tsʅ⁰	凳子 təŋ⁵¹tsʅ⁰	（无）
昌平	椅子 i²¹tsʅ⁰	板凳儿 pan²¹tə̃r⁵¹ 凳子 təŋ⁵³tsʅ⁰	脚盆 tɕiau²¹pʰən³⁵
怀柔	椅子 i²¹tsʅ⁰	凳子 təŋ⁵¹tsʅ⁰ 板凳儿 pan²¹tãr⁵¹	（无）
密云	椅子 i²¹³tsʅ⁰	凳子 təŋ⁵¹tsʅ⁰	马桶 ma³⁵tʰuŋ²¹³新
顺义	椅子 i²¹tsʅ⁰	凳子 təŋ⁵¹tsʅ⁰	马桶 ma³⁵tʰuŋ²¹⁴新
延庆	椅子 i²⁴tsə⁰	凳子 təŋ⁵³tsə⁰	马桶 ma⁵⁵tʰuŋ²¹⁴新
平谷	椅子 i²¹tsʅ⁰	凳子 təŋ⁵¹tsʅ⁰	（无）

	0337 菜刀	0338 瓢舀水的	0339 缸
西城	切菜刀 tɕʰie⁵⁵tsʰai⁵¹tau⁵⁵ 菜刀 tsʰai⁵¹tau⁵⁵	舀子 iau²¹tsɿ⁰	缸 kaŋ⁵⁵
通州	菜刀 tsʰai⁵¹tau⁵⁵	瓢 pʰiau³⁵	缸 kaŋ⁵⁵
大兴	菜刀 tsʰai⁵¹tau⁵⁵	瓢 pʰiau³⁵	缸 kaŋ⁵⁵
房山	切菜刀 tɕʰie⁵⁵tsʰai⁵¹tau⁵⁵	瓢 pʰiau³⁵	缸 kaŋ⁵⁵
门头沟	切菜刀 tɕʰie⁵⁵tsʰai⁵¹tau⁵⁵	水瓢儿 ʂuei²¹pʰiɑur³⁵	缸 kaŋ⁵⁵
昌平	菜刀 tsʰai⁵³tau⁵⁵	水瓢 ʂuei²¹pʰiau³⁵ 水舀子 ʂuei³⁵iau²¹tsɿ⁰	缸 kaŋ⁵⁵
怀柔	菜刀 tsʰai⁵¹tau⁵⁵ 切菜刀 tɕʰie⁵⁵tsʰai⁵¹tau⁵⁵	水瓢儿 ʂuei²¹pʰiaur³⁵	缸 kaŋ⁵⁵
密云	菜刀 tsʰai⁵¹tau⁵⁵	瓢 pʰiau³⁵	缸 kaŋ⁵⁵
顺义	菜刀 tsʰai⁵¹tau⁵⁵	瓢 pʰiau³⁵	缸 kaŋ⁵⁵
延庆	切菜刀 tɕʰie⁴⁴tsʰə⁴⁴tao⁴²	瓢 pʰiao⁵⁵	缸 kaŋ⁴²
平谷	菜刀 tsʰai⁵¹tau³⁵	瓢 pʰiau⁵⁵	缸 kaŋ³⁵

	0340 坛子装酒的~	0341 瓶子装酒的~	0342 盖子杯子的~
西城	坛子 tʰan³⁵tsɿ⁰	瓶子 pʰiŋ³⁵tsɿ⁰	盖儿 kɐr⁵¹
通州	坛子 tʰan³⁵tsɿ⁰	瓶儿 pʰiə̃r³⁵	盖儿 kɐr⁵¹
大兴	坛子 tʰan³⁵tsɿ⁰	瓶子 pʰiŋ³⁵tsɿ⁰	盖儿 kɐr⁵¹
房山	坛子 tʰan³⁵tsɿ⁰	瓶子 pʰiŋ³⁵tsɿ⁰	盖儿 kɐr⁵¹
门头沟	坛子 tʰan³⁵tsɿ⁰	瓶子 pʰiŋ³⁵tsɿ⁰	盖儿 kɐr⁵¹
昌平	坛子 tʰan³⁵tsɿ⁰	瓶子 pʰiŋ³⁵tsɿ⁰	盖儿 kɐr⁵¹
怀柔	坛子 tʰan³⁵tsɿ⁰	瓶子 pʰiŋ³⁵tsɿ⁰ 瓶儿 pʰiŋ³⁵tsɿ⁰	盖子 kai⁵¹tsɿ⁰ 盖儿 kɐr⁵¹
密云	坛子 tʰan³⁵tsɿ⁰	瓶子 pʰiŋ³⁵tsɿ⁰	盖儿 kɐr⁵¹
顺义	坛子 tʰan³⁵tsɿ⁰	瓶子 pʰiŋ³⁵tsɿ⁰	盖儿 kɐr⁵¹
延庆	坛子 tʰan⁵⁵tsə⁰	瓶子 pʰiŋ⁵⁵tsə⁰ 瓶儿 pʰiə̃r⁵⁵	盖儿 kɐr⁵³
平谷	坛子 tʰan⁵⁵tsɿ⁰	瓶子 pʰiŋ⁵⁵tsɿ⁰ 瓶儿 pʰiər⁵⁵	盖儿 kɐr⁵¹

词汇对照

	0343 碗(统称)	0344 筷子	0345 汤匙
西城	碗 uan²¹⁴	筷子 kʰuai⁵¹tsɿ⁰	羹匙 kəŋ⁵⁵tʂʰɿ³⁵
通州	碗 uan²¹⁴	筷子 kʰuai⁵¹tsɿ⁰	小勺儿 ɕiau²¹ʂaor³⁵
大兴	碗 uan²¹⁴	筷子 kʰuai⁵¹tsɿ⁰	羹匙儿 kəŋ⁵⁵tʂʰər³⁵
房山	碗 uan²¹⁴	筷子 kʰuai⁵¹tsɿ⁰	勺儿 ʂaur³⁵
门头沟	碗 uan²¹⁴	筷子 kʰuai⁵¹tsɿ⁰	勺儿 ʂaur³⁵
昌平	碗 uan²¹⁴	筷子 kʰuai⁵³tsɿ⁰	勺儿 ʂaor³⁵
怀柔	碗 uan²¹⁴	筷子 kʰuai⁵¹tsɿ⁰	勺儿 ʂaur³⁵
密云	碗儿 uɐr²¹³	筷子 kʰuai⁵¹tsɿ⁰	勺儿 ʂaor²¹³
顺义	碗 uan²¹⁴	筷子 kʰuai⁵¹tsɿ⁰	羹匙 kəŋ⁵⁵tʂʰɿ³⁵
延庆	碗 van²¹⁴	筷子 kʰuai⁵³tsə⁰	调羹儿 tʰiao⁵⁵kə̃r⁴²
平谷	碗 uan²¹³	筷子 kʰuai⁵¹tsɿ⁰	勺儿 ʂaur⁵⁵

	0346 柴火(统称)	0347 火柴	0348 锁
西城	柴火 tʂʰai³⁵xuə⁰	起灯儿 tɕʰi²¹tə̃r⁵⁵ 洋火 iaŋ³⁵xuo²¹⁴	锁 suo²¹⁴
通州	柴火 tʂʰai³⁵xuo⁰	起灯儿 tɕʰi²¹tə̃r⁵⁵ 洋火 iaŋ³⁵xuo²¹⁴	锁 suo²¹⁴
大兴	柴火 tʂʰai³⁵xuo⁰	取灯儿 tɕʰy²¹tə̃r⁵⁵ 洋火儿 iaŋ³⁵xuɐr²¹⁴	锁 suo²¹⁴
房山	柴火 tʂʰai³⁵xuo⁰	洋火 iaŋ³⁵xuo²¹⁴	锁 suo²¹⁴
门头沟	柴火 tʂʰai³⁵xuo⁰	起灯儿 tɕʰi²¹tə̃r⁵⁵	锁 suo²¹⁴
昌平	柴火 tʂʰai³⁵xuə⁰	起灯儿 tɕʰi²¹tə̃r⁵⁵ 洋火 iaŋ³⁵xuo²¹⁴	锁 suo²¹⁴
怀柔	柴火 tʂʰai³⁵xuo⁰	起灯儿 tɕʰi²¹tə̃r⁵⁵ 洋火 iaŋ³⁵xuo²¹⁴	锁 suo²¹⁴
密云	柴火 tʂʰai³⁵xuo⁰	烟火儿 ian⁵⁵xuor²¹³ 洋火儿 iaŋ³⁵xuɐr²¹³ 取灯儿 tɕʰy²¹tə̃r⁵⁵	锁 suo²¹³
顺义	柴火 tʂʰai³⁵xuə⁰	起灯儿 tɕʰi²¹tã̃r⁵⁵ 洋火 iaŋ³⁵xuo²¹⁴	锁 suo²¹⁴
延庆	柴火 tʂʰai⁵⁵xuo⁰	起灯儿 tɕʰi²⁴tə̃r⁴² 洋起灯儿 iaŋ⁵⁵tɕʰi²⁴tə̃r⁴²	锁子 suo²⁴tsə⁰
平谷	柴火 tʂʰai⁵⁵xuo⁰	洋火 iaŋ⁵⁵xuo²¹³ 起灯儿 tɕʰi²¹tɤr³⁵	锁 suo²¹³

	0349 钥匙	0350 暖水瓶	0351 脸盆
西城	钥匙 iau⁵¹ʂʅ⁰	暖壶 nuan²¹xu³⁵	洗脸盆儿 ɕi³⁵lian²¹pʰər³⁵
通州	钥匙 iau⁵¹ʂʅ⁰	暖壶 nuan²¹xu³⁵	脸盆儿 lian²¹pʰər³⁵
大兴	钥匙 iau⁵¹ʂʅ⁰	暖壶 nuan²¹xu³⁵	脸盆儿 lian²¹pʰər³⁵
房山	钥匙 iau⁵¹ʂʅ⁰	暖壶 nuan²¹xu³⁵	洗脸盆 ɕi³⁵lian²¹pʰən³⁵
门头沟	钥匙 iau⁵¹ʂʅ⁰	暖壶 nuan²¹xu³⁵	洗脸盆儿 ɕi³⁵lian²¹pʰər³⁵
昌平	钥匙 iau⁵³ʂʅ⁰	暖壶 nuan²¹xu³⁵	脸盆儿 lian²¹pʰər³⁵
怀柔	钥匙 iau⁵¹ʂʅ⁰	暖壶 nuan²¹xu³⁵/nan²¹xu³⁵	脸盆儿 lian²¹pʰər³⁵
密云	钥匙 iau⁵¹ʂʅ⁰	暖壶 nuan²¹xu³⁵	脸盆儿 lian²¹pʰər³⁵
顺义	钥匙 iau⁵¹ʂʅ⁰	暖壶 nan²¹xu³⁵	脸盆儿 lian²¹pʰər³⁵
延庆	钥匙 iao⁵³ʂʅ⁰	暖壶 nan²⁴xu⁵⁵	洗脸盆子 ɕi⁵⁵lian⁰pʰən⁵⁵tsə⁰
平谷	钥匙 iau⁵¹ʂʅ⁰	暖壶 nan²¹xu⁵⁵	洗脸盆儿 ɕi³⁵lian²¹pʰər⁵⁵ 脸盆儿 lian²¹pʰər⁵⁵

	0352 洗脸水	0353 毛巾 洗脸用	0354 手绢
西城	洗脸水 ɕi³⁵lian³⁵ʂuei²¹⁴	手巾 ʂou²¹tɕin⁰	手绢儿 ʂou²¹tɕyɐr⁵¹
通州	洗脸水 ɕi³⁵lian³⁵ʂuei²¹⁴	手巾 ʂou²¹tɕin⁰	手绢儿 ʂou²¹tɕyɐr⁵¹
大兴	洗脸水 ɕi³⁵lian³⁵ʂuei²¹⁴	手巾 ʂou²¹tɕin⁰	手绢儿 ʂou²¹tɕyɐr⁵¹
房山	洗脸水 ɕi³⁵lian²¹ʂuei²¹⁴	手巾 ʂou²¹tɕin⁰	手绢儿 ʂou²¹tɕyɐr⁵¹
门头沟	洗脸水 ɕi³⁵lian³⁵ʂuei²¹⁴	手巾 ʂou²¹tɕin⁰	手绢儿 ʂou²¹tɕyɐr⁵¹
昌平	洗脸水 ɕi²¹lian³⁵ʂuei²¹⁴	手巾 ʂou²¹tɕin⁵⁵	手绢儿 ʂou²¹tɕyɐr⁵¹
怀柔	洗脸水 ɕi⁵⁵lian⁵⁵ʂuei²¹⁴	手巾 sou²¹tɕin⁰	手绢儿 sou²¹tɕyɐr⁵¹
密云	洗脸水儿 ɕi³⁵lian³⁵ʂuər²¹³	手巾 ʂou²¹³tɕin⁰	手绢儿 ʂou²¹tɕyɐr⁵¹
顺义	洗脸水 ɕi³⁵lian³⁵ʂuei²¹⁴	手巾 ʂou²¹tɕin⁰	手绢儿 ʂou²¹tɕyɐr⁵¹
延庆	洗脸水 ɕi⁵⁵lian⁰ʂuei²¹⁴	手巾 ʂou²⁴tɕin⁰	手绢儿 ʂou²⁴tɕyɐr⁴²
平谷	洗脸水 ɕi³⁵lian²¹ʂuei²¹³	手巾 ʂou²¹tɕin⁰	手绢儿 ʂou²¹tɕyɐr⁵¹

词汇对照

	0355 肥皂洗衣服用	0356 梳子旧式的，不是篦子	0357 缝衣针
西城	胰子 i³⁵tsʅ⁰	拢子 luŋ²¹tsʅ⁰ 梳子 ʂu⁵⁵tsʅ⁰	针 tʂən⁵⁵
通州	胰子 i³⁵tsʅ⁰	拢子 luŋ²¹tsʅ⁰ 梳子 ʂu⁵⁵tsʅ⁰	针 tʂən⁵⁵
大兴	胰子 i³⁵tsʅ⁰	拢梳儿 luŋ²¹ʂur⁰	针 tʂən⁵⁵
房山	胰子 i³⁵tsʅ⁰	拢梳儿 luŋ²¹ʂur⁵⁵	针 tʂən⁵⁵
门头沟	胰子 i³⁵tsʅ⁰	拢子 luŋ²¹tsʅ⁰	针 tʂən⁵⁵
昌平	胰子 i³⁵tsʅ⁰	梳子 ʂu⁵⁵tsʅ⁰	针 tʂən⁵⁵
怀柔	胰子 i³⁵tsʅ⁰	拢子 luŋ²¹tsʅ⁰ 拢梳 luŋ²¹ʂu⁰	针 tʂən⁵⁵
密云	胰子 i³⁵tsʅ⁰	拢梳 luŋ²¹³ʂu⁰	针 tʂən⁵⁵
顺义	胰子 i³⁵tsʅ⁰	拢梳 luŋ²¹ʂu⁰	针 tʂən⁵⁵
延庆	胰子 i⁵⁵tsə⁰	梳子 ʂu⁴²tsə⁰	针 tʂən⁴²
平谷	胰子 i⁵⁵tsʅ⁰	拢梳儿 loŋ²¹ʂur³⁵	针 tʂən³⁵

	0358 剪子	0359 蜡烛	0360 手电筒
西城	剪子 tɕian²¹tsʅ⁰	蜡 la⁵¹	电棒儿 tian⁵³pãr⁵¹
通州	剪子 tɕian²¹tsʅ⁰	蜡 la⁵¹	电棒儿 tian⁵³pãr⁵¹
大兴	剪子 tɕian²¹tsʅ⁰	蜡 la⁵¹	电棒儿 tian⁵³pãr⁵¹
房山	剪子 tɕian²¹tsʅ⁰	蜡 la⁵¹	电棒儿 tian⁵³pãr⁵¹
门头沟	剪子 tɕian²¹tsʅ⁰	蜡 la⁵¹	电棒儿 tian⁵³pãr⁵¹
昌平	剪子 tɕian²¹tsʅ⁰	蜡 la⁵¹	电棒儿 tian⁵³pãr⁵¹
怀柔	剪子 tɕian²¹tsʅ⁰	蜡 la⁵¹	手棒儿 ʂou²¹pãr⁵¹
密云	剪子 tɕian²¹³tsʅ⁰	蜡 la⁵¹	电棒儿 tian⁵³pãr⁵¹ 手电 ʂou²¹tian⁵¹
顺义	剪子 tɕian²¹tsʅ⁰	蜡 la⁵¹	电棒儿 tian⁵³pãr⁵¹
延庆	剪子 tɕian²⁴tsə⁰	蜡 la⁵³	电棒儿 tian²⁴pãr⁵³ 手电 ʂou²⁴tian⁵³
平谷	剪子 tɕian²¹tsʅ⁰	蜡 la⁵¹	电棒儿 tian⁵¹pɑr⁵¹

	0361 雨伞挡雨的,统称	0362 自行车	0363 衣服统称
西城	雨伞 y³⁵ san²¹⁴	自行车 tsʅ⁵¹ ɕiŋ³⁵ tʂʰɤ⁵⁵	衣裳 i⁵⁵ ʂaŋ⁰
通州	雨伞 y³⁵ san²¹⁴	洋车 iaŋ³⁵ tʂʰɤ⁵⁵	衣裳 i⁵⁵ ʂaŋ⁰
大兴	雨伞 y³⁵ san²¹⁴	自行车儿 tsʅ⁵¹ ɕiŋ³⁵ tʂʰɤr⁵⁵	衣裳 i⁵⁵ ʂaŋ⁰
房山	伞 san²¹⁴	洋车 iaŋ³⁵ tʂʰɤ⁵⁵	衣裳 i⁵⁵ ʂaŋ⁰
门头沟	伞 san²¹⁴	自行车儿 tsʅ⁵¹ ɕiŋ³⁵ tʂʰɤr⁵⁵	衣裳 i⁵⁵ ʂaŋ⁰
昌平	伞 san²¹⁴	洋车 iaŋ³⁵ tʂʰɤ⁵⁵	衣裳 i⁵⁵ ʂaŋ⁰
怀柔	雨伞 y³⁵ san²¹⁴	洋车 iaŋ³⁵ tʂʰə⁵⁵ 两轮儿车 liaŋ²¹ luər³⁵ tʂʰə⁵⁵ 自行车儿 tsʅ⁵¹ ɕiŋ⁰ tʂʰɤr⁵⁵	衣裳 i⁵⁵ ʂaŋ⁰
密云	伞 san²¹³	自行车 tsʅ⁵¹ ɕiŋ⁰ tʂʰɤ⁵⁵	衣裳 i⁵⁵ ʂəŋ⁰
顺义	雨伞 y³⁵ san²¹⁴	自行车儿 tsʅ⁵¹ ɕiŋ³⁵ tʂʰɤr⁵⁵	衣裳 i⁵⁵ ʂaŋ⁰
延庆	伞 san²¹⁴	洋车 iaŋ⁵⁵ tʂʰɤ⁴² 自行车 tsʅ²¹ ɕiŋ⁵⁵ tʂʰɤ⁴²	衣裳 i⁴² ʂaŋ⁰
平谷	伞 san²¹³	洋车 iaŋ⁵⁵ tʂʰɤ³⁵ 自行车 tsʅ⁵¹ ɕiŋ⁵⁵ tʂʰɤ³⁵	衣裳 i³⁵ ʂaŋ⁰

	0364 穿~衣服	0365 脱~衣服	0366 系~鞋带
西城	穿 tʂʰuan⁵⁵	脱 tʰuo⁵⁵	系 tɕi⁵¹
通州	穿 tʂʰuan⁵⁵	脱 tʰuo⁵⁵	系 tɕi⁵¹
大兴	穿 tʂʰuan⁵⁵	脱 tʰuo⁵⁵	系 tɕi⁵¹
房山	穿 tʂʰuan⁵⁵	脱 tʰuo⁵⁵	系 tɕi⁵¹
门头沟	穿 tʂʰuan⁵⁵	脱 tʰuo⁵⁵	系 tɕi⁵¹
昌平	穿 tʂʰuan⁵⁵	脱 tʰuo⁵⁵	系 tɕi⁵¹
怀柔	穿 tʂʰuan⁵⁵	脱 tʰuo⁵⁵	系 tɕi⁵¹
密云	穿 tʂʰuan⁵⁵	脱 tʰuo⁵⁵	系 tɕi⁵¹
顺义	穿 tʂʰuan⁵⁵	脱 tʰuo⁵⁵	系 tɕi⁵¹
延庆	穿 tʂʰuan⁴²	脱 tʰuo⁴²	系 tɕi⁵³
平谷	穿 tʂʰuan³⁵	脱 tʰuo³⁵	系 tɕi⁵¹

词汇对照

	0367 衬衫	0368 背心 带两条杠的,内衣	0369 毛衣
西城	汗衬儿 xan⁵¹tʂʰər⁵¹	背心儿 pei⁵¹ɕiər⁵⁵	毛衣 mau³⁵i⁵⁵
通州	汗衫儿 xan⁵¹ʂɐr⁵⁵	背心儿 pei⁵¹ɕiər⁵⁵	毛衣 mau³⁵i⁵⁵
大兴	汗衫儿 xan⁵¹tʂʰɐr⁵¹	背心儿 pei⁵¹ɕiər⁵⁵	毛衣 mau³⁵i⁵⁵
房山	衬衫 tʂʰən⁵¹ʂan⁵⁵	背心儿 pei⁵¹ɕiər⁵⁵	毛衣 mau³⁵i⁵⁵
门头沟	汗褟儿 xan⁵¹tʰɐr⁵⁵	背心儿 pei⁵¹ɕiər⁵⁵	毛衣 mau³⁵i⁵⁵
昌平	衬衣 tʂʰən⁵³i⁵⁵	背心儿 pei⁵³ɕiər⁵⁵	毛衣 mau³⁵i⁵⁵
怀柔	汗衫 xan⁵¹ʂan⁵⁵	背心儿 pei⁵¹ɕiər⁵⁵	毛衣 mau³⁵i⁵⁵
密云	汗衫儿 xan⁵¹ʂɐr⁵⁵	背心儿 pei⁵¹ɕiər⁵⁵	毛衣 mau³⁵i⁵⁵
顺义	汗衫儿 xan⁵¹ʂɐr⁵⁵	背心儿 pei⁵¹ɕiər⁵⁵	毛衣 mau³⁵i⁵⁵
延庆	衬袄儿 tʂʰən²¹ŋɑor²¹⁴	背心儿 pei⁵³ɕiər⁴²	毛衣 mao⁵⁵i⁴²
平谷	汗衫 xan⁵¹ʂan³⁵ 衬衣 tʂʰən⁵¹i³⁵	背心儿 pei⁵¹ɕiər³⁵	毛衣 mau⁵⁵i³⁵

	0370 棉衣	0371 袖子	0372 口袋 衣服上的
西城	棉袄 mian³⁵au²¹⁴	袖子 ɕiou⁵¹tsɿ⁰	兜儿 tour⁵⁵ 口袋 kʰou²¹tɛ⁰
通州	棉衣裳 mian³⁵i⁵⁵ʂaŋ⁰	袖子 ɕiou⁵¹tsɿ⁰	兜儿 tour⁵⁵
大兴	棉袄 mian³⁵ŋau²¹⁴	袖子 ɕiou⁵¹tsɿ⁰	兜儿 tour⁵⁵
房山	棉衣 mian³⁵i⁵⁵	袖子 ɕiou⁵¹tsɿ⁰	兜儿 tour⁵⁵
门头沟	棉袄 mian³⁵au²¹⁴	袄袖子 au²¹ɕiou⁵¹tsɿ⁰	兜儿 tour⁵⁵
昌平	棉袄 mian³⁵au²¹⁴	袖子 ɕiou⁵³tsɿ⁰	兜儿 tour⁵⁵
怀柔	棉衣裳 mian³⁵i⁵⁵ʂaŋ⁰	袖子 ɕiou⁵¹tsɿ⁰	口袋儿 kʰou²¹tɐr⁰ 兜儿 tour⁵⁵
密云	棉衣 mian³⁵i⁵⁵	袖子 ɕiou⁵¹tsɿ⁰	口袋 kʰou²¹³tai⁰
顺义	棉袄 mian³⁵au²¹⁴	袖子 ɕiou⁵¹tsɿ⁰	兜儿 tour⁵⁵ 口袋儿 kʰou²¹tɐr⁰
延庆	棉袄 mian⁵⁵ŋao²¹⁴	袖子 ɕiou⁵³tsə⁰	口袋儿 kʰou²⁴tɐr⁰
平谷	棉衣 mian⁵⁵i³⁵	袖子 ɕiou⁵¹tsɿ⁰	口袋儿 kʰou²¹tɐr⁵¹

	0373 裤子	0374 短裤外穿的	0375 裤腿
西城	裤子 kʰu⁵¹tsʅ⁰	裤衩儿 kʰu⁵¹tʂʰɐr²¹⁴	裤腿儿 kʰu⁵¹tʰuər²¹⁴
通州	裤子 kʰu⁵¹tsʅ⁰	裤衩儿 kʰu⁵¹tʂʰar²¹⁴	裤腿儿 kʰu⁵¹tʰuər²¹⁴
大兴	裤子 kʰu⁵¹tsʅ⁰	裤衩儿 kʰu⁵¹tʂʰɐr²¹⁴	裤腿儿 kʰu⁵¹tʰuər²¹⁴
房山	裤子 kʰu⁵¹tsʅ⁰	裤衩儿 kʰu⁵¹tʂʰɐr²¹⁴	裤腿儿 kʰu⁵¹tʰuər²¹⁴
门头沟	裤子 kʰu⁵¹tsʅ⁰	裤衩儿 kʰu⁵¹tʂʰɐr²¹⁴	裤腿儿 kʰu⁵¹tʰuər²¹⁴
昌平	裤子 kʰu⁵³tsʅ⁰	裤衩儿 kʰu⁵³tʂʰar²¹⁴	裤腿儿 kʰu⁵³tʰuər²¹⁴
怀柔	裤子 kʰu⁵¹tsʅ⁰	裤衩儿 kʰu⁵¹tʂʰɐr²¹⁴	裤腿儿 kʰu⁵¹tʰuər²¹⁴
密云	裤子 kʰu⁵¹tsʅ⁰	裤衩儿 kʰu⁵¹tʂʰɐr²¹³	裤腿儿 kʰu⁵¹tʰuər²¹³
顺义	裤子 kʰu⁵¹tsʅ⁰	裤衩儿 kʰu⁵¹tʂʰar²¹⁴	裤腿儿 kʰu⁵¹tʰuər²¹⁴
延庆	裤子 kʰu⁵³tsə⁰	裤衩儿 kʰu²¹tʂʰɐr²¹⁴	裤腿儿 kʰu²¹tʰuər²¹⁴
平谷	裤子 kʰu⁵¹tsʅ⁰	裤衩儿 kʰu⁵¹tʂʰar²¹³	裤腿儿 kʰu⁵¹tʰuər²¹³

	0376 帽子统称	0377 鞋子	0378 袜子
西城	帽子 mau⁵¹tsʅ⁰	鞋 ɕie³⁵	袜子 ua⁵¹tsʅ⁰
通州	帽子 mau⁵¹tsʅ⁰	鞋 ɕie³⁵	袜子 ua⁵¹tsʅ⁰
大兴	帽子 mau⁵¹tsʅ⁰	鞋 ɕie³⁵	袜子 ua⁵¹tsʅ⁰
房山	帽子 mau⁵¹tsʅ⁰	鞋 ɕie³⁵	袜子 ua⁵¹tsʅ⁰
门头沟	帽子 mau⁵¹tsʅ⁰	鞋 ɕie³⁵	袜子 ua⁵¹tsʅ⁰
昌平	帽子 mau⁵³tsʅ⁰	鞋 ɕie³⁵	袜子 ua⁵³tsʅ⁰
怀柔	帽子 mau⁵¹tsʅ⁰	鞋 ɕie³⁵	袜子 ua⁵¹tsʅ⁰
密云	帽子 mau⁵¹tsʅ⁰	鞋 ɕie³⁵	袜子 ua⁵¹tsʅ⁰
顺义	帽子 mau⁵¹tsʅ⁰	鞋 ɕie³⁵	袜子 ua⁵¹tsʅ⁰
延庆	帽子 mao⁵³tsə⁰	鞋 ɕie⁵⁵	袜子 va⁵³tsə⁰
平谷	帽子 mau⁵¹tsʅ⁰	鞋 ɕie⁵⁵	袜子 ua⁵¹tsʅ⁰

词汇对照

	0379 围巾	0380 围裙	0381 尿布
西城	围巾 uei³⁵tɕin⁵⁵	围裙 uei³⁵tɕʰyn⁰	褯子 tɕie⁵¹tsʅ⁰
通州	围脖儿 uei³⁵pɤr³⁵	围裙 uei³⁵tɕʰyn⁰	褯子 tɕie⁵¹tsʅ⁰
大兴	围脖儿 uei³⁵por³⁵	围裙 uei³⁵tɕʰyn⁰	褯子 tɕie⁵¹tsʅ⁰
房山	围脖儿 uei³⁵pʌr³⁵	围裙 uei³⁵tɕʰyn⁰	褯子 tɕie⁵¹tsʅ⁰
门头沟	围脖儿 uei³⁵por³⁵	围裙 uei³⁵tɕʰyn³⁵	褯子 tɕie⁵¹tsʅ⁰
昌平	围脖 uei³⁵po³⁵	围裙 uei³⁵tɕʰyn⁰	褯子 tɕie⁵³tsʅ⁰
怀柔	围脖儿 uei³⁵por³⁵	围裙 uei³⁵tɕʰyn⁰	褯子 tɕie⁵¹tsʅ⁰
密云	围巾 uei³⁵tɕin⁵⁵ 女用 围脖儿 uei³⁵por³⁵ 男用	围裙 uei³⁵tɕʰyn⁰	褯子 tɕie⁵¹tsʅ⁰
顺义	围脖儿 uei³⁵por³⁵	围裙 uei³⁵tɕʰyn⁰	褯子 tɕie⁵¹tsʅ⁰
延庆	围脖儿 vei⁵⁵pɤr⁵⁵	围裙儿 vei⁵⁵tɕʰyər⁰	尿褯子 ȵiao²⁴tɕie⁵³tsə⁰
平谷	围脖儿 uei⁵⁵puor⁵⁵ 男用	围裙 uei⁵⁵tɕʰyn⁰	褯子 tɕie⁵¹tsʅ⁰

	0382 扣子	0383 扣~扣子	0384 戒指
西城	扣子 kʰou⁵¹tsʅ⁰ 扣儿 kʰour⁵¹	扣 kʰou⁵¹	镏子 liou⁵¹tsʅ⁰
通州	扣儿 kʰour⁵¹	扣 kʰou⁵¹	镏子 liou⁵¹tsʅ⁰
大兴	扣儿 kʰour⁵¹	扣 kʰou⁵¹	镏子 liou⁵¹tsʅ⁰
房山	扣儿 kʰour⁵¹	系 tɕi⁵¹	戒指 tɕie⁵¹tʂʅ⁰
门头沟	扣子 kʰou⁵¹tsʅ⁰	系 tɕi⁵¹	镏子 liou⁵¹tsʅ⁰
昌平	扣子 kʰou⁵³tsʅ⁰	系 tɕi⁵¹	戒指 tɕie⁵³tʂʅ⁰
怀柔	扣子 kʰou⁵¹tsʅ⁰ 纽襻儿 niou²¹pʰɐr⁵¹ 老式	扣 kʰou⁵¹	手镏子 ʂou²¹liou⁵¹tsʅ⁰ 戒指 tɕie⁵¹tʂʅ⁰
密云	扣儿 kʰour⁵¹	扣 kʰou⁵¹	手镏子 ʂou²¹liou⁵¹tsʅ⁰
顺义	扣子 kʰou⁵¹tsʅ⁰ 扣儿 kʰour⁵¹	扣 kʰou⁵¹	镏子 liou⁵¹tsʅ⁰
延庆	扣子 kʰou⁵³tsə⁰ 蒜疙瘩 suan²¹kɤ⁴²ta⁰ 老式	扣 kʰou⁵³	手镏子 ʂou²⁴liou⁵³tsə⁰ 戒指 tɕie⁵¹tʂʅ⁰
平谷	扣子 kʰou⁵¹tsʅ⁰	扣 kʰou⁵¹	戒指 tɕie⁵¹tʂʅ⁰

	0385 手镯	0386 理发	0387 梳头
西城	镯子 tʂuo³⁵tsʅ⁰	剃头 tʰi⁵¹tʰou³⁵	梳头 ʂu⁵⁵tʰou³⁵
通州	镯子 tʂuo³⁵tsʅ⁰	推头 tʰuei⁵⁵tʰou³⁵ 剃头 tʰi⁵¹tʰou³⁵	梳头 ʂu⁵⁵tʰou³⁵
大兴	镯子 tʂuo³⁵tsʅ⁰	剃头 tʰi⁵¹tʰou³⁵ 推头 tʰuei⁵⁵tʰou³⁵	梳头 ʂu⁵⁵tʰou³⁵
房山	镯子 tʂuo³⁵tsʅ⁰	推头 tʰuei⁵⁵tʰou³⁵	梳头 ʂu⁵⁵tʰou³⁵
门头沟	镯子 tʂuo³⁵tsʅ⁰	剃头 tʰi⁵¹tʰou³⁵ 推头 tʰuei⁵⁵tʰou³⁵	梳头 ʂu⁵⁵tʰou³⁵
昌平	镯子 tʂuo³⁵tsʅ⁰	推头 tʰuei⁵⁵tʰou³⁵	梳头 ʂu⁵⁵tʰou³⁵
怀柔	镯子 tʂuo³⁵tsʅ⁰	推头 tʰuei⁵⁵tʰou³⁵ 剃头 tʰi⁵¹tʰou³⁵	梳头 ʂu⁵⁵tʰou³⁵ 拢头 luŋ²¹tʰou³⁵
密云	镯子 tʂuo³⁵tsʅ⁰	剃头 tʰi⁵¹tʰou³⁵	拢头 luŋ²¹tʰou³⁵
顺义	镯子 tʂuo³⁵tsʅ⁰	剃头 tʰi⁵¹tʰou³⁵ 推头 tʰuei⁵⁵tʰou³⁵	梳头 ʂu⁵⁵tʰou³⁵
延庆	镯子 tʂuo⁵⁵tsə⁰	推头 tʰuei⁴⁴tʰou⁵⁵	梳头 ʂu⁴⁴tʰou⁵⁵
平谷	镯子 tʂuo⁵⁵tsʅ⁰	剃头 tʰi⁵¹tʰou⁵⁵	梳头 ʂu³⁵tʰou⁵⁵

	0388 米饭	0389 稀饭用米熬的，统称	0390 面粉麦子磨的，统称
西城	米饭 mi²¹fan⁵¹	粥 tʂou⁵⁵	白面 pai³⁵mian⁵¹
通州	米饭 mi²¹fan⁵¹	稀饭 ɕi⁵⁵fan⁵¹ 粥 tʂou⁵⁵	白面 pai³⁵mian⁵¹
大兴	米饭 mi²¹fan⁵¹	粥 tʂou⁵⁵	白面 pai³⁵mian⁵¹
房山	米饭 mi²¹fan⁵¹	粥 tʂou⁵⁵	白面 pai³⁵mian⁵¹
门头沟	米饭 mi²¹fan⁵¹	粥 tʂou⁵⁵	白面儿 pai³⁵miɚ⁵¹
昌平	米饭 mi²¹fan⁵¹	粥 tʂou⁵⁵	面 mian⁵¹
怀柔	米饭 mi²¹fan⁵¹	稀饭 ɕi⁵⁵fan⁵¹ 粥 tʂou⁵⁵	面 mian⁵¹ 面粉 mian⁵¹fən²¹⁴
密云	米饭 mi²¹fan⁵¹	粥 tʂou⁵⁵	白面 pai³⁵mian⁵¹
顺义	米饭 mi²¹fan⁵¹	粥 tʂou⁵⁵	白面 pai³⁵mian⁵¹
延庆	米饭 mi²⁴fan⁵³	稀粥 ɕi⁴²tʂou⁰ 粥 tʂou⁴²	白面 pai⁵⁵mian⁵³
平谷	米饭 mi²¹fan⁵¹	水饭 ʂuei²¹fan⁵¹稀的，不放碱 粥 tʂou³⁵稠的，放碱	白面 pai⁵⁵mian⁵¹

词汇对照

	0391 面条统称	0392 面儿玉米~，辣椒~	0393 馒头无馅的，统称
西城	面条儿 mian⁵¹tʰiaor³⁵	面儿 miɐr⁵¹	馒头 man³⁵tʰo⁰
通州	面条儿 mian⁵¹tʰiaor³⁵	面儿 miɐr⁵¹	馒头 man³⁵tʰou⁰
大兴	面条儿 mian⁵¹tʰiaor³⁵	面儿 miɐr⁵¹	馒头 man³⁵tʰou⁰
房山	面条儿 mian⁵¹tʰiɑur³⁵	面儿 miɐr⁵¹	包子 pau⁵⁵tsʅ⁰旧 馒头 man³⁵tʰou⁰
门头沟	面 mian⁵¹	面儿 miɐr⁵¹	馒头 man³⁵tʰou⁰
昌平	面条儿 mian⁵³tʰiaor³⁵	面儿 miɐr⁵¹	馒头 man³⁵tʰou⁰
怀柔	面条儿 mian⁵¹tʰiɑur³⁵	面儿 miɐr⁵¹	馒头 man³⁵tʰou⁰
密云	面条儿 mian⁵¹tʰiaor³⁵	面儿 miɐr⁵¹	馒头 man³⁵tʰou⁰
顺义	面条儿 mian⁵¹tʰiɑur³⁵	面儿 miɐr⁵¹	馒头 man³⁵tʰou⁰
延庆	面 mian⁵³	面儿 miɐr⁵³	馒头 man⁵⁵tʰou⁰
平谷	面条儿 mian⁵¹tʰiɑur⁵⁵	面儿 miɐr⁵¹	馒头 man⁵⁵tʰou⁰

	0394 包子	0395 饺子	0396 馄饨
西城	包子 pau⁵⁵tsʅ⁰	饺子 tɕiau²¹tsʅ⁰	馄饨 xuən³⁵tʰuən⁰
通州	包子 pau⁵⁵tsʅ⁰	煮饽饽 tʂu²¹po⁵⁵po⁰ 饺子 tɕiau²¹tsʅ⁰	馄饨 xuən³⁵tuən⁰
大兴	包子 pau⁵⁵tsʅ⁰	饺子 tɕiau²¹tsʅ⁰	馄饨 xuən³⁵tuən⁰
房山	包子 pau⁵⁵tsʅ⁰	饺子 tɕiau²¹⁴tsʅ⁰	馄饨 xuən³⁵tʰuən⁰
门头沟	包子 pau⁵⁵tsʅ⁰	煮饽饽 tʂu²¹po⁵⁵po⁰	馄饨 xuən³⁵tuən⁰
昌平	包子 pau⁵⁵tsʅ⁰	饺子 tɕiau²¹tsʅ⁰	馄饨 xuən³⁵tuən⁰
怀柔	包子 pau⁵⁵tsʅ⁰	饺子 tɕiau²¹tsʅ⁰	馄饨 xuən³⁵tʰuən⁰
密云	包子 pau⁵⁵tsʅ⁰	饺子 tɕiau²¹³tsʅ⁰	馄饨 xun³⁵tun⁰
顺义	包子 pau⁵⁵tsʅ⁰	饺子 tɕiau²¹tsʅ⁰	馄饨 xuən³⁵tuən⁰
延庆	包子 pao⁴²tsə⁰	饺子 tɕiao²⁴tsə⁰	馄饨 xuən⁵⁵tʰuən⁰
平谷	包子 pau³⁵tsʅ⁰	饺子 tɕiau²¹tsʅ⁰	馄饨 xuən³⁵tuən⁰

	0397 馅儿	0398 油条 长条形的，旧称	0399 豆浆
西城	馅儿 ɕiɐr⁵¹	馃子 kuo²¹ tsʅ⁰ 油炸馃儿 iou³⁵ tʂa³⁵ kuor⁰	豆浆 tou⁵¹ tɕiaŋ⁵⁵
通州	馅儿 ɕiɐr⁵¹	油炸鬼 iou³⁵ tʂa³⁵ kuei²¹⁴	豆浆 tou⁵¹ tɕiaŋ⁵⁵
大兴	馅儿 ɕiɐr⁵¹	油条儿 iou³⁵ tʰiɑor³⁵	豆浆 tou⁵¹ tɕiaŋ⁵⁵
房山	馅儿 ɕiɐr⁵¹	油条 iou³⁵ tʰiau³⁵	豆浆 tou⁵¹ tɕiaŋ⁵⁵
门头沟	馅儿 ɕiɐr⁵¹	炸油鬼 tʂa³⁵ iou³⁵ kuei²¹⁴	豆浆 tou⁵¹ tɕiaŋ⁵⁵
昌平	馅儿 ɕiɐr⁵¹	油条 iou³⁵ tʰiau³⁵	豆浆 tou⁵³ tɕiaŋ⁵⁵
怀柔	馅儿 ɕiɐr⁵¹	油条儿 iou³⁵ tʰiaur³⁵	豆浆 tou⁵¹ tɕiaŋ⁵⁵
密云	馅儿 ɕiɐr⁵¹	油条 iou³⁵ tʰiau³⁵	豆浆 tou⁵¹ tɕiaŋ⁵⁵
顺义	馅儿 ɕiɐr⁵¹	油炸鬼 iou³⁵ tʂa⁰ kuei²¹⁴	豆浆 tou⁵¹ tɕiaŋ⁵⁵
延庆	馅儿 ɕiɐr⁵³	油炸鬼 iou⁵⁵ tʂa⁰ kuei²¹⁴	豆浆 tou²¹ tɕiaŋ⁴²
平谷	馅儿 ɕiɐr⁵¹	油炸鬼 iou⁵⁵ tsʅ⁵¹ kuei²¹³	豆浆 tou⁵¹ tɕiaŋ³⁵

	0400 豆腐脑	0401 元宵	0402 粽子
西城	老豆腐 lau²¹ tou⁵¹ f⁰	元宵 yan³⁵ ɕiau⁵⁵	粽子 tsuŋ⁵¹ tsʅ⁰
通州	老豆腐 lau²¹ tou⁵¹ fu⁰	元宵 yan³⁵ ɕiau⁵⁵	粽子 tsəŋ⁵¹ tsʅ⁰
大兴	豆腐脑儿 tou⁵¹ fu⁰ nɑor²¹⁴	元宵 yan³⁵ ɕiau⁵⁵	粽子 tsuŋ⁵¹ tsʅ⁰
房山	豆腐脑儿 tou⁵¹ fu⁰ nɑur²¹⁴	元宵 yan³⁵ ɕiau⁵⁵	粽子 tsuŋ⁵¹ tsʅ⁰
门头沟	豆腐脑儿 tou⁵¹ fu⁰ nɑur²¹⁴	元宵 yan³⁵ ɕiau⁵⁵	粽子 tsuŋ⁵¹ tsʅ⁰
昌平	老豆腐 lau²¹ tou⁵³ fu⁰	元宵 yan³⁵ ɕiau⁵⁵	粽子 tsuŋ⁵³ tsʅ⁰
怀柔	豆腐脑儿 tou⁵¹ fu⁰ naur²¹⁴	元宵 yan³⁵ ɕiau⁵⁵	粽子 tsuŋ⁵¹ tsʅ⁰/tsəŋ⁵¹ tsʅ⁰
密云	豆腐脑儿 tou⁵¹ fu⁰ naor²¹³	元宵 yan³⁵ ɕiau⁰	粽子 tsəŋ⁵¹ tsʅ⁰
顺义	老豆腐 lau²¹ tou⁵¹ fu⁰	元宵 yan³⁵ ɕiau⁵⁵	粽子 tsəŋ⁵¹ tsʅ⁰
延庆	老豆腐 lao²⁴ tou⁵³ fu⁰	元宵 yan⁵⁵ ɕiao⁰	粽子 tsəŋ⁵³ tsə⁰
平谷	老豆腐 lau²¹ tou⁵¹ fu⁰	元宵 yan⁵⁵ ɕiao⁰	粽子 tsəŋ⁵¹ tsʅ⁰

词汇对照 271

	0403 年糕 用黏性大的米或米粉做的	0404 点心 统称	0405 菜 吃饭时吃的，统称
西城	年糕 nian³⁵kau⁵⁵	点心 tian²¹ɕin⁰	菜 tsʰai⁵¹
通州	年糕 nian³⁵kau⁵⁵	点心 tian²¹ɕin⁰	菜 tsʰai⁵¹
大兴	年糕 ȵian³⁵kau⁵⁵	点心 tian²¹ɕin⁰	菜 tsʰai⁵¹
房山	年糕 nian³⁵kau⁵⁵	点心 tian²¹ɕin⁰	菜 tsʰai⁵¹
门头沟	年糕 nian³⁵kau⁵⁵	点心 tian²¹ɕin⁰	菜 tsai⁵¹
昌平	年饽饽 nian³⁵po⁵⁵pə⁰ 年糕 nian³⁵kau⁵⁵	点心 tian²¹ɕin⁰	菜 tsʰai⁵¹
怀柔	年糕 nian³⁵kau⁵⁵	点心 tian²¹ɕin⁵⁵ 餜子 kuo²¹tsʅ⁰	菜 tsʰai⁵¹
密云	年糕 ȵian³⁵kau⁵⁵	点心 tian²¹ɕin⁰	菜 tsʰai⁵¹
顺义	发糕 fa⁵⁵kau⁵⁵	点心 tian²¹ɕin⁰	菜 tsʰai⁵¹
延庆	年糕 ȵian⁵⁵kao⁴² 油糕 iou⁵⁵kao⁰ 黄米制	点心 tian²⁴ɕin⁰	菜 tsʰai⁵³
平谷	年糕 nian⁵⁵kau³⁵	餜子 kuo²¹tsʅ⁰ 老 点心 tian²¹ɕin⁰ 新	菜 tsʰai⁵¹

	0406 干菜 统称	0407 豆腐	0408 猪血 当菜的
西城	干菜 kan⁵⁵tsʰɛ⁰	豆腐 tou⁵¹f⁰	血豆腐 ɕie²¹tou⁵¹f⁰
通州	干菜 kan⁵⁵tsʰai⁰	豆腐 tou⁵¹fu⁰	血豆腐 ɕie²¹tou⁵¹fu⁰
大兴	干菜 kan⁵⁵tsʰɛ⁰	豆腐 tou⁵¹fu⁰	血豆腐 ɕie²¹tou⁵¹fu⁰
房山	干菜 kan⁵⁵tsʰai⁵¹	豆腐 tou⁵¹fu⁰	血豆腐 ɕie²¹tou⁵¹fu⁰
门头沟	干菜 kan⁵⁵tsai⁵¹	豆腐 tou⁵¹fu⁰	血豆腐 ɕye²¹tou⁵¹fu⁰
昌平	干菜 kan⁵⁵tsʰai⁵¹	豆腐 tou⁵³fu⁰	血豆腐 ɕie²¹tou⁵³fu⁰
怀柔	菜干儿 tsʰai⁵¹kɚ⁵⁵	豆腐 tou⁵¹fu⁰	血豆腐 ɕie²¹tou⁵¹fu⁰
密云	干菜 kan⁵⁵tsʰai⁵¹	豆腐 tou⁵¹fu⁰	血豆腐 ɕie²¹tou⁵¹fu⁰
顺义	干菜 kan⁵⁵tsʰai⁰	豆腐 tou⁵¹fu⁰	血豆腐 ɕie²¹tou⁵¹fu⁰
延庆	菜干儿 tsʰai²¹kɚ⁴²	豆腐 tou⁵³fu⁰	猪血 tsu⁴⁴ɕie⁴²
平谷	菜干儿 tsʰai⁵¹kɚ³⁵	豆腐 tou⁵¹fu⁰	猪血 tʂu³⁵ɕie²¹³

	0409 猪蹄当菜的	0410 猪舌头当菜的，注意婉称	0411 猪肝当菜的，注意婉称
西城	猪蹄儿 tʂu⁵⁵tʰiər³⁵	口条儿 kʰou²¹tʰiɑor⁰	猪肝儿 tʂu⁵⁵kɐr⁵⁵
通州	猪蹄儿 tʂu⁵⁵tʰiər³⁵	口条儿 kʰou²¹tʰiɑor⁰	猪肝儿 tʂu⁵⁵kɐr⁵⁵
大兴	猪蹄儿 tʂu⁵⁵tʰiər³⁵	口条儿 kʰou²¹tʰiɑor⁰	猪肝儿 tʂu⁵⁵kɐr⁵⁵
房山	猪蹄儿 tʂu⁵⁵tʰiər³⁵	口条儿 kʰou²¹tʰiaur³⁵	猪肝儿 tʂu⁵⁵kɐr⁵⁵
门头沟	猪蹄儿 tʂu⁵⁵tʰiər³⁵	口条 kʰou²¹tʰiau³⁵	猪肝儿 tʂu⁵⁵kɐr⁵⁵
昌平	猪蹄儿 tʂu⁵⁵tʰiər³⁵	猪舌头 tʂu⁵⁵ʂɤ³⁵tʰou⁰ 口条 kʰou²¹tʰiau³⁵	猪肝儿 tʂu⁵⁵kɐr⁵⁵
怀柔	猪蹄儿 tsu⁵⁵tʰiər³⁵	口条儿 kʰou²¹tʰiaur³⁵	猪肝儿 tʂu⁵⁵kɐr⁵⁵
密云	猪蹄儿 tʂu⁵⁵tʰiər³⁵	口条 kʰou²¹³tʰiau⁰	猪肝儿 tʂu⁵⁵kɐr⁵⁵
顺义	猪蹄儿 tʂu⁵⁵tʰiər³⁵	口条儿 kʰou²¹tʰiaur⁰	猪肝儿 tʂu⁵⁵kɐr⁵⁵
延庆	猪蹄儿 tʂu⁴⁴tʰiər⁵⁵	口条 kʰou²⁴tʰiao⁵⁵	猪肝儿 tʂu⁴⁴kɐr⁴²
平谷	猪蹄儿 tʂu³⁵tʰiər⁵⁵ 猪爪儿 tʂu³⁵tʂuar²¹³ 少	口条 kʰou²¹tʰiau⁵⁵	猪肝儿 tʂu³⁵kɐr³⁵

	0412 下水猪牛羊的内脏⑬	0413 鸡蛋	0414 松花蛋
西城	下水 ɕia⁵¹ʂue⁰	鸡子儿 tɕi⁵⁵tsər²¹⁴	皮蛋 pʰi³⁵tan⁵¹
通州	下水 ɕia⁵¹ʂuei⁰	鸡子儿 tɕi⁵⁵tsər²¹⁴	皮蛋 pʰi³⁵tan⁵¹
大兴	下水 ɕia⁵¹ʂue⁰	鸡蛋 tɕi⁵⁵tan⁵¹	松花蛋 suŋ⁵⁵xua⁵⁵tan⁵¹
房山	下水 ɕia⁵¹ʂuei⁰	鸡蛋 tɕi⁵⁵tan⁵¹	松花蛋 suŋ⁵⁵xua⁵⁵tan⁵¹
门头沟	下水 ɕia⁵¹ʂuei²¹⁴	鸡子儿 tɕi⁵⁵tsər²¹⁴	松花蛋 suŋ⁵⁵xua⁵⁵tan⁵¹
昌平	下水 ɕia⁵³ʂuei⁰ 上水 ʂaŋ⁵³ʂuei⁰	鸡蛋 tɕi⁵⁵tan⁵¹	松花儿蛋 suŋ⁵⁵xuar⁵⁵tan⁵¹
怀柔	下水 ɕia⁵¹ʂue⁰	鸡子儿 tɕi⁵⁵tsər²¹⁴	松花蛋 suŋ⁵⁵xua⁵⁵tan⁵¹
密云	下水 ɕia⁵¹ʂuei⁰	鸡子儿 tɕi⁵⁵tsər²¹³ 鸡蛋 tɕi⁵⁵tan⁵¹	松花蛋 suŋ⁵⁵xua⁵⁵tan⁵¹
顺义	下水 ɕia⁵¹ʂuei⁰	鸡子儿 tɕi⁵⁵tsər²¹⁴	皮蛋 pʰi³⁵tan⁵¹
延庆	下水 ɕia⁵³ʂuei⁰	鸡蛋 tɕi⁴²tan⁰	松花蛋 suŋ⁴⁴xua⁴⁴tan⁵³
平谷	下水 ɕia⁵¹ʂuei⁰	鸡蛋 tɕi³⁵tan⁵¹ 鸡子儿 tɕi³⁵tsər²¹³ 白果儿 pai⁵⁵kuor²¹³ 旧	松花蛋 suŋ³⁵xua³⁵tan⁵¹

	0415 猪油	0416 香油	0417 酱油
西城	大油 ta^{51}iou^{35}	香油 ɕiaŋ^{55}iou^{35}	酱油 tɕiaŋ^{51}iou^{35}
通州	大油 ta^{51}iou^{35}	香油 ɕiaŋ^{55}iou^{35}	酱油 tɕiaŋ^{51}iou^{35}
大兴	大油 ta^{51}iou^{35}	香油 ɕiaŋ^{55}iou^{35}	酱油 tɕiaŋ^{51}iou^{35}
房山	大油 ta^{51}iou^{35} 猪油 tʂu^{55}iou^{35}	香油 ɕiaŋ^{55}iou^{35}	酱油 tɕiaŋ^{51}iou^{35}
门头沟	大油 ta^{51}iou^{35} 荤油 xuən^{55}iou^{35}	芝麻油 tʂʅ^{55}ma^{0}iou^{35}	酱油 tɕiaŋ^{51}iou^{35}
昌平	大油 ta^{53}iou^{35}	香油 ɕiaŋ^{55}iou^{35}	酱油 tɕiaŋ^{53}iou^{35}
怀柔	猪油 tʂu^{55}iou^{35}	香油 ɕiaŋ^{55}iou^{35}	酱油 tɕiaŋ^{51}iou^{35}
密云	大油 ta^{51}iou^{35}	香油 ɕiaŋ^{55}iou^{35}	酱油 tɕiaŋ^{51}iou^{35}
顺义	大油 ta^{51}iou^{35}	香油 ɕiaŋ^{55}iou^{35}	酱油 tɕiaŋ^{51}iou^{35}
延庆	猪油 tʂu^{44}iou^{55}	香油 ɕiaŋ^{42}iou^{55}	酱油 tɕiaŋ^{21}iou^{55}
平谷	荤油 xuən^{35}iou^{55}	香油 ɕiaŋ^{35}iou^{55}	酱油 tɕiaŋ^{51}iou^{55}

	0418 盐 名词	0419 醋 注意婉称	0420 香烟
西城	盐 ian^{35}	醋 tsʰu^{51}	烟卷儿 ian^{55}tɕyɐr^{214}
通州	盐 ian^{35}	醋 tsʰu^{51}	烟卷儿 ian^{55}tɕyɐr^{214}
大兴	盐 ian^{35}	醋 tsʰu^{51}	烟卷儿 ian^{55}tɕyɐr^{214}
房山	盐 ian^{35}	醋 tsʰu^{51}	烟卷儿 ian^{55}tɕyɐr^{214}
门头沟	盐 ian^{35}	醋 tsʰu^{51}	烟卷儿 ian^{55}tɕyɐr^{214}
昌平	盐 ian^{35}	醋 tsʰu^{51}	烟卷儿 ian^{55}tɕyɐr^{214}
怀柔	盐 ian^{35}	醋 tsʰu^{51}	烟卷儿 ian^{55}tɕyɐr^{214}
密云	盐 ian^{35}	醋 tsʰu^{51}	烟 ian^{55}
顺义	盐 ian^{35}	醋 tsʰu^{51}	烟卷儿 ian^{55}tɕyɐr^{214}
延庆	盐 ian^{55}	醋 tsʰu^{53}	洋烟卷儿 ian^{55}ian^{44}tɕyɐr^{214} 烟 ian^{42}
平谷	盐 ian^{55}	醋 tsʰu^{51}	烟卷儿 ian^{35}tɕyɐr^{213} 烟 ian^{35}

	0421 旱烟	0422 白酒	0423 黄酒
西城	烟叶儿 ian^{55} iɛr^{51}	烧酒 ʂau^{55} tɕiou^{214}	黄酒 xuaŋ^{35} tɕiou^{214}
通州	叶子烟 ie^{51} tsʅ^{0} ian^{55}	酒 tɕiou^{214}	黄酒 xuaŋ^{35} tɕiou^{214}
大兴	叶子烟儿 ie^{51} tsʅ^{0} ian^{55}	白酒 pai^{35} tɕiou^{214}	黄酒 xuaŋ^{35} tɕiou^{214}
房山	旱烟 xan^{51} ian^{55}	白酒 pai^{35} tɕiou^{214}	黄酒 xuaŋ^{35} tɕiou^{214}
门头沟	叶子烟 ie^{51} tsʅ^{0} ian^{55}	老白干儿 lau^{21} pai^{35} kɤr^{55}	黄酒 xuaŋ^{35} tɕiou^{214}
昌平	旱烟 xan^{53} ian^{55}	烧酒 ʂau^{55} tɕiou^{214}	黄酒 xuaŋ^{35} tɕiou^{214}
怀柔	旱烟 xan^{51} ian^{55} 大叶儿烟 ta^{51} iɛr^{51} ian^{55}	白酒 pai^{35} tɕiou^{214}	黄酒 xuaŋ^{35} tɕiou^{214}
密云	叶子烟 ie^{51} tsʅ^{0} ian^{55}	白酒 pai^{35} tɕiou^{213}	黄酒 xuaŋ^{35} tɕiou^{213}
顺义	叶子烟 ie^{51} tsʅ^{0} ian^{55}	烧酒 ʂau^{55} tɕiou^{214}	黄酒 xuaŋ^{35} tɕiou^{214}
延庆	烟 ian^{42}	白酒 pai^{55} tɕiou^{214}	黄酒 xuaŋ^{55} tɕiou^{214}
平谷	叶子烟 ie^{51} tə^{0} ian^{35}	白酒 pai^{55} tɕiou^{213}	黄酒 xuaŋ^{55} tɕiou^{213}

	0424 江米酒 酒酿，醪糟	0425 茶叶	0426 沏~茶
西城	江米酒 tɕiaŋ^{55} mi^{21} tɕiou^{214}	茶叶 tʂʰa^{35} ie^{51}	沏 tɕʰi^{55}
通州	（无）	茶叶 tʂʰa^{35} ie^{51}	沏 tɕʰi^{55}
大兴	（无）	茶叶 tʂʰa^{35} ie^{51}	沏 tɕʰi^{55}
房山	米酒 mi^{35} tɕiou^{214}	茶叶 tʂʰa^{35} ie^{0}	沏 tɕʰi^{55}
门头沟	（无）	茶叶 tʂʰa^{35} ie^{51}	沏 tɕʰi^{55}
昌平	醪糟 liau^{35} tsɔ^{0}	茶叶 tʂʰa^{35} ie^{51}	沏 tɕʰi^{55}
怀柔	（无）	茶叶 tʂʰa^{35} ie^{51}	沏 tɕʰi^{55} 泡 pʰau^{51}
密云	醪糟 lau^{35} tsau^{0}	茶叶 tʂʰa^{35} ie^{51}	沏 tɕʰi^{55}
顺义	（无）	茶叶 tʂʰa^{35} ie^{51}	泡 pʰau^{51}
延庆	（无）	茶叶 tʂʰa^{55} ie^{0}	沏 tɕʰi^{42}
平谷	（无）	茶叶 tʂʰa^{55} ie^{51}	沏 tɕʰi^{51}

词汇对照

	0427 冰棍儿	0428 做饭 统称	0429 炒菜 统称，和做饭相对
西城	冰棍儿 piŋ⁵⁵kuər⁵¹	做饭 tsuo⁵³fan⁵¹	炒菜 tʂʰau²¹tsʰai⁵¹
通州	冰棍儿 piŋ⁵⁵kuər⁵¹	做饭 tsuo⁵¹fan⁵¹	炒菜 tʂʰau²¹tsʰai⁵¹
大兴	冰棍儿 piŋ⁵⁵kuər⁵¹	做饭 tsuo⁵³fan⁵¹	炒菜 tʂʰau²¹tsʰai⁵¹
房山	冰棍儿 piŋ⁵⁵kuər⁵¹	做饭 tsuo⁵³fan⁵¹	炒菜 tʂʰau²¹tsʰai⁵¹
门头沟	冰棍儿 piŋ⁵⁵kuər⁵¹	做饭 tsuo⁵³fan⁵¹	炒菜 tʂʰau²¹tsʰai⁵¹
昌平	冰棒 piŋ⁵⁵paŋ⁵¹	做饭 tsuo⁵³fan⁵¹	炒菜 tʂʰau²¹tsʰai⁵¹
怀柔	冰棍儿 piŋ⁵⁵kuər⁵¹	做饭 tsou⁵¹fan⁵¹/tsuo⁵¹fan⁵¹	做菜 tsuo⁵¹tsʰai⁵¹
密云	冰棍儿 piŋ⁵⁵kuər⁵¹	做饭 tsuo⁵³fan⁵¹	炒菜 tʂʰau²¹tsʰai⁵¹
顺义	冰棍儿 piŋ⁵⁵kuər⁵¹	做饭 tsuo⁵³fan⁵¹	炒菜 tʂʰau²¹tsʰai⁵¹
延庆	冰棍儿 piŋ⁴⁴kuər⁵³	做饭 tsou²⁴fan⁵³	炒菜 tʂʰao²⁴tsʰai⁵³
平谷	冰棍儿 piŋ³⁵kuər⁵¹	做饭 tsou⁵¹fan⁵¹	炒菜 tʂʰau²¹tsʰai⁵¹

	0430 煮 ~带壳的鸡蛋	0431 煎 ~鸡蛋	0432 炸 ~油条
西城	煮 tʂu²¹⁴	摊 tʰan⁵⁵	炸 tʂa³⁵
通州	煮 tʂu²¹⁴	摊 tʰan⁵⁵	炸 tʂa³⁵
大兴	煮 tʂu²¹⁴	摊 tʰan⁵⁵	炸 tʂa³⁵
房山	煮 tʂu²¹⁴	摊 tʰan⁵⁵	炸 tʂa³⁵
门头沟	煮 tʂu²¹⁴	摊 tʰan⁵⁵	炸 tʂa³⁵
昌平	煮 tʂu²¹⁴	煎 tɕian⁵⁵	炸 tʂa³⁵
怀柔	煮 tʂu²¹⁴	摊 tʰan⁵⁵ 煎 tɕian⁵⁵ 少	炸 tʂa³⁵
密云	煮 tʂu²¹³	煎 tɕian⁵⁵ 摊 tʰan⁵⁵	炸 tʂa³⁵
顺义	煮 tʂu²¹⁴	摊 tʰan⁵⁵	炸 tʂa³⁵
延庆	煮 tʂu²¹⁴	摊 tʰan⁴²	炸 tʂa⁵⁵
平谷	煮 tʂu²¹³	炸 tʂa⁵⁵	炸 tʂa⁵⁵

	0433 蒸 ~鱼	0434 揉 ~面做馒头等	0435 擀 ~面，~皮儿
西城	蒸 tʂəŋ⁵⁵	揉 ʐou³⁵	擀 kan²¹⁴
通州	蒸 tʂəŋ⁵⁵	揉 ʐou³⁵	擀 kan²¹⁴
大兴	蒸 tʂəŋ⁵⁵	揉 ʐou³⁵	擀 kan²¹⁴
房山	蒸 tʂəŋ⁵⁵	揉 ʐou³⁵	擀 kan²¹⁴
门头沟	蒸 tʂəŋ⁵⁵	揉 ʐou³⁵	擀 kan²¹⁴
昌平	蒸 tʂəŋ⁵⁵	揉 ʐou³⁵	擀 kan²¹⁴
怀柔	蒸 tʂəŋ⁵⁵	揉 ʐou³⁵	擀 kan²¹⁴
密云	蒸 tʂəŋ⁵⁵	揉 ʐou³⁵	擀 kan²¹³
顺义	蒸 tʂəŋ⁵⁵	揉 ʐou³⁵	擀 kan²¹⁴
延庆	蒸 tʂəŋ⁴²	揉 ʐou⁵⁵	擀 kan²¹⁴
平谷	蒸 tʂəŋ³⁵	揉 ʐou⁵⁵	擀 kan²¹³

	0436 吃早饭	0437 吃午饭⑭	0438 吃晚饭
西城	吃早点 tʂʰʅ⁵⁵tsau³⁵tian²¹⁴	吃晌午饭 tʂʰʅ⁵⁵ʂaŋ³⁵u⁰fan⁵¹	吃晚饭 tʂʰʅ⁵⁵uan²¹fan⁵¹
通州	吃早饭 tʂʰʅ⁵⁵tsau²¹fan⁵¹	吃晌午饭 tʂʰʅ⁵⁵ʂaŋ³⁵u⁰fan⁵¹	吃晚晌儿饭 tʂʰʅ⁵⁵uan³⁵ʂãr²¹fan⁵¹
大兴	吃早起饭 tʂʰʅ⁵⁵tsau³⁵tɕʰi⁰fan⁵¹	吃晌乎=饭 tʂʰʅ⁵⁵ʂaŋ³⁵xu⁰fan⁵¹	吃晚上饭 tʂʰʅ⁵⁵uan²¹ʂaŋ⁰fan⁵¹
房山	吃早饭 tʂʰʅ⁵⁵tsau²¹fan⁵¹	吃晌火=饭 tʂʰʅ⁵⁵ʂaŋ²¹xuo⁰fan⁵¹	吃晚上饭 tʂʰʅ⁵⁵uan²¹ʂaŋ⁰fan⁵¹
门头沟	吃早饭 tʂʰʅ⁵⁵tsau²¹fan⁵¹	吃晌乎=饭 tʂʰʅ⁵⁵ʂaŋ²¹xu⁰fan⁵¹	吃晚上饭 tʂʰʅ⁵⁵uan²¹ʂaŋ⁰fan⁵¹
昌平	吃早饭 tʂʰʅ⁵⁵tsau²¹fan⁵¹	吃晌火=饭 tʂʰʅ⁵⁵ʂaŋ²¹xuo⁰fan⁵¹	吃晚上饭 tʂʰʅ⁵⁵uan²¹ʂaŋ⁰fan⁵¹
怀柔	吃早饭 tʂʰʅ⁵⁵tsau²¹fan⁵¹	吃晌火=饭 tʂʰʅ⁵⁵ʂaŋ²¹xuo⁰fan⁵¹	吃后晌饭 tʂʰʅ⁵⁵xou⁵¹ʂaŋ⁰fan⁵¹
密云	吃早饭 tʂʰʅ⁵⁵tsau²¹fan⁵¹	吃晌午饭 tʂʰʅ⁵⁵ʂaŋ³⁵u²¹fan⁵¹	吃晚饭 tʂʰʅ⁵⁵uan²¹fan⁵¹
顺义	吃早点 tʂʰʅ⁵⁵tsau³⁵tian²¹⁴	吃晌午饭 tʂʰʅ⁵⁵ʂaŋ³⁵u⁰fan⁵¹	吃晚饭 tʂʰʅ⁵⁵uan²¹fan⁵¹
延庆	吃早勤=饭 tʂʰʅ⁴⁴tsao⁵⁵tɕʰin⁰fan⁵³	吃晌乎=饭 tʂʰʅ⁴⁴ʂaŋ⁵⁵xu⁰fan⁵³	吃黑介=饭 tʂʰʅ⁴⁴xei⁴²tɕiə⁰fan⁵³
平谷	吃早饭 tʂʰʅ³⁵tsau²¹fan⁵¹	吃晌乎=饭 tʂʰʅ³⁵ʂaŋ⁵⁵xu⁰fan⁵¹	吃晚饭 tʂʰʅ³⁵uan²¹fan⁵¹

词汇对照

	0439 吃~饭	0440 喝~酒	0441 喝~茶
西城	吃 tʂʰʅ⁵⁵	喝 xɤ⁵⁵	喝 xɤ⁵⁵
通州	吃 tʂʰʅ⁵⁵	喝 xɤ⁵⁵	喝 xɤ⁵⁵
大兴	吃 tʂʰʅ⁵⁵	喝 xɤ⁵⁵	喝 xɤ⁵⁵
房山	吃 tʂʰʅ⁵⁵	喝 xɤ⁵⁵	喝 xɤ⁵⁵
门头沟	吃 tʂʰʅ⁵⁵	喝 xɤ⁵⁵	喝 xɤ⁵⁵
昌平	吃 tʂʰʅ⁵⁵	喝 xɤ⁵⁵	喝 xɤ⁵⁵
怀柔	吃 tʂʰʅ⁵⁵	喝 xə⁵⁵	喝 xə⁵⁵
密云	吃 tʂʰʅ⁵⁵	喝 xɤ⁵⁵	喝 xɤ⁵⁵
顺义	吃 tʂʰʅ⁵⁵	喝 xɤ⁵⁵	喝 xɤ⁵⁵
延庆	吃 tʂʰʅ⁴²	喝 xɤ⁴²	喝 xɤ⁴²
平谷	吃 tʂʰʅ³⁵	喝 xɤ³⁵	喝 xɤ³⁵

	0442 抽~烟	0443 盛~饭	0444 夹用筷子~菜
西城	抽 tʂʰou⁵⁵	盛 tʂʰəŋ³⁵	搛 tɕian⁵⁵ 夹 tɕia⁵⁵
通州	抽 tʂʰou⁵⁵	盛 tʂʰəŋ³⁵	搛 tɕian⁵⁵
大兴	抽 tʂʰou⁵⁵	盛 tʂʰəŋ³⁵	搛 tɕian⁵⁵ 夹 tɕia⁵⁵
房山	抽 tʂʰou⁵⁵	盛 tʂʰəŋ³⁵	搛 tɕian⁵⁵
门头沟	抽 tʂʰou⁵⁵	盛 tʂʰəŋ³⁵	夹 tɕia⁵⁵
昌平	抽 tʂʰou⁵⁵	盛 tʂʰəŋ³⁵	搛 tɕian⁵⁵
怀柔	抽 tʂʰou⁵⁵ 吸 ɕi:⁵⁵	盛 tʂʰəŋ³⁵	夹 tɕia⁵⁵
密云	抽 tʂʰou⁵⁵	盛 tʂʰəŋ³⁵	夹 tɕia⁵⁵
顺义	抽 tʂʰou⁵⁵	盛 tʂʰəŋ³⁵	夹 tɕia⁵⁵
延庆	抽 tʂʰou⁴²	盛 tʂʰəŋ⁵⁵	夹 tɕia⁴²
平谷	抽 tʂʰou³⁵	盛 tʂʰəŋ⁵⁵	夹 tɕia³⁵

	0445 斟~酒	0446 渴口~	0447 饿肚子~
西城	斟 tʂən⁵⁵	渴 kʰɤ²¹⁴	饿 ɤ⁵¹
通州	倒 tau⁵¹	渴 kʰɤ²¹⁴	饿 ɤ⁵¹
大兴	倒 tau⁵¹	渴 kʰɤ²¹⁴	饿 ŋɤ⁵¹
房山	倒 tau⁵¹	渴 kʰɤ²¹⁴	饿 ŋɤ⁵¹
门头沟	倒 tau⁵¹	渴 kʰɤ²¹⁴	饿 ŋɤ⁵¹
昌平	倒 tau⁵¹ | 斟 tʂən⁵⁵	干 kan⁵⁵	饿 ɤ⁵¹
怀柔	倒 tau⁵¹ | 满 man²¹⁴	渴 kʰə²¹⁴	饿 ə⁵¹/nə⁵¹
密云	倒 tau⁵¹ | 满 man²¹³	渴 kʰɤ²¹³	饿 nɤ⁵¹
顺义	倒 tau⁵¹	渴 kʰɤ²¹⁴	饿 ɤ⁵¹
延庆	倒 tao⁵³ | 斟 tʂən⁴²	渴 kʰɤ⁴²	饿 ŋɤ⁵³
平谷	倒 tau⁵¹	渴 kʰɤ²¹³	饿 nɤ⁵¹

	0448 噎吃饭~着了	0449 头人的, 统称	0450 头发
西城	噎 ie⁵⁵	脑袋 nau²¹tɛ⁰ 脑袋瓜儿 nau²¹tɛ⁰kuɐr⁵⁵	头发 tʰou³⁵fɐ⁰
通州	噎 ie⁵⁵	脑袋 nau²¹tai⁰	头发 tʰou³⁵fa⁰
大兴	噎 ie⁵⁵	脑袋 nau²¹tai⁰	头发 tʰou³⁵fɐ⁰
房山	噎 ie⁵⁵	脑袋 nau²¹tai⁰	头发 tʰou³⁵fa⁰
门头沟	噎 ie⁵⁵	脑袋 nau²¹tai⁵¹	头发 tʰou³⁵fa⁰
昌平	噎 ie⁵⁵	脑袋 nau²¹tɛ⁰	头发 tʰou³⁵fə⁰
怀柔	噎 ie⁵⁵	头 tʰou³⁵ 脑袋瓜子 nau²¹tɛ⁰kua⁵⁵tsʅ⁰	头发 tʰou³⁵fɐ⁰
密云	噎 ie⁵⁵	脑瓜子 nau²¹³kua⁵⁵tsʅ⁰ 脑袋 nau²¹³tai⁰ 头 tʰou³⁵	头发 tʰou³⁵fa⁰
顺义	噎 ie⁵⁵	脑袋 nau²¹tai⁰	头发 tʰou³⁵fa⁰
延庆	噎 ie⁴²	头 tʰou⁵⁵ 脑瓜子 nao²⁴kua⁴²tsə⁰ 脑袋瓜子 nao²⁴tai⁰kua⁴²tsə⁰	头发 tʰou⁵⁵fa⁰
平谷	噎 ie³⁵	头 tʰou⁵⁵ 脑袋 nau²¹tai⁰	头发 tʰou⁵⁵fa⁰

	0451 辫子	0452 旋	0453 额头
西城	辫子 pian⁵¹tsʅ⁰ 辫儿 piɐr⁵¹	旋儿 ɕyɐr³⁵	背儿头儿 pər⁵⁵tʰour³⁵
通州	辫子 pian⁵¹tsʅ⁰	旋儿 ɕyɐr⁵¹	脑门儿 nau²¹mər³⁵
大兴	辫儿 piɐr⁵¹	圈儿 tɕʰyɐr⁵⁵	脑门儿 nau²¹mər³⁵
房山	辫子 pian⁵¹tsʅ⁰	牛印圈儿 niou³⁵in⁵¹tɕʰyɐr⁵⁵ 顶 tiŋ²¹⁴	背儿头 pər⁵⁵tʰou³⁵
门头沟	辫子 pian⁵¹tsʅ⁰	圈儿 tɕʰyɐr⁵⁵	脑门子 nau²¹mən³⁵tsʅ⁰
昌平	辫子 pian⁵³tsʅ⁰	旋儿 ɕyɐr³⁵ 顶 tiŋ²¹⁴	脑门儿 nau²¹mər³⁵
怀柔	辫子 pian⁵¹tsʅ⁰	旋儿 ɕyɐr³⁵ 顶 tiŋ²¹⁴	囟门子 ɕin⁵¹mən³⁵tsʅ⁰ 脑门子 nau²¹mən³⁵tsʅ⁰ 囟脑门子 ɕin⁵¹nau²¹mən³⁵tsʅ⁰
密云	辫子 pian⁵¹tsʅ⁰	顶 tiŋ²¹³	脑门子 nau²¹mən³⁵tsʅ⁰
顺义	辫儿 piɐr⁵¹	旋儿 ɕyɐr³⁵/ɕyɐr⁵¹	脑门儿 nau²¹mər³⁵
延庆	辫子 pian⁵³tsə⁰	牛旋儿 ɲiou⁵⁵ɕyɐr⁵⁵	细=了=门子 ɕi²¹lə⁰mən⁵⁵tsə⁰
平谷	辫子 pian⁵¹tsʅ⁰	顶 tiŋ²¹³	囟门儿 ɕin⁵¹mər⁵⁵

	0454 相貌	0455 脸 洗~	0456 眼睛
西城	长相儿 tʂaŋ²¹ɕiãr⁰	脸 lian²¹⁴	眼睛 ian²¹tɕiŋ⁰
通州	长相 tʂaŋ²¹ɕiaŋ⁵¹	脸 lian²¹⁴	眼睛 ian²¹tɕiŋ⁰
大兴	长相儿 tʂaŋ²¹ɕiãr⁰	脸 lian²¹⁴	眼睛 ian²¹tɕiŋ⁰
房山	长相儿 tʂaŋ²¹ɕiãr⁵¹	脸 lian²¹⁴	眼 ian²¹⁴ 眼睛 ian²¹tɕiŋ⁰
门头沟	长相儿 tʂaŋ²¹ɕiãr⁵¹	脸 lian²¹⁴	眼睛 ian²¹tɕiŋ⁰
昌平	长相 tʂaŋ²¹ɕiaŋ⁵¹	脸 lian²¹⁴	眼睛 ian²¹tɕiŋ⁰
怀柔	模样 mo³⁵iaŋ⁵¹ 长相 tʂaŋ²¹ɕiaŋ⁰	脸 lian²¹⁴	眼睛 ian²¹tɕiŋ⁰
密云	长相儿 tʂaŋ²¹³ɕiãr⁰	脸 lian²¹³	眼睛 ian²¹³tɕiŋ⁰
顺义	长相儿 tʂaŋ²¹ɕiãr⁰	脸 lian²¹⁴	眼睛 ian²¹tɕiŋ⁰
延庆	长相 tʂaŋ²⁴ɕiaŋ⁰	脸 lian²¹⁴	眼 ian²¹⁴
平谷	长相 tʂaŋ²¹ɕiaŋ⁵¹	脸 lian²¹³	眼睛 ian²¹tɕiŋ⁰

	0457 眼珠 统称	0458 眼泪 哭的时候流出来的	0459 眉毛
西城	眼珠子 ian²¹tʂu⁵⁵tsʅ⁰ 眼珠儿 ian²¹tʂur⁵⁵	眼泪 ian²¹lei⁵¹ 泪 lei⁵¹	眉毛 mei³⁵mɔ⁰
通州	眼珠子 ian²¹tʂu⁵⁵tsʅ⁰	眼泪 ian²¹lei⁵¹	眉毛 mei³⁵mau⁰
大兴	眼珠儿 ian²¹tʂur⁵⁵	眼泪 ian²¹lei⁵¹	眉毛 mei³⁵mɔ⁰
房山	眼珠儿 ian²¹tʂur⁵⁵	眼泪 ian²¹lei⁵¹	眉毛 mei³⁵mau⁰
门头沟	眼珠子 ian²¹tʂu⁵⁵tsʅ⁰	眼泪 ian²¹lei⁵¹	眉毛 mei³⁵mau⁰
昌平	眼珠儿 ian²¹tʂur⁵⁵	眼泪 ian²¹lei⁵¹	眉毛 mei³⁵mə⁰
怀柔	眼珠子 ian²¹tʂu⁵⁵tsʅ⁰	泪 lei⁵¹ 眼泪 ian²¹lei⁵¹	眉毛 mei³⁵mɔ⁰
密云	眼珠子 ian²¹tʂu⁵⁵tsʅ⁰	眼泪 ian²¹lei⁵¹	眉毛 mei³⁵mau⁰
顺义	眼珠儿 ian²¹tʂur⁵⁵	眼泪 ian²¹lei⁵¹	眉毛 mei³⁵mau⁰
延庆	眼珠子 ian²⁴tʂu⁴²tsə⁰	眼泪 ian²⁴lei⁵³	眉毛 mei⁵⁵mao⁰
平谷	眼珠儿 ian²¹tʂur³⁵	眼泪 ian²¹lei⁵¹	眉毛 mei⁵⁵mau⁵⁵

	0460 耳朵	0461 鼻子	0462 鼻涕 统称 ⑮
西城	耳朵 ɚ²¹tɔ⁰	鼻子 pi³⁵tsʅ⁰	鼻挺⁼ pi³⁵tʰiŋ⁰
通州	耳朵 ɚ²¹tuo⁰	鼻子 pi³⁵tsʅ⁰	脓带 nəŋ³⁵tai⁰
大兴	耳朵 ɚ²¹tuo⁰	鼻子 pi³⁵tsʅ⁰	脓带 nəŋ³⁵tai⁰
房山	耳朵 ɚ²¹tuo⁰	鼻子 pi³⁵tsʅ⁰	脓带 nəŋ³⁵tai⁰
门头沟	耳朵 ɚ²¹tuo⁰	鼻子 pi³⁵tsʅ⁰	脓带 nəŋ³⁵tɛ⁰
昌平	耳朵 ɚ²¹tɔ⁰	鼻子 pi³⁵tsʅ⁰	脓耐⁼ nəŋ³⁵nɛ⁰
怀柔	耳朵儿 ɚ²¹tʰour⁰ 耳朵 ɚ²¹tuo⁰	鼻子 pi³⁵tsʅ⁰	脓带 nəŋ³⁵tai⁰
密云	耳朵 ɚ²¹³tuo⁰	鼻子 pi³⁵tsʅ⁰	鼻挺⁼ pi³⁵tʰiŋ⁰
顺义	耳朵 ɚ²¹tuo⁰	鼻子 pi³⁵tsʅ⁰	脓带 nəŋ³⁵tai⁰
延庆	耳朵 ɚ²⁴ta⁰	鼻子 pi⁵⁵tsə⁰	鼻子 pi⁵⁵tsə⁰ 脓带 nəŋ⁵⁵tai⁰
平谷	耳朵 ɚ²¹tuo⁰	鼻子 pi⁵⁵tsʅ⁰	脓带 nəŋ⁵⁵tai⁰

词汇对照

	0463 擤~鼻涕	0464 嘴巴 人的, 统称	0465 嘴唇
西城	擤 ɕiŋ²¹⁴	嘴 tsuei²¹⁴ 嘴巴 tsuei²¹pɐ⁰	嘴唇儿 tsuei²¹tʂʰuər³⁵
通州	擤 ɕiŋ²¹⁴	嘴 tsuei²¹⁴	嘴唇儿 tsuei²¹tʂʰuər³⁵
大兴	擤 ɕiŋ²¹⁴	嘴 tsuei²¹⁴	嘴唇儿 tsuei²¹tʂʰuər³⁵
房山	擤 ɕiŋ²¹⁴	嘴 tsuei²¹⁴	嘴唇 tsuei²¹tʂʰuən³⁵
门头沟	擤 ɕiŋ²¹⁴	嘴 tsuei²¹⁴	嘴唇儿 tsuei²¹tʂʰuər³⁵
昌平	擤 ɕiŋ²¹⁴	嘴 tsuei²¹⁴	嘴唇 tsuei²¹tʂʰuən³⁵
怀柔	擤 ɕiŋ²¹⁴	嘴 tsuei²¹⁴	嘴唇 tsuei²¹tʂʰuən³⁵
密云	擤 ɕiŋ²¹³	嘴 tsuei²¹³	嘴唇儿 tsuei²¹tʂʰuər³⁵
顺义	擤 ɕiŋ²¹⁴	嘴 tsuei²¹⁴	嘴唇儿 tsuei²¹tʂʰuər³⁵
延庆	擤 ɕiŋ²¹⁴	嘴 tsuei²¹⁴	嘴唇子 tsuei²⁴tʂʰən⁵⁵tsə⁰
平谷	擤 ɕiŋ²¹³	嘴 tsuei²¹³	嘴唇 tsuei²¹tʂʰuən⁵⁵

	0466 口水~流出来	0467 舌头	0468 牙齿
西城	哈喇子 xa⁵⁵la³⁵tsɿ⁰	舌头 ʂɤ³⁵tʰo⁰	牙 ia³⁵
通州	哈杂=子 xa⁵⁵tsa³⁵tsɿ⁰	舌头 ʂɤ³⁵tʰou⁰	牙 ia³⁵
大兴	哈喇子 xa⁵⁵la³⁵tsɿ⁰	舌头 ʂɤ³⁵tʰou⁰	牙 ia³⁵
房山	哈喇子 xa⁵⁵la⁵⁵tsɿ⁰	舌头 ʂɤ³⁵tʰou⁰	牙 ia³⁵
门头沟	哈喇子 xa⁵⁵la⁵⁵tsɿ⁰	舌头 ʂɤ³⁵tʰou⁰	牙 ia³⁵
昌平	哈喇子 xa⁵⁵la⁵⁵tsɿ⁰	舌头 ʂɤ³⁵tʰou⁰	牙 ia³⁵
怀柔	哈喇子 xa⁵⁵la³⁵tsɿ⁰	舌头 ʂə³⁵tʰou⁰	牙 ia³⁵
密云	哈喇子 xa⁵⁵la³⁵tsɿ⁰	舌头 ʂɤ³⁵tʰou⁰	牙 ia³⁵
顺义	哈喇子 xa⁵⁵la³⁵tsɿ⁰	舌头 ʂɤ³⁵tʰou⁰	牙 ia³⁵
延庆	额喇子 xan⁵³lə⁰tsə⁰	舌头 ʂɤ⁵⁵tʰou⁰	牙 ia⁵⁵
平谷	额喇子 xan³⁵la⁵⁵tsɿ⁰	舌头 ʂɤ⁵⁵tʰou⁰	牙 ia⁵⁵

	0469 下巴	0470 胡子嘴周围的	0471 脖子
西城	下巴 ɕia⁵¹pɐ⁰ 下巴颏儿 ɕia⁵¹pɐ⁰kʰɤr⁵⁵	胡子 xu³⁵tsɿ⁰	脖子 po³⁵tsɿ⁰
通州	下巴颏子 ɕia⁵¹pa⁰kʰɤ⁵⁵tsɿ⁰	胡子 xu³⁵tsɿ⁰	脖子 po³⁵tsɿ⁰
大兴	下巴颏子 ɕia⁵¹pa⁰kʰə⁵⁵tsɿ⁰	胡子 xu³⁵tsɿ⁰	脖子 po³⁵tsɿ⁰
房山	下巴 ɕia⁵¹pa⁰	胡子 xu³⁵tsɿ⁰	脖子 po³⁵tsɿ⁰
门头沟	下巴颏子 ɕia⁵¹pa⁰kʰɤ⁵⁵tsɿ⁰	胡子 xu³⁵tsɿ⁰	脖颈子 po³⁵kəŋ²¹tsɿ⁰
昌平	下巴颏儿 ɕia⁵³pa⁰kʰɤr⁵⁵	胡子 xu³⁵tsɿ⁰	脖子 po³⁵tsɿ⁰
怀柔	下巴颏子 ɕia⁵¹pa⁰kʰə⁵⁵tsɿ⁰	胡子 xu³⁵tsɿ⁰	脖子 po³⁵tsɿ⁰ 脖颈子 po³⁵kəŋ²¹tsɿ⁰
密云	下巴 ɕia⁵¹pa⁰	胡子 xu³⁵tsɿ⁰	脖子 po³⁵tsɿ⁰
顺义	下巴颏子 ɕia⁵¹pɐ⁰kɤ⁵⁵tsɿ⁰	胡子 xu³⁵tsɿ⁰	脖子 po³⁵tsɿ⁰
延庆	下巴颏子 ɕia²¹pə⁰kʰɤ⁴²tsə⁰	胡才⁼ xu⁵⁵tsʰai⁰	脖子 pɤ⁵⁵tsə⁰
平谷	下巴 ɕia⁵¹pa⁰	胡子 xu⁵⁵tsɿ⁰	脖子 puo⁵⁵tsɿ⁰

	0472 喉咙	0473 肩膀	0474 胳膊
西城	嗓子 saŋ²¹tsɿ⁰	膀子 paŋ²¹tsɿ⁰	胳膊 kɤ⁵⁵pə⁰
通州	嗓子 saŋ²¹tsɿ⁰	膀子 paŋ²¹tsɿ⁰	胳膊 kɤ⁵⁵po⁰
大兴	嗓子 saŋ²¹tsɿ⁰	肩膀儿 tɕian⁵⁵pãr²¹⁴ 膀子 paŋ²¹tsɿ⁰	胳膊 kɤ⁵⁵pə⁰
房山	嗓子眼儿 saŋ²¹tsɿ⁰iɐr²¹⁴	肩膀儿 tɕian⁵⁵pãr²¹⁴	胳膊 kɤ⁵⁵po⁰
门头沟	嗓子眼儿 saŋ²¹tsɿ⁰iɐr²¹⁴	肩膀子 tɕian⁵⁵paŋ²¹tsɿ⁰	胳膊 kɤ⁵⁵po⁰
昌平	嗓子 saŋ²¹tsɿ⁰	肩膀儿 tɕian⁵⁵pãr²¹⁴	胳膊 kɤ⁵⁵pə⁰
怀柔	嗓子 saŋ²¹tsɿ⁰ 嗓子眼儿 saŋ²¹tsɿ⁰iɐr²¹⁴	肩膀儿 tɕian⁵⁵pãr²¹⁴ 膀子 paŋ²¹tsɿ⁰	胳膊 kə⁵⁵pɛ⁰
密云	喉咙 xou³⁵luŋ⁰	肩膀 tɕian⁵⁵paŋ²¹³ 膀子 paŋ²¹³tsɿ⁰	胳膊 kɤ⁵⁵po⁰
顺义	嗓子 saŋ²¹tsɿ⁰	肩膀儿 tɕian⁵⁵pãr²¹⁴ 膀子 paŋ²¹tsɿ⁰	胳膊 kɤ⁵⁵pə⁰
延庆	嗓哥⁼眼儿 saŋ²⁴kɤ⁰iɐr²¹⁴	肩膀 tɕian⁴⁴paŋ²¹⁴	胳膊 kɤ⁴⁴pei⁰
平谷	嗓子 saŋ²¹tsɿ⁰	肩膀儿 tɕian³⁵pɑr²¹³	胳膊 kɤ³⁵puo⁰

词汇对照

	0475 手⑯	0476 左手	0477 右手
西城	手 ʂou²¹⁴	左手 tsuo³⁵ʂou²¹⁴	右手 iou⁵¹ʂou²¹⁴
通州	手 ʂou²¹⁴	左手 tsuo³⁵ʂou²¹⁴	右手 iou⁵¹ʂou²¹⁴
大兴	手 ʂou²¹⁴	左手 tsuo³⁵ʂou²¹⁴	右手 iou⁵¹ʂou²¹⁴
房山	手 ʂou²¹⁴	左手 tsuo³⁵ʂou²¹⁴	正手 tsəŋ⁵¹ʂou²¹⁴ 右手 iou⁵¹ʂou²¹⁴
门头沟	手 ʂou²¹⁴	左手 tsuo³⁵ʂou²¹⁴	右手 iou⁵¹ʂou²¹⁴
昌平	手 ʂou²¹⁴	左手 tsuo³⁵ʂou²¹⁴	正手 tʂəŋ⁵³ʂou²¹⁴ 右手 iou⁵³ʂou²¹⁴
怀柔	手 ʂou²¹⁴	左手 tsuo³⁵ʂou²¹⁴	右手 iou⁵¹ʂou²¹⁴
密云	手 ʂou²¹³	左手 tsuo³⁵ʂou²¹³	右手 iou⁵¹ʂou²¹³
顺义	手 ʂou²¹⁴	左手 tsuo³⁵ʂou²¹⁴	右手 iou⁵¹ʂou²¹⁴
延庆	手 ʂou²¹⁴	左手 tsuo⁵⁵ʂou²¹⁴	右手 iou²¹ʂou²¹⁴
平谷	手 ʂou²¹³	左手 tsuo³⁵ʂou²¹³	正手 tʂəŋ⁵¹ʂou²¹³

	0478 拳头	0479 手指	0480 大拇指
西城	拳头 tɕʰyan³⁵tʰo⁰	手指头 ʂou²¹tʂʅ³⁵tʰo⁰	大拇指 ta⁵¹m⁰tsʅ²¹⁴
通州	拳头 tɕʰyan³⁵tʰou⁰ 池=子 tʂʰʅ³⁵tsʅ⁰	手指头 ʂou³⁵tʂʅ²¹tʰou⁰	大拇哥儿 ta⁵¹mu⁰kɤr⁵⁵
大兴	拳头 tɕʰyan³⁵tʰou⁰	手指头 ʂou²¹tʂʅ³⁵tʰou⁰	大拇哥 ta⁵¹mu⁰kɤ⁵⁵
房山	拳头 tɕʰyan³⁵tʰou⁰	手指头 ʂou³⁵tʂʅ²¹tʰou⁰	大拇指 ta⁵¹mu³⁵tʂʅ²¹⁴
门头沟	拳头 tɕʰyan³⁵tʰou⁰	手指头 ʂou²¹tʂʅ³⁵tʰou⁰	大拇哥 ta⁵¹mu⁰kɤ⁵⁵
昌平	拳头 tɕʰyan³⁵tʰou⁰	手指头 ʂou²¹tʂʅ³⁵tʰou⁰	大拇哥 ta⁵³mu²¹kɤ⁵⁵
怀柔	拳头 tɕʰyan³⁵tʰou⁰ 手锤子 ʂou²¹tʂʰuei³⁵tsʅ⁰	手指头 ʂou²¹tʂʅ⁵⁵tʰou⁰	大拇哥 ta⁵¹mu⁰kə⁵⁵
密云	拳头 tɕʰyan³⁵tʰou⁰	手指头 ʂou²¹tʂʅ⁵⁵tʰou⁰	大拇哥 ta⁵¹mu⁰kɤ⁵⁵
顺义	拳头 tɕʰyan³⁵tʰou⁰	手指头 ʂou²¹tʂʅ⁵⁵tʰou⁰	大拇哥 ta⁵¹m⁰kɤ⁵⁵
延庆	杵子 tʂʰu²⁴tsə⁰ 拳头 tɕʰyan⁵⁵tʰou⁰	手指头 ʂou²⁴ᵗtʂʅ⁵⁵tʰou⁰	大拇手指头 ta²¹mu⁰ʂou²⁴tʂʅ⁵⁵tʰou⁰ 大拇哥 ta²¹mu²¹kɤ⁴²
平谷	拳头 tɕʰyan⁵⁵tʰou⁰	手指头 ʂou³⁵tʂʅ²¹tʰou⁰	大拇哥 ta⁵¹mu²¹kɤ³⁵

	0481 食指	0482 中指	0483 无名指
西城	食指 ʂɿ³⁵tʂɿ²¹⁴	中指 tʂuŋ⁵⁵tʂɿ²¹⁴	无名指 u³⁵miŋ³⁵tʂɿ²¹⁴
通州	二拇哥儿 ɚ⁵¹mu⁰kɤr⁵⁵	中指 tʂuŋ⁵⁵tʂɿ²¹⁴	无名指 u³⁵miŋ³⁵tʂɿ²¹⁴
大兴	二指 ɚ⁵¹tʂɿ²¹⁴	中指 tʂuŋ⁵⁵tʂɿ²¹⁴	无名指 u³⁵miŋ³⁵tʂɿ²¹⁴
房山	二拇指 ɚ⁵¹mu³⁵tʂɿ²¹⁴	中指 tʂuŋ⁵⁵tʂɿ²¹⁴	无名指 u³⁵miŋ³⁵tʂɿ²¹⁴
门头沟	二拇弟 ɚ⁵¹mu⁰ti⁵¹	中指楼⁼ tʂuŋ⁵⁵tʂɿ²¹lou³⁵	无名指 u³⁵miŋ³⁵tʂɿ²¹⁴
昌平	二拇指 ɚ⁵³mu³⁵tʂɿ²¹⁴	中指 tʂuŋ⁵⁵tʂɿ²¹⁴	无名指 u³⁵miŋ³⁵tʂɿ²¹⁴
怀柔	二拇哥 ɚ⁵¹mu⁰kə⁵⁵	中指 tʂuŋ⁵⁵tʂɿ²¹⁴	无名指 u³⁵miŋ³⁵tʂɿ²¹⁴
密云	食指 ʂɿ³⁵tʂɿ²¹³ 二拇弟 ɚ⁵¹mu²¹ti⁵¹	中指 tʂuŋ⁵⁵tʂɿ²¹³	无名指 u³⁵miŋ³⁵tʂɿ²¹³
顺义	二指 ɚ⁵¹tʂɿ²¹⁴	中指 tʂuŋ⁵⁵tʂɿ²¹⁴	无名指 u³⁵miŋ³⁵tʂɿ²¹⁴
延庆	二拇手指头 ɚ²¹mu²¹ʂou²⁴tʂɿ⁵⁵tʰou⁰ 二拇哥 ɚ²¹mu²¹kɤ⁴²	中指 tʂuŋ⁴⁴tʂɿ²¹⁴	四拇手指头 sɿ²¹mu²¹ʂou²⁴tʂɿ⁵⁵tʰou⁰ 无名指 u⁵⁵miŋ⁵⁵tʂɿ²¹⁴
平谷	二拇哥 ɚ⁵¹mu²¹kɤ³⁵	中指 tʂuŋ³⁵tʂɿ²¹³	无名指 u⁵⁵miŋ⁵⁵tʂɿ²¹³

	0484 小拇指	0485 指甲⑰	0486 腿
西城	小拇指 ɕiau²¹m⁰tʂɿ²¹⁴	指甲 tʂɿ⁵⁵tɕiə⁰ 指甲盖儿 tʂɿ⁵⁵tɕiə⁰kɐr⁵¹	腿 tʰuei²¹⁴
通州	小拇哥儿 ɕiau²¹mu⁰kɤr⁵⁵	指甲 tʂɿ⁵⁵tɕia⁰ 指甲盖儿 tʂɿ⁵⁵tɕia⁰kɐr⁵¹	腿 tʰuei²¹⁴
大兴	小拇哥 ɕiau²¹mu⁰kɤ⁵⁵	指甲 tʂɿ⁵⁵tɕiə⁰ 指甲盖儿 tʂɿ⁵⁵tɕia⁰kɐr⁵¹	腿 tʰuei²¹⁴
房山	小拇指 ɕiau²¹mu³⁵tʂɿ²¹⁴	指甲 tʂɿ⁵⁵tɕia⁰	腿 tʰuei²¹⁴
门头沟	小拇哥 ɕiau³⁵mu²¹kɤ⁵⁵	指角⁼ tʂɿ⁵⁵tɕiau⁰ 指甲盖儿 tʂɿ⁵⁵tɕia⁰kɐr⁵¹	腿 tʰuei²¹⁴
昌平	小拇哥儿 ɕiau²¹mu²¹kɤr⁵⁵	指甲盖儿 tʂɿ⁵⁵tɕia⁵⁵kɐr⁵¹	腿 tʰuei²¹⁴
怀柔	小拇哥 ɕiau³⁵mu⁰kə⁵⁵	指角⁼ tʂɿ⁵⁵tɕiau⁰	腿 tʰuei²¹⁴
密云	小拇指 ɕiau²¹mu³⁵tʂɿ²¹³	指甲 tʂɿ⁵⁵tɕia⁰	腿 tʰuei²¹³
顺义	小拇哥儿 ɕiau²¹m⁰kɤr⁵⁵	指甲 tʂɿ⁵⁵tɕia⁰ 指甲盖儿 tʂɿ⁵⁵tɕia⁰kɐr⁵¹	腿 tʰuei²¹⁴
延庆	小拇手指头 ɕiao⁵⁵mu²¹ʂou²⁴tʂɿ⁵⁵tʰou⁰	指甲盖儿 tʂɿ⁴⁴tɕiə⁰kɐr⁵³ 指甲盖子 tʂɿ⁴⁴tɕiə⁰kai⁵³tsə⁰	腿 tʰuei²¹⁴
平谷	小拇指 ɕiau³⁵mu³⁵tʂɿ²¹³	指就⁼ tʂɿ³⁵tɕiou⁰	腿 tʰuei²¹³

词汇对照

	0487 脚⑱	0488 膝盖 指部位	0489 背 名词⑲
西城	脚 tɕiau²¹⁴	磕膝盖儿 kʰɤ⁵⁵tɕʰi⁵⁵kɐr⁵¹ 波=了=盖儿 po⁵⁵lə⁰kɐr⁵¹	脊宁= tɕi³⁵niŋ⁰
通州	脚丫子 tɕiau²¹ia⁵⁵tsʅ⁰	波=楞=盖儿 po⁵⁵ləŋ⁰kɐr⁵¹	后脊梁 xou⁵¹tɕi²¹liaŋ⁰
大兴	脚 tɕiau²¹⁴ 脚丫子 tɕiau²¹ia⁵⁵tsʅ⁰	膝盖儿 tɕʰi⁵⁵kɐr⁵¹ 波=楞=盖儿 po⁵⁵ləŋ⁰kɐr⁵¹	脊将= tɕi³⁵tɕiaŋ⁰
房山	脚 tɕiau²¹⁴	哥=了=拜=儿 kɤ⁵⁵lə⁰pɐr⁵¹	脊经= tɕi²¹tɕiŋ⁰
门头沟	脚丫子 tɕiau²¹ia⁵⁵tsʅ⁰	波=楞=盖儿 po⁵⁵ləŋ⁰kɐr⁵¹	脊宁=背儿 tɕi²¹niŋ⁰pər⁵¹
昌平	脚 tɕiau²¹⁴	波=了=盖儿 po⁵⁵lə⁰kɐr⁵¹	后脊宁= xou⁵³tɕi³⁵niŋ⁰
怀柔	脚丫子 tɕiau²¹ia⁵⁵tsʅ⁰	波=拉=盖子 po⁵⁵la⁵⁵kai⁵¹tsʅ⁰	后脊宁= xou⁵¹tɕi²¹niŋ⁰
密云	脚 tɕiau²¹³	波=楞=盖儿 po⁵⁵ləŋ⁰kɐr⁵¹	后背 xou⁵³pei⁵¹
顺义	脚 tɕiau²¹⁴ 脚丫子 tɕiau²¹ia⁵⁵tsʅ⁰	波=楞=盖儿 po⁵⁵ləŋ⁰kɐr⁵¹	脊娘= tɕi³⁵niaŋ⁰
延庆	脚 tɕiao²¹⁴	哥=了=拜子 kɤ⁴⁴lə⁰pai⁵³tsə⁰	后脊娘= xou²¹tɕi⁵⁵ɲiaŋ⁰
平谷	脚 tɕiau²¹³	波=楞=盖儿 pau⁵⁵ləŋ⁰kɐr⁵¹	后脊能= xou⁵¹tɕi²¹nəŋ⁰

	0490 肚子 腹部	0491 肚脐	0492 乳房 女性的
西城	肚子 tu⁵¹tsʅ⁰	肚脐眼儿 tu⁵¹tɕʰi³⁵iɐr²¹⁴	咂儿 tsɐr⁵⁵
通州	肚子 tu⁵¹tsʅ⁰	肚脐儿 tu⁵¹tɕʰiər³⁵ 肚脐眼儿 tu⁵¹tɕʰi³⁵iɐr²¹⁴	咂儿 tsar⁵⁵ 妈妈 ma⁵⁵ma⁰
大兴	肚子 tu⁵¹tsʅ⁰	肚脐儿 tu⁵¹tɕʰiər³⁵ 肚脐眼儿 tu⁵¹tɕʰi³⁵iɐr²¹⁴	□□mei⁵⁵mei⁰
房山	肚子 tu⁵¹tsʅ⁰	肚脐眼儿 tu⁵¹tɕʰi⁵⁵iɐr²¹⁴	咂儿 tsɐr⁵⁵
门头沟	肚子 tu⁵¹tsʅ⁰	肚脐眼儿 tu⁵¹tɕʰi³⁵iɐr²¹⁴	咂儿 tsɐr⁵⁵
昌平	肚子 tu⁵³tsʅ⁰	肚脐儿 tu⁵³tɕʰiər³⁵	咂儿 tsar⁵⁵
怀柔	肚子 tu⁵¹tsʅ⁰	肚脐儿 tu⁵¹tɕʰiər³⁵ 肚脐眼儿 tu⁵¹tɕʰi³⁵iɐr²¹⁴	妈儿 mar⁵⁵ 咂儿 tsɐr⁵⁵
密云	肚子 tu⁵¹tsʅ⁰	肚脐眼儿 tu⁵¹tɕʰi³⁵iɐr²¹³	妈儿妈儿 mɐr⁵⁵mɐr⁰
顺义	肚子 tu⁵¹tsʅ⁰	肚脐儿 tu⁵¹tɕʰiər³⁵ 肚脐眼儿 tu⁵¹tɕʰi³⁵iɐr²¹⁴	妈妈 ma⁵⁵ma⁰
延庆	肚子 tu⁵³tsʅ⁰	肚末=脐子 tu²¹mə⁰tɕʰi⁵⁵tsə⁰	妈妈 ma⁴²ma⁰
平谷	肚子 tu⁵¹tsʅ⁰	肚脐儿 tu⁵¹tɕʰiər⁵⁵ 肚脐子 tu⁵¹tɕʰi⁵⁵tsʅ⁰	妈妈 ma³⁵ma⁰

	0493 屁股[20]	0494 肛门	0495 阴茎 成人的
西城	屁股 pʰi⁵¹ku⁰ 屁股蛋儿 pʰi⁵¹ku⁰tɐr⁵¹	屁眼儿 pʰi⁵¹iɐr²¹⁴	雀子 tɕʰiau²¹tsʅ⁰ 鸡巴 tɕi⁵⁵pɐ⁰
通州	屁股 pʰi⁵¹ku⁰	屁眼儿 pʰi⁵¹iɐr²¹⁴	鸡巴 tɕi⁵⁵pa⁰
大兴	屁股 pʰi⁵¹ku⁰	屁眼儿 pʰi⁵¹iɐr²¹⁴	鸡巴 tɕi⁵⁵pa⁰
房山	屁花 pʰi⁵¹xua⁰	屁花=眼儿 pʰi⁵¹xua⁰iɐr²¹⁴	鸡巴 tɕi⁵⁵pa⁰
门头沟	屁股 pʰi⁵¹ku⁰	屁眼儿 pʰi⁵¹iɐr²¹⁴	鸡巴 tɕi⁵⁵pa⁰ 撩=子 liau³⁵tsʅ⁰
昌平	屁股蛋子 pʰi⁵³ku⁰tan⁵³tsʅ⁰	屁眼子 pʰi⁵³ian²¹tsʅ⁰	鸡巴 tɕi⁵⁵pa⁰
怀柔	屁股蛋子 pʰi⁵¹ku⁰tan⁵¹tsʅ⁰	屁眼儿 pʰi⁵¹iɐr²¹⁴	□儿 tər⁵⁵
密云	屁股 pʰie⁵¹ku⁰	屁眼儿 pʰi⁵¹iɐr²¹³	鸡巴 tɕi⁵⁵pa⁰ □ tər⁵⁵
顺义	屁火= pʰie⁵¹xuo⁰	屁眼儿 pʰi⁵¹iɐr²¹⁴	□ tər⁵⁵
延庆	屁股 pʰi⁵³ku⁰	屁股眼子 pʰi²¹ku⁰ian²⁴tsə⁰	鸡巴 tɕi⁴²pa⁰ 毬 tɕʰiou⁵⁵
平谷	票=火 pʰiau⁵¹xuo⁰	票=火眼儿 pʰiau⁵¹xuo⁰iɐr²¹³	□儿 tər³⁵ 鸡巴 tɕi³⁵pa⁰

	0496 女阴 成人的	0497 㞗 动词	0498 精液
西城	屄 pi⁵⁵	㞗 tsʰau⁵¹	尿 suŋ³⁵
通州	屄 pi⁵⁵	㞗 tsʰau⁵¹	尿 suŋ³⁵
大兴	屄 pi⁵⁵	㞗 tsʰau⁵¹	尿 suŋ³⁵
房山	屄 pi⁵⁵	㞗 tsʰau⁵¹	尿 suŋ³⁵
门头沟	屄 pi⁵⁵	㞗 tsʰau⁵¹	尿 suŋ³⁵
昌平	屄 pi⁵⁵	㞗 tsʰau⁵¹	尿 suŋ³⁵
怀柔	屄 pi⁵⁵	㞗 tsʰau⁵¹	尿 suŋ³⁵
密云	屄 pi⁵⁵	㞗 tsʰau⁵¹	尿 suŋ³⁵
顺义	屄 pi⁵⁵	㞗 tsʰau⁵¹	尿 suŋ³⁵
延庆	屄 pi⁴²	㞗 tsʰao⁵³	尿 suŋ⁵⁵
平谷	屄 pi³⁵	㞗 tsʰau⁵¹	尿 suŋ⁵⁵

词汇对照

	0499 来月经 注意婉称	0500 拉屎	0501 撒尿
西城	来例假 lai^{35}li^{53}tɕia^{51}	拉屎 la^{55}ʂʅ^{214}	撒尿 sa^{55}niau^{51}
通州	来例假 lai^{35}li^{51}tɕia^{51}	拉屎 la^{55}ʂʅ^{214}	尿尿 niau^{51}niau^{51}
大兴	来例假 lai^{35}li^{53}tɕia^{51}	拉屎 la^{55}ʂʅ^{214}	撒尿 sa^{55}ȵiau^{51}
房山	来例假 lai^{35}li^{53}tɕia^{51}	拉屎 la^{55}ʂʅ^{214}	尿尿 niau^{51}suei^{55}
门头沟	来例假 lai^{35}li^{53}tɕia^{51}	拉屎 la^{55}ʂʅ^{214}	尿尿 niau^{51}suei^{55}
昌平	来事儿 lai^{35}ʂər^{51}	拉屎 la^{55}ʂʅ^{214}	尿尿 niau^{53}suei^{55}
怀柔	来例假 lai^{35}li^{51}tɕia^{51} 来月经 lai^{35}ye^{51}tɕiŋ^{0}	拉屎 la^{55}ʂʅ^{214}	尿尿 niau^{51}suei^{55}
密云	来月经 lai^{35}ye^{51}tɕiŋ^{0}	拉屎 la^{55}ʂʅ^{213}	尿尿 ȵiau^{51}suei^{55}
顺义	来例假 lai^{35}li^{53}tɕia^{51}	拉屎 la^{55}ʂʅ^{214}	尿尿 niau^{51}suei^{55} 拉尿 la^{55}niau^{51}
延庆	来身上 lai^{55}ʂən^{42}ʂaŋ^{0}	拉屎 la^{44}ʂʅ^{214}	尿尿 ȵiao^{21}suei^{42}
平谷	来例假 lai^{55}li^{51}tɕia^{213} 来红 lai^{55}xuŋ^{55}	拉屎 la^{35}ʂʅ^{213}	尿尿 niau^{51}suei^{35}

	0502 放屁	0503 相当于"他妈的"的口头禅	0504 病了
西城	放屁 faŋ^{53}pʰi^{51}	他妈的 tʰa^{55}ma^{55}tə^{0}	病了 piŋ^{51}lə^{0}
通州	放屁 faŋ^{51}pʰi^{51}	他妈的 tʰa^{21}ma^{55}tə^{0}	病了 piŋ^{51}lə^{0}
大兴	放屁 faŋ^{53}pʰi^{51}	他妈的 tʰa^{55}ma^{55}tə^{0}	病了 piŋ^{51}lə^{0}
房山	放屁 faŋ^{53}pʰi^{51}	他妈的 tʰa^{55}ma^{55}tə^{0}	病了 piŋ^{51}lə^{0}
门头沟	放屁 faŋ^{53}pʰi^{51}	他妈的 tʰa^{55}ma^{55}tə^{0}	不得劲儿 pu^{51}tei^{21}tɕiər^{51} 病了 piŋ^{51}lə^{0}
昌平	放屁 faŋ^{53}pʰi^{51}	他妈的 tʰa^{55}ma^{55}tə	不合适 pu^{53}xɤ^{35}ʂʅ^{51} 病了 piŋ^{53}lə^{0}
怀柔	放屁 faŋ^{51}pʰi^{51}	你他妈的 ni^{21}tʰa^{55}ma^{55}tə^{0}	不得劲儿 pu^{55}tei^{21}tɕiər^{51} 病了 piŋ^{51}lə^{0}
密云	放屁 faŋ^{53}pʰi^{51}	他妈的 tʰa^{55}ma^{55}tə^{0}	病了 piŋ^{51}lɤ^{0}
顺义	放屁 faŋ^{53}pʰi^{51}	他妈的 tʰa^{55}ma^{55}tə^{0}	病了 piŋ^{51}lə^{0}
延庆	放屁 faŋ^{24}pʰi^{53}	娘了个屄 ȵiaŋ^{55}lə^{0}kə^{0}pi^{42} 妈了个屄 ma^{44}lə^{0}kə^{0}pi^{42}	不兴⁼搜⁼了 pu^{44}ɕiŋ^{53}sou^{0}lə^{0} 不处⁼真⁼了 pu^{44}tʂʰu^{53}tʂən^{0}lə^{0}
平谷	放屁 faŋ^{51}pʰi^{51}	他妈的屄的 tʰa^{55}ma^{55}tə^{0}pi^{55}tə^{0} 他妈的 tʰa^{55}ma^{55}tə^{0}	不合适了 pu^{55}xɤ^{55}ʂʅ^{51}lə^{0}

	0505 着凉	0506 咳嗽	0507 发烧
西城	着凉 tṣau⁵⁵liaŋ³⁵	咳嗽 kʰɤ³⁵sɔ⁰	发烧 fa⁵⁵ṣau⁵⁵
通州	着凉 tṣau³⁵liaŋ³⁵	咳嗽 kʰɤ³⁵sou⁰	发烧 fa⁵⁵ṣau⁵⁵
大兴	着凉 tṣau⁵⁵liaŋ³⁵	咳嗽 kʰɤ³⁵sou⁰	发烧 fa⁵⁵ṣau⁵⁵
房山	着凉 tṣau⁵⁵liaŋ³⁵	咳嗽 kʰɤ³⁵sou⁰	发烧 fa⁵⁵ṣau⁵⁵
门头沟	着凉 tṣau⁵⁵liaŋ³⁵	咳嗽 kʰɤ³⁵sou⁰	烧了 ṣau⁵⁵lə⁰
昌平	冻着了 tuŋ⁵³tṣau³⁵lə⁰	咳嗽 kɤ³⁵sou⁰	发烧 fa⁵⁵ṣau⁵⁵
怀柔	着凉 tṣau⁵⁵liaŋ³⁵	咳嗽 kʰə³⁵sɔ⁰	发烧 fa⁵⁵ṣau⁵⁵ 发热 fa⁵⁵ʐə⁵¹
密云	着凉 tṣau³⁵liaŋ³⁵	咳嗽 kʰɤ³⁵sɤ⁰	发烧 fa⁵⁵ṣau⁰
顺义	着凉 tṣau⁵⁵liaŋ³⁵	咳嗽 kʰɤ³⁵sau⁰	发烧 fa⁵⁵ṣau⁵⁵
延庆	风吹着 fəŋ⁴²tṣʰuei⁴²tṣo⁰ 撇⁼着汗 pʰie⁴⁴tṣo⁰xan⁵³ 着凉 tṣao⁵⁵liaŋ⁵⁵	咳嗽 kʰɤ⁵⁵sou⁰	发烧 fa⁴⁴ṣao⁴²
平谷	着凉儿 tṣau⁵⁵liɑr⁵⁵ 受风 ṣou⁵¹fəŋ³⁵	咳嗽 xɤ⁵⁵su⁰	发烧 fa³⁵ṣau³⁵

	0508 发抖	0509 肚子疼	0510 拉肚子
西城	打冷阵 ta³⁵ləŋ²¹tṣən⁰	肚子疼 tu⁵¹tsɿ⁰tʰəŋ⁰	拉稀 la⁵⁵ɕi⁵⁵ 拉肚子 la⁵⁵tu⁵¹tsɿ⁰
通州	打哆嗦 ta²¹tuo⁵⁵suo⁰	肚子疼 tu⁵¹tsɿ⁰tʰəŋ⁰	拉稀 la⁵⁵ɕi⁵⁵ 窜稀 tsʰuan⁵⁵ɕi⁵⁵
大兴	打哆嗦 ta²¹tuo⁵⁵suo⁰	肚子疼 tu⁵¹tsɿ⁰tʰəŋ⁰	拉稀 la⁵⁵ɕi⁵⁵
房山	哆嗦 tuo⁵⁵suo⁰	肚子疼 tu⁵¹tsɿ⁰tʰəŋ³⁵	闹肚子 nau⁵³tu⁵¹tsɿ⁰
门头沟	哆嗦 tuo⁵⁵suo⁰	肚子疼 tu⁵¹tsɿ⁰tʰəŋ³⁵	拉稀 la⁵⁵ɕi⁵⁵ 闹肚子 nau⁵³tu⁵¹tsɿ⁰
昌平	哆嗦 tuo⁵⁵suo⁰	肚子疼 tu⁵³tsɿ⁰tʰəŋ³⁵	跑肚儿拉稀 pʰau²¹tur⁵³la⁵⁵ɕi⁵⁵
怀柔	发抖 fa⁵⁵tou²¹⁴ 打劲儿 ta²¹tɕiər⁵¹ 打颤 ta²¹tṣʰan⁵¹	肚子疼 tu⁵¹tsɿ⁰tʰəŋ³⁵	拉肚子 la⁵⁵tu⁵¹tsɿ⁰ 泻肚 ɕie⁵¹tu⁵¹ 跑肚 pʰau²¹tu⁵¹
密云	哆嗦 tuo⁵⁵suo⁰	肚子疼 tu⁵¹tsɿ⁰tʰəŋ³⁵	拉稀 la⁵⁵ɕi⁵⁵
顺义	打哆嗦 ta³⁵tuo⁵⁵sou⁰ 打嘚嘚 ta²¹tei⁵⁵tei⁰	肚子疼 tu⁵¹tsɿ⁰tʰəŋ⁰	拉稀 la⁵⁵ɕi⁵⁵ 窜稀 tsʰuan⁵⁵ɕi⁵⁵
延庆	抖⁼擞⁼ tou⁵⁵sou⁰	肚疼 tu²¹tʰəŋ⁵⁵	拉稀 la⁴⁴ɕi⁴² 闹肚子 nao²⁴tu⁵³tsə⁰
平谷	发抖 fa³⁵tou²¹³	肚子疼 tu⁵¹tsɿ⁰tʰəŋ⁵⁵	拉稀 la³⁵ɕi³⁵

词汇对照

	0511 患疟疾	0512 中暑	0513 肿
西城	得疟疾 tɤ³⁵nie⁵¹tɕi⁰	中暑 tʂuŋ⁵¹ʂu²¹⁴	肿 tʂuŋ²¹⁴
通州	发疟子 fa⁵⁵iau⁵¹tsɿ⁰	中暑 tʂuŋ⁵¹ʂu²¹⁴	肿 tʂuŋ²¹⁴
大兴	打摆子 ta³⁵pai²¹tsɿ⁰	中暑 tʂuŋ⁵¹ʂu²¹⁴	肿 tʂuŋ²¹⁴
房山	发疟子 fa⁵⁵iau⁵³tsɿ⁰	中暑 tʂuŋ⁵¹ʂu²¹⁴	肿 tʂuŋ²¹⁴
门头沟	闹疟疾 nau⁵³nye⁵¹tɕi⁰	中暑 tʂuŋ⁵¹ʂu²¹⁴	肿 tʂuŋ²¹⁴
昌平	打摆子 ta²¹pai²¹tsɿ⁰	伤热 ʂaŋ⁵⁵ʐɤ⁵¹	肿 tʂuŋ²¹⁴
怀柔	发疟子 fa⁵⁵iau⁵¹tsɿ⁰	中暑 tʂuŋ⁵¹ʂu²¹⁴	肿 tʂuŋ²¹⁴
密云	打摆子 ta³⁵pai²¹³tsɿ⁰	中暑 tʂuŋ⁵¹ʂu²¹³	肿 tʂuŋ²¹³
顺义	发疟子 fa⁵⁵iau⁵¹tsɿ⁰	中暑 tʂuŋ⁵¹ʂu²¹⁴	肿 tʂuŋ²¹⁴
延庆	发疟子 fa⁴⁴iao⁵³tsə⁰	中暑 tʂuŋ²¹ʂu²¹⁴	肿 tʂuŋ²¹⁴
平谷	发疟子 fa³⁵iau⁵¹tsɿ⁰	中暑 tʂuŋ⁵¹ʂu²¹³	肿 tʂuŋ²¹³

	0514 化脓	0515 疤好了的	0516 癣
西城	化脓 xua⁵¹nuŋ³⁵	疤瘌 pa⁵⁵lə⁰	癣 ɕyan²¹⁴
通州	化脓 xua⁵¹nəŋ³⁵	疤瘌 pa⁵⁵la⁰	癣 ɕyan²¹⁴
大兴	化脓 xua⁵¹nəŋ³⁵	疤瘌 pa⁵⁵la⁰	癣 ɕyan²¹⁴
房山	化脓 xua⁵¹nəŋ³⁵	疤瘌 pa⁵⁵la⁰	癣 ɕyan²¹⁴
门头沟	化脓 xua⁵¹nəŋ³⁵	疤瘌 pa⁵⁵la⁰	癣 ɕyan²¹⁴
昌平	化脓 xua⁵³nəŋ³⁵	疤啷 pa⁵⁵laŋ⁰	癣 ɕyan²¹⁴
怀柔	化脓 xua⁵¹nəŋ³⁵	疤瘌 pa³⁵la⁰	癣 ɕyan²¹⁴
密云	化脓 xua⁵¹nəŋ³⁵	疤瘌 pa⁵⁵lɤ⁰	癣 ɕyan²¹³
顺义	化脓 xua⁵¹nəŋ³⁵	疤瘌 pa⁵⁵la⁰	癣 ɕyan²¹⁴
延庆	化脓 xua²¹nəŋ⁵⁵	疤瘌 pa⁴²la⁰	癣 ɕyan²¹⁴
平谷	化脓 xua⁵¹nəŋ⁵⁵	疤瘌 pa³⁵lə⁰	癣 ɕyan²¹³

	0517 痣 凸起的	0518 疙瘩 蚊子咬后形成的	0519 狐臭
西城	痦子 u⁵¹tsɿ⁰	疙瘩 kɤ⁵⁵tə⁰	臭胳肢窝 tʂʰou⁵¹kɤ⁵⁵tʂɿ⁰uo⁵⁵
通州	痦子 u⁵¹tsɿ⁰	疙瘩 ka⁵⁵tai⁰ 疙瘩包儿 ka⁵⁵tai⁰paor⁵⁵	臭胳肢窝 tʂʰou⁵¹ka⁵⁵tʂɿ⁰uo⁵⁵
大兴	痦子 u⁵¹tsɿ⁰	疙瘩儿 ka⁵⁵tɚ⁰	臭胳肢窝 tʂʰou⁵¹kɤ⁵⁵tʂɿ⁰uo⁵⁵
房山	痦子 u⁵¹tsɿ⁰	疙瘩 ka⁵⁵ta⁰	胳肢窝臭 ka⁵⁵tʂɿ⁰uo⁵⁵tʂʰou⁵¹
门头沟	痦子 u⁵¹tsɿ⁰	疙瘩 kɤ⁵⁵tɛ⁰	臭胳肢窝 tʂʰou⁵¹ka⁵⁵tʂɿ⁰uo⁵⁵
昌平	瘊子 xou³⁵tsɿ⁰	疙瘩 kɤ⁵⁵tə⁰	臭胳肢窝 tʂʰou⁵³ka⁵⁵tʂɿ⁵⁵uo⁵⁵
怀柔	痦子 u⁵¹tsɿ⁰	痒痒疙瘩 iaŋ²¹iaŋ⁰kə⁵⁵tɐ⁰	臭胳肢窝 tʂʰou⁵¹ka⁵⁵tʂɿ⁰uo⁵⁵
密云	痦子 u⁵¹tsɿ⁰	疙瘩 ka⁵⁵tɤ⁰	臭胳肢窝 tʂʰou⁵¹ka⁵⁵tʂɿ⁰uo⁵⁵
顺义	痦子 u⁵¹tsɿ⁰	疙瘩 kɤ⁵⁵ta⁰ 包儿 paur⁵⁵	臭胳肢窝 tʂʰou⁵¹ka⁵⁵tʂɿ⁰uo⁵⁵
延庆	黑雀子 xei⁴⁴tɕʰiao⁴²tsə⁰	疙瘩 kɤ⁴²ta⁰	臭胳肢肢 tʂʰou²¹kɤ⁴⁴tʂɿ⁰tʂɿ⁴²
平谷	痦子 u⁵¹tsɿ⁰	疙瘩 ka³⁵tə⁰	臭胳肢窝 tʂʰou⁵¹ka³⁵tʂɿ⁰uo³⁵

词汇对照 291

	0520 看病	0521 诊脉	0522 针灸
西城	瞧病 tɕʰiau³⁵piŋ⁵¹ 看病 kʰan⁵³piŋ⁵¹	号脉 xau⁵³mai⁵¹	针灸 tʂən⁵⁵tɕiou⁵⁵
通州	瞧病 tɕʰiau³⁵piŋ⁵¹	号脉 xau⁵³mai⁵¹ 把脉 pa²¹mai⁵¹	扎针 tʂa⁵⁵tʂən⁵⁵
大兴	瞧病 tɕʰiau³⁵piŋ⁵¹	号脉 xau⁵³mai⁵¹	扎针 tʂa⁵⁵tʂən⁵⁵
房山	瞧病 tɕʰiau³⁵piŋ⁵¹	摸脉 mau⁵⁵mai⁵¹	扎针 tʂa⁵⁵tʂən⁵⁵
门头沟	瞧病 tɕʰiau³⁵piŋ⁵¹	号脉 xau⁵³mo⁵¹	扎针 tʂa⁵⁵tʂən⁵⁵
昌平	瞧病 tɕʰiau³⁵piŋ⁵¹	号脉 xau⁵³mai⁵¹	针灸 tʂən⁵⁵tɕiou⁵⁵
怀柔	瞧病 tɕʰiau³⁵piŋ⁵¹	号脉 xau⁵¹mai⁵¹	针灸 tʂən⁵⁵tɕiou⁵⁵
密云	瞧病 tɕʰiau³⁵piŋ⁵¹	号脉 xau⁵³mai⁵¹	针灸 tʂən⁵⁵tɕiou⁵⁵
顺义	瞧病 tɕʰiau³⁵piŋ⁵¹	把脉 pa²¹mai⁵¹	扎针 tʂa⁵⁵tʂən⁵⁵
延庆	瞭病 liao²⁴piŋ⁵³ 瞧病 tɕʰiao⁵⁵piŋ⁵³	号脉 xao²⁴mai⁵³ 摸脉 mao⁴⁴mai⁵³	扎针儿 tʂa⁴⁴tʂər⁴²
平谷	瞧病 tɕʰiau⁵⁵piŋ⁵¹	号脉 xau⁵¹mai⁵¹	扎针 tʂa³⁵tʂən³⁵ 针灸 tʂən³⁵tɕiou²¹³

	0523 打针	0524 打吊针	0525 吃药 统称
西城	打针 ta²¹tʂən⁵⁵	打点滴 ta³⁵tian²¹ti⁵⁵	吃药 tʂʰʅ⁵⁵iau⁵¹
通州	打针 ta²¹tʂən⁵⁵	打点滴 ta³⁵tian²¹ti⁵⁵	吃药 tʂʰʅ⁵⁵iau⁵¹
大兴	打针 ta²¹tʂən⁵⁵	输液 ʂu⁵⁵ie⁵¹	吃药 tʂʰʅ⁵⁵iau⁵¹
房山	打针 ta²¹tʂən⁵⁵	打吊瓶 ta²¹tiau⁵³pʰiŋ³⁵	吃药 tʂʰʅ⁵⁵iau⁵¹
门头沟	打针 ta²¹tʂən⁵⁵	打点滴 ta³⁵tian²¹ti⁵⁵	吃药 tʂʰʅ⁵⁵iau⁵¹
昌平	打针 ta²¹tʂən⁵⁵	打吊瓶 ta²¹tiau⁵³pʰiŋ³⁵	吃药 tʂʰʅ⁵⁵iau⁵¹
怀柔	扎针儿 tʂa⁵⁵tʂər⁵⁵	打吊瓶 ta²¹tiau⁵¹pʰiŋ³⁵ 输液 ʂu⁵⁵ie⁵¹	吃药 tʂʰʅ⁵⁵iau⁵¹
密云	打针 ta²¹tʂən⁵⁵	输液 ʂu⁵⁵ie⁵¹	吃药 tʂʰʅ⁵⁵iau⁵¹
顺义	打针 ta²¹tʂən⁵⁵	打点滴 ta³⁵tian²¹ti⁵⁵ 打吊瓶儿 ta²¹tiau⁵¹piãr	吃药 tʂʰʅ⁵⁵iau⁵¹
延庆	打针 ta²⁴tʂən⁴²	输液 ʂu⁴⁴ie⁵³	吃药 tʂʰʅ⁴⁴iao⁵³
平谷	打针 ta²¹tʂən³⁵	输液 ʂu³⁵ie⁵¹	吃药 tʂʰʅ³⁵iau⁵¹

	0526 汤药	0527 病轻了	0528 说媒
西城	汤药 tʰaŋ⁵⁵ iau⁵¹	见好 tɕian⁵¹ xau²¹⁴	保媒拉纤儿 pau²¹ mei³⁵ la⁵⁵ tɕʰiɐr⁵¹
通州	汤药 tʰaŋ⁵⁵ iau⁵¹	见好 tɕian⁵¹ xau²¹⁴	保媒拉纤儿 pau²¹ mei³⁵ la⁵⁵ tɕʰiɐr⁵¹
大兴	汤药 tʰaŋ⁵⁵ iau⁵¹	见好 tɕian⁵¹ xau²¹⁴	保媒拉纤儿 pau²¹ mei³⁵ la⁵⁵ tɕʰiɐr⁵¹
房山	汤药 tʰaŋ⁵⁵ iau⁵¹	病轻了 piŋ⁵¹ tɕʰiŋ⁵⁵ lə⁰	说媒 ʂuo⁵⁵ mei³⁵
门头沟	汤药 tʰaŋ⁵⁵ iau⁵¹	病好点儿了 piŋ⁵¹ xau³⁵ tiɐr²¹ lə⁰	说媒 ʂuo⁵⁵ mei³⁵ 介绍对象 tɕie⁵¹ ʂau⁰ tuei⁵³ ɕiaŋ⁵¹
昌平	汤药 tʰaŋ⁵⁵ iau⁵¹	病好点儿啦 piŋ⁵³ xau²¹ tiɐr²¹ la⁰ 病有起色啦 piŋ⁵³ iou³⁵ tɕʰi³⁵ sɤ⁰ la⁰	说媒 ʂuo⁵⁵ mei³⁵
怀柔	中药 tʂuŋ⁵⁵ iau⁵¹ 汤药 tʰaŋ⁵⁵ iau⁵¹	病好点儿了 piŋ⁵¹ xau³⁵ tiɐr²¹ lə⁰	说媒 ʂuo⁵⁵ mei³⁵
密云	汤药 tʰaŋ⁵⁵ iau⁵¹	病好点了 piŋ⁵¹ xau³⁵ tiɐr²¹³ lɤ⁰	说媒 ʂuo⁵⁵ mei³⁵
顺义	汤药 tʰaŋ⁵⁵ iau⁵¹	病好点儿了 piŋ⁵¹ xau³⁵ tiɐr²¹ lə⁰	跑媒拉纤儿 pʰau²¹ mei³⁵ la⁵⁵ tɕʰiɐr⁵¹
延庆	中药 tʂuŋ⁴⁴ iao⁵³	病好点儿了 piŋ⁵³ xao⁵⁵ tiɐr⁰ lə⁰	说媒 ʂuo⁴⁴ mei⁵⁵
平谷	汤药 tʰaŋ³⁵ iau⁵¹	病好点儿了 piŋ⁵¹ xau³⁵ tiɐr²¹ lə⁰	说媒 ʂuo³⁵ mei⁵⁵

词汇对照

	0529 媒人	0530 相亲	0531 订婚
西城	说媒的 ʂuo⁵⁵mei³⁵tə⁰	相亲 ɕiaŋ⁵⁵tɕʰin⁵⁵	订婚 tiŋ⁵¹xuən⁵⁵
通州	媒人 mei³⁵ẓən⁰	相亲 ɕiaŋ⁵⁵tɕʰin⁵⁵	订婚 tiŋ⁵¹xuən⁵⁵
大兴	媒人 mei³⁵ẓən⁰	搞对象 kau²¹tuei⁵¹ɕiaŋ⁵¹	订婚 tiŋ⁵¹xuən⁵⁵
房山	媒婆儿 mei³⁵pʰor³⁵ 介绍人 tɕie⁵¹ʂau⁵¹ẓən³⁵	相亲 ɕiaŋ⁵⁵tɕʰin⁵⁵	订婚 tiŋ⁵¹xuən⁵⁵
门头沟	媒人婆子 mei³⁵ẓən⁰pʰo³⁵tsɿ⁰	相亲 ɕiaŋ⁵⁵tɕʰin⁵⁵	下小定儿 ɕia⁵¹ɕiau²¹tiə̃r⁵¹
昌平	媒婆儿 mei³⁵pʰor³⁵	见见面儿 tɕian⁵³tɕian⁵³miɐr⁵¹	下小定儿 ɕia⁵³ɕiau²¹tiə̃r⁵¹
怀柔	媒婆儿 mei³⁵pʰor³⁵ 介绍人 tɕie⁵¹ʂau⁵¹ẓən³⁵ 中间人 tʂuŋ⁵⁵tɕian⁵⁵ẓən³⁵	相亲 ɕiaŋ⁵⁵tɕʰin⁵⁵	定亲 tiŋ⁵¹tɕʰin⁰ 订婚 tiŋ⁵¹xun⁵⁵
密云	媒婆儿 mei³⁵pʰor³⁵	相对象 ɕiaŋ⁵⁵tuei⁵³ɕiaŋ⁵¹	订婚 tiŋ⁵¹xun⁵⁵
顺义	媒人 mei³⁵ẓən⁰	相亲 ɕiaŋ⁵⁵tɕʰin⁵⁵	订婚 tiŋ⁵¹xuən⁵⁵
延庆	媒人 mei⁵⁵ẓən⁰	相媳妇儿 ɕiaŋ⁴⁴ɕi⁵⁵fər⁰	订婚 tiŋ²¹xuən⁴² 订亲 tiŋ²¹tɕʰin⁴²
平谷	媒人 mei⁵⁵ẓən⁰ 包括男女 媒婆 mei⁵⁵pʰuo⁵⁵ 旧,女性	相人儿 ɕiaŋ³⁵ẓər⁵⁵	订婚 tiŋ⁵¹xuən³⁵

	0532 嫁妆	0533 结婚 统称	0534 娶妻子 男子~,动宾
西城	陪嫁 pʰei³⁵tɕiə⁰	结婚 tɕie⁵⁵xuən⁵⁵	娶媳妇儿 tɕʰy²¹ɕi³⁵fər⁰
通州	陪嫁 pʰei³⁵tɕia⁰	结婚 tɕie⁵⁵xuən⁵⁵	娶媳妇儿 tɕʰy²¹ɕi³⁵fər⁰
大兴	嫁妆 tɕia⁵¹tʂuaŋ⁰	结婚 tɕie⁵⁵xuən⁵⁵	娶媳妇儿 tɕʰy²¹ɕi³⁵fər⁰
房山	嫁妆 tɕia⁵¹tʂuaŋ⁰	结婚 tɕie³⁵xuən⁵⁵	娶媳妇儿 tɕʰy²¹ɕi³⁵fər⁰
门头沟	嫁妆 tɕia⁵¹tʂuaŋ⁰	结婚 tɕie⁵⁵xuən⁵⁵	娶媳妇儿 tɕʰy²¹ɕi³⁵fər⁰
昌平	嫁妆 tɕia⁵³tʂuaŋ⁰	结婚 tɕie³⁵xuən⁵⁵	娶媳妇儿 tɕʰy²¹ɕi³⁵fər⁵¹
怀柔	陪嫁 pʰei³⁵tɕia⁵¹	结婚 tɕie⁵⁵xuən⁵⁵	娶媳妇儿 tɕʰy²¹ɕi³⁵fur⁰
密云	嫁妆 tɕia⁵¹tʂuaŋ⁰	结婚 tɕie⁵⁵xun⁵⁵	娶媳妇儿 tɕʰy²¹ɕi³⁵fur⁰
顺义	嫁妆 tɕia⁵¹tʂuaŋ⁰	结婚 tɕie⁵⁵xuən⁵⁵	娶媳妇儿 tɕʰy²¹ɕi³⁵fər⁰
延庆	嫁妆 tɕia⁵³tʂuaŋ⁰	结婚 tɕie⁴⁴xuən⁴²	娶媳妇儿 tɕʰy²⁴ɕi⁵⁵fər⁰
平谷	嫁妆 tɕia⁵¹tʂuaŋ⁰	结婚 tɕie³⁵xuən³⁵	娶媳妇儿 tɕʰy³⁵ɕi²¹fər⁰

	0535 出嫁 女子~	0536 拜堂	0537 新郎
西城	出阁 tʂʰu⁵⁵kɤ³⁵ 出嫁 tʂʰu⁵⁵tɕia⁵¹	拜堂 pai⁵¹tʰaŋ³⁵	新郎官儿 ɕin⁵⁵laŋ³⁵kuɐr⁵⁵
通州	出门子 tʂʰu⁵⁵mən³⁵tsʅ⁰	拜天地 pai⁵¹tʰian⁵⁵ti⁵¹	新郎 ɕin⁵⁵laŋ³⁵
大兴	出聘 tʂʰu⁵⁵pʰin⁵¹	拜堂 pai⁵¹tʰaŋ³⁵	新郎官儿 ɕin⁵⁵laŋ³⁵kuɐr⁵⁵
房山	出聘 tʂʰu⁵⁵pʰiŋ⁵¹	拜堂 pai⁵¹tʰaŋ³⁵	新郎官儿 ɕin⁵⁵laŋ³⁵kuɐr⁵⁵
门头沟	出聘 tʂʰu⁵⁵pʰin⁵¹	拜堂 pai⁵¹tʰaŋ³⁵	新姑爷 ɕin⁵⁵ku⁵⁵ie⁰ 新郎 ɕin⁵⁵laŋ³⁵
昌平	出聘 tʂʰu⁵⁵pʰin⁵¹	拜堂 pai⁵³tʰaŋ³⁵	新郎官儿 ɕin⁵⁵laŋ³⁵kuɐr⁵⁵
怀柔	出阁 tʂʰu⁵⁵kə³⁵	拜堂 pai⁵¹tʰaŋ³⁵	新郎官儿 ɕin⁵⁵laŋ³⁵kuɐr⁵⁵
密云	嫁人 tɕia⁵¹ʐən³⁵ 聘闺女 pʰin⁵¹kun⁵⁵ȵy⁰	拜堂 pai⁵¹tʰaŋ³⁵	新郎 ɕin⁵⁵laŋ³⁵
顺义	出门子 tʂu⁵⁵mən³⁵tsʅ⁰ 出聘 tʂʰu⁵⁵pʰiŋ⁵¹	拜天地 pai⁵¹tian⁵⁵ti⁵¹	新郎官儿 ɕin⁵⁵laŋ³⁵kuɐr⁵⁵
延庆	给人家 kei²⁴ʐən⁵⁵tɕia⁰ 嫁人 tɕia⁴²ʐən⁵³	拜堂 pai²¹tʰaŋ⁵⁵	新女婿 ɕin⁴⁴ȵy²⁴ɕy⁰
平谷	聘闺女 pʰin⁵¹kun³⁵ni⁰	拜堂 pai⁵¹tʰaŋ⁵⁵	新姑爷 ɕin³⁵ku³⁵ie⁰ 新郎官儿 ɕin³⁵laŋ⁵⁵kuɐr³⁵

	0538 新娘子	0539 孕妇	0540 怀孕
西城	新媳妇儿 ɕin⁵⁵ɕi³⁵fər⁰	孕妇 yn⁵³fu⁵¹	有喜了 iou³⁵ɕi²¹lə⁰
通州	新媳妇儿 ɕin⁵⁵ɕi³⁵fər⁰	孕妇 yn⁵³fu⁵¹	有喜了 iou³⁵ɕi²¹lə⁰
大兴	新媳妇儿 ɕin⁵⁵ɕi³⁵fər⁰	孕妇 yn⁵³fu⁵¹	有喜了 iou³⁵ɕi²¹lə⁰
房山	新娘子 ɕin⁵⁵niaŋ³⁵tsʅ⁰	孕妇 yn⁵³fu⁵¹	有了 iou²¹lə⁰
门头沟	新媳妇儿 ɕin⁵⁵ɕi³⁵fər⁰	孕妇 yn⁵³fu⁵¹	怀孩子 xuai³⁵xai³⁵tsʅ⁰
昌平	新娘子 ɕin⁵⁵niaŋ³⁵tsʅ⁰	大肚子 ta⁵³tu⁵³tsʅ⁰	有了 iou²¹lə⁰
怀柔	新媳妇儿 ɕin⁵⁵ɕi³⁵fur⁰	孕妇 yn⁵¹fu⁵¹ 双身子 ʂuaŋ⁵⁵ʂən⁵⁵tsʅ⁰	有喜了 iou³⁵ɕi²¹lə⁰
密云	新娘子 ɕin⁵⁵ȵiaŋ³⁵tsʅ⁰	孕妇 yn⁵³fu⁵¹	有喜了 iou³⁵ɕi²¹³lɤ⁰ 揣上了 tʂʰuai⁵⁵ʂaŋ⁵¹lɤ⁰
顺义	新媳妇儿 ɕin⁵⁵ɕi³⁵fər⁰	孕妇 yn⁵³fu⁵¹	有喜了 iou³⁵ɕi²¹lə⁰
延庆	新媳妇儿 ɕin⁴⁴ɕi³⁵fər⁰ 新娘子 ɕin⁴⁴ȵiaŋ⁵⁵tsə⁰	大肚子 ta²¹tu⁵³tsə⁰	大肚子 ta²¹tu⁵³tsə⁰ 有喜 iou⁵⁵ɕi²¹⁴
平谷	新媳妇儿 ɕin³⁵ɕi²¹fər⁰ 新娘子 ɕin³⁵niaŋ⁵⁵tsʅ⁰	大肚子 ta⁵¹tu⁵¹tsʅ⁰ 双身子 ʂuaŋ³⁵ʂən³⁵tsʅ⁰	大肚子 ta⁵¹tu⁵¹tsʅ⁰

	0541 害喜妊娠反应	0542 分娩	0543 流产
西城	害口 xai⁵¹kʰou²¹⁴	生产 ʂəŋ⁵⁵tʂʰan²¹⁴	流产 liou³⁵tʂʰan²¹⁴
通州	害口 xai⁵¹kʰou²¹⁴	生 ʂəŋ⁵⁵	小产 ɕiau³⁵tʂʰan²¹⁴
大兴	闹口 nau⁵¹kʰou²¹⁴	生 ʂəŋ⁵⁵	小月 ɕiau²¹ye⁵¹
房山	害口 xai⁵¹kʰou²¹⁴	生 ʂəŋ⁵⁵ 添 tʰian⁵⁵	小月 ɕiau²¹ye⁵¹
门头沟	害口 xai⁵¹kʰou²¹⁴ 害孩子 xai⁵¹xai³⁵tsɿ⁰	生 ʂəŋ⁵⁵	小月儿 ɕiau²¹yɐr⁵¹
昌平	害口 xai⁵³kʰou²¹⁴	生 ʂəŋ⁵⁵ 添 tʰian⁵⁵	小产 ɕiau³⁵tʂʰan²¹⁴
怀柔	害口 xai⁵¹kʰou²¹⁴	生 ʂəŋ⁵⁵	小月 ɕiau²¹ye⁵¹
密云	害喜 xai⁵¹ɕi²¹³	生 səŋ⁵⁵	小产 ɕiau³⁵tʂʰan²¹³
顺义	害口 xai⁵¹kʰou²¹⁴	生 ʂəŋ⁵⁵	小产 ɕiau³⁵tʂʰan²¹⁴
延庆	害孩子 xai²¹xai⁵⁵tsə⁰	生 ʂəŋ⁴²	小产 ɕiao⁵⁵tʂʰan²¹⁴ 小月 ɕiao²⁴ye⁵³
平谷	害喜病儿 xai⁵¹ɕi²¹piər⁵¹ 害孩子 xai⁵¹xai⁵⁵tsɿ⁰	生 ʂəŋ³⁵	小产 ɕiau³⁵tʂʰai²¹³

	0544 双胞胎	0545 坐月子	0546 吃奶
西城	双傍儿 ʂuaŋ⁵⁵pãr⁵¹	坐月子 tsuo⁵³ye⁵¹tsɿ⁰	吃奶 tʂʰɿ⁵⁵nai²¹⁴ 吃咂儿 tʂʰɿ⁵⁵tsɐr⁵⁵
通州	双傍儿 ʂuaŋ⁵⁵pãr⁵¹	坐月子 tsuo⁵³ye⁵¹tsɿ⁰	吃咂儿 tʂʰɿ⁵⁵tsɐr⁵⁵ 吃妈妈 tʂʰɿ⁵⁵ma⁵⁵ma⁰
大兴	双生儿 ʂuaŋ⁵⁵ʂə̃r⁰	坐月子 tsuo⁵³ye⁵¹tsɿ⁰	吃咂儿 tʂʰɿ⁵⁵tsɐr⁵⁵
房山	双双儿 ʂuaŋ⁵¹ʂuãr⁰	坐月子 tsuo⁵³ye⁵¹tsɿ⁰	吃咂儿 tʂʰɿ⁵⁵tsɐr⁵⁵
门头沟	双傍儿 ʂuaŋ⁵⁵pãr⁵¹	坐月子 tsuo⁵³ye⁵¹tsɿ⁰	吃咂儿 tʂʰɿ⁵⁵tsɐr⁵⁵
昌平	双把儿 ʂuaŋ⁵⁵par⁵¹	坐月子 tsuo⁵³ye⁵³tsɿ⁰	吃咂儿 tʂʰɿ⁵⁵tsar⁵⁵
怀柔	双傍儿 ʂuaŋ⁵¹pãr⁵¹	待月子 tai⁵¹ye⁵¹tsɿ⁰ 坐月子 tsuo⁵¹ye⁵¹tsɿ⁰	吃妈儿 tʂʰɿ⁵⁵mɐr⁵⁵ 吃咂儿 tʂʰɿ⁵⁵tsɐr⁵⁵
密云	双傍儿 ʂuaŋ⁵³pãr⁵¹	坐月子 tsuo⁵³ye⁵¹tsɿ⁰	吃妈儿妈儿 tʂʰɿ⁵⁵mɐr⁵⁵mɐr⁰
顺义	双傍儿 ʂuaŋ⁵⁵pãr⁵¹	坐月子 tsuo⁵³ye⁵¹tsɿ⁰	吃妈妈 tʂʰɿ⁵⁵ma⁵⁵ma⁰ 吃咂儿 tʂʰɿ⁵⁵tsɐr⁵⁵
延庆	双傍儿 ʂuaŋ²⁴pãr⁵³	坐月子 tsuo²⁴ye⁵³tsə⁰	吃妈妈 tʂʰɿ⁴⁴ma⁴²ma⁰
平谷	双傍儿 ʂuaŋ⁵¹pər⁰	坐月子 tsuo⁵¹ye⁵¹tsɿ⁰	吃妈妈 tʂʰɿ³⁵ma³⁵ma⁰

	0547 断奶	0548 满月	0549 生日 统称
西城	断奶 tuan⁵¹ nai²¹⁴	满月 man²¹ ye⁵¹	生日 ʂəŋ⁵⁵ ʐʅ⁰
通州	断奶 tuan⁵¹ nai²¹⁴	满月 man²¹ ye⁵¹	生日 ʂəŋ⁵⁵ ʐʅ⁰
大兴	断奶 tuan⁵¹ nai²¹⁴	满月 man²¹ ye⁵¹	生日 ʂəŋ⁵⁵ ʐʅ⁰
房山	断奶 tuan⁵¹ nai²¹⁴	满月 man²¹ ye⁵¹	生日 ʂəŋ⁵⁵ ʐʅ⁰
门头沟	择奶 tʂai³⁵ nai²¹⁴ 忌奶 tɕi⁵¹ nai²¹⁴	满月 man²¹ ye⁵¹	生日 ʂəŋ⁵⁵ ʐʅ⁰
昌平	断奶 tuan⁵³ nai²¹⁴	满月 man²¹ ye⁵¹	生日 ʂəŋ⁵⁵ ʐʅ⁵¹
怀柔	择奶 tʂai³⁵ nai²¹⁴	满月 man²¹ ye⁵¹	生日 ʂəŋ⁵⁵ ʐʅ⁰
密云	断奶 tuan⁵¹ nai²¹³	满月 man²¹³ ye⁰	生日 ʂəŋ⁵⁵ ʐʅ⁵¹
顺义	断奶 tuan⁵¹ nai²¹⁴	满月 man²¹ ye⁵¹	生日 ʂəŋ⁵⁵ ʐʅ⁰
延庆	择妈妈 tʂai⁵⁵ ma⁴² ma⁰ 择奶 tʂai⁵⁵ nai²¹⁴	满月 man²⁴ ye⁰	生日 ʂəŋ⁴² ʐʅ⁰
平谷	断奶 tuan⁵¹ nai²¹³ 停奶 tʰiŋ⁵⁵ nai²¹³	满月儿 man²¹ yɛr⁵¹	生日 ʂəŋ³⁵ ʐʅ⁰

	0550 做寿	0551 死 统称	0552 死 婉称，最常用的几种，指老人：他~了
西城	做寿 tsuo⁵³ ʂou⁵¹	死 sʅ²¹⁴	没 mei³⁵ ｜ 走 tsou²¹⁴ 过世 kuo⁵³ ʂʅ⁵¹
通州	做寿 tsuo⁵³ ʂou⁵¹	死 sʅ²¹⁴	走 tsou²¹⁴
大兴	做寿 tsuo⁵³ ʂou⁵¹	死 sʅ²¹⁴	走 tsou²¹⁴ 过去 kuo⁵¹ tɕʰi⁰
房山	做寿 tsuo⁵³ ʂou⁵¹	死 sʅ²¹⁴	走 tsou²¹⁴ 过去 kuo⁵¹ tɕy⁰
门头沟	做寿 tsuo⁵³ ʂou⁵¹	死 sʅ²¹⁴	走 tsou²¹⁴ 过去 kuo⁵¹ tɕʰi⁰
昌平	做寿 tsuo⁵³ ʂou⁵¹	死 sʅ²¹⁴	过去 kuo⁵³ tɕʰy⁵¹
怀柔	办寿 pan⁵¹ ʂou⁵¹	死 sʅ²¹⁴	过去 kuo⁵¹ tɕy⁰ 老 lau²¹⁴ ｜ 没 mei³⁵
密云	做寿 tsuo⁵³ ʂou⁵¹ 办寿 pan⁵³ ʂou⁵¹	死 sʅ²¹³	过去 kuo⁵³ tɕy⁵¹ 走 tsou²¹³
顺义	做寿 tsuo⁵³ ʂou⁵¹	死 sʅ²¹⁴	没 mei³⁵ ｜ 走 tsou²¹⁴ 过去 kuo⁵¹ tɕʰy⁰
延庆	做寿 tsou²⁴ ʂou⁵³	死 sʅ²¹⁴	老 lao²¹⁴ 走 tsou²¹⁴
平谷	做寿 tsuo⁵¹ ʂou⁵¹	死 sʅ²¹³	没 mei⁵⁵ ｜ 老 lau²¹³ 过世 kuo⁵¹ ʂʅ⁵¹

词汇对照

	0553 自杀	0554 咽气	0555 入殓
西城	寻短见 ɕyn³⁵tuan²¹tɕian⁰	咽气儿 ian⁵³tɕʰiər⁵¹	入殓 ʐu⁵³lian⁵¹
通州	寻短见 ɕyn³⁵tuan²¹tɕian⁰	咽气 ian⁵³tɕʰi⁵¹	入殓 ʐu⁵³lian⁵¹
大兴	寻短见 ɕyn³⁵tuan²¹tɕian⁰	咽气儿 ian⁵³tɕʰiər⁵¹	入殓 ʐu⁵³lian⁵¹
房山	寻死 ɕin³⁵sʅ²¹⁴ 寻短见 ɕin³⁵tuan²¹tɕian⁰	咽气 ian⁵¹tɕʰi⁵¹	入殓 ʐu⁵³lian⁵¹
门头沟	自杀 tsʅ⁵¹ʂa⁵⁵	咽气 ian⁵³tɕʰi⁵¹	入殓 ʐu⁵³lian⁵¹
昌平	寻短儿 ɕyn³⁵tuɐr²¹⁴	断气儿 tuan⁵³tɕʰiər⁵¹	入殓 ʐu⁵³lian⁵¹
怀柔	自杀 tsʅ⁵¹ʂa⁵⁵	咽气 ian⁵¹tɕʰi⁵¹ 断气 tuan⁵¹tɕʰi⁵¹	入殓 ʐu⁵¹lian⁵¹
密云	自杀 tsʅ⁵¹ʂa⁵⁵	咽气 ian⁵³tɕʰi⁵¹	入殓 ʐu⁵³lian⁵¹
顺义	寻短见 ɕyn³⁵tuan²¹tɕian⁰	咽气 ian⁵³tɕʰi⁵¹	入殓 ʐu⁵³lian⁵¹
延庆	自杀 tsʅ²¹ʂa⁴²	咽气 ian²⁴tɕʰi⁵³	入殓 ʐu²⁴lian⁵³
平谷	寻短见 ɕyn⁵⁵tuan²¹tɕian⁵¹	咽气 ian⁵¹tɕʰi⁵¹	入殓 ʐu⁵¹lian⁵¹

	0556 棺材	0557 出殡	0558 灵位
西城	寿材 ʂou⁵¹tsʰai³⁵	出殡 tʂʰu⁵⁵pin⁵¹	牌位 pʰai³⁵ue⁰
通州	棺材 kuan⁵⁵tsʰai⁰	出殡 tʂʰu⁵⁵pin⁵¹	牌位儿 pʰai³⁵uər⁰
大兴	棺材 kuan⁵⁵tsʰai⁰	出殡 tʂʰu⁵⁵pin⁵¹	牌位儿 pʰai³⁵uər⁰
房山	棺材 kuan⁵⁵tsʰai⁰	出殡 tʂʰu⁵⁵pin⁵¹	灵牌儿 liŋ³⁵pʰɐr³⁵
门头沟	寿材 ʂou⁵¹tsʰai³⁵	出殡 tʂʰu⁵⁵pin⁵¹	（无）只挂画像
昌平	寿材 ʂou⁵³tsʰai³⁵	出殡 tʂʰu⁵⁵pin⁵¹	灵牌儿 liŋ³⁵pʰɐr³⁵
怀柔	寿材 ʂou⁵¹tsʰai³⁵	出殡 tʂʰu⁵⁵pin⁵¹	牌位 pʰai³⁵uei⁰
密云	寿木 ʂou⁵³mu⁰	出殡 tʂʰu⁵⁵pin⁵¹	牌位 pʰai³⁵uei⁰
顺义	棺材 kuan⁵⁵tsʰai⁰	出殡 tʂʰu⁵⁵pin⁵¹	牌位 pʰai³⁵uei⁰
延庆	寿材 ʂou²¹tsʰai⁵⁵ 备用的 方子 faŋ⁴²tsə⁰ 备用的 棺材 kuan⁴²tsʰai⁰ 入殓之后的	出殡 tʂʰu⁴⁴pin⁵³	牌位儿 pʰai⁵⁵vər⁰
平谷	棺材 kuan³⁵tsʰai⁰	出殡 tʂʰu³⁵pin⁵¹	灵位 liŋ⁵⁵uei⁵¹

	0559 坟墓 单个的，老人的	0560 上坟	0561 纸钱
西城	坟头儿 fən³⁵tʰour³⁵	上坟 ʂaŋ⁵¹fən³⁵	纸钱儿 tʂʅ²¹tɕʰiɐr³⁵
通州	坟头儿 fən³⁵tʰour³⁵	上坟 ʂaŋ⁵¹fən³⁵ 填坟 tʰian³⁵fən³⁵	纸钱儿 tʂʅ²¹tɕʰiɐr³⁵
大兴	坟头儿 fən³⁵tʰour³⁵	上坟 ʂaŋ⁵¹fən³⁵	纸钱儿 tʂʅ²¹tɕʰiɐr³⁵
房山	坟头儿 fən³⁵tʰour³⁵	上坟 ʂaŋ⁵¹fən³⁵	烧纸 ʂau⁵⁵tʂʅ²¹⁴
门头沟	坟头儿 fən³⁵tʰour³⁵	上坟 ʂaŋ⁵¹fən³⁵	洋钱票儿 iaŋ³⁵tɕʰian³⁵pʰiɑur⁵¹ 纸钱 tʂʅ²¹tɕʰian³⁵
昌平	坟头儿 fən³⁵tʰour³⁵	上坟 ʂaŋ⁵³fən³⁵	大钱 ta⁵³tɕʰian³⁵
怀柔	坟头儿 fən³⁵tʰour³⁵	上坟 ʂaŋ⁵¹fən³⁵	纸钱儿 tʂʅ²¹tɕʰiɐr³⁵
密云	老坟 lau²¹fən³⁵	上坟 ʂaŋ⁵¹fən³⁵	烧纸 ʂau⁵⁵tʂʅ⁰ 纸钱儿 tʂʅ²¹tɕʰiɐr³⁵
顺义	坟头儿 fən³⁵tʰour³⁵	上坟 ʂaŋ⁵¹fən³⁵	纸钱 tʂʅ²¹tɕʰian³⁵ 纸钱儿 tʂʅ²¹tɕʰiɐr³⁵
延庆	坟头儿 fən⁵⁵tʰour⁵⁵ 坟骨朵儿 fən⁵⁵ku⁴²tour⁰	上坟 ʂaŋ²¹fən⁵⁵	钱子纸 tɕʰian⁵⁵tsʅ⁰tʂʅ²¹⁴
平谷	坟骨朵儿 fən⁵⁵ku³⁵tour⁰ 坟 fən⁵⁵	上坟 ʂaŋ⁵¹fən⁵⁵ 添坟 tʰian³⁵fən⁵⁵	纸钱儿 tʂʅ²¹tɕʰiɐr⁵⁵

	0562 老天爷	0563 菩萨 统称	0564 观音
西城	老天爷 lau²¹tʰian⁵⁵ie³⁵	菩萨 pʰu³⁵sə⁰	观音菩萨 kuan⁵⁵in⁵⁵pʰu³⁵sə⁰
通州	老天爷 lau²¹tʰian⁵⁵ie³⁵	菩萨 pʰu³⁵sa⁰	观音菩萨 kuan⁵⁵in⁵⁵pʰu³⁵sa⁰
大兴	老天爷 lau²¹tʰian⁵⁵ie³⁵	菩萨 pʰu³⁵sa⁰	观音菩萨 kuan⁵⁵in⁵⁵pʰu³⁵sa⁰
房山	老天爷 lau²¹tʰian⁵⁵ie³⁵	菩萨 pʰu³⁵sa⁰	观音 kuan⁵⁵in⁵⁵
门头沟	老天爷 lau²¹tʰian⁵⁵ie³⁵	菩萨 pʰu³⁵sa⁰	观音菩萨 kuan⁵⁵in⁵⁵pʰu³⁵sa⁰
昌平	老天爷 lau²¹tʰian⁵⁵ie³⁵	菩萨 pʰu³⁵sə⁰	观音菩萨 kuan⁵⁵in⁵⁵pʰu³⁵sə⁰
怀柔	老天爷 lau²¹tʰian⁵⁵ie³⁵	菩萨 pʰu³⁵sɐ⁰	观音 kuan⁵⁵in⁰
密云	老天爷 lau²¹tʰian⁵⁵ie³⁵	菩萨 pʰu³⁵sa⁰	观音 kuan⁵⁵in⁵⁵
顺义	老天爷 lau²¹tʰian⁵⁵ie³⁵	菩萨 pʰu³⁵sa⁰	观音菩萨 kuan⁵⁵in⁵⁵pʰu³⁵sa⁰
延庆	老天爷 lao²⁴tʰian⁴²ie⁰	菩萨 pʰu⁵⁵sa⁰	观音菩萨 kuan⁴⁴in⁴⁴pʰu⁵⁵sa⁰
平谷	老天爷 lau²¹tʰian³⁵ie⁵⁵	菩萨 pʰu⁵⁵sa⁰	观音菩萨 kuan³⁵in³⁵pʰu⁵⁵sa⁰

词汇对照

	0565 灶神	0566 寺庙	0567 祠堂[21]
西城	灶王爷 tsau⁵¹uaŋ⁰ie³⁵	庙 miau⁵¹	(无)
通州	灶王爷 tsau⁵¹uaŋ⁰ie³⁵	庙 miau⁵¹	祠堂 tsʰɿ³⁵tʰaŋ³⁵
大兴	灶王爷 tsau⁵¹uaŋ⁰ie³⁵	庙 miau⁵¹	(无)
房山	灶王爷 tsau⁵¹uaŋ⁰ie³⁵	庙 miau⁵¹	祠堂 tsʰɿ³⁵tʰaŋ³⁵
门头沟	灶王爷 tsɑur⁵¹uaŋ⁰ie³⁵	庙 miau⁵¹	(无)
昌平	灶王爷 tsau⁵³uaŋ²¹ie³⁵	庙 miau⁵¹	祠堂 tsʰɿ³⁵tʰaŋ³⁵
怀柔	灶王爷 tsau⁵¹uaŋ⁰ie³⁵	庙 miau⁵¹	(无)
密云	灶王爷 tsau⁵¹uaŋ⁰ie³⁵	庙 miau⁵¹	祠堂 tsʰɿ⁵¹tʰaŋ³⁵
顺义	灶王爷 tsau⁵¹uaŋ⁰ie³⁵	庙 miau⁵¹	(无)
延庆	灶王爷 tsao²¹vaŋ²¹ie⁵⁵	庙 miao⁵³	祠堂 tsʰɿ⁵⁵tʰaŋ⁵⁵
平谷	灶王爷 tsau⁵¹uaŋ⁵⁵ie⁵⁵	庙 miau⁵¹	祠堂 tsʰɿ⁵⁵tʰaŋ⁵⁵

	0568 和尚	0569 尼姑	0570 道士
西城	和尚 xɤ³⁵ʂaŋ⁰	姑子 ku⁵⁵tsɿ⁰	老道 lau²¹tau⁵¹
通州	和尚 xɤ³⁵ʂaŋ⁰	姑子 ku⁵⁵tsɿ⁰	老道 lau²¹tau⁵¹
大兴	和尚 xɤ³⁵ʂaŋ⁰	姑子 ku⁵⁵tsɿ⁰	老道 lau²¹tau⁵¹
房山	和尚 xɤ³⁵ʂaŋ⁰	姑子 ku⁵⁵tsɿ⁰	老道 lau²¹tau⁵¹
门头沟	和尚 xɤ³⁵ʂaŋ⁰	姑子 ku⁵⁵tsɿ⁰	老道 lau²¹tau⁵¹
昌平	和尚 xɤ³⁵ʂaŋ⁰	姑子 ku⁵⁵tsɿ⁰	老道 lau²¹tau⁵¹
怀柔	和尚 xə³⁵ʂaŋ⁰	尼姑儿 ni³⁵kur⁵⁵ 姑子 ku⁵⁵tsɿ⁰	老道 lau²¹tau⁵¹
密云	和尚 xɤ³⁵ʂaŋ⁰	姑子 ku⁵⁵tsɿ⁰	老道 lau²¹³tau⁰
顺义	和尚 xɤ³⁵ʂaŋ⁰	姑子 ku⁵⁵tsɿ⁰	老道 lau²¹tau⁵¹
延庆	和尚 xɤ⁵⁵ʂaŋ⁰	姑子 ku⁴²tsə⁰	老道 lao²⁴tao⁵³
平谷	和尚 xɤ⁵⁵ʂaŋ⁰	姑子 ku³⁵tsɿ⁰	老道 lau²¹tau⁵¹

	0571 算命 统称	0572 运气	0573 保佑
西城	算命 suan⁵³miŋ⁵¹	命 miŋ⁵¹	保佑 pau²¹io⁰
通州	算命 suan⁵³miŋ⁵¹	运气 yn⁵¹tɕʰi⁵¹	保佑 pau²¹iou⁰
大兴	算卦儿 suan⁵³kuɐr⁵¹	命儿 miə̃r⁵¹	保佑 pau²¹iou⁰
房山	算卦 suan⁵³kua⁵¹	运气 yn⁵³tɕʰi⁵¹	保佑 pau²¹iou⁵¹
门头沟	算命 suan⁵³miŋ⁵¹	时气 ʂʅ³⁵tɕʰi⁰ 运气 yn⁵¹tɕʰi⁰	保佑 pau²¹iou⁵¹
昌平	算命 suan⁵³miŋ⁵¹	赶应儿 kan²¹iə̃r⁵¹	保佑 pau²¹iou⁵¹
怀柔	算命 suan⁵¹miŋ⁵¹ 算卦 suan⁵¹kua⁵¹	运气 yn⁵¹tɕʰi⁰	保佑 pau²¹iou⁵¹
密云	算命 suan⁵³miŋ⁵¹	运气 yn⁵¹tɕʰi⁰	保佑 pau²¹iou⁵¹
顺义	算命 suan⁵³miŋ⁵¹	运气 yn⁵³tɕʰi⁰	保佑 pau²¹iou⁰
延庆	算命 suan²⁴miŋ⁵³	运气 yən⁵³tɕʰi⁰	保佑 pao²⁴iou⁵³
平谷	算命 suan⁵¹miŋ⁵¹	运气 yn⁵¹tɕʰi⁰	保佑 pau²¹iou⁵¹

	0574 人 一个~	0575 男人 成年的, 统称	0576 女人 三四十岁已婚的, 统称
西城	人 ʐən³⁵	男人 nan³⁵ʐən³⁵	女人 ny²¹ʐən³⁵ 妇女 fu⁵¹ny⁰
通州	人 ʐən³⁵	男的 nan³⁵tə⁰	女的 ny²¹tə⁰
大兴	人 ʐən³⁵	老爷儿们 lau²¹iər³⁵mən⁰	媳妇儿 ɕi³⁵fur⁰
房山	人 ʐən³⁵	男人 nan³⁵ʐən³⁵	女人 ny²¹ʐən³⁵
门头沟	人 ʐən³⁵	老爷们儿 lau²¹ie³⁵mər⁰	娘们儿家 niaŋ³⁵mər⁰tɕia⁵⁵
昌平	人 ʐən³⁵	老爷们儿 lau²¹ie³⁵mər⁰	老娘们 lau²¹nia³⁵mər⁰
怀柔	人 ʐən³⁵	男人 nan³⁵ʐən³⁵ 老爷们儿 lau²¹ie³⁵mər⁰	妇女 fu⁵¹nuei²¹⁴/fu⁵¹ny²¹⁴
密云	人 ʐən³⁵	男的 nan³⁵tə⁰	女的 ȵy²¹³tɤ⁰
顺义	人 ʐən³⁵	男的 nan³⁵tə⁰	女的 ny²¹tə⁰
延庆	人儿 ʐər⁵⁵	老爷们儿 lao²⁴ie⁵⁵mər⁰	老娘们儿 lao²⁴ȵiaŋ⁵⁵mər⁰
平谷	人 ʐən⁵⁵	老爷们儿 lau²¹ie⁵⁵mər⁰	老娘儿们儿 lau²¹ȵiɑr⁵⁵mər⁰

词汇对照

	0577 单身汉	0578 老姑娘	0579 婴儿
西城	光棍儿 kuaŋ⁵⁵kuər⁵¹	老姑娘 lau²¹ku⁵⁵niaŋ⁰	月窠子 ye⁵¹kʰɤ⁵⁵tsʅ⁰
通州	光棍儿 kuaŋ⁵⁵kuər⁵¹	老姑娘 lau²¹ku⁵⁵niaŋ⁰	月窠儿 ye⁵¹kʰɤr⁵⁵
大兴	光棍儿 kuaŋ⁵⁵kuər⁵¹	老姑娘 lau²¹ku⁵⁵ɲiaŋ⁰	小孩儿 ɕiau²¹xɐr³⁵
房山	光棍儿 kuaŋ⁵⁵kuər⁵¹	老姑娘 lau²¹ku⁵⁵niaŋ⁰	婴儿 iŋ⁵⁵ər³⁵
门头沟	光棍儿 kuaŋ⁵⁵kuər⁵¹	老姑娘 lau²¹ku⁵⁵niaŋ⁰	月窠儿 ye⁵¹kʰɤr⁵⁵
昌平	光棍儿 kuaŋ⁵⁵kuər⁵¹ 光棍子 kuaŋ⁵⁵kuən⁵³tsʅ⁰	老姑娘 lau²¹ku⁵⁵niaŋ⁰	小小子儿 ɕiau³⁵ɕiau²¹tsər⁰ 小丫头 ɕiau²¹ia⁵⁵tʰour⁰
怀柔	光棍儿 kuaŋ⁵⁵kuər⁵¹	老姑娘 lau²¹ku⁵⁵niaŋ⁰	小孩儿 ɕiau²¹xɐr³⁵
密云	光棍儿 kuaŋ⁵⁵kuər⁵¹	老丫头 lau²¹ia⁵⁵tʰou⁰	月子孩儿 ye⁵¹tsʅ⁰xɐr³⁵
顺义	光棍儿 kuaŋ⁵⁵kuər⁵¹	老姑娘 lau²¹ku⁵⁵niaŋ⁰	婴儿 iŋ⁵⁵ər³⁵
延庆	光棍儿 kuaŋ⁴⁴kuər⁵³	老姑奶子 lao²⁴ku⁴²nai²⁴tsə⁰	月窠子 ye²¹kʰɤ⁴²tsə⁰
平谷	光棍儿 kuaŋ³⁵kuər⁵¹	老姑娘 lau²¹ku³⁵niaŋ⁰	小孩儿 ɕiau²¹xɐr⁵⁵

	0580 小孩_{三四岁的，统称}	0581 男孩_{统称：外面有个~在哭}	0582 女孩_{统称：外面有个~在哭}
西城	小孩儿 ɕiau²¹xɐr³⁵	小子 ɕiau²¹tsʅ⁰ 小小子儿 ɕiau³⁵ɕiau²¹tsər⁰ 男孩儿 nan³⁵xɐr³⁵	小丫头儿 ɕiau²¹ia⁵⁵tʰour⁰ 小姑娘儿 ɕiau²¹ku⁵⁵niãr⁰ 小女孩儿 ɕiau³⁵ny²¹xɐr³⁵
通州	小孩儿 ɕiau²¹xɐr³⁵	小子 ɕiau²¹tsʅ⁰	丫头 ia⁵⁵tʰou⁰
大兴	小孩儿 ɕiau²¹xɐr³⁵	小小子儿 ɕiau³⁵ɕiau²¹tsər⁰	丫头儿 ia⁵⁵tʰour⁰
房山	小孩儿 ɕiau²¹xɐr³⁵	小子 ɕiau²¹tsʅ⁰	丫头 ia⁵⁵tʰou⁰
门头沟	小孩儿 ɕiau²¹xɐr³⁵	小子 ɕiau²¹tsʅ⁰	丫头 ia⁵⁵tʰou⁰
昌平	小孩儿 ɕiau²¹xɐr³⁵	小子 ɕiau²¹tsʅ⁰ 学生 ɕiau³⁵ʂəŋ⁰	丫头 ia⁵⁵tʰou⁰
怀柔	小孩儿 ɕiau²¹xɐr³⁵	小子 ɕiau²¹tsʅ⁰	丫头 ia⁵⁵tʰou⁰
密云	小孩儿 ɕiau²¹xɐr³⁵	男孩儿 nan³⁵xɐr³⁵	小丫头 ɕiau²¹ia⁵⁵tʰou⁰
顺义	小孩儿 ɕiau²¹xɐr³⁵	小子 ɕiau²¹tsʅ⁰ 小小子儿 ɕiau³⁵ɕiau²¹tsər⁰	丫头 ia⁵⁵tʰou⁰ 姑娘儿 ku⁵⁵niãr⁰
延庆	小孩儿 ɕiao²⁴xɐr⁵⁵	小小儿 ɕiao⁵⁵ɕiaor²¹⁴ 小小子 ɕiao⁵⁵ɕiao²⁴tsə⁰ / ɕiao⁵⁵ɕie²⁴tsə⁰	小丫头 ɕiao²⁴ia⁴²tʰou⁰
平谷	小孩儿 ɕiau²¹xɐr⁵⁵	小小子 ɕiau³⁵ɕiau²¹tsʅ⁰	小丫头儿 ɕiau²¹ia³⁵tʰour⁰

	0583 老人七八十岁的，统称	0584 亲戚统称㉒	0585 朋友统称
西城	老人 lau²¹ ʐən³⁵	亲亲 tɕʰin⁵⁵ tɕʰin⁰	朋友 pʰəŋ³⁵ io⁰
通州	老人 lau²¹ ʐən³⁵	亲亲 tɕʰin⁵⁵ tɕʰin⁰	朋友 pʰəŋ³⁵ iou⁰
大兴	老人 lau²¹ ʐən³⁵	亲亲 tɕʰin⁵⁵ tɕʰin⁰	朋友 pʰəŋ³⁵ iou⁰
房山	老人 lau²¹ ʐən³⁵	亲戚 tɕʰin⁵⁵ tɕʰi⁰	朋友 pʰəŋ³⁵ iou⁰
门头沟	老人 lau²¹ ʐən³⁵	亲亲 tɕʰin⁵⁵ tɕʰin⁰	哥们儿 kɤ⁵⁵ mər⁰ 老伙计 lau³⁵ xuo²¹ tɕi⁰
昌平	老人 lau²¹ ʐən³⁵	亲戚 tɕʰin⁵⁵ tɕʰi⁰	朋友 pʰəŋ³⁵ iou⁰
怀柔	老人 lau²¹ ʐən³⁵	亲戚 tɕʰin⁵⁵ tɕʰi⁰	朋友 pʰəŋ³⁵ iou⁰
密云	老人 lau²¹³ ʐən⁰	亲戚 tɕʰin⁵⁵ tɕʰi⁰	朋友 pʰəŋ³⁵ iou⁰
顺义	老人 lau²¹ ʐən³⁵	亲亲 tɕʰin⁵⁵ tɕʰin⁰	朋交儿 pʰəŋ³⁵ tɕiaur⁵⁵
延庆	老人 lao²⁴ ʐən⁵⁵	亲亲 tɕʰin⁴² tɕʰin⁰	朋友 pʰəŋ⁵⁵ iou⁰
平谷	老人 lau²¹ ʐən⁵⁵	亲戚 tɕʰin³⁵ tɕʰi⁰	朋友 pʰəŋ⁵⁵ iou⁰

	0586 邻居统称㉓	0587 客人㉔	0588 农民
西城	街坊 tɕie⁵⁵ faŋ⁰	客 tɕʰie²¹⁴	乡下人 ɕiaŋ⁵⁵ ɕiə⁰ ʐən³⁵ 农民 nuŋ³⁵ min⁰
通州	街坊 tɕie⁵⁵ faŋ⁰	客 tɕʰie²¹⁴	农民 nuŋ³⁵ min⁰
大兴	街坊 tɕie⁵⁵ faŋ⁰	客 tɕʰie²¹⁴	农民 nuŋ³⁵ min⁰
房山	老街坊 lau²¹ tɕie⁵⁵ faŋ⁰	客 tɕʰie²¹⁴ 客人 kʰɤ⁵¹ ʐən⁰	农民 nuŋ³⁵ min³⁵
门头沟	街坊 tɕie⁵⁵ faŋ⁰	客 kʰɤ⁵¹	种地的 tʂuŋ⁵³ ti⁵¹ tə⁰
昌平	老街坊 lau²¹ tɕie⁵⁵ faŋ⁰	客 tɕʰie²¹⁴ 客人 kʰɤ⁵³ ʐən⁰	种地的 tʂuŋ⁵³ ti⁵³ tə⁰ 农民 nuŋ³⁵ min³⁵
怀柔	街坊 tɕie⁵⁵ faŋ⁰ 邻居 lin³⁵ tɕy⁰	客 tɕʰie²¹⁴ 客人 kʰə⁵¹ ʐən³⁵	种地的 tʂuŋ⁵¹ ti⁵¹ tə⁰ 农民 nəŋ³⁵ min³⁵
密云	街坊 tɕie⁵⁵ faŋ⁰	客 tɕʰie²¹³	老农民 lau²¹ nəŋ³⁵ min³⁵
顺义	街坊 tɕie⁵⁵ faŋ⁰	客 tɕʰie²¹⁴	农民 nuŋ³⁵ min⁰
延庆	街坊 tɕie⁴² faŋ⁰	客 kʰɤ⁵³	庄户佬儿 tʂuaŋ⁴⁴ xu⁰ laor²¹⁴ 种地的 tʂuŋ²⁴ ti⁵³ ti⁰ 农民 nəŋ⁵⁵ min⁵⁵
平谷	街坊 tɕie³⁵ faŋ⁰	客人 kʰɤ⁵¹ ʐən⁰	种地的 tʂuŋ⁵¹ ti⁵¹ tə⁰ 农民 nəŋ⁵⁵ min⁵⁵

	0589 商人	0590 手艺人 统称	0591 泥水匠
西城	做买卖的 tsuo⁵¹mai²¹mɛ⁰tə⁰	手艺人 ʂou²¹i˙⁰ʐ̩ən³⁵	泥瓦匠 ni³⁵ua²¹tɕiaŋ⁰
通州	做买卖的 tsuo⁵¹mai²¹mai⁰tə⁰	耍手艺的 ʂua²¹ʂou²¹i˙⁵¹tə⁰	瓦匠 ua²¹tɕiaŋ⁰
大兴	做买卖的 tsuo⁵¹mai²¹mɛ⁰tə⁰	耍手艺的 ʂua³⁵ʂou²¹i˙⁰tə⁰	瓦匠 ua²¹tɕiaŋ⁰
房山	做买卖的 tsuo⁵¹mai²¹mai⁰tə⁰	手艺人 ʂou²¹i˙⁵¹ʐ̩ən³⁵	瓦匠 ua²¹tɕiaŋ⁰
门头沟	做买卖的 tsuo⁵¹mai²¹mai⁰tə⁰ 买卖人儿 mai²¹mai⁰ʐ̩ər³⁵	手艺人 ʂou²¹i˙⁰ʐ̩ən³⁵	瓦匠 ua²¹tɕiaŋ⁰
昌平	做买卖的 tsuo⁵³mai²¹mai˙⁵³tə⁰	手艺人 ʂou²¹i˙⁵³ʐ̩ən³⁵	瓦工 ua²¹kuŋ⁵⁵ 瓦匠 ua²¹tɕiaŋ⁵¹
怀柔	做买卖的 tsuo⁵¹mai²¹mai⁰tə⁰	手艺人 ʂou²¹i˙⁰ʐ̩ən³⁵	瓦工 ua²¹kuŋ⁵⁵
密云	买卖人 mai²¹³mai⁰ʐ̩ən⁰	手艺人 ʂou²¹³i˙⁰ʐ̩ən⁰	泥瓦匠 ȵi³⁵ua²¹³tɕiaŋ⁰
顺义	做买卖的 tsuo⁵¹mai²¹mai⁰tə⁰	耍手艺的 ʂua²¹ʂou²¹i˙⁰tə⁰	瓦匠 ua²¹tɕiaŋ⁰
延庆	做买卖的 tsuo⁵³mai²⁴mai˙⁰ti⁰	耍手艺的 ʂua⁵⁵ʂou²⁴i˙⁵³ti⁰	泥匠 ȵi⁵³tɕiaŋ⁰
平谷	做买卖的 tsou⁵¹mai²¹mai⁰tə⁰ 买卖人儿 mai²¹mai⁰ʐ̩ər⁵⁵	手艺人儿 ʂou²¹i˙⁰ʐ̩ər⁵⁵	瓦匠 ua²¹tɕiaŋ⁰ 泥瓦匠 ni⁵⁵ua²¹tɕiaŋ⁵¹

	0592 木匠	0593 裁缝	0594 理发师
西城	木匠 mu⁵¹tɕiaŋ⁰	裁缝 tsʰai³⁵fəŋ⁰	剃头的 tʰi⁵¹tʰou³⁵tə⁰
通州	木匠 mu⁵¹tɕiaŋ⁰	裁缝 tsʰai³⁵fəŋ⁰	推头的 tʰuei⁵¹tʰou³⁵tə⁰
大兴	木匠 mu⁵¹tɕiaŋ⁰	裁缝 tsʰai³⁵fəŋ⁰	推头的 tʰuei⁵⁵tʰou³⁵tə⁰
房山	木匠 mu⁵¹tɕiaŋ⁰	裁缝 tsʰai³⁵fəŋ⁰	推头的 tʰuei⁵⁵tʰou³⁵tə⁰
门头沟	木匠 mu⁵¹tɕiaŋ⁰	裁缝 tsʰai³⁵fəŋ⁰	剃头匠 tʰi⁵¹tʰou³⁵tɕiaŋ⁵¹
昌平	木匠 mu⁵³tɕiaŋ⁰	裁缝 tsʰai³⁵fəŋ⁰	推头的 tʰuei⁵⁵tʰou³⁵tə⁰
怀柔	木工 mu⁵¹kuŋ⁵⁵ 木匠 mu⁵¹tɕiaŋ⁰	裁缝 tsʰai³⁵fəŋ⁰	推头的 tʰuei⁵⁵tʰou³⁵tə⁰ 剃头的 tʰi⁵¹tʰou³⁵tə⁰
密云	木匠 mu⁵¹tɕiaŋ⁰	裁缝 tsʰai³⁵fəŋ⁰	推头的 tʰuei⁵⁵tʰou³⁵tɤ⁰
顺义	木匠 mu⁵¹tɕiaŋ⁰	裁缝 tsʰai³⁵fəŋ⁰	推头的 tʰuei⁵⁵tʰou³⁵tə⁰
延庆	木匠 mu⁵³tɕiaŋ⁰	裁缝 tsʰai⁵⁵fəŋ⁰	推头的 tʰuei⁴⁴tʰou⁵⁵ti⁰
平谷	木匠 mu⁵¹tɕiaŋ⁰	裁缝 tsʰai⁵⁵fəŋ⁰	剃头的 tʰi⁵¹tʰou⁵⁵tə⁰

	0595 厨师	0596 师傅	0597 徒弟
西城	大师傅 ta⁵¹ʂʅ⁵⁵fʰ⁰	师傅 ʂʅ⁵⁵fʰ⁰	徒弟 tʰu³⁵ti⁰
通州	大师傅 ta⁵¹ʂʅ⁵⁵fu⁰	师傅 ʂʅ⁵⁵fu⁰	徒弟 tʰu³⁵ti⁰
大兴	大师傅 ta⁵¹ʂʅ⁵⁵fu⁰	师傅 ʂʅ⁵⁵fu⁰	徒弟 tʰu³⁵ti⁰
房山	大师傅 ta⁵¹ʂʅ⁰fu⁰	师傅 ʂʅ⁵⁵fu⁰	徒弟 tʰu³⁵ti⁰
门头沟	大师傅 ta⁵¹ʂʅ⁵⁵fu⁰	师傅 ʂʅ⁵⁵fu⁰	徒弟 tʰu³⁵ti⁰
昌平	厨子 tʂʰu³⁵tsʅ⁰	师傅 ʂʅ⁵⁵fu⁰	徒弟 tʰu³⁵ti⁵¹
怀柔	大师傅 ta⁵¹ʂʅ⁰fu⁰ 厨子 tʂʰu³⁵tsʅ⁰	师傅 ʂʅ⁵⁵fu⁰	徒弟 tʰu³⁵ti⁰ 学徒工 ɕye³⁵tʰu³⁵kuŋ⁵⁵
密云	厨子 tʂʰu³⁵tsʅ⁰	师傅 ʂʅ⁵⁵fu⁰	徒弟 tʰu³⁵ti⁰
顺义	大师傅 ta⁵¹ʂʅ⁵⁵fu⁰	师傅 ʂʅ⁵⁵fu⁰	徒弟 tʰu³⁵ti⁰
延庆	大师傅 ta⁵³ʂʅ⁴²fu⁰ 厨子 tʂʰu⁵⁵tsə⁰	师傅 ʂʅ⁴²fu⁰	徒弟 tʰu³⁵ti⁰
平谷	厨子 tʂʰu⁵⁵tsʅ⁰	师傅 ʂʅ³⁵fu⁰	徒弟 tʰu⁵⁵ti⁰

	0598 乞丐 统称，非贬称（无统称则记成年男的）	0599 妓女	0600 流氓
西城	要饭的 iau⁵³fan⁵¹tə⁰ 叫花子 tɕiau⁵¹xua⁵⁵tsʅ⁰	妓女 tɕi⁵¹ny²¹⁴ 暗门子 an⁵¹mən³⁵tsʅ⁰	流氓 liou³⁵maŋ³⁵
通州	要饭的 iau⁵³fan⁵¹tə⁰ 叫花子 tɕiau⁵¹xua⁵⁵tsʅ⁰	窑姐儿 iau³⁵tɕiər²¹⁴	流氓 liou³⁵maŋ³⁵
大兴	要饭的 iau⁵³fan⁵¹tə⁰ 花子 xua⁵⁵tsʅ⁰	窑姐儿 iau³⁵tɕiər²¹⁴	流氓 liou³⁵maŋ³⁵
房山	要饭的 iau⁵³fan⁵¹tə⁰ 老花子 lau²¹xua⁵⁵tsʅ⁰	窑姐儿 iau³⁵tɕiɛr²¹⁴	流氓 liou³⁵maŋ³⁵
门头沟	要饭的 iau⁵³fan⁵¹tə⁰	窑姐儿 iau³⁵tɕiɛr²¹⁴ 暗门子 an⁵¹mən³⁵tsʅ⁰	流氓 liou³⁵maŋ³⁵
昌平	要饭的 iau⁵³fan⁵³tə⁰ 叫花子 tɕiau⁵³xua⁵⁵tsʅ⁰	婊子 piau²¹tsʅ⁰	流氓 liou³⁵maŋ³⁵
怀柔	要饭的 iau⁵¹fan⁵¹tə⁰ 叫花子 tɕiau⁵¹xua⁵⁵tsʅ⁰	窑姐儿 iau³⁵tɕiɛr²¹⁴	流氓 liou³⁵maŋ³⁵
密云	叫花子 tɕiau⁵¹xua⁵⁵tsʅ⁰ 要饭的 iau⁵³fan⁵¹tɤ⁰	婊子 piau²¹³tsʅ⁰ 窑姐儿 iau³⁵tɕiɛr²¹³	流氓 liou³⁵maŋ³⁵
顺义	要饭的 iau⁵³fan⁵¹tə⁰ 叫花子 tɕiau⁵¹xua⁵⁵tsʅ⁰	窑姐儿 iau³⁵tɕiɛr²¹⁴	流氓 liou³⁵maŋ³⁵
延庆	老讨吃 lao⁵⁵tʰao²⁴tʂʰʅ⁰ 要饭的 iao²⁴fan⁵³ti⁰	窑姐儿 iao⁵⁵tɕiɛr²¹⁴	流氓 liou⁵⁵maŋ⁵⁵
平谷	要饭的 iau⁵¹fan⁵¹tə⁰	窑姐儿 iau⁵⁵tɕiɛr²¹³	流氓 liou⁵⁵maŋ⁵⁵

词汇对照

	0601 贼[25]	0602 瞎子 统称，非贬称 （无统称则记成年男的）	0603 聋子 统称，非贬称 （无统称则记成年男的）
西城	贼 tsei³⁵	瞎子 ɕia⁵⁵tsʅ⁰	聋子 luŋ³⁵tsʅ⁰
通州	小偷 ɕiau²¹tʰou⁵⁵ 小里= ɕiau³⁵li⁰	瞎子 ɕia⁵⁵tsʅ⁰	聋子 luŋ³⁵tsʅ⁰
大兴	小偷儿 ɕiau²¹tʰour⁵⁵	瞎子 ɕia⁵⁵tsʅ⁰	聋子 luŋ³⁵tsʅ⁰
房山	小偷儿 ɕiau²¹tʰour⁵⁵	瞎子 ɕia⁵⁵tsʅ⁰	聋子 luŋ³⁵tsʅ⁰
门头沟	贼 tsei³⁵	瞎子 ɕia⁵⁵tsʅ⁰	聋子 luŋ³⁵tsʅ⁰
昌平	小偷儿 ɕiau²¹tʰour⁵⁵	瞎子 ɕia⁵⁵tsʅ⁰	聋子 luŋ³⁵tsʅ⁰
怀柔	小偷儿 ɕiau²¹tʰour⁵⁵	瞎子 ɕia⁵⁵tsʅ⁰	聋子 luŋ³⁵tsʅ⁰
密云	贼 tsei³⁵	瞎子 ɕia⁵⁵tsʅ⁰	聋子 luŋ³⁵tsʅ⁰
顺义	小偷儿 ɕiau²¹tʰour⁵⁵	瞎子 ɕia⁵⁵tsʅ⁰	聋子 luŋ³⁵tsʅ⁰
延庆	贼 tsei⁵⁵ 小偷儿 ɕiau²⁴tʰour⁴²	瞎子 ɕia⁴²tsə⁰	聋子 luŋ⁵⁵tsə⁰
平谷	小偷儿 ɕiau²¹tʰour³⁵	瞎子 ɕia³⁵tsʅ⁰	聋子 luŋ⁵⁵tsʅ⁰

	0604 哑巴 统称，非贬称 （无统称则记成年男的）	0605 驼子 统称，非贬称 （无统称则记成年男的）	0606 瘸子 统称，非贬称 （无统称则记成年男的）
西城	哑巴 ia²¹pɐ⁰	罗锅儿 luo³⁵kuor⁵⁵	瘸子 tɕʰye³⁵tsʅ⁰
通州	哑巴 ia²¹pa⁰	罗锅儿 luo³⁵kuor⁵⁵	瘸子 tɕʰye³⁵tsʅ⁰
大兴	哑巴 ia²¹pa⁰	罗锅子 luo³⁵kuo⁵⁵tsʅ⁰	瘸子 tɕʰye³⁵tsʅ⁰
房山	哑巴 ia²¹pa⁰	罗锅儿 luo³⁵kuɤr⁵⁵	拐子 kuai²¹tsʅ⁰
门头沟	哑巴 ia²¹pa⁰	罗锅子 luo³⁵kuo⁵⁵tsʅ⁰	瘸子 tɕʰye³⁵tsʅ⁰
昌平	哑巴 ia²¹pa⁰	罗锅子 luo³⁵kuo⁵⁵tsʅ⁰	瘸子 tɕʰye³⁵tsʅ⁰ 拐子 kuai²¹tsʅ⁰
怀柔	哑巴 ia²¹pa⁰	罗锅儿 luo³⁵kuor⁵⁵ 驼背 tʰuo³⁵pei⁵¹	拐子 kuai²¹tsʅ⁰ 跐脚儿 tian³⁵tɕiaur²¹⁴
密云	哑巴 ia²¹³pa⁰	罗锅儿 luo³⁵kuor⁵⁵	瘸子 tɕʰye³⁵tsʅ⁰
顺义	哑巴 ia²¹pa⁰	罗锅子 luo³⁵kuo⁵⁵tsʅ⁰	瘸子 tɕʰye³⁵tsʅ⁰
延庆	哑巴 ia²⁴pa⁰	罗锅儿 luo⁵⁵kuor⁴²	拐子 kuai²⁴tsə⁰
平谷	哑巴 ia²¹pa⁰	罗锅儿 luo⁵⁵kuor³⁵	拐子 kuai²¹tsʅ⁰

	0607 疯子 统称, 非贬称 (无统称则记成年男的)	0608 傻子 统称, 非贬称 (无统称则记成年男的)	0609 笨蛋 蠢的人
西城	疯子 fəŋ⁵⁵ tsʅ⁰	傻子 ʂa²¹ tsʅ⁰	笨蛋 pən⁵³ tan⁵¹
通州	疯子 fəŋ⁵⁵ tsʅ⁰	傻子 ʂa²¹ tsʅ⁰	笨蛋 pən⁵³ tan⁵¹
大兴	疯子 fəŋ⁵⁵ tsʅ⁰	傻子 ʂa²¹ tsʅ⁰	笨蛋 pən⁵³ tan⁵¹
房山	疯子 fəŋ⁵⁵ tsʅ⁰	傻子 ʂa²¹ tsʅ⁰	笨蛋 pən⁵³ tan⁵¹
门头沟	疯子 fəŋ⁵⁵ tsʅ⁰	傻子 ʂa²¹ tsʅ⁰	笨蛋 pən⁵³ tan⁵¹
昌平	疯子 fəŋ⁵⁵ tsʅ⁰	傻子 ʂa²¹ tsʅ⁰ 二不楞子 ɚ⁵³ pu⁰ləŋ⁵⁵ tsʅ⁰	笨蛋 pən⁵³ tan⁵¹
怀柔	疯子 fəŋ⁵⁵ tsʅ⁰	傻子 ʂa²¹ tsʅ⁰ 二不楞 ɚ⁵¹ pu⁰ləŋ⁵¹	笨蛋 pən⁵¹ tan⁵¹
密云	疯子 fəŋ⁵⁵ tsʅ0	傻子 ʂa²¹³ tsʅ⁰	笨蛋 pən⁵³ tan⁵¹
顺义	疯子 fəŋ⁵⁵ tsʅ⁰	傻子 ʂa²¹ tsʅ⁰	笨蛋 pən⁵³ tan⁵¹
延庆	疯子 fəŋ⁴² tsə⁰	傻子 ʂa²⁴ tsə⁰	笨货 pən²⁴ xuo⁵³
平谷	疯子 fəŋ³⁵ tsʅ⁰	傻子 ʂa²¹ tsʅ⁰	笨蛋 pən⁵¹ tan⁵¹

	0610 爷爷 呼称, 最通用的	0611 奶奶 呼称, 最通用的	0612 外祖父 叙称
西城	爷爷 ie³⁵ iə⁰	奶奶 nai²¹ nɛ⁰	姥爷 lau²¹ iə⁰
通州	爷爷 ie³⁵ ie⁰	奶奶 nai²¹ nai⁰	姥爷 lau²¹ ie⁰
大兴	爷爷 ie³⁵ ie⁰	奶奶 nai²¹ nai⁰	姥爷 lau²¹ ie⁰
房山	爷爷 ie³⁵ ie⁰	奶奶 nai²¹ nai⁰	姥爷 lau²¹ ie⁰
门头沟	爷爷 ie³⁵ ie⁰	奶奶 nai²¹ nɛ⁰	姥爷 lau²¹ ie⁰
昌平	爷爷 ie³⁵ ie⁰	奶奶 nai²¹ nɛ⁰	姥爷 lau²¹ ie⁰
怀柔	爷爷 ie³⁵ iə⁰	奶奶 nai²¹ nɛ⁰	姥爷 lau²¹ ie⁰
密云	爷爷 ie³⁵ ie⁰	奶奶 nai²¹³ nai⁰	姥爷 lau²¹³ ie⁰
顺义	爷爷 ie³⁵ iə⁰	奶奶 nai²¹ nai⁰	姥爷 lau²¹ iə⁰
延庆	爷爷 ie⁵⁵ ie⁰	奶奶 nai²⁴ nai⁰	姥爷 lao²⁴ ie⁰
平谷	爷爷 ie⁵⁵ ie⁰	奶奶 nai²¹ nai⁰	姥爷 lau²¹ ie⁰

	0613 外祖母叙称	0614 父母合称	0615 父亲叙称
西城	姥姥 lau²¹lɔ⁰	爹妈 tie⁵⁵ma⁵⁵	父亲 fu⁵¹tɕʰin⁰ 爸 pa⁵¹
通州	姥姥 lau²¹lau⁰	爹妈 tie⁵⁵ma⁵⁵	父亲 fu⁵¹tɕʰin⁰ 爸 pa⁵¹
大兴	姥姥 lau²¹lau⁰	爹妈 tie⁵⁵ma⁵⁵	爸 pa⁵¹
房山	姥姥 lau²¹lau⁰	爹妈 tie⁵⁵ma⁵⁵	爹 tie⁵⁵
门头沟	姥姥 lau²¹lau⁰	老家儿 lau²¹tɕiɚ⁵⁵	爹 tie⁵⁵
昌平	姥姥 lau²¹lɔ⁰	爸妈 pa⁵³ma⁵⁵	爸 pa⁵¹ 爸爸 pa⁵³pə⁰
怀柔	姥姥 lau²¹lɔ⁰	父母 fu⁵¹mu²¹⁴ 爹娘 tie⁵⁵niaŋ³⁵	爸爸 pa⁵¹pa⁰
密云	姥姥 lau²¹³lau⁰	爹娘 tie⁵⁵n̟iaŋ³⁵ 爸妈 pa⁵¹ma⁵⁵	父亲 fu⁵¹tɕʰin⁰ 爸 pa⁵¹
顺义	姥姥 lau²¹lau⁰	爹妈 tie⁵⁵ma⁵⁵	爸 pa⁵¹
延庆	姥姥 lao²⁴lao⁰	爹娘 tie⁴⁴n̟iaŋ⁵⁵	爹 tie⁴² 爸爸 pa⁵³pa⁰
平谷	姥姥 lau²¹lau⁰	爸妈 pa⁵¹ma³⁵ 父母 fu⁵¹mu²¹³	爸 pa⁵¹ 父亲 fu⁵¹tɕʰin⁰

	0616 母亲叙称	0617 爸爸呼称，最通用的	0618 妈妈呼称，最通用的
西城	母亲 mu²¹tɕʰin⁰ 妈 ma⁵⁵	爸 pa⁵¹	妈 ma⁵⁵
通州	母亲 mu²¹tɕʰin⁰ 妈 ma⁵⁵	爸 pa⁵¹	妈 ma⁵⁵
大兴	妈 ma⁵⁵	爸 pa⁵¹	妈 ma⁵⁵
房山	妈 ma⁵⁵	爸 pa⁵¹	妈 ma⁵⁵
门头沟	妈 ma⁵⁵	爸 pa⁵¹	妈 ma⁵⁵
昌平	妈 ma⁵⁵ 妈妈 ma⁵⁵mə⁰	爸 pa⁵¹ 爸爸 pa⁵³pə⁰	妈 ma⁵⁵ 妈妈 ma⁵⁵mə⁰
怀柔	妈 ma⁵⁵	爸 pa⁵¹ 爸爸 pa⁵¹pa⁰	妈 ma⁵⁵
密云	母亲 mu²¹tɕʰin⁰ 妈 ma⁵⁵	爸 pa⁵¹ 爹 tie⁵⁵旧	妈 ma⁵⁵ 娘 ȵiaŋ³⁵
顺义	妈 ma⁵⁵	爸 pa⁵¹	妈 ma⁵⁵
延庆	娘 ȵiaŋ⁵⁵	爸爸 pa⁵³pa⁰ 爹 tie⁴²少	娘 ȵia⁴²/ȵie⁴² 妈 ma⁴²青少年用
平谷	妈 ma³⁵ 母亲 mu²¹tɕʰin⁰	爸 pa⁵¹	妈 ma³⁵

	0619 继父叙称	0620 继母叙称	0621 岳父叙称
西城	后爹 xou⁵¹tie⁵⁵	后妈 xou⁵¹ma⁵⁵	老丈人 lau²¹tʂaŋ⁵¹ʐən⁰
通州	后爹 xou⁵¹tie⁵⁵	后妈 xou⁵¹ma⁵⁵	老丈人 lau²¹tʂaŋ⁵¹ʐən⁰
大兴	后爹 xou⁵¹tie⁵⁵	后妈 xou⁵¹ma⁵⁵	老丈人 lau²¹tʂaŋ⁵¹ʐən⁰
房山	后爹 xou⁵¹tie⁵⁵	后妈 xou⁵¹ma⁵⁵	老丈人 lau²¹tʂaŋ⁵¹ʐən⁰
门头沟	后爹 xou⁵¹tie⁵⁵	后妈 xou⁵¹ma⁵⁵	老丈人 lau²¹tʂaŋ⁵¹ʐən⁰
昌平	后爹 xou⁵³tie⁵⁵	后妈 xou⁵³ma⁵⁵	老丈人 lau²¹tʂaŋ⁵³ʐən⁰
怀柔	后爹 xou⁵¹tie⁵⁵	继母 tɕi⁵¹mu²¹⁴ 后妈 xou⁵¹ma⁵⁵	老丈人 lau²¹tʂaŋ⁵¹ʐən⁰
密云	后爹 xou⁵¹tie⁵⁵	后妈 xou⁵¹ma⁵⁵	老丈人 lau²¹tʂaŋ⁵¹ʐən⁰
顺义	后爹 xou⁵¹tie⁵⁵	后妈 xou⁵¹ma⁵⁵	老丈人 lau²¹tʂaŋ⁵¹ʐən⁰
延庆	后爹 xou²¹tie⁴²	后娘 xou²¹ȵiaŋ⁵⁵	老丈人 lao²⁴tʂaŋ⁵³ʐən⁰
平谷	后老儿 xou⁵¹lɑur²¹³	后妈 xou⁵¹ma³⁵	老丈人 lau²¹tʂaŋ⁵¹ʐən⁰

词汇对照

	0622 岳母叙称	0623 公公叙称	0624 婆婆叙称
西城	丈母娘 tʂaŋ⁵¹m⁰niaŋ³⁵	公公 kuŋ⁵⁵kuŋ⁰	婆婆 pʰo³⁵pʰə⁰
通州	丈母娘 tʂaŋ⁵¹mu⁰niaŋ³⁵	公公 kuŋ³⁵kuŋ⁰	婆婆 pʰo³⁵pʰo⁰
大兴	丈母娘 tʂaŋ⁵¹mu⁰n̠iaŋ³⁵	公公 kuŋ³⁵kuŋ⁰	婆婆 pʰo³⁵pʰə⁰
房山	丈母娘 tʂaŋ⁵¹mu⁰niaŋ³⁵	公公 kuŋ³⁵kuŋ⁰	婆婆 pʰo³⁵pʰo⁰
门头沟	丈母娘 tʂaŋ⁵¹mu⁰niaŋ³⁵	老公公 lau²¹kuŋ⁵⁵kuŋ⁰ 孩子爷爷 xai³⁵tsʅ⁰ie³⁵ie⁰	老婆婆 lau²¹pʰo³⁵pʰo⁰ 孩子奶奶 xai³⁵tsʅ⁰nai²¹nɛ⁰
昌平	老丈母娘 lau²¹tʂaŋ⁵³mu²¹niaŋ³⁵	公公 kuŋ³⁵kuŋ⁰	婆婆 pʰo³⁵pʰo⁰
怀柔	丈母娘 tʂaŋ⁵¹mu⁰niaŋ³⁵	公公 kuŋ⁵⁵kuŋ⁰ 孩子爷爷 xai³⁵tsʅ⁰ie³⁵ie⁰	婆婆 pʰo³⁵pʰo⁰ 孩子奶奶 xai³⁵tsʅ⁰nai²¹nɛ⁰
密云	丈母娘 tʂaŋ⁵¹mu⁰n̠iaŋ³⁵	公公 kuŋ⁵⁵kuŋ⁰ 公爹 kuŋ⁵⁵tie⁵⁵少	婆婆 pʰo³⁵pʰo⁰
顺义	丈母娘 tʂaŋ⁵¹m⁰niaŋ³⁵	公公 kuŋ³⁵kuŋ⁰	婆婆 pʰo³⁵pʰo⁰ 婆婆妈 pʰo³⁵pʰo⁰ma⁵⁵
延庆	丈母娘 tʂao²¹mu²¹n̠iaŋ⁵⁵	老公公 lao²⁴kuŋ⁴²kuŋ⁰	老婆子 lao²⁴pʰɤ⁵⁵tsə⁰
平谷	丈母娘 tʂaŋ⁵¹mu⁰niaŋ⁵⁵	老爷子 lau²¹ie⁵⁵tsʅ⁰	老太太 lau²¹tʰai⁵¹tʰai⁰

	0625 伯父呼称,统称	0626 伯母呼称,统称	0627 叔父呼称,统称
西城	大爷 ta⁵¹iə⁰ 大爸 ta⁵³pa⁵¹满族人用	大妈 ta⁵¹ma⁵⁵	叔儿 ʂur⁵⁵ 叔叔 ʂu⁵⁵ʂu⁰
通州	大爷 ta⁵¹ie⁰ 大伯 ta⁵¹pai⁵⁵	大妈 ta⁵¹ma⁵⁵	叔 ʂu⁵⁵ 叔叔 ʂou³⁵ʂou⁰
大兴	大爷 ta⁵¹iə⁰	大妈 ta⁵¹ma⁵⁵	叔儿 ʂur⁵⁵
房山	大爷 ta⁵¹ie⁰	大娘 ta⁵¹niaŋ³⁵	叔儿 ʂur⁵⁵
门头沟	大爷 ta⁵¹ie⁰	大妈 ta⁵¹ma⁵⁵	叔儿 ʂur⁵⁵ 伯伯 pai²¹pai⁰
昌平	大爷 ta⁵³ie⁰	大妈 ta⁵³ma⁵⁵	叔 ʂu⁵⁵
怀柔	大爷 ta⁵¹ie³⁵	大妈 ta⁵¹ma⁵⁵ 大娘 ta⁵¹niaŋ⁰	叔 ʂou⁵⁵
密云	大爷 ta⁵¹ie⁰	大妈 ta⁵¹ma⁵⁵	叔叔 ʂou⁵⁵ʂou⁰
顺义	大爷 ta⁵¹iə⁰	大妈 ta⁵¹ma⁵⁵	叔叔 ʂu⁵⁵ʂu⁰ 叔 ʂou³⁵
延庆	大爷 ta⁵³ie⁰	大娘 ta⁵³n̠iaŋ⁰	伯伯 pai²⁴pai⁰
平谷	大爷 ta⁵¹ie⁰	大妈 ta⁵¹ma³⁵	叔 ʂou³⁵

	0628 排行最小的叔父呼称，如"幺叔"	0629 叔母呼称，统称	0630 姑呼称，统称
西城	老叔 lau²¹ʂu⁵⁵ 小叔儿 ɕiau²¹ʂur⁵⁵	婶儿 ʂər²¹⁴	姑姑 ku⁵⁵ku⁰ 姑妈 ku⁵⁵ma⁵⁵
通州	老叔 lau²¹ʂu⁵⁵/lau²¹ʂou³⁵	婶儿 ʂər²¹⁴ 婶子 ʂən²¹tsʅ⁰	姑儿 kur⁵⁵
大兴	老叔儿 lau²¹ʂur⁵⁵	婶儿 ʂər²¹⁴	娘儿 ȵiãr³⁵
房山	老叔儿 lau²¹ʂur⁵⁵	婶儿 ʂər²¹⁴	姑儿 kur³⁵
门头沟	老叔儿 lau²¹ʂur⁵⁵	婶儿 ʂər²¹⁴	姑儿 kur⁵⁵
昌平	老叔 lau²¹ʂu⁵⁵	婶儿 ʂər²¹⁴	姑儿 kur⁵⁵
怀柔	老叔 lau²¹ʂou⁵⁵	婶儿 ʂər²¹⁴	姑 ku⁵⁵ 姑姑 ku⁵⁵ku⁵⁵
密云	小叔 ɕiau²¹ʂou⁵⁵ 老叔 lau²¹ʂou⁵⁵	婶儿 ʂər²¹⁴ 婶子 ʂən²¹³tsʅ⁰	姑 ku⁵⁵ 姑姑 ku⁵⁵ku⁰
顺义	老叔 lau²¹ʂu⁵⁵ 小叔儿 ɕiau²¹ʂur⁵⁵	婶儿 ʂər²¹⁴ 婶子 ʂən²¹tsʅ⁰	姑儿 kur⁵⁵ 姑姑 ku³⁵ku⁰
延庆	老伯伯 lao⁵⁵pai²⁴pai⁰	婶儿 ʂər²¹⁴	姑儿 kur⁴² 姑娘 ku⁴²ȵiaŋ⁰
平谷	老叔 lau²¹ʂou³⁵	婶儿 ʂər²¹³	姑姑 ku⁵⁵ku⁰

	0631 姑父呼称，统称	0632 舅舅呼称	0633 舅妈呼称
西城	姑父 ku⁵⁵f⁰	舅舅 tɕiou⁵¹tɕio⁰	舅妈 tɕiou⁵¹ma⁵⁵
通州	姑父 ku⁵⁵fu⁰	舅舅 tɕiou⁵¹tɕiou⁰	舅妈 tɕiou⁵¹mə⁵⁵
大兴	姑父 ku⁵⁵fu⁰	舅舅 tɕiou⁵¹tɕiou⁰	舅妈 tɕiou⁵¹ma⁵⁵
房山	姑父 ku⁵⁵fu⁰	舅舅 tɕiou⁵¹tɕiou⁰	舅妈 tɕiou⁵¹ma⁵⁵
门头沟	姑父 ku⁵⁵fu⁰	舅舅 tɕiou⁵¹tɕiou⁰	舅妈 tɕiou⁵¹ma⁵⁵
昌平	姑父 ku⁵⁵fu⁰	舅舅 tɕiou⁵³tɕiou⁰	舅妈 tɕiou⁵³ma⁵⁵
怀柔	姑父 ku⁵⁵fu⁰	舅舅 tɕiou⁵¹tɕiou⁰	舅妈 tɕiou⁵¹ma⁵⁵
密云	姑父 ku⁵⁵fu⁰	舅舅 tɕiou⁵¹tɕiou⁰	舅妈 tɕiou⁵¹ma⁵⁵
顺义	姑父 ku³⁵fu⁰	舅舅 tɕiou⁵¹tɕiou⁰	舅妈 tɕiou⁵¹mə⁰
延庆	姑父 ku⁴²fu⁰	舅舅 tɕiou⁵³tɕiou⁰	舅妈 tɕiou⁵³mə⁰
平谷	姑父 ku⁵⁵fu⁰	舅 tɕiou⁵¹	妗子 tɕin⁵¹tsʅ⁰

词汇对照

	0634 姨呼称,统称	0635 姨父呼称,统称	0636 弟兄合称㉖
西城	姨 i³⁵ 姨妈 i³⁵ma⁵⁵	姨父 i³⁵f⁰	弟兄 ti⁵¹çiuŋ⁰ 兄弟 çiuŋ⁵⁵ti⁰ 哥儿 kɤr⁵⁵
通州	姨儿 iər³⁵	姨父 i³⁵fu⁰	弟兄 ti⁵¹çyŋ⁰ 哥儿 kɤr⁵⁵
大兴	姨儿 iər³⁵	姨父 i³⁵fu⁰	哥儿 kɤr⁵⁵
房山	姨儿 iər³⁵	姨父 i³⁵fu⁰	弟兄 ti⁵¹çyŋ⁰
门头沟	姨儿 iər³⁵	姨父 i³⁵fu⁰	哥儿 kɤr⁵⁵
昌平	姨儿 iər³⁵	姨父 i³⁵fə⁰	哥儿 kɤr⁵⁵
怀柔	姨 i³⁵ 姨妈 i³⁵ma⁵⁵	姨父 i³⁵fu⁰	弟兄 ti⁵¹çyŋ⁰ 哥 kə⁵⁵
密云	姨儿 iər³⁵	姨父 i³⁵fu⁰	哥儿 kɤr⁵⁵
顺义	姨儿 iər³⁵	姨父 i³⁵fu⁰	哥儿 kɤr⁵⁵
延庆	姨 i⁵⁵ 姨娘 i⁵⁵ȵiaŋ⁰	姨父 i⁵⁵fu⁰	哥儿 kɤr⁴⁴
平谷	姨 i⁵⁵	姨父 i⁵⁵fu⁰	兄弟 çyŋ⁵⁵ti⁰ 哥儿 kɤr³⁵

	0637 姊妹合称㉗	0638 哥哥呼称,统称	0639 嫂子呼称,统称
西城	姊妹 tsɿ²¹mei⁵¹	哥哥 kɤ⁵⁵kə⁰	嫂子 sau²¹tsɿ⁰
通州	姐儿 tçiər²¹⁴	哥哥 kɤ⁵⁵kɤ⁰	嫂子 sau²¹tsɿ⁰
大兴	姐儿 tçiər²¹⁴	哥哥 kɤ⁵⁵kɤ⁰	嫂子 sau²¹tsɿ⁰
房山	姐妹 tçie²¹mei⁵¹	哥哥 kɤ⁵⁵kə⁰	嫂子 sau²¹tsɿ⁰
门头沟	姐儿 tçiɛr²¹⁴	哥 kɤ⁵⁵	嫂子 sau²¹tsɿ⁰
昌平	姐儿 tçiɛr²¹⁴	哥 kɤ⁵⁵ | 哥哥 kɤ⁵⁵kə⁰	嫂子 sau²¹tsɿ⁰
怀柔	姊妹 tsɿ²¹mei⁵¹	哥 kə⁵⁵	嫂子 sau²¹tsɿ⁰
密云	姐儿 tçiɛr²¹³	哥哥 kɤ⁵⁵kɤ⁰	嫂子 sau²¹³tsɿ⁰
顺义	姐儿 tçiɛr²¹⁴	哥哥 kɤ³⁵kə⁰	嫂子 sau²¹tsɿ⁰
延庆	姊妹 tsɿ²⁴mə⁰	哥哥 kɤ⁵⁵kɤ⁰	嫂子 sao²⁴tsə⁰
平谷	姐妹 tçie²¹mei⁵¹ 姐儿 tçiɛr²¹³	哥 kɤ⁵⁵	嫂子 sau²¹tsɿ⁰

	0640 弟弟叙称	0641 弟媳叙称	0642 姐姐呼称，统称
西城	弟弟 ti⁵¹ti⁰	兄弟媳妇儿 çiuŋ⁵⁵ti⁵¹çi³⁵fər⁰	姐姐 tçie²¹tçiə⁰
通州	兄弟 ti⁵¹ti⁰	兄弟媳妇儿 çyŋ⁵⁵ti⁵¹çi³⁵fər⁰	姐姐 tçie²¹tçie⁰
大兴	兄弟 çyŋ⁵⁵ti⁰	兄弟媳妇儿 çyŋ⁵⁵ti⁵¹çi³⁵fər⁰	姐姐 tçie²¹tçie⁰
房山	兄弟 çyŋ⁵⁵ti⁰	兄弟媳妇儿 çyŋ⁵⁵ti⁰çi²¹fər⁰ 弟妹 ti⁵¹mei⁵¹	姐姐 tçie²¹tçie⁰
门头沟	弟弟 ti⁵¹ti⁰ 弟 ti⁵¹	弟妹 ti⁵³mei⁵¹	姐 tçie²¹⁴
昌平	弟 ti⁵¹ 弟弟 ti⁵³ti⁰	弟妹 ti⁵³mei⁵¹	姐 tçie²¹⁴ 姐姐 tçie²¹tçie⁰
怀柔	弟弟 ti⁵¹ti⁰ 兄弟 çyŋ⁵⁵ti⁰	弟妹 ti⁵¹mei⁵¹	姐姐 tçie²¹tçiə⁰
密云	弟弟 ti⁵¹ti⁰	弟妹 ti⁵³mei⁵¹	姐姐 tçie²¹³tçie⁰
顺义	弟弟 ti⁵¹ti⁰	兄弟媳妇儿 çyŋ⁵⁵tei⁰çi³⁵fər⁰	姐姐 tçie²¹tçie⁰
延庆	兄弟 çiuŋ⁴²ti⁰	兄弟媳妇儿 çiuŋ⁴²ti⁰çi⁵⁵fər⁰	姐姐 tçie²⁴tçie⁰
平谷	兄弟 çyŋ⁵⁵ti⁰	兄弟媳妇儿 çyŋ⁵⁵ti⁰çi²¹fər⁰	姐姐 tçie⁵⁵tçie⁰

	0643 姐夫呼称	0644 妹妹叙称	0645 妹夫叙称
西城	姐夫 tçie²¹f⁰	妹妹 mei⁵¹me⁰	妹夫 mei⁵¹f⁰
通州	姐夫 tçie²¹fu⁰	妹妹 mei⁵¹mei⁰	妹夫 mei⁵¹fu⁰
大兴	姐夫 tçie²¹fu⁰	妹妹 mei⁵¹mei⁰	妹夫 mei⁵¹fu⁰
房山	姐夫 tçie²¹fu⁰	妹妹 mei⁵¹mei⁰	妹夫儿 mei⁵³fur⁵¹
门头沟	姐夫 tçie²¹fu⁰	妹妹 mei⁵¹mei⁰ 妹 mei⁵¹	妹夫儿 mei⁵³fur⁵¹
昌平	姐夫 tçie²¹fu⁰	妹 mei⁵¹ 妹妹 mei⁵³mei⁰	妹夫 mei⁵³fu⁰
怀柔	姐夫 tçie²¹fu⁰	妹妹 mei⁵¹me⁰	妹夫儿 mei⁵¹fur⁵¹
密云	姐夫 tçie²¹³fu⁰	妹子 mei⁵¹tsʅ⁰	妹夫 mei⁵¹fu⁰
顺义	姐夫 tçie²¹fu⁰	妹子 mei⁵¹tsʅ⁰	妹夫 mei⁵³fu⁵¹
延庆	姐夫 tçie²⁴fu⁰	妹子 mei⁵³tsə⁰	妹夫子 mei⁵³fu⁰tsə⁰
平谷	姐夫 tçie²¹fu⁰	妹子 mei⁵¹tsʅ⁰	妹夫儿 mei⁵¹fur⁰

	0646 堂兄弟 叙称，统称	0647 表兄弟 叙称，统称	0648 妯娌 弟兄妻子的合称
西城	叔伯兄弟 ṣu⁵⁵pɛ⁰ɕiuŋ⁵⁵ti⁰	表兄弟 piau²¹ɕiuŋ⁵⁵ti⁰	妯娌 tṣou³⁵li⁰
通州	叔伯兄弟 ṣu⁵⁵pai⁰ɕyŋ⁵⁵ti⁰	表兄弟儿 piau²¹ɕyŋ⁵⁵tiər⁰	妯娌 tṣou³⁵li⁰
大兴	叔伯兄弟 ṣu⁵⁵pɛ⁰ɕyŋ⁵⁵ti⁰	表兄弟 piau²¹ɕyŋ⁵⁵ti⁰	妯娌 tṣou³⁵li⁰
房山	叔伯兄弟 ṣu⁵⁵pai⁰ɕyŋ⁵⁵ti⁰	表兄弟 piau²¹ɕyŋ⁵⁵ti⁵¹	妯娌 tṣou³⁵li⁰
门头沟	叔伯兄弟 ṣu⁵⁵pei⁰ɕiuŋ⁵⁵ti⁰	表兄弟 piau²¹ɕiuŋ⁵⁵ti⁵¹	妯娌 tṣou³⁵li⁰
昌平	堂兄弟 tʰaŋ³⁵ɕyŋ⁵⁵ti⁰ 叔伯哥们儿 ṣu⁵⁵pai³⁵kɤ⁵⁵mər⁰	表兄弟 piau²¹ɕyŋ⁵⁵ti⁰	妯娌 tṣou³⁵li⁰
怀柔	叔伯兄弟 ṣu⁵⁵po³⁵ɕyŋ⁵⁵ti⁰ 堂兄弟 tʰaŋ³⁵ɕyŋ⁵⁵ti⁵¹	表兄弟 piau²¹ɕyŋ⁵⁵ti⁰ 姑表 姨兄弟 i³⁵ɕyŋ⁵⁵ti⁰ 姨表	妯娌 tṣou³⁵li⁰
密云	叔伯兄弟 ṣou⁵⁵pai⁰ɕiuŋ⁵⁵ti⁰	表兄弟儿 piau²¹ɕiuŋ⁵⁵tiər⁵¹	妯娌 tṣou³⁵li⁰
顺义	叔伯兄弟 ṣu⁵⁵pei⁰ɕyŋ⁵⁵tei⁰	表兄弟儿 piau²¹ɕyŋ⁵⁵tiər⁰	妯娌 tṣou³⁵li⁰
延庆	叔伯兄弟 ṣu⁴²pai⁰ɕiuŋ⁴²ti⁰	表兄弟 piau²⁴ɕyŋ⁴²ti⁰	妯娌 tṣu⁵⁵li⁰
平谷	叔伯兄弟 ṣu³⁵pei⁰ɕyŋ⁵⁵ti⁵¹ 堂兄弟 tʰaŋ³⁵ɕyŋ⁵⁵ti⁵¹	表兄弟 piau²¹ɕyŋ⁵⁵ti⁵¹	妯娌 tṣou⁵⁵li⁰ 妯娌姐妹儿 tṣou⁵⁵li⁰tɕie²¹mər⁰

	0649 连襟姊妹丈夫的关系，叙称	0650 儿子叙称：我的~	0651 儿媳妇叙称：我的~
西城	担儿挑儿 tɐr⁵¹tʰiɑor⁵⁵	儿子 ɚ³⁵tsʅ⁰	儿媳妇儿 ɚ³⁵ɕi³⁵fər⁰
通州	担儿挑儿 tɐr⁵¹tʰiɑor⁵⁵	儿子 ɚ³⁵tsʅ⁰	儿媳妇儿 ɚ³⁵ɕi²¹fər⁰
大兴	担儿挑儿 tɐr⁵¹tʰiɑor⁵⁵	儿子 ɚ³⁵tsʅ⁰	儿媳妇儿 ɚ³⁵ɕi³⁵fər⁰
房山	一担儿挑 i³⁵tɐr⁵¹tʰiau⁵⁵	儿子 ɚ³⁵tsʅ⁰	儿媳妇儿 ɚ³⁵ɕi²¹fər⁰
门头沟	担上挑儿 tan⁵¹ʂaŋ⁰tʰiaur⁵⁵ 一边儿沉儿 i⁵¹piɐr⁵⁵tʂʰər³⁵	儿子 ɚ³⁵tsʅ⁰	儿媳 ɚ³⁵ɕi³⁵
昌平	连襟儿 liɛn³⁵tɕiər⁰	小子 ɕiau²¹tsʅ⁰	儿媳妇儿 ɚ³⁵ɕi³⁵fər⁰ 小子媳妇 ɕiau²¹tsʅ⁰ɕi³⁵fər⁰
怀柔	连襟儿 liɛn³⁵tɕiər⁵⁵ 一般沉儿 i⁵⁵pan⁵⁵tʂʰər³⁵ 一担儿挑 i³⁵tɐr⁵¹tʰiau⁵⁵	儿子 ɚ³⁵tsʅ⁰	儿媳妇儿 ɚ³⁵ɕi³⁵fur⁰
密云	一般沉儿 i⁵³pan⁵⁵tʂʰər³⁵ 一担儿挑 i⁵⁵tɐr⁵¹tʰiau⁵⁵	儿子 ɚ³⁵tsʅ⁰	儿媳妇儿 ɚ³⁵ɕi³⁵fər⁰
顺义	一担儿挑儿 i³⁵tɐr⁵¹tʰiaur⁵⁵ 一般儿沉 i⁵¹pɐr⁵⁵tʂʰən³⁵	儿子 ɚ³⁵tsʅ⁰	儿媳妇儿 ɚ³⁵ɕi³⁵fər⁰
延庆	担儿挑 tɐr²¹tʰiao⁴²	儿子 ɚ⁵⁵tsə⁰ 小子 ɕiao²⁴tsə⁰	儿媳妇儿 ɚ⁵⁵ɕi⁵⁵fər⁰
平谷	担儿挑儿 tɐr⁵¹tʰiɑur³⁵	小子 ɕiau²¹tsʅ⁰	儿媳妇儿 ɚ⁵⁵ɕi²¹fər⁰

	0652 女儿叙称：我的~	0653 女婿叙称：我的~	0654 孙子儿子之子
西城	女儿 ny²¹ɚ³⁵	女婿 ny²¹ɕy⁰	孙子 suən⁵⁵tsʅ⁰
通州	闺女 kuei⁵⁵ny⁰	姑爷 ku⁵⁵ie⁰	孙子 suən⁵⁵tsʅ⁰
大兴	闺女 kuei⁵⁵ȵy⁰	姑爷 ku⁵⁵ie⁰	孙子 suən⁵⁵tsʅ⁰
房山	闺女 kuei⁵⁵ni⁰	姑爷 ku⁵⁵ie⁰	孙子 suən⁵⁵tsʅ⁰
门头沟	闺女 kuei⁵⁵ny⁰	姑爷 ku⁵⁵ie⁰	孙子 suən⁵⁵tsʅ⁰
昌平	丫头 ia⁵⁵tʰou⁰	姑爷 ku⁵⁵ie⁰	孙子 suən⁵⁵tsʅ⁰
怀柔	闺女 kuei⁵⁵ny⁰ 丫头 ia⁵⁵tʰou⁰	女婿 ny²¹ɕy⁰ 姑爷 ku⁵⁵ie⁰	孙子 suən⁵⁵tsʅ⁰
密云	闺女 kuei⁵⁵ȵy⁰	姑爷 ku⁵⁵ie⁰	孙子 sun⁵⁵tsʅ⁰
顺义	闺女 kuei⁵⁵ny⁰	姑爷儿 ku⁵⁵iɛr⁰	孙子 suən⁵⁵tsʅ⁰
延庆	闺女 kuei⁴²ȵy⁰ 丫头 ia⁴²tʰou⁰	女婿 ȵy²⁴ɕy⁰	孙子 suən⁴²tsə⁰
平谷	闺女儿 kuei³⁵nyər⁰	姑爷 ku³⁵ie⁰	孙子 suən³⁵tsʅ⁰

词汇对照

	0655 重孙子 儿子之孙	0656 侄子 弟兄之子	0657 外甥 姐妹之子
西城	重孙子 tʂʰuŋ³⁵suən⁵⁵tsʅ⁰	侄儿 tʂər³⁵	外甥 uai⁵¹ʂəŋ⁰
通州	重孙子 tʂʰuŋ³⁵suən⁵⁵tsʅ⁰	侄儿 tʂər³⁵	外甥 uai⁵¹ʂəŋ⁰
大兴	重孙子 tʂʰuŋ³⁵suən⁵⁵tsʅ⁰	侄儿 tʂər³⁵	外甥 uai⁵¹ʂəŋ⁰
房山	重孙子 tʂʰuŋ³⁵suən⁵⁵tsʅ⁰	侄儿 tʂər³⁵	外甥 uai⁵¹ʂəŋ⁰
门头沟	重孙子 tʂʰuŋ³⁵suən⁵⁵tsʅ⁰	侄儿 tʂər³⁵	外甥 uai⁵¹ʂəŋ⁰
昌平	重孙子 tʂʰuŋ³⁵suən⁵⁵tsʅ⁰	侄儿 tʂər³⁵	外甥 uai⁵³ʂəŋ⁰
怀柔	重孙子 tʂʰuŋ³⁵suən⁵⁵tsʅ⁰	侄子 tʂʅ³⁵tsʅ⁰	外甥 uai⁵¹ʂəŋ⁰
密云	重孙子 tʂʰuŋ³⁵sun⁵⁵tsʅ⁰	侄儿 tʂər³⁵	外甥 uai⁵¹ʂəŋ⁰
顺义	重孙子 tʂʰuŋ³⁵suən⁵⁵tsʅ⁰	侄儿 tʂər³⁵	外甥 uai⁵¹ʂəŋ⁰
延庆	重孙子 tʂʰuŋ⁵⁵suən⁴²tsə⁰	侄儿 tʂər⁵⁵	外甥 vai⁵³ʂəŋ⁰
平谷	重孙子 tʂʰuŋ⁵⁵suən³⁵tsʅ⁰	侄儿 tʂər⁵⁵	外甥 uai⁵¹ʂəŋ⁰

	0658 外孙 女儿之子	0659 夫妻 合称	0660 丈夫 叙称,最通用的,非贬称:她的~
西城	外孙子 uai⁵¹suən⁵⁵tsʅ⁰	公母俩 ku⁵⁵m⁰lia²¹⁴	当家的 taŋ⁵⁵tɕia⁵⁵tə⁰
通州	外孙子 uai⁵¹suən⁵⁵tsʅ⁰	公母俩儿 kuŋ⁵⁵mu⁰liar²¹⁴	老爷们儿 lau²¹ie³⁵mər⁰
大兴	外孙子 uai⁵¹suən⁵⁵tsʅ⁰	两口子 liaŋ³⁵kʰou²¹tsʅ⁰ 老公母俩 lau²¹kuŋ⁵⁵mu⁰lia²¹⁴	老爷们儿 lau²¹ie³⁵mər⁰
房山	外孙子 uai⁵¹suən⁵⁵tsʅ⁰	两口子 liaŋ³⁵kʰou²¹tsʅ⁰	爷们儿 nie³⁵mər⁰ 男的 nan³⁵tə⁰
门头沟	外孙子 uai⁵¹suən⁵⁵tsʅ⁰	公母俩 kuŋ⁵⁵mu⁰lia²¹⁴ 两口子 liaŋ³⁵kʰou²¹tsʅ⁰	当家的 taŋ⁵⁵tɕia⁵⁵tə⁰ 老头儿 lau²¹tʰour³⁵
昌平	外孙子 uai⁵³suən⁵⁵tsʅ⁰	公母俩 kuŋ⁵⁵m⁰lia²¹⁴	老爷们 lau²¹ie³⁵mən⁰
怀柔	外孙子 uai⁵¹suən⁵⁵tsʅ⁰ 外甥 uai⁵¹ʂəŋ⁰	两口子 liaŋ³⁵kʰou²¹tsʅ⁰	当家的 taŋ⁵⁵tɕia⁵⁵tə⁰
密云	外孙子 uai⁵¹sun⁵⁵tsʅ⁰	两口子 liaŋ³⁵kʰou²¹³tsʅ⁰ 公母俩 kuŋ⁵⁵mu³⁵lia²¹³	爷们儿 ie³⁵mər⁰ 当家的 taŋ⁵⁵tɕia⁵⁵tɤ⁰
顺义	外孙子 uai⁵¹suən⁵⁵tsʅ⁰	公母俩 ku⁵⁵mə⁰lia²¹⁴	老爷们儿 lau²¹ie³⁵mər⁰
延庆	外孙子 vai²¹suən⁴²tsə⁰	两口子 liaŋ⁵⁵kʰou²⁴tsə⁰ 公母俩 kuŋ⁴⁴mu⁰lia²¹⁴	男人 nan⁵⁵zən⁰ 当家的 taŋ⁴⁴tɕia⁴²ti⁰ 掌柜的 tʂaŋ²⁴kuei⁵³ti⁰
平谷	外甥 uai⁵¹ʂəŋ⁰	两口子 liaŋ³⁵kʰou²¹tsʅ⁰	当家的 taŋ³⁵tɕia³⁵tə⁰ 老爷们儿 lau²¹ie⁵⁵mər⁰

	0661 妻子 叙称，最通用的，非贬称：他的~	0662 名字	0663 绰号
西城	媳妇儿 ɕi³⁵fər⁰	名字 miŋ³⁵tsɿ⁰ 名儿 miər³⁵	外号儿 uai⁵³xɑor⁵¹
通州	媳妇儿 ɕi³⁵fər⁰	名儿 miər³⁵	外号儿 uai⁵³xɑor⁵¹
大兴	媳妇儿 ɕi³⁵fər⁰	名儿 miər³⁵	外号儿 uai⁵³xɑor⁵¹
房山	堂客 tʰaŋ³⁵kʰə⁰ 媳妇儿 ɕi²¹fər⁰	名儿 miər³⁵	外号儿 uai⁵³xɑur⁵¹
门头沟	媳妇儿 ɕi²¹fər	名儿 miər³⁵	外号儿 uai⁵³xɑur⁵¹
昌平	堂客 tʰaŋ³⁵kʰə⁰ 媳妇儿 ɕi³⁵fər⁰	名儿 miər³⁵	外号儿 uai⁵³xɑor⁵¹
怀柔	媳妇儿 ɕi³⁵fur⁰ 内当家的 nei⁵¹taŋ⁵⁵tɕia⁵⁵tə⁰	名字 miŋ³⁵tsɿ⁰ 名儿 miãr³⁵	外号儿 uai⁵¹xaur⁵¹
密云	老婆 lau²¹³pʰo⁰ 媳妇儿 ɕi³⁵fur⁰	名字 miŋ³⁵tsɿ⁰ 名儿 miãr³⁵	外号儿 uai⁵³xɑor⁵¹
顺义	媳妇儿 ɕi³⁵fər⁰	名儿 miãr³⁵	外号儿 uai⁵³xaur⁵¹
延庆	媳妇儿 ɕi⁵⁵fər⁰ 老婆 lao²⁴pʰɤ⁰	名儿 miər⁵⁵	外号儿 vai²⁴xɑor⁵³
平谷	媳妇儿 ɕi²¹fər⁰	名儿 miər⁵⁵	外号儿 uai⁵¹xaur⁵¹

	0664 干活儿 统称：在地里~	0665 事情 一件~	0666 插秧
西城	干活儿 kan⁵¹xuor³⁵	事儿 ʂər⁵¹	插秧 tʂʰa⁵⁵iaŋ⁵⁵
通州	干活儿 kan⁵¹xuor³⁵	事儿 ʂər⁵¹	插秧儿 tʂʰa⁵⁵iãr⁵⁵
大兴	干活儿 kan⁵¹xuɐr³⁵	事儿 ʂər⁵¹	插稻秧儿 tʂʰa⁵⁵tau⁵¹iãr⁵⁵
房山	干活儿 kan⁵¹xuɣr³⁵	事儿 ʂər⁵¹	插秧 tʂʰa⁵⁵iaŋ⁵⁵
门头沟	干活儿 kan⁵¹xuor³⁵	事儿 ʂər⁵¹	插秧 tʂʰa⁵⁵iaŋ⁵⁵
昌平	干活儿 kan⁵³xuor³⁵	事儿 ʂər⁵¹	插秧 tʂʰa⁵⁵iaŋ⁵⁵
怀柔	干活儿 kan⁵¹xuor³⁵	事儿 ʂər⁵¹	插秧 tʂʰa⁵⁵iaŋ⁵⁵
密云	干活儿 kan⁵¹xuor³⁵	事儿 ʂər⁵¹	插秧 tʂʰa⁵⁵iaŋ⁵⁵
顺义	干活儿 kan⁵¹xuɣr³⁵	事儿 ʂər⁵¹	插秧儿 tʂʰa⁵⁵iãr⁵⁵
延庆	做活儿 tsou²¹xuor⁵⁵	事儿 ʂər⁵³	栽稻子 tsai⁴⁴tao⁵³tsə⁰
平谷	做活儿 tsou⁵¹xuor⁵⁵	事儿 ʂər⁵¹	栽稻子 tsai³⁵tau⁵¹tsɿ⁰

词汇对照

	0667 割稻	0668 种菜	0669 犁 名词[23]
西城	割稻 kɤ³⁵tau⁵¹	种菜 tʂuŋ⁵³tsʰai⁵¹	犁 li³⁵
通州	割稻子 kɤ³⁵tau⁵¹tsʅ⁰	种菜 tʂuŋ⁵³tsʰai⁵¹	犁 li³⁵
大兴	割稻子 kɤ³⁵tau⁵¹tsʅ⁰	种菜 tʂuŋ⁵³tsʰai⁵¹	犁杖 li³⁵tʂaŋ⁰
房山	割稻子 kɤ⁵⁵tau⁵¹tsʅ⁰	种菜 tʂuŋ⁵³tsʰai⁵¹	犁正⁼ li³⁵tʂəŋ⁰
门头沟	割稻子 kɤ⁵⁵tau⁵¹tsʅ⁰	种菜 tʂuŋ⁵³tsʰai⁵¹	犁 li³⁵
昌平	割稻子 kɤ⁵⁵tau⁵³tsʅ⁰	种菜 tʂuŋ⁵³tsʰai⁵¹	犁正⁼ li³⁵tʂəŋ⁰
怀柔	割稻子 kə⁵⁵tau⁵¹tsʅ⁰	种菜 tʂuŋ⁵¹tsʰai⁵¹	犁正⁼ li³⁵tʂəŋ⁰
密云	割稻子 kɤ⁵⁵tau⁵¹tsʅ⁰	种菜 tʂuŋ⁵³tsʰai⁵¹	犁正⁼ li³⁵tʂəŋ⁰
顺义	割稻子 kɤ⁵⁵tau⁵¹tsʅ⁰	种菜 tʂuŋ⁵³tsʰai⁵¹	犁杖 li³⁵tʂaŋ⁰
延庆	割稻子 kɤ⁴⁴tao⁵³tsə⁰	种菜 tʂuŋ²⁴tsʰai⁵³	犁杖 li⁵⁵tʂaŋ⁰
平谷	割稻子 kɤ³⁵tau⁵¹tsʅ⁰	种菜 tʂuŋ⁵¹tsʰai⁵¹	劐子 xuo³⁵tsʅ⁰

	0670 锄头	0671 镰刀	0672 把儿 刀~
西城	锄头 tʂʰu³⁵tʰo⁰	镰刀 lian³⁵tau⁵⁵	把儿 pɐr⁵¹
通州	锄 tʂʰu³⁵	镰刀 lian³⁵tau⁵⁵	把儿 par⁵¹
大兴	锄 tʂʰu³⁵	镰刀 lian³⁵tau⁵⁵	把儿 pɐr⁵¹
房山	锄 tʂʰu³⁵	镰刀 lian³⁵tau⁰	把儿 pɐr⁵¹
门头沟	锄头 tʂʰu³⁵tʰɔ⁰	镰刀 lian³⁵tau⁵⁵	把儿 pɐr⁵¹
昌平	锄 tʂʰu³⁵	镰刀 lian³⁵tau⁵⁵	把儿 par⁵¹
怀柔	锄头 tʂʰu³⁵tʰou⁰	镰刀儿 lian³⁵taur⁵⁵	把儿 pɐr⁵¹
密云	锄头 tʂʰu³⁵tʰou⁰	镰刀 lian³⁵tau⁵⁵	把儿 pɐr⁵¹
顺义	锄 tʂʰu³⁵	镰刀 lian³⁵tau⁵⁵	把儿 par⁵¹
延庆	锄 tʂʰu⁵⁵	镰刀 lian⁵⁵tao⁰	把儿 pɐr⁵³
平谷	锄 tʂʰu⁵⁵	镰刀 lian⁵⁵tau³⁵	把儿 pɑr⁵¹

	0673 扁担	0674 箩筐	0675 筛子 统称
西城	扁担 pian²¹tan⁰	筐 kʰuaŋ⁵⁵	筛子 ʂai⁵⁵tsɿ⁰
通州	扁担 pian²¹tan⁰	筐 kʰuaŋ⁵⁵	筛子 ʂai⁵⁵tsɿ⁰
大兴	扁担 pian²¹tan⁰	筐 kʰuaŋ⁵⁵	筛子 ʂai⁵⁵tsɿ⁰
房山	扁担 pian²¹tan⁰	筐 kʰuaŋ⁵⁵	筛子 ʂai⁵⁵tsɿ⁰
门头沟	扁担 pian²¹tan⁰	筐 kʰuaŋ⁵⁵	筛子 ʂai⁵⁵tsɿ⁰
昌平	扁担 pian²¹tan⁰	筐 kʰuaŋ⁵⁵	筛子 ʂai⁵⁵tsɿ⁰
怀柔	扁担 pian²¹tan⁰	箩筐 luo³⁵kʰuaŋ⁵⁵ 站筐 tʂan⁵¹kʰuaŋ⁵⁵	筛子 ʂai⁵⁵tsɿ⁰
密云	扁担 pian²¹³tan⁰	筐 kʰuaŋ⁵⁵	筛子 ʂai⁵⁵tsɿ⁰
顺义	扁担 pian²¹tan⁰	筐 kʰuaŋ⁵⁵	筛子 ʂai⁵⁵tsɿ⁰
延庆	扁担 pian²⁴tan⁰	箩子筐 luo⁵⁵tə⁰kʰuaŋ⁴²	筛子 ʂai⁴²tsɿ⁰
平谷	扁担 pian²¹tan⁵⁵	筐 kʰuaŋ³⁵	筛子 ʂai³⁵tsɿ⁰

	0676 簸箕 农具，有梁的 [29]	0677 簸箕 簸米用	0678 独轮车
西城	簸箕 po⁵¹tɕʰi⁰	簸箕 po⁵¹tɕʰi⁰	独轮儿车 tu³⁵luər³⁵tʂʰɤ⁵⁵
通州	（无）	簸箕 po⁵¹tɕʰi⁰	垮⁼车子 kua²¹tʂʰɤ⁵⁵tsɿ⁰ 木头轱辘 小推车儿 ɕiau²¹tʰuei⁵⁵tʂʰɤr⁵⁵ 胶皮轱辘
大兴	（无）	簸箕 po⁵¹tɕi⁰	独轮儿车 tu³⁵luər³⁵tʂʰɤ⁵⁵
房山	簸箕 po⁵¹tɕʰie⁰	簸箕 po⁵¹tɕʰie⁰	单轮儿车 tan⁵⁵luər³⁵tʂʰɤ⁵⁵
门头沟	簸箕 po⁵¹tɕʰi⁰	簸箕 po⁵¹tɕʰi⁰	手推车儿 ʂou²¹tʰuei⁵⁵tʂʰɤr⁵⁵
昌平	（无）	簸箕 po⁵³tɕʰi⁰	单轱辘车 tan⁵⁵ku³⁵lu⁰tʂʰɤ⁵⁵
怀柔	粪箕子 fən⁵¹tɕi⁵⁵tsɿ⁰	簸箕 po⁵¹tɕʰi⁰	独轮儿车 tu³⁵luər³⁵tʂʰə⁵⁵ 单轱辘车 tan⁵⁵ku³⁵lu⁰tʂʰə⁵⁵
密云	（无）	簸箕 po⁵¹ɕie⁰	单轮儿车 tan⁵⁵luər³⁵tʂʰɤ⁵⁵
顺义	（无）	簸箕 po⁵¹tɕʰi⁰	垮⁼车子 kʰua²¹tʂʰɤ⁵⁵tsɿ⁰
延庆	簸锹⁼ pɤ⁵³tɕʰiao⁰	簸锹⁼ pɤ⁵³tɕʰiao⁰	独轱辘车 tu⁵⁵ku⁴²lu⁰tʂʰɤ⁴²
平谷	（无）	簸箕 puo⁵¹tɕi⁰	小推车儿 ɕiau²¹tʰuei³⁵tʂʰɤr³⁵

词汇对照

	0679 轮子旧式的，如独轮车上的	0680 碓整体	0681 臼
西城	軲轆儿 ku³⁵lur⁰	水碓子 ʂuei²¹tʂuei⁵⁵tsʅ⁰	臼 tɕiou⁵¹
通州	軲轆 ku³⁵lu⁰	（无）	（无）
大兴	軲轆儿 ku⁵⁵lur⁰	（无）	石臼 ʂʅ³⁵tɕiou⁵¹
房山	轮子 luən³⁵tsʅ⁰	（无）	（无）
门头沟	軲轆 ku⁵⁵lu⁰	遛碓 liou⁵¹tʂuei⁰	臼子 tɕiou⁵¹tsʅ⁰
昌平	軲轆 ku³⁵lu⁰	（无）	臼 tɕiou⁵¹
怀柔	軲轆 ku⁵⁵lu⁰	（无）	（无）
密云	軲轆 ku⁵⁵lu⁰	（无）	（无）
顺义	軲轆儿 ku³⁵lur⁰	（无）	（无）
延庆	軲轆 ku⁴²lu⁰	（无）	（无）
平谷	軲轆儿 ku³⁵lour⁰	（无）	石臼 ʂʅ⁵⁵tɕiou⁵¹

	0682 磨名词	0683 年成	0684 走江湖统称
西城	磨 mo⁵¹	年成儿 nian³⁵tʂʰɚr⁰	走江湖 tsou²¹tɕiaŋ⁵⁵xu⁰
通州	磨 mo⁵¹	年成 nian³⁵tʂʰəŋ⁰	走江湖 tsou²¹tɕiaŋ⁵⁵xu⁰
大兴	磨 mo⁵¹	收成儿 ʂou⁵⁵tʂʰɚr⁰	闯荡 tʂʰuaŋ²¹taŋ⁵¹
房山	磨 mo⁵¹	收成 ʂou⁵⁵tʂʰəŋ⁰	跑江湖 pʰau³⁵tɕiaŋ⁵⁵xu³⁵
门头沟	磨 mo⁵¹	年景 nian³⁵tɕiŋ²¹⁴	走江湖 tsou²¹tɕiaŋ⁵⁵xu³⁵
昌平	磨 mo⁵¹	年成 nian³⁵tʂʰəŋ⁰	跑江湖 pʰau³⁵tɕiaŋ⁵⁵xu³⁵
怀柔	磨 mo⁵¹	年成 nian³⁵tʂʰən⁰	走江湖 tsou²¹tɕiaŋ⁵⁵xu³⁵
密云	磨 mo⁵¹	年成 ȵian³⁵tʂʰəŋ⁰	闯江湖 tʂʰuaŋ²¹tɕiaŋ⁵⁵xu³⁵
顺义	磨 mo⁵¹	年成 nian³⁵tʂʰəŋ⁰	闯荡 tʂʰuaŋ²¹taŋ⁰
延庆	磨子 mɤ⁵³tsə⁰	年景 ȵian⁵⁵tɕiŋ⁰	打把卖艺 ta⁵⁵pa²¹mai²¹·i⁵³
平谷	石磨 ʂʅ⁵⁵muo⁵¹	年头儿 nian⁵⁵tʰour⁵⁵	走江湖 tsou²¹tɕiaŋ³⁵xu⁵⁵ 跑江湖 pʰau²¹tɕiaŋ³⁵xu⁵⁵

	0685 打工	0686 斧子	0687 钳子
西城	卖苦力 mai⁵¹kʰu²¹li⁵¹	斧头 fu²¹tʰo⁰	钳子 tɕʰian³⁵tsʅ⁰
通州	扛活 kʰaŋ⁵⁵xuo³⁵	斧子 fu²¹tsʅ⁰	钳子 tɕʰian³⁵tsʅ⁰
大兴	扛活 kʰaŋ²¹xuo³⁵	斧子 fu²¹tsʅ⁰	钳子 tɕʰian³⁵tsʅ⁰
房山	打工 ta²¹kuŋ⁵⁵	斧子 fu²¹tsʅ⁰	钳子 tɕʰian³⁵tsʅ⁰
门头沟	扛长活儿 kʰaŋ²¹tʂʰaŋ³⁵xuor³⁵	斧子 fu²¹tsʅ⁰	钳子 tɕʰian³⁵tsʅ⁰
昌平	打短儿 ta³⁵tuɐr²¹⁴ 扛长活儿 kʰaŋ³⁵tʂʰaŋ³⁵xuor³⁵	斧子 fu²¹tsʅ⁰	钳子 tɕʰian³⁵tsʅ⁰
怀柔	做工 tsuo⁵¹kuŋ⁵⁵ 扛活 kʰaŋ²¹xuo³⁵ 打短儿 ta³⁵tuɐr²¹⁴	斧子 fu²¹tsʅ⁰ 斧头 fu²¹tʰo⁰	钳子 tɕʰian³⁵tsʅ⁰
密云	打短儿 ta³⁵tuɐr²¹⁴ 扛长活儿 kʰaŋ²¹tʂʰaŋ³⁵xuor³⁵	斧子 fu²¹³tsʅ⁰	钳子 tɕʰian³⁵tsʅ⁰
顺义	扛活 kʰaŋ³⁵xuo³⁵	斧头 fu²¹tʰou⁰	钳子 tɕʰian³⁵tsʅ⁰
延庆	打短儿 ta⁵⁵tuɐr²¹⁴ 打工 ta²⁴kuŋ⁴²	斧子 fu²⁴tsə⁰	钳子 tɕʰian⁵⁵tsə⁰
平谷	扛活 kʰaŋ⁵⁵xuo⁵⁵ 打工 ta²¹kuŋ³⁵	斧子 fu²¹tsʅ⁰ 斧头 fu²¹tʰou⁰	钳子 tɕʰian⁵⁵tsʅ⁰

	0688 螺丝刀	0689 锤子	0690 钉子
西城	改锥 kai²¹tʂuei⁵⁵ 杆锥 kan²¹tʂuei⁵⁵	锤子 tʂʰuei³⁵tsʅ⁰	钉子 tiŋ⁵⁵tsʅ⁰
通州	改锥 kai²¹tʂuei⁵⁵	锤子 tʂʰuei³⁵tsʅ⁰	钉子 tiŋ⁵⁵tsʅ⁰ 钉儿 tiər⁵⁵
大兴	改锥 kai²¹tʂuei⁵⁵	锤子 tʂʰuei³⁵tsʅ⁰	钉子 tiŋ⁵⁵tsʅ⁰
房山	改锥 kai²¹tʂuei⁵⁵	锤子 tʂʰuei³⁵tsʅ⁰	钉子 tiŋ⁵⁵tsʅ⁰
门头沟	改锥 kai²¹tʂuei⁵⁵	锤子 tʂʰuei³⁵tsʅ⁰	钉子 tiŋ⁵⁵tsʅ⁰
昌平	改锥 kai²¹tʂuei⁵⁵	锤子 tʂʰuei³⁵tsʅ⁰	钉子 tiŋ⁵⁵tsʅ⁰
怀柔	改锥 kai²¹tʂuei⁵⁵	锤子 tʂʰuei³⁵tsʅ⁰ 铁锤 tʰie²¹tʂʰuei³⁵	钉子 tiŋ⁵⁵tsʅ⁰ 洋钉儿 iaŋ³⁵tiãr⁵⁵
密云	改锥 kai²¹tʂuei⁵⁵	锤子 tʂʰuei³⁵tsʅ⁰	钉子 tiŋ⁵⁵tsʅ⁰
顺义	改锥 kai²¹tʂuei⁵⁵	锤子 tʂʰuei³⁵tsʅ⁰	钉子 tiŋ⁵⁵tsʅ⁰
延庆	改锥 kai²⁴tʂuei⁴²	锤子 tʂʰuei⁵⁵tsə⁰	钉子 tiŋ⁴²tsə⁰
平谷	改锥 kai²¹tʂuei³⁵	锤子 tʂʰuei⁵⁵tsʅ⁰	钉子 tiŋ³⁵tsʅ⁰

	0691 绳子	0692 棍子	0693 做买卖
西城	绳儿 ʂə̃r³⁵ 绳子 ʂəŋ³⁵tsʅ⁰	棍儿 kuɐr⁵¹ 棍子 kuən⁵¹tsʅ⁰	做买卖 tsuo⁵¹mai²¹mɛ⁰
通州	绳儿 ʂə̃r³⁵ 绳子 ʂəŋ³⁵tsʅ⁰	棍儿 kuɐr⁵¹	做买卖 tsuo⁵¹mai²¹mai⁰
大兴	绳儿 ʂə̃r³⁵ 细 绳子 ʂəŋ³⁵tsʅ⁰ 粗	棍儿 kuɐr⁵¹ 小的 棍子 kuən⁵¹tsʅ⁰ 大的	做买卖 tsou⁵¹mai²¹mai⁰
房山	绳子 ʂəŋ³⁵tsʅ⁰	棍子 kuəŋ⁵¹tsʅ⁰	做买卖 tsuo⁵¹mai²¹mai⁰
门头沟	绳儿 ʂə̃r³⁵	棍儿 kuɐr⁵¹ 棍子 kuən⁵¹tsʅ⁰	做买卖 tsuo⁵¹mai²¹mɛ⁰
昌平	绳子 ʂəŋ³⁵tsʅ⁰	棍子 kuən⁵³tsʅ⁰	做买卖 tsuo⁵³mai²¹mɛ⁰
怀柔	绳儿 ʂãr³⁵ 绳子 ʂəŋ³⁵tsʅ⁰	棍子 kuən⁵¹tsʅ⁰	做买卖 tsuo⁵¹mai²¹mai⁰
密云	绳子 ʂəŋ³⁵tsʅ⁰	棍子 kun⁵¹tsʅ⁰	做买卖 tsuo⁵¹mai²¹³mai⁰
顺义	绳儿 ʂãr³⁵ 绳子 ʂəŋ³⁵tsʅ⁰	棍儿 kuɐr⁵¹ 棍子 kuən⁵¹tsʅ⁰	做买卖 tsuo⁵¹mai²¹mɛ⁰
延庆	绳子 ʂəŋ⁵⁵tsə⁰	棍子 kuən⁵³tsə⁰	做买卖 tsuo²¹mai²⁴mai⁰
平谷	绳儿 ʂɤr⁵⁵	棍子 kuən⁵¹tsʅ⁰	做买卖 tsou⁵¹mai²¹mai⁰

	0694 商店	0695 饭馆	0696 旅馆 旧称
西城	铺子 pʰu⁵¹tsʅ⁰	饭铺 fan⁵³pʰu⁵¹	客店 kʰɤ⁵³tian⁵¹
通州	铺子 pʰu⁵¹tsʅ⁰	饭铺 fan⁵³pʰu⁵¹ 饭馆儿 fan⁵¹kuɐr²¹⁴	客店 kʰɤ⁵³tian⁵¹
大兴	店铺 tian⁵¹pʰu⁵¹	饭馆儿 fan⁵¹kuɐr²¹⁴	客栈 kʰɤ⁵¹tʂan⁵¹
房山	小卖铺儿 ɕiau²¹mai⁵³pʰur⁵¹	饭馆儿 fan⁵³pʰur⁵¹	旅店 ly²¹tian⁵¹
门头沟	小铺儿 ɕiau²¹pʰur⁵¹	饭馆儿 fan⁵³pʰur⁵¹	旅店 ly²¹tian⁵¹
昌平	小铺儿 ɕiau²¹pʰur⁵¹	饭馆儿 fan⁵³pʰur⁵¹	客店 kʰɤ⁵³tian⁵¹
怀柔	商店 ʂaŋ⁵⁵tian⁵¹ 小铺儿 ɕiau²¹pʰur⁵¹	饭馆儿 fan⁵¹kuɐr²¹⁴	旅店 ly²¹tian⁵¹
密云	百货店 pai²¹³xuo⁰tian⁵¹ 百货铺 pai²¹³xuo⁰pʰu⁵¹	饭铺 fan⁵³pʰu⁵¹	旅店 luei²¹tian⁵¹
顺义	铺家 pʰu⁵¹tɕia⁵⁵	饭馆儿 fan⁵³pʰur⁵¹	客店 kʰɤ⁵³tian⁵¹
延庆	铺子 pʰu⁵³tsə⁰	饭铺 fan²⁴pʰu⁵³	住店 tʂu²⁴tian⁵³
平谷	买卖家儿 mai²¹mai⁰tɕiɑr³⁵ 买卖铺儿 mai²¹mai⁰pʰur⁵¹	饭馆儿 fan⁵¹kuɐr²¹³	店 tian⁵¹ 客店 kʰɤ⁵¹tian⁵¹

	0697 贵	0698 便宜	0699 合算
西城	贵 kuei⁵¹	便宜 pʰian³⁵ i⁰	合算 xɤ³⁵ suan⁰
通州	贵 kuei⁵¹	便宜 pʰian³⁵ i⁰	合算 xɤ³⁵ suan⁰ 划算 xua³⁵ suan⁰
大兴	贵 kuei⁵¹	便宜 pʰian³⁵ i⁰	合算 xɤ³⁵ suan⁰
房山	贵 kuei⁵¹	便宜 pʰian³⁵ i⁰ 贱 tɕian⁵¹	合算 xɤ³⁵ suan⁵¹
门头沟	贵 kuei⁵¹	便宜 pʰian³⁵ i⁰	划算 xua³⁵ suan⁵¹
昌平	贵 kuei⁵¹	贱 tɕian⁵¹	合算 xɤ³⁵ suan⁵¹
怀柔	贵 kuei⁵¹	便宜 pʰian³⁵ i⁰ 贱 tɕian⁵¹	合算 xə³⁵ suan⁰ 划算 xua³⁵ suan⁰
密云	贵 kuei⁵¹	便宜 pʰian³⁵ i⁰	上算 ʂaŋ⁵³ suan⁵¹
顺义	贵 kuei⁵¹	便宜 pʰian³⁵ i⁰	划算 xua³⁵ suan⁰
延庆	贵 kuei⁵³	便宜 pʰian⁵⁵ i⁰	合算 xɤ⁵⁵ suan⁰
平谷	贵 kuei⁵¹	便宜 pʰian⁵⁵ i⁰ 贱 tɕian⁵¹	合算 xɤ⁵⁵ suan⁵¹

	0700 折扣	0701 亏本	0702 钱 统称
西城	折扣 tʂɤ³⁵ kʰo⁰	亏本儿 kʰuei⁵⁵ pər²¹⁴ 赔 pʰei³⁵	钱 tɕʰian³⁵
通州	折扣 tʂɤ³⁵ kʰou⁰	亏本儿 kʰuei⁵⁵ pər²¹⁴ 赔 pʰei³⁵	钱 tɕʰian³⁵
大兴	折 tʂɤ³⁵	赔本儿 pʰei³⁵ pər²¹⁴	钱 tɕʰian³⁵
房山	折扣 tʂɤ³⁵ kʰou⁰	亏本儿 kʰuei⁵⁵ pər²¹⁴	钱 tɕʰian³⁵
门头沟	折儿 tʂɤr³⁵	亏本儿 kʰuei⁵⁵ pər²¹⁴	钱 tɕʰian³⁵
昌平	折儿 tʂɤr³⁵	赔 pʰei³⁵	钱 tɕʰian³⁵
怀柔	折 tʂə³⁵	赔 pʰei³⁵ 亏本儿 kʰuei⁵⁵ pər²¹⁴	钱 tɕʰian³⁵
密云	折儿 tʂɤr³⁵	亏本儿 kʰuei⁵⁵ pər²¹³	钱 tɕʰian³⁵
顺义	折扣 tʂɤ³⁵ kʰou⁰	亏本儿 kʰuei⁵⁵ pər²¹⁴ 赔 pʰei³⁵	钱 tɕʰian³⁵
延庆	折扣 tʂɤ⁵⁵ kʰou⁰	赔 pʰei⁵⁵	钱 tɕʰian⁵⁵
平谷	折儿 tʂɤr⁵⁵	赔钱 pʰei⁵⁵ tɕʰian⁵⁵ 赔本儿 pʰei⁵⁵ pər²¹⁴	钱 tɕʰian⁵⁵

词汇对照

	0703 零钱	0704 硬币	0705 本钱
西城	零钱 liŋ³⁵ tɕʰian³⁵	钢镚儿 kaŋ⁵⁵ pə̃r⁵¹	本钱 pən²¹ tɕʰian³⁵
通州	零钱 liŋ³⁵ tɕʰian⁰	钢镚儿 kaŋ⁵⁵ pə̃r⁵¹	本儿 pər²¹⁴
大兴	零钱 liŋ³⁵ tɕʰian³⁵	钢镚儿 kaŋ⁵⁵ pə̃r⁵¹	本儿 pər²¹⁴
房山	零钱 liŋ³⁵ tɕʰian³⁵	钢镚儿 kaŋ⁵⁵ pə̃r⁵¹	本儿 pər²¹⁴
门头沟	零钱 liŋ³⁵ tɕʰian³⁵	钢镚儿 kaŋ⁵⁵ pə̃r⁵¹	本儿 pər²¹⁴ 底垫 ti²¹ tian⁵¹
昌平	零钱 liŋ³⁵ tɕʰian³⁵	镚子 pəŋ⁵³ tsɿ⁰	本儿 pər²¹⁴
怀柔	零钱 liŋ³⁵ tɕʰian³⁵	钢镚儿 kaŋ⁵⁵ pãr⁵¹	本儿 pər²¹⁴
密云	零钱 liŋ³⁵ tɕʰian³⁵	钢镚子 kaŋ⁵⁵ pəŋ⁵¹ tsɿ⁰ 钢镚儿 kaŋ⁵⁵ pər⁵¹	本钱 pən²¹ tɕʰian³⁵ 本儿 pər²¹³
顺义	零钱 liŋ³⁵ tɕʰian³⁵	钢镚儿 kaŋ⁵⁵ pãr⁵¹	本儿 pər²¹⁴
延庆	零钱 liŋ⁵⁵ tɕʰian⁵⁵	镚儿 pə̃r⁵³ 镚子 pəŋ⁵³ tsə⁰	本儿 pər²¹⁴
平谷	零钱 liŋ⁵⁵ tɕʰian⁵⁵	镚子 pəŋ⁵¹ tsɿ⁰	底本儿 ti³⁵ pər²¹³

	0706 工钱	0707 路费	0708 花~钱
西城	工钱 kuŋ⁵⁵ tɕʰian⁰	路费 lu⁵³ fei⁵¹	花 xua⁵⁵
通州	工钱 kuŋ⁵⁵ tɕʰian⁰	盘缠 pʰan⁵⁵ tʂʰan⁰	花 xua⁵⁵
大兴	工钱 kuŋ⁵⁵ tɕʰian⁰	盘缠 pʰan³⁵ tʂʰan⁰	花 xua⁵⁵
房山	工钱 kuŋ⁵⁵ tɕʰian⁰	盘缠 pʰan³⁵ tʂʰan⁰	花 xua⁵⁵
门头沟	工钱 kuŋ⁵⁵ tɕʰian³⁵	盘缠 pan³⁵ tʂʰan⁰	花 xua⁵⁵
昌平	工钱 kuŋ⁵⁵ tɕʰian³⁵	盘缠 pʰan³⁵ tʂʰən⁰	花 xua⁵⁵ 用 yŋ⁵¹
怀柔	工钱 kuŋ⁵⁵ tɕʰian³⁵	路费 lu⁵¹ fei⁵¹ 盘缠 pʰan³⁵ tʂʰan⁰	花 xua⁵⁵ 用 yŋ⁵¹
密云	工钱 kuŋ⁵⁵ tɕʰian³⁵	盘缠 pʰan³⁵ tʂʰən⁰	花 xua⁵⁵
顺义	工钱 kuŋ⁵⁵ tɕʰian⁰	盘缠 pan³⁵ tʂʰan⁰	花 xua⁵⁵
延庆	工钱 kuŋ⁴² tɕʰian⁰	盘缠 pʰan⁵⁵ tʂʰan⁰ 路费 lu²⁴ fei⁵³	花 xua⁴²
平谷	工钱 kuŋ³⁵ tɕʰian⁵⁵	盘缠 pʰan⁵⁵ tʂʰan⁰ 路费 lu⁵¹ fei⁵¹	花 xua³⁵

	0709 赚卖一斤能~一毛钱	0710 挣打工~了一千块钱	0711 欠~他十块钱
西城	赚 tʂuan⁵¹	挣 tʂəŋ⁵¹	欠 tɕʰian⁵¹ 该 kai⁵⁵
通州	赚 tʂuan⁵¹	挣 tʂəŋ⁵¹	该 kai⁵⁵
大兴	赚 tʂuan⁵¹	挣 tʂəŋ⁵¹	该 kai⁵⁵
房山	赚 tʂuan⁵¹	挣 tʂəŋ⁵¹	该 kai⁵⁵
门头沟	赚 tʂuan⁵¹	挣 tʂəŋ⁵¹	该 kai⁵⁵
昌平	挣 tʂəŋ⁵¹	挣 tʂəŋ⁵¹	该 kai⁵⁵
怀柔	赚 tʂuan⁵¹ 挣 tʂəŋ⁵¹	挣 tʂəŋ⁵¹	欠 tɕʰian⁵¹ 该 kai⁵⁵
密云	赚 tʂuan⁵¹	挣 tʂəŋ⁵¹	该 kai⁵⁵
顺义	赚 tʂuan⁵¹	挣 tʂəŋ⁵¹	该 kai⁵⁵
延庆	挣 tʂəŋ⁵³	挣 tʂəŋ⁵³	该 kai⁴²
平谷	挣 tʂəŋ⁵¹	挣 tʂəŋ⁵¹	该 kai³⁵

	0712 算盘	0713 秤统称	0714 称用秤秤~
西城	算盘 suan⁵¹pʰan⁰	秤 tʂʰəŋ⁵¹	约 iau⁵⁵
通州	算盘 suan⁵¹pʰan⁰	秤 tʂʰəŋ⁵¹	约 iau⁵⁵
大兴	算盘 suan⁵¹pʰan⁰	秤 tʂʰəŋ⁵¹	约 iau⁵⁵
房山	算盘 suan⁵¹pʰan⁰	秤 tʂʰəŋ⁵¹	约 iau⁵⁵
门头沟	算盘 suan⁵¹pʰan⁰	秤 tʂʰəŋ⁵¹	约 iau⁵⁵
昌平	算盘 suan⁵³pʰən⁰	秤 tʂʰəŋ⁵¹ 杆儿秤 kɐr²¹tʂʰəŋ⁵¹	约 iau⁵⁵
怀柔	算盘 suan⁵¹pʰan⁰	秤 tʂʰəŋ⁵¹	约 iau⁵⁵ 称 tʂʰəŋ⁵⁵
密云	算盘 suan⁵¹pʰan⁰	秤 tʂʰəŋ⁵¹	约 iau⁵⁵
顺义	算盘 suan⁵¹pʰan⁰	秤 tʂʰəŋ⁵¹	约 iau⁵⁵
延庆	算盘 suan⁵³pʰan⁰	秤 tʂʰəŋ⁵³	约 iao⁴²
平谷	算盘 suan⁵¹pʰan⁰	秤 tʂʰəŋ⁵¹	约 iau³⁵

词汇对照

	0715 赶集	0716 集市	0717 庙会
西城	赶集 kan²¹tɕi³⁵	集市 tɕi³⁵ʂʅ⁰	庙会 miau⁵³xuei⁵¹
通州	赶集 kan²¹tɕi³⁵	集 tɕi³⁵	庙会 miau⁵³xuei⁵¹
大兴	赶集 kan²¹tɕi³⁵	集 tɕi³⁵	庙会 miau⁵³xuei⁵¹
房山	赶集 kan²¹tɕi³⁵	集 tɕi³⁵	庙会 miau⁵¹xuei⁵¹
门头沟	赶集 kan²¹tɕi³⁵	集 tɕi³⁵	庙会 miau⁵³xuei⁵¹
昌平	赶集 kan²¹tɕi³⁵	集市 tɕi³⁵ʂʅ⁵¹	庙会 miau⁵³xuei⁵¹
怀柔	赶集 kan²¹tɕi³⁵	集 tɕi³⁵	庙会 miau⁵¹xuei⁵¹
密云	赶集 kan²¹tɕi³⁵	集 tɕi³⁵	庙会 miau⁵³xuei⁵¹
顺义	赶集 kan²¹tɕi³⁵	集 tɕi³⁵	庙会 miau⁵¹xuei⁵¹
延庆	赶集 kan²⁴tɕi⁵⁵	集市 tɕi⁵⁵ʂʅ⁰	庙会 miao²⁴xuei⁵³
平谷	赶集 kan²¹tɕi⁵⁵	集 tɕi⁵⁵	庙会 miau⁵¹xuei⁵¹

	0718 学校	0719 教室	0720 上学
西城	学校 ɕye³⁵ɕiau⁵¹	教室 tɕiau⁵¹ʂʅ²¹⁴	上学 ʂaŋ⁵¹ɕye³⁵
通州	学校 ɕye³⁵ɕiau⁵¹	教室 tɕiau⁵¹ʂʅ²¹⁴	上学 ʂaŋ⁵¹ɕiau³⁵ / ʂaŋ⁵¹ɕye³⁵
大兴	学校 ɕye³⁵ɕiau⁵¹	教室 tɕiau⁵¹ʂʅ²¹⁴	上学 ʂaŋ⁵¹ɕiau³⁵
房山	学校 ɕye³⁵ɕiau⁵¹	教室 tɕiau⁵¹ʂʅ²¹⁴	上学 ʂaŋ⁵¹ɕiau³⁵
门头沟	学校 ɕye³⁵ɕiau⁵¹	教室 tɕiau⁵¹ʂʅ²¹⁴	上学 ʂaŋ⁵¹ɕiau³⁵ / ʂaŋ⁵¹ɕye³⁵
昌平	学校 ɕye³⁵ɕiau⁵¹	教室 tɕiau⁵³ʂʅ²¹⁴	上学 ʂaŋ⁵³ɕiau³⁵
怀柔	学堂 ɕye³⁵tʰaŋ³⁵ 老 学校 ɕye³⁵ɕiau⁵¹ 新	教室 tɕiau⁵¹ʂʅ⁵¹	上学 ʂaŋ⁵¹ɕiau³⁵ / ʂaŋ⁵¹ɕye³⁵
密云	学堂 ɕye³⁵tʰaŋ³⁵ 老 学校 ɕye³⁵ɕiau⁵¹ 新	教室 tɕiau⁵¹ʂʅ²¹³	上学 ʂaŋ⁵¹ɕiau³⁵
顺义	学校 ɕye³⁵ɕiau⁵¹	教室 tɕiau⁵³ʂʅ⁵¹	上学 ʂaŋ⁵¹ɕiau³⁵ / ʂaŋ⁵¹ɕye³⁵
延庆	学堂 ɕye⁵⁵tʰaŋ⁵⁵ 老 学校 ɕye⁵⁵ɕiao⁵³ 新	教室 tɕiao²¹ʂʅ⁵⁵	上学 ʂaŋ²¹ɕye⁵⁵
平谷	学堂 ɕye⁵⁵tʰaŋ⁵⁵ 老 学校 ɕye⁵⁵ɕiau⁵¹ 新	教室 tɕiau⁵¹ʂʅ²¹³	上学 ʂaŋ⁵¹ɕiau⁵⁵

	0721 放学	0722 考试	0723 书包
西城	放学 faŋ⁵¹ɕye³⁵	考试 kʰau²¹ʂɿ⁵¹	书包 ʂu⁵⁵pau⁵⁵
通州	放学 faŋ⁵¹ɕye³⁵ 下学 ɕia⁵¹ɕye³⁵	考试 kʰau²¹ʂɿ⁵¹	书包 ʂu⁵⁵pau⁵⁵
大兴	下学 faŋ⁵¹ɕiau³⁵	考试 kʰau²¹ʂɿ⁵¹	书包 ʂu⁵⁵pau⁵⁵
房山	下学 ɕia⁵¹ɕiau³⁵	考试 kʰau²¹ʂɿ⁵¹	书包 ʂu⁵⁵pau⁵⁵
门头沟	放学 faŋ⁵¹ɕiau³⁵/faŋ⁵¹ɕye³⁵	考试 kʰau²¹ʂɿ⁵¹	书包 ʂu⁵⁵pau⁵⁵
昌平	放学 faŋ⁵³ɕiau³⁵	考试 kʰau²¹ʂɿ⁵¹	书包 ʂu⁵⁵pau⁵⁵
怀柔	放学 faŋ⁵¹ɕiau³⁵/faŋ⁵¹ɕye³⁵ 下学 ɕia⁵¹ɕiau³⁵/ɕia⁵¹ɕye³⁵	考试 kʰau²¹ʂɿ⁵¹	书包 ʂu⁵⁵pau⁵⁵ 书兜子 ʂu⁵⁵tou⁵⁵tsɿ⁰
密云	下学 ɕia⁵¹ɕiau³⁵	考试 kʰau²¹ʂɿ⁵¹	书包 ʂu⁵⁵pau⁵⁵
顺义	下学 ɕia⁵¹ɕiau³⁵/ɕia⁵¹ɕye³⁵	考试 kʰau²¹ʂɿ⁵¹	书包 ʂu⁵⁵pau⁵⁵
延庆	放学 faŋ²¹ɕye⁵⁵	考试 kʰao²⁴ʂɿ⁰	书兜儿 ʂu⁴⁴tour⁴²
平谷	下学 ɕia⁵¹ɕiau⁵⁵	考试 kʰau²¹ʂɿ⁵¹	书包 ʂu³⁵pau³⁵

	0724 本子	0725 铅笔	0726 钢笔
西城	本儿 pər²¹⁴	铅笔 tɕʰian⁵⁵pi⁻²¹⁴	自来水儿笔 tsɿ⁵¹lai³⁵ʂuər³⁵pi⁻²¹⁴ 钢笔 kaŋ⁵⁵pi⁻²¹⁴
通州	本儿 pər²¹⁴	铅笔 tɕʰian⁵⁵pi⁻²¹⁴	钢笔 kaŋ⁵⁵pi⁻²¹⁴
大兴	本儿 pər²¹⁴	铅笔 tɕʰian⁵⁵pi⁻²¹⁴	钢笔 kaŋ⁵⁵pi⁻²¹⁴
房山	本儿 pər²¹⁴	铅笔 tɕʰian⁵⁵pi⁻²¹⁴	钢笔 kaŋ⁵⁵pi⁻²¹⁴
门头沟	本儿 pər²¹⁴	铅笔 tɕʰian⁵⁵pi⁻²¹⁴	钢笔 kaŋ⁵⁵pi⁻²¹⁴
昌平	本儿 pər²¹⁴	铅笔 tɕʰian⁵⁵pi⁻²¹⁴	钢笔 kaŋ⁵⁵pi⁻²¹⁴
怀柔	本儿 pər²¹⁴	铅笔 tɕʰian⁵⁵pi⁻²¹⁴	钢笔 kaŋ⁵⁵pi⁻²¹⁴ 墨水笔 mo⁵¹ʂuei³⁵pi⁻²¹⁴
密云	本儿 pər²¹³	铅笔 tɕʰian⁵⁵pi⁻²¹³	钢笔 kaŋ⁵⁵pi⁻²¹³
顺义	本儿 pər²¹⁴ 本子 pən²¹tsɿ⁰	铅笔 tɕʰian⁵⁵pi⁻²¹⁴	钢笔 kaŋ⁵⁵pi⁻²¹⁴
延庆	本子 pən²⁴tsə⁰	铅笔 tɕʰian⁴⁴pei⁴²/tɕʰian⁴⁴pi⁻²¹⁴	自来水笔 tsɿ²¹lai⁵⁵ʂuei²⁴pi⁻²¹⁴ 钢笔 kaŋ⁴⁴pei⁴²/kaŋ⁴⁴pi⁻²¹⁴
平谷	本儿 pər²¹³	铅笔 tɕʰian³⁵pi⁻²¹³	钢笔 kaŋ³⁵pi⁻²¹³

词汇对照

	0727 圆珠笔	0728 毛笔	0729 墨
西城	原子笔 yan³⁵tsʅ³⁵pi²¹⁴	毛笔 mau³⁵pi²¹⁴	墨 mo⁵¹
通州	圆珠笔 yan³⁵tʂu⁵⁵pi²¹⁴	毛笔 mau³⁵pi²¹⁴ 墨笔 mo⁵¹pi²¹⁴	墨 mo⁵¹
大兴	圆珠笔 yan³⁵tʂu⁵⁵pi²¹⁴	毛笔 mau³⁵pi²¹⁴	墨 mo⁵¹
房山	圆珠儿笔 yan³⁵tʂur⁵⁵pi²¹⁴	毛笔 mau³⁵pi²¹⁴	墨 mo⁵¹
门头沟	油字儿笔 iou³⁵tsər⁵¹pi²¹⁴ 圆珠儿笔 yan³⁵tʂur⁵⁵pi²¹⁴	毛笔 mau³⁵pi²¹⁴	墨 mo⁵¹
昌平	圆珠笔 yan³⁵tʂu⁵⁵pi²¹⁴	毛笔 mau³⁵pi²¹⁴	墨 mo⁵¹
怀柔	油儿笔 iour³⁵pi²¹⁴	毛笔 mau³⁵pi²¹⁴	墨 mo⁵¹
密云	圆珠笔 yan³⁵tʂu⁵⁵pi²¹³	毛笔 mau³⁵pi²¹³	墨 mo⁵¹
顺义	圆珠儿笔 yan³⁵tʂuər⁵⁵pi²¹⁴	毛笔 mau³⁵pi²¹⁴ 墨笔 mo⁵¹pi²¹⁴	墨 mo⁵¹
延庆	油笔 iou⁵⁵pi²¹⁴	毛笔 mao⁵⁵pei⁴²/mao⁵⁵pi²¹⁴	墨 mɤ⁵³
平谷	圆珠笔 yan⁵⁵tʂu³⁵pi²¹³	毛笔 mau⁵⁵pi²¹³	墨 mi⁵¹

	0730 砚台	0731 信 一封~	0732 连环画
西城	砚台 ian⁵¹tʰɛ⁰	信 ɕin⁵¹	小人儿书 ɕiau²¹ʐər³⁵ʂu⁵⁵
通州	砚台 ian⁵¹tʰai⁰	信 ɕin⁵¹	小人儿书 ɕiau²¹ʐər³⁵ʂu⁵⁵
大兴	砚台 ian⁵¹tʰɛ⁰	信 ɕin⁵¹	小人儿书 ɕiau²¹ʐər³⁵ʂu⁵⁵
房山	砚台 ian⁵¹tʰai⁰	信 ɕin⁵¹	小人儿书 ɕiau²¹ʐər³⁵ʂu⁵⁵
门头沟	砚台 ian⁵¹tʰai⁰	信 ɕin⁵¹	小人儿书 ɕiau²¹ʐər³⁵ʂu⁵⁵
昌平	墨海 mo⁵³xai²¹⁴ 砚台 ian⁵¹³tʰai⁰	信 ɕin⁵¹	小人儿书 ɕiau²¹ʐər³⁵ʂu⁵⁵
怀柔	砚台 ian⁵¹tʰɛ⁰	信 ɕin⁵¹	连环画儿 lian³⁵xuan⁵⁵xuɐr⁵¹ 小人儿书 ɕiau²¹ʐər³⁵ʂu⁵⁵
密云	砚台 ian⁵¹tʰai⁰	信 ɕin⁵¹	连环画儿 lian³⁵xuan³⁵xuɐr⁵¹
顺义	砚台 ian⁵¹tʰai⁰	信 ɕin⁵¹	连环画儿 lian³⁵xuan³⁵xuɐr⁵¹
延庆	墨盒儿 mɤ²¹xɤr⁵⁵	信 ɕin⁵³	连环画儿 lian⁵⁵xuan⁵⁵xuɐr⁵³
平谷	砚台 ian⁵¹tʰai⁰	信 ɕin⁵¹	连环画儿 lian⁵⁵xuan⁵⁵xuɑr⁵¹

	0733 捉迷藏	0734 跳绳	0735 毽子
西城	藏闷儿 tsʰaŋ³⁵ mər⁵⁵	跳绳儿 tʰiau⁵¹ ʂə̃r³⁵	毽儿 tɕiɐr⁵¹
通州	藏猫儿 tsʰaŋ³⁵ maor⁵⁵	跳绳儿 tʰiau⁵¹ ʂə̃r³⁵	毽儿 tɕʰiɐr⁵¹/tɕiɐr⁵¹
大兴	藏猫儿 tsʰaŋ³⁵ maor⁵⁵	跳绳儿 tʰiau⁵¹ ʂə̃r³⁵	毽儿 tɕiɐr⁵¹
房山	藏门⁼儿哥⁼ tsʰaŋ³⁵ mər³⁵ kɤ⁵⁵ 藏猫儿 tsʰaŋ³⁵ maor⁵⁵	跳绳儿 tʰiau⁵¹ ʂə̃r³⁵	毽子 tɕian⁵¹ tsɿ⁰
门头沟	藏闷儿狗咬 tsʰaŋ³⁵ mər⁵⁵ kou³⁵ iau²¹⁴ 藏闷儿闷儿 tsʰaŋ³⁵ mər⁵⁵ mər⁰	跳绳儿 tʰiau⁵¹ ʂə̃r³⁵	毽子 tɕyan⁵¹ tsɿ⁰
昌平	藏猫猫儿 tsʰaŋ³⁵ mau⁵⁵ maor⁵⁵	跳绳儿 tʰiau⁵³ ʂə̃r³⁵	毽儿 tɕyɐr⁵¹
怀柔	藏猫儿 tsʰaŋ³⁵ maur⁵⁵	跳绳儿 tʰiau⁵¹ ʂãr³⁵	毽子 tɕian⁵¹ tsɿ⁰
密云	藏猫儿 tsʰaŋ³⁵ maor⁵⁵	跳绳儿 tʰiau⁵¹ ʂər³⁵	毽儿 tɕʰyɐr⁵¹
顺义	藏猫儿 tsʰaŋ³⁵ maur⁵⁵	跳绳儿 tʰiau⁵¹ ʂãr³⁵	毽儿 tɕiɐr⁵¹
延庆	藏猫儿 tsʰaŋ⁵⁵ maor⁴²	跳绳儿 tʰiao²¹ ʂə̃r⁵⁵	毽儿 tɕiɐr⁵³
平谷	藏猫儿 tsʰaŋ⁵⁵ maur³⁵	跳绳儿 tʰiau⁵¹ ʂɤr⁵⁵	毽儿 tɕʰyɐr⁵¹

	0736 风筝	0737 舞狮	0738 鞭炮 统称㉚
西城	风筝 fəŋ⁵⁵ tʂəŋ⁰	耍狮子 ʂua²¹ ʂɿ⁵⁵ tsɿ⁰	炮仗 pʰau⁵¹ tʂaŋ⁰
通州	风筝 fəŋ⁵⁵ tʂəŋ⁰	耍狮子 ʂua²¹ ʂɿ⁵⁵ tsɿ⁰	炮仗 pʰau⁵¹ tʂaŋ⁰
大兴	风筝 fəŋ⁵⁵ tʂəŋ⁰	耍狮子 ʂua²¹ ʂɿ⁵⁵ tsɿ⁰	炮仗 pʰau⁵¹ tʂaŋ⁰
房山	风筝 fəŋ⁵⁵ tʂəŋ⁰	耍狮子 ʂua²¹ ʂɿ⁵⁵ tsɿ⁰ 舞狮 u²¹ ʂɿ⁵⁵	炮仗 pʰau⁵¹ tʂaŋ⁰ 鞭炮 pian⁵⁵ pʰau⁵¹
门头沟	风筝儿 fəŋ⁵⁵ tʂə̃r⁰	耍狮子 ʂua²¹ ʂɿ⁵⁵ tsɿ⁰	炮仗 pʰau⁵¹ tʂaŋ⁰
昌平	风筝 fəŋ⁵⁵ tʂəŋ⁰	耍狮子 ʂua²¹ ʂɿ⁵⁵ tsɿ⁰	炮仗 pʰau⁵³ tʂaŋ⁰
怀柔	风筝 fəŋ⁵⁵ tʂəŋ⁰	耍狮子 ʂua²¹ ʂɿ⁵⁵ tsɿ⁰	炮 pʰau⁵¹ 鞭炮 pian⁵⁵ pʰau⁰
密云	风筝 fəŋ⁵⁵ tʂəŋ⁰	耍狮子 ʂua²¹³ ʂɿ⁵⁵ tsɿ⁰	炮正⁼ pʰau⁵¹ tʂəŋ⁰
顺义	风筝 fəŋ⁵⁵ tʂəŋ⁰	耍狮子 ʂua²¹ ʂɿ⁵⁵ tsɿ⁰	炮仗 pʰau⁵¹ tʂaŋ⁰
延庆	风筝 fəŋ⁴² tʂəŋ⁰	玩儿狮子 vɐr⁵⁵ ʂɿ⁴² tsə⁰	鞭炮 pian⁴⁴ pʰao⁵³
平谷	风筝 fəŋ³⁵ tʂəŋ⁰	舞狮子 u²¹ ʂɿ³⁵ tsɿ⁰	炮中⁼ pʰau⁵¹ tʂuŋ⁰

	0739 唱歌	0740 演戏	0741 锣鼓 统称
西城	唱歌儿 tʂʰaŋ⁵¹kɤr⁵⁵	演戏 ian²¹ɕi⁵¹	锣鼓家伙 luo³⁵ku²¹tɕia⁵⁵xu⁰
通州	唱歌儿 tʂʰaŋ⁵¹kɤr⁵⁵	演戏 ian²¹ɕi⁵¹	锣鼓家伙 luo³⁵ku²¹tɕia⁵⁵xuo⁰
大兴	唱歌儿 tʂʰaŋ⁵¹kɐr⁵⁵	唱戏 tʂʰaŋ⁵¹ɕi⁵¹	锣鼓家伙 luo³⁵ku²¹tɕia⁵⁵xuo⁰
房山	唱歌儿 tʂʰaŋ⁵¹kɤr⁵⁵	演戏 ian²¹ɕi⁵¹	锣鼓 luo³⁵ku²¹⁴
门头沟	唱歌儿 tʂʰaŋ⁵¹kɤr⁵⁵	唱戏 tʂʰaŋ⁵³ɕi⁵¹	家伙点儿 tɕia⁵⁵xu⁰tiɐr²¹⁴
昌平	唱歌儿 tʂʰaŋ⁵³kɤr⁵⁵	演戏 ian²¹ɕi⁵¹	锣儿鼓 luor³⁵ku²¹⁴
怀柔	唱歌儿 tʂʰaŋ⁵¹kɤr⁵⁵	演戏 ian²¹ɕi⁵¹	锣鼓 luo³⁵ku²¹⁴
密云	唱歌儿 tʂʰaŋ⁵¹kɤr⁵⁵	演戏 ian²¹ɕi⁵¹	锣鼓家伙 luo³⁵ku²¹tɕia⁵⁵xuo⁰
顺义	唱歌儿 tʂʰaŋ⁵¹kɤr⁵⁵	演戏 ian²¹ɕi⁵¹	锣鼓家伙儿 luo³⁵ku²¹tɕia⁵⁵xuɤr⁰
延庆	唱歌儿 tʂʰaŋ²¹kɤr⁴²	演戏 ian²⁴ɕi⁵³	锣鼓 luo⁵⁵ku²¹⁴
平谷	唱歌儿 tʂʰaŋ⁵¹kɤr³⁵	唱戏 tʂʰaŋ⁵¹ɕi⁵¹	锣鼓 luo⁵⁵ku²¹³

	0742 二胡	0743 笛子	0744 划拳
西城	胡琴儿 xu³⁵tɕʰiər⁰	笛子 ti³⁵tsʅ⁰	划拳 xua³⁵tɕʰyan³⁵
通州	二胡 ɚ⁵¹xu³⁵	笛儿 tiər³⁵	划拳 xua³⁵tɕʰyan³⁵
大兴	二胡 ɚ⁵¹xu³⁵	笛子 ti³⁵tsʅ⁰	划拳 xua³⁵tɕʰyan³⁵
房山	二胡儿 ɚ⁵¹xur³⁵	笛子 ti³⁵tsʅ⁰	划拳 xua³⁵tɕʰyan³⁵
门头沟	胡琴儿 xu³⁵tɕʰiər⁰	笛子 ti³⁵tsʅ⁰	划拳 xua³⁵tɕʰyan³⁵
昌平	二胡儿 ɚ⁵³xur⁵⁵	横笛儿 xəŋ³⁵tiər³⁵	划拳 xua³⁵tɕʰyan³⁵
怀柔	二胡儿 ɚ⁵¹xur³⁵	笛子 ti³⁵tsʅ⁰ 笛儿 tiər³⁵	划拳 xua³⁵tɕʰyan³⁵
密云	胡琴儿 xu³⁵tɕʰiər⁰	笛儿 tiər³⁵	划拳 xua³⁵tɕʰyan³⁵
顺义	二胡儿 ɚ⁵¹xur⁵⁵	笛儿 tiər³⁵ 横笛儿 xəŋ³⁵tiər³⁵	划拳 xua³⁵tɕʰyan³⁵
延庆	二胡儿 ɚ²¹xur⁵⁵	笛儿 tiər⁵⁵	划拳 xua²¹tɕʰyan⁵⁵
平谷	二胡儿 ɚ⁵¹xur⁵⁵	鼻⁼儿 piər⁵⁵	划拳 xua⁵⁵tɕʰyan⁵⁵

	0745 下棋	0746 打扑克	0747 打麻将
西城	下棋 ɕia⁵¹tɕʰi³⁵	敲扑克儿 tɕʰiau⁵⁵pʰu³⁵kʰɤr⁰ 打扑克儿 ta²¹pʰu³⁵kʰɤr⁰	打麻将 ta²¹ma³⁵tɕiaŋ⁵¹
通州	下棋 ɕia⁵¹tɕʰi³⁵	打牌 ta²¹pʰai³⁵ 打趴⁼子牌 ta²¹pʰa⁵⁵tsʅ⁰pʰai⁰	打麻将 ta²¹ma³⁵tɕiaŋ⁵¹
大兴	下棋 ɕia⁵¹tɕʰi³⁵	打牌 ta²¹pʰai³⁵	打麻将 ta²¹ma³⁵tɕiaŋ⁵¹
房山	下棋 ɕia⁵¹tɕʰi³⁵	玩儿牌 uɐr³⁵pʰai³⁵	打麻将 ta²¹ma³⁵tɕiaŋ⁵¹
门头沟	下棋 ɕia⁵¹tɕʰi³⁵	玩儿扑克儿牌 uɐr³⁵pʰu⁵⁵kʰɤr⁰pʰai³⁵	打牌 ta²¹pʰai³⁵
昌平	下棋 ɕia⁵³tɕʰi³⁵	打扑儿克儿 ta²¹pʰur⁵⁵kʰɤr⁰	搓麻将 tsʰuo⁵⁵ma²¹tɕiaŋ⁵¹
怀柔	下棋 ɕia⁵¹tɕʰi³⁵	打趴⁼子 ta²¹pʰa⁵⁵tsʅ⁰ 玩儿牌 uɐr³⁵pʰai³⁵	打麻将 ta²¹ma³⁵tɕiaŋ⁵¹ 搓麻将 tsʰuo⁵⁵ma³⁵tɕiaŋ⁵¹
密云	下棋 ɕia⁵¹tɕʰi³⁵	玩儿牌 uɐr³⁵pʰai³⁵	搓麻儿 tsuo⁵⁵mɐr³⁵
顺义	下棋 ɕia⁵¹tɕʰi³⁵	打趴⁼子 ta²¹pʰa⁵⁵tsʅ⁰	打麻将 ta²¹ma³⁵tɕiaŋ⁵¹
延庆	下棋 ɕia²¹tɕʰi⁵⁵	玩儿牌 vɐr⁵⁵pai⁵⁵ 打牌 ta²⁴pʰai⁵⁵	打麻将 ta²⁴ma⁵⁵tɕiaŋ⁰
平谷	下棋 ɕia⁵¹tɕʰi⁵⁵	打趴⁼子牌 ta²¹pʰa⁵¹tsʅ⁰pʰai⁵⁵	打麻将 ta²¹ma⁵⁵tɕiaŋ⁵¹

词汇对照

	0748 变魔术	0749 讲故事	0750 猜谜语③
西城	变戏法儿 pian⁵³ɕi⁵¹fɐr²¹⁴	讲故事 tɕiaŋ²¹ku⁵¹ʂʅ⁰	猜闷⁼儿 tsʰai⁵⁵mər⁵¹
通州	变戏法儿 pian⁵³ɕi⁵¹far²¹⁴	讲故事 tɕiaŋ²¹ku⁵¹ʂʅ⁰	猜闷⁼儿 tsʰai⁵⁵mər⁵⁵ 破闷⁼儿 pʰo⁵³mər⁵⁵
大兴	变戏法儿 pian⁵³ɕi⁵¹fɐr²¹⁴	讲故事 tɕiaŋ²¹ku⁵¹ʂʅ⁰	猜谜 tsʰai⁵⁵mi³⁵
房山	变戏法儿 pian⁵³ɕi⁵¹fɐr²¹⁴	讲故事 tɕiaŋ²¹ku⁵¹ʂʅ⁰	猜谜 tsʰai⁵⁵mi³⁵
门头沟	变戏法儿 pian⁵³ɕi⁵¹fɐr²¹⁴	讲故事 tɕiaŋ²¹ku⁵¹ʂʅ⁰	猜闷⁼儿 tsʰai⁵⁵mər⁵⁵
昌平	变戏法儿 pian⁵³ɕi⁵³far²¹⁴	讲故事 tɕiaŋ²¹ku⁵³ʂʅ⁰	猜谜语 tsʰai⁵⁵mi³⁵y²¹⁴
怀柔	变魔术 pian⁵¹mo³⁵ʂu⁵¹ 变戏法儿 pian⁵¹ɕi⁵¹fɐr²¹⁴	讲故事 tɕiaŋ²¹ku⁵¹ʂʅ⁰	猜谜语 tsʰai⁵⁵mi³⁵y²¹⁴
密云	变戏法儿 pian⁵³ɕi⁵¹fɐr²¹³	讲故事 tɕiaŋ²¹ku⁵¹ʂʅ⁰	猜闷⁼儿 tsʰai⁵⁵mər⁵¹
顺义	变戏法儿 pian⁵³ɕi⁵¹fɐr²¹⁴	讲故事 tɕiaŋ²¹ku⁵¹ʂʅ⁰	猜谜 tsʰai⁵⁵mi³⁵
延庆	耍戏法儿 ʂua²⁴ɕi²¹fɐr²¹⁴	讲故事 tɕiaŋ²⁴ku⁵³ʂʅ⁰	猜笑话儿 tsʰai²⁴ɕiao⁵³xuɐr⁰
平谷	变戏法儿 pian⁵¹ɕi⁵⁵far²¹³	说古 ʂuo³⁵ku²¹³	破谜 pʰuo⁵¹mi⁵⁵ 猜谜 tsʰai³⁵mi⁵⁵

	0751 玩儿 游玩：到城里~	0752 串门儿	0753 走亲戚
西城	玩儿 uɐr³⁵	串门儿 tʂʰuan⁵¹mər³⁵	走亲亲 tsou²¹tɕʰin⁵⁵tɕʰin⁰
通州	玩儿 uɐr³⁵	串门儿 tʂʰuan⁵¹mər³⁵	串亲亲 tʂʰuan⁵¹tɕʰin⁵⁵tɕʰin⁰
大兴	玩儿 uɐr³⁵	串门儿 tʂʰuan⁵¹mər³⁵	串亲亲 tʂʰuan⁵¹tɕʰin⁵⁵tɕʰin⁰
房山	玩儿 uɐr³⁵	串门儿 tʂʰuan⁵¹mər³⁵	串亲戚 tʂʰuan⁵¹tɕʰin⁵⁵tɕʰi⁰
门头沟	玩儿 uɐr³⁵	串门儿 tʂʰuan⁵¹mər³⁵	走亲亲 tsou²¹tɕʰin⁵⁵tɕʰin⁰
昌平	玩儿 uɐr³⁵	串门儿 tʂʰuan⁵³mər³⁵	串亲戚 tʂʰuan⁵³tɕʰin⁵⁵tɕʰi⁰
怀柔	玩儿 uɐr³⁵	串门儿 tʂʰuan⁵¹mər³⁵	串亲戚 tʂʰuan⁵¹tɕʰin⁵⁵tɕʰi⁰
密云	玩儿 uɐr³⁵	串门儿 tʂʰuan⁵¹mər³⁵	串亲戚 tʂʰuan⁵¹tɕʰin⁵⁵tɕʰi⁰
顺义	玩儿 uɐr³⁵	串门儿 tʂʰuan⁵¹mər³⁵	串亲戚 tʂʰuan⁵¹tɕʰin⁵⁵tɕi⁰
延庆	玩儿 vɐr⁵⁵	串门儿 tʂʰuan²¹mər⁵⁵	上亲亲家去 ʂaŋ²¹tɕʰin⁴²tɕʰin⁰tɕia⁴²tɕʰy⁰
平谷	玩儿 uɐr⁵⁵	串门儿 tʂʰuan⁵¹mər⁵⁵	走亲戚 tsou²¹tɕʰin³⁵tɕʰi⁰

	0754 看~电视	0755 听 用耳朵~	0756 闻 嗅：用鼻子~
西城	看 kʰan⁵¹	听 tʰiŋ⁵⁵	闻 uən³⁵
通州	瞧 tɕʰiau³⁵	听 tʰiŋ⁵⁵	闻 uən³⁵
大兴	瞧 tɕʰiau³⁵	听 tʰiŋ⁵⁵	闻 uən³⁵
房山	看 kʰan⁵¹	听 tʰiŋ⁵⁵	闻 uən³⁵
门头沟	看 kʰan⁵¹	听 tʰiŋ⁵⁵	闻 uən³⁵
昌平	瞧 tɕʰiau³⁵ 看 kʰan⁵¹	听 tʰiŋ⁵⁵	闻 uən³⁵
怀柔	看 kʰan⁵¹ 瞧 tɕʰiau³⁵	听 tʰiŋ⁵⁵	闻 uən³⁵
密云	瞧 tɕiau³⁵	听 tʰiŋ⁵⁵	闻 un³⁵
顺义	瞧 tɕʰiau³⁵	听 tʰiŋ⁵⁵	闻 uən³⁵
延庆	瞭 liao⁵³ 瞧 tɕʰiao⁵⁵	听 tʰiŋ⁴²	闻 vən⁵⁵
平谷	瞧 tɕʰiau⁵⁵	听 tʰiŋ³⁵	闻 uən⁵⁵

	0757 吸~气	0758 睁~眼	0759 闭~眼
西城	吸 ɕi⁵⁵	睁 tʂəŋ⁵⁵	闭 pi⁵¹
通州	吸 ɕi⁵⁵	睁 tʂəŋ⁵⁵	合 xɤ³⁵
大兴	吸 ɕi⁵⁵	睁 tʂəŋ⁵⁵	合 xɤ³⁵
房山	吸 ɕi⁵⁵	睁 tʂəŋ⁵⁵	合 xɤ³⁵
门头沟	吸 ɕi⁵⁵	睁 tʂəŋ⁵⁵	合 xɤ³⁵
昌平	吸 ɕi⁵⁵	睁 tʂəŋ⁵⁵	闭 pi⁵¹
怀柔	吸 ɕi⁵⁵	睁 tʂəŋ⁵⁵	闭 pi⁵¹ 合 xə³⁵
密云	吸 ɕi⁵⁵	睁 tʂəŋ⁵⁵	合 xɤ³⁵
顺义	吸 ɕi⁵⁵	睁 tʂəŋ⁵⁵	闭 pi⁵¹ 合 xɤ³⁵
延庆	吸 ɕi⁴²	睁 tʂəŋ⁴²	合 xɤ⁵⁵
平谷	吸 ɕi³⁵	睁 tʂəŋ³⁵	闭 pi⁵¹

	0760 眨~眼	0761 张~嘴	0762 闭~嘴
西城	眨 tʂa²¹⁴	张 tʂaŋ⁵⁵	闭 pi⁵¹
通州	眨 tʂa²¹⁴	张 tʂaŋ⁵⁵	闭 pi⁵¹
大兴	眨 tʂa²¹⁴	张 tʂaŋ⁵⁵	闭 pi⁵¹
房山	眨 tʂa²¹⁴	张 tʂaŋ⁵⁵	闭 pi⁵¹
门头沟	眨 tʂa²¹⁴	张 tʂaŋ⁵⁵	闭 pi⁵¹
昌平	眨 tʂa²¹⁴	张 tʂaŋ⁵⁵	闭 pi⁵¹
怀柔	眨 tʂa²¹⁴ 眨巴 tʂa²¹pa⁰	张 tʂaŋ⁵⁵	闭 pi⁵¹ 合 xə³⁵
密云	眨 tʂa²¹³	张 tʂaŋ⁵⁵	闭 pi⁵¹
顺义	眨 tʂa²¹⁴	张 tʂaŋ⁵⁵	闭 pi⁵¹
延庆	挤巴 tɕi²⁴pa⁰	张 tʂaŋ⁴²	闭 pi⁵³
平谷	眨 tʂa²¹³ 眨巴 tʂa²¹pa⁰	张 tʂaŋ³⁵	闭 pi⁵¹ 抿 min⁵⁵

	0763 咬狗~人	0764 嚼把肉~碎	0765 咽~下去
西城	咬 iau²¹⁴	嚼 tɕiau³⁵	咽 ian⁵¹
通州	咬 iau²¹⁴	嚼 tɕiau³⁵	咽 ian⁵¹
大兴	咬 iau²¹⁴	嚼 tɕiau³⁵	咽 ian⁵¹
房山	咬 iau²¹⁴	嚼 tɕiau³⁵	咽 ian⁵¹
门头沟	咬 iau²¹⁴	嚼 tɕiau³⁵	咽 ian⁵¹
昌平	咬 iau²¹⁴	嚼 tɕiau³⁵	咽 ian⁵¹
怀柔	咬 iau²¹⁴	嚼 tɕiau³⁵	咽 ian⁵¹
密云	咬 iau²¹³	嚼 tɕiau³⁵	咽 ian⁵¹
顺义	咬 iau²¹⁴	嚼 tɕiau³⁵	咽 ian⁵¹
延庆	咬 iao²¹⁴	嚼 tɕiao⁵⁵	咽 ian⁵³
平谷	咬 iau²¹³	嚼 tɕiau⁵⁵	咽 ian⁵¹

	0766 舔 人用舌头~	0767 含 ~在嘴里	0768 亲嘴
西城	舔 tʰian²¹⁴	含 xən³⁵	亲嘴儿 tɕʰin⁵⁵ tsuər²¹⁴
通州	舔 tʰian²¹⁴	含 xən³⁵	亲嘴儿 tɕʰin⁵⁵ tsuər²¹⁴
大兴	舔 tʰian²¹⁴	含 xən³⁵	亲嘴儿 tɕʰin⁵⁵ tsuər²¹⁴
房山	舔 tʰian²¹⁴	含 xən³⁵	亲嘴儿 tɕʰin⁵⁵ tsuər²¹⁴
门头沟	舔 tʰian²¹⁴	含 xən³⁵	亲嘴儿 tɕʰin⁵⁵ tsuər²¹⁴
昌平	舔 tʰian²¹⁴	含 xən³⁵	亲嘴儿 tɕʰin⁵⁵ tsuər²¹⁴
怀柔	舔 tʰian²¹⁴	含 xən³⁵	要嘴儿 iau⁵¹ tsuər²¹⁴ 对嘴儿 tuei⁵¹ tsuər²¹⁴
密云	舔 tʰian²¹³	含 xən³⁵	亲嘴儿 tɕʰin⁵⁵ tsuər²¹³
顺义	舔 tʰian²¹⁴	含 xən³⁵	要嘴儿 iau⁵¹ tsuər²¹⁴
延庆	舔 tʰian²¹⁴	含 xən⁵⁵	亲嘴儿 tɕʰin⁴⁴ tsuər²¹⁴
平谷	舔 tʰian²¹³	含 xən⁵⁵	亲嘴儿 tɕʰin³⁵ tsuər²¹³

	0769 吮吸 用嘴唇聚拢吸取液体，如吃奶时	0770 吐 上声，把果核儿~掉	0771 吐 去声，呕吐：喝酒喝~了
西城	裹⁼ kuo²¹⁴	吐 tʰu²¹⁴	吐 tʰu⁵¹
通州	嘬 tsuo⁵⁵	吐 tʰu²¹⁴	吐 tʰu⁵¹
大兴	嘬 tsuo⁵⁵	吐 tʰu²¹⁴	吐 tʰu⁵¹
房山	嘬 tsuo⁵⁵	吐 tʰu²¹⁴ 啐 tsʰuei⁵¹	吐 tʰu⁵¹
门头沟	裹⁼ kuo²¹⁴	吐 tʰu⁵¹	吐 tʰu⁵¹
昌平	嘬 tsuo⁵⁵	吐 tʰu²¹⁴	吐 tʰu⁵¹
怀柔	吸 ɕi⁵⁵ 裹⁼ kuo²¹⁴	吐 tʰu²¹⁴ 啐 tsʰuei⁵¹	吐 tʰu⁵¹ 吢 tɕʰin⁵¹
密云	嘬 tsuo⁵⁵	吐 tʰu²¹³	吐 tʰu⁵¹
顺义	嘬 tsuo⁵¹	吐 tʰu²¹⁴	吐 tʰu⁵¹
延庆	嘬 tsuo⁴²	吐 tʰu⁵³	吐 tʰu⁵³
平谷	嘬 tsuo³⁵	吐 tʰu²¹³	吐 tʰu⁵¹

词汇对照

	0772 打喷嚏	0773 拿 用手把苹果~过来	0774 给 他~我一个苹果
西城	打嚏盼= ta²¹tʰi⁵¹fən⁰	拿 na³⁵	给 kei²¹⁴
通州	打嚏盼= ta²¹tʰi⁵¹fən⁰	拿 na³⁵	给 kei²¹⁴
大兴	打嚏盼= ta²¹tʰi⁵¹fən⁰	拿 na³⁵	给 kei²¹⁴
房山	打嚏盼= ta²¹tʰi⁵¹fən⁰	拿 na³⁵	给 kei²¹⁴
门头沟	打喷嚏 ta²¹pʰən⁵⁵tʰi·⁰	拿 na³⁵	给 kei²¹⁴
昌平	打喷嚏 ta²¹pʰən⁵⁵tʰi·⁰	拿 na³⁵	给 kei²¹⁴
怀柔	打嚏喷 ta²¹tʰi⁵¹pʰən⁰	拿 na³⁵	给 kei²¹⁴
密云	打嚏盼= ta²¹tʰi⁵¹fən⁰	拿 na³⁵	给 kei²¹³
顺义	打嚏盼= ta²¹tʰi⁵¹fən⁰	拿 na³⁵	给 kei²¹⁴
延庆	打嚏盼= ta²⁴tʰi⁵³fən⁰	拿 na⁵⁵	给 kei²¹⁴
平谷	打嚏盼= ta²¹tʰi⁵¹fən⁰	拿 na⁵⁵	给 kei²¹³

	0775 摸~头	0776 伸~手	0777 挠~痒痒
西城	摸 mo⁵⁵	伸 ʂən⁵⁵	挠 nau³⁵
通州	摸 mo⁵⁵	伸 ʂən⁵⁵	挠 nau³⁵
大兴	摸 mo⁵⁵	伸 ʂən⁵⁵	挠 nau³⁵
房山	摸 mau⁵⁵	伸 ʂən⁵⁵	抓 tʂua⁵⁵
门头沟	摸 mo⁵⁵	伸 ʂən⁵⁵	挠 nau³⁵
昌平	摸 mau⁵⁵	伸 ʂən⁵⁵	挠 nau³⁵ 扛 kʰuai²¹⁴
怀柔	摸 mau⁵⁵	伸 ʂən⁵⁵	挠 nau³⁵
密云	摸 mau⁵⁵	伸 ʂən⁵⁵	挠 nau³⁵
顺义	摸 mo⁵⁵	伸 ʂən⁵⁵	挠 nau³⁵
延庆	摸 mao⁴²	伸 tʂʰən⁴²	扛 kʰuai²¹⁴
平谷	摸 muo³⁵	伸 ʂən³⁵	挠 nau⁵⁵ 扛 kʰuai²¹³

	0778 掐用拇指和食指的指甲~皮肉	0779 拧~螺丝	0780 拧~毛巾
西城	掐 tɕʰia⁵⁵	拧 niŋ²¹⁴	拧 niŋ²¹⁴
通州	掐 tɕʰia⁵⁵	拧 niŋ²¹⁴	拧 niŋ²¹⁴
大兴	掐 tɕʰia⁵⁵	拧 ȵiŋ²¹⁴	拧 ȵiŋ²¹⁴
房山	掐 tɕʰia⁵⁵	拧 niŋ²¹⁴	拧 niŋ²¹⁴
门头沟	掐 tɕʰia⁵⁵	拧 niŋ²¹⁴	拧 niŋ³⁵
昌平	掐 tɕʰia⁵⁵	拧 niŋ²¹⁴	拧 niŋ²¹⁴
怀柔	掐 tɕʰia⁵⁵	拧 niŋ²¹⁴	拧 niŋ³⁵
密云	掐 tɕʰia⁵⁵	拧 ȵiŋ²¹³	拧 ȵiŋ²¹³
顺义	掐 tɕʰia⁵⁵	拧 niŋ²¹⁴	拧 niŋ²¹⁴
延庆	掐 tɕʰia⁴²	拧 ȵiŋ⁵⁵	拧 ȵiŋ⁵⁵
平谷	掐 tɕʰia³⁵	拧 niŋ⁵⁵	拧 niŋ⁵⁵

	0781 捻用拇指和食指来回~碎	0782 掰把橘子~开, 把馒头~开	0783 剥~花生
西城	捻 nian²¹⁴	掰 pai⁵⁵	剥 pau⁵⁵
通州	捻 nian²¹⁴	掰 pai⁵⁵	剥 pau⁵⁵
大兴	捻 ȵian²¹⁴	掰 pai⁵⁵	剥 pau⁵⁵
房山	捻 nian²¹⁴	掰 pai⁵⁵	剥 pau⁵⁵
门头沟	捻 nian²¹⁴	掰 pai⁵⁵	剥 pau⁵⁵
昌平	捻 nian²¹⁴	掰 pai⁵⁵	剥 pau⁵⁵
怀柔	捻 nian²¹⁴	掰 pai⁵⁵	剥 pau⁵⁵
密云	捻 ȵian²¹³	掰 pai⁵⁵	剥 pau⁵⁵
顺义	捻 nian²¹⁴	掰 pai⁵⁵	剥 pau⁵⁵
延庆	捻 ȵian⁵⁵	掰 pai⁴²	剥 pɤ⁴²
平谷	捻 nian²¹³	掰 pai³⁵	剥 pau³⁵

词汇对照

	0784 撕把纸~了	0785 折把树枝~断	0786 拔~萝卜
西城	撕 sɿ⁵⁵ 扯 tʂʰɤ²¹⁴	撅 tɕye⁵⁵	拔 pa³⁵
通州	撕 sɿ⁵⁵	撅 tɕye⁵⁵	拔 pa³⁵
大兴	撕 sɿ⁵⁵	撅 tɕye⁵⁵	拔 pa³⁵
房山	撕 sɿ⁵⁵	撅 tɕye⁵⁵	拔 pa³⁵
门头沟	撕 sɿ⁵⁵	撅 tɕye⁵⁵	拔 pa³⁵
昌平	撕 sɿ⁵⁵	撅 tɕye⁵⁵	拔 pa³⁵
怀柔	撕 sɿ⁵⁵ 扯 tʂʰə²¹⁴	撅 tɕye⁵⁵	薅 xau⁵⁵
密云	撕 sɿ⁵⁵	撅 tɕye⁵⁵	薅 xau⁵⁵
顺义	撕 sɿ⁵⁵	撅 tɕye⁵⁵	拔 pa³⁵
延庆	撕 sɿ⁴²	撅 tɕʰye⁴²	拔 pa⁵⁵
平谷	撕 sɿ³⁵	撅 tɕye³⁵	拔 pa⁵⁵

	0787 摘~花	0788 站站立;~起来	0789 倚斜靠;~在墙上
西城	摘 tʂai⁵⁵	站 tʂan⁵¹	倚 i²¹⁴
通州	摘 tʂai⁵⁵	站 tʂan⁵¹	倚 i²¹⁴
大兴	摘 tʂai⁵⁵	站 tʂan⁵¹	靠 kʰau⁵¹
房山	摘 tʂai⁵⁵	站 tʂan⁵¹	靠 kʰau⁵¹
门头沟	摘 tʂai⁵⁵	站 tʂan⁵¹	倚 i²¹⁴
昌平	摘 tʂai⁵⁵	站 tʂan⁵¹	倚 i²¹⁴
怀柔	摘 tʂai⁵⁵	站 tʂan⁵¹	靠 kʰau⁵¹
密云	摘 tʂai⁵⁵	站 tʂan⁵¹	靠 kʰau⁵¹
顺义	摘 tʂai⁵⁵	站 tʂan⁵¹	倚 i²¹⁴ 靠 kau⁵¹
延庆	摘 tʂai⁴²	站 tʂan⁵³	倚 i²¹⁴
平谷	摘 tʂai³⁵	站 tʂan⁵¹	靠 kʰau⁵¹

	0790 蹲~下	0791 坐~下	0792 跳青蛙~起来
西城	蹲 tuən⁵⁵	坐 tsuo⁵¹	跳 tʰiau⁵¹
通州	蹲 tuən⁵⁵	坐 tsuo⁵¹	跳 tʰiau⁵¹
大兴	蹲 tuən⁵⁵	坐 tsuo⁵¹	跳 tʰiau⁵¹
房山	蹲 tuən⁵⁵	坐 tsuo⁵¹	跳 tʰiau⁵¹
门头沟	蹲 tuən⁵⁵	坐 tsuo⁵¹	跳 tʰiau⁵¹
昌平	蹲 tuən⁵⁵	坐 tsuo⁵¹	跳 tʰiau⁵¹
怀柔	蹲 tuən⁵⁵	坐 tsuo⁵¹	蹦 pəŋ⁵¹
密云	蹲 tun⁵⁵	坐 tsuo⁵¹	跳 tʰiau⁵¹
顺义	蹲 tuən⁵⁵	坐 tsuo⁵¹	跳 tʰiau⁵¹
延庆	蹲 tuən⁴²	坐 tsuo⁵³	蹦 pəŋ⁵³
平谷	蹲 tuən³⁵	坐 tsuo⁵¹	蹦 pəŋ⁵¹

	0793 迈跨过高物：从门槛上~过去	0794 踩脚~在牛粪上	0795 翘~腿
西城	迈 mai⁵¹ 跨 kʰua⁵¹	踩 tsʰai²¹⁴	翘 tɕʰiau⁵¹
通州	迈 mai⁵¹	踩 tsʰai²¹⁴	翘 tɕʰiau⁵⁵
大兴	迈 mai⁵¹	踩 tsʰai²¹⁴	翘 tɕʰiau⁵¹
房山	迈 mai⁵¹	踩 tsʰai²¹⁴	翘 tɕʰiau⁵⁵
门头沟	迈 mai⁵¹	踩 tsʰai²¹⁴	翘 tɕʰiau⁵¹
昌平	迈 mai⁵¹	踩 tsʰai²¹⁴	翘 tɕʰiau⁵¹
怀柔	迈 mai⁵¹	踩 tsʰai²¹⁴	翘 tɕʰiau⁵⁵ 翘 tɕʰiau⁵¹
密云	迈 mai⁵¹	踩 tsʰai²¹³	翘 tɕiau⁵¹
顺义	迈 mai⁵¹	踩 tsʰai²¹⁴	翘 tɕʰiau⁵¹
延庆	迈 mai⁵³	踩 tsʰai²¹⁴ 造⁼ tsao⁵³	翘 tɕʰiao⁵³
平谷	迈 mai⁵¹	踩 tsʰai²¹³	翘 tɕʰiau⁵¹

词汇对照

	0796 弯~腰	0797 挺~胸	0798 趴~着睡
西城	躬 xa⁵⁵	挺 tʰiŋ²¹⁴	趴 pʰa⁵⁵
通州	弯 uan⁵⁵	挺 tʰiŋ²¹⁴	趴 pʰa⁵⁵
大兴	躬 xa⁵⁵	挺 tʰiŋ²¹⁴	趴 pʰa⁵⁵
房山	弯 uan⁵⁵	挺 tʰiŋ²¹⁴	趴 pʰa⁵⁵
门头沟	躬 xa⁵⁵ 猫 mau⁵⁵	挺 tʰiŋ²¹⁴	趴 pʰa⁵⁵
昌平	弯 uan⁵⁵	挺 tʰiŋ²¹⁴	趴 pʰa⁵⁵
怀柔	猫 mau⁵⁵ 磨⁼ mo³⁵	挺 tʰiŋ²¹⁴	趴 pʰa⁵⁵
密云	猫 mau⁵⁵	挺 tʰiŋ²¹³	趴 pʰa⁵⁵
顺义	弯 uan⁵⁵	挺 tʰiŋ²¹⁴	趴 pʰa⁵⁵
延庆	猫 mao⁵⁵	挺 tʰiŋ²¹⁴	趴 pʰa⁴²
平谷	弯 uan³⁵	挺 tʰiŋ²¹³	趴 pʰa³⁵

	0799 爬小孩在地上~	0800 走慢慢儿~	0801 跑慢慢儿走，别~
西城	爬 pʰa³⁵	走 tsou²¹⁴	跑 pʰau²¹⁴
通州	爬 pʰa³⁵	走 tsou²¹⁴	跑 pʰau²¹⁴
大兴	爬 pʰa³⁵	走 tsou²¹⁴	跑 pʰau²¹⁴
房山	爬 pʰa³⁵	走 tsou²¹⁴	跑 pʰau²¹⁴
门头沟	爬 pʰa³⁵	走 tsou²¹⁴	跑 pʰau²¹⁴
昌平	爬 pʰa³⁵	走 tsou²¹⁴	跑 pʰau²¹⁴
怀柔	爬 pʰa³⁵	走 tsou²¹⁴	跑 pʰau²¹⁴
密云	爬 pʰa³⁵	走 tsou²¹³	跑 pʰau²¹³
顺义	爬 pʰa³⁵	走 tsou²¹⁴	跑 pʰau²¹⁴
延庆	爬 pʰa⁵⁵	走 tsou²¹⁴	扯 tʂʰɤ²¹⁴
平谷	爬 pʰa⁵⁵	走 tsou²¹³	跑 pʰau²¹³

	0802 逃 逃跑：小偷~走了	0803 追 追赶：~小偷	0804 抓 ~小偷
西城	逃跑 tau³⁵ pʰau²¹⁴	追 tʂuei⁵⁵ 撵 nian²¹⁴	逮 tei⁵⁵ 抓 tʂua⁵⁵
通州	逃跑 tʰau³⁵ pʰau²¹⁴	追 tʂuei⁵⁵ 撵 nian²¹⁴	逮 tei⁵⁵ 抓 tʂua⁵⁵
大兴	□ẓau⁵⁵ 跑 pʰau²¹⁴	追 tʂuei⁵⁵	逮 tai²¹⁴
房山	逃 tʰau³⁵ 逃跑 tʰau³⁵ pʰau²¹⁴	追 tʂuei⁵⁵	抓 tʂua⁵⁵
门头沟	趋儿 tiɚ⁵⁵ 逃跑 tʰau³⁵ pʰau²¹⁴	追 tʂuei⁵⁵	逮 tei²¹⁴ 抓 tʂua⁵⁵
昌平	逃跑 tʰau³⁵ pʰau²¹⁴	追 tʂuei⁵⁵	抓 tʂua⁵⁵
怀柔	跑 pʰau²¹⁴	追 tʂuei⁵⁵ 撵 nian²¹⁴	逮 tai²¹⁴
密云	逃 tʰau³⁵	追 tʂuei⁵⁵	抓 tʂua⁵⁵
顺义	逃跑 tʰau³⁵ pʰau²¹⁴	追 tʂuei⁵⁵ 撵 nian²¹⁴	逮 tei⁵⁵ 抓 tʂua⁵⁵
延庆	跑 pʰao²¹⁴ 挠 ⁼nao⁵⁵	撵 ȵian²¹⁴	孬 ⁼nao⁴² 逮 tei⁴²/tai²¹⁴
平谷	跑 pʰau²¹³	追 tʂuei³⁵	逮 tei²¹³

	0805 抱 把小孩~在怀里	0806 背 ~孩子	0807 搀 ~老人
西城	抱 pau⁵¹	背 pei⁵⁵	搀 tʂʰan⁵⁵
通州	抱 pau⁵¹	背 pei⁵⁵	搀 tʂʰan⁵⁵
大兴	抱 pau⁵¹	背 pei⁵⁵	搀 tʂʰan⁵⁵
房山	抱 pau⁵¹	背 pei⁵⁵	搀 tʂʰan⁵⁵
门头沟	抱 pau⁵¹ 搂 lou²¹⁴	背 pei⁵⁵	搀 tʂʰan⁵⁵
昌平	抱 pau⁵¹	背 pei⁵⁵	搀 tʂʰan⁵⁵
怀柔	抱 pau⁵¹ 搂 lou²¹⁴	背 pei⁵⁵	搀 tʂʰan⁵⁵ 扶 fu³⁵ 把 pa²¹⁴
密云	抱 pau⁵¹	背 pei⁵¹	搀 tʂʰan⁵⁵
顺义	抱 pau⁵¹	背 pei⁵⁵	搀 tʂʰan⁵⁵
延庆	抱 pao⁵³	背 pei⁴²	搀 tʂʰan⁴²
平谷	抱 pau⁵¹	背 pei³⁵	搀 tʂʰan³⁵

词汇对照

	0808 推 几个人一起~汽车	0809 摔 跌：小孩~倒了	0810 撞 人~到电线杆上
西城	推 tʰuei⁵⁵	摔 ʂuai⁵⁵	撞 tʂʰuaŋ⁵¹/tʂuaŋ⁵¹
通州	推 tʰuei⁵⁵	摔 ʂuai⁵⁵	撞 tʂʰuaŋ⁵¹/tʂuaŋ⁵¹
大兴	推 tʰuei⁵⁵	摔 ʂuai⁵⁵	撞 tʂʰuaŋ⁵¹
房山	推 tʰuei⁵⁵	摔 ʂuai⁵⁵	撞 tʂʰuaŋ⁵¹/tʂuaŋ⁵¹
门头沟	推 tʰuei⁵⁵	摔 ʂuai⁵⁵	撞 tʂʰuaŋ⁵¹/tʂuaŋ⁵¹
昌平	推 tʰuei⁵⁵	摔 ʂuai⁵⁵	撞 tʂʰuaŋ⁵¹/tʂuaŋ⁵¹
怀柔	推 tʰuei⁵⁵	栽 tsai⁵⁵ 跌 tie⁵⁵	撞 tʂʰuaŋ⁵¹/tʂuaŋ⁵¹
密云	推 tʰuei⁵⁵	摔 ʂuai⁵⁵	撞 tʂʰuaŋ⁵¹/tʂuaŋ⁵¹
顺义	推 tʰuei⁵⁵	摔 ʂuai⁵⁵	撞 tʂʰuaŋ⁵¹/tʂuaŋ⁵¹
延庆	□xaŋ²¹⁴	栽 tsai⁴²	碰 pʰəŋ⁵³ 撞 tʂuaŋ⁵³
平谷	推 tʰuei³⁵	栽 tsai³⁵	撞 tʂuaŋ⁵¹

	0811 挡 你~住我了，我看不见	0812 躲 躲藏：他~在床底下	0813 藏 藏放，收藏：钱~在枕头下面
西城	挡 taŋ²¹⁴ 遮 tʂɤ⁵⁵	躲 tuo²¹⁴ 猫儿 maor⁵⁵	藏 tsʰaŋ³⁵
通州	挡 taŋ²¹⁴	躲 tuo²¹⁴ 猫 mau⁵⁵	藏 tsʰaŋ³⁵
大兴	挡 taŋ²¹⁴	躲 tuo²¹⁴	藏 tsʰaŋ³⁵
房山	挡 taŋ²¹⁴	藏 tsʰaŋ³⁵	藏 tsʰaŋ³⁵
门头沟	挡 taŋ²¹⁴	躲 tuo²¹⁴ 藏 tsʰaŋ³⁵	藏 tsʰaŋ³⁵
昌平	挡 taŋ²¹⁴	藏 tsʰaŋ³⁵	藏 tsʰaŋ³⁵
怀柔	挡 taŋ²¹⁴	躲 tuo²¹⁴ 藏 tsʰaŋ³⁵	抬⁼ tʰai³⁵
密云	挡 taŋ²¹³	躲 tuo²¹³	藏 tsʰaŋ³⁵
顺义	挡 taŋ²¹⁴	躲 tuo²¹⁴ 猫 mau⁵⁵	藏 tsʰaŋ³⁵
延庆	挡 taŋ²¹⁴	藏 tsʰaŋ⁵⁵	抬⁼ tʰai⁵⁵ 藏 tsʰaŋ⁵⁵
平谷	挡 taŋ²¹³	躲 tuo²¹³	藏 tsʰaŋ⁵⁵

	0814 放把碗~在桌子上	0815 摞把砖~起来	0816 埋~在地下
西城	搁 kɤ⁵⁵ 放 faŋ⁵¹	摞 luo⁵¹	埋 mai³⁵
通州	搁 kɤ⁵⁵	摞 luo⁵¹	埋 mai³⁵
大兴	撂 liau⁵¹	摞 luo⁵¹	埋 mai³⁵
房山	搁 kɤ⁵⁵	摞 luo⁵¹	埋 mai³⁵
门头沟	搁 kɤ⁵⁵ 放 faŋ⁵¹	摞 luo⁵¹	埋 mai³⁵
昌平	放 faŋ⁵¹	码 ma²¹⁴	埋 mai³⁵
怀柔	放 faŋ⁵¹ 撂 liau⁵¹ 搁 kə⁵⁵	垛 tuo⁵¹ 码 ma²¹⁴ 摞 luo⁵¹	埋 mai³⁵
密云	搁 kau⁵⁵/kɤ⁵⁵	摞 luo⁵¹	埋 mai³⁵
顺义	搁 kɤ⁵⁵	摞 luo⁵¹	埋 mai³⁵
延庆	搁 kɤ⁵⁵	摞 luo⁵³	埋 mai⁵⁵
平谷	搁 kɤ³⁵	摞 luo⁵⁵	埋 mai⁵⁵

	0817 盖把茶杯~上	0818 压用石头~住	0819 摁用手指按：~图钉
西城	盖 kai⁵¹	压 ia⁵⁵	摁 ən⁵¹
通州	盖 kai⁵¹	压 ia⁵⁵	摁 ən⁵¹
大兴	盖 kai⁵¹	压 ia⁵⁵	摁 ŋən⁵¹
房山	盖 kai⁵¹	压 ia⁵⁵	摁 ŋən⁵¹
门头沟	盖 kai⁵¹	压 ia⁵⁵	摁 ən⁵¹
昌平	盖 kai⁵¹	压 ia⁵⁵	摁 ən⁵¹
怀柔	盖 kai⁵¹	压 ia⁵⁵	摁 nən⁵¹
密云	盖 kai⁵¹	压 ia⁵⁵	摁 nən⁵¹
顺义	盖 kai⁵¹	压 ia⁵⁵	摁 ən⁵¹
延庆	盖 kai⁵³	压 ia⁴²	摁 ŋən⁵³
平谷	盖 kai⁵¹	压 ia³⁵	摁 nən⁵¹

词汇对照

	0820 捅 用棍子~鸟窝	0821 插 把香~到香炉里	0822 戳 ~个洞③
西城	捅 tʰuŋ²¹⁴	插 tʂʰa⁵⁵	戳 tʂʰuo⁵⁵
通州	捅 tʰuŋ²¹⁴	插 tʂʰa⁵⁵	戳 tʂʰuo⁵⁵
大兴	捅 tʰuŋ²¹⁴	插 tʂʰa⁵⁵	戳 tʂʰuo⁵⁵
房山	捅 tʰuŋ²¹⁴	插 tʂʰa⁵⁵	戳 tʂʰuo⁵⁵
门头沟	捅 tʰuŋ²¹⁴	插 tʂʰa⁵⁵	戳 tʂʰuo⁵⁵ 扎 tsa⁵⁵
昌平	捅 tʰuŋ²¹⁴	插 tʂʰa⁵⁵	捅 tʰuŋ²¹⁴
怀柔	捅 tʰuŋ²¹⁴ 杵 tʂʰu²¹⁴	插 tʂʰa⁵⁵	捅 tʰuŋ²¹⁴ 扎 tsa⁵⁵
密云	捅 tʰuŋ²¹³	插 tʂʰa⁵⁵	戳 tʂʰuo⁵⁵
顺义	捅 tʰuŋ²¹⁴	插 tʂʰa⁵⁵	戳 tʂʰuo⁵⁵
延庆	捅 tʰuŋ⁴²	插 tʂʰa⁴²	毅 tu⁴²
平谷	捅 tʰuŋ²¹³	插 tʂʰa³⁵	捅 tʰuŋ²¹³

	0823 砍 ~树	0824 剁 把肉~碎做馅儿	0825 削 ~苹果
西城	砍 kʰan²¹⁴	剁 tuo⁵¹	削 ɕiau⁵⁵
通州	砍 kʰan²¹⁴	剁 tuo⁵¹	削 ɕiau⁵⁵
大兴	砍 kʰan²¹⁴	剁 tuo⁵¹	削 ɕiau⁵⁵
房山	砍 kʰan²¹⁴	剁 tuo⁵¹	削 ɕiau⁵⁵
门头沟	砍 kʰan²¹⁴	剁 tuo⁵¹	削 ɕiau⁵⁵
昌平	砍 kʰan²¹⁴	剁 tuo⁵¹	削 ɕiau⁵⁵
怀柔	砍 kʰan²¹⁴	剁 tuo⁵¹	削 ɕiau⁵⁵
密云	砍 kʰan²¹³	剁 tuo⁵¹	削 ɕiau⁵⁵
顺义	砍 kʰan²¹⁴	剁 tuo⁵¹	削 ɕiau⁵⁵
延庆	砍 kʰan²¹⁴	剁 tuo⁵³	削 ɕye⁴²
平谷	砍 kʰan²¹³	剁 tuo⁵¹	削 ɕiau³⁵

	0826 裂木板~开了	0827 皱皮~起来	0828 腐烂死鱼~了
西城	裂 lie⁵¹	皱 tʂou⁵¹	烂 lan⁵¹
通州	裂 lie⁵¹	皱 tʂou⁵¹	烂 lan⁵¹
大兴	裂 lie⁵¹	皱 tʂou⁵¹	烂 lan⁵¹
房山	裂 lie⁵¹	皱 tʂou⁵¹	烂 lan⁵¹
门头沟	裂 lie⁵¹	皱 tʂou⁵¹	烂 lan⁵¹
昌平	裂 lie⁵¹	皱 tʂou⁵¹	烂 lan⁵¹
怀柔	裂 lie⁵¹/lie²¹⁴	皱 tʂou⁵¹	烂 lan⁵¹
密云	裂 lie⁵¹	皱 tʂou⁵¹	烂 lan⁵¹
顺义	裂 lie⁵¹	皱 tʂou⁵¹	烂 lan⁵¹
延庆	裂 lie⁵³	皱 tʂou⁵³	烂 lan⁵³
平谷	裂 lie⁵¹	皱 tʂou⁵¹	烂 lan⁵¹

	0829 擦用毛巾~手	0830 倒把碗里的剩饭~掉	0831 扔丢弃：这个东西坏了，~了它
西城	擦 tsʰa⁵⁵	倒 tau⁵¹	扔 ʐəŋ⁵⁵ 撇 pʰie²¹⁴
通州	擦 tsʰa⁵⁵	倒 tau⁵¹	扔 ʐəŋ⁵⁵ 撇 pʰie²¹⁴
大兴	擦 tsʰa⁵⁵	倒 tau⁵¹	扔 ʐəŋ⁵⁵ 撇 pʰie²¹⁴
房山	擦 tsʰa⁵⁵	倒 tau⁵¹	扔 ʐəŋ⁵⁵
门头沟	擦 tsʰa⁵⁵	倒 tau⁵¹	扔 ʐəŋ⁵⁵
昌平	擦 tsʰa⁵⁵	倒 tau⁵¹	扔 ʐəŋ⁵⁵
怀柔	擦 tsʰa⁵⁵	倒 tau⁵¹	撇 pʰie²¹⁴ □ʐou⁵⁵
密云	擦 tsʰa⁵⁵	倒 tau⁵¹	扔 ʐəŋ⁵⁵
顺义	擦 tsʰa⁵⁵	倒 tau⁵¹	扔 ʐəŋ⁵⁵ 撇 pʰie²¹⁴
延庆	擦 tsʰa⁴²	倒 tao⁵³	□ʐou⁴² 扔 ʐəŋ⁴²
平谷	擦 tsʰa³⁵	倒 tau⁵¹	扔 ʐəŋ³⁵

词汇对照

	0832 扔投掷：比一比谁~得远	0833 掉掉落，坠落：树上~下一个梨	0834 滴水~下来
西城	投 tʰou³⁵ 拽 tʂuai⁵⁵ 砍 kʰan²¹⁴	掉 tiau⁵¹	滴答 ti⁵⁵tə⁰
通州	投 tʰou³⁵ 扔 ʐəŋ⁵⁵ 拽 tʂuai⁵⁵	掉 tiau⁵¹	滴 ti⁵⁵
大兴	投 tʰou³⁵	掉 tiau⁵¹	滴答 ti⁵⁵ta⁰
房山	扔 ʐəŋ⁵⁵	掉 tiau⁵¹	滴 ti⁵⁵
门头沟	扔 ʐəŋ⁵⁵	掉 tiau⁵¹	滴 ti⁵⁵
昌平	扔 ʐəŋ⁵⁵	掉 tiau⁵¹	滴 ti⁵⁵
怀柔	扔 ʐəŋ⁵⁵ □ tei⁵⁵	掉 tiau⁵¹ 落 lau⁵¹	滴 ti⁵⁵ 掉 tiau⁵¹
密云	扔 ʐəŋ⁵⁵	掉 tiau⁵¹	滴 ti⁵⁵
顺义	扔 ʐəŋ⁵⁵ 拽 tʂuai⁵⁵	掉 tiau⁵¹	滴答 ti⁵⁵ta⁰
延庆	□ ʐou⁴² 扔 ʐəŋ⁴²	掉 tiao⁵³	滴答 ti⁴²ta⁰
平谷	扔 ʐəŋ³⁵	掉 tiau⁵¹	滴 ti³⁵

	0835 丢丢失：钥匙~了	0836 找寻找：钥匙~到	0837 捡~到十块钱
西城	丢 tiou⁵⁵	找 tʂau²¹⁴	捡 tɕian²¹⁴
通州	丢 tiou⁵⁵	找 tʂau²¹⁴	捡 tɕian²¹⁴
大兴	丢 tiou⁵⁵	找 tʂau²¹⁴	捡 tɕian²¹⁴
房山	丢 tiou⁵⁵	找 tʂau²¹⁴	捡 tɕian²¹⁴ 拾 ʂʅ³⁵
门头沟	丢 tiou⁵⁵	找 tʂau²¹⁴	捡 tɕian²¹⁴
昌平	丢 tiou⁵⁵	找 tʂau²¹⁴	捡 tɕian²¹⁴
怀柔	丢 tiou⁵⁵	找 tʂau²¹⁴	捡 tɕian²¹⁴ 拾 ʂʅ³⁵
密云	丢 tiou⁵⁵	找 tʂau²¹³	捡 tɕian²¹³
顺义	丢 tiou⁵⁵	找 tʂau²¹⁴	捡 tɕian²¹⁴
延庆	丢 tiou⁴²	找 tʂao²¹⁴	拾 ʂʅ⁵⁵ 捡 tɕian²¹⁴
平谷	丢 tiou³⁵	找 tʂau²¹³	拾 ʂʅ⁵⁵ 捡 tɕian²¹³

	0838 提 用手把篮子~起来	0839 挑~担	0840 扛 káng, 把锄头~在肩上
西城	提喽儿 ti⁵⁵lour⁰ 拎 lin⁵⁵	挑 tʰiau⁵⁵	扛 kʰaŋ³⁵
通州	提喽 ti⁵⁵lou⁰ 拎 lin⁵⁵	挑 tʰiau⁵⁵	扛 kʰaŋ³⁵
大兴	提楞⁼ ti⁵⁵ləŋ⁰	挑 tʰiau⁵⁵	扛 kʰaŋ³⁵
房山	提喽 ti⁵⁵lou⁰	挑 tʰiau⁵⁵	扛 kʰaŋ³⁵
门头沟	提溜 ti⁵⁵liou⁰	挑 tʰiau⁵⁵	扛 kʰaŋ³⁵
昌平	提 tʰi³⁵	挑 tʰiau⁵⁵	扛 kʰaŋ³⁵
怀柔	提喽 ti⁵⁵lou⁰	挑 tʰiau⁵⁵ 担 tan⁵⁵	扛 kʰaŋ³⁵
密云	提喽 ti⁵⁵lou⁰	挑 tʰiau⁵⁵	扛 kʰaŋ³⁵
顺义	提楞⁼ ti⁵⁵ləŋ⁰	挑 tʰiau⁵⁵	扛 kʰaŋ³⁵
延庆	提溜 ti⁵⁵liou⁰	挑 tʰiao⁴²	扛 kʰaŋ⁵⁵
平谷	提溜 ti⁵⁵liou⁰	挑 tʰiau³⁵	扛 kʰaŋ⁵⁵

	0841 抬~轿	0842 举~旗子	0843 撑~伞
西城	抬 tʰai³⁵	举 tɕy²¹⁴	打 ta²¹⁴
通州	抬 tʰai³⁵	举 tɕy²¹⁴	撑 tʂʰəŋ⁵⁵
大兴	抬 tʰai³⁵	举 tɕy²¹⁴	打 ta²¹⁴
房山	抬 tʰai³⁵	举 tɕy²¹⁴	打 ta²¹⁴
门头沟	抬 tʰai³⁵	举 tɕy²¹⁴	打 ta²¹⁴
昌平	抬 tʰai³⁵	举 tɕy³⁵	打 ta²¹⁴
怀柔	抬 tʰai³⁵	举 tɕy²¹⁴	打 ta²¹⁴
密云	抬 tʰai³⁵	举 tɕy²¹³	撑 tʂʰəŋ⁵⁵
顺义	抬 tʰai³⁵	举 tɕy²¹⁴	打 ta²¹⁴
延庆	抬 tʰai⁵⁵	举 tɕy²¹⁴	打 ta²¹⁴
平谷	抬 tʰai⁵⁵	举 tɕy²¹³	打 ta²¹³

词汇对照

	0844 撬把门~开	0845 挑挑选，选择；你自己~一个	0846 收拾~东西㉞
西城	撬 tɕʰiau⁵¹	挑 tʰiau⁵⁵ 拣 tɕian²¹⁴	拾掇 ʂʅ³⁵tɔ⁰ 归置 kuei⁵⁵tʂʅ⁰
通州	撬 tɕʰiau⁵¹	挑 tʰiau⁵⁵	归整 kuei⁵⁵tʂəŋ⁰
大兴	撬 tɕʰiau⁵¹	拣 tɕian²¹⁴	归置 kuei⁵⁵tʂʅ⁰ 不拿走 拾掇 ʂʅ³⁵tau⁰ 拿走
房山	撬 tɕʰiau⁵¹	挑 tʰiau⁵⁵	拾掇 ʂʅ³⁵tou⁰
门头沟	撬 tɕʰiau⁵¹	挑 tʰiau⁵⁵	拾掇 ʂʅ³⁵lau⁰ 收拾 ʂou⁵⁵ʂʅ⁰
昌平	撬 tɕʰiau⁵¹	挑 tʰiau⁵⁵	拾掇 ʂʅ³⁵tɔ⁰ 归置 kuei⁵⁵tʂʅ⁰
怀柔	撬 tɕʰiau⁵¹	挑 tʰiau⁵⁵	归轴⁼ kuei⁵⁵tʂou⁰ 收拾 ʂou⁵⁵ʂʅ⁰ 拾掇 ʂʅ³⁵tɔ⁰
密云	撬 tɕʰiau⁵¹	挑 tʰiau⁵⁵	收拾 ʂou⁵⁵ʂʅ⁰
顺义	撬 tɕʰiau⁵¹	挑 tʰiau⁵⁵ 拣 tɕian²¹⁴	归置 kuei⁵⁵tʂʅ⁰ 拾掇 ʂʅ³⁵tau⁰
延庆	拗 ŋao⁵³	挑 tʰiao⁴²	收拾 ʂou⁴²ʂʅ⁰ 归置 kuei⁴²tʂʅ⁰
平谷	撬 tɕʰiau⁵¹	挑 tʰiau³⁵	归置 kuei³⁵tʂʅ⁰

	0847 挽~袖子㉟	0848 涮把杯子~一下	0849 洗~衣服
西城	挽 uan²¹⁴	涮 ʂuan⁵¹	洗 ɕi²¹⁴
通州	挽 uan²¹⁴	涮 ʂuan⁵¹	洗 ɕi²¹⁴
大兴	挽 mian²¹⁴	涮 ʂuan⁵¹	洗 ɕi²¹⁴
房山	挽 mian²¹⁴	涮 ʂuan⁵¹	洗 ɕi²¹⁴
门头沟	挽 mian²¹⁴/uan²¹⁴	涮 ʂuan⁵¹	洗 ɕi²¹⁴
昌平	挽 uan²¹⁴	涮 ʂuan⁵¹	洗 ɕi²¹⁴
怀柔	网⁼ uaŋ²¹⁴	涮 ʂuan⁵¹	洗 ɕi²¹⁴
密云	挽 uan²¹³	涮 ʂuan⁵¹	洗 ɕi²¹³
顺义	挽 uan²¹⁴	涮 ʂuan⁵¹	洗 ɕi²¹⁴
延庆	挽 mian²¹⁴	涮 ʂuan⁵³	洗 ɕi²¹⁴
平谷	挽 uan²¹³	涮 ʂuan⁵¹	洗 ɕi²¹³

	0850 捞~鱼	0851 拴~牛	0852 捆~起来
西城	捞 lau^{55}	拴 ʂuan^{55}	捆 k^{h}uən^{214}
通州	捞 lau^{55}	拴 ʂuan^{55}	捆 k^{h}uən^{214}
大兴	捞 lau^{55}	拴 ʂuan^{55}	捆 k^{h}uən^{214}
房山	捞 lau^{55}	拴 ʂuan^{55}	捆 k^{h}uən^{214}
门头沟	捞 lau^{55}	拴 ʂuan^{55}	捆 k^{h}uən^{214}
昌平	捞 lau^{55}	拴 ʂuan^{55}	捆 k^{h}uən^{214}
怀柔	捞 lau^{55}	拴 ʂuan^{55}	捆 k^{h}uən^{214}
密云	捞 lau^{55}	拴 ʂuan^{55}	捆 kun^{213} 绑 paŋ^{213}
顺义	捞 lau^{55}	拴 ʂuan^{55}	捆 k^{h}uən^{214}
延庆	捞 lao^{55}	拴 ʂuan^{42}	捆 k^{h}uən^{214} ~柴火 绑 paŋ^{214} ~人
平谷	捞 lau^{55}	拴 ʂuan^{35}	捆 k^{h}uən^{213}

	0853 解~绳子	0854 挪~桌子	0855 端~碗
西城	解 tɕie^{214}	挪 nuo^{35}	端 tuan^{55}
通州	解 tɕie^{214}	挪 nuo^{35}	端 tuan^{55}
大兴	解 tɕie^{214}	挪 nuo^{35}	端 tuan^{55}
房山	解 tɕie^{214}	挪 nuo^{35}	端 tuan^{55}
门头沟	解 tɕie^{214}	挪 nuo^{35}	端 tuan^{55}
昌平	解 tɕie^{214}	挪 nuo^{35}	端 tuan^{55}
怀柔	解 tɕie^{214}	挪 nuo^{35}	端 tuan^{55}
密云	解 tɕie^{213}	挪 nuo^{35}	端 tuan^{55}
顺义	解 tɕie^{214}	挪 nuo^{35}	端 tuan^{55}
延庆	解 tɕiai^{214}/tɕie^{214}	挪 nuo^{55}	端 tuan^{42}
平谷	解 tɕie^{213}	挪 nɤ^{55}	端 tuan^{35}

词汇对照

	0856 摔~碗~碎了	0857 掺~水	0858 烧~柴
西城	摔 ʂuai⁵⁵ 瓩 tsʰei⁵¹	掺 tʂʰan⁵⁵ 兑 tuei⁵¹	烧 ʂau⁵⁵
通州	摔 ʂuai⁵⁵	兑 tuei⁵¹ 掺 tʂʰan⁵⁵	烧 ʂau⁵⁵
大兴	摔 ʂuai⁵⁵	兑 tuei⁵¹	烧 ʂau⁵⁵
房山	摔 ʂuai⁵⁵	掺 tʂʰan⁵⁵	烧 ʂau⁵⁵
门头沟	摔 ʂuai⁵⁵ 瓩 tsʰei⁵¹	掺 tʂʰan⁵⁵ 兑 tuei⁵¹	烧 ʂau⁵⁵
昌平	摔 ʂuai⁵⁵	掺 tʂʰan⁵⁵	烧 ʂau⁵⁵
怀柔	瓩 tsʰei⁵¹	掺 tʂʰan⁵⁵ 兑 tuei⁵¹	烧 ʂau⁵⁵
密云	摔 ʂuai⁵⁵ 瓩 tsʰei⁵¹	掺 tʂʰan⁵⁵ 兑 tuei⁵¹	烧 ʂau⁵⁵
顺义	摔 ʂuai⁵⁵	掺 tʂʰan⁵⁵ 兑 tuei⁵¹	烧 ʂau⁵⁵
延庆	打 ta²¹⁴	兑 tuei⁵³	烧 ʂao⁴²
平谷	摔 ʂuai³⁵	掺 tʂʰan³⁵	烧 ʂau³⁵

	0859 拆~房子	0860 转~圈儿	0861 捶用拳头~
西城	拆 tʂʰai⁵⁵	转 tʂuan⁵¹	捶 tʂʰuei³⁵
通州	拆 tʂʰai⁵⁵	转 tʂuan⁵¹	捶 tʂʰuei³⁵
大兴	拆 tʂʰai⁵⁵	转 tʂuan⁵¹	捶 tʂʰuei³⁵
房山	拆 tʂʰai⁵⁵	转 tʂuan⁵¹	捶 tʂʰuei³⁵
门头沟	拆 tʂʰai⁵⁵	转 tʂuan⁵¹ 绕 ʐau⁵¹	捶 tʂʰuei³⁵
昌平	拆 tʂʰai⁵⁵	转 tʂuan⁵¹	锤 tʂʰuei³⁵
怀柔	拆 tʂʰai⁵⁵	转 tʂuan⁵¹ 绕 ʐau⁵¹	捶 tʂʰuei³⁵ 砸 tsa³⁵
密云	拆 tʂʰai⁵⁵	转 tʂuan⁵¹	捶 tʂʰuei³⁵
顺义	拆 tʂʰai⁵⁵	转 tʂuan⁵¹	捶 tʂʰuei³⁵
延庆	拆 tʂʰai⁴²	转 tʂuan⁵³	砸 tsa⁵⁵
平谷	拆 tʂʰai³⁵	转 tʂʰuan⁵¹	捶 tʂʰuei⁵⁵

	0862 打 统称：他~了我一下	0863 打架 动手：两个人在~	0864 休息
西城	打 ta²¹⁴	打架 ta²¹tɕia⁵¹ 掐架 tɕʰia⁵⁵tɕia⁵¹ 查=架 tʂʰa³⁵tɕia⁵¹	歇 ɕie⁵⁵
通州	打 ta²¹⁴	掐架 tɕʰia⁵⁵tɕia⁵¹ 打架 ta²¹tɕia⁵¹	歇 ɕie⁵⁵
大兴	打 ta²¹⁴	打架 ta²¹tɕia⁵¹	歇 ɕie⁵⁵
房山	打 ta²¹⁴	打架 ta²¹tɕia⁵¹	歇 ɕie⁵⁵
门头沟	打 ta²¹⁴	掐架 tɕʰia⁵⁵tɕia⁵¹	歇 ɕie⁵⁵
昌平	打 ta²¹⁴	打架 ta²¹tɕia⁵¹	歇 ɕie⁵⁵
怀柔	打 ta²¹⁴	打架 ta²¹tɕia⁵¹ 干架 kan⁵¹tɕia⁵¹	歇 ɕie⁵⁵
密云	打 ta²¹³	打架 ta²¹tɕia⁵¹	歇 ɕie⁵⁵
顺义	打 ta²¹⁴	打架 ta²¹tɕia⁵¹ 掐架 tɕʰia⁵⁵tɕia⁵¹	歇 ɕie⁵⁵
延庆	打 ta²¹⁴	打架 ta²⁴tɕia⁵³	歇 ɕie⁴²
平谷	打 ta²¹³	撕巴 sʅ³⁵pa⁰	歇 ɕie³⁵

	0865 打哈欠	0866 打瞌睡	0867 睡 他已经~了
西城	打哈哧 ta²¹xa⁵⁵tʂʰʅ⁰	打盹儿 ta³⁵tuər²¹⁴	睡 ʂuei⁵¹
通州	打哈哧 ta²¹xa⁵⁵tʂʰʅ⁰	打盹儿 ta³⁵tuər²¹⁴	睡 ʂuei⁵¹
大兴	打哈哧 ta²¹xa⁵⁵tʂʰʅ⁰	打盹儿 ta³⁵tuər²¹⁴	睡 ʂuei⁵¹
房山	打哈哧 ta²¹xa⁵⁵tʂʰʅ⁰	打瞌睡 ta²¹kʰɤ⁵⁵ʂuei⁰	睡 ʂuei⁵¹
门头沟	打哈哧 ta²¹xa⁵⁵tʂʰʅ⁰	眯瞪 mi³⁵təŋ⁰	睡 ʂuei⁵¹
昌平	打哈哧 ta²¹xa⁵⁵tʂʰʅ⁰	打瞌睡 ta²¹kʰɤ⁵⁵ʂuei⁰	睡 ʂuei⁵¹
怀柔	打哈切=ta²¹xa⁵⁵tɕʰie⁰ 打哈身=ta²¹xa⁵⁵ʂən⁰	打盹儿 ta³⁵tuər²¹⁴	睡 ʂuei⁵¹ 困 kʰuən⁵¹
密云	打哈亲=ta²¹xa³⁵tɕʰin⁰	打盹儿 ta³⁵tuər²¹³	睡 ʂuei⁵¹
顺义	打哈哧 ta²¹xa⁵⁵tʂʰʅ⁰	打盹儿 ta³⁵tuər²¹⁴	睡 ʂuei⁵¹
延庆	打哈息=ta²⁴xa⁴²ɕi⁰	□盹儿 ʐou⁴⁴tuər²¹⁴	睡 ʂuei⁵³
平谷	打哈气=ta²¹xa³⁵tɕʰi⁰	打瞌睡 ta²¹kʰɤ³⁵ʂuei⁰	睡 ʂuei⁵¹

	0868 打呼噜	0869 做梦	0870 起床
西城	打呼噜 ta²¹xu⁵⁵lu⁰	做梦 tsuo⁵³məŋ⁵¹	起床 tɕʰi²¹tʂʰuaŋ³⁵
通州	打呼噜 ta²¹xu⁵⁵lu⁰	做梦 tsuo⁵³məŋ⁵¹	起床 tɕʰi²¹tʂʰuaŋ³⁵
大兴	打呼噜 ta²¹xu⁵⁵lu⁰	做梦 tsuo⁵³məŋ⁵¹	起床 tɕʰi²¹tʂʰuaŋ³⁵
房山	打呼噜 ta²¹xu⁵⁵lu⁰	做梦 tsuo⁵³məŋ⁵¹	起床 tɕʰi²¹tʂʰuaŋ³⁵
门头沟	打呼噜 ta²¹xu⁵⁵lu⁰	做梦 tsuo⁵³məŋ⁵¹	起炕儿 tɕʰi²¹kʰãr⁵¹
昌平	打呼噜 ta²¹xu⁵⁵lu⁰	做梦 tsuo⁵³məŋ⁵¹	起炕 tɕʰi²¹kʰaŋ⁵¹
怀柔	打呼儿 ta²¹xur⁵⁵ 打呼噜 ta²¹xu⁵⁵lu⁰	做梦 tsuo⁵¹məŋ⁵¹	起来 tɕʰi²¹lai⁰
密云	打呼噜 ta²¹xu⁵⁵lu⁰	做梦 tsuo⁵³məŋ⁵¹	起床 tɕʰi²¹tʂʰuaŋ³⁵
顺义	打呼噜 ta²¹xu⁵⁵lu⁰	做梦 tsuo⁵³məŋ⁵¹	起床 tɕʰi²¹tʂʰuaŋ³⁵
延庆	打呼噜 ta²⁴xu⁴²lu⁰	做梦 tsou²⁴məŋ⁵³	起来 tɕʰi²⁴lai⁰
平谷	打呼噜 ta²¹xu³⁵lu⁰	做梦 tsou⁵¹məŋ⁵¹	起来 tɕʰi²¹lai⁰

	0871 刷牙	0872 洗澡	0873 想 思索：让我~一下
西城	刷牙 ʂua⁵⁵ia³⁵	洗澡 ɕi³⁵tsau²¹⁴	琢磨 tʂuo³⁵mə⁰ 寻思 ɕyn³⁵sʅ⁰ 想 ɕiaŋ²¹⁴
通州	刷牙 ʂua⁵⁵ia³⁵	洗澡 ɕi³⁵tsau²¹⁴	寻思 ɕyn³⁵sʅ⁰ 琢磨 tʂuo³⁵mə⁰
大兴	刷牙 ʂua⁵⁵ia³⁵	洗澡 ɕi³⁵tsau²¹⁴	琢磨 tsuo³⁵mo⁰
房山	刷牙 ʂua⁵⁵ia³⁵	洗澡 ɕi³⁵tsau²¹⁴	想 ɕiaŋ²¹⁴
门头沟	刷牙 ʂua⁵⁵ia³⁵	洗澡 ɕi³⁵tsau²¹⁴	琢磨 tsuo³⁵mo⁰
昌平	刷牙 ʂua⁵⁵ia³⁵	洗澡 ɕi³⁵tsau²¹⁴	想 ɕiaŋ²¹⁴
怀柔	刷牙 ʂua⁵⁵ia³⁵	洗澡 ɕi³⁵tsau²¹⁴	寻思 ɕin³⁵sʅ⁰ 琢磨 tsuo³⁵mo⁰ 想 ɕiaŋ²¹⁴
密云	刷牙 ʂua⁵⁵ia³⁵	洗澡 ɕi³⁵tsau²¹³	想 ɕiaŋ²¹³ 寻思 ɕin³⁵sʅ⁰
顺义	刷牙 ʂua⁵⁵ia³⁵	洗澡 ɕi³⁵tsau²¹⁴	琢磨 tsuo³⁵mə⁰ 寻思 ɕyn³⁵sʅ⁰ 那=磨 na⁵⁵mə⁰
延庆	刷牙 ʂua⁴⁴ia⁵⁵	洗身子 ɕi²⁴ʂən⁴²tsə⁰	思寻 sʅ⁴²ɕin⁰
平谷	刷牙 ʂua³⁵ia⁵⁵	洗澡 ɕi³⁵tsau²¹³	琢磨 tsuo⁵⁵mən⁰

	0874 想 想念：我很~他	0875 打算 我~开个店	0876 记得
西城	想 ɕiaŋ²¹⁴	打算 ta²¹suan⁰ 盘算 pan³⁵suan⁰	记得 tɕi⁵¹tə⁰
通州	挂念 kua⁵¹nian⁵¹ 想 ɕiaŋ²¹⁴	打算 ta²¹suan⁵¹	记得 tɕi⁵¹tə⁰
大兴	想 ɕiaŋ²¹⁴	打算 ta²¹suan⁰	记得 tɕi⁵¹tə⁰
房山	想 ɕiaŋ²¹⁴	打算 ta²¹suan⁰	记得 tɕi⁵¹tə⁰
门头沟	念想儿 nian⁵¹ɕiãr⁰	打算 ta²¹suan⁵¹	记得 tɕi⁵¹tə⁰
昌平	想 ɕiaŋ²¹⁴	想 ɕiaŋ²¹⁴	记着 tɕi⁵³tʂə⁰
怀柔	想 ɕiaŋ²¹⁴	打算 ta²¹suan⁰ 想 ɕiaŋ²¹⁴	记着 tɕi⁵¹tʂə⁰
密云	想 ɕiaŋ²¹³	打算 ta²¹³suan⁰	记得 tɕi⁵¹tɤ⁰
顺义	挂念 kua⁵¹nian⁰ 想 ɕiaŋ²¹⁴	打算 ta²¹suan⁰	记得 tɕi⁵¹tə⁰
延庆	想 ɕiaŋ²¹⁴	琢磨着 tsuo⁵⁵mɤ⁰tʂə⁰	记着 tɕi⁵³tʂə⁰
平谷	想 ɕiaŋ²¹³	打算 ta²¹suan⁵¹	记得 tɕi⁵¹tɤ⁰

	0877 忘记	0878 怕 害怕：你别~	0879 相信 我~你
西城	忘 uaŋ⁵¹	怕 pʰa⁵¹	信得过 ɕin⁵¹tə⁰kuo⁵¹
通州	忘 uaŋ⁵¹	怕 pʰa⁵¹	信 ɕin⁵¹
大兴	忘 uaŋ⁵¹	怕 pʰa⁵¹	信得过 ɕin⁵¹tə⁰kuo⁵¹
房山	忘 uaŋ⁵¹	怕 pʰa⁵¹	信 ɕin⁵¹
门头沟	忘 uaŋ⁵¹	害怕 xai⁵³pʰa⁵¹	信 ɕin⁵¹
昌平	忘 uaŋ⁵¹	怕 pʰa⁵¹	相信 ɕiaŋ⁵⁵ɕin⁵¹
怀柔	忘 uaŋ⁵¹	怕 pʰa⁵¹	信得过 ɕin⁵¹tə⁰kuo⁵¹ 信得住 ɕin⁵¹tə⁰tʂu⁵¹
密云	忘 uaŋ⁵¹	怕 pʰa⁵¹	相信 ɕiaŋ⁵⁵ɕin⁵¹
顺义	忘 uaŋ⁵¹	怕 pʰa⁵¹	信 ɕin⁵¹
延庆	忘 vaŋ⁵³	怕 pʰa⁵³	信服 ɕin⁵³fu⁰
平谷	忘 uaŋ⁵¹	怕 pʰa⁵¹	相信 ɕiaŋ³⁵ɕin⁵¹

词汇对照

	0880 发愁	0881 小心 过马路要~	0882 喜欢 ~看电视
西城	犯愁 fan⁵¹tʂʰou³⁵ 发愁 fa⁵⁵tʂʰo⁰	小心 ɕiau²¹ɕin⁵⁵	喜欢 ɕi²¹xuan⁰
通州	犯愁 fan⁵¹tʂʰou³⁵ 发愁 fa⁵⁵tʂʰou³⁵	小心 ɕiau²¹ɕin⁰ 当心 taŋ⁵⁵ɕin⁰	喜欢 ɕi²¹xuan⁰
大兴	发愁 fa⁵⁵tʂʰou³⁵	小心 ɕiau²¹ɕin⁵⁵	喜欢 ɕi²¹xuan⁰
房山	发愁 fa⁵⁵tʂʰou³⁵	小心 ɕiau²¹ɕin⁵⁵	喜欢 ɕi²¹xuan⁵⁵
门头沟	发愁 fa⁵⁵tʂʰou³⁵	小心 ɕiau²¹ɕin⁵⁵	喜欢 ɕi²¹xuan⁰
昌平	发愁 fa⁵⁵tʂʰou³⁵	当心 taŋ⁵⁵ɕin⁵⁵	喜欢 ɕi²¹xuan⁵⁵
怀柔	愁 tʂʰou³⁵	小心 ɕiau²¹ɕin⁵⁵	爱 nai⁵¹/ai⁵¹
密云	犯愁 fan⁵¹tʂʰou³⁵	小心 ɕiau²¹³ɕin⁰	喜欢 ɕi²¹³xuan⁰
顺义	犯愁 fan⁵¹tʂʰou³⁵ 发愁 fa⁵⁵tʂʰou⁰	小心 ɕiau²¹ɕin⁰ 当心 taŋ⁵⁵ɕin⁵⁵	喜欢 ɕi²¹xuan⁰
延庆	愁 tʂʰou⁵⁵	小心 ɕiao²⁴ɕin⁰	喜欢 ɕi²⁴xuan⁰
平谷	发愁 fa³⁵tʂʰou⁵⁵	小心 ɕiau²¹ɕin³⁵	喜欢 ɕi²¹xuan⁰

	0883 讨厌 ~这个人	0884 舒服 凉风吹来很~	0885 难受 生理的
西城	腻歪 ni⁵¹uɛ⁰ 烦 fan³⁵	舒坦 ʂu⁵⁵tʰan⁰	难受 nan³⁵ʂou⁵¹
通州	腻歪 ni⁵¹uai⁰	舒坦 ʂu⁵⁵tʰan⁰	难受 nan³⁵ʂou⁵¹
大兴	腻 ȵi⁵¹	舒坦 ʂu⁵⁵tʰan⁰	难受 nan³⁵ʂou⁵¹
房山	不待见 pu³⁵tai⁵¹tɕian⁰	好受 xau²¹ʂou⁵¹ 痛快 tʰuŋ⁵¹kʰuai⁰	不好受 pu⁵¹xau²¹ʂou⁵¹
门头沟	腻歪 ni⁵¹uɛ⁰ 烦 fan³⁵	舒服 ʂu⁵⁵fu⁰	难受 nan³⁵ʂou⁵¹ 程度重 不好受 pu⁵¹xau²¹ʂou⁵¹ 程度轻
昌平	不待见 pu³⁵tai⁵³tɕian⁰	痛快 tʰuŋ⁵³kʰuɛ⁰	不好受 pu⁵³xau²¹ʂou⁵¹ 不舒服 pu⁵³ʂu⁵⁵fu⁰
怀柔	烦 fan³⁵ 不爱 pu³⁵nai⁵¹	舒服 ʂu⁵⁵fu⁰ 合适 xə³⁵ʂʅ⁵¹	不好受 pu⁵⁵xau²¹ʂou⁵¹ 不舒服 pu⁵⁵ʂu⁵⁵fu⁰
密云	讨厌 tʰau²¹ian⁵¹	舒服 ʂu⁵⁵fu⁰	难受 nan³⁵ʂou⁵¹
顺义	腻歪 ni⁵¹uai⁰ 烦 fan³⁵	舒坦 ʂu⁵⁵tʰan⁰ 舒服 ʂu⁵⁵fu⁰	难受 nan³⁵ʂou⁵¹
延庆	不待见 pu⁴⁴tai⁵³tɕian⁰ 腻烦 ȵi⁵³fən⁰	处=真= tʂʰu⁵³tʂən⁰	不得劲儿 pu⁴⁴tɤ⁵⁵tɕiər⁵³
平谷	讨厌 tʰau²¹ian⁵¹	舒服 ʂu³⁵fu⁰	难受 nan³⁵ʂou⁵¹

	0886 难过 心理的	0887 高兴	0888 生气
西城	难过 nan³⁵kuo⁵¹ 难受 nan³⁵ʂou⁵¹	高兴 kau⁵⁵ɕiŋ⁵¹	生气 ʂəŋ⁵⁵tɕʰi⁵¹
通州	难过 nan³⁵kuo⁵¹	高兴 kau⁵⁵ɕiŋ⁵¹	生气 ʂəŋ⁵⁵tɕʰi⁵¹ 来气儿 lai³⁵tɕʰiɚ⁵¹
大兴	难过 nan³⁵kuo⁵¹	高兴 kau⁵⁵ɕiŋ⁵¹	生气 ʂəŋ³⁵tɕʰi⁰
房山	难过 nan³⁵kuo⁵¹	高兴 kau⁵⁵ɕiŋ⁵¹	生气 ʂəŋ³⁵tɕʰi⁵¹
门头沟	难过 nan³⁵kuo⁵¹	高兴 kau⁵⁵ɕiŋ⁵¹	生气 ʂəŋ⁵⁵tɕʰi⁵¹
昌平	难过 nan³⁵kuo⁵¹	高兴 kau⁵⁵ɕiŋ⁵¹	生气 ʂəŋ⁵⁵tɕʰi⁰
怀柔	难过 nan³⁵kuo⁵¹ 伤心 ʂaŋ⁵⁵ɕin⁵⁵	喜欢 ɕi²¹xuan⁵⁵ 高兴 kau⁵⁵ɕiŋ⁵¹	生气 ʂəŋ⁵⁵tɕʰi⁵¹
密云	难过 nan³⁵kuo⁵¹	高兴 kau⁵⁵ɕiŋ⁵¹	生气 ʂəŋ⁵⁵tɕʰi⁵¹
顺义	难过 nan³⁵kuo⁵¹ 难受 nan³⁵ʂou⁵¹	高兴 kau⁵⁵ɕiŋ⁵¹	生气 ʂəŋ⁵⁵tɕʰi⁵¹ 来气儿 lai³⁵tɕʰiɚ⁵¹
延庆	不宽绰 pu⁴⁴kʰuan⁴²tʂʰao⁰ 难受 nan⁵⁵ʂou⁵³ 难过 nan⁵⁵kuo⁵³	喜欢 ɕi²⁴xuan⁰	生气 ʂəŋ⁴⁴tɕʰi⁵³
平谷	难过 nan³⁵kuo⁵¹	高兴 kau³⁵ɕiŋ⁵¹	生气 ʂəŋ³⁵tɕʰi⁵¹

	0889 责怪	0890 后悔	0891 忌妒
西城	埋怨 man³⁵yan⁰	后悔 xou⁵¹xuei²¹⁴	妒恨 tu⁵¹xən⁰
通州	埋怨 man³⁵yan⁰	后悔 xou⁵¹xuei²¹⁴	忌妒 tɕi⁵¹tu⁰
大兴	埋怨 man³⁵yan⁰	后悔 xou⁵¹xuei²¹⁴	忌恨 tɕi⁵¹xən⁰
房山	怪 kuai⁵¹	后悔 xou⁵¹xuei²¹⁴	忌妒 tɕi⁵¹tu⁰
门头沟	数落 ʂu²¹luo⁰ 埋怨 man³⁵yan⁰	后悔 xou⁵¹xuei²¹⁴	眼儿红 iɐr²¹xuŋ³⁵
昌平	埋怨 man³⁵yan⁵¹	后悔 xou⁵³xuei²¹⁴	眼儿热 iɐr²¹ʐɤ⁵¹ 眼儿红 iɐr²¹xuŋ³⁵
怀柔	埋怨 man³⁵yan⁰	后悔 xou⁵¹xuei²¹⁴	忌妒 tɕi⁵¹tu⁰
密云	埋怨 man³⁵yan⁰	后悔 xou⁵¹xuei⁰	忌妒 tɕi⁵¹tu⁰
顺义	埋怨 man³⁵yan⁰	后悔 xou⁵¹xuei⁰	妒忌 tu⁵¹tɕi⁰
延庆	嗔得⁼ tʂʰən⁴²tə⁰	后悔 xou⁵³kʰuei⁰	眼红 ian²⁴xuŋ⁵⁵
平谷	怪 kuai⁵¹ 埋怨 mai⁵⁵yan⁵¹	后悔 xou⁵¹xuei²¹³	忌妒 tɕi⁵¹tu⁰

词汇对照

	0892 害羞	0893 丢脸	0894 欺负
西城	害臊 xai⁵³sau⁵¹	丢脸 tiou⁵⁵lian²¹⁴ 丢人 tiou⁵⁵ʐən³⁵ 丢份儿 tiou⁵⁵fər⁵¹	欺负 tɕʰi⁵⁵f⁰
通州	害臊 xai⁵³sau⁵¹	丢脸 tiou⁵⁵lian²¹⁴ 丢人 tiou⁵⁵ʐən³⁵	欺负 tɕʰi⁵⁵fu⁰
大兴	害臊 xai⁵³sau⁵¹	丢人 tiou⁵⁵ʐən³⁵	欺负 tɕʰi⁵⁵fu⁰
房山	害臊 xai³⁵sau⁵¹	丢人 tiou⁵⁵ʐən³⁵	欺负 tɕʰi⁵⁵fu⁰
门头沟	害臊 xai⁵³sau⁵¹	丢人现眼 tiou⁵⁵ʐən³⁵ɕian⁵¹ian²¹⁴	欺负 tɕʰi⁵⁵fu⁰
昌平	面热 mian⁵³ʐɤ⁵¹	丢人 tiou⁵⁵ʐən³⁵ 寒碜 xan³⁵tʂʰən⁰	欺负 tɕʰi⁵⁵fu⁰
怀柔	害臊 xai⁵³sau⁵¹	丢人 tiou⁵⁵ʐən³⁵ 现眼 ɕian⁵¹ian²¹⁴	欺负 tɕʰi⁵⁵fu⁰
密云	害臊 xai⁵³sau⁵¹	丢人 tiou⁵⁵ʐən³⁵	欺负 tɕʰi⁵⁵fu⁰
顺义	害臊 xai⁵³sau⁵¹	丢脸 tiou⁵⁵lian²¹⁴ 丢人 tiou⁵⁵ʐən³⁵ 丢份儿 tiou⁵⁵fər⁵¹	欺负 tɕʰi⁵⁵fu⁰
延庆	害臊 xai²⁴sao⁵³	丢面子 tiou⁴⁴mian⁵³tsə⁰ 丢丑 tiou⁴⁴tʂʰou²¹⁴ 丢份儿 tiou⁴⁴fər⁵³	欺负 tɕʰi⁴²fu⁰
平谷	害臊 xai⁵¹sau⁵¹	丢脸 tiou³⁵lian²¹³	欺负 tɕʰi³⁵fu⁰

	0895 装~病	0896 疼~小孩儿	0897 要我~这个
西城	装 tʂuaŋ⁵⁵	疼 tʰəŋ³⁵	要 iau⁵¹
通州	装 tʂuaŋ⁵⁵	疼 tʰəŋ³⁵	要 iau⁵¹
大兴	装 tʂuaŋ⁵⁵	疼 tʰəŋ³⁵	要 iau⁵¹
房山	装 tʂuaŋ⁵⁵	疼 tʰəŋ³⁵	要 iau⁵¹
门头沟	装 tʂuaŋ⁵⁵	疼 tʰəŋ³⁵	要 iau⁵¹
昌平	装 tʂuaŋ⁵⁵	疼 tʰəŋ³⁵	要 iau⁵¹
怀柔	装 tʂuaŋ⁵⁵	疼 tʰəŋ³⁵	要 iau⁵¹
密云	装 tʂuaŋ⁵⁵	疼 tʰəŋ³⁵	要 iau⁵¹
顺义	装 tʂuaŋ⁵⁵	疼 tʰəŋ³⁵	要 iau⁵¹
延庆	装 tʂuaŋ⁴²	疼 tʰəŋ⁵⁵	要 iao⁵³
平谷	装 tʂuaŋ³⁵	疼 tʰəŋ⁵⁵	要 iau⁵¹

	0898 有 我~一个孩子	0899 没有 他~孩子	0900 是 我~老师
西城	有 iou^{214}	没有 mei^{35}iou^{214}	是 ʂʅ^{51}
通州	有 iou^{214}	没 mei^{35}	是 ʂʅ^{51}
大兴	有 iou^{214}	没有 mei^{35}iou^{214}	是 ʂʅ^{51}
房山	有 iou^{214}	没有 mei^{35}iou^{214}	是 ʂʅ^{51}
门头沟	有 iou^{214}	没有 mei^{35}iou^{214}	是 ʂʅ^{51}
昌平	有 iou^{214}	没有 mei^{35}iou^{214}	是 ʂʅ^{51}
怀柔	有 iou^{214}	没有 mei^{35}iou^{214} 没 mei^{35}	是 ʂʅ^{51}
密云	有 iou^{213}	没 mei^{35}	是 ʂʅ^{51}
顺义	有 iou^{214}	没有 mei^{35}iou^{214} 没 mei^{35}	是 ʂʅ^{51}
延庆	有 iou^{214}	没 mei^{55}	是 ʂʅ^{53}
平谷	有 iou^{213}	没 mei^{55}	是 ʂʅ^{51}

	0901 不是 他~老师	0902 在 他~家	0903 不在 他~家
西城	不是 pu^{35}ʂʅ^{51}	在 tsai^{214}/tsai^{51} 跟 kən^{55} 挨 ai^{55}	不在 pu^{51}tsai^{214}/pu^{35}tsai^{51} 不跟 pu^{51}kən^{55} 不挨 pu^{51}ai^{55}
通州	不是 pu^{35}ʂʅ^{51}	在 tsai^{51} 跟 kən^{55} 挨 ai^{55}	不在 pu^{51}tsai^{214} 不跟 pu^{51}kən^{55}
大兴	不是 pu^{35}ʂʅ^{51}	跟 kən^{55} 挨 ai^{55}	没跟 mei^{35}kən^{55} 没挨 mei^{51}ai^{55}
房山	不是 pu^{35}ʂʅ^{51}	在 tsai^{51}	不在 pu^{35}tsai^{51}
门头沟	不是 pu^{35}ʂʅ^{51}	在 tsai^{51}	不在 pu^{55}tsai^{51}
昌平	不是 pu^{35}ʂʅ^{51}	挨 ai^{55} 跟 kən^{55}	不挨 pu^{53}ai^{55} 没挨 mei^{35}ai^{55} 不跟 pu^{53}kən^{55}
怀柔	不是 pu^{35}ʂʅ^{0}	在 tsai^{51} 跟 kən^{55} 待 tai^{51}	没在 mei^{35}tsai^{51} 没跟 mei^{35}kən^{55} 没待 mei^{35}tai^{51}
密云	不是 pu^{35}ʂʅ^{51}	在 tsai^{213} 跟 kən^{55}	没在 mei^{35}tsai^{213} 没跟 mei^{35}kən^{55}
顺义	不是 pu^{35}ʂʅ^{51}	在 tsai^{51} 跟 kən^{55} 挨 ai^{55}	不在 pu^{53}tsai^{51} 不跟 pu^{51}kən^{55}
延庆	不是 pu^{44}ʂʅ^{53}	在 tsai^{53}	没在 mei^{55}tsai^{53}
平谷	不是 pu^{35}ʂʅ^{51}	在 tai^{213}	没在 mei^{55}tai^{213}

词汇对照

	0904 知道我~这件事	0905 不知道我~这件事	0906 懂我~英语
西城	知道 tʂʅ⁵⁵tɔ⁰	不知道 pu⁵¹tʂʅ⁵⁵tɔ⁰	懂 tuŋ²¹⁴
通州	知道 tʂʅ⁵⁵tau⁰	不知道 pu⁵¹tʂʅ⁵⁵tau⁰	懂 tuŋ²¹⁴
大兴	知道 tʂʅ⁵⁵tɔ⁰	不知道 pu⁵¹tʂʅ⁵⁵tɔ⁰	懂 tuŋ²¹⁴
房山	知道 tʂʅ⁵⁵tau⁵¹	不知道 pu⁵¹tʂʅ⁵⁵tau⁵¹	懂 tuŋ²¹⁴
门头沟	知道 tʂʅ⁵⁵tau⁰	不知道 pu⁵⁵tʂʅ⁵⁵tau⁰	懂 tuŋ²¹⁴
昌平	知道 tʂʅ⁵⁵tɔ⁰	不知道 pu⁵³tʂʅ⁵⁵tɔ⁰	懂 tuŋ²¹⁴
怀柔	知道 tʂʅ⁵⁵tɔ⁰	不知道 pu⁵¹tʂʅ⁵⁵tau⁰	懂 tuŋ²¹⁴
密云	知道 tʂʅ⁵⁵tau⁰	不知道 pu⁵¹tʂʅ⁵⁵tau⁰	懂 tuŋ²¹³
顺义	知道 tʂʅ⁵⁵tau⁰	不知道 pu⁵¹tʂʅ⁵⁵tau⁰	懂 tuŋ²¹⁴
延庆	知道 tʂʅ⁴⁴tao⁰	不知道 pu⁴⁴tʂʅ⁴⁴tao⁰	懂 tuŋ²¹⁴
平谷	知道 tʂʅ⁵⁵tau⁰	知不道 tʂʅ³⁵pu⁰tau⁵¹ 不知道 pu³⁵tʂʅ⁵⁵tau⁰	懂 tuŋ²¹³

	0907 不懂我~英语	0908 会我~开车	0909 不会我~开车
西城	不懂 pu⁵¹tuŋ²¹⁴	会 xuei⁵¹	不会 pu³⁵xuei⁵¹
通州	不懂 pu⁵¹tuŋ²¹⁴	会 xuei⁵¹	不会 pu³⁵xuei⁵¹
大兴	不懂 pu⁵¹tuŋ²¹⁴	会 xuei⁵¹	不会 pu³⁵xuei⁵¹
房山	不懂 pu⁵¹tuŋ²¹⁴	会 xuei⁵¹	不会 pu³⁵xuei⁵¹
门头沟	不懂 pu⁵¹tuŋ²¹⁴	会 xuei⁵¹	不会 pu⁵⁵xuei⁵¹
昌平	不懂 pu⁵³tuŋ²¹⁴	会 xuei⁵¹	不会 pu³⁵xuei⁵¹
怀柔	不懂 pu⁵¹tuŋ²¹⁴	会 xuei⁵¹	不会 pu³⁵xuei⁵¹
密云	不懂 pu⁵¹tuŋ²¹³	会 xuei⁵¹	不会 pu³⁵xuei⁵¹
顺义	不懂 pu⁵¹tuŋ²¹⁴	会 xuei⁵¹	不会 pu³⁵xuei⁵¹
延庆	不懂 pu⁴⁴tuŋ²¹⁴	会 xuei⁵³	不会 pu⁴⁴xuei⁵³
平谷	不懂 pu⁵¹tuŋ²¹³	会 xuei⁵¹	不会 pu³⁵xuei⁵¹

	0910 认识 我~他	0911 不认识 我~他	0912 行 应答语
西城	认识 zən⁵¹ʂʅ⁰	不认识 pu³⁵zən⁵¹ʂʅ⁰	成 tʂʰəŋ³⁵
通州	认得 zən⁵¹tə⁰	不认得 pu³⁵zən⁵¹tə⁰	成 tʂʰəŋ³⁵ 行 ɕiŋ³⁵
大兴	认得 zən⁵¹tə⁰	不认得 pu³⁵zən⁵¹tə⁰	成 tʂʰəŋ³⁵
房山	认得 zən⁵¹tə⁰	不认得 pu³⁵zən⁵¹tə⁰	行 ɕiŋ³⁵
门头沟	认识 zən⁵¹ʂʅ⁰	不认识 pu⁵⁵zən⁵¹ʂʅ⁰	成 tʂʰəŋ³⁵ 行 ɕiŋ³⁵
昌平	认得 zən⁵³tə⁰ 认识 zən⁵³ʂʅ⁰	不认得 pu³⁵zən⁵³tə⁰ 不认识 pu³⁵zən⁵³ʂʅ⁰	成 tʂʰəŋ³⁵
怀柔	认得 zən⁵¹tə⁰	不认得 pu³⁵zən⁵¹tə⁰	行 ɕiŋ³⁵ 成 tʂʰəŋ³⁵
密云	认识 zən⁵¹ʂʅ⁰	不认识 pu³⁵zən⁵¹ʂʅ⁰	行 ɕiŋ³⁵ 成 tʂʰəŋ³⁵
顺义	认得 zən⁵¹tə⁰	不认得 pu³⁵zən⁵¹tə⁰	成 tʂʰəŋ³⁵ 行 ɕiŋ³⁵
延庆	认得 zən⁵³ti⁰	不认得 pu⁴⁴zən⁵³ti⁰	行 ɕiŋ⁵⁵ 能行 nəŋ⁵⁵ɕiŋ⁵⁵ 成 tʂʰəŋ⁵⁵
平谷	认得 zən⁵¹tɤ⁰	不认得 pu³⁵zən⁵¹tɤ⁰	行 ɕiŋ⁵⁵ 成 tʂʰəŋ⁵⁵

词汇对照

	0913 不行_{应答语}	0914 肯~来	0915 应该~去
西城	不成 pu⁵¹tʂʰəŋ³⁵	愿意 yan⁵¹i⁰	应该 iŋ⁵⁵kai⁵⁵
通州	不成 pu⁵¹tʂʰəŋ³⁵ 不行 pu⁵¹ɕiŋ³⁵	愿意 yan⁵³i⁵¹	应该 iŋ⁵⁵kai⁵⁵
大兴	不成 pu⁵¹tʂʰəŋ³⁵	愿意 yan⁵³i⁵¹	该 kai⁵⁵
房山	不行 pu⁵¹ɕiŋ³⁵	愿意 yan⁵¹i⁵¹	应该 iŋ⁵⁵kai⁵⁵
门头沟	不成 pu⁵¹tʂʰəŋ³⁵ 不行 pu⁵¹ɕiŋ³⁵	愿意 yan⁵³i⁵¹	应该 iŋ⁵⁵kai⁵⁵
昌平	不成 pu⁵³tʂʰəŋ³⁵	肯 kʰən²¹⁴	应该 iŋ⁵⁵kai⁵⁵
怀柔	不行 pu⁵⁵ɕiŋ³⁵ 不成 pu⁵⁵tʂʰəŋ³⁵	肯 kʰən²¹⁴	应该 iŋ⁵⁵kai⁵⁵
密云	不行 pu⁵¹ɕiŋ³⁵ 不成 pu⁵¹tʂʰəŋ³⁵	愿意 yan⁵³i⁵¹	应该 iŋ⁵⁵kai⁵⁵
顺义	不成 pu⁵¹tʂʰəŋ³⁵ 不行 pu⁵¹ɕiŋ³⁵	愿意 yan⁵³i⁵¹	得 tei²¹⁴ 应该 iŋ⁵⁵kai⁵⁵
延庆	不成 pu⁴⁴tʂʰəŋ⁵⁵	愿意 yan⁵³i⁰	应该 iŋ⁴⁴kai⁴²
平谷	不行 pu³⁵ɕiŋ⁵⁵ 不成 pu³⁵tʂʰəŋ⁵⁵	肯 kʰən²¹³	应该 iŋ³⁵kai³⁵

	0916 可以~去	0917 说~话	0918 话说~
西城	可以 kʰɤ³⁵i⁰	说 ʂuo⁵⁵	话 xua⁵¹
通州	可以 kʰɤ³⁵i⁰	说 ʂuo⁵⁵	话 xua⁵¹
大兴	可以 kʰɤ³⁵i⁰	说 ʂuo⁵⁵	话 xua⁵¹
房山	可以 kʰɤ³⁵i²¹⁴	说 ʂuo⁵⁵	话 xua⁵¹
门头沟	可以 kʰɤ³⁵i²¹⁴	说 ʂuo⁵⁵	话儿 xuɐr⁵¹
昌平	可以 kʰɤ³⁵i²¹⁴	说 ʂuo⁵⁵	话 xua⁵¹
怀柔	可以 kʰə³⁵i²¹⁴	说 ʂuo⁵⁵	话 xua⁵¹
密云	可以 kʰɤ³⁵i²¹³	说 ʂuo⁵⁵	话 xua⁵¹
顺义	可以 kʰɤ³⁵i⁰	说 ʂuo⁵⁵	话 xua⁵¹
延庆	可以 kʰɤ⁵⁵i⁰	说 ʂuo⁴²	话儿 xuɐr⁴²
平谷	可以 kʰɤ³⁵i²¹³	说 ʂuo³⁵	话儿 xuɑr⁵¹

	0919 聊天儿	0920 叫~他一声儿	0921 吆喝大声喊
西城	聊天儿 liau³⁵tʰiɐr⁵⁵ 侃大山 kʰan²¹ta⁵¹ʂan⁵⁵	叫 tɕiau⁵¹ 喊 xan²¹⁴	吆喝 iau⁵⁵xə⁰
通州	聊天儿 liau³⁵tʰiɐr⁵⁵	叫 tɕiau⁵¹ 喊 xan²¹⁴	吆喝 iau⁵⁵xɤ⁰
大兴	聊天儿 liau³⁵tʰiɐr⁵⁵	叫 tɕiau⁵¹	吆喝 iau⁵⁵xə⁰
房山	聊天儿 liau³⁵tʰiɐr⁵⁵	叫 tɕiau⁵¹	吆喝 iau⁵⁵xə⁰
门头沟	聊天儿 liau³⁵tʰiɐr⁵⁵	叫 tɕiau⁵¹ 喊 xan²¹⁴	吆喝 iau⁵⁵xə⁰
昌平	聊天儿 liau³⁵tʰiɐr⁵⁵	叫 tɕiau⁵¹	吆喝 iau⁵⁵xuo⁰
怀柔	闲聊 ɕian³⁵liau³⁵ 聊天 liau³⁵tʰian⁵⁵	叫 tɕiau⁵¹ 喊 xan²¹⁴	吆喝 iau⁵⁵xuo⁰
密云	聊票⁼儿 liau³⁵pʰiaor⁵¹ 聊天儿 liau³⁵tʰiɐr⁵⁵	叫 tɕiau⁵¹	吆喝 iau⁵⁵xɤ⁰
顺义	聊天儿 liau³⁵tʰiɐr⁵⁵ 侃大山 kʰan²¹ta⁵¹ʂan⁵⁵	叫 tɕiau⁵¹ 喊 xan²¹⁴	吆喝 iau⁵⁵xuo⁰
延庆	扯闲篇儿 tʂʰɤ²⁴ɕian⁵⁵pʰiɐr⁴²	吆呼 iao⁴²xu⁰ 叫 tɕiao⁵³	叫唤 tɕiao⁵³xuan⁰
平谷	聊天儿 liau⁵⁵tʰiɐr³⁵	叫 tɕiau⁵¹ 喊 xan²¹³	喊 xan²¹³

词汇对照

	0922 哭小孩~	0923 骂当面~人	0924 吵架动嘴：两个人在~
西城	哭 kʰu⁵⁵	骂 ma⁵¹ 谲 tɕye⁵⁵	斗嘴儿 tou⁵¹tsuər²¹⁴ 吵架 tʂʰau²¹tɕia⁵¹
通州	哭 kʰu⁵⁵	骂 ma⁵¹	吵架 tʂʰau⁵³tɕia⁵¹ 吵嘴 tʂʰau⁵⁵tsuei²¹⁴
大兴	哭 kʰu⁵⁵	骂 ma⁵¹	嚷嚷 z̩aŋ⁵⁵z̩aŋ⁰
房山	哭 kʰu⁵⁵	骂 ma⁵¹	吵嘴 tʂʰau³⁵tsuei²¹⁴
门头沟	哭 kʰu⁵⁵	骂 ma⁵¹	掐架 tɕʰia⁵⁵tɕia⁵¹
昌平	哭 kʰu⁵⁵	骂 ma⁵¹	骂架 ma⁵³tɕia⁵¹
怀柔	哭 kʰu⁵⁵	骂 ma⁵¹	吵架 tʂʰau²¹tɕia⁵¹ 吵嘴 tʂʰau³⁵tsuei²¹⁴ 骂瓜 ⁼ma⁵¹kua⁵⁵
密云	哭 kʰu⁵⁵	骂 ma⁵¹	吵架 tʂʰau²¹tɕia⁵¹
顺义	哭 kʰu⁵⁵	骂 ma⁵¹	吵架 tʂʰau²¹tɕia⁵¹
延庆	哭 kʰu⁴²	骂 ma⁵³	骂架 ma²⁴tɕia⁵³ 嚷架 z̩aŋ²⁴tɕia⁵³
平谷	哭 kʰu³⁵	骂 ma⁵¹	吵架 tʂʰau²¹tɕia⁵¹ 骂瓜 ⁼ma⁵¹kua³⁵

	0925 骗~人	0926 哄~小孩	0927 撒谎
西城	蒙 məŋ⁵⁵	哄 xuŋ²¹⁴	说瞎话 ʂuo⁵⁵ɕia⁵⁵xua⁵¹
通州	蒙 məŋ⁵⁵｜冤 yan⁵⁵ 骗 pʰian⁵¹	哄 xuŋ²¹⁴	说瞎话 ʂuo⁵⁵ɕia⁵⁵xua⁵¹
大兴	蒙 məŋ⁵⁵	哄 xuŋ²¹⁴	说瞎话 ʂuo⁵⁵ɕia⁵⁵xua⁵¹
房山	冤 yan⁵⁵｜骗 pʰian⁵¹	哄 xuŋ²¹⁴	说瞎话 ʂuo⁵⁵ɕia⁵⁵xua⁵¹
门头沟	蒙 məŋ⁵⁵	哄 xuŋ²¹⁴	说瞎话 ʂuo⁵⁵ɕia⁵⁵xua⁵¹
昌平	骗 pʰian⁵¹	哄 xuŋ²¹⁴	说瞎话 ʂuo⁵⁵tsuei⁵⁵xua⁵¹
怀柔	骗 pʰian⁵¹｜蒙 məŋ⁵⁵	哄 xuŋ²¹⁴	说瞎话儿 ʂuo⁵⁵ɕia⁵⁵xuər⁵¹
密云	蒙 məŋ⁵⁵	哄 xuŋ²¹³	说瞎话 ʂuo⁵⁵ɕia⁵⁵xua⁵¹
顺义	蒙 məŋ⁵⁵	哄 xuŋ²¹⁴	说瞎话 ʂuo⁵⁵ɕia³⁵xua⁵¹
延庆	骗 pʰian⁵³ 糊弄 xu⁵³nəŋ⁰	哄 xuŋ²¹⁴	说瞎话 ʂuo⁴⁴ɕia⁴²xua⁰ 说鬼话 ʂuo⁴⁴kuei²⁴xua⁰
平谷	骗 pʰian⁵¹	哄 xuŋ²¹³	说瞎话 ʂuo³⁵ɕia³⁵xua⁵¹

	0928 吹牛	0929 拍马屁	0930 开玩笑
西城	吹牛 tʂʰuei⁵⁵niou³⁵	拍马屁 pʰai⁵⁵ma²¹pʰi⁵¹	闹着玩儿 nau⁵¹tʂə⁰uɐr³⁵
通州	吹牛 tʂʰuei⁵⁵niou³⁵	拍马屁 pʰai⁵⁵ma²¹pʰi⁵¹ 捧臭脚 pʰəŋ²¹tʂʰou⁵¹tɕiau²¹⁴	闹着玩儿 nau⁵¹tʂə⁰uɐr³⁵ 开玩笑 kʰai⁵⁵uan³⁵ɕiau⁵¹
大兴	吹牛 tʂʰuei⁵⁵ȵiou³⁵	拍马屁 pʰai⁵⁵ma²¹pʰi⁵¹	闹着玩儿 nau⁵¹tʂə⁰uɐr³⁵
房山	吹牛 tʂʰuei⁵⁵niou³⁵	拍马屁 pʰai⁵⁵ma²¹pʰi⁵¹	闹着玩儿 nau⁵¹tʂə⁰uɐr³⁵
门头沟	吹牛屄 tʂʰuei⁵⁵niou³⁵pi⁵⁵ 吹牛 tʂʰuei⁵⁵niou³⁵	拍马屁 pʰai⁵⁵ma²¹pʰi⁵¹	闹着玩儿 nau⁵¹tʂə⁰uɐr³⁵
昌平	说大话 ʂuo⁵⁵ta⁵³xua⁵¹ 吹牛皮 tʂʰuei⁵⁵niou³⁵pʰi³⁵	拍马屁 pʰai⁵⁵ma²¹pʰi⁵¹	开玩笑 kʰai⁵⁵uan³⁵ɕiau⁵¹
怀柔	吹牛儿 tʂʰuei⁵⁵niour³⁵ 吹大话 tʂʰuei⁵⁵ta⁵¹xua⁵⁵	拍马屁 pʰai⁵⁵ma²¹pʰi⁵¹ 溜须 liou⁵⁵ɕy⁵⁵	闹着玩儿 nau⁵¹tʂə⁰uɐr³⁵
密云	吹牛 tʂʰuei⁵⁵ȵiou³⁵	拍马屁 pʰai⁵⁵ma²¹pʰi⁵¹	开玩笑 kʰai⁵⁵uan³⁵ɕiau⁵¹
顺义	吹牛 tʂʰuei⁵⁵niou³⁵	拍马 pʰai⁵⁵ma²¹⁴ 溜沟子 liou⁵⁵kou⁵⁵tsʅ⁰	开玩笑 kai⁵⁵uan³⁵ɕiau⁵¹
延庆	吹牛屄 tʂʰuei⁴⁴ȵiou⁵⁵pi⁴² 吹牛 tʂʰuei⁴⁴ȵiou⁵⁵	溜沟子 liou⁴⁴kou⁴²tsə⁰ 拍马屁 pʰai⁴⁴ma²⁴pʰi⁵³	逗闷子 tou²⁴mən⁵³tsə⁰
平谷	吹牛皮 tʂʰuei³⁵niou⁵⁵pʰi⁵⁵ 吹牛 tʂʰuei³⁵niou⁵⁵	拍马屁 pʰai³⁵ma²¹pʰi⁵¹ 溜须 liou³⁵ɕy³⁵	开玩笑 kʰai³⁵uan⁵⁵ɕiau⁵¹

词汇对照

	0931 告诉~他㊱	0932 谢谢 致谢语	0933 对不起 致歉语
西城	告诉 kau⁵¹ suŋ⁰	谢谢 ɕie⁵¹ ɕiə⁰	对不起 tuei⁵¹ pu⁰ tɕʰiːʲ²¹⁴ 对不住 tuei⁵¹ pu³⁵ tʂu⁵¹
通州	告诉 kau⁵¹ suŋ⁰	谢谢 ɕie⁵¹ ɕie⁰	对不起 tuei⁵¹ pu⁰ tɕʰiːʲ²¹⁴ 对不住 tuei⁵¹ pu³⁵ tʂu⁵¹
大兴	告诉 kau⁵¹ suŋ⁰	谢谢 ɕie⁵¹ ɕie⁰	对不起 tuei⁵¹ pu⁰ tɕʰi²¹⁴
房山	告诉 ka⁵³ ʂaŋ⁰/kau⁵¹ su⁰	谢谢 ɕie⁵¹ ɕie⁰	对不起 tuei⁵¹ pu⁰ tɕʰi²¹⁴
门头沟	告诉 kau⁵¹ su⁰	谢了 ɕie⁵¹ lə⁰	对不起 tuei⁵³ pu⁵¹ tɕʰi²¹⁴
昌平	告诉 ka⁵³ ʂaŋ⁰	麻烦您了 ma³⁵ fan⁰ nin³⁵ lə⁰ 劳您架了 lau³⁵ nin³⁵ tɕia⁵³ lə⁰	对不起 tuei⁵³ pu⁵¹ tɕʰi²¹⁴
怀柔	杠⁼儿诉 kɑ̃r⁵¹ ʂəŋ⁰	谢谢 ɕie⁵¹ ɕie⁰	对不住 tuei⁵¹ pu⁰ tʂu⁵¹
密云	告诉 kau⁵¹ ʂəŋ⁰	谢谢 ɕie⁵¹ ɕie⁰	对不起 tuei⁵³ pu⁵¹ tɕʰi²¹³
顺义	杠⁼儿 kɑ̃r⁵¹	谢谢 ɕie⁵¹ ɕiə⁰	对不起 tuei⁵¹ pu⁰ tɕʰi²¹⁴ 对不住 tuei⁵¹ pu³⁵ tʂu⁵¹
延庆	告诉 kao⁵³ suŋ⁰	多谢了 tuo⁴⁴ ɕie⁵³ lə⁰	对不起 tuei²¹ pu⁴⁴ tɕʰi²¹⁴ 对不住 tuei²¹ pu⁴⁴ tʂu²⁴
平谷	告诉 kau⁵¹ ʂəŋ⁰	谢谢 ɕie⁵¹ ɕie⁰	对不起 tuei⁵¹ pu⁰ tɕʰi²¹³

	0934 再见 告别语	0935 大 苹果~	0936 小 苹果~
西城	回见 xuei³⁵ tɕian⁵¹ 回头见 xuei³⁵ tʰou³⁵ tɕian⁵¹	大 ta⁵¹	小 ɕiau²¹⁴
通州	回见 xuei³⁵ tɕian⁵¹	大 ta⁵¹	小 ɕiau²¹⁴
大兴	回见 xuei³⁵ tɕian⁵¹	大 ta⁵¹	小 ɕiau²¹⁴
房山	回见 xuei³⁵ tɕian⁵¹	大 ta⁵¹	小 ɕiau²¹⁴
门头沟	回见 xuei³⁵ tɕian⁵¹	大 ta⁵¹	小 ɕiau²¹⁴
昌平	回见 xuei³⁵ tɕian⁵¹	大 ta⁵¹	小 ɕiau²¹⁴
怀柔	明儿见 miə̃r³⁵ tɕian⁵¹ 回见 xuei³⁵ tɕian⁵¹	大 ta⁵¹	小 ɕiau²¹⁴
密云	再见 tsai⁵³ tɕian⁵¹	大 ta⁵¹	小 ɕiau²¹³
顺义	回见 xuei³⁵ tɕian⁵¹	大 ta⁵¹	小 ɕiau²¹⁴
延庆	明儿见 miə̃r⁵⁵ tɕian⁵³	大 ta⁵³	小 ɕiao²¹⁴
平谷	赶儿见 kɐr²¹ tɕian⁵¹ 赶儿待着 kɐr²¹ tai⁴² tʂə⁰	大 ta⁵¹	小 ɕiau²¹³

	0937 粗绳子~	0938 细绳子~	0939 长线~
西城	粗 tsʰu⁵⁵ 憨⁼xan⁵⁵	细 ɕi⁵¹	长 tʂʰaŋ³⁵
通州	粗 tsʰu⁵⁵	细 ɕi⁵¹	长 tʂʰaŋ³⁵
大兴	憨⁼xan⁵⁵	细 ɕi⁵¹	长 tʂʰaŋ³⁵
房山	憨⁼xan⁵⁵	细 ɕi⁵¹	长 tʂʰaŋ³⁵
门头沟	粗 tsʰu⁵⁵	细 ɕi⁵¹	长 tʂʰaŋ³⁵
昌平	壮 tʂuaŋ²¹⁴	细 ɕi⁵¹	长 tʂʰaŋ³⁵
怀柔	粗 tsʰu⁵⁵	细 ɕi⁵¹	长 tʂʰaŋ³⁵
密云	粗 tsʰu⁵⁵	细 ɕi⁵¹	长 tʂʰaŋ³⁵
顺义	粗 tsʰu⁵⁵	细 ɕi⁵¹	长 tʂʰaŋ³⁵
延庆	粗 tsʰu⁴²	细 ɕi⁵³	长 tʂʰaŋ⁵⁵
平谷	粗 tsʰu³⁵	细 ɕi⁵¹	长 tʂʰaŋ⁵⁵

	0940 短线~	0941 长时间~	0942 短时间~
西城	短 tuan²¹⁴	长 tʂʰaŋ³⁵	短 tuan²¹⁴
通州	短 tuan²¹⁴	长 tʂʰaŋ³⁵	短 tuan²¹⁴
大兴	短 tuan²¹⁴	长 tʂʰaŋ³⁵	短 tuan²¹⁴
房山	短 tuan²¹⁴	长 tʂʰaŋ³⁵	短 tuan²¹⁴
门头沟	短 tuan²¹⁴	长 tʂʰaŋ³⁵	短 tuan²¹⁴
昌平	短 tuan²¹⁴	长 tʂʰaŋ³⁵	短 tuan²¹⁴
怀柔	短 tuan²¹⁴	长 tʂʰaŋ³⁵	短 tuan²¹⁴
密云	短 tuan²¹³	长 tʂʰaŋ³⁵	短 tuan²¹³
顺义	短 tuan²¹⁴	长 tʂʰaŋ³⁵	短 tuan²¹⁴
延庆	短 tuan²¹⁴	长 tʂʰaŋ⁵⁵	短 tuan²¹⁴
平谷	短 tuan²¹³	长 tʂʰaŋ⁵⁵	短 tuan²¹³

词汇对照

	0943 宽路~	0944 宽敞房子~	0945 窄路~
西城	宽 kʰuan⁵⁵	宽绰 kʰuan⁵⁵tʂʰɔ⁰	窄 tʂai²¹⁴
通州	宽 kʰuan⁵⁵	宽绰 kʰuan⁵⁵tʂʰau⁰	窄 tʂai²¹⁴
大兴	宽 kʰuan⁵⁵	宽绰 kʰuan⁵⁵tʂʰɔ⁰	窄 tʂai²¹⁴
房山	宽 kʰuan⁵⁵	宽敞 kʰuan⁵⁵tʂʰaŋ⁰	窄 tʂai²¹⁴
门头沟	宽 kʰuan⁵⁵	宽绰 kʰuan⁵⁵tʂʰuo⁰	窄 tʂai²¹⁴
昌平	宽 kʰuan⁵⁵	宽绰 kʰuan⁵⁵tʂʰɔ⁰	窄 tʂai²¹⁴
怀柔	宽 kʰuan⁵⁵	宽绰 kʰuan⁵⁵tʂʰɔ⁰ 豁亮 xə⁵¹liaŋ⁰	窄 tʂai²¹⁴
密云	宽 kʰuan⁵⁵	宽绰 kʰuan⁵⁵tʂʰau⁰	窄 tʂai²¹³
顺义	宽 kʰuan⁵⁵	宽绰 kʰuan⁵⁵tʂʰuo⁰	窄 tʂai²¹⁴
延庆	宽 kʰuan⁴²	宽绰 kʰuan⁴²ʂʰao⁰	窄 tʂai²¹⁴
平谷	宽 kʰuan³⁵	宽敞 kʰuan³⁵tʂʰaŋ⁰ 宽绰 kʰuan³⁵tʂʰɤ⁰ 豁亮 xɤ⁵¹liŋ⁰	窄 tʂai²¹³

	0946 高飞机飞得~	0947 低鸟飞得~	0948 高他比我~
西城	高 kau⁵⁵	低 ti⁵⁵	高 kau⁵⁵
通州	高 kau⁵⁵	低 ti⁵⁵	高 kau⁵⁵
大兴	高 kau⁵⁵	低 ti⁵⁵	高 kau⁵⁵
房山	高 kau⁵⁵	矬 tsʰuo³⁵	高 kau⁵⁵
门头沟	高 kau⁵⁵	低 ti⁵⁵	高 kau⁵⁵
昌平	高 kau⁵⁵	低 ti⁵⁵	高 kau⁵⁵
怀柔	高 kau⁵⁵	矮 nai²¹⁴/ai²¹⁴ 低 ti⁵⁵	高 kau⁵⁵
密云	高 kau⁵⁵	低 ti⁵⁵	高 kau⁵⁵
顺义	高 kau⁵⁵	低 ti⁵⁵	高 kau⁵⁵
延庆	高 kao⁴²	矬 tsʰuo⁵⁵	高 kao⁴²
平谷	高 kau³⁵	低 ti³⁵	高 kau³⁵

	0949 矮 他比我~	0950 远 路~	0951 近 路~
西城	矮 ai²¹⁴	远 yan²¹⁴	近 tɕin⁵¹
通州	矮 ai²¹⁴	远 yan²¹⁴	近 tɕin⁵¹
大兴	矮 ŋai²¹⁴	远 yan²¹⁴	近 tɕin⁵¹
房山	矬 tsʰuo³⁵	远 yan²¹⁴	近 tɕin⁵¹
门头沟	矮 ŋai²¹⁴ 矬 tsʰuo³⁵ 带贬义	远 yan²¹⁴	近 tɕin⁵¹
昌平	矮 ai²¹⁴	远 yan²¹⁴	近 tɕin⁵¹
怀柔	矮 nai²¹⁴ 矬 tsʰuo³⁵ 带贬义	远 yan²¹⁴	近 tɕin⁵¹ 短 tuan²¹⁴
密云	矮 nai²¹³	远 yan²¹³	近 tɕin⁵¹
顺义	矮 ai²¹⁴	远 yan²¹⁴	近 tɕin⁵¹
延庆	矬 tsʰuo⁵⁵	远 yan²¹⁴	近 tɕin⁵³
平谷	矬 tsʰuo⁵⁵	远 yan²¹³	近 tɕin⁵¹

	0952 深 水~	0953 浅 水~	0954 清 水~ ㉛
西城	深 ʂən⁵⁵	浅 tɕʰian²¹⁴	清 tɕʰiŋ⁵⁵ 清亮 tɕʰiŋ⁵⁵liaŋ⁰
通州	深 ʂən⁵⁵	浅 tɕʰian²¹⁴	清 tɕʰiŋ⁵⁵
大兴	深 ʂən⁵⁵	浅 tɕʰian²¹⁴	清凌 tɕʰiŋ⁵⁵liŋ⁰
房山	深 ʂən⁵⁵	浅 tɕʰian²¹⁴	清 tɕʰiŋ⁵⁵
门头沟	深 ʂən⁵⁵	浅 tɕʰian²¹⁴	清 tɕʰiŋ⁵⁵ 清亮 tɕʰiŋ⁵⁵liaŋ⁰
昌平	深 ʂən⁵⁵	浅 tɕʰian²¹⁴	清凌 tɕʰiŋ⁵⁵liŋ⁰
怀柔	深 ʂən⁵⁵	浅 tɕʰian²¹⁴	清 tɕʰiŋ⁵⁵
密云	深 ʂən⁵⁵	浅 tɕʰian²¹³	清 tɕʰiŋ⁵⁵
顺义	深 ʂən⁵⁵	浅 tɕʰian²¹⁴	清 tɕʰiŋ⁵⁵ 清亮 tɕʰiŋ⁵⁵liaŋ⁰
延庆	深 tʂʰən⁴²	浅 tɕʰian²¹⁴	清 tɕʰiŋ⁴²
平谷	深 ʂən³⁵	浅 tɕʰian²¹³	清 tɕʰiŋ³⁵

词汇对照

	0955 浑水~	0956 圆	0957 扁
西城	浑 xuən³⁵	圆 yan³⁵	扁 pian²¹⁴
通州	浑 xuən³⁵	圆 yan³⁵	扁 pian²¹⁴
大兴	浑 xuən³⁵	圆 yan³⁵	扁 pian²¹⁴
房山	浑 xuən³⁵	圆 yan³⁵	扁 pian²¹⁴
门头沟	浑 xuən³⁵	圆 yan³⁵	扁 pian²¹⁴
昌平	浑 xuən³⁵	圆 yan³⁵	扁 pian²¹⁴
怀柔	浑 xuən³⁵	圆 yan³⁵	扁 pian²¹⁴
密云	浑 xun³⁵	圆 yan³⁵	扁 pian²¹³
顺义	浑 xuən³⁵	圆 yan³⁵	扁 pian²¹⁴
延庆	浑 xuən⁵⁵	圆 yan⁵⁵	扁 pian²¹⁴
平谷	浑 xuən⁵⁵	圆 yan⁵⁵	扁 pian²¹³

	0958 方	0959 尖	0960 平
西城	方 faŋ⁵⁵	尖 tɕian⁵⁵	平 pʰiŋ³⁵
通州	方 faŋ⁵⁵	尖 tɕian⁵⁵	平 pʰiŋ³⁵
大兴	方 faŋ⁵⁵	尖 tɕian⁵⁵	平 pʰiŋ³⁵
房山	方 faŋ⁵⁵	尖 tɕian⁵⁵	平 pʰiŋ³⁵
门头沟	方 faŋ⁵⁵	尖 tɕian⁵⁵	平 pʰiŋ³⁵
昌平	方 faŋ⁵⁵	尖 tɕian⁵⁵	平 pʰiŋ³⁵
怀柔	方 faŋ⁵⁵	尖 tɕian⁵⁵	平 pʰiŋ³⁵
密云	方 faŋ⁵⁵	尖 tɕian⁵⁵	平 pʰiŋ³⁵
顺义	方 faŋ⁵⁵	尖 tɕian⁵⁵	平 pʰiŋ³⁵
延庆	方 faŋ⁴²	尖 tɕian⁴²	平 pʰiŋ⁵⁵
平谷	方 faŋ³⁵	尖 tɕian³⁵	平 pʰiŋ⁵⁵

	0961 肥~肉	0962 瘦~肉	0963 肥形容猪等动物
西城	肥 fei³⁵	瘦 ʂou⁵¹	肥 fei³⁵ 壮 tʂuaŋ⁵¹
通州	肥 fei³⁵	瘦 ʂou⁵¹	肥 fei³⁵
大兴	肥 fei³⁵	瘦 ʂou⁵¹	肥 fei³⁵
房山	肥 fei³⁵	瘦 ʂou⁵¹	肥 fei³⁵
门头沟	肥 fei³⁵	瘦 ʂou⁵¹	肥 fei³⁵
昌平	肥 fei³⁵	瘦 ʂou⁵¹	肥 fei³⁵
怀柔	肥 fei³⁵	瘦 ʂou⁵¹	肥 fei³⁵
密云	肥 fei³⁵	瘦 ʂou⁵¹	肥 fei³⁵
顺义	肥 fei³⁵	瘦 ʂou⁵¹	肥 fei³⁵
延庆	肥 fei⁵⁵	瘦 ʂou⁵³	胖 pʰaŋ⁵³
平谷	肥 fei⁵⁵	瘦 ʂou⁵¹	肥 fei⁵⁵

	0964 胖形容人	0965 瘦形容人、动物	0966 黑黑板的颜色
西城	胖 pʰaŋ⁵¹	瘦 ʂou⁵¹	黑 xei⁵⁵
通州	胖 pʰaŋ⁵¹	瘦 ʂou⁵¹	黑 xei⁵⁵
大兴	胖 pʰaŋ⁵¹	瘦 ʂou⁵¹	黑 xei⁵⁵
房山	胖 pʰaŋ⁵¹	瘦 ʂou⁵¹	黑 xei⁵⁵
门头沟	胖 pʰaŋ⁵¹	瘦 ʂou⁵¹	黑 xei⁵⁵
昌平	胖 pʰaŋ⁵¹	瘦 ʂou⁵¹	黑 xei⁵⁵
怀柔	胖 pʰaŋ⁵¹	瘦 ʂou⁵¹	黑 xei⁵⁵
密云	胖 pʰaŋ⁵¹	瘦 ʂou⁵¹	黑 xei⁵⁵
顺义	胖 pʰaŋ⁵¹	瘦 ʂou⁵¹	黑 xei⁵⁵
延庆	胖 pʰaŋ⁵³	瘦 ʂou⁵³	黑 xei⁴²
平谷	胖 pʰaŋ⁵¹	瘦 ʂou⁵¹	黑 xei³⁵

词汇对照

	0967 白雪的颜色	0968 红国旗的主颜色，统称	0969 黄国旗上五星的颜色
西城	白 pai³⁵	红 xuŋ³⁵	黄 xuaŋ³⁵
通州	白 pai³⁵	红 xuŋ³⁵	黄 xuaŋ³⁵
大兴	白 pai³⁵	红 xuŋ³⁵	黄 xuaŋ³⁵
房山	白 pai³⁵	红 xuŋ³⁵	黄 xuaŋ³⁵
门头沟	白 pai³⁵	红 xuŋ³⁵	黄 xuaŋ³⁵
昌平	白 pai³⁵	红 xuŋ³⁵	黄 xuaŋ³⁵
怀柔	白 pai³⁵	红 xuŋ³⁵	黄 xuaŋ³⁵
密云	白 pai³⁵	红 xuŋ³⁵	黄 xuaŋ³⁵
顺义	白 pai³⁵	红 xuŋ³⁵	黄 xuaŋ³⁵
延庆	白 pai⁵⁵	红 xuŋ⁵⁵	黄 xuaŋ⁵⁵
平谷	白 pai⁵⁵	红 xuŋ⁵⁵	黄 xuaŋ⁵⁵

	0970 蓝蓝天的颜色	0971 绿绿叶的颜色	0972 紫紫药水的颜色
西城	蓝 lan³⁵	绿 ly⁵¹	紫 tsɿ²¹⁴
通州	蓝 lan³⁵	绿 ly⁵¹	紫 tsɿ²¹⁴
大兴	蓝 lan³⁵	绿 ly⁵¹	紫 tsɿ²¹⁴
房山	蓝 lan³⁵	绿 ly⁵¹	紫 tsɿ²¹⁴
门头沟	蓝 lan³⁵	绿 ly⁵¹	紫 tsɿ²¹⁴
昌平	蓝 lan³⁵	绿 ly⁵¹	紫 tsɿ²¹⁴
怀柔	蓝 lan³⁵	绿 luei⁵¹/ly⁵¹	紫 tsɿ²¹⁴
密云	蓝 lan³⁵	绿 luei⁵¹	紫 tsɿ²¹³
顺义	蓝 lan³⁵	绿 ly⁵¹	紫 tsɿ²¹⁴
延庆	蓝 lan⁵⁵	绿 ly⁵³	紫 tsɿ²¹⁴
平谷	蓝 lan⁵⁵	绿 luei⁵¹	紫 tsɿ²¹³

	0973 灰 草木灰的颜色	0974 多 东西~	0975 少 东西~
西城	灰 xuei⁵⁵	多 tuo⁵⁵	少 ʂau²¹⁴
通州	灰 xuei⁵⁵	多 tuo⁵⁵	少 ʂau²¹⁴
大兴	灰 xuei⁵⁵	多 tuo⁵⁵	少 ʂau²¹⁴
房山	灰 xuei⁵⁵	多 tuo⁵⁵	少 ʂau²¹⁴
门头沟	灰 xuei⁵⁵	多 tuo⁵⁵	少 ʂau²¹⁴
昌平	灰 xuei⁵⁵	多 tuo⁵⁵	少 ʂau²¹⁴
怀柔	灰 xuei⁵⁵	多 tuo⁵⁵	少 ʂau²¹⁴
密云	灰 xuei⁵⁵	多 tuo⁵⁵	少 ʂau²¹³
顺义	灰 xuei⁵⁵	多 tuo⁵⁵	少 ʂau²¹⁴
延庆	灰 xuei⁴²	多 tuo⁴²	少 ʂao²¹⁴
平谷	灰 xuei³⁵	多 tuo³⁵	少 ʂau²¹³

	0976 重 担子~	0977 轻 担子~	0978 直 线~
西城	重 tʂuŋ⁵¹	轻 tɕʰiŋ⁵⁵	直 tʂʅ³⁵
通州	重 tʂuŋ⁵¹	轻 tɕʰiŋ⁵⁵	直 tʂʅ³⁵
大兴	重 tʂuŋ⁵¹	轻 tɕʰiŋ⁵⁵	直 tʂʅ³⁵
房山	沉 tʂʰən³⁵	轻 tɕʰiŋ⁵⁵	直 tʂʅ³⁵
门头沟	沉 tʂʰən³⁵ 重 tʂuŋ⁵¹	轻 tɕʰiŋ⁵⁵	直 tʂʅ³⁵
昌平	沉 tʂʰən³⁵	轻 tɕʰiŋ⁵⁵	直 tʂʅ³⁵
怀柔	沉 tʂʰən³⁵	轻 tɕʰiŋ⁵⁵	直 tʂʅ³⁵
密云	重 tʂuŋ⁵¹	轻 tɕʰiŋ⁵⁵	直 tʂʅ³⁵
顺义	重 tʂuŋ⁵¹	轻 tɕʰiŋ⁵⁵	直 tʂʅ³⁵
延庆	沉 tʂʰən⁵⁵	轻 tɕʰiŋ⁴²	直 tʂʅ⁵⁵
平谷	沉 tʂʰən⁵⁵	轻 tɕʰiŋ³⁵	直 tʂʅ⁵⁵

词汇对照

	0979 陡坡~，楼梯~	0980 弯弯曲：这条路是~的	0981 歪帽子戴~了
西城	陡 tou²¹⁴	弯 uan⁵⁵	歪 uai⁵⁵
通州	陡 tou²¹⁴	弯 uan⁵⁵	歪 uai⁵⁵
大兴	陡 tou²¹⁴	弯 uan⁵⁵	歪 uai⁵⁵
房山	陡 tou²¹⁴	弯 uan⁵⁵	歪 uai⁵⁵
门头沟	陡 tou²¹⁴	弯 uan⁵⁵	歪 uai⁵⁵
昌平	陡 tou²¹⁴	弯 uan⁵⁵	歪 uai⁵⁵
怀柔	陡 tou²¹⁴	弯 uan⁵⁵	歪 uai⁵⁵
密云	陡 tou²¹³	弯 uan⁵⁵	歪 uai⁵⁵
顺义	陡 tou²¹⁴	弯 uan⁵⁵	歪 uai⁵⁵
延庆	陡 tou²¹⁴	弯 van⁴²	歪 vai⁴²
平谷	陡 tou²¹³	弯 uan³⁵	歪 uai³⁵

	0982 厚木板~	0983 薄木板~	0984 稠稀饭~
西城	厚 xou⁵¹	薄 pau³⁵	稠 tʂʰou³⁵
通州	厚 xou⁵¹	薄 pau³⁵	糨 tɕiaŋ⁵¹
大兴	厚 xou⁵¹	薄 pau³⁵	糨 tɕiaŋ⁵¹
房山	厚 xou⁵¹	薄 pau³⁵	糨 tɕiaŋ⁵¹
门头沟	厚 xou⁵¹	薄 pau³⁵	糨乎儿 tɕiaŋ⁵¹xur⁰ 黏乎儿 nian³⁵xur⁰
昌平	厚 xou⁵¹	薄 pau³⁵	糨 tɕiaŋ⁵¹ 稠 tʂʰou³⁵
怀柔	厚 xou⁵¹	薄 pau³⁵	糨 tɕiaŋ⁵¹
密云	厚 xou⁵¹	薄 pau³⁵	糨 tɕiaŋ⁵¹
顺义	厚 xou⁵¹	薄 pau³⁵	糨 tɕiaŋ⁵¹
延庆	厚 xou⁵³	薄 pao⁵⁵	稠 tʂʰou⁵⁵
平谷	厚 xou⁵¹	薄 pau⁵⁵	糨 tɕiaŋ⁵¹

	0985 稀 稀饭~	0986 密 菜种得~	0987 稀 稀疏：菜种得~
西城	稀 ɕi⁵⁵	密 mi⁵¹ 密实 mi⁵¹ʂʅ⁰	稀 ɕi⁵⁵
通州	稀 ɕi⁵⁵	密 mi⁵¹	稀 ɕi⁵⁵
大兴	稀 ɕi⁵⁵	密 mei⁵¹	稀 ɕi⁵⁵
房山	稀 ɕi⁵⁵	密 mei⁵¹	稀 ɕi⁵⁵
门头沟	稀 ɕi⁵⁵	密 mi⁵¹ 密实 mi⁵¹ʂʅ⁰	稀 ɕi⁵⁵
昌平	稀 ɕi⁵⁵	密 mi⁵¹	稀 ɕi⁵⁵
怀柔	稀 ɕi⁵⁵	密 mi⁵¹	稀 ɕi⁵⁵
密云	稀 ɕi⁵⁵	密 mi⁵¹	稀 ɕi⁵⁵
顺义	稀 ɕi⁵⁵	密实 mi⁵¹ʂʅ⁰	稀 ɕi⁵⁵
延庆	稀 ɕi⁴²	稠 tʂʰou⁵⁵	稀 ɕi⁴²
平谷	稀 ɕi³⁵	密 mi⁵¹	稀 ɕi³⁵

	0988 亮 指光线，明亮	0989 黑 指光线，完全看不见	0990 热 天气
西城	亮堂 liaŋ⁵¹tʰaŋ⁰	黑 xei⁵⁵	热 ʐɤ⁵¹
通州	亮堂 liaŋ⁵¹tʰaŋ⁰	黑 xei⁵⁵	热 ʐɤ⁵¹
大兴	豁亮 xɤ⁵¹liaŋ⁰	黑 xei⁵⁵	热 ʐɤ⁵¹
房山	亮 liaŋ⁵¹	黑 xei⁵⁵	热 ʐɤ⁵¹
门头沟	亮堂 liaŋ⁵¹tʰaŋ⁰	黑 xei⁵⁵	热 ʐɤ⁵¹
昌平	亮 liaŋ⁵¹	黑 xei⁵⁵	热 ʐɤ⁵¹
怀柔	亮 liaŋ⁵¹	黑 xei⁵⁵	热 ʐuo⁵¹/ʐə⁵¹
密云	亮 liaŋ⁵¹	黑 xei⁵⁵	热 ʐuo⁵¹
顺义	亮堂 liaŋ⁵¹tʰaŋ⁰	黑 xei⁵⁵	热 ʐɤ⁵¹
延庆	亮 liaŋ⁵³	黑 xei⁴²	热 ʐɤ⁵³
平谷	亮 liaŋ⁵¹	黑 xei³⁵	热 ʐuo⁵¹

词汇对照

	0991 暖和天气	0992 凉天气	0993 冷天气
西城	暖和 nuan²¹xuə⁰	凉 liaŋ³⁵	冷 ləŋ²¹⁴
通州	暖和 nan²¹xuo⁰	凉 liaŋ³⁵	冷 ləŋ²¹⁴
大兴	暖和 nuan²¹xɤ⁰	凉 liaŋ³⁵	冷 ləŋ²¹⁴
房山	暖和 nuan²¹xuo⁰	凉 liaŋ³⁵	冷 ləŋ²¹⁴
门头沟	暖和儿 nuan²¹xuor⁰	凉 liaŋ³⁵	冷 ləŋ²¹⁴
昌平	暖和 nuan²¹xuo⁰	凉 liaŋ⁵¹	冷 ləŋ²¹⁴
怀柔	暖和 naŋ²¹xuo⁰	凉 liaŋ³⁵	冷 ləŋ²¹⁴
密云	暖和 naŋ²¹³xuo⁰	凉 liaŋ³⁵	冷 ləŋ²¹³
顺义	暖和 naŋ²¹xuo⁰	凉 liaŋ³⁵	冷 ləŋ²¹⁴
延庆	暖和 naŋ²⁴xu⁰	凉 liaŋ⁵⁵	冷 ləŋ²¹⁴
平谷	暖和 naŋ²¹xuo⁰	凉 liaŋ⁵⁵	冷 ləŋ²¹³

	0994 热水	0995 凉水	0996 干干燥：衣服晒~了
西城	烫 tʰaŋ⁵¹	凉 liaŋ³⁵	干 kan⁵⁵
通州	热 ʐɤ⁵¹	凉 liaŋ³⁵	干 kan⁵⁵
大兴	热 ʐɤ⁵¹	凉 liaŋ³⁵	干 kan⁵⁵
房山	热 ʐɤ⁵¹	凉 liaŋ³⁵	干 kan⁵⁵
门头沟	烫 tʰaŋ⁵¹	凉 liaŋ³⁵	干 kan⁵⁵
昌平	热 ʐɤ⁵¹	凉 liaŋ³⁵	干 kan⁵⁵
怀柔	热 ʐuo⁵¹	凉 liaŋ³⁵	干 kan⁵⁵
密云	热 ʐuo⁵¹	凉 liaŋ³⁵	干 kan⁵⁵
顺义	热 ʐɤ⁵¹	凉 liaŋ³⁵	干 kan⁵⁵
延庆	热 ʐɤ⁵³	拔⁼ pa⁵⁵	干 kan⁴²
平谷	热 ʐuo⁵¹	凉 liaŋ⁵⁵	干 kan³⁵

	0997 湿 潮湿：衣服淋~了	0998 干净 衣服~	0999 脏 肮脏，不干净，统称：衣服~
西城	湿 ʂʅ⁵⁵	干净 kan⁵⁵tɕiŋ⁰	脏 tsaŋ⁵⁵
通州	湿 ʂʅ⁵⁵	干净 kan⁵⁵tɕiŋ⁰	腌臜 a⁵⁵tsa⁰ 脏 tsaŋ⁵⁵
大兴	湿 ʂʅ⁵⁵	干净 kan⁵⁵tɕiŋ⁰	腌臜 ŋa⁵⁵tsa⁰
房山	湿 ʂʅ⁵⁵	干净 kan⁵⁵tɕiŋ⁰	腌臜 ŋa⁵⁵tsa⁰
门头沟	湿 ʂʅ⁵⁵	干净 kan⁵⁵tɕiŋ⁰	脏 tsaŋ⁵⁵
昌平	湿 ʂʅ⁵⁵	透亮 tʰou⁵³liaŋ⁰ 干净 kan⁵⁵tɕiŋ⁰	爊=头 au⁵⁵tʰou⁰ 邋遢 la³⁵tʰə⁰
怀柔	湿 ʂʅ⁵⁵	干净 kan⁵⁵tɕiŋ⁰	腌臜 na⁵⁵tsa⁰
密云	湿 ʂʅ⁵⁵	干净 kan⁵⁵tɕiŋ⁰	脏 tsaŋ⁵⁵
顺义	湿 ʂʅ⁵⁵	干净 kan⁵⁵tɕiŋ⁰	腌臜 na⁵⁵tsa⁰
延庆	湿 ʂʅ⁴²	干净 kan⁴²tɕiŋ⁰	爊=申= ŋao⁴²ʂən⁰
平谷	湿 ʂʅ³⁵	干净 kan³⁵tɕiŋ⁰	恶心 nɤ³⁵ɕin⁰ 埋汰 mai⁵⁵tʰai⁰ 脏 tsaŋ³⁵

	1000 快 锋利：刀子~	1001 钝 刀~	1002 快 坐车比走路~
西城	快 kʰuai⁵¹	钝 tuən⁵¹	快 kʰuai⁵¹
通州	快 kʰuai⁵¹	钝 tuən⁵¹	快 kʰuai⁵¹
大兴	快 kʰuai⁵¹	钝 tuən⁵¹	快 kʰuai⁵¹
房山	快 kʰuai⁵¹	钝 tuən⁵¹	快 kʰuai⁵¹
门头沟	快 kʰuai⁵¹	钝 tuən⁵¹	快 kʰuai⁵¹
昌平	快 kʰuai⁵¹	钝 tuən⁵¹	快 kʰuai⁵¹
怀柔	快 kʰuai⁵¹	钝 tuən⁵¹	快 kʰuai⁵¹
密云	快 kʰuai⁵¹	钝 tun⁵¹	快 kʰuai⁵¹
顺义	快 kʰuai⁵¹	钝 tuən⁵¹	快 kʰuai⁵¹
延庆	快 kʰuai⁵³	钝 tuən⁵³	快 kʰuai⁵³
平谷	快 kʰuai⁵¹	钝 tuən⁵¹	快 kʰuai⁵¹

词汇对照

	1003 慢走路比坐车~	1004 早来得~	1005 晚来~了
西城	慢 man⁵¹	早 tsau²¹⁴	晚 uan²¹⁴
通州	慢 man⁵¹	早 tsau²¹⁴	晚 uan²¹⁴
大兴	慢 man⁵¹	早 tsau²¹⁴	晚 uan²¹⁴
房山	慢 man⁵¹	早 tsau²¹⁴	晚 uan²¹⁴
门头沟	慢 man⁵¹	早 tsau²¹⁴	晚 uan²¹⁴
昌平	慢 man⁵¹	早 tsau²¹⁴	晚 uan²¹⁴
怀柔	慢 man⁵¹	早 tsau²¹⁴	晚 uan²¹⁴ 迟 tʂʰʅ³⁵
密云	慢 man⁵¹	早 tsau²¹³	晚 uan²¹³
顺义	慢 man⁵¹	早 tsau²¹⁴	晚 uan²¹⁴
延庆	慢 man⁵³	早 tsao²¹⁴	晚 van²¹⁴
平谷	慢 man⁵¹	早 tsau²¹³	晚 uan²¹³

	1006 晚天色~	1007 松捆得~	1008 紧捆得~
西城	晚 uan²¹⁴	松 suŋ⁵⁵	紧 tɕin²¹⁴
通州	晚 uan²¹⁴	松 suŋ⁵⁵	紧 tɕin²¹⁴
大兴	晚 uan²¹⁴	松 suŋ⁵⁵	紧 tɕin²¹⁴
房山	晚 uan²¹⁴	松 suŋ⁵⁵	紧 tɕin²¹⁴
门头沟	晚 uan²¹⁴	松 suŋ⁵⁵	紧 tɕin²¹⁴
昌平	晚 uan²¹⁴	松 suŋ⁵⁵	紧 tɕin²¹⁴
怀柔	晚 uan²¹⁴	松 suŋ⁵⁵	紧 tɕin²¹⁴
密云	晚 uan²¹³	松 suŋ⁵⁵	紧 tɕin²¹³
顺义	晚 uan²¹⁴	松 suŋ⁵⁵	紧 tɕin²¹⁴
延庆	晚 van²¹⁴	松 suŋ⁴²	紧 tɕin²¹⁴
平谷	晚 uan²¹³	松 suŋ³⁵	紧 tɕin²¹³

	1009 容易这道题~	1010 难这道题~	1011 新衣服~
西城	容易 zuŋ³⁵ i⁰	难 nan³⁵	新 ɕin⁵⁵
通州	容易 zuŋ³⁵ i⁰	难 nan³⁵	新 ɕin⁵⁵
大兴	容易 zuŋ³⁵ i⁰	难 nan³⁵	新 ɕin⁵⁵
房山	容易 zuŋ³⁵ i⁰	难 nan³⁵	新 ɕin⁵⁵
门头沟	容易 zuŋ³⁵ i⁵¹	难 nan³⁵	新 ɕin⁵⁵
昌平	容易 zuŋ³⁵ i⁵¹	难 nan³⁵	新 ɕin⁵⁵
怀柔	容易 yŋ³⁵ i⁰	难 nan³⁵	新 ɕin⁵⁵
密云	容易 zuŋ³⁵ i⁵¹	难 nan³⁵	新 ɕin⁵⁵
顺义	容易 zuŋ³⁵ i⁰	难 nan³⁵	新 ɕin⁵⁵
延庆	容易 zuŋ⁵⁵ i⁰	难 nan⁵⁵	新 ɕin⁴²
平谷	容易 zuŋ⁵⁵ i⁵¹	难 nan⁵⁵	新 ɕin³⁵

	1012 旧衣服~	1013 老人~	1014 年轻人~
西城	旧 tɕiou⁵¹	老 lau²¹⁴	年轻 nian³⁵ tɕʰiŋ⁵⁵
通州	旧 tɕiou⁵¹	老 lau²¹⁴	年轻 nian³⁵ tɕʰiŋ⁵⁵
大兴	旧 tɕiou⁵¹	老 lau²¹⁴	年轻 ȵian³⁵ tɕʰiŋ⁵⁵
房山	旧 tɕiou⁵¹	老 lau²¹⁴	年轻 nian³⁵ tɕʰiŋ⁵⁵
门头沟	旧 tɕiou⁵¹	老 lau²¹⁴	年轻 nian³⁵ tɕʰiŋ⁵⁵
昌平	旧 tɕiou⁵¹	老 lau²¹⁴	年轻 nian³⁵ tɕʰiŋ⁵⁵
怀柔	旧 tɕiou⁵¹	老 lau²¹⁴	年轻 nian³⁵ tɕʰiŋ⁵⁵
密云	旧 tɕiou⁵¹	老 lau²¹³	年轻 ȵian³⁵ tɕʰiŋ⁵⁵
顺义	旧 tɕiou⁵¹	老 lau²¹⁴	年轻 nian³⁵ tɕʰiŋ⁵⁵
延庆	旧 tɕiou⁵³	老 lao²¹⁴	年轻 ȵian⁵⁵ tɕʰiŋ⁴²
平谷	旧 tɕiou⁵¹	老 lau²¹³	年轻 nian⁵⁵ tɕʰiŋ³⁵

	1015 软糖~	1016 硬骨头~	1017 烂肉煮得~
西城	软 ʐuan²¹⁴	硬 iŋ⁵¹	烂 lan⁵¹
通州	软 ʐuan²¹⁴	硬 iŋ⁵¹	烂 lan⁵¹ 烂乎 lan⁵¹xu⁰
大兴	软 ʐuan²¹⁴	硬 iŋ⁵¹	烂乎 lan⁵¹xu⁰
房山	软 ʐuan²¹⁴	硬 iŋ⁵¹	烂 lan⁵¹
门头沟	软 ʐuan²¹⁴	硬 iŋ⁵¹	烂乎 lan⁵¹xu⁰
昌平	软 ʐuan²¹⁴	硬 iŋ⁵¹	烂乎 lan⁵³xuo⁰
怀柔	软 ʐuan²¹	硬 iŋ⁵¹	烂 lan⁵¹
密云	软 ʐuan²¹³	硬 iŋ⁵¹	烂 lan⁵¹
顺义	软 ʐuan²¹⁴	硬 iŋ⁵¹	烂乎 lan⁵¹xu⁰
延庆	软 ʐuan²¹⁴	硬 iŋ⁵³	烂 lan⁵³
平谷	软 ʐuan⁵¹	硬 iŋ⁵¹	烂 lan⁵¹

	1018 糊饭烧~了	1019 结实家具~	1020 破衣服~
西城	糊 xu³⁵	结实 tɕie⁵⁵ʂʅ⁰	破 pʰo⁵¹
通州	糊 xu³⁵	结实 tɕie⁵⁵ʂʅ⁰	破 pʰo⁵¹
大兴	糊 xu³⁵	结实 tɕie⁵⁵ʂʅ⁰	破 pʰo⁵¹
房山	糊 xu³⁵	结实 tɕie⁵⁵ʂʅ⁰	破 pʰo⁵¹
门头沟	糊 xu³⁵	结实 tɕie⁵⁵ʂʅ⁰	破 pʰo⁵¹
昌平	糊 xu³⁵	结实 tɕie⁵⁵ʂʅ⁰	破 pʰo⁵¹
怀柔	糊 xu³⁵	结实 tɕie⁵⁵ʂʅ⁰	破 pʰo⁵¹
密云	糊 xu³⁵	结实 tɕie⁵⁵ʂʅ⁰	破 pʰo⁵¹
顺义	糊 xu³⁵	结实 tɕie⁵⁵ʂʅ⁰	破 pʰo⁵¹
延庆	糊 xu⁵⁵	结实 tɕie⁴⁴ʂʅ⁰	破 pʰɤ⁵³
平谷	糊 xu⁵⁵	结实 tɕie³⁵ʂʅ⁰ 夹⁼壮 tɕia⁵⁵tʂuaŋ⁰	破 pʰuo⁵¹

	1021 富他家很~	1022 穷他家很~	1023 忙最近很~
西城	富裕 fu⁵¹y⁰ 趁 tʂʰən⁵¹	穷 tɕʰiuŋ³⁵	忙 maŋ³⁵
通州	富 fu⁵¹ 阔 kʰuo⁵¹	穷 tɕʰyŋ³⁵	忙 maŋ³⁵
大兴	阔 kʰuo⁵¹	穷 tɕʰyŋ³⁵	忙 maŋ³⁵
房山	富 fu⁵¹	穷 tɕʰyŋ³⁵	忙 maŋ³⁵
门头沟	趁 tʂʰən⁵¹ 有底儿 iou³⁵tiɚ²¹⁴	穷 tɕʰiuŋ³⁵	忙 maŋ³⁵
昌平	富 fu⁵¹	穷 tɕʰyŋ³⁵	忙 maŋ³⁵
怀柔	富 fu⁵¹	穷 tɕʰyŋ³⁵	忙 maŋ³⁵
密云	富 fu⁵¹	穷 tɕʰiuŋ³⁵	忙 maŋ³⁵
顺义	阔 kʰuo⁵¹	穷 tɕʰyŋ³⁵	忙 maŋ³⁵
延庆	有钱儿 iou²⁴tɕʰiɚ⁵⁵	穷 tɕʰiuŋ⁵⁵	忙 maŋ⁵⁵
平谷	富 fu⁵¹	穷 tɕʰyŋ⁵⁵	忙 maŋ⁵⁵

	1024 闲最近比较~	1025 累走路走得很~	1026 疼摔~了
西城	闲 ɕian³⁵	累 lei⁵¹	疼 tʰəŋ³⁵
通州	闲 ɕian³⁵	累 lei⁵¹	疼 tʰəŋ³⁵
大兴	闲 ɕian³⁵	累 lei⁵¹	疼 tʰəŋ³⁵
房山	闲 ɕian³⁵	累 lei⁵¹	疼 tʰəŋ³⁵
门头沟	闲 ɕian³⁵	累 lei⁵¹ 乏 fa³⁵	疼 təŋ³⁵
昌平	闲 ɕian³⁵	累 lei⁵¹	疼 tʰəŋ³⁵
怀柔	闲 ɕian³⁵	累 lei⁵¹	疼 tʰəŋ³⁵
密云	闲 ɕian³⁵	累 lei⁵¹	疼 tʰəŋ³⁵
顺义	闲 ɕian³⁵	累 lei⁵¹	疼 tʰəŋ³⁵
延庆	闲 ɕian⁵⁵	累 lei⁵³	疼 tʰəŋ⁵⁵
平谷	闲 ɕian⁵⁵	累 lei⁵¹	疼 tʰəŋ⁵⁵

词汇对照

	1027 痒皮肤~	1028 热闹看戏的地方很~	1029 熟悉这个地方我很~
西城	刺颖=tsʰʅ⁵¹iŋ⁰ 痒痒 iaŋ²¹iaŋ⁰	热闹 ʐə⁵¹nɔ⁰	熟 ʂou³⁵
通州	刺挠 tsʰʅ⁵¹nau⁰ 痒痒 iaŋ²¹iaŋ⁰	热闹 ʐə⁵¹nau⁰	熟 ʂou³⁵
大兴	刺挠 tsʰʅ⁵¹nau⁰	热闹 ʐə⁵¹nɔ⁰	熟 ʂou³⁵
房山	痒痒 iaŋ²¹iaŋ⁰	热闹 ʐɤ⁵¹nau⁰	熟 ʂou³⁵
门头沟	刺颖=tsʰʅ⁵¹iŋ⁰ 程度重 痒痒 iaŋ²¹iaŋ⁰ 程度轻	热闹 ʐɤ⁵¹nau⁰	熟 ʂou³⁵
昌平	痒 iaŋ²¹⁴	热闹 ʐɤ⁵³nɔ⁰	熟 ʂou³⁵
怀柔	痒颖=iaŋ³⁵iŋ⁰ 刺痒 tsʰʅ⁵¹iaŋ⁰	热闹 ʐuo⁵¹nɔ⁰/ʐə⁵¹nɔ⁰	熟 ʂou³⁵
密云	痒 iaŋ²¹³	热闹 ʐuo⁵¹nau⁰	熟 ʂou³⁵
顺义	刺挠 tsʰʅ⁵¹nau⁰ 痒痒 iaŋ²¹iaŋ⁰	热闹 ʐə⁵¹nau⁰	熟 ʂou³⁵
延庆	痒痒 iaŋ²⁴iaŋ⁰	热闹 ʐɤ⁵³nao⁰	熟 ʂou⁵⁵
平谷	咬 iau²¹³ 刺挠 tsʰʅ⁵¹nau⁰	热闹 ʐuo⁵¹nau⁰	熟 ʂou⁵⁵

	1030 陌生这个地方我很~	1031 味道尝尝~	1032 气味闻闻~
西城	不熟 pu⁵¹ʂou³⁵	味道 uei⁵¹tɔ⁰	味儿 uər⁵¹
通州	不熟 pu⁵¹ʂou³⁵	味儿 uər⁵¹	味儿 uər⁵¹
大兴	不熟 pu⁵¹ʂou³⁵	味儿 uər⁵¹	味儿 uər⁵¹
房山	生 ʂəŋ⁵⁵	味儿 uər⁵¹	味儿 uər⁵¹
门头沟	不熟 pu⁵¹ʂou³⁵	味儿 uər⁵¹	味儿 uər⁵¹
昌平	生 ʂəŋ⁵⁵	味儿 uər⁵¹	味儿 uər⁵¹
怀柔	生 ʂəŋ⁵⁵	味儿 uər⁵¹	味儿 uər⁵¹
密云	陌生 mo⁵¹ʂəŋ⁵⁵	味儿 uər⁵¹	味儿 uər⁵¹
顺义	不熟 pu⁵¹ʂou³⁵	味儿 uər⁵¹	味儿 uər⁵¹
延庆	生分 ʂəŋ⁴²fən⁰ 不熟 pu⁴⁴ʂou⁵⁵	味儿 vər⁵³	味儿 vər⁵³
平谷	不熟 pu³⁵ʂou⁵⁵	味儿 uər⁵¹	味儿 uər⁵¹

	1033 咸菜~	1034 淡菜~	1035 酸
西城	咸 ɕian³⁵ 口重 kʰou²¹ tʂuŋ⁵¹	淡 tan⁵¹ 口轻 kʰou²¹ tɕʰiŋ⁵⁵	酸 suan⁵⁵
通州	咸 ɕian³⁵	淡 tan⁵¹	酸 suan⁵⁵
大兴	咸 ɕian³⁵	薄 pau³⁵	酸 suan⁵⁵
房山	咸 ɕian³⁵	薄 pau³⁵ 白 pai³⁵	酸 suan⁵⁵
门头沟	咸 ɕian³⁵	白 pai³⁵ 淡 tan⁵¹	酸 suan⁵⁵
昌平	咸 ɕian³⁵	白 pai³⁵	酸 suan⁵⁵
怀柔	咸 ɕian³⁵	白 pai³⁵ 淡 tan⁵¹	酸 suan⁵⁵
密云	咸 ɕian³⁵	白 pai³⁵	酸 suan⁵⁵
顺义	咸 ɕian³⁵	白 pai³⁵	酸 suan⁵⁵
延庆	咸 ɕian⁵⁵	白 pai⁵⁵	酸 suan⁴²
平谷	咸 ɕian⁵⁵	淡 tan⁵¹	酸 suan³⁵

	1036 甜	1037 苦	1038 辣
西城	甜 tʰian³⁵	苦 kʰu²¹⁴	辣 la⁵¹
通州	甜 tʰian³⁵	苦 kʰu²¹⁴	辣 la⁵¹
大兴	甜 tʰian³⁵	苦 kʰu²¹⁴	辣 la⁵¹
房山	甜 tʰian³⁵	苦 kʰu²¹⁴	辣 la⁵¹
门头沟	甜 tʰian³⁵	苦 kʰu²¹⁴	辣 la⁵¹
昌平	甜 tʰian³⁵	苦 kʰu²¹⁴	辣 la⁵¹
怀柔	甜 tʰian³⁵	苦 kʰu²¹⁴	辣 la⁵¹
密云	甜 tʰian³⁵	苦 kʰu²¹³	辣 la⁵¹
顺义	甜 tʰian³⁵	苦 kʰu²¹⁴	辣 la⁵¹
延庆	甜 tʰian⁵⁵	苦 kʰu²¹⁴	辣 la⁵³
平谷	甜 tʰian⁵⁵	苦 kʰu²¹³	辣 la⁵¹

词汇对照

	1039 鲜 鱼汤~	1040 香	1041 臭
西城	鲜 ɕian⁵⁵	香 ɕiaŋ⁵⁵	臭 tʂʰou⁵¹
通州	鲜 ɕian⁵⁵	香 ɕiaŋ⁵⁵	臭 tʂʰou⁵¹
大兴	鲜 ɕian⁵⁵	香 ɕiaŋ⁵⁵	臭 tʂʰou⁵¹
房山	鲜 ɕian⁵⁵	香 ɕiaŋ⁵⁵	臭 tʂʰou⁵¹
门头沟	鲜 ɕian⁵⁵	香 ɕiaŋ⁵⁵	臭 tʂʰou⁵¹
昌平	鲜 ɕian⁵⁵	香 ɕiaŋ⁵⁵	臭 tʂʰou⁵¹
怀柔	鲜 ɕian⁵⁵	香 ɕiaŋ⁵⁵	臭 tʂʰou⁵¹
密云	鲜 ɕian⁵⁵	香 ɕiaŋ⁵⁵	臭 tʂʰou⁵¹
顺义	鲜 ɕian⁵⁵	香 ɕiaŋ⁵⁵	臭 tʂʰou⁵¹
延庆	鲜 ɕian⁴²	香 ɕiaŋ⁴²	臭 tʂʰou⁵³
平谷	鲜 ɕian³⁵	香 ɕiaŋ³⁵	臭 tʂʰou⁵¹

	1042 馊 饭~	1043 腥 鱼~	1044 好 人~
西城	馊 sou⁵⁵	腥 ɕiŋ⁵⁵	好 xau²¹⁴
通州	馊 sou⁵⁵	腥 ɕiŋ⁵⁵	好 xau²¹⁴
大兴	馊 sou⁵⁵	腥 ɕiŋ⁵⁵	好 xau²¹⁴
房山	馊 sou⁵⁵	腥气 ɕiŋ⁵⁵tɕʰi⁰	好 xau²¹⁴
门头沟	馊 sou⁵⁵	腥 ɕiŋ⁵⁵	好 xau²¹⁴
昌平	馊 sou⁵⁵	腥 ɕiŋ⁵⁵	好 xau²¹⁴
怀柔	酸 suan⁵⁵	腥气 ɕiŋ⁵⁵tɕʰi⁰	好 xau²¹⁴
密云	馊 sou⁵⁵	腥 ɕiŋ⁵⁵	好 xau²¹³
顺义	馊 sou⁵⁵	腥 ɕiŋ⁵⁵	好 xau²¹⁴
延庆	馊 sou⁴²	腥气 ɕiŋ⁵³tɕʰi⁰	好 xao²¹⁴
平谷	馊 sou³⁵	腥 ɕiŋ³⁵	好 xau²¹³

	1045 坏 人~	1046 差 东西质量~	1047 对 账算~了
西城	坏 xuai⁵¹ 歹 tai²¹⁴ 恶 ɣ⁵¹	差 tʂʰa⁵¹	对 tuei⁵¹
通州	坏 xuai⁵¹ 歹 tai²¹⁴	差 tʂʰa⁵¹ 次 tsʰɿ⁵¹	对 tuei⁵¹
大兴	坏 xuai⁵¹	次 tsʰɿ⁵¹	对 tuei⁵¹
房山	坏 xuai⁵¹	差 tʂʰa⁵¹	对 tuei⁵¹
门头沟	坏 xuai⁵¹	不怎么着 pu⁵¹ tsən²¹ mə⁰ tʂau³⁵	对 tuei⁵¹
昌平	坏 xuai⁵¹	次 tsʰɿ⁵¹	对 tuei⁵¹
怀柔	坏 xuai⁵¹	不好 pu⁵¹ xau²¹⁴ 不行 pu⁵¹ ɕiŋ³⁵	对 tuei⁵¹
密云	坏 xuai⁵¹	差 tʂʰa⁵¹	对 tuei⁵¹
顺义	坏 xuai⁵¹ 歹叨= tai²¹⁴ tau⁰ 恶 ɣ⁵¹	差 tʂʰa⁵¹ 次 tsʰɿ⁵¹	对 tuei⁵¹
延庆	差劲 tʂʰa²⁴ tɕin⁵³	赖 lai⁵³	对 tuei⁵³
平谷	坏 xuai⁵¹	差 tʂʰa⁵¹	对 tuei⁵¹

词汇对照

	1048 错账算~了	1049 漂亮形容年轻女性的长相：她很~	1050 丑形容人的长相：猪八戒很~
西城	错 tsʰuo⁵¹	俊 tsuən⁵¹ 美 mei²¹⁴	难看 nan³⁵kʰan⁵¹ 丑 tʂʰou²¹⁴
通州	错 tsʰuo⁵¹	俊 tsuən⁵¹	寒碜 xan³⁵tʂən⁰ 丑 tʂʰou²¹⁴
大兴	错 tsʰuo⁵¹	俊 tsuən⁵¹	寒碜 xan³⁵tʂʰən⁰
房山	错 tsʰuo⁵¹	俊 tsuən⁵¹	寒碜 xan³⁵tʂʰən⁰ 丑 tʂʰou²¹⁴
门头沟	错 tsʰuo⁵¹	俊 tsuən⁵¹	寒碜 xan³⁵tʂʰən⁰
昌平	错 tsʰuo⁵¹	俊 tsuən⁵¹ 俏 tɕʰiau⁵¹	寒碜 xan³⁵tʂʰən⁰ 丑 tʂʰou²¹⁴
怀柔	错 tsʰuo⁵¹ 差 tʂʰa⁵¹	俊 tsuən⁵¹ 好看 xau²¹kʰan⁵¹	寒碜 xan³⁵tʂʰən⁰ 不好看 pu⁵¹xau²¹kʰan⁵¹
密云	错 tsʰuo⁵¹	漂亮 pʰiau⁵¹liaŋ⁰	丑 tʂʰou²¹³
顺义	错 tsʰuo⁵¹	俊 tsuən⁵¹	难看 nan³⁵kʰan⁵¹ 寒碜 xan³⁵tʂʰən⁰
延庆	错 tsʰuo⁵³ 差 tʂʰa⁵³	好看 xao²⁴kʰan⁵³	寒碜 xan⁵⁵tʂʰən⁰ 丑 tʂʰou²¹⁴
平谷	错 tsʰuo⁵¹	俊 tsuən⁵¹	寒碜 xan⁵⁵tʂʰən⁰

	1051 勤快	1052 懒	1053 乖
西城	勤快 tɕʰin³⁵kuɛ⁰	懒 lan²¹⁴	乖 kuai⁵⁵
通州	勤勤 tɕʰin³⁵tɕʰin⁰	懒 lan²¹⁴	乖 kuai⁵⁵
大兴	勤谨 tɕʰin³⁵tɕin⁰	懒 lan²¹⁴	乖 kuai⁵⁵
房山	勤勤 tɕʰin³⁵tɕʰin⁰	懒 lan²¹⁴	乖 kuai⁵⁵
门头沟	勤谨 tɕʰin³⁵tɕin⁰	懒 lan²¹⁴	听话 tʰiŋ⁵⁵xua⁵¹
昌平	勤勤 tɕʰin³⁵tɕʰin⁰	懒 lan²¹⁴	乖 kuai⁵⁵
怀柔	勤谨 tɕʰin³⁵tɕin⁰	懒 lan²¹⁴	好 xau²¹⁴ 听话 tʰiŋ⁵⁵xua⁵¹
密云	勤快 tɕʰin³⁵kʰuai⁰	懒 lan²¹³	乖 kuai⁵⁵
顺义	勤勤 tɕʰin³⁵tɕʰin⁰	懒 lan²¹⁴	乖 kuai⁵⁵
延庆	勤谨 tɕʰin⁵⁵tɕin⁰	懒 lan²¹⁴	听话 tʰiŋ⁴⁴xua⁵³ 乖 kuai⁴²
平谷	勤快 tɕʰin⁵⁵kʰuai⁰	懒 lan²¹³	听话 tʰiŋ³⁵xua⁵¹ 乖 kuai³⁵

	1054 顽皮	1055 老实	1056 傻 痴呆
西城	淘 tʰau³⁵ | 皮 pʰi³⁵	老实 lau²¹ʂʅ⁰	傻 ʂa²¹⁴
通州	淘 tʰau³⁵ | 皮 pʰi³⁵	老实 lau²¹ʂʅ⁰	傻 ʂa²¹⁴
大兴	淘 tʰau³⁵	老实 lau²¹ʂʅ⁰	傻 ʂa²¹⁴
房山	闲⁼赁 ɕian³⁵lin⁰ 调皮 tʰiau²¹pʰi³⁵	老实 lau²¹ʂʅ⁰	傻 ʂa²¹⁴
门头沟	淘 tʰau³⁵ 调皮 tʰiau²¹pʰi³⁵	老实 lau²¹ʂʅ⁰	傻 ʂa²¹⁴
昌平	调皮 tʰiau²¹pʰi³⁵	老实 lau²¹ʂʅ⁰	傻 ʂa²¹⁴
怀柔	调儿皮 tʰiaur²¹pʰi³⁵ 顽皮 uau³⁵pʰi³⁵	忠厚 tʂuŋ⁵⁵xou⁵¹ 实在 ʂʅ³⁵tsai⁵¹	傻 ʂa²¹⁴
密云	调儿皮 tʰiaor²¹³pʰi³⁵ 淘 tʰau³⁵	老实 lau²¹³ʂʅ⁰	傻 ʂa²¹³
顺义	淘 tʰau³⁵ | 皮 pʰi³⁵	老实 lau²¹ʂʅ⁰	傻 ʂa²¹⁴
延庆	淘气 tʰao⁵⁵tɕʰi⁰	老实 lao²⁴ʂʅ⁰	傻 ʂa²¹⁴
平谷	皮 pʰi⁵⁵	老实 lau²¹ʂʅ⁰	傻 ʂa²¹³

	1057 笨蠢	1058 大方 不吝啬	1059 小气 吝啬
西城	笨 pən⁵¹ | 蠢 tʂʰuən²¹⁴	大方 ta⁵¹faŋ⁰	小气 ɕiau²¹tɕʰi⁰
通州	笨 pən⁵¹	大方 ta⁵¹faŋ⁰	抠 kʰou⁵⁵ | 小气 ɕiau²¹tɕʰi⁰
大兴	笨 pən⁵¹	大方 ta⁵¹faŋ⁰	抠门儿 kʰou⁵⁵mər³⁵
房山	笨 pən⁵¹	大方 ta⁵¹faŋ⁰	抠儿 kʰour⁵⁵ 小气 ɕiau²¹tɕʰi⁰
门头沟	笨 pən⁵¹	大方 ta⁵¹faŋ⁰	抠 kʰou⁵⁵
昌平	笨 pən⁵¹	大方 ta⁵³faŋ⁰	抠儿 kʰour⁵⁵ 小气 ɕiau²¹tɕʰi⁰
怀柔	笨 pən⁵¹ 蠢 tʂʰuən²¹⁴	大方 ta⁵¹faŋ⁰	抠门儿 kʰou⁵⁵mər³⁵ 小气 ɕiau²¹tɕʰi⁰
密云	笨 pən⁵¹	大方 ta⁵¹faŋ⁰	抠儿 kʰour⁵⁵
顺义	笨 pən⁵¹	大方 ta⁵¹faŋ⁰	小气 ɕiau²¹tɕʰi⁰ 抠门儿 kʰou⁵⁵mər³⁵
延庆	笨 pən⁵³	大方 ta⁵³faŋ⁰	小气 ɕiao²⁴tɕʰi⁰ 抠门儿 kʰou⁴⁴mər⁵⁵
平谷	笨 pən⁵¹	大方 ta⁵¹faŋ⁰	抠 kʰou³⁵ 抠门儿 kʰou³⁵mər⁵⁵

词汇对照

	1060 直爽 性格~	1061 犟 脾气~	1062 一 ~二三四五……，下同
西城	直 tʂʅ³⁵	犟 tɕiaŋ⁵¹	一 i⁵⁵
通州	直 tʂʅ³⁵	倔 tɕye⁵¹ 拧 niŋ⁵¹	一 i⁵⁵
大兴	直 tʂʅ³⁵	倔 tɕye⁵¹	一 i⁵⁵
房山	直 tʂʅ³⁵	倔 tɕye⁵¹	一 i⁵⁵
门头沟	直 tʂʅ³⁵	倔 tɕye⁵¹	一 i⁵⁵
昌平	直 tʂʅ³⁵	轴 tʂou³⁵/tʂʰou⁵¹ 拧 niŋ⁵¹	一 i⁵⁵
怀柔	直 tʂʅ³⁵	倔 tɕye⁵¹ 拧 niŋ⁵¹	一 i⁵⁵
密云	直 tʂʅ³⁵	倔 tɕye⁵¹	一 i⁵⁵
顺义	直 tʂʅ³⁵	犟 tɕiaŋ⁵¹	一 i⁵⁵
延庆	直 tʂʅ⁵⁵	犟 tɕiaŋ⁵³ 倔 tɕye⁵³	一 i⁴²
平谷	直爽 tʂʅ⁵⁵ʂuaŋ²¹³	拧 niŋ⁵¹ 轴 tʂou⁵¹	一 i³⁵

	1063 二	1064 三	1065 四
西城	二 ɚ⁵¹	三 san⁵⁵	四 sʅ⁵¹
通州	二 ɚ⁵¹	三 san⁵⁵	四 sʅ⁵¹
大兴	二 ɚ⁵¹	三 san⁵⁵	四 sʅ⁵¹
房山	二 ɚ⁵¹	三 san⁵⁵	四 sʅ⁵¹
门头沟	二 ɚ⁵¹	三 san⁵⁵	四 sʅ⁵¹
昌平	二 ɚ⁵¹	三 san⁵⁵	四 sʅ⁵¹
怀柔	二 ɚ⁵¹	三 san⁵⁵	四 sʅ⁵¹
密云	二 ɚ⁵¹	三 san⁵⁵	四 sʅ⁵¹
顺义	二 ɚ⁵¹	三 san⁵⁵	四 sʅ⁵¹
延庆	二 ɚ⁵³	三 san⁴²	四 sʅ⁵³
平谷	二 ɚ⁵¹	三 san³⁵	四 sʅ⁵¹

	1066 五	1067 六	1068 七
西城	五 u^{214}	六 liou^{51}	七 tɕʰi^{55}
通州	五 u^{214}	六 liou^{51}	七 tɕʰi^{55}
大兴	五 u^{214}	六 liou^{51}	七 tɕʰi^{55}
房山	五 u^{214}	六 liou^{51}	七 tɕʰi^{55}
门头沟	五 u^{214}	六 liou^{51}	七 tɕʰi^{55}
昌平	五 u^{214}	六 liou^{51}	七 tɕʰi^{55}
怀柔	五 u^{214}	六 liou^{51}	七 tɕʰi^{55}
密云	五 u^{213}	六 liou^{51}	七 tɕʰi^{55}
顺义	五 u^{214}	六 liou^{51}	七 tɕʰi^{55}
延庆	五 u^{214}	六 liou^{53}	七 tɕʰi^{42}
平谷	五 u^{213}	六 liou^{51}	七 tɕʰi^{35}

	1069 八	1070 九	1071 十
西城	八 pa^{55}	九 tɕiou^{214}	十 ʂʅ^{35}
通州	八 pa^{55}	九 tɕiou^{214}	十 ʂʅ^{35}
大兴	八 pa^{55}	九 tɕiou^{214}	十 ʂʅ^{35}
房山	八 pa^{55}	九 tɕiou^{214}	十 ʂʅ^{35}
门头沟	八 pa^{55}	九 tɕiou^{214}	十 ʂʅ^{35}
昌平	八 pa^{55}	九 tɕiou^{214}	十 ʂʅ^{35}
怀柔	八 pa^{55}	九 tɕiou^{214}	十 ʂʅ^{35}
密云	八 pa^{55}	九 tɕiou^{213}	十 ʂʅ^{35}
顺义	八 pa^{55}	九 tɕiou^{214}	十 ʂʅ^{35}
延庆	八 pa^{42}	九 tɕiou^{214}	十 ʂʅ^{55}
平谷	八 pa^{35}	九 tɕiou^{213}	十 ʂʅ^{55}

词汇对照

	1072 二十 有无合音	1073 三十 有无合音	1074 一百
西城	二十 ɚ⁵¹ʂʅ³⁵无合音	三十 san⁵⁵ʂʅ³⁵无合音	一百 i⁵¹pai²¹⁴
通州	二十 ɚ⁵¹ʂʅ³⁵无合音	三十 san⁵⁵ʂʅ³⁵无合音	一百 i⁵¹pai²¹⁴
大兴	二十 ɚ⁵¹ʂʅ³⁵无合音	三十 san⁵⁵ʂʅ³⁵无合音	一百 i⁵¹pai²¹⁴
房山	二十 ɚ⁵¹ʂʅ³⁵无合音	三十 san⁵⁵ʂʅ³⁵无合音	一百 i⁵¹pai²¹⁴
门头沟	二十 ɚ⁵¹ʂʅ³⁵无合音	三十 san⁵⁵ʂʅ³⁵无合音	一百 i⁵¹pai²¹⁴
昌平	二十 ɚ⁵¹ʂʅ³⁵无合音	三十 san⁵⁵ʂʅ³⁵无合音	一百 i⁵³pai²¹⁴
怀柔	二十 ɚ⁵¹ʂʅ³⁵无合音	三十 san⁵⁵ʂʅ³⁵无合音	一百 i⁵¹pai²¹⁴
密云	二十 ɚ⁵¹ʂʅ³⁵无合音	三十 san⁵⁵ʂʅ³⁵无合音	一百 i⁵¹pai²¹³
顺义	二十 ɚ⁵¹ʂʅ³⁵无合音	三十 san⁵⁵ʂʅ³⁵无合音	一百 i⁵¹pai²¹⁴
延庆	二十 ɚ²¹ʂʅ⁵⁵无合音	三十 san⁴⁴ʂʅ⁵⁵无合音	一百 i⁴⁴pai²¹⁴
平谷	二十 ɚ⁵¹ʂʅ⁵⁵无合音	三十 san³⁵ʂʅ⁵⁵无合音	一百 i⁵¹pai²¹³

	1075 一千	1076 一万	1077 一百零五
西城	一千 i⁵¹tɕʰian⁵⁵	一万 i³⁵uan⁵¹	一百零五 i⁵¹pai²¹liŋ³⁵u²¹⁴
通州	一千 i⁵¹tɕʰian⁵⁵	一万 i³⁵uan⁵¹	一百零五 i⁵¹pai²¹liŋ³⁵u²¹⁴
大兴	一千 i⁵¹tɕʰian⁵⁵	一万 i³⁵uan⁵¹	一百零五 i⁵¹pai²¹liŋ³⁵u²¹⁴
房山	一千 i⁵¹tɕʰian⁵⁵	一万 i³⁵uan⁵¹	一百零五 i⁵¹pai²¹⁴liŋ³⁵u²¹⁴
门头沟	一千 i⁵¹tɕʰian⁵⁵	一万 i³⁵uan⁵¹	一百零五 i⁵¹pai²¹liŋ³⁵u²¹⁴
昌平	一千 i⁵³tɕʰian⁵⁵	一万 i³⁵uan⁵¹	一百零五 i⁵³pai²¹liŋ³⁵u²¹⁴
怀柔	一千 i⁵⁵tɕʰian⁵⁵	一万 i³⁵uan⁵¹	一百零五 i⁵¹pai²¹liŋ³⁵u²¹⁴
密云	一千 i⁵¹tɕʰian⁵⁵	一万 i³⁵uan⁵¹	一百零五 i⁵¹pai²¹liŋ³⁵u²¹³
顺义	一千 i⁵¹tɕʰian⁵⁵	一万 i³⁵uan⁵¹	一百零五 i⁵¹pai²¹liŋ³⁵u²¹⁴
延庆	一千 i⁴⁴tɕʰian⁴²	一万 i⁴⁴van⁵³	一百零五 i⁴⁴pai⁰liŋ⁵⁵u²¹⁴
平谷	一千 i³⁵tɕʰian³⁵	一万 i³⁵uan⁵¹	一百零五 i⁵¹pai²¹liŋ⁵⁵u²¹³

	1078 一百五十	1079 第一~，第二	1080 二两 重量
西城	一百五 i⁵¹ pai³⁵ u²¹⁴	第一 ti⁵¹ i⁵⁵	二两 ɚ⁵¹ liaŋ²¹⁴
通州	一百五 i⁵¹ pai³⁵ u²¹⁴	第一 ti⁵¹ i⁵⁵	二两 ɚ⁵¹ liaŋ²¹⁴
大兴	一百五 i⁵¹ pai³⁵ u²¹⁴	第一 ti⁵¹ i⁵⁵	二两 ɚ⁵¹ liaŋ²¹⁴
房山	一百五 i⁵¹ pai²¹⁴ u²¹⁴ 一百五十 i⁵¹ pai²¹ u²¹ ʂɿ³⁵	第一 ti⁵¹ i⁵⁵	二两 ɚ⁵¹ liaŋ²¹⁴
门头沟	一百五 i⁵¹ pai³⁵ u²¹⁴	第一 ti⁵¹ i⁵⁵	二两 ɚ⁵¹ liaŋ²¹⁴
昌平	一百五 i⁵³ pai²¹ u²¹⁴	第一 ti⁵³ i⁵⁵	二两 ɚ⁵³ liaŋ²¹⁴
怀柔	一百五十 i⁵¹ pai³⁵ u²¹ ʂɿ³⁵	第一 ti⁵¹ i⁵⁵	二两 ɚ⁵¹ liaŋ²¹⁴
密云	一百五 i⁵¹ pai³⁵ u²¹⁴ 一百五十 i⁵¹ pai²¹ u²¹ ʂɿ³⁵	第一 ti⁵¹ i⁵⁵	二两 ɚ⁵¹ liaŋ²¹³
顺义	一百五 i⁵¹ pai³⁵ u²¹⁴	第一 ti⁵¹ i⁵⁵	二两 ɚ⁵¹ liaŋ²¹⁴
延庆	一百五 i⁴⁴ pai⁰ u²¹⁴ 一百五十 i⁴⁴ pai u²⁴ ʂɿ⁵⁵	第一 ti²¹ i⁴²	二两 ɚ²¹ liaŋ²¹⁴
平谷	一百五 i⁵¹ pai³⁵ u²¹³	第一 ti⁵¹ i³⁵	二两 ɚ⁵¹ liaŋ²¹³

	1081 几个 你有~孩子？	1082 俩 你们~	1083 仨 你们~
西城	几个 tɕi²¹ kə⁰	俩 lia²¹⁴	仨 sa⁵⁵
通州	几个 tɕi²¹ kə⁰	俩 lia²¹⁴	仨 sa⁵⁵
大兴	几个 tɕi²¹ kə⁰	俩 lia²¹⁴	仨 sa⁵⁵
房山	几个 tɕi²¹ kɤ⁵¹	俩 lia²¹⁴	仨 sa⁵⁵
门头沟	几个 tɕi²¹ kɤ⁵¹	俩 lia²¹⁴	仨 sa⁵⁵
昌平	几个 tɕi²¹ kɤ⁵¹	俩 lia²¹⁴	仨 sa⁵⁵
怀柔	几个 tɕi²¹ kə⁵¹	俩 lia²¹⁴	仨 sa⁵⁵
密云	几个 tɕi²¹ kɤ⁵¹	俩 lia²¹³	仨 sa⁵⁵
顺义	几个 tɕi²¹ kə⁰	俩 lia²¹⁴	仨 sa⁵⁵
延庆	几个 tɕi²⁴ kə⁰	俩 lia²¹⁴	仨 sa⁴²
平谷	几个 tɕi²¹ kɤ⁰	俩 lia²¹³	仨 sa³⁵

词汇对照

	1084 个把	1085 个 一~人	1086 匹 一~马
西城	个把 kɤ⁵¹pɐ⁰	个 kɤ⁵¹	匹 pʰi²¹⁴
通州	个把 kɤ⁵¹pa⁰	个 kɤ⁵¹	匹 pʰi²¹⁴
大兴	个把 kɤ⁵¹pa²¹⁴	个 kɤ⁵¹	匹 pʰi²¹⁴
房山	个把 kɤ⁵¹pa⁰	个 kɤ⁵¹	匹 pʰi²¹⁴
门头沟	个把 kɤ⁵¹pa²¹⁴	个 kɤ⁵¹	匹 pʰi³⁵
昌平	个把 kɤ⁵³pa²¹⁴	个 kɤ⁵¹	匹 pʰi⁵⁵
怀柔	个儿把 kɤr⁵¹pa⁰	个 kə⁵¹	匹 pʰi²¹⁴
密云	个把儿 kɤ⁵¹pɐr⁰	个 kɤ⁵¹	匹 pʰi²¹³
顺义	个儿把 kɤr⁵¹pa⁰	个 kɤ⁵¹	匹 pʰi²¹⁴
延庆	一两个 i⁴⁴liaŋ²⁴kə⁰	个 kə⁵³	匹 pʰi⁴²
平谷	个把 kɤ⁵¹pa⁰	个 kɤ⁵¹	匹 pʰi²¹³

	1087 头 一~牛	1088 头 一~猪	1089 只 一~狗
西城	头 tʰou³⁵	头 tʰou³⁵	条 tʰiau³⁵
通州	头 tʰou³⁵	头 tʰou³⁵ 口 kʰou²¹⁴	条 tʰiau³⁵
大兴	头 tʰou³⁵	头 tʰou³⁵	条 tʰiau³⁵
房山	头 tʰou³⁵	头 tʰou³⁵	只 tʂʅ⁵⁵ 条 tʰiau³⁵
门头沟	头 tʰou³⁵	头 tʰou³⁵	条 tʰiau³⁵
昌平	头 tʰou³⁵	口 kʰou²¹⁴	条 tʰiau³⁵
怀柔	头 tʰou³⁵	头 tʰou³⁵	只 tʂʅ⁵⁵ 条 tʰiau³⁵
密云	头 tʰou³⁵	头 tʰou³⁵	条 tʰiau³⁵
顺义	头 tʰou³⁵	口 kʰou²¹⁴	条 tʰiau³⁵
延庆	头 tʰou⁵⁵ 条 tʰiao⁵⁵	口 kʰou²¹⁴	条 tʰiao⁵⁵
平谷	头 tʰou⁵⁵	口 kʰou²¹³	条 tʰiau⁵⁵

	1090 只—~鸡	1091 只—~蚊子	1092 条—~鱼
西城	只 tʂʅ⁵⁵	只 tʂʅ⁵⁵	条 tʰiau³⁵
通州	只 tʂʅ⁵⁵	只 tʂʅ⁵⁵	条 tʰiau³⁵
大兴	只 tʂʅ⁵⁵	只 tʂʅ⁵⁵	条 tʰiau³⁵
房山	只 tʂʅ⁵⁵	个 kɤ⁵¹	条 tʰiau³⁵
门头沟	只 tʂʅ⁵⁵	只 tʂʅ⁵⁵	条 tʰiau³⁵
昌平	只 tʂʅ⁵⁵	个 kɤ⁵¹	条 tʰiau³⁵
怀柔	只 tʂʅ⁵⁵	只 tʂʅ⁵⁵ 个 kə⁵¹	条 tʰiau³⁵
密云	只 tʂʅ⁵⁵	个 kɤ⁵¹	条 tʰiau³⁵
顺义	只 tʂʅ⁵⁵	只 tʂʅ⁵⁵	条 tʰiau³⁵
延庆	只 tʂʅ⁴²	个 kɤ⁵³	条 tʰiao⁵⁵
平谷	只 tʂʅ³⁵	个 kɤ⁵¹	条 tʰiau⁵⁵

	1093 条—~蛇	1094 张—~嘴	1095 张—~桌子
西城	条 tʰiau³⁵	张 tʂaŋ⁵⁵	张 tʂaŋ⁵⁵
通州	条 tʰiau³⁵	张 tʂaŋ⁵⁵	张 tʂaŋ⁵⁵
大兴	条 tʰiau³⁵	张 tʂaŋ⁵⁵	张 tʂaŋ⁵⁵
房山	条 tʰiau³⁵	张 tʂaŋ⁵⁵	张 tʂaŋ⁵⁵
门头沟	条 tʰiau³⁵	张 tʂaŋ⁵⁵	张 tʂaŋ⁵⁵
昌平	条 tʰiau³⁵	张 tʂaŋ⁵⁵	张 tʂaŋ⁵⁵
怀柔	条 tʰiau³⁵ 根儿 kər⁵⁵	张 tʂaŋ⁵⁵	张 tʂaŋ⁵⁵
密云	条 tʰiau³⁵	张 tʂaŋ⁵⁵	张 tʂaŋ⁵⁵
顺义	条 tʰiau³⁵	张 tʂaŋ⁵⁵	张 tʂaŋ⁵⁵
延庆	条 tʰiao⁵⁵	张 tʂaŋ⁴²	个 kɤ⁵³ 张 tʂaŋ⁴²
平谷	根儿 kər³⁵ 条 tʰiau⁵⁵	张 tʂaŋ³⁵	个 kɤ⁵¹

词汇对照

	1096 床—~被子	1097 领—~席子	1098 双—~鞋
西城	床 tʂʰuaŋ³⁵	领 liŋ²¹⁴	双 ʂuaŋ⁵⁵
通州	床 tʂʰuaŋ³⁵	领 liŋ²¹⁴	双 ʂuaŋ⁵⁵
大兴	床 tʂʰuaŋ³⁵	领 liŋ²¹⁴	双 ʂuaŋ⁵⁵
房山	床 tʂʰuaŋ³⁵	领 liŋ²¹⁴	双 ʂuaŋ⁵⁵
门头沟	床 tʂʰuaŋ³⁵	领 liŋ²¹⁴	双 ʂuaŋ⁵⁵
昌平	条 tʰiau³⁵	领 liŋ²¹⁴	双 ʂuaŋ⁵⁵
怀柔	个 kə⁵¹ 床 tʂʰuaŋ³⁵	领 liŋ²¹⁴	双 ʂuaŋ⁵⁵
密云	床 tʂʰuaŋ³⁵	领 liŋ²¹³	双 ʂuaŋ⁵⁵
顺义	床 tʂʰuaŋ³⁵	领 liŋ²¹⁴	双 ʂuaŋ⁵⁵
延庆	床 tʂʰuaŋ⁵⁵	领 liŋ²¹⁴	双 ʂuaŋ⁴²
平谷	条 tʰiau⁵⁵	领 liŋ²¹³ 张 tʂaŋ³⁵	双 ʂuaŋ³⁵

	1099 把—~刀	1100 把—~锁	1101 根—~绳子
西城	把 pa²¹⁴	把 pa²¹⁴	根儿 kər⁵⁵
通州	把 pa²¹⁴	把 pa²¹⁴	根儿 kər⁵⁵
大兴	把 pa²¹⁴	把 pa²¹⁴	根儿 kər⁵⁵
房山	把 pa²¹⁴	把 pa²¹⁴	根 kən⁵⁵
门头沟	把 pa²¹⁴	把 pa²¹⁴	根儿 kər⁵⁵
昌平	把 pa²¹⁴	把 pa²¹⁴	条 tʰiau³⁵
怀柔	把 pa²¹⁴	把 pa²¹⁴	根儿 kər⁵⁵
密云	把 pa²¹³	把 pa²¹³	根儿 kər⁵⁵
顺义	把 pa²¹⁴	把 pa²¹⁴	根儿 kɤr⁵⁵
延庆	把 pa²¹⁴	把 pa²¹⁴	根儿 kər⁴²
平谷	把 pa²¹³	个 kɤ⁵¹ 把 pa²¹³	根儿 kər³⁵

	1102 支 一~毛笔	1103 副 一~眼镜	1104 面 一~镜子
西城	支 tʂʅ⁵⁵	副 fu⁵¹	面 mian⁵¹
通州	支 tʂʅ⁵⁵	副 fu⁵¹	面 mian⁵¹
大兴	支 tʂʅ⁵⁵	副 fu⁵¹	面 mian⁵¹
房山	支 tʂʅ⁵⁵	副 fu⁵¹	面 mian⁵¹
门头沟	支 tʂʅ⁵⁵	副 fu⁵¹	面 mian⁵¹
昌平	支 tʂʅ⁵⁵	副 fu⁵¹	面 mian⁵¹
怀柔	支 tʂʅ⁵⁵	副 fu⁵¹	面 mian⁵¹
密云	支 tʂʅ⁵⁵	副 fu⁵¹	块儿 kʰuɐr⁵¹
顺义	支 tʂʅ⁵⁵	副 fu⁵¹	面 mian⁵¹
延庆	杆儿 kɐr²¹⁴	副 fu⁵³	块儿 kʰuɐr⁵³
平谷	支 tʂʅ³⁵ 个 kɤ⁵¹	副 fu⁵¹	个 kɤ⁵¹

	1105 块 一~香皂	1106 辆 一~车	1107 座 一~房子
西城	块儿 kʰuɐr⁵¹	辆 liaŋ⁵¹	座 tsuo⁵¹
通州	块儿 kʰuɐr⁵¹	辆 liaŋ⁵¹	座 tsuo⁵¹
大兴	块儿 kʰuɐr⁵¹	辆 liaŋ⁵¹	处儿 tʂʰur⁵¹
房山	块儿 kʰuɐr⁵¹	辆 liaŋ⁵¹	座 tsuo⁵¹
门头沟	块儿 kʰuɐr⁵¹	辆 liaŋ⁵¹	座 tsuo⁵¹
昌平	块儿 kʰuɐr⁵¹	辆 liaŋ⁵¹	座 tsuo⁵¹
怀柔	块儿 kʰuɐr⁵¹	辆 liaŋ⁵¹ 台 tʰai³⁵	所 suo²¹⁴ 所儿 ʂuor²¹⁴
密云	块儿 kʰuɐr⁵¹	辆 liaŋ⁵¹	处 tʂʰu⁵¹
顺义	块儿 kʰuɐr⁵¹	辆 liaŋ⁵¹	座 tsuo⁵¹
延庆	块儿 kʰuɐr⁵³	辆 liaŋ⁵³	处 tʂʰu⁵³
平谷	块儿 kʰuɐr⁵¹	辆 liaŋ⁵¹	处 tʂʰu⁵¹

词汇对照

	1108 座—~桥	1109 条—~河	1110 条—~路
西城	座 tsuo⁵¹	条 tʰiau³⁵	条 tʰiau³⁵
通州	座 tsuo⁵¹	条 tʰiau³⁵	条 tʰiau³⁵
大兴	座 tsuo⁵¹	条 tʰiau³⁵	条 tʰiau³⁵
房山	座 tsuo⁵¹	条 tʰiau³⁵	条 tʰiau³⁵
门头沟	座 tsuo⁵¹	条 tʰiau³⁵	条 tʰiau³⁵
昌平	个 kɤ⁵¹ 座 tsuo⁵¹	条 tʰiau³⁵	条 tʰiau³⁵
怀柔	座 tsuo⁵¹	条 tʰiau³⁵	条 tʰiau³⁵
密云	座 tsuo⁵¹	条 tʰiau³⁵	条 tʰiau³⁵
顺义	座 tsuo⁵¹	条 tʰiau³⁵	条 tʰiau³⁵
延庆	个 kɤ⁵³ 座 tsuo⁵³	条 tʰiao⁵⁵	条 tʰiao⁵⁵
平谷	个 kɤ⁵¹ 座 tsuo⁵¹	条 tʰiau⁵⁵	条 tʰiau⁵⁵

	1111 棵—~树	1112 朵—~花	1113 颗—~珠子
西城	棵 kʰɤ⁵⁵	朵 tuo²¹⁴	颗 kʰɤ⁵⁵
通州	棵 kʰɤ⁵⁵	朵儿 tuor²¹⁴	颗 kʰɤ⁵⁵
大兴	棵 kʰɤ⁵⁵	朵儿 tuɐr²¹⁴	颗 kʰɤ⁵⁵
房山	棵 kʰɤ⁵⁵	朵 tuo²¹⁴	颗 kʰɤ⁵⁵
门头沟	棵 kʰɤ⁵⁵	朵 tuo²¹⁴	颗 kʰɤ⁵⁵
昌平	棵 kʰɤ⁵⁵	朵儿 tuor²¹⁴	颗 kʰɤ⁵⁵
怀柔	棵 kʰə⁵⁵	朵 tuo²¹⁴	颗 kʰə⁵⁵
密云	棵 kʰɤ⁵⁵	朵儿 tʰuor²¹³	颗 kʰɤ⁵⁵
顺义	棵 kʰɤ⁵⁵	朵儿 tʰuɤr²¹⁴	颗 kʰɤ⁵⁵
延庆	棵 kʰɤ⁴²	朵 tuo²¹⁴	个 kɤ⁵¹
平谷	棵 kʰɤ³⁵	朵 tʰuo²¹³	个 kɤ⁵¹

	1114 粒——米	1115 顿——饭	1116 剂——中药
西城	粒儿 liər⁵¹	顿 tuən⁵¹	剂 tɕi⁵¹
通州	粒儿 liər⁵¹	顿 tuən⁵¹	剂 tɕi⁵¹
大兴	粒儿 liər⁵¹	顿 tuən⁵¹	副 fu⁵¹
房山	粒 li⁵¹	顿 tuən⁵¹	剂 tɕi⁵¹
门头沟	粒儿 liər⁵¹	顿 tuən⁵¹	剂 tɕi⁵¹
昌平	粒 li⁵¹	顿 tuən⁵¹	副 fu⁵¹
怀柔	粒 li⁵¹	顿 tuən⁵¹	副 fu⁵¹
密云	粒 li⁵¹	顿 tun⁵¹	剂 tɕi⁵¹
顺义	粒儿 liər⁵¹	顿 tuən⁵¹	剂 tɕi⁵¹
延庆	粒儿 liər⁵³	顿 tuən⁵³	副 fu⁵³
平谷	粒儿 liər⁵¹	顿 tuən⁵¹	副 fu⁵¹

	1117 股——香味	1118 行——字	1119 块——钱
西城	股儿 kur²¹⁴	行儿 xãr³⁵	块 kʰuai⁵¹
通州	股儿 kur²¹⁴	行 xaŋ³⁵	块 kʰuai⁵¹
大兴	股子 ku²¹tsʅ⁰	行儿 xãr³⁵	块 kʰuai⁵¹
房山	股 ku²¹⁴	趟 tʰaŋ⁵¹ 行 xaŋ³⁵ 溜儿 liour⁵¹	块 kʰuai⁵¹
门头沟	股儿 kur²¹⁴	行 xaŋ³⁵	块 kʰuai⁵¹
昌平	股儿 kur²¹⁴	溜儿 liour⁵⁵	块 kʰuai⁵¹
怀柔	股 ku²¹⁴	行 xaŋ³⁵	块 kʰuai¹
密云	股 ku²¹³	行 xaŋ³⁵	块 kʰuai⁵¹
顺义	股儿 kur²¹⁴	行儿 xãr³⁵	块 kʰuai⁵¹
延庆	股 ku²¹⁴	溜儿 liour⁴²	块 kʰuai⁵³
平谷	股 ku²¹³	行 xaŋ⁵⁵	块 kʰuai⁵¹

词汇对照

	1120 毛角：一~钱	1121 件一~事情	1122 点儿一~东西
西城	毛 mau³⁵	件 tɕian⁵¹	点儿 tiɐr²¹⁴
通州	毛 mau³⁵	件 tɕian⁵¹	点儿 tiɐr²¹⁴
大兴	毛 mau³⁵	件 tɕian⁵¹	点儿 tiɐr²¹⁴
房山	毛 mau³⁵	件 tɕian⁵¹	点儿 tiɐr²¹⁴
门头沟	毛 mau³⁵	件 tɕian⁵¹	点儿 tiɐr²¹⁴
昌平	毛 mau³⁵	个 kɤ⁵¹ 件 tɕian⁵¹	点儿 tiɐr²¹⁴
怀柔	毛 mau³⁵	件 tɕian⁵¹	点儿 tiɐr²¹⁴
密云	毛 mau³⁵	件 tɕian⁵¹	点儿 tiɐr²¹³
顺义	毛 mau³⁵	件 tɕian⁵¹	点儿 tiɐr²¹⁴
延庆	毛 mao⁵⁵	个 kɤ⁵³	点儿 tiɐr²¹⁴
平谷	毛 mau⁵⁵	个 kɤ⁵¹	点儿 tiɐr²¹³

	1123 些一~东西	1124 下打一~, 动量, 不是时量	1125 会儿坐了一~
西城	些 ɕie⁵⁵	下 ɕia⁵¹	会儿 xuər⁵¹
通州	些 ɕie⁵⁵	下儿 ɕiɐr⁵¹	会儿 xuər²¹⁴
大兴	些 ɕie⁵⁵	下儿 ɕiɐr⁵¹	会儿 xuər²¹⁴
房山	些 ɕie⁵⁵	下儿 ɕiɐr⁵¹	会儿 xuər²¹⁴
门头沟	些 ɕie⁵⁵	下 ɕia⁵¹	会儿 xuər⁵¹
昌平	些 ɕie⁵⁵	下儿 ɕiɑr⁵¹	会儿 xuər²¹⁴
怀柔	些 ɕie⁵⁵	下 ɕia⁵¹	会儿 xuər²¹⁴
密云	些 ɕie⁵⁵	下儿 ɕiɐr⁵¹	会儿 xuər²¹³
顺义	些 ɕie⁵⁵	下儿 ɕiɑr⁵¹	会儿 xuər²¹⁴
延庆	些 ɕie⁴²	下儿 xɐr⁵³/ɕiɐr⁵³	会儿 xuər²¹⁴
平谷	点儿 tiɐr²¹³	下儿 ɕiɑr⁵¹	会儿 xuər²¹³

	1126 顿 打一~	1127 阵 下了一~雨	1128 趟 去了一~
西城	顿 tuən⁵¹	阵儿 tʂər⁵¹	趟 tʰaŋ⁵¹
通州	顿 tuən⁵¹	阵儿 tʂər⁵¹	趟 tʰaŋ⁵¹
大兴	顿 tuən⁵¹	阵儿 tʂər⁵¹	趟 tʰaŋ⁵¹
房山	顿 tuən⁵¹	阵儿 tʂər⁵¹	趟 tʰaŋ⁵¹
门头沟	顿 tuən⁵¹	阵儿 tʂər⁵¹	趟 tʰaŋ⁵¹
昌平	顿 tuən⁵¹	阵儿 tʂər⁵¹	趟 tʰaŋ⁵¹
怀柔	顿 tuən⁵¹	阵儿 tʂər⁵¹	趟 tʰaŋ⁵¹ 回 xuei³⁵
密云	顿 tun⁵¹	阵儿 tʂər⁵¹	趟 tʰaŋ⁵¹
顺义	顿 tuən⁵¹	阵儿 tʂər⁵¹	趟 tʰaŋ⁵¹
延庆	顿 tuən⁵³	阵儿 tʂər⁵³	回 xuei⁵⁵ 遭儿 tsɑor⁴²
平谷	顿 tuən⁵¹	阵儿 tʂər⁵¹	趟 tʰaŋ⁵¹ 回 xuei⁵⁵

	1129 我 ~姓王	1130 你 ~也姓王	1131 您 尊称
西城	我 uo²¹⁴	你 ni²¹⁴	您 nin³⁵
通州	我 uo²¹⁴	你 ni²¹⁴	您 nin³⁵
大兴	我 uo²¹⁴	你 ȵi²¹⁴	您 ȵin³⁵
房山	我 uo²¹⁴	你 ni²¹⁴	您 nin³⁵
门头沟	我 uo²¹⁴	你 ni²¹⁴	您 nin³⁵
昌平	俺 an²¹⁴ 我 uo²¹⁴	你 ni²¹⁴	您 nin³⁵
怀柔	我 uo²¹⁴/uan²¹⁴ 俺 nan²¹⁴	你 ni²¹⁴	您 nin³⁵ 您 nin⁵⁵
密云	我 uo²¹³	你 ȵi²¹³	您 ȵin³⁵
顺义	我 uo²¹⁴	你 ni²¹⁴	您 nin³⁵
延庆	我 uo²¹⁴	你 ȵi²¹⁴	您 ȵin⁵⁵
平谷	我 uo²¹³	你 ni²¹³	您 nin⁵⁵

词汇对照

	1132 他~姓张	1133 我们 不包括听话人：你们别去，~去	1134 咱们 包括听话人：他们不去，~去吧
西城	他 tʰa⁵⁵	我们 m²¹ mən⁰/uo²¹ mən⁰	咱们 tsan³⁵ mən⁰
通州	他 tʰa⁵⁵	我们 uo²¹ mən⁰	咱 tsan³⁵
大兴	他 tʰa⁵⁵	我们 uan²¹ mən⁰/uo²¹ mən⁰	咱 tsan³⁵ 咱们 tsan³⁵ mən⁰
房山	他 tʰa⁵⁵	我们 uo²¹ mən⁰	咱们 tsan³⁵ mən⁰
门头沟	他 tʰa⁵⁵	我们 uo²¹ mən³⁵	咱们 tsan³⁵ mən⁰
昌平	他 tʰa⁵⁵	俺们 an²¹ mən⁰ 我们 uo²¹ mən⁰	咱们 tsan³⁵ mən⁰
怀柔	他 tʰa⁵⁵ 怹 tʰan⁵⁵	我们 uo²¹ mən⁰/uan²¹ mən⁰	咱们 tsan³⁵ mən⁰ 我们 uo²¹ mən⁰
密云	他 tʰa⁵⁵	[我们] uan²¹³	咱 tsan³⁵
顺义	他 tʰa⁵⁵	[我们] uan²¹⁴	咱 tsan³⁵
延庆	他 tʰa⁴²	俺们 an²⁴ mən⁰	咱们 tsan⁵⁵ mən⁰
平谷	他 tʰa³⁵	我们 uo²¹ mən⁰	咱们 tsan⁵⁵ mən⁰

	1135 你们~去㊳	1136 他们~去	1137 大家~一起干
西城	你们 ni²¹ mən⁰	他们 tʰa⁵⁵ mən⁰	大伙儿 ta⁵¹ xuor²¹⁴
通州	你们 ni²¹ mən⁰ 您们 nin²¹ mən⁰ 尊称	他们 tʰa⁵⁵ mən⁰ 怹们 tʰan⁵⁵ mən⁰ 尊称	大伙儿 ta⁵¹ xuor²¹⁴
大兴	你们 ȵi²¹ mən⁰	他们 tʰa⁵⁵ mən⁰	大伙儿 ta⁵¹ xuor²¹⁴
房山	你们 ni²¹ mən⁰	他们 tʰa⁵⁵ mən⁰	大伙儿 ta⁵¹ xuɤr²¹⁴
门头沟	你们 ni²¹ mən⁰	他们 tʰa⁵⁵ mən⁰	大伙儿 ta⁵¹ xuor²¹⁴
昌平	你们 ni²¹ mən⁰	他们 tʰa⁵⁵ mən⁰	大伙儿 ta⁵³ xuor²¹⁴
怀柔	你们 ni²¹ mən⁰ 您们 nin²¹ mən⁰	他们 tʰa⁵⁵ mən⁰ 怹们 tʰan⁵⁵ mən⁰	大伙儿 ta⁵¹ xuor²¹⁴
密云	你们 ȵi²¹ mən⁰ 您 ȵin²¹³	他们 tʰa⁵⁵ mən⁰ 怹 tʰan⁵⁵	大伙儿 ta⁵¹ xuor²¹³
顺义	您们 niŋ²¹ mən⁰	他们 tʰa⁵⁵ mən⁰	大伙儿 ta⁵¹ xuɤr²¹⁴
延庆	您们 ȵin²⁴ mən⁰	怹们 tʰan⁴² mən⁰	大伙儿 ta²¹ xuor²¹⁴
平谷	你们 ni²¹ mən⁰	他们 tʰa³⁵ mən⁰	大伙儿 ta⁵¹ xuor²¹³

	1138 自己 我~做的	1139 别人 这是~的	1140 我爸 ~今年八十岁
西城	自个儿 tsʅ⁵¹kɤr²¹⁴ 自己个儿 tsʅ⁵¹tɕi⁰kɤr²¹⁴	人家 ʐən³⁵tɕiə⁰	我爸 uo²¹pa⁵¹
通州	自个儿 tsʅ⁵¹kər²¹⁴ 自己个儿 tsʅ⁵¹tɕi⁰kər²¹⁴	人家 ʐən³⁵tɕiə⁰	我爸 uo²¹pa⁵¹
大兴	自个儿 tsʅ⁵¹kɤr²¹⁴	人家 ʐən³⁵tɕiə⁰	我爸 uo²¹pa⁵¹
房山	自个儿 tsʅ⁵¹kɤr²¹⁴	别人儿 pie³⁵ʐˌər³⁵	我爸 uo²¹pa⁵¹
门头沟	自个儿 tsʅ⁵¹kɤr²¹⁴	人家 ʐən³⁵tɕia⁰	我爸 uo²¹pa⁵¹
昌平	一耳 =i⁵³ɚ²¹⁴ 自个儿 tɕi⁵¹kər²¹⁴	人家 ʐən³⁵tɕiə⁰	俺爸 an²¹pa⁵¹
怀柔	自个儿 tsʅ⁵¹kɤr²¹⁴/tɕi⁵¹kɤr²¹⁴	别人 pie³⁵ʐˌən³⁵	我爸 uo²¹pa⁵¹
密云	个儿 kɤr⁵¹ 自个儿 tsʅ⁵¹kɤr²¹³	别人 pie³⁵ʐˌən⁰	我爸 uo²¹pa⁵¹
顺义	自个儿 tsʅ⁵¹kɤr²¹⁴ 自己个儿 tsʅ⁵¹tɕi⁰kɤr²¹⁴	人家 ʐən³⁵tɕia⁰	我爸 uo²¹pa⁵¹
延庆	自个儿 tsʅ²¹kɤr²¹⁴	人家 ʐən⁵⁵tɕia⁰	我爹 uo²⁴tie⁴² 我爸爸 uo²⁴pa⁵³pa⁰
平谷	个儿 kɤr³⁵	别人儿 pie⁵⁵ʐˌər⁰	我爸 uo²¹pa⁵¹

	1141 你爸 ~在家吗？	1142 他爸 ~去世了	1143 这个 我要~，不要那个
西城	你爸 ni²¹pa⁵¹	他爸 tʰa⁵⁵pa⁵¹	[这一]个 tʂei⁵¹kə⁰
通州	你爸 ni²¹pa⁵¹	他爸 tʰa⁵⁵pa⁵¹	[这一]个 tʂei⁵¹kə⁰
大兴	你爸 ȵi²¹pa⁵¹	他爸 tʰa⁵⁵pa⁵¹	[这一]个 tʂei⁵¹kə⁰
房山	你爸 ni²¹pa⁵¹	他爸 tʰa⁵⁵pa⁵¹	[这一]个 tʂei⁵¹kə⁰
门头沟	你爸 ni²¹pa⁵¹	他爸 tʰa⁵⁵pa⁵¹	这个 tʂɤ⁵¹kə⁰
昌平	你爸 ni²¹pa⁵¹	他爸 tʰa⁵⁵pa⁵¹	[这一]个 tʂei⁵³kə⁰
怀柔	你爸 ni²¹pa⁵¹	他爸 tʰa⁵⁵pa⁵¹	这个 tʂə⁵¹kə⁰ [这一]个 tʂei⁵¹kə⁰
密云	你爸 ȵi²¹pa⁵¹	他爸 tʰa⁵⁵pa⁵¹	[这一]个 tʂei⁵¹kɤ⁰
顺义	你爸 ni²¹pa⁵¹	他爸 tʰa⁵⁵pa⁵¹	[这一]个 tʂei⁵¹kə⁰
延庆	你爹 ȵi²⁴tie⁴² 你爸爸 ȵi²⁴pa⁵³pa⁰	他爹 tʰa⁴⁴tie⁴² 他爸爸 tʰa⁴⁴pa⁵³pa⁰	[这一]个 tʂei⁵³kə⁰
平谷	你爸 ni²¹pa⁵¹	他爸 tʰa³⁵pa⁵¹	[这一]个 tʂei⁵¹kɤ⁰

词汇对照

	1144 那个 我要这个, 不要~	1145 哪个 你要~杯子?	1146 谁 你找~?
西城	[那一]个 nei⁵¹kə⁰	[哪一]个 nei²¹kə⁰	谁 ʂei³⁵
通州	[那一]个 nei⁵¹kə⁰	[哪一]个 nei²¹kə⁰ 哪个 na²¹kə⁰	谁 ʂei³⁵
大兴	[那一]个 nei⁵¹kə⁰	[哪一]个 nei²¹kə⁰	谁 ʂei³⁵
房山	[那一]个 nei⁵¹kə⁰	[哪一]个 nei²¹kə⁰	谁 ʂei³⁵
门头沟	那个 na⁵¹kə⁰	[哪一]个 nei²¹kə⁰	谁 ʂuei³⁵
昌平	[那一]个 nei⁵³kə⁰	[哪一]个 nei²¹kə⁰	谁 ʂei³⁵
怀柔	那个 na⁵¹kə⁰/nə⁵¹kə⁰ [那一]个 nei⁵¹kə⁰	哪个 na²¹kə⁰ [哪一] nei²¹kə⁰	谁 ʂuei³⁵
密云	[那一]个 nei⁵¹kɤ⁰	[哪一]个 nei²¹³kɤ⁰	谁 ʂei³⁵
顺义	[那一]个 nei⁵¹kə⁰	[哪一]个 nei²¹kə⁰	谁 ʂei³⁵
延庆	[那一]个 nei⁵³kə⁰	[哪一]个 nai²⁴kə⁰	谁 ʂei⁵⁵
平谷	[那一]个 nei⁵¹kɤ⁰	[哪一]个 nai²¹kɤ⁰	谁 ʂuei⁵⁵

	1147 这里 在~, 不在那里	1148 那里 在这里, 不在~	1149 哪里 你到~去?
西城	这里 tʂɤ⁵¹li⁰ 这儿 tʂɤr⁵¹	那里 na⁵¹li⁰ 那儿 nar⁵¹	哪里 na³⁵li⁰
通州	这里 tʂɤ⁵¹li⁰ 这儿 tʂɤr⁵¹	那里 na⁵¹li⁰ 那儿 nar⁵¹	哪儿 nar²¹⁴
大兴	这儿 tʂɤr⁵¹	那儿 nɐr⁵¹	哪儿 nɐr²¹⁴
房山	这儿 tʂɤr⁵¹	那儿 nɐr⁵¹	哪儿 nɐr²¹⁴
门头沟	这儿 tʂɤr⁵¹	那儿 nɐr⁵¹	哪儿 nɐr²¹⁴
昌平	这儿 tʂɤr⁵¹	那儿 nɤr⁵¹	哪儿 nar²¹⁴
怀柔	这儿 tʂər⁵¹	那儿 nɐr⁵¹	哪儿 nɐr²¹⁴
密云	这儿 tʂɤr⁵¹	那儿 nər⁵¹	哪儿 nɐr²¹³
顺义	这儿 tʂɤr⁵¹	那儿 nar⁵¹	哪儿 nar²¹⁴
延庆	这儿 tʂɐr⁵³	那儿 nɐr⁵³	哪儿 nɐr²¹⁴
平谷	这儿 tʂər⁵¹ [这一]坨儿 tʂei⁵¹tʰuor⁵⁵	那儿 nɑr⁵¹ [那一]坨儿 nei⁵¹tʰuor⁵⁵	哪儿 nɑr²¹³

	1150 这样事情是~的，不是那样的	1151 那样事情是这样的，不是~的	1152 怎样什么样：你要~的？
西城	这样儿 tʂɤ⁵¹iãr⁰	那样儿 na⁵¹iãr⁰	哪样儿 na²¹iãr⁰
通州	[这一]样儿 tʂei⁵¹iãr⁰	那样儿 na⁵¹iãr⁰ [那一]样儿 nei⁵¹iãr⁰	怎样儿 tsən²¹iãr⁰
大兴	[这一]样儿 tʂei⁵¹iãr⁰	[那一]样儿 nei⁵¹iãr⁰	什么样 ʂən³⁵mə⁰iãr⁰
房山	[这一]样 tʂei⁵³iaŋ⁵¹	[那一]样 nei⁵³iaŋ⁵¹	哪样 na²¹iaŋ⁵¹ 什么样儿 ʂən³⁵mə⁰iãr⁵¹
门头沟	这样 tʂɤ⁵³iaŋ⁵¹	那样 na⁵³iaŋ⁵¹	哪样 na²¹iaŋ⁵¹
昌平	这样 tʂɤ⁵³iaŋ⁵¹	那样 na⁵³iaŋ⁵¹	哪样 na²¹iaŋ⁵¹
怀柔	这样 tʂə⁵¹iaŋ⁰	那样儿 na⁵¹iãr⁰ [那一]样儿 nei⁵¹iãr⁰	啥样儿 ʂa³⁵iãr⁵¹
密云	[这一]样 tʂei⁵³iaŋ⁵¹	[那一]样 nei⁵³iaŋ⁵¹	咋儿的 tsɐr²¹³tɤ⁰
顺义	[这一]样儿 tʂei⁵¹iãr⁰	[那一]样儿 nei⁵¹iãr⁰	怎样儿 tsən²¹iãr⁰
延庆	[这么]tʂəŋ⁵³ 这么 tʂə⁵³mə⁰	[那么]nəŋ⁵³ 那么 nə⁵³mə⁰	刷⁼儿样儿 ʂuɐr⁵³iãr⁰
平谷	这样 tʂɤ⁵¹iaŋ⁰	那样 na⁵¹iaŋ⁰	啥样儿 ʂa⁵⁵iar⁵¹

	1153 这么~贵啊	1154 怎么这个字~写？	1155 什么这个是~字？
西城	这么 tʂɤ⁵¹mə⁰	怎么 tsən²¹mə⁰	什么 ʂən³⁵mə⁰
通州	这么 tʂɤ⁵¹mə⁰	怎么 tsən²¹mə⁰	什么 ʂən³⁵mə⁰ 啥 ʂa³⁵
大兴	这么 tʂɤ⁵¹mə⁰	怎么 tsən²¹mə⁰	什么 ʂən³⁵mə⁰
房山	这么 tʂən⁵¹mə⁰	怎么 tsən²¹mə⁰	什么 ʂən³⁵mə⁰
门头沟	这么 tʂɤ⁵¹mə⁰	怎么 tsən²¹mə⁰	什么 ʂən³⁵mə⁰
昌平	那么 nən⁵³mə⁰	怎么 tsən²¹mə⁰	什么 ʂən³⁵mə⁰
怀柔	这么 tʂə⁵¹mə⁰	咋儿 tsɐr²¹⁴	啥 ʂa³⁵
密云	这么 tʂɤ⁵¹mɤ⁰	咋儿 tsɐr²¹³	啥 ʂa³⁵
顺义	这么 tʂən⁵¹mə⁰	怎么 tsən²¹mə⁰	什么 ʂən³⁵mə⁰ 啥 ʂa³⁵
延庆	[这么]tʂəŋ⁵³ 这么 tʂə⁵³mə⁰	咋 tsa²¹⁴	刷⁼儿 ʂuɐr⁵³
平谷	这么 tʂɤ⁵¹mə⁰ 这 tʂɤ⁵¹	咋 tsa²¹³	啥 ʂa⁵⁵

	1156 什么 你找~?	1157 为什么 你~不去?	1158 干什么 你在~?
西城	什么 ʂən³⁵mə⁰	干嘛 kan⁵¹ma³⁵ 为什么 uei⁵¹ʂən³⁵mə⁰	干嘛 kan⁵¹ma³⁵
通州	什么 ʂən³⁵mə⁰ 啥 ʂa³⁵	干嘛 kan⁵¹ma³⁵ 为啥 uei⁵¹ʂa³⁵	干嘛 kan⁵¹ma³⁵ 干啥 kan⁵¹ʂa³⁵
大兴	什么 ʂən³⁵mə⁰	干嘛 kan⁵¹ma³⁵	干嘛 kan⁵¹ma³⁵
房山	什么 ʂən³⁵mə⁰	为啥 uei⁵¹ʂa³⁵ 为什么 uei⁵¹ʂən³⁵mə⁰	干啥 kan⁵¹ʂa³⁵
门头沟	什么 ʂən³⁵mə⁰	为啥 uei⁵¹ʂa³⁵ 为什么 uei⁵¹ʂən³⁵mə⁰	干嘛 kan⁵¹ma³⁵
昌平	什么 ʂən³⁵mə⁰ 啥 ʂa³⁵	怎 tsən²¹⁴ 为啥 uei⁵¹ʂa³⁵	干啥 kan⁵¹ʂa³⁵
怀柔	啥 ʂa³⁵	为啥 uei⁵¹ʂa³⁵	干啥 kan⁵¹ʂa³⁵
密云	啥 ʂa³⁵	咋儿 tsɐr²¹³ 为啥 uei⁵¹ʂa³⁵	干啥 kan⁵¹ʂa³⁵
顺义	什么 ʂən³⁵mə⁰ 啥 ʂa³⁵	干嘛 kan⁵¹ma³⁵ 为啥 uei⁵¹ʂa³⁵	干嘛 kan⁵¹ma³⁵ 干啥 kan⁵¹ʂa³⁵
延庆	刷⁼儿 ʂuɐr⁵³	咋 tsa²¹⁴ 为刷⁼儿 vei²⁴ʂuɐr⁵³	干刷儿 kan²⁴ʂuɐr⁵³
平谷	啥 ʂa⁵⁵	为啥 uei⁵¹ʂa⁵⁵ 咋 tsa²¹³	干啥 kan⁵¹ʂa⁵⁵

	1159 多少 这个村有~人?	1160 很 今天~热	1161 非常 比上条程度深：今天~热
西城	多少 tuo⁵⁵ʂɔ⁰	很 xən²¹⁴	忒 tʰei:⁵⁵
通州	多少 tuo³⁵ʂau⁰	挺 tʰiŋ²¹⁴ 很 xən²¹⁴	贼 tsei³⁵ 忒 tʰuei:⁵⁵
大兴	多少 tuo⁵⁵ʂau⁰	挺 tʰiŋ²¹⁴	太 tʰai⁵¹
房山	多少 tuo⁵⁵ʂau⁰	挺 tʰiŋ²¹⁴	太 tʰai⁵¹
门头沟	多少 tuo⁵⁵ʂau²¹⁴	很 xən²¹⁴	忒 tʰuei:⁵⁵
昌平	多少 tuo⁵⁵ʂau²¹⁴	忒 tʰuei:⁵⁵	太 tʰai⁵¹
怀柔	多少 tuo³⁵ʂɔ⁰	真 tʂən⁵⁵ 挺 tʰiŋ²¹³	贼 tsei³⁵ 忒 tʰei:⁵⁵
密云	多少 tuo³⁵ʂau⁰	挺 tʰiŋ²¹³	贼 tsei³⁵
顺义	多儿少 tuɤr⁵⁵ʂ⁰	挺 tʰiŋ²¹⁴	贼 tsei³⁵
延庆	多少 tuo⁴²ʂao⁰	挺 tʰiŋ²¹⁴ 真 tʂən⁴²	忒 tʰei:⁴² 太 tʰai⁵³
平谷	多儿 tuor³⁵	挺 tʰiŋ²¹³	忒 tʰuei:³⁵

	1162 更 今天比昨天~热	1163 太 这个东西~贵，买不起	1164 最 弟兄三个中他~高
西城	更 kəŋ⁵¹	忒 tʰei:⁵⁵ 太 tʰai⁵¹	最 tsuei⁵¹
通州	还 xai³⁵ 更 kəŋ⁵¹	忒 tʰuei:⁵⁵	最 tsuei⁵¹
大兴	还 xai³⁵	太 tʰai⁵¹	最 tsuei⁵¹
房山	更 kəŋ⁵¹	太 tʰai⁵¹	最 tsuei⁵¹
门头沟	更 kəŋ⁵¹	忒 tʰuei:⁵⁵ 太 tʰai⁵¹	最 tsuei⁵¹
昌平	更 kəŋ⁵¹	太 tʰai⁵¹	最 tsuei⁵¹
怀柔	还 xai³⁵	忒 tʰuei:⁵⁵	最 tsuei⁵¹
密云	更 kəŋ⁵¹	忒 tʰuei:⁵⁵	最 tsuei⁵¹
顺义	还 xai³⁵	忒 tʰuei:⁵⁵	最 tsuei⁵¹
延庆	还 xai⁵⁵	忒 tʰei:⁴² 太 tʰai⁵³	最 tsuei⁵³
平谷	还 xai⁵⁵	忒 tʰuei:³⁵	最 tsuei⁵¹

词汇对照

	1165 都大家~来了	1166 一共~多少钱？	1167 一起我和你~去
西城	都 tou⁵⁵/tu⁵⁵	一共 i³⁵kuŋ⁵¹	一块儿 i³⁵kʰuɐr⁵¹ 一堆儿 i⁵¹tuər⁵⁵ 一块堆儿 i³⁵kʰuai⁵¹tuər⁵⁵
通州	都 tou⁵⁵	总共 tsuŋ²¹kuŋ⁵¹	一块儿 i³⁵kʰuɐr⁵¹ 一块堆儿 i³⁵kʰuai⁵¹tuər⁵⁵
大兴	都 tou⁵⁵	拢共 luŋ²¹kuŋ⁵¹	一块儿 i³⁵kʰuɐr⁵¹
房山	都 tou⁵⁵	一共 i³⁵kuŋ⁵¹	一块儿 i³⁵kʰuɐr⁵¹
门头沟	都 tou⁵⁵	一共 i³⁵kuŋ⁵¹ 总共 tsuŋ²¹kuŋ⁵¹	一块儿 i³⁵kʰuɐr⁵¹
昌平	都 tou⁵⁵	总共 tsuŋ²¹kuŋ⁵¹	一块儿 i³⁵kʰuɐr⁵¹
怀柔	都 tou⁵⁵ 全 tɕʰyan³⁵	一共 i³⁵kuŋ⁵¹ 拢共 luŋ²¹kuŋ⁵¹	一块儿 i³⁵kʰuɐr⁵¹
密云	都 tou⁵⁵	总共 tsuŋ²¹kuŋ⁵¹	一块儿 i³⁵kʰuɐr⁵¹
顺义	都 tou⁵⁵	总共 tsuŋ²¹kuŋ⁵¹	一块儿 i³⁵kʰuɐr⁵¹ 一块堆儿 i³⁵kʰuai⁵¹tuər⁵⁵
延庆	都 tou⁴²	拢共 luŋ²⁴kuŋ⁵³	一块儿 i⁴⁴kʰuɐr⁵³
平谷	都 tou³⁵	共总 kuŋ⁵¹tsuŋ²¹³ 一共 i³⁵kuŋ⁵¹	一块儿 i³⁵kʰuɐr⁵¹

	1168 只我~去过一趟	1169 刚这双鞋我穿着~好	1170 刚我~到
西城	只 tʂʅ²¹⁴	正 tʂəŋ⁵¹	刚 kaŋ⁵⁵
通州	只 tʂʅ²¹⁴	正 tʂəŋ⁵¹	刚 kaŋ⁵⁵
大兴	就 tɕiou⁵¹	正 tʂəŋ⁵¹	刚 kaŋ⁵⁵
房山	只 tʂʅ²¹⁴	正 tʂəŋ⁵¹	刚 kaŋ⁵⁵
门头沟	只 tʂʅ²¹⁴	正 tʂəŋ⁵¹	刚 kaŋ⁵⁵
昌平	只 tʂʅ²¹⁴	正 tʂəŋ⁵¹	刚 kaŋ⁵⁵
怀柔	就 tɕiou⁵¹	正 tʂəŋ⁵¹	刚 kaŋ⁵⁵
密云	就 tɕiou⁵¹	正 tʂəŋ²¹³	刚 kaŋ⁵⁵
顺义	只 tʂʅ²¹⁴	正 tʂəŋ⁵¹	刚 kaŋ⁵⁵
延庆	就 tsou⁵³	正 tʂəŋ⁵³	刚 kaŋ⁴²
平谷	就 tou⁵¹/tɕiou⁵¹	正 tʂəŋ⁵¹	刚 kaŋ³⁵

	1171 才 你怎么~来啊？	1172 就 我吃了饭~去	1173 经常 我~去
西城	才 tsʰai³⁵	就 tɕiou⁵¹	经常 tɕiŋ⁵⁵tʂʰaŋ³⁵
通州	才 tsʰai³⁵	就 tɕiou⁵¹	常 tʂʰaŋ³⁵
大兴	才 tsʰai³⁵	就 tɕiou⁵¹	常 tʂʰaŋ³⁵
房山	才 tsʰai³⁵	就 tɕiou⁵¹	常 tʂʰaŋ³⁵
门头沟	才 tsʰai³⁵	就 tɕiou⁵¹	经常 tɕiŋ⁵⁵tʂʰaŋ³⁵ 老 lau²¹⁴
昌平	刚 kaŋ⁵⁵	就 tɕiou⁵¹	常 tʂʰaŋ³⁵
怀柔	才 tsʰai³⁵	就 tɕiou⁵¹	老是 lau²¹ʂʐ⁵¹ 常 tʂʰaŋ³⁵
密云	才 tsʰai³⁵	就 tɕiou⁵¹	常 tʂʰaŋ³⁵
顺义	才 tsʰai³⁵	就 tɕiou⁵¹	常 tʂʰaŋ³⁵
延庆	才 tsʰai⁵⁵	就 tsou⁵³	常 tʂʰaŋ⁵⁵
平谷	才 tsʰai⁵⁵	就 tou⁵¹/tɕiou⁵¹	净 tɕiŋ⁵¹ 常 tʂʰaŋ⁵⁵

	1174 又 他~来了	1175 还 他~没回家	1176 再 你明天~来
西城	又 iou⁵¹	还 xai³⁵	再 tsai⁵¹
通州	又 iou⁵¹	还 xai³⁵	再 tsai⁵¹
大兴	又 iou⁵¹	还 xai³⁵	再 tsai⁵¹
房山	又 iou⁵¹	还 xai³⁵	再 tsai⁵¹
门头沟	又 iou⁵¹	还 xai³⁵	再 tsai⁵¹
昌平	又 iou⁵¹	还 xai³⁵	再 tsai⁵¹
怀柔	又 iou⁵¹	还 xai³⁵	再 tsai⁵¹
密云	又 iou⁵¹	还 xai³⁵	再 tsai⁵¹
顺义	又 iou⁵¹	还 xai³⁵	再 tsai⁵¹
延庆	又 iou⁵³	还 xai⁵⁵	再 tsai⁵³
平谷	又 iou⁵¹	还 xai⁵⁵	再 tai⁵¹

词汇对照

	1177 也 我~去；我~是老师	1178 反正 不用急，~还来得及	1179 没有 昨天我~去
西城	也 ie²¹⁴	反正 fan²¹ tʂəŋ⁵¹	没 mei³⁵
通州	也 ie²¹⁴	反正 fan²¹ tʂəŋ⁵¹	没 mei³⁵
大兴	也 ie²¹⁴	左巴 tsuo²¹ pa⁰ 反正 fan²¹ tʂəŋ⁵¹	没 mei³⁵
房山	也 ie²¹⁴	反正 fan²¹ tʂəŋ⁰	没 mei³⁵
门头沟	也 ie²¹⁴	反正 fan²¹ tʂəŋ⁵¹	没 mei³⁵
昌平	也 ie²¹⁴	反正 fan²¹ tʂəŋ⁵¹	没 mei³⁵
怀柔	也 ie²¹⁴	反正 fan²¹ tʂəŋ⁵¹	没 mei³⁵
密云	也 ie²¹³	反正 fan²¹ tʂəŋ⁵¹	没 mei³⁵
顺义	也 ie²¹⁴	左巴 tsuo²¹ pa⁰ 反正 fan²¹ tʂəŋ⁰	没 mei³⁵
延庆	也 ie²¹⁴	反正 fan²⁴ tʂəŋ⁵³	没 mei⁵⁵
平谷	也 ie²¹³	反正 fan²¹ tʂəŋ⁵¹	没 mei⁵⁵

	1180 不 明天我~去	1181 别 你~去	1182 甭 不用，不必：你~客气
西城	不 pu⁵¹	甭 pəŋ³⁵/piŋ³⁵ 别 pie³⁵	甭 pəŋ³⁵/piŋ³⁵
通州	不 pu⁵¹	甭 pəŋ³⁵	甭 pəŋ³⁵
大兴	不 pu⁵¹	甭 pəŋ³⁵	甭 pəŋ³⁵
房山	不 pu⁵¹	别 pie³⁵	甭 pəŋ³⁵
门头沟	不 pu⁵¹	甭 pəŋ³⁵ 别 pie³⁵	甭 pəŋ³⁵ 别 pie³⁵
昌平	不 pu³⁵	甭 pəŋ³⁵	甭 pəŋ³⁵
怀柔	不 pu⁵⁵	别 pie³⁵ 甭 pəŋ³⁵	甭 pəŋ³⁵
密云	不 pu⁵¹	别 pie³⁵	甭 pəŋ³⁵
顺义	不 pu³⁵	甭 pəŋ³⁵/piŋ³⁵ 别 pie³⁵	甭 pəŋ³⁵/piŋ³⁵
延庆	不 pu⁴⁴	别 pai⁵⁵	甭 pəŋ⁵⁵
平谷	不 pu³⁵	别 pie⁵⁵	甭 pəŋ⁵⁵

	1183 快~天~亮了	1184 差点儿~摔倒了	1185 宁可~买贵的
西城	快 kʰuai⁵¹	差点儿 tʂʰa⁵¹ tiɐr²¹⁴	宁可 niŋ³⁵ kʰɤ²¹⁴
通州	快 kʰuai⁵¹	差点儿 tʂʰa⁵¹ tiɐr²¹⁴	宁可 niŋ³⁵ kʰɤ²¹⁴
大兴	快 kʰuai⁵¹	差点儿 tʂʰa⁵¹ tiɐr²¹⁴	宁可 ɲiŋ³⁵ kʰɤ²¹⁴
房山	快 kʰuai⁵¹	差点儿 tʂʰa⁵¹ tiɐr²¹⁴	宁可 niŋ⁵¹ kʰɤ²¹⁴
门头沟	快 kʰuai⁵¹	差点儿 tʂʰa⁵¹ tiɐr²¹⁴	宁可 niŋ⁵¹ kʰɤ²¹⁴
昌平	快 kʰuai⁵¹	差点儿 tʂʰa⁵³ tiɐr²¹⁴	宁可 niŋ⁵¹ kʰɤ²¹⁴
怀柔	快 kʰuai⁵¹	差点儿 tʂʰa⁵¹ tiɐr²¹⁴ 差不点儿 tʂʰa⁵¹ pu⁰ tiɐr²¹⁴	宁愿 niŋ⁵¹ yan⁵¹ 认可 ʐən⁵¹ kʰə²¹⁴
密云	快 kʰuai⁵¹	差点儿 tʂʰa⁵¹ tiɐr²¹³	宁可 ɲiŋ⁵¹ kʰɤ²¹³ 任可 ʐən⁵¹ kʰɤ²¹³
顺义	快 kʰuai⁵¹	差点儿 tʂʰa⁵¹ tiɐr²¹⁴	宁可 niŋ³⁵ kʰɤ²¹⁴
延庆	快 kʰuai⁵³	差点儿 tʂʰa²¹ tiɐr²¹⁴	情愿 tɕʰiŋ⁵⁵ yan⁵³
平谷	快 kʰuai⁵¹	差点儿 tʂʰa⁵¹ tiɐr²¹³	情愿 tɕʰiŋ⁵⁵ yan⁵¹

	1186 故意~打破的	1187 随便~弄一下	1188 白~跑一趟
西城	故意 ku⁵¹ i⁵¹ 成心 tʂʰəŋ³⁵ ɕin⁵⁵	随便 suei³⁵ pian⁵¹	白 pai³⁵
通州	成心 tʂʰəŋ³⁵ ɕin⁵⁵	随便 suei³⁵ pian⁵¹	白 pai³⁵
大兴	成心 tʂʰəŋ³⁵ ɕin⁵⁵	随便 suei³⁵ pian⁵¹	白 pai³⁵
房山	特意儿 tʰɤ²¹ iər⁵¹ 成心 tʂʰəŋ³⁵ ɕin⁵⁵	随便儿 suei³⁵ piɐr⁵¹	白 pai³⁵
门头沟	成心 tʂʰəŋ³⁵ ɕin⁵⁵ 故意 ku⁵³ i⁵¹	随便 suei³⁵ pian⁵¹	白 pai³⁵
昌平	成心 tʂʰəŋ³⁵ ɕin⁵⁵	随便儿 suei³⁵ piɐr⁵¹	白 pai³⁵
怀柔	成心 tʂʰəŋ³⁵ ɕin⁵⁵	随便儿 suei³⁵ piɐr⁵¹	白 pai³⁵
密云	成心 tʂʰəŋ³⁵ ɕin⁵⁵	随便儿 suei³⁵ piɐr⁵¹	白 pai³⁵
顺义	成心 tʂʰəŋ³⁵ ɕin⁵⁵	随便 suei³⁵ pian⁵¹	白 pai³⁵
延庆	当⁼个⁼月⁼儿 taŋ²⁴ kə⁰ yɐr⁵³ 故故意儿 ku²¹ ku²¹ iər⁵³	随便儿 suei⁵⁵ piɐr⁵³	白 pai⁵⁵
平谷	成心 tʂʰəŋ⁵⁵ ɕin³⁵	随便儿 suei⁵⁵ piɐr⁵¹	白 pai⁵⁵

	1189 肯定~是他干的	1190 可能~是他干的	1191 一边~走，~说
西城	肯定 kʰən²¹tiŋ⁵¹	没准儿 mei³⁵tʂuər²¹⁴	一边儿 i⁵¹piɐr⁵⁵
通州	保准儿 pau³⁵tʂuər²¹⁴	没准儿 mei³⁵tʂuər²¹⁴	一边儿 i⁵¹piɐr⁵⁵
大兴	肯定 kʰən²¹tiŋ⁵¹	没准儿 mei³⁵tʂuər²¹⁴	边 pian⁵⁵
房山	肯定 kʰən²¹tiŋ⁵¹	没准儿 mei³⁵tʂuər²¹⁴ 可能 kʰɤ²¹nəŋ³⁵	一边儿 i⁵¹piɐr⁵⁵
门头沟	肯定 kʰən²¹tiŋ⁵¹	没准儿 mei³⁵tʂuər²¹⁴ 可能 kʰɤ²¹nəŋ³⁵	一边儿 i⁵¹piɐr⁵⁵
昌平	准 tʂuən²¹⁴	没准儿 mei³⁵tʂuər²¹⁴	一边儿 i⁵³piɐr⁵⁵
怀柔	肯定 kʰən²¹tiŋ⁵¹ 就是 tɕiou⁵¹ʂʅ⁵¹	没准儿 mei³⁵tʂuər²¹⁴ 可能 kʰə²¹nəŋ³⁵	边 pian⁵⁵
密云	肯定 kʰən²¹tiŋ⁵¹	没准儿 mei³⁵tʂuər²¹⁴ 可能 kʰɤ²¹nəŋ³⁵	边 pian⁵⁵
顺义	保准儿 pau³⁵tʂuər²¹⁴	没准儿 mei³⁵tʂuər²¹⁴	一边儿 i⁵¹piɐr⁵⁵
延庆	肯定 kʰən²⁴tiŋ⁵³	没准儿 mei⁵⁵tʂuər²¹⁴	边 pian⁴²
平谷	肯定 kʰən²¹tiŋ⁵¹	没准儿 mei⁵⁵tʂuər²¹⁴ 可能 kʰɤ²¹nəŋ⁵⁵	边 pian³⁵ 一边儿 i³⁵piɐr³⁵

	1192 和~我~他都姓王	1193 和~我昨天~他去城里了	1194 对~他~我很好
西城	跟 kən⁵⁵ 和 xɤ³⁵	跟 kən⁵⁵ 和 xɤ³⁵	对 tuei⁵¹
通州	跟 kən⁵⁵ 和 xɤ³⁵	跟 kən⁵⁵ 和 xɤ³⁵	对 tuei⁵¹
大兴	跟 kən⁵⁵	跟 kən⁵⁵	对 tuei⁵¹
房山	跟 kən⁵⁵ 和 xɤ³⁵	跟 kən⁵⁵ 和 xɤ³⁵	对 tuei⁵¹
门头沟	跟 kən⁵⁵ 和 xɤ³⁵	跟 kən⁵⁵	对 tuei⁵¹
昌平	跟 kən⁵⁵ 和 xɤ³⁵	跟 kən⁵⁵ 和 xɤ³⁵	对 tuei⁵¹
怀柔	跟 kən⁵⁵ 和 xə³⁵	跟 kən⁵⁵ 和 xə³⁵	对 tuei⁵¹
密云	跟 kən⁵⁵ 和 xɤ³⁵	跟 kən⁵⁵ 和 xɤ³⁵	对 tuei⁵¹
顺义	跟 kən⁵⁵ 和 xɤ³⁵	跟 kən⁵⁵ 和 xɤ³⁵	对 tuei⁵¹
延庆	跟 kən⁴²	跟 kən⁴²	对 tuei⁵³
平谷	跟 kən³⁵ 和 xɤ⁵⁵	跟 kən³⁵ 和 xɤ⁵⁵	对 tuei⁵¹

	1195 往~东走	1196 向~他借一本书	1197 按~他的要求做
西城	往 uaŋ²¹⁴	跟 kən⁵⁵	按 an⁵¹
通州	往 uaŋ²¹⁴	跟 kən⁵⁵ 朝 tʂʰau³⁵	按 an⁵¹
大兴	往 uaŋ²¹⁴	跟 kən⁵⁵	按 ŋan⁵¹
房山	往 uaŋ²¹⁴	跟 kən⁵⁵ 向 ɕiaŋ⁵¹	按 ŋan⁵¹
门头沟	往 uaŋ²¹⁴	跟 kən⁵⁵	按 ŋan⁵¹
昌平	往 uaŋ²¹⁴	跟 kən⁵⁵	按 an⁵¹
怀柔	往 uaŋ²¹⁴ 望 uaŋ⁵¹	跟 kən⁵⁵ 向 ɕiaŋ⁵¹	按 nan⁵¹
密云	朝 tʂʰau³⁵ 往 uaŋ²¹³	跟 kən⁵⁵	按 nan⁵¹
顺义	往 uaŋ²¹⁴ 朝 tʂʰau³⁵	跟 kən⁵⁵ 朝 tʂʰau³⁵	按 an⁵¹
延庆	往 vaŋ²¹⁴ 朝 tʂʰao⁵⁵	跟 kən⁴²	照 tʂao⁵³
平谷	往 uaŋ²¹³	跟 kən³⁵	按 nan⁵¹

词汇对照　409

	1198 替~他写信	1199 如果~忙你就别来了	1200 不管~怎么劝他都不听
西城	替 tʰi⁵¹	如果 zu³⁵kuo²¹⁴ 要是 iau²¹ʂʅ⁵¹	甭管 pəŋ³⁵kuan²¹⁴ 不管 pu⁵¹kuan²¹⁴
通州	替 tʰi⁵¹	要是 iau²¹ʂʅ⁵¹	甭管 pəŋ³⁵kuan²¹⁴
大兴	替 tʰi⁵¹	要是 iau⁵¹ʂʅ⁵¹	甭管 pəŋ³⁵kuan²¹⁴
房山	替 tʰi⁵¹	要是 iau⁵¹ʂʅ⁵¹ 要 iau⁵¹	不管 pu⁵¹kuan²¹⁴
门头沟	替 tʰi⁵¹	要是 iau⁵¹ʂʅ⁰	甭管 pəŋ³⁵kuan²¹⁴
昌平	替 tʰi⁵¹	要是 iau⁵³sʅ⁰ 要 iau⁵¹	甭管 pəŋ³⁵kuan²¹⁴
怀柔	替 tʰi⁵¹	要是 iau⁵¹ʂʅ⁵¹ 要 iau⁵¹	不管 pu⁵¹kuan²¹⁴
密云	替 tʰi⁵¹	要是 iau⁵¹ʂʅ⁵¹	甭管 pəŋ³⁵kuan²¹³
顺义	替 tʰi⁵¹	要是 iau⁵³ʂʅ⁵¹	甭管 piŋ³⁵kuan²¹⁴
延庆	代 tai⁵³ 替 tʰi⁵³	要是 iao²¹ʂʅ⁵³ 如果 zu⁵⁵kuo²¹⁴	不管 pu⁴⁴kuan²¹⁴
平谷	替 tʰi⁵¹	要是 iau⁵¹ʂʅ⁰ 如果 zu⁵⁵ku²¹³	不管 pu⁵¹kuan²¹³

附注：

① 0001 太阳，通州 tʰai²¹iɐr³⁵ 中的 iɐr³⁵ 本字可能为"阳"，lau²¹iɐr³⁵ 中的 iɐr³⁵ 既可能为"阳"，也可能为"爷"，但两种说法的儿化读音与 iaŋ 韵和 ie 韵的儿化韵均不符，暂记为同音字。

② 0090 早晨，昌平"早先⁼"、怀柔"早新⁼"、平谷"早些⁼"可能均为"早清"的弱化形式。

③ 0092 中午，大兴、房山、昌平、怀柔、密云的"晌火⁼"，延庆、平谷的"晌乎⁼"均为"晌午"的音变。

④ 0225 蝙蝠，各点叫法应该均为"檐蝙蝠"的音变；平谷"票⁼火⁼"意为"屁股"，见"0493 屁股"。

⑤ 0228 喜鹊，顺义、平谷"喜"变为 tɕʰ 声母；通州、怀柔、延庆"鹊"

韵母变为 iou。

⑥ 0236 蝴蝶，各地"蝶"皆读作 t^h 声母上声。蝶，《广韵》有他协、徒协二切，北京各地读音应来自他协切。

⑦ 0237 蜻蜓，各点"蚂螂""蚂楞⁼""蚂林⁼"疑为"蚂蛉"的音变；延庆"水虹虹儿"的"虹"疑为"蜓"的音变。

⑧ 0242 蚯蚓，各地"蛐颤⁼""蛐车⁼""蛐春⁼"等说法的后字应该是"蟮"的音变。

⑨ 0250 鲤鱼，门头沟"领⁼鱼"、延庆"檩⁼鱼"为"鲤鱼"的音变。

⑩ 0263 公牛，怀柔"莽⁼牛"、平谷"蒙⁼牛"，前字可能是"牤"的音变。

⑪ 0302 卧室。北京地区对于卧室的称说跟当地的房屋空间布局有关，旧时一般人家的平房，大致分为外屋、里屋，外屋有锅灶用来做饭及冬天给里屋的土炕供暖，里屋主要是土炕，为生活起居的主要场所，并没有独立的卧室，贫穷人家房子小，可能连里屋、外屋都无法分隔。各点"卧室"的说法一般都是晚近才出现的。"0304 厨房"通州称"外屋儿"、延庆称"外地下"，也与此有关。

⑫ 0316 扫帚，西城、通州、房山、门头沟、延庆、平谷等说法皆为"扫帚""笤帚"的音变。

⑬ 0412 下水，昌平无统称，"下水"指大肠、小肠、胃等，"上水"指肺、心、肝儿等。

⑭ 0437 吃午饭，房山、昌平、怀柔的"晌火⁼"，大兴、延庆、平谷的"晌乎⁼"均为"晌午"的音变。

⑮ 0462 鼻涕，西城、密云"鼻挺⁼"为"鼻涕"的音变；昌平"脓耐⁼"为"脓带"的音变。

⑯ 0475 手，北京各区方言都只指手，不包括臂。

⑰ 0485 指甲，门头沟、怀柔"指角⁼"和平谷"指就⁼"据周边方言应为"指甲"的音变。

⑱ 0487 脚，北京各区方言都只指脚，不包括腿。

⑲ 0489 背，各地"脊娘⁼""脊宁⁼""脊经⁼""脊将⁼""脊能⁼"等皆为"脊梁"的音变。

⑳ 0493 屁股，房山、密云、顺义、平谷的叫法皆为"屁股"的音变，其中密云、顺义 p^{h}ie^{51} 无同音字，记为本字"屁"，其他记为同音字。

㉑ 0567 祠堂，北京地区无"祠堂"，有说法的方言也是有名无物。

㉒ 0584 亲戚，西城、通州等地"亲亲"后字为"戚"受前字"亲"同化的音变。

㉓ 0586 邻居，西城、通州、房山等还有"隔壁儿 tɕie⁵¹piər²¹⁴"等说法，特指隔壁的邻居，此处只保留统称。

㉔ 0587 客人，房山、昌平、怀柔等"客"指亲戚，"客人"泛指一般来客。

㉕ 0601 贼，通州"小里⁼"疑为"小绺"的音变。

㉖ 0636 弟兄，通州、门头沟可以包括姐妹，但通州必须是老大为男性时。

㉗ 0637 姊妹，西城、通州、门头沟、怀柔、密云、延庆可以包括男性（其中通州老大必须是女性），大兴、房山、昌平、顺义、平谷不包括男性。不排除其中有发音人个人认识的因素。

㉘ 0669 犁，房山、昌平、怀柔、密云"犁正⁼"为"犁杖"的音变。

㉙ 0676 簸箕，房山原记为"簸箧"，"箧"义为小箱子，不符，tɕʰie⁰处为"箕"的音变形式；怀柔原记为"撮子"，经核，指扫地收拾垃圾的用具，与词条不符，改为"粪箕子"。

㉚ 0738 鞭炮，密云"炮正⁼"、平谷"炮中⁼"后字为"仗"的音变。

㉛ 0750 猜谜语，西城、通州等"闷⁼儿"为"谜儿"的音变。谜，《集韵》有平声绵批切和去声弥计切两读，去声的读音来自弥计切。

㉜ 0767 含，北京各地都说 xən（阳平）。含，《广韵》胡南切，另有去声的胡绀切，按规律都不读 xən 音。北大《汉语方音字汇》中把 xən 音处理为"含"的白读，徐世荣《北京土语辞典》认为是 xan 的变读。

㉝ 0822 戳，延庆"豙"，《集韵》都木切，说文：椎击物也。有异体字"豙""拸"。

㉞ 0846 收拾，各点"拾掇"后字韵母都有音变，门头沟声母也发生了变化，此处统一记为"掇"。怀柔"归轴⁼"可能是"归置"的音变。

㉟ 0847 挽，《集韵》有微母武远切和明母美辨切两读。怀柔"网⁼"为"挽"的音变。

㊱ 0931 告诉，各地皆为"告诉"的音变形式。房山、昌平除了后字变化外，前字 u 韵尾脱落；怀柔、顺义除了后字变化（顺义后字脱落）外，前字受后字影响出现鼻音色彩并儿化；各地的后字普遍增生了鼻音韵尾。

㊲ 0954 清，大兴、昌平"清凌"为"清亮"的弱化音变。

㊳ 1135 你们，通州、怀柔、密云、顺义、延庆第二人称复数有"您们"或"您"的说法，除通州发音人明确指出有尊称的含义外，其他方言都是普通的人称代词。从"您"的声调符合上声变调的情况看，这些方言的"您"应该都是"你"受后字"们"影响的结果。"1136 他们"通州等方言的"怹（们）"与"您（们）"情况相似。

语法卷

概　　述

一　本卷内容

本卷为《中国语言资源调查手册·汉语方言》（以下称"《调查手册》"）"肆　语法"50个语法例句的对照，列表展示西城、通州、大兴、房山、门头沟、昌平、怀柔、密云、顺义、延庆、平谷等11个调查点方言老男50条语法例句的说法。

二　编排方式

以《调查手册》"肆　语法"为序，先列例句，再分列各点说法。每个表格排列1个句目。

调查点排列顺序同语音卷、词汇卷。

三　凡例

用字：尽量使用本字。本字不明的，写同音字。

音变：连读调、儿化韵、轻声音变等音变现象只记录实际读音，与本音的对应关系请参考语音卷相关章节。

本卷使用比较普遍的一些符号说明如下：

/　分隔一个句目的不同说法。例如：你到底答应他不？/你到底答不答应他？/你到底答应不答应他？

=（上标）　表示前面的字是同音替代而不是本字。例如：俺不能赖人家，就赖一耳=我不能怪人家，只能怪自己｜这手巾太燎=申=了，□了吧这毛巾很脏了，扔了它吧。

[汉字]　表示合音，后跟国际音标。例如：[我们] uan^{214}｜[这么] tʂəŋ^{53}｜[告诉] kār^{51}。

语法例句对照

	0001 小张昨天钓了一条大鱼，我没有钓到鱼。
西城	小张儿昨儿钓了一条大鱼，我没钓着。 ɕiau²¹ tʂãr⁵⁵ tsuor³⁵ tiau⁵¹ lə⁰ i⁵¹ tʰiau³⁵ ta⁵¹ y³⁵, uo²¹ mei³⁵ tiau⁵¹ tʂau³⁵.
通州	小张儿昨儿个钓了一条大鱼，我没钓着。 ɕiau²¹ tʂãr⁵⁵ tsuor³⁵ kə⁰ tiau⁵¹ lə⁰ i⁵⁵ tʰiau³⁵ ta⁵¹ y³⁵, uo²¹ mei³⁵ tiau⁵¹ tʂau³⁵.
大兴	小张昨儿钓了一条大鱼，我没钓着。 ɕiau²¹ tʂaŋ⁵⁵ tsuɐr³⁵ tiau⁵¹ lə⁰ i⁵¹ tʰiau³⁵ ta⁵¹ y³⁵, uo²¹ mei³⁵ tiau⁵¹ tʂau³⁵.
房山	小张儿昨儿个钓了一条大鱼，我没有钓到鱼。 ɕiau²¹ tʂãr⁵⁵ tsuɤr³⁵ kə⁰ tiau⁵¹ lə⁰ i⁵¹ tʰiau³⁵ ta⁵¹ y³⁵, uo²¹ mei³⁵ iou⁰ tiau⁵¹ tau⁰ y³⁵.
门头沟	小张昨天钓了一条大鱼，我没钓着。 ɕiau²¹ tʂaŋ⁵⁵ tsuo³⁵ tʰian⁵⁵ tiau⁵¹ lə⁰ i⁵¹ tʰiau³⁵ ta⁵¹ y³⁵, uo²¹ mei³⁵ tiau⁵¹ tʂau³⁵.
昌平	小张昨儿个钓着了一条大鱼，俺没钓着鱼。 ɕiau²¹ tʂaŋ⁵⁵ tsuor³⁵ kə⁰ tiau⁵³ tʂau³⁵ lə⁰ i⁵³ tʰiau³⁵ ta⁵³ y³⁵, an²¹ mei³⁵ tiau⁵³ tʂau⁰ y³⁵.
怀柔	小张儿昨儿钓了一条鱼，我没钓着鱼。 ɕiau²¹ tʂaŋ⁵⁵ tsuor³⁵ tiau⁵¹ lə⁰ i⁵¹ tʰiau³⁵ y³⁵, uo²¹ mei³⁵ tiau⁵¹ tʂau⁰ y³⁵.
密云	小张昨儿个钓了一条大鱼，我没钓着。 ɕiau²¹ tʂaŋ⁵⁵ tsuor³⁵ kə⁰ tiau⁵¹ lə⁰ i⁵¹ tʰiau³⁵ ta⁵¹ y³⁵, uo²¹ mei³⁵ tiau⁵¹ tʂau³⁵.
顺义	小张儿昨儿个钓了一条大鱼，我没钓着。 ɕiau²¹ tʂãr⁵⁵ tsuɤr³⁵ kə⁰³⁵ tiau⁵¹ lə⁰ i⁵¹ tʰiau³⁵ ta⁵¹ y³⁵, uo²¹ mei³⁵ tiau⁵¹ tʂau³⁵.
延庆	小张儿夜个钓了一条大鱼，我没钓着。 ɕiao²⁴ tʂãr⁴² ie⁵³ kə⁰ tiao⁵³ lə⁰ i⁴⁴ tʰiao⁵⁵ ta²¹ y⁵⁵, uo²⁴ mei⁵⁵ tiao⁵³ tʂao⁰.
平谷	小张儿列⁼个钓一条大鱼，我没钓着。 ɕiau²¹ tʂar³⁵ lie⁵¹ kə⁰ tiau⁵¹ i³⁵ tʰiau⁵⁵ ta⁵¹ y⁵⁵, uo²¹ mei⁵⁵ tiau⁵¹ tʂau⁵⁵.

	0002a. 你平时抽烟吗？b. 不，我不抽烟。
西城	a. 你平时抽烟吗？b. 不，我不抽烟。 a. ni²¹ pʰiŋ³⁵ ʂʅ³⁵ tʂʰou⁵⁵ ian⁵⁵ mɐ⁰? b. pu⁵¹, uo²¹ pu⁵¹ tʂʰou⁵⁵ ian⁵⁵.
通州	a. 你平常抽烟吗？b. 不，我不抽烟。 a. ni²¹ pʰiŋ³⁵ tʂʰaŋ³⁵ tʂʰou⁵⁵ ian⁰ ma⁰? b. pu⁵¹, uo²¹ pu⁵¹ tʂʰou⁵⁵ ian⁵⁵.
大兴	a. 你平时抽烟吗？b. 我不抽烟。 a. ȵi²¹ pʰiŋ³⁵ ʂʅ³⁵ tʂʰou⁵⁵ ian⁵⁵ ma⁰? b. uo²¹ pu²¹ tʂʰou⁵⁵ ian⁵⁵.
房山	a. 你平时抽烟吗？b. 不，我不抽烟。 a. ni²¹⁴ pʰiŋ³⁵ ʂʅ³⁵ tʂʰou⁵⁵ ian⁵⁵ ma⁰? b. pu⁵¹, uo²¹⁴ pu⁵¹ tʂʰou⁵⁵ ian⁵⁵.
门头沟	a. 你平常抽烟吗？b. 不，我不会。 a. ni²¹ pʰiŋ³⁵ tʂʰaŋ³⁵ tʂʰou⁵⁵ ian⁵⁵ ma⁰? b. pu⁵¹, uo²¹ pu³⁵ xuei⁵¹.
昌平	a. 你平常抽烟吗？b. 俺不抽。 a. ni²¹ pʰiŋ³⁵ tʂʰaŋ³⁵ tʂʰou⁵⁵ ian⁵⁵ ma⁰? b. an²¹ pu⁵³ tʂʰou⁵⁵.
怀柔	a. 你平常抽烟吗？b. 我不抽烟。 a. ni²¹ pʰiŋ³⁵ tʂʰaŋ³⁵ tʂʰou⁵⁵ ian⁵⁵ ma⁰? b. uo²¹ pu⁵¹ tʂʰou⁵⁵ ian⁵⁵.
密云	a. 你平时抽烟吗？b. 不，我不抽。 a. ȵi²¹ pʰiŋ³⁵ ʂʅ⁰ tʂʰou⁵⁵ ian⁵⁵ ma⁵⁵? b. pu⁵¹, uo²¹ pu⁵¹ tʂʰou⁵⁵.
顺义	a. 你平常抽烟吗？b. 不，我不抽。 a. ni²¹ pʰiŋ³⁵ tʂʰaŋ⁰ tʂʰou⁵⁵ ian⁵⁵ ma⁰? b. pu⁵¹, uo²¹ pu⁵¹ tʂʰou⁵⁵.
延庆	a. 你平时抽烟不？b. 不，我不抽。 a. ȵi²⁴ pʰiŋ⁵⁵ ʂʅ⁵⁵ tʂʰou⁴⁴ ian⁴² pu⁰? b. pu⁴², uo²⁴ pu⁴⁴ tʂʰou⁴².
平谷	a. 你平常抽不抽烟？/你平常抽烟不？b. 不，我不抽烟。 a. ni²¹ pʰiŋ⁵⁵ tʂʰaŋ⁵⁵ tʂʰou³⁵ pu⁰ tʂʰou³⁵ ian³⁵? /ni²¹ pʰiŋ⁵⁵ tʂʰaŋ⁵⁵ tʂʰou³⁵ ian³⁵ pu⁰? b. pu³⁵, uo²¹ pu³⁵ tʂʰou³⁵ ian³⁵.

	0003a. 你告诉他这件事了吗？b. 是，我告诉他了。
西城	a. 你告诉他这件事儿了吗？b. 是，我告诉他了。 a. ni²¹ kau⁵¹ ʂuŋ⁰ tʰa⁵⁵ tʂɤ⁵³ tɕian⁵³ ʂər⁵¹ lə⁰ mɐ⁰？b. ʂʅ⁵¹，uo²¹ kau⁵¹ ʂuŋ⁰ tʰa⁵⁵ lə⁰。
通州	a. 你告诉他这事儿了吗？b. 是，我告诉他了。 a. ni²¹ kau⁵¹ ʂu⁰ tʰa⁵⁵ tʂɤ⁵¹ ʂər⁵¹ lə⁰ ma⁰？b. ʂʅ⁵¹，uo²¹ kau⁵¹ ʂu⁰ tʰa⁰ lə⁰.
大兴	a. 你告诉他那事儿了吗？b. 告诉了。 a. ȵi²¹ kau⁵¹ ʂuŋ⁰ tʰa⁵⁵ na⁵³ ʂər⁵¹ lə⁰ ma⁰？b. kau⁵¹ ʂuŋ⁰ lə⁰.
房山	a. 你告诉他[这一]件事儿了吗？b. 是，我告诉他了。 a. ni²¹⁴ kau⁵¹ su⁰ tʰa⁵⁵ tʂei⁵³ tɕian⁵³ ʂər⁵¹ lə⁰ ma⁰？b. ʂʅ⁵¹，uo²¹⁴ kau⁵¹ su⁰ tʰa⁵⁵ lə⁰.
门头沟	a. 这件事你告诉他了吗？b. 我告诉他了。 a. tʂɤ⁵³ tɕian⁵³ ʂʅ⁵¹ ni²¹ kau⁵¹ su⁰ tʰa⁰ lə⁰ ma⁰？b. uo²¹ kau⁵¹ su⁰ tʰa⁵⁵ lə⁰.
昌平	a. 你告诉他这事儿了吗？/你告诉他这事儿没？b. 俺告诉他了。 a. ni²¹ ka⁵³ ʂaŋ⁰ tʰa⁵⁵ tʂɤ⁵³ ʂər⁵³ lə⁰ ma⁰？/ni²¹ ka⁵³ ʂaŋ⁰ tʰa⁵⁵ tʂɤ⁵³ ʂər⁵³ mei³⁵？ b. an²¹ ka⁵³ ʂaŋ⁰ tʰa⁵⁵ lə⁰.
怀柔	a. 你[告诉]儿他这件事儿了吗？b. 我[告诉]儿他了。 a. ni²¹ kãr⁵¹ tʰa⁰ tʂə⁵¹ tɕian⁵¹ ʂər⁵¹ lə⁰ ma⁰？b. uo²¹ kãr⁵¹ tʰa⁰ lə⁰.
密云	a. 你告儿诉他[这一]件事儿了吗？b. 是，我告儿诉他了。 a. ȵi²¹ kaor⁵¹ ʂən⁰ tʰa⁵⁵ tʂei⁵³ tɕian⁵³ ʂər⁵¹ lə⁰ ma⁰？b. ʂʅ⁵¹，uo²¹ kaor⁵¹ ʂən⁰ tʰa⁵⁵ lə⁰.
顺义	a. 你告儿诉他这事儿了吗？b. 是，我告儿诉他了。 a. ni²¹ kaur⁵¹ ʂaŋ⁰ tʰa⁵⁵ tʂɤ⁵³ ʂər⁵¹ lə⁰ ma⁰？b. ʂʅ⁵¹，uo²¹ kaur⁵¹ ʂaŋ⁰ tʰa⁵⁵ lə⁰.
延庆	a. 你跟他说[这一]个事儿没有？b. 我跟他说了。 a. ȵi²⁴ kən⁴⁴ tʰa⁴⁴ ʂuo⁴⁴ tʂei⁵³ kə⁰ ʂər⁵³ mei⁵⁵ iou²¹⁴？b. uo²⁴ kən⁴⁴ tʰa⁴⁴ ʂuo⁴² lə⁰.
平谷	a. 这事儿你跟他说了吗？/这事儿你跟他说了没有？b. 我跟他说了。 a. tʂɤ⁵¹ ʂər⁵¹ ni²¹ kən³⁵ tʰa³⁵ ʂuo³⁵ lə⁰ ma⁰？/tʂɤ⁵¹ ʂər⁵¹ ni²¹ kən³⁵ tʰa³⁵ ʂuo³⁵ lə⁰ mei⁵⁵ iou⁰？b. uo²¹ kən³⁵ tʰa³⁵ ʂuo³⁵ lə⁰.

语法例句对照

	0004 你吃米饭还是吃馒头？
西城	你吃米饭还是吃馒头？ ni²¹ tʂʰʅ⁵⁵ mi²¹ fan⁵¹ xai³⁵ sʅ⁵¹ tʂʰʅ⁵⁵ man³⁵ tʰo⁰？
通州	你吃米饭还是吃馒头？ ni²¹ tʂʰʅ⁵⁵ mi²¹ fan⁵¹ xai³⁵ ʂʅ⁰ tʂʰʅ⁵⁵ man³⁵ tʰou⁰？
大兴	你是吃米饭还是馒头？ ȵi²¹ ʂʅ⁵¹ tʂʰʅ⁵⁵ mi²¹ fan⁵¹ xai³⁵ ʂʅ⁵¹ man³⁵ tʰou⁰？
房山	你吃米饭还是吃馒头？ ni²¹ tʂʰʅ⁵⁵ mi²¹ fan⁵¹ xai³⁵ ʂʅ⁵¹ tʂʰʅ⁵⁵ man³⁵ tʰou⁰？
门头沟	你是吃饭还是吃馒头？ ni²¹ ʂʅ⁵¹ tʂʰʅ⁵⁵ fan⁵¹ xai³⁵ ʂʅ⁵¹ tʂʰʅ⁵⁵ man³⁵ tʰou⁰？
昌平	你吃米饭还是吃馒头？ ni²¹ tʂʰʅ⁵⁵ mi²¹ fan⁵³ xai³⁵ ʂʅ⁵³ tʂʰʅ⁵⁵ man³⁵ tʰou⁰？
怀柔	你吃米饭还是吃馒头？ ni²¹ tʂʰʅ⁵⁵ mi²¹ fan⁵¹ xai³⁵ ʂʅ⁵¹ tʂʰʅ⁵⁵ man³⁵ tʰou⁰？
密云	你吃米饭还是吃馒头？ ȵi²¹ tʂʰʅ⁵⁵ mi²¹ fan⁵¹ xai³⁵ ʂʅ⁰ tʂʰʅ⁵⁵ man³⁵ tʰou⁰？
顺义	你吃米饭还是吃馒头？ ni²¹ tʂʰʅ⁵⁵ mi²¹ fan⁵¹ xai³⁵ sʅ⁵¹ tʂʰʅ⁵⁵ man³⁵ tʰou⁰？
延庆	你想吃米饭还是想吃馒头？ ȵi²⁴ ɕiaŋ²⁴ tʂʰʅ⁴⁴ mi²¹ fan⁵³ xai⁵⁵ ʂʅ⁵³ ɕiaŋ²⁴ tʂʰʅ⁴⁴ man⁵⁵ tʰou⁰？
平谷	你是吃米饭还是吃馒头？ ni²¹ ʂʅ⁵¹ tʂʰʅ³⁵ mi²¹ fan⁵¹ xai⁵⁵ ʂʅ⁰ tʂʰʅ³⁵ man⁵⁵ tʰou⁰？

	0005 你到底答应不答应他？
西城	你到底答应不答应他？ ni²¹ tau⁵¹ ti²¹ ta⁵⁵ iŋ⁰ pu⁵¹ ta⁵⁵ iŋ⁰ tʰa⁵⁵?
通州	你到底答应不答应他？ ni²¹ tau⁵¹ ti²¹ ta⁵⁵ iŋ⁰ pu ta⁵⁵ iŋ⁰ tʰa⁰?
大兴	你到底应不应他？ ȵi²¹ tau⁵¹ ti²¹ iŋ⁵⁵ pu⁰ iŋ⁵⁵ tʰa⁰?
房山	你到底答应不答应他？ ni²¹⁴ tau⁵¹ ti²¹⁴ ta⁵⁵ iŋ⁰ pu⁵¹ ta⁵⁵ iŋ⁰ tʰa⁵⁵?
门头沟	你到底答不答应他？ ni²¹ tau⁵¹ ti²¹ ta⁵⁵ pu⁰ ta⁵⁵ iŋ⁰ tʰa⁵⁵?
昌平	你到底应不应他？ ni²¹ tau⁵³ ti²¹ iŋ⁵⁵ pu⁰ iŋ⁵⁵ tʰa⁵⁵?
怀柔	你倒是答不答应他？ ni²¹ tau⁵¹ ʂʅ⁰ ta⁵⁵ pu⁰ ta⁵⁵ iŋ⁰ tʰa⁰?
密云	你到底答应不答应他？ ȵi²¹ tau⁵¹ ti²¹ ta⁵⁵ iŋ⁰ pu ta⁵⁵ iŋ⁰ tʰa⁵⁵?
顺义	你到底答不答应他？ ni²¹ tau⁵¹ ti²¹ ta⁵⁵ pu⁰ ta⁵⁵ iŋ⁰ tʰa⁵⁵?
延庆	你到底答应他不？ ȵi²⁴ tao²¹ ti²¹⁴ ta⁴⁴ iŋ⁰ tʰa⁴⁴ pu⁰?
平谷	你到底答应他不？／你到底答不答应他？／你到底答应不答应他？ ni²¹ tau⁵¹ ti²¹³ ta³⁵ iŋ⁰ tʰa³⁵ pu⁰? ／ ni²¹ tau⁵¹ ti²¹³ ta³⁵ pu⁰ ta³⁵ iŋ⁰ tʰa³⁵? ／ ni²¹ tau⁵¹ ti²¹³ ta³⁵ iŋ⁰ pu⁰ ta³⁵ iŋ⁰ tʰa³⁵?

语法例句对照　　421

	0006a. 叫小强一起去电影院看《刘三姐》。 b. 这部电影他看过了。/他这部电影看过了。/他看过这部电影了。
西城	a. 叫小强一块儿去电影儿院看《刘三姐》。b. 他看过这部电影儿了。 a. tɕiau⁵¹ ɕiau²¹ tɕʰiaŋ³⁵ i³⁵ kʰuɐr⁵¹ tɕʰy⁵³ tian⁵¹ iə̃r²¹ yan⁵¹ kʰan⁵¹ liou³⁵ san⁵⁵ tɕie²¹⁴. b. tʰa⁵⁵ kʰan⁵¹ kuo⁰ tsɤ⁵³ pu⁵³ tian⁵¹ iə̃r²¹ lə⁰.
通州	a. 叫小强一块儿去电影院看《刘三姐儿》。b. 他看过这电影了。 a. tɕiau⁵¹ ɕiau²¹ tɕʰiaŋ³⁵ i³⁵ kʰuɐr⁵¹ tɕʰy⁵³ tian⁵¹ iŋ²¹ yan⁵¹ kʰan⁵¹ liou³⁵ san⁵⁵ tɕiər²¹⁴. b. tʰa⁵⁵ kʰan⁵¹ kuo⁰ tsɤ⁵³ tian⁵¹ iŋ²¹ lə⁰.
大兴	a. 叫小强一块儿去电影院看《刘三姐儿》。b. 他看过这电影了。 a. tɕiau⁵¹ ɕiau²¹ tɕʰiaŋ³⁵ i³⁵ kʰuɐr⁵¹ tɕʰy⁵³ tian⁵¹ iŋ²¹ yan⁵¹ kʰan⁵¹ liou³⁵ san⁵⁵ tɕiɛr²¹⁴. b. tʰa⁵⁵ kʰan⁵¹ kuo⁰ tsɤ⁵³ tian⁵¹ iŋ²¹ lə⁰.
房山	a. 叫小强一起去电影儿院看《刘三姐儿》。b. 他看过［这一］部电影儿了。 a. tɕiau⁵¹ ɕiau²¹ tɕʰiaŋ³⁵ i⁵¹ tɕʰi²¹⁴ tɕʰy⁵³ tian⁵¹ iə̃r²¹ yan⁵¹ kʰan⁵¹ liou³⁵ san⁵⁵ tɕiɛr²¹⁴. b. tʰa⁵⁵ kʰan⁵¹ kuo⁰ tsei⁵³ pu⁵³ tian⁵¹ iə̃r²¹ lə⁰.
门头沟	a. 叫小强一块儿去电影院看电影《刘三姐》。b. 这个电影他看过了。 a. tɕiau⁵¹ ɕiau²¹ tɕʰiaŋ³⁵ i³⁵ kʰuɐr⁵³ tɕʰy⁵³ tian⁵¹ iŋ²¹ yan⁵³ kʰan⁵³ tian⁵¹ iŋ²¹ liou³⁵ san⁵⁵ tɕie²¹⁴. b. tsɤ⁵¹ kə⁰ tian⁵¹ iŋ²¹ tʰa⁵⁵ kʰan⁵¹ kuo⁰ lə⁰.
昌平	a. 叫小强一起去电影院瞧《刘三姐儿》。b. 这部电影儿他瞧过了。 a. tɕiau⁵³ ɕiau²¹ tɕʰiaŋ³⁵ i⁵³ tɕʰi²¹ tɕʰy⁵³ tian⁵³ iŋ²¹ yan⁵³ tɕʰiau³⁵ liou³⁵ san⁵⁵ tɕiɛr²¹⁴. b. tsɤ⁵³ pu⁵³ tian⁵³ iə̃r²¹ tʰa⁵⁵ tɕʰiau³⁵ kuo⁵³ lə⁰.
怀柔	a. 叫小强一块儿去电影院看《刘三姐》。b. 这部电影他瞧过了。/他瞧过这部电影了。 a. tɕiau⁵¹ ɕiau²¹ tɕʰiaŋ³⁵ i³⁵ kʰuɐr⁵¹ tɕʰy⁵¹ tian⁵¹ iŋ²¹ yan⁵¹ kʰan⁵¹ liou³⁵ san⁵⁵ tɕie²¹⁴. b. tʂɤ⁵¹ pu⁵¹ tian⁵¹ iŋ²¹⁴ tʰa⁵⁵ tɕʰiau³⁵ kuo⁵¹ lə⁰./tʰa⁵⁵ tɕʰiau³⁵ kuo⁰ tsɤ⁵¹ pu⁵¹ tian⁵¹ iŋ²¹ lə⁰.
密云	a. 叫小强一块堆儿去电影院瞧《刘三姐儿》。b. ［这一］部电影儿他瞧过了。 a. tɕiau⁵¹ ɕiau²¹ tɕʰiaŋ³⁵ i³⁵ kʰuai⁵¹ tuɐr⁵⁵ tɕʰy⁵³ tian⁵¹ iŋ²¹ yan⁵¹ tɕʰiau³⁵ liou³⁵ san⁵⁵ tɕiɛr²¹³. b. tsei⁵³ pu⁵³ tian⁵¹ iə̃r²¹³ tʰa⁵⁵ tɕʰiau³⁵ kuo⁵¹ lə⁰.
顺义	a. 叫小强一块儿去电影儿院看《刘三姐儿》。b. 他看过这电影儿了。 a. tɕiau⁵¹ ɕiau²¹ tɕʰiaŋ³⁵ i³⁵ kʰuɐr⁵¹ tɕʰy⁵³ tian⁵¹ iãr²¹ yan⁵¹ kʰan⁵¹ liou³⁵ san⁵⁵ tɕiɛr²¹⁴. b. tʰa⁵⁵ kʰan⁵¹ kuo⁰ tsɤ⁵³ tian⁵¹ iãr²¹ lə⁰.
延庆	a. 叫小强一块儿去电影院看《刘三姐儿》。b. 他看过［这一］个电影了。/［这一］个电影他看过了。 a. tɕiao²¹ ɕiao²⁴ tɕʰiaŋ⁵⁵ i⁴⁴ kʰuɐr⁵³ tɕʰy²¹ tian²¹ iŋ²⁴ yan⁵³ kʰan⁵³ liou⁵⁵ san⁴⁴ tɕiɛr²¹⁴. b. tʰa⁴⁴ kʰan⁵³ kuo⁰ tsei⁵³ kə⁰ tian²¹ iŋ²⁴ lə⁰./tsei⁵³ kə⁰ tian²¹ iŋ²⁴ tʰa⁴⁴ kʰan⁵³ kuo⁰ lə⁰.
平谷	a. 叫小强一块儿去电影院看《刘三姐》。b. 他看过这部电影了。 a. tɕiau⁵¹ ɕiau²¹ tɕʰiaŋ⁵⁵ i³⁵ kʰuɐr⁵¹ tɕʰy⁵¹ tian⁵¹ iŋ²¹ yan⁵¹ kʰan⁵¹ liou⁵⁵ san³⁵ tɕie²¹³. b. tʰa³⁵ kʰan⁵¹ kuo⁰ tsɤ⁵¹ pu⁵¹ tian⁵¹ iŋ²¹ lə⁰.

	0007 你把碗洗一下。
西城	你把碗洗一下儿。 ni³⁵ pa³⁵ uan²¹⁴ ɕi²¹ i³⁵ ɕiɐr⁰.
通州	你把碗洗一下儿。 ni³⁵ pa³⁵ uan²¹⁴ ɕi²¹ i⁰ ɕiɐr⁰.
大兴	你连碗刷一下儿。／你连碗刷唠。 ȵi²¹ lian³⁵ uan²¹ ʂua⁵⁵ i⁵⁵ ɕiɐr⁵¹. ／ȵi²¹ lian³⁵ uan²¹ ʂua⁵⁵ lau⁰.
房山	你把碗洗一下儿。 ni²¹ pai³⁵ uan²¹⁴ ɕi²¹ i³⁵ ɕiɐr⁵¹.
门头沟	你把碗刷一下。 ni³⁵ pa³⁵ uan²¹ ʂua⁵⁵ i⁰ ɕia⁰.
昌平	你把碗刷刷。 ni³⁵ pa³⁵ uan²¹ ʂua⁵⁵ ʂua⁰.
怀柔	你把碗刷一下儿。 ni³⁵ pa³⁵ uan²¹ ʂua⁵⁵ i⁰ ɕiɐr⁰.
密云	你把碗儿洗一下。 ȵi²¹ pa³⁵ uɐr²¹³ ɕi²¹ i³⁵ ɕia⁰.
顺义	你把碗洗一下儿。 ni³⁵ pa³⁵ uan²¹⁴ ɕi²¹ i³⁵ ɕiar⁰.
延庆	你洗一下儿碗。 ȵi²⁴ ɕi²⁴ i⁴⁴ ɕiɐr⁰ van²¹⁴.
平谷	你把碗儿洗一下儿。 ni³⁵ pa³⁵ uɐr³⁵ ɕi²¹ i⁰ ɕiɑr⁰.

语法例句对照

	0008 他把橘子剥了皮，但是没吃。
西城	他把橘子剥了皮儿，但是没吃。 tʰa⁵⁵pa²¹tɕy³⁵tsʅ⁰pau⁵⁵lə⁰pʰiər, tan⁵³ʂʅ⁵¹mei³⁵tʂʰʅ⁵⁵.
通州	他把橘子剥了皮儿，但是没吃。 tʰa⁵⁵pa²¹tɕy³⁵tsʅ⁰pau⁵⁵lə⁰pʰiər³⁵, tan⁵³ʂʅ⁵¹mei³⁵tʂʰʅ⁵⁵.
大兴	他连橘子皮儿剥唠，没吃。 tʰa⁵⁵lian³⁵tɕy³⁵tsʅ⁰pʰiər³⁵pau⁵⁵lau⁰, mei³⁵tʂʰʅ⁵⁵.
房山	他把橘子剥了皮儿，但是没吃。 tʰa⁵⁵pa²¹tɕy³⁵tsʅ⁰pau⁵⁵lə⁰pʰiər³⁵, tan⁵³ʂʅ⁵¹mei³⁵tʂʰʅ⁵⁵.
门头沟	他把橘子剥了皮儿，可是没吃。 tʰa⁵⁵pa²¹tɕy³⁵tsʅ⁰pau⁵⁵lə⁰pʰiər³⁵, kʰə²¹ʂʅ⁵¹mei³⁵tʂʰʅ⁵⁵.
昌平	他把橘子剥了皮儿，但是没吃。 tʰa⁵⁵pa²¹tɕy³⁵tsʅ⁰pau⁵⁵lə⁰pʰiər³⁵, tan⁵³ʂʅ⁵³mei³⁵tʂʰʅ⁵⁵.
怀柔	他把橘子剥了皮，可是没吃。 tʰa⁵⁵pa²¹tɕy³⁵tsʅ⁰pau⁵⁵lə⁰pʰi³⁵, kʰə²¹ʂʅ⁵¹mei³⁵tʂʰʅ⁵⁵.
密云	他把橘子皮儿剥了，但是没吃。 tʰa⁵⁵pa²¹tɕy³⁵tsʅ⁰pʰiər³⁵pau⁵⁵lə⁰, tan⁵³ʂʅ⁵¹mei³⁵tʂʰʅ⁵⁵.
顺义	他把橘子剥了皮儿，但是没吃。 tʰa⁵⁵pa²¹tɕy³⁵tsʅ⁰pau⁵⁵lə⁰pʰiər³⁵, tan⁵³ʂʅ⁵¹mei³⁵tʂʰʅ⁵⁵.
延庆	他把橘子剥了皮儿，可是没吃。 tʰa⁴⁴pa²⁴tɕy⁵⁵tsə⁰pɤ⁴⁴lə⁰pʰiər⁵⁵, kʰɤ²⁴ʂʅ⁵³mei⁵⁵tʂʰʅ⁴².
平谷	他把橘子皮剥了，没吃。 tʰa³⁵pa²¹tɕy⁵⁵tsʅ⁰pʰi⁵⁵pau³⁵lə⁰, mei⁵⁵tʂʰʅ³⁵.

	0009 他们把教室都装上了空调。
西城	他们把教室都装上空调了。 tʰa⁵⁵mən⁰pa²¹tɕiau⁵¹ʂʅ²¹⁴tou⁵⁵tʂuaŋ⁵⁵ʂaŋ⁰kʰuŋ⁵⁵tʰiau³⁵lə⁰.
通州	他们把教室都装上空调了。 tʰa⁵⁵mən⁰pa²¹tɕiau⁵³ʂʅ⁵¹tou⁵⁵tʂuaŋ⁵⁵ʂaŋ⁰kʰuŋ⁵⁵tʰiau³⁵lə⁰.
大兴	他们连教室都装上空调了。 tʰa⁵⁵mən⁰lian³⁵tɕiau⁵¹ʂʅ²¹⁴tou⁵⁵tʂuaŋ⁵⁵ʂaŋ⁰kʰuŋ⁵⁵tʰiau³⁵lə⁰.
房山	他们把教室都装上了空调。 tʰa⁵⁵mən⁰pa²¹tɕiau⁵¹ʂʅ²¹⁴tou⁵⁵tʂuaŋ⁵⁵ʂaŋ⁰lə⁰kʰuŋ⁵⁵tʰiau³⁵.
门头沟	他们把教室都安上了空调。 tʰa⁵⁵mən⁰pa²¹tɕiau⁵¹ʂʅ²¹tou⁵⁵ŋan⁵⁵ʂaŋ⁰lə⁰kʰuŋ⁵⁵tʰiau³⁵.
昌平	他们把教室都安上了空调。 tʰa⁵⁵mən⁰pa²¹tɕiau⁵³ʂʅ²¹⁴tou⁵⁵an⁵⁵ʂaŋ⁵³lə⁰kʰuŋ⁵⁵tʰiau³⁵.
怀柔	他们把教室都安上了空调。 tʰa⁵⁵mən⁰pa²¹tɕiau⁵¹ʂʅ⁵¹tou⁵⁵nan⁵⁵ʂaŋ⁰lə⁰kʰuŋ⁵⁵tʰiau³⁵.
密云	他们把教室都装上空调了。 tʰa⁵⁵mən⁰pa²¹tɕiau⁵¹ʂʅ²¹³tou⁵⁵tʂuaŋ⁵⁵saŋ⁵¹kʰuŋ⁵⁵tʰiau³⁵lə⁰.
顺义	他们把教室都装上空调啦。 tʰa⁵⁵mən⁰pa²¹tɕiau⁵¹ʂʅ²¹⁴tou⁵⁵tʂuaŋ⁵⁵ʂaŋ⁰kʰuŋ⁵⁵tʰiau³⁵la⁰.
延庆	他们把教室都安上了空调。 tʰan⁴²mən⁰pa²⁴tɕiao²¹ʂʅ⁵⁵tou⁴²ŋan⁴²ʂaŋ⁰lə⁰kʰuŋ⁴⁴tʰiao⁵⁵.
平谷	他们把教室都安上了空调。 tʰa³⁵mən⁰pa²¹tɕiau⁵¹ʂʅ²¹³tou³⁵nan³⁵ʂaŋ⁰lə⁰kʰuŋ³⁵tʰiau⁵⁵.

	0010 帽子被风吹走了。
西城	帽子让风吹跑了。 mau^{51} ts$\textrm{ɿ}^{0}$ z̩aŋ^{51} fəŋ^{55} tʂ^{h}uei^{55} p^{h}au^{21} lə^{0}.
通州	帽子让风吹跑了。 mau^{51} ts$\textrm{ɿ}^{0}$ z̩aŋ^{51} fəŋ^{55} tʂ^{h}uei^{55} p^{h}au^{21} lə^{0}.
大兴	帽子叫风刮□了。 mau^{51} ts$\textrm{ɿ}^{0}$ tɕiau^{51} fəŋ^{55} kua^{55} z̩au^{55} lə^{0}.
房山	帽子让风吹走了。 mau^{51} ts$\textrm{ɿ}^{0}$ z̩aŋ^{51} fəŋ^{55} tʂ^{h}uei^{55} tsou^{21} lə^{0}.
门头沟	帽子被风给刮跑了。 mau^{51} ts$\textrm{ɿ}^{0}$ pei^{51} fəŋ^{55} kei^{21} kua^{55} p^{h}au^{21} lə^{0}.
昌平	帽子被风刮跑了。 mau^{53} ts$\textrm{ɿ}^{0}$ pei^{53} fəŋ^{55} kua^{55} p^{h}au^{21} lə^{0}.
怀柔	帽子被风吹跑了。 mau^{51} ts$\textrm{ɿ}^{0}$ pei^{51} fəŋ^{55} tʂ^{h}uei^{55} p^{h}au^{21} lə^{0}.
密云	帽子被风吹走了。 mau^{51} ts$\textrm{ɿ}^{0}$ pei^{51} fəŋ^{55} tʂ^{h}uei^{55} tsou^{213} lə^{0}.
顺义	帽子叫风吹跑啦。 mau^{51} ts$\textrm{ɿ}^{0}$ tɕiau^{51} fəŋ^{55} tʂ^{h}uei^{55} p^{h}au^{21} la^{0}.
延庆	帽子叫风刮跑了。/帽子让风刮跑了。 mao^{53} tsə^{0} tɕiao^{21} fəŋ^{42} kua^{44} p^{h}ao^{24} lə^{0}. / mao^{53} tsə^{0} z̩aŋ^{21} fəŋ^{42} kua^{44} p^{h}ao^{24} lə^{0}.
平谷	帽子让风给刮跑了。/帽子让风刮跑了。 mau^{51} ts$\textrm{ɿ}^{0}$ z̩aŋ^{51} fəŋ^{35} kei^{21} kua^{35} p^{h}au^{21} lə^{0}. / mau^{51} ts$\textrm{ɿ}^{0}$ z̩aŋ^{51} fəŋ^{35} kua^{35} p^{h}au^{21} lə^{0}.

	0011 张明被坏人抢走了一个包，人也差点儿被打伤。
西城	张明让坏人抢走了一个包儿，人也差点儿被打伤了。 tṣaŋ⁵⁵ miŋ³⁵ ẓaŋ⁵³ xuai⁵¹ ẓən⁰ tɕʰiaŋ³⁵ tsou²¹ lə⁰ i³⁵ kə⁰ paor⁵⁵，ẓən³⁵ ie²¹ tṣʰa⁵¹ tiɐr⁰ pei⁵¹ ta²¹ ṣaŋ⁵⁵ lə⁰.
通州	张明叫坏人抢了一个包儿，人也差点儿被打伤。 tṣaŋ⁵⁵ miŋ³⁵ tɕiau⁵³ xuai⁵¹ ẓən⁰ tɕʰiaŋ³⁵ lə⁰ i³⁵ kə⁰ paor⁵⁵，ẓən³⁵ ie²¹ tṣʰa⁵¹ tiɐr²¹ pei⁵¹ ta²¹ ṣaŋ⁵⁵.
大兴	张明叫坏人抢走了一个包儿，人也差点儿没打坏唠。 tṣaŋ⁵⁵ miŋ³⁵ tɕiau⁵³ xuai⁵¹ ẓən⁰ tɕʰiaŋ³⁵ tsou²¹ lə⁰ i³⁵ kə⁰ paor⁵⁵，ẓən³⁵ ie²¹ tṣʰa⁵¹ tiɐr²¹ mei³⁵ ta²¹ xuai⁵¹ lau⁰.
房山	张明让坏人抢走了一个包儿，人也差点儿被打伤。 tṣaŋ⁵⁵ miŋ³⁵ ẓaŋ⁵³ xuai⁵¹ ẓən³⁵ tɕʰiaŋ³⁵ tsou²¹ lə⁰ i³⁵ kə⁰ paur⁵⁵，ẓən³⁵ ie²¹ tṣʰa⁵¹ tiɐr²¹ pei⁵¹ ta²¹ ṣaŋ⁵⁵.
门头沟	张明让人抢走了一个包儿，人也差点儿被打伤。 tṣaŋ⁵⁵ miŋ³⁵ ẓaŋ⁵¹ ẓən³⁵ tɕʰiaŋ³⁵ tsou²¹ lə⁰ i³⁵ kə⁰ paur⁵⁵，ẓən³⁵ ie²¹ tṣʰa⁵¹ tiɐr²¹ pei⁵¹ ta²¹ ṣaŋ⁵⁵.
昌平	张明被坏人抢走了一个包儿，人也差点儿被打伤。 tṣaŋ⁵⁵ miŋ³⁵ pei⁵³ xuai⁵³ ẓən³⁵ tɕʰiaŋ³⁵ tsou²¹ lə⁰ i³⁵ kə⁰ paur⁵⁵，ẓən³⁵ ie²¹ tṣʰa⁵³ tiɐr²¹ pei⁵³ ta²¹ ṣaŋ⁵⁵.
怀柔	张明让人把包儿抢走了，还差点儿被打伤。 tṣaŋ⁵⁵ miŋ³⁵ ẓaŋ⁵¹ ẓən³⁵ pa²¹ paur⁵⁵ tɕʰiaŋ³⁵ tsou²¹ lə⁰，xai³⁵ tṣʰa⁵¹ tiɐr²¹ pei⁵¹ ta²¹ ṣaŋ⁵⁵.
密云	张明被坏人抢走了一个包儿，人也差点儿被打伤了。 tṣaŋ⁵⁵ miŋ³⁵ pei⁵³ xuai⁵¹ ẓən⁰ tɕʰiaŋ³⁵ tsou²¹³ lə⁰ i³⁵ kə⁰ paor⁵⁵，ẓən³⁵ ie²¹ tṣʰa⁵¹ tiɐr²¹³ pei⁵¹ ta²¹ ṣaŋ⁵⁵ lə⁰.
顺义	张明叫坏人抢走一个包儿，人也差点儿被打伤。 tṣaŋ⁵⁵ miŋ³⁵ tɕiau⁵³ xuai⁵¹ ẓən⁰ tɕʰiaŋ³⁵ tsou²¹ i³⁵ kə⁰ paur⁵⁵，ẓən³⁵ ie²¹ tṣʰa⁵¹ tiɐr⁰ pei⁵¹ ta²¹ ṣaŋ⁵⁵.
延庆	张明叫坏人抢了个包儿，差点儿还被打伤。/张明让坏人抢了个包儿，差点儿还被打伤。 tṣaŋ⁴⁴ miŋ⁵⁵ tɕiao²¹ xuai²¹ ẓən⁵⁵ tɕʰiaŋ²⁴ lə⁰ kə⁰ paor⁴²，tṣʰa²¹ tiɐr²¹⁴ xai⁵⁵ pei⁵³ ta²⁴ ṣaŋ⁴². /tṣaŋ⁴⁴ miŋ⁵⁵ ẓaŋ²¹ xuai²¹ ẓən⁵⁵ tɕʰiaŋ²⁴ lə⁰ kə⁰ paor⁴²，tṣʰa²¹ tiɐr²¹⁴ xai⁵⁵ pei⁵³ ta²⁴ ṣaŋ⁴².
平谷	张明儿让坏人抢走了一个包儿，人也差点儿被打伤了。 tṣaŋ³⁵ miər⁵⁵ ẓaŋ⁵¹ xuai⁵¹ ẓən⁰ tɕʰiaŋ³⁵ tsou²¹ lə⁰ i³⁵ kə⁰ paur³⁵，ẓən⁵⁵ ie²¹ tṣʰa⁵¹ tiɐr²¹³ pei⁵¹ ta²¹ ṣaŋ³⁵ lə⁰.

语法例句对照

	0012 快要下雨了，你们别出去了。
西城	快下雨了，你们甭出去了。 kʰuai⁵³ ɕia⁵¹ y²¹ lə⁰，ni²¹ mən⁰ pəŋ³⁵ tʂʰu⁵⁵ tɕʰy⁰ lə⁰.
通州	快下雨了，你们甭出去了。 kʰuai⁵¹ ɕia⁵¹ y²¹ lə⁰，ni²¹ mən⁰ pəŋ³⁵ tʂʰu⁵⁵ tɕʰy⁰ lə⁰.
大兴	要下雨了，甭出去了。 iau⁵¹ ɕia⁵¹ y²¹ lə⁰，pəŋ³⁵ tʂʰu⁵⁵ tɕʰy⁰ lə⁰.
房山	快要下雨了，你们别出去了。 kʰuai⁵¹ iau⁵¹ ɕia⁵¹ y²¹ lə⁰，ni²¹ mən⁰ pie³⁵ tʂʰu⁵⁵ tɕʰi⁰ lə⁰.
门头沟	快下雨了，你们别出去了。 kʰuai⁵³ ɕia⁵¹ y²¹ lə⁰，ni²¹ mən⁰ pie³⁵ tʂʰu⁵⁵ tɕʰy⁰ lə⁰.
昌平	说话下雨了，你们甭出去了。 ʂuo⁵⁵ xua⁵³ ɕia⁵³ y²¹ lə⁰，ni²¹ mən⁰ pəŋ³⁵ tʂʰu⁵⁵ tɕʰy⁰ lə⁰.
怀柔	快下雨了，你们甭出去了。 kʰuai⁵¹ ɕia⁵¹ y²¹ lə⁰，ni²¹ mən⁰ pəŋ³⁵ tʂʰu⁵⁵ tɕʰy⁰ lə⁰.
密云	快下雨了，你们别出去了。 kʰuai⁵³ ɕia⁵¹ y²¹³ lə⁰，ȵi²¹³ mən⁰ pie³⁵ tʂʰu⁵⁵ tɕʰy⁵¹ lə⁰.
顺义	快下雨啦，你们甭出去了。 kʰuai⁵³ ɕia⁵¹ y²¹ la⁰，ni²¹ mən⁰ piŋ³⁵ tʂʰu⁵⁵ tɕʰy⁰ lə⁰.
延庆	快下雨了，您们别出去了。/要下雨了，您们别出去了。 kʰuai²¹ ɕia²¹ y²⁴ lə⁰，ȵin⁵⁵ mən⁰ pai⁵⁵ tʂʰu⁴⁴ tɕʰy⁰ lə⁰. /iao²¹ ɕia²¹ y²⁴ lə⁰，ȵin⁵⁵ mən⁰ pai⁵⁵ tʂʰu⁴⁴ tɕʰy⁰ lə⁰.
平谷	要下雨了，你们别出去了。 iau⁵¹ ɕia⁵¹ y²¹ lə⁰，ni²¹ mən⁰ pie⁵⁵ tʂʰu³⁵ tɕʰy⁰ lə⁰.

		0013 这毛巾很脏了，扔了它吧。
西城		这毛巾忒脏了，扔了它吧。 tʂɤ⁵¹ mau³⁵ tɕin⁵⁵ tʰei⁵⁵ tsaŋ⁵⁵ lə⁰, z̩ əŋ⁵⁵ lə⁰ tʰa⁵⁵ pɐ⁰.
通州		这毛巾忒脏了，扔了它吧。 tʂɤ⁵¹ mau³⁵ tɕin⁵⁵ tʰuei⁵⁵ tsaŋ⁵⁵ lə⁰, z̩ əŋ⁵⁵ lə⁰ tʰa⁰ pa⁰.
大兴		这手巾忒脏了，扔了吧。 tʂɤ⁵¹ ʂou²¹ tɕin⁰ tʰuei⁵⁵ tsaŋ⁵⁵ lə⁰, z̩ əŋ⁵⁵ lə⁰ pa⁰.
房山		[这一]毛巾很腌臜了，扔了它吧。 tʂei⁵¹ mau³⁵ tɕin⁵⁵ xən²¹ ŋa⁵⁵ tsa⁰ lə⁰, z̩ əŋ⁵⁵ lə⁰ tʰa⁵⁵ pa⁰.
门头沟		这毛巾忒脏了，扔了吧。 tʂɤ⁵¹ mau³⁵ tɕin⁵⁵ tʰei⁵⁵ tsaŋ⁵⁵ lə⁰, z̩ əŋ⁵⁵ lə⁰ pa⁰.
昌平		这毛巾忒脏了，扔了它吧。 tʂɤ⁵³ mau³⁵ tɕin⁵⁵ tʰuei⁵⁵ tsaŋ⁵⁵ lə⁰, z̩ əŋ⁵⁵ lə⁰ tʰa⁵⁵ pa⁰.
怀柔		这毛巾太腌臜了，把它撇了吧。 tʂə⁵¹ mau³⁵ tɕin⁵⁵ tʰai⁵¹ na⁵⁵ tsa⁰ lə⁰, pa²¹ tʰa⁵⁵ pʰie²¹ lə⁰ pa⁰.
密云		[这一]毛巾忒脏了，扔了它吧。 tʂei⁵¹ mau³⁵ tɕin⁵⁵ tʰuei⁵⁵ tsaŋ⁵⁵ lə⁰, z̩ əŋ⁵⁵ lə⁰ tʰa⁵⁵ pa⁰.
顺义		这毛巾忒脏啦，扔了它吧。 tʂɤ⁵¹ mau³⁵ tɕin⁵⁵ tʰuei⁵⁵ tsaŋ⁵⁵ la⁰, z̩ əŋ⁵⁵ lə⁰ tʰa⁵⁵ pa⁰.
延庆		[这一]手巾太爊⁼申⁼了，□了吧。 tʂei⁵³ ʂou²⁴ tɕin⁴² tʰai⁵³ ŋao⁴² ʂən⁰ lə⁰, z̩ ou⁴² lə⁰ pa⁰.
平谷		[这一]手巾忒恶心了，撇了吧。 tʂei⁵¹ ʂou²¹ tɕin⁰ tʰuei³⁵ nɤ³⁵ ɕin⁰ lə⁰, pʰie²¹ lə⁰ pa⁰.

	0014 我们是在车站买的车票。
西城	我们是在车站上买的车票。 uo²¹ mən⁰ ʂʅ⁵³ tsai⁵¹ tʂʰɤ⁵⁵ tʂan⁵¹ ʂaŋ⁰ mai²¹ tə⁰ tʂʰɤ⁵⁵ pʰiau⁵¹.
通州	我们是在车站买的票。 uo²¹ mən⁰ ʂʅ⁵³ tsai⁵¹ tʂʰɤ⁵⁵ tʂan⁵¹ mai²¹ tə⁰ pʰiau⁵¹.
大兴	我们是在车站买的票。 uo²¹ mən⁰ ʂʅ⁵³ tsai⁵¹ tʂʰɤ⁵⁵ tʂan⁵¹ mai²¹ tə⁰ pʰiau⁵¹.
房山	我们是在车站买的车票。 uo²¹ mən⁰ ʂʅ⁵³ tsai⁵¹ tʂʰɤ⁵⁵ tʂan⁵¹ mai²¹ tə⁰ tʂʰɤ⁵⁵ pʰiau⁵¹.
门头沟	我们是在车站买的票。 uo²¹ mən⁰ ʂʅ⁵³ tsai⁵¹ tʂʰɤ⁵⁵ tʂan⁵¹ mai²¹ tə⁰ pʰiau⁵¹.
昌平	俺们是在车站买的车票。 an²¹ mən⁰ ʂʅ⁵³ tsai⁵³ tʂʰɤ⁵⁵ tʂan⁵¹ mai²¹ tə⁰ tʂʰɤ⁵⁵ pʰiau⁵¹.
怀柔	我们在车站买的车票。 uo²¹ mən⁰ tsai⁵¹ tʂʰə⁵⁵ tʂan⁵¹ mai²¹ tə⁰ tʂʰə⁵⁵ pʰiau⁵¹.
密云	[我们]是在车站买的车票。 uan²¹ ʂʅ⁵³ tsai⁵¹ tʂʰɤ⁵⁵ tʂan⁵¹ mai²¹³ tə⁰ tʂʰɤ⁵⁵ pʰiau⁵¹.
顺义	我们是在车站买的票。 uo²¹ mən⁰ ʂʅ⁵³ tsai⁵¹ tʂʰɤ⁵⁵ tʂan⁵¹ mai²¹ tə⁰ pʰiau⁵¹.
延庆	我们是在车站买的票。 uo²⁴ mən⁰ ʂʅ²¹ tsai²¹ tʂʰɤ⁴⁴ tʂan⁵³ mai²⁴ ti⁰ pʰiao⁵³.
平谷	我们是在车站买的票。 uo²¹ mən⁰ ʂʅ⁵¹ tsai⁵¹ tʂʰɤ³⁵ tʂan⁵¹ mai²¹ tə⁰ pʰiau⁰.

	0015 墙上贴着一张地图。
西城	墙上贴着一地图。 tɕʰiaŋ³⁵ ʂaŋ⁰ tʰie⁵⁵ tʂə⁰ i³⁵ ti⁵¹ tʰu³⁵.
通州	墙上贴着一张地图。 tɕʰiaŋ³⁵ ʂaŋ⁰ tʰie⁵⁵ tʂə⁰ i⁵⁵ tʂaŋ⁵⁵ ti⁵¹ tʰu³⁵.
大兴	墙上贴一地图。 tɕʰiaŋ³⁵ ʂaŋ⁰ tʰie⁵⁵ i⁵⁵ ti⁵¹ tʰu³⁵.
房山	墙上贴着一张地图。 tɕʰiaŋ³⁵ ʂaŋ⁰ tʰie⁵⁵ tʂou⁰ i⁵¹ tʂaŋ⁵⁵ ti⁵¹ tʰu³⁵.
门头沟	墙上贴着一张地图。 tɕʰiaŋ³⁵ ʂaŋ⁰ tʰie⁵⁵ tʂə⁰ i⁵¹ tʂaŋ⁵⁵ ti⁵¹ tʰu³⁵.
昌平	墙上贴着一幅地图。 tɕʰiaŋ³⁵ ʂaŋ⁰ tʰie⁵⁵ tʂə⁰ i³⁵ fu⁵³ ti⁵³ tʰu³⁵.
怀柔	墙上贴着一张地图儿。 tɕʰiaŋ³⁵ ʂaŋ⁰ tʰie⁵⁵ tʂə⁰ i⁵⁵ tʂaŋ⁵⁵ ti⁵¹ tʰur³⁵.
密云	墙上贴了一张地图。 tɕʰiaŋ³⁵ ʂaŋ⁰ tʰie⁵⁵ lə⁰ i⁵¹ tʂaŋ⁵⁵ ti⁵¹ tʰu³⁵.
顺义	墙上贴着一地图。 tɕʰiaŋ³⁵ ʂaŋ⁰ tʰie⁵⁵ tʂə⁰ i³⁵ ti⁵¹ tʰu³⁵.
延庆	墙上贴着一张地图。 tɕʰiaŋ⁵⁵ ʂaŋ⁰ tʰie⁴² tʂə⁰ i⁴⁴ tʂaŋ⁴² ti²¹ tʰu⁵⁵.
平谷	墙上挂了一张地图。/墙上挂着一张地图。 tɕʰiaŋ⁵⁵ ʂaŋ⁰ kua⁵¹ lə⁰ i³⁵ tʂaŋ³⁵ ti⁵¹ tʰu⁵⁵. / tɕʰiaŋ⁵⁵ ʂaŋ⁰ kua⁵¹ tʂə⁰ i³⁵ tʂaŋ³⁵ ti⁵¹ tʰu⁵⁵.

	0016 床上躺着一个老人。
西城	床上躺着一老人。 tʂʰuaŋ³⁵ʂaŋ⁰tʰaŋ²¹ tʂə⁰i³⁵lau²¹ ʐən⁰.
通州	床上躺着一个老人。 tʂʰuaŋ³⁵ʂaŋ⁰tʰaŋ²¹ tʂau⁰i³⁵kə⁰lau²¹ ʐən³⁵.
大兴	床上躺着一个老人儿。 tʂʰuaŋ³⁵ʂaŋ⁰tʰaŋ²¹ tʂə⁰i³⁵kə⁰lau²¹ ʐər³⁵.
房山	床上躺着一个老人。 tʂʰuaŋ³⁵ʂaŋ⁰tʰaŋ²¹ tʂə⁰i³⁵kə⁰lau²¹ ʐən³⁵.
门头沟	床上躺着一个老人。 tʂʰuaŋ³⁵ʂaŋ⁰tʰaŋ²¹ tʂə⁰i³⁵kə⁰lau²¹ ʐən³⁵.
昌平	床上躺着一个老人。 tʂʰuaŋ³⁵ʂaŋ⁰tʰaŋ²¹ tʂə⁰i³⁵kə⁰lau²¹ ʐən³⁵.
怀柔	床上躺着一老人。 tʂʰuaŋ³⁵ʂaŋ⁰tʰaŋ²¹ tʂə⁰i⁵¹lau²¹ ʐən³⁵.
密云	床上躺着个老人。 tʂʰuaŋ³⁵ʂaŋ⁰tʰaŋ²¹³tʂə⁰kə⁰lau²¹ ʐən³⁵.
顺义	床上躺着一老人。 tʂʰuaŋ³⁵ʂaŋ⁰tʰaŋ²¹ tʂə⁰i³⁵lau²¹ ʐən⁰.
延庆	床上躺着一个老人。 tʂʰuaŋ⁵⁵ʂaŋ⁰tʰaŋ²⁴tʂə⁰i⁴⁴kə⁰lao²⁴ʐən⁵⁵.
平谷	床上躺了一个老人。/床上躺着一个老人。 tʂʰuaŋ⁵⁵ʂaŋ⁰tʰaŋ²¹ lə⁰i³⁵kə⁰lau²¹ ʐən⁵⁵. / tʂʰuaŋ⁵⁵ʂaŋ⁰tʰaŋ²¹ tʂə⁰i³⁵kə⁰lau²¹ ʐən⁵⁵.

	0017 河里游着好多小鱼。
西城	河里游着好多小鱼儿。 xɤ³⁵li⁰iou³⁵tʂə⁰xau²¹tuo⁵⁵ɕiau²¹yər³⁵.
通州	河里游着很多小鱼儿。 xɤ³⁵li⁰iou³⁵tʂau⁰xən²¹tuo⁵⁵ɕiau²¹yər³⁵.
大兴	河里游着很多小鱼儿。 xɤ³⁵li⁰iou³⁵tʂə⁰xən²¹tuo⁵⁵ɕiau²¹yər³⁵.
房山	河里游着好多小鱼儿。 xɤ³⁵li⁰iou³⁵tʂə⁰xau²¹tuo⁵⁵ɕiau²¹yər³⁵.
门头沟	河里有好些鱼在游哪。 xɤ³⁵li⁰iou³⁵xau²¹ɕie⁵⁵y³⁵tsai⁵¹iou³⁵na⁰.
昌平	河里游着很多小鱼儿。 xɤ³⁵li⁰iou⁵⁵tʂə⁰xən²¹tuo⁵⁵ɕiau²¹yər³⁵.
怀柔	河里有好些小鱼儿游呢。 xə³⁵li⁰iou³⁵xau²¹ɕie⁵⁵ɕiau²¹yər³⁵iou³⁵nə⁰.
密云	河里游着好多小鱼儿。 xɤ³⁵li²¹iou⁵⁵tʂə⁰xau²¹tuo⁵⁵ɕiau²¹yər³⁵.
顺义	河喽游着好多小鱼儿。 xɤ³⁵lou⁰iou³⁵tʂə⁰xau²¹tuo⁵⁵ɕiau²¹yər³⁵.
延庆	河里有好些小鱼儿在游。/河里游着好些小鱼儿。 xɤ⁵⁵li⁰iou⁵⁵xao²⁴ɕie⁰ɕiao²⁴yər⁵⁵tsai²¹iou⁵⁵. /xɤ⁵⁵li⁰iou⁵⁵tʂə⁰xao²⁴ɕie⁰ɕiao²⁴yər⁵⁵.
平谷	河里游着好些小鱼儿。 xɤ⁵⁵li⁰iou⁵⁵tʂə⁰xau²¹ɕie⁰ɕiau²¹yər⁵⁵.

		0018 前面走来了一个胖胖的小男孩。
西城		前面走来一胖胖的小男孩儿。 tɕʰian³⁵ mian⁰ tsou²¹ lɛ⁰ i·³⁵ pʰaŋ⁵³ pʰaŋ⁵¹ tə⁰ ɕiau²¹ nan³⁵ xɐr³⁵.
通州		前边走来一个胖胖的小男孩。 tɕʰian³⁵ pian⁵⁵ tsou²¹ lai³⁵ i·³⁵ kə⁵³ pʰaŋ⁵³ pʰaŋ⁵¹ tə⁰ ɕiau²¹ nan³⁵ xai³⁵.
大兴		前面来一胖小子。 tɕʰian³⁵ mian⁰ lai·³⁵ i·³⁵ pʰaŋ⁵¹ ɕiau²¹ tsə⁰.
房山		前面走来了一个胖胖的小男孩儿。 tɕʰian³⁵ mian⁵¹ tsou²¹ lai³⁵ lə⁰ i·³⁵ kə⁰ pʰaŋ⁵³ pʰaŋ⁵¹ tə⁰ ɕiau²¹ nan³⁵ xɐr³⁵.
门头沟		前边儿来了个忒胖的小子。 tɕʰian³⁵ piɐr⁵⁵ lai³⁵ lə⁰ kə⁰ tʰuei⁵⁵ pʰaŋ⁵¹ tə⁰ ɕiau²¹ tsɿ⁰.
昌平		前头走来了一个胖乎乎的小子。 tɕʰian³⁵ tʰou⁰ tsou²¹ lai³⁵ lə⁰ i·³⁵ kə⁰ pʰaŋ⁵³ xu⁵⁵ xu⁰ tə⁰ ɕiau²¹ tsɿ⁰.
怀柔		前边儿过来一个胖小子。 tɕʰian³⁵ piɐr⁵⁵ kuo⁵¹ lai⁰ i·³⁵ kə⁰ pʰaŋ⁵¹ ɕiau²¹ tsɿ⁰.
密云		前面儿来了个胖胖儿的小男孩儿。 tɕʰian³⁵ miɐr⁰ lai³⁵ lə⁰ kə⁰ pʰaŋ⁵³ pʰãr⁵¹ tə⁰ ɕiau²¹ nan³⁵ xɐr³⁵.
顺义		前面走来一胖胖的小男孩儿。 tɕʰian³⁵ mian⁰ tsou²¹ lɛ⁰ i·³⁵ pʰaŋ⁵³ pʰaŋ⁵¹ tə⁰ ɕiau²¹ nan³⁵ xɐr³⁵.
延庆		前头走来了一个胖胖的小小儿。 tɕʰian⁵⁵ tʰou⁰ tsou²⁴ lai⁵⁵ lə⁰ i·⁴⁴ kə⁰ pʰaŋ²¹ pʰaŋ⁴⁴ ti⁰ ɕiao⁵⁵ ɕiɑor²¹⁴.
平谷		前头走来一个胖小子。 tɕʰian⁵⁵ tʰou⁰ tsou²¹ lai⁰ i·³⁵ kə⁰ pʰaŋ⁵¹ ɕiau²¹ tsɿ⁰.

		0019 他家一下子死了三头猪。
西城		他们家一下儿死了三头猪。 tʰa⁵⁵ mən⁰ tɕia⁵⁵ i³⁵ ɕiɐr⁰ sʅ²¹ lə⁰ san⁵⁵ tʰou³⁵ tʂu⁵⁵.
通州		他家一下儿死了三口猪。 tʰa⁵⁵ tɕia⁵⁵ i³⁵ ɕiɐr⁰ sʅ²¹ lə⁰ san⁵⁵ kʰou²¹ tʂu⁵⁵.
大兴		他们家一下儿死仨猪。 tʰa⁵⁵ mən⁰ tɕia⁵⁵ i³⁵ ɕiɐr⁰ sʅ²¹ sa⁵⁵ tʂu⁵⁵.
房山		他家一下儿死了三头猪。 tʰa⁵⁵ tɕia³⁵ i³⁵ ɕiɐr⁵¹ sʅ²¹ lə⁰ san⁵⁵ tʰou³⁵ tʂu⁵⁵.
门头沟		他家一下子死了三头猪。 tʰa⁵⁵ tɕia⁵⁵ i³⁵ ɕia⁵¹ tsʅ⁰ sʅ²¹ lə⁰ san⁵⁵ tʰou³⁵ tʂu⁵⁵.
昌平		他家一下子死了三头猪。 tʰa⁵⁵ tɕia³⁵ i³⁵ ɕia⁵³ tsʅ⁰ sʅ²¹ lə⁰ san⁵⁵ tʰou³⁵ tʂu⁵⁵.
怀柔		傥家一回就死仨猪。 tʰan⁵⁵ tɕia⁵⁵ i⁵¹ xuei³⁵ tɕiou⁵¹ sʅ²¹ sa⁵⁵ tʂu⁵⁵.
密云		他家一下子死了三头猪。 tʰa⁵⁵ tɕia⁵⁵ i³⁵ ɕia⁵¹ tsʅ⁰ sʅ²¹³ lə⁰ san⁵⁵ tʰou³⁵ tʂu⁵⁵.
顺义		他们家儿一下儿死了三口猪。 tʰa⁵⁵ mən⁰ tɕiar⁵⁵ i³⁵ ɕiar⁰ sʅ²¹ lə⁰ san⁵⁵ kʰou⁵⁵ tʂu⁵⁵.
延庆		他家一下儿死仨猪。 tʰa⁴⁴ tɕia⁴² i⁴⁴ ɕiɐr⁰ sʅ²⁴ lə⁰ sa⁴⁴ tʂu⁴².
平谷		他家一下儿死了三口猪。 tʰa³⁵ tɕia³⁵ i³⁵ ɕiɑr⁰ sʅ²¹ lə⁰ san³⁵ kʰou²¹ tʂu³⁵.

语法例句对照 435

	0020 这辆汽车要开到广州去。/这辆汽车要开去广州。
西城	这辆汽车要开到广州去。 tʂɤ⁵³ liaŋ⁵¹ tɕʰi⁵¹ tʂʰɤ⁵⁵ iau⁵¹ kʰai⁵⁵ tɔ⁰ kuaŋ²¹ tʂou⁵⁵ tɕʰy⁰.
通州	[这一]汽车要开到广州去。 tʂei⁵³ tɕʰi⁵¹ tʂʰɤ⁵⁵ iau⁵¹ kʰai⁵⁵ tau⁵¹ kuaŋ²¹ tʂou⁵⁵ tɕʰy⁰.
大兴	这辆汽车要开广州去。 tʂɤ⁵³ liaŋ⁵¹ tɕʰi⁵¹ tʂʰɤ⁵⁵ iau⁵¹ kʰai⁵⁵ kuaŋ²¹ tʂou⁵⁵ tɕʰy⁰.
房山	[这一]辆汽车要开到广州去。 tʂei⁵¹ liaŋ⁵¹ tɕʰi⁵¹ tʂʰɤ⁵⁵ iau⁵¹ kʰai⁵⁵ tau⁵¹ kuaŋ²¹ tʂou⁵⁵ tɕʰy⁰.
门头沟	这辆汽车要去广州。 tʂɤ⁵³ liaŋ⁵³ tɕʰi⁵¹ tʂʰɤ⁵⁵ iau⁵³ tɕʰy⁵¹ kuaŋ²¹ tʂou⁵⁵.
昌平	这辆汽车要开到广州去。 tʂɤ⁵³ liaŋ⁵³ tɕʰi⁵³ tʂʰɤ⁵⁵ iau⁵³ kʰai⁵⁵ tau⁵³ kuaŋ²¹ tʂou⁵⁵ tɕʰy⁰.
怀柔	这辆汽车要去广州。 tʂə⁵¹ liaŋ⁵¹ tɕʰi⁵¹ tʂʰə⁵⁵ iau⁵¹ tɕʰy⁵¹ kuaŋ²¹ tʂou⁵⁵.
密云	[这一]辆汽车要开到广州去。 tʂei⁵³ liaŋ⁵³ tɕʰi⁵¹ tʂʰɤ⁵⁵ iau⁵¹ kʰai⁵⁵ tau⁵¹ kuaŋ²¹ tʂou⁵⁵ tɕʰy⁵¹.
顺义	这汽车要开到广州去。 tʂɤ⁵³ tɕʰi⁵¹ tʂʰɤ⁵⁵ iau⁵¹ kʰai⁵⁵ tau⁰ kuaŋ²¹ tʂou⁵⁵ tɕʰy⁰.
延庆	[这一]辆车要开到广州去。 tʂei⁵³ liaŋ⁰ tʂʰɤ⁴² iao²¹ kʰai⁴² tao⁰ kuaŋ²⁴ tʂou⁴² tɕʰy⁰.
平谷	[这一]辆车要开到广州去。/这辆车去广州。 tʂei⁵¹ liaŋ⁰ tʂʰɤ³⁵ iau⁵¹ kʰai³⁵ tau⁵¹ kuaŋ²¹ tʂou³⁵ tɕʰy⁰. / tʂei⁵¹ liaŋ⁰ tʂʰɤ³⁵ tɕʰy⁵¹ kuaŋ²¹ tʂou³⁵.

	0021 学生们坐汽车坐了两整天了。
西城	学生们坐汽车坐了整两天了。 çye³⁵ ʂəŋ⁰ mən⁰ tsuo⁵³ tçʰi⁵¹ tʂʰɤ⁵⁵ tsuo⁵¹ lə⁰ tʂəŋ³⁵ liaŋ²¹ tʰian⁵⁵ lə⁰.
通州	学生们坐汽车都坐了两整天了。 çye³⁵ ʂəŋ⁰ mən⁰ tsuo⁵³ tçʰi⁵¹ tʂʰɤ⁵⁵ tou⁵⁵ tsuo⁵¹ lə⁰ liaŋ³⁵ tʂəŋ²¹ tʰian⁵⁵ lə⁰.
大兴	学生们坐汽车坐了两天了。 çiau³⁵ ʂəŋ⁰ mən⁰ tsuo⁵³ tçʰi⁵¹ tʂʰɤ⁵⁵ tsuo⁵¹ lə⁰ liaŋ²¹ tʰian⁵⁵ lə⁰.
房山	学生们坐汽车坐了两整天了。 çye³⁵ ʂəŋ⁰ mən⁰ tsuo⁵¹ tçʰi⁵¹ tʂʰɤ⁵⁵ tsuo⁵¹ lə⁰ liaŋ³⁵ tʂəŋ²¹ tʰian⁵⁵ lə⁰.
门头沟	学生们坐车坐了两天了。 çye³⁵ ʂəŋ⁵⁵ mən⁰ tsuo⁵¹ tʂʰɤ⁵⁵ tsuo⁵¹ lə⁰ liaŋ²¹ tʰian⁵⁵ lə⁰.
昌平	学生们坐汽车坐了整两天了。 çye³⁵ ʂəŋ⁰ mən⁰ tsuo⁵³ tçʰi⁵³ tʂʰɤ⁵⁵ tsuo⁵³ lə⁰ tʂəŋ³⁵ liaŋ²¹ tʰian⁵⁵ lə⁰.
怀柔	学生们坐了两天汽车了。 çye³⁵ ʂəŋ⁰ mən⁰ tsuo⁵¹ lə⁰ liaŋ²¹ tʰian⁵⁵ tçʰi⁵¹ tʂʰə⁵⁵ lə⁰.
密云	学生们坐汽车坐整两天了。 çye³⁵ ʂəŋ⁵⁵ mən⁰ tsuo⁵³ tçʰi⁵¹ tʂʰɤ⁵⁵ tsuo⁵¹ tʂəŋ³⁵ liaŋ²¹³ tʰian⁵⁵ lə⁰.
顺义	学生们坐汽车都两整天啦。 çye³⁵ ʂəŋ⁰ mən⁰ tsuo⁵³ tçʰi⁵¹ tʂʰɤ⁵⁵ tou⁵⁵ liaŋ³⁵ tʂəŋ²¹ tʰian⁵⁵ la⁰.
延庆	学生们坐了两整天汽车了。 çye⁵⁵ ʂəŋ⁰ mən⁰ tsuo²¹ lə⁰ liaŋ⁵⁵ tʂəŋ²⁴ tʰian⁴² tçʰi²¹ tʂʰɤ⁴² lə⁰.
平谷	学生们坐了两整天汽车了。 çye⁵⁵ ʂəŋ⁰ mən⁰ tsuo⁵¹ lə⁰ liaŋ³⁵ tʂəŋ²¹ tʰian³⁵ tçʰi⁵¹ tʂʰɤ³⁵ lə⁰.

语法例句对照

	0022 你尝尝他做的点心再走吧。
西城	你尝尝他做的点心再走吧。 ni²¹ tʂʰaŋ³⁵ tʂʰaŋ⁰ tʰa⁵⁵ tsuo⁵¹ tə⁰ tian²¹ ɕin⁰ tsai⁵¹ tsou²¹ pɐ⁰.
通州	你尝尝他做的点心再走吧。 ni²¹ tʂʰaŋ³⁵ tʂʰaŋ⁰ tʰa⁵⁵ tsuo⁵¹ tə⁰ tian²¹ ɕin⁰ tsai⁵¹ tsou²¹ pa⁰.
大兴	你尝尝他做的点心再走吧。 n̠i²¹ tʂʰaŋ³⁵ tʂʰaŋ⁰ tʰa⁵⁵ tsuo⁵¹ tə⁰ tian²¹ ɕin⁰ tsai⁵¹ tsou²¹ pa⁰.
房山	你尝尝他做的点心再走吧。 ni²¹ tʂʰaŋ³⁵ tʂʰaŋ⁰ tʰa⁵⁵ tsuo⁵¹ tə⁰ tian²¹ ɕin⁰ tsai⁵¹ tsou²¹ pa⁰.
门头沟	你尝尝他做的点心再走吧。 ni²¹ tʂʰaŋ³⁵ tʂʰaŋ⁰ tʰa⁵⁵ tsuo⁵¹ tə⁰ tian²¹ ɕin⁰ tsai⁵¹ tsou²¹ pa⁰.
昌平	你尝尝他做的点心再走吧。 ni²¹ tʂʰaŋ³⁵ tʂʰaŋ⁰ tʰa⁵⁵ tsuo⁵³ tə⁰ tian²¹ ɕin⁰ tsai⁵³ tsou²¹ pa⁰.
怀柔	你先尝尝他做的点心再走吧。 ni²¹ ɕian⁵⁵ tʂʰaŋ³⁵ tʂʰaŋ⁰ tʰa⁵⁵ tsuo⁵¹ tə⁰ tian²¹ ɕin⁰ tsai⁵¹ tsou²¹ pa⁰.
密云	你尝尝他做的点心再走吧。 n̠i²¹ tʂʰaŋ³⁵ tʂʰaŋ⁰ tʰa⁵⁵ tsuo⁵¹ tə⁰ tian²¹³ ɕin⁰ tsai⁵¹ tsou²¹³ pa⁰.
顺义	你尝尝他做的点心再走吧。 ni²¹ tʂʰaŋ³⁵ tʂʰaŋ⁰ tʰa⁵⁵ tsuo⁵¹ tə⁰ tian²¹ ɕin⁰ tsai⁵¹ tsou²¹ pa⁰.
延庆	你尝尝他做的点心再走吧。 n̠i²⁴ tʂʰaŋ⁵⁵ tʂʰaŋ⁰ tʰa⁴² tsuo⁵³ ti⁰ tian²⁴ ɕin⁰ tsai²¹ tsou²⁴ pa⁰.
平谷	你尝尝他做的点心再走吧。 ni²¹ tʂʰaŋ⁵⁵ tʂʰaŋ⁵⁵ tʰa³⁵ tsou⁵¹ tə⁰ tian²¹ ɕin⁰ tai⁵¹ tsou²¹ pa⁰.

		0023 a. 你在唱什么？b. 我没在唱，我放着录音呢。
西城		a. 你在唱什么？b. 我没唱，我放着录音呢。 a. ni²¹ tsai⁵³ tʂʰaŋ⁵¹ ʂən³⁵ mə⁰？ b. uo²¹ mei³⁵ tʂʰaŋ⁵¹, uo²¹ faŋ⁵¹ tʂə⁰ lu⁵¹ in⁵⁵ nə⁰.
通州		a. 你在唱什么？b. 我没唱，我在放录音呢。 a. ni²¹ tsai⁵³ tʂʰaŋ⁵¹ ʂən²¹ mə⁰？ b. uo²¹ mei³⁵ tʂʰaŋ⁵¹, uo²¹ tsai⁵³ faŋ⁵³ lu⁵¹ in⁵⁵ nə⁰.
大兴		a. 你唱什么呢？b. 我没唱，我放录音呢。 a. ɳi²¹ tʂʰaŋ⁵¹ ʂən²¹ mə⁰ nə？ b. uo²¹ mei³⁵ tʂʰaŋ⁵¹, uo²¹ faŋ⁵³ lu⁵¹ in⁵⁵ nə⁰.
房山		a. 你在唱什么？b. 我没在唱，我放着录音呢。 a. ni²¹ tsai⁵³ tʂʰaŋ⁵¹ ʂən³⁵ mə⁰？ b. uo²¹ mei³⁵ tsai⁵³ tʂʰaŋ⁵¹, uo²¹ faŋ⁵¹ tʂə⁰ lu⁵¹ in⁵⁵ nə⁰.
门头沟		a. 你在唱什么？b. 我没在唱，我放的是录音。 a. ni²¹ tsai⁵³ tʂʰaŋ⁵¹ ʂən³⁵ mə⁰？ b. uo²¹ mei³⁵ tsai⁵³ tʂʰaŋ⁵¹, uo²¹ faŋ⁵¹ tə⁰ ʂʅ⁵³ lu⁵¹ in⁵⁵.
昌平		a. 你唱什么呢？b. 俺没唱，俺放着录音呢。 a. ni²¹ tʂʰaŋ⁵³ ʂən³⁵ mə⁰ nə⁰？ b. an²¹ mei³⁵ tʂʰaŋ⁵¹, an²¹ faŋ⁵³ tʂə⁰ lu⁵³ in⁵⁵ nə⁰.
怀柔		a. 你在唱啥？我没唱，我放录音呢。 a. ni²¹ tsai⁵¹ tʂʰaŋ⁵¹ ʂa³⁵？ b. uo²¹ mei³⁵ tʂʰaŋ⁵¹, uo²¹ faŋ⁵¹ lu⁵¹ in⁵⁵ nə⁰.
密云		a. 你在唱什么呢？b. 我没唱，我放着录音呢。 a. ɳi²¹ tsai⁵³ tʂʰaŋ⁵¹ ʂən³⁵ mə⁰ nə⁰？ b. uo²¹ mei³⁵ tʂʰaŋ⁵¹, uo²¹ faŋ⁵¹ tʂə⁰ lu⁵¹ in⁵⁵ nə⁰.
顺义		a. 你在唱什么？b. 我没唱，放着录音呢。 a. ni²¹ tsai⁵³ tʂʰaŋ⁵¹ ʂən³⁵ mə⁰？ uo²¹ mei³⁵ tʂʰaŋ⁵¹, faŋ⁵¹ tʂə⁰ lu⁵¹ in⁵⁵ nə⁰.
延庆		a. 你在唱刷ⁿ儿？b. 我没唱，我在放录音哩。 a. ɳi²⁴ tsai²¹ tʂʰaŋ²⁴ ʂuɐr⁵³？ b. uo²⁴ mei⁵⁵ tʂʰaŋ⁵³, uo²⁴ tsai²¹ faŋ²¹ lu²¹ in⁴² li⁰.
平谷		a. 你在唱啥？b. 我没唱，我放着录音呢。 a. ni²¹ tsai⁵¹ tʂʰaŋ⁵¹ ʂa⁵⁵？ b. uo²¹ mei⁵⁵ tʂʰaŋ⁵¹, uo²¹ faŋ⁵¹ tʂə⁰ lu⁵¹ in³⁵ nə⁰.

语法例句对照

	0024a. 我吃过兔子肉，你吃过没有？b. 没有，我没吃过。
西城	a. 我吃过兔子肉，你吃过没有？b. 没有，我没吃过。 a. uo²¹ tʂʰɿ⁵⁵ kuə⁰ tʰu⁵¹ tsɿ⁰ ʐou⁵¹, ni²¹ tʂʰɿ⁵⁵ kuə⁰ mei³⁵ io⁰? b. mei³⁵ io⁰, uo²¹ mei³⁵ tʂʰɿ⁵⁵ kuə⁰.
通州	a. 我吃过兔子肉，你吃过没有？b. 没有，我没吃过。 a. uo²¹ tʂʰɿ⁵⁵ kuə⁰ tʰu⁵¹ tsɿ⁰ ʐou⁵¹, ni²¹ tʂʰɿ⁵⁵ kuə⁰ mei³⁵ iou⁰? b. mei³⁵ iou⁰, uo²¹ mei³⁵ tʂʰɿ⁵⁵ kuə⁰.
大兴	a. 我吃过兔子肉，你吃过吗？b. 我没吃过。 a. uo²¹ tʂʰɿ⁵⁵ kuə⁰ tʰu⁵¹ tsɿ⁰ ʐou⁵¹, ȵi²¹ tʂʰɿ⁵⁵ kuə⁰ ma⁰? b. uo²¹ mei³⁵ tʂʰɿ⁵⁵ kuə⁰.
房山	a. 我吃过兔子肉，你吃过没有？b. 没有，我没吃过。 a. uo²¹ tʂʰɿ⁵⁵ kuo⁰ tʰu⁵¹ tsɿ⁰ ʐou⁵¹, ni²¹ tʂʰɿ⁵⁵ kuo⁰ mei³⁵ iou⁰? b. mei³⁵ iou²¹⁴, uo²¹ mei³⁵ tʂʰɿ⁵⁵ kuo⁰.
门头沟	a. 我吃过兔子肉，你吃过吗？b. 没有，我没吃过。 uo²¹ tʂʰɿ⁵⁵ kuo⁰ tʰu⁵¹ tsɿ⁰ ʐou⁵¹, ni²¹ tʂʰɿ⁵⁵ kuo⁰ ma⁰? b. mei³⁵ iou⁰, uo²¹ mei³⁵ tʂʰɿ⁵⁵ kuo⁰.
昌平	a. 俺吃过兔子肉，你吃过没有？俺没吃过。 an²¹ tʂʰɿ⁵⁵ kuo⁰ tʰu⁵³ tsɿ⁰ ʐou⁵¹, ni²¹ tʂʰɿ⁵⁵ kuo⁰ mei³⁵ iou²¹⁴? an²¹ mei³⁵ tʂʰɿ⁵⁵ kuo⁰.
怀柔	a. 我吃过兔子肉，你吃过么？b. 我没吃过。 uo²¹ tʂʰɿ⁵⁵ kuo⁰ tʰu⁵¹ tsɿ⁰ ʐou⁵¹, ni²¹ tʂʰɿ⁵⁵ kuo⁰ mə⁰? b. uo²¹ mei³⁵ tʂʰɿ⁵⁵ kuo⁰.
密云	a. 我吃过兔子肉，你吃过没有？b. 没有，我没吃过。 a. uo²¹ tʂʰɿ⁵⁵ kuo⁰ tʰu⁵¹ tsɿ⁰ ʐou⁵¹, ȵi²¹ tʂʰɿ⁵⁵ kuo⁰ mei³⁵ iou²¹³? b. mei³⁵ iou²¹³, uo²¹ mei³⁵ tʂʰɿ⁵⁵ kuo⁵¹.
顺义	a. 我吃过兔子肉，你吃过吗？b. 我没吃过。 uo²¹ tʂʰɿ⁵⁵ kuo⁰ tʰu⁵¹ tsɿ⁰ ʐou⁵¹, ni²¹ tʂʰɿ⁵⁵ kuo⁰ ma⁰? b. uo²¹ mei³⁵ tʂʰɿ⁵⁵ kuo⁰.
延庆	a. 我吃过兔子肉，你吃过没有？b. 没有，我没吃过。 a. uo²⁴ tʂʰɿ⁴² kuo⁰ tʰu²¹ tsə⁰ ʐou⁵³, ȵi²¹ tʂʰɿ⁴² kuo⁰ mei³⁵ iou²¹⁴? b. mei³⁵ iou²¹⁴, uo²⁴ mei⁵⁵ tʂʰɿ⁴² kuo⁰.
平谷	a. 我吃过兔子肉，你吃过没有？b. 没有，我没吃过。 uo²¹ tʂʰɿ³⁵ kuo⁰ tʰu⁵¹ tsɿ⁰ ʐou⁵¹, ni²¹ tʂʰɿ³⁵ kuo⁰ mei⁵⁵ iou⁰? b. mei⁵⁵ iou⁰, uo²¹ mei⁵⁵ tʂʰɿ³⁵ kuo⁰.

	0025 我洗过澡了，今天不打篮球了。
西城	我洗过澡了，今儿不打篮球儿了。 uo³⁵ ɕi²¹ kuə⁰ tsau²¹ lə⁰, tɕiər⁵⁵ pu⁵¹ ta²¹ lan³⁵ tɕʰiour³⁵ lə⁰.
通州	我洗澡了，今儿个就不打篮球了。 uo²¹ ɕi³⁵ tsau²¹ lə⁰, tɕiər⁵⁵ kə⁰ tɕiou⁵¹ pu⁵⁵ ta²¹ lan³⁵ tɕʰiou³⁵ lə⁰.
大兴	我洗澡了，今儿不打篮球了。 uo²¹ ɕi³⁵ tsau²¹ lə⁰, tɕiər⁵⁵ pu⁵¹ ta²¹ lan³⁵ tɕʰiou³⁵ lə⁰.
房山	我洗过澡了，真˭儿个不打篮球了。 uo³⁵ ɕi²¹ kuo⁰ tsau²¹ lə⁰, tʂər⁵⁵ kə⁰ pu⁵¹ ta²¹ lan³⁵ tɕʰiou³⁵ lə⁰.
门头沟	我刚洗过澡，今天不打篮球了。 uo²¹ kaŋ⁵⁵ ɕi²¹ kuo⁰ tsau²¹⁴, tɕin⁵⁵ tʰian⁵⁵ pu⁵¹ ta²¹ lan³⁵ tɕʰiou³⁵ lə⁰.
昌平	俺洗过澡了，今儿个不打篮球了。 an³⁵ ɕi²¹ kuo⁰ tsau²¹ lə⁰, tɕiər⁵⁵ kə⁰ pu⁵³ ta²¹ lan³⁵ tɕʰiou³⁵ lə⁰.
怀柔	今儿我洗过澡了，不想打篮球儿了。 tɕiər⁵⁵ uo³⁵ ɕi²¹ kuo⁰ tsau²¹ lə⁰, pu⁵¹ ɕiaŋ³⁵ ta²¹ lan³⁵ tɕʰiour³⁵ lə⁰.
密云	我洗过澡了，今天不打篮球儿了。 uo²¹ ɕi²¹ kuo⁰ tsau²¹³ lə⁰, tɕin⁵⁵ tʰian⁵⁵ pu⁵¹ ta²¹ lan³⁵ tɕʰiour³⁵ lə⁰.
顺义	我洗澡啦，今儿不打篮球了。 uo³⁵ ɕi³⁵ tsau²¹ la⁰, tɕiər⁵⁵ pu⁵¹ ta²¹ lan³⁵ tɕʰiou³⁵ lə⁰.
延庆	我洗过身子了，今儿不打篮球了。 uo²⁴ ɕi²⁴ kuo⁰ ʂən⁴² tsə⁰ lə⁰, tɕiər⁴⁴ pu⁴⁴ ta²⁴ lan⁵⁵ tɕʰiou⁵⁵ lə⁰.
平谷	我刚洗过澡，今儿个不打篮球了。 uo²¹ kaŋ³⁵ ɕi²¹ kuo⁵¹ tsau²¹³, tɕiər³⁵ kə⁰ pu⁵¹ ta²¹ lan⁵⁵ tɕʰiou⁵⁵ lə⁰.

语法例句对照 441

	0026 我算得太快算错了，让我重新算一遍。
西城	我算得太快了，算错了，让我再重新算一遍。 uo²¹ suan⁵¹ tə⁰ tʰai⁵³ kʰuai⁵¹ lə⁰, suan⁵³ tsʰuo⁵¹ lə⁰, ȥaŋ⁵¹ uo²¹ tsai⁵¹ tʂʰuŋ³⁵ ɕin⁰ suan⁵¹ i³⁵ pian⁰.
通州	我算得太快算错了，我再重新算一遍吧。 uo²¹ suan⁵¹ tə⁰ tʰai⁵³ kʰuai⁵¹ suan⁵³ tsʰuo⁵¹ lə⁰, uo²¹ tsai⁵¹ tʂʰuŋ³⁵ ɕin⁵⁵ suan⁵¹ i³⁵ pian⁵¹ pa⁰.
大兴	我算得太快，算错了，让我再重新算一遍儿。 uo²¹ suan⁵¹ tə⁰ tʰai⁵³ kʰuai⁵¹, suan⁵³ tsʰuo⁵¹ lə⁰, ȥaŋ⁵¹ uo²¹ tsai⁵¹ tʂʰuŋ³⁵ ɕin⁵⁵ suan⁵¹ i³⁵ piɐr⁰.
房山	我算得太快算错了，让我重新再算一遍。 uo²¹ suan⁵¹ tə⁰ tʰai⁵³ kʰuai⁵¹ suan⁵³ tsʰuo⁵¹ lə⁰, ȥaŋ⁵¹ uo²¹ tʂʰuŋ³⁵ ɕin⁵⁵ tsai⁵³ suan⁵¹ i³⁵ pian⁵¹.
门头沟	我算得太快，错了，我重新算一遍。 uo²¹ suan⁵¹ tə⁰ tʰai⁵³ kʰuai⁵¹, tsʰuo⁵¹ lə⁰, uo²¹ tʂʰuŋ³⁵ ɕin⁵⁵ suan⁵¹ i³⁵ pian⁰.
昌平	俺算得太快算错了，让俺重算一遍。 an²¹ suan⁵³ tə⁰ tʰai⁵³ kʰuai⁵³ suan⁵³ tsʰuo⁵³ lə⁰, ȥaŋ⁵³ an²¹ tʂʰuŋ³⁵ suan⁵³ i³⁵ pian⁵¹.
怀柔	我算得快，错了，我再算一遍。 uo²¹ suan⁵¹ tə⁰ kʰuai⁵¹, tsʰuo⁵¹ lə⁰, uo²¹ tsai⁵¹ suan⁵¹ i⁰ pian⁰.
密云	我算得太快算错了，让我重新算一遍。 uo²¹ suan⁵¹ tə⁰ tʰai⁵³ kʰuai⁵¹ suan⁵³ tsʰuo⁵¹ lə⁰, ȥaŋ⁵¹ uo²¹ tʂʰuŋ³⁵ ɕin⁵⁵ suan⁵¹ i⁰ pian⁵¹.
顺义	我算得太快，算错了，让我重新算一遍。 uo²¹ suan⁵¹ tə⁰ tʰai⁵³ kʰuai⁵¹, suan⁵³ tsʰuo⁵¹ lə⁰, ȥaŋ⁵¹ uo²¹ tʂʰuŋ³⁵ ɕin⁰ suan⁵¹ i³⁵ pian⁰.
延庆	我算得忒快，算错了，让我再算一遍。 uo²⁴ suan⁵³ tə⁰ tʰei⁴⁴ kʰuai⁵³, suan²⁴ tsʰuo⁵³ lə⁰, ȥaŋ²¹ uo²⁴ tsai²⁴ suan⁵³ i⁰ pian⁰.
平谷	我算得忒快，算错了，让我再算一遍。 uo²¹ suan⁵¹ tə⁰ tʰuei³⁵ kʰuai⁵¹, suan⁵¹ tsʰuo⁵¹ lə⁰, ȥaŋ⁵¹ uo²¹ tai⁵¹ suan⁵¹ i³⁵ pian⁰.

	0027 他一高兴就唱起歌来了。
西城	他一高兴就唱起歌儿来了。 tʰa⁵⁵i⁵¹kau⁵⁵ɕiŋ⁰tɕiou⁵³tʂʰaŋ⁵¹tɕʰi²¹kɤr⁵⁵lɛ⁰lə⁰.
通州	他一高兴就唱起歌儿来了。 tʰa⁵⁵i⁵¹kau⁵⁵ɕiŋ⁵¹tɕiou⁵³tʂʰaŋ⁵¹tɕʰi²¹kɤr⁵⁵lai⁰lə⁰.
大兴	他一高兴就唱起歌儿来了。 tʰa⁵⁵i⁵¹kau⁵⁵ɕiŋ⁵¹tɕiou⁵³tʂʰaŋ⁵¹tɕʰi²¹kɐr⁵⁵lai⁰lə⁰.
房山	他一高兴就唱起歌儿来了。 tʰa⁵⁵i⁵¹kau⁵⁵ɕiŋ⁵¹tɕiou⁵³tʂʰaŋ⁵¹tɕʰi⁰kɤr⁵⁵lai⁰lə⁰.
门头沟	他一高兴就唱起歌儿来了。 tʰa⁵⁵i⁵¹kau⁵⁵ɕiŋ⁵¹tɕiou⁵³tʂʰaŋ⁵¹tɕʰi²¹kɤr⁵⁵lɛ⁰lə⁰.
昌平	他一高兴就唱起歌儿来了。 tʰa⁵⁵i⁵³kau⁵⁵ɕiŋ⁵³tɕiou⁵³tʂʰaŋ⁵³tɕʰi²¹kɤr⁵⁵lai³⁵lə⁰.
怀柔	他一高兴就唱起来了。 tʰa⁵⁵i⁵⁵kau⁵⁵ɕiŋ⁵¹tɕiou⁵³tʂʰaŋ⁵¹tɕʰi⁰lai⁰lə⁰.
密云	他一高兴就唱起歌儿来了。 ta⁵⁵i⁵¹kau⁵⁵ɕiŋ⁵¹tɕiou⁵³tʂʰaŋ⁵¹tɕʰi²¹kɤr⁵⁵lai³⁵lə⁰.
顺义	他一高兴就唱起歌儿来了。 tʰa⁵⁵i⁵¹kau⁵⁵ɕiŋ⁰tɕiou⁵³tʂʰaŋ⁵¹tɕʰi²¹kɤr⁵⁵lai⁰lə⁰.
延庆	他一喜欢就唱起来了。 tʰa⁴⁴i⁴⁴ɕi²⁴xuan⁰tsou²⁴tʂʰaŋ⁵³tɕʰi²⁴lai⁰lə⁰.
平谷	他一高兴就唱起来了。 tʰa³⁵i⁵¹kau³⁵ɕiŋ⁰tou⁵¹tʂʰaŋ⁵¹tɕʰi²¹lai⁰lə⁰.

	0028 谁刚才议论我老师来着？
西城	谁刚才议论我们老师来着？ ʂei³⁵kaŋ⁵⁵tsʰai³⁵i⁵¹luən⁰uo²¹mən⁰lau²¹ʂʅ⁵⁵lɛ⁰tʂə⁰？
通州	谁刚才议论我们老师来着？ ʂei³⁵kaŋ⁵⁵tsʰai³⁵i⁵³luən⁵¹uo²¹mən⁰lau²¹ʂʅ⁵⁵lai³⁵tʂə⁰？
大兴	谁刚才议论我们老师来？ ʂuei³⁵kaŋ⁵⁵tsʰai³⁵i⁵³luən⁵¹uo²¹mən⁰lau²¹ʂʅ⁵⁵lai⁰？
房山	谁刚才议论我老师来着？ ʂei³⁵kaŋ⁵⁵tsʰai³⁵i⁵³luən⁵¹uo³⁵lau²¹ʂʅ⁵⁵lai⁰tʂou⁰．
门头沟	谁刚才议论我老师来着？ ʂei³⁵kaŋ⁵⁵tsʰai³⁵i⁵³luən⁵¹uo³⁵lau²¹ʂʅ⁵⁵lɛ⁰tʂə⁰？
昌平	谁刚才说俺老师来着？ ʂei³⁵kaŋ⁵⁵tsʰai³⁵ʂuo⁵⁵an³⁵lau²¹ʂʅ⁵⁵lai³⁵tʂə⁰？
怀柔	刚才谁议论老师呢？／刚才谁议论老师来着？ kaŋ⁵⁵tsʰai³⁵ʂei³⁵i⁵¹luən⁵¹lau²¹ʂʅ⁵⁵nə⁰？／kaŋ⁵⁵tsʰai³⁵ʂei³⁵i⁵¹luən⁵¹lau²¹ʂʅ⁵⁵lai³⁵tʂə⁰？
密云	谁刚才议论我老师来着？ ʂuei³⁵kaŋ⁵⁵tsʰai³⁵i⁵³lun⁵¹uo³⁵lau²¹ʂʅ⁵⁵lai⁵⁵tʂə⁰？
顺义	谁刚才议论我们老师来着？ ʂei³⁵kaŋ⁵⁵tsʰai³⁵i⁵¹luən⁰uo²¹mən⁰lau²¹ʂʅ⁵⁵lai⁰tʂə⁰？
延庆	谁刚才议论俺们老师哩？ ʂei⁵⁵kaŋ⁴⁴tsʰai⁵⁵i⁵³luən⁰an²⁴mən⁰lao²⁴ʂʅ⁴²li⁰？
平谷	谁刚才议论我们老师来着？ ʂuei⁵⁵kaŋ³⁵tsʰai⁵⁵i⁵¹luən⁰uo²¹mən⁰lau²¹ʂʅ³⁵lai⁵⁵tʂə⁰？

		0029 只写了一半，还得写下去。
西城		只写了一半儿，还得写下去。 tʂʅ³⁵ ɕie²¹ lə⁰ i˙³⁵ pɐr⁵¹, xai³⁵ tei⁰ ɕie²¹ ɕia⁰ tɕʰy⁰.
通州		只写了一半儿，还得写下去。 tʂʅ³⁵ ɕie²¹ lə⁰ i˙³⁵ pɐr⁵¹, xai³⁵ tei⁰ ɕie²¹ ɕia⁰ tɕʰy⁰.
大兴		只写了一半儿，还得写下去。 tʂʅ³⁵ ɕie²¹ lə⁰ i˙³⁵ pɐr⁵¹, xai³⁵ tei⁰ ɕie²¹ ɕia⁰ tɕʰy⁰.
房山		只写了一半儿，还得写下去。 tʂʅ³⁵ ɕie²¹ lə⁰ i˙³⁵ pɐr⁵¹, xai³⁵ tei²¹ ɕie²¹ ɕia⁵¹ tɕʰy⁰.
门头沟		刚写了一半儿，还得接着写。 kaŋ⁵⁵ ɕie²¹ lə⁰ i˙³⁵ pɐr⁵¹, xai³⁵ tei²¹ tɕie⁵⁵ tʂə⁰ ɕie²¹⁴.
昌平		只写了一半儿，还得写下去。 tʂʅ³⁵ ɕie²¹ lə⁰ i˙³⁵ pɐr⁵¹, xai³⁵ tei²¹ ɕie²¹ ɕia⁵³ tɕʰi˙⁰.
怀柔		刚写了一半儿，还得继续写。 kaŋ⁵⁵ ɕie²¹ lə⁰ i˙³⁵ pɐr⁵¹, xai³⁵ tei²¹ tɕi˙⁵¹ ɕy⁵¹ ɕie²¹⁴.
密云		只写了一半儿，还得写下去。 tʂʅ³⁵ ɕie²¹³ lə⁰ i˙³⁵ pɐr⁵¹, xai³⁵ tei³⁵ ɕie²¹ ɕia⁵¹ tɕʰy⁰.
顺义		只写了一半儿，还得写下去。 tʂʅ³⁵ ɕie²¹ lə⁰ i˙³⁵ pɐr⁵¹, xai³⁵ tei⁰ ɕie²¹ ɕia⁰ tɕʰy⁰.
延庆		只写了一半，还得往下写。 tʂʅ⁵⁵ ɕie²⁴ lə⁰ i˙⁴⁴ pɐr⁵³, xai⁵⁵ tei⁰ vaŋ²⁴ ɕia⁵³ ɕie²¹⁴.
平谷		只写了一半儿，还得往下写。 tʂʅ³⁵ ɕie²¹ lə⁰ i˙³⁵ pɐr⁵¹, xai⁵⁵ tei²¹ uaŋ²¹ ɕia⁵¹ ɕie²¹³.

语法例句对照 445

	0030 你才吃了一碗米饭，再吃一碗吧。
西城	你才吃了一碗米饭，再吃一碗吧。 ni²¹ tsʰai³⁵ tʂʰʅ⁵⁵ lə⁰ ˑi⁵¹ uan³⁵ mi²¹ fan⁵¹，tsai⁵¹ tʂʰʅ⁵⁵ ˑi⁵¹ uan²¹ pɐ⁰.
通州	你才吃了一碗米饭，再来碗吧。 ni²¹ tsai³⁵ tʂʰʅ⁵⁵ lə⁰ ˑi⁵¹ uan³⁵ mi²¹ fan⁵¹，tsai⁵¹ lai³⁵ uan²¹ pa⁰.
大兴	你就吃了一碗儿米饭，再来一碗儿吧。 ȵi²¹ tɕiou⁵¹ tʂʰʅ⁵⁵ lə⁰ ˑi⁵¹ uɐr³⁵ mi²¹ fan⁵¹，tsai⁵¹ lai³⁵ ˑi⁰ uɐr²¹ pa⁰.
房山	你才吃了一碗米饭，再吃一碗吧。 ni²¹ tsʰai³⁵ tʂʰʅ⁵⁵ lə⁰ ˑi⁵¹ uan²¹ mi²¹ fan⁵¹，tsai⁵¹ tʂʰʅ⁵⁵ ˑi⁵¹ uan²¹⁴ pa⁰.
门头沟	你才吃了一碗饭，再吃一碗。 ni²¹ tsʰai³⁵ tʂʰʅ⁵⁵ lə⁰ ˑi⁵¹ uan²¹ fan⁵¹，tsai⁵¹ tʂʰʅ⁵⁵ ˑi⁵¹ uan²¹⁴.
昌平	你刚吃了一碗儿米饭，再来一碗儿吧。 ni²¹ kaŋ⁵⁵ tʂʰʅ⁵⁵ lə⁰ ˑi⁵³ uɐr²¹ mi²¹ fan⁵¹，tsai⁵³ lai³⁵ ˑi⁵³ uɐr²¹ pa⁰.
怀柔	你才吃了一碗儿米饭，再吃一碗儿吧。 ni²¹ tsʰai³⁵ tʂʰʅ⁵⁵ lə⁰ ˑi⁵¹ uɐr³⁵ mi²¹ fan⁵¹，tsai⁵¹ tʂʰʅ⁵⁵ ˑi⁵¹ uɐr²¹ pa⁰.
密云	你才吃一碗儿米饭，再吃一碗儿吧。 ȵi²¹ tsʰai³⁵ tʂʰʅ⁵⁵ ˑi⁵¹ uɐr²¹ mi²¹ fan⁵¹，tsai⁵¹ tʂʰʅ⁵⁵ ˑi⁵¹ uɐr²¹³ pa⁰.
顺义	你才吃了一碗米饭，再吃碗吧。 ni²¹ tsʰai³⁵ tʂʰʅ⁵⁵ lə⁰ ˑi⁵¹ uan³⁵ mi²¹ fan⁵¹，tsai⁵¹ tʂʰʅ⁵⁵ uan²¹ pa⁰.
延庆	你就吃了一碗米饭，再来一碗吧。 ȵi²⁴ tsou²⁴ tʂʰʅ⁴² lə⁰ ˑi⁴⁴ van²⁴ mi²⁴ fan⁵³，tsai²¹ lai⁵⁵ ˑi⁴⁴ van²⁴ pa⁰.
平谷	你刚吃了一碗米饭，再吃一碗吧。 ni²¹ kaŋ³⁵ tʂʰʅ³⁵ lə⁰ ˑi⁵¹ uan²¹ mi²¹ fan⁵¹，tai⁵¹ tʂʰʅ³⁵ ˑi⁵¹ uan²¹ pa⁰.

	0031 让孩子们先走，你再把展览仔仔细细地看一遍。
西城	让孩子们先走，你再把展览仔仔细细地看一遍。 ʐaŋ⁵¹ xai³⁵ tsʅ⁰ mən⁰ ɕian⁵⁵ tsou²¹⁴，ni²¹ tsai⁵¹ pa²¹ tʂan³⁵ lan²¹ tsʅ³⁵ tsʅ²¹ ɕi⁵³ ɕi⁵¹ tə⁰ kʰan⁵¹ i³⁵ pian⁰.
通州	让孩子们先走吧，你再把展览仔仔细细地看一遍。 ʐaŋ⁵¹ xai³⁵ tsʅ⁰ mən⁰ ɕian⁵⁵ tsou²¹ pa⁰，ni²¹ tsʰai⁵¹ pa²¹ tʂan³⁵ lan²¹ tsʅ³⁵ tsʅ²¹ ɕi⁵³ ɕi⁵¹ tə⁰ kʰan⁵¹ i³⁵ pian⁵¹.
大兴	叫孩子们先走，你再把展览仔仔细细地瞧一遍儿。 tɕiau⁵¹ xai³⁵ tsʅ⁰ mən⁰ ɕian⁵⁵ tsou²¹⁴，ȵi²¹ tsai⁵¹ pa²¹ tʂan³⁵ lan²¹ tsʅ³⁵ tsʅ²¹ ɕi⁵³ ɕi⁵¹ tə⁰ tɕʰiau³⁵ i³⁵ piɐr⁰.
房山	让孩子们先走，你再把展览仔仔细细地看一遍。 ʐaŋ⁵¹ xai³⁵ tsʅ⁰ mən⁰ ɕian⁵⁵ tsou²¹⁴，ni²¹ tsai⁵¹ pa²¹ tʂan³⁵ lan²¹ tsʅ³⁵ tsʅ²¹ ɕi⁵³ ɕi⁵¹ ti⁰ kʰan⁵¹ i⁵⁵ pian⁵¹.
门头沟	让孩子们先走，你再把它好好看看。 ʐaŋ⁵¹ xai³⁵ tsʅ⁰ mən⁰ ɕian⁵⁵ tsou²¹⁴，ni²¹ tsai⁵¹ pa²¹ tʰa⁵⁵ xau²¹ xau⁵⁵ kʰan⁵¹ kʰan⁰.
昌平	让孩子们头儿走，你再把展览好好儿地瞧一遍。 ʐaŋ⁵³ xai³⁵ tsʅ⁰ mən⁰ tʰour³⁵ tsou²¹⁴，ni²¹ tsai⁵³ pa²¹ tʂan³⁵ lan²¹ xau²¹ xaur⁵⁵ tə⁰ tɕʰiau³⁵ i³⁵ pian⁵¹.
怀柔	让孩子先走，你再好好儿看看。 ʐaŋ⁵¹ xai³⁵ tsʅ⁰ ɕian⁵⁵ tsou²¹⁴，ni²¹ tsai⁵¹ xau²¹ xaur⁵⁵ kʰan⁵¹ kʰan⁰.
密云	让孩子们先走，你把展览再仔细看一遍。 ʐaŋ⁵¹ xai³⁵ tsʅ⁰ mən⁰ ɕian⁵⁵ tsou²¹³，ȵi³⁵ pa²¹ tʂan³⁵ lan²¹³ tsai⁵¹ tsʅ²¹ ɕi⁵¹ kʰan⁵¹ i⁰ pian⁵¹.
顺义	让孩子们先走，你再把展览好好儿地看一遍。 ʐaŋ⁵¹ xai³⁵ tsʅ⁰ mən⁰ ɕian⁵⁵ tsou²¹⁴，ni²¹ tsai⁵¹ pa²¹ tʂan³⁵ lan²¹ xau²¹ xaur⁵⁵ tə⁰ kʰan⁵¹ i³⁵ pian⁰.
延庆	让孩子们先走，你再把展览好好儿看一遍。 ʐaŋ²¹ xai⁵⁵ tsə⁰ mən⁰ ɕian⁴⁴ tsou²¹⁴，ȵi²⁴ tsai⁵³ pa²⁴ tʂan⁵⁵ lan²¹⁴ xao²⁴ xɑor⁰ kʰan⁵³ i⁰ pian⁰.
平谷	让孩子们先走，你再把展览好好儿看一遍。 ʐaŋ⁵¹ xai⁵⁵ tsʅ⁰ mən⁰ ɕian³⁵ tsou²¹³，ni²¹ tai⁵¹ pa²¹ tʂan³⁵ lan²¹³ xau²¹ xaur⁵⁵ kʰan⁵¹ i³⁵ pian⁰.

语法例句对照 447

	0032 他在电视机前看着看着睡着了。
西城	他在电视机前看着看着就着了。 tʰa⁵⁵ tsai⁵³ tian⁵³ ʂʅ⁵¹ tɕi⁵⁵ tɕʰian³⁵ kʰan⁵¹ tʂə⁰ kʰan⁵¹ tʂə⁰ tɕiou⁵¹ tʂau³⁵ lə⁰.
通州	他在电视机前，瞧着瞧着就睡着了。 tʰa⁵⁵ tsai⁵³ tian⁵³ ʂʅ⁵¹ tɕi⁵⁵ tɕʰian³⁵, tɕʰiau³⁵ tʂau⁰ tɕʰiau³⁵ tʂau⁰ tɕiou⁵³ ʂuei⁵¹ tʂau³⁵ lə⁰.
大兴	他在电视机头喽看着看着着了。 tʰa⁵⁵ tsai⁵³ tian⁵³ ʂʅ⁵¹ tɕi⁵⁵ tʰou³⁵ lou⁰ kʰan⁵¹ tʂə⁰ kʰan⁵¹ tʂə⁰ tʂau³⁵ lə⁰.
房山	他在电视机前看着看着睡着了。 tʰa⁵⁵ tsai⁵³ tian⁵³ ʂʅ⁵¹ tɕi⁵⁵ tɕʰian³⁵ kʰan⁵¹ tʂou⁰ kʰan⁵¹ tʂou⁰ ʂuei⁵¹ tʂau³⁵ lə⁰.
门头沟	他看着电视，看着看着就睡着了。 tʰa⁵⁵ kʰan⁵¹ tʂə⁰ tian⁵³ ʂʅ⁵¹, kʰan⁵¹ tʂə⁰ kʰan⁵¹ tʂə⁰ tɕiou⁵³ ʂuei⁵¹ tʂau³⁵ lə⁰.
昌平	他挨电视机前看着看着就眯瞪着了。 tʰa⁵⁵ ai⁵⁵ tian⁵³ ʂʅ⁵³ tɕi⁵⁵ tɕʰian³⁵ kʰan⁵³ tʂə⁰ kʰan⁵³ tʂə⁰ tɕiou⁵³ mi⁵⁵ təŋ⁰ tʂau³⁵ lə⁰.
怀柔	他看着电视，看着看着睡着了。 tʰa⁵⁵ kʰan⁵¹ tʂə⁰ tian⁵¹ ʂʅ⁵¹, kʰan⁵¹ tʂə⁰ kʰan⁵¹ tʂə⁰ ʂuei⁵¹ tʂau³⁵ lə⁰.
密云	他在电视机前瞧着瞧着就睡着了。 ta⁵⁵ tsai⁵³ tian⁵¹ ʂʅ⁰ tɕi⁵⁵ tɕʰian³⁵ tɕʰiau³⁵ tʂə⁰ tɕʰiau³⁵ tʂə⁰ tɕiou⁵³ ʂuei⁵¹ tʂau³⁵ lə⁰.
顺义	他在电视机前瞧着瞧着就着了。 tʰa⁵⁵ tsai⁵³ tian⁵³ ʂʅ⁵¹ tɕi⁵⁵ tɕʰian³⁵ tɕʰiau³⁵ tʂə⁰ tɕʰiau³⁵ tʂə⁰ tɕiou⁵¹ tʂau³⁵ lə⁰.
延庆	他瞭电视瞭着瞭着就睡着了。 tʰa⁴⁴ liao²¹ tian²⁴ ʂʅ⁵³ liao⁵³ tʂə⁰ liao⁵³ tʂə⁰ tsou²⁴ ʂuei²¹ tʂao⁵⁵ lə⁰.
平谷	他在电视机前瞧着瞧着就睡着了。 tʰa³⁵ tsai⁵¹ tian⁵¹ ʂʅ⁵¹ tɕi³⁵ tɕʰian⁵⁵ tɕʰiau⁵⁵ tʂə⁰ tɕʰiau⁵⁵ tʂə⁰ tou⁵¹ ʂuei⁵¹ tʂau⁵⁵ lə⁰.

	0033 你算算看，这点钱够不够花？
西城	你算算看，这点儿钱够不够花？ ni˨˩ suan˥˧ suan⁰ kʰan⁰, tʂɤ˥˩ tiɐr²¹ tɕʰian³⁵ kou⁵¹ pu³⁵ kou⁵¹ xua⁵⁵?
通州	你算算，［这一］点儿钱够不够花？ ni˨˩ suan⁵¹ suan⁰, tʂei⁵¹ tiɐr²¹ tɕʰian³⁵ kou⁵¹ pu⁰ kou⁵¹ xua⁵⁵?
大兴	你算算这点儿钱儿够不够？ ɲi˨˩ suan⁵¹ suan⁰, tʂɤ⁵¹ tiɐr²¹ tɕʰiɐr³⁵ kou⁵¹ pu⁰ kou⁵¹?
房山	你算算看，［这一］点儿钱够不够花？ ni˨˩ suan⁵³ suan⁵³ kʰan⁵¹, tʂei⁵¹ tiɐr²¹ tɕʰian³⁵ kou⁵¹ pu³⁵ kou⁵¹ xua⁵⁵?
门头沟	你算算，这点儿钱够不够花？ ni˨¹ suan⁵³ suan⁰, tʂɤ⁵¹ tiɐr²¹ tɕʰian³⁵ kou⁵¹ pu³⁵ kou⁵¹ xua⁵⁵?
昌平	你瞜瞜，这点儿钱够不够花？ ni˨¹ lou⁵³ lou⁰, tʂɤ⁵³ tiɐr²¹ tɕʰian³⁵ kou⁵³ pu³⁵ kou⁵³ xua⁵⁵?
怀柔	你算一算，这点儿钱够吗？ ni˨¹ suan⁵¹ i⁰ suan⁵¹, tʂə⁵¹ tiɐr²¹ tɕʰian³⁵ kou⁵¹ ma⁰?
密云	你算算看，［这一］点儿钱够花不够花？ ɲi˨¹ suan⁵¹ suan⁰ kʰan⁵¹, tʂei⁵¹ tiɐr²¹ tɕʰian³⁵ kou⁵¹ xua⁵⁵ pu³⁵ kou⁵¹ xua⁵⁵?
顺义	你算算，这点儿钱够不够花？ ni˨¹ suan⁵¹ suan⁰, tʂɤ⁵¹ tiɐr²¹ tɕʰian³⁵ kou⁵¹ pu³⁵ kou⁵¹ xua⁵⁵?
延庆	你合计合计，［这一］点儿钱够不够花？ ɲi˨⁴ xɤ⁵⁵ tɕi⁰ xɤ⁵⁵ tɕi⁰, tʂei²¹ tiɐr²⁴ tɕʰian⁵⁵ kou⁵³ pu⁰ kou⁵³ xua⁴²?
平谷	你合计合计，这点儿钱够不够花？ ni˨¹ xɤ⁵⁵ tɕi⁰ xɤ⁵⁵ tɕi⁰, tʂɤ⁵¹ tiɐr²¹ tɕʰian⁵⁵ kou⁵¹ pu⁰ kou⁵¹ xua³⁵?

	0034 老师给了你一本很厚的书吧？
西城	老师给了你一本儿很厚的书吧？ lau²¹ʂʅ⁵⁵ kei²¹ lə⁰ ni²¹ i⁵¹ pər²¹⁴ xən²¹ xou⁵¹ tə⁰ ʂu⁵⁵ pɐ⁰？
通州	老师给了你一本儿很厚的书吧？ lau²¹ʂʅ⁵⁵ kei²¹ lə⁰ ni²¹ i⁵¹ pər³⁵ xən²¹ xou⁵¹ tə⁰ ʂu⁵⁵ pa⁰？
大兴	老师给了你一本儿很厚的书吧？ lau²¹ʂʅ⁵⁵ kei²¹ lə⁰ n̩i²¹˙⁵⁵ pər²¹ xən²¹ xou⁵¹ tə⁰ ʂu⁵⁵ pa⁰？
房山	老师给了你一本儿很厚的书吧？ lau²¹ʂʅ⁵⁵ kei²¹ lə⁰ ni²¹ i⁵¹ pər²¹ xən²¹ xou⁵¹ tə⁰ ʂu⁵⁵ pa⁰？
门头沟	老师是不是给你一本儿很厚的书？ lau²¹ʂʅ⁵⁵ ʂʅ⁵¹ pu³⁵ ʂʅ⁵¹ kei³⁵ ni²¹ i⁵¹ pər³⁵ xən²¹ xou⁵¹ tə⁰ ʂu⁵⁵？
昌平	老师给了你一本儿很厚的书吧？ lau²¹ʂʅ⁵⁵ kei²¹ lə⁰ ni²¹ i⁵³ pər²¹⁴ xən²¹ xou⁵³ tə⁰ ʂu⁵⁵ pa⁰？
怀柔	老师是给你一本儿厚书吗？ lau²¹ʂʅ⁵⁵ ʂʅ⁵¹ kei³⁵ ni²¹ i⁵¹ pər²¹ xou⁵¹ ʂu⁵⁵ ma⁰？
密云	老师给了你一本儿很厚的书吧？ lau²¹ʂʅ⁵⁵ kei²¹³ lə⁰ n̩i²¹ i⁵¹ pər²¹³ xən²¹ xou⁵¹ tə⁰ ʂu⁵⁵ pa⁰？
顺义	老师给了你本儿挺厚的书吧？ lau²¹ʂʅ⁵⁵ kei²¹ lə⁰ ni²¹ pər²¹⁴ tʰiŋ²¹ xou⁵¹ tə⁰ ʂu⁵⁵ pa⁰？
延庆	老师是不是给了你一本儿挺厚的书？ lao²⁴ʂʅ⁰ ʂʅ⁵³ pu⁰ ʂʅ⁵³ kei²⁴ lə⁰ n̩i²⁴˙⁴⁴ pər²⁴ tʰiŋ²⁴ xou⁵³ ti⁰ ʂu⁴²？
平谷	老师是不是给了你一本儿挺厚的书？ lau²¹ʂʅ³⁵ ʂʅ⁵¹ pu⁰ ʂʅ⁵¹ kei²¹ lə⁰ ni²¹ i⁵¹ pər²¹ tʰiŋ²¹ xou⁵¹ tə⁰ ʂu³⁵？

	0035 那个卖药的骗了他一千块钱呢。
西城	[那一]个卖药的骗了他一千块钱呢。 nei⁵¹ kə⁰ mai⁵³ iau⁵¹ tə⁰ pʰian⁵¹ lə⁰ tʰa⁵⁵ i⁵¹ tɕʰian⁵⁵ kʰuai⁵¹ tɕʰian³⁵ nə⁰.
通州	那个卖药的骗了他一千块钱呢。 na⁵¹ kə⁰ mai⁵³ iau⁵¹ tə⁰ pʰian⁵¹ lə⁰ tʰa⁵⁵ i⁵¹ tɕʰian⁵⁵ kʰuai⁵¹ tɕʰian³⁵ nə⁰.
大兴	[那一]个卖药的冤了他一千多块钱。 nei⁵¹ kə⁰ mai⁵³ iau⁵¹ tə⁰ yan⁵⁵ lə⁰ tʰa⁵⁵ i⁵¹ tɕʰian⁵⁵ tuo⁵⁵ kʰuai⁵¹ tɕʰian³⁵.
房山	[那一]个卖药的骗了他一千块钱呢。 nei⁵¹ kə⁰ mai⁵³ iau⁵¹ tə⁰ pʰian⁵¹ lə⁰ tʰa⁵⁵ i⁵¹ tɕʰian⁵⁵ kʰuai⁵¹ tɕʰian³⁵ nə⁰.
门头沟	那个卖药的骗了他一千块钱呢。 na⁵¹ kə⁰ mai⁵³ iau⁵¹ tə⁰ pʰian⁵¹ lə⁰ tʰa⁵⁵ i⁵¹ tɕʰian⁵⁵ kʰuai⁵¹ tɕʰian³⁵ nə⁰.
昌平	[那一]个卖药的骗了他一千块钱呢。 nei⁵³ kə⁰ mai⁵³ iau⁵³ tə⁰ pʰian⁵³ lə⁰ tʰa⁵⁵ i⁵³ tɕʰian⁵⁵ kʰuai⁵³ tɕʰian³⁵ nə⁰.
怀柔	[那一]个卖药的骗了他一千块钱。 nei⁵¹ kə⁰ mai⁵¹ iau⁵¹ tə⁰ pʰian⁵¹ lə⁰ tʰa⁵¹ i⁵¹ tɕʰian⁵⁵ kʰuai⁵¹ tɕʰian³⁵.
密云	[那一]卖药儿的骗了他一千块钱呢。 nei⁵³ mai⁵³ iaor⁵¹ tə⁰ pʰian⁵¹ lə⁰ tʰa⁵⁵ i⁵¹ tɕʰian⁵⁵ kʰuai⁵¹ tɕʰian³⁵ nə⁰.
顺义	[那一]个卖药的骗了他一千块钱呢。 nei⁵¹ kə⁰ mai⁵³ iau⁵¹ tə⁰ pʰian⁵¹ lə⁰ tʰa⁵⁵ i⁵¹ tɕʰian⁵⁵ kʰuai⁵¹ tɕʰian³⁵ nə⁰.
延庆	[那一]个卖药的骗了他一千块钱哩。 nei⁵³ kə⁰ mai²⁴ iao⁵³ ti⁰ pʰian⁵³ lə⁰ tʰa⁴⁴ i⁴⁴ tɕʰian⁴⁴ kʰuai²¹ tɕʰian⁵⁵ li⁰.
平谷	[那一]个卖药的骗了他一千块钱呢。 nei⁵¹ kə⁰ mai⁵¹ iau⁵¹ tə⁰ pʰian⁵¹ lə⁰ tʰa³⁵ i³⁵ tɕʰian³⁵ kʰuai⁵¹ tɕʰian⁵⁵ nə⁰.

	0036a. 我上个月借了他三百块钱。b. 我上个月借了他三百块钱。 　　　　a. 借入。b. 借出。如与 a 句相同，注"同 a"即可。
西城	a. 我上个月借了他三百块钱。b. 同 a。 a. uo²¹ ʂaŋ⁵¹ kə⁰ ye⁵³ tɕie⁵¹ lə⁰ tʰa⁵⁵ san⁵⁵ pai²¹ kʰuai⁵¹ tɕʰian³⁵. b. 同 a.
通州	a. 我上月借了他三百块钱。b. 我上月借给他三百块钱。 a. uo²¹ ʂaŋ⁵³ ye⁵¹ tɕie⁵¹ lə⁰ tʰa⁵⁵ san⁵⁵ pai²¹ kʰuai⁵¹ tɕʰian³⁵. b. uo²¹ ʂaŋ⁵³ ye⁵¹ tɕie⁵¹ kei²¹ tʰa⁵⁵ san⁵⁵ pai²¹ kʰuai⁵¹ tɕʰian³⁵.
大兴	a. 我上月借了他三百块钱。b. 我上月借给他三百块钱。 a. uo²¹ ʂaŋ⁵³ ye⁵¹ tɕie⁵¹ lə⁰ tʰa⁵⁵ san⁵⁵ pai²¹ kʰuai⁵¹ tɕʰian³⁵. b. uo²¹ ʂaŋ⁵³ ye⁵¹ tɕie⁵¹ kei²¹ tʰa⁵⁵ san⁵⁵ pai²¹ kʰuai⁵¹ tɕʰian³⁵。
房山	a. 我上个月借了他三百块钱. b. 我上个月借给他三百块钱。 a. uo²¹ ʂaŋ⁵¹ kə⁰ ye⁵¹ tɕie⁵¹ lə⁰ tʰa⁵⁵ san⁵⁵ pai²¹ kʰuai⁵¹ tɕʰian³⁵. b. uo²¹ ʂaŋ⁵¹ kə⁰ ye⁵¹ tɕie⁵¹ kei²¹ tʰa⁵⁵ san⁵⁵ pai²¹ kʰuai⁵¹ tɕʰian³⁵.
门头沟	a. 我上个月借了他三百块钱。b. 同 a。 a. uo²¹ ʂaŋ⁵¹ kə⁰ ye⁵³ tɕie⁵¹ lə⁰ tʰa⁵⁵ san⁵⁵ pai²¹ kʰuai⁵¹ tɕʰian³⁵. b. 同 a.
昌平	a. 俺上个月跟他借了三百块钱。b. 俺上个月借了他三百块钱。 a. an²¹ ʂaŋ⁵³ kə⁰ ye⁵¹ kən⁵⁵ tʰa⁵⁵ tɕie⁵³ lə⁰ san⁵⁵ pai²¹ kʰuai⁵³ tɕʰian³⁵. b. an²¹ ʂaŋ⁵³ kə⁰ ye⁵¹ tɕie⁵³ lə⁰ tʰa⁵⁵ san⁵⁵ pai²¹ kʰuai⁵³ tɕʰian³⁵。
怀柔	a. 我上月借了他三百块钱。b. 我上月借给他三百块钱。 a. uo²¹ ʂaŋ⁵¹ ye⁵¹ tɕie⁵¹ lə⁰ tʰa⁵⁵ san⁵⁵ pai²¹ kʰuai⁵¹ tɕʰian³⁵. b. uo²¹ ʂaŋ⁵¹ ye⁵¹ tɕie⁵¹ kei²¹ tʰa⁵⁵ san⁵⁵ pai²¹ kʰuai⁵¹ tɕʰian³⁵.
密云	a. 我上月借了他三百块钱。b. 同 a。 a. uo²¹ ʂaŋ⁵³ ye⁵¹ tɕie⁵¹ lə⁰ tʰa⁰ san⁵⁵ pai²¹ kʰuai⁵¹ tɕʰian³⁵. b. 同 a。
顺义	a. 我上个月借了他三百块钱。b. 同 a。 a. uo²¹ ʂaŋ⁵¹ kə⁰ ye⁵³ tɕie⁵¹ lə⁰ tʰa⁵⁵ san⁵⁵ pai²¹ kʰuai⁵¹ tɕʰian³⁵. b. 同 a.
延庆	a. 我上个月儿借了他三百块钱。b. 同 a。 a. uo²⁴ ʂaŋ²¹ kə⁰ yɛr²¹ tɕie⁵³ lə⁰ tʰa⁴⁴ san⁴⁴ pai²⁴ kʰuai²¹ tɕʰian⁵⁵. b. 同 a.
平谷	a. 我上个月借了他三百块钱。b. 同 a。 a. uo²¹ ʂaŋ⁵¹ kə⁰ ye⁵¹ tɕie⁵¹ lə⁰ tʰa³⁵ san³⁵ pai²¹ kʰuai⁵¹ tɕʰian⁵⁵. b. 同 a.

	0037 a. 王先生的刀开得很好。b. 王先生的刀开得很好。 a. 王先生是医生（施事）。b. 王先生是病人（受事）。 如与 a 句相同，注"同 a"即可。
西城	a. 王先生的刀开得很好。b. 同 a。 a. uaŋ³⁵ ɕian⁵⁵ ʂəŋ⁰ tə⁰ tau⁵⁵ kʰai⁵⁵ tə⁰ xən³⁵ xɔ²¹. b. 同 a.
通州	a. 王先生的刀开得很好。b. 同 a。 a. uaŋ³⁵ ɕian⁵⁵ ʂəŋ⁰ tə⁰ tau⁵⁵ kʰai⁵⁵ tə⁰ xən³⁵ xau²¹⁴. b. 同 a.
大兴	a. 王先生的手术做得非常好，你可以去找他。b. 王先生的手术做得非常好，没留下什么后遗症。 a. uaŋ³⁵ ɕian⁵⁵ ʂəŋ⁰ tə⁰ ʂou²¹ ʂu⁵¹ tsuo⁵¹ tə⁰ fei⁵⁵ tʂʰaŋ³⁵ xau²¹⁴, n̩i²¹ kʰɤ³⁵ i²¹ tɕʰy⁵¹ tʂau²¹ tʰa⁵⁵. b. uaŋ³⁵ ɕian⁵⁵ ʂəŋ⁰ tə⁰ ʂou²¹ ʂu⁵¹ tsuo⁵¹ tə⁰ fei⁵⁵ tʂʰaŋ³⁵ xau²¹⁴, mei³⁵ liou³⁵ ɕia⁰ ʂən²¹ mə⁰ xou⁵¹ i³⁵ tʂəŋ⁵¹.
房山	a. 王先生的刀开得很好。b. 同 a。 uaŋ³⁵ ɕian⁵⁵ ʂəŋ⁰ tə⁰ tau⁵⁵ kʰai⁵⁵ tə⁰ xən³⁵ xau²¹⁴. b. 同 a.
门头沟	a. 王先生的刀开得很好。b. 同 a。 a. uaŋ³⁵ ɕian⁵⁵ ʂəŋ⁰ tə⁰ tau⁵⁵ kʰai⁵⁵ tə⁰ xən³⁵ xau²¹⁴.
昌平	a. 王先生的手术做得很好。b. 同 a。 a. uaŋ³⁵ ɕian⁵⁵ ʂəŋ⁵⁵ tə⁰ ʂou²¹ ʂu⁵¹ tsuo⁵³ tə⁰ xən³⁵ xau²¹⁴. b. 同 a.
怀柔	a. 王先生的手术做得挺好。b. 同 a。 a. uaŋ³⁵ ɕian⁵⁵ ʂəŋ⁰ tə⁰ ʂou²¹ ʂu⁵¹ tsuo⁵¹ tə⁰ tʰiŋ³⁵ xau²¹⁴. b. 同 a.
密云	a. 王先生的刀开得很好。b. 同 a。 a. uaŋ³⁵ ɕian⁵⁵ ʂəŋ⁰ tə⁰ tau⁵⁵ kʰai⁵⁵ tə⁰ xən³⁵ xau²¹³. b. 同 a.
顺义	a. 王先生的刀开得很好。b. 同 a。 a. uaŋ³⁵ ɕian⁵⁵ ʂəŋ⁰ tə⁰ tau⁵⁵ kʰai⁵⁵ tə⁰ xən³⁵ xau²¹. b. 同 a.
延庆	a. 王先生手术做得不赖。b. 同 a。 a. vaŋ⁵⁵ ɕian⁴² ʂəŋ⁰ ʂou²⁴ ʂu⁵³ tsuo²¹ tə⁰ pu⁴⁴ lai⁵³. b. 同 a.
平谷	a. 王先生手术做得不赖。b. 同 a。 a. uaŋ⁵⁵ ɕian³⁵ ʂəŋ⁰ ʂou²¹ ʂu⁵¹ tsuo⁵¹ tə⁰ pu³⁵ lai⁵¹. b. 同 a.

	0038 我不能怪人家，只能怪自己。
西城	我不能怪人家，只能怪自己。 uo²¹ pu⁵¹ nəŋ³⁵ kuai⁵¹ ʐən³⁵ tɕiə⁰, tʂɿ²¹ nəŋ⁰ kuai⁵³ tsɿ⁵¹ tɕi²¹⁴.
通州	我不能怪人家，我只能怪自个儿。 uo²¹ pu⁵¹ nəŋ³⁵ kuai⁵¹ ʐən³⁵ tɕia⁰, uo³⁵ tʂɿ²¹ nəŋ³⁵ kuai⁵³ tsɿ⁵¹ kɤr²¹⁴.
大兴	我不能怪人家，只能怪自个儿。 uo²¹ pu⁵¹ nəŋ³⁵ kuai⁵¹ ʐən³⁵ tɕia⁰, tʂɿ²¹ nəŋ³⁵ kuai⁵³ tsɿ⁵¹ kɤr²¹⁴.
房山	我不能怪人家，只能怪自个儿。 uo²¹⁴ pu⁵¹ nəŋ³⁵ kuai⁵¹ ʐən³⁵ tɕia⁰, tʂɿ²¹ nəŋ³⁵ kuai⁵³ tsɿ⁵¹ kɤr²¹⁴.
门头沟	我不能怪人家，只能怪自个儿。 uo²¹ pu⁵¹ nəŋ³⁵ kuai⁵¹ ʐən³⁵ tɕia⁰, tʂɿ²¹ nəŋ³⁵ kuai⁵³ tsɿ⁵¹ kɤr²¹⁴.
昌平	俺不能赖人家，就赖一耳⁼。 an²¹ pu⁵³ nəŋ³⁵ lai⁵³ ʐən³⁵ tɕia⁰, tɕiou⁵³ lai⁵³ i⁵³ ɚ²¹⁴.
怀柔	我不能怪别人儿，只能怪自个儿。 uo²¹ pu⁵⁵ nəŋ³⁵ kuai⁵¹ pie³⁵ ʐər³⁵, tʂɿ²¹ nəŋ³⁵ kuai⁵¹ tsɿ⁵¹ kɤr²¹⁴.
密云	我不能怪人家，只能怪自个儿。 uo²¹ pu⁵¹ nəŋ³⁵ kuai⁵¹ ʐən³⁵ tɕia⁰, tʂɿ²¹ nəŋ³⁵ kuai⁵³ tsɿ⁵¹ kɤr²¹³.
顺义	不能怪人家，我只能怪自个儿。 pu⁵¹ nəŋ³⁵ kuai⁵¹ ʐən³⁵ tɕia⁰, uo³⁵ tʂɿ²¹ nəŋ⁰ kuai⁵³ tsɿ⁵¹ kɤr²¹⁴.
延庆	我不能嗔得⁼人家，就怪我自个儿。 uo²⁴ pu⁴⁴ nəŋ⁵⁵ tʂʰən⁴² tə⁰ ʐən⁵⁵ tɕia⁰, tsou²⁴ kuai⁵³ uo²⁴ tsɿ²¹ kɤr²¹⁴.
平谷	我不能赖人家，只能赖个儿。 uo²¹ pu³⁵ nəŋ⁵⁵ lai⁵¹ ʐən⁵⁵ tɕia⁰, tʂɿ²¹ nəŋ⁵⁵ lai⁵¹ kɤr³⁵.

	0039a. 明天王经理会来公司吗？b. 我看他不会来。
西城	a. 王经理明儿会来公司吗？b. 我看他不会来。 a. uaŋ³⁵ tɕiŋ⁵⁵ li:⁰ miər³⁵ xuei⁵¹ lai³⁵ kuŋ⁵⁵ sʅ⁵⁵ mɐ⁰? b. uo²¹ kʰan⁵¹ tʰa⁵⁵ pu³⁵ xuei⁵¹ lɛ⁰.
通州	a. 王经理明儿会来公司吗？b. 我看他不会来。 a. uaŋ³⁵ tɕiŋ⁵⁵ li²¹ miə̃r³⁵ xuei⁵¹ lai³⁵ kuŋ⁵⁵ sʅ⁵⁵ ma⁰? b. uo²¹ kʰan⁵¹ tʰa⁵⁵ pu³⁵ xuei⁵¹ lai³⁵.
大兴	a. 明儿王经理会来公司吗？b. 我瞧不会来。 a. miə̃r³⁵ uaŋ³⁵ tɕiŋ⁵⁵ li²¹⁴ xuei⁵¹ lai³⁵ kuŋ⁵⁵ sʅ⁵⁵ ma⁰? b. uo²¹ tɕʰiau³⁵ pu³⁵ xuei⁵¹ lai³⁵.
房山	a. 明天王经理会来公司吗？b. 我看他不会来。 a. miŋ³⁵ tʰian⁵⁵ uaŋ³⁵ tɕiŋ⁵⁵ li²¹⁴ xuei⁵¹ lai³⁵ kuŋ⁵⁵ sʅ⁵⁵ ma⁰? b. uo²¹ kʰan⁵¹ tʰa⁰ pu³⁵ xuei⁵¹ lai³⁵.
门头沟	a. 明天王经理会来公司吗？b. 我看他不会来了。 a. miŋ³⁵ tʰian⁵⁵ uaŋ³⁵ tɕiŋ⁵⁵ li²¹ xuei⁵¹ lai³⁵ kuŋ⁵⁵ sʅ⁵⁵ ma⁰? b. uo²¹ kʰan⁵¹ tʰa⁵⁵ pu³⁵ xuei⁵¹ lai³⁵ lə⁰.
昌平	a. 明儿个王经理来公司吗？b. 俺看他不来了。 a. miə̃r³⁵ kə⁰ uaŋ³⁵ tɕiŋ⁵⁵ li²¹ lai³⁵ kuŋ⁵⁵ sʅ⁵⁵ ma⁰? b. an²¹ kʰan⁵³ tʰa⁵⁵ pu⁵³ lai³⁵ lə⁰.
怀柔	a. 王经理明儿个会来公司吗？b. 我想他不会来。 a. uaŋ³⁵ tɕiŋ⁵⁵ li²¹ miər³⁵ kə⁰ xuei⁵¹ lai³⁵ kuŋ⁵⁵ sʅ⁵⁵ ma⁰? b. uo³⁵ ɕiaŋ²¹ tʰa⁵⁵ pu³⁵ xuei⁵¹ lai³⁵.
密云	a. 明天王经理会来公司吗？b. 我瞧他不会来。 a. miŋ³⁵ tʰian⁵⁵ uaŋ³⁵ tɕiŋ⁵⁵ li²¹³ xuei⁵¹ lai³⁵ kuŋ⁵⁵ sʅ⁵⁵ ma⁰? b. uo²¹ tɕʰiau³⁵ tʰa⁰ pu³⁵ xuei⁵¹ lai³⁵.
顺义	a. 王经理明儿会来公司吗？b. 我看他不会来。 a. uaŋ³⁵ tɕiŋ⁵⁵ li:⁰ miãr³⁵ xuei⁵¹ lai³⁵ kuŋ⁵⁵ sʅ⁵⁵ ma⁰? b. uo²¹ kʰan⁵¹ tʰa⁵⁵ pu³⁵ xuei⁵¹ lai⁰.
延庆	a. 明儿个儿王经理会来公司不？b. 我看他不会来。 a. miə̃r⁵⁵ kər⁰ vaŋ⁵⁵ tɕiŋ⁴⁴ li²¹⁴ xuei⁵³ lai⁵⁵ kuŋ⁴⁴ sʅ⁴⁴ pu⁴⁴? b. uo²⁴ kʰan²¹ tʰa⁴⁴ pu⁴⁴ xuei⁵³ lai⁵⁵.
平谷	a. 明儿个王经理会来公司不？b. 我看他不会来。 a. miər⁵⁵ kə⁰ uaŋ⁵⁵ tɕiŋ³⁵ li²¹³ xuei⁵¹ lai⁵⁵ kuŋ³⁵ sʅ³⁵ pu⁰? b. uo²¹ kʰan⁵¹ tʰa³⁵ pu³⁵ xuei⁵¹ lai⁵⁵.

语法例句对照　　　　　　　　　　　　　　　　　　　　　　455

	0040 我们用什么车从南京往这里运家具呢？
西城	我们用什么车且⁼南京往这儿运家具呢？ uo²¹ mən⁰ iuŋ⁵¹ ʂən³⁵ mə⁰ tʂʰɤ⁵⁵ tɕʰie²¹ nan³⁵ tɕiŋ⁵⁵ uaŋ²¹ tʂɤr⁵¹ yn⁵¹ tɕia⁵⁵ tɕy⁰ nə⁰?
通州	我们用什么车从南京往这儿运家具呢？ uo²¹ mən⁰ yŋ⁵¹ ʂən²¹ mə⁰ tʂʰɤ⁵⁵ tsʰuŋ³⁵ nan³⁵ tɕiŋ⁵⁵ uaŋ²¹ tʂɤr⁵¹ yn⁵¹ tɕia⁵⁵ tɕy⁰ nə⁰?
大兴	我们使什么车从南京往这儿运家具？ uo²¹ mən⁰ ʂʅ²¹ ʂən²¹ mə⁰ tʂʰɤ⁵⁵ tsʰuŋ³⁵ nan³⁵ tɕiŋ⁵⁵ uaŋ²¹ tʂɐr⁵¹ yn⁵¹ tɕia⁵⁵ tɕy⁰?
房山	我们用什么车从南京往这儿运家具呢？ uo²¹ mən⁰ yŋ⁵¹ ʂən³⁵ mə⁰ tʂʰɤ⁵⁵ tsʰuŋ³⁵ nan³⁵ tɕiŋ⁵⁵ uaŋ²¹ tʂɤr⁵¹ yn⁵¹ tɕia⁵⁵ tɕy⁵¹ nə⁰?
门头沟	咱们用什么车从南京往回运家具？ tsan³⁵ mən⁰ iuŋ⁵¹ ʂən³⁵ mə⁰ tʂʰɤ⁵⁵ tsʰuŋ³⁵ nan³⁵ tɕiŋ⁵⁵ uaŋ²¹ xuei³⁵ yn⁵¹ tɕia⁵⁵ tɕy⁵¹?
昌平	咱们找一什么车解⁼南京往这儿运家具呢？ tsan³⁵ mən⁰ tsau²¹ i⁵⁵ ʂən³⁵ mə⁰ tʂʰɤ⁵⁵ tɕie²¹ nan³⁵ tɕiŋ⁵⁵ uaŋ²¹ tʂɤr⁵³ yn⁵³ tɕia⁵⁵ tɕy⁵¹ nə⁰?
怀柔	我们用啥车把家具从从南京运回来？ uan²¹ mən⁰ yŋ⁵¹ ʂa³⁵ tʂʰə⁰ pa²¹ tɕia⁵⁵ tɕy⁰ tsʰuŋ³⁵ nan³⁵ tɕiŋ⁵⁵ yn⁵¹ xuei⁰ lai⁰?
密云	我们用什么车打南京往这里运家具呢？ uo²¹³ mən⁰ iuŋ⁵¹ ʂən³⁵ mə⁰ tʂʰɤ⁵⁵ ta²¹ nan³⁵ tɕiŋ⁵⁵ uaŋ²¹ tʂɤ⁵¹ li⁰ yn⁵¹ tɕia⁵⁵ tɕy⁰ nə⁰?
顺义	我们用什么车从南京往这儿运家具呢？ uo²¹ mən⁰ yŋ⁵¹ ʂən³⁵ mə⁰ tʂʰɤ⁵⁵ tsʰuŋ³⁵ nan³⁵ tɕiŋ⁵⁵ uaŋ²¹ tʂɤr⁵¹ yn⁵¹ tɕia⁵⁵ tɕy⁰ nə⁰?
延庆	俺们用刷⁼儿车从南京往这儿运家具？ an²⁴ mən⁰ iuŋ²⁴ ʂuɐr⁵³ tʂʰɤ⁴⁴ tsʰuŋ⁵⁵ nan⁴⁴ tɕiŋ⁴² vaŋ²⁴ tʂɤr⁵³ yən⁵³ tɕia⁴² tɕy⁰?
平谷	我们用啥车从南京往这儿运家具呢？ uo²¹ mən⁰ yŋ⁵¹ ʂa⁵⁵ tʂʰɤ³⁵ tsʰuŋ⁵⁵ nan⁵⁵ tɕiŋ³⁵ uaŋ²¹ tʂər⁵¹ yn⁵¹ tɕia³⁵ tɕy⁵¹ nə⁰?

	0041 他像个病人似的靠在沙发上。
西城	他跟个病人似的倚在沙发上。 tʰa⁵⁵ kən⁵⁵ kə⁰ piŋ⁵¹ ʐən⁰ ʂʅ⁵¹ tə⁰ i²¹ tsɛ⁰ ʂa⁵⁵ fa⁵⁵ ʂaŋ⁰.
通州	他跟病人似的靠在沙发上。 tʰa⁵⁵ kən⁵⁵ piŋ⁵¹ ʐən⁰ ʂʅ⁵¹ tə⁰ kʰau⁵¹ tsai⁰ ʂa⁵⁵ fa⁵⁵ ʂaŋ⁰.
大兴	他像个病人一样歪在沙发上。 tʰa⁵⁵ ɕiaŋ⁵¹ kə⁰ piŋ⁵¹ ʐən⁰ i³⁵ iaŋ⁵¹ uai⁵⁵ tsai⁰ ʂa⁵⁵ fa⁵⁵ ʂaŋ⁰.
房山	他像个病人似的靠在沙发上。 tʰa⁵⁵ ɕiaŋ⁵¹ kə⁰ piŋ⁵¹ ʐən⁰ ʂʅ⁵¹ tə⁰ kʰau⁵³ tsai⁵¹ ʂa⁵⁵ fa⁵⁵ ʂaŋ⁰.
门头沟	他跟病人似的靠在沙发上。 tʰa⁵⁵ kən⁵⁵ piŋ⁵¹ ʐən⁰ ʂʅ⁵¹ tə⁰ kʰau⁵¹ tsai⁰ ʂa⁵⁵ fa⁵⁵ ʂaŋ⁰.
昌平	他跟个病人一样靠在沙发上。 tʰa⁵⁵ kən⁵⁵ kə⁰ piŋ⁵³ ʐən⁰ i³⁵ iaŋ⁵³ kʰau⁵³ tsai⁵³ ʂa⁵⁵ fa⁵⁵ ʂaŋ⁰.
怀柔	他像个病人儿靠在沙发上。 tʰa⁵⁵ ɕiaŋ⁵¹ kə⁰ piŋ⁵¹ ʐər³⁵ kʰau⁵¹ tsai⁵¹ ʂa⁵⁵ fa⁵⁵ ʂaŋ⁰.
密云	他像个病人似的靠在沙发上。 tʰa⁵⁵ ɕiaŋ⁵¹ kə⁰ piŋ⁵¹ ʐən⁰ ʂʅ⁵¹ tə⁰ kʰau⁵³ tsai⁰ ʂa⁵⁵ fa⁵⁵ ʂaŋ⁰.
顺义	他跟病人似的倚在沙发上。 tʰa⁵⁵ kən⁵⁵ piŋ⁵¹ ʐən⁰ ʂʅ⁵¹ tə⁰ i²¹ tsai⁰ ʂa⁵⁵ fa⁵⁵ ʂaŋ⁰.
延庆	他跟个病人似的靠在沙发上。 tʰa⁴⁴ kən⁴² kə⁰ piŋ⁵³ ʐən⁰ ʂʅ⁵³ ti⁰ kʰao⁵³ tsai⁰ ʂa⁴⁴ fa⁴⁴ ʂaŋ⁰.
平谷	他像个病人似的靠在沙发上。 tʰa³⁵ ɕiaŋ⁵¹ kə⁰ piŋ⁵¹ ʐən⁰ ʂʅ⁵¹ tə⁰ kʰau⁵¹ tsai⁰ ʂa³⁵ fa³⁵ ʂaŋ⁰.

语法例句对照

	0042 这么干活连小伙子都会累坏的。
西城	这么干活儿连个小伙子都会累坏的。 tʂɤ⁵¹ mə⁰ kan⁵¹ xuor³⁵ lian³⁵ kə⁰ ɕiau³⁵ xuo²¹ tsʅ⁰ tou⁵⁵ xuei⁵¹ lei⁵³ xuai⁵¹ tə⁰.
通州	这么干活儿连小伙子都会累坏的。 tʂɤ⁵¹ mə⁰ kan⁵¹ xuor³⁵ lian³⁵ ɕiau³⁵ xuo²¹ tsʅ⁰ tou⁵⁵ xuei⁵¹ lei⁵³ xuai⁵¹ tə⁰.
大兴	这么干连小伙子都得累坏唠。 tʂɤ⁵¹ mə⁰ kan⁵¹ lian³⁵ ɕiau³⁵ xuo²¹ tsʅ⁰ tou⁵⁵ tei²¹ lei⁵³ xuai⁵¹ lau⁰.
房山	这么干活儿连小伙子都会累坏的。 tʂɤ⁵¹ mə⁰ kan⁵¹ xuor³⁵ lian³⁵ ɕiau³⁵ xuo²¹ tsʅ⁰ tou⁵⁵ xuei⁵¹ lei⁵³ xuai⁵¹ tə⁰.
门头沟	这么干连小伙子都要累坏了。 tʂɤ⁵¹ mə⁰ kan⁵¹ lian³⁵ ɕiau³⁵ xuo²¹ tsʅ⁰ tou⁵⁵ iau⁵¹ lei⁵³ xuai⁵¹ lə⁰.
昌平	这么干活儿连棒小伙子都得累坏喽。 tʂɤ⁵³ mə⁰ kan⁵³ xuor³⁵ lian³⁵ paŋ⁵³ ɕiau³⁵ xuo²¹ tsʅ⁰ tou⁵⁵ tei²¹ lei⁵³ xuai⁵³ lou⁰.
怀柔	这么干活儿小伙子都会累坏的。 tʂə⁵¹ mə⁰ kan⁵¹ xuor³⁵ ɕiau³⁵ xuo²¹ tsʅ⁰ tou⁵⁵ xuei⁵¹ lei⁵¹ xuai⁵¹ tə⁰.
密云	这么干活儿连小伙子都会累坏的。 tʂɤ⁵¹ mə⁰ kan⁵¹ xuor³⁵ lian³⁵ ɕiau³⁵ xuo²¹³ tsʅ⁰ tou⁵⁵ xuei⁵¹ lei⁵³ xuai⁵¹ tə⁰.
顺义	这么干活儿连小伙子都会累坏的。 tʂɤ⁵¹ mə⁰ kan⁵¹ xuɤr³⁵ lian³⁵ ɕiau³⁵ xuo²¹ tsʅ⁰ tou⁵⁵ xuei⁵¹ lei⁵³ xuai⁵¹ tə⁰.
延庆	就[这么]干，连小伙子都得累趴下。 tsou²⁴ tʂəŋ⁵³ kan⁵³, lian⁵⁵ ɕiao⁵⁵ xuo²⁴ tsə⁰ tou⁴⁴ tei²⁴ lei²¹ pʰa⁴² ɕia⁰.
平谷	就这么干，连小伙子都得累趴下。 tou⁵¹ tʂɤ⁵¹ mə⁰ kan⁵¹, lian⁵⁵ ɕiau³⁵ xuo²¹ tsʅ⁰ tou³⁵ tei²¹ lei⁵¹ pʰa³⁵ ɕia⁰.

	0043 他跳上末班车走了。我迟到一步，只能自己慢慢走回学校了。
西城	他跳上末班儿车走了。我迟了一步，只能自个儿慢儿慢儿地走回学校了。 tʰa⁵⁵ tʰiau⁵¹ ʂaŋ⁰ mo⁵¹ pɐr⁵⁵ tʂʰɤ⁵⁵ tsou²¹ lə⁰. uo²¹ tʂʰʅ³⁵ lə⁰ i³⁵ pu⁵¹，tʂʅ²¹ nəŋ³⁵ tsʅ⁵¹ kər²¹⁴ mɐr⁵¹ mɐr⁵⁵ tə⁰ tsou²¹ xuei³⁵ ɕye³⁵ ɕiau⁵¹ lə⁰.
通州	他跳上末班车走了。我迟了一步，只能自个儿慢慢地走回学校。 tʰa⁵⁵ tʰiau⁵¹ ʂaŋ⁰ mo⁵¹ pan⁵⁵ tʂʰɤ⁵⁵ tsou²¹ lə⁰. uo²¹ tʂʰʅ³⁵ lə⁰ i³⁵ pu⁵¹，tʂʅ²¹ nəŋ³⁵ tsʅ⁵¹ kɤr²¹⁴ man⁵³ man⁵¹ ti⁰ tsou²¹ xuei³⁵ ɕye³⁵ ɕiau⁵¹.
大兴	他窜上末班儿车走了。我差点儿没上去，只能慢儿慢儿地往学校走了。 tʰa⁵⁵ tsʰuan⁵⁵ ʂaŋ⁰ mo⁵¹ pɐr⁵⁵ tʂʰɤ⁵⁵ tsou²¹ lə⁰. uo²¹ tʂʰa⁵¹ tiɐr²¹⁴ mei⁵¹ ʂaŋ⁵³ tɕʰy⁵¹，tʂʅ²¹ nəŋ³⁵ mɐr⁵¹ mɐr⁵⁵ tə⁰ uaŋ²¹ ɕye³⁵ ɕiau⁵¹ tsou²¹ lə⁰.
房山	他跳上末班儿车走了。我迟到一步，只能自己慢慢儿地走回学校了。 tʰa⁵⁵ tʰiau⁵¹ ʂaŋ⁰ mo⁵¹ pɐr⁵⁵ tʂʰɤ⁵⁵ tsou²¹ lə⁰. uo²¹ tʂʰʅ³⁵ tau⁵¹ i³⁵ pu⁵¹，tʂʅ²¹ nəŋ³⁵ tsʅ⁵¹ tɕi²¹⁴ man⁵¹ mɐr⁵⁵ ti⁰ tsou²¹ xuei³⁵ ɕye³⁵ ɕiau⁵¹ lə⁰.
门头沟	他赶上末班儿车走了。我没赶上，只能自个儿慢慢儿的走回学校了。 tʰa⁵⁵ kan²¹ ʂaŋ⁰ mo⁵¹ pɐr⁵⁵ tʂʰɤ⁵⁵ tsou²¹ lə⁰. uo²¹ mei³⁵ kan²¹ ʂaŋ⁵¹，tʂʅ²¹ nəŋ³⁵ tsʅ⁵¹ kɤr²¹ man⁵¹ mɐr⁵⁵ tə⁰ tsou²¹ xuei³⁵ ɕye³⁵ ɕiau⁵¹ lə⁰.
昌平	他跳上了末班儿车走了。俺迟到一步，只能一耳=慢慢儿走回学校了。 tʰa⁵⁵ tʰiau⁵³ ʂaŋ⁵³ lə⁰ mo⁵³ pɐr⁵⁵ tʂʰɤ⁵⁵ tsou²¹ lə⁰. an²¹ tʂʰʅ³⁵ tau⁵³ i³⁵ pu⁵¹，tʂʅ²¹ nəŋ³⁵ i⁵³ ɚ²¹ man⁵³ mɐr⁵⁵ tsou²¹ xuei³⁵ ɕye³⁵ ɕiau⁵³ lə⁰.
怀柔	他跳上末班儿车儿走了。我晚一步儿，只能自个儿走回学校了。 tʰa⁵⁵ tʰiau⁵¹ ʂaŋ⁰ mo⁵¹ pɐr⁵⁵ tʂʰɤr⁵⁵ tsou²¹ lə⁰. uo³⁵ uan²¹ iº pur⁵¹，tʂʅ²¹ nəŋ³⁵ tsʅ⁵¹ kɤr²¹⁴ tsou²¹ xuei³⁵ ɕye³⁵ ɕiau⁵¹ lə⁰.
密云	他跳上末班儿车儿走了。我迟到一步，只能自个儿慢慢儿走回学校了。 tʰa⁵⁵ tʰiau⁵³ ʂaŋ⁰ mo⁵¹ pɐr⁵⁵ tʂʰɤr⁵⁵ tsou²¹³ lə⁰. uo²¹ tʂʰʅ³⁵ tau⁵¹ i³⁵ pu⁵¹，tʂʅ²¹ nəŋ³⁵ tsʅ⁵¹ kɤr²¹³ man⁵¹ mɐr³⁵ tsou²¹ xuei³⁵ ɕye³⁵ ɕiau⁵¹ lə⁰.
顺义	他跳上末班儿车走啦。我迟了一步，只能自个儿慢儿慢儿走回学校。 tʰa⁵⁵ tʰiau⁵¹ ʂaŋ⁰ mo⁵¹ pɐr⁵⁵ tʂʰɤ⁵⁵ tsou²¹ la⁰. uo²¹ tʂʰʅ³⁵ lə⁰ i³⁵ pu⁵¹，tʂʅ²¹ nəŋ⁰ tsʅ⁵¹ kɤr²¹⁴ mɐr⁵¹ mɐr⁵⁵ tsou²¹ xuei³⁵ ɕye³⁵ ɕiau⁵¹.
延庆	就他一个人儿上了末班儿车。我没赶上，只能自个儿慢慢儿走回学校了。 tsou²⁴ tʰa⁴⁴ i⁴⁴ kə⁰ ʐər⁵⁵ ʂaŋ²¹ lə⁰ mɤ⁴⁴ pɐr⁴⁴ tʂʰɤ⁴². uo²⁴ mei⁵⁵ kan²⁴ ʂaŋ⁰，tʂʅ⁵⁵ nəŋ⁵⁵ tsʅ²¹ kɤr²¹⁴ man²¹ mɐr⁴² tsou²⁴ xuei⁵⁵ ɕye⁵⁵ ɕiao⁵³ lə⁰.
平谷	他赶上末班儿车了，我没赶上，只能个儿慢儿慢儿走回学校了。 tʰa³⁵ kan²¹ ʂaŋ⁰ muo⁵¹ pɐr³⁵ tʂʰɤ³⁵ lə⁰，uo²¹ mei⁵⁵ kan²¹ ʂaŋ⁰，tʂʅ²¹ nəŋ⁵⁵ kɤr³⁵ mɐr⁵¹ mɐr⁵⁵ tsou²¹ xuei⁵⁵ ɕye⁵⁵ ɕiau⁵¹ lə⁰.

	0044 这是谁写的诗？谁猜出来我就奖励谁十块钱。
西城	这诗是谁写的？谁猜出来我就奖给谁十块钱。 tṣɤ⁵¹ʂʅ⁵⁵ʂʅ⁵¹ʂei³⁵ɕie²¹tə⁰？ ʂei³⁵tsʰai⁵⁵tʂʰu⁵⁵lɛ⁰uo²¹tɕiou⁵¹tɕiaŋ³⁵kei²¹ʂei³⁵ʂʅ³⁵kʰuai⁵¹tɕʰian³⁵.
通州	这是谁写的诗？谁猜出来我就奖他十块钱。 tṣɤ⁵¹ʂʅ⁵¹ʂuei³⁵ɕie²¹tə⁰ʂʅ⁵⁵？ ʂuei³⁵tsʰai⁵⁵tʂʰu⁵⁵lai⁰uo²¹tɕiou⁵¹tɕiaŋ²¹tʰa⁵⁵ʂʅ³⁵kʰuai⁵¹tɕʰian³⁵.
大兴	这是谁写的诗？谁猜出来我就奖励他十块钱。 tṣɤ⁵¹ʂʅ²¹ʂei³⁵ɕie²¹tə⁰ʂʅ⁵⁵？ ʂei³⁵tsʰai⁵⁵tʂʰu⁵⁵lai⁰uo²¹tɕiou⁵¹tɕiaŋ²¹li⁵¹tʰa⁵⁵ʂʅ³⁵kʰuai⁵¹tɕʰian³⁵.
房山	[这一]是谁写的诗？谁猜出来我就奖给谁十块钱。 tʂei⁵¹ʂʅ⁵¹ʂei³⁵ɕie²¹tə⁰ʂʅ⁵⁵？ ʂei³⁵tsʰai⁵⁵tʂʰu⁵⁵lai⁰uo²¹tɕiou⁵¹tɕiaŋ²¹kei⁰ʂei³⁵ʂʅ³⁵kʰuai⁵¹tɕʰian³⁵.
门头沟	这是谁写的诗？谁猜对了我就奖给他十块钱。 tṣɤ⁵³ʂʅ⁵¹ʂei³⁵ɕie²¹tə⁰ʂʅ⁵⁵？ ʂei³⁵tsʰai⁵⁵tuei⁵¹lə⁰uo²¹tɕiou⁵¹tɕiaŋ³⁵kei²¹tʰa⁵⁵ʂʅ³⁵kʰuai⁵¹tɕʰian³⁵.
昌平	这是谁写的诗？谁知道俺就奖励谁十块钱。 tṣɤ⁵³ʂʅ⁵³ʂei³⁵ɕie³⁵tə⁰ʂʅ⁵⁵？ ʂei³⁵tʂʅ⁵⁵tau⁰an²¹tɕiou⁵³tɕiaŋ²¹li⁵³ʂei³⁵ʂʅ³⁵kʰuai⁵³tɕʰian³⁵.
怀柔	这是谁写的诗？谁猜出来我就奖谁十块钱。 tṣə⁵¹ʂʅ⁵¹ʂei³⁵ɕie²¹tə⁰ʂʅ⁵⁵？ ʂei³⁵tsʰai⁵⁵tʂʰu⁰lai⁰uo²¹tɕiou⁵¹tɕiaŋ²¹ʂei³⁵ʂʅ³⁵kʰuai⁵¹tɕʰian³⁵.
密云	[这一]是谁写的诗？谁猜出来我就奖励谁十块钱。 tʂei⁵³ʂʅ⁵¹ʂei³⁵ɕie²¹³tə⁰ʂʅ⁵⁵？ ʂei³⁵tsʰai⁵⁵tʂʰu⁵⁵lai⁰uo²¹tɕiou⁵¹tɕiaŋ²¹li⁵¹ʂei³⁵ʂʅ³⁵kʰuai⁵¹tɕʰian³⁵.
顺义	这是谁写的诗？谁猜出来我就奖他十块钱。 tṣɤ⁵¹ʂʅ⁵¹ʂei³⁵ɕie²¹tə⁰ʂʅ⁵⁵？ ʂei³⁵tsʰai⁵⁵tʂʰu⁵⁵lai⁰uo²¹tɕiou⁵¹tɕiaŋ²¹tʰa⁵⁵ʂʅ³⁵kʰuai⁵¹tɕʰian³⁵.
延庆	[这一]是谁写的诗？谁能猜出来我就奖他十块钱。 tʂei²⁴ʂʅ⁵³ʂei⁵⁵ɕie²⁴ti⁰ʂʅ⁴²？ ʂei⁵⁵nəŋ⁵⁵tsʰai⁴⁴tʂʰu⁰lai⁰uo²⁴tsou²⁴tɕiaŋ²⁴tʰa⁴²ʂʅ⁵⁵kʰuai²¹tɕʰian⁵⁵.
平谷	这是谁写的诗？谁猜出来我就奖励他十块钱。 tṣɤ⁵¹ʂʅ⁵¹ʂuei⁵⁵ɕie²¹tə⁰ʂʅ³⁵？ ʂuei⁵⁵tsʰai²¹tʂʰu⁰lai⁰uo⁵¹tou⁵¹tɕiaŋ²¹li⁵¹tʰa³⁵ʂʅ⁵⁵kʰuai⁵¹tɕʰian⁵⁵.

	0045 我给你的书是我教中学的舅舅写的。
西城	我给你的书是我教中学的舅舅写的。 uo³⁵ kei³⁵ ni²¹ tə⁰ ʂu⁵⁵ ʂʐ⁵¹ uo²¹ tɕiau⁵⁵ tʂuŋ⁵⁵ ɕye³⁵ tə⁰ tɕiou⁵¹ tɕiou⁰ ɕie²¹ tə⁰.
通州	我给你的书是我教中学的舅舅写的。 uo²¹ kei³⁵ ni²¹ tə⁰ ʂu⁵⁵ ʂʐ⁵¹ uo²¹ tɕiau⁵⁵ tʂuŋ⁵⁵ ɕye³⁵ tə⁰ tɕiou⁵¹ tɕiou⁰ ɕie²¹ tə⁰.
大兴	我给你的书是我教中学的舅舅写的。 uo³⁵ kei³⁵ ɳi²¹ tə⁰ ʂu⁵⁵ ʂʐ⁵¹ uo²¹ tɕiau⁵⁵ tʂuŋ⁵⁵ ɕye³⁵ tə⁰ tɕiou⁵¹ tɕiou⁰ ɕie²¹ tə⁰.
房山	我给你的书是我教中学的舅舅写的。 uo²¹⁴ kei³⁵ ni²¹ tə⁰ ʂu⁵⁵ ʂʐ⁵¹ uo²¹⁴ tɕiau⁵⁵ tʂuŋ⁵⁵ ɕye³⁵ tə⁰ tɕiou⁵¹ tɕiou⁰ ɕie²¹ tə⁰.
门头沟	我给你的书是我教中学的舅舅写的。 uo²¹ kei³⁵ ni²¹ tə⁰ ʂu⁵⁵ ʂʐ⁵¹ uo²¹ tɕiau⁵⁵ tʂuŋ⁵⁵ ɕye³⁵ tə⁰ tɕiou⁵¹ tɕiou⁰ ɕie²¹ tə⁰.
昌平	俺给你的书是俺教中学的舅舅写的。 an²¹ kei³⁵ ni²¹ tə⁰ ʂu⁵⁵ ʂʐ⁵³ an²¹ tɕiau⁵⁵ tʂuŋ⁵⁵ ɕye⁵⁵ tə⁰ tɕiou⁵³ tɕiou⁰ ɕie²¹ tə⁰.
怀柔	我给你的书是我教中学的舅舅写的。 uo²¹ kei³⁵ ni²¹ tə⁰ ʂu⁵⁵ ʂʐ⁵¹ uo²¹ tɕiau⁵⁵ tʂuŋ⁵⁵ ɕye³⁵ tə⁰ tɕiou⁵¹ tɕiou⁰ ɕie²¹ tə⁰.
密云	我给你的书是我教中学的舅舅写的。 uo²¹ kei³⁵ ɳi²¹³ tə⁰ ʂu⁵⁵ ʂʐ⁵¹ uo²¹ tɕiau⁵⁵ tʂuŋ⁵⁵ ɕye³⁵ tə⁰ tɕiou⁵¹ tɕiou⁰ ɕie²¹³ tə⁰.
顺义	我给你的书是我教中学的舅舅写的。 uo³⁵ kei³⁵ ni²¹ tə⁰ ʂu⁵⁵ ʂʐ⁵¹ uo²¹ tɕiau⁵⁵ tʂuŋ⁵⁵ ɕye³⁵ tə⁰ tɕiou⁵¹ tɕiou⁰ ɕie²¹ tə⁰.
延庆	我给你的书是我教中学的舅舅写的。 uo²⁴ kei⁵⁵ ɳi²⁴ ti⁰ ʂu⁴² ʂʐ²¹ uo²⁴ tɕiao⁴⁴ tʂuŋ⁴⁴ ɕye⁵⁵ ti⁰ tɕiou⁵³ tɕiou⁰ ɕie²⁴ ti⁰.
平谷	我给你的书是我教中学的舅舅写的。 uo²¹ kei³⁵ ni²¹ tə⁰ ʂu³⁵ ʂʐ⁵¹ uo²¹ tɕiau³⁵ tʂuŋ³⁵ ɕye⁵⁵ tə⁰ tɕiou⁵¹ tɕiou⁰ ɕie²¹ tə⁰.

语法例句对照

	0046 你比我高，他比你还要高。
西城	你比我高，他比你还高。 ni˧˥ pʰi˧˥ uo²¹ kau⁵⁵, tʰa⁵⁵ pʰi˧˥ ni²¹ xai˧⁵ kau⁵⁵.
通州	你比我高，他比你还高。 ni²¹ pi˧⁵ uo²¹ kau⁵⁵, tʰa⁵⁵ pi˧⁵ ni²¹ xai˧⁵ kau⁵⁵.
大兴	你比我高，他比你还高。 n̠i²¹ pi˧⁵ uo²¹ kau⁵⁵, tʰa⁵⁵ pi˧⁵ n̠i²¹ xai˧⁵ kau⁵⁵.
房山	你比我高，他比你还要高。 ni²¹ pi˧⁵ uo²¹ kau⁵⁵, tʰa⁵⁵ pi˧⁵ ni²¹ xai˧⁵ iau⁵¹ kau⁵⁵.
门头沟	你比我高，他比你还高。 ni²¹ pi˧⁵ uo²¹ kau⁵⁵, tʰa⁵⁵ pi˧⁵ ni²¹ xai˧⁵ kau⁵⁵.
昌平	你比俺高，他比你还高。 ni˧⁵ pʰi˧⁵ an²¹ kau⁵⁵, tʰa⁵⁵ pʰi˧⁵ ni²¹ xai˧⁵ kau⁵⁵.
怀柔	你比我高，他比你还高。 ni²¹ pi˧⁵ uo²¹ kau⁵⁵, tʰa⁵⁵ pi˧⁵ ni²¹ xai˧⁵ kau⁵⁵.
密云	你比我高，他比你还要高。 n̠i²¹ pʰi˧⁵ uo²¹ kau⁵⁵, tʰa⁵⁵ pʰi˧⁵ n̠i²¹ xai˧⁵ iau⁵¹ kau⁵⁵.
顺义	你比我高，他比你还高。 ni˧⁵ pi˧⁵ uo²¹ kau⁵⁵, tʰa⁵⁵ pi˧⁵ ni²¹ xai˧⁵ kau⁵⁵.
延庆	你比我高，他比你还高。 n̠i²⁴ pʰi⁵⁵ uo²⁴ kao⁴², tʰa⁴⁴ pʰi⁵⁵ n̠i²⁴ xai⁵⁵ kao⁴².
平谷	你比我高，他比你还高。 ni²¹ pi˧⁵ uo²¹ kau³⁵, tʰa³⁵ pi˧⁵ ni²¹ xai⁵⁵ kau³⁵.

	0047 老王跟老张一样高。
西城	老王跟老张一边儿高。 lau²¹ uaŋ³⁵ kən⁵⁵ lau²¹ tʂaŋ⁵⁵ i⁵¹ piɐr⁵⁵ kau⁵⁵.
通州	老王和老张一边儿高。 lau²¹ uaŋ³⁵ xɤ³⁵ lau²¹ tʂaŋ⁵⁵ i⁵¹ piɐr⁵⁵ kau⁵⁵.
大兴	老王跟老张一边儿高。 lau²¹ uaŋ³⁵ kən⁵⁵ lau²¹ tʂaŋ⁵⁵ i⁵⁵ piɐr⁵⁵ kau⁵⁵.
房山	老王跟老张一边儿高。 lau²¹ uaŋ³⁵ kən⁵⁵ lau²¹ tʂaŋ⁵⁵ i⁵¹ piɐr⁵⁵ kau⁵⁵.
门头沟	老王跟老张一样高。 lau²¹ uaŋ³⁵ kən⁵⁵ lau²¹ tʂaŋ⁵⁵ i³⁵ iaŋ⁵¹ kau⁵⁵.
昌平	老王跟老张一般儿高。 lau²¹ uaŋ³⁵ kən⁵⁵ lau²¹ tʂaŋ⁵⁵ i⁵³ pɐr⁵⁵ kau⁵⁵.
怀柔	老王跟老张一样高。/老王老张一般儿高。 lau²¹ uaŋ³⁵ kən⁵⁵ lau²¹ tʂaŋ⁵⁵ i³⁵ iaŋ⁵¹ kau⁵⁵. / lau²¹ uaŋ³⁵ lau²¹ tʂaŋ⁵⁵ i⁵¹ pɐr⁵⁵ kau⁵⁵.
密云	老王跟老张一样儿高。 lau²¹ uaŋ³⁵ kən⁵⁵ lau²¹ tʂaŋ⁵⁵ i³⁵ iãr⁵¹ kau⁵⁵.
顺义	老王跟老张一边儿高。 lau²¹ uaŋ³⁵ kən⁵⁵ lau²¹ tʂaŋ⁵⁵ i⁵¹ piɐr⁵⁵ kau⁵⁵.
延庆	老王跟老张一般儿高。 lao²⁴ vaŋ⁵⁵ kən⁴⁴ lao²⁴ tʂaŋ⁴² i⁴⁴ pɐr⁴⁴ kao⁴².
平谷	老王跟老张一般儿高。 lau²¹ uaŋ⁵⁵ kən³⁵ lau²¹ tʂaŋ³⁵ i³⁵ pɐr³⁵ kau³⁵.

	0048 我走了，你们俩再多坐一会儿。
西城	我走了，你们俩再多坐会儿。 uo³⁵ tsou²¹ lə⁰, ni²¹ mən⁰ lia²¹ tsai⁵¹ tuo⁵⁵ tsuo⁵¹ xuər⁰.
通州	我走了，你们俩再多坐会儿。 uo³⁵ tsou²¹ lə⁰, ni²¹ mən⁰ lia²¹ tsai⁵¹ tuo⁵⁵ tsuo⁵¹ xuər⁰.
大兴	我走了，你们俩再多坐会儿。 uo³⁵ tsou²¹ lə⁰, ȵi²¹ mən⁰ lia²¹ tsai⁵¹ tuo⁵⁵ tsuo⁵¹ xuər⁰.
房山	我走了，你们俩再多坐一会儿。 uo³⁵ tsou²¹ lə⁰, ni²¹ mən⁰ lia²¹⁴ tsai⁵¹ tuo⁵⁵ tsuo⁵¹ i⁵¹ xuər²¹⁴.
门头沟	我走了，你俩再多坐会儿。 uo³⁵ tsou²¹ lə⁰, ni³⁵ lia²¹ tsai⁵¹ tuo⁵⁵ tsuo⁵³ xuər⁰.
昌平	俺头儿走了，你们俩再多坐会儿。 an²¹ tʰour³⁵ tsou²¹ lə⁰, ni²¹ mən⁰ lia²¹ tsai⁵³ tuo⁵⁵ tsuo⁵³ xuər²¹⁴.
怀柔	我走了，你们俩再坐一会儿。 uo³⁵ tsou²¹ lə⁰, ni²¹ mən⁰ lia²¹ tsai⁵¹ tsuo⁵¹ i³⁵ xuər⁵¹.
密云	我走了，您俩再多坐一会儿。 uo³⁵ tsou²¹³ lə⁰, ȵin³⁵ lia²¹³ tsai⁵¹ tuo⁵⁵ tsuo⁵³ i⁵¹ xuər²¹³.
顺义	我走啦，你们俩再多坐会儿。 uo³⁵ tsou²¹ la⁰, ni²¹ mən⁰ lia²¹ tsai⁵¹ tuo⁵⁵ tsuo⁵¹ xuər⁰.
延庆	我走了，您们俩再多坐一会儿。 uo²⁴ tsou²⁴ lə⁰, ȵin²⁴ mən⁰ lia²¹⁴ tsai²¹ tuo⁴⁴ tsuo⁵³ i⁴² xuər⁰.
平谷	我走了，你们俩再多坐一会儿。 uo³⁵ tsou²¹ lə⁰, ni²¹ mən⁰ lia²¹³ tai⁵¹ tuo³⁵ tsuo⁵¹ i⁵¹ xuər²¹³.

		0049 我说不过他，谁都说不过这个家伙。
西城		我说不过他，谁都说不过[这一]家伙。 uo²¹ ʂuo⁵⁵ pu³⁵ kuo⁵¹ tʰa⁵⁵, ʂei³⁵ tou⁵⁵ ʂuo⁵⁵ pu³⁵ kuo⁵¹ tʂei⁵¹ tɕia⁵⁵ xuə⁰.
通州		我说不过他，谁都说不过[这一]家伙。 uo²¹ ʂuo⁵⁵ pu⁰ kuo⁵¹ tʰa⁵⁵, ʂei³⁵ tou⁵⁵ ʂuo⁵⁵ pu⁰ kuo⁵¹ tʂei⁵¹ tɕia⁵⁵ xuo⁰.
大兴		我说不过他，谁也说不过这家伙。 uo²¹ ʂuo⁵⁵ pu⁰ kuo⁵¹ tʰa⁵⁵, ʂei³⁵ ie²¹ ʂuo⁵⁵ pu⁰ kuo⁵¹ tʂɤ⁵¹ tɕia⁵⁵ xuo⁰.
房山		我说不过他，谁都说不过[这一]个家伙。 uo²¹ ʂuo⁵⁵ pu⁰ kuo⁵¹ tʰa⁵⁵, ʂei³⁵ tou⁵⁵ ʂuo⁵⁵ pu⁰ kuo⁵¹ tʂei⁵¹ kə⁰ tɕia⁵⁵ xuo⁰.
门头沟		我说不过他，谁都说不过他这家伙。 uo²¹ ʂuo⁵⁵ pu⁰ kuo⁵¹ tʰa⁰, ʂei³⁵ tou⁵⁵ ʂuo⁵⁵ pu⁰ kuo⁰ tʰa⁵⁵ tʂɤ⁵¹ tɕia⁵⁵ xuo⁰.
昌平		俺说不过他，谁都说不过他。 an²¹ ʂuo⁵⁵ pu³⁵ kuo⁵³ tʰa⁰, ʂei³⁵ tou⁵⁵ ʂuo⁵⁵ pu³⁵ kuo⁵³ tʰa⁰.
怀柔		我说不过他，谁都说不过他。 uo²¹ ʂuo⁵⁵ pu⁰ kuo⁵¹ tʰa⁵⁵, ʂei³⁵ tou⁵⁵ ʂuo⁵⁵ pu⁰ kuo⁵¹ tʰa⁵⁵.
密云		我说不过他，谁都说不过[这一]个家伙。 uo²¹ ʂuo⁵⁵ pu⁰ kuo⁵¹ tʰa⁵⁵, ʂei³⁵ tou⁵⁵ ʂuo⁵⁵ pu⁰ kuo⁵¹ tʂei⁵¹ kə⁰ tɕia⁵⁵ xuo⁰.
顺义		我说不过他，谁都说不过[这一]家伙。 uo²¹ ʂuo⁵⁵ pu³⁵ kuo⁵¹ tʰa⁵⁵, ʂei³⁵ tou⁵⁵ ʂuo⁵⁵ pu³⁵ kuo⁵¹ tʂei⁵¹ tɕia⁵⁵ xuə⁰.
延庆		我说不过他，谁都说不过[这一]个玩意儿。 uo²⁴ ʂuo⁴⁴ pu⁴⁴ kuo⁰ tʰa⁴², ʂei⁵⁵ tou⁴⁴ ʂuo⁴⁴ pu⁴⁴ kuo⁰ tʂei⁵³ kə⁰ van⁵⁵ iər⁰.
平谷		我说不过他，谁都说不过[这一]小子。 uo²¹ ʂuo³⁵ pu⁰ kuo⁵¹ tʰa³⁵, ʂuei⁵⁵ tou³⁵ ʂuo³⁵ pu⁰ kuo⁵¹ tʂei⁵¹ ɕiau²¹ tsʅ⁰.

	0050 上次只买了一本书，今天要多买几本。
西城	上次只买了一本儿书，今儿要多买几本儿。 ʂaŋ⁵¹tsʰɿ⁰tʂɿ³⁵mai²¹lə⁰i⁵¹pər²¹ʂu⁵⁵，tɕiər⁵⁵iau⁵¹tuo⁵⁵mai²¹tɕi³⁵pər²¹⁴.
通州	上回只买了一本儿书，今儿个得多买几本儿。 ʂaŋ⁵¹xuei³⁵tʂɿ³⁵mai²¹lə⁰i⁵¹pər²¹ʂu⁵⁵，tɕiər⁵⁵kə⁰tei²¹tuo⁵⁵mai²¹tɕi³⁵pər²¹⁴.
大兴	上回只买了一本儿书，这回得多买几本儿。 ʂaŋ⁵¹xuei³⁵tʂɿ³⁵mai²¹lə⁰i⁵¹pər²¹ʂu⁵⁵，tʂɤ⁵¹xuei³⁵tei²¹tuo⁵⁵mai³⁵tɕi³⁵pər²¹⁴.
房山	上回只买了一本儿书，真ⁿ儿个要多买几本儿。 ʂaŋ⁵¹xuei³⁵tʂɿ³⁵mai²¹lə⁰i⁵¹pər²¹ʂu⁵⁵，tʂər⁵⁵kə⁰iau⁵¹tuo⁵⁵mai²¹tɕi³⁵pər²¹⁴.
门头沟	上回就买了一本儿书，今儿得多买几本儿。 saŋ⁵¹xuei³⁵tɕiou⁵¹mai²¹lə⁰i⁵¹pər²¹ʂu⁵⁵，tɕiər⁵⁵tei²¹tuo⁵⁵mai²¹tɕi³⁵pər²¹⁴.
昌平	上次只买了一本儿书，今儿个要多买几本儿。 ʂaŋ⁵³tsʰɿ⁵³tʂɿ³⁵mai²¹lə⁰i⁵³pər²¹ʂu⁵⁵，tɕiər⁵⁵kə⁰iau⁵³tuo⁵⁵mai²¹tɕi³⁵pər²¹⁴.
怀柔	上回只买了一本儿书，今儿个要多买几本儿。 saŋ⁵¹xuei³⁵tʂɿ³⁵mai²¹lə⁰i⁵¹pər²¹ʂu⁵⁵，tɕiər⁵⁵kə⁰iau⁵¹tuo⁵⁵mai²¹tɕi³⁵pər²¹⁴.
密云	上次只买了一本儿书，今天要多买几本儿。 ʂaŋ⁵³tsʰɿ⁵¹tʂɿ³⁵mai²¹³lə⁰i⁵¹pər²¹ʂu⁵⁵，tɕin⁵⁵tʰian⁵⁵iau⁵¹tuo⁵⁵mai²¹tɕi³⁵pər²¹³.
顺义	上回只买了一本儿书，今儿个得多买几本儿。 ʂaŋ⁵¹xuei³⁵tʂɿ³⁵mai²¹lə⁰i⁵¹pər²¹ʂu⁵⁵，tɕiər⁵⁵kə⁰tei²¹tuo⁵⁵mai²¹tɕi³⁵pər²¹⁴.
延庆	上回就买了一本儿书，今儿要多买几本儿。 ʂaŋ²¹xuei⁵⁵tsou⁵³mai²⁴lə⁰i⁴⁴pər²⁴ʂu⁴²，tɕiər⁴⁴iao²¹tuo⁴⁴mai⁵⁵tɕi⁵⁵pər²¹⁴.
平谷	上回就买了一本儿书，今儿个要多买几本儿。 ʂaŋ⁵¹xuei⁵⁵tou⁵¹mai²¹lə⁰i⁵¹pər²¹ʂu³⁵，tɕiər³⁵kə⁰iau⁵¹tuo³⁵mai³⁵tɕi³⁵pər²¹³.

口头文化卷

概　　述

一　本卷内容

本卷为口头文化，以调查点为单位展示西城、通州、大兴、房山、门头沟、昌平、怀柔、密云、顺义、延庆、平谷等11个调查点的歌谣、规定故事、其他故事、自选条目。

由于"中国语言资源保护工程"没有要求把《中国语言资源调查手册·汉语方言》（以下称"《调查手册》"）"陆　口头文化"中调查到的所有语料转写为汉字和国际音标，限于人力和时间，我们也没有转写所有语料，而是对调查材料进行了取舍。大致情况如下：

"歌谣"只选取已经转写汉字和国际音标的条目，个别点转写条目较少，我们做了部分补充。

"规定故事"（《牛郎和织女》）各调查点统一选取故事的全部内容。西城、房山、门头沟、昌平、怀柔、密云、延庆、平谷的"规定故事"按照语保规范的要求只转写了三分钟的语料，收入本卷时我们对剩余部分做了转写。

"其他故事"在选取时我们注意考察表达和内容两个方面，通州、门头沟、昌平、怀柔、密云、顺义、延庆、平谷"其他故事"的原始语料，或由于表达不够流畅、不够口语化，或由于所述内容缺乏本地色彩、主题不够积极等，我们从其他发音人的"话语讲述"中挑选表达和内容都比较好的语篇代替。"其他故事"的材料只转写汉字，未转写国际音标。

选取的所有内容，我们都根据原始音视频逐条、逐句做了核对。

二　编排方式

以调查点为序，每个点再据《调查手册》"陆　口头文化"的内容罗列。调查点排列顺序同语音卷。

每条条目包括方言、国际音标等内容。所有条目大致按句分行。每一句的方言说法在前，国际音标在后，音标用"［　］"框起。句中个别关键词语在该句音标后注释。

由于北京各调查点方言跟普通话相近，所以不再单独列出所有材料的意译，只对一些较难理解或有特殊读音的土词做简要的注释。简单的例释随文注明，如果释例比较复杂，则采取页脚加注的方式。

三　凡例

本卷使用比较普遍的一些符号说明如下：

＝（上标）　表示前面的字是同音替代而不是本字。例如：姆＝们我们｜黑介＝夜里｜被货＝被子｜多让＝什么时候。

［汉字］　表示合音，后跟国际音标。例如：［我们］uan^{214}｜［这么］tʂəŋ^{53}｜［告诉］kãr^{51}。

西　　城

一　歌谣

（一）

一九二九不出手，［i⁵⁵ tɕiou²¹ ɚ⁵¹ tɕiou²¹ pu⁵¹ tʂʰu⁵⁵ ʂou²¹⁴］

三九四九冰上走，［san⁵⁵ tɕiou²¹ sʅ⁵¹ tɕiou²¹ piŋ⁵⁵ ʂaŋ⁰ tsou²¹⁴］

五九六九，［u³⁵ tɕiou²¹ liou⁵¹ tɕiou²¹］

河边看杨柳，［xɤ³⁵ pian⁵⁵ kʰan⁵¹ iaŋ³⁵ liou²¹⁴］

七九河开，［tɕʰi⁵⁵ tɕiou²¹ xɤ³⁵ kʰai⁵⁵］

八九雁来，［pa⁵⁵ tɕiou²¹ ian⁵¹ lai³⁵］

九九加一九，［tɕiou³⁵ tɕiou²¹ tɕia⁵⁵ i⁵¹ tɕiou²¹⁴］

耕牛遍地走。［kəŋ⁵⁵ niou³⁵ pian⁵³ ti⁵¹ tsou²¹⁴］

（二）

小孩儿小孩儿你别馋，［ɕiau²¹ xɐr³⁵ ɕiau²¹ xɐr³⁵ ni²¹ pie³⁵ tʂʰan³⁵］

过了腊八儿就是年。［kuo⁵¹ lə⁰ la⁵¹ pɐr⁵⁵ tɕiou⁵³ ʂʅ⁵¹ nian³⁵］

腊八儿粥，喝几天，［la⁵¹ pɐr⁰ tʂou⁵⁵，xɤ⁵⁵ tɕi²¹ tʰian⁵⁵］

哩哩啦啦二十三。［li⁵⁵ li⁰ la⁵⁵ la⁵⁵ ɚ⁵¹ ʂʅ³⁵ san⁵⁵］

二十三，糖瓜儿粘。①［ɚ⁵¹ ʂʅ³⁵ san⁵⁵，tʰaŋ³⁵ kuɐr⁵⁵ tʂan⁵⁵］

二十四，扫房日。［ɚ⁵¹ ʂʅ³⁵ sʅ⁵¹，sau²¹ faŋ³⁵ ʐʅ⁵¹］

二十五，冻豆腐。［ɚ⁵¹ ʂʅ³⁵ u²¹⁴，tuŋ⁵³ tou⁵¹ fu⁰］

二十六，去买肉。［ɚ⁵¹ ʂʅ³⁵ liou⁵¹，tɕʰy⁵¹ mai²¹ ʐou⁵¹］

二十七，宰公鸡。［ɚ⁵¹ ʂʅ³⁵ tɕʰi⁵⁵，tsai²¹ kuŋ⁵⁵ tɕi⁵⁵］

---

① 糖瓜儿是一种用黄米和麦芽熬制并做成扁圆形的糖，黏性很大。北京地区农历的腊月二十三日祭祀灶神，这一天灶王爷要上天向玉皇大帝禀告一年之中人们所做的善恶之事，为了让他多言好事，民间用糖瓜儿作为主要供品，以达到让灶神"嘴甜"的效果，表达出人们对美好生活的向往。

二十八，把面发。［ɚ⁵¹ʂʅ³⁵pa⁵⁵，pa²¹mian⁵¹fa⁵⁵］
二十九，蒸馒头。［ɚ⁵¹ʂʅ³⁵tɕiou²¹⁴，tʂəŋ⁵⁵man³⁵tʰou⁰］
三十儿晚上熬一宿，［san⁵⁵ʂər³⁵uaŋ²¹ʂaŋ⁰au³⁵i⁵¹ɕiou²¹⁴］
大年初一满街走。［ta⁵¹nian³⁵tʂʰu⁵⁵i⁵⁵man²¹tɕie⁵⁵tsou²¹⁴］

（三）

糖瓜儿祭灶，新年来到。［tʰaŋ³⁵kuɐr⁵⁵tɕi⁵³tsau⁵¹，ɕin⁵⁵nian³⁵lai³⁵tau⁵¹］
丫头要花儿，小子要炮，［ia⁵⁵tʰou⁰iau⁵¹xuɐr⁵⁵，ɕiau²¹tsʅ⁰iau⁵³pʰau⁵¹］ 炮：鞭炮
老头儿要顶新毡帽儿。［lau²¹tʰour³⁵iau⁵¹tiŋ²¹ɕin⁵⁵tʂan⁵⁵maur⁵¹］

（四）

三星在南，家家拜年。①［san⁵⁵ɕiŋ⁵⁵tsai⁵¹nan³⁵，tɕia⁵⁵tɕia⁵⁵pai⁵¹nian³⁵］
小辈儿的磕头，老辈儿的给钱，［ɕiau²¹pɐr⁵¹tə⁰kʰɤ⁵⁵tʰou³⁵，lau²¹pɐr⁵¹tə⁰kei²¹tɕʰian³⁵］
要钱没有，扭脸儿就走。［iau⁵¹tɕʰian³⁵mei³⁵iou²¹⁴，niou³⁵liɐr²¹tɕiou⁵¹tsou²¹⁴］

（五）

老头儿老头儿玩儿火球儿，［lau²¹tʰour³⁵lau²¹tʰour³⁵uɐr³⁵xuo²¹tɕʰiour³⁵］
烫了屁股抹香油儿。［tʰaŋ⁵¹lə⁰pʰi⁵¹ku⁰mo²¹ɕiaŋ⁵⁵iour³⁵］
老太太玩儿火筷儿，［lau²¹tʰai⁵¹tʰɛ⁰uɐr³⁵xuo²¹kʰuɐr⁵¹］
烫了屁股抹香菜。［tʰaŋ⁵¹lə⁰pʰi⁵¹ku⁰mo²¹ɕiaŋ⁵⁵tsʰai⁵¹］

（歌谣发音人：刘星辰）

---

① 除夕的晚上八九点钟，参宿三星（即猎户座腰带上的三星），也就是我国民间称为"福、禄、寿"的三星，在正南天空时，是除旧岁，迎新年的时刻。

二　规定故事

牛郎和织女　[niou³⁵ laŋ³⁵ xɤ³⁵ tʂʅ⁵⁵ ny²¹⁴]

今儿呀，[tɕiər⁵⁵ ia⁰]
给大伙儿讲一个 [kei²¹ ta⁵¹ xuor²¹ tɕiaŋ²¹ i³⁵ kə⁰]
牛郎织女的故事。[niou³⁵ laŋ³⁵ tʂʅ⁵⁵ ny²¹⁴ tə⁰ ku⁵¹ ʂʅ⁰]
从前哪，有这么一个山村，[tsʰuŋ³⁵ tɕʰian³⁵ na⁰, iou²¹ tʂɤ⁵¹ mə⁰ i³⁵ kə⁰ ʂan⁵⁵ tsʰuən⁵⁵]
村儿里有这么一小伙子呀，[tsʰuər⁵⁵ li⁰ iou²¹ tʂɤ⁵¹ mə⁰ i⁵⁵ ɕiau³⁵ xuo²¹ ts ʅ⁰ ia⁰]
特别地能干。[tʰɤ⁵¹ pie³⁵ tə⁰ nəŋ³⁵ kan⁵¹]
他呢，养了一只啊老黄牛，[tʰa⁵⁵ nə⁰, iaŋ²¹ lə⁰ i⁵¹ tʂʅ⁵⁵ a⁰ lau²¹ xuaŋ³⁵ niou³⁵]
所以大伙儿都管他叫牛郎。[suo³⁵ i²¹ ta⁵¹ xuor²¹ tou⁵⁵ kuan²¹ tʰa⁵⁵ tɕiau⁵¹ niou³⁵ laŋ³⁵]
这个老黄牛哇，[tʂɤ⁵¹ kə⁰ lau²¹ xuaŋ³⁵ niou³⁵ ua⁰]
可不是一般的牛，[kʰɤ²¹ pu³⁵ ʂʅ⁵¹ i⁵¹ pan⁵⁵ tə⁰ niou³⁵]
他是啊，天上金牛星下界。[tʰa⁵⁵ ʂʅ⁵¹ a⁰, tʰian⁵⁵ ʂaŋ⁰ tɕin⁵⁵ niou³⁵ ɕiŋ⁵⁵ ɕia⁵³ tɕie⁵¹]
这个呃老黄牛哇，[tʂɤ⁵¹ kə⁰ ə⁰ lau²¹ xuaŋ³⁵ niou³⁵ ua⁰]
特别喜欢这个，[tʰɤ⁵¹ pie³⁵ ɕi²¹ xuan⁵⁵ tʂɤ⁵¹ kə⁰]
牛郎这个小伙子。[niou³⁵ laŋ³⁵ tʂɤ⁵¹ kə⁰ ɕiau³⁵ xuo²¹ ts ʅ⁰]
这小伙子呢，[tʂɤ⁵¹ ɕiau³⁵ xuo²¹ ts ʅ⁰ nə⁰]
又勤劳又善良。[iou⁵¹ tɕʰin³⁵ lau³⁵ iou⁵³ ʂan⁵¹ liaŋ³⁵]
老黄牛呢，[lau²¹ xuaŋ³⁵ niou³⁵ nə⁰]
就想给他找门儿亲事儿。[tɕiou⁵¹ ɕiaŋ³⁵ kei²¹ tʰa⁵⁵ tʂau²¹ mər³⁵ tɕʰin⁵⁵ ʂər⁵¹]

这天呀，[tʂɤ⁵¹ tʰian⁵⁵ ia⁰]
老，这金牛星啊，他得知啊，[lau²¹⁴, tʂɤ⁵¹ tɕin⁵⁵ niou³⁵ ɕiŋ⁵⁵ a⁰, tʰa⁵⁵ tɤ³⁵ tʂʅ⁵⁵ a⁰]
天上的这些仙女儿们，[tʰian⁵⁵ ʂaŋ⁵¹ tə⁰ tʂɤ⁵¹ ɕie⁰ ɕian⁵⁵ nyər²¹ mən⁰]
要下凡，到这个村儿里来洗澡。[iau⁵³ ɕia⁵¹ fan³⁵, tau⁵³ tʂɤ⁵¹ kə⁰ tsʰuər⁵⁵ li²¹ lai³⁵ ɕi³⁵ tsau²¹⁴]
他说这正好儿，[tʰa⁵⁵ ʂuo⁵⁵ tʂɤ⁵³ tʂəŋ⁵¹ xaur²¹⁴]
我给这个牛郎呢，[uo³⁵ kei²¹ tʂɤ⁵¹ kə⁰ niou³⁵ laŋ³⁵ nə⁰]
这个，提门儿亲。[tʂɤ⁵¹ kə⁰, tʰi³⁵ mər³⁵ tɕʰin⁵⁵]
他夜里头啊，[tʰa⁵⁵ ie⁵¹ li²¹ tʰou⁰ a⁰]
就给这牛郎托梦了。[tɕiou⁵¹ kei²¹ tʂɤ⁵¹ niou³⁵ laŋ³⁵ tʰuo⁵⁵ məŋ⁵¹ lə⁰]

说"牛郎啊,"说"明儿早上啊,［ʂuo⁵⁵niou³⁵laŋ³⁵a⁰, ʂuo⁵⁵miə̃r³⁵tsau²¹ʂaŋ⁰a⁰］
你到这个村东头儿,［ni²¹tau⁵³tʂɤ⁵¹kə⁰tsʰuən⁵⁵tuŋ⁵⁵tʰour⁰］
这个湖里头,那儿啊,［tʂɤ⁵¹kə⁰xu³⁵li⁰tʰou⁰, nɐr⁵¹a⁰］
好些仙女儿洗澡。［xau³⁵ɕie²¹ɕian⁵⁵nyər²¹ɕi³⁵tsau²¹⁴］ 好些 xau³⁵ɕie²¹变调特殊
你呀,就拿出那,［ni²¹ia⁰, tɕiou⁵¹na³⁵tʂʰu⁵⁵na⁵¹］
粉色儿的衣,粉红色儿的衣裳［fən²¹ʂɐr²¹tə⁰i⁵⁵, fən²¹xuŋ³⁵ʂɐr²¹tə⁰i⁵⁵ʂaŋ⁰］
那个,拿,把那衣裳拿起来［na⁵¹kə⁰, na³⁵, pa²¹na⁵¹i⁵⁵ʂaŋ⁰na³⁵tɕʰi²¹lɛ⁰］
就往回家跑,［tɕiou⁵¹uaŋ²¹xuei³⁵tɕia⁵⁵pʰau²¹⁴］
嗯,给你找门儿亲事。"［n⁵¹, kei³⁵ni²¹tʂau²¹mər³⁵tɕʰin⁵⁵ʂʅ⁰］

等这牛郎一醒来,［təŋ²¹tʂɤ⁵¹niou³⁵laŋ³⁵i⁵¹ɕiŋ²¹lɛ⁰］
这儿真事儿假事儿啊,［tʂɤr⁵¹tʂən⁵⁵ʂər⁵¹tɕia²¹ʂər⁵¹a⁰］
甭管真事儿假事儿,［pəŋ³⁵kuan²¹tʂən⁵⁵ʂər⁵¹tɕia²¹ʂər⁵¹］
大早儿起,他就去了。［ta⁵¹tsaur²¹tɕʰi⁰, tʰa⁵⁵tɕiou⁵³tɕʰy⁵¹lə⁰］
一到那儿,嘿,果不其然,［i³⁵tau⁵³nɐr⁵¹, xei⁵⁵, kuo²¹pu⁵¹tɕʰi³⁵ʐan³⁵］
那个树上就挂着好些衣服。［na⁵¹kə⁰ʂu⁵¹ʂaŋ⁰tɕiou⁵³kua⁵¹tʂɤ⁰xau³⁵ɕie²¹i⁵⁵fu⁰］
他一瞧,这不,［tʰa⁵⁵i⁵¹tɕʰiau³⁵, tʂɤ⁵¹pu⁰］
老牛托梦给他了么。［lau²¹niou³⁵tʰuo⁵⁵məŋ⁵¹kei²¹tʰa⁵⁵lə⁰mə⁰］
他就把那个粉红色儿［tʰa⁵⁵tɕiou⁵¹pa²¹na⁵¹kə⁰fən²¹xuŋ³⁵ʂɐr²¹］
衣裳提溜起来,［i⁵⁵ʂaŋ⁰ti⁵⁵liou⁰tɕʰi²¹lɛ⁰］
转脸儿他就往回家跑,［tʂuan³⁵liɐr²¹tʰa⁵⁵tɕiou⁵¹uaŋ²¹xuei³⁵tɕia⁵⁵pʰau²¹⁴］
跑家去了。［pʰau²¹tɕia⁵⁵tɕʰy⁵¹lə⁰］
等到晚上啊,［təŋ²¹tau⁵⁰uan²¹ʂaŋ⁰a⁰］
嘿,这仙女儿啊,［xei⁵⁵, tʂɤ⁵¹ɕian⁵⁵nyər²¹a⁰］
当儿当儿当儿,［ʈãr⁵⁵ʈãr⁵⁵ʈãr⁵⁵］ 当儿 ʈãr⁵⁵声母特殊
就敲他家屋门来了。［tɕiou⁵¹tɕʰiau⁵⁵tʰa⁵⁵tɕia⁵⁵u⁵⁵mən³⁵lai³⁵lə⁰］
跟牛郎呢就成了亲了。［kən⁵⁵niou³⁵laŋ³⁵nə⁰tɕiou⁵¹tʂʰəŋ³⁵lə⁰tɕʰin⁵⁵lə⁰］

这一晃儿呢就三年。［tʂɤ⁵³i⁵¹xuãr²¹nə⁰, tɕiou⁵¹san⁵⁵nian³⁵］
三年呢,他们是,男耕女织,［san⁵⁵nian³⁵nə⁰, tʰa⁵⁵mən⁰ʂʅ⁵¹, nan³⁵kəŋ⁵⁵ny²¹tʂʅ⁵⁵］
这日子过得特别美满,［tʂɤ⁵³ʐʅ⁵¹tsʅ⁰kuo⁵¹tə⁰tʰɤ⁵¹pie³⁵mei³⁵man²¹⁴］
还有一双儿女,［xai³⁵iou²¹i⁵¹ʂuaŋ⁵⁵ɚ³⁵ny²¹⁴］
一个男孩儿,一女孩儿。［i³⁵kə⁰nan³⁵xɐr³⁵, i³⁵kə⁰ny²¹xɐr³⁵］

过得这日子正好着呢，［kuo⁵¹tə⁰tʂɤ⁵³ʐʅ⁵¹tsʅ⁰tʂəŋ⁵¹xau²¹⁴tʂə⁰nə⁰］
突然间有一天呀，［tʰu⁵⁵ʐan³⁵tɕian⁵⁵iou²¹i⁰tʰian⁵⁵ia⁰］
这个，狂风大作，［tʂɤ⁵¹kə⁰，kʰuaŋ³⁵fəŋ⁵⁵ta⁵³tsuo⁵¹］
这个，织女呢，没影儿了。［tʂɤ⁵¹kə⁰，tʂʅ⁵⁵ny²¹nə⁰，mei³⁵iɐ̃r²¹lə⁰］
这孩子一瞧妈妈没了就哭哇，［tʂɤ⁵¹xai³⁵tsʅ⁰i⁵¹tɕʰiau³⁵ma⁵⁵ma⁰mei³⁵lə⁰tɕiou⁵¹kʰu⁵⁵a⁰］
牛郎也找，［niou³⁵laŋ³⁵ie³⁵tʂau²¹⁴］
也不知道哪儿去了。［ie²¹pu⁵¹tʂʅ⁵⁵tau⁵¹nar²¹⁴tɕʰy⁵¹lə⁰］

这会儿呢，这金牛星，［tʂɤ⁵¹xuər²¹nə⁰，tʂɤ⁵¹tɕin⁵⁵niou³⁵ɕiŋ⁵⁵］
就这只老黄牛哇，［tɕiou⁵³tʂɤ⁵¹tʂʅ⁵⁵lau²¹xuaŋ³⁵niou³⁵ua⁰］
就说了话了。［tɕiou⁵¹ʂuo⁵⁵lə⁰xua⁵¹lə⁰］
当着你面儿说，说"牛郎啊，［taŋ⁵⁵tʂɤ⁰ni²¹miɐr⁵¹ʂuo⁵⁵，ʂuo⁵⁵niou³⁵laŋ³⁵a⁰］
你别着急，这个事儿情啊，［ni²¹pie³⁵tʂau³⁵tɕi³⁵，tʂɤ⁵¹kə⁰ʂər⁵¹tɕʰiŋ⁰a⁰］
是玉皇大帝啊，［ʂʅ⁵³y⁵¹xuaŋ³⁵ta⁵³ti⁵¹a⁰］
知道了这织女私自下凡，［tʂʅ⁵⁵tau⁰lə⁰tʂɤ⁵¹tʂʅ⁵⁵ny²¹sʅ⁵⁵tsʅ⁵¹ɕia⁵¹fan³⁵］
把她给抢回去了。"［pa²¹tʰa⁵⁵kei³⁵tɕʰiaŋ²¹xuei³⁵tɕʰy⁵¹lə⁰］
说呀，"你呀，把我这俩犄角，［ʂuo⁵⁵ia⁰，ni²¹ia⁰，pa²¹uo²¹tʂɤ⁵¹lia²¹tɕi⁵⁵tɕiau²¹⁴］
弄下来，它会变成俩筐，［nəŋ⁵³ɕia⁵¹lɛ⁰，tʰa⁵⁵xuei⁵³pian⁵¹tʂʰəŋ³⁵lia²¹kʰuaŋ⁵⁵］
你把孩子驮着去追她去。"［ni²¹pa²¹xai³⁵tsʅ⁰tʰuo³⁵tʂə⁰tɕʰy⁵¹tʂuei⁵⁵tʰa⁵⁵tɕʰy⁰］
说了呀，这牛郎，［ʂuo⁵⁵lə⁰ia⁰，tʂɤ⁵¹niou³⁵laŋ³⁵］
这老牛这两只犄角［tʂɤ⁵¹lau²¹niou³⁵tʂɤ⁵¹liaŋ²¹tʂʅ⁵⁵tɕi⁵⁵tɕiau⁰］
就掉地下了，［tɕiou⁵³tiau⁵³ti⁵¹ɕia⁰lə⁰］
就变成俩筐。［tɕiou⁵³pian⁵¹tʂʰəŋ³⁵lia²¹kʰuaŋ⁵⁵］
这牛郎就赶紧把这一人儿，［tʂɤ⁵¹niou³⁵laŋ³⁵tɕiou⁵¹kan³⁵tɕin²¹pa²¹tʂɤ⁵¹i⁵⁵ʐər³⁵］
一双儿女就，［i⁵¹ʂuaŋ⁵⁵ɚ³⁵ny²¹tɕiou⁵¹］
分别搁在筐里头了。［fən⁵⁵pie³⁵kɤ⁵⁵tsai⁵¹kʰuaŋ⁵⁵li²¹tʰou⁰lə⁰］
然后呢，挑上这筐，［ʐan³⁵xou⁵¹nə⁰，tʰiau⁵⁵ʂaŋ⁰tʂɤ⁵¹kʰuaŋ⁵⁵］
哎，这筐啊，这地，［ai³⁵，tʂɤ⁵¹kʰuaŋ⁵⁵a⁰，tʂɤ⁵³ti⁵¹］
这个，就轻了。［tʂɤ⁵¹kə⁰，tɕiou⁵¹tɕʰiŋ⁵⁵lə⁰］

这牛郎呢，［tʂɤ⁵¹niou³⁵laŋ³⁵nə⁰］
也觉着自个儿就飘起来了，［ie²¹tɕye³⁵tʂə⁰tsʅ⁵¹kɤr²¹tɕiou⁵¹pʰiau⁵⁵tɕʰi²¹lɛ⁰lə⁰］
这他就跑吧，［tʂɤ⁵¹tʰa⁵⁵tɕiou⁵¹pʰau²¹pɐ⁰］

越跑这个这个逐渐这跑，［ye⁵¹ pʰau²¹ tʂɤ⁵¹ kə⁰ tʂɤ⁵¹ kə⁰ tʂu³⁵ tɕian⁵¹ tʂɤ⁵¹ pʰau²¹⁴］
就飘，飘到空中了，［tɕiou⁵¹ pʰiau⁵⁵，pʰiau⁵⁵ tɔ⁰ kʰuŋ⁵⁵ tʂuŋ⁵⁵ lə⁰］
越来越快越来越快。［ye⁵¹ lai³⁵ ye⁵³ kʰuai⁵¹ ye⁵¹ lai³⁵ ye⁵³ kʰuai⁵¹］
眼么前儿的，［ian²¹ mə⁰ tɕʰiɐr³⁵ tə⁰］
看着就要追上这个呃织女了，［kʰan⁵¹ tʂə⁰ tɕiou⁵³ iau⁵¹ tʂuei⁵⁵ ʂaŋ⁰ tʂɤ⁵¹ kə⁰ ə⁵⁵ tʂʅ⁵⁵ ny²¹ lə⁰］
这天兵天将这儿拉押着［tʂɤ⁵¹ tʰian⁵⁵ piŋ⁵⁵ tʰian⁵⁵ tɕiaŋ⁵¹ tʂɤ⁵¹ la⁵⁵ ia⁵⁵ tʂə⁰］
织女正往前跑呢，［tʂʅ⁵⁵ ny²¹ tʂəŋ⁵¹ uaŋ²¹ tɕʰian³⁵ pʰau²¹ nə⁰］
这牛郎啊，带着俩孩子，［tʂɤ⁵¹ niou³⁵ laŋ³⁵ a⁰，tai⁵¹ tʂə⁰ lia²¹ xai³⁵ tsʅ⁰］
也在后，也在前边儿追。［ie²¹ tsai⁵³ xou⁵¹，ie²¹ tsai⁵³ tɕʰian³⁵ piɐr⁵⁵ tʂuei⁵⁵］

正在这坎⁼节儿上，［tʂəŋ⁵¹ tsai⁰ tʂɤ⁵¹ kʰan²¹ tɕiɐr³⁵ ʂaŋ⁰］ 坎⁼节儿："揩⁼节儿"之口误
揩⁼节儿上啊，［kʰən⁵¹ tɕie³⁵ ʂaŋ⁰ a⁰］ 揩⁼节儿上：节骨眼儿上，关键时刻
这个王母娘娘，［tʂɤ⁵¹ kə⁰ uaŋ³⁵ m⁰ niaŋ³⁵ niaŋ⁰］
这王母娘娘真坏，［tʂɤ⁵¹ uaŋ³⁵ m⁰ niaŋ³⁵ niaŋ⁰ tʂən⁵⁵ xuai⁵¹］
王母娘娘回身儿，［uaŋ³⁵ m⁰ niaŋ³⁵ niaŋ⁰ xuei³⁵ ʂər⁵⁵］
抄出那金钗来，［tʂʰau⁵⁵ tʂʰu⁵⁵ na⁵¹ tɕin⁵⁵ tʂʰai⁵⁵ lɛ⁰］
就在他们中间儿这么一划，［tɕiou⁵¹ tsai²¹ tʰa⁵⁵ mən⁰ tʂuŋ⁵⁵ tɕiɐr⁵⁵ tʂɤ⁵¹ mə⁰ i⁵¹ xua³⁵］
变成一条波涛汹涌的［pian⁵¹ tʂʰəŋ³⁵ i⁵¹ tʰiau³⁵ pʰo⁵⁵ tʰau⁵⁵ ɕiuŋ⁵⁵ iuŋ²¹ tə⁰］
大河呀，这就是天河呀，［ta⁵¹ xɤ³⁵ ia⁰，tʂɤ⁵³ tɕiou⁵³ ʂʅ⁵¹ tʰian⁵⁵ xɤ³⁵ ia⁰］
也就是现在咱们说的银河，［ie²¹ tɕiou⁵³ ʂʅ⁵¹ ɕian⁵³ tsai⁵¹ tsan³⁵ mən⁰ ʂuo⁵⁵ tə⁰ in³⁵ xɤ³⁵］
把这牛郎跟织女［pa²¹ tʂɤ⁵¹ niou³⁵ laŋ³⁵ kən⁵⁵ tʂʅ⁵⁵ ny²¹］
就相给隔开了，［tɕiou⁵¹ ɕiaŋ⁵⁵ kei²¹ kɤ³⁵ kʰai⁵⁵ lə⁰］
隔在岸边儿上，［kɤ³⁵ tsai⁵³ an⁵¹ piɐr⁵⁵ ʂaŋ⁰］
孩子哭大人喊，没辙儿呀。［xai³⁵ tsʅ⁰ kʰu⁵⁵ ta⁵¹ ʐən³⁵ xan²¹⁴，mei³⁵ tʂɤr³⁵ ia⁰］

这种情况下，［tʂɤ⁵¹ tʂuŋ²¹ tɕʰiŋ³⁵ kʰuaŋ⁵¹ ɕia⁰］
感动了天下的喜鹊们，［kan²¹ tuŋ⁵¹ lə⁰ tʰian⁵⁵ ɕia⁵¹ tə⁰ ɕi²¹ tɕʰye⁰ mən⁰］
这喜鹊们呀，哟，［tʂɤ⁵¹ ɕi²¹ tɕʰye⁰ mən⁰ ia⁰，iau⁵⁵］
从天下"哗"都飞到［tsʰuŋ³⁵ tʰian⁵⁵ ɕia⁵¹ xua⁵⁵ tou⁵⁵ fei⁵⁵ tau⁰］
这个这儿来，［tʂɤ⁵¹ kə⁰ tʂɤr⁵¹ lai³⁵］
这天河上，然后呢，这，［tʂɤ⁵¹ tʰian⁵⁵ xɤ³⁵ ʂaŋ⁰，ʐan³⁵ xou⁵¹ nə⁰，tʂɤ⁵¹］
嘴呀叼着尾巴嘴叼着尾巴［tsuei²¹ ia⁰ tiau⁵⁵ tʂə⁰ i²¹ pa⁰ tsuei²¹ tiau⁵⁵ tʂə⁰ i²¹ pa⁰］
就搭成了一个桥，［tɕiou⁵¹ ta⁵⁵ tʂʰəŋ³⁵ lə⁰ i³⁵ kə⁰ tɕʰiau³⁵］

让牛郎跟织女啊，［ẓaŋ⁵¹niou³⁵laŋ³⁵kən⁵⁵tʂʅ⁵⁵ny²¹⁴a⁰］

俩人就到了这个桥上相见。［lia²¹ẓən⁰tɕiou⁵³tau⁵¹lə⁰tʂɤ⁵¹kə⁰tɕʰiau³⁵ʂaŋ⁰ɕiaŋ⁵⁵tɕian⁵¹］

这天哪，正是七月初七。［tʂɤ⁵¹tʰian⁵⁵na⁰, tʂəŋ⁵³ʂʅ⁵¹tɕʰi⁵⁵ye⁵¹tʂʰu⁵⁵tɕʰi⁵⁵］

人们都说呀，［ẓən³⁵mən⁰tou⁵⁵ʂuo⁵⁵ia⁰］

尤其老人们给大伙儿［iou³⁵tɕʰi³⁵lau²¹ẓən⁰mən⁰kei²¹ta⁵¹xuor²¹⁴］

讲故事的时候儿说呀，［tɕiaŋ²¹ku⁵¹ʂʅ⁰tə⁰ʂʅ³⁵xour⁰ʂuo⁵⁵ia⁰］

说呀，一到七月七这天，［ʂuo⁵⁵ia⁰, i³⁵tau⁵¹tɕʰi⁵⁵ye⁵¹tɕʰi⁵⁵tʂɤ⁵¹tʰian⁵⁵］

您瞧瞧吧，［nin³⁵tɕʰiau³⁵tɕʰiau⁰pɐ⁰］

天下看不见喜鹊了，［tʰian⁵⁵ɕia⁵¹kʰan⁵¹pu³⁵tɕian⁰ɕi²¹tɕʰye⁵¹lə⁰］

它们都到那天河上，［tʰa⁵⁵mən⁰tou⁵⁵tau⁵³na⁵¹tʰian⁵⁵xɤ³⁵ʂaŋ⁰］

去搭桥去了。［tɕʰy⁵¹ta⁵⁵tɕʰiau³⁵tɕʰy⁰lə⁰］

而且呢，在这葡萄架底下呀，［ɚ³⁵tɕʰie²¹nə⁰, tsai⁵³tʂɤ⁵¹pʰu³⁵tʰau⁰tɕia⁵¹ti²¹ɕia⁰ia⁰］

你大伙儿你听，［ni²¹ta⁵¹xuor²¹ni²¹tʰiŋ⁵⁵］

能听见牛郎跟织女呀，［nəŋ³⁵tʰiŋ⁵⁵tɕian⁰niou³⁵laŋ³⁵kən⁵⁵tʂɤ⁵⁵ny²¹ia⁰］

正在，悄悄私语。［tʂəŋ⁵¹tsai⁰, tɕʰiau⁵⁵tɕʰiau⁰sʅ⁵⁵y²¹⁴］

而且有的时候儿呢，［ɚ³⁵tɕʰie²¹iou²¹tə⁰ʂʅ³⁵xour⁰nə⁰］

还会下起雨来，［xai³⁵xuei⁵¹ɕia⁵¹tɕʰi³⁵y²¹lɛ⁰］

那就是牛郎跟织女呀，［na⁵³tɕiou⁵³ʂʅ⁵¹niou³⁵laŋ³⁵kən⁵⁵tʂʅ⁵⁵ny²¹ia⁰］

离别的痛苦的，流下的眼泪。［li³⁵pie³⁵tə⁰tʰuŋ⁵¹kʰu²¹tə⁰, liou³⁵ɕia⁰tə⁰ian²¹lei⁵¹］

（发音人：高国森）

三 其他故事

（一）潭柘寺的宝锅

今儿个_{今天}我来说说潭柘寺的宝锅。以前听家里的老人说过，在京西潭柘寺有一口锅，那是寺中的一宝，据说拿这口锅熬粥，甭管来多少人总也喝不光，因此也留下了这么句话，说，潭柘寺的粥锅——添人不添米。

其实这口锅原本也很平常，就是个儿大，早年间有一次潭柘寺开戒，什么是开戒呢？原来这和尚也不是随便当的，只有在大的寺庙里受了戒，才能被佛门所承认，成为名正言顺的和尚。这潭柘寺是个大寺，名声很大，因此来这受戒的和尚都少不了。而来这受戒的人呢也不能空手来，都得带点儿粮食，只见车载人背，粮食便源源不断地运进寺里。这一年赶上大旱，赤地千里，四面八方的饥民一看，这么多粮食都往潭柘寺里运，就都守在庙门外等着舍粥。

到了开戒那天，拢共来了有五百多人，寺里原来就有的和尚和受戒的，加起来少说也有千数人，这一人一张嘴，这么多人要吃，要喝，都得跟老方丈一个人儿说，再加上来了这么多的饥民，吃饭就成了问题。吃什么？喝粥，寺里原来熬粥平常用的一口铜锅，虽说每次可以下两石米，但这时候儿就显得忒小了，怎么办呀？只得抬出了锅里，只得抬出寺里最大的一口锅，这口锅高六尺，径长丈余，每次熬粥可以下米十石，就这样，和尚和饥民们也只能吃个半饱儿。

潭柘寺舍粥的事儿一传开，四面八方的饥民就都奔这儿跑来，眼看着这个庙里粮食是一天比一天少，老方丈急得双眉紧锁，五十三天的戒期可怎么维持呢？不管饥民吧，那不成，济世救人，那是佛家本分；管吧，哪儿弄这么多粮食去？思来想去，只得让和尚们再少吃一点儿，大家同舟共济吧。最怕发生的事儿终于还是发生了，戒期到了第五十天头儿上，终于断粮了，草草受戒，潭柘寺多年来这么大的名声就毁了，再加上这么多饥民都等着开戒，这么多饥民都等着舍粥呢！

老方丈看着剩下的这最后一锅粥是急得眼泪都快下来了，他一跺脚奔上天王殿，跪在佛爷面前连磕响头，想跟佛爷要个道儿。在这威严的天王殿里，养着两条青蛇，一条一尺多长，一条七寸来长，和尚们管这个大的叫作大青，管这条小的叫作二青。传说这两条青蛇是伺候佛祖的两条青龙，平日里就趴在供桌上不动，和尚们对他们也是特别地尊敬。今天老方丈来求佛，只见大青伸着脖子冲他连连点头，老方丈也不知道怎么回事儿，一会儿只见这大青从供桌上下来了，窜到地上，很快地出了天王殿。

老方丈因为心里有事儿也没多想，不大会儿工夫，只见一个小和尚跑进天王殿，匆忙地跟老方丈喊他，师父，奇了，奇了！老方丈这是丈二和尚摸不着头脑，扭身问道，怎么啦？小和尚气喘吁吁地说，平日开饭，人走粥净，今日开饭，大伙儿都喝完了，锅里的粥还是满满儿的，您说奇不奇？

老方丈听了也很纳闷儿，赶紧随着小和尚走出天王殿，向粥棚奔去。当他们来到粥棚一看，这早就里三层外三层，让人们围了个水泄不通。老方丈分开人群走近一看，锅里的粥果然是满满儿的，他赶紧扭身问众僧都吃了吗，大伙说道不仅吃了，还吃得饱饱的。他又过去问饥民，大伙也这么说。老方丈回到锅前拿勺儿扛舀，盛了一点儿一尝，粥味奇香。

这一锅香粥一连喝了三天，直到戒期圆满才被喝光。这时候儿，锅底儿露出了一小堆儿骨头，大伙儿过来看了，有的说是鸟骨头，有的说是鸡骨头。老方丈看了大叫一声不好，扭身就往天王殿跑，他是想起大青了。来到天王殿里，只见供桌上只有二青一条蛇在上面。大青呢？任你找遍供桌上下，殿堂内外，踪影皆无，只有二青自己在那儿吧嗒吧嗒掉眼泪，老方丈长叹一声，大青，你这是跳了粥锅了呀！

从此潭柘寺的这口大铜粥锅也就成了宝锅，无论来多少人喝，就这一锅粥，还总也喝不完。

（发音人：谷斌）

（二）俩伙计

说有这么一买卖家儿，这买卖家儿老板挺精明的，他把买卖搞得挺好，后来哪他就雇了俩伙计。雇俩伙计哪，咱就说这俩伙计，一个叫张三，一个叫李四。这俩伙计干活儿都挺勤快的，这个店里的活儿里里外外都忙活的，还都挺认真。

可是这张三就觉么着，说这几个月工钱，这李四怎么比我多，这老板偏心眼儿。他这么想着脸上就带出来了，脸也耷拉下来了，干活儿也不那么积极了，用咱现在话说积极了。这老板就看出来了，老板就问这张三说你怎么回事？张三还不说①，真痛痛快快地说，您说，您这个不是一碗水端平，姆＝们_{我们}俩人都在这儿干活儿，都这么勤快干活儿，您说这个，我们俩工钱怎么不一样？

这老板说，噢，就这事儿啊，我跟你说咱们今天这买卖也不算特别地忙，你到集市上去，看看有什么买卖活儿给咱们看看去。这小伙子说行，张三说行，戴上帽子腾腾腾就跑出去了。一会儿回来了，说老板，我到集市上瞧了，果不其然，那儿有一车土豆儿。那个老板说，那一车土豆儿有多少？哟，哦，忘了问了，转脸儿他又跑出去了，一会儿挺快又回来了，说我给看了，有四十袋儿，四十袋儿土豆儿。那老板说，这土豆儿多少钱一斤呢？哎，忘问了，他又赶紧回去又跑回去一趟，就问问这土豆儿多少钱一斤。这老板说你都问完了，你给我踏踏实实坐这儿，别言声儿_{出声、说话}啊，你等会儿你看着我。

这张三问完这事儿就坐在这椅子上，这个老板就把李四叫过来了，说李四，说你到集市上看看咱们有什么买卖活儿？这李四说行，李四慢慢地就走出去了，李四就奔了集市去了。过了那么一会儿这李四回来了，说老板，说我给打听清楚了，说这集市上现在就有一车土豆儿，一共有四十袋儿，这个是多少钱多少钱，这土豆儿还不错，您瞧我给您拿回一个样子来，这个赶车的老板说他还有几箱子西红柿，这马上就运来，我说咱们店里的西红柿这两天卖得挺好的，我想您一定也会要，哎，这么着我给你带回一个样子，您瞧这西红柿，而且我把这赶车的老板也给叫来了，您再跟他商量商量。

---

① 这里疑为"张三还甭说"的口误，通常表述为"您还甭说，张三……"，表示对"张三"的动作行为感到意外。

这老板哪起身就要去跟那个赶车的老板去商量这个买卖事儿，哎，回头就跟张三说，说张三，你这回知道为什么你们俩不一样了吧？

（发音人：高国森）

（三）刘备的故事

好，今天给大家白话［pai³⁵ xuə⁰］：讲，说点儿三国的事儿。因为我本人姓刘，所以三国里头的人呢，我最喜欢的其实就是刘备。有人可能就说了三国里头那么多英雄人物，你怎么就喜欢刘备呢？要论武功刘备也不灵，要论这个权谋的话，计谋的话，诸葛亮啊，包括郭嘉啊都比刘备要高，为什么你偏偏喜欢刘备这个人呢？我给大家简单地说说我为什么那么喜欢刘备。

简单的来说，刘备这个人哪，我觉得他那智商，从智力上来说，在三国里头必须是属不上号儿的，肯定没他，要说情商上来说，我敢说他能排前三。为什么这么说呢？先看他的出身，他的出身哪其实都说是中山靖王之后，那么中山靖王是个什么东西呢？中山靖王那是从汉朝来说，那是他父亲的父亲，那就多少辈以前是皇上的一个兄弟，往后倒多少辈到他这儿，其实来说在东汉的时候，他这个关系啊，已经基本上，你要说我是什么王的后代，这关系多了去了，所以他这个关系根本就是用现在的话说，你就是非要往那上凑。所以他开始就比较会包装自己，这就是他情商高的一个体现。

为什么这么说呢？我们看刘备出来的时候，《三国演义》包括《三国志》上是怎么去形容这个人的哈。街边编草鞋，卖草鞋的这么一个人，应该属于市井小人，也不是什么大富大贵之人，甚至编点儿草鞋养家糊口，吃饭也是吃了上顿儿没下顿儿，就属于这个，所以你要说他能成为什么一国之君，当皇帝，这个绝对谁也想不到，那么他为什么就能成功呢？在路上卖草鞋，卖着卖着，看见发皇榜了，发皇榜要干嘛呀？征兵，征兵干嘛呀？讨伐董卓，讨伐黄巾军。东汉末年，农民起义，包括黄巾起义，所以国家非常地不太平，天天呢就是各种打仗，无论是官方的，民间的，民间有黄巾起义，官方的有董卓，有乱朝纲，包括王莽，再往前倒有王莽，有董卓。所以国家现在可以说是民不聊生吧，所以呢当地有一些乡勇啊自发地组成一些民兵吧。应该像现在我们可以说他是民兵护卫当地的农民，你包括进行耕种也好，因为很多现在比较乱，他抢粮食抢得很疯狂，所以需要有这么一支民间武装去保卫大家，保卫农民正常生产、耕作呀。因为你没有粮食，大家都没饭吃。

所以刘备就看到了征兵的，也不叫皇榜了，征兵的启示，他就在那围观，应该是个吃瓜群众。这个时候遇到了一个重要人物，关羽、张飞他们也在这儿看，这两个人都属于性情中人,那看到这个,属于路见不平一声吼的那种暴脾气,一看到这个国家现在需要人才,我们赶紧报名吧。结果刘备这人情商就体现出来了,他不报名,他在旁边唉声叹气,他在旁边哼哼,哎哟,哎哟!嘬牙花子①搁那儿,然后这张飞跟那刘备说你嘬牙花儿干嘛?你大丈夫,堂堂男子汉,你说你娘们儿唧唧的在这儿干嘛?完了他就说,咳,你们不知道,我是有父亲的,那俩人说谁没父亲,说我父亲往上倒我是中山靖王之后,那两个人也是用现在的话说很傻,很天真,一下就被忽悠了。说你中山靖王之后,你怎么在这编草鞋呢?他说,咳,我们家是怎么怎么怎么回事,我最后沦落到这个地步了。张飞说没关系,我是杀猪的,我家有钱,不光是杀猪,不光是屠户,我还有地,我家里后头有桃园儿,我卖桃子的,我祖籍平谷的。所以仨人一聊,关羽说那我是那什么的,我家里也颇有银两,我可以出力。仨人一合计,我们仨要不凑一锅得了,大小个儿排,刘备就当了大哥了。他们仨,这是属于他人生道路上最坚实的两个伙伴,就是利用他的这个忽悠,先把这两个人拿下了。这个我觉得这是非常了不起的一件事情了,因为你白手起家什么都没有,你也没钱给人家,人家就能给你卖命,这个忽悠能力用现在的话说那真是了不起啦,非常了不起啦。

好,这个,刘备得了张飞和关羽以后啊,这个势力还是非常地几乎可以忽略,手底下也没有兵,先得两员大将,但是呢,因为张飞有钱哪,可以先招一些人马,所以他们当时的这个起家的时候,手底下可能有个几百人,然后呢,就四处投靠。四处投靠的话哪,有些乡勇可能也是,包括一些诸侯啊割据在当地,可能当时用现在的俗话说拿他们当枪使吧,你张飞、关羽不是能打仗吗?让你们东打打,西打打,就是拿你当枪使吧。但是时间长了刘备发现这个不是长久之计啊,我们这个这点儿人打来打去最后全打光了,咱们还是得自立门户啊,自立门户。然后最后说怎么办啊?我们现在都是有勇无谋之人,我们现在需要一个军师,需要一个军师。

几经辗转,得了这么一个人叫徐庶,这个人值得大书特书,徐庶可能也是被刘备忽悠得挺厉害,洗脑了,死心塌地地给刘备干,包括很多计谋,咱们都知道火烧新野呀,包括帮着刘备跑呀,一路被人家曹军追杀,起了很重要的作用。但是到最后曹操说这徐庶太厉害啦,这咱们得弄他呀。说他老母亲现在在我们这儿呢,咱们呃拿他这个母亲的性命作为筹码,去要挟一下他,去威胁他。徐庶这个人是个大孝子,说我母亲安危我得管,所以主公对不起了,我得回家了,要不然我母亲就没命了,我得跑。然后刘备说好不容易得着一个谋士,这真让曹操给我

---

① 嘬牙花子:嘬,吮吸;牙花子,牙龈。嘬牙花子本指牙龈疼而不停吮吸,引申为遇到难题而无可奈何;犯难。从上下文看,这里用来表示装作牙疼,让人感觉自己并不关注眼前的事情。

搅和了，这不行啊，说你走之前你给我推荐个人吧。徐庶说有这么一个人呀，比我的学识要高出几十倍，这个人，有一个人叫诸葛亮啊，卧龙先生，说你们呀，你们赶紧去找这人吧。

　　然后刘备就说那走咱们就，这三个人就到了诸葛亮待的这地方，一个草茅庐里头。当时的一个关羽跟张飞他们两个人就觉得，这个破地儿，一个山区里头，他能有什么高人。当时就体现出刘备这个人的情商高的地方，他就说无论这个是什么偏远山区，这个，徐庶推荐的这个人，我是坚决相信他肯定是一个人才。然后三顾茅庐啊，当时是，来了三趟，诸葛亮不见，不见他们。当时哪用现在的话说，一般人可能一次不见，两次不见，也就算了，但是这刘备这个人他有一个好处，就是这个人非常地坚韧，这是他个性和品性里非常重要的一个特质。连续三次在这儿等着，非常虔诚在这儿等着，最后感动了这个诸葛亮，卧龙先生，出来跟他说。然后刘备又开始给诸葛亮洗脑，说我是中山靖王之后怎么怎么着，怎么怎么着，我将来是想什么为了国家没有战乱，我要为了百姓的这个。诸葛亮被他这一番言行所感动，然后决定出山，当时张飞和关羽对他这个诸葛亮到底是有没有真才实学，也是表示怀疑的，但是经过后面的几场仗，包括火烧赤壁也好，包括是跟东吴呀，联合退了曹军一百万，在这个这场战役里面诸葛亮起了非常重要的作用，所以在张飞和关羽最后对诸葛亮，那也是佩服得五体投地啦，佩服得五体投地啦。

（发音人：刘星辰）

四　自选条目

（一）

金箍碌棒，烧热炕，［tɕin⁵⁵ku⁵⁵lu⁰paŋ⁵¹，ʂau⁵⁵ zə⁵³kʰaŋ⁵¹］
爷爷打鼓，奶奶唱，［ie³⁵ie⁰ta³⁵ku²¹⁴，nai³⁵nɛ⁰tʂʰaŋ⁵¹］
一唱唱到大天亮。［i³⁵tʂʰaŋ⁵¹tʂʰaŋ⁵³tau⁵³ta⁵¹tian⁵⁵liaŋ⁵¹］

（二）

铁蚕豆，大把儿抓，［tʰie²¹tsʰan³⁵tou⁵¹，ta⁵¹pɐr²¹tʂua⁵⁵］
娶了媳妇忘了妈。［tɕʰy²¹lə⁰ɕi³⁵fu⁰uaŋ⁵¹lə⁰ma⁵⁵］

（三）

拉洋车的好买卖，［la⁵⁵iaŋ³⁵tʂʰɤ⁵⁵tə⁰xau³⁵mai²¹mɛ⁰］

大爷拉着大奶奶。[ta⁵¹ ie⁰ la⁵⁵ tʂə⁰ ta⁵¹ nai²¹ nɛ⁰]
大奶奶放一屁，[ta⁵¹ nai²¹ nɛ⁰ faŋ⁵¹ i³⁵ pʰi⁵¹]
崩出大爷二里地。[pəŋ⁵⁵ tʂʰu⁵⁵ ta⁵¹ ie⁰ ɚ⁵¹ li²¹ ti⁵¹]

（四）

猪八戒他妈会耍叉儿，[tʂu⁵⁵ pa³⁵ tɕie⁵¹ tʰa⁵⁵ ma⁵⁵ xuei⁵¹ ʂua²¹ tʂʰɐr⁵⁵]
洗脚水熬倭瓜。[ɕi³⁵ tɕiau³⁵ ʂuei²¹⁴ au³⁵ uo⁵⁵ kua⁰] 倭瓜：南瓜
干窝头，一嘴仁儿，[kan⁵⁵ uo⁵⁵ tʰour³⁵，i⁵¹ tsuei²¹ sɐr⁵⁵]
老咸菜，大把抓。[lau²¹ ɕian³⁵ tsʰai⁵¹，ta⁵¹ pa²¹ tʂua⁵⁵]

（自选条目发音人：刘星辰）

通 州

一 歌谣

（一）

初八十八是二十八，[tʂʰu⁵⁵ pa⁵⁵ ʂʅ³⁵ pa⁵⁵ ʂʅ⁵¹ ɚ⁵¹ ʂʅ³⁵ pa⁵⁵]
小大姐儿呀，[ɕiau²¹ ta⁵¹ tɕiər²¹⁴ ia⁰]
小二姐儿呀，[ɕiau²¹ ɚ⁵¹ tɕiər²¹⁴ ia⁰]
住上娘家。[tʂu⁵¹ ʂaŋ⁰ niaŋ³⁵ tɕia⁵⁵]
爹爹出来是扛包袱，[tie⁵⁵ tiə⁰ tʂʰu⁵⁵ lɛ⁰ ʂʅ⁵¹ kʰaŋ³⁵ pau⁵⁵ fu⁰]
妈妈呀出来呀抱被窝。[ma⁵⁵ ma⁰ ia⁰ tʂʰu⁵⁵ lɛ⁰ ia⁰ pau⁵³ pei⁵¹ uo⁵⁵]
哥哥出来是瞅一瞅，[kɤ⁵⁵ kə⁰ tʂʰu⁵⁵ lɛ⁰ ʂʅ⁵¹ tʂʰou²¹˙⁵¹ tʂʰou²¹⁴]
嫂子呀出来呀扭一扭。[sau²¹ tsʅ⁰ ia⁰ tʂʰu⁵⁵ lɛ⁰ ia⁰ niou²¹˙⁵¹ iou²¹⁴]
有我爹妈是来两趟，[iou³⁵ uo²¹ tie⁵⁵ ma⁵⁵ ʂʅ⁵¹ lai³⁵ liaŋ²¹ tʰaŋ⁵¹]
没有啊，爹妈呀，[mei³⁵ iou²¹ a⁰, tie⁵⁵ ma⁵⁵ ia²¹]
我不回头。[uo²¹ pu⁵¹ xuei³⁵ tʰou³⁵]
嘎吱嘎吱两溜沟儿，[ka⁵⁵ tʂʅ⁰ ka⁵⁵ tʂʅ⁰ liaŋ²¹ liou⁵¹ kour⁵⁵]
两溜沟儿踩到头儿。[liaŋ²¹ liou⁵¹ kou⁵⁵ ɚ³⁵ tsʰai²¹ tau⁵¹ tʰour³⁵]
[这一]边儿有多平啊，[tʂei⁵¹ piɐr⁵⁵ iou²¹ tuo⁵⁵ pʰiŋ³⁵ a⁰]
那边儿有多洼。[nei⁵¹ piɐr⁰ iou²¹ tuo⁵⁵ ua⁵¹]
哎，你猫腰儿，[ai⁵⁵, ni²¹ mau⁵⁵ iɑor⁵⁵] 猫腰儿：弯腰
我猫腰儿，[uo²¹ mau⁵⁵ iɑor⁵⁵]
猫猫腰儿，拉拽着。[mau⁵⁵ mau⁵⁵ iɑor⁵⁵, la⁵⁵ tʂuai⁵¹ tʂau⁰]

（二）

要吃糖咪我就糖豌豆，[iau⁵¹ tʂʰʅ⁵⁵ tʰaŋ³⁵ lɛ⁰ uo²¹ tɕiou⁵¹ tʰaŋ³⁵ uan⁵⁵ tou⁵¹]
红果儿哪做的那山楂糕。[xuŋ³⁵ kuor²¹⁴ na⁰ tsuo⁵¹ ti⁰ na⁵¹ ʂan⁵⁵ tʂa⁵⁵ kau⁵⁵] 红果儿：山楂

山楂糕喙我就红腾腾。［ʂan⁵⁵ tʂa⁵⁵ kau⁵⁵ lɛ⁰ uo²¹ tɕiou⁵¹ xuŋ³⁵ tʰəŋ⁵⁵ tʰəŋ⁵⁵］
糖豌豆喙你满上天星！［tʰaŋ³⁵ uan⁵⁵ tou⁵¹ lɛ⁰ ni²¹ man²¹ ʂaŋ⁵¹ tʰian⁵⁵ ɕiŋ⁵⁵］
哎，包着包儿的买，［ai⁵⁵，pau⁵⁵ tʂə⁰ pɑor⁵⁵ ti⁰ mai²¹⁴］
也包着包儿的售，［ie²¹ pau⁵⁵ tʂə⁰ pɑor⁵⁵ ti⁰ ʂou⁵¹］
老太太吃了拿上大包儿，［lau²¹ tʰai⁵¹ tʰai⁰ tʂʰʅ⁵⁵ lə⁰ na³⁵ ʂaŋ⁰ ta⁵¹ pɑor⁵⁵］
学生哪吃了会上体操。［ɕye³⁵ ʂəŋ⁵⁵ na⁵¹ tʂʰʅ⁵⁵ liau⁰ xuei⁵³ ʂaŋ⁵¹ tʰi²¹ tsʰau⁵⁵］

（三）

买的买，捎的捎，［mai²¹ ti⁰ mai²¹⁴，ʂau⁵⁵ ti⁰ ʂau⁵⁵］
卖好篦子的来到了。［mai⁵¹ xau²¹ pi⁵¹ tsʅ⁰ tə⁰ lai³⁵ tau⁵¹ liau²¹⁴］
一年来一趟，［i⁵¹ nian³⁵ lai³⁵ i³⁵ tʰaŋ⁵¹］
是二年来两遭。［ʂʅ⁵³ ɚ⁵¹ nian³⁵ lai³⁵ liaŋ²¹ tsau⁵⁵］
买我稀篦子刮虮子儿，［mai³⁵ uo²¹⁴ ɕi⁵⁵ pi⁵¹ tsʅ⁰ kua⁵⁵ ʂʅ⁵⁵ tsər⁰］
密篦子刮虮子儿，［mi⁵³ pi⁵¹ tsʅ⁰ kua⁵⁵ tɕi⁵⁵ tsər⁰］ 虮子：虱子的幼虫
不稀不密的刮油泥儿。［pu⁵¹ ɕi⁵⁵ pu³⁵ mi⁵¹ ti⁰ kua³⁵ iou³⁵ niər³⁵］
刮得大虱子呜儿哇叫，［kua⁵⁵ tə⁰ ta⁵¹ ʂʅ⁵⁵ tsʅ⁰ uər⁵⁵ ua⁵⁵ tɕiau⁵¹］
小虱子儿上了吊，［ɕiau²¹ ʂʅ⁵⁵ tsər⁰ ʂaŋ⁵¹ liau⁰ tiau⁵¹］
半大虱子说：［pan⁵³ ta⁵¹ ʂʅ⁵⁵ tsʅ⁰ ʂuo⁵⁵］
"不好了，不妙了，［pu⁵¹ xau²¹ liau⁰，pu³⁵ miau⁵¹ liau⁰］
卖好篦子的来到了。"［mai⁵¹ xau²¹ pi⁵¹ tsʅ⁰ tə⁰ lai³⁵ tau⁵¹ liau⁰］
买了哟！［mai²¹ lə⁰ iou⁵⁵］

（歌谣发音人：常富尧）

二　规定故事

牛郎和织女 ［niou³⁵ laŋ³⁵ xɣ³⁵ tʂʅ⁵⁵ ny²¹⁴］

古时候，［ku²¹ ʂʅ³⁵ xou⁰］
有这么一个小伙儿叫牛郎。［iou²¹ tʂɣ⁵¹ mə⁰ i³⁵ kə⁰ ɕiau³⁵ xuor²¹ tɕiau⁵¹ niou³⁵ laŋ³⁵］
这牛郎命真苦啊，［tʂɣ⁵¹ niou³⁵ laŋ³⁵ miŋ⁵¹ tʂən⁵⁵ kʰu²¹ a⁰］
爸妈死了，没办法，［pa⁵¹ ma⁵⁵ sʅ²¹ lə⁰，mei³⁵ pan⁵¹ fa²¹⁴］
他只好和哥哥嫂子过日子。［tʰa⁵⁵ tʂʅ³⁵ xau²¹⁴ xɣ³⁵ kɣ⁵⁵ kə⁰ sau²¹ tsʅ⁰ kuo⁵³ ʐʅ⁵¹ tsʅ⁰］
这哥嫂太歹毒了，［tʂɣ⁵¹ kɣ⁵⁵ sau²¹⁴ tʰai⁵¹ tai²¹ tu³⁵ lə⁰］

打他，骂他，［ta²¹tʰa⁵⁵，ma⁵¹tʰa⁵⁵］
最后，还把他轰出了家门儿，［tsuei⁵³xou⁵¹，xai³⁵pa²¹tʰa⁵⁵xuŋ⁵⁵tʂʰu⁵⁵lə⁰tɕia⁵⁵mər³⁵］
轰出家门儿的还有［xuŋ⁵⁵tʂʰu⁵⁵tɕia⁵⁵mər³⁵tə⁰xai³⁵iou²¹⁴］
［这一］头老牛。［tʂei⁵¹tʰou³⁵lau²¹niou³⁵］

［这一］老牛可不简单，［tʂei⁵¹lau²¹niou³⁵kʰɤ²¹pu⁵¹tɕian²¹tan⁵⁵］
它是天上的金牛星下界［tʰa⁵⁵ʂʅ⁵¹tʰian⁵⁵ʂaŋ⁰tə⁰tɕin⁵⁵niou³⁵ɕiŋ⁵⁵ɕia⁵³tɕie⁵¹］
贬到人间，摔到山坡上。［pian²¹tau⁵¹ʐən³⁵tɕian⁵⁵，ʂuai⁵⁵tau⁵¹ʂan⁵⁵pʰo⁵⁵ʂaŋ⁰］
是牛郎用青草喂它，［ʂʅ⁵¹niou³⁵laŋ³⁵yŋ⁵¹tɕʰiŋ⁵⁵tsʰau²¹uei⁵¹tʰa⁵⁵］
用花露水儿给它治病。［yŋ⁵¹xua⁵⁵lu⁵¹ʂuər²¹⁴kei²¹tʰa⁵⁵tʂʅ⁵³piŋ⁵¹］
老牛与牛郎相依为命。［lau²¹niou³⁵y²¹niou³⁵laŋ³⁵ɕiaŋ⁵⁵i⁵⁵uei³⁵miŋ⁵¹］

［这一］天，老牛突然说话了，［tʂei⁵¹tʰian⁵⁵，lau²¹niou³⁵tʰu⁵⁵ʐan³⁵ʂuo⁵⁵xua⁵¹lə⁰］
老牛说："牛郎啊，［lau²¹niou³⁵ʂuo⁵⁵：niou³⁵laŋ³⁵a⁰］
你想不想要媳妇儿啊？"［ni³⁵ɕiaŋ²¹pu⁵¹ɕiaŋ²¹iau⁵¹ɕi³⁵fər⁵¹a⁰］
牛郎心想：［niou³⁵laŋ³⁵ɕin⁵⁵ɕiaŋ²¹⁴］
谁不想要媳妇儿啊？可我……［ʂuei³⁵pu⁵¹ɕiaŋ²¹iau⁵¹ɕi³⁵fər⁰a⁰？kʰɤ³⁵uo²¹⁴］
老牛说："这样吧，［lau²¹niou³⁵ʂuo⁵⁵：tʂɤ⁵³iaŋ⁵¹pa⁰］
明天早上，［miŋ³⁵tʰian⁵⁵tsau²¹ʂaŋ⁰］
你到咱们湖边藏起来，［ni²¹tau⁵¹tsan³⁵mən⁰xu³⁵pian⁵⁵tsʰaŋ³⁵tɕʰi²¹lɛ⁰］
天上会有七个仙女儿下凡，［tʰian⁵⁵ʂaŋ⁰xuei⁵¹iou²¹⁴tɕʰi⁵⁵kə⁰ɕian⁵⁵nyər²¹⁴ɕia⁵¹fan³⁵］
到咱河里来洗澡，［tau⁵¹tsan³⁵xɤ³⁵li⁰lai³⁵ɕi³⁵tsau²¹⁴］
里边儿有一个穿粉红衣服的，［li²¹piər⁰iou²¹i³⁵kə⁰tʂʰuan⁵⁵fən²¹xuŋ³⁵i⁵⁵fu⁰tə⁰］
你要把那粉红衣裳藏起来，［ni²¹iau⁵¹pa⁵¹na⁵¹fən²¹xuŋ³⁵i⁵⁵ʂaŋ⁰tsʰaŋ³⁵tɕʰi²¹lɛ⁰］
这粉红衣裳，［tʂɤ⁵¹fən²¹xuŋ³⁵i⁵⁵ʂaŋ⁰］
穿粉红衣裳的人，［tʂʰuan⁵⁵fən²¹xuŋ³⁵i⁵⁵ʂaŋ⁰tə⁰ʐən³⁵］
就是你媳妇儿。"［tɕiou⁵³ʂʅ⁵¹ni²¹xi³⁵fər⁰］
"真的假的？"［tʂən⁵⁵tə⁰tɕia²¹⁴tə⁰］
牛郎，第二天早上，［niou³⁵laŋ³⁵，ti⁵³ɚ⁵¹tʰian⁵⁵tsau²¹ʂaŋ⁰］
牛郎，按照老牛的嘱咐，［niou³⁵laŋ³⁵，an⁵³tʂau⁵¹lau²¹niou³⁵tə⁰tʂu²¹fu⁰］
就来到湖边儿的草丛里［tɕiou⁵¹lai³⁵tau⁰xu³⁵piər⁵⁵tə⁰tsʰau²¹tsʰuŋ³⁵li⁰］
藏了起来。［tsʰaŋ³⁵lə⁰tɕʰi²¹lɛ⁰］
果然，天上七个仙女儿［kuo²¹ʐan³⁵，tʰian⁵⁵ʂaŋ⁰tɕʰi⁵⁵kə⁰ɕian⁵⁵nyər²¹］

飘飘地下来河边，［pʰiau⁵⁵ pʰiau⁵⁵ ti⁰ ɕia⁵¹ lɛ⁰ xɤ³⁵ piɑn⁵⁵］

她们打着、闹着，［tʰa⁵⁵ mən⁰ ta²¹ tʂau⁰ nau⁵¹ tʂau⁰］

她们打闹着、嬉笑着，［tʰa⁵⁵ mən⁰ ta²¹ nau⁵¹ tʂau⁰ ɕi⁵⁵ ɕiau⁵¹ tʂau⁰］

脱下衣服，［tʰuo⁵⁵ ɕia⁰ i⁵⁵ fu⁰］

跳进湖里洗澡。［tʰiau⁵¹ tɕin⁰ xu³⁵ li⁰ ɕi³⁵ tsau²¹⁴］

牛郎趁此机会，［niou³⁵ laŋ³⁵ tʂʰən⁵¹ tsʰɿ²¹ tɕi⁵⁵ xuei⁰］

悄悄地走到前边儿，［tɕʰiau⁵⁵ tɕʰiau⁵⁵ ti⁰ tsou²¹ tau⁵¹ tɕʰian³⁵ piɐr⁵⁵］

把那粉红衣服藏起来。［pa²¹ nə⁵¹ fən²¹ xuŋ³⁵ i⁵⁵ fu⁰ tsʰaŋ³⁵ tɕʰi²¹ lɛ⁰］

洗完，打闹一会儿后，［ɕi²¹ uan³⁵, ta²¹ nau⁵¹ i⁵¹ xuər²¹ xou⁵¹］

姑娘们说："哎呀，［ku⁵⁵ niaŋ⁰ mən⁰ ʂuo⁰ : ai⁵⁵ ia⁰］

这可不能让爷爷［tʂɤ⁵¹ kʰɤ²¹ pu⁵¹ nəŋ³⁵ ʐaŋ⁵¹ ie³⁵ iə⁰］

玉皇大帝知道了，［y⁵¹ xuaŋ³⁵ ta⁵³ ti⁵¹ tʂɿ⁵⁵ tau⁰ lə⁰］

他们要知道了，［tʰa⁵⁵ mən⁰ iau⁵¹ tʂɿ⁵⁵ tau⁰ lə⁰］

那可不得了，［na⁵¹ kʰɤ²¹ pu⁵¹ tɤ³⁵ liau²¹⁴］

咱们赶紧回去吧！"［tsan³⁵ mən⁰ kan³⁵ tɕin²¹ xuei³⁵ tɕʰy⁵¹ pa⁰］

那六个姐妹，［na⁵³ liou⁵¹ kə⁰ tɕie²¹ mei⁵¹］

慌慌张张地穿上［xuaŋ⁵⁵ xuaŋ⁰ tʂaŋ⁵⁵ tʂaŋ⁰ tə⁰ tʂʰuan⁵⁵ ʂaŋ⁰］

衣服腾空而去，［i⁵⁵ fu⁰ tʰəŋ³⁵ kʰuŋ⁵⁵ ɚ³⁵ tɕʰy⁵¹］

只剩下七仙女儿［tʂɿ²¹ ʂəŋ⁵¹ ɕia⁰ tɕʰi⁵⁵ ɕian⁵⁵ nyər²¹⁴］

在底下乱找衣服，［tsai⁵¹ ti²¹ ɕia⁰ luan⁵¹ tʂau²¹ i⁵⁵ fu⁰］

"我的衣服到哪儿去了呢？"［uo²¹ tə⁰ i⁵⁵ fu⁰ tau⁵¹ nɐr²¹ tɕʰy⁵¹ lə⁰ nə⁰］

这时，牛郎钻了出来，［tʂɤ⁵¹ ʂɿ³⁵, niou³⁵ laŋ³⁵ tsuan⁵⁵ lə⁰ tʂʰu⁵⁵ lɛ⁰］

说："［这一］就是你的衣服。"［ʂuo⁵⁵ : tʂei⁵³ tɕiou⁵³ ʂɿ⁵¹ ni²¹ tə⁰ i⁵⁵ fu⁰］

织女见［这一］小伙儿挺憨厚，［tʂɿ⁵⁵ ny²¹ tɕian⁵¹ tʂei⁵¹ ɕiau³⁵ xuor²¹⁴ tʰiŋ²¹ xan⁵⁵ xou⁵¹］

心想："天上有什么好的，［ɕin⁵⁵ ɕiaŋ²¹⁴ : tʰian⁵⁵ ʂaŋ⁰ iou²¹ ʂən³⁵ mə⁰ xau²¹ tə⁰］

我还不如在人间［uo²¹ xai³⁵ pu⁵¹ ʐu⁵¹ tsai⁵¹ ʐən³⁵ tɕian⁵⁵］

踏踏实实地过些日子。"［tʰa⁵⁵ tʰa⁰ ʂɿ³⁵ ʂɿ³⁵ tə⁰ kuo⁵¹ ɕie⁵⁵ ʐɿ⁵¹ tsɿ⁰］

她就和牛郎一起进村，［tʰa⁵⁵ tɕiou⁵¹ xɤ³⁵ niou³⁵ laŋ³⁵ i⁵¹ tɕʰi²¹ tɕin⁵¹ tsʰuən⁵⁵］

他们结了婚。［tʰa⁵⁵ mən⁰ tɕie⁵⁵ lə⁰ xuən⁵⁵］

从那以后，［tsʰuŋ³⁵ na⁵¹ i²¹ xou⁵¹］

牛郎和老牛耕地，［niou³⁵ laŋ³⁵ xɤ³⁵ lau²¹ niou³⁵ kəŋ⁵⁵ ti⁵¹］

七仙女儿呢织布。[tɕʰi⁵⁵ɕian⁵⁵nyɚr²¹nei⁰tʂʅ⁵⁵pu⁵¹]
七仙女儿织布不单自己用，[tɕʰi⁵⁵ɕian⁵⁵nyɚr²¹tʂʅ⁵⁵pu⁵¹pu⁵¹tan⁵⁵tsʅ⁵¹tɕi²¹yŋ⁵¹]
还把好多的布分发给乡亲们，[xai³⁵pa³⁵xau²¹tuo⁵⁵tə⁰pu⁵¹fən⁵⁵fa⁵⁵kei²¹ɕiaŋ⁵⁵tɕʰin⁰mən⁰]
乡亲们都称她为"织女"。[ɕiaŋ⁵⁵tɕʰin⁰mən⁰tou⁵⁵tʂʰəŋ⁵⁵tʰa⁵⁵uei³⁵tʂʅ⁵⁵ny²¹⁴]
转眼三年过去了，[tʂuan³⁵ian²¹san⁵⁵nian³⁵kuo⁵¹tɕʰy⁰lə⁰]
他们有了两个孩子，[tʰa⁵⁵mən⁰iou²¹lə⁰liaŋ²¹kə⁰xai³⁵tsʅ⁰]
一个男孩儿，一个女孩儿，[i³⁵kə⁰nan³⁵xɚr³⁵, i³⁵kə⁰ny²¹xɚr³⁵]
一家人其乐融融。[i⁵¹tɕia⁵⁵ʐən³⁵tɕʰi³⁵lə⁵¹ʐuŋ³⁵ʐuŋ³⁵]

[这一]事儿让玉皇大帝知道了，[tʂei⁵³ʂɚr⁵¹ʐaŋ⁵³y⁵¹xuaŋ³⁵ta⁵³ti⁵¹tʂʅ⁵⁵tau⁵¹lə⁰]
玉皇大帝大怒：[y⁵¹xuaŋ³⁵ta⁵³ti⁵¹ta⁵³nu⁵¹]
"这还了得！你们赶快！"[tʂɤ⁵¹xai³⁵liau²¹tə⁰, ni²¹mən⁰kan²¹kʰuai⁰]
命令众神：[miŋ⁵³liŋ⁵¹tʂuŋ⁵¹ʂən³⁵]
"赶紧把织女给我抓回来！"[kan³⁵tɕin²¹⁴pa²¹tʂʅ⁵⁵ny²¹⁴kei³⁵uo²¹tʂua⁵⁵xuei³⁵lɛ⁰]

[这一]天，牛郎和织女[tʂei⁵¹tʰian⁵⁵, niou³⁵laŋ³⁵xɤ³⁵tʂʅ⁵⁵ny²¹⁴]
正在逗孩子嬉笑，[tʂən⁵¹tsai⁰tou⁵¹xai³⁵tsʅ⁰ɕi⁵⁵ɕiau⁵¹]
突然，一阵狂风大作，[tʰu⁵⁵ʐan³⁵, i³⁵tʂən⁵¹kʰuaŋ³⁵fəŋ⁵⁵ta⁵³tsuo⁵¹]
织女一下子飞到了天上。[tʂʅ⁵⁵ny²¹i³⁵ɕia⁵¹tsʅ⁰fei⁵⁵tau⁰lə⁰tʰian⁵⁵ʂaŋ⁰]
牛郎顿时傻了，[niou³⁵laŋ³⁵tuən⁵¹ʂʅ³⁵ʂa²¹lə⁰]
急得团团转。[tɕi³⁵tə⁰tʰuan³⁵tʰuan³⁵tʂuan⁵¹]
老牛说话了，老牛说：[lau²¹niou³⁵ʂuo⁵⁵xua⁵¹lə⁰, lau²¹niou³⁵ʂuo⁵⁵]
"我就要死了，我死了以后，[uo²¹tɕiou⁵³iau⁵¹sʅ²¹lə⁰, uo³⁵sʅ²¹lə⁰i²¹xou⁵¹]
你要把我的蹄子做成箩筐，[ni²¹iau⁵¹pa⁵⁵uo²¹tə⁰tʰi³⁵tsʅ⁰tsuo⁵¹tʂʰəŋ³⁵luo³⁵kʰuaŋ⁵⁵]
把我的皮剥下来，披在身上，[pa³⁵uo²¹tə⁰pʰi³⁵po⁵⁵ɕia⁵¹lɛ⁰, pʰei⁵⁵tsai⁵⁵ʂən⁵⁵ʂaŋ⁰]
你就能追上织女了。"[ni²¹niou⁵¹nəŋ³⁵tʂuei⁵⁵ʂaŋ⁰tʂʅ⁵⁵ny²¹lə⁰]
老牛死了，[lau²¹niou³⁵sʅ²¹lə⁰]
它的蹄子自然脱了下来，[tʰa⁵⁵tə⁰tʰi³⁵tsʅ⁰tsʅ⁵¹ʐan³⁵tʰuo⁵⁵lə⁰ɕia⁵¹lɛ⁰]
牛皮也脱了下来，[niou³⁵pʰi³⁵ie⁵⁵tʰuo⁵⁵lə⁰ɕia⁵¹lɛ⁰]
牛郎，将箩筐安置好，[niou³⁵laŋ³⁵, tɕiaŋ⁵⁵luo³⁵kʰuaŋ⁵⁵an⁵⁵tʂʅ⁰xau²¹⁴]
将把孩子，[tɕiaŋ⁵⁵pa²¹xai³⁵tsʅ⁰]
两个孩子放在了箩筐里，[liaŋ²¹kə⁰xai³⁵tsʅ⁰faŋ⁵¹tsai⁰lə⁰luo³⁵kʰuaŋ⁵⁵li⁰]
自己披上牛皮。[tsʅ⁵¹tɕi²¹pʰei⁵⁵ʂaŋ⁰niou³⁵pʰi³⁵]

突然，一阵清风腾空而起，[tʰu⁵⁵ʐan³⁵, i³⁵tʂən⁵¹tɕʰiŋ⁵⁵fəŋ⁵⁵tʰəŋ³⁵kʰuŋ⁵⁵ɚ³⁵tɕʰi²¹⁴]

牛郎在天上飞了起来，[niou³⁵laŋ³⁵tsai⁵¹tʰian⁵⁵ʂaŋ⁰fei⁵⁵lə⁰tɕʰi²¹lɛ⁰]

他们追赶着织女，追啊追啊，[tʰa⁵⁵mən⁰tʂuei⁵⁵kan²¹tʂau⁰tʂʅ⁵⁵ny²¹⁴, tʂuei⁵⁵a⁰tʂuei⁵⁵a⁰]

眼看就要追近了，[ian²¹kʰan⁵¹tɕiou⁵³iau⁵¹tʂuei⁵⁵tɕin⁵¹lə⁰]

王母娘娘发现了，[uaŋ³⁵mu²¹niaŋ³⁵niaŋ⁰fa⁵⁵ɕian⁵¹lə⁰]

她掏出，她拔下头上的金簪，[tʰa⁵⁵tʰau⁵⁵tʂʰu⁵⁵, tʰa⁵⁵pa⁵⁵ɕia⁰tʰou³⁵ʂaŋ⁰tə⁰tɕin⁵⁵tʂan⁵⁵]

划了一条河，[xua³⁵lə⁰i⁵¹tʰiau³⁵xɤ³⁵]

[这一]条河汹涌澎湃，叫银河。[tʂei⁵¹tʰiau³⁵xɤ³⁵ɕyŋ⁵⁵yŋ²¹pʰəŋ³⁵pʰai⁵¹, tɕiau⁵¹in³⁵xɤ³⁵]

从此牛郎和织女 [tsʰuŋ³⁵tsʰʅ²¹⁴niou³⁵laŋ³⁵xɤ³⁵tʂʅ⁵⁵ny²¹⁴]

只能隔河相望。[tʂʅ²¹nəŋ³⁵kɤ⁵⁵xɤ³⁵ɕiaŋ⁵⁵uaŋ⁵¹]

喜鹊呢，对他们很是同情，[ɕi²¹tɕʰye⁵¹nə⁰, tuei⁵¹tʰa⁵⁵mən⁰xən²¹ʂʅ⁵¹tʰuŋ³⁵tɕʰiŋ⁰]

就成群结队地跑了过来，[tɕiou⁵¹tʂʰəŋ³⁵tɕʰyn³⁵tɕie³⁵tuei⁵¹ti⁰pʰau²¹lə⁰kuo⁵¹lɛ⁰]

它们头牵着尾，尾夹着头，[tʰa⁵⁵mən⁵⁵tʰou³⁵tɕʰian⁵⁵tʂə⁰uei²¹⁴, uei²¹tɕia⁵⁵tʂə⁰tʰou³⁵]

搭起了一座鹊桥。[ta⁵⁵tɕʰi²¹lə⁰i³⁵tsuo⁵¹tɕʰye⁵¹tɕʰiau³⁵]

王母娘娘也无可奈何，[uaŋ³⁵mu²¹niaŋ³⁵niaŋ⁰ie²¹u³⁵kʰɤ²¹nai⁵¹xɤ³⁵]

只好让他们一年，[tʂʅ³⁵xau²¹ʐaŋ⁵¹ta⁵⁵mən⁰i⁵¹nian³⁵]

在鹊桥上见了一面。[tsai⁵³tɕye⁵¹tɕʰiau³⁵ʂaŋ⁰tɕian⁵¹lə⁰i³⁵mian⁵¹]

（发音人：郑建山）

三 其他故事

（一）铜帮铁底大运河

今天哪，我给大家讲个故事，这个故事的名字叫铜帮铁底大运河。

相传，很久以前，通州城内有个郭姓人家，这两口子结婚四十年总不生养，到了六十岁那年，突然生了一个胖小子，这小孩子又白又胖，但是有一样不好，他屁股那儿长了一根儿肉，长了一根儿尾巴。这老两口儿，全家虽然高兴，但是又很丧兴。

但是，这个这孩子非常聪明，一岁会叫妈，三岁会画画。长大以后，大家给他起名叫郭灵。郭灵长大以后就考中了状元，当上了朝廷的大官儿，就负责挖运河。他带着民工啊，没日没夜地苦干。挖着挖着，就到了北海。假如到北海相通了，挖到了北海，这河就算挖通了。

这一天，他们挖到一个地方。这个地方飞沙走石，怎么挖怎么陷，挖一下儿，哗，人就全都陷了进去。郭灵很是着急啊，这可怎么办？他就围着那大坑团团转。大坑旁边儿呢有一个卖茶的老奶奶。老奶奶看他转着呢，就觉得很奇怪，转什么呢？后来明白了他是朝廷的大官儿，正发愁挖运河的事儿呢。

老奶奶说："你呀，着什么急啊。我告诉你，我们这儿，祖祖辈辈有个说法，这头儿底下有煞龙，你要想战胜煞龙，必须人变龙。"

"人变龙？怎么变啊？"

"我告诉你吧，你往前走三里，那儿有一个成龙观，那成龙观里，老观主那里有成龙药，你拿出那个成龙药，就可以变龙了。"

哎呀，郭灵似信非信，但是又没办法，他只好穿过小树林儿，往前边儿走了三里地，果然前边儿有个观，有个成龙观。这时候，他就敲敲门，吱扭一声儿，小童儿开门了，说来者可是郭大人？郭灵就奇怪了，哎，我没说到他这儿来，他怎么知道我是郭大人哪。他又不便多问。就说我家观主有请。郭灵就进了，进去就见了那个观主了，那个观主头发须白啊，就跟郭灵就说："你是不是拿成龙药来了？"郭灵就跟他说，把这事情原原本本说一遍。

老观主说："我这个成龙药可不简单啊，我这个成龙药是我们祖辈啊，是我们上祖的时候流传下来的，很多年没人儿动它了，它里边老沙沙作响，现在我想，可能是它该出世的时候啦。"说着，就让小道童儿从那个房梁上解下了那个小葫芦儿，从小葫芦儿里弄出两个药丸儿，一个红的，一个白的，红的上写着"龙变人"，白的上写着"人变龙"。郭灵明白了，大喜。

郭灵回来以后，感谢老奶奶，并对老奶奶说："我这颗药丸儿给你"，拿着红药丸儿给老奶奶，说，"我这个药丸儿给你，你呢，见着一个巨龙，要见着这药千万别给它，你要见着一条白龙，那就是我，你就把药投给我。"老太太答应了。

这时，郭灵吃下那颗药丸儿，迅速地向大坑跑去，只见滋溜变成一条小白龙，滋溜一下子钻到了大沟里，这大沟里就闹腾开了，哗！哗！只见黑天蔽日，黑浪滔天，满天都是黑云，大水四处都漫了起来，冲塌了老奶奶的茶摊儿，老奶奶呢，吓得赶紧躲在草棵儿里。

过了好一会儿，风停了，雨住了，太阳也出来了，老奶奶呢，也从草棵儿里爬出来了。这时，她就看见一条龙在这儿呼哧呼哧地喘气呀，这老奶奶也顾不得别的了，就赶紧把那个药丸儿，递给，投在那个龙的嘴里。

哎呀，非常恼火，这老奶奶呀把这药丸儿投错了，那药丸儿是煞龙。那煞龙立刻变成一个壮汉，趔了歪斜地就往前边儿走去。这时，小白龙急了，蹭地跳了出来，它一口把煞龙吞了进去，顿时，它的鳞甲飞了起来，飞到两边的河帮上，变成了铜帮，它的身体躺了下来，变成了河底，因此，这个河就叫铜帮铁底大运河。

（发音人：郑建山）

（二）小时候的故事

我们家儿呢，住在这么一个很偏的小村儿，这个村儿是西集的交邻，离河北省很近，就隔一条河，非常偏僻，四周都是水，东边有东坑，西边有西坑，南坑，后边还有一条河，叫后头河，所以这整个水围着我们庄儿四处流。

这一天哪，我们家儿吃烙盒子，我妈就对我说啊，你们可千万别洗澡去，你要洗澡的话，你要是淹死喽，你上哪儿吃，你也见不着妈了，你也吃不到烙盒子了。当时我也没注意，就带着我的兄弟吧，就直接奔东坑，那边儿玩儿，打水仗，各方面瞎玩儿。瞎玩儿瞎玩儿的，那天水大，一不留神，我弟弟就顺着东坑边儿上趴溜就趴溜下去了。这下子热闹了，这一趴溜下去呢，他就没影儿了，就冒泡儿。这时候，这全村儿可就炸了，大伙儿围着这坑啊团团转。这时，有一个小伙子下去了，到那儿，"欻欻"游，"欻欻"地游到我弟弟的跟前儿吧，没想到，他刚要抓我弟弟，让我弟弟一摁脑袋摁下去了，他也不行了。第二个上去那个，更了不得了，第二个上去的他从后边儿上去，这一上去，让我弟弟给抓住腿了，一下子给抻进去了。这时候，摆船儿的也过来了，摆船儿的怎么摆怎么救，怎么救也救不了。就在这关键时刻呀，有一个人叫杨锅底，这人哪非常棒，他也是一个使船儿的，他呢就把我弟弟用那桨，把我弟弟，让我弟弟呢抓住桨，这样儿呢把我弟弟拽上来了。拽上以后，我也没办法呀。他就在岸边儿给控着水，我呢，我呢也不敢回家，回家也没法儿交代。就在这时候儿，我大爷过来了，我大爷"呱呱"给我两个嘴巴，回头就把我弟弟带家儿去了。这个对我印象非常深。从那以后，家里就不让我洗澡了。怎么办呢？那也想洗啊，农村孩子玩儿呢。家里一般的情况就画个道儿，在你的腿上给你画个道儿，你那要是没有道儿了，到家就挨打。

当时吧，水到什么份儿上呢，我们村儿那道儿上有鱼，水非常深。我们庄上有两个人，在那儿搬鱼。我当时啊就想到后头河，我们有条河叫后头河，其实就是一条水沟。我想上那儿去洗澡去。我就从我们庄儿出去了，我就走啊走啊，到我们庄，刚到新坟，到了我们庄新坟那儿以后，正碰上我们村儿有个人叫杨德树，他呢过来了。当时我走的时候水已经到胸前了，周围都还游着呢。当时我就八岁。当时，当时杨德树就说了，你他妈干什么去？我说洗澡去。还他妈洗澡去，"咣咣"就给我俩嘴巴，就回来了。晚上，我刚坐这儿吃饭，杨德树就说：

哎，就这孩子你们还管他饭吃，这家伙，到后头河洗澡去了，这要一冲，就得冲到天津卫去。

我还有一个小伙伴儿叫德山，我们爱到北运河洗澡，在北运河洗澡呢，这孩子挺有意思的。在北运河洗澡的话，洗了半天儿，我们上岸的时候，突然裤子没了，这杨德山的裤子没有了。裤子没了，怎么回去呢？我们俩呀就想了一办法，就是，我穿着那个什么，背心儿，套上，在前面探路，探探走走的，见没有人儿，他光屁股就跑，跑到另一个青纱帐里。就这样儿啊，就钻着棒子地，钻了五六个棒子地，我在前边儿探路，他呢在后边儿跑。因为我们上岸的时候就剩下一个背心儿了，所以到家以后啊，就等于是夜里光着屁股回家的。

我呢，说实话我有两个经历特别让我感动的。

第一个，是咱们，是我上五年级的时候，当时吧，当时也有合作医疗，当时有个大夫特别棒。当时毛主席有一个指示，好像是医疗队下乡去。我有一种病啊，就是咱们平常说的小肠儿串气，就那病。其实那个病啊，上了很多地方去，也都说当时孩子太小，没办法。有一天我刚放学，就见一个汉子就带着我，就一下儿说你是谁谁不。我说是。走吧，走吧，跟我走。他就把我带到他自行车上，他就骑车，带着我们到我们村儿的后寨府，到了后寨府村儿以后，这一下子就把我搁在手术床上了，就给我做手术。其实我们家都不知道呢。三天后就做完手术了，做完手术给我们拿的药，给我们弄得非常好。最后我这病就是这么治好的。所以，要是说，那个时代，说实话，那个时代还真没有丢孩子的。哎，那个时代也有它闪光的地方。

我的三弟也是有病，他呢是败血症。败血症呢，也是我们庄儿一个，也住我们村儿里的一个大夫，他是结核医院的，到我们庄儿以后，他就得病，背后啊长这个大包，出脓。出脓以后，就说这孩子不行，这孩子得上医院。医院呢，我们当时啊，我妈，当时我们孩子都小，我妈呢让我们庄儿的杨德华带着我妈，我们就上了我们县的结核医院，就是咱们那个大夫姓周，他那个医院。到了以后，人家大夫一检查。当时吧，贴满了大字报，因为当时正是"文革"时期啊。贴满了大字报，大字报怎么呢，我弟弟去，就是把我弟弟架着，就是在道路上，那纸特别多，跟掀帘子似的，得掀着那么走。这时我弟弟不干了，他不知道怎么回事儿，他疼，他就怕上医院了。他嚷嚷，是穿白大褂儿的都是我儿子，是穿白大褂儿的都是我儿子！他骂人家。我妈就跟人家道歉，哎哟，你们别跟他一般见识，你们别跟他一般见识，他骂我呢。哎，没事儿，小孩儿，小孩儿这个都这样。我弟弟就在那儿住院了。住院以后呢，就是家里也没人儿啊，那也没有钱哪。没钱你先住着。这个医院的大夫就说，您看您是不是转院哪？我妈说您转哪儿啊？说这孩子是败血症,在我们这儿治不合适,我们这儿是结核病,容易传染,结核病呢它容易传染。我妈就急了,我妈说你们这儿治不了,我也上不了别处去啊。那医生说,这样吧,您就在我们这儿治吧,不碍事儿,您就在我们这儿治吧。回头我弟弟呢就是在结核病院治的,治了以后,打针吃药,哎,真给瞧好了。瞧好以后也没有钱哪,没有钱,当时人家那医院特别好,说您哪,能有多少钱您就拿多少钱。我妈说,我没有钱,就三十块钱。那您把三十块钱搁这儿。就把我弟弟出院了。从那以后,我弟弟回村儿里以后,每年这个医院都给我弟弟寄药,年儿年儿寄,那个搁人家医院是一百八十块,但是呢人家从来没提过,就是年儿年儿寄,年儿年儿寄,一直到我参加工作,七七年。

(摘自老男话语讲述,发音人:郑建山)

大 兴

一 歌谣

(一)

拉大锯，扯大锯。[la⁵⁵ ta⁵³ tɕy⁵¹，tʂʰɤ²¹ ta⁵³ tɕy⁵¹]
姥姥家门口唱大戏，[lau²¹ lau⁰ tɕia⁰ mən³⁵ kʰou²¹ tʂʰaŋ⁵³ ta⁵³ ɕi⁵¹]
接你来，你不去，[tɕie⁵⁵ ȵi²¹ lai³⁵，ȵi²¹ pu³⁵ tɕʰy⁵¹]
人家走了又生气。[ʐən³⁵ tɕia⁰ tsou²¹ lə⁰ iou⁵¹ ʂəŋ⁵⁵ tɕʰi⁵¹]

(二)

小耗子儿，上灯台。[ɕiau²¹ xau⁵¹ tsər⁰，ʂaŋ⁵¹ təŋ⁵⁵ tʰai³⁵]
偷油吃，下不来。[tʰou⁵⁵ iou³⁵ tʂʰʅ⁵⁵，ɕia⁵¹ pu⁰ lai³⁵]
老奶奶，抱猫来，[lau³⁵ nai²¹ nai⁰，pau⁵¹ mau⁵⁵ lai⁰]
把个耗子吓死了！[pa²¹ kə⁰ xau⁵¹ tsɿ⁰ ɕia⁵¹ sɿ²¹ lə⁰]

(三)

点点，点牛眼，[tian³⁵ tian²¹⁴，tian²¹ ȵiou³⁵ ian²¹⁴]
牛眼花，弹棉花，[ȵiou³⁵ ian²¹ xua⁵⁵，tʰan³⁵ mian³⁵ xua⁵⁵]
棉花儿苦，卖豆腐，[mian³⁵ xuɐr⁵⁵ kʰu²¹⁴，mai⁵³ tou⁵¹ fu⁰]
豆腐烂，摊鸡蛋，[tou⁵¹ fu⁰ lan⁵¹，tʰan⁵⁵ tɕi⁵⁵ tan⁵¹]
鸡蛋没有黄儿，[tɕi⁵⁵ tan⁵¹ mei³⁵ iou²¹ xuãr³⁵]
专打你老娘儿！[tʂuan⁵⁵ ta²¹ ȵi³⁵ lau²¹ ȵiãr³⁵]

(四)

房前屋后，[faŋ³⁵ tɕʰian³⁵ u⁵⁵ xou⁵¹]
种瓜点豆，[tʂuŋ⁵¹ kua⁵⁵ tian²¹ tou⁵¹]

种瓜儿得瓜儿，［tʂuŋ⁵¹kuɐr⁵⁵tɤ³⁵kuɐr⁵⁵］

种豆得豆。［tʂuŋ⁵¹tou⁵¹tɤ³⁵tou⁵¹］

（歌谣发音人：孙英才）

二 规定故事

牛郎和织女 ［ȵiou³⁵laŋ³⁵xɤ³⁵tʂʅ⁵⁵ȵy²¹⁴］

今天，我给大家讲［tɕin⁵⁵tʰian⁵⁵, uo³⁵kei²¹ta⁵¹tɕia⁵⁵tɕiaŋ²¹］

一个牛郎织女的故事。［i³⁵kə⁰ȵiou³⁵laŋ³⁵tʂʅ⁵⁵ȵy²¹tə⁰ku⁵¹ʂʅ⁰］

在很早很早以前，［tsai⁵¹xən³⁵tsau²¹xən³⁵tsau²¹i²¹tɕʰian³⁵］

有这么一个小伙子，［iou²¹tʂɤ⁵¹mə⁰i³⁵kə⁰ɕiau³⁵xuo²¹tsʅ⁰］

生活在农村，［ʂəŋ⁵⁵xuo³⁵tsai⁵¹nuŋ³⁵tsʰuən⁵⁵］

和父母亲相依为命。［xɤ³⁵fu⁵¹mu²¹tɕʰin⁵⁵ɕiaŋ⁵⁵i⁵⁵uei³⁵miŋ⁵¹］

后来父母亲年岁大了，［xou⁵¹lai³⁵fu⁵¹mu²¹tɕʰin⁵⁵ȵian³⁵suei⁵¹ta⁵¹lə⁰］

都去世了，［tou⁵⁵tɕʰy⁵³ʂʅ⁵¹lə⁰］

家里还剩下一头老牛，［tɕia⁵⁵li⁰xai³⁵ʂəŋ⁵¹ɕia⁰i⁵¹tʰou³⁵lau²¹ȵiou³⁵］

他就和［这一］个，［tʰa⁵⁵tɕiou⁵¹xɤ³⁵tʂei⁵¹kə⁰］

［这一］头老牛共同生活。［tʂei⁵¹tʰou³⁵lau²¹ȵiou³⁵kuŋ⁵¹tʰuŋ³⁵ʂəŋ⁵⁵xuo³⁵］

跟老牛呢，每天在一块儿，［kən⁵⁵lau²¹ȵiou³⁵nə⁰, mei²¹tʰian⁵⁵tsai⁵¹i³⁵kʰuɐr⁵¹］

田里边儿耕作，［tʰian³⁵li²¹piɐr⁰kən⁵⁵tsuo⁵¹］

到晚上把老牛牵回来，［tau⁵¹uan²¹ʂaŋ⁰pa³⁵lau²¹ȵiou³⁵tɕʰian⁵⁵xuei³⁵lai⁰］

精心地喂养。［tɕin⁵⁵ɕin⁵⁵tə⁰uei⁵¹iaŋ²¹⁴］

跟［这一］个老牛呢，［kən⁵⁵tʂei⁵¹kə⁰lau²¹ȵiou³⁵nə⁰］

就是，时间长了，［tɕiou⁵¹ʂʅ⁰, ʂʅ³⁵tɕian⁵⁵tʂʰaŋ³⁵lə⁰］

就有了很深的感情。［tɕiou⁵¹iou²¹lə⁰xən²¹ʂən⁵⁵tə⁰kan²¹tɕʰiŋ³⁵］

［这一］个老牛呢，［tʂei⁵¹kə⁰lau²¹ȵiou³⁵nə⁰］

也是想着报答［这一］个孩子。［ie²¹ʂʅ⁵¹ɕiaŋ²¹tʂə⁰pau⁵¹ta³⁵tʂei⁵¹kə⁰xai³⁵tsʅ⁰］

［这一］个小伙子呢，［tʂei⁵¹kə⁰ɕiau³⁵xuo²¹tsʅ⁰nə⁰］

因为每天跟着牛生活在一起，［in⁵⁵uei³⁵mei²¹tʰian⁵⁵kən⁵⁵tʂə⁰ȵiou³⁵ʂəŋ⁵⁵xuo³⁵tsai⁵¹i⁵¹tɕʰi²¹⁴］

所以村民呀，［suo³⁵i²¹tsʰuən⁵⁵min³⁵ia⁰］

都习惯管他叫牛郎。［tou⁵⁵ɕi³⁵kuan⁵¹kuan²¹tʰa⁵⁵tɕiau⁵¹ȵiou³⁵laŋ³⁵］

这个老牛啊这一天　[tʂɤ⁵¹kə⁰lau²¹ȵiou³⁵a⁰tʂɤ⁵³i⁵¹tʰian⁵⁵]
托了一个梦，　[tʰuo⁵⁵lə⁰i³⁵kə⁰məŋ⁵¹]
给[这一]个牛郎，想给他，　[kei²¹tʂei⁵¹kə⁰ȵiou³⁵laŋ³⁵，ɕiaŋ³⁵kei²¹tʰa⁵⁵]
[这一]个，找个媳妇儿，　[tʂei⁵¹kə⁰，tʂau²¹kə⁰ɕi³⁵fɚ⁵¹]
将来生儿育女，　[tɕiaŋ⁵⁵lai³⁵ʂəŋ⁵⁵ɚ³⁵y⁵¹ȵy²¹⁴]
一家子过日子，　[i⁵¹tɕia⁵⁵tsɿ⁰kuo⁵³ʐʅ⁵¹tsɿ⁰]
这样[这一]个，牛郎托[这一]梦　[tʂɤ⁵¹iaŋ⁰tʂei⁵¹kə⁰，ȵiou³⁵laŋ³⁵tʰuo⁵⁵tʂei⁵¹məŋ⁵¹]
就是，过这么三天以后，　[tɕiou⁵¹ʂʅ⁰，kuo⁵³tʂɤ⁵¹mə⁰san⁵⁵tʰian⁵⁵i²¹xou⁵¹]
天上，会下来七个仙女儿，　[tʰian⁵⁵ʂaŋ⁰，xuei⁵³ɕia⁵¹lai⁰tɕʰi⁵⁵kə⁰ɕian⁵⁵ȵyɚr²¹⁴]
到他们村东，　[tau⁵¹tʰa⁵⁵mən⁰tsʰuən⁵⁵tuŋ⁵⁵]
山边儿有一个小湖儿，　[ʂan⁵⁵piɐr⁵⁵iou²¹i³⁵kə⁰ɕiau²¹xur³⁵]
在那儿去洗澡。[tsai⁵³nɐr⁵¹tɕʰy⁵¹ɕi³⁵tsau²¹⁴]
然后告诉牛郎呢：[ʐan³⁵xou⁵¹kau⁵¹su⁰ȵiou³⁵laŋ³⁵nə⁰]
"在[这一]个时候，　[tsai⁵³tʂei⁵¹kə⁰ʂʅ³⁵xou⁰]
你要去，到[那一]个湖边儿，　[ȵi²¹iau⁵³tɕʰy⁵¹，tau⁵³nei⁵¹kə⁰xu³⁵piɐr⁵⁵]
看到[这一]帮仙女儿，　[kʰan⁵¹tau⁰tʂei⁵¹paŋ⁵⁵ɕian⁵⁵ȵyɚr²¹]
在水里边儿洗澡的时候，　[tsai⁵¹ʂuei³⁵li²¹piɐr⁵⁵ɕi³⁵tsau²¹tə⁰ʂʅ³⁵xou⁰]
你到[那一]个树上边儿，　[ȵi²¹tau⁵³nei⁵¹kə⁰ʂu⁵³ʂaŋ⁵¹piɐr⁰]
摘下一个红色的衣服，　[tʂai⁵⁵ɕia⁰i³⁵kə⁰xuŋ³⁵sɤ⁵¹tə⁰i⁵⁵fu⁰]
然后拿着你就往家跑。[ʐan³⁵xou⁵¹na³⁵tʂə⁰ȵi²¹tɕiou⁵¹uaŋ²¹tɕia⁵⁵pʰau²¹⁴]
跑到家以后，　[pʰau⁵⁵tau⁰tɕia⁵⁵i²¹xou⁵¹]
[这一]个姑娘会尾随你追来，　[tʂei⁵¹kə⁰ku⁵⁵ȵiaŋ⁰xuei⁵¹uei²¹suei³⁵ȵi²¹tʂuei⁵⁵lai⁰]，
将来就是你们俩的一段姻缘。[tɕiaŋ⁵⁵lai³⁵tɕiou⁵¹ʂʅ⁰ȵi²¹mən⁰lia²¹tə⁰i³⁵tuɐr⁵¹in⁵⁵yan³⁵]
跟[这一]姑娘结婚以后，　[kən⁵⁵tʂei⁵¹ku⁵⁵ȵiaŋ⁰tɕie⁵⁵xuən⁵⁵i²¹xou⁵¹]
你们会有一很好的生活。"　[ȵi²¹mən⁰xuei⁵¹iou²¹i³⁵xən³⁵xau²¹tə⁰ʂəŋ⁵⁵xuo³⁵]

[这一]个牛郎半信半疑的，　[tʂei⁵¹kə⁰ȵiou³⁵laŋ³⁵pan⁵³ɕin⁵¹pan⁵¹i³⁵tə⁰]
第三天的时候，　[ti⁵¹san⁵⁵tʰian⁵⁵tə⁰ʂʅ³⁵xou⁰]
就到[这一]个湖边儿去了。[tɕiou⁵³tau⁵¹tʂei⁵¹kə⁰xu³⁵piɐr⁵⁵tɕʰy⁵¹lə⁰]
一看，果然有七个仙女儿　[i³⁵kʰan⁵¹，kuo²¹ʐan³⁵iou²¹tɕʰi³⁵kə⁰ɕian⁵⁵nyɚr²¹⁴]
在水里边儿洗澡。[tsai⁵¹ʂuei³⁵li²¹piɐr⁵⁵ɕi³⁵tsau²¹⁴]
这样他就迅速在树上边儿，　[tʂɤ⁵¹iaŋ⁰tʰa⁵⁵tɕiou⁵¹ɕyn⁵³su⁵¹tsai⁵³ʂu⁵³ʂaŋ⁵¹piɐr⁰]
摘下了这个红色的衣服，　[tʂai⁵⁵ɕia⁰lə⁰tʂɤ⁵¹kə⁰xuŋ³⁵sɤ⁵¹tə⁰i⁵⁵fu⁰]

然后拿着就往家跑。［ʐan³⁵ xou⁵¹ na³⁵ tʂə⁰ tɕiou⁵¹ uan²¹ tɕia⁵⁵ pʰau²¹⁴］
其他仙女儿被惊吓都上了天,［tɕʰi³⁵ tʰa⁵⁵ ɕian⁵⁵ nyər²¹⁴ pei⁵¹ tɕiŋ⁵⁵ ɕia⁵¹ tou⁵⁵ ʂaŋ⁵¹ lə⁰ tʰian⁵⁵］
穿了衣服。［tʂʰuan⁵⁵ lə⁰ i⁵⁵ fu⁰］
这个仙女儿因为没有衣服,［tʂɤ⁵¹ kə⁰ ɕian⁵⁵ nyər²¹⁴ in⁵⁵ uei³⁵ mei³⁵ iou²¹ i⁵⁵ fu⁰］
所以说就追到牛郎［suo³⁵ i²¹ ʂuo⁵⁵ tɕiou⁵¹ tʂuei⁵⁵ tau⁰ ȵiou³⁵ laŋ³⁵］
家里边儿来了,［tɕia⁵⁵ li²¹ piɚ⁵⁵ lai³⁵ lə⁰］
和牛郎成了一对儿恩爱的夫妻。［xɤ³⁵ ȵiou³⁵ laŋ³⁵ tʂʰəŋ³⁵ lə⁰ i³⁵ tuər⁵¹ ən⁵⁵ ai⁵¹ tə⁰ fu⁵⁵ tɕʰi⁵⁵］

他们两个过着男耕［tʰa⁵⁵ mən⁰ liaŋ²¹ kə⁰ kuo⁵¹ tʂə⁰ nan³⁵ kəŋ⁵⁵］
女织的生活,［ȵy²¹ tʂʅ⁵⁵ tə⁰ ʂəŋ⁵⁵ xuo³⁵］
和老牛也相依为伴。［xɤ³⁵ lau²¹ ȵiou³⁵ ie²¹ ɕiaŋ⁵⁵ i⁵⁵ uei³⁵ pan⁵¹］
过了几年以后,［kuo⁵¹ lə⁰ tɕi ȵian³⁵ i²¹ xou⁵¹］
他们生了一双儿女。［tʰa⁵⁵ mən⁰ ʂəŋ⁵⁵ lə⁰ i⁵¹ ʂuaŋ⁵⁵ ɚ³⁵ ȵy²¹⁴］
[这一]个事儿,［tʂei⁵¹ kə⁰ ʂər⁵¹］
被天上的玉皇大帝听到了,［pei⁵¹ tʰian⁵⁵ ʂaŋ⁵¹ tə⁰ y⁵¹ xuaŋ³⁵ ta⁵³ ti⁵¹ tʰiŋ⁵⁵ tau⁵¹ lə⁰］
知道了以后,［tʂʅ⁵⁵ tau⁵¹ lə⁰ i²¹ xou⁵¹］
说这个织女下凡了,［ʂuo⁵⁵ tʂɤ⁵¹ kə⁰ tʂʅ⁵⁵ ȵy²¹⁴ ɕia⁵¹ fan³⁵ lə⁰］
[这一]个,玉皇大帝非常愤怒,［tʂei⁵¹ kə⁰, y⁵¹ xuaŋ³⁵ ta⁵³ ti⁵¹ fei⁵⁵ tʂʰaŋ³⁵ fən⁵³ nu⁵¹］
就要派天兵天将,［tɕiou⁵³ iau⁵¹ pʰai⁵¹ tʰian⁵⁵ piŋ⁵⁵ tʰian⁵⁵ tɕiaŋ⁵¹］
把[这一]个织女抓回来。［pa²¹ tʂei⁵¹ kə⁰ tʂʅ⁵⁵ ȵy²¹⁴ tʂua⁵⁵ xuei³⁵ lai⁰］
在[这一]个时候呢,［tsai⁵³ tʂei⁵¹ kə⁰ ʂʅ³⁵ xou⁰ nə⁰］
[这一]个老牛就和［tʂei⁵¹ kə⁰ lau²¹ ȵiou⁵¹ tɕiou⁵¹ xɤ³⁵］
[这一]个牛郎说：［tʂei⁵¹ kə⁰ ȵiou³⁵ laŋ³⁵ ʂuo⁵⁵］
"你们在这儿成亲的事儿,［ȵi²¹ mən⁰ tsai⁵³ tʂər⁵¹ tʂʰəŋ³⁵ tɕʰin⁵⁵ tə⁰ ʂər⁵¹］
已经被玉皇大帝知道了,［i²¹ tɕiŋ⁵⁵ pei⁵³ y⁵¹ xuaŋ³⁵ ta⁵³ ti⁵¹ tʂʅ⁵⁵ tau⁰ lə⁰］
过几天要抓你们来,［kuo⁵¹ tɕi²¹ tʰian⁵⁵ iau⁵¹ tʂua⁵⁵ ȵi²¹ mən⁰ lai⁰］
你们要做有所准备。"［ȵi²¹ mən⁰ iau⁵³ tsuo⁵¹ iou³⁵ suo³⁵ tʂuan²¹ pei⁵¹］
可是[这一]个,［kʰə²¹ ʂʅ⁰ tʂei⁵¹ kə⁰］
他们也不知道什么时候来。［tʰa⁵⁵ mən⁰ ie²¹ pu⁵¹ tʂʅ⁵⁵ tau⁰ ʂən³⁵ mə⁰ ʂʅ³⁵ xou⁰ lai³⁵］
[这一]一天呢,［tʂei⁵³ i⁵¹ tʰian⁵⁵ nə⁰］
突然[这一]个天兵天将［tʰu⁵⁵ ʐan³⁵ tʂei⁵¹ kə⁰ tʰian⁵⁵ piŋ⁵⁵ tʰian⁵⁵ tɕiaŋ⁵¹］
在地里边儿,［tsai⁵³ ti⁵¹ li²¹ piɚ⁵⁵］
就把[这一]个织女给抓走了。［tɕiou⁵¹ pa²¹ tʂei⁵¹ kə⁰ tʂʅ⁵⁵ ȵy²¹⁴ kei²¹ tʂua⁵⁵ tsou²¹ lə⁰］

抓走了以后，［tʂua⁵⁵tsou²¹lə⁰i²¹xou⁵¹］
［这一］个牛郎非常着急。［tʂei⁵¹kə⁰ȵiou³⁵laŋ³⁵fei⁵⁵tʂʰaŋ³⁵tʂau⁵⁵tɕi³⁵］
［这一］个老牛啊，［tʂei⁵¹kə⁰lau²¹ȵiou³⁵a⁰］
就跟［这一］牛郎说：［tɕiou⁵¹kən⁵⁵tʂei⁵¹ȵiou³⁵laŋ³⁵ʂuo⁵⁵］
"你不用着急，［ȵi²¹pu³⁵iuŋ⁵¹tʂau⁵⁵tɕi³⁵］
［这一］个，你把我这个［tʂei⁵¹kə⁰，ȵi³⁵pa³⁵uo²¹tʂɤ⁵¹kə⁰］
两个牛犄角摘下来，［liaŋ²¹kə⁰ȵiou³⁵tɕi⁵⁵tɕiau⁰tʂai⁵⁵ɕia⁰lai⁰］
会变作两个筐，［xuei⁵³pian⁵³tsuo⁵¹liaŋ²¹kə⁰kʰuaŋ⁵⁵］
然后你挑上你的儿女，［ʐan³⁵xou⁵¹ȵi²¹tʰiau⁵⁵ʂaŋ⁰ȵi²¹tə⁰ɚ³⁵ȵy²¹⁴］
然后到天上边儿去找织女。"［ʐan³⁵xou⁵¹tau⁵¹tʰian⁵⁵ʂaŋ⁰piɐr⁰tɕʰy⁵¹tʂau²¹tʂʅ⁵⁵ȵy²¹⁴］
［这一］个时候牛郎呢也很伤心，［tʂei⁵¹kə⁰ʂʅ³⁵xou⁰ȵiou³⁵laŋ³⁵nə⁰ie³⁵xən²¹ʂaŋ⁰ɕin⁵⁵］
媳妇儿被［这一］个，［ɕi³⁵fər⁰pei⁵¹tʂei⁵¹kə⁰］
玉皇大帝抓走了，［y⁵¹xuaŋ⁵³ta⁵³ti⁵¹tʂua⁵⁵tsou²¹lə⁰］
也是苦于没有办法儿。［ie²¹ʂʅ⁵¹kʰu²¹y³⁵mei³⁵iou²¹pan⁵¹fɐr⁰］
一看老牛说［这一］个话，［i³⁵kʰan⁵¹lau²¹ȵiou³⁵ʂuo⁵⁵tʂei⁵¹kə⁰xua⁵¹］
然后就抚摸着老牛，［ʐan³⁵xou⁵¹tɕiou⁵¹fu²¹mo⁵⁵tʂuo⁰lau²¹ȵiou³⁵］
老牛的两个犄角［lau²¹ȵiou³⁵tə⁰liaŋ²¹kə⁰tɕi⁵⁵tɕiau⁰］
就掉在地上了，［tɕiou⁵³tiau⁵¹tsai⁰ti⁵¹ʂaŋ⁰lə⁰］
真的变成了两个筐。［tʂən⁵⁵tə⁰pian⁵¹tʂʰəŋ³⁵lə⁰liaŋ²¹kə⁰kʰuaŋ⁵⁵］
［这一］个牛郎马上［tʂei⁵¹kə⁰ȵiou³⁵laŋ³⁵ma²¹ʂaŋ⁰］
把［这一］两个筐，［pa²¹tʂei⁵¹liaŋ²¹kə⁰kʰuaŋ⁵⁵］
挑起来以后，［tʰiau⁵⁵tɕʰi²¹lai³⁵i²¹xou⁵¹］
把［这一］个一双儿女［pa²¹tʂei⁵¹kə⁰i⁵¹ʂuaŋ⁵⁵ɚ³⁵ȵy²¹］
放在筐的［这一］个两边儿，［faŋ⁵³tsai⁰kʰuaŋ⁵⁵tə⁰tʂei⁵¹kə⁰liaŋ²¹piɐr⁵⁵］
然后就跑出家门，［ʐan³⁵xou⁵¹tɕiou⁵¹pʰau²¹tʂʰu⁵⁵tɕia⁵⁵mən³⁵］
跑出家门以后，［pʰau²¹tʂʰu⁵⁵tɕia⁵⁵mən³⁵i²¹xou⁵¹］
［这一］个身子觉得非常的轻，［tʂei⁵¹kə⁰ʂən⁵⁵tsʅ⁰tɕye²¹tə⁰fei⁵⁵tʂʰaŋ³⁵tə⁰tɕʰiŋ⁵⁵］
然后就腾云驾雾就上了天。［ʐan³⁵xou⁵¹tɕiou⁵¹tʰəŋ⁵³yn³⁵tɕia⁵³u⁵¹tɕiou⁵³ʂaŋ⁵¹lə⁰tʰian⁵⁵］

到天了以后，［tau⁵¹tʰian⁵⁵lə⁰i²¹xou⁵¹］
眼看就要追上这个织女了，［ian²¹kʰan⁵¹tɕiou⁵³iau⁵¹tʂuei⁵⁵ʂaŋ⁰tʂɤ⁵¹kə⁰tʂʅ⁵⁵ȵy²¹lə⁰］
这个时候王母娘娘发现了。［tʂɤ⁵¹kə⁰ʂʅ³⁵xou⁰uaŋ³⁵mu²¹ȵiaŋ³⁵ȵiaŋ⁰fa⁵⁵ɕian⁵¹lə⁰］
王母娘娘就顺手在头上，［uaŋ³⁵mu²¹ȵiaŋ³⁵ȵiaŋ⁰tɕiou⁵¹ʂuan⁵¹ʂou²¹tsai⁵¹tʰou³⁵ʂaŋ⁰］

拔下了她[这一]个　[pa³⁵ɕia⁵¹lə⁰tʰa⁵⁵tʂei⁵¹kə⁰]

插在头上一棵金簪，[tʂʰa⁵⁵tsai⁰tʰou³⁵ʂaŋ⁰i⁵¹kʰɤ⁵⁵tɕin⁵⁵tsan⁵⁵]

然后就朝天空一划，[ʐan³⁵xou⁵¹tɕiou⁵¹tʂʰau³⁵tʰian⁵⁵kʰuŋ⁵⁵i³⁵xua⁵¹]

就出了一道天河，[tɕiou⁵¹tʂʰu⁵⁵lə⁰i³⁵tau⁵¹tʰian⁵⁵xɤ³⁵]

把[这一]个牛郎和织女　[pa²¹tʂei⁵¹kə⁰ȵiou³⁵laŋ³⁵xɤ³⁵tʂʅ⁵⁵ȵy²¹⁴]

就隔开了。[tɕiou⁵¹kɤ³⁵kʰai⁵⁵lə⁰]

[这一]个故事，[这一]个人很感动，[tʂei⁵¹kə⁰ku⁵¹ʂʅ⁰，tʂei⁵¹kə⁰ʐən³⁵xən³⁵kan²¹tuŋ⁵¹]

[这一]个所有的人，[tʂei⁵¹kə⁰suo³⁵iou²¹tə⁰ʐən³⁵]

也感动了[这一]些个动物。[ie³⁵kan²¹tuŋ⁵¹lə⁰tʂei⁵¹ɕie⁵⁵kə⁰tuŋ⁵¹u⁰]

有一种动物叫喜鹊，[iou²¹i⁵¹tʂuŋ²¹tuŋ⁵¹u⁰tɕiau⁵¹ɕi²¹tɕʰye⁵¹]

这些喜鹊，[tʂɤ⁵¹ɕie⁵⁵ɕi²¹tɕʰye⁵¹]

在每年的七夕的[这一]天，[tsai⁵¹mei²¹ȵian³⁵tə⁰tɕʰi⁵⁵ɕi⁵⁵tə⁰tʂei⁵¹tʰian⁵⁵]

会一只一只地，飞到天上去。[xuei⁵¹i⁵¹tʂʅ⁵⁵i⁵¹tʂʅ⁵⁵tə⁰，fei⁵⁵tau⁰tʰian⁵⁵ʂaŋ⁰tɕʰy⁵¹]

一个，一只一只地连接起来，[i³⁵kə⁰，i⁵¹tʂʅ⁵⁵i⁵¹tʂʅ⁵⁵tə⁰lian³⁵tɕie⁵⁵tɕʰi²¹lai⁰]

搭成了一个用喜鹊搭的桥，[ta⁵⁵tʂʰəŋ³⁵lə⁰i³⁵kə⁰iuŋ⁵¹ɕi²¹tɕʰye⁵¹ta⁵⁵tə⁰tɕiau³⁵]

也叫鹊桥，[ie²¹tɕiau⁵³tɕʰye⁵¹tɕiau³⁵]

来让牛郎和织女相会，[lai³⁵ʐaŋ⁵¹ȵiou³⁵laŋ³⁵xɤ³⁵tʂʅ⁵⁵ȵy²¹ɕiaŋ⁵⁵xuei⁵¹]

让他们倾诉对方的感情。[ʐaŋ⁵¹tʰa⁵⁵mən⁰tɕʰiŋ⁵⁵su⁵¹tuei⁵¹faŋ⁵⁵tə⁰kan²¹tɕʰiŋ³⁵]

后来咱们在民间　[xou⁵¹lai³⁵tsan³⁵mən⁰tsai⁵¹min³⁵tɕian⁵⁵]

就有[这一]种习俗，[tɕiou⁵¹iou²¹tʂei⁵¹tʂuŋ²¹ɕi³⁵su³⁵]

到七夕的[这一]一天，[tau⁵¹tɕʰi⁵⁵ɕi⁵⁵tə⁰tʂei⁵³i⁵¹tʰian⁵⁵]

[这一]个，所有的喜鹊没有了，[tʂei⁵¹kə⁰，suo³⁵iou²¹tə⁰ɕi²¹tɕʰye⁵¹mei³⁵iou²¹lə⁰]

都上天去给搭鹊桥去了。[tou⁵⁵ʂaŋ⁵¹tʰian⁵⁵tɕʰy⁵¹kei²¹ta⁵⁵tɕʰye⁵¹tɕiau³⁵tɕʰy⁵¹lə⁰]

然后[这一]，[ʐan³⁵xou⁵¹tʂei⁵¹]

咱们的[这一]个民间，[tsan³⁵mən⁰tə⁰tʂei⁵¹kə⁰min³⁵tɕian⁵⁵]

有[这一]个到葡萄架下边儿听，[iou²¹tʂei⁵¹kə⁰tau⁵¹pʰu⁵¹tʰau⁰tɕia⁵¹ɕia⁵¹piɐr⁰tʰiŋ⁵⁵]

牛郎织女见面儿以后的，[ȵiou³⁵laŋ³⁵tʂʅ⁵⁵ȵy²¹tɕian⁵³miɐr⁵¹i²¹xou⁵¹tə⁰]

说的[这一]些个私自情话，[ʂuo⁵⁵tə⁰tʂei⁵¹ɕie⁵⁵kə⁰sʅ⁵⁵tsʅ⁵¹tɕʰiŋ³⁵xua⁵¹]

有[这一]个习俗。[iou²¹tʂei⁵¹kə⁰ɕi³⁵su³⁵]

（发音人：孙英才）

三　其他故事

太子务和履磕的由来

　　我们大兴啊，南半部有一个镇，叫榆垡镇，榆垡镇那儿有两个村儿，这两个村儿的名儿啊相互有关联，呃，是有一段故事的。一个村儿呢，叫太太府，但是我们本地呢，一般叫太太府，这个村儿呢叫太子务，后来叫太子务。另外一个村儿呢，叫履磕，履磕那"履"就是"郑人有欲买履者"那鞋，当鞋讲那"履"，"磕"就是"石盍"那"磕"。这两个村儿是怎么回事儿呢？

　　就说呀，大家都知道，有一个哪吒三太子，三太子的老爹呢是托塔李天王。托塔李天王啊手里有一个宝塔，这个宝塔可以镇妖，这个宝塔是一个非常好的一个兵器。这个哪吒啊从小儿啊就是生性的调皮捣蛋，不服他爹的管教。虽然说练就了一身功夫，但是他老不听他爹的，他爹对他也挺，挺烦，就老吓唬他，说你这个小子呀，你只要哪天你不听我话，给我惹了事儿，我就拿我这个塔，把你压在底下，让你永世不得翻身。这个哪吒啊算是记定了他爹说这话啦，所以说也恨这个塔，也怕这个塔。

　　这天啊，他爹中午睡觉。这个哪吒啊一看他爹睡着了，悄悄儿地就把这塔给偷出来了。偷出以后，抱着这塔从天顶儿上就跑到咱们人间，想把它找个没人的地方儿扔喽。结果跑呢，跑来跑去，跑到这个叫太太府这个地方儿，实际现在叫太子务。跑到这地方儿以后，他跑累了，他想在这儿歇会儿。歇会儿呢，他把这个塔呢就搁在一边儿了，然后他躺，倒在地上就睡着了。

　　睡着了这工夫呢，这个李天王在天上呢发现他这个塔没啦，一觉醒来一瞅塔没了，一想就是他三小子给偷走了，一定是哪吒干的。这样他就赶紧点上一些个天兵天将，然后从天顶上下来要捉拿他这个三儿子，把这个塔好抢回去。这个事儿哪，一大了，说要把他儿子给抓回去，回去肯定还要重罚，还得要揍他。

　　这个太上老君哪，这个老头儿，心地非常善良，这样就提前从天顶上听到这个信儿以后，赶紧就往下边儿跑，找这个哪吒。在这个太子务这个地方找到哪吒了，哪吒还在这儿睡觉呢，他也不知道，说天兵天将追他来了。所以，这个，太白金星啊这个老头啊，就在天顶上边儿喊他：太子悟！太子悟！"悟"就是"醒悟"的"悟"。好让这太子赶紧醒过来，你爹后边儿派兵追你去了，你还不赶紧是不。就是这么个意思。

　　这样这个太子三声喊，这个太子呢听见了，然后马上就打骨碌就坐起来了。坐起一看，真是黑云压顶啦，后边儿天兵天将都来了。这样这个哪吒呢，赶紧就要抱着这塔就要跑，结果他一抱这塔哪，三晃两晃是晃不动。为什么呢？因为这塔是神塔，落地生根啦。他紧着晃悠，晃悠劲头儿大了，结果这塔咔嗒折了。那个下半截儿啊，就落在太太府啦，就是太子务这个地方儿。

上半截儿他抱着接着还跑，跑呢，就朝西，朝西北方向跑。西北方向是这个永定河方向，跑这儿跑呢，因为迎着永定河这方向跑，这边儿沙地多，跑着跑着这鞋坑儿里边儿就灌满沙子了。灌满了沙子，一个是跑不动了，再一个脚底下这个磨脚啊，这个哪吒怎么也得把这个给沙子倒出来。所以到这个履磕这个地方儿，他又把那塔放到一边儿了。然后他就把这俩鞋脱下来以后，照着脚脖子上咔咔磕这两下儿，把这沙子全给倒出去了。倒出去穿好鞋了，后边儿的天兵天将又听见喊杀声，一看哪离得太近了。哪吒还想跑抱着这塔，再一抱，又抱不起来了，再怎么晃这个塔也拔不出来啦。所以哪吒一想得了，这个拔不动，我先逃命吧。这哪吒就三窜两窜地赶紧跑了，这个，那半截儿塔就扔在履磕这个地方儿了。所以后人呢，就把这个地方儿，把这个哪吒曾经在这儿磕嗒鞋这地方儿叫履磕。现在这村儿名，虽然笔道儿比较多，笔画也多，挺麻烦，但是这些年哪这个村民一直把这个名儿啊没改动过。虽然解放以后，有过几次简化字儿啊什么的，呃，但是这个村儿啊到现在还是写这个"履"。这个"履"字儿大家可能都知道，笔画是非常多，也挺麻烦。

现在这个两个地方儿，这两个遗址还在。呃，太子务这个地方儿，有塔座儿，没有塔身；履磕这个地方儿，有塔身，没有塔座儿。

但是现在只是一个神话啊，这是一个神话故事。确实有这个塔，这个塔建于元代，叫无碍禅师塔，现在也是咱们北京市一处名胜古迹，也列入这个北京市的重点文物保护单位。所以这两个村儿因这个塔得名，大家也给这个，有这么一个美丽的传说。

（发音人：孙英才）

四　自选条目

（一）
天上起了鱼鳞斑，　[tʰian⁵⁵ʂaŋ⁰tɕʰi²¹lə⁰y³⁵lin³⁵pan⁵⁵]
常常晒麦不用翻。　[tʂʰaŋ³⁵tʂʰaŋ³⁵ʂai⁵¹mai⁵¹pu³⁵iuŋ⁵¹fan⁵⁵]
（天上出现鱼鳞斑状的云彩，说明接下来是晴好的天气。）

（二）

白露早，寒露迟，［pai³⁵lu⁵¹tsau²¹⁴，xan³⁵lu⁵¹tʂʰʅ³⁵］

秋分种麦正当时。［tɕʰiou⁵⁵fən⁵⁵tʂuŋ⁵³mai⁵¹tʂəŋ⁵¹taŋ⁵⁵ʂʅ³⁵］

（自选条目发音人：孙英才）

房　　山

一　歌谣

（一）

有钱难买五月旱，［iou²¹ tɕʰian³⁵ nan³⁵ mai²¹⁴ u²¹ ye⁵³ xan⁵¹］
六月连雨吃饱饭。［liou⁵³ ye⁵¹ lian³⁵ y²¹⁴ tʂʰʅ⁵⁵ pau²¹ fan⁵¹］

（二）

一年打俩春，［i⁵¹ nian³⁵ ta³⁵ lia²¹ tʂʰuən⁵⁵］打春：立春
黄土变成金。［xuaŋ³⁵ tʰu²¹ pian⁵¹ tʂʰəŋ³⁵ tɕin⁵⁵］
（一个农历年里如果赶上头尾两个立春节气，这一年必定会有好收成。）

（歌谣发音人：何大志）

二　规定故事

牛郎和织女　［niou³⁵ laŋ³⁵ xɤ³⁵ tʂʅ⁵⁵ ny²¹⁴］

在很早很早以前，［tsai⁵¹ xən³⁵ tsau²¹ xən³⁵ tsau²¹ i²¹ tɕʰian³⁵］
有这么一小伙子，［iou²¹ tʂɤ⁵¹ mə⁰ i³⁵ ɕiau³⁵ xuo²¹ tsʅ⁰］
爹妈呢全没了，［tie⁵⁵ ma⁰ nə⁰ tɕʰyan³⁵ mei³⁵ lə⁰］
自个儿孤苦伶仃地生活。［tsʅ⁵¹ kɤr²¹⁴ ku⁵⁵ kʰu²¹ liŋ³⁵ tiŋ⁵⁵ tə⁰ ʂəŋ⁵⁵ xuo³⁵］
家里边儿就有一头老黄牛，［tɕia⁵⁵ li²¹ pɐr⁰ tɕiou⁵¹ iou²¹ i⁵¹ tʰou³⁵ lau²¹ xuaŋ³⁵ niou³⁵］
所以大伙儿跟他起名儿叫牛郎。［suo³⁵ i²¹ ta⁵¹ xuɤr²¹⁴ kən⁵⁵ tʰa⁵⁵ tɕʰi²¹ miər³⁵ tɕiau⁵¹ niou³⁵ laŋ³⁵］
这头老黄牛呢实际呢　［tʂɤ⁵¹ tʰou³⁵ lau²¹ xuaŋ³⁵ niou³⁵ nə⁰ ʂʅ³⁵ tɕi⁵¹ nə⁰］
是天上的金牛星下凡。［ʂʅ⁵¹ tʰian⁵⁵ ʂaŋ⁰ tə⁰ tɕin⁵⁵ niou³⁵ ɕiŋ⁵⁵ ɕia⁵¹ fan³⁵］

老黄牛啊，［lau²¹ xuaŋ³⁵ niou³⁵ a⁰］
看这小伙子非常地　［kʰan⁵³ tʂɤ⁵¹ ɕiau³⁵ xuo²¹ tsʅ⁰ fei⁵⁵ tʂʰaŋ³⁵ tə⁰］
勤劳和善良，［tɕʰin³⁵ lau³⁵ xɤ³⁵ ʂan⁵¹ liaŋ³⁵］
想呢给他找一个对象，［ɕiaŋ²¹ nə⁰ kei²¹ tʰa⁵⁵ tʂau²¹ i³⁵ kə⁰ tuei⁵³ ɕiaŋ⁵¹］
找一媳妇儿，一堆儿生活。［tʂau²¹ i³⁵ ɕi²¹ fər⁰，i⁵¹ tuər⁵⁵ ʂəŋ⁵⁵ xuo⁰］一堆儿：一起
后来呢，金牛星发现呢，［xou⁵¹ lai⁰ nə⁰，tɕin⁵⁵ niou³⁵ ɕiŋ⁵⁵ fa⁵⁵ ɕian⁵¹ nə⁰］
最近要有一帮儿　［tsuei⁵³ tɕin⁵¹ iau⁵¹ iou²¹ i⁵¹ pər⁵⁵］
这个天上的仙女儿，［tʂɤ⁵¹ kə⁰ tʰian⁵⁵ ʂaŋ⁵¹ tə⁰ ɕian⁵⁵ nyər²¹］
到村东边儿这个山下　［tau⁵¹ tsʰuən⁵⁵ tuŋ⁵⁵ piɐr⁵⁵ tʂɤ⁵¹ kə⁰ ʂan⁵⁵ ɕia⁰］
这池塘里儿　［tʂɤ⁵¹ tʂʰʅ³⁵ tʰaŋ³⁵ liər⁰］
就是这个湖里边儿洗澡，［tɕiou⁵¹ ʂʅ⁰ tʂɤ⁵¹ kə⁰ xu³⁵ li²¹ pɐr⁰ ɕi³⁵ tsau²¹⁴］
这是个机会。［tʂɤ⁵³ ʂʅ⁵¹ kə⁰ tɕi⁵⁵ xuei⁰］
所以呢，他就托梦给了　［suo³⁵ i²¹ nə⁰，tʰa⁵⁵ tɕiou⁵¹ tʰuo⁵⁵ məŋ⁵¹ kei²¹ lə⁰］
这个牛郎，［tʂɤ⁵¹ kə⁰ niou³⁵ laŋ³⁵］
说你早清儿你去了以后，［ʂuo⁵⁵ ni³⁵ tsau²¹ tɕʰiə̃r⁵⁵ ni²¹ tɕʰy⁵¹ lə⁰ i²¹ xou⁵¹］早清儿：早晨
把这个仙女儿的衣裳　［pai²¹ tʂɤ⁵¹ kə⁰ ɕian⁵⁵ nyər²¹ tə⁰ i⁵⁵ ʂaŋ⁰］
抱一件儿回来，［pau⁵¹ i³⁵ tɕian⁵¹ xuei³⁵ lai⁰］
你就会这仙女儿就会　［ni²¹ tɕiou⁵³ xuei⁵¹ tʂɤ⁵¹ ɕian⁵⁵ nyər²¹ tɕiou⁵³ xuei⁵¹］
跟你到家里成家。［kən⁵⁵ ni²¹ tau⁵¹ tɕia⁵⁵ li⁰ tʂʰəŋ³⁵ tɕia⁵⁵］

早晨起来以后，［tsau²¹ tʂʰən³⁵ tɕʰi²¹ lai⁰ i²¹ xou⁵¹］
这个牛郎呢，［tʂɤ⁵¹ kə⁰ niou³⁵ laŋ³⁵ nə⁰］
朦朦胧胧地就走到　［məŋ³⁵ məŋ⁰ luŋ³⁵ luŋ⁰ tə⁰ tɕiou⁵¹ tsou²¹ tau⁰］
去了这个东山脚下　［tɕʰy⁵¹ lə⁰ tʂɤ⁵¹ kə⁰ tuŋ⁵⁵ ʂan⁵⁵ tɕiau²¹ ɕia⁰］
这个湖里儿这个湖边儿上，［tʂɤ⁵¹ kə⁰ xu³⁵ liər⁰ tʂɤ⁵¹ kə⁰ xu³⁵ piɐr⁵⁵ ʂaŋ⁰］
真看见呢，［tʂən⁵⁵ kʰan⁵³ tɕian⁵¹ nə⁰］
一伙儿这个仙女儿　［i⁵¹ xuɤr²¹ tʂɤ⁵¹ kə⁰ ɕian⁵⁵ nyər²¹］
七个仙女儿在那儿洗澡呢。［tɕʰi³⁵ kə⁰ ɕian⁵⁵ nyər²¹ tsai⁵³ nɐr⁵¹ ɕi³⁵ tsau²¹ nə⁰］
他赶紧地从树上拿了一件儿　［tʰa⁵⁵ kan³⁵ tɕin²¹ tə⁰ tsʰuŋ³⁵ ʂu⁵¹ ʂaŋ⁰ na³⁵ lə⁰ i³⁵ tɕiɐr⁵¹］
这个粉红色儿的衣裳跑回了家。［tʂɤ⁵¹ kə⁰ fən²¹ xuŋ³⁵ ʂɐr²¹ tə⁰ i⁵⁵ ʂaŋ⁰ pʰau²¹ xuei³⁵ lə⁰ tɕia⁵⁵］
这个丢了衣裳这个人儿　［tʂɤ⁵¹ kə⁰ tiou⁵⁵ lə⁰ i⁵⁵ ʂaŋ⁰ tʂɤ⁵¹ kə⁰ ʐɐr²¹］
这个仙女儿其实就叫织女，［tʂɤ⁵¹ kə⁰ ɕian⁵⁵ nyər²¹⁴ tɕʰi³⁵ ʂʅ³⁵ tɕiou⁵³ tɕiau⁵¹ tʂʅ⁵⁵ ny²¹⁴］
夜里边儿，敲，轻轻地　［ie⁵¹ li²¹ piɐr⁵⁵，tɕʰiau⁵⁵，tɕʰiŋ⁵⁵ tɕʰiŋ⁵⁵ tə⁰］

敲开了牛郎的家的门，［tɕʰiau⁵⁵kʰai⁵⁵lə⁰niou³⁵laŋ³⁵tə⁰tɕia⁵⁵tə⁰mən³⁵］
跟他做了夫妻。［kən⁵⁵tʰa⁵⁵tsuo⁵¹lə⁰fu⁵⁵tɕʰi⁵⁵］

夫妻小两口儿呢，［fu⁵⁵tɕʰi⁵⁵ɕiau²¹liaŋ³⁵kʰour²¹nə⁰］
共同生活了三年，［kuŋ⁵¹tʰuŋ³⁵ʂəŋ⁵⁵xuo³⁵lə⁰san⁵⁵nian³⁵］
生了一儿一女，［ʂəŋ⁵⁵lə⁰i⁵¹ɚ³⁵i⁵¹ny²¹］
生活非常幸福。［ʂəŋ⁵⁵xuo³⁵fei⁵⁵tʂʰaŋ³⁵ɕiŋ⁵¹fu⁰］
但是，织女下凡这事儿啊，［tan⁵³ʂʐ⁵¹, tʂʐ⁵⁵ny²¹ɕia⁵¹fan³⁵tʂɤ⁵³ʂər⁵¹a⁰］
让玉皇大帝知道了，很生气。［ʐaŋ⁵³y⁵¹xuaŋ³⁵ta⁵³ti⁵¹tʂʐ⁵⁵tau⁰lə⁰, xən²¹ʂəŋ⁵⁵tɕʰi⁵¹］
有一天呢，［iou²¹i⁵¹tʰian⁵⁵nə⁰］
这个天空中是乌云密布，［tʂɤ⁵¹kə⁰tʰian⁵⁵kʰuŋ⁵⁵tʂuŋ⁰ʂʐ⁵¹u⁵⁵yn³⁵mi⁵³pu⁵¹］
电闪雷鸣，刮挺大风。［tian⁵¹ʂan²¹lei³⁵miŋ³⁵, kua⁵⁵tʰiŋ²¹ta⁵¹fəŋ⁵⁵］
这个织女啊突然找不着了，［tʂɤ⁵¹kə⁰tʂʐ⁵⁵ny²¹a⁰tʰu⁵⁵ʐan³⁵tʂau²¹pu⁵¹tʂau³⁵lə⁰］
两个孩子呀这个哭着喊妈妈。［liaŋ²¹kə⁰xai³⁵tsʐ⁰ia⁰tʂɤ⁵¹kə⁰kʰu⁵⁵tʂuo⁰xan²¹ma⁵⁵ma⁰］
牛郎呢也非常没办法儿，着急。［niou³⁵laŋ³⁵nə⁰ie²¹fei⁵⁵tʂʰaŋ³⁵mei³⁵pan⁵¹fa⁰, tʂau⁵⁵tɕi³⁵］
正这个时候儿，［tʂəŋ⁵³tʂɤ⁵¹kə⁰ʂʐ³⁵xour⁰］
老牛发，这个发言了，［lau²¹niou³⁵fa⁵⁵, tʂɤ⁵¹kə⁰fa⁵⁵ian³⁵lə⁰］
老牛说话了。［lau²¹niou³⁵ʂuo⁵⁵xua⁵⁵lə⁰］
老牛说这个你别着急，［lau²¹niou³⁵ʂuo⁵⁵tʂɤ⁵¹kə⁰ni²¹pie³⁵tʂau⁵⁵tɕi³⁵］
我给你出一主意，［uo²¹kei³⁵ni²¹tʂʰu⁵⁵i⁵⁵tʂu³⁵i⁰］
你呢把我这俩犄角卸下来，［ni²¹nə⁰pai³⁵uo⁰tʂɤ⁵¹lia²¹tɕi⁵⁵tɕiau⁵²ɕie⁵³ɕia⁵¹lai⁰］
搁地下变成俩筐，［kɤ⁵⁵ti⁵¹ɕia⁰pian⁵¹tʂʰəŋ³⁵lia²¹kʰuaŋ⁵⁵］
你挑着这俩孩子［ni²¹tʰiau⁵⁵tʂɤ⁰tʂɤ⁵¹lia²¹xai³⁵tsʐ⁰］
上山上追她上天上追她去。［ʂaŋ⁵³ʂan⁵⁵ʂaŋ⁰tʂuei⁵⁵tʰa⁵⁵ʂaŋ⁵¹tʰian⁵⁵ʂaŋ⁰tʂuei⁵⁵tʰa⁵⁵tɕʰy⁰］

这个牛郎呢半信半疑的时候儿，［tʂɤ⁵¹kə⁰niou³⁵laŋ³⁵nə⁰pan⁵³ɕin⁵¹pan⁵¹i³⁵tə⁰ʂʐ³⁵xour⁰］
结果这个老牛这俩犄角［tɕie³⁵kuo²¹tʂɤ⁵¹kə⁰lau²¹niou³⁵tʂɤ⁵¹lia²¹tɕi⁵⁵tɕiau⁰］
掉地下变成了俩筐。［tiau⁵³ti⁵¹ɕia⁰pian⁵¹tʂʰəŋ³⁵lə⁰lia²¹kʰuaŋ⁵⁵］
这牛郎呢一个筐里儿［tʂɤ⁵¹niou³⁵laŋ³⁵nə⁰i³⁵kə⁰kʰuaŋ⁵⁵liər⁰］
搁一孩子，找一扁担一挑，［kə⁵⁵i³⁵xai³⁵tsʐ⁰, tʂau²¹i³⁵pian²¹tan⁵⁵i⁵¹tʰiau⁵⁵］
一阵清风吹过来，［i³⁵tʂən⁵¹tɕʰiŋ⁵⁵fəŋ⁵⁵tʂʰuei⁵⁵kuo⁵¹lai⁰］
把他吹起来了。［pa²¹tʰa⁵⁵tʂʰuei⁵⁵tɕʰi²¹lai³⁵lə⁰］
这俩箩筐就像长了［tʂɤ⁵¹lia²¹luo³⁵kʰuaŋ⁵⁵tɕiou⁵³ɕiaŋ⁵¹tʂaŋ²¹lə⁰］

两个翅膀，［liaŋ²¹kə⁰tʂʰʅ⁵¹paŋ²¹］

飞啊飞啊飞上了天空。［fei⁵⁵a⁰fei⁵⁵a⁰fei⁵⁵ʂaŋ⁰lə⁰tʰian⁵⁵kʰuŋ⁵⁵］

越飞越快，［ye⁵¹fei⁵⁵ye⁵³kʰuai⁵¹］

眼看快跟织女见面儿了，［ian²¹kʰan⁵¹kʰuai⁵¹kən⁵⁵tʂʅ⁵⁵ny²¹tɕian⁵³miɐr⁵¹lə⁰］

结果呢王母娘娘看见了，［tɕie³⁵kuo²¹nə⁰uaŋ³⁵mu⁰niaŋ³⁵niaŋ⁰kʰan⁵¹tɕian⁰lə⁰］

从脑袋上拔下一根簪子来，［tsʰuŋ³⁵nau²¹taiʂaŋ⁰pa³⁵ɕia⁰i⁵¹kən⁵⁵tsan⁵⁵tsʅ⁰lai⁰］

在他们中间一划，［tsai⁵¹tʰa⁵⁵mən⁰tʂuŋ⁵⁵tɕian⁵⁵i³⁵xua⁵¹］

变成了一条波涛汹涌的天河，［pian⁵¹tʂʰəŋ³⁵lə⁰i⁵¹tʰiau³⁵po⁵⁵tʰau⁵⁵ɕyŋ⁵⁵yŋ²¹tə⁰tʰian⁵⁵xɤ³⁵］

把俩人分开了。［pa³⁵lia²¹ʐən³⁵fən⁵⁵kʰai⁵⁵lə⁰］

这个喜鹊呢非常［tʂɤ⁵¹kə⁰ɕi²¹tɕʰye⁵¹nə⁰fei⁵⁵tʂʰaŋ³⁵］

同情牛郎织女，［tʰuŋ³⁵tɕʰiŋ³⁵niou³⁵laŋ³⁵tʂʅ⁵⁵ny²¹⁴］

每年的七月初七，［mei²¹nian³⁵tə⁰tɕʰi⁵⁵ye⁵¹tʂʰu⁵⁵tɕʰi⁵⁵］

成千上万的喜鹊［tʂʰəŋ³⁵tɕʰian⁵⁵ʂaŋ⁵³uan⁵¹tə⁰ɕi²¹tɕʰye⁵¹］

飞到天河之上，［fei⁵⁵tau⁰tʰian⁵⁵xɤ³⁵tʂʅ⁵⁵ʂaŋ⁵¹］

一个叼着一个的尾巴，［i³⁵kə⁰tiau⁵⁵tʂə⁰i³⁵kə⁰tə⁰i²¹pa⁰］

搭成了一座鹊桥，［ta⁵⁵tʂʰəŋ³⁵lə⁰i³⁵tsuo⁵¹tɕʰye⁵¹tɕʰiau³⁵］

让他们俩见面儿。［ʐaŋ⁵¹tʰa⁵⁵mən⁰lia²¹tɕian⁵³miɐr⁵¹］

（发音人：李玉林）

三　其他故事

（一）山顶庙的传说

　　房山城西呀二里地有一座山，这小山儿应该现在说呢海拔在二百米左右，这原来没有"海拔"了，有这么一座山，山上有个庙，所以这山又叫，学名叫留台尖，后来大伙儿管它叫山顶庙，就上山有庙。关于这庙的来历呢有一个传说，这纯粹是传说啊。

　　最早呢没有庙，这个洪寺儿村呢村里边养羊，家家户户养点儿羊。这个山上净是草，就是早清儿起来，这个羊就随便儿撒，打开圈以后就走了，没人儿管，晚上自己羊又回到圈里边儿来，也走不差，是谁的就还上哪儿。

　　有这么一天呢，这个常老头儿，就老常家，洪寺儿三大姓常肖李，老常家呢这个老头儿呢发现少了三只羊，自个儿的羊，说这从来没发生过，结果呢他就说认背认倒霉了。就吃饭晚上，吃饭的时候儿呢这个听羊圈里叫唤，说这怎么回事啊？端着饭碗去了，一看哪不但少了三只羊，还其中老些羊呢羊腿，这个，或者羊身上羊毛都给薅了去了，还有呢有一只羊这腿给咬了。说这是怎么回事呀？认了吧，认背吧！说现在大黑介＝黑天，夜晚找谁去？然后呢就吃饭睡觉了。第二天这羊哪不出去了，开圈以后，就在这个圈里儿，不再出去了。那怎么办呢？只能是这个打点儿草喂。

后来呢姓肖家那老头子，老头儿找他来了，说我昨天也丢了三只羊，羊呢也被咬了，是不是有狼哎？说可是呢他俩一研究，说离城这么近，离房山城西门外才一二里地，哪有狼去？哪个狼敢来呀？说咱俩拿棍子，拿着家伙上山上瞧瞧去。

这老俩呀拿着叉子、棍子上山上了。到山上啊转了半天，瞧见呢，哎，这儿有羊毛，还有血，结果呢发现呢有那板儿石上挂着老虎的这个这个毛。这俩一瞧这个啊胆儿小了，说赶紧，咱俩赶紧走，这山上有老虎。这家要是连咱们俩在这儿，发现咱家在附近，发现咱们俩了，咱俩就完了。等他俩往山下走的时候呢发现有一个洞，这洞里儿啊外边儿有羊毛，又有羊血，说肯定有老虎了。说这东西要是报官，这老虎他也没法儿弄，这官当时也解决不了。怎么办呢？这俩人回去，回家了。

因为这个洪寺儿村呢整个儿常肖李这三家儿啊，全是靠从长沟峪煤矿驮煤，骡子驮煤，然后卖到房山城里儿，靠这个，做这买卖，开煤场儿。等第二天早清儿，所有这个赶骡子这些伙计，走到半道儿就回来了，没驮。因为他每天早清儿上山上长沟峪驮煤去，要三四点钟就走。说怎么没去？说我们不敢去了，一只老虎跟着我们走了这个一大骨＝轮＝（路的）一段子，结果正好啊他们胆小，正好刮风，把骡子的脖子上的铃铛刮的一响，哗啦哗啦地，把老虎吓跑了，结果他们不敢进山了。

这么一来呢，煤没驮成，也只能是买点儿料喂骡子，还得给羊打草，还得买料喂骡子，这伙计还得给开钱，所以这老肖家老肖老头儿跟常老头儿就想主意，说这怎么办这个？黑介＝真睡不着觉。这个常老头儿，正躺在炕上迷迷糊糊后面睡觉的时候呢，家里边儿的房门开了，一阵风刮进来，他赶紧地拽自个儿被货＝被子掩着，睁眼一看有一白胡子老头儿站在边上，说那个你别睡觉了，你借我点儿东西。说你借什么呢？说我借你骡子使使。说这不借，说明儿还驮煤去呢。那白胡子老头儿说你还驮得了煤吗？你哪儿也去不了了，你纯粹＝干脆地借给我。他说就不借，一着急从炕上撩下来，咕噔一家伙摔地下了，做一梦。赶紧他上外边儿了，到自个儿院子一看哪这骡子都没了。完了呢这个他就着急吧，着急说这骡子丢了怎么办呢？随后等早清儿他就在院里转，一直转到大清早，门一开，他那几十匹骡子全回来了，累得是满头大汗。说这怎么回事呢，把骡子累的？赶紧找那姓肖的老头儿说你这，把这情况一学，那个肖老头儿说你瞧我这骡子也刚回来，也一身汗，都在棚里趴着，都站不起来累的。

这当口儿呢，听到山上哪有钟声响起，也有风铃声，有钟声，说这是怎么回事？他俩就奔山顶儿走，拿着棍子就奔山顶儿找去了。一瞧一座庙在那山顶儿上呢，就这个风刮这个铜铃，这房角这铃铛一刮，那个钟也响。说这是怎么来的，一宿儿？正在疑惑之中啊，抬头一看，那白胡子老头儿在云彩里儿呢，说你们俩认得我吗？那个常老头儿说我瞅你有点面熟，忽然想起来了，是家里供的菩萨，说这个你们俩这以后驮煤去吧，什么事儿没有了，老虎也没了。

所以呢传说这山上的庙是老常家跟老肖家的骡子给驮来的。

（发音人：何大志）

（二）朱元璋选墓地

话说这个朱元璋打了天下做了皇上了，做了皇上坐了金銮殿，他就该想，他早晚得有百年之后的事，是吧？得找选墓地。

有一天他俩，就刘伯温他俩人儿，带着刘伯温化妆私访，就走到这个昌平，昌平这什么地方？现在的十三陵水库左右吧。那天他看见有一个轿子，抬着轿子结婚的就是，朱元璋跟刘伯温他俩就纳闷儿，说人家结婚都是三六九，他怎么来一个说今天是初五，他怎么结婚，这个日子办什么结婚呢？说办喜事儿，说这日子不对，说咱们跟着看看怎么回事。

朱元璋和刘伯温他俩人儿就跟着这轿子，跟着轿子就去。走了一段路以后进了一个村儿，进了人家儿办喜事，他就到那儿，不是有账房先生嘛，你交钱就可以坐席，完了俩人交了一两银子，一人交了一两银子，到账房先生那儿，就坐席。坐席吃着吃着饭，吃饭的时候得有张罗人儿啊，得劝酒什么的，有大了①，现在的话说叫大了，农村。这一老头儿，这白胡子老头儿也挺干净的，反正用现在的话说挺有风度。就把这白胡子老头说，您过来，问您点儿事儿。这老头说什么事您说吧。拉到一边儿就说，说人家办事儿结婚都是三六九挑好日子，说咱们办事怎么来挑个初五？今天，不是办喜事的日子？说这个有解法。说有什么解法？今天挑的什么日子？今天是青龙和白虎，青龙白虎就是皇上宰相，是吧？今天到这儿来。这个刘伯温一听，让人给看破了，知道他俩身份，说喝酒，喝酒，不说了，就喝酒。

---

① 大了 [liau²¹⁴]：农村张罗红白喜事的人。

喝完酒，席已经散了，也没人儿了，把老头儿给叫到一小屋儿，说您来您来，再跟您请教。到那屋儿这刘伯温就给这老头跪下了，把门一插就跪下了。这老头说你们俩干嘛来了？说是选坟地来了，跟他说实话了，说实话这不是说选坟地呢，说那得请您，看着您挺有知识，挺有学问，您帮着我们去选选。说可以。

他就把他们领着这潮白河北岸这儿，说你们就在这儿，说一看是前边儿有河，后边儿有山，青山绿水，都挺好，这风水是好地方。说一直能埋到河南，他就以为，这刘伯温跟朱元璋就以为一直埋到河南是什么哪儿？说河南省就是黄河以南，其实意思就是白河潮河以南，潮白河南边儿。

(发音人：何大志)

四　自选条目

(一)

宛平城的知县——一年一换。[uan²¹ pʰiŋ³⁵ tʂəŋ³⁵ tə⁰ tʂʅ⁵⁵ ɕian⁵¹，i⁵¹ nian³⁵ i·³⁵ xuan⁵¹]

(二)

天桥的把式——净说不练。[tʰian⁵⁵ tɕʰiau³⁵ tə⁰ pa²¹ ʂʅ⁰，tɕiŋ⁵¹ ʂuo⁵⁵ pu³⁵ lian⁵¹]

(三)

哑巴吃黄连——有苦说不出。[ia²¹ pa⁰ tʂʰʅ⁵⁵ xuaŋ³⁵ lian³⁵，iou³⁵ kʰu²¹ ʂuo⁵⁵ pu⁰ tʂʰu⁵⁵]

(四)

哑巴吃饺子——心里有数。[ia²¹ pa⁰ tʂʰʅ⁵⁵ tɕiau²¹ tsʅ⁰，ɕin⁵⁵ li⁰ iou²¹ ʂu⁵¹]

(五)

老太太吃柿子——专拣软的捏。[lau²¹ tʰai⁵¹ tʰai⁰ tʂʰʅ⁵⁵ ʂʅ⁵¹ tsʅ⁰，tʂuan⁵⁵ tɕian²¹ ʐuan²¹ tə⁰ nie⁵⁵]

(六)

小葱拌豆腐——一清二白。[ɕiau²¹ tsʰuŋ⁵⁵ pan⁵³ tou⁵¹ fu⁰，i⁵¹ tɕʰiŋ⁵⁵ ɚ⁵¹ pai³⁵]

(自选条目发音人：何大志)

门头沟

一　歌谣

（一）

小孩儿小孩儿你别馋，［ɕiau²¹ xɐr³⁵ ɕiau²¹ xɐr³⁵ ni²¹ pie³⁵ tʂʰan³⁵］
过了腊八就是年。［kuo⁵¹ lə⁰ la⁵¹ pa⁵⁵ tɕiou⁵³ ʂʅ⁵¹ nian³⁵］
腊八粥，喝几天，［la⁵¹ pa⁰ tʂou⁵⁵, xɤ⁵⁵ tɕi²¹ tʰian⁵⁵］
哩哩啦啦二十三。［li⁵⁵ li⁰ la⁵⁵ la⁵⁵ ɚ⁵¹ ʂʅ³⁵ san⁵⁵］
二十三，糖瓜粘。［ɚ⁵¹ ʂʅ³⁵ san⁵⁵, tʰaŋ³⁵ kua⁵⁵ tʂan⁵⁵］
二十四，扫房子。［ɚ⁵¹ ʂʅ³⁵ sʅ⁵¹, sau²¹ faŋ³⁵ tsʅ⁰］
二十五，冻豆腐。［ɚ⁵¹ ʂʅ³⁵ u²¹⁴, tuŋ⁵³ tou⁵¹ fu⁰］
二十六，去买肉。［ɚ⁵¹ ʂʅ³⁵ liou⁵¹, tɕʰy⁵¹ mai²¹ ʐou⁵¹］
二十七，宰公鸡。［ɚ⁵¹ ʂʅ³⁵ tɕʰi⁵⁵, tsai²¹ kuŋ⁵⁵ tɕi⁵⁵］
二十八，把面发。［ɚ⁵¹ ʂʅ³⁵ pa⁵⁵, pa²¹ mian⁵¹ fa⁵⁵］
二十九，蒸馒头。［ɚ⁵¹ ʂʅ³⁵ tɕiou²¹⁴, tʂəŋ⁵⁵ man³⁵ tʰou⁰］
三十晚上熬一宿，［san⁵⁵ ʂʅ³⁵ uan²¹ ʂaŋ⁰ au³⁵ i⁵¹ ɕiou²¹⁴］
初一初二满街走。［tʂʰu⁵⁵ i⁵⁵ tʂʰu⁵⁵ ɚ⁵¹ man²¹ tɕie⁵⁵ tsou²¹⁴］

（二）

糖瓜祭灶，新年来到。［tʰaŋ³⁵ kua⁵⁵ tɕi⁵³ tsau⁵¹, ɕin⁵⁵ nian³⁵ lai³⁵ tau⁵¹］
姑娘要花，小子要炮。［ku⁵⁵ niaŋ⁰ iau⁵¹ xua⁵⁵, ɕiau²¹ tsʅ⁰ iau⁵³ pʰau⁵¹］
老头儿要顶新毡帽，［lau²¹ tʰour³⁵ iau⁵¹ tiŋ²¹ ɕin⁵⁵ tʂan⁵⁵ mau⁵¹］
老太太要件新棉袄。［lau²¹ tʰai⁵¹ tʰai⁰ iau⁵¹ tɕian⁵¹ ɕin⁵⁵ mian³⁵ au²¹⁴］

（三）

小耗子，上灯台。［ɕiau²¹ xau⁵¹ tsʅ⁰, ʂaŋ⁵¹ təŋ⁵⁵ tʰai³⁵］

偷吃油，下不来。[tʰou⁵⁵ tʂʰʅ⁵⁵ iou³⁵, ɕia⁵¹ pu⁰ lai⁰]
"吱儿吱儿"叫奶奶，[tʂər⁵⁵ tʂər⁵⁵ tɕiau⁵¹ nai²¹ nai⁰]
奶奶也不来，[nai²¹ nai⁰ ie²¹ pu⁵¹ lai⁰]
叽里咕噜滚下来。[tɕi⁵⁵ li⁰ ku⁵⁵ lu⁵⁵ kuən²¹ ɕia⁵¹ lai⁰]

（四）

小巴狗，戴铃铛，[ɕiau²¹ pa⁵⁵ kou²¹, tai⁵¹ liŋ³⁵ taŋ⁰]
稀哩哗啦到集上。[ɕi⁵⁵ li⁰ xua⁵⁵ la⁵⁵ tau⁵¹ tɕi³⁵ ʂaŋ⁰]
买个桃儿，桃儿有毛。[mai²¹ kə⁰ tʰɑur³⁵, tʰɑur³⁵ iou²¹ mau³⁵]
买个杏儿，杏儿又酸。[mai²¹ kə⁰ ɕiə̃r⁵¹, ɕiə̃r⁵³ iou⁵¹ suan⁵⁵]
买个沙果面蛋蛋。[mai²¹ kə⁰ ʂa⁵⁵ kuo⁰ mian⁵³ tan⁵¹ tan⁰] 面：松软
小巴狗，上南山，[ɕiau²¹ pa⁵⁵ kou²¹, ʂaŋ⁵¹ nan³⁵ ʂan⁵⁵]
拾大米，捞干饭。[ʂʅ³⁵ ta⁵¹ mi²¹⁴, lau⁵⁵ kan⁵⁵ fan⁵¹]
爹一碗，娘一碗。[tie⁵⁵ i˙⁵¹ uan²¹⁴, niaŋ³⁵ i˙⁵¹ uan²¹⁴]
气得巴狗白瞪眼。[tɕʰi⁵¹ tə⁰ pa⁵⁵ kou²¹ pai³⁵ təŋ⁵¹ ian²¹⁴]

（发音人：石佳鑫）

二　规定故事

牛郎和织女 [niou³⁵ laŋ³⁵ xɤ³⁵ tʂʅ⁵⁵ ny²¹⁴]

古时候儿啊，有个小伙子，[ku²¹ ʂʅ³⁵ xour⁰ a⁰, iou²¹ kə⁰ ɕiau³⁵ xuo²¹ tsʅ⁰]
他爹妈过世得早，[tʰa⁵⁵ tie⁵⁵ ma⁵⁵ kuo⁵³ ʂʅ⁵¹ tə⁰ tsau²¹⁴]
孤苦伶仃，孤苦伶仃的。[ku⁵⁵ kʰu²¹ liŋ³⁵ tiŋ⁵⁵, ku⁵⁵ kʰu²¹ liŋ³⁵ tiŋ⁵⁵ tə⁰]
他们家有一头牛，[tʰa⁵⁵ mən⁰ tɕia⁵⁵ iou²¹ i˙⁵¹ tʰou³⁵ niou³⁵]
所以大伙儿都给起了个名儿，[suo³⁵ i²¹ ta⁵¹ xuor²¹ tou⁵⁵ kei³⁵ tɕʰi²¹ lə⁰ kə⁰ miə̃r³⁵]
给小伙子起了个名儿，[kei²¹ ɕiau³⁵ xuo²¹ tsʅ⁰ tɕʰi²¹ lə⁰ kə⁰ miə̃r³⁵]
叫牛郎。[tɕiau⁵¹ niou³⁵ laŋ³⁵]
牛郎就靠这头老牛，[niou³⁵ laŋ³⁵ tɕiou⁵³ kʰau⁵³ tʂɤ⁵¹ tʰou³⁵ lau²¹ niou³⁵]
一起过生活。[i⁵¹ tɕʰi²¹ kuo⁵¹ ʂəŋ⁵⁵ xuo⁰]
时间长了，[ʂʅ³⁵ tɕian⁵⁵ tʂʰaŋ³⁵ lə⁰]
老牛非常喜欢牛郎，[lau²¹ niou³⁵ fei⁵⁵ tʂʰaŋ³⁵ ɕi²¹ xuan⁵⁵ niou³⁵ laŋ³⁵]
他看牛郎非常勤劳，[tʰa⁵⁵ kʰan⁵¹ niou³⁵ laŋ³⁵ fei⁵⁵ tʂʰaŋ³⁵ tɕʰin³⁵ lau³⁵]

所以他想着给牛郎成个家。［suo³⁵i²¹tʰa⁵⁵ɕiaŋ²¹tʂə⁰kei²¹niou³⁵laŋ³⁵tʂʰəŋ³⁵kə⁰tɕia⁵⁵］

有一天，老牛，［iou²¹i⁵³tʰian⁵⁵，lau²¹niou³⁵］
老牛就是天上的金牛星，［lau²¹niou³⁵tɕiou⁵³ʂʅ⁵¹tʰian⁵⁵ʂaŋ⁰tə⁰tɕin⁵⁵niou³⁵ɕiŋ⁵⁵］
他突然得知［tʰa⁵⁵tʰu⁵⁵ʐan³⁵tɤ³⁵tʂʅ⁵⁵］
天上边儿仙女儿要到［tʰian⁵⁵ʂaŋ⁵¹pɐr⁰ɕian⁵⁵nyər²¹iau⁵³tau⁵¹］
村东边山脚下边儿［tsʰuən⁵⁵tuŋ⁵⁵pian⁵⁵ʂan⁵⁵tɕiau²¹ɕia⁵¹piɐr⁰］
湖里洗澡。［xu³⁵li²¹ɕi³⁵tsau²¹⁴］
后来就给牛郎托了个梦，［xou⁵¹lai³⁵tɕiou⁵¹kei²¹niou³⁵laŋ³⁵tʰuo⁵⁵lə⁰kə⁰məŋ⁵¹］
让他第二天早清儿［ʐaŋ⁵¹tʰa⁵⁵ti⁵³ɚ⁵¹tʰian⁵⁵tsau²¹tɕʰiə̃r⁵⁵］
上村东边儿的［ʂaŋ⁵³tsʰuən⁵⁵tuŋ⁵⁵piɐr⁵⁵tə⁰］
山脚下看看有没有。［ʂan⁵⁵tɕiau²¹ɕia⁵¹kʰan⁵¹kʰan⁰iou²¹mei³⁵iou²¹⁴］
后来，朦朦胧胧的［xou⁵³lai³⁵，məŋ³⁵məŋ⁰luŋ⁵⁵luŋ⁰te⁰］
牛郎就去了，［niou³⁵laŋ³⁵tɕiou⁵³tɕʰy⁵¹lə⁰］
去了真是看见［tɕʰy⁵¹lə⁰tʂən⁵⁵ʂʅ⁵¹kʰan⁵³tɕian⁵¹］
七个仙女儿在戏耍。［tɕʰi⁵⁵kə⁰ɕian⁵⁵nyər²¹⁴tsai⁵³ɕi⁵¹ʂua²¹⁴］
后来，他赶紧地就把那个［xou⁵¹lai³⁵，tʰa⁵⁵kan³⁵tɕin²¹⁴tɕiou⁵³pa²¹na⁵¹kə⁰］
织女们挂到树上的衣裳，［tʂʅ⁵⁵ny²¹⁴mən⁰kua⁵¹tau⁵³ʂu⁵¹ʂaŋ⁰tə⁰i⁵⁵ʂaŋ⁰］
他扯了一件儿，［tʰa⁵⁵tʂʰɤ²¹lə⁰i³⁵tɕiɐr⁵¹］
赶紧地慌慌张张就回家了。［kan³⁵tɕin²¹tə⁰xuaŋ⁵⁵xuaŋ⁰tʂaŋ⁵⁵tʂaŋ⁰tɕiou⁵³xuei³⁵tɕia⁵⁵lə⁰］
他扯这挂树上这衣服是谁的？［tʰa⁵⁵tʂʰɤ²¹tʂɤ⁵³kua⁵³ʂu⁵¹ʂaŋ⁰tʂɤ⁵¹i⁵⁵ʂaŋ⁰ʂʅ⁵¹ʂuei³⁵tə⁰］
就是七仙女儿的衣裳，［tɕiou⁵³ʂʅ⁵¹tɕʰi⁵⁵ɕian⁵⁵nyər²¹⁴tə⁰i⁵⁵ʂaŋ⁰］
粉红色的，［fən²¹xuŋ³⁵sɤ⁵¹tə⁰］
回家以后，当天晚上那个［xuei³⁵tɕia⁵⁵i²¹xou⁵¹，taŋ⁵¹tʰian⁵⁵uan²¹ʂaŋ⁰na⁵¹kə⁰］
仙女儿敲开牛郎家的门，［ɕian⁵⁵nyər²¹⁴tɕʰiau⁵⁵kʰai⁰niou³⁵laŋ³⁵tɕia⁵⁵tə⁰mən³⁵］
谁啊？就是七仙女儿，［ʂei³⁵a⁰？tɕiou⁵³ʂʅ⁵¹tɕʰi⁵⁵ɕian⁵⁵nyər²¹⁴］
两个人变成了夫妻。［liaŋ²¹kə⁰ʐən³⁵pian⁵¹tʂʰəŋ³⁵lə⁰fu⁵⁵tɕʰi⁵⁵］

时间过得很快，［ʂʅ³⁵tɕian⁵⁵kuo⁵³tə⁰xən²¹kʰuai⁵¹］
一晃三年过去了，小两口儿［i⁵¹xuaŋ²¹⁴san⁵⁵nian³⁵kuo⁵³tɕʰy⁵¹lə⁰，ɕiau²¹liaŋ³⁵kʰour²¹⁴］
婚后的生活特别幸福，［xuən⁵⁵xou⁵³tə⁰ʂəŋ⁵⁵xuo⁰tʰɤ⁵¹pie³⁵ɕiŋ⁵¹fu⁰］
还生了一对儿龙凤胎，［xai³⁵ʂəŋ⁵⁵lə⁰i³⁵tuɐr⁵¹luŋ³⁵fəŋ⁵¹tʰai⁵⁵］
非常幸福。［fei⁵⁵tʂʰaŋ³⁵ɕiŋ⁵¹fu⁰］

这时候儿仙女们下到人间，[tʂɤ⁵¹ʂʅ³⁵xour⁰ɕian⁵⁵ny²¹mən⁰ɕia⁵³tau⁵¹ʐən³⁵tɕian⁵⁵]
这个事儿叫玉皇大帝知道了，[tʂɤ⁵¹kə⁰ʂər⁵¹tɕiau⁵³y⁵¹xuaŋ³⁵ta⁵³ti⁵¹tʂʅ⁵⁵tau⁰lə⁰]
后来，玉皇大帝发现以后，[xou⁵¹lai³⁵，y⁵¹xuaŋ³⁵ta⁵³ti⁵¹fa⁵⁵ɕian⁵¹i²¹xou⁵¹]
他就狂风大造，[tʰa⁵⁵tɕiou⁵¹kʰuaŋ³⁵fəŋ⁵⁵ta⁵³tsau⁵¹]
又下雨，又刮大风，[iou⁵³ɕia⁵¹y²¹⁴，iou⁵³kua⁵⁵ta⁵¹fəŋ⁵⁵]
这一刮，七仙女儿找不着了。[tʂɤ⁵³i⁵¹kua⁵⁵，tɕʰi⁵⁵ɕian⁵⁵nyər²¹⁴tʂau²¹pu⁰tʂau³⁵lə⁰]
本来龙凤胎多好，[pən²¹lai³⁵luŋ³⁵fəŋ⁵¹tʰai⁵⁵tuo³⁵xau²¹⁴]
这一阵风仙女儿见不到了，[tʂɤ⁵³i⁵¹tʂən⁵³fəŋ⁵⁵ɕian⁵⁵nyər²¹tɕian⁵¹pu⁰tau⁵¹lə⁰]
这两个孩子哭着喊着要妈妈，[tʂɤ⁵¹liaŋ²¹kə⁰xai³⁵tsʅ⁰kʰu⁵⁵tʂə⁰xan²¹tʂə⁰iau⁵¹ma⁵⁵ma⁰]
牛郎也没办法儿。[niou³⁵laŋ³⁵ie²¹mei³⁵pan⁵¹fɚ⁰]

但这个时候儿呢，老牛 [tan⁵³tʂɤ⁵¹kə⁰ʂʅ³⁵xour⁰nə⁰，lau²¹niou³⁵]
就是金牛星开始说话了。[tɕiou⁵³ʂʅ⁵¹tɕin⁵⁵niou³⁵ɕiŋ⁵⁵kʰai⁵⁵ʂʅ²¹ʂuo⁵⁵xua⁵¹lə⁰]
跟牛郎说："别着急，[kən⁵⁵niou³⁵laŋ³⁵ʂuo⁵⁵：pie³⁵tʂau³⁵tɕi³⁵]
你把我的角拿下来，[ni³⁵pa³⁵uo²¹tə⁰tɕiau²¹na³⁵ɕia⁵¹lai⁰]
变成两个箩筐，你挑着 [pian⁵¹tʂʰəŋ³⁵liaŋ²¹kə⁰luo³⁵kʰuaŋ⁵⁵，ni²¹tʰiau⁵⁵tʂə⁰]
孩子们就可以上天了。"[xai³⁵tsʅ⁰mən⁰tɕiou⁵¹kʰɤ³⁵i²¹ʂaŋ⁵¹tʰian⁵⁵lə⁰]
后来，刚说完，牛郎一回头儿，[xou⁵¹lai³⁵，kaŋ⁵⁵ʂuo⁵⁵uan³⁵，niou³⁵laŋ³⁵i⁵¹xuei³⁵tʰour³⁵]
金牛星的两个牛角掉地下了，[tɕin⁵⁵niou³⁵ɕiŋ⁵⁵tə⁰liaŋ²¹kə⁰niou³⁵tɕiau²¹tiau⁵³ti⁵¹ɕia⁰lə⁰]
果然是变成了两个箩筐。[kuo²¹ʐan³⁵ʂʅ⁵¹pian⁵¹tʂʰəŋ³⁵lə⁰liaŋ²¹kə⁰luo³⁵kʰuaŋ⁵⁵]
牛郎挑着两个箩筐，[niou³⁵laŋ³⁵tʰiau⁵⁵tʂə⁰liaŋ²¹kə⁰luo³⁵kʰuaŋ⁵⁵]
一个是儿，一个是女，[i³⁵kə⁰ʂʅ⁵¹ɚ³⁵，i³⁵kə⁰ʂʅ⁵¹ny²¹⁴]
忽然之间刮起大风来了，[xu⁵⁵ʐan³⁵tʂʅ⁵⁵tɕian⁵⁵kua⁵⁵tɕʰi²¹ta⁵¹fəŋ⁵⁵lai³⁵lə⁰]
刮，刮，刮地，好像牛郎 [kua⁵⁵，kua⁵⁵，kua⁵⁵tə⁰，xau²¹ɕiaŋ⁵¹niou³⁵laŋ³⁵]
感觉就像飞起来一样，[kan²¹tɕye³⁵tɕiou⁵³ɕiaŋ⁵¹fei⁵⁵tɕʰi²¹lai³⁵i³⁵iaŋ⁵¹]
飞呀飞呀，[fei⁵⁵ia⁰fei⁵⁵ia⁰]
眼看着就跟，[ian²¹kʰan⁵¹tʂə⁰tɕiou⁵¹kən⁵⁵]
快追上织女了。[kʰuai⁵¹tʂuei⁵⁵ʂaŋ⁰tʂʅ⁵⁵ny²¹lə⁰]
这时候儿呢，王母娘娘发现了，[tʂɤ⁵¹ʂʅ³⁵xour⁰nə⁰，uaŋ³⁵mu⁵¹niaŋ³⁵niaŋ³⁵fa⁵⁵ɕian⁵¹lə⁰]
她从头上拔下那金钗，[tʰa⁵⁵tsʰuŋ³⁵tʰou³⁵ʂaŋ⁰pa³⁵ɕia⁰na⁵¹tɕin⁵⁵tʂʰai⁵⁵]
一划，变成了 [i⁵¹xua³⁵，pian⁵¹tʂʰəŋ³⁵lə⁰]
一个波涛滚滚的天河，[i³⁵kə⁰pʰo⁵⁵tʰau⁵⁵kuən²¹kuən⁰tə⁰tʰian⁵⁵xɤ³⁵]
生生地把小两口儿隔开了。[ʂəŋ⁵⁵ʂəŋ⁵⁵tə⁰pa³⁵ɕiau²¹liaŋ³⁵kʰour²¹kɤ³⁵kʰai⁵⁵lə⁰]

喜鹊非常喜欢牛郎和织女，［ɕi²¹ tɕʰye⁵¹ fei⁵⁵ tʂʰaŋ³⁵ ɕi²¹ xuan⁵⁵ niou³⁵ laŋ³⁵ xɤ³⁵ tʂʅ⁵⁵ ny²¹⁴］

每年的七月七，［mei²¹ nian³⁵ tə⁰ tɕʰi⁵⁵ ye⁵¹ tɕʰi⁵⁵］

成千上万只喜鹊飞到天河，［tʂʰəŋ³⁵ tɕʰian⁵⁵ ʂaŋ⁵³ uan⁵¹ tʂʅ⁵⁵ ɕi²¹ tɕʰye⁵¹ fei⁵⁵ tau⁰ tʰian⁵⁵ xɤ³⁵］

喜鹊的头接喜鹊的尾，［ɕi²¹ tɕʰye⁵¹ tə⁰ tʰou³⁵ tɕie⁵⁵ ɕi²¹ tɕʰye⁵¹ tə⁰ uei²¹⁴］

变成长长的鹊桥，［pian⁵¹ tʂʰəŋ³⁵ tʂʰaŋ³⁵ tʂʰaŋ³⁵ tə⁰ tɕʰye⁵¹ tɕʰiau³⁵］

让牛郎织女团聚。［ʐaŋ⁵¹ niou³⁵ laŋ³⁵ tʂʅ⁵⁵ ny²¹ tʰuan³⁵ tɕy⁵¹］

（发音人：彭德才）

三　其他故事

（一）门头沟的变化

当初我们门头沟啊，是一矿区，采煤，以采煤，采煤业为主，另外生产点儿，那个那个建筑材料，石灰啊，石灰石啊，水泥那个那个原材料，是吧。现在呢，门头沟呢，又变成了是那个综合服务区了，主要为了是，嗯是一个，要建成最好的，宜居城区，是吧，生态旅游，搞这个。

现在尤其我们这届政府，两届政府吧，把我们门头沟区，搞得是那个特别好。尤其我们这个双峪环岛，以前上几届政府啊，想治理环岛，从来没治理好。自从这届政府吧，通过这个把这个双峪环岛改造之后，交通显得特别发达。尤其从门头沟到城区，到这个阜石路高架，是为门头沟解决出行第二条快速路。呃，将来以后，长安街西延以后，门头沟人的生活要更好。

尤其这几年，是吧，通过这个，这个招商引资，把这个世界最知名的是哪个公司呀，国外的哪个公司没记清，要建一个星级的一个，七星级的宾馆，搞黄金贸易的。

嗯，我呢，就说，说到这儿以后呢，尤其啊，希望大家呢，嗯，从地图上看一看，是吧，门头沟虽然是一条，在西部，叫门头沟，实际门头沟是特别，最宜居，最适应大家居住的地方，而且我们的招商引资政策也特别好。希望呢，通过这么聊天儿，对门头沟人哪，有一个新的认识，我们不是沟儿里人，姆⁼们要和世界接轨，要和这个城里人接轨。

嗯，S1线正在启动，将来门头沟人出行，又增加一条快速快捷的通道。S1线是从门头沟的石门营，到，路经石景山，到五路居最快的一条磁悬浮，磁悬浮的一个S1线。是，按，按咱们现在国家来说吧，是第一条实验、实验路，将来可能还有多条。

嗯，就是说呢，意思呢，我这儿，说到这儿什么意思，就是说，将来以后，姆̄们S1线通、通车以后，到门头沟来旅游，上山，潭柘寺、戒台寺、妙峰山、灵山、百花山，都是特别希望大家玩儿的地方，特别好。

将来南水北调，东线，西线建成后，啊，从山西水源，通过桑干河到永定河，完了从官厅水库到咱门头沟，是将来的一条，正好的一条水带，就是那个生态水带。

希望大家呢，以后到门头沟来，经常，串串，看看。而且门头沟的发展，109国道将来要修成复线。以后再进山，就不用再盘山越岭，就可以直，走快速，快速将来是准高速吧，就可以到门头沟最远的地方，到百花山、灵山、小龙门儿去玩儿了，特别好。

（摘自老男话语讲述，发音人：谭忠义）

（二）俩儿子

有这么一个老头儿，这老头儿有两个儿子。在很年轻的时候他老伴儿就去世了，这俩儿子呢一把屎一把尿，就被这老头给慢慢儿慢慢儿培养成人了。两个孩子挺有出息，都考上大学了，考上大学以后都在北京都有家室，有分的工作，工作也不错。

这老头儿当时呢，身体还觉着身体身强力壮的，说挺不错的，在家里边儿以拾破烂儿为生，收破烂儿为生。完了一来二去的他就觉得身体不行了，他想着就说到城里头找儿子安度晚年去吧。

他就背着一个麻袋到某某公司门口，他说找谁谁谁，叫什么什么。到这儿完了保安就往上通报了，通报说下边儿有个老头儿找李经理。这李经理出去一看，他就假装不认识他，说你哪儿的？他说是他老乡，他都不敢说是他爹，他说是他老乡。他从楼上下来，说你赶紧去，他说你找你二儿子去，我这儿忙着呢，没工夫儿招待你。这老头儿背着这么，一瞅他背着麻袋像拾破烂儿，穿着衣服挺破烂儿的，挺旧、挺破、挺脏的，他就不想认他，这儿子。他说你赶紧找你老二去吧。

没办法，等这个老头儿背着麻袋上一个某某饭店那儿找他二儿子去。到这个饭店门口儿，也有保安哪，说老大爷，您找谁？他说找金宝儿。说他是后厨的，他们忙着呢，说您来上屋喽先喝点儿水。服务员给他倒点水，在一个餐桌上给倒点儿水，说等着我给您叫去。叫去了，说有一个老头儿找您来了，他就把这个菜炒完了，从那后厨就出来了，出来了就说，爹，说你怎么来了？说我还说过两天我放假我把你接来呢。他爹说，我这两天我觉得我哪哪儿不舒服，我想看看你们俩。说行，说我跟后厨儿说咱先吃饭，吃完说这个是你儿媳妇，都在那里，都成家了。他说这个是你儿媳妇，就这服务员儿，跟这服务员儿说，小花儿，说叫爹，这是爹。然后赶紧说弄饭去，弄饭吃完饭咱回家。

回家，他二儿子说这麻袋扔了它吧，挺脏的，要它干嘛？他老爹说那可不能扔，说我还有用呢。那有用就拿着吧。等到楼上，把这麻袋一解开，往出倒出这百元钞票，一捆儿一捆儿的，好几十万，给他背来。

完了他的大儿子听说了，说他家喽_{家里}，爹这么多钱，都给他二儿子，那不行。又跟他二儿子分这点儿钱去了。那个，他爹说了，说我当初找你，你不是说我是你同乡吗？你不是不认识我吗？

（发音人：彭德才）

四　自选条目

（一）

卢沟桥的狮子——数不清　[lu³⁵ kou⁵⁵ tɕʰiau³⁵ tə⁰ ʂʅ⁵⁵ tsʅ⁰，ʂu²¹ pu⁰ tɕʰiŋ⁵⁵]

（二）

天桥的把式——净说不练　[tʰian⁵⁵ tɕʰiau³⁵ tə⁰ pa²¹ ʂʅ⁰，tɕiŋ⁵¹ ʂuo⁵⁵ pu³⁵ lian⁵¹]

（三）

宛平城的知县——一年一换　[uan²¹ pʰiŋ³⁵ tʂʰəŋ³⁵ tə⁰ tʂʅ⁵⁵ ɕian⁵¹，i⁵¹ nian³⁵ i³⁵ xuan⁵¹]

（四）

前门楼子搭把手——好大的架子　[tɕʰian³⁵ mən³⁵ lou³⁵ tsʅ⁰ ta⁵⁵ pa³⁵ ʂou²¹⁴，xau²¹ ta⁵¹ tə⁰ tɕia⁵¹ tsʅ⁰]

（五）

药王庙进香——自讨苦吃　[iau⁵¹ uaŋ³⁵ miau⁵¹ tɕin⁵¹ ɕiaŋ⁵⁵，tsʅ⁵¹ tʰau³⁵ kʰu²¹ tʂʰʅ⁵⁵]

（六）

万春亭上谈心——说风凉话　[uan⁵¹ tʂʰuən⁵⁵ tʰiŋ³⁵ ʂaŋ⁰ tʰan³⁵ ɕin⁵⁵，ʂuo⁵⁵ fəŋ⁵⁵ liaŋ³⁵ xua⁵¹]

（万春亭是北京景山中峰上的凉亭，因其地势高而八面来风。）

（七）

买鼻烟壶不闻——装着玩儿　[mai²¹pi³⁵ian⁵⁵xu³⁵pu⁵¹uən³⁵，tʂuaŋ⁵⁵tʂə⁰uɐɻ³⁵]

（八）

七月十五吃月饼——赶先（鲜）儿　[tɕʰi⁵⁵ye⁵¹ʂʅ³⁵u²¹tʂʰʅ⁵⁵ye⁵¹piŋ⁰，kan²¹ɕiɐɻ⁵⁵]

（九）

后脑勺儿留辫子——随便（辫）儿　[xou⁵¹nau²¹ʂɑuɻ³⁵liou³⁵pian⁵¹tsʅ⁰，suei³⁵piɐɻ⁰]

（十）

皇家的祠堂——太妙（庙）　[xuaŋ³⁵tɕia⁰tə⁰tsʰʅ³⁵tʰaŋ³⁵，tʰai⁵³miau⁵¹]

（十一）

蝎子拉屎——独（毒）一份儿　[ɕie⁵⁵tsʅ⁰la⁵⁵ʂʅ²¹⁴，tu³⁵i³⁵fəɻ⁵¹]

（十二）

枣树下面站岗——早（枣）班儿　[tsau²¹ʂu⁵³ɕia⁵¹mian⁰tʂan⁵¹kaŋ²¹⁴，tsau²¹pɐɻ⁵⁵]

（自选条目发音人：石佳鑫）

昌　平

一　歌谣

一九二九不出手，［i⁵⁵ tɕiou²¹ ɚ⁵³ tɕiou²¹ pu⁵³ tʂʰu⁵⁵ ʂou²¹⁴］
三九四九冰上走。［san⁵⁵ tɕiou²¹ sʅ⁵³ tɕiou²¹ piŋ⁵⁵ ʂaŋ⁰ tsou²¹⁴］
五九六九，［u³⁵ tɕiou²¹ liou⁵³ tɕiou²¹］
河边看杨柳。［xɤ³⁵ pian⁵⁵ kʰan⁵³ iaŋ³⁵ liou²¹⁴］
七九河开，［tɕʰi⁵⁵ tɕiou²¹ xɤ³⁵ kʰai⁵⁵］
八九雁来。［pa⁵⁵ tɕiou²¹ ian⁵³ lai³⁵］
九九加一九，［tɕiou³⁵ tɕiou²¹ tɕia⁵⁵ i⁵³ tɕiou²¹⁴］
耕牛遍地走。［kəŋ⁵⁵ niou³⁵ pian⁵³ ti⁵³ tsou²¹⁴］

（发音人：田新民）

二　规定故事

牛郎和织女　［niou³⁵ laŋ³⁵ xɤ³⁵ tʂʅ⁵⁵ ny²¹⁴］

很久很久以前，［xən³⁵ tɕiou²¹ xən³⁵ tɕiou²¹ i²¹ tɕʰian³⁵］
有一个小伙子，［iou²¹ i³⁵ kə⁰ ɕiau³⁵ xuo²¹ tsʅ⁰］
家里很穷，孤苦伶仃。［tɕia⁵⁵ li⁰ xən²¹ tɕʰyŋ³⁵，ku⁵⁵ kʰu²¹ liŋ³⁵ tiŋ⁵⁵］
他家里有一头老牛，［tʰa⁵⁵ tɕia⁵⁵ li⁰ iou²¹ i⁵³ tʰou³⁵ lau²¹ niou³⁵］
他和老牛耕地为生。［tʰa⁵⁵ xɤ³⁵ lau²¹ niou³⁵ kəŋ⁵⁵ ti⁵¹ uei³⁵ ʂəŋ⁵⁵］

这头老牛原来是［tʂɤ⁵³ tʰou³⁵ lau²¹ niou³⁵ yan³⁵ lai⁰ ʂʅ⁵³］
天上的金牛星。［tʰian⁵⁵ ʂaŋ⁰ tə⁰ tɕin⁵⁵ niou³⁵ ɕiŋ⁵⁵］
金牛星觉得小伙子［tɕin⁵⁵ niou³⁵ ɕiŋ⁵⁵ tɕye³⁵ tə⁰ ɕiau³⁵ xuo²¹ tsʅ⁰］

勤劳善良，就决定［tɕʰin³⁵ lau³⁵ ʂan⁵³ liaŋ³⁵，tɕiou⁵³ tɕye³⁵ tiŋ⁵¹］
给这小伙子找一媳妇儿。［kei²¹ tʂɤ⁵¹ ɕiau³⁵ xuo²¹ tsʅ⁰ tʂau²¹ i³⁵ ɕi³⁵ fər⁰］
有一天，［iou²¹ i⁵³ tʰian⁵⁵］
老牛告诉这个小伙子，说：［lau²¹ niou³⁵ kau⁵³ su⁰ tʂɤ⁵³ kə⁰ ɕiau³⁵ xuo²¹ tsʅ⁰，ʂuo⁵⁵：］
"牛郎，明天你到湖边儿去，［niou³⁵ laŋ³⁵，miŋ³⁵ tʰian⁰ ni²¹ tau⁵³ xu³⁵ piɐr⁵⁵ tɕʰy⁰］
天上要下来几个仙女儿洗澡，［tʰian⁵⁵ ʂaŋ⁵¹ iau⁵³ ɕia⁵³ lai⁵³ tɕi²¹ kə⁰ ɕian⁵⁵ nyər²¹ ɕi³⁵ tsau²¹⁴］
你去偷件衣服来，［ni²¹ tɕʰy⁵¹ tʰou⁵⁵ tɕian⁵¹ i⁵⁵ fu⁰ lai⁰］
就可以成亲了。"［tɕiou⁵³ kʰɤ³⁵ i²¹⁴ tʂʰəŋ³⁵ tɕʰin⁵⁵ lə⁰］
牛郎半信半疑。［niou³⁵ laŋ³⁵ pan⁵³ ɕin⁵¹ pan⁵¹ ³⁵］
第二天早上蒙蒙亮，［ti⁵³ ɚ⁵³ tʰian⁵⁵ tsau²¹ ʂaŋ⁰ məŋ³⁵ məŋ⁰ liaŋ⁵¹］
他就来到了湖边，［tʰa⁵⁵ tɕiou⁵¹ lai³⁵ tau⁵¹ lə⁰ xu³⁵ pian⁵⁵］
偷偷儿往湖边儿那边儿看，［tʰou⁵⁵ tʰour⁰ uaŋ²¹ xu³⁵ piɐr⁵⁵ na⁵³ piɐr⁵⁵ kʰan⁵¹］
果然有几个［kuo²¹ ʐan³⁵ iou³⁵ tɕi²¹ kə⁰］
仙女儿正在洗澡。［ɕian⁵⁵ nyər²¹⁴ tʂəŋ⁵³ tsai⁵¹ ɕi³⁵ tsau²¹⁴］
牛郎马上跑过去，［niou³⁵ laŋ³⁵ ma⁵¹ ʂaŋ⁵¹ pʰau²¹ kuo⁵³ tɕʰy⁰］
把一件粉红色的衣服［pa²¹ i³⁵ tɕian⁵¹ fən²¹ xuŋ³⁵ sɤ⁵³ tə⁰ i⁵⁵ fu⁰］
抱起来就跑，［pau⁵³ tɕʰi²¹ lai⁰ tɕiou⁵³ pʰau²¹⁴］
一直跑到了家。［i⁵³ tʂʅ³⁵ pʰau²¹ tau⁵¹ lə⁰ tɕia⁵⁵］

这几个仙女儿［tʂɤ⁵³ tɕi²¹ kə⁰ ɕian⁵⁵ nyər²¹⁴］
就是天上下来的七个仙女儿。［tɕiou⁵³ ʂʅ⁵¹ tʰian⁵⁵ ʂaŋ⁰ ɕia⁵³ lai⁰ tə⁰ tɕʰi⁵⁵ kə⁰ ɕian⁵⁵ nyər²¹⁴］
丢掉衣服的这个，［tiou⁵⁵ tiau⁰ i⁵⁵ fu⁰ tə⁰ tʂɤ⁵³ kə⁰］
正是七个仙女儿之中［tʂəŋ⁵³ ʂʅ⁵¹ tɕʰi⁵⁵ kə⁰ ɕian⁵⁵ nyər²¹⁴ tʂʅ⁵⁵ tʂuŋ⁵⁵］
最小的一个。［tsuei⁵³ ɕiau²¹ tə⁰ i³⁵ kə⁰］
洗完澡以后，［ɕi²¹ uan³⁵ tsau²¹⁴ i²¹ xou⁵¹］
她七仙女儿发现［tʰa⁵⁵ tɕʰi⁵⁵ ɕian⁵⁵ nyər²¹⁴ fa⁵⁵ ɕian⁵¹］
自己的衣服不见了，［tsʅ⁵³ tɕi²¹ tə⁰ i⁵⁵ fu⁰ pu⁵⁵ tɕian⁵³ lə⁰］
才知道是让牛郎抱走了。［tsʰai³⁵ tʂʅ⁵⁵ tau⁰ ʂʅ⁵³ ʐaŋ⁵¹ niou³⁵ laŋ³⁵ pau⁵³ tsou²¹ lə⁰］
她就立刻来到了牛郎的家，［tʰa⁵⁵ tɕiou⁵³ li⁵³ kʰɤ⁵¹ lai³⁵ tau⁵³ lə⁰ niou³⁵ laŋ³⁵ tə⁰ tɕia⁵⁵］
和牛郎成了亲。［xɤ³⁵ niou³⁵ laŋ³⁵ tʂʰəŋ³⁵ lə⁰ tɕʰin⁵⁵］
牛郎和织女过着恩爱的生活，［niou³⁵ laŋ³⁵ xɤ³⁵ tʂʅ⁵⁵ ny²¹⁴ kuo⁵³ tʂə⁰ ən⁵⁵ ai⁵¹ tə⁰ ʂəŋ⁵⁵ xuo⁰］
他们整整过了三年，［tʰa⁵⁵ mən⁰ tʂəŋ³⁵ tʂəŋ²¹ kuo⁵³ lə⁰ san⁵⁵ nian³⁵］
生下了一男一女两个孩子。［ʂəŋ⁵⁵ ɕia⁰ lə⁰ i⁵¹ nan³⁵ i⁵¹ ny²¹ liaŋ²¹ kə⁰ xai³⁵ tsʅ⁰］

正当他们高高兴兴地　［tʂən⁵³ taŋ⁵⁵ tʰa⁵⁵ mən⁰ kau⁵⁵ kau⁰ ɕiŋ⁵³ ɕiŋ⁰ tə⁰］
过着美满生活的时候，［kuo⁵³ tʂə⁰ mei³⁵ man²¹ ʂəŋ⁵⁵ xuo⁰ tə⁰ ʂʅ³⁵ xou⁰］
有一天，［iou²¹ i⁵³ tʰian⁵⁵］
天上下起瓢泼大雨，［tʰian⁵⁵ ʂaŋ⁰ ɕia⁵³ tɕʰi²¹ pʰiau³⁵ pʰo⁵⁵ ta⁵³ y²¹⁴］
电闪雷鸣。［tian⁵³ ʂan²¹ lei³⁵ miŋ³⁵］
原来七仙女儿下凡的事儿　［yan³⁵ lai⁰ tɕʰi⁵⁵ ɕian⁵⁵ nyər²¹⁴ ɕia⁵³ fan³⁵ tə⁰ ʂər⁵¹］
让玉皇大帝知道了，［ʐaŋ⁵¹ y⁵³ xuaŋ³⁵ ta⁵³ ti⁵¹ tʂʅ⁵⁵ tau⁰ lə⁰］
他立刻派来了雷公爷，［tʰa⁵⁵ li⁵³ kʰɤ⁵¹ pʰai⁵³ lai⁰ lə⁰ lei³⁵ kuŋ⁰ ie³⁵］
传令要雷公爷　［tʂʰuan³⁵ liŋ⁵¹ iau⁵¹ lei³⁵ kuŋ⁰ ie³⁵］
把七仙女儿押回去。［pa²¹ tɕʰi⁵⁵ ɕian⁵⁵ nyər²¹⁴ ia⁵⁵ xuei³⁵ tɕʰy⁰］
雷公爷来到了牛郎和　［lei³⁵ kuŋ⁰ ie³⁵ lai³⁵ tau⁰ lə⁰ niou³⁵ laŋ³⁵ xɤ³⁵］
织女的家的天的上空，［tʂʅ⁵⁵ ny²¹ tə⁰ tɕia⁵⁵ tə⁰ tʰian⁵⁵ tə⁰ ʂaŋ⁵³ kʰuŋ⁵⁵］
吆喝着要七仙女儿　［iau⁵⁵ xɤ⁵⁵ tʂə⁰ iau⁵¹ tɕʰi⁵⁵ ɕian⁵⁵ nyər²¹⁴］
马上返回宫廷。［ma²¹ ʂaŋ⁵¹ fan²¹ xuei³⁵ kuŋ⁵⁵ tʰiŋ³⁵］
七仙女儿没有办法，［tɕʰi⁵⁵ ɕian⁵⁵ nyər²¹ mei³⁵ iou²¹ pan⁵³ fa⁰］
只能跟着雷公爷走了。［tʂʅ²¹ nəŋ³⁵ kən⁵⁵ tʂə⁰ lei³⁵ kuŋ⁰ ie³⁵ tsou²¹ lə⁰］

第二天，［ti⁵³ ɚ⁵³ tʰian⁵⁵］
牛郎发现织女不见了，［niou³⁵ laŋ³⁵ fa⁵⁵ ɕian⁵¹ tʂʅ⁵⁵ ny²¹ pu³⁵ tɕian⁵³ lə⁰］
他心里非常着急，［tʰa⁵⁵ ɕin⁵⁵ li⁰ fei⁵⁵ tʂʰaŋ³⁵ tʂau³⁵ tɕi³⁵］
两个孩子哇哇地直哭。［liaŋ²¹ kə⁰ xai³⁵ tsʅ⁰ ua⁵⁵ ua⁵⁵ tə⁰ tʂʅ³⁵ kʰu⁵⁵］
［这一］回，老牛告诉他：［tʂei⁵¹ xuei³⁵，lau²¹ niou³⁵ kau⁵¹ ʂu⁰ tʰa⁵⁵］
"牛郎，你着急也没有用，［niou³⁵ laŋ³⁵，ni²¹ tʂau³⁵ tɕi³⁵ ie²¹ mei³⁵ iou²¹ yŋ⁵¹］
仙女儿让天上玉皇　［ɕian⁵⁵ nyər²¹ ʐaŋ⁵³ tʰian⁵⁵ ʂaŋ⁰ y⁵³ xuaŋ³⁵］
大帝给劫走了。你呀，［ta⁵³ ti⁵³ kei²¹ tɕie³⁵ tsou²¹ lə⁰，ni²¹ ia⁵⁵］
赶紧地把我的两只犄角，［kan³⁵ tɕin²¹ tə⁰ pa³⁵ uo²¹ tə⁰ liaŋ²¹ tʂʅ⁵⁵ tɕi⁵⁵ tɕiau⁰］
变作箩筐，挑上两个，［pian⁵³ tsuo⁵³ luo³⁵ kʰuaŋ⁵⁵，tʰiau⁵⁵ ʂaŋ⁰ liaŋ²¹ kə⁰］
两个孩子，赶紧去追她。"［liaŋ²¹ kə⁰ xai³⁵ tsʅ⁰，kan³⁵ tɕin²¹ tɕʰy⁵³ tʂuei⁵⁵ tʰa⁵⁵］
牛郎说："怎么把这两个犄角　［niou³⁵ laŋ³⁵ ʂuo⁵⁵：tsən²¹ mə⁰ pa²¹ tʂɤ⁵³ liaŋ²¹ kə⁰ tɕi⁵⁵ tɕiau⁰］
变成两个箩筐呢？"［pian⁵³ tʂʰəŋ³⁵ liaŋ²¹ kə⁰ luo³⁵ kʰuaŋ⁵⁵ nə⁰］
老牛说："你甭着急，［lau²¹ niou³⁵ ʂuo⁵⁵：ni²¹ pəŋ³⁵ tʂau³⁵ tɕi³⁵］
它自然就会掉下来。"［tʰa⁵⁵ tsʅ⁵³ ʐan³⁵ tɕiou⁵³ xuei⁵³ tiau⁵³ ɕia⁰ lai⁰］
说完，它的两只犄角　［ʂuo⁵⁵ uan³⁵，tʰa⁵⁵ tə⁰ liaŋ⁵⁵ tʂʅ⁵⁵ tɕi⁵⁵ tɕiau⁰］

就掉在了地上，［tɕiou⁵³ tiau⁵³ tsai⁰ lə⁰ ti⁵³ ʂaŋ⁰］
马上变成了两只箩筐。［ma²¹ ʂaŋ⁵¹ pian⁵³ tʂʰəŋ³⁵ lə⁰ liaŋ²¹ tʂʅ⁵⁵ luo³⁵ kʰuaŋ⁵⁵］
牛郎赶紧把两个孩子，［niou³⁵ laŋ³⁵ kan³⁵ tɕin²¹ pa³⁵ liaŋ²¹ kə⁰ xai³⁵ tsʅ⁰］
一头儿一个，装在箩筐里，［i⁵¹ tʰour³⁵ i³⁵ kə⁰, tʂuaŋ⁵⁵ tsai⁰ luo³⁵ kʰuaŋ⁵⁵ li⁰］
拿扁担一挑，［na³⁵ pian²¹ tan⁰ i⁵³ tʰiau⁵⁵］
就向天空中追去。［tɕiou⁵³ ɕiaŋ⁵¹ tʰian⁵⁵ kʰuŋ⁵⁵ tʂuŋ⁵⁵ tʂuei⁵⁵ tɕʰy⁰］

他追呀，追呀，［tʰa⁵⁵ tʂuei⁵⁵ ia⁰, tʂuei⁵⁵ ia⁰］
眼看就要追上了，［ian²¹ kʰan⁵¹ tɕiou⁵³ iau⁵¹ tʂuei⁵⁵ ʂaŋ⁰ lə⁰］
突然，天空中电闪雷鸣，［tʰu⁵⁵ ʐan³⁵, tʰian⁵⁵ kʰuŋ⁵⁵ tʂuŋ⁵⁵ tian⁵³ ʂan²¹ lei³⁵ miŋ³⁵］
下起了瓢泼大雨。［ɕia⁵¹ tɕʰi²¹ lə⁰ pʰiau³⁵ pʰo⁵⁵ ta⁵³ y²¹⁴］
原来，天上王母娘娘知道了。［yan³⁵ lai³⁵, tʰian⁵⁵ ʂaŋ⁰ uaŋ³⁵ mu⁰ niaŋ³⁵ niaŋ⁰ tʂʅ⁵⁵ tau⁰ lə⁰］
王母娘娘拿出［uan³⁵ mu⁰ niaŋ³⁵ niaŋ⁰ na³⁵ tʂʰu⁵⁵］
头上的金簪子，［tʰou³⁵ ʂaŋ⁰ tə⁰ tɕin⁵⁵ tsan⁵⁵ tsʅ⁰］
在牛郎的眼前划了一条儿，［tsai⁵¹ niou³⁵ laŋ³⁵ tə⁰ ian²¹ tɕʰian³⁵ xua⁵³ lə⁰ i⁵³ tʰiɑor³⁵］
立刻就变成了［li⁵³ kʰɤ⁵¹ tɕiou⁵³ pian⁵³ tʂʰəŋ³⁵ lə⁰］
一条很宽的大河，［i⁵³ tʰiau³⁵ xən²¹ kʰuan⁵⁵ tə⁰ ta⁵³ xɤ³⁵］
波涛汹涌，［pʰo⁵⁵ tʰau⁵⁵ ɕyŋ⁵⁵ yŋ²¹⁴］
阻止了牛郎去追织女。［tsu³⁵ tʂʅ²¹ lə⁰ niou³⁵ laŋ³⁵ tɕʰy⁵¹ tʂuei⁵⁵ tʂʅ⁵⁵ ny²¹⁴］

喜鹊们知道了这事，这事儿，［ɕi²¹ tɕʰye⁵¹ mən⁰ tʂʅ⁵⁵ tau⁰ lə⁰ tʂɤ⁵³ ʂʅ⁵¹, tʂɤ⁵³ ʂər⁵¹］
成千上万的喜鹊，［tʂʰəŋ³⁵ tɕʰian⁵⁵ ʂaŋ⁵³ uan⁵³ tə⁰ ɕi²¹ tɕʰye⁵¹］
它们就商量着办法。［tʰa⁵⁵ mən⁰ tɕiou⁵¹ ʂaŋ⁵⁵ liaŋ⁰ tʂə⁰ pan⁵¹ fa⁰］
最后，喜鹊们决定，［tsuei⁵³ xou⁵¹, ɕi²¹ tɕʰye⁵¹ mən⁰ tɕye³⁵ tiŋ⁵¹］
每个喜鹊之间，［mei²¹ kə⁰ ɕi²¹ tɕʰye⁵¹ tʂʅ⁵⁵ tɕian⁵⁵］
一个接一个地叼着自己的尾巴，［i³⁵ kə⁵¹ tɕie⁵⁵ i³⁵ kə⁵¹ tə⁰ tiau⁵⁵ tʂə⁰ tsʅ⁵¹ tɕi²¹ tə⁰ i²¹ pa⁵⁵］
给牛郎搭一座喜鹊桥，［kei²¹ niou³⁵ laŋ³⁵ ta⁵⁵ i³⁵ tsuo⁵¹ ɕi²¹ tɕʰye⁵³ tɕʰiau³⁵］
让牛郎和织女［ʐaŋ⁵¹ niou³⁵ laŋ³⁵ xɤ³⁵ tʂʅ⁵⁵ ny²¹］
在喜鹊桥上见面。［tsai⁵¹ ɕi²¹ tɕʰye⁵³ tɕʰiau³⁵ ʂaŋ⁰ tɕian⁵³ mian⁵¹］
所以，每年到了［suo³⁵ i²¹⁴, mei²¹ nian³⁵ tau⁵³ lə⁰］
农历七月七日，［nuŋ³⁵ li⁰ tɕʰi⁵⁵ ye⁵¹ tɕʰi⁵⁵ ʐʅ⁵¹］
牛郎和织女就能和，［niou³⁵ laŋ³⁵ xɤ³⁵ tʂʅ⁵⁵ ny²¹ tɕiou⁵³ nəŋ³⁵ xɤ³⁵］
就能在喜鹊桥上见面。［tɕiou⁵³ nəŋ³⁵ tsai⁵³ ɕi²¹ tɕʰye⁵³ tɕʰiau³⁵ ʂaŋ⁰ tɕian⁵³ mian⁵¹］

(发音人：田新民)

三　其他故事

（一）回龙观的来历

昌平县有一个镇叫回龙观镇，我们大家都管他叫回龙观镇，可是它的来历究竟有谁知道呢？古时候有一个传说，传说了回龙观的来历，我就给大伙儿说一说。

当时大明朝皇帝要到他的祖上祭祖，然后还有呢？给他自己选坟地，又带上了他的宰相刘伯温，从北京德胜门一直来到了十三陵。他们一路上走着，边走边玩儿，有一次他们走到沙河附近，进了饭店，进去喝酒说笑。在这个时候，旁边桌上也有一个和尚也在吃斋，看这个和尚啊说笑谈笑风生，谈吐不凡。当时刘伯温就想，看来这个和尚有点儿能耐，今天我要做测验测验他究竟有什么能耐？

这次刘伯温和皇上到十三陵去，就是为自己选坟地，将来自己死后埋在什么地方儿，得选一个好的地方儿。刘伯温就去跟这个和尚聊天儿，去搭噪=搭讪，和尚说这容易，我就能知道。刘伯温说那好吧，我就带着你去，咱们共同看看这个墓地。刘伯温和皇上带着这和尚就到了十三陵，刘伯温跟这和尚说，这个墓地要选一个风水好的，据听说风水先生已经给选好了，我们就不知道究竟在哪里，说这个坟地边儿上有一堆土，土上盖一个铜钱儿，土下有一个铜钱儿，如果你能想到了是哪儿，那块儿就将来是风水宝地。

这个和尚听了哈哈大笑，说这个我早就知道。刘伯温一看确实看这个和尚挺厉害，看来真有先见之明啊，可是后来又一想，如果这个和尚真有先见之明，皇上必有杀他之心。我何不救救这个能人呢？刘伯温就把这个和尚叫到一边儿，告诉他，说你即使知道了这个铜钱儿在什么地方儿，你指明了以后，你要马上离开，如果像你这么大的人，皇上知道了必杀之。

这个和尚听了以后，就告诉刘伯温，这个铜钱儿在什么地方。到了跟前以后拿镐一刨，确实铜钱儿就在此地，皇上的坟墓就确立在那里。刘伯温马上告诉他，你已经告诉我了，皇上也知道了，我给你一匹快马，你赶紧往回跑，一直要跑到德胜门你才安全，跑的时候你千万不要回头。

这和尚听了以后，就骑上快马飞快地向德胜门跑去，他跑呀跑，已经跑到西三旗了，他一看后尾儿没有追兵啊，刘伯温这小子蒙我。他回头一看，突然间天上倾盆大雨，雷声大作，啪的一声霹雷，把他劈烂马下。

为什么叫回龙观呢？就是因为合音为[yʊ⁵⁵]他一回头，他看看皇上追上没追上来，最后还被劈死了雷下。昌平县回龙观就是由此而来。

（发音人：田新民）

（二）昌平的婚丧习俗

在我们当地，结婚，第一次叫"见面儿"。男方的家长，要给未来的儿媳妇儿，掏拜钱。

第二，见面儿以后，男方和女方第二次，男方要到女方家去下"小定儿"。小定儿就是初定，表示两个人联姻，基本上没什么意见了。

第三次，我们的习惯是"下大茶"。下大茶，买的东西比较多，一般都讲究双的，茶叶是两筒儿，包面要包两包儿，酒要四瓶儿，糖要两包儿。男女双方择好日子以后，定下日子。

头一天结婚的时候，男方要向女方的家里面，不管是白天或者晚上，都要割几斤肉，隔着院子扔进去，表示女儿离开娘家，这叫"离娘肉"，然后再进行迎娶。

我们当地啊，丧礼习俗，人死了以后，第一天，家里要给亲朋好友儿送信。

人死了以后，家里人要买装裹衣裳，就是给死人穿的衣裳，而且都是新的，要穿戴好，然后摆放在床板儿上，头冲南，脚冲北。

放好以后，还要摆放供桌儿。供桌儿上摆有点心、水果儿、酒、烟，等等。桌儿前要放一个盆儿，盆儿里头搁上沙土或者灰，里面要插上香。

第一天来参拜的人，不管是亲朋好友，街坊邻居，拿很多白大纸钱儿，到死人面前，去世人的面前，要烧纸钱儿，表示给送钱花儿。然后还要点支香，磕个头。

头天都祭拜完以后，还要接三。什么叫接三呢？就是呢，要糊驴车。头一天的晚上，亲朋好友都来到以后，晚上，非得太阳落以后，糊驴车，烧驴车去。还有的糊，糊的很多东西，有的糊船，糊，糊的金，那个金球金马的，糊什么的都有，金银财宝，第一天把它烧了。

第二天，尸体停在家里面，继续烧香。没有到的，邻居伍的，继续烧钱儿，家里人表示欢迎，到跟前等待，有人哭，还帮着扶起来。

第三天，就去火葬场去火化。火化完了以后，就去，往坟地里埋，这叫接三，这叫出殡。

在出殡之前，第三天早晨，要派几个人儿清早儿，天不能亮，去挖那个墓地。挖墓地的人，中间不许回家，给你带点儿干粮，你挨在那儿挖，挨那儿吃，中间不许回家。第三天多让＝什么时候把死人捎回去，入土了，全程埋上了，你挖坑儿的人才可以回去。

还又提到一点，现在经济条件好了，都请吹鼓手，吹吹打打。

事过以后，过了三十五天，叫"五七"，一个礼拜算一七，过五七。五七呢，就收一个伞，家喽_{家里人}，要订购一个纸伞。订了一纸伞，对着坟地，到村儿外边儿，找一个地方儿，烧伞，五七烧伞。

到了六十天，又得给死去的人，糊船。六十天那天，家喽，亲朋好友来，大伙儿聚在一起，排着船，对着墓地，马路边儿上，再把船烧掉。

然后，最后一个就是周年。人死了以后一周年，家喽，都是家喽人，那个，邻居就很少了，都是直系亲属，周年，要给爸、爹妈啊，过周年。到坟地里去，烧香上供，烧纸。

过了周年以后，中间再隔一年，第三年，这叫过三周年，这都比较隆重。第二年不隆重，第三年比较隆重。亲戚必须到齐，过三周年。往后呢，那就是儿女，儿子每年要给父母扫坟，闺女，也是有时候儿呢，周年的时候儿，就不见得去了，到清明节给扫个坟就成了。女儿呢，有时候儿周年，第四周年，五周年，那就可以不去了。有工夫儿去，没工夫儿跟家瞅瞅。这三周年必须得去，一周年必须得回去。

然后呢，过清明节，这时年年儿女应该给父母扫墓的，给死去的父母扫墓。

丧事还有一个风俗。

在农村，我们当地，老人死了以后，家里的大儿子给扛幡儿。出殡的那一天，门前放着枕头，枕头要烧掉，还要预备一个盆儿。过去有专门有的，这个瓦碴儿_{土陶}盆儿，现在没有了，有的就用花盆儿来代替。出殡那天，盆的跟前儿搁一块儿石头，把盆儿要摔碎，然后儿子喊一声"爹"，或者"妈"，嚎啕大哭，枕头烧掉。

出殡那天，儿子扛幡儿，大儿子扛幡儿。如果大儿媳妇儿还在，大儿媳妇儿给兜罐儿。什么叫兜罐儿呢，是到了坟地以后，大儿媳妇儿要解="从坟地兜回土来，而且是夜间，天没有亮之前，往回兜土。这就表示呢，让那个魂儿回家。大儿子扛那幡儿也是，表示呢，那幡儿表示，招魂儿，魂儿回到家里头。

这是，过去，这个迷信传统的做法。

（摘自老男话语讲述，发音人：田新民）

四 自选条目

（一）

谷雨前后，栽瓜埯豆 [ku^{35} y^{214} tɕʰian^{35} xou^{51}, tsai^{55} kua^{55} an^{21} tou^{51}]_{埯：挖小坑点种}

(二)

处暑不出头，必定喂老牛。[tʂʰu⁵³ʂu²¹pu⁵³tʂʰu⁵⁵tʰou³⁵，pi⁵³tiŋ⁵¹uei⁵³lau²¹niou³⁵]（处暑的时候，谷子如果还不出穗，基本收成无望，只能像野草一样割掉喂牛吃了。一般说法是：处暑不出头，割谷喂老牛。）

（自选条目发音人：纪玉玲）

怀 柔

一 歌谣

（一）

小孩儿小孩儿你别馋，［ɕiau²¹xɐr³⁵ɕiau²¹xɐr³⁵ni²¹pie³⁵tʂʰan³⁵］
过了腊八儿就是年。［kuo⁵¹lə⁰la⁵¹pɐr⁵⁵tɕiou⁵¹ʂʅ⁵¹nian³⁵］
腊八儿粥，腊八儿饭，［la⁵¹pɐr⁰tʂou⁵⁵，la⁵¹pɐr⁰fan⁵¹］
哩哩啦啦吃到二十三。［li⁵⁵li⁰la⁵⁵la⁵⁵tʂʰʅ⁵⁵tau⁰ɚ⁵¹ʂʅ³⁵san⁵⁵］
二十三，糖瓜粘。［ɚ⁵¹ʂʅ³⁵san⁵⁵，tʰaŋ³⁵kua⁵⁵tʂan⁵⁵］
二十四，扫房日。［ɚ⁵¹ʂʅ³⁵sʅ⁵¹，sau²¹faŋ³⁵ʐʅ⁵¹］
二十五，蒸馒头。［ɚ⁵¹ʂʅ³⁵u²¹⁴，tʂəŋ⁵⁵man³⁵tʰou⁰］
二十六，去买肉。［ɚ⁵¹ʂʅ³⁵liou⁵¹，tɕʰy⁵¹mai²¹ʐou⁵¹］
二十七，宰公鸡。［ɚ⁵¹ʂʅ³⁵tɕʰi⁵⁵，tsai²¹kuŋ⁵⁵tɕi⁵⁵］
二十八，把面发。［ɚ⁵¹ʂʅ³⁵pa⁵⁵，pa²¹mian⁵¹fa⁵⁵］
二十九，贴倒西。①［ɚ⁵¹ʂʅ³⁵tɕiou²¹⁴，tʰie⁵⁵tau⁵¹iou²¹⁴］
三十儿晚上熬一宿，［san⁵⁵ʂər³⁵uan²¹ʂaŋ⁰au³⁵i⁵¹ɕiou²¹⁴］
初一早晨扭一扭。［tʂʰu⁵⁵i⁵⁵tsau²¹tʂʰən⁰niou²¹i⁰niou²¹⁴］

（二）

糖瓜祭灶，新年来到。［tʰaŋ³⁵kua⁵⁵tɕi⁵¹tsau⁵¹，ɕin⁵⁵nian³⁵lai³⁵tau⁵¹］
丫头要花，小子要炮，［ia⁵⁵tʰou⁰iau⁵¹xua⁵⁵，ɕiau²¹tsʅ⁰iau⁵¹pʰau⁵¹］
老头儿要顶新毡帽儿。［lau²¹tʰour³⁵iau⁵¹tiŋ²¹ɕin⁵⁵tʂan⁵⁵maur⁵¹］

---

① 倒酉，这里泛指春联，包括过年时贴在其他器物上辟邪祈福的吉祥话。酉，《说文》"就也"，段玉裁《说文解字注》"就，高也。律书曰：酉者，万物之老也。律历志曰：留孰于酉。天文训曰：酉者，饱也。释名曰：酉，秀也。秀者，物皆成也"，可见"酉"大致上指禾谷有成，含有温饱富足之意。也写作"道酉""道有"等，皆取"到""有"谐音，跟"倒福"道理相同。

（二）

三星在南，家家拜年。［san⁵⁵ɕiŋ⁵⁵tsai⁵¹nan³⁵，tɕia⁵⁵tɕia⁰pai⁵¹nian³⁵］
小辈儿的磕头，大辈儿给钱。［ɕiau²¹pər⁵¹tə⁰kʰə⁵⁵tʰou⁵⁵，ta⁵¹pər⁵¹kei²¹tɕʰian³⁵］
要钱没有，扭头就走。［iau⁵¹tɕʰian³⁵mei³⁵iou²¹⁴，niou²¹tʰou³⁵tɕiou⁵¹tsou²¹⁴］

（歌谣发音人：刘连和）

二 规定故事

牛郎和织女 ［niou³⁵laŋ³⁵xə³⁵tʂɿ⁵⁵ny²¹⁴］

古时候，有一个小伙子，［ku²¹ʂɿ³⁵xou⁰，iou²¹i⁵¹kə⁰ɕiau³⁵xuo²¹tsɿ⁰］
父母都去世了，孤苦伶仃，［fu⁵¹mu²¹tou⁵⁵tɕʰy⁵¹ʂɿ⁵¹lə⁰，ku⁵⁵kʰu²¹liŋ³⁵tiŋ⁵⁵］
家里只有一头老牛，［tɕia⁵⁵li²¹tʂɿ³⁵iou²¹i⁵¹tʰou³⁵lau²¹niou³⁵］
大家叫他牛郎。［ta⁵¹tɕia⁵⁵tɕiau⁵¹tʰa⁵⁵niou³⁵laŋ³⁵］
牛郎靠老牛耕地为生，［niou³⁵laŋ³⁵kʰau⁵¹lau²¹niou³⁵kəŋ⁵⁵ti⁵¹uei³⁵ʂəŋ⁵⁵］
与老牛相依为命。［y³⁵lau²¹niou³⁵ɕiaŋ⁵⁵i⁵⁵uei³⁵miŋ⁵¹］

老牛喜欢牛郎勤劳憨厚，［lau²¹niou³⁵ɕi²¹xuan⁵⁵niou³⁵laŋ³⁵tɕʰin³⁵lau³⁵xan⁵⁵xou⁵¹］
想给他成个家。［ɕiaŋ²¹kei²¹tʰa⁵⁵tʂʰəŋ³⁵kə⁰tɕia⁵⁵］
有一天，金牛星得知［iou²¹i⁵¹tʰian⁵⁵，tɕin⁵⁵niou³⁵ɕiŋ⁵⁵tə³⁵tʂɿ⁵⁵］
天上的仙女要到村东边［tʰian⁵⁵ʂaŋ⁵¹tə⁰ɕian⁵⁵ny²¹iau⁵¹tau⁵¹tsʰuən⁵⁵tuŋ⁵⁵pian⁵⁵］
山脚下的湖里洗澡。［ʂan⁵⁵tɕiau²¹ɕia⁰tə⁰xu³⁵li²¹ɕi³⁵tsau²¹⁴］
他就托梦给牛郎，［tʰa⁵⁵tɕiou⁵¹tʰuo⁵⁵məŋ⁵¹kei²¹niou³⁵laŋ³⁵］
要他第二天早上到湖边去，［iau⁵¹tʰa⁵⁵ti⁵¹ɚ⁵¹tʰian⁵⁵tsau²¹ʂaŋ⁰tau⁵¹xu³⁵pian⁵⁵tɕʰy⁰］
趁仙女洗澡的时候，［tʂʰən⁵¹ɕian⁵⁵ny²¹ɕi³⁵tsau²¹tə⁰ʂɿ³⁵xou⁰］
取走一件仙女挂在［tɕʰy³⁵tsou²¹i³⁵tɕian⁵¹ɕian⁵⁵ny²¹kua⁵¹tsai⁰］
树上的衣服，［ʂu⁵¹ʂaŋ⁰tə⁰i⁵⁵fu⁰］
然后头也不回地跑回家来，［ʐan³⁵xou⁵¹tʰou³⁵ie²¹pu⁵¹xuei³⁵tə⁰pʰau²¹xuei³⁵tɕia⁵⁵lai⁰］
就会得到一位美丽的［tɕiou⁵¹xuei⁵¹tə³⁵tau⁰i³⁵uei⁵¹mei²¹li⁵¹tə⁰］
仙女做妻子。［ɕian⁵⁵ny²¹tsuo⁵¹tɕʰi⁵⁵tsɿ⁰］

这天早晨，［tʂə⁵¹tʰian⁵⁵tsau²¹tʂʰən⁰］

牛郎半信半疑地 ［niou³⁵ laŋ³⁵ pan⁵¹ ɕin⁵¹ pan⁵¹ i³⁵ tə⁰］
走到了山脚下，［tsou²¹ tau⁵¹ lə⁰ ʂan⁵⁵ tɕiau²¹ ɕia⁰］
在朦胧之中，［tsai⁵¹ məŋ³⁵ luŋ³⁵ tʂʅ⁵⁵ tʂuŋ⁵⁵］
果然看见七个美丽的，［kuo²¹ ʐan³⁵ kʰan⁵¹ tɕian⁰ tɕʰi³⁵ kə⁰ mei²¹ li⁵¹ tə⁰］
七个美女在湖中戏水。［tɕʰi³⁵ kə⁰ mei³⁵ ny²¹ tsai⁵¹ xu³⁵ tʂuŋ⁵⁵ ɕi⁵¹ ʂuei²¹⁴］
他立即拿起树上一件 ［tʰa⁵⁵ li⁵¹ tɕi³⁵ na³⁵ tɕʰi²¹ ʂu⁵¹ ʂaŋ⁰ i³⁵ tɕian⁵¹］
粉红色的衣裳，［fən²¹ xuŋ³⁵ sɤ⁵¹ tə⁰ i⁵⁵ ʂaŋ⁰］
飞快地跑回家。［fei⁵⁵ kʰuai⁵¹ tə⁰ pʰau²¹ xuei³⁵ tɕia⁵⁵］
这个被拿走衣裳的仙女 ［tʂə⁵¹ kə⁰ pei⁵¹ na³⁵ tsou²¹ i⁵⁵ ʂaŋ⁰ tə⁰ ɕian⁵⁵ ny²¹］
就是织女。［tɕiou⁵¹ ʂʅ⁰ tʂʅ⁵⁵ ny²¹⁴］
当天，当天夜里，［taŋ⁵⁵ tʰian⁵⁵, taŋ⁵⁵ tʰian⁵⁵ ie⁵¹ li⁰］
她轻轻敲开牛郎的门，［tʰa⁵⁵ tɕʰiŋ⁵⁵ tɕʰiŋ⁰ tɕiau⁵⁵ kʰai⁵⁵ niou³⁵ laŋ³⁵ tə⁰ mən³⁵］
两人做了恩爱的夫妻。［liaŋ²¹ ʐən³⁵ tsuo⁵¹ lə⁰ ən⁵⁵ ai⁵¹ tə⁰ fu⁵¹ tɕʰi⁵⁵］

一转眼三年过去了，［i⁵¹ tʂuan³⁵ ian²¹⁴ san⁵⁵ nian³⁵ kuo⁵¹ tɕʰy⁰ lə⁰］
牛郎和织女生了 ［niou³⁵ laŋ³⁵ xə³⁵ tʂʅ⁵⁵ ny²¹ ʂəŋ⁵⁵ lə⁰］
一男一女两个孩子，［i⁵¹ nan³⁵ i⁵¹ ny²¹ liaŋ²¹ kə⁰ xai³⁵ tsʅ⁰］
一家人过得，生活儿很开心。［i⁵¹ tɕia⁵⁵ ʐən³⁵ kuo⁵¹ tə⁰, ʂəŋ⁵⁵ xuor³⁵ xən²¹ kʰai⁵⁵ ɕin⁵⁵］
但是，织女私自下凡 ［tan⁵¹ ʂʅ⁵¹, tʂʅ⁵⁵ ny²¹ sʅ⁵⁵ tsʅ⁵¹ ɕia⁵¹ fan³⁵］
被玉皇大帝知道了。［pei⁵¹ y⁵¹ xuaŋ³⁵ ta⁵¹ ti⁵¹ tʂʅ⁵⁵ tau⁰ lə⁰］
有一天，天上电闪雷鸣，［iou²¹ i⁵¹ tʰian⁵⁵, tʰian⁵⁵ ʂaŋ⁰ tian⁵¹ ʂan²¹ lei³⁵ miŋ³⁵］
并刮起大风，下起大雨，［piŋ⁵¹ kua⁵⁵ tɕʰi²¹ ta⁵¹ fəŋ⁵⁵, ɕia⁵¹ tɕʰi²¹ ta⁵¹ y²¹⁴］
织女突然不见了。［tʂʅ⁵⁵ ny²¹ tʰu⁵⁵ ʐan³⁵ pu³⁵ tɕian⁵¹ lə⁰］
两个孩子哭着要妈妈，［liaŋ²¹ kə⁰ xai³⁵ tsʅ⁰ kʰu⁵⁵ tʂə⁰ iau⁵¹ ma⁵⁵ ma⁰］
牛郎急得不知所措。［niou³⁵ laŋ³⁵ tɕi³⁵ tə⁰ pu⁵¹ tʂʅ⁵⁵ suo²¹ tsʰuo⁵¹］

这时，那头老牛开口儿了：［tʂə⁵¹ ʂʅ³⁵, na⁵¹ tʰou⁵⁵ lau²¹ niou³⁵ kʰai⁵⁵ kʰour²¹ lə⁰］
"别难过，把我的犄角拿下来，［pie³⁵ nan³⁵ kuo⁵¹, pa⁵⁵ uo²¹ tə⁰ tɕi⁵⁵ tɕiau⁰ na³⁵ ɕia⁵¹ lai⁰］
变成箩筐，装上两个孩子，［pian⁵¹ tʂʰəŋ³⁵ luo⁰ kʰuaŋ⁵⁵, tʂuaŋ⁵⁵ ʂaŋ⁰ liaŋ²¹ kə⁰ xai³⁵ tsʅ⁰］
就可以上天找织女了。"［tɕiou⁵¹ kʰə³⁵ i²¹ ʂaŋ⁵¹ tʰian⁵⁵ tʂau²¹ tʂʅ⁵⁵ ny²¹ lə⁰］
牛郎正奇怪，［niou³⁵ laŋ³⁵ tʂəŋ⁵¹ tɕʰi³⁵ kuai⁵¹］
犄角就掉到了地上，［tɕi⁵⁵ tɕiau⁰ tɕiou⁵¹ tiau⁵¹ tau⁰ lə⁰ ti⁵¹ ʂaŋ⁰］
果然变成了两个箩筐。［kuo²¹ ʐan³⁵ pian⁵¹ tʂʰəŋ³⁵ lə⁰ liaŋ²¹ kə⁰ luo³⁵ kʰuaŋ⁵⁵］

牛郎把两个孩子放到筐里，［niou³⁵ laŋ³⁵ pa³⁵ liaŋ²¹ kə⁰ xai³⁵ tsʅ⁰ faŋ⁵¹ tau⁰ kuaŋ⁵⁵ li⁰］
用扁担挑起来，［yŋ⁵¹ pian²¹ tan⁵¹ tʰiau⁵⁵ tɕʰi²¹ lai⁰］
只觉得一阵清风吹过，［tʂʅ²¹ tɕye³⁵ tə⁰ i³⁵ tʂən⁵¹ tɕʰiŋ⁵⁵ faŋ⁵⁵ tʂʰuei⁵⁵ kuo⁵¹］
箩筐像长上了翅膀，［luo³⁵ kʰuaŋ⁵⁵ ɕiaŋ²¹ tʂaŋ²¹ lə⁰ tʂʅ⁵¹ paŋ²¹⁴］
突然飞起来了，［tʰu⁵⁵ ʐan³⁵ fei⁵⁵ tɕʰi²¹ lai⁰ lə⁰］
腾云驾雾向天宫飞去。［tʰəŋ³⁵ yn³⁵ tɕia⁵¹ u⁵¹ ɕiaŋ⁵¹ tʰian⁵⁵ kuŋ⁵⁵ fei⁵⁵ tɕʰy⁰］
飞呀，飞呀，［fei⁵⁵ ia⁰，fei⁵⁵ ia⁰］
眼看就要追上织女了，［ian²¹ kʰan⁵¹ tɕiou⁵¹ iau⁵¹ tʂuei⁵⁵ ʂaŋ⁰ tʂʅ⁵⁵ ny²¹ lə⁰］
这时被王母娘娘发现了，［tʂə⁵¹ ʂʅ³⁵ pei⁵¹ uaŋ³⁵ mu²¹ niaŋ³⁵ niaŋ⁰ fa⁵⁵ ɕian⁵¹ lə⁰］
她拔下头上的金钗，［tʰa⁵⁵ pa³⁵ ɕia⁰ tʰou³⁵ ʂaŋ⁰ tə⁰ tɕin⁵⁵ tʂʰai⁵⁵］
在牛郎和织女中间［tsai⁵¹ niou³⁵ laŋ³⁵ xə³⁵ tʂʅ⁵⁵ ny²¹ tʂuŋ⁰ tɕian⁵⁵］
划了一道印儿，［xua⁵¹ lə⁰ i³⁵ tau⁵¹ iər⁵¹］
立刻变成一道［li⁵¹ kʰə⁵¹ pian⁵¹ tʂʰəŋ³⁵ i³⁵ tau⁵¹］
波涛滚滚的天河，［po⁵⁵ tʰau⁵⁵ kuən³⁵ kuən²¹ tə⁰ tʰian⁵⁵ xə³⁵］
把两个小两口儿隔开了。［pa³⁵ liaŋ²¹ kə⁰ ɕiau²¹ liaŋ³⁵ kʰour⁰ kə³⁵ kʰai⁵⁵ lə⁰］

喜鹊非常同情牛郎和织女，［ɕi²¹ tɕʰye⁵¹ fei⁵⁵ tʂʰaŋ³⁵ tʰuŋ³⁵ tɕʰiŋ³⁵ niou³⁵ laŋ³⁵ xə³⁵ tʂʅ⁵⁵ ny²¹⁴］
每年在农历七月初七，［mei²¹ nian³⁵ tsai⁵¹ nuŋ³⁵ li⁵¹ tɕʰi⁵⁵ ye⁵¹ tʂʰu⁵⁵ tɕʰi⁵⁵］
成千上万的都飞到天河上，［tʂʰəŋ³⁵ tɕʰian⁵⁵ ʂaŋ⁵¹ uan⁵¹ tə⁰ tou⁵⁵ fei⁵⁵ tau⁰ tʰian⁵⁵ xə³⁵ ʂaŋ⁵¹］
用，用一个个的尾巴，［yŋ⁵¹，yŋ⁵¹ i³⁵ kə⁵¹ kə⁰ tə⁰ uei²¹ pa⁰］
搭成一座长长的鹊桥，［ta⁵⁵ tʂʰəŋ³⁵ i³⁵ tsuo⁵¹ tʂʰaŋ³⁵ tʂʰaŋ³⁵ tə⁰ tɕʰye⁵¹ tɕʰiau³⁵］
让牛郎和织女团聚。［ʐaŋ⁵¹ niou³⁵ laŋ³⁵ xə³⁵ tʂʅ⁵⁵ ny²¹ tʰuan³⁵ ty⁵¹］

（发音人：刘连和）

三　其他故事

（一）怀柔的景点儿

　　这个怀柔区，这个景点儿，有红螺寺。红螺寺是一个老庙。南有这个普陀，北有红螺。红螺已经是，呃，够一二百年了。在这个"文化大革命"时候儿啊，把这个大殿，两边儿的殿都给拆了，全，全砸了。后来，八几年以后，又重修，又把原来这个最小的一个老和尚给请回来了。这个和尚是怀柔区怀北镇河防口儿村儿的。请了他，叫他帮着建这事儿，因为他有印象。后来建得还挺好，每年的接待这个游客很多，给怀柔县啊，创造了不少收入。

还有这个慕田峪儿。慕田峪儿是，是这个万里长城的一，一小部分。那个长城那时候儿是这个秦始皇时候儿修的。那时候儿是七国修，一国修一段儿，后来被秦始皇给统一连上了。

　　这个，修长城时候儿还有一个故事叫孟姜女儿哭长城。这个孟姜女儿啊，与她丈夫结婚，晚上没，没过夜就被人给抢走了，她丈夫。好几年也不回来，后来听说死了。这孟姜女儿就到那儿找去了，找就哭。民间传说这孟姜女儿哭哭哭把这长城给哭，哭断一块儿。咱也不知道是真是假。

　　这个慕田峪儿这地方儿，老外特别爱来。慕田峪儿类似这个延庆那八达岭，八达岭也是这种情况。慕田峪儿有一缆车，就这个缆车我说一个事儿。就这缆车这缆绳，是从美国进口的，后来使使呢，发现有问题了，就把它换了，换了想着买国产的吧，哎，国产便宜的有，美，日本的就，就得要一百多万，中国的也就是二三十万。换上了，一试车，就断了。说明这个中国的工业还是比人家差。说这个日本，说它侵略是不好，但是人家工业上特别强。日本的丰田汽车，日本的电视，日本的电器，都，都，都比中国强。所以说呀，咱们也愿意跟日本搞好关系，不愿意，这个就跟唇齿相依差不多，邻国，谁愿意闹僵咯呢。

　　这个，青龙峡，这青龙峡那是一九六八年建的。我七零年在这儿，七一年在这儿干了一年。那大坝是，总长，总高是啊，呃，六十多米，长啊，得有三百米，不够三百，有二百，二百也得够。那时候儿，这个工业不发达，全是这个双轮儿车呀，往上推，特别危险。黑夜白日是三班儿倒。有一天，有一个工人，是郭家坞村儿的，上着上着这个爬坡儿机，那绳子突然出故障了，后来，这，这小伙儿忘了，忘了油绳，一侧歪，这胳膊立马就掉了。说明这个，这个都是人为的。

　　修水库是很艰苦。怀柔县第一，怀柔县第一个水库就是怀柔大坝。周总理给写的这个，"怀柔水库"这四个字儿。那时候儿是兴修水利，国家不修水利不行。密云水库，北台上水库，也就是现在的雁栖湖，后来这个青龙峡是，是在七零年前后儿修的。说这青龙峡。

　　说这个云蒙山，云蒙山啊，就是一年得有啊，一百天，老是云彩罩着，特别危险，没人敢上去。那山是什么都不长，恨不老虎都上不去，全是那大石头。到那也就看看这点儿云彩，谁也不敢上去。而这幽谷神潭，听着挺好听。往上我去过，往上走走啊，这儿有一个潭，那儿有一个潭，也就是那个大水坑子，也就落锻炼身体，看看，看看山景儿，不过山，山景儿还不错。

（摘自老男话语讲述，发音人：于学满）

（二）怀柔的变化

　　我小时候儿，连那个一条像样儿的公路都没有，全是田间小路儿。进县城买点儿东西，就是，一下雨就是，泥道儿土道儿。

县城面积也小，就一个商业街。卖肉的时候儿啊，都抢啊，抢那肥的，现在都愿要瘦的。那时候儿穷，没有油，买回来那肥的，当油。那时候儿是，是菜都吃过，杏叶、白薯秧儿、榨油那麻渣饼，全都吃过。

后来，怀柔县一年比一年有变化。

六零年的时候就修了这个青春路了，去县城，就能走这公路，但是那时候儿没铺油儿。那时候儿就有个别有那么一两辆汽车。县委有一辆，这个，怀柔集团厂有一辆，北沟的油库有一辆。

那时候儿的运输全靠这个马车队。我们家那车在五六年就入社儿了，入了怀柔县光明运输社儿，我爸爸是调度。后来，怀柔县的马车，取消了。这个，从北京进点儿汽车，就成立一个交通队，交通队我爸爸还是调度。后来又转到市，市运十三厂工作，工作一向很积极，因为他念书比较多，过去念过私塾，药书，全都念过，算盘，毛笔字儿钢笔字儿写得都挺好。那时候儿这个知识分子少，单位需要这样儿人。

可是赶上"文化大革命"，愣找茬儿，把他轰回家。说他有，国民党党徽，说他有手枪。后来经过落实政策一瞅，一查，什么都没有，经过驻军一查。这就是成心陷害人。后来我爸爸就找到这个怀柔区，那时候叫怀柔县，没人儿管。为啥不管，也不赖怀柔县，市运十三厂属于是北京市管。后来就又写信呢，又找上边儿，七八年落实政策，给办了退休。后来我老兄弟又接班儿去了。

在这个八二年，又修了一个迎宾路，那时候改革开放开始了，社会已经变好了，有钱了。国家也发达了，工业农业上都行了。在这个，九零年前后儿，又修了东边儿这个开放路。

那时候农村住那破房，全是土房啊，草房啊，没好房。一下大雨，一地震，得，不是房倒屋塌呀，就是这个，这个，不敢上屋住去了，在屋就能看见天。

说现在改革开放，还是现在好。县城的，这个面积比原来大得有十倍。住的条件比前也提高多了，全是过去提倡那个电灯电话是楼上楼下。

这个当今的政策就是好。

（摘自老男话语讲述，发音人：于学满）

四　自选条目

（一）

一年打两春，[i⁵¹ nian³⁵ ta³⁵ liaŋ²¹ tʂʰuən⁵⁵]

黄土变成金。[xuaŋ³⁵ tʰu²¹ pian⁵¹ tʂʰəŋ³⁵ tɕin⁵⁵]

(二)
六月初一龙落泪，[liou⁵¹ ye⁵¹ tʂʰu⁵⁵ i⁵⁵ luŋ³⁵ luo⁵¹ lei⁵¹]
新粮要比陈粮贵。[ɕin⁵⁵ liaŋ³⁵ iau⁵¹ pi²¹ tʂʰən³⁵ liaŋ³⁵ kuei⁵¹]
("六月初一"为"二月初一"之误。二月初一正值春种时节，此时下雨，会耽误农时，造成作物因不能及时播种而减产。)

(三)
宛平城的知县——一年一换。[uan²¹ pʰiŋ³⁵ tʂʰəŋ³⁵ tə⁰ tʂʐ⁵⁵ ɕian⁵¹，i⁵¹ nian³⁵ i³⁵ xuan⁵¹]

(四)
天桥的把式——光说不练。[tʰian⁵⁵ tɕʰiau³⁵ tə⁰ pa²¹ ʂʐ⁰——kuaŋ⁵⁵ ʂuo⁵⁵ pu³⁵ lian⁵¹]

(五)
小葱拌豆腐——一清二白。[ɕiau²¹ tsʰuŋ⁵⁵ pan⁵¹ tou⁵¹ fu⁰，i⁵¹ tɕʰiŋ⁵⁵ ɚ⁵¹ pai³⁵]

(六)
老太太吃柿子——专拣软的捏。[lau²¹ tʰai⁵¹ tʰai⁰ tʂʰʐ⁵⁵ ʂʐ⁵¹ tsʐ⁰，tʂuan⁵⁵ tɕian²¹ ʐuan²¹ tə⁰ nie⁵⁵]

(七)
哑巴吃黄连——有苦说不出。[ia²¹ pa⁰ tʂʰʐ⁵⁵ xuaŋ³⁵ lian³⁵，iou³⁵ kʰu²¹ ʂuo⁵⁵ pu⁰ tʂʰu⁵⁵]

(自选条目发音人：刘连和)

密 云

一 歌谣

（一）

小孩儿小孩儿你别馋，［ɕiau²¹xɐr³⁵ɕiau²¹xɐr³⁵n̠i²¹pie³⁵tʂʰan³⁵］
过了腊八就是年。［kuo⁵¹lə⁰la⁵¹pa⁵⁵tɕiou⁵³ʂʅ⁵¹n̠ian³⁵］
腊八粥，喝几天，［la⁵¹pa⁵⁵tʂou⁵⁵，xɣ⁵⁵tɕi²¹tʰian⁵⁵］
哩哩啦啦二十三。［li⁵⁵li⁰la⁵⁵la⁵⁵ɚ⁵¹ʂʅ³⁵san⁵⁵］
二十三，糖瓜粘。［ɚ⁵¹ʂʅ³⁵san⁵⁵，tʰaŋ³⁵kua⁵⁵tʂan⁵⁵］
二十四，扫房子。［ɚ⁵¹ʂʅ³⁵sʅ⁵¹，sau²¹faŋ³⁵tsʅ⁰］
二十五，冻豆腐。［ɚ⁵¹ʂʅ³⁵u²¹³，tuŋ⁵³tou⁵¹fu⁰］
二十六，去买肉。［ɚ⁵¹ʂʅ³⁵liou⁵¹，tɕʰy⁵¹mai²¹ʐou⁵¹］
二十七，宰公鸡。［ɚ⁵¹ʂʅ³⁵tɕʰi⁵⁵，tsai²¹kuŋ⁵⁵tɕi⁵⁵］
二十八，把面发。［ɚ⁵¹ʂʅ³⁵pa⁵⁵，pa²¹mian⁵¹fa⁵⁵］
二十九，蒸馒头。［ɚ⁵¹ʂʅ³⁵tɕiou²¹³，tʂəŋ⁵⁵man³⁵tʰou⁰］
三十晚上熬一宿，［san⁵⁵ʂər³⁵uan²¹ʂaŋ⁰au³⁵i⁵¹ɕiou²¹⁴］
初一初二满街走。［tʂʰu⁵⁵i⁵⁵tʂʰu⁵⁵ɚ⁵¹man²¹tɕie⁵⁵tsou²¹⁴］

（二）

糖瓜祭灶，新年来到。［tʰaŋ³⁵kua⁵⁵tɕi⁵³tsau⁵¹，ɕin⁵⁵n̠ian³⁵lai³⁵tau⁵¹］
姑娘要花儿，小子要炮。［ku⁵⁵n̠ian⁰iau⁵¹xuɐr⁵⁵，ɕiau²¹tsʅ⁰iau⁵³pʰau⁵¹］
老头儿要顶新毡帽，［lau²¹tʰour³⁵iau⁵¹tiŋ²¹ɕin⁵⁵tʂan⁵⁵mau⁵¹］
老太太要件新棉袄。［lau²¹tʰai⁵¹tʰai⁰iau⁵³tɕian⁵¹ɕin⁵⁵mian⁵¹au²¹³］

（三）

小耗子，上灯台。［ɕiau²¹xau⁵¹tsʅ⁰，ʂaŋ⁵¹təŋ⁵⁵tʰai³⁵］

偷吃油，下不来。［tʰou⁵⁵ tʂʰʅ⁵⁵ iou³⁵，ɕia⁵¹ pu⁰ lai³⁵］
"吱儿吱儿"叫奶奶，［tʂər⁵⁵ tʂər⁵⁵ tɕiau⁵¹ nai²¹ nai⁰］
奶奶也不来，［nai²¹ nai⁰ ie²¹ pu⁵¹ lai³⁵］
叽里咕噜滚下来。［tɕi⁵⁵ li⁰ ku⁵⁵ lu⁵⁵ kuən²¹ ɕia⁵¹ lai³⁵］

（四）
小巴狗儿，戴铃铛，［ɕiau²¹ pa⁵⁵ kour²¹⁴，tai⁵¹ liŋ³⁵ taŋ⁰］
稀哩哗棱到集上。［ɕi⁵⁵ li⁰ xua⁵⁵ ləŋ⁰ tau⁵¹ tɕi³⁵ ʂaŋ⁰］
买个桃儿，桃儿有毛儿。［mai²¹ kə⁰ tʰaor³⁵，tʰaor³⁵ iou²¹ maur³⁵］
买个杏儿，杏儿又酸。［mai²¹ kə⁰ ɕiə̃r⁵¹，ɕiə̃r⁵³ iou⁵¹ suan⁵⁵］
买个沙果儿面蛋蛋。［mai²¹ kə⁰ ʂa⁵⁵ kuor²¹ mian⁵³ tan⁵¹ tan⁰］
小巴狗儿，上南山，［ɕiau²¹ pa⁵⁵ kour²¹⁴，ʂaŋ⁵¹ nan³⁵ ʂan⁵⁵］
拾大米，捞干饭。［ʂʅ³⁵ ta⁵¹ mi²¹⁴，lau³⁵ kan⁵⁵ fan⁵¹］
爹一碗，娘一碗。［tie⁵⁵ i⁵¹ uan²¹，ȵiaŋ³⁵ i⁵¹ uan²¹³］
气得巴狗儿白瞪眼。［tɕʰi⁵¹ tə⁰ pa⁵⁵ kour²¹ pai³⁵ təŋ⁵¹ ian²¹³］

（歌谣发音人：史化云）

二 规定故事

牛郎和织女 ［ȵiou³⁵ laŋ³⁵ xɤ³⁵ tʂʅ⁵⁵ ȵy²¹⁴］

很久很久以前，［xən³⁵ tɕiou²¹ xən³⁵ tɕiou²¹ i²¹ tɕʰian³⁵］
有一个村庄，［iou²¹ i³⁵ kə⁰ tsʰuən⁵⁵ tʂuaŋ⁵⁵］
住了几十户儿人家儿。［tʂu⁵¹ lə⁰ tɕi²¹ ʂʅ³⁵ xur⁵³ ʐən³⁵ tɕiɐr⁰］
其中有一户儿，是三口儿之家，［tɕʰi³⁵ tʂuŋ⁵⁵ iou²¹ i³⁵ xur⁵，ʂʅ³⁵ san⁵⁵ kʰour²¹ tʂʅ⁵⁵ tɕia⁵⁵］
一个是，一个孩子，［i³⁵ kə⁰ ʂʅ⁵¹，i³⁵ kə⁰ xai³⁵ tsʅ］
一个，两个老家儿。［i³⁵ kə⁰，liaŋ²¹ kə⁰ lau²¹ tɕiɐr⁰］.
这个孩子呢，那一个男孩儿，［tʂɤ⁵¹ kə⁰ xai³⁵ tsʅ⁰ nə⁰，na⁵¹ i³⁵ kə⁰ nan³⁵ xɐr³⁵］
到十七八时候儿呢，已经，［tau⁵¹ ʂʅ³⁵ tɕʰi⁵⁵ pa⁵⁵ ʂʅ³⁵ xour⁰ nə⁰，i²¹ tɕiŋ⁵⁵］
这个，父母老家儿呢都不在了。［tʂɤ⁵¹ kə⁰，fu⁵³ mu²¹ lau²¹ tɕiɐr⁰ nə⁰ tou⁵⁵ pu³⁵ tsai⁵¹ lə⁰］
因为劳累过度，［in⁵⁵ uei⁰ lau³⁵ lei⁵¹ kuo⁵³ tu⁵¹］
他，产生疾病，得了，［tʰa⁵⁵，tʂʰan²¹ ʂəŋ⁵⁵ tɕi³⁵ piŋ⁵¹，tɤ³⁵ lə⁰］
这就算，唉，过世了。［tʂɤ⁵³ tɕiou⁵³ suan⁵¹，ai⁵¹，kuo⁵³ ʂʅ⁵¹ lə⁰］

剩下这孩子呢，［ʂəŋ⁵¹ɕia⁰tʂɤ⁵¹xai³⁵tsʅ⁰nə⁰］

已经，是孤苦伶仃一个人，［i²¹tɕiŋ⁵⁵，ʂʅ⁵¹ku⁵⁵kʰu²¹liŋ³⁵tiŋ⁵⁵i³⁵kə⁰ʐən³⁵］

怎么办呢？［tsən²¹mə⁰pan⁵¹nə⁰］

他们家有一头老黄牛，［tʰa⁵⁵mən⁰tɕia⁵⁵iou²¹i⁵¹tʰou³⁵lau²¹xuaŋ³⁵ȵiou³⁵］

跟那老黄牛做伴儿，［kən⁵⁵na⁵¹lau²¹xuaŋ³⁵ȵiou³⁵tsuo⁵³pɐr⁵¹］

所以说，日出而作日落而息。［suo³⁵i²¹ʂuo⁵⁵，ʐʅ⁵¹tʂʰu⁵⁵ɚ³⁵tsuo⁵¹，ʐʅ⁵³luo⁵¹ɚ³⁵ɕi⁵⁵］

这个老黄牛呢，［tʂɤ⁵¹kə⁰lau²¹xuaŋ³⁵ȵiou³⁵nə⁰］

啊，不是普通的老黄牛，［a⁵¹，pu³⁵ʂʅ⁵¹pʰu²¹tʰuŋ⁵⁵tə⁰lau²¹xuaŋ³⁵ȵiou³⁵］

是天上二十八星宿之一，［ʂʅ⁵¹tʰian⁵⁵ʂaŋ⁰ɚ⁵¹ʂʅ³⁵pa⁵⁵ɕiŋ⁵⁵su⁵¹tʂʅ⁵⁵i⁵⁵］

金牛星，他下界了。［tɕin⁵⁵ȵiou³⁵ɕiŋ⁵⁵，tʰa⁵⁵ɕia⁵³tɕie⁵¹lə⁰］

他为什么要下界呢？［tʰa⁵⁵uei⁵³ʂən³⁵mə⁰iau⁵³ɕia⁵³tɕie⁵¹nə⁰］

因为他惹恼了这个玉皇大帝了。［in⁵⁵uei⁵¹tʰa⁵⁵ʐɤ³⁵nau²¹lə⁰tʂɤ⁵¹kə⁰y⁵¹xuaŋ³⁵ta⁵³ti⁵¹lə⁰］

他当天呢，［tʰa⁵⁵taŋ⁵⁵tʰian⁵⁵nə⁰］

玉皇大帝过生日时候，［y⁵¹xuaŋ³⁵ta⁵³ti⁵¹kuo⁵¹ʂəŋ⁵⁵ʐʅ⁵¹ʂʅ³⁵xou⁰］

他多喝了几杯酒，［tʰa⁵⁵tuo⁵⁵xɤ⁵⁵lə⁰tɕi²¹pei⁵⁵tɕiou²¹³］

结果现了原形儿了，［tɕie³⁵kuo²¹ɕian⁵¹lə⁰yan³⁵ɕiə̃r³⁵lə⁰］

变成一个很大的一个牛，［pian⁵¹tʂʰəŋ³⁵i³⁵kə⁰xən²¹ta⁵¹tə⁰i³⁵kə⁰ȵiou³⁵］

他堵住了宫门，呃，［tʰa⁵⁵tu²¹tʂu⁵¹lə⁰kuŋ⁵⁵mən⁰，ɤ⁵¹］

很多仙女儿们出入［xən²¹tuo⁵⁵ɕian⁵⁵ȵyɚr²¹³mən⁰tʂʰu⁵⁵ʐu⁵¹］

都很不方便，［tou⁵⁵xən²¹pu⁵¹faŋ⁵⁵pian⁰］

所以说，这个玉皇大帝哪，［suo³⁵i²¹ʂuo⁵⁵，tʂɤ⁵¹kə⁰y⁵¹xuaŋ³⁵ta⁵³ti⁵¹na⁰］

是吧，一生气，说呀：［ʂʅ⁵¹pa⁰，i⁵¹ʂəŋ⁵⁵tɕʰi⁵¹，ʂuo⁵⁵ia⁰］

"既然你，是吧，这个，能耕田，［tɕi⁵³ʐan³⁵ni²¹³，ʂʅ⁵¹pa⁰，tʂɤ⁵¹kə⁰，nəŋ³⁵kəŋ⁵⁵tʰian³⁵］

下，下，下凡去吧。"［ɕia⁵¹，ɕia⁵¹，ɕia⁵¹fan³⁵tɕʰy⁵¹pa⁰］

一甩袖儿，就让他下凡了。［i⁵¹ʂuai⁵¹ɕiour⁵¹，tɕiou⁵³ʐaŋ⁵¹tʰa⁵⁵ɕia⁵¹fan³⁵lə⁰］

他飘飘然然地，［tʰa⁵⁵pʰiau⁵⁵pʰiau⁵⁵ʐan³⁵ʐan³⁵tə⁰］

他就掉到一个山谷里头。［tʰa⁵⁵tɕiou⁵¹tiau⁵¹tau⁰i³⁵kə⁰ʂan⁵⁵ku²¹li²¹³tʰou⁰］

这山谷呢，确实啊，［tʂɤ⁵¹ʂan⁵⁵ku²¹³nə⁰，tɕʰye⁵¹ʂʅ³⁵a⁰］

离密云不远，没有六十里地，［li³⁵mi⁵¹yn³⁵pu⁵¹yuan²¹³，mei³⁵iou²¹liou⁵¹ʂʅ³⁵li⁰ti⁵¹］

离怀柔正南，嗯，［li³⁵xuai³⁵ʐou³⁵tʂəŋ⁵¹nan³⁵，n⁵¹］

现在叫牛栏山，［ɕian⁵³tsai⁵¹tɕiau⁵¹ȵiou³⁵lan³⁵ʂan⁵⁵］

过去就是牛郎山。［kuo⁵³ tɕʰy⁵¹ tɕiou⁵³ ʂɿ⁵¹ ȵiou³⁵ laŋ³⁵ ʂan⁵⁵］
他掉下来以后，摔下来以后，［tʰa⁵⁵ tiau⁵¹ ɕia⁰ lai⁰ i²¹ xou⁵¹，ʂuai⁵⁵ ɕia⁰ lai⁰ i²¹ xou⁵¹］
他酒醒了，［tʰa⁵⁵ tɕiou³⁵ ɕiŋ²¹ lə⁰］
他把这酒吐完了以后，［tʰa⁵⁵ pa²¹ tʂɤ⁵³ tɕiou²¹ tʰuan³⁵ lə⁰ i²¹ xou⁵¹］
他到了这山谷，［tʰa⁵⁵ tau⁵¹ lə⁰ tʂɤ⁵¹ ʂan⁵⁵ ku²¹³］
哪海⁼儿都是酒香味儿，［na²¹³ xɐr⁰ tou⁵⁵ ʂɿ⁵¹ tɕiou²¹ ɕiaŋ⁵⁵ uər⁵¹］ 哪海⁼儿：哪儿
哎哟，这个山泉［ai⁵⁵ iou⁵⁵，tʂɤ⁵¹ kə⁰ ʂan⁵⁵ tɕʰyan³⁵］
也是酒香味儿。［ie²¹ ʂɿ⁵¹ tɕiou²¹ ɕiaŋ⁵⁵ uər⁵¹］
结果，现在这个，［tɕie³⁵ kuo²¹³，ɕian⁵³ tsai⁵¹ tʂɤ⁵¹ kə⁰］
后来人呢，就把那儿圈起来，［xou⁵¹ lai⁰ ʐən³⁵ nə⁰，tɕiou⁵¹ pa²¹ nɐr⁵¹ tɕʰyan⁵⁵ tɕʰi²¹ lai⁰］
说作为一个牛栏酒厂［ʂuo⁵⁵，tsuo⁵¹ uei¹ i³⁵ kə⁰ ȵiou³⁵ lan³⁵ tɕiou³⁵ tʂʰaŋ²¹³］
开发了，所以说，［kʰai⁵⁵ fa⁵⁵ lə⁰，suo³⁵ i²¹ ʂuo⁵⁵，］
牛栏山酒厂［ȵiou³⁵ lan³⁵ ʂan⁵⁵ tɕiou³⁵ tʂʰaŋ²¹³］
有三百年的历史，［iou²¹ san⁵⁵ pai²¹ ȵian³⁵ tə⁰ li⁵¹ ʂɿ²¹³］
在这之前还有更长的历史。［tsai⁵³ tʂɤ⁵¹ tʂɿ⁵⁵ tɕʰian³⁵ xai³⁵ iou²¹ kəŋ⁵³ tʂʰaŋ³⁵ tə⁰ li⁵¹ ʂɿ²¹³］

这个现在，这个牛呢，［tʂɤ⁵¹ kə⁰ ɕian⁵³ tsai⁵¹，tʂɤ⁵¹ kə⁰ ȵiou³⁵ nə⁰］
飘飘然然地起来了，［pʰiau⁵⁵ pʰiau⁵⁵ ʐan³⁵ ʐan⁵⁵ tə⁰ tɕʰi²¹ lai⁰ lə⁰］
结果，这个上哪儿去，［tɕie³⁵ kuo²¹³，tʂɤ⁵¹ kə⁰ ʂaŋ⁵¹ nɐr²¹ tɕʰy⁵¹］
自己拿不定准主意。［tsɿ⁵¹ tɕi²¹³ na³⁵ pu⁵¹ tiŋ⁵¹ tʂu³⁵ i⁵¹］
正好儿这个牛郎从这儿一过，［tʂəŋ⁵¹ xaor²¹³ tʂɤ⁵¹ kə⁰ ȵiou³⁵ laŋ³⁵ tsʰuŋ³⁵ tʂɤr⁵¹ i³⁵ kuo⁵¹］
一看，哎呀，［i³⁵ kʰan⁵¹，ai⁵⁵ ia⁵⁵］
这个大黄牛确实不错呀，［tʂɤ⁵¹ kə⁰ ta⁵¹ xuaŋ³⁵ ȵiou³⁵ tɕʰye⁵¹ ʂɿ³⁵ pu³⁵ tsʰuo⁵¹ ia⁰］
挺忠厚老实的，［tʰiŋ²¹ tʂuŋ⁵⁵ xou⁵¹ lau²¹ ʂɿ³⁵ tə⁰］
得了，我给牵回家。［tɤ³⁵ lə⁰，uo³⁵ kei²¹ tɕʰian⁵⁵ xuei³⁵ tɕia⁵⁵］
这么牵回家以后，［tʂɤ⁵¹ mə⁰ tɕʰian⁵⁵ xuei³⁵ tɕia⁵⁵ i²¹ xou⁵¹］
就他们俩，是吧，［tɕiou⁵¹ tʰa⁵⁵ mən⁰ lia²¹³，ʂɿ⁵¹ pa⁰］
始终这个做伴儿。［ʂɿ²¹ tʂuŋ⁵⁵ tʂɤ⁵³ kə⁰ tsuo⁵³ pɐr⁵¹］

这一晃儿这三年过去了，［tʂɤ⁵¹ i⁵¹ xuãr²¹ tʂɤ⁵¹ san⁵⁵ ȵian³⁵ kuo⁵¹ tɕʰy⁰ lə⁰］
这个金牛星呢，有，［tʂɤ⁵¹ kə⁰ tɕin⁵⁵ ȵiou³⁵ ɕiŋ⁵⁵ nə⁰，iou²¹³］
他终究是有灵感的，［tʰa⁵⁵ tʂuŋ⁵⁵ tɕiou⁰ ʂɿ⁵¹ iou²¹ liŋ³⁵ kan²¹ tə⁰］
他想，照这么混不行啊，［tʰa⁵⁵ ɕiaŋ²¹³，tʂau⁵³ tʂɤ⁵¹ mə⁰ xuən⁵¹ pu⁵¹ ɕiŋ³⁵ a⁰］

他想给他，牛郎啊，［tʰa⁵⁵ɕiaŋ³⁵kei²¹tʰa⁵⁵，ȵiou³⁵laŋ³⁵a⁰］
成个亲，啊，成个家。［tʂʰəŋ³⁵kə⁰tɕʰin⁵⁵，a⁵¹，tʂʰəŋ³⁵kə⁰tɕia⁵⁵］
他知道，这个七仙女儿，［tʰa⁵⁵tʂʅ⁵⁵tau⁰，tʂɤ⁵¹kə⁰tɕʰi⁵⁵ɕian⁵⁵ȵyər²¹³］
还有这个天空中［xai³⁵iou²¹tʂɤ⁵¹kə⁰tʰian⁵⁵kʰuŋ⁵⁵tʂuŋ⁰］
八姐九妹［pa⁵⁵tɕie²¹tɕiou²¹mei⁵¹］
经常下凡去洗澡。［tɕiŋ⁵⁵tʂʰaŋ³⁵ɕia⁵¹fan³⁵tɕʰy⁵¹ɕi³⁵tsau²¹³］
所以说，到哪海⁼儿洗去呢，［suo³⁵i²¹ʂuo⁵⁵，tau⁵¹na²¹xɐr⁰ɕi²¹tɕʰy⁰nə⁰］
是吧，有时候儿她们［ʂʅ⁵¹pa⁰，iou²¹ʂʅ³⁵xour⁰tʰa⁵⁵mən⁰］
到云南的天池，［tau⁵¹yn³⁵nan³⁵tə⁰tʰian⁵⁵tʂʰʅ³⁵］
还有时候儿到北京的小汤山儿，［xai³⁵iou²¹ʂʅ³⁵xour⁰tau⁵¹pei²¹tɕiŋ⁵⁵tə⁰ɕiau²¹tʰaŋ⁵⁵ʂɐr⁵⁵］
还有时候儿到这个［xai³⁵iou²¹ʂʅ³⁵xour⁰tau⁵¹tʂɤ⁵¹kə⁰］
这个避暑山庄，［tʂɤ⁵¹kə⁰pi⁵¹ʂu²¹ʂan⁵⁵tʂuaŋ⁵⁵］
温泉，还有吉林。［uən⁵⁵tɕʰyan³⁵，xai³⁵iou²¹tɕi³⁵lin³⁵］
这些温泉确实，［tʂɤ⁵¹ɕie⁵⁵uən⁵⁵tɕʰyan³⁵tɕʰye⁵¹ʂʅ³⁵］
这个产生好的效果，［tʂɤ⁵¹kə⁰tʂʰan²¹ʂəŋ⁵⁵xau⁰tə⁰ɕiau⁵¹kuo²¹³］
这个洗些澡了以后，［tʂɤ⁵¹kə⁰ɕi²¹ɕie⁵⁵tsau²¹lə⁰i²¹xou⁵¹］
适度保健。［ʂʅ⁵³tu⁵¹pau²¹tɕian⁵¹］
所以说，这个，［suo³⁵i²¹ʂuo⁵⁵，tʂɤ⁵¹kə⁰］
他知道这个七仙女儿来以后，［tʰa⁵⁵tʂʅ⁵⁵tau⁰tʂɤ⁵¹kə⁰tɕʰi⁵⁵ɕian⁵⁵ȵyər²¹lai³⁵i²¹xou⁵¹］
哎到这海⁼儿来，［ai⁵⁵tau⁵³tʂɤ⁵¹xɐr⁰lai³⁵］这海⁼儿：这儿
是到哪海⁼儿去呢，［ʂʅ⁵³tau⁵¹na²¹xɐr⁰tɕʰy⁵¹nə⁰］
是这小汤山温泉，［ʂʅ⁵³tʂɤ⁵¹ɕiau²¹tʰaŋ⁵⁵ʂan⁵⁵uən⁵⁵tɕʰyan³⁵］
那海⁼儿离北京很近。［na⁵¹xɐr⁰li³⁵pei²¹tɕiŋ⁵⁵xən²¹tɕin⁵¹］那海⁼儿：那儿
他就给这牛郎托了个梦，［tʰa⁵⁵tɕiou⁵¹kei²¹tʂɤ⁵¹ȵiou³⁵laŋ³⁵tʰuo⁵⁵lə⁰kə⁰məŋ⁵¹］
说呀："你呀，第二天，［ʂuo⁵⁵ia：，ȵi²¹ia⁰，ti⁵³ɚ⁵¹tʰian⁵⁵］
啊，你在几点，［a⁵¹，ȵi²¹tsai⁵¹tɕi³⁵tian²¹³］
你上这个小汤山儿温泉，［ȵi²¹ʂaŋ⁵³tʂɤ⁵¹kə⁰ɕiau²¹tʰaŋ⁵⁵ʂɐr⁵⁵uən⁵⁵tɕʰyan³⁵］
来守着这个一个小树林儿，［lai³⁵ʂou²¹tʂə⁰tʂɤ⁵¹kə⁰i³⁵kə⁰ɕiau²¹ʂu⁵¹liər³⁵］
啊，上那海⁼儿去，［a⁵⁵，ʂaŋ⁵³na⁵⁵xɐr⁰tɕʰy⁵¹］
你只要看见有一个［ȵi³⁵tʂʅ²¹iau⁵¹kʰan⁵¹tɕian⁰iou²¹i³⁵kə⁰］
粉红裙子，［fən²¹xuŋ³⁵tɕʰyn³⁵tsʅ⁰］
你把它拿上，啊。"［ȵi³⁵pa²¹tʰa⁵⁵na³⁵ʂaŋ⁰，a⁵¹］
哎，他想这一个梦，［ai⁵⁵，tʰa⁵⁵ɕiaŋ²¹tʂɤ⁵¹i·³⁵kə⁰məŋ⁵¹］

这么灵验么，[tʂɤ⁵¹mə⁰liŋ³⁵ian⁵¹mə⁰]
说我不妨我看看试试去。[ʂuo⁵⁵uo²¹pu⁵¹faŋ³⁵uo²¹kʰan⁵¹kʰan⁰ʂʅ⁵¹ʂʅ⁰tɕʰy⁰]

第二天，[ti⁵³ɚ⁵¹tʰian⁵⁵]
按照这个金牛星托这个梦，[an⁵³tʂau⁵¹tʂɤ⁵¹kə⁰tɕin⁵⁵ȵiou³⁵ɕiŋ⁵⁵tʰuo⁵⁵tʂɤ⁵¹kə⁰məŋ⁵¹]
他就去了，到那海ⁿ儿后，[tʰa⁵⁵tɕiou⁵³tɕʰy⁵¹lə⁰, tau⁵³na⁵¹xɐr⁰xou⁵¹]
果然看见这个树上 [kuo²¹ʐan³⁵kʰan⁵¹tɕian⁰tʂɤ⁵¹kə⁰ʂu⁵¹ʂaŋ⁰]
有一个粉红裙子，[iou²¹i³⁵kə⁰fən²¹xuŋ³⁵tɕʰyn³⁵tsʅ⁰]
结果他就拿上就走了。[tɕie³⁵kuo²¹³tʰa⁵⁵tɕiou⁵¹na³⁵ʂaŋ⁰tɕiou⁵¹tsou²¹lə⁰]
几个仙女儿啊，[tɕi²¹kə⁰ɕian⁵⁵ȵyɚ²¹a⁰]
洗完澡以后一看，[ɕi²¹uan³⁵tsau²¹i²¹xou i³⁵kʰan⁵¹]
这个其他姐妹都有裙子，[tʂɤ⁵¹kə⁰tɕʰi³⁵tʰa⁵⁵tɕie²¹mei⁵¹tou⁵⁵iou²¹tɕʰyn³⁵tsʅ⁰]
这个到织女这海ⁿ儿呢 [tʂɤ⁵¹kə⁰tau⁵¹tʂʅ⁵⁵ȵy²¹tʂɤ⁵¹xɐr⁰nə⁰]
裙子没有了，[tɕʰyn³⁵tsʅ⁰mei³⁵iou²¹lə⁰]
这个一看呢，[tʂɤ⁵¹kə⁰i³⁵kʰan⁵¹nə⁰]
这里头有一定的奥妙。[tʂɤ⁵¹li²¹tʰou⁰iou²¹i³⁵tiŋ⁵¹tə⁰au⁵³miau⁵¹]
但是这裙子不是普通裙子，[tan⁵¹ʂʅ⁰tʂɤ⁵¹tɕʰyn³⁵tsʅ⁰pu³⁵ʂʅ⁵¹pʰu²¹tʰuŋ⁵⁵tɕʰyn³⁵tsʅ⁰]
它有一定的那仙气，[tʰa⁵⁵iou²¹i³⁵tiŋ⁵¹tə⁰na⁵¹ɕian⁵⁵tɕʰi⁵¹]
很灵光，闪耀着。[xən²¹liŋ³⁵kuaŋ⁵⁵, ʂan²¹iau⁵¹tʂə⁰]
她一看这个裙子去的方向，[tʰa⁵⁵i³⁵kʰan⁵¹tʂɤ⁵¹kə⁰tɕʰyn³⁵tsʅ⁰tɕʰy⁵¹tə⁰faŋ⁵⁵ɕiaŋ⁵¹]
她就顺着找下去了。[tʰa⁵⁵tɕiou⁵¹ʂuən⁵¹tʂə⁰tʂau²¹ɕia⁵¹tɕʰy⁰lə⁰]

这织女，为什么叫织女，[tʂɤ⁵¹tʂʅ⁵⁵ȵy²¹³, uei⁵¹ʂən³⁵mə⁰tɕiau⁵¹tʂʅ⁵⁵ȵy²¹³]
找去了呢，说这织女啊，是吧，[tʂau²¹tɕʰy⁰lə⁰nə⁰, ʂuo⁵⁵tʂɤ⁵¹tʂʅ⁵⁵ȵy²¹a⁰, ʂʅ⁵¹pa⁰]
在天空上是吧，[tsai⁵¹tʰian⁵⁵kʰuŋ⁵⁵ʂaŋ⁰ʂʅ⁵¹pa⁰]
这织布，纺纱，是吧，[tʂɤ⁵¹tʂʅ⁵⁵pu⁵¹, faŋ²¹ʂa⁵⁵, ʂʅ⁵¹pa⁰]
呃，做的手艺相当高级，[ɤ⁵⁵, tsuo⁵¹tə⁰ʂou²¹i⁵¹ɕiaŋ⁵⁵taŋ⁵⁵kau⁵⁵tɕi³⁵]
所以说，她号称这织女。[suo³⁵i²¹ʂuo⁵⁵, tʰa⁵⁵xau⁵¹tʂʰəŋ⁵⁵tʂɤ⁵¹tʂʅ⁵⁵ȵy²¹³]
呃，这个她看到自己 [ɤ⁵⁵, tʂɤ⁵¹kə⁰tʰa⁵⁵kʰan⁵¹tau⁰tsʅ⁵¹tɕi²¹]
裙子奔着一个方向去了，[tɕʰyn³⁵tsʅ⁰pən⁵¹tʂə⁰i³⁵kə⁰faŋ⁵⁵ɕiaŋ⁵¹tɕʰy⁵¹lə⁰]
她就追下去了。[tʰa⁵⁵tɕiou⁵¹tʂuei⁵⁵ɕia⁵¹tɕʰy⁰lə⁰]
结果到那海ⁿ儿时一看，[tɕie³⁵kuo²¹tau⁵³na⁵¹xɐr⁰ʂʅ³⁵i³⁵kʰan⁵¹]
这一开门儿，[tʂɤ⁵³i⁵¹kʰai⁵⁵mər³⁵]

哎，这牛郎啊确实啊，［ai⁵⁵, tʂɤ⁵¹ȵiou³⁵laŋ³⁵a⁰tɕʰye⁵¹ʂʅ³⁵a⁰］
是吧，堂堂一表人才，［ʂʅ⁵¹pa⁰, tʰaŋ³⁵tʰaŋ³⁵i⁵¹piau²¹ʐən³⁵tsʰai³⁵］
是吧，挺憨厚忠诚老实，［ʂʅ⁵¹pa⁰, tʰiŋ²¹xan⁵⁵xou⁵¹tʂuŋ⁵⁵tʂʰəŋ³⁵lau²¹ʂʅ⁰］
哎，正是她心目中的［ai⁵⁵, tʂəŋ⁵³ʂʅ⁵¹tʰa⁵⁵ɕin⁵⁵mu⁵¹tʂuŋ⁵⁵tə⁰］
这个想找的人。［tʂɤ⁵¹kə⁰ɕiaŋ³⁵tʂau²¹tə⁰ʐən³⁵］

这个牛郎一看这个织女呢，［tʂɤ⁵¹kə⁰ȵiou³⁵laŋ³⁵i³⁵kʰan⁵¹tʂɤ⁵¹kə⁰tʂʅ⁵⁵ȵy²¹nə⁰］
确实漂亮，［tɕʰye⁵¹ʂʅ³⁵pʰiau⁵¹liaŋ⁰］
柳叶儿眉杏核儿眼，［liou²¹iɛR⁵¹mei³⁵ɕiŋ⁵¹xɤr³⁵ian²¹⁴］
樱桃小口儿一点点，［iŋ⁵⁵tʰau³⁵ɕiau³⁵kʰour²¹i⁵¹tian³⁵tian²¹³］
哎，笑起来以后呢，［ai⁵⁵, ɕiau⁵¹tɕʰi²¹lai⁰i·²¹xou⁵¹nə⁰］
是吧，还有一点儿甜蜜。［ʂʅ⁵¹pa⁰, xai³⁵iou²¹i⁵¹tiɐr²¹tʰian³⁵mi⁵¹］
所以说这个她一看相中了。［suo³⁵i²¹ʂuo⁵⁵tʂɤ⁵¹kə⁰tʰa⁵⁵i³⁵kʰan⁵¹ɕiaŋ⁵⁵tʂuŋ⁵¹lə⁰］
那俩人呢就一见钟情，［na⁵¹lia²¹ʐən³⁵nə⁰tɕiou⁰i³⁵tɕian⁵¹tʂuŋ⁵⁵tɕʰiŋ³⁵］
这样儿呢，晚上，［tʂɤ⁵³iãr⁵¹nə⁰, uan²¹ʂaŋ⁰］
哎，就在村民的这个［ai⁵⁵, tɕiou⁵³tsai⁵¹tsʰuən⁵⁵min³⁵tə⁰tʂɤ⁵¹kə⁰］
这个撮合下，［tʂɤ⁵¹kə⁰tsʰuo⁵⁵xɤ⁰ɕia⁰］
哎，俩人呢结婚了。［ai⁵⁵, lia²¹ʐən³⁵nə⁰tɕie³⁵xuən⁵⁵lə⁰］

哎，结婚以后，哎，［ai⁵⁵, tɕie³⁵xuən⁵⁵i·²¹xou⁵¹, ai⁵⁵］
这就慢慢儿地这三年里头啊，［tʂɤ⁵³tɕiou⁵¹man⁵¹mɐr⁵⁵tə⁰tʂɤ⁵¹san⁵⁵ȵian³⁵li²¹tʰou⁰a⁰］
人就生了俩孩子，［ʐən³⁵tɕiou⁵¹ʂəŋ⁵⁵lə⁰lia²¹xai³⁵tsʅ⁰］
双傍儿，说就叫龙凤胎，［ʂuaŋ⁵³pãr⁵¹, ʂuo⁵⁵tɕiou⁵³tɕiau⁵¹luŋ³⁵fəŋ⁵¹tʰai⁵⁵］
男孩儿，说叫作冬哥，［nan³⁵xɐr³⁵, ʂuo⁵⁵tɕiau⁵¹tsuo⁵⁵tuŋ⁵⁵kɤ⁵⁵］
女孩儿叫冬妹。［ȵy²¹xɐr³⁵tɕiau⁵¹tuŋ⁵⁵mei⁵¹］
确实啊，这个这四口人，［tɕʰye⁵¹ʂʅ³⁵a⁰, tʂɤ⁵¹kə⁰tʂɤ⁵³sʅ⁵¹kʰou²¹ʐən³⁵］
再加上这个老黄牛，［tsai⁵¹tɕia⁵⁵ʂaŋ⁰tʂɤ⁵¹kə⁰lau²¹xuaŋ³⁵ȵiou³⁵］
这五口人呢，［tʂɤ⁵¹u³⁵kʰou²¹ʐən³⁵nə⁰］
是吧，混得和和睦睦，［ʂʅ⁵¹pa⁰, xuən⁵¹tə⁰xɤ³⁵xɤ³⁵mu⁵³mu⁵¹］
年年儿丰收，这个而且呢，［ȵian³⁵ȵiɐr³⁵fəŋ⁵⁵ʂou⁵⁵, tʂɤ⁵¹kə⁰ɚ³⁵tɕʰie²¹nə⁰］
把这个村民的关系搞得很好，［pa²¹tʂɤ⁵¹kə⁰tsʰuən⁵⁵min³⁵tə⁰kuan⁵⁵ɕi⁰kau²¹tə⁰xən³⁵xau²¹³］
这个织女呢［tʂɤ⁵¹kə⁰tʂʅ⁵⁵ȵy²¹nə⁰］
又教了本村儿的中老妇女［iou⁵¹tɕiau⁵⁵lə⁰pən²¹tsʰuɐr⁵⁵tə⁰tʂuŋ⁵⁵lau²¹fu⁵¹ȵy²¹³］

进行纺织行业，纺织手艺。［tɕin⁵¹ɕiŋ³⁵faŋ²¹tʂʅ⁵⁵xaŋ³⁵ie⁵¹，faŋ²¹tʂʅ⁵⁵ʂou²¹i⁵¹］
呃，通过这个他们的村儿，［ɤ⁵⁵，tʰuŋ⁵⁵kuo⁵¹tʂɤ⁵¹kə⁰tʰa⁵⁵mən⁰tə⁰tsʰuər⁵⁵］
这个，把纺织行业搞起来了，［tʂɤ⁵¹kə⁰，pa²¹faŋ²¹tʂʅ⁵⁵xaŋ³⁵ie⁵¹kau³⁵tɕʰi²¹lai⁰lə⁰］
人家也做了出口贸易。［ʐən³⁵tɕia⁵⁵ie²¹tsuo⁵¹lə⁰tʂʰu⁵⁵kʰou²¹mau¹i⁰］
哎，说这个确实不错，［ai⁵⁵，ʂuo⁵⁵tʂɤ⁵¹kə⁰tɕʰye⁵¹ʂʅ³⁵pu³⁵tsʰuo⁵¹］
完了这个弄得关系挺和谐。［uan³⁵lə⁰tʂɤ⁵¹kə⁰nuŋ⁵¹tə⁰kuan⁵⁵ɕi⁰tʰiŋ²¹xɤ³⁵ɕie⁰］
这个织女呢他们之间，［tʂɤ⁵¹kə⁰tʂʅ⁵⁵n̠y²¹nə⁰tʰa⁵⁵mən⁵⁵tʂʅ⁵⁵tɕian⁵⁵］
是吧，家里和谐村里头和谐，［ʂʅ⁵¹pa⁰，tɕia⁵⁵li⁰xɤ³⁵ɕie⁰tsʰuən⁵⁵li²¹tʰou⁰xɤ³⁵ɕie⁰］
说不错。［ʂuo⁵⁵pu³⁵tsʰuo⁵¹］

哦，日子不是说这么平坦的。［o⁵¹，ʐʅ⁵¹tsʅ⁰pu³⁵ʂʅ⁵¹ʂuo⁵⁵tʂɤ⁵¹mə⁰pʰiŋ³⁵tʰan²¹tə⁰］
突然这个有一天哪，［tʰu⁵⁵ʐan³⁵tʂɤ⁵¹kə⁰iou²¹i⁵¹tʰian⁵⁵na⁰］
电闪雷鸣，［tian⁵¹ʂan²¹lei³⁵miŋ³⁵］
哎，来到他们这个上空，［ai⁵⁵，lai⁵⁵tau⁰tʰa⁵⁵mən⁰tʂɤ⁵¹kə⁰ʂaŋ⁵¹kʰuŋ⁵⁵］
这织女一早上身上不舒服，［tʂɤ⁵¹tʂʅ⁵⁵n̠y²¹i⁵¹tsau²¹ʂaŋ⁰ʂən⁵⁵ʂaŋ⁰pu⁵¹ʂu⁵⁵fu⁰］
好冷，一看这就是，［xau³⁵ləŋ²¹³，i³⁵kʰan⁵¹tʂɤ⁵³tɕiou⁵³ʂʅ⁵¹］
往天上一看，［uaŋ²¹tʰian⁵⁵ʂaŋ⁰i³⁵kʰan⁵¹］
哦，父王派了天兵天将，［o⁵¹，fu⁵¹uaŋ³⁵pʰai⁵¹lə⁰tʰian⁵⁵piŋ⁵⁵tʰian⁵⁵tɕiaŋ⁵¹］
带了这个凶器来的。［tai⁵¹lə⁰tʂɤ⁵¹kə⁰ɕyŋ⁵⁵tɕʰi⁵¹lai³⁵tə⁰］
是吧，这个，［ʂʅ⁵¹pa⁰，tʂɤ⁵¹kə⁰］
这个天兵天将说了，［tʂɤ⁵¹kə⁰tʰian⁵⁵piŋ⁵⁵tʰian⁵⁵tɕiaŋ⁵¹ʂuo⁵⁵lə⁰］
啊，说："父王之命，［a⁵⁵，ʂuo⁵⁵：fu⁵¹uaŋ³⁵tʂʅ⁵⁵miŋ⁵¹］
限你午时三刻，［ɕian⁵¹n̠i²¹u²¹ʂʅ³⁵san⁵⁵kʰɤ⁵¹］
啊，回到天宫，［a⁵⁵，xuei³⁵tau⁰tʰian⁵⁵kuŋ⁵⁵］
否则电闪雷劈。"［fou²¹tsɤ³⁵tian⁵¹ʂan²¹lei³⁵pʰi⁵⁵］
这织女一看，这个，［tʂɤ⁵¹tʂʅ⁵⁵n̠y²¹i³⁵kʰan⁵¹，tʂɤ⁵¹kə⁰］
得服从这个父王之命啊，［tei²¹fu³⁵tsʰuŋ³⁵tʂɤ⁵¹kə⁰fu⁵¹uaŋ³⁵tʂʅ⁵⁵miŋ⁵¹a⁰］
拧不过去啊，得，［n̠iŋ²¹pu³⁵kuo⁵¹tɕʰy⁰a⁰，tɤ³⁵］
随着他们就上了天空了。［suei³⁵tʂə⁰tʰa⁵⁵mən⁰tɕiou⁵³ʂaŋ⁵¹lə⁰tʰian⁵⁵kʰuŋ⁵⁵lə⁰］

说这点儿，［ʂuo⁵⁵tʂɤ⁵¹tiɐr²¹³］
俩孩子发现了这个，［lia²¹xai³⁵tsʅ⁰fa⁵⁵ɕian⁵¹lə⁰tʂɤ⁵¹kə⁰］
是吧，这织女没了，［ʂʅ⁵¹pa⁰，tʂɤ⁵¹tʂʅ⁵⁵n̠y²¹mei³⁵lə⁰］

母亲没有了，［mu²¹tɕʰin⁵⁵mei³⁵lə⁰］

不在跟前儿了，［pu³⁵tsai⁵¹kən⁵⁵tɕʰiɚ²¹lə⁰］

哇哇直哭，［ua⁵⁵ua⁵⁵tʂʅ³⁵kʰu⁵⁵］

是吧，哎，惊动了牛郎。［ʂʅ⁵¹pa⁰，ai⁵⁵，tɕiŋ⁵⁵tuŋ⁵¹lə⁰ȵiou³⁵laŋ³⁵］

牛郎说："哭什么呢？"［ȵiou³⁵laŋ³⁵ʂuo⁵⁵：kʰu⁵⁵ʂən³⁵mə⁰nə⁰］

说母亲，妈妈全都上天了。［ʂuo⁵⁵mu²¹tɕʰin⁵⁵，ma⁵⁵ma⁰tɕʰyan³⁵tou⁵⁵ʂaŋ⁵¹tʰian⁵⁵lə⁰］

说一看，哎呀，［ʂuo⁵⁵i³⁵kʰan⁵¹，ai⁵⁵ia⁰］

说这怎么办呢，［ʂuo⁵⁵tʂɤ⁵¹tsən²¹mə⁰pan⁵¹nə⁰］

这时急得团团转，［tʂɤ⁵¹ʂʅ³⁵tɕi³⁵tə⁰tʰuan³⁵tʰuan³⁵tʂuan⁵¹］

惊动了是吧金牛星，［tɕiŋ⁵⁵tuŋ⁵¹lə⁰ʂʅ⁵¹pa⁰tɕin⁵⁵ȵiou³⁵ɕiŋ⁵⁵］

这老黄牛，说话了：［tʂɤ⁵¹lau²¹xuaŋ³⁵ȵiou³⁵，ʂuo⁵⁵xua⁵¹lə⁰］

"牛郎你啊不要着急。"［ȵiou³⁵laŋ³⁵ȵi²¹a⁰pu³⁵iau⁵¹tʂau³⁵tɕi³⁵］

说："你啊，赶紧追去。"［ʂuo⁵⁵：ȵi²¹a⁰，kan³⁵tɕin²¹tʂuei⁵⁵tɕʰy⁰］

说："我怎么上天追啊？"［ʂuo⁵⁵：uo³⁵tsən²¹mə⁰ʂaŋ⁵¹tʰian⁵⁵tʂuei⁵⁵a⁰］

说："你用我这俩犄角，［ʂuo⁵⁵：ȵi²¹³iuŋ⁵¹uo²¹tʂɤ⁵¹lia²¹tɕi⁵⁵tɕiau⁰］

变成两个筐，［pian⁵¹tʂʰəŋ³⁵liaŋ²¹kə⁰kʰuaŋ⁵⁵］

你担着他俩，上天追去。"［ȵi²¹³tan⁵⁵tʂə⁰tʰa⁵⁵lia²¹³，ʂaŋ⁵¹tʰian⁵⁵tʂuei⁵⁵tɕʰy⁰］

这个牛郎，按照他这个，［tʂɤ⁵¹kə⁰ȵiou³⁵laŋ³⁵，an⁵³tʂau⁵¹tʰa⁵⁵tʂɤ⁵¹kə⁰］

是吧，这个牛，黄牛的旨意，［ʂʅ⁵¹pa⁰，tʂɤ⁵¹kə⁰ȵiou³⁵，xuaŋ³⁵ȵiou³⁵tə⁰tʂʅ²¹⁻⁵¹i⁵¹］

人说你这挺这个，［ʐən³⁵ʂuo⁵⁵ȵi²¹tʂɤ⁵¹tʰiŋ²¹tʂɤ⁵¹kə⁰］

能俩筐能出来吗［nəŋ³⁵lia²¹kʰuaŋ⁵⁵nəŋ³⁵tʂʰu⁵⁵lai⁰ma⁰］

俩犄角能掉？［lia²¹tɕi⁵⁵tɕiau⁰nəŋ³⁵tiau⁵¹］

说时迟那时快，［ʂuo⁵⁵ʂʅ³⁵tʂʰʅ³⁵na⁵¹ʂʅ³⁵kʰuai⁵¹］

这个老黄牛把犄角掉下来了，［tʂɤ⁵¹kə⁰lau²¹xuaŋ³⁵ȵiou³⁵pa²¹tɕi⁵⁵tɕiau⁰tiau⁵¹ɕia⁰lai⁰lə⁰］

掉下以后，变成俩筐，［tiau⁵¹ɕia⁰i²¹xou⁵¹，pian⁵¹tʂʰəŋ³⁵lia²¹kʰuaŋ⁵⁵］

这个牛郎担着这俩筐孩子，［tʂɤ⁵¹kə⁰ȵiou³⁵laŋ³⁵tan⁵⁵tʂə⁰tʂɤ⁵¹lia²¹kʰuaŋ⁵⁵xai³⁵tsʅ⁰］

一直一阵清风，［i⁵¹tʂʅ³⁵i³⁵tʂən⁵¹tɕʰiŋ⁵⁵fəŋ⁵⁵］

"唰"就上了天了。［ʂua⁵⁵tɕiou⁵¹ʂaŋ⁵¹lə⁰tʰian⁵⁵lə⁰］

这个追追追追，啊，［tʂɤ⁵¹kə⁰tʂuei⁵⁵tʂuei⁵⁵tʂuei⁵⁵tʂuei⁵⁵，a⁵¹］

这眼看还有这么［tʂɤ⁵¹ian²¹kʰan⁵¹xai³⁵iou²¹tʂɤ⁵¹mə⁰］

几千米就要追上了，［tɕi²¹tɕʰian⁵⁵mi²¹tɕiou⁵¹iau⁵¹tʂuei⁵⁵ʂaŋ⁰lə⁰］

这时惊动了王母娘娘，［tʂɤ⁵¹ʂʅ³⁵tɕin⁵⁵tuŋ⁵¹lə⁰uaŋ³⁵mu²¹ȵiaŋ³⁵ȵiaŋ⁰］

王母娘娘说：［uaŋ³⁵mu²¹ȵiaŋ³⁵ȵiaŋ⁰ʂuo⁵⁵］

"哪海ⁿ儿能这个仙女儿 [na²¹xɐr⁰nəŋ³⁵tʂɤ⁵¹kə⁰ɕian⁵⁵n̠yər²¹³]
跟凡人跑出结婚去, [kən⁵⁵fan³⁵ʐən⁰pʰau²¹tʂʰu⁰tɕie³⁵xuən⁵⁵tɕʰy⁰]
是吧, 这没有这个先例啊", [ʂʅ⁵¹pa⁰, tʂɤ⁵¹mei³⁵iou²¹tʂɤ⁵¹kə⁰ɕian⁵⁵li⁵¹a⁰]
说: "不行!" [ʂuo⁵⁵ : pu⁵¹ɕiŋ³⁵]
说拔下银簪儿, [ʂuo⁵⁵pa³⁵ɕia⁰in³⁵tsɐr⁵⁵]
在他俩中间一划, [tsai⁵¹tʰa⁵⁵lia²¹tʂuŋ⁵⁵tɕian⁵⁵i⁵¹xua³⁵]
变成一条望不到边儿的银河。[pian⁵¹tʂʰəŋ³⁵i⁵¹tʰiau³⁵uaŋ⁵¹pu³⁵tau⁰piɐr⁵⁵tə⁰in³⁵xɤ³⁵]
说这个这俩人儿悲悲切切, [ʂuo⁵⁵tʂɤ⁵¹kə⁰tʂɤ⁵¹lia²¹ʐər³⁵pei⁵⁵pei⁵⁵tɕʰie⁵³tɕʰie⁵¹]
眼看就要说见个面儿了, [ian²¹kʰan⁵¹tɕiou⁵³iau⁵¹ʂuo⁵⁵tɕian⁵¹kə⁰miɐr⁵¹lə⁰]
现在让这个大河 [ɕian⁵³tsai⁵¹ʐaŋ⁵³tʂɤ⁵¹kə⁰ta⁵¹xɤ³⁵]
就给隔断了。[tɕiou⁵¹kei²¹kɤ³⁵tuan⁵¹lə⁰]

是吧, 这俩人这个感情哪, [ʂʅ⁵¹pa⁰, tʂɤ⁵¹lia²¹ʐən³⁵tʂɤ⁵¹kə⁰kan²¹tɕʰiŋ³⁵na⁰]
啊, 一时这个让这个 [a⁵⁵, i⁵¹ʂʅ³⁵tʂɤ⁵¹kə⁰ʐaŋ⁵³tʂɤ⁵¹kə⁰]
天上飞的喜鹊哎看到了, [tʰian⁵⁵ʂaŋ⁰fei⁵⁵tə⁰ɕi²¹tɕʰye⁵¹ai⁵⁵kʰan⁵¹tau⁰lə⁰]
是吧, 让, 惊动了喜鹊们。[ʂʅ⁵¹pa⁰, ʐaŋ⁵¹, tɕiŋ⁵⁵tuŋ⁵¹lə⁰ɕi²¹tɕʰye⁵¹mən⁰]
喜鹊们说: [ɕi²¹tɕʰye⁵¹mən⁰ʂuo⁵⁵]
"咱们为了成全他们俩, [tsan³⁵mən⁰uei⁵¹lə⁰tʂʰəŋ³⁵tɕyan⁰tʰa⁵⁵mən⁰lia²¹³]
这个咱要组织上万只喜鹊, [tʂɤ⁵¹kə⁰tsan³⁵iau⁵¹tsu²¹tʂʅ⁵⁵ʂaŋ⁵³uan⁵¹tʂʅ⁵⁵ɕi²¹tɕʰye⁵¹]
搭成一个彩桥, 鹊桥 [ta⁵⁵tʂʰəŋ³⁵i³⁵kə⁰tsʰai²¹tɕʰiau³⁵, tɕʰye⁵¹tɕʰiau³⁵]
俺们让他们俩按时见面儿。" [an²¹mən⁰ʐaŋ⁵¹tʰa⁵⁵mən⁰lia²¹³an⁵¹ʂʅ³⁵tɕian⁵³miɐr⁵¹]
所以说这个喜鹊们呢, [suo³⁵i²¹ʂuo⁵⁵tʂɤ⁵¹kə⁰ɕi²¹tɕʰye⁵¹mən⁰nə⁰]
它叼着它的后尾巴, [tʰa⁵⁵tiau⁵⁵tʂə⁰tʰa⁵⁵tə⁰xou⁵¹i²¹pa⁰]
它叼着它的后尾巴, [tʰa⁵⁵tiau⁵⁵tʂə⁰tʰa⁵⁵tə⁰xou⁵¹i²¹pa⁰]
搭成了一个, 是吧, 很巨型, [ta⁵⁵tʂʰəŋ³⁵lə⁰i³⁵kə⁰, ʂʅ⁵¹pa⁰, xən²¹tɕy⁵¹ɕiŋ³⁵]
大大的一个桥梁, [ta⁵³ta⁵¹tə⁰i³⁵kə⁰tɕʰiau³⁵liaŋ³⁵]
这就让他们, 是吧, [tʂɤ⁵¹tɕiou⁵¹ʐaŋ⁵¹tʰa⁵⁵mən⁰, ʂʅ⁵¹pa⁰]
每年的七月七, [mei²¹n̠ian³⁵tə⁰tɕʰi⁵⁵ye⁵¹tɕʰi⁵⁵]
让他们俩这个会一次面。[ʐaŋ⁵¹tʰa⁵⁵mən⁰lia²¹tʂɤ⁵¹kə⁰xuei⁵¹i³⁵tsʰʅ⁵³mian⁵¹]
所以说民间传说, [suo³⁵i²¹ʂuo⁵⁵min³⁵tɕian⁵⁵tʂʰuan³⁵ʂuo⁵⁵]
七月七牛郎会织女, [tɕʰi⁵⁵ye⁵¹tɕʰi⁵⁵n̠iou³⁵laŋ³⁵xuei⁵¹tʂʅ⁵⁵n̠y²¹³]
就这么一个传说。[tɕiou⁵³tʂɤ⁵¹mə⁰i³⁵kə⁰tʂʰuan³⁵ʂuo⁵⁵]

(发音人: 缐增宝)

三　其他故事

夜行记

在我七岁之前，都是由父亲骑自行车儿带着我去，到，看看爷爷奶奶家，串串亲戚。哎，这个七岁以后啊，我父亲就不在了，哎，我就是只能跟母亲在一块堆儿生活了，但是呢爷爷奶奶那儿我不能忘记，我啊，每年这个都是，或者大人跟着，这个把我送到这个爷爷奶奶家看看去，过几天这个这个农村的日子去，看看爷爷奶奶。

这个到了十二岁时候儿啊，我呀自己就能去了。当时呢交通吧很不方便，去呢只能坐火车，这个汽车都很少，而且呢这个时候儿啊有了这个八九岁时候儿啊，坐二等。什么是二等呢，就是自行车儿，人家有专有跑这趟线儿的，这个到那儿时候儿给你撂下，你就，人家就，就跟这个现在的出租车一样，我就坐到北房那海＝儿，剩下自己走就，就去了。

到十二三岁时候儿啊，我仍然，我说得了，我还一个人儿去吧。这个，到这天是暑假，呃，十三岁，我母亲说："给你大妈她们带上点儿小鸡儿"，孵小鸡儿了嘛，拿上小笼儿去了，"给你三毛钱，你坐火车去吧"。每回也是坐火车，由密云坐火车也三毛钱到怀柔下车，再走十五里地就到了。这次呢我又是挎着小鸡儿啊又上这个到火车站就去了，到那一打听啊，火车走了，过去了。

哎呀！我还穿了身儿新衣裳。跟您说吧，这身儿新衣裳啊，实在是让我心盛[情绪好，兴奋]，这我每回穿上我都不愿意脱下来，尤其这个出门儿让我穿上，没有什么盛大节日啊，什么哎这个喜事儿啊，都不让我穿，说是做的是制服衣裳。你们都，过去呀，一说机器砸用缝纫机缝制的这个，就叫制服衣裳，哎，所以说现在都很多很平常了，哎不认为这个，制服衣裳那是最时髦的了当时，我穿上以后特别美。

到了车站以后啊一说车过去了，我懒得又脱下这身儿衣裳，是不啊，我说得了，我妈给我三毛钱，这三毛钱我省下了，我能买三本儿小人儿书瞧，我说这太好了，我走！我要走，送到我爷这个大妈她们家去。

由四点钟，我由沙河儿，走啊从这个老城墙这边儿绕绕，就过去了，走到十里铺那海＝儿啊，天就有点儿擦黑儿了，这个天上还下着小蒙蒙雨，挎一笼小鸡儿走着，手里拿着弹弓子，走哪儿有点儿响动静儿，啪，打一下儿，走哪儿打一下儿。

这个它走的是玉米地，这棒子地里头啊，我还是扒拉来扒拉去，为什么要走那条棒子地，近，哎，原来走这旱道儿都是从这儿，过了这个棒子地，就有小道儿了。

过了小道儿又蹦出什么高粱地呀，又穿过去，走，近。所以说呀，这个天气是越走越黑，这小蒙蒙雨儿啊越下越重，哗哗哗哗儿地淋到这个叶子上头，挺，哎呀挺心烦的。但是这个弹弓啊没闲着，这儿打一下儿那儿打一下儿。

走啊走啊，到的夜里十二点了，这个离老家呀还有六七里地了。走到，到那海=儿啊，我就知道前面这一片松树林儿，这松树林儿中间那都是乱坟岗子，就是埋死人的地方，每回走啊都有点儿发瘆。

为什么说呢，这个我一串门儿呀，找伙伴儿他们一聊天儿啊，都晚上前儿一聊，没有电视，没收音机，就听人讲这个神话故事，尤其鬼的故事，讲的呀我都不敢回家，夜里十二点都让人家给送回家去。哎哟毛骨悚然，哎呀，这个是那个啥耷拉舌头，那瞪着眼睛，这披头散发的，说的呀，挺神乎其神的。

今天呢，我到十二点了，夜里十二点了，走出这棒子地儿啊，虽然这雨啊，是不大下了，有点儿清风儿。我看怎么办，我是一到这儿一瞅啊，这黑树林儿里头啊，有一个穿一身儿白的，哎哟，还冲我招手儿呢，忽悠忽悠……哎哟，一片漆黑，就瞅那儿一身一身儿白的这海=儿站着向我招手儿，我当时吓得我都不敢往前走了。我这是，真见着鬼啦，我说这怎么办呢这个，哦，你说这我回去吧，已经走这三十七八里地了，离老家还有六七里地，你说我往前走吧，我这让鬼给掐死了。我怎么弄啊？我就站在那时候儿啊，你说我再往回走我都，我走两步我回头儿我瞅瞅它，我总怕跟上我，我这回得碰上鬼啦，可了不得了。

怎么办呢，这小鸡儿啊在不停喳喳喳喳叫着，弹弓子儿也没了，我说打一下没有弹弓子儿了，黢黑一片。我站着我说，我呀，我想起了这个老师给讲的些个英雄故事，又想起老师教我们这个少年儿童歌儿，哎，我唱歌儿，我壮壮胆儿！我就这个红孩子歌儿，"准备好了吗，时刻准备着，我们都是共产儿童团"，哎，就唱这歌儿，往前走！

我就坚持着，我就挎着小鸡儿啊，我就往前走，我说看看他咋儿掐我。哎哟，哎哟！我就走走走走，走到这个这个白的东西跟前儿，我拿眼珠子一瞟，哎呀不是鬼，是人家新死人以后插的幡儿，哎呀，那幡儿啊，那招风儿一吹的，忽悠忽悠这么忽悠上了。哎哟，我心里我这才觉着，哎哟，可松口气啊，我说可好，谢天谢地啊，真是没碰着真真真鬼啊！

我就过去了，我就知道这个这条路儿。但是呢，当时那条路儿啊，都是土路儿，人家想改造就改造，我呢走来走去啊，我走到人家一个黄瓜地去了，菜地。这菜地呀，有一个马灯儿，就提小提灯儿，那儿亮着，我说我也找不着道儿了啊，那黢黑的，我就奔着那小马灯儿小提灯儿那儿就去了。

我说："劳驾，我跟您打听一下儿，这个去四季屯儿怎么走啊？"

屋里有个人儿搭茬儿了，"干啥的，谁啊？"赶紧把这灯摘下来就照，就瞅，这一瞅是个孩子，我那时十二三哪，一瞅是个孩子，个儿不高，还提溜个小笼儿，还弄个小鸡儿喳喳，打开这小笼儿还偷，偷黄瓜去了呢。

一瞅这有孩子，"嘿，这孩子咋上我们黄瓜地来了，你哪儿的呀？"

我说："我密云合音为 [mei⁵¹]，下同县的。"

"哎呀，密云县的，密云县的咋儿上我这儿来了，你这前＝儿这时候了。"

哎呀，这老头儿。我说："我跟您说，我是四季屯子的，我找不，我找家找不着了，您给我指出一条路儿来，我怎么走啊？"

他说："这孩子，你家里真放心，我告诉你吧，你往，你顺着前边儿这个水渠走，这水渠一直修到你们村儿上，啊。这是几个村儿共同合修的一个水渠。"

我说："好，谢谢您！"这就我就顺着他这个这菜园子给指方向，我就往这水渠去了。

说起这水渠来呀，哎呀，那是大人的还一人高呢，一人高呢，挺宽的，这个那两帮啊，种的是黄豆，密密麻麻的，黑压压的，你根本你瞅不见一点亮儿，要想瞅，都靠天上几个星星，往天空瞅，就进到这个……人家说阴曹地府啥样儿啊，就那样儿，黢黑呀。

这好了这，我说那也爹着胆子，说这一条水渠直奔我的家去，这村儿。我说，好，我走，我好赖能找到这主道儿来了。我就走啊走啊，大约走了哇有一里半地了，哎呀，就听到脚底一声巨响，"啪啦……"响了，当时吓得我呀毛骨悚然的，这浑身啊，里头也是出汗，外头也是小雨淋着。我说这可完了，那鬼没没没见着没掐死吧，这回可完了，这什么响儿啊这是，我可了不得了。我就站在那时候儿，定神呐，我是不敢走了。

就这会儿啊，我就听着啊，"嘎哟嘎哟……"，天上有一个老鸹鹰，说咱们所说老鹰，哎，老鹰，老鸹鹰上天了。为啥呢，它，我惊动它了，它在这豆子棵儿底下休息呢，哎，我走到它的跟前儿了，它这一抖这翅膀儿，"啪啦"一打地，再一弹这豆子叶儿，就这个巨响。"嘎哟嘎哟嘎哟"，我一听，哎哟，老鸹鹰！哎哟，我又是心里又是，又放松了多少了。

就这么着，我呀，仗着胆子，顺着水渠，真一下儿摸到这个，我们这个老家去了。

到家，我这个二大妈呀，我敲门儿啊，后半宿儿一点半了，就这大约这前＝儿了，说："嘿，你妈这什么的，放心啊让你跑这儿来呀，给我送小鸡儿的，白天不来。"

我说坐火车没赶上,我说您您开门儿。哎,这开门儿,说吃了吗?我说没呢。吃啥呀?我说吃片儿汤。得了,那豆面儿片儿汤吃完了,这好家伙,那死狗似的睡了一宿儿。

(摘自老男话语讲述,发音人:缐增宝)

四 自选条目

（一）

卢沟桥的狮子——数不清。[lu³⁵ kou⁵⁵ tɕʰiau³⁵ tə⁰ ʂʅ⁵⁵ tsʅ⁰, ʂu²¹ pu⁰ tɕʰiŋ⁵⁵]

（二）

天桥的把式——净说不练。[tʰian⁵⁵ tɕʰiau³⁵ tə⁰ pa²¹ ʂʅ⁰——tɕiŋ⁵¹ ʂuo⁵⁵ pu³⁵ lian⁵¹]

（三）

宛平城的知县——一年一换。[uan²¹ pʰiŋ³⁵ tʂʰəŋ³⁵ tə⁰ tʂʅ⁵⁵ ɕian⁵¹, i⁵¹ ȵian³⁵ i³⁵ xuan⁵¹]

（四）

前门楼子搭把手——好大的架子。[tɕʰian³⁵ mən³⁵ lou³⁵ tsʅ⁰ ta⁵⁵ pa³⁵ ʂou²¹³, xau²¹ ta⁵¹ tə⁰ tɕia⁵¹ tsʅ⁰]

（五）

药王庙进香——自讨苦吃。[iau⁵¹ uaŋ³⁵ miau⁵¹ tɕin⁵¹ ɕiaŋ⁵⁵, tsʅ⁵¹ tʰau³⁵ kʰu²¹ tʂʅ⁵⁵]

（六）

万春亭上谈心——说风凉话。[uan⁵¹ tʂʰuən⁵⁵ tʰiŋ³⁵ ʂaŋ⁰ tʰan³⁵ ɕin⁵⁵, ʂuo⁵⁵ fəŋ⁵⁵ liaŋ³⁵ xua⁵¹]

（七）

买鼻烟壶不闻——装着玩儿。[mai²¹ pi³⁵ ian⁵⁵ xu³⁵ pu⁵¹ uən³⁵, tʂuaŋ⁵⁵ tʂə⁰ uɐr³⁵]

（八）

七月十五吃月饼——赶先（鲜）儿。[tɕʰi⁵⁵ ye⁵¹ ʂʅ³⁵ u²¹ tʂʰʅ⁵⁵ ye⁵¹ piŋ⁰, kan²¹ ɕiɐr⁵⁵]

（九）

后脑勺儿留辫子——随便（辫）儿。[xou⁵¹nau²¹ʂauɻ³⁵liou³⁵pian⁵¹tsɿ⁰, suei³⁵piɚɻ⁰]

（十）

皇家的祠堂——太妙（庙）。[xuaŋ³⁵tɕia⁰tə⁰tsʰɿ³⁵tʰaŋ³⁵, tʰai⁵³miau⁵¹]

（十一）

屋子里开煤铺儿——倒霉（煤）到家了。[u⁵⁵tsɿ⁰li⁰kʰai⁵⁵mei³⁵pʰuɻ⁵¹, tau²¹mei³⁵tau⁵¹tɕia⁵⁵lə⁰]

（十二）

猫卧房脊——活受（兽）①。[mau⁵⁵uo⁵¹faŋ³⁵tɕi²¹³, xuo³⁵ʂou⁵¹]

（自选条目发音人：史化云）

---

① 我国古代建筑屋顶上有一条正脊和四条垂脊，统称五脊，在五脊之上安放六种护宅消灾的神兽塑像，合称"五脊六兽"。

顺 义

一 歌谣

（一）

小孩儿小孩儿你别馋，［ɕiau²¹ xɐr³⁵ ɕiau²¹ xɐr³⁵ ni²¹ pie³⁵ tʂʰan³⁵］
过了腊八就是年。［kuo⁵¹ lə⁰ la⁵¹ pa⁵⁵ tɕiou⁵³ ʂʅ⁵¹ nian³⁵］
腊八粥，喝几天，［la⁵¹ pa⁵⁵ tʂou⁵⁵, xɤ⁵⁵ tɕi²¹ tʰian⁵⁵］
哩哩啦啦二十三。［li⁵⁵ li⁰ la⁵⁵ la⁰ ɚ⁵¹ ʂʅ³⁵ san⁵⁵］
二十三，糖瓜粘。［ɚ⁵¹ ʂʅ³⁵ san⁵⁵, tʰaŋ³⁵ kua⁵⁵ tʂan⁵⁵］
二十四，扫房子。［ɚ⁵¹ ʂʅ³⁵ sʅ⁵¹, sau²¹ faŋ³⁵ tsʅ⁰］
二十五，冻豆腐。［ɚ⁵¹ ʂʅ³⁵ u²¹⁴, tuŋ⁵³ tou⁵¹ fu⁰］
二十六，去买肉。［ɚ⁵¹ ʂʅ³⁵ liou⁵¹, tɕʰy⁵¹ mai²¹ ʐou⁵¹］
二十七，宰公鸡。［ɚ⁵¹ ʂʅ³⁵ tɕʰi⁵⁵, tsai²¹ kuŋ⁵⁵ tɕi⁵⁵］
二十八，把面发。［ɚ⁵¹ ʂʅ³⁵ pa⁵⁵, pa²¹ mian⁵¹ fa⁵⁵］
二十九，蒸馒头。［ɚ⁵¹ ʂʅ³⁵ tɕiou²¹⁴, tʂəŋ⁵⁵ man³⁵ tʰou⁰］
三十儿晚上熬一宿，［san⁵⁵ ʂər³⁵ uan²¹ ʂaŋ⁰ au³⁵ i⁵¹ ɕiou²¹⁴］
初一初二满街走。［tʂʰu⁵⁵ i⁵⁵ tʂʰu⁵⁵ ɚ⁵¹ man²¹ tɕie⁵⁵ tsou²¹⁴］

（二）

一九二九不出手，［i⁵⁵ tɕiou²¹ ɚ⁵¹ tɕiou²¹ pu⁵¹ tʂʰu⁵⁵ ʂou²¹⁴］
三九四九冰上走，［san⁵⁵ tɕiou²¹ sʅ⁵¹ tɕiou²¹ piŋ⁵⁵ ʂaŋ⁰ tsou²¹⁴］
五九六九，［u³⁵ tɕiou²¹ liou⁵¹ tɕiou²¹⁴］
河边看杨柳，［xɤ³⁵ pian⁵⁵ kʰan⁵¹ iaŋ³⁵ liou²¹⁴］
七九河开，［tɕʰi⁵⁵ tɕiou²¹ xɤ³⁵ kʰai⁵⁵］
八九雁来，［pa⁵⁵ tɕiou²¹ ian⁵¹ lai³⁵］
九九加一九，［tɕiou³⁵ tɕiou²¹ tɕia⁵⁵ i⁵¹ tɕiou²¹⁴］

耕牛遍地走。[kəŋ⁵⁵ niou³⁵ pian⁵¹ ti⁵¹ tsou²¹⁴]

（歌谣发音人：周长亮）

二　规定故事

牛郎和织女 [niou³⁵ laŋ³⁵ xɤ³⁵ tʂʅ⁵⁵ ny²¹⁴]

今天，我来给大家讲 [tɕin⁵⁵ tʰian⁵⁵, uo²¹ lai³⁵ kei²¹ ta⁵¹ tɕia⁵⁵ tɕiaŋ²¹]
一个美丽的传说，[i³⁵ kə⁰ mei²¹ li⁵¹ tə⁰ tʂʰuan³⁵ ʂuo⁵⁵]
它的名字叫牛郎和织女。[tʰa⁵⁵ tə⁰ miŋ³⁵ tsʅ⁰ tɕiau⁵¹ niou³⁵ laŋ³⁵ xɤ³⁵ tʂʅ⁵⁵ ny²¹⁴]
在很久很久以前，[tsai⁵¹ xən³⁵ tɕiou²¹ xən³⁵ tɕiou²¹ i²¹ tɕʰian³⁵]
有一个小伙子。[iou²¹ i³⁵ kə⁰ ɕiau³⁵ xuo²¹ tsʅ⁰]
他的父母都去世了，[tʰa⁵⁵ tə⁰ fu⁵¹ mu²¹ tou⁵⁵ tɕʰy⁵³ ʂʅ⁵¹ lə⁰]
也没有兄弟姐妹，[ie²¹ mei³⁵ iou²¹ ɕyŋ⁵⁵ ti⁵¹ tɕie²¹ mei⁵¹]，
孤苦伶仃的一个人，[ku⁵⁵ kʰu²¹ liŋ³⁵ tiŋ⁵⁵ tə⁰ i³⁵ kə⁵¹ ʐən³⁵]
家庭、生活还非常地贫困，[tɕia⁵⁵ tʰiŋ³⁵ ʂəŋ⁵⁵ xuo³⁵ xai³⁵ fei⁵⁵ tʂʰaŋ³⁵ tə⁰ pʰin³⁵ kʰuən⁵¹]
只有一头老牛与他作伴。[tʂʅ³⁵ iou²¹ i⁵¹ tʰou³⁵ lau²¹ niou³⁵ y²¹ tʰa⁵⁵ tsuo⁵³ pan⁵¹]
所以，村里的人 [suo³⁵ i²¹⁴, tsʰuən⁵⁵ li²¹ tə⁰ ʐən³⁵]
就都管他叫牛郎。[tɕiou⁵¹ tou⁵⁵ kuan²¹ tʰa⁵⁵ tɕiau⁵¹ niou³⁵ laŋ³⁵]

牛郎靠什么来生活呢？[niou³⁵ laŋ³⁵ kʰau⁵¹ ʂən³⁵ mə⁰ lai³⁵ ʂəŋ⁵⁵ xuo³⁵ nə⁰]
就是老牛耕地，[tɕiou⁵¹ ʂʅ⁰ lau²¹ niou³⁵ kəŋ⁵⁵ ti⁵¹]
他们，他和老牛相依为命。[tʰa⁵⁵ mən⁰, tʰa⁵⁵ xɤ³⁵ lau²¹ niou³⁵ ɕiaŋ⁵⁵ i⁵⁵ uei³⁵ miŋ⁵¹]
其实他不知道，[tɕʰi³⁵ ʂʅ³⁵ tʰa⁵⁵ pu⁵¹ tʂʅ⁵⁵ tau⁰]
他养的这头老牛啊，[tʰa⁵⁵ iaŋ²¹ tə⁰ tʂɤ⁵¹ tʰou³⁵ lau²¹ niou³⁵ a⁰]
是天上的金牛星下凡。[ʂʅ⁵¹ tʰian⁵⁵ ʂaŋ⁵¹ tə⁰ tɕin⁵⁵ niou³⁵ ɕiŋ⁵⁵ ɕia⁵¹ fan³⁵]
[这一]头老牛很心疼牛郎，[tʂei⁵¹ tʰou³⁵ lau²¹ niou³⁵ xən²¹ xin⁵⁵ tʰəŋ³⁵ niou³⁵ laŋ³⁵]
而且一直觉得 [ɚ³⁵ tɕʰie²¹⁴ i⁵¹ tʂʅ³⁵ tɕye³⁵ tə⁰]
牛郎又朴实又善良，[niou³⁵ laŋ³⁵ iou⁵¹ pʰu²¹ ʂʅ³⁵ iou⁵¹ ʂan⁵¹ liaŋ³⁵]
就老是想帮助他成家立业。[tɕiou⁵¹ lau²¹ ʂʅ⁵¹ ɕiaŋ²¹ paŋ⁵⁵ tʂu⁰ tʰa⁵⁵ tʂʰəŋ³⁵ tɕia⁵⁵ li⁵³ ie⁵¹]

有一天，金牛星得知，[iou²¹ i⁰ tʰian⁵⁵, tɕin⁵⁵ niou³⁵ ɕiŋ⁵⁵ tɤ³⁵ tʂʅ⁵⁵]
天上的仙女，[tʰian⁵⁵ ʂaŋ⁰ tə⁰ ɕian⁵⁵ ny²¹⁴]

要到他们村儿的 [iau⁵³ tau⁵¹ tʰa⁵⁵ mən⁰ tsʰuər⁵⁵ tə⁰]
村东头的湖里边儿去洗澡。[tsʰuən⁵⁵ tuŋ⁵⁵ tʰou³⁵ tə⁰ xu³⁵ li⁰ piɐr⁵⁵ tɕʰy⁵¹ ɕi³⁵ tsau²¹⁴]
他就托梦给牛郎，[tʰa⁵⁵ tɕiou⁵¹ tʰuo⁵⁵ məŋ⁵¹ kei²¹ niou³⁵ laŋ³⁵]
说："如果，明天你去 [ʂuo⁵⁵ : ẓu³⁵ kuo²¹⁴, miŋ³⁵ tʰian⁵⁵ ni²¹ tɕʰy⁵³]
[那一]湖里边儿，[nei⁵¹ xu³⁵ li²¹ piɐr⁵⁵]
拿走一件儿仙女的衣服，[na³⁵ tsou²¹ i³⁵ tɕiɐr⁵¹ ɕian⁵⁵ ny²¹ tə⁰ i⁵⁵ fu⁰]
[这一]个丢了衣服的仙女，[tʂei⁵¹ kə⁰ tiou⁵⁵ lə⁰ i⁵⁵ fu⁰ tə⁰ ɕian⁵⁵ ny²¹⁴]
以后就会成为你的妻子。" [iou²¹ xou⁵¹ tɕiou⁵³ xuei⁵¹ tʂʰəŋ³⁵ uei³⁵ ni²¹ tə⁰ tɕʰi⁵⁵ tsʅ⁰]

牛郎，对托梦 [这一]件事儿 [niou³⁵ laŋ³⁵, tuei⁵¹ tʰuo⁵⁵ məŋ⁵¹ tʂei⁵³ tɕian⁵³ ʂər⁵¹]
半信半疑。[pan⁵³ ɕin⁵¹ pan⁵¹ i³⁵]
第二天，他还是来到了 [ti⁵³ ɚ⁵¹ tʰian⁵⁵, tʰa⁵⁵ xai³⁵ ʂʅ⁵¹ lai³⁵ tau⁰ lə⁰]
村东头儿的小湖边。[tsʰuən⁵⁵ tuŋ⁵⁵ tʰour³⁵ tə⁰ ɕiau²¹ xu³⁵ pian⁵⁵]
果真看到有七位 [kuo²¹ tʂən⁵⁵ kʰan⁵³ tau⁵¹ iou²¹ tɕʰi⁵⁵ uei⁵¹]
美丽的女子在湖里洗澡，[mei²¹ li⁵¹ tə⁰ ny³⁵ tsʅ²¹⁴ tsai⁵¹ xu³⁵ li⁰ ɕi³⁵ tsau²¹⁴]
衣服都挂在湖边的树旁边儿。[i⁵⁵ fu⁰ tou⁵⁵ kua⁵¹ tsai⁰ xu³⁵ pian⁵⁵ tə⁰ ʂu⁵¹ pʰaŋ³⁵ piɐr⁰]
牛郎呢，也没敢走近，[niou³⁵ laŋ³⁵ nə⁰, ie²¹ mei³⁵ kan²¹ tsou²¹ tɕin⁵¹]
从树上拿起了一件 [tsʰuŋ³⁵ ʂu⁵¹ ʂaŋ⁰ na³⁵ tɕʰi⁰ lə³⁵ i³⁵ tɕian⁵¹]
粉红色的衣裳，[fən²¹ xuŋ³⁵ sɤ⁵¹ tə⁰ i⁵⁵ ʂaŋ⁰]
头也不回地跑回家了。[tʰou³⁵ ie²¹ pu⁵¹ xuei³⁵ tə⁰ pʰau²¹ xuei³⁵ tɕia⁵⁵ lə⁰]

[这一]七个仙女儿呢 [tʂei⁵¹ tɕʰi⁵⁵ kə⁰ ɕian⁵⁵ nyər²¹ nə⁰]
洗完澡之后，[ɕi²¹ uan³⁵ tsau²¹ tʂʅ⁵⁵ xou⁵¹]
找到自己的衣服。[tʂau²¹ tau⁰ tsʅ⁵¹ tɕi²¹ tə⁰ i⁵⁵ fu⁰]
有一个仙女儿发现 [iou²¹ i³⁵ kə⁰ ɕian⁵⁵ nyər²¹ fa⁵⁵ ɕian⁵¹]
自己的衣服不见了，[tsʅ⁵¹ tɕi²¹ tə⁰ i⁵⁵ fu⁰ pu³⁵ tɕian⁵¹ lə⁰]
这个仙女儿就是织女。[tʂɤ⁵¹ kə⁰ ɕian⁵⁵ nyər²¹ tɕiou⁵¹ ʂʅ⁰ tʂʅ⁵⁵ ny²¹⁴]
她也没法儿回去呀，[tʰa⁵⁵ ie²¹ mei³⁵ far⁵⁵ xuei³⁵ tɕʰy⁰ ia⁰]
也没有衣服，[ie²¹ mei³⁵ iou²¹ i⁵⁵ fu⁰]
也不敢回去，[ie²¹ pu⁵¹ kan²¹ xuei³⁵ tɕʰy⁰]
就一直等到天黑。[tɕiou⁵³ i⁵¹ tʂʅ³⁵ təŋ²¹ tau⁵¹ tʰian⁵⁵ xei⁵⁵]
她看到在湖边儿有一座 [tʰa⁵⁵ kʰan⁵¹ tau⁰ tsai⁰ xu³⁵ piɐr⁵⁵ iou²¹ i³⁵ tsuo⁵¹]
茅草屋，她敲开了茅草屋，[mau³⁵ tsʰau²¹ u⁵⁵, tʰa⁵⁵ tɕʰiau⁵⁵ kʰai⁵⁵ lə⁰ mau³⁵ tsʰau²¹ u⁵⁵]

里面就是牛郎。［li²¹ mian⁵¹ tɕiou⁵³ ʂʅ⁵¹ niou³⁵ laŋ³⁵］

没想到的是呢，［mei³⁵ ɕiaŋ²¹ tau⁵¹ tə⁰ ʂʅ⁵¹ nə⁰］

牛郎和织女一见钟情，［niou³⁵ laŋ³⁵ xɤ³⁵ tʂʅ⁵⁵ ny²¹ i³⁵ tɕian⁵¹ tʂuŋ⁵⁵ tɕʰiŋ³⁵］

两个人在一起和和美美，［liaŋ²¹ kə⁰ ʐən³⁵ tsai⁵³ i⁵¹ tɕʰi²¹ xɤ³⁵ xɤ³⁵ mei³⁵ mei²¹⁴］

开开心心地过起了日子。［kʰai⁵⁵ kʰai⁵⁵ ɕin⁵⁵ ɕin⁵⁵ tə⁰ kuo⁵¹ tɕʰi²¹ lə⁰ ʐʅ⁵¹ tsʅ⁰］

［这一］样的日子一过就是三年。［tʂei⁵¹ iaŋ⁰ tə⁰ ʐʅ⁵¹ tsʅ⁰ i³⁵ kuo⁵¹ tɕiou⁵¹ ʂʅ⁰ san⁵⁵ nian³⁵］

正在两个人幸福地［tʂəŋ⁵¹ tsai⁰ liaŋ²¹ kə⁰ ʐən³⁵ ɕiŋ⁵¹ fu³⁵ tə⁰］

生活着的时候，［ʂəŋ⁵⁵ xuo³⁵ tʂə⁰ tə⁰ ʂʅ³⁵ xou⁰］

天上的王母娘娘和玉皇大帝［tʰian⁵⁵ ʂaŋ⁰ tə⁰ uaŋ³⁵ m⁰ niaŋ³⁵ niaŋ⁰ xɤ³⁵ y⁵¹ xuaŋ³⁵ ta⁵³ ti⁵¹］

知道了［这一］件事儿，［tʂʅ⁵⁵ tau⁰ lə⁰ tʂei⁵¹ tɕian⁵³ ʂər⁵¹］

非要把织女带回来。［fei⁵⁵ iau⁵¹ pa²¹ tʂʅ⁵⁵ ny²¹ tai⁵¹ xuei³⁵ lai⁰］

说织女下凡是违反天规的，［ʂuo⁵⁵ tʂʅ⁵⁵ ny²¹ ɕia⁵¹ fan³⁵ ʂʅ⁵¹ uei³⁵ fan²¹ tʰian⁵⁵ kuei⁵⁵ tə⁰］

尤其和一个凡人生活在一起。［iou³⁵ tɕʰi³⁵ xɤ³⁵ i³⁵ kə⁰ fan³⁵ ʐən³⁵ ʂəŋ⁵⁵ xuo³⁵ tsai⁵³ i⁵¹ tɕʰi²¹⁴］

有一天，风雨雷电，大雨轰鸣，［iou²¹ i⁵¹ tʰian⁵⁵, fəŋ⁵⁵ y²¹ lei³⁵ tian⁵¹, ta⁵¹ y²¹ xuŋ⁵⁵ miŋ³⁵］

下了很大的雨，［ɕia⁵¹ lə⁰ xən²¹ ta⁵¹ tə⁰ y²¹⁴］

天兵天将来了，［tʰian⁵⁵ piŋ⁵⁵ tʰian⁵⁵ tɕiaŋ⁵¹ lai³⁵ lə⁰］

要把织女带走。［iau⁵¹ pa²¹ tʂʅ⁵⁵ ny²¹ tai⁵¹ tsou²¹⁴］

织女也哭，牛郎也哭，［tʂʅ⁵⁵ ny²¹ ie²¹ kʰu⁵⁵, niou³⁵ laŋ³⁵ ie²¹ kʰu⁵⁵］

两个孩子更是哭着要妈妈。［liaŋ²¹ kə⁰ xai³⁵ tsʅ⁰ kəŋ⁵¹ ʂʅ⁰ kʰu⁵⁵ tʂə⁰ iau⁵¹ ma⁵⁵ ma⁰］

牛郎想去追，可是呢，［niou³⁵ laŋ³⁵ ɕiaŋ²¹ tɕʰy⁵¹ tʂuei⁵⁵, kʰɤ²¹ ʂʅ⁵¹ nə⁰］

仙女是飞到天上去了。［ɕian⁵⁵ ny²¹ ʂʅ⁵¹ fei⁵⁵ tau⁰ tʰian⁵⁵ ʂaŋ⁰ tɕʰy⁵¹ lə⁰］

他正在着急的时候，［tʰa⁵⁵ tʂəŋ⁵³ tsai⁵¹ tʂau⁵⁵ tɕi³⁵ tə⁰ ʂʅ³⁵ xou⁰］

没想到［这一］头老牛说话了，［mei³⁵ ɕiaŋ²¹ tau⁰ tʂei⁵¹ tʰou³⁵ lau²¹ niou³⁵ ʂuo⁵⁵ xua⁵¹ lə⁰］

"牛郎，你别急，［niou³⁵ laŋ³⁵, ni²¹ pie³⁵ tɕi³⁵］

你赶快把我的犄角摘下来。［ni³⁵ kan²¹ kʰuai⁵¹ pa³⁵ uo²¹ tə⁰ tɕi⁵⁵ tɕiau⁰ tsai⁵⁵ ɕia⁵¹ lai⁰］

［这一］个犄角会［tʂei⁵¹ kə⁰ tɕi⁵⁵ tɕiau⁰ xuei⁵³］

变成两只大筐，［pian⁵¹ tʂʰəŋ³⁵ liaŋ²¹ tʂʅ⁵⁵ ta⁵¹ kʰuaŋ⁵⁵］

然后你带着孩子，［ʐan³⁵ xou⁵¹ ni²¹ tai⁵¹ tʂə⁰ xai³⁵ tsʅ⁰］

就可以飞起来去追织女。"［tɕiou⁵¹ kʰɤ³⁵ i²¹ fei⁵⁵ tɕʰi²¹ lai⁰ tɕʰy⁵¹ tʂuei⁵⁵ tʂʅ⁵⁵ ny²¹⁴］

牛郎［这一］个时候，正在纳闷儿，［niou³⁵ laŋ³⁵ tʂei⁵¹ kə⁰ ʂʅ³⁵ xou⁰, tʂəŋ⁵³ tsai⁵¹ na⁵³ mər⁵¹］

这到底是怎么回事呢？［tʂɤ⁵³tau⁵¹ti²¹ʂʅ⁵¹tsən²¹mə⁰xuei³⁵ʂər⁵¹nə⁰］
没想到老牛的两个犄角［mei³⁵ɕiaŋ²¹tau⁰lau²¹niou³⁵tə⁰liaŋ²¹kə⁰tɕi⁵⁵tɕiau⁰］
就真的掉在了地上，［tɕiou⁵¹tʂən⁵⁵tə⁰tiau⁵¹tsai⁵¹lə⁰ti⁵¹ʂaŋ⁰］，
变成了两只箩筐。［pian⁵¹tʂʰəŋ⁵¹lə⁰liaŋ²¹tʂʅ⁵¹luo³⁵kʰuaŋ⁵⁵］
牛郎赶快把孩子［niou³⁵laŋ³⁵kan²¹kʰuai⁵¹pa²¹xai³⁵tsʅ⁰］
放到了箩筐里，［faŋ⁵¹tau⁰lə⁰luo³⁵kʰuaŋ⁵⁵li⁰］
没想到真的有一阵风［mei³⁵ɕiaŋ²¹tau⁰tʂən⁵⁵tə⁰iou²¹i⁵¹tʂən⁵¹fəŋ⁵⁵］
把他们都带到了天上。［pa²¹tʰa⁵⁵mən⁰tou⁵⁵tai⁵¹tau⁰lə⁰tʰian⁵⁵ʂaŋ⁰］
都要追到织女了，［tou⁵⁵iau⁵¹tʂuei⁵⁵tau⁰tʂʅ⁵⁵ny²¹lə⁰］
然后，他们都要见面了，［zan³⁵xou⁵¹，tʰa⁵⁵mən⁰tou⁵⁵iau⁵¹tɕian⁵³mian⁵¹lə⁰］
王母娘娘发现了［uaŋ³⁵m⁰niaŋ⁵¹niaŋ⁰fa⁵⁵ɕian⁵¹lə⁰］
牛郎追上来了，［niou³⁵laŋ³⁵tʂuei⁵⁵ʂaŋ⁰lai⁰lə⁰］
还带着两个孩子，［xai³⁵tai⁵¹tʂə⁰liaŋ²¹kə⁰xai³⁵tsʅ⁰］
特别生气。［tʰɤ⁵¹pie³⁵ʂəŋ⁵⁵tɕʰi⁵¹］
王母娘娘就拔下了［uaŋ³⁵m⁰niaŋ³⁵niaŋ⁰tɕiou⁵¹pa³⁵ɕia⁰lə⁰］
头上的一支金簪，［tʰou³⁵ʂaŋ⁰tə⁰i⁵¹tʂʅ⁵⁵tɕin⁵⁵tsan⁵⁵］
往织女和牛郎中间一划，［uaŋ²¹tʂʅ⁵⁵ny²¹xɤ³⁵niou³⁵laŋ³⁵tʂuŋ⁵⁵tɕian⁵⁵i⁵¹xua³⁵］
顿时，一条波涛滚滚的天河，［tuən⁵¹ʂʅ³⁵，i⁵¹tʰiau³⁵po⁵⁵tʰau³⁵kuən³⁵kuən²¹tə⁰tʰian⁵⁵xɤ³⁵］
横在了他们的中间。［xəŋ³⁵tsai⁵¹lə⁰tʰa⁵⁵mən⁰tə⁰tʂuŋ⁵⁵tɕian⁵⁵］
任凭牛郎怎么飞，［zən⁵¹pʰiŋ³⁵niou³⁵laŋ³⁵tsən²¹mə⁰fei⁵⁵］
也飞不过去了。［ie²¹fei⁵⁵pu⁵⁵kuo⁵¹tɕʰy⁰lə⁰］
从此，他们两个，［tsʰuŋ³⁵tsʰʅ²¹⁴，tʰa⁵⁵mən⁰liaŋ²¹kə⁰］
就在，天河的［这一］边儿和［tɕiou⁵³tsai⁵¹，tʰian⁵⁵xɤ³⁵tə⁰tʂei⁵¹piɐr⁵⁵］
那边儿再也无法见面了。［xɤ³⁵nei⁵¹piɐr⁵⁵tsai⁵¹ie²¹u³⁵fa²¹tɕian⁵³mian⁵¹lə⁰］

没想到他们俩的［这一］个故事，［mei³⁵ɕiaŋ²¹tau⁰tʰa⁵⁵mən⁰lia²¹tə⁰tʂei⁵¹kə⁰ku⁵¹ʂʅ⁰］
被喜鹊知道了。［pei⁵¹ɕi²¹tɕʰye⁵¹tʂʅ⁵⁵tau⁰lə⁰］
喜鹊感动于他们俩人之间［ɕi²¹tɕʰye⁵¹kan²¹tuŋ⁵¹y³⁵tʰa⁵⁵mən⁰lia²¹zən³⁵tʂʅ⁵⁵tɕian⁵⁵］
的［这一］种非常真挚的感情，［tə⁰tʂei⁵¹tʂuŋ²¹fei⁵⁵tʂʰaŋ³⁵tʂən⁵⁵tʂʅ⁵¹tə⁰kan²¹tɕʰiŋ³⁵］
就有成千上万的喜鹊，［tɕiou⁵¹iou²¹tʂʰəŋ³⁵tɕʰian⁵⁵ʂaŋ⁵³uan⁵¹tə⁰ɕi²¹tɕʰye⁵¹］
在每年的七月七日，［tsai⁵¹mei²¹nian³⁵tə⁰tɕʰi⁵⁵ye⁵¹tɕʰi⁵⁵zʅ⁵¹］
都要来到天河边。［tou⁵⁵iau⁵¹lai³⁵tau⁰tʰian⁵⁵xɤ³⁵pian⁵⁵］
一只喜鹊衔着另一只［i⁵¹tʂʅ⁵⁵ɕi²¹tɕʰye⁵¹ɕian³⁵tʂə⁰liŋ⁵³i⁵¹tʂʅ⁵⁵］

喜鹊的尾巴，[ɕi²¹ tɕʰye⁵¹ tə⁰ uei²¹ pa⁰]
这样搭成一座鹊桥，[tʂɤ⁵³ iaŋ⁵¹ ta⁵⁵ tʂʰəŋ³⁵ i³⁵ tsuo⁵¹ tɕʰye⁵¹ tɕʰiau³⁵]
让他们到这儿来相会。[ʐaŋ⁵¹ tʰa⁵⁵ mən⁰ tau⁵¹ tʂɤɻ⁰ lai³⁵ ɕiaŋ⁵⁵ xuei⁵¹]

[这一]个美好的故事呢[tʂei⁵¹ kə⁰ mei³⁵ xau²¹ tə⁰ ku⁵¹ ʂɻ⁰ nə⁰]
也表达了人们，[ie³⁵ piau²¹ ta³⁵ lə⁰ ʐən³⁵ mən⁰]
对美好生活，[tuei⁵¹ mei³⁵ xau²¹ ʂəŋ⁵⁵ xuo³⁵]
对美好感情的追求。[tuei⁵¹ mei³⁵ xau²¹ kan²¹ tɕʰiŋ³⁵ tə⁰ tʂuei⁵⁵ tɕʰiou³⁵]
所以[这一]个故事 [suo³⁵ i²¹ tʂei⁵¹ kə⁰ ku⁵¹ ʂɻ⁰]
一直流传至今。[i⁵¹ tʂɻ³⁵ liou³⁵ tʂʰuan³⁵ tʂɻ⁵¹ tɕin⁵⁵]

（发音人：高凤）

三　其他故事

当一个好老师

　　我是顺义九中退休的语文老师，担任了将近四十年的语文教师啊！那，使我感到啊，慢慢儿地感到有一种，就是说，怎么当一好老师，有这么一个感悟了！

　　其实我高中毕业考大学的时候儿，没有做任何当老师的思想准备。后来，给我录取通知的时候儿，上面印着是北京师范学院。可是，我自个儿呢，又写的是服从分配，因此就不得不上师院了。

　　记得报到第一天，我们主楼前边儿一个大横幅，一下儿让我震撼了。横幅写着什么呢："欢迎你，未来的人类灵魂工程师！"哦，原来我还有这么大的价值呢！

　　记得后来在一次学校的晚会上，有一个集体朗诵，让我至今没有忘。那朗诵呢，有几句话，说的什么呢：

我虽然没有战斗在广阔的原野，
我却一样为祖国生产着金色的食粮；
我虽然没有站在炼钢炉旁，
我却一样为祖国生产着优质的纯钢；
我虽然没有手握钢枪站在祖国的边疆，
我却一样为祖国守卫着神圣的国防。

这些就是教师他将要培养出来的人，从此以后坚定了当老师的决心。
　　等到毕业以后，啊，我毕业是在"文革"前毕业的。毕业以后当老师，第二年开始"文化大革命"，乱了！等乱了平静以后，当时的学校革委会领导找我，说："在我们高陵南边儿有一个叫南湾路，派你们四个党团员到南湾路去建一个，一所中学。"
　　我们就去了。到了那儿书记领我们，找学校的校址。这我们才知道他领到了我们一片玉米地里边儿，只是地里边儿撒着一圈儿白灰。"啊，这就是我们南湾路中学啊！""嗯"，书记笑了，说："看来你们得从平地抠了。"
　　多亏原来我曾经勤工俭学时候学过摔坯子技术。我就带着那些学生，我们就摔坯子。摔坯子活儿非常累啊！一个坯斗儿有三块大坯，每个坯要和上泥了，都得十多斤。就是抱着这个三十几斤的这坯斗走十喽步，啪，一，一放，走十喽步啪一放。就这样，三个一摞，三个一摞，我就带着学生，我们一直拼着砍着，二十多天，终于摔出了三万多坯子。再请师傅帮助烧窑，再找当时的，嗯，叫管学代表到各村儿去请民工，然后再找檩条儿。就这样我们把这个学校慢慢儿建起来了。
　　这个建的，那个艰苦到什么程度呢？跟您说句实话，艰苦到真是上床都非常费劲。那时候我体重，只剩下八十斤出头。就累到这种程度，但是我们心里高兴。毕竟从我们手里边儿，平地抠出一个中学来。因此，在年夜，在我们宿舍的边儿上，我们写了一副对联儿。对联儿上，上联儿叫：穷得叮当乱响；下联儿叫：忙得四脚朝天；横批儿是：乐在其中。
　　我们就这样，开始了我教师，开始了新的生活。
　　再说这老师怎么当啊？我总觉得，有一种，应该有一种什么，嗯，心理呢？就应该有一种慈母般的心肠。学生到你手了，你就应该把学生当自己的儿女。
　　记得有一次，那还是在师范教课，我们班一个学生在体委那儿踢足球，结果把人家那一个自行车，新买的自行车的车条给踢断了，跟人家发生了冲突。没想到呢，一争论呢，争论来争论去呢，俩人撕巴起来了。这样呢，那孩子就跑，后边那人就追。你跑就跑你的吧，这，我们班这学生顺手儿捡起一砖头就往后一拽，一下子把那人脑袋砸一大包。然后就一溜烟儿地奔学校来了。奔学校来，这学生嘘呼儿带喘地就说："老师，老师，您救救我吧，后边有个人追我呢。""哎哟"，我说，"我这哪儿藏啊？去，你去先藏校长室去，那人来了我来对付。"
　　一会儿那人就冲过来了，进来就说刚才有一个小子，这，跑没跑您这儿来？我就得装傻啊，我说没有啊！"这回我要见这小子，我肯定得把他劈喽！"咱们一看这孩子惹娄子惹祸惹大了，怎么办啊？紧敢当赶紧和平解决啊。等完了那追的那小伙子后来走了，说："甭怕，明儿见。"

然后这回我到校长室把我这学生叫出来，这学生我说啊，咱们啊要想和平解决，咱们得当面儿向人赔礼道歉。结果呢，那个，这孩子怵怵忐忑地听了我的话。我掏钱买了一些什么水果啊，点心啊，然后通过旁人儿到居委会去打听，才打听到那个人儿的住址。我带着这孩子到人家赔礼道歉。当时，这孩子啊，还有点儿心虚。我说："没关系，那个，什么关公不打上门客，咱们只要跟人赔礼道歉，估计人家能饶咱们。"

到了那儿以后，哎，没想到聊来聊去，人家那主儿呢，正好是我原来，我们村子里边的一家人的姑爷。我说："那就好办了，咱们就更近了，冲我面子，饶了这孩子。明儿个带你到北京地坛，不是天坛，咱们瞧瞧去，怎么样？"啊，一看人家孩子也赔礼道歉了，也拿了东西了，所以人家呢，哎，最后就原谅了。

如果我孩子要出这娄子，我也得这样，是不是？所以说我觉得，那就是说，对学生就跟对待自己儿女一样。

再一个我体会啊，就是说老师你要干什么，你还真得，你就要以身作则。其实这也是教学里边的其中班主任的一条儿，嗯，原则。这，呃，最明显的例子，是其他的什么，我带着学生什么捡松子儿之类的，咱们这儿就甭说了，我就举一个例子。

就是那次我们到这个，我们师范嘛，那时候东楼一层尽西头儿里厕所堵了。学生找我去了，怎么踹也踹不开，怎么办？我说那怎么办呢？我二话甭说，撸起袖子，我就把胳膊顺着那个厕所的坑儿，我就顺进去了。顺进了一下子就把它提溜出一东西来。那么这东西是什么呢？好，原来是里头有俩馒头，而且边儿上系着嘴儿。这馒头在里头，它那水是慢慢儿进的，给浸泡了，给浸胖了。这馒头呢，它就把那口儿它给堵上了。所以说这个厕所就给堵了。

我说这是谁是，哪缺德的玩意儿，那你说你拿俩馒头，你塞厕所里干什么，你还给系，搁这个塑料袋里头，你还给系上口儿。我说这个要是工程大了的话，都得整个得拆喽。但学生这一看，一看我这手从那屎汤子里边捞出来的时候，学生都震惊了。噢，我们的班主任原来就这样待我们。

我总觉得这个老师啊，你要当你就得当好了。你要当好了，就这个以身作则是绝对应该做到的。就这些年啊，我当的老师啊，当得算凑合。为什么呢？如果你要到我家里去啊，你能感觉出来。因为，嗯，前年啊，我们街道组织一次家庭档案展览，我一整理我们家的那些获奖证书，我自己都有点儿惊讶了。您猜不出我有多少证书。我工作期间，在三十九年半的工作期间我一共获得了从区里边儿到市里边儿到全国的各种获奖证书七十八份儿。

到了退休以后，咱们还退而不休，继续再能够力所能及地干点什么就什么。就比如现在，我正在，嗯，参与顺义，顺义区志的编辑工作。我管的是文化、教育、体育、卫生、科技这块儿。各单位来人他们把那些各单位的材料送到我这儿去，然后我在挨班儿地逐段逐行地改。

　　这任务多大呢，好多人一听都吓一跳。我所管的三十几家儿单位，在电里边儿，电脑里边儿统计总字数一共是二百七十四万字。这任务是什么呢，说要求把它压缩成二十五万字，也就是说压缩成十分之九还要多。这个工程量还是相当大的。但是，每天我工作三四个小时，在电脑前，就这样一直干下去，干了一年半。现在初稿基本上完成了，正往市里送。

　　还不止这些呢，我还给教委在写教育年鉴，我还给"关工委"① 在每年那个辅导中小学生演讲。还别说，这孩子还很争气。我辅导挺用心，结果是，从大前年开始我们顺义的中学生和小学生各自都在北京市的比赛里边获得了全市第一名。在全国比赛又获得了全国一等奖。前年仍然是全市第一名，全国一等奖。去年，我旅游去了，没辅导着，成绩稍微儿下了点儿。嗯，一个全市第一名，一个全市第二名。今年，两个孩子又是全市第一名。结果北京市的其他区县，都心里边很纠结，说呢："演讲比赛都让你们顺义给包了，你们还让我们活不活？"咱们就说啊，你要干工作，你就干得，认真点儿。

　　除这个呢，语委的工作我也带着干。还有呢，街道的活儿我也接。你说也巧了，街道的现在工委书记，一把手啊，过去我是他的老班主任。这，他就说，"周老师，过去您当老师老给我布置作业，这回我管咱们这街道了，我得给您布置点儿作业。"哼，我也苦笑着说："没辙啊，那得认真完成您的作业啊。"

　　此外在小区里边儿，我的活儿也多了去了。如果现在您到我们顺义石园儿东区，到那大门儿两边，您一看对联儿，哎，对联就是我给编的。在小区里边，我的纱帽翅儿职务挺多，一分钱不挣。我是单元楼门儿长、党小组长、治安巡逻队长。

　　所以说，你瞅，咱们这，都这个，老头儿了是吧，这老头儿还挺有用。你甭管是区里边儿，街道里边儿，教委里边儿，小区里边儿，咱们还真都有用。

　　不过我也坚持一条原则，什么呢？咱们身体别透支，现在啊，凑合多活几年啊，可能还要对这社会做点儿贡献。

（摘自老男话语讲述，发音人：周长亮）

---

① "关心下一代工作委员会"的简称。

延 庆

一 歌谣

（一）

八达岭，长城长，［pa⁴⁴ ta⁵⁵ liŋ²¹⁴, tʂʰaŋ⁵⁵ tʂʰəŋ⁵⁵ tʂʰaŋ⁵⁵］
长城巨龙在飞翔。［tʂʰaŋ⁵⁵ tʂʰəŋ⁵⁵ tɕy²¹ luŋ⁵⁵ tsai²¹ fei⁴⁴ ɕiaŋ⁵⁵］
穿云朵，过山梁儿，［tʂʰuan⁴⁴ yən⁵⁵ tuo²¹⁴, kuo²¹ ʂan⁴⁴ liɑ̃r⁵⁵］
军都山上望一望，［tɕyən⁴⁴ tu⁴⁴ ʂan⁴⁴ ʂaŋ⁰ uaŋ²¹ i·⁴⁴ uaŋ⁵³］
柳杉青，稻花黄，［liou²⁴ ʂan⁴⁴ tɕʰiŋ⁴², tau²¹ xua⁴⁴ xuaŋ⁵⁵］
龙庆峡水绿汪汪。［luŋ⁵⁵ tɕʰiŋ⁵³ ɕia⁵⁵ ʂuei²¹⁴ ly²¹ uaŋ⁴⁴ uaŋ⁰］

（二）

小孩儿小孩儿你别馋，［ɕiau²⁴ xɐr⁵⁵ ɕiau²⁴ xɐr⁵⁵ n̻i²⁴ pie⁵⁵ tʂʰan⁵⁵］
过了腊八就是年。［kuo⁵³ lə⁰ la²¹ pa⁵⁵ tɕiou²⁴ ʂʅ⁵³ n̻ian⁵⁵］
腊八粥，喝几天，［la⁵³ pa⁰ tʂou⁴², xɤ⁴⁴ tɕi²⁴ tʰian⁴²］
哩哩啦啦二十三。［li⁴⁴ li⁰ la⁴⁴ la⁰ ɚ²¹ ʂʅ⁵⁵ san⁴²］
二十三，糖瓜儿粘。［ɚ²¹ ʂʅ⁵⁵ san⁴², tʰaŋ⁵⁵ kuɐr⁴⁴ tʂan⁴²］
二十四，扫房子。［ɚ²¹ ʂʅ⁵⁵ sʅ⁵³, sao²⁴ faŋ⁵⁵ tsʅ⁰］
二十五，冻豆腐。［ɚ²¹ ʂʅ⁵⁵ u²¹⁴, tuŋ²⁴ tou⁵³ fu⁰］
二十六，去买肉。［ɚ²¹ ʂʅ⁵⁵ liou⁵³, tɕy²¹ mai²⁴ ʐou⁵³］
二十七，宰公鸡。［ɚ²¹ ʂʅ⁵⁵ tɕʰi⁴², tsai²⁴ kuŋ⁴⁴ tɕi⁴²］
二十八，把面发。［ɚ²¹ ʂʅ⁵⁵ pa⁴², pa²⁴ mian⁵³ fa⁴²］
二十九，蒸馒头。［ɚ²¹ ʂʅ⁵⁵ tɕiou²¹⁴, tʂəŋ⁴⁴ man⁵⁵ tʰou⁰］
三十晚上熬一宿，［san⁴⁴ ʂər⁵⁵ uan²⁴ ʂaŋ⁰ ao⁵⁵ i²¹ ɕiou²¹⁴］
初一初二满街走。［tʂʰu⁴⁴ i·⁴⁴ tʂʰu⁴⁴ ɚ⁵³ man²⁴ tɕie⁴⁴ tsou²¹⁴］

（歌谣发音人：郝琮）

二 规定故事

牛郎和织女 ［ȵiou⁵⁵laŋ⁵⁵xɤ⁵⁵tʂʅ⁴⁴ȵy²¹⁴］

从前，有一个小山村儿，［tsʰuŋ⁵⁵tɕʰian⁵⁵，iou²⁴ i⁴⁴kə⁰ɕiau²⁴ʂan⁴⁴tsʰuər⁴²］
住着一个光棍儿小伙子。［tʂu⁵³tʂə⁰ i⁴⁴kə⁰kuaŋ⁴⁴kuər⁵³ɕiau⁵⁵xuo²¹tsʅ⁰］
他父母死得早，［tʰa⁴⁴fu²¹mu²¹sʅ²⁴ti⁰tsao²¹⁴］
他就和一条老牛相依为命。［tʰa⁴²tɕiou⁵³xɤ⁵⁵ i⁴⁴tʰiao⁵⁵lau²⁴ȵiou⁵⁵ɕiaŋ⁴⁴ i⁴²uei⁵⁵miŋ⁵³］
所以，村儿里人都叫他牛郎。［suo⁵⁵ i²¹⁴，tsʰuər⁴²li⁰ʐən⁵⁵tou⁴²tɕiao²¹tʰa⁴²ȵiou⁵⁵laŋ⁵⁵］

这条老牛实际是［tʂɤ²¹tʰiao⁵⁵lao²⁴ȵiou⁵⁵ʂʅ⁵⁵tɕi⁵³ʂʅ⁵³］
天上的金牛星。［tʰian⁴⁴ʂaŋ⁰ti⁰tɕin⁴⁴ȵiou⁵⁵ɕiŋ⁴²］
牛郎在村儿里平时［ȵiou⁵⁵laŋ⁵⁵tsai⁵³tsʰuər⁴⁴li⁰pʰiŋ⁵⁵ʂʅ⁵⁵］
勤劳朴实，非常忠厚，［tɕʰin⁵⁵lao⁵⁵pʰu²⁴ʂʅ⁵⁵，fei⁴⁴tʂʰaŋ⁵⁵tʂuŋ⁴⁴xou⁵³］
老牛早就想为他［lao²⁴ȵiou⁵⁵tsao²⁴tɕiou⁵³ɕiaŋ²⁴uei²¹tʰa⁴²］
找一个媳妇儿。［tʂao²⁴ i⁴⁴kə⁰ɕi⁵⁵fər⁵³］
一天，他听说天上的［i⁴⁴tʰian⁴²，tʰa⁴²tʰiŋ⁴⁴ʂuo⁴²tʰian⁴⁴ʂaŋ⁰ti⁰］
七个仙女儿，［tɕʰi⁴⁴kə⁰ɕian⁴⁴ȵyər²¹⁴］
要到村东边儿山底下［iao²⁴tao⁵³tsʰuən⁴⁴tuŋ⁴⁴piɐr⁵⁵ʂan⁴⁴ti²⁴ɕia⁵³］
大水坑里去洗身子。［ta²¹ʂuei²⁴kʰəŋ⁴²li⁰tɕʰy⁵³ɕi²⁴ʂən⁴²tsʅ⁰］
他就晚上给牛郎托梦，［tʰa⁴²tɕiou⁵³uan²⁴ʂaŋ⁰kei²⁴ȵiou⁵⁵laŋ⁵⁵tʰuo⁴⁴məŋ⁵³］
让牛郎第二天早晨［ʐaŋ⁵³ȵiou⁵⁵laŋ⁵⁵ti²⁴ɚ⁵³tʰian⁴²tsao²⁴tʂʰən⁰］
去到村东边儿大水坑边儿，［tɕʰy²⁴tao⁵³tsʰuən⁴⁴tuŋ⁴⁴piɐr⁴²ta²¹ʂuei²⁴kʰəŋ⁴⁴piɐr⁴²］
抱一个仙女儿的衣裳。［pao⁵³ i⁴⁴kə⁰ɕian⁴⁴ȵyər⁴⁴ti⁰ i⁴²ʂaŋ⁰］

牛郎第二天醒来，［ȵiou⁵⁵laŋ⁵⁵ti²⁴ɚ⁵³tʰian⁴²ɕiŋ²⁴lai⁰］
抱着半信半疑的心理儿，［pao⁵³tʂə⁰pan²⁴ɕin⁵³pan²¹ i⁵⁵tə⁰ɕin⁴⁴liər²¹⁴］
奔向了村东边儿大水坑。［pən⁴⁴ɕiaŋ⁵³lə⁰tsʰuən⁴⁴tuŋ⁴⁴piɐr⁴²ta²¹ʂuei²⁴kʰəŋ⁴²］
果然看见七个仙女儿［kuo²⁴ʐan⁵⁵kʰan²⁴tɕian⁵³tɕʰi⁴⁴kə⁰ɕian⁴⁴ȵyər²¹⁴］
在这水坑里洗身子。［tsai²⁴tʂɤ⁵³ʂuei²⁴kʰəŋ⁴²li⁰ɕi²⁴ʂən⁴⁴tsʅ⁰］
他马上抱了一件儿［tʰa⁴²ma²⁴ʂaŋ⁰pao⁵³lə⁰ i⁴⁴tɕiɐr⁵³］
粉红色的衣服，［fən²⁴xuŋ⁵⁵sɤ⁵³tə⁰ i⁴⁴fu⁰］

头也不回地就往回走。［tʰou⁵⁵ ie²⁴ pu²¹ xuei⁵⁵ ti⁰ tɕiou²¹ uaŋ²⁴ xuei⁵⁵ tsou²¹⁴］
半夜，有一个仙女儿来敲门，［pan²⁴ ie⁵³，iou²⁴ i⁴⁴ kə⁰ ɕian⁴⁴ ȵyɚ²¹⁴ lai⁵⁵ tɕʰiao⁴⁴ mən⁵⁵］
她叫织女。他们就，［tʰa⁴² tɕiao⁵³ tʂʅ⁴⁴ ȵy²¹⁴，tʰa⁴⁴ mən⁰ tɕiou⁵³］
当，当天就成了亲。［taŋ⁴²，taŋ⁴⁴ tʰian⁴² tɕiou⁵³ tʂʰəŋ⁵⁵ lə⁰ tɕʰin⁴²］

过了三年，她生了一个小小儿，［kuo⁵³ lə⁰ san⁴⁴ ȵian⁵⁵，tʰa⁴² ʂəŋ⁴⁴ lə⁰ i⁴⁴ kə⁰ ɕiao²⁴ ɕiɑor²¹⁴］
生个小丫头。［ʂəŋ⁴⁴ kə⁰ ɕiao²⁴ ia⁴⁴ tʰou⁰］
这件事儿被天上［tʂɤ²¹ tɕian⁵³ ʂɚ⁵³ pei²¹ tʰian⁴⁴ ʂaŋ⁰］
玉皇大帝知道了，［y²¹ xuaŋ⁵⁵ ta²⁴ ti⁵³ tʂʅ⁴⁴ tao⁰ lə⁰］
有一天，忽雷闪电，［iou²⁴ i⁴⁴ tʰian⁴²，xu⁴⁴ lei⁵⁵ ʂan²⁴ tian⁵³］
风雨交加，［fəŋ⁴⁴ y²¹⁴ tɕiao⁴⁴ tɕia⁴²］
天兵天将下来，［tʰian⁴⁴ piŋ⁴² tʰian⁴⁴ tɕiaŋ⁵³ ɕia⁵³ lai⁰］
就把织女带走了。［tɕiou²¹ pa²¹⁴ tʂʅ⁴⁴ ȵy²¹⁴ tai²¹ tsou²⁴ lə⁰］

这时，她儿子闺女大哭小叫，［tʂɤ²¹ ʂʅ⁵⁵，tʰa⁴² ɚ⁵⁵ tsʅ⁰ kuei⁴⁴ ȵy⁰ ta²¹ kʰu⁴² ɕiao²⁴ tɕiao⁵³］
牛郎也毫无办法。［ȵiou⁵⁵ laŋ⁵⁵ ie²⁴ xao⁵⁵ u⁵⁵ pan⁵³ fa⁰］
这时老牛来了，说：［tʂɤ²¹ ʂʅ⁵⁵ lao²⁴ ȵiou⁵⁵ lai⁵⁵ lə⁰，ʂuo⁴²］
"你把我的两个犄角取下来，［ȵi²⁴ pa⁵⁵ uo²⁴ ti⁰ liaŋ²⁴ kə⁰ tɕi⁴⁴ tɕiao²¹⁴ tɕʰy²⁴ ɕia⁵³ lai⁰］
变成两只筐，［pian²¹ tʂʰəŋ⁵⁵ liaŋ²⁴ tʂʅ⁴⁴ kʰuaŋ⁴²］
挑上你的儿子闺女上天宫。"［tʰiao⁴⁴ ʂaŋ⁴⁴ ȵi²⁴ ti⁰ ɚ⁵⁵ tsʅ⁰ kuei⁴⁴ ȵy⁰ ʂaŋ²¹ tʰian⁴⁴ kuŋ⁴²］
牛郎按他的话做了，［ȵiou⁵⁵ laŋ⁵⁵ ŋan⁵³ tʰa⁴⁴ ti⁰ xua⁵³ tsuo⁵³ lə⁰］
取下老牛的两只犄角，［tɕʰy²⁴ ɕia⁵³ lao²¹ ȵiou⁵⁵ ti⁰ liaŋ²⁴ tʂʅ⁴⁴ tɕi⁴⁴ tɕiao²¹⁴］
立刻变成两只筐，［li²⁴ kʰɤ⁵³ pian²¹ tʂʰəŋ⁵⁵ liaŋ²⁴ tʂʅ⁴⁴ kʰuaŋ⁴²］
找了一个扁担，挑上儿子闺女。［tʂao²⁴ lə⁰ i²⁴ kə⁰ pian²⁴ tan⁰，tʰiao⁴⁴ ʂaŋ⁰ ɚ⁵⁵ tsʅ⁰ kuei⁴⁴ ȵy⁰］
这时来一股清风，［tʂɤ²¹ ʂʅ⁵⁵ lai⁵⁵ i⁴⁴ ku²⁴ tɕʰiŋ⁴⁴ fəŋ⁴²］
就腾云驾雾，奔上天宫。［tɕiou⁵³ tʰəŋ⁵⁵ yən⁵⁵ tɕia²⁴ u⁵³，pən²⁴ ʂaŋ⁰ tʰian⁴⁴ kuŋ⁴²］
快看到织女的时候儿，［kʰuai⁵³ kʰan²⁴ tao⁵³ tʂʅ⁴⁴ ȵy²⁴ ti⁰ ʂʅ⁵⁵ xour⁰］
王母娘娘来了。［uaŋ⁵⁵ mu²¹ ȵiaŋ⁵⁵ ȵiaŋ⁰ lai⁵⁵ lə⁰］
从头上拔下一个金钗儿，［tsʰuŋ⁵⁵ tʰou⁵⁵ ʂaŋ⁰ pa⁵⁵ ɕia⁰ i⁴⁴ kə⁰ tɕin⁴⁴ tʂʰɚ⁴²］
一划变成一条银河，［i⁴⁴ xua⁵⁵ pian²¹ tʂʰəŋ⁵⁵ i⁴⁴ tʰiao⁵⁵ in⁵⁵ xɤ⁵⁵］
挡着他们夫妻不能见面儿。［taŋ²⁴ tʂə⁰ tʰa⁴⁴ mən⁰ fu⁴⁴ tɕʰi⁰ pu⁴⁴ nəŋ⁵⁵ tɕian²⁴ miɐr⁵³］

这个时候儿，飞来千万只喜鹊，［tʂɤ⁵³ kə⁰ ʂʅ⁵⁵ xou⁰，fei⁴⁴ lai⁴⁴ tɕʰian⁴⁴ uan⁵³ tʂʅ⁴⁴ ɕi²⁴ tɕʰye⁵¹］

飞来千万只喜鹊，［fei⁴⁴lai⁰tɕʰian⁴⁴uan⁵³tʂʅ⁴⁴ɕi²⁴tɕʰiao⁰］
一个衔着一个的尾巴，［i⁴⁴kə⁰ɕian⁵⁵tʂə⁰i⁴⁴kə⁰ti⁰i²⁴pa⁰］
形成一座鹊桥。［ɕiŋ⁵⁵tʂʰəŋ⁵⁵i⁴⁴tsuo⁵³tɕʰye²¹tɕʰiao⁵⁵］
牛郎和织女相会了。［ȵiou⁵⁵laŋ⁵⁵xɤ⁵⁵tʂʅ⁴⁴ȵy²¹ɕiaŋ⁴⁴xuei⁵³lə⁰］
这就是传说中，［tʂɤ⁵³tɕiou²⁴ʂʅ⁵³tʂʰuan⁵⁵suo⁴⁴tʂuŋ⁴²］
这一天正是农历的七月初七，［tʂɤ⁵³i⁴⁴tʰian⁴²tʂəŋ²⁴ʂʅ⁵³nəŋ⁵⁵li⁵³ti⁰tɕʰi⁴⁴ye⁵³tʂʰu³⁵tɕʰi⁴²］
就是七月七牛郎会织女。［tɕiou²⁴ʂʅ⁵³tɕʰi⁴⁴ye⁵³tɕʰi⁴²ȵiou⁵⁵laŋ⁵⁵xuei⁵³tʂʅ⁴⁴ȵy²¹⁴］

（发音人：刘恩之）

三　其他故事

（一）说延庆

　　我们延庆可真有好的地方，你比如，我们延庆是一个，嗯，我们延庆，你看空气又清新，环境又好，又是一个旅游的点儿，就是现在延庆不是四景合一吗？都是一个旅游线，延庆现在就是一旅游发展，把我们延庆带动经济方面，这方面东西就是带动经济。我们延庆旅游点儿特别多，你一年四季来什么时候都有。你看冬天你来有石京龙滑雪场，什么时候都可以滑雪，我每年都去滑雪去，一年几乎从开始滑到最后结束，我全都去，一个礼拜我几乎去一次，去滑雪去。

　　你看有滑雪，冬天有滑雪，你看我们延庆还有，你看旅游点儿，从这个延庆中心吧往西走，你上了那个石京龙，你往西走，那边第一站就开始到了玉都山庄，玉都山庄也是一个旅游点儿，就是一个风景秀丽的这么一个有山有水儿，还有一个大的一片空地那么一个场地。你要夏天去的时候也特别优美，开着车去。再往那边走的就是松山，松山也是一个原始森林那种，也是有山有水，你上山上去，也是特别好。然后往那边，再往西走就是古崖居，古时候那种人居住的地方，山上都有好多好多窑洞，以前那种人都住在那里边儿，那里边儿也挺神奇的。这是这条路线，你看往那边古崖居、松山、玉都山都是这边旅游点儿。

　　你要从县城中心的你看往东走，就是龙庆峡。龙庆峡是人们都称为塞外小漓江，都比桂林，什么这个三峡那种，跟它们都能媲美。你看你去龙庆峡的时候，一进去就给人一种清爽那种，特别清朗的感觉，两边的山峰，特别那种山峰险峻那种，给人一进去，还有山上的奇石怪状，还有以前那种什么如来的遗址，还有什么这种以前什么寺都在那上边儿。你坐着船进去，那种凉风吹的你，真是就跟那种寒风刺骨那种感觉，特别特别凉爽，特舒服。尤其是你坐着小船去自己自钓的时候，那种感觉更优美了，觉得去龙庆峡里边，那种感觉真的跟上了世外桃源那种感觉是一样的，真的。

延庆你看还有，去了龙庆峡，然后再往东走，开始那种百里山水画廊，那种是山连山，水连水，真是那种感觉奇观。您进了山以后就开始山环山，山绕山，到了一个那个百里山水画廊的地方，一路全都是山，全都是水。还有那个好多那个什么恐龙的那个脚印，遗址都在那个地方，你都可以去看一看。还有那个什么？还有那个硅木化石，还有一个黑龙潭都在那边儿，滴水湖都在东边那边儿，那是一条线儿都在那边。

延庆的地方旅游点特别多，你看一到夏天的时候四季花海，这也是四景合一的。就是那边留香谷那边有一个，这一条线儿全都是花，有什么薰衣草啦各种各种的花，一到那季节就那一块有好多亩，我也说不上有多少亩地，那一片全都是花海。人家到那个地方花的清香味儿，给人一种真是真的叫世外桃源那种感觉。

你看要到这边再往返回来就又该说了，一进县城有一个八达岭长城，长城是咱们世界八大旅游之一那种。你看就现在接待游客都有一亿多人了，各国的首脑来了都有三百多人了现在。你看不到长城非好汉，你必须得来长城来看一看，你登上长城那种行为的那种壮观，就给人那种感觉就是不一样。你看我每年也是，每年我都去登长城去，现在就是几乎都，因为大了就没觉得有意思，每年我都去一次，真的，从小那时候几乎每年都去一次。

一个这个，还有一个康西草原，我每年都去，就去骑马去。那边有康西草原，就每年你在那儿骑马，就骑的那个大，也不叫草原，现在，都是那种沙漠，都不叫草原了，都没有草了，骑在那什么真是给，骑着那种马跑起来那种感觉真是不一样，我真几乎每年都去。现在不去康西就去那什么地方，也是一年反正就说去了不知道几次，也得去个三四次去那边骑马去。就那边反正最遗憾的地儿我就没去那野鸭湖去看一看，还有个野鸭湖。里边就是一到春天来临的时候，就容易看到野鸭子，还有大天鹅，就是那地方我还真没去过，这是我就是最遗憾的地方，没去过那个地方。

延庆这些旅游点儿我几乎都是都去遍了，像延庆这地方。你说延庆你要说现在你就说玩儿了一气还玩儿累了，咱们找个农家饭，农家的地方，咱们吃个农家饭，这个就说的柳沟豆腐宴、火盆锅，这不最有名的吗？延庆那个外地北京来的客人都是一玩儿累了就上那海＂儿那儿，价钱又便宜，二十几块钱一位，就能吃一桌，就是有蔬菜吧，有水果，还有各种延庆当地的小吃，中间有一个大的砂锅，里边儿全都是那种豆腐，还有那种肉炖的一锅，就叫砂锅火盆儿宴儿就那种。你去吃一顿饭，然后玩儿累了吃一顿那饭，然后晚上的时候你再去睡睡延庆的火炕，那种感觉你可真是不一样，那炕，尤其是冬天的时候睡在上面特别暖和，就是有的人吧，觉得睡上面硌得慌，它不是硬嘛，炕，现在我们家还有呢，真的。

（发音人：贾世英）

（二）旧闻趣事

讲这个五七、五七年"反右"、"整风"人家给我讲的两件事儿。

就是五七年暑假，集中一个中学到延庆这儿办班儿，大鸣大放，帮着党整风，实际就是揪右派。那时候都有指标儿，一个单位应该按人数揪出几个右派来。

这中学老师啊，他这个学历都比较高，集中几天谁也谨慎，谁也不发言。后来，就是也去，有工作组呀，启发大家也不说。其中一个教数学的老师，他往起一坐，那时候都在，都坐着，那屋里头都铺着稻草，然后稻草上搁着行李，都那儿坐着。

其中，教数学老师往其椅子里放了个屁，特别响。有一个教历史的老师，就说了："看，没人说，老崔开始鸣放了。"下来接下来这会赶紧停，召开积极分子会，把整个儿中学这个反右斗争推向高潮，揪出这两个人都是右派。

后来还有一个是教数学的，为什么这个是呢？后来我问了老师是，因为这三个老师在学校都是很有威信的，教课教得特别好。还有一个是因为参加是国民党前线记者，教书，这个，那个教数学的，还教历史的，他是在国民党时期当过伪县长。

这三个人在学校就划右派了。

第二个事儿是我在这个张山营，一个完小教书。那个时候儿啊，嗯，快七十年代了。分校有个右派摘帽子的人。

每到星期五我们那分校有教导主任组织我们政治学习，每周星期五都学习。学习完了大家得讨论、得发言，表决心，哎，对文件的理解。

每一次这个这个这个摘帽右派老师多少都不发言，就坐在那儿听。后来，有一天学习，这主任说了，说"这个老武"，他姓武，"每天大家学，每次大家学习都发言，你怎么每一次都不说呢？"

因为他特别谨慎，他为什么，我在底下问过他，为什么打成右派。他说："我说错了一句话。说什么话呢？我跟老师说，我说生产队这块儿养的这毛驴没有个人养的毛驴胖。"这是攻击人民公社,这个打成右派了。

后来让他发言,"就说吧,哎,"他说,"刚才大家都弄刷⁼儿啥了,我也不再弄刷⁼儿了,我要再弄刷⁼儿显得那刷⁼儿了。"说的延庆话,他这发言也不知说什么,把大伙儿都逗笑了。

这是,这个反右的两个事儿。

下来再讲讲这个,我当校长,哎,七十年代在旧县当校长。当校长呢,当时那个教师队伍啊,水平比较低。初师毕业,中师毕业少数,也有高中毕业,这是一种人,正式的;还有一种就是队派,国家一个月给二十块钱,十五块钱交生产队,五块钱给个人,然后记工分儿,这是队派老师;还有就是代课的,代课老师也就是二十四到三十块钱。代课老师可以一般到初中以上,尤其是队派,他都是队长、村干部的亲戚。有的根本好像小学也就念过都没毕业,那水平特别低。

我有时候到那儿去听课呀,他紧张。

哎,有一回到一个小学听课,他紧张啊。我就在教室外边儿听,听这老师,也是一个,一个一个村儿里干部家属,领着学生念这个"鸟儿,n - iǎo - niǎo"。念着念着他就个人走嘴了,念"鸟儿、鸟儿—雀儿、雀儿",学生也跟着"鸟儿—雀儿"。哎,说明水平低。

哎,我只为什么在外边听课啊,容易看出这个课堂到底怎么样。你进里,他一般都是有点儿,一个是紧张,再一个就是他太郑重其事。

又一次我听一也是一个队派老师。那会儿中国跟阿尔巴尼亚关系特别好,那个小学有课文儿是"中国地拉那",就是歌颂毛泽东跟当时阿尔巴尼亚那个恩维尔·霍查,哎,就歌颂这俩人儿。他跟学生讲:"同学们,恩维尔·霍查这两个同志,也可能是一个人儿。"

哎,证明他根本不清楚这个事儿,就说明当时这个师资队伍啊,质量非常差。

(摘自老男话语讲述,发音人:刘恩之)

四 自选条目

(一)

卢沟桥的狮子——数不清。[lu⁵⁵ kou⁴⁴ tɕʰiao⁵⁵ tə⁰ ʂʅ⁴⁴ tsʅ⁰, ʂu²⁴ pu⁰ tɕʰiŋ⁴²]

(二)

天桥的把式——净说不练。[tʰian⁴⁴ tɕʰiao⁵⁵ tə⁰ pa²⁴ ʂʅ⁰, tɕiŋ²¹ ʂuo⁴⁴ pu⁵⁵ lian⁵³]

（三）

宛平城的知县——一年一换。［uan²⁴pʰiŋ⁵⁵tʂʰəŋ⁵⁵tə⁰tʂʅ⁴⁴ɕian⁵³，i⁴⁴ɳian⁵⁵i⁴⁴xuan⁵³］

（四）

前门楼子搭把手——好大的架子。［tɕʰian⁵⁵mən⁵⁵lou⁵⁵tsʅ⁰ta⁴⁴pa⁵⁵ʂou²¹⁴，xao²⁴ta⁵³tə⁰tɕia⁵³tsʅ⁰］

（五）

七月十五吃月饼——赶先（鲜）儿。［tɕʰi⁴⁴ye⁵³ʂʅ⁵⁵u²¹tʂʰʅ⁴⁴ye⁵³piŋ⁰，kan²⁴ɕiɐr⁴²］

（六）

蝎子拉屎——独（毒）一份儿。［ɕie⁴⁴tsʅ⁰la⁴⁴ʂʅ²¹⁴，tu⁵⁵i⁴⁴fər⁵³］

（七）

买鼻烟壶不闻——装着玩儿。［mai²⁴pi⁵⁵ian⁴⁴xu⁵⁵pu⁴⁴uən⁵⁵，tʂuaŋ⁴⁴tʂə⁰uɐr⁵⁵］

（八）

屋子里开煤铺儿——倒霉（煤）到家了。［u⁴⁴tsʅ⁰li²¹kʰai⁴⁴mei⁵⁵pʰur⁵³，tao²⁴mei⁵⁵tao²¹tɕia⁴⁴lə⁰］

（自选条目发音人：郝琮）

平 谷

一 歌谣

(一)

小孩儿小孩儿你别馋，［ɕiau²¹xɚr⁵⁵ɕiau²¹xɚr⁵⁵ni²¹pie⁵⁵tʂʰan⁵⁵］
过了腊八就是年。［kuo⁵¹lə⁰la⁵¹pa³⁵tɕiou⁵¹ʂʅ⁵¹nian⁵⁵］
腊八粥，喝几天，［la⁵¹pa³⁵tʂou³⁵，xɤ³⁵tɕi²¹tʰian³⁵］
哩哩啦啦二十三。［li³⁵li⁰la³⁵la⁰ɚ⁵¹ʂʅ⁵⁵san³⁵］
二十三，糖瓜儿粘。［ɚ⁵¹ʂʅ⁵⁵san³⁵，tʰaŋ⁵⁵kuɑr³⁵tʂan³⁵］
二十四，扫房日。［ɚ⁵¹ʂʅ⁵⁵sʅ⁵¹，sau²¹faŋ⁵⁵ʐʅ⁵¹］
二十五，冻豆腐。［ɚ⁵¹ʂʅ⁵⁵u²¹³，tuŋ⁵¹tou⁵¹fu⁰］
二十六，去买肉。［ɚ⁵¹ʂʅ⁵⁵liou⁵¹，tɕʰy⁵¹mai²¹ʐou⁵¹］
二十七，宰公鸡。［ɚ⁵¹ʂʅ⁵⁵tɕʰi³⁵，tsai²¹kuŋ³⁵tɕi³⁵］
二十八，把面发。［ɚ⁵¹ʂʅ⁵⁵pa³⁵，pa²¹mian⁵¹fa³⁵］
二十九，蒸馒头。［ɚ⁵¹ʂʅ⁵⁵tɕiou²¹³，tʂəŋ³⁵man⁵⁵tʰou⁰］
三十儿晚上熬一宿，［san³⁵ʂɚr⁵⁵uan²¹ʂaŋ⁰au⁵⁵·i⁵¹ɕiou²¹³］
大年初一满街走。［ta⁵¹nian⁵⁵tʂʰu³⁵i³⁵man²¹tɕie³⁵tsou²¹³］

(二)

糖瓜儿祭灶，新年来到。［tʰaŋ⁵⁵kuɑr³⁵tɕi⁵¹tsau⁵¹，ɕin³⁵nian⁵⁵lai⁵⁵tau⁵¹］
丫头儿要花儿，小子要炮。［ia³⁵tʰour⁰iau⁰xuar³⁵，ɕiau²¹tsʅ⁰iau⁵¹pʰau⁵¹］
老头儿要顶新毡帽。［lau²¹tʰour⁵⁵iau⁵¹tiŋ²¹ɕin³⁵tʂan³⁵mau⁵¹］

(三)

三星在南，家家拜年。［san³⁵ɕiŋ³⁵tsai⁵¹nan⁵⁵，tɕia³⁵tɕia³⁵pai⁵¹nian⁵⁵］
小辈儿的磕头，［ɕiau²¹pɚr⁵¹tə⁰kʰɤ³⁵tʰou⁵⁵］

老辈儿的给钱，［lau²¹ pər⁵¹ tə⁰ kei²¹ tɕʰian⁵⁵］
要钱没有，扭脸儿就走。［iau⁵¹ tɕʰian⁵⁵ mei⁵⁵ iou²¹³，niou³⁵ liɐr²¹ tɕiou⁵¹ tsou²¹³］

（四）

小小子儿，坐井台儿，［ɕiau³⁵ ɕiau²¹ tsər⁰，tsuo⁵¹ tɕiŋ²¹ tʰɐr⁵⁵］
摔个跟头捡个钱儿。［ʂuai³⁵ kə⁰ kən³⁵ tʰou⁰ tɕian²¹ kə⁰ tɕʰiɐr⁵⁵］
又买米，又买盐儿，［iou⁵¹ mai³⁵ mi²¹³，iou⁵¹ mai²¹ iɐr⁵⁵］
又娶媳妇儿又过年儿。［iou⁵¹ tɕʰy²¹ ɕi⁵⁵ fər⁰ iou⁵¹ kuo⁵¹ niɐr⁵⁵］

（以上歌谣发音人：杜雪薇）

（五）

一九二九不出手，［i³⁵ tɕiou²¹ ɚ⁵¹ tɕiou²¹ pu⁵¹ tʂʰu³⁵ ʂou²¹³］
三九四九冰上走，［san³⁵ tɕiou²¹ sʅ⁵¹ tɕiou²¹ piŋ³⁵ ʂaŋ⁰ tsou²¹³］
五九六九，沿河儿看柳，［u³⁵ tɕiou²¹ liou⁵¹ tɕiou²¹，ian⁵⁵ xɤr⁵⁵ kʰan⁵¹ liou²¹³］
七九河开，［tɕʰi³⁵ tɕiou²¹ xɤ⁵⁵ kʰai³⁵］
八九雁来，［pa³⁵ tɕiou²¹ ian⁵¹ lai⁵⁵］
九九加一九，［tɕiou³⁵ tɕiou²¹ tɕia³⁵ i⁵¹ tɕiou²¹³］
牛羊遍地走。［niou⁵⁵ iaŋ⁵⁵ pian⁵¹ ti⁵¹ tsou²¹³］

（发音人：路达）

二　规定故事

牛郎和织女 ［niou⁵⁵ laŋ⁵⁵ xɤ⁵⁵ tʂʅ³⁵ ny²¹³］

在很早很早以前，［tsai⁵¹ xən³⁵ tsau²¹ xən³⁵ tsau²¹ i²¹ tɕʰian⁵⁵］
民间就有这样一个传说。［min⁵⁵ tɕian³⁵ tɕiou⁵¹ iou²¹ tʂɤ⁵¹ iaŋ⁵¹ i³⁵ kə⁰ tʂʰuan⁵⁵ ʂuo³⁵］
在这个东山脚下，［tsai⁵¹ tʂɤ⁵¹ kə⁰ tuŋ³⁵ ʂan³⁵ tɕiau²¹ ɕia⁰］
有一个村庄，［iou²¹ i³⁵ kə⁰ tsʰuən⁵⁵ tʂuaŋ³⁵］
住着这么一户人家，［tʂu⁵¹ tʂə⁰ tʂɤ⁵¹ mə⁰ i³⁵ xu⁵¹ ʐən⁵⁵ tɕia⁰］
家里夫妻二人有一个小男孩儿，［tɕia³⁵ li⁰ fu³⁵ tɕʰi⁰ ɚ⁵¹ ʐən⁵⁵ iou²¹ i³⁵ kə⁰ ɕiau²¹ nan⁵⁵ xɐr⁵⁵］
家里住着几间草房，［tɕia³⁵ li⁰ tʂu⁵¹ tʂə⁰ tɕi²¹ tɕian³⁵ tsʰau²¹ faŋ⁵⁵］
耕种着几亩薄地，［kəŋ³⁵ tʂuŋ⁵¹ tʂə⁰ tɕi³⁵ mu²¹ pau⁵⁵ ti⁵¹］
养了一只老黄牛。［iaŋ²¹ lə⁰ i³⁵ tʂʅ³⁵ lau²¹ xuaŋ⁵⁵ niou⁵⁵］

在农闲的时候儿，［tsai⁵¹ nəŋ⁵⁵ ɕian⁵⁵ tə⁰ʂʅ⁵⁵ xour⁵¹］
小男孩儿就拉着黄牛　［ɕiau²¹ nan⁵⁵ xɐr⁵⁵ tɕiou⁵¹ la³⁵ tʂə⁰ xuaŋ⁵⁵ niou⁵⁵］
到山坡儿上吃草，［tau⁵¹ ʂan³⁵ pʰuor³⁵ ʂaŋ⁰ tʂʰʅ³⁵ tsʰau²¹³］
他给牛割草。［tʰa³⁵ kei²¹ niou⁵⁵ kɤ³⁵ tsʰau²¹³］
久而久，久而久之，［tɕiou²¹ ɚ⁵⁵ tɕiou²¹，tɕiou²¹ ɚ⁵⁵ tɕiou²¹ tʂʅ³⁵］
这样村里的人都把这小呢，［tʂɤ⁵¹ iaŋ⁵¹ tsʰuən³⁵ li⁰ tə⁰ ʐən⁵⁵ tou³⁵ pa⁵¹ tʂɤ⁵¹ ɕiau²¹ nie⁰］
小男孩儿称为牛郎。［ɕiau²¹ nan⁵⁵ xɐr⁵⁵ tʂʰəŋ⁵⁵ uei⁵⁵ niou⁵⁵ laŋ⁵⁵］

在男孩儿十四五岁的时候儿，［tsai⁵¹ nan⁵⁵ xɐr⁵⁵ ʂʅ⁵⁵ sʅ⁵¹ u²¹ suei⁵¹ tə⁰ ʂʅ⁵⁵ xour⁰］
突然的一年，父母相继去世，［tʰu³⁵ ʐan⁵⁵ tə⁰ i³⁵ nian⁵⁵，fu⁵¹ mu²¹ ɕiaŋ³⁵ tɕi⁵¹ tɕʰy⁵¹ ʂʅ⁵¹］
只剩下了一个孩子　［tʂʅ²¹ ʂəŋ⁵¹ ɕia⁰ lə⁰ i³⁵ kə⁰ xai tsʅ⁰］
和一头老黄牛，［xɤ⁵⁵ i³⁵ tʰou⁵⁵ lau²¹ xuaŋ⁵⁵ niou⁵⁵］
相依为命，孤苦伶仃。［ɕiaŋ³⁵ i³⁵ uei⁵⁵ miŋ⁵¹，ku³⁵ kʰu²¹ liŋ⁵⁵ tiŋ³⁵］
在父母的感染下，［tsai⁵¹ fu⁵¹ mu⁰ tə⁰ kan³⁵ ʐan²¹ ɕia⁰］
孩子也变成了一个　［xai⁵⁵ tsʅ⁰ ie²¹ pian⁵¹ tʂʰəŋ⁵⁵ lə⁰ i³⁵ kə⁰］
勤劳、勇敢、善良，［tɕʰin⁵⁵ lau⁵⁵，yŋ³⁵ kan²¹³，ʂan⁵¹ liaŋ⁵⁵］
与邻居相处友好　［y²¹ liŋ⁵⁵ tɕy⁰ ɕiaŋ³⁵ tʂʰu⁵¹ iou³⁵ xau²¹³］
这么一个小伙子。［tʂɤ⁵¹ mə⁰ i³⁵ kə⁰ ɕiau³⁵ xuo²¹ tsʅ⁰］

转眼间，就到了十八九岁，［tʂuan³⁵ ian²¹³ tɕian³⁵，tɕiou⁵¹ tau⁵¹ lə⁰ ʂʅ⁵⁵ pa³⁵ tɕiou²¹ suei⁵¹］
到男婚，男婚女嫁的年龄了。［tau⁵¹ nan⁵⁵ xuən³⁵，nan⁵⁵ xuən³⁵ ny²¹ tɕia⁵¹ tə⁰ nian⁵⁵ liŋ⁵⁵ lə⁰］
老黄牛呢，［lau²¹ xuaŋ⁵⁵ niou⁵⁵ nə⁰］
其实是天上的一只金牛星，［tɕʰi⁵⁵ ʂʅ⁵⁵ ʂʅ⁵¹ tʰian³⁵ ʂaŋ⁰ tə⁰ i³⁵ tʂʅ³⁵ tɕin³⁵ niou⁵⁵ ɕiŋ³⁵］
下凡到这个人家儿。［ɕia⁵¹ fan⁵⁵ tau⁵¹ tʂɤ⁵¹ kə⁰ ʐən⁵⁵ tɕiɑr⁰］
他看牛郎的勤劳，［tʰa³⁵ kʰan⁵¹ niou⁵⁵ laŋ⁵⁵ tə⁰ tɕʰin⁵⁵ lau⁵⁵］
搁老百姓话儿，［kɤ³⁵ lau³⁵ pai²¹ ɕiŋ⁵¹ xuɑr⁵¹］
就是会过日子，［tɕiou⁵¹ ʂʅ⁵¹ xuei⁵¹ kuo⁵¹ ʐʅ⁵¹ tsʅ⁰］
趁得上一个媳妇，［tʂʰən⁵¹ tə⁰ ʂaŋ⁰ i³⁵ kə⁰ ɕi²¹ fu⁰］
他就想成全他这事儿。［tʰa³⁵ tɕiou⁵¹ ɕiaŋ²¹ tʂʰəŋ⁵⁵ tɕʰyan⁵⁵ tʰa³⁵ tʂɤ⁵¹ ʂər⁵¹］

金牛星是天宫的　［tɕin³⁵ niou⁵⁵ ɕiŋ³⁵ ʂʅ⁵¹ tʰian³⁵ kuŋ³⁵ tə⁰］
一只神仙下凡，［i³⁵ tʂʅ³⁵ ʂən⁵⁵ ɕian⁵⁵ ɕia⁵¹ fan⁵⁵］
他得知天宫的七位仙女　［tʰa³⁵ tɤ⁵⁵ tʂʅ³⁵ tʰian³⁵ kuŋ³⁵ tə⁰ tɕʰi⁵⁵ uei⁵¹ ɕian³⁵ ny²¹³］

要到山脚下这个湖里来洗澡。［iau⁵¹ tau⁵¹ ʂan³⁵ tɕiau²¹ ɕia⁰ tʂɤ⁵¹ kə⁰ xu⁵⁵ li⁰ lai⁵⁵ ɕi³⁵ tsau²¹³］
他就给牛郎托梦，说：［tʰa³⁵ tɕiou⁵¹ kei²¹ niou⁵⁵ laŋ⁵⁵ tʰuo³⁵ məŋ⁵¹, ʂuo³⁵］
"明天早晨，你早起，［miŋ⁵⁵ tʰian³⁵ tsau²¹ tʂʰən⁵⁵, ni²¹ tsau³⁵ tɕʰi²¹³］
到山下湖，湖边儿，［tau⁵¹ ʂan³⁵ ɕia⁰ xu⁵⁵, xu⁵⁵ piɐr³⁵］
你把洗澡仙女的衣服［ni³⁵ pa³⁵ ɕi³⁵ tsau²¹ ɕian⁵⁵ ny²¹ tə⁰ i⁵⁵ fu⁰］
你摘一件儿，拿回家中，［ni²¹ tʂai³⁵ i³⁵ tɕiɐr⁵¹, na⁵⁵ xuei⁵⁵ tɕia⁵⁵ tʂuŋ³⁵］
你会得到一个美丽的妻子。"［ni²¹ xuei⁵¹ tɤ⁵⁵ tau⁵¹ i³⁵ kə⁵¹ mei²¹ li⁵¹ tə⁰ tɕʰi³⁵ tsʅ⁰］

牛郎按照金牛星的托梦，［niou⁵⁵ laŋ⁵⁵ an⁵¹ tʂau⁵¹ tɕin³⁵ niou⁵⁵ ɕiŋ³⁵ tə⁰ tʰuo³⁵ məŋ⁵¹］
很早起来。［xən³⁵ tsau²¹ tɕʰi²¹ lai⁰］
天蒙蒙亮，天还不太亮，［tʰian³⁵ məŋ⁵⁵ məŋ⁰ liaŋ⁵¹, tʰian³⁵ xai⁵⁵ pu³⁵ tʰai⁵¹ liaŋ⁵¹］
他就来到山脚下，果然发现，［tʰa³⁵ tsou⁵¹ lai⁵⁵ tau⁰ ʂan³⁵ tɕiau²¹ ɕia⁰, kuo²¹ ʐan⁵⁵ fa³⁵ ɕian⁵¹］
七个仙女儿在湖中戏水，［tɕʰi³⁵ kə⁰ ɕian³⁵ nyɐr²¹ tsai⁵¹ xu⁵⁵ tʂuŋ³⁵ ɕi⁵¹ ʂuei²¹³］
有说有笑，［iou²¹ ʂuo³⁵ iou²¹ ɕiau⁵¹］
根本没有发现牛郎在岸上。［kən³⁵ pən²¹ mei⁵⁵ iou²¹ fa³⁵ ɕian⁵¹ niou⁵⁵ laŋ⁵⁵ tsai²¹ an⁵¹ ʂaŋ⁰］
他拿在挂，他拿了一件［tʰa³⁵ na⁵⁵ tsai⁰ kua⁵¹, tʰa³⁵ na⁵⁵ lə⁰ i³⁵ tɕian⁵¹］
挂在树枝上的衣裳，［kua⁵¹ tsai⁰ ʂu⁵¹ tʂʅ³⁵ ʂaŋ⁰ tə⁰ i³⁵ ʂaŋ⁰］
头也不回地跑回了家。［tʰou²¹ ie²¹ pu³⁵ xuei⁵⁵ tə⁰ pʰau²¹ xuei⁵⁵ lə⁰ tɕia³⁵］

这七位仙女洗完澡上岸，［tʂɤ⁵¹ tɕʰi³⁵ uei⁵¹ ɕian³⁵ ny²¹ ɕi²¹ uan⁵⁵ tsau²¹ ʂaŋ⁵¹ an⁵¹］
就突然发现［tɕiou⁵¹ tʰu³⁵ ʐan⁵⁵ fa³⁵ ɕian⁵¹］
一位仙女衣服少了一件儿。［i³⁵ uei⁵¹ ɕian³⁵ ny²¹ i³⁵ fu⁰ ʂau²¹ lə⁰ i³⁵ tɕiɐr⁵¹］
这位仙女她根本不是凡人，［tʂɤ⁵¹ uei⁵¹ ɕian³⁵ ny²¹ tʰa³⁵ kən³⁵ pən²¹ pu³⁵ ʂʅ⁵¹ fan⁵⁵ ʐən⁵⁵］
她就闻到，跟着［tʰa³⁵ tɕiou⁵¹ uən⁵⁵ tau⁰, kən³⁵ tʂau⁰］
衣服飘出的香味儿，［i³⁵ fu⁰ pʰiau³⁵ tʂʰu³⁵ tə⁰ ɕiaŋ³⁵ uər⁵¹］
追到了牛郎家，［tʂuei³⁵ tau⁰ lə⁰ niou⁵⁵ laŋ⁵⁵ tɕia³⁵］
轻轻地敲开了牛郎的家门。［tɕʰiŋ³⁵ tɕʰiŋ⁰ tə⁰ tɕʰiau³⁵ kʰai⁵⁰ niou⁵⁵ laŋ⁵⁵ tə⁰ tɕia³⁵ mən⁵⁵］
牛郎把门打开，［niou⁵⁵ laŋ⁵⁵ pa²¹ mən⁵⁵ ta²¹ kʰai³⁵］
两人相见如故，一见钟情，［liaŋ²¹ ʐən⁵⁵ ɕiaŋ³⁵ tɕian⁵¹ ʐu⁵⁵ ku⁵¹, i³⁵ tɕian⁵¹ tʂuŋ³⁵ tɕʰiŋ⁵⁵］
就成了一对恩爱夫妻。［tɕiou⁵¹ tʂʰəŋ⁵⁵ lə⁰ i³⁵ tuei⁵¹ ən³⁵ ai⁵¹ fu³⁵ tɕʰi³⁵］

转眼间，三年过去了，［tʂuan³⁵ ian²¹ tɕian³⁵, san³⁵ nian⁵⁵ kuo⁵¹ tɕʰy¹ lə⁰］
织女给牛郎生了一男一女。［tʂʅ³⁵ ny²¹ kei²¹ niou⁵⁵ laŋ⁵⁵ ʂəŋ³⁵ lə⁰ i³⁵ nan⁵⁵ i⁵¹ ny²¹³］

在人，在人间的三年 [tsai⁵¹ ʐən⁵⁵, tsai⁵¹ ʐən⁵⁵ tɕian³⁵ tə⁰ san³⁵ nian⁵⁵]
就相当于天宫的三天， [tɕiou⁵¹ ɕiaŋ³⁵ taŋ³⁵ y⁵⁵ tʰian³⁵ kuŋ³⁵ tə⁰ san³⁵ tʰian³⁵]
在天宫[这一]王母娘娘， [tsai⁵¹ tʰian³⁵ kuŋ³⁵ tʂei⁵¹ uaŋ⁵⁵ mu⁰ niaŋ⁵⁵ niaŋ⁰]
[这一]七位仙女是 [tʂei⁵¹ tɕʰi³⁵ uei⁵¹ ɕian³⁵ ny²¹ ʂʐ⁵¹]
王母娘娘的使唤丫头。 [uaŋ⁵⁵ mu⁰ niaŋ⁵⁵ niaŋ⁰ tə⁰ ʂʐ²¹ xuan⁰ ia³⁵ tʰou⁰]
发现其中少了织女， [fa³⁵ ɕian⁵¹ tɕʰi⁵⁵ tʂuŋ³⁵ ʂau²¹ lə⁰ tʂʐ³⁵ ny²¹³]
立刻去报告了这是个玉皇大帝。 [li⁵¹ kʰɤ⁵¹ tɕʰy⁵¹ pau⁵¹ kau⁵¹ lə⁰ tʂɤ⁵¹ ʂʐ⁵¹ kə⁰ y⁵¹ xuaŋ⁵⁵ ta⁵¹ ti⁵¹]
突然惹得玉皇大帝大怒， [tʰu³⁵ ʐan⁵⁵ ʐɤ²¹ tə⁰ y⁵¹ xuaŋ⁵⁵ ta⁵¹ ti⁵¹ ta⁵¹ nu⁵¹]
派了天兵天将到人间 [pʰai⁵¹ lə⁰ tʰian³⁵ piŋ³⁵ tʰian³⁵ tɕiaŋ⁵¹ tau⁵¹ ʐən⁵⁵ tɕian³⁵]
去捉拿这个织女。 [tɕʰy⁵¹ tʂuo³⁵ na⁵⁵ tʂɤ⁵¹ kə⁰ tʂʐ³⁵ ny²¹³]

突然间，雷闪，电闪雷鸣， [tʰu³⁵ ʐan⁵⁵ tɕian³⁵, lei⁵⁵ ʂan²¹³, tian⁵¹ ʂan²¹ lei⁵⁵ miŋ⁵⁵]
瓢泼大雨，刮起大风， [pʰiau⁵⁵ pʰuo³⁵ ta⁵¹ y²¹³, kua³⁵ tɕʰi²¹ ta⁵¹ fəŋ³⁵]
到了人间。 [tau⁵¹ lə⁰ ʐən⁵⁵ tɕian³⁵]
织女被他们逮走了， [tʂʐ³⁵ ny²¹ pei⁵¹ tʰa³⁵ mən⁰ tai³⁵ tsou²¹ lə⁰]
急得两个孩子哭着 [tɕi⁵⁵ tə⁰ liaŋ²¹ kə⁰ xai⁵⁵ tsʐ⁰ kʰu³⁵ tʂə⁰]
喊着要妈妈， [xan²¹ tʂə⁰ iau⁵¹ ma³⁵ ma⁰]
急得牛郎，束手无策。 [tɕi⁵⁵ tə⁰ niou⁵⁵ laŋ⁵⁵, ʂuo⁵¹ ʂou²¹ u⁵⁵ tsʰɤ⁵¹]
在这时，站在身边的老黄牛， [tsai⁵¹ tʂɤ⁵¹ ʂʐ⁵⁵, tʂan⁵¹ tsai⁰ ʂən³⁵ pian⁰ tə⁰ lau²¹ xuaŋ⁵⁵ niou⁵⁵]
忽然张嘴说话了： [xu³⁵ ʐan⁵⁵ tʂaŋ³⁵ tsuei²¹ ʂuo³⁵ xua⁵¹ lə⁰]
"牛郎你不要着急， [niou⁵⁵ laŋ⁵⁵ ni²¹ pu³⁵ iau⁵¹ tʂau⁵⁵ tɕi⁵⁵]
把我头上的两只犄角你拿去， [pa³⁵ uo²¹ tʰou⁵⁵ ʂaŋ⁰ tə⁰ liaŋ²¹ tʂʐ³⁵ tɕi³⁵ tɕiau²¹ ni²¹ na⁵⁵ tɕʰy⁰]
它会变，变成两只箩筐， [tʰa³⁵ xuei⁵¹ pian⁵¹, pian⁵¹ tʂʰəŋ⁵⁵ liaŋ²¹ tʂʐ³⁵ luo⁵⁵ kʰuaŋ³⁵]
把孩子装在箩筐里， [pa²¹ xai⁵⁵ tsʐ⁰ tʂuaŋ³⁵ tsai⁰ luo⁵⁵ kʰuaŋ³⁵ li⁰]
你挑上赶去， [ni²¹ tʰiau³⁵ ʂaŋ⁰ kan²¹ tɕʰy⁰]
赶紧去追织女吧！" [kan³⁵ tɕin²¹ tɕʰy⁵¹ tʂuei³⁵ tʂʐ³⁵ ny²¹ pa⁰]
说话间，两个牛角掉地上了， [ʂuo³⁵ xua⁵¹ tɕian³⁵, liaŋ²¹ kə⁰ niou⁵⁵ tɕiau²¹ tiau⁵¹ ti⁵¹ ʂaŋ⁰ lə⁰]
真变成了两个箩筐。 [tʂən³⁵ pian⁵¹ tʂʰəŋ⁵⁵ lə⁰ liaŋ²¹ kə⁰ luo⁵⁵ kʰuaŋ³⁵]
一个女儿一个儿子， [i³⁵ kə⁰ ny²¹ ɚ⁵⁵ i³⁵ kə⁰ ɚ⁵⁵ tsʐ⁰]
装在箩筐里， [tʂuaŋ³⁵ tsai⁰ luo⁵⁵ kʰuaŋ³⁵ li⁰]
牛郎挑起扁担， [niou⁵⁵ laŋ⁵⁵ tʰiau³⁵ tɕʰi⁰ pian²¹ tan⁰]
就紧追织女而去。 [tɕiou⁵¹ tɕin²¹ tsuei³⁵ tʂʐ³⁵ ny²¹ ɚ⁵⁵ tɕʰy⁵¹]

眼看就要追到织女了，[ian²¹kʰan⁵¹tɕiou⁵¹iau⁵¹tʂuei³⁵tau⁰tʂʅ³⁵ny²¹lə⁰]
被天宫的王母娘娘发现了。[pei⁵¹tʰian³⁵kuŋ³⁵tə⁰uaŋ⁵⁵mu⁰niaŋ⁵⁵niaŋ⁰fa³⁵ɕian⁵¹lə⁰]
她从头上拔下了一个银簪，[tʰa³⁵tsʰuŋ⁵⁵tʰou⁵⁵ʂaŋ⁰pa⁵⁵ɕia⁰lə⁰i³⁵kə⁰in⁵⁵tsan³⁵]
在牛郎的面前，[tsai⁵¹niou⁵⁵laŋ⁵⁵tə⁰mian⁵¹tɕʰian⁵⁵]
织女的后面就那么一划，[tʂʅ³⁵ny²¹tə⁰xou⁵¹mian⁵¹tɕiou⁵¹na⁵¹mə⁰i³⁵xua⁵¹]
立刻变成了一个天河，[li⁵¹kʰɤ⁵¹pian⁵¹tʂʰeŋ⁵⁵lə⁰i³⁵kə⁰tʰian³⁵xɤ⁵⁵]
波涛滚滚，一眼望不到对岸。[pʰuo³⁵tʰau⁵⁵kuən³⁵kuən²¹，i⁵¹ian²¹uaŋ⁵¹pu³⁵tau⁰tuei⁵¹an⁵¹]
这样，急得牛郎，痛哭流涕。[tʂɤ⁵¹iaŋ⁵¹，tɕi⁵⁵tə⁰niou⁵⁵laŋ⁵⁵，tʰuŋ⁵¹kʰu³⁵liou⁵⁵tʰi⁵¹]
喜鹊同情牛郎的遭遇，立刻，[ɕi²¹tɕʰye⁵¹tʰuŋ⁵⁵tɕʰiŋ⁵⁵niou⁵⁵laŋ⁵⁵tə⁰tsau³⁵y⁵¹，li⁵¹kʰɤ⁵¹]
成千上万只喜鹊[tʂʰəŋ⁵⁵tɕʰian³⁵ʂaŋ⁵¹uan⁵¹tʂʅ³⁵ɕi²¹tɕʰye⁵¹]
飞到了天河上，[fei³⁵tau⁰lə⁰tʰian³⁵xɤ⁵⁵ʂaŋ⁰]
后一只叨着前一只的尾巴，[xou⁵¹i³⁵tʂʅ³⁵tiau³⁵tʂə⁰tɕʰian⁵⁵i³⁵tʂʅ³⁵tə⁰uei²¹pa⁰]
搭起了一个天河的鹊桥。[ta³⁵tɕʰi⁰lə⁰i³⁵kə⁰tʰian³⁵xɤ⁵⁵tə⁰tɕʰye⁵¹tɕʰiau⁵⁵]

在每年的农历七月儿[tsai⁵¹mei²¹nian⁵⁵tə⁰nəŋ⁵⁵li⁵¹tɕʰi³⁵yɛʀ⁵¹]
初七这一天，[tʂʰu³⁵tɕʰi³⁵tʂɤ⁵¹i³⁵tʰian³⁵]
就是牛郎与织，与织女相，[tɕiou⁵¹ʂʅ⁵¹niou⁵⁵laŋ⁵⁵y²¹tʂʅ³⁵，y²¹tʂʅ³⁵ny²¹ɕiaŋ³⁵]
相遇，团聚的一天。[ɕiaŋ³⁵y⁵¹，tʰuan⁵⁵tɕy⁵¹tə⁰i³⁵tʰian³⁵]
这个民间有这么一个传说，[tʂɤ⁵¹kə⁰min⁵⁵tɕian³⁵iou²¹tʂɤ⁵¹mə⁰i³⁵kə⁰tʂʰuan⁵⁵ʂuo³⁵]
到了七月儿七这一天，[tau⁵¹lə⁰tɕʰi³⁵yɛʀ⁵¹tɕʰi³⁵tʂɤ⁵¹i³⁵tʰian³⁵]
家里的老人就告诉自己[tɕia³⁵li⁰tə⁰lau²¹ʐən⁵⁵tɕiou⁵¹kau⁵¹su⁰tsʅ⁵¹tɕi²¹]
的孩子，去到黄瓜架下面儿，[tə⁰xai⁵⁵tsʅ⁰，tɕʰy⁵¹tau⁵¹xuaŋ⁵⁵kua³⁵tɕia⁵¹ɕia⁵¹miɐʀ⁵¹]
或葡萄架下面儿，[xuo⁵¹pʰu⁵⁵tʰau⁰tɕia⁵¹ɕia⁵¹miɐʀ⁵¹]
去听牛郎与织女的相遇、[tɕʰy⁵¹tʰiŋ³⁵niou⁵⁵laŋ⁵⁵y²¹tʂʅ³⁵ny²¹tə⁰ɕiaŋ³⁵y⁵¹]
团聚的哭声吧。[tʰuan⁵⁵tɕy⁵¹tə⁰kʰu⁵⁵ʂəŋ³⁵pa⁰]

（发音人：郭春旺）

三　其他故事

平谷的庙会

平谷是一个有着两千多年历史的县城，三面环山，一面儿平原。县里呢，有很多的古迹，民间花会、高跷会、大鼓会，等等吧，基本上遍布于每个大的村庄。

每逢到节假日，比如说，四月儿初一，是丫髻山庙会，这个庙会哪已经有了几百年。历史记载，清朝的乾隆皇帝三次来丫髻山庙会进香。这个庙宇，三重大殿，建筑有两千多平方米。在抗日战争时候儿，被日本鬼子烧毁了。随着中国的社会开放、搞活，在八五年以后，这个庙宇又重修、重建，现在，已经是成了一定的规模，很壮观，很宏伟。

每年的四月儿初一，来自河北省廊坊市的民间舞会，都会赶到这个庙会来展示。这丫髻山上边儿的娘娘，是廊坊地区的娘家，所以，在河北廊坊地区，很信服这个庙里的这个仙姑们。

很早以前，在四月儿初一的凌晨，从香河县就赶到这个山脚下儿。从山脚到在山顶的庙宇，要走四百多步台阶儿。特别是登高跷的人儿，这这这会，从三百多步台阶儿要走上去，可想而知，要付出很大的体力，才能走上去。听老人讲，在神仙的保佑，是赶这个庙会的人，走三百多步台阶儿，你也不会感到身体累，没有那感觉，所以，这香火特旺。

在山脚下儿，唱戏的、跑马戏的、演杂技的，真是络绎不绝。

这庙会呢，还时间特长，等四月儿，从四月儿初一开始，一直到四月儿十五，持续半个月。每天都是这么热闹，最高的时候儿，能达到几十万人，场面特别壮观，这是丫髻山庙会。

在四月儿十八，这丫髻山庙会到四月儿十五结束，到四月儿十八，就到，又赶上这个峨眉山，这叫水峪寺庙会。场面虽然照丫髻山庙会逊色一些，但是，也是人山人海。唱对台戏，都是来自内蒙古赤峰市，河北省宽城、承德、遵化、迁安、唐山这一带的戏班子，都来赶到这儿，所以，也是特别热闹。

民间的小吃儿，民间的匠人，带着工具，拿着材料儿，现场现做。小风车儿啦，不倒儿翁啊，民间小吃儿驴打滚儿啦，糖麻花儿啦，应有尽有。所以，赶庙会的人哪，是人山人海。

过去我们平谷有句老话儿——"穷赶集，富上庙"。在解放前，赶集的呢，就到集上想买些便宜的农民种地的工具，作为日常使用。但庙会的都不一样了，大人小孩儿都要带些钱，到庙会上买些新鲜玩意儿，给孩子买些玩具、玩儿物、没吃过的小吃儿。所以，这样说呢，就是"穷赶集，富上庙"。赶集，你可以不用带多少钱；上庙会，一般都是带着钱去。

像这样的庙会，在我们县，就有十几铺。这是四月儿初一丫髻山庙会、四月儿十八水峪寺庙会、四月儿十五灵山庙会，像这样儿的民间庙会，举不胜举。各地方，就以这个日子作为节日，改善一下儿生活啊，大家团聚团聚啊，有说有笑，其乐融融。

这是民间庙会。

（摘自老男话语讲述，发音人：郭春旺）

四 自选条目

（一）

老太太吃柿子——专拣软的捏。[lau²¹ tʰai⁵¹ tʰai⁰ tʂʰʅ³⁵ ʂʅ⁵¹ tsʅ⁰, tʂuan³⁵ tɕiau³⁵ ʐuan²¹ tə⁰ nie³⁵]

（二）

哑巴吃黄连——有苦说不出。[ia²¹ pa⁰ tʂʰʅ³⁵ xuaŋ⁵⁵ lian⁵⁵, iou³⁵ kʰu²¹ ʂuo³⁵ pu⁰ tʂʰu³⁵]

（三）

小葱拌豆腐——一清二白。[ɕiau²¹ tsʰuŋ³⁵ pan⁵¹ tou⁵¹ fu⁰, i⁵¹ tɕʰiŋ³⁵ ɚ⁵¹ pai⁵⁵]

（自选条目发音人：杜雪薇）

参考文献

白宛如 1979 北京方言本字考，《方言》第 3 期。

北京大学中文系、语言学教研室编 2005 《汉语方言词汇（第二版）》，语文出版社。

陈　刚编 1985 《北京方言词典》，商务印书馆。

陈淑静 1998 《平谷方言研究》，河北大学出版社。

傅东华 1957a 北京话常用词考，《语文知识》第 9、10、11、12 期。

傅东华 1957b 关于北京音异读字的初步探讨，《拼音》第 5 期。

高晓虹 2009 《北京话入声字的历史层次》，北京语言大学出版社。

贺　巍、钱曾怡、陈淑静 1986 河北省北京市天津市方言的分区，《方言》第 4 期。

胡明扬等 1992 《北京话研究》，北京燕山出版社。

黄晓东 2001 中古清入字在今北京话中的异读现象考察，北京语言文化大学硕士学位论文。

贾采珠 1990 《北京话儿化词典》，语文出版社。

教育部语言文字信息管理司、中国语言资源保护研究中心 2015 《中国语言资源调查手册·汉语方言》，商务印书馆。

金受申 1961 《北京话语汇》，商务印书馆。

靳光瑾 1991 北京话文白异读的形成及消长，《语文建设》第 5 期。

林茂灿、颜景助 1980 北京话轻声的声学性质，《方言》第 3 期。

林　焘 1963 北京话的连读音变，《北京大学学报》第 6 期。

林　焘 1982 北京话儿化韵个人读音差异问题，《语文研究》第 2 辑。

林　焘、沈炯 1995 北京话儿化韵的语音分歧，《中国语文》第 3 期。

彭宗平 2005 《北京话儿化词研究》，中国传媒大学出版社。

钱曾怡 1995 论儿化，《中国语言学报》第 5 期，商务印书馆。

沈　炯 1987 北京话合口呼零声母的语音分歧，《中国语文》第 5 期。

王福堂 2002　北京话儿化韵的形成过程，《语言论丛》第 26 辑，商务印书馆。

王福堂 2006　文白异读中读书音的几个问题，《语言学论丛》第 32 辑，商务印书馆。

王洪君 1992　文白异读与叠置式音变，《语言学论丛》第 17 辑，商务印书馆。

王理嘉、贺宁基 1983　北京话儿化韵的听辨实验和声学分析，《语言学论丛》第 10 辑，商务印书馆。

徐世荣 1957　北京话里的土词和土音，《中国语文》第 3 期。

徐世荣 1990　《北京土语词典》，北京出版社。

俞　敏 1988　北京话本字劄记，《方言》第 2 期。

俞　敏 1995　北京口语里的多音入声字，《方言》第 1 期。

张清常 1956　北京音里面的一字异读问题，《南开大学学报》第 2 期。

张世方 2010　《北京官话语音研究》，北京语言大学出版社。

中国语言资源有声数据库建设领导小组办公室 2010　《中国语言资源有声数据库调查手册·汉语方言》，商务印书馆。

周一民 1998　《北京口语语法·词法卷》，语文出版社。

附　录

附录一　单字音序索引

单字	序号	页码	单字	序号	页码	单字	序号	页码
A			宝	0276	131	剥	0786	169
矮	0149	122	抱	0277	131	布	0058	117
爱	0129	121	杯	0169	124	步	0061	117
安	0474	144	碑	0197	125	簿	0060	117
岸	0471	144	北	0802	171	**C**		
暗	0380	137	贝	0130	121	擦	0477	144
熬	0294	132	背~诵	0172	124	财	0124	121
B			被~子	0199	125	菜	0123	121
八	0488	145	本	0662	158	参人~	0445	142
把量	0028	115	逼	0818	173	蚕	0377	137
白	0843	175	鼻	0214	126	仓	0711	161
百	0841	175	比	0212	126	糙	0289	132
摆	0138	122	笔	0645	157	草	0288	131
败	0150	122	币	0151	122	侧	0822	173
拜	0134	121	壁	0902	179	测	0823	173
班	0491	145	扁	0527	147	策	0855	176
搬	0552	149	变	0497	146	层	0799	170
板	0492	145	便方~	0499	146	插	0401	139
办	0481	145	表手~	0310	133	茶	0032	115
半	0553	150	憋	0544	148	拆	0844	175
扮	0480	144	别~人	0514	147	柴	0143	122
帮	0705	161	冰	0810	172	缠	0508	146
绑	0775	168	兵	0857	177	产~妇	0484	145
棒	0777	168	柄	0858	177	铲	0482	145
包	0297	132	饼	0868	177	尝	0742	164
薄形	0714	162	病	0860	177	厂	0739	164
饱	0298	132	拨	0570	151	唱	0740	164

单字	序号	页码	单字	序号	页码	单字	序号	页码
抄	0305	133	吹	0252	129	凳	0796	170
朝~代	0316	133	垂	0253	129	低	0156	123
车	0046	116	锤	0261	129	笛	0905	180
撤	0517	147	春	0682	160	弟	0159	123
辰	0638	156	纯	0685	160	递	0160	123
沉	0444	142	唇	0683	160	典	0530	148
陈	0634	156	祠	0232	127	点	0427	140
城	0880	178	刺	0201	126	店	0428	140
程	0876	178	葱	0929	182	垫	0533	148
秤	0812	172	凑	0338	135	钓	0326	134
吃	0909	180	村	0667	158	跌	0433	141
池	0203	126	寸	0668	158	碟	0435	141
迟	0221	127	错对~	0070	117	钉名	0890	179
尺	0886	178	D			顶	0891	179
冲	0984	186	搭	0381	137	定	0896	179
充	0956	183	达	0475	144	丢	0372	137
虫	0954	183	打	0832	174	东	0917	180
抽	0354	136	大~小	0003	113	冬~至	0943	182
绸	0355	136	带动	0131	121	懂	0918	180
愁	0356	136	袋	0121	121	动	0924	181
臭香~	0359	136	单简~	0461	143	冻	0919	180
出	0690	160	胆	0387	138	洞	0925	181
初	0086	118	淡	0389	138	抖	0332	134
除	0085	118	弹~琴	0463	143	豆	0335	134
锄	0087	118	党	0707	161	毒	0948	183
畜~生	0967	184	刀	0280	131	读	0937	182
传~下来	0591	152	道	0283	131	赌	0062	117
船	0594	153	得	0804	171	杜	0065	117
疮	0735	164	地	0216	126	端~午	0557	150
窗	0780	168	灯	0794	170	短	0558	150
床	0736	164	等	0795	170	断绳~了	0559	150

附录一 单字音序索引

单字	序号	页码	单字	序号	页码	单字	序号	页码
对	0175	124	费	0268	130	高	0292	132
墩	0665	158	分动	0692	160	鸽	0385	138
蹲	0669	158	坟	0695	160	割	0478	144
多	0001	113	粉	0693	160	歌	0006	113
夺	0574	151	粪	0694	160	格	0847	175
躲	0017	114	丰	0950	183	隔	0856	176
E			风	0949	183	个	0007	113
鹅	0009	114	封	0975	185	各	0720	162
额	0849	176	蜂	0976	185	根	0624	155
恶形,入声	0722	163	凤	0951	183	耕	0852	176
饿	0010	114	缝一条~	0977	186	梗	0837	174
恩	0626	156	佛~像	0703	161	更三~,打~	0836	174
儿	0205	126	服	0962	184	公	0931	182
耳	0241	128	浮	0348	135	宫	0957	183
二	0224	127	福	0961	184	恭	0985	186
F			府	0099	119	共	0986	186
发头~	0614	154	父	0101	119	钩	0339	135
罚	0615	154	付	0100	119	狗	0340	135
法	0438	141	妇	0349	135	够	0341	135
翻	0605	153	副	0347	135	箍~桶	0071	117
反	0604	153	富	0346	135	古	0072	117
犯	0437	141	缚	0774	168	谷稻~	0940	182
饭	0606	153	G			骨	0677	159
方	0764	167	该	0125	121	瓜	0052	116
防	0768	167	改	0126	121	刮	0587	152
房	0767	167	盖动	0132	121	挂	0188	125
纺	0766	167	甘	0392	138	拐	0187	125
放	0765	167	肝	0469	144	怪	0183	124
飞	0267	130	敢	0393	138	关~门	0581	152
肥	0269	130	感	0378	137	官	0564	151
肺	0195	125	钢名	0712	161	惯	0582	152

单字	序号	页码	单字	序号	页码	单字	序号	页码
光~线	0759	166	红	0934	182	J		
龟	0263	129	后前~	0344	135	击	0908	180
规	0254	129	厚	0345	135	饥~饿	0225	127
鬼	0272	130	壶	0078	118	鸡	0165	123
柜	0265	130	虎	0077	118	积	0883	178
贵	0273	131	户	0079	118	及	0459	143
桂	0196	125	花	0054	116	吉	0655	157
跪	0256	129	华中~	0056	116	极	0828	174
滚	0671	158	滑	0578	152	急	0458	143
郭	0762	167	化	0055	116	集	0453	143
国	0829	174	划计~	0911	180	几~个	0246	128
果	0021	114	画	0190	125	记	0242	128
过~来	0022	114	话	0192	125	季	0264	129
H			怀	0185	125	寄	0206	126
还动	0583	152	坏	0186	125	夹~子	0403	139
还副	0584	152	欢	0566	151	甲	0407	139
海	0128	121	换	0568	151	假真~	0034	115
害	0133	121	慌	0760	166	嫁	0035	115
含~一口水	0379	137	黄	0761	167	尖	0410	139
喊	0394	138	灰	0179	124	奸	0494	145
汉	0472	144	回	0180	124	间房~，一~房	0485	145
汗	0473	144	会开~	0182	124	肩	0538	148
好~坏	0295	132	婚	0673	159	监	0405	139
号名	0296	132	魂	0674	159	减	0399	138
河	0011	114	活	0576	151	剪	0503	146
盒	0386	138	火	0024	114	见	0539	148
鹤	0721	163	或	0830	174	件	0512	146
黑	0809	172	货	0025	115	建	0523	147
恨	0625	156	祸	0026	115	剑	0423	140
横~竖	0910	180	霍	0763	167	健	0524	147
烘~干	0933	182				江	0782	168

单字	序号	页码	单字	序号	页码	单字	序号	页码
姜生~	0745	165	镜	0863	177	孔	0932	182
浆	0726	163	九	0362	136	口	0342	135
讲	0783	168	酒	0351	135	哭	0941	182
匠	0728	163	旧	0365	136	苦	0073	118
降投~	0784	168	舅	0364	136	裤	0074	118
交	0306	133	局	0998	187	块	0184	124
焦	0313	133	菊	0973	185	快	0191	125
角	0789	169	橘	0691	160	宽	0565	151
脚	0756	166	举	0092	119	筐	0770	168
叫	0330	134	句	0113	120	狂	0771	168
轿	0321	134	剧戏~	0867	177	亏	0255	129
接	0420	140	锯名	0093	119	困	0672	158
街	0145	122	卷~起	0596	153	阔	0575	151
节	0548	149	决	0620	155	L		
杰	0521	148	绝	0602	153	拉	0383	137
结	0551	149	军	0698	161	蜡	0396	138
截	0550	149	均	0687	160	辣	0476	144
姐	0041	116	俊	0679	159	来	0122	121
解~开	0146	122	K			兰	0465	144
戒	0137	122	开	0127	121	蓝	0390	138
借	0042	116	看~见	0470	144	懒	0466	144
金	0449	143	糠	0713	162	烂	0467	144
筋	0657	158	靠	0293	132	浪	0710	161
紧	0641	157	壳	0790	169	老	0285	131
进	0630	156	可	0008	113	雷	0176	124
近	0660	158	渴	0479	144	类	0258	129
劲有~	0658	158	刻	0808	171	冷	0833	174
浸	0441	142	客	0848	175	梨	0217	127
经	0900	179	课	0023	114	犁	0162	123
井	0871	177	肯	0801	171	李	0228	127
静	0873	178	坑	0838	174	力	0819	173

单字	序号	页码	单字	序号	页码	单字	序号	页码
历农~	0906	180	埋	0136	121	末	0572	151
立	0452	143	买	0141	122	墨	0803	171
栗	0648	157	麦	0853	176	母丈~,舅~	0331	134
连	0502	146	卖	0142	122	木	0936	182
莲	0535	148	满	0556	150	目	0963	184
两斤~	0724	163	慢	0493	145	N		
亮	0725	163	忙	0706	161	南	0376	137
料	0328	134	猫	0300	132	难~易	0464	143
列	0516	147	毛	0278	131	脑	0284	131
邻	0629	156	帽	0279	131	闹	0301	132
林	0440	141	眉	0215	126	嫩	0666	158
零	0897	179	煤	0173	124	能	0798	170
领	0870	177	妹	0174	124	泥	0161	123
流	0350	135	门	0664	158	年	0534	148
六	0964	184	猛	0831	174	黏~液	0409	139
龙	0979	186	梦	0952	183	念	0431	140
聋	0926	181	米	0155	123	娘	0723	163
楼	0336	134	密	0647	157	鸟	0325	134
鹿	0938	182	棉	0500	146	捏	0547	149
路	0067	117	面~孔	0501	146	孽	0522	148
乱	0561	151	面~条	0529	148	牛	0366	136
轮	0678	159	庙	0312	133	浓	0978	186
锣	0004	113	灭	0515	147	脓	0945	183
螺	0018	114	篾	0545	149	弄	0927	181
落	0717	162	民	0628	156	奴	0066	117
吕	0082	118	名	0869	177	暖	0560	150
律	0689	160	明	0861	177	女	0081	118
绿	0991	186	命	0862	177	O		
M			摸	0715	162	藕	0343	135
马	0030	115	磨动	0015	114	P		
骂	0031	115	磨名	0016	114	爬	0029	115

单字	序号	页码	单字	序号	页码	单字	序号	页码
拍	0842	175	Q			渠~道	0095	119
排	0135	121	七	0649	157	取	0104	119
牌	0140	122	骑	0207	126	去	0094	119
派	0139	122	棋	0243	128	圈圆~	0597	153
盘	0555	150	气	0247	128	权	0598	153
判	0554	150	契	0167	123	全	0588	152
胖	0776	168	器	0226	127	劝	0609	154
炮	0299	132	牵	0540	148	缺	0621	155
赔	0171	124	铅~笔	0601	153	雀	0751	165
配	0170	124	签~名	0411	139	裙	0699	161
盆	0663	158	前	0536	148	R		
朋	0793	170	钱	0505	146	染	0413	139
棚	0850	176	钳	0414	139	让	0744	164
蓬~松	0916	180	浅	0504	146	绕~线	0319	133
劈	0903	179	欠	0424	140	热	0520	147
皮	0198	125	抢	0727	163	人	0639	156
匹	0646	157	敲	0307	133	认	0640	156
屁	0213	126	桥	0320	133	任责~	0448	142
片	0528	147	茄	0012	114	日	0654	157
骗欺~	0498	146	切动	0549	149	荣	0913	180
票	0311	133	亲~人	0631	156	容	0989	186
贫	0627	156	琴	0450	143	肉	0972	185
品	0439	141	勤	0659	158	如	0091	119
平	0859	177	青	0898	179	入	0457	143
瓶	0889	179	轻	0881	178	褥	0996	187
泼	0571	151	清	0872	177	软	0595	153
婆	0014	114	庆	0864	177	闰	0686	160
破	0013	114	穷	0958	183	弱	0755	166
谱家~	0057	117	球	0363	136	S		
铺动	0059	117	区地~	0114	120	塞	0807	171
			曲~折,歌~	0997	187	三	0391	138

单字	序号	页码	单字	序号	页码	单字	序号	页码
伞	0468	144	虱	0651	157	顺	0684	160
嫂	0291	132	十	0456	143	丝	0231	127
色	0824	173	石	0887	178	死	0219	127
僧	0800	170	时	0239	128	四	0220	127
杀	0490	145	实	0652	157	寺	0233	128
沙	0033	115	食	0826	174	松~紧	0946	183
晒	0144	122	使	0237	128	松松树	0980	186
山	0483	145	世	0153	123	宋	0947	183
杉~木	0398	138	市	0240	128	送	0930	182
衫	0404	139	式	0827	174	宿住~，~舍	0965	184
扇名	0510	146	事	0236	128	酸	0562	151
善	0511	146	试	0238	128	算	0563	151
伤	0741	164	柿	0235	128	随	0251	129
上~去	0743	164	手	0360	136	岁	0193	125
烧	0318	133	寿	0361	136	碎	0178	124
勺	0754	166	瘦	0357	136	孙~子	0670	158
舌	0518	147	书	0089	119	笋	0680	159
蛇	0047	116	叔	0970	185	缩	0968	184
设	0519	147	输	0110	120	所	0088	118
射	0048	116	赎	0994	187	索	0719	162
身	0637	156	熟	0971	185	锁	0020	114
深	0447	142	鼠	0090	119	T		
神	0636	156	树	0112	120	塔	0395	138
升	0815	172	竖	0111	120	踏	0382	137
生	0834	174	数动	0107	120	胎	0119	120
声	0879	178	数名	0108	120	台戏~	0120	120
绳	0813	172	刷	0586	152	贪	0374	137
省~长	0835	174	闩	0580	152	潭	0375	137
剩	0814	172	双	0781	168	毯	0388	138
失	0653	157	霜	0737	164	炭	0462	143
师	0222	127	水	0262	129	汤	0708	161

附录一　单字音序索引　583

单字	序号	页码	单字	序号	页码	单字	序号	页码
糖	0709	161	脱	0573	151	五	0076	118
桃	0282	131	W			武	0102	119
讨	0281	131	挖	0579	152	物	0704	161
特	0805	171	瓦~名~	0053	116	雾	0103	119
藤	0797	170	袜	0616	154	X		
梯	0157	123	歪	0189	125	西	0163	123
踢	0904	179	外	0181	124	吸	0460	143
剃	0158	123	弯	0585	152	希	0248	128
天	0531	148	完	0567	151	息	0820	173
添	0429	140	顽~皮, ~固~	0577	152	惜	0884	178
田	0532	148	晚	0607	153	锡	0907	180
甜	0430	140	碗	0569	151	溪	0166	123
条	0327	134	万~麻将牌~	0608	153	习	0454	143
贴	0434	141	王	0772	168	席	0885	178
铁	0546	149	网	0769	168	洗	0164	123
厅	0892	179	旺	0773	168	喜	0244	128
听~见~	0893	179	危	0257	129	戏	0210	126
停	0894	179	围	0274	131	系~联~	0168	123
挺	0895	179	卫	0194	125	虾	0037	115
通	0920	180	位	0266	130	瞎	0496	145
铜	0923	181	尾	0270	130	下~方位~	0038	115
统	0944	182	味	0271	130	夏~春~	0039	115
桶	0921	181	胃	0275	131	先	0537	148
痛	0922	181	温	0675	159	鲜	0506	146
偷	0333	134	蚊	0696	160	咸~淡~	0400	138
头	0334	134	问	0697	161	嫌	0432	140
图	0064	117	翁	0935	182	显	0541	148
土	0063	117	握	0792	169	险	0416	139
吞	0623	155	乌	0080	118	县	0619	155
托	0716	162	屋	0942	182	现	0542	148
拖	0002	113	吴	0075	118	限	0487	145

单字	序号	页码	单字	序号	页码	单字	序号	页码
线	0507	146	袖	0353	136	药	0758	166
响	0746	165	徐	0083	118	要重~	0323	134
想	0729	164	许	0097	119	爷	0049	116
向	0747	165	选	0589	152	野	0050	116
项	0785	169	削	0752	165	业	0426	140
像	0730	164	靴	0027	115	叶树~	0422	140
箫	0329	134	学	0791	169	夜	0051	116
小	0314	133	雪	0603	153	一	0656	157
孝	0308	133	血	0622	155	衣	0249	129
校学~	0309	133	熏	0700	161	姨	0227	127
笑	0315	133	寻	0443	142	移	0211	126
歇	0526	147	Y			蚁	0208	126
协	0436	141	鸭	0408	139	义	0209	126
斜	0044	116	牙	0036	115	艺	0154	123
鞋	0147	122	哑	0040	115	益	0888	178
写	0043	116	烟	0543	148	意	0245	128
谢	0045	116	延	0513	147	音	0451	143
蟹	0148	122	严	0425	140	银	0642	157
心	0442	142	言	0525	147	引	0644	157
新	0632	156	岩	0406	139	隐	0661	158
兴高~	0816	172	炎	0418	140	印	0643	157
星	0899	179	盐	0419	140	迎	0865	177
行~为,~走	0840	174	颜	0495	145	营	0915	180
形	0901	179	眼	0486	145	蝇	0817	173
姓	0874	178	厌	0417	140	赢	0882	178
凶吉~	0987	186	验	0415	139	影	0866	177
兄	0912	180	秧	0748	165	硬	0839	174
雄	0960	183	痒	0749	165	拥	0988	186
熊	0959	183	样	0750	165	永	0914	180
休	0367	136	腰	0322	134	用	0990	186
修	0352	135	摇	0324	134	优	0368	136

附录一 单字音序索引

单字	序号	页码	单字	序号	页码	单字	序号	页码
油	0371	137	贼	0806	171	中当~	0953	183
有	0369	137	扎	0489	145	终	0955	183
右	0370	137	闸	0402	139	肿	0982	186
幼	0373	137	摘	0854	176	种~树	0983	186
余剩~,多~	0098	119	窄	0846	175	重轻~	0981	186
鱼	0096	119	占~领	0412	139	州	0358	136
雨	0116	120	战	0509	146	粥	0969	185
玉	0999	187	张量	0731	164	猪	0084	118
芋	0117	120	章	0738	164	竹	0966	184
育	0974	185	长~短	0732	164	烛	0993	187
浴	1000	187	找~零钱	0304	132	主	0109	120
遇	0115	120	照	0317	133	属	0995	187
裕	0118	120	罩	0302	132	住	0106	120
冤	0611	154	折~叠	0421	140	柱	0105	120
园	0612	154	贞	0875	178	抓用手~牌	0303	132
原	0610	154	针	0446	142	砖	0593	153
圆	0599	153	震	0635	156	转~眼,~送	0590	152
远	0613	154	镇	0633	156	传~记	0592	152
院	0600	153	争	0851	176	赚	0397	138
约	0757	166	整	0877	178	桩	0778	168
月	0617	155	正~反	0878	178	装	0733	164
越	0618	155	证	0811	172	壮	0734	164
云~彩	0701	161	汁	0455	143	撞	0779	168
匀	0688	160	知	0202	126	追	0260	129
运	0702	161	织	0825	174	准	0681	160
Z			直	0821	173	桌	0787	169
杂	0384	137	侄	0650	157	着火~了	0753	166
早	0286	131	纸	0204	126	镯	0788	169
灶	0287	131	指	0223	127	资	0218	127
造	0290	132	制~造	0152	122	子	0229	127
择	0845	175	治	0234	128	紫	0200	125

单字	序号	页码
字	0230	127
粽	0928	181
走	0337	135
租	0068	117
足	0992	186
卒(棋子)	0676	159
族	0939	182
嘴	0250	129
罪	0177	124
醉	0259	129
左	0005	113
作	0718	162
坐	0019	114
做	0069	117

附录二 词汇音序索引

词目	编号	页码	词目	编号	页码	词目	编号	页码
A			包心菜	0197	236	鞭炮	0738	328
矮	0949	366	包子	0394	269	扁	0957	367
按	1197	408	薄	0983	371	扁担	0673	318
案子	0333	259	保佑	0573	300	变魔术	0748	331
B			抱	0805	340	便宜	0698	322
八	1069	386	背 名词	0489	285	辫子	0451	279
疤	0515	289	背 动词	0806	340	表兄弟	0647	313
拔	0786	337	背后	0127	224	别	1181	405
把一~刀	1099	391	背心	0368	265	别人	1139	398
把一~锁	1100	391	被子	0324	257	冰	0014	197
把儿	0672	317	本钱	0705	323	冰雹	0015	197
坝	0043	202	本子	0724	326	冰棍儿	0427	275
爸爸	0617	308	笨	1057	384	病了	0504	287
掰	0782	336	笨蛋	0609	306	病轻了	0527	292
白 颜色	0967	369	甭	1182	405	剥	0783	336
白 ~跑	1188	406	荸荠	0215	239	菠菜	0198	236
白酒	0422	274	鼻涕	0462	280	伯父	0625	309
白天	0095	214	鼻子	0461	280	伯母	0626	309
柏树	0145	228	闭~眼	0759	332	脖子	0471	282
拜堂	0536	294	闭~嘴	0762	333	簸箕 有梁的	0676	318
半夜	0097	215	边儿	0133	226	簸箕 簸米用	0677	318
傍晚	0094	214	蝙蝠	0225	241	不	1180	405

词目	编号	页码	词目	编号	页码	词目	编号	页码
不懂	0907	357	差	1046	382	臭	1041	381
不管	1200	409	差点儿	1184	406	出殡	0557	297
不会	0909	357	拆	0859	349	出嫁	0535	294
不认识	0911	358	柴火	0346	261	出来	0138	226
不是	0901	356	掺	0857	349	出去	0139	227
不行	0913	359	搀	0807	340	除夕	0107	218
不在	0903	356	唱歌	0739	329	厨房	0304	254
不知道	0905	357	吵架	0924	361	厨师	0595	304
C			炒菜	0429	275	锄头	0670	317
擦	0829	344	衬衫	0367	265	穿	0364	264
猜谜语	0750	331	称	0714	324	串门儿	0752	331
才	1171	404	撑	0843	346	窗	0314	256
裁缝	0593	303	城里	0115	220	床 名词	0322	257
踩	0794	338	秤	0713	324	床一~被子	1096	391
菜	0405	271	吃	0439	277	床单	0326	258
菜刀	0337	260	吃奶	0546	295	吹牛	0928	362
菜锅	0308	255	吃晚饭	0438	276	捶	0861	349
蚕	0243	244	吃午饭	0437	276	锤子	0689	320
蚕豆	0190	235	吃药	0525	291	戳	0822	343
苍蝇	0246	244	吃早饭	0436	276	绰号	0663	316
藏	0813	341	池塘	0038	201	祠堂	0567	299
草	0156	229	翅膀	0231	242	磁铁	0066	206
囱	0497	286	虫子	0235	243	刺	0158	230
厕所	0309	255	抽	0442	277	葱	0203	237
插	0821	343	抽屉	0332	259	粗	0937	364
插秧	0666	316	稠	0984	371	醋	0419	273
茶叶	0425	274	丑	1050	383	村庄	0296	253

词目	编号	页码	词目	编号	页码	词目	编号	页码
错	1048	383	倒	0830	344	豆腐	0407	271
D			道士	0570	299	豆腐脑	0400	270
打	0862	350	稻	0177	233	豆浆	0399	270
打吊针	0524	291	稻草	0179	233	独轮车	0678	318
打工	0685	320	稻谷	0178	233	肚脐	0491	285
打哈欠	0865	350	地方	0112	219	肚子	0490	285
打呼噜	0868	351	地震	0044	202	肚子疼	0509	288
打架	0863	350	凳子	0335	259	端	0855	348
打瞌睡	0866	350	低	0947	365	端午	0102	216
打麻将	0747	330	滴	0834	345	短	0940	364
打喷嚏	0772	335	笛子	0743	329	短	0942	364
打扑克	0746	330	弟弟	0640	312	短裤	0374	266
打算	0875	352	弟媳	0641	312	断奶	0547	296
打针	0523	291	弟兄	0636	311	对~错	1047	382
大	0935	363	第一	1079	388	对~我好	1194	408
大白菜	0196	236	点儿	1122	395	对不起	0933	363
大方	1058	384	点心	0404	271	对面	0125	223
大后天	0084	210	掉	0833	345	碓	0680	319
大家	1137	397	钉子	0690	320	蹲	0790	338
大麦	0180	233	订婚	0531	293	钝	1001	374
大门	0312	255	丢	0835	345	顿一~饭	1115	394
大拇指	0480	283	丢脸	0893	355	顿打一~	1126	396
大年初一	0099	215	东西	0320	257	多	0974	370
大前天	0087	211	冬至	0105	217	多少	1159	402
单身汉	0577	300	懂	0906	357	朵	1112	393
淡	1034	380	都	1165	403	躲	0812	341
挡	0811	341	陡	0979	371	剁	0824	343

词目	编号	页码	词目	编号	页码	词目	编号	页码
E			肥 形容动物	0963	368	干菜	0406	271
鹅	0289	252				干活儿	0664	316
额头	0453	279	肥皂	0355	263	干净	0998	374
饿	0447	278	分娩	0542	295	干什么	1158	401
摁	0819	342	坟墓	0559	298	刚~好	1169	403
儿媳妇	0651	314	风	0005	196	刚~到	1170	403
儿子	0650	314	风筝	0736	328	肛门	0494	286
耳朵	0460	280	疯子	0607	306	钢笔	0726	326
二	1063	385	蜂蜜	0239	243	缸	0339	260
二胡	0742	329	缝儿	0046	203	高飞得~	0946	365
二两	1080	388	缝衣针	0357	263	高比我~	0948	365
二十	1072	387	夫妻	0659	315	高粱	0184	234
F			孵	0287	251	高兴	0887	354
发愁	0880	353	斧子	0686	320	告诉	0931	363
发抖	0508	288	腐烂	0828	344	疙瘩	0518	290
发烧	0507	288	父母	0614	307	哥哥	0638	311
反正	1178	405	父亲	0615	307	胳膊	0474	282
饭馆	0695	321	副	1103	392	鸽子	0230	242
饭锅	0307	255	富	1021	378	割稻	0667	317
方	0958	367	G			个	1085	389
房子	0300	253	盖	0817	342	个把	1084	389
放	0814	342	盖房子	0299	253	给	0774	335
放牛	0265	248	盖子	0342	260	根	1101	391
放屁	0502	287	甘蔗	0173	232	更	1162	402
放学	0721	326	赶集	0715	325	工钱	0706	323
非常	1161	402	擀	0435	276	公公	0623	309
肥~肉	0961	368	干	0996	373	公狗	0278	250

附录二 词汇音序索引

词目	编号	页码	词目	编号	页码	词目	编号	页码
公鸡	0283	251	合算	0699	322	胡子	0470	282
公猫	0275	249	和 我~他都姓王	1192	408	湖	0037	201
公牛	0263	247	和 我~他去城里了	1193	408	蝴蝶	0236	243
公猪	0269	248				糊	1018	377
狗	0277	250	和尚	0568	299	花名词	0151	229
姑	0630	310	河岸	0042	202	花 ~钱	0708	323
姑父	0631	310	荷花	0155	229	花蕾	0152	229
谷子	0183	234	核桃	0171	232	花生	0192	235
股	1117	394	黑颜色	0966	368	化脓	0514	289
故意	1186	406	黑指光线,完全看不见	0989	372	划拳	0744	329
乖	1053	383				话	0918	359
观音	0564	298	很	1160	402	怀孕	0540	294
棺材	0556	297	哄	0926	361	坏	1045	382
柜子	0331	259	红	0968	369	患疟疾	0511	289
贵	0697	322	红薯	0216	239	黄	0969	369
棍子	0692	321	虹	0019	198	黄豆	0193	236
锅	0306	254	洪水	0040	202	黄瓜	0212	239
H			喉咙	0472	282	黄酒	0423	274
还	1175	404	猴子	0222	240	灰 烧成的	0057	204
害喜	0541	295	后悔	0890	354	灰颜色	0973	370
害羞	0892	355	后面	0123	222	灰尘	0058	205
含	0767	334	后年	0075	207	回来	0140	227
旱	0025	199	后天	0083	210	会	0908	357
旱地	0029	200	厚	0982	371	会儿	1125	395
旱烟	0421	274	狐臭	0519	290	浑	0955	367
好	1044	381	胡萝卜	0211	239	馄饨	0396	269
喝 ~酒	0440	277	胡同	0297	253	火	0059	205
喝 ~茶	0441	277						

词目	编号	页码	词目	编号	页码	词目	编号	页码
火柴	0347	261	豇豆	0195	236	臼	0681	319
J			讲故事	0749	331	就	1172	404
鸡	0282	250	酱油	0417	273	舅舅	0632	310
鸡蛋	0413	272	犟	1061	385	舅妈	0633	310
集市	0716	325	角儿	0134	226	橘子	0165	231
几个	1081	388	饺子	0395	269	举	0842	346
记得	0876	352	脚	0487	285	嚼	0764	333
忌妒	0891	354	叫狗~	0280	250	K		
妓女	0599	304	叫公鸡~	0285	251	开水	0065	206
剂	1116	394	叫~他一声儿	0920	360	开玩笑	0930	362
继父	0619	308	教室	0719	325	砍	0823	343
继母	0620	308	街道	0298	253	看	0754	332
鲫鱼	0252	245	结婚	0533	293	看病	0520	291
夹	0444	277	结实	1019	377	扛	0840	346
家具	0319	257	姐夫	0643	312	炕	0321	257
家里	0114	219	姐姐	0642	312	考试	0722	326
甲鱼	0253	246	解	0853	348	棵	1111	393
嫁妆	0532	293	戒指	0384	267	颗	1113	393
尖	0959	367	今年	0073	207	咳嗽	0506	288
肩膀	0473	282	今天	0081	209	可能	1190	407
煎	0431	275	紧	1008	375	可以	0916	359
捡	0837	345	进去	0137	226	渴	0446	278
剪子	0358	263	近	0951	366	客人	0587	302
件	1121	395	经常	1173	404	肯	0914	359
毽子	0735	328	精液	0498	286	肯定	1189	407
江	0034	201	九	1070	386	口袋	0372	265
江米酒	0424	274	韭菜	0201	237	口水	0466	281
姜	0205	238	旧	1012	376	扣	0383	267

词目	编号	页码	词目	编号	页码	词目	编号	页码
扣子	0382	267	烂	1017	377	脸盆	0351	262
哭	0922	361	捞	0850	348	凉_天气_	0992	373
窟窿	0045	202	老	1013	376	凉_水_	0995	373
苦	1037	380	老姑娘	0578	301	凉水	0063	205
裤腿	0375	266	老虎	0221	240	亮	0988	372
裤子	0373	266	老人	0583	302	辆	1106	392
块_一~香皂_	1105	392	老实	1055	384	聊天儿	0919	
块_一~钱_	1119	394	老鼠	0224	241	裂	0826	344
快_锋利_	1000	374	老天爷	0562	298	邻居	0586	302
快_~慢_	1002	374	涝	0026	199	淋	0011	197
快_天~亮了_	1183	406	雷	0008	196	鳞	0254	246
筷子	0344	261	累	1025	378	檩	0310	255
宽	0943	365	冷	0993	373	灵位	0558	297
宽敞	0944	365	梨	0162	230	零钱	0703	323
亏本	0701	322	犁	0669	317	领	1097	391
捆	0852	348	李子	0163	231	流产	0543	295
L			里面	0128	224	流氓	0600	304
垃圾	0318	256	理发	0386	268	柳树	0147	228
拉肚子	0510	288	理发师	0594	303	六	1067	386
拉屎	0500	287	鲤鱼	0250	245	聋子	0603	305
腊月	0106	218	历书	0108	218	路	0031	200
蜡烛	0359	263	栗子	0170	232	路费	0707	323
辣	1038	380	粒	1114	394	露	0018	198
辣椒	0207	238	俩	1082	388	轮子	0679	319
来月经	0499	287	连环画	0732	327	萝卜	0210	238
癞蛤蟆	0258	246	连襟	0649	314	锣鼓	0741	329
蓝	0970	369	镰刀	0671	317	箩筐	0674	318
懒	1052	383	脸	0455	279	骡	0261	247

词目	编号	页码	词目	编号	页码	词目	编号	页码
螺丝刀	0688	320	没有	0899	356	蘑菇	0175	233
捋	0815	342	没有	1179	405	末尾	0124	223
驴	0260	247	眉毛	0459	280	陌生	1030	379
旅馆	0696	321	梅花	0153	229	墨	0729	327
绿	0971	369	媒人	0529	293	母狗	0279	250
绿豆	0194	236	煤	0054	204	母鸡	0284	251
M			煤油	0055	204	母猫	0276	249
妈妈	0618	308	每天	0089	212	母牛	0264	247
麻雀	0227	241	妹夫	0645	312	母亲	0616	308
马	0259	247	妹妹	0644	312	母猪	0270	248
马铃薯	0217	240	门槛儿	0313	256	牡丹	0154	229
马桶	0336	259	米饭	0388	268	木耳	0174	232
蚂蚁	0241	244	密	0986	372	木匠	0592	303
骂	0923	361	蜜蜂	0238	243	木头	0143	227
埋	0816	342	棉花	0186	234	N		
迈	0793	338	棉絮	0325	258	拿	0773	335
麦秸	0182	234	棉衣	0370	265	哪个	1145	399
馒头	0393	269	面	1104	392	哪里	1149	399
满月	0548	296	面儿	0392	269	那个	1144	399
慢	1003	375	面粉	0390	268	那里	1148	399
忙	1023	378	面前	0126	223	那样	1151	400
猫	0274	249	面条	0391	269	奶奶	0611	306
毛	1120	395	庙会	0717	325	男孩	0581	301
毛笔	0728	327	名字	0662	316	男人	0575	300
毛巾	0353	262	明年	0074	207	南瓜	0214	239
毛衣	0369	265	明天	0082	210	难	1010	376
茅屋	0303	254	摸	0775	335	难过	0886	354
帽子	0376	266	磨	0682	319	难受	0885	353

附录二 词汇音序索引

词目	编号	页码	词目	编号	页码	词目	编号	页码
挠	0777	335	女阴	0496	286	七	1068	386
尼姑	0569	299	O			七月十五	0103	217
泥	0049	203	藕	0220	240	沏	0426	274
泥水匠	0591	303	P			妻子	0661	316
你	1130	396	趴	0798	339	欺负	0894	355
你爸	1141	398	爬	0799	339	乞丐	0598	304
你们	1135	397	怕	0878	352	起床	0870	251
年成	0683	319	拍马屁	0929	362	起来	0141	227
年初	0079	209	排行最小的叔父	0628	310	气味	1032	379
年底	0080	209	旁边	0130	225	掐	0778	336
年糕	0403	271	螃蟹	0256	246	铅笔	0725	326
年轻	1014	376	胖	0964	368	前面	0122	222
捻	0781	336	跑	0801	339	前年	0077	208
鸟儿	0226	241	朋友	0585	302	前天	0086	211
尿布	0381	267	匹	1086	389	钱	0702	322
您	1131	396	屁股	0493	286	钳子	0687	320
宁可	1185	406	骗	0925	361	浅	0953	366
拧~螺丝	0779	336	瓢	0338	260	欠	0711	324
拧~毛巾	0780	336	漂亮	1049	383	翘	0795	338
牛	0262	247	平	0960	367	撬	0844	347
农民	0588	302	苹果	0160	230	茄子	0208	238
暖和	0991	373	瓶子	0341	260	亲戚	0584	302
暖水瓶	0350	262	婆婆	0624	309	亲嘴	0768	334
挪	0854	348	破	1020	377	芹菜	0199	237
女儿	0652	314	菩萨	0563	298	勤快	1051	383
女孩	0582	301	Q			青蛙	0257	246
女人	0576	300				轻	0977	370
女婿	0653	314						

词目	编号	页码	词目	编号	页码	词目	编号	页码
清	0954	366	仨	1083	388	烧	0858	349
清明	0101	216	撒谎	0927	361	少	0975	370
蜻蜓	0237	243	撒尿	0501	287	舌头	0467	281
晴	0023	199	三	1064	385	蛇	0223	241
穷	1022	378	三十	1073	387	谁	1146	399
蚯蚓	0242	244	扫地	0317	256	伸	0776	335
娶妻子	0534	293	扫帚	0316	256	深	0952	366
去年	0076	208	嫂子	0639	311	什么 这个是~字?	1155	400
拳头	0478	283	杀	0295	253	什么 你找~?	1156	401
瘸子	0606	305	杀猪	0294	252	什么地方	0113	219
R			沙子	0051	203	什么时候	0068	206
热 天气	0990	372	傻	1056	384	生气	0888	354
热 水	0994	373	傻子	0608	306	生日	0549	296
热闹	1028	379	筛子	0675	318	绳子	0691	321
热水	0064	206	晒	0012	197	盛	0443	277
人	0574	300	山	0032	200	失火	0061	205
认识	0910	358	山谷	0033	200	师傅	0596	304
扔	0831	344	山药	0219	240	虱子	0248	245
扔	0832	345	杉树	0146	228	湿	0997	374
日食	0020	198	闪电	0007	196	十	1071	386
容易	1009	376	商店	0694	321	石榴	0168	231
揉	0434	276	商人	0589	303	石头	0047	203
如果	1199	409	上	0131	225	时候	0067	206
乳房	0492	285	上坟	0560	297	食指	0481	284
入殓	0555	297	上面	0117	220	事情	0665	316
褥子	0327	258	上去	0135	226	柿子	0167	231
软	1015	377	上午	0091	213	是	0900	356
S			上学	0720	325	收拾	0846	347

词目	编号	页码	词目	编号	页码	词目	编号	页码
手	0475	283	水泥	0050	203	台风	0006	196
手电筒	0360	263	水田	0028	200	抬	0841	346
手绢	0354	262	睡	0867	350	太	1163	402
手艺人	0590	303	吮吸	0769	334	太阳	0001	195
手指	0479	283	说	0917	359	坛子	0340	260
手镯	0385	268	说媒	0528	292	炭	0056	204
瘦~肉	0962	368	丝瓜	0213	239	汤匙	0345	261
瘦形容人、动物	0965	368	撕	0784	337	汤药	0526	292
书包	0723	326	死统称	0551	296	堂兄弟	0646	313
叔父	0627	309	死婉称	0552	296	趟	1128	396
叔母	0629	310	四	1065	385	逃	0802	340
梳头	0387	268	寺庙	0566	299	桃子	0161	230
梳子	0356	263	松	1007	375	讨厌	0883	353
舒服	0884	353	松花蛋	0414	272	疼~小孩儿	0896	355
熟悉	1029	379	松树	0144	227	疼摔~了	1026	378
树	0142	227	馊	1042	381	藤	0157	230
刷牙	0871	351	酸	1035	380	梯子	0315	256
摔~倒	0809	341	蒜	0204	237	提	0838	346
摔~碎	0856	349	算命	0571	300	替	1198	409
拴	0851	348	算盘	0712	324	天亮	0027	199
涮	0848	347	随便	1187	406	天气	0022	199
双	1098	391	孙子	0654	314	田埂	0030	200
双胞胎	0544	295	笋	0149	228	甜	1036	380
霜	0016	198	锁	0348	261	舔	0766	334
水	0062	205	T			挑~担	0839	346
水沟儿	0036	201	他	1132	397	挑~选	0845	347
水果	0159	230	他爸	1142	398	条一~鱼	1092	390
水坑儿	0039	201	他们	1136	397	条一~蛇	1093	390

词目	编号	页码	词目	编号	页码	词目	编号	页码
条~~河	1109	393	外祖父	0612	306	卧室	0302	254
条~~路	1110	393	外祖母	0613	307	乌鸦	0229	242
跳	0792	338	弯~腰	0796	339	屋子	0301	254
跳绳	0734	328	弯~曲	0980	371	无名指	0483	284
跳蚤	0247	245	豌豆	0191	235	五	1066	386
听	0755	332	玩儿	0751	331	舞狮	0737	328
挺	0797	339	顽皮	1054	384	雾	0017	198
捅	0820	343	挽	0847	347	X		
头人的，统称	0449	278	晚来~了	1005	375	西红柿	0209	238
头一~牛	1087	389	晚天色~	1006	375	吸	0757	332
头一~猪	1088	389	碗	0343	261	稀稀饭~	0985	372
头发	0450	278	往	1195	408	稀菜种得~	0987	372
徒弟	0597	304	往年	0078	208	稀饭	0389	268
土	0048	203	忘记	0877	352	溪	0035	201
吐把果核儿~掉	0770	334	围巾	0379	267	膝盖	0488	285
吐喝酒喝~了	0771	334	围裙	0380	267	席子	0328	258
兔子	0281	250	尾巴	0233	242	洗	0849	347
推	0808	341	为什么	1157	401	洗脸水	0352	262
腿	0486	284	味道	1031	379	洗澡	0872	351
脱	0365	264	喂	0293	252	喜欢	0882	353
驼子	0605	305	闻	0756	332	喜鹊	0228	241
W			蚊帐	0329	258	系	0366	264
瓦	0053	204	蚊子	0245	244	细	0938	364
袜子	0378	266	莴笋	0200	237	虾	0255	246
歪	0981	371	窝	0234	242	瞎子	0602	305
外面	0129	224	我	1129	396	下在桌子~	0132	225
外甥	0657	315	我爸	1140	398	下鸡~蛋	0286	251
外孙	0658	315	我们	1133	397	下打一~	1124	395

词目	编号	页码	词目	编号	页码	词目	编号	页码
下巴	0469	282	小孩	0580	301	鸭	0288	251
下来	0136	226	小麦	0181	234	牙齿	0468	281
下面	0118	221	小拇指	0484	284	哑巴	0604	305
下棋	0745	330	小气	1059	384	烟	0060	205
下水	0412	272	小心	0881	353	阉~公的猪	0290	252
下午	0093	213	些	1123	395	阉~母的猪	0291	252
下雨	0010	197	鞋子	0377	266	阉~鸡	0292	252
鲜	1039	381	谢谢	0932	363	淹	0041	202
闲	1024	378	新	1011	376	盐	0418	273
咸	1033	380	新郎	0537	294	眼睛	0456	279
现在	0069	206	新娘子	0538	294	眼泪	0458	280
馅儿	0397	270	信	0731	327	眼珠	0457	280
乡下	0116	220	星期天	0111	219	演戏	0740	329
相当于"他妈的"的口头禅	0503	287	星星	0003	195	砚台	0730	327
			腥	1043	381	咽	0765	333
相貌	0454	279	行应答语	0912	358	咽气	0554	297
相亲	0530	293	行一~字	1118	394	羊	0266	248
相信	0879	352	擤	0463	281	阳历	0110	219
香	1040	381	杏	0164	231	洋葱	0206	238
香菜	0202	237	休息	0864	350	养猪	0273	249
香菇	0176	233	袖子	0371	265	痒	1027	379
香烟	0420	273	旋	0452	279	吆喝	0921	360
香油	0416	273	癣	0516	289	咬	0763	333
想思索	0873	351	削	0825	343	要	0897	355
想想念	0874	352	学校	0718	325	钥匙	0349	262
向	1196	408	雪	0013	197	噎	0448	278
向日葵	0189	235	Y			爷爷	0610	306
小	0936	363	压	0818	342	也	1177	405

词目	编号	页码	词目	编号	页码	词目	编号	页码
叶子	0150	228	油菜	0187	235	咱们	1134	397
夜晚	0096	214	油条	0398	270	脏	0999	374
一	1062	385	有	0898	356	早	1004	375
一百	1074	387	又	1174	404	早晨	0090	212
一百零五	1077	387	右边	0120	221	枣	0169	232
一百五十	1078	388	右手	0477	283	灶	0305	254
一辈子	0072	207	柚子	0166	231	灶神	0565	299
一边	1191	407	鱼	0249	245	责怪	0889	354
一共	1166	403	雨	0009	196	贼	0601	305
一起	1167	403	雨伞	0361	264	怎么	1154	400
一千	1075	387	玉米	0185	234	怎样	1152	400
一万	1076	387	芋头	0218	240	眨	0760	333
衣服	0363	264	元宵	0401	270	炸	0432	275
姨	0634	311	元宵节	0100	216	摘	0787	337
姨父	0635	311	圆	0956	367	窄	0945	365
以后	0071	207	圆珠笔	0727	327	站	0788	337
以前	0070	207	远	0950	366	张~嘴	0761	333
倚	0789	337	月亮	0002	195	张一~嘴	1094	390
椅子	0334	259	月食	0021	198	张一~桌子	1095	390
阴	0024	199	岳父	0621	308	长线~	0939	364
阴茎	0495	286	岳母	0622	309	长时间~	0941	364
阴历	0109	219	云	0004	196	丈夫	0660	315
银杏	0172	232	孕妇	0539	294	爪子	0232	242
应该	0915	359	运气	0572	300	找	0836	345
婴儿	0579	301	Z			折	0785	337
硬	1016	377	再	1176	404	折扣	0700	322
硬币	0704	323	再见	0934	363	这个	1143	398
鳙鱼	0251	245	在	0902	356	这里	1147	399

词目	编号	页码	词目	编号	页码	词目	编号	页码
这么	1153	400	中间	0121	222	撞	0810	341
这样	1150	400	中秋	0104	217	追	0803	340
着凉	0505	288	中暑	0512	289	捉迷藏	0733	328
针灸	0522	291	中午	0092	213	桌子	0330	258
斟	0445	278	中指	0482	284	姊妹	0637	311
诊脉	0521	291	肿	0513	289	紫	0972	369
枕头	0323	257	种菜	0668	317	自己	1138	398
阵	1127	396	种猪	0268	248	自杀	0553	274
挣	0710	324	重	0976	370	自行车	0362	264
睁	0758	332	重孙子	0655	315	粽子	0402	270
蒸	0433	276	妯娌	0648	313	走	0800	339
整天	0088	212	皱	0827	344	走江湖	0684	319
正月	0098	215	猪	0267	248	走亲戚	0753	331
支	1102	392	猪肝	0411	272	嘴巴	0464	281
芝麻	0188	235	猪圈	0272	249	嘴唇	0465	281
知道	0904	357	猪舌头	0410	272	最	1164	402
知了	0240	243	猪蹄	0409	272	昨天	0085	211
蜘蛛	0244	244	猪血	0408	271	左边	0119	221
直	0978	370	猪油	0415	273	左手	0476	283
直爽	1060	385	猪崽	0271	249	坐	0791	338
侄子	0656	315	竹子	0148	228	坐月子	0545	295
只一~狗	1089	389	煮	0430	275	座一~房子	1107	392
只一~鸡	1090	390	柱子	0311	255	座一~桥	1108	393
只一~蚊子	1091	390	抓	0804	340	做饭	0428	275
只一~去过一趟	1168	403	砖	0052	204	做买卖	0693	321
纸钱	0561	298	转	0860	349	做梦	0869	351
指甲	0485	284	赚	0709	324	做寿	0550	296
痣	0517	290	装	0895	355			

附录三　发音人信息表

姓名	性别	出生年月	出生地	文化程度	职业	备注
西城区						
高国森	男	194802	西城区椿树街道	大专	退休干部	方言老男 口头文化
张弛	男	197610	西城区椿树街道	中专	小学教师	方言青男
王玉玲	女	194603	西城区牛街街道	高中	退休教师	方言老女
谷斌	女	197607	西城区天坛街道	中专	小学教师	方言青女 地普一 口头文化
贾胜利	女	194810	西城区崇文门外街道	中专	退休干部	地普二
张慧中	男	194605	西城区椿树街道	初中	退休工人	地普三
刘星辰	男	198209	西城区月坛街道	大学	公司职员	口头文化
通州区						
郑建山	男	195302	通州区潞城镇	大学	退休干部	方言老男 口头文化
边博	男	198504	通州区中仓街道	大专	街道干部	方言青男 地普三
李鲜娜	女	195711	通州区潞城镇	研究生	街道干部	方言老女 地普二
吴颖岚	女	198101	通州区新华街道	研究生	街道干部	方言青女 地普一
常富尧	男	194401	通州区西集镇	大学	区文化馆馆员	口头文化
大兴区						
孙英才	男	195405	大兴区庞各庄镇	中专	退休干部	方言老男 地普三 口头文化
黄璐	男	198203	大兴区兴丰街道	大学	区教委干部	方言青男 地普一

姓名	性别	出生年月	出生地	文化程度	职业	备注
大兴区						
巴纪兰	女	195306	大兴区北臧村镇	大专	街道干部	方言老女
郭旭涛	女	198412	大兴区庞各庄镇	中专	民间工艺传承人	方言青女 地普二
房山区						
李玉林	男	194612	房山区城关街道	初中	退休干部	方言老男 口头文化
赵海河	男	197808	房山区城关街道	本科	中心校干部	方言青男 地普二
王洪德	女	195006	房山区城关街道	初中	农民	方言老女 地普三
刘兰霞	女	197507	房山区城关街道	大学	中学教师	方言青女 地普一
何大志	男	194810	房山区拱辰街道	初中	农民	口头文化
门头沟区						
谭忠义	男	194802	门头沟区大峪街道	中学	农民	方言老男 地普三
王立明	男	197309	门头沟区大峪街道	中学	农民	方言青男 地普一
杨国兰	女	194610	门头沟区大峪街道	小学	农民	方言老女
肖印桂	女	196710	门头沟区月季园街道	初中	公司职员	方言青女 地普二
彭德才	男	194611	门头沟区城子街道	中专	退休干部	口头文化
秦建玲	女	194903	门头沟区城子街道	初中	家庭主妇	口头文化

附录三　发音人信息表

姓名	性别	出生年月	出生地	文化程度	职业	备注
昌平区						
田新民	男	194902	昌平区南邵镇	初中	农民	方言老男 地普二 口头文化
丁建东	男	197907	昌平区南邵镇	大学	村干部	方言青男
纪玉玲	女	195104	昌平区南邵镇	初中	退休村干部	方言老女 地普三 口头文化
田美云	女	197306	昌平区南邵镇	大专	公司职员	方言青女 地普一 口头文化
陈　璐	女	198508	昌平区南邵镇	大学	银行职员	口头文化
怀柔区						
于学满	男	195212	怀柔区怀柔镇	初中	农民	方言老男 地普二
苏　杨	男	197811	怀柔区怀柔镇	大专	自由职业者	方言青男
吴玉华	女	195202	怀柔区怀柔镇	初中	农民	方言老女
赵　妍	女	197406	怀柔区怀柔镇	大专	社区干部	方言青女 地普一
李玉霞	女	194906	怀柔区怀柔镇	初中	农民	地普三
刘连和	男	195704	怀柔区怀柔镇	初中	工人	口头文化
密云区						
缐增宝	男	194611	密云区鼓楼街道	中专	退休职员	方言老男 地普一 口头文化
项晓强	男	198005	密云区密云镇	大专	村干部	方言青男 地普三
王淑英	女	194504	密云区密云镇	中专	退休干部	方言老女
赵凌华	女	197305	密云区果园街道	大专	街道干部	方言青女 地普二
李晓洁	女	197602	密云区鼓楼街道	大专	个体户	口头文化

姓名	性别	出生年月	出生地	文化程度	职业	备注
史化云	女	199001	密云区古北口镇	中专	酒店服务员	口头文化
傅 瑶	女	198602	密云区鼓楼街道	研究生	大学教师	口头文化
顺义区							
周长亮	男	194305	顺义区石园街道	大学	中学退休教师	方言老男 地普二
李 涛	男	197607	顺义区石园街道	大专	建筑技师	方言青男
王淑云	女	195009	顺义区仁和地区	中专	退休教师	方言老女 地普三
高 凤	女	197703	顺义区石园街道	大学	区教委干部	方言青女 地普一 口头文化
延庆区							
刘恩之	男	194206	延庆区旧县镇	中专	退休干部	方言老男 口头文化
秦 勇	男	197203	延庆区延庆镇	中专	区教委干部	方言青男 地普二
张熙伶	女	194301	延庆区延庆镇	中专	退休教师	方言老女
贾世英	女	197207	延庆区延庆镇	高中	社区干部	方言青女 地普一 口头文化
吴松林	男	194209	延庆区张山营镇	中专	退休教师	地普三
郝 琮	女	199305	延庆区延庆镇	研究生	在读研究生	口头文化
王大所	男	195907	延庆区龙青峡镇	初中	工人	口头文化
平谷区							
郭春旺	男	194811	平谷区王辛庄镇	初中	公司退休职工	方言老男 地普三 口头文化
张铁全	男	197302	平谷区平谷镇	初中	出租车司机	方言青男 地普二
曹桂英	女	194602	平谷区东高村镇	高中	退休教师	方言老女

姓名	性别	出生年月	出生地	文化程度	职业	备注
王晓兰	女	197206	平谷区平谷镇	大专	社区干部	方言青女 地普一
杜雪薇	女	198306	平谷区夏各庄镇	大学	公司职员	口头文化
路　达	男	195004	平谷区兴谷街道	小学	农民	口头文化

附录四　调查情况表

调查点	调查人	协助调查人	单位	调查时间
西城	张世方	刘晓海、岳　丽、张凤莲	北京语言大学	2013.5
	周晨萌	郝　琮、马连欣、沈天红	对外经济贸易大学	2018.1
通州	高晓虹 石绍浪	张世方、刘　洋、王帅臣、张子惠、唐笑薇	北京语言大学	2016.12
大兴	张世方 高晓虹	石绍浪、王帅臣、刘　洋、张子惠、唐笑薇	北京语言大学	2016.11—2016.12
房山	贾　坤	徐　建、黄　平、张文丹	北京语言大学	2014.1，2014.5
	周晨萌	王　瑾、沈天红、郝　琮	对外经济贸易大学	2017.10
门头沟	刘晓海	张伟夏、石　晨	北京语言大学	2014.5—2014.6
	周晨萌	郝　琮、刘　彩	对外经济贸易大学	2016.10，2018.10
昌平	王莉宁	吴　众、董芙蓉、张珍妮	北京语言大学	2013.12—2014.1
	周晨萌	郝　琮、刘　彩	对外经济贸易大学	2016.10，2018.10
怀柔	高晓虹	张世方、刘晓海、黄　平	北京语言大学	2013.11—2013.12
	周晨萌	郝　琮、刘　彩、刘文琪	对外经济贸易大学	2018.12
密云	石绍浪	张世方、刘晓海	北京语言大学	2014.1，2014.4
	周晨萌	郝　琮、刘　彩、沈天红	对外经济贸易大学	2018.1
顺义	石绍浪 张世方	程丽琴、李　琳、庞红丹	北京语言大学	2015.1
延庆	黄晓东	张　倩、刘　沙、兰红新、李向允	北京语言大学	2014.1，2014.4
	周晨萌	郝　琮、刘　彩	对外经济贸易大学	2016.10
平谷	黄晓东	胡毅茹、兰红新、李向允	北京语言大学	2014.5，2014.6
	周晨萌	刘　彩、郝　琮、马连欣	对外经济贸易大学	2018.1

说明：

（1）北京语言大学团队主要负责调查"中国语言资源有声数据库"要求的内容，对外经济贸易大学团队主要负责"中国语言资源保护工程"要求的口头文化的调查摄录以及单字、词汇、语法、地方普通话的录音摄像工作。

（2）各调查点在调查过程中使用的设备基本一致：录音话筒为 SAMSON C03U；录音声卡为 SAMSON C03U 内置声卡；摄像机为索尼 HDR－CX700E 或 HDR－XR520E。

后 记

中国语言资源集（分省）是对中国语言资源保护工程（以下称"语保工程"）语料的整理、加工和展示，是语保工程的标志性成果，《中国语言资源集·北京》属于其中之一。

2018年5月，中国语言资源集（分省）编写出版试点工作启动，标志着酝酿已久的语保工程分省资源集编写工作正式展开。北京是三个试点省份之一，北京资源集的编写工作也就此拉开序幕。

北京资源集所依据的语料，是"中国语言资源有声数据库建设"（以下称"有声库"）、国家科技支撑计划"三方工程中国语言资源有声数据库技术规范与平台研发"（以下称"三方工程"）和语保工程三大语言工程成果的汇聚，凝聚了众多专家的心血，可谓来之不易、弥足珍贵。

2008年10月，国家语委启动有声库建设。2012年5月，北京市语委启动"中国语言资源有声数据库北京库建设"项目（以下称"北京库"），旨在通过纸笔记录、音像摄录的方式全面调查北京各区县方言，进行科学整理、开发和展示利用，为北京市语言文化建设服务。曹志耘教授作为首席专家全面主持调查研究工作，以北京语言大学语言研究所科研骨干为主力的调查研究团队全程、全力参与。经过大家近两年的努力，完成了西城、房山、门头沟、昌平、怀柔、密云、延庆、平谷等8个调查点的调查任务，各点负责人依次为张世方、贾坤、刘晓海、王莉宁、高晓虹、石绍浪、黄晓东（负责延庆、平谷两点），众多博士、硕士研究生也为调查整理做出了贡献。2014年7月，北京库项目通过验收，建设质量得到了验收专家的高度肯定。

2014年9月，曹志耘教授等主持的三方工程获批立项。三方工程的目标是为建成规模宏大、语料丰富、技术水平领先的语言资源有声数据库奠定技术基础。一方面为了给有声数据库技术规范的制订提供语言事实依据，另一方面为了弥补北京库建设时期调查点没有全面覆盖北京郊区县的缺憾，通州、大兴、顺义被列入三方工程"调查试点（北京）"子课题，由张世方全面负责。从2015年1月到 2016 年 12 月，高晓虹、石绍浪、张世方带领学生先后调查了顺义、大兴、通州。至此，北京市 10 个郊区县都有了专业、系统的方言语料。

2015 年 5 月，语保工程正式启动。与有声库相比，语保工程站位更高，规模更大，规范标准也更加严格。为了与语保工程的技术规范对接，北京库时期的语料需要补充完善，负责北京库调查的大部分人员当时已经全力投入到语保工程的组织实施等管理工作之中，分身乏术。对外经济贸易大学中文学院的周晨萌教授挺身而出，承担起语保工程"北京汉语方言调查（增补）"项目的任务，按照语保工程的规范标准，对北京库 8 个点的材料进行增补调查，内容包括单字、词汇、语法例句、地方普通话的摄像以及口头文化语料的调查摄录等，使北京库的材料升级到语保标准。

北京资源集的编写工作具体由张世方负责。2018 年是语保工程管理指导工作最为繁重的一年，2019 年是语保工程的收官之年，这两年大家所有的精力都投入到语保工程的建设当中，因此北京资源集的编写工作很难分摊给原始材料的调查者。在这种情况下，受过专业训练的研究生们显示了强大的力量，发挥了重要作用，博士研究生崔传杏，硕士研究生刘海燕、孙琳、孙胜男、白若蕾、李理、孙会敏、范亚婷、李帮彦、严聪、于欣然等在语料整理、转写、校对等方面为北京资源集的编写付出了很多劳动。

语料的整理、校对，只是编写工作的第一步。接下来的工作更加繁杂，比如 excel 表中原始语料向 word 对照表的转换，各点语料的一致化处理，新老差异的归纳，转写的口头文化语料跟录音文件逐字逐句核对以及增补国际音标转写等等，费时耗力且不容有半点马虎。有些工作看似简单，但为了真实反映每个方言点的特色及相互的差异，也需要做大量细致的工作。以儿化韵例词的选取为例，北京话的儿化韵历来是学界关注的焦点，各方言之间有或明显或细微的差别，为了能够具体、全面、系统地体现儿化韵的特点，我们将各点词汇中的所有儿化韵一一提取出来，再根据本韵和儿化韵的对应关系等进行筛选，填入表格，这样做下来，整理一个点的儿化韵就要耗费将近一天的时间。编写过程中我们秉持的一个理念是：面对语料，没有捷径可走，只有下大工夫，一个字一个字的去抠，一个音标一个音标的去查，才能最大限度地减少错漏，最大限度地展现语料的价值。

由于是试点工作，没有现成的经验可资借鉴，我们在编写过程中做了不少无用功，当然也积累了一些经验。这些教训和经验，一部分反映在《中国语言资源集（分省）编写出版规范（2019 年修订）》中，一部分在参加其他省份资源集编写工作会议时与当地的资源集编写团队进行了交流沟通，可以说基本起到了

"试点"所要求的功用。

  编写工作完成后，高晓虹、贾坤等对书稿进行了全面、细致的审校，曹志耘教授、张树铮教授、沈明研究员、赵日新教授、谢留文研究员等师友也提出了很多宝贵的修改意见，使书稿的质量得到很大提升。

  北京资源集是集体劳动的成果，编写工作能够顺利完成，除了要感谢上述专家、同事、学生的无私奉献和辛苦付出外，还要感谢教育部语言文字信息管理司领导、北京市语委领导对我们的信任、支持以及北京市各区语委办的大力协助，感谢各区发音人对我们工作的理解与帮助。有声库的工作模式是"政府主导、学者支撑、社会参与"，语保工程的工作模式是"国家统一规划、地方和专家共同实施、鼓励社会参与"，可以说，如果没有政府主导下的多方合作，没有广大发音人的积极配合、热情投入，不论是有声库建设还是语保工程，都很难取得如此令人瞩目的成就，北京资源集的编写出版工作也很难如此顺利地完成。

  我们还要特别感谢中国社会科学出版社编辑张林老师和她的同事，正是由于他们的鼎力相助和辛勤付出，北京资源集才能高质量地出版。他们热情、认真、严谨的工作态度，为北京资源集的编写出版工作画上了一个温暖而圆满的句号。

  北京资源集是我们近十年来在北京话、北京方言文化保护研究方面所做工作的一个小结。我们愿以此为起点，在北京方言文化资源调查保护的道路上继续小心谨慎、踏踏实实地前行，努力为语保事业成长为长青之树再添新绿。

编者

2022 年 1 月 15 日